메가스터디
고등과학 기본서

투플러스 2+

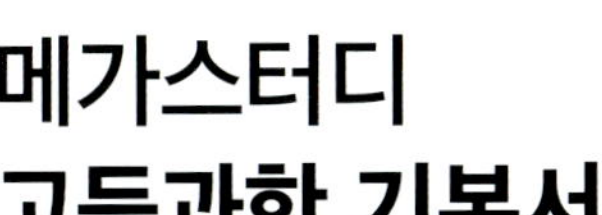

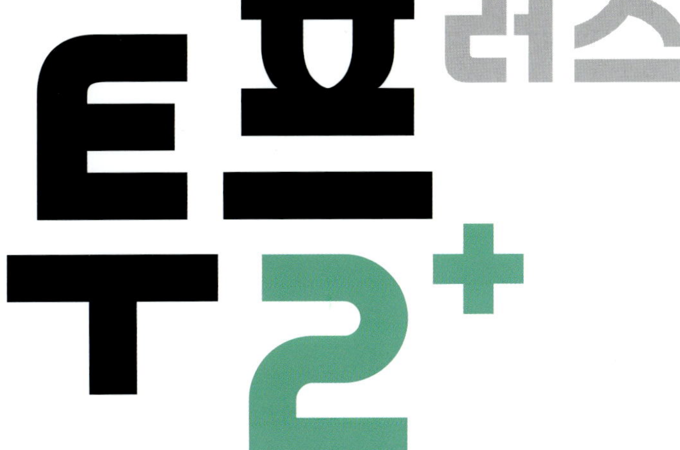

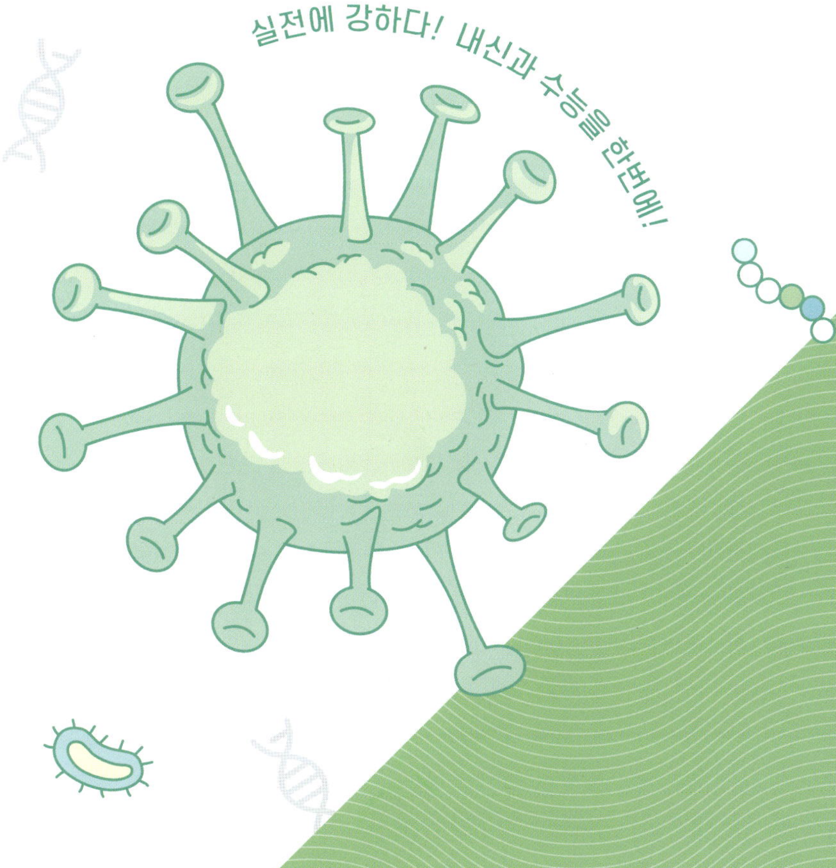

생명과학 I

내신 대비

7종 교과서 개념 정리 | 학교 시험 빈출 자료 | 학교 시험 대비 문제

2⁺

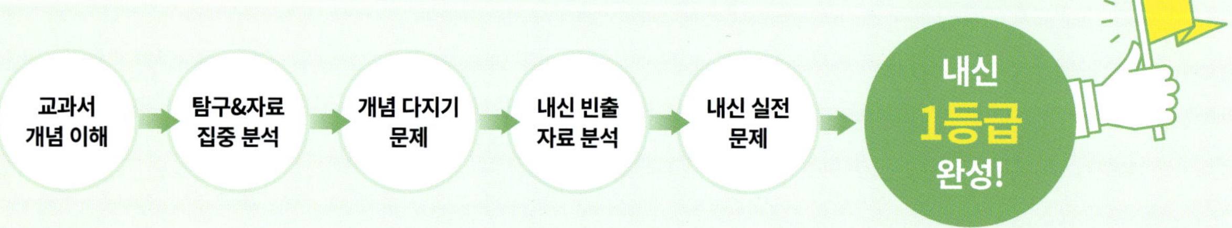

생명과학 I 내신 대비서의 **내신 1등급 완성 5단계 학습**

교과서 개념 이해
탐구&자료 집중 분석
개념 다지기 문제
내신 빈출 자료 분석
내신 실전 문제
내신 1등급 완성!

투 플러스 2⁺

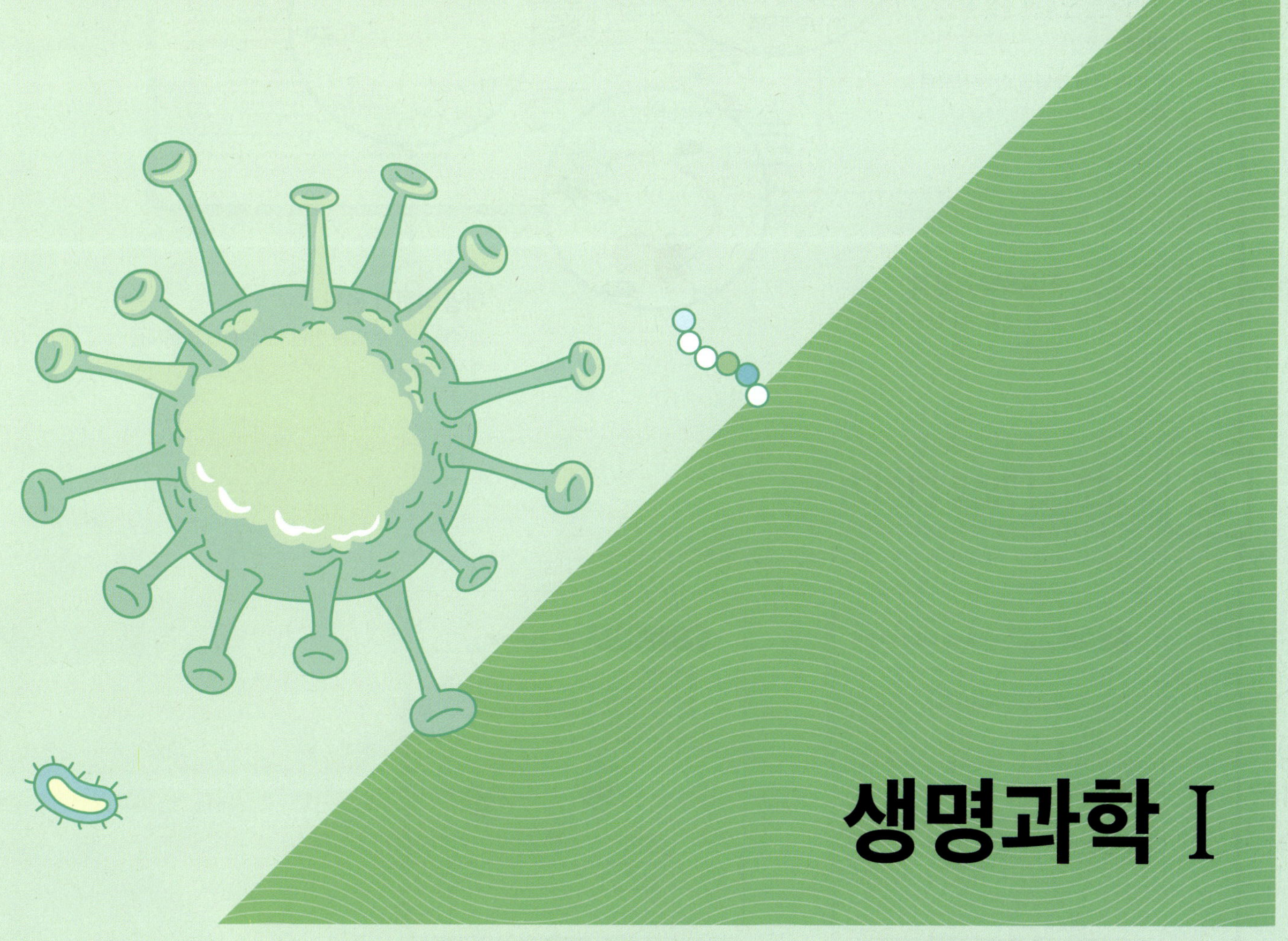

생명과학 Ⅰ

내신 대비

구성과 특징

개념

체계적인 학습 단계를 통해 7종 교과서 "개념 잡고 분석력 기르기"

1 교과서 완벽 분석

주제별 내용 정리

7종 교과서의 중요 내용을
빠짐없이 정리했습니다.

개념

주제별 핵심 개념을 한 문장으로
제시했습니다.

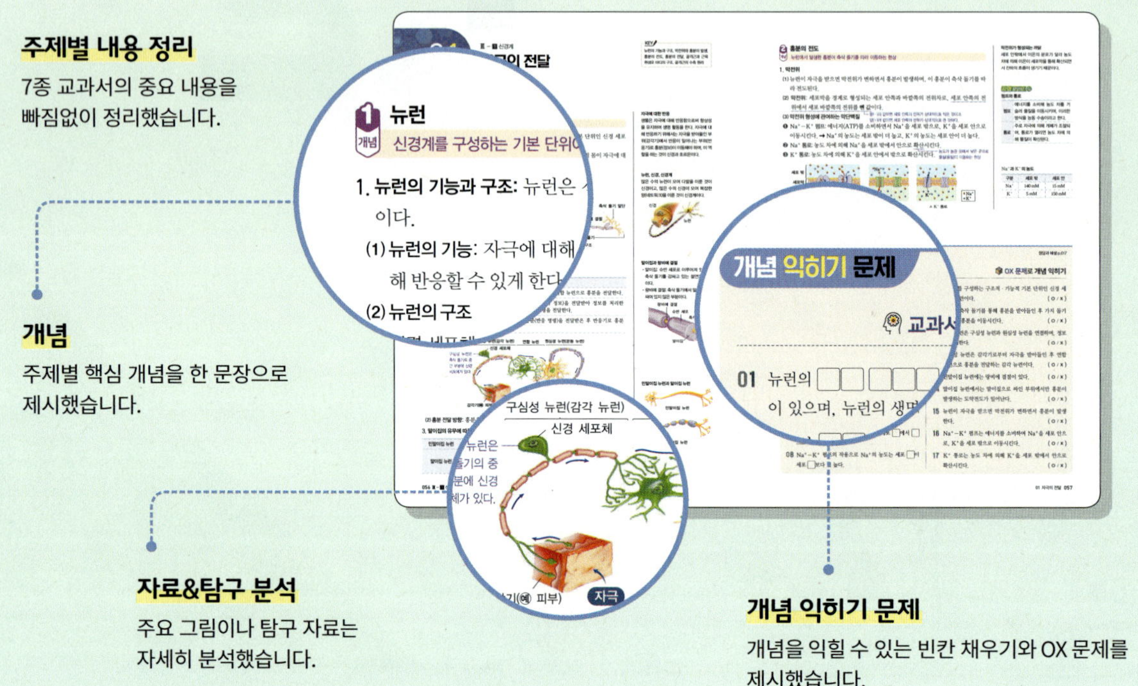

자료&탐구 분석

주요 그림이나 탐구 자료는
자세히 분석했습니다.

개념 익히기 문제

개념을 익힐 수 있는 빈칸 채우기와 OX 문제를
제시했습니다.

2 교과서 개념 더하기

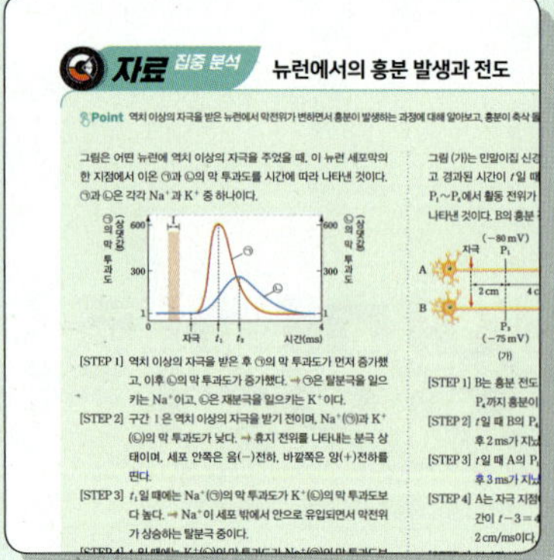

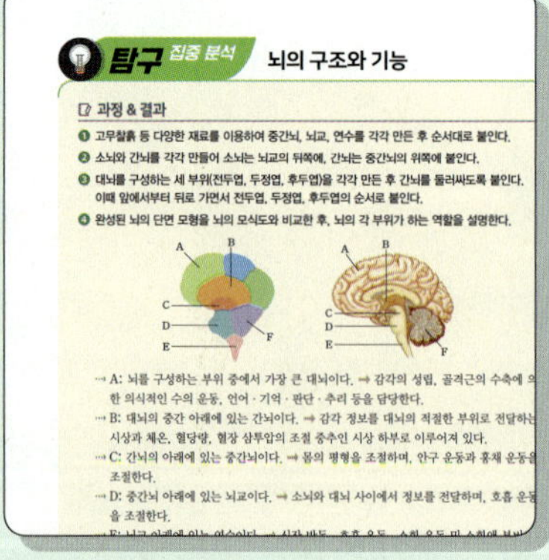

자료 집중 분석

중요 자료를 단계적으로 분석하고, 예제
를 제시하여 완벽하게 이해할 수 있습니다.

탐구 집중 분석

중요 탐구를 <과정&결과> – <분석>의 단계
로 자세하게 설명하고, 예제 를 제시하여
완벽하게 이해할 수 있습니다.

문제로 개념 완벽 이해

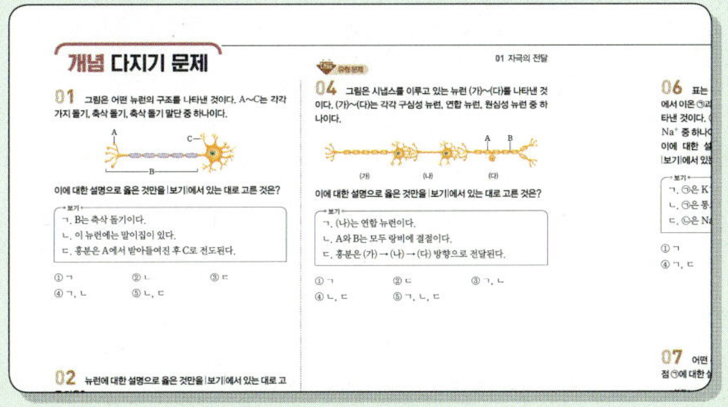

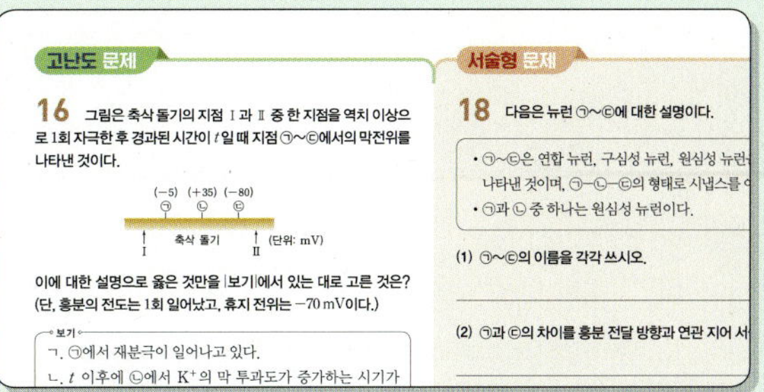

개념 다지기 문제

배운 개념을 문제로 확인하여 실력을 다질 수 있습니다. 학교 시험에 꼭 나올만한 중요한 문제는 **대표 유형문제** 로 표시했습니다.

고난도 문제

난이도 중상의 문제로 실력을 향상시킬 수 있습니다.

서술형 문제

학교 시험에 출제되는 서술형 문제 풀이를 통해 개념을 스스로 정리할 수 있습니다.

실전 내신

학교 기출 문제 분석을 통한 **"내신 1등급 완성하기"**

4 최신 학교 기출 문제 분석

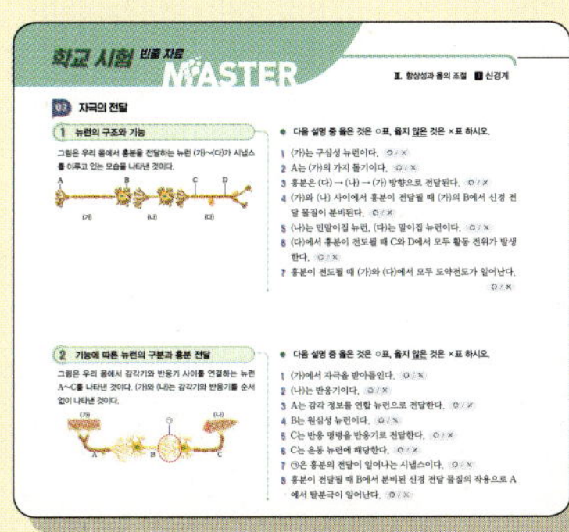

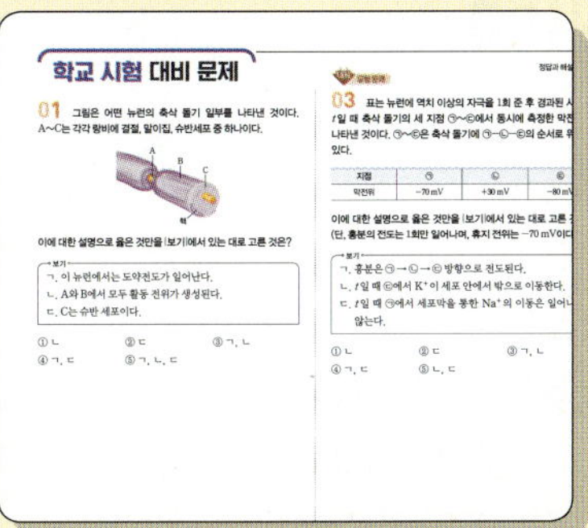

학교 시험 빈출 자료 마스터

전국의 학교 기출 문제 분석을 통해 중단원별 빈출 자료와 OX문제를 제시하여 빈출 개념을 정리할 수 있습니다.

학교 시험 대비 문제

중단원별 학교 시험 빈출 유형 문제를 빠짐없이 수록했으며, 고난도 문제와 서술형 문제를 통해 내신 1등급을 완벽하게 대비할 수 있습니다.

5 내신 1등급 완성

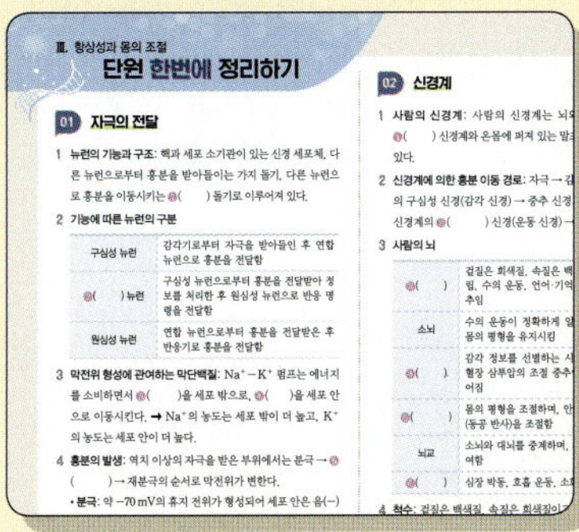

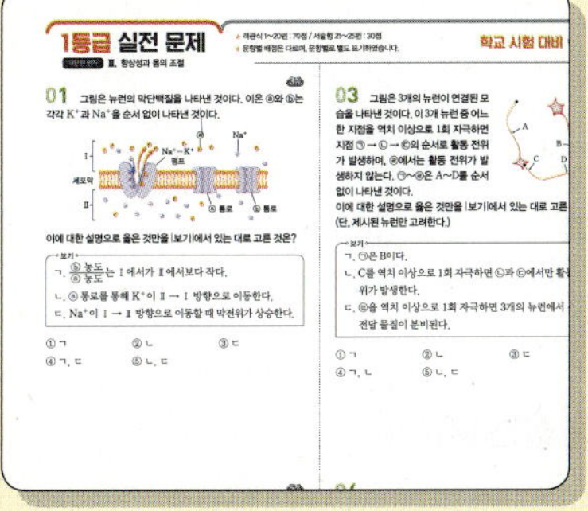

단원 한번에 정리하기

대단원별로 핵심 개념을 스스로 정리할 수 있도록 빈칸 채우기 문제를 수록했습니다.

1등급 실전 문제

실제 학교 시험에 대비할 수 있도록 학교 시험 형태로 서술형 문제를 포함하여 25문항을 수록했습니다.

차례

Contents

투플러스 vs 7종 교과서 함께 보기

 I 생명 과학의 이해

중단원	소단원	투플러스	교학사	금성	동아	미래엔	비상교육	지학사	천재
1 생명 과학의 이해	01 생명 과학의 이해	010~018	13~25	16~33	13~25	14~29	11~24	12~25	11~22

 II 사람의 물질대사

중단원	소단원	투플러스	교학사	금성	동아	미래엔	비상교육	지학사	천재
1 사람의 물질대사	01 사람의 물질대사	026~039	33~53	46~63	35~49	38~59	35~48	34~49	33~47

 III 항상성과 몸의 조절

중단원	소단원	투플러스	교학사	금성	동아	미래엔	비상교육	지학사	천재
1 신경계	01 자극의 전달	056~067	61~75	76~85	59~67	70~81	59~68	60~81	59~65 75~78
	02 신경계	068~077	76~83	86~92	69~76	82~92	70~78	68~77	67~74
2 항상성	03 항상성	088~097	86~94	98~105	78~87	94~99	82~90	82~91	83~90
3 방어 작용	04 방어 작용	098~109	96~109	110~121	93~105	100~115	92~103	92~100	95~107

I

생명 과학의 이해

01 생명 과학의 이해

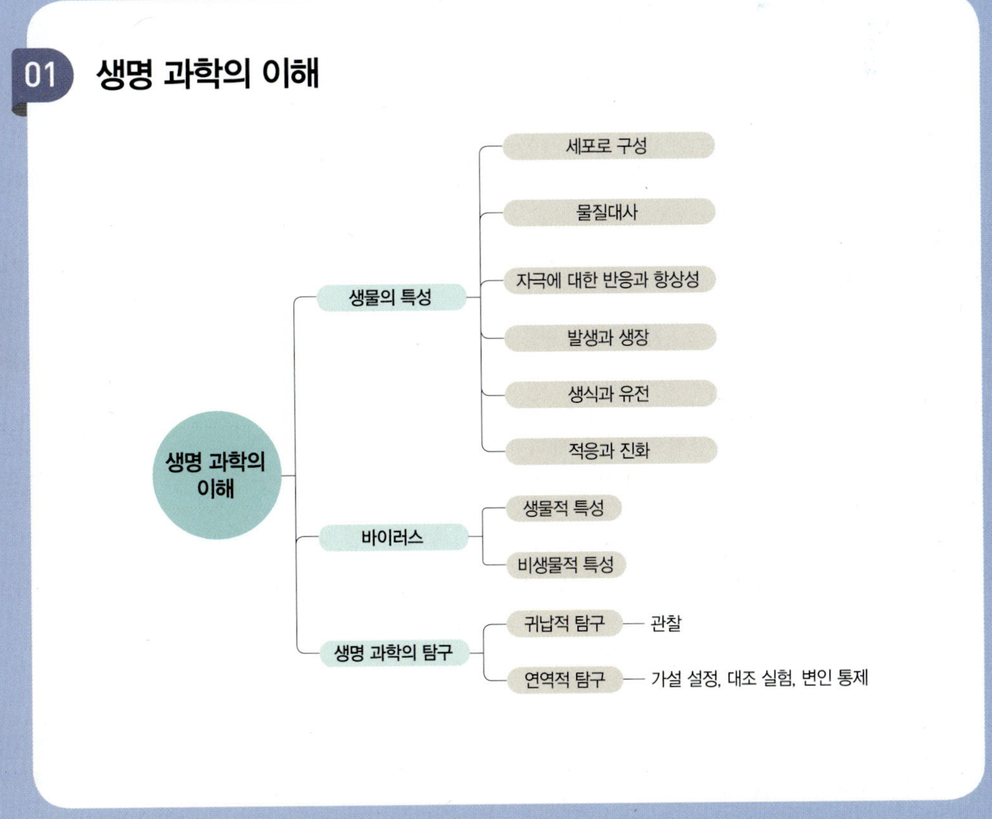

생명 과학의
이해
생물의 특성
세포로 구성
물질대사
자극에 대한 반응과 항상성
발생과 생장
생식과 유전
적응과 진화
바이러스
생물적 특성
비생물적 특성
생명 과학의 탐구
귀납적 탐구
관찰
연역적 탐구
가설 설정, 대조 실험, 변인 통제

01 생명 과학의 이해

❶ 생물의 특성

개념 비생물과 구별되는 생물의 일반적인 특성

1. 세포로 구성: 모든 생물은 구조적·기능적 기본 단위인 세포로 구성된다.

단세포 생물	다세포 생물
▶ 하나의 세포로만 구성된 생물 ▶ 별도의 구성 체계가 없음 ▶ 예: 대장균, 아메바 등	▶ 여러 개의 세포로 구성된 생물 ▶ 세포 → 조직 → 기관 → 개체의 복잡한 구성 체계를 가짐 ▶ 예: 사람, 식물 등

2. 물질대사: 생물의 체내에서 일어나는 모든 화학 반응으로, 에너지가 출입하며 효소가 관여한다.

동화 작용	이화 작용
▶ 저분자 물질 → 고분자 물질 ▶ 에너지가 흡수되는 흡열 반응으로, 반응물의 에너지 크기가 생성물의 에너지 크기보다 작다. ▶ 예: 광합성, 글리코젠 합성, 단백질 합성 등	▶ 고분자 물질 → 저분자 물질 ▶ 에너지가 방출되는 발열 반응으로, 반응물의 에너지 크기가 생성물의 에너지 크기보다 크다. ▶ 예: 소화, 세포 호흡, 글리코젠 분해 등

세포
생물의 몸을 구성하는 구조적 단위이면서 생명 활동이 일어나는 기능적 단위이다. 단백질과 인지질로 구성된 막으로 싸여 외부와 구분되어 있다.

엽록체
식물 세포에 있는 세포 소기관으로 빛에너지를 이용하여 유기물을 합성하는 광합성이 일어난다.

미토콘드리아
식물과 동물의 세포에 모두 있는 세포 소기관으로 유기물을 분해하여 에너지 저장 물질(ATP)을 합성하는 세포 호흡이 일어난다.

3. 자극에 대한 반응과 항상성: 생물은 체내외의 다양한 자극에 대해 적절하게 반응하며, 몸의 상태를 일정하게 유지한다.

(1) 자극에 대한 반응: 환경의 변화를 자극으로 받아들여, 해당 자극에 대해 적절하게 반응한다.

자극에 대한 반응의 예
▶ 식물의 줄기는 빛이 있는 쪽으로 굽어 자란다. ▶ 미모사는 잎에 물체가 닿으면 잎이 오므라든다. ▶ 뜨거운 물체에 손이 닿으면 순간적으로 손을 뗀다. ▶ 사람이 밝은 곳에서 어두운 곳으로 이동하면 동공이 커진다.

(2) 항상성: 환경 변화에 대해 생물에서 체내 환경을 정상 범위로 일정하게 유지하려는 성질이다. 사람은 신경계와 내분비계를 통해 체온, 삼투압, 혈당량 등을 일정하게 유지한다.

항상성의 예
▶ 추울 때 입모근이 수축하여 소름이 돋고 몸을 떤다. ⎫ 체온 유지 ▶ 더울 때는 땀을 흘린다. ⎭ ▶ 갈증이 나면 수분을 보충한다. ⎫ 수분량 유지 ▶ 물을 많이 마시면 오줌의 양이 늘어난다. ⎭

항상성

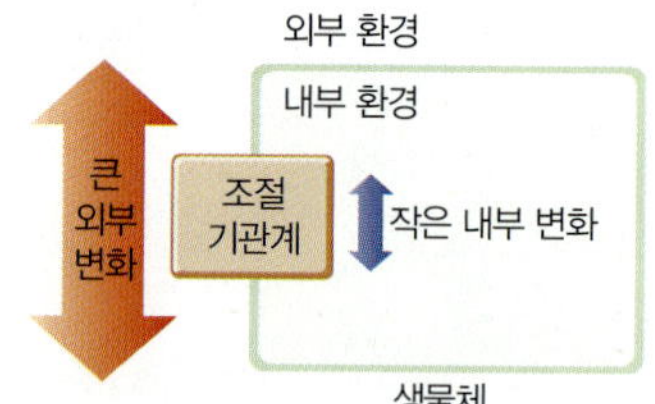

외부 환경의 변화에 비해 생물체 내부의 변화는 조절 기관계가 관여하여 변화 폭이 작다.

암기 꼭! ⓖ
합성은 동화, 분해는 이화!
동화는 열을 받아 커지고, 이화는 열이 폭발하여 (나가서) 작아지는 작용이지!!

4. **발생과 생장:** 다세포 생물은 발생과 생장 과정을 거쳐 구조적·기능적으로 완전한 개체가 된다. ⇨ 단세포 생물에서는 발생이 일어나지 않는다.

(1) **발생:** 세포 분열을 통해 세포 수가 늘어나고, 세포가 분화하여 어린 개체가 되는 과정

(2) **생장:** 세포 분열을 통해 어린 개체의 몸이 커져 성체로 자라는 과정

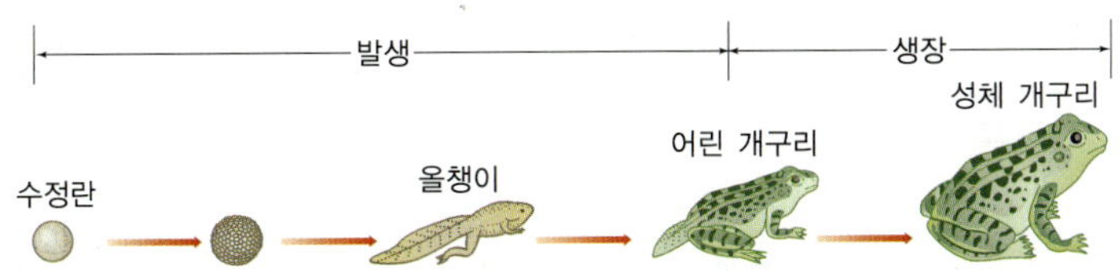

5. **생식과 유전:** 생물은 종족을 유지하기 위해 생식을 하며, 부모의 형질이 유전 물질을 통해 자손에게 전달되는 유전을 한다.

(1) **생식:** 생물이 종족을 유지하기 위해 자손을 남기는 현상

(2) **유전:** 부모의 형질이 유전 물질을 통해 자손에게 전달되는 현상

생식과 유전의 예
▶ 아메바나 짚신벌레와 같은 단세포 생물은 분열법으로 증식한다. ▶ 적록 색맹인 어머니로부터 적록 색맹인 아들이 태어난다.

6. **적응과 진화:** 생물은 새로운 환경에 적응하며 새로운 종으로 진화한다. ⇨ 적응의 결과 진화가 나타날 수 있다.

(1) **적응:** 생물이 특정 환경에 살면서 몸의 형태와 기능, 생활 습성 등이 달라지는 현상

(2) **진화:** 여러 세대에 걸쳐 자손을 남기는 과정에서 생물의 형질이 다양하게 분화되는 현상

적응과 진화의 예
▶ 사막에 서식하는 선인장은 가시 모양의 잎을 가진다. ▶ 건조한 사막에 서식하는 캥거루쥐는 소량의 진한 오줌을 배설한다. ▶ 갈라파고스 군도의 각 섬에 서식하는 핀치의 부리 모양이 서로 다르다. ▶ 사마귀는 주변 환경과 비슷한 생김새로 천적으로부터 자신을 보호한다.

형질

생물이 가지고 있는 다양한 형태적·기능적 특징 등을 말하며, 보조개, 피부색, 키, 몸무게, 혀말기 등이 해당한다.

분열법

단세포 생물에서 나타나는 생식 방법의 하나로, 모세포가 분열하여 생성된 딸세포 각각이 새로운 개체가 된다.

핀치의 부리 모양과 먹이 종류

갈라파고스 군도의 핀치는 하나의 조상으로부터 유래하였지만, 여러 섬에 격리되어 살면서 그 섬의 먹이 종류를 비롯한 서로 다른 환경에 적응한 결과 서로 다른 특성의 부리를 가진 종으로 진화하였다.

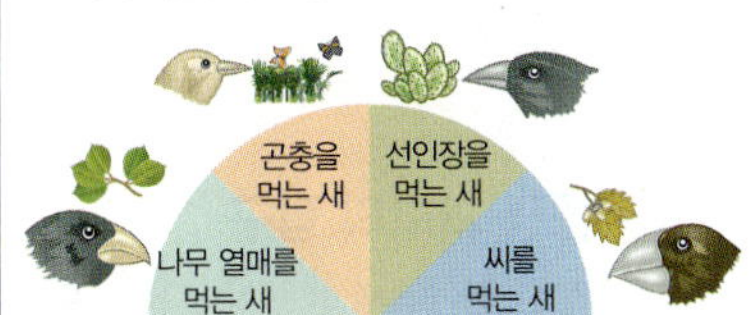

개념 익히기 문제

🧠 교과서 문장으로 개념 익히기

01 ☐☐는 생물을 구성하는 구조적·기능적 기본 단위이다.

02 생명체에서 일어나는 화학 반응을 통틀어 ☐☐☐☐라고 한다.

03 생물은 주변의 환경 변화에 반응하여 체내 환경을 일정하게 유지하려는 ☐☐☐을 지니고 있다.

04 개체가 세포 분열을 하여 점차 몸집이 커지고 자라는 것을 ☐☐이라고 한다.

05 생물이 자신과 닮은 새로운 개체를 만들어 종족을 유지하는 생물의 특성은 ☐☐☐☐☐이다.

06 생물은 오랜 시간 환경에 ☐☐해 가면서 새로운 종으로 ☐☐한다.

📦 OX 문제로 개념 익히기

07 짚신벌레와 사람은 모두 세포로 구성되어 있다. (○ / ✗)

08 엽록체에서 이산화 탄소와 물이 포도당으로 합성되는 것은 이화 작용에 해당한다. (○ / ✗)

09 사람이 더울 때 땀을 흘려 체온을 일정하게 유지하는 것은 생물의 특성 중 항상성의 예에 해당한다. (○ / ✗)

10 다세포 생물의 수정란이 발생과 생장을 거쳐 하나의 개체가 되는 과정에서 세포 분열이 일어난다. (○ / ✗)

11 히드라가 출아법으로 자신과 똑같은 자손을 만드는 것은 생물의 특성 중 생식과 유전의 예에 해당한다. (○ / ✗)

12 항생제 남용으로 항생제 저항성 세균이 증가하는 것은 생물의 특성 중 발생과 생장의 예에 해당한다. (○ / ✗)

② 바이러스

개념 생물의 특성과 비생물의 특성을 모두 가지는 생물과 비생물의 중간형

1. 바이러스의 구조

(1) 구성 성분: 핵산(DNA 또는 RNA)과 단백질

(2) 구조: 단백질로 이루어진 껍질에 핵산이 들어 있다.

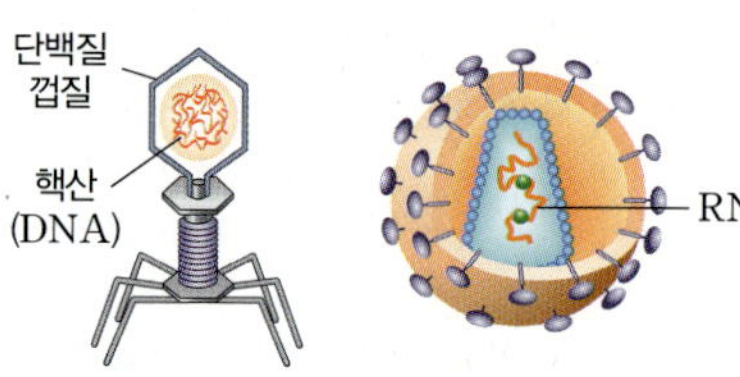

2. 바이러스의 특성

생물적 특성	비생물적 특성
▶ 핵산(DNA 또는 RNA)을 가진다. ➡ (숙주 세포 내에서) 유전과 돌연변이 등의 생명 현상이 나타난다. ▶ 살아 있는 숙주 세포 안에서 물질대사를 하며, 증식한다.	▶ 세포로 이루어져 있지 않다. ▶ 독립적으로 물질대사를 할 수 없다. ▶ 숙주 세포 밖에서 결정체(입자)로 존재한다.

⧗ 미니탐구 **바이러스의 특징**

그림과 같이 담배 모자이크병에 걸린 담뱃잎을 갈아서 즙을 낸 후, 세균 여과기로 거른다. 걸러진 여과액을 죽은 담뱃잎과 살아 있는 담뱃잎에 각각 바른 후 결과를 관찰하였더니 죽은 담뱃잎에서는 변화가 없었지만, 살아 있는 담뱃잎에서는 담배 모자이크병이 나타났다.

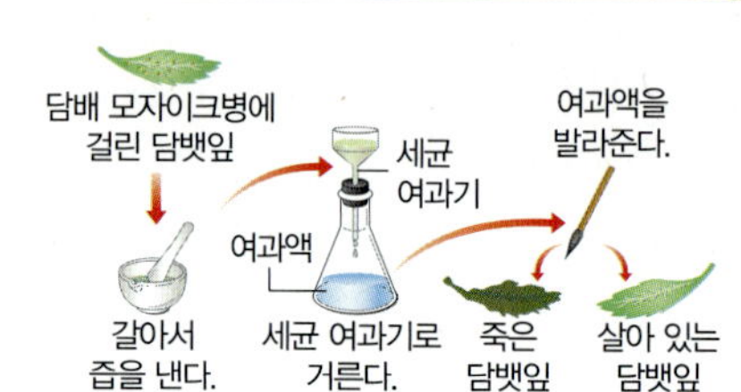

· 이 탐구에서 알 수 있는 바이러스의 특성은 무엇인가?
 – 바이러스는 살아 있는 생물체 내에서만 증식한다.
 – 바이러스는 세균 여과기에 걸러질 정도로 크기가 작다. (세균보다 크기가 작다.)

③ 생명 과학의 탐구

개념 자연 현상에서 생긴 의문을 해결하기 위한 객관적이고 타당한 답을 찾는 과정으로 귀납적 탐구 방법과 연역적 탐구 방법이 주로 이용된다.

1. 귀납적 탐구 방법

귀납적 탐구의 특징
▶ 자연 현상을 관찰하여 얻은 자료를 종합·분석하여 일반적인 원리를 도출한다. ▶ 실험으로 검증하기 어려운 주제를 탐구할 때 이용하는 방법으로 가설 설정의 단계가 없다.

(1) 귀납적 탐구 과정

자연 현상 관찰 → 관찰 주제의 선정 → 관찰 방법과 절차의 고안 → 관찰 수행 → 관찰 결과 해석 및 결론 도출

(2) 귀납적 탐구를 이용한 사례

세포설의 확립	슐라이덴과 슈반은 여러 과학자들이 오랜 시간 동안 현미경으로 생물 표본을 관찰하여 얻은 결과를 종합하여 '모든 생물은 세포로 이루어져 있다.'라고 결론을 내렸다.
다윈의 진화론 (자연 선택설)	다윈은 갈라파고스 군도를 비롯한 여러 지역을 다니면서 수집한 자료를 토대로 생물의 진화를 설명하는 자연 선택설을 제안하였다.
왓슨과 크릭의 DNA 구조 발견	왓슨과 크릭은 DNA의 화학적 성분, 염기의 비율, X선 회절 사진 등 여러 과학자들의 연구 성과를 바탕으로 DNA 이중 나선 구조를 발견하였다.

2. 연역적 탐구 방법

연역적 탐구의 특징
▶ 자연 현상을 관찰하면서 생긴 의문점에 대해 잠정적인 답인 가설을 세우고, 실험을 통해 가설을 검증하여 결론을 내린다.

(1) 연역적 탐구 과정

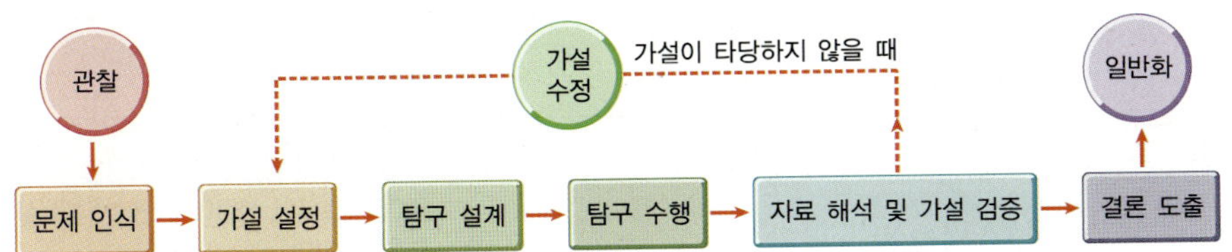

(2) 대조 실험과 변인(탐구 설계 및 수행 단계)

❶ 대조 실험: 실험 결과의 타당성을 높이기 위해 대조군과 실험군을 설정하여 비교한다.

실험군	가설에 따라 실험 조건(검증 요인)을 변화시킨 집단
대조군	조작을 가하지 않고 자연 상태를 유지한 집단

❷ 변인: 실험에 관계되는 요인

독립변인		실험의 결과에 영향을 줄 수 있는 요인
	조작 변인	실험자가 의도적으로 변화시키는 요인
	통제 변인	실험이 진행되는 동안 일정하게 유지시키는 요인
종속변인		조작 변인에 의해 변화되는 요인(실험 결과)

❸ 변인 통제: 조작 변인 이외의 독립변인(통제 변인)이 종속변인에 영향을 주지 않도록 일정하게 유지하는 것

(3) 연역적 탐구를 이용한 사례

플레밍의 항생 물질(페니실린) 발견	푸른곰팡이를 접종한 세균 배양 배지와 접종하지 않은 세균 배양 배지를 비교하여 항생 물질인 페니실린을 발견하였다.
에이크만의 각기병 연구	건강 상태가 동일한 닭을 두 집단으로 구분한 후 한 집단에는 현미, 나머지 한 집단에는 백미를 주어 각기병의 원인을 찾아냈다.
제너의 우두 접종 실험	우두에 걸린 사람의 고름을 접종한 집단과 접종하지 않은 집단에서의 결과를 비교하여 천연두를 예방하는 방법을 찾아냈다.

독립변인과 종속변인

가설: 빛의 세기가 증가하면 식물에서 광합성량이 증가할 것이다.

- **독립변인**
  - 조작 변인: 빛의 세기
  - 통제 변인: 광합성량에 영향을 주는 온도, 이산화 탄소 농도 등
- **종속변인**: 식물의 광합성량

연역적 탐구의 단계별 과정 예시: 에이크만의 각기병 연구

각기병에 걸린 닭에게 현미를 먹였더니 얼마 후 정상으로 돌아오는 것을 관찰하였다.

↓

현미에는 각기병을 예방하는 물질이 들어 있을 것이다.

↓

건강 상태가 동일한 닭을 두 집단으로 나눠 한 집단에는 백미만 주고, 한 집단에는 현미만 주었다.

↓

백미를 먹은 집단에서는 각기병이 생겼으나 현미를 먹은 집단에서는 생기지 않았다.

↓

현미에는 각기병을 예방하는 물질이 들어 있다.

개념 익히기 문제

정답과 해설 p.002

🧠 교과서 문장으로 개념 익히기

13 바이러스는 단백질 껍질 속에 ☐☐☐☐이 들어 있으며, ☐☐ 구조를 갖지 않는다.

14 바이러스는 생물체 밖에서는 물질대사의 기능이 전혀 없는 ☐☐☐로 존재한다.

15 연역적 탐구에서는 의문에 대한 잠정적인 답인 ☐☐을 설정한다.

16 연역적 탐구 과정에서 실험자가 의도적으로 변화시키는 요인을 ☐☐☐☐이라고 한다.

17 연역적 탐구 과정에서는 실험 결과에 대한 타당성을 높이기 위해 실험군과 ☐☐☐을 설정하여 비교하는 ☐☐☐☐을 한다.

📦 OX 문제로 개념 익히기

18 세균과 바이러스에는 모두 유전 물질인 핵산이 있다.

(O / X)

19 귀납적 탐구와 연역적 탐구에는 모두 자연 현상을 관찰하는 단계가 있다.

(O / X)

20 세포설이 확립되는 과정에 귀납적 탐구가 이용되었다.

(O / X)

21 연역적 탐구 과정에서 실험자가 조작을 가하지 않고 자연 상태를 유지한 집단을 실험군이라고 한다. (O / X)

22 조작 변인 이외의 독립변인이 종속변인에 영향을 주지 않도록 일정하게 유지하는 것을 통제 변인이라고 한다.

(O / X)

📝 과정 & 결과

❶ 다음은 강아지와 강아지 로봇의 모습이다.

▲ 강아지

▲ 강아지 로봇

강아지와 강아지 로봇의 구조적, 기능적 특징의 공통점과 차이점을 설명해 보자.

구분	강아지	강아지 로봇
공통점	① 머리, 몸통, 다리, 꼬리로 구성된다. ② 소리를 내며, 장애물을 피하고 자극에 대해 반응한다. ③ 에너지를 소모하면서 움직인다.	
차이점	① 세포로 구성되며, 음식으로부터 에너지를 얻는다. ② 물질대사, 항상성, 발생과 생장, 생식과 유전, 적응과 진화 등 생물의 특성이 나타난다.	① 여러 부품으로 구성되며, 전지로부터 에너지를 얻는다. ② 물질대사, 항상성, 발생과 생장, 생식과 유전, 적응과 진화가 나타나지 않는다.

❷ 그림은 박테리오파지(파지)가 증식하는 과정을 나타낸 것이다. 파지가 어떻게 증식하는지 설명해 보자.

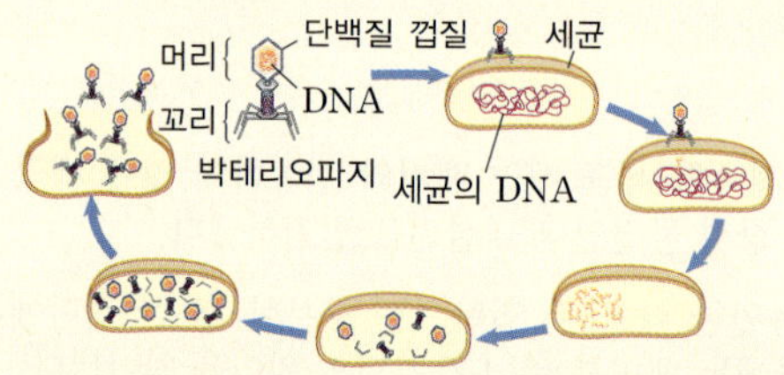

⋯▸ 파지는 숙주 세포(세균)에 자신의 유전 물질(핵산)을 주입한 후 숙주 세포의 효소를 이용하여 자신의 유전 물질을 복제하고, 단백질 껍질을 만든다. 이후 새로 합성된 핵산과 단백질 껍질이 결합하여 파지를 만들고, 숙주 세포의 세포막을 뚫고 방출된다.

🔍 분석

1. 강아지 로봇이 생물이 아니라고 판단하는 까닭은 무엇인가?

- 강아지 로봇은 자극에 대해 반응하지만, 세포로 구성되어 있지 않고 여러 가지 생물의 특성이 나타나지 않으므로 생물이 아니다.

2. 숙주 세포(세균)가 없는 곳에서 박테리오파지의 증식 여부는 어떠하겠는가?

- 바이러스가 증식하기 위해 필요한 숙주 세포가 없는 곳에서 박테리오파지는 단백질 결정체(입자)로 존재한다. 따라서 숙주 세포가 없는 곳에서 박테리오파지는 증식하지 않는다.

➡ 박테리오파지는 숙주 세포 내에서만 생물의 특성을 나타내므로 생물과 비생물의 중간형에 해당한다.

⚙️ 탐구 목표

생물의 특성과 관련지어 강아지와 강아지 로봇의 공통점과 차이점을 찾고, 강아지 로봇이 생물이 아닌 까닭을 설명할 수 있다.

🔬 탐구 포인트

생물의 특성 중 한 가지만 충족한다고 하여 생물이라고 볼 수 없다.

예제 ❶

정답과 해설 p.002

그림 (가)는 대나무 숲에서 자라는 죽순을, (나)는 석회 동굴에서 자라는 종유석과 석순을 나타낸 것이다.

(가)

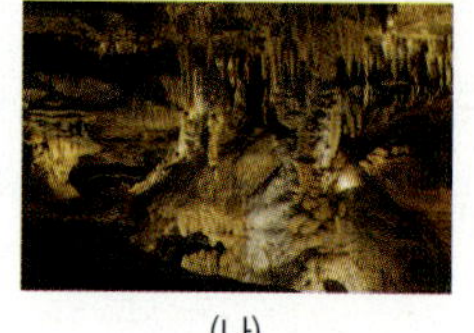

(나)

(가)와 (나)를 비교한 설명으로 옳은 것은 ○표, 옳지 않은 것은 ×표 하시오.

(1) (가)에서만 세포 수가 증가한다. (　　)

(2) (나)에서만 동화 작용이 일어난다. (　　)

(3) (가)와 (나)에서 모두 화학 반응이 일어난다. (　　)

(4) (가)와 (나)에서 모두 생물의 특성 중 발생과 생장이 일어난다. (　　)

 **집중 분석** 　**파스퇴르의 탄저병 백신 연구(연역적 탐구)**

과정 & 결과

❶ 다음은 파스퇴르가 수행한 탄저병 백신 연구를 연역적 탐구 과정에 따라 나타낸 것이다.

(가)	(나)	(다)
오래 방치된 닭콜레라균 주사를 맞은 닭이 콜레라를 가볍게 앓고 나았다. 오래 방치된 닭콜레라균 주사를 맞은 닭이 왜 닭콜레라에 걸리지 않았을까?	닭콜레라처럼 독성을 약화시킨 탄저균으로 만든 백신을 양에게 주사하면 탄저병 예방 효과가 있을 것이다.	한 집단의 양에게만 백신을 주사한 뒤 일정 시간이 지난 후 다른 한 집단의 양과 동시에 독성이 강한 탄저균을 주사하였다.

(라)	(마)	(바)
탄저균으로 만든 백신을 접종받은 집단의 양들만 모두 살아남았다.	'탄저균을 약화시킨 백신을 양에게 주사하면 탄저병 예방 효과가 있다.'라는 결론을 내렸다.	약해진 균으로 만든 백신을 미리 접종하면 전염병을 예방할 수 있다는 것을 알게 되었다.

(가)~(바)에 해당하는 연역적 탐구의 단계는 무엇인지 |보기|에서 골라 순서대로 쓰고, 각 단계를 설명해 보자.

> ── 보기 ─────────
> 관찰 및 문제 인식, 일반화, 가설 설정, 결론 도출, 결과 정리 및 분석, 탐구 설계 및 수행

⋯▶ **(가) 관찰 및 문제 인식:** 자연 현상이나 사물을 관찰하고 의문을 제기한다.
　　(나) 가설 설정: 의문의 답이 될 수 있는 가설을 세운다. ▶ 귀납적 탐구에는 없는 단계이다.
　　(다) 탐구 설계 및 수행: 가설 검증을 위해 탐구 계획을 세우고, 탐구를 수행한다.
　　(라) 결과 정리 및 분석: 실험에서 얻은 결과를 정리하고 자료를 분석한다.
　　(마) 결론 도출: 분석된 자료를 바탕으로 가설을 평가하고 결론을 내린다.
　　(바) 일반화: 결론 도출 결과 가설이 참인 경우 가설을 보편 타당한 이론으로 일반화한다.

분석

1. **(다)에서 백신을 주사한 한 집단만 이용하여 실험한다면 어떤 문제가 있겠는가?**
   - 탐구 설계 및 수행(다) 단계에서의 대조 실험은 실험의 객관성과 타당성을 위해 필요하다. 따라서 한 집단에만 백신을 주사한 뒤 실험을 진행한다면 비교 가능한 대조군이 설정되지 않아 올바른 실험이 아니므로 결과를 신뢰할 수 없다.

2. **(다)에서 두 집단을 구성하는 양의 수는 어떠해야 하는가?**
   - 연역적 탐구에서 실험의 결과에 해당하는 종속변인에 영향을 줄 수 있는 모든 변인을 독립변인이라고 하며, 독립변인에는 실험자가 조작을 가하는 조작 변인과 일정하게 유지해야 하는 통제 변인이 있다. 자료에서는 '백신의 주사 여부'가 조작 변인, '양의 생존 여부'가 종속변인, 나머지 변인은 모두 통제 변인에 해당한다. 따라서 두 집단을 구성하는 양의 수는 통제 변인이므로 두 집단을 구성하는 양의 수는 같아야 한다.

탐구 목표

연역적 탐구 과정의 각 단계를 설명할 수 있고, 가설 및 대조 실험의 의미를 이해할 수 있다.

탐구 포인트

자료에서 실험군과 대조군에 해당하는 것이 무엇인지 구분할 수 있어야 하고, 변인을 독립변인(조작 변인, 통제 변인)과 종속변인으로 나눌 수 있어야 한다.

정답과 해설 p.002

예제 ❷

다음은 플레밍이 수행한 탐구 과정의 일부를 나타낸 것이다.

> (가) 푸른곰팡이에서 생성된 어떤 물질이 세균의 증식을 억제할 것이다.
> (나) 푸른곰팡이는 세균 증식을 억제하는 물질을 생성한다.
> (다) 두 집단의 세균 배양 접시를 준비한 후, 한 접시에만 푸른곰팡이를 접종한다.
> (라) 푸른곰팡이를 접종한 접시에서만 세균이 증식하지 않았다.

이에 대한 설명으로 옳지 않은 것은?

① 대조 실험이 진행되었다.
② (가)는 가설 설정 단계이다.
③ 연역적 탐구가 이용되었다.
④ (가) ─ (라) ─ (다) ─ (나) 순으로 진행되었다.
⑤ (다)에서 푸른곰팡이의 접종 여부는 독립변인에 해당한다.

개념 다지기 문제

01 그림은 개구리의 수정란이 올챙이가 되는 과정을 나타낸 것이다.

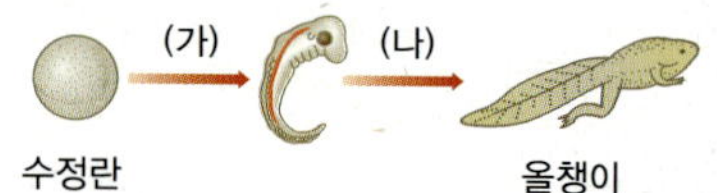

이에 대한 설명으로 옳은 것만을 |보기|에서 있는 대로 고른 것은?

> **보기**
> ㄱ. (가)는 발생, (나)는 생장에 해당한다.
> ㄴ. (가)에서 세포 수가 증가한다.
> ㄷ. (나)에서 물질대사가 일어난다.

① ㄱ   ② ㄴ   ③ ㄱ, ㄴ
④ ㄱ, ㄷ   ⑤ ㄴ, ㄷ

02 표는 사막에 사는 캥거루쥐를 10주 동안 조건을 달리하며 사육한 결과를 체내 수분량으로 나타낸 것이다.

사육 조건		사육 결과
먹이	장소	체내 수분량(%)
마른 밀	건조한 곳	64
마른 밀, 과일	습기가 있는 곳	64

이와 가장 관련이 깊은 생물의 특성은?

① 세포로 구성된다.   ② 물질대사를 한다.
③ 항상성을 유지한다.   ④ 생식과 유전을 한다.
⑤ 발생과 생장을 한다.

대표 유형 문제

03 그림은 갈라파고스 군도의 각 섬에 서식하고 있는 핀치의 부리 모양이 먹이 종류에 따라 달라진 결과를 나타낸 것이다.

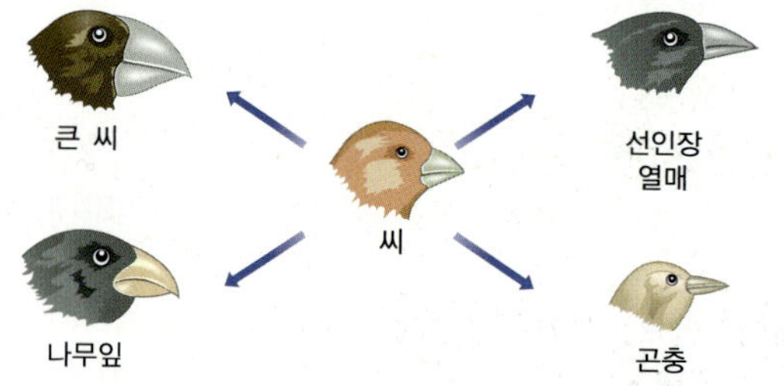

이와 관련된 생물의 특성의 예로 옳은 것만을 |보기|에서 있는 대로 고른 것은?

> **보기**
> ㄱ. 사과를 보면 입에 침이 고인다.
> ㄴ. 사막여우는 북극여우에 비해 몸집이 작다.
> ㄷ. 식물의 어린 싹은 빛이 비치는 쪽으로 줄기가 굽는다.

① ㄱ   ② ㄴ   ③ ㄷ   ④ ㄱ, ㄴ   ⑤ ㄴ, ㄷ

대표 유형 문제

04 그림 (가)는 강아지를, (나)는 강아지 로봇을 나타낸 것이다. (나)의 강아지 로봇은 사물을 인식하고 짖거나 피할 수 있다.

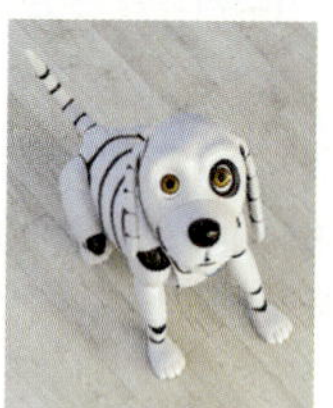

이에 대한 설명으로 옳은 것만을 |보기|에서 있는 대로 고른 것은?

> **보기**
> ㄱ. (가)는 세포로 구성된다.
> ㄴ. (나)는 자극에 대해 반응한다.
> ㄷ. (가)와 (나)에서 모두 물질대사가 일어난다.

① ㄱ   ② ㄴ   ③ ㄱ, ㄴ
④ ㄱ, ㄷ   ⑤ ㄴ, ㄷ

05 그림 (가)와 (나)는 대장균과 바이러스를 순서 없이 나타낸 것이다.

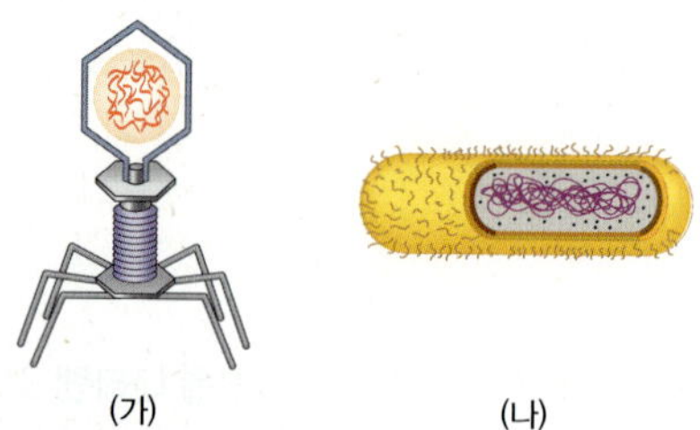

이에 대한 설명으로 옳은 것만을 |보기|에서 있는 대로 고른 것은?

> **보기**
> ㄱ. (가)는 세포 구조를 가진다.
> ㄴ. (나)는 스스로 물질대사를 할 수 있다.
> ㄷ. (가)와 (나)는 모두 유전 물질을 가진다.

① ㄱ   ② ㄴ   ③ ㄱ, ㄴ
④ ㄱ, ㄷ   ⑤ ㄴ, ㄷ

06 다음은 담배 모자이크병을 일으키는 병원체 X의 특성을 알아보기 위한 실험이다.

[실험 과정 및 결과]

(가) 담배 모자이크병에 걸린 담뱃잎을 갈아서 즙을 낸다.

(나) (가)의 즙을 짜내어 세균 여과기에 거른다.

(다) (나)에서 거른 ⊙여과액을 살아 있는 담뱃잎과 죽은 담뱃잎에 발라 준다.

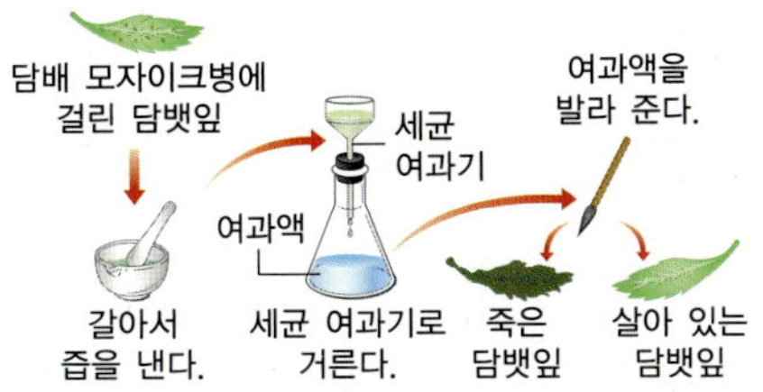

(라) 살아 있는 담뱃잎에서는 담배 모자이크병이 나타났고, 죽은 담뱃잎에서는 담배 모자이크병이 나타나지 않았다.

이에 대한 설명으로 옳은 것만을 |보기|에서 있는 대로 고른 것은?

보기
ㄱ. ⊙에는 X가 있다.
ㄴ. X의 크기는 세균보다 크다.
ㄷ. 죽은 담뱃잎에서 X의 수는 증가한다.

① ㄱ   ② ㄴ   ③ ㄱ, ㄴ
④ ㄱ, ㄷ   ⑤ ㄴ, ㄷ

07 표는 바이러스와 관련된 몇 가지 특성을 나타낸 것이다.

(가)	기존의 독감 백신은 새로운 돌연변이가 일어난 독감 바이러스에 의한 독감의 예방에 효과가 없다.
(나)	후천성 면역 결핍증(AIDS)을 일으키는 바이러스는 생물체 밖에서 단백질 결정체로 존재한다.
(다)	대장균 속으로 들어간 박테리오파지의 DNA로부터 새로운 박테리오파지가 생성된다.

(가)~(다)에서 알 수 있는 바이러스의 특성으로 옳은 것만을 |보기|에서 있는 대로 고른 것은?

보기
ㄱ. 바이러스에는 핵산과 단백질이 있다.
ㄴ. 바이러스는 숙주 세포 밖에서도 생명 활동을 한다.
ㄷ. 바이러스는 생물적 특성과 비생물적 특성을 모두 가진다.

① ㄱ   ② ㄴ   ③ ㄱ, ㄴ
④ ㄱ, ㄷ   ⑤ ㄴ, ㄷ

08 다음은 연역적 탐구 과정의 순서를 나타낸 것이다.

관찰 → 문제 인식 → ⊙ → ⓒ → 결과 분석 → 결론 도출

⊙과 ⓒ에 들어갈 과정을 옳게 짝 지은 것은?

	⊙	ⓒ
①	가설 설정	탐구 설계 및 수행
②	관찰 주제 선정	가설 설정
③	탐구 설계 및 수행	가설 설정
④	관찰 주제 선정	탐구 설계 및 수행
⑤	가설 설정	관찰 주제 선정

[09~10] 다음은 레디가 수행한 탐구이다. 물음에 답하시오.

[실험 과정]

(가) '구더기는 자연적으로 발생하지 않을 것이다.'라고 생각하였다.

(나) 그림과 같이 병에 생선을 넣은 후 하나는 병 입구를 막지 않고, 나머지 하나는 병 입구를 그물망으로 막았다.

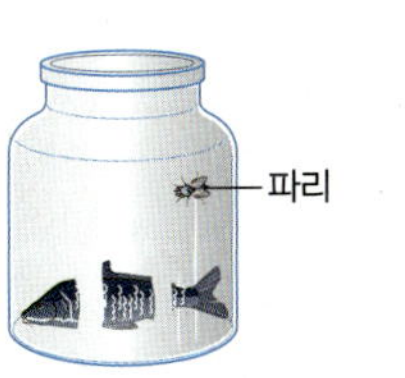

[실험 결과]

병 입구를 막지 않은 병에서만 구더기가 발생하였다.

09 이에 대한 설명으로 옳은 것만을 |보기|에서 있는 대로 고른 것은?

보기
ㄱ. 귀납적 탐구가 이용되었다.
ㄴ. 실험의 결과는 가설을 지지한다.
ㄷ. (나)에서 대조 실험이 진행되었다.

① ㄱ   ② ㄴ   ③ ㄷ
④ ㄱ, ㄴ   ⑤ ㄴ, ㄷ

10 이 실험에서의 조작 변인과 종속변인에 해당하는 것을 옳게 연결한 것은?

	조작 변인	종속변인
①	구더기 발생 여부	병의 크기
②	병의 크기	그물망 설치 여부
③	구더기 발생 여부	그물망 설치 여부
④	병의 크기	구더기 발생 여부
⑤	그물망 설치 여부	구더기 발생 여부

고난도 문제

11 표 (가)는 강아지, 대장균, 바이러스에서 특징 ㉠~㉢의 유무를, (나)는 ㉠~㉢을 순서 없이 나타낸 것이다. A~C는 각각 강아지, 대장균, 바이러스 중 하나이다.

구분	㉠	㉡	㉢
A	○	×	○
B	○	○	○
C	×	×	○

(○: 있음, ×: 없음)

(가)

특징(㉠~㉢)
- 세포로 구성된다.
- 다세포 생물이다.
- 유전 물질을 가진다.

(나)

이에 대한 설명으로 옳은 것만을 |보기|에서 있는 대로 고른 것은?

|보기|
ㄱ. A는 대장균이다.
ㄴ. ㉡은 '다세포 생물이다.'이다.
ㄷ. C는 스스로 물질대사를 할 수 있다.

① ㄱ   ② ㄷ   ③ ㄱ, ㄴ
④ ㄱ, ㄷ   ⑤ ㄴ, ㄷ

12 다음은 감자의 색 변화에 대한 탐구 과정의 일부이다.

- **(가)** : 노란색 감자는 빛을 받으면 초록색으로 변할 것이다.
- 탐구 설계 및 수행: 상자 A와 B에 노란색 감자를 넣은 후 빛과 온도 조건을 표와 같이 설정하여 실험을 진행하였다. ㉠은 '있음'과 '없음' 중 하나이다.

상자	A	B
빛	㉠	있음
온도	25 ℃	?

- 결론 도출: 노란색 감자는 빛을 받으면 초록색으로 변한다.

이에 대한 설명으로 옳은 것만을 |보기|에서 있는 대로 고른 것은?

|보기|
ㄱ. (가)는 '가설 설정'이다.
ㄴ. ㉠은 '있음'이다.
ㄷ. 온도는 통제 변인에 해당한다.

① ㄱ   ② ㄴ   ③ ㄱ, ㄷ
④ ㄴ, ㄷ   ⑤ ㄱ, ㄴ, ㄷ

서술형 문제

13 표 (가)는 강아지 로봇의 특성을, (나)는 생물의 일반적인 특성을 나타낸 것이다.

강아지 로봇의 특성	생물의 일반적인 특성	
• 장애물을 인식하여 피하며, 경우에 따라 소리를 낸다. • 전지의 에너지를 소모하면서 이동한다.	① 세포로 구성 ③ 자극에 대한 반응 ⑤ 생식과 유전	② 물질대사 ④ 발생과 생장 ⑥ 적응과 진화
(가)	(나)	

(1) (가)에서 관찰되는 강아지 로봇의 생물적 특성을 (나)에서 모두 찾아 번호를 쓰시오.

(2) 강아지 로봇을 생물로 판단할 수 있는지에 대해 서술하시오.

14 다음은 병원체 X와 Y를 이용한 실험에 대한 자료이다. X와 Y는 각각 세균과 바이러스 중 하나이다.

[X를 이용한 실험]
- X를 동물 세포 밖에 두었더니 X의 수가 증가하였다.
- X를 동물 세포 안에 주사하였더니 X의 수가 증가하였다.

[Y를 이용한 실험]
- Y를 동물 세포 밖에 두었더니 Y의 수가 일정하였다.
- Y를 동물 세포 안에 주사하였더니 Y의 수가 증가하였다.

X와 Y가 각각 무엇이며, 그렇게 판단한 까닭을 서술하시오.

15 다음은 연역적 탐구 과정의 일부를 나타낸 것이다.

'마늘은 세균 증식을 억제하는 효과가 있을 것이다.'라고 생각하였다.

(1) 제시된 내용은 연역적 탐구의 어떤 단계인지 쓰시오.

(2) 위 과정 이후에 진행되는 실험에서의 조작 변인과 종속변인이 무엇인지 서술하시오.

학교 시험 빈출 자료 MASTER

01 생명 과학의 이해

1 생물의 특성

표는 생물의 특성 (가)~(다)의 예를 나타낸 것이다. (가)~(다)는 물질대사, 항상성, 자극에 대한 반응을 순서 없이 나타낸 것이다.

생물의 특성	예
(가)	㉠ 사람은 더우면 땀을 흘린다.
(나)	식물은 빛에너지를 흡수하여 포도당을 합성한다.
(다)	㉡ 지렁이는 빛을 비추면 빛이 없는 곳으로 이동한다.

● 다음 설명 중 옳은 것은 ○표, 옳지 않은 것은 ×표 하시오.

1 (가)는 생물의 특성 중 '자극에 대한 반응'의 예에 해당한다.　○ / ×

2 (나)는 생물의 특성 중 '물질대사'의 예에 해당한다.　○ / ×

3 (다)는 생물의 특성 중 '항상성'의 예에 해당한다.　○ / ×

4 ㉠은 다세포 생물이다.　○ / ×

5 ㉡은 세포로 구성된다.　○ / ×

6 ㉠과 ㉡에서 모두 (나)가 나타난다.　○ / ×

2 바이러스

그림 (가)는 바이러스를, (나)는 세균을 나타낸 것이다.

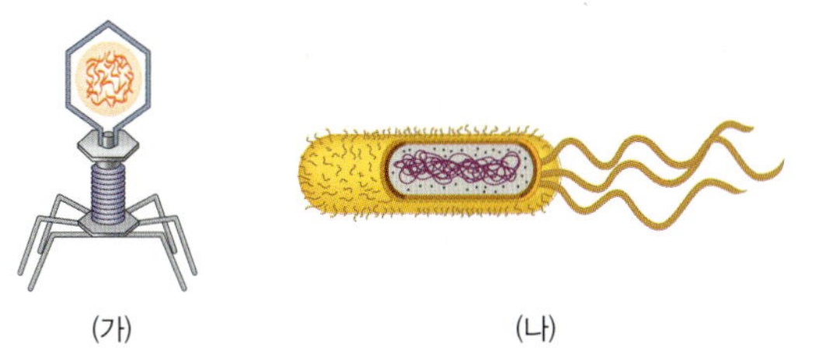

(가)　　　　(나)

● 다음 설명 중 옳은 것은 ○표, 옳지 <u>않은</u> 것은 ×표 하시오.

1 (가)는 바이러스이다.　○ / ×

2 (가)는 세포 구조를 가진다.　○ / ×

3 (나)는 자극에 대해 반응한다.　○ / ×

4 (나)는 스스로 물질대사를 할 수 있다.　○ / ×

5 (가)와 (나)는 모두 유전 물질을 가진다.　○ / ×

6 (가)와 (나)에서 모두 돌연변이가 나타난다.　○ / ×

3 생명 과학의 탐구

그림은 두 가지 탐구 방법 (가)와 (나)를 나타낸 것이다.

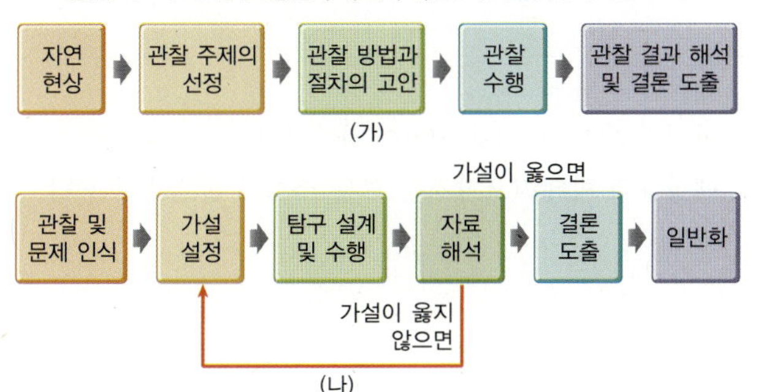

● 다음 설명 중 옳은 것은 ○표, 옳지 <u>않은</u> 것은 ×표 하시오.

1 (가)는 귀납적 탐구 방법이다.　○ / ×

2 대조 실험이 수행되는 탐구 방법은 (나)이다.　○ / ×

3 왓슨과 크릭의 DNA 구조 발견에 (가)의 탐구 방법이 이용되었다.　○ / ×

4 플레밍이 항생 물질을 발견하는 과정에 (나)의 탐구 방법이 이용되었다.　○ / ×

5 여러 가지 자료를 분석하고 종합하여 일반적인 원리나 법칙을 이끌어 내는 탐구 방법은 (나)이다.　○ / ×

학교 시험 대비 문제

01 다음은 강아지와 강아지 로봇에 대한 자료이다. (가)와 (나)는 각각 강아지와 강아지 로봇 중 하나이다.

- (가)는 사료를 먹으면 소화·흡수하여 에너지를 얻으며, 물체의 움직임을 감지하거나 소리를 들으면 짖으며 뛰어다닌다.
- (나)는 전기 에너지로 움직이며, 센서가 있어 공을 던지면 물어 온다.

이에 대한 설명으로 옳은 것만을 |보기|에서 있는 대로 고른 것은?

|보기|
ㄱ. (가)는 세포로 구성된다.
ㄴ. (나)에서 물질대사가 일어난다.
ㄷ. (가)와 (나)는 모두 자극에 대해 반응한다.

① ㄱ ② ㄷ ③ ㄱ, ㄴ
④ ㄱ, ㄷ ⑤ ㄴ, ㄷ

[02~03] 다음은 식충 식물인 파리지옥에 대한 자료이다.

파리지옥의 잎에는 3쌍의 감각모가 있어서 ㉠잎에 곤충이 앉으면 잎이 갑자기 접히며, 안쪽의 돌은 선에서 산과 소화액을 분비하여 곤충을 분해한 후 ㉡흡수한 영양소를 단백질 합성에 이용한다.

02 ㉠에 나타난 생물의 특성과 가장 관련이 깊은 것은?

① 물질대사 ② 적응과 진화 ③ 발생과 생장
④ 생식과 유전 ⑤ 자극에 대한 반응

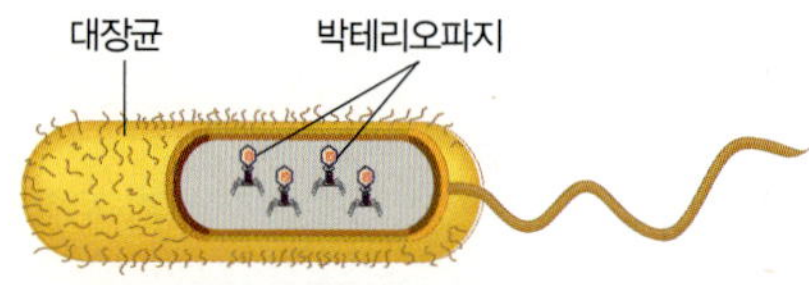

유형 문제

03 ㉡과 가장 관련이 깊은 생물의 특성의 예는?

① 올챙이는 자라서 개구리가 된다.
② 어머니가 색맹이면 아들도 색맹이다.
③ 물을 많이 마시면 오줌양이 증가한다.
④ 수정란은 세포 분열을 통해 기관을 형성한다.
⑤ 녹색 식물은 이산화 탄소와 물을 이용하여 포도당을 합성한다.

04 그림은 가뭄 전 방울새와 가뭄 후 살아남은 방울새의 부리 두께를 조사한 결과이다. 가뭄 전에는 방울새가 쉽게 먹을 수 있는 작은 씨앗이 풍부했으나, 가뭄 후에는 작은 씨앗보다 크고 단단한 씨앗이 많아졌다.

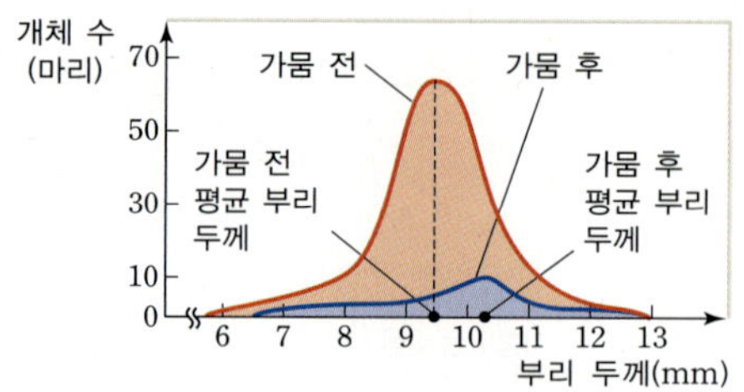

이 자료와 가장 관련이 깊은 생물의 특성의 예는?

① 아메바는 분열법으로 증식한다.
② 까치가 총소리에 놀라 날아간다.
③ 효모는 포도당을 분해하여 에너지를 얻는다.
④ 살충제를 사용한 후 살충제에 저항성이 생긴 바퀴벌레가 나타난다.
⑤ 민들레의 종자는 발아하여 뿌리, 줄기, 잎의 기관을 가진 개체가 된다.

유형 문제

05 그림은 대장균과 대장균을 숙주로 하는 박테리오파지를 나타낸 것이다.

이에 대한 설명으로 옳은 것만을 |보기|에서 있는 대로 고른 것은?

|보기|
ㄱ. 대장균은 세포로 구성된다.
ㄴ. 박테리오파지는 유전 현상이 나타난다.
ㄷ. 대장균과 박테리오파지는 모두 스스로 물질 대사를 할 수 있다.

① ㄱ ② ㄴ ③ ㄷ
④ ㄱ, ㄴ ⑤ ㄴ, ㄷ

06
그림은 정상인의 식사 후 혈당량과 혈액 내 인슐린의 농도 변화를 나타낸 것이다.

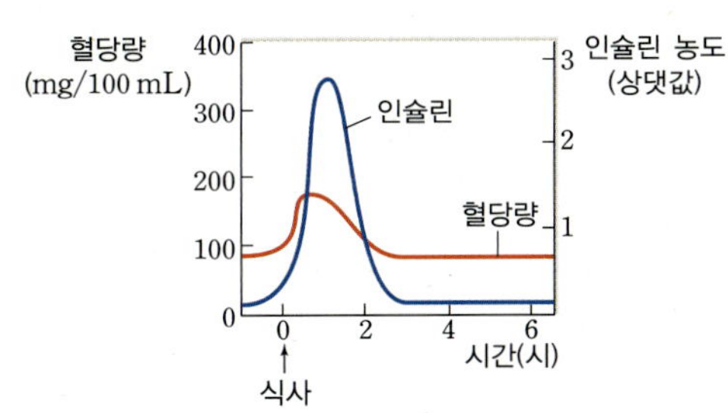

이 자료와 가장 관련이 깊은 생물의 특성의 예는?

① 선인장의 가시는 잎이 변형된 것이다.
② 수박을 많이 먹었더니 오줌양이 증가하였다.
③ 장구벌레는 번데기 시기를 거쳐 모기가 된다.
④ 플라나리아는 빛을 받으면 어두운 곳으로 이동한다.
⑤ 핀치는 먹이의 종류에 따라 부리 모양이 달라졌다.

대표 유형 문제

07
표는 연역적 탐구 과정의 변인 A~C의 의미를 나타낸 것이다. A~C는 조작 변인, 종속변인, 통제 변인을 순서 없이 나타낸 것이다.

변인	의미
A	실험자가 실험 과정에서 일정하게 유지하는 변인이다.
B	실험자가 실험 과정에서 체계적으로 변화시키는 변인이다.
C	?

이에 대한 설명으로 옳은 것만을 |보기|에서 있는 대로 고른 것은?

ㄱ. A는 독립변인에 해당한다.
ㄴ. B는 통제 변인이다.
ㄷ. C는 실험의 결과에 해당하는 변인이다.

① ㄱ ② ㄴ ③ ㄱ, ㄷ
④ ㄴ, ㄷ ⑤ ㄱ, ㄴ, ㄷ

대표 유형 문제

[08~09] 다음은 어떤 학생이 수행한 탐구 과정의 일부를 순서 없이 나타낸 것이다.

(가) X가 우유를 상하게 할 것이라고 생각하였다.
(나) 우연히 상한 우유에서 세균 X가 많이 발견되는 것을 관찰하였다.
(다) X를 넣은 우유는 상하였고, X를 넣지 않은 우유는 상하지 않았다.
(라) ㉠우유가 든 병을 두 개 준비하여, 한 병에만 X를 넣은 후 항온기에 넣고 일정 시간을 두었다.

08
(가)~(라)를 순서대로 옳게 나열한 것은?

① (가)-(나)-(다)-(라) ② (가)-(다)-(라)-(나)
③ (나)-(가)-(다)-(라) ④ (나)-(가)-(라)-(다)
⑤ (나)-(라)-(다)-(가)

09
이에 대한 설명으로 옳은 것만을 |보기|에서 있는 대로 고른 것은?

ㄱ. ㉠에는 X가 없어야 한다.
ㄴ. 귀납적 탐구가 이용되었다.
ㄷ. (라)에서 대조 실험이 진행되었다.

① ㄱ ② ㄴ ③ ㄷ
④ ㄱ, ㄴ ⑤ ㄱ, ㄷ

10
다음은 어떤 학생이 수행한 탐구의 일부이다.

시험관 A에는 배즙과 달걀 흰자를, 시험관 B에는 증류수와 달걀 흰자를 같은 양씩 넣고 37 °C에서 일정 시간 동안 두었다. 그 결과 배즙에는 단백질을 분해하는 물질이 있음을 확인하였다.

이에 대한 설명으로 옳은 것만을 |보기|에서 있는 대로 고른 것은?

ㄱ. 달걀 흰자에는 단백질이 있다.
ㄴ. 조작 변인은 배즙의 첨가 여부이다.
ㄷ. 실험 결과 달걀 흰자의 무게는 B에서가 A에서보다 더 많이 감소하였다.

① ㄱ ② ㄴ ③ ㄷ
④ ㄱ, ㄴ ⑤ ㄱ, ㄷ

11 표 (가)는 A~C 중 대장균, 지렁이, 바이러스가 가지는 특징을, (나)는 A~C를 순서 없이 나타낸 것이다.

(가)	(나)
• A만 가진다. – 바이러스 • B를 가진다. – 대장균, 지렁이 • C를 가진다. – 지렁이	• 다세포 생물이다. • 유전 물질이 있다. • ㉮

이에 대한 설명으로 옳은 것만을 |보기|에서 있는 대로 고른 것은?

> **보기**
> ㄱ. 대장균은 A를 가진다.
> ㄴ. C는 '유전 물질이 있다.'이다.
> ㄷ. '세포로 구성된다.'는 ㉮에 해당한다.

① ㄱ ② ㄴ ③ ㄱ, ㄷ
④ ㄴ, ㄷ ⑤ ㄱ, ㄴ, ㄷ

12 표는 침에 의한 녹말의 분해 작용을 알아보기 위해 시험관 A~D에 첨가한 물질을 나타낸 것이다.

(단위: mL)

시험관	A	B	C	D
10 % 녹말 용액	10	10	0	10
증류수	10	0	10	5
10 % 침 희석액	0	10	10	5

이에 대한 설명으로 옳은 것만을 |보기|에서 있는 대로 고른 것은?

> **보기**
> ㄱ. A는 대조군이다.
> ㄴ. A와 C를 비교하면 침에 의한 녹말의 분해 작용을 확인할 수 있다.
> ㄷ. A, B, D를 비교하면 침의 농도에 따른 녹말 분해 정도를 확인할 수 있다.

① ㄱ ② ㄴ ③ ㄱ, ㄷ
④ ㄴ, ㄷ ⑤ ㄱ, ㄴ, ㄷ

13 그림은 생명 과학의 탐구 방법 중 일부 과정을 나타낸 것이다. ㉠과 ㉡은 각각 가설 설정과 문제 인식 중 하나이다.
이에 대한 설명으로 옳은 것만을 |보기|에서 있는 대로 고른 것은?

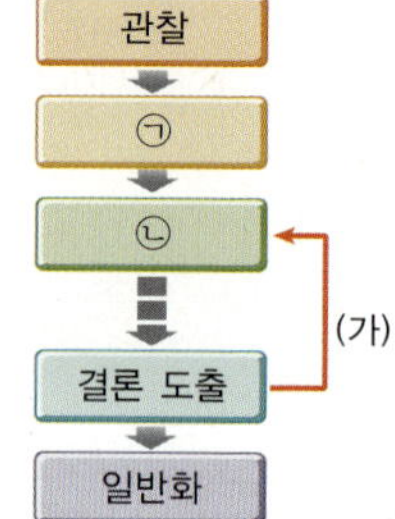

> **보기**
> ㄱ. ㉠에서 의문에 대한 잠정적인 답을 설정한다.
> ㄴ. ㉡은 귀납적 탐구에서도 있는 단계이다.
> ㄷ. 과정 (가)는 결론이 가설을 지지하지 않을 때 진행된다.

① ㄱ ② ㄴ ③ ㄷ
④ ㄱ, ㄴ ⑤ ㄴ, ㄷ

14 다음은 생명 과학의 탐구 사례 (가)~(다)에 대한 설명이다.

> (가) 가젤 영양의 이상 뜀뛰기 행동을 오랜 시간 동안 관찰하여 포식자가 나타나는 상황에서 가젤 영양의 특이한 뜀뛰기 행동이 반복됨을 알아냈다.
> (나) 탄저병 백신의 효능을 검증하기 위해 양을 두 집단으로 나누고 한 집단에만 백신을 접종하여 결과를 관찰한 결과 백신이 효과가 있음을 알아냈다.
> (다) 침팬지 보호 구역에서 10여 년간 침팬지의 성장 과정, 행동, 서로 다른 침팬지들을 비교하고 서로의 관계를 관찰한 결과, 침팬지가 육식을 즐기고 도구를 사용하는 행동 특성이 있음을 알아냈다.

이에 대한 설명으로 옳은 것만을 |보기|에서 있는 대로 고른 것은?

> **보기**
> ㄱ. (가)는 귀납적 탐구를 이용한 사례이다.
> ㄴ. (나)와 (다)에서 대조 실험이 진행되었다.
> ㄷ. (가)~(다)에서 모두 관찰이 진행되었다.

① ㄱ ② ㄴ ③ ㄱ, ㄷ
④ ㄴ, ㄷ ⑤ ㄱ, ㄴ, ㄷ

서술형 문제

15

표는 생물의 특성 (가)~(다)의 예를 나타낸 것이다. (가)~(다)는 물질대사, 항상성, 생식과 유전을 순서 없이 나타낸 것이다.

생물의 특성	예
(가)	사람은 더울 때 땀을 흘린다.
(나)	효모는 포도당을 분해하여 에너지를 얻는다.
(다)	O형인 부모 사이에서 O형인 자녀가 태어난다.

(1) (가), (나), (다)에 해당하는 생물의 특성을 쓰시오.

(2) 사람에서 일어나는 (나)의 예를 두 가지 쓰시오.

16

다음은 바이러스에 대한 자료이다.

> (가) 단백질과 핵산으로 구성된 바이러스는 구조가 단순하기 때문에 발견 초기에는 최초의 생명체로 생각되었다. 하지만 오늘날에는 바이러스를 최초의 생명체로 보지 않는다.
> (나) 바이러스는 숙주 세포 밖에서는 단백질 결정체로 존재하지만, 숙주 세포 안에서는 자신의 유전 물질을 이용하여 증식한다.

(1) (가)를 참고하여 바이러스가 가지는 생물적 특징과 비생물적 특성을 각각 한 가지씩 쓰시오.

(2) 오늘날 바이러스를 최초의 생명체로 보지 않는 까닭을 (나)와 관련지어 서술하시오.

17

연역적 탐구 과정에 대한 다음 물음에 답하시오.

(1) 인식한 문제에 대한 잠정적인 결론을 무엇이라고 하는지 쓰시오.

(2) 대조 실험을 실시하는 까닭을 서술하시오.

18

그림은 전염병 예방을 위해 개발한 백신 A가 효과가 있는지 알아보기 위해 양 50마리를 대상으로 실시한 실험을 나타낸 것이다.

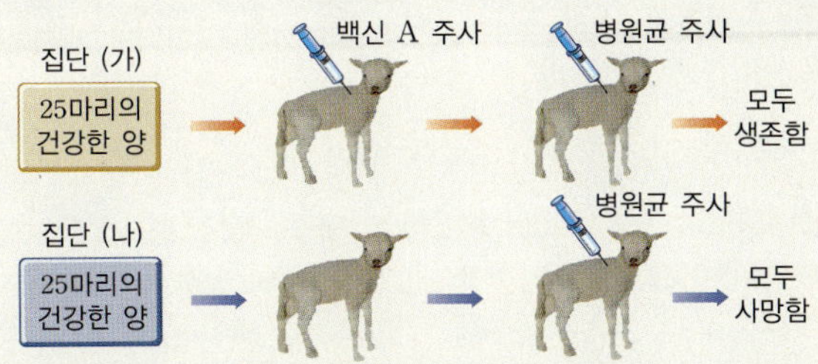

(1) 이 실험에서의 조작 변인과 종속변인은 무엇인지 쓰시오.

(2) 이 실험의 가설을 추론하여 서술하시오.

19

다음은 구리가 식물의 생장에 미치는 효과를 알아보기 위해 설계한 실험이다.

> (가) 물에 적신 솜을 넣은 페트리 접시 A와 B를 준비한 후, 검은콩을 A에는 10개, B에는 5개를 넣는다.
> (나) A에는 0.5 %의 구리 용액을 넣고, B에는 증류수를 넣은 후, 1~2주 동안 A와 B에서 콩이 싹 트고 성장하는 것을 관찰하고 길이를 측정한다.

이 탐구 설계 과정에서 보완해야 할 점을 서술하시오.

20

그림은 탐구 방법 (가)를, 표는 레디의 연구와 다윈의 연구를 정리한 것이다.

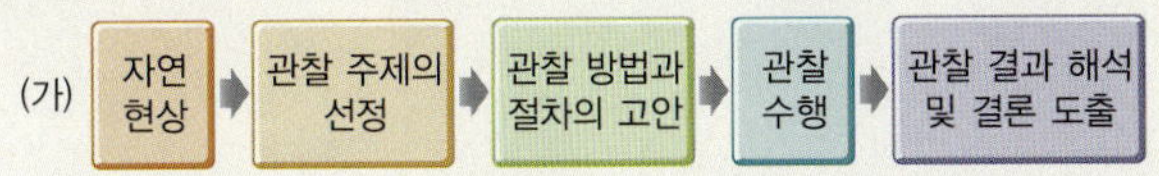

> • 레디의 연구: '파리로부터 구더기가 발생하므로 고기에 파리의 접근을 막으면 구더기가 생기지 않을 것이다.'라고 생각하고 실험을 통하여 생물 속생설을 증명하였다.
> • 다윈의 연구: 비글호를 타고 동식물을 채집해 관찰한 것을 정리하여 '생물은 진화한다.'라는 결론을 도출하였다.

(가)와 관련이 있는 연구는 레디의 연구와 다윈의 연구 중 무엇이며, 그렇게 생각한 까닭을 서술하시오.

Ⅱ 사람의 물질대사

1 사람의 물질대사

01 사람의 물질대사

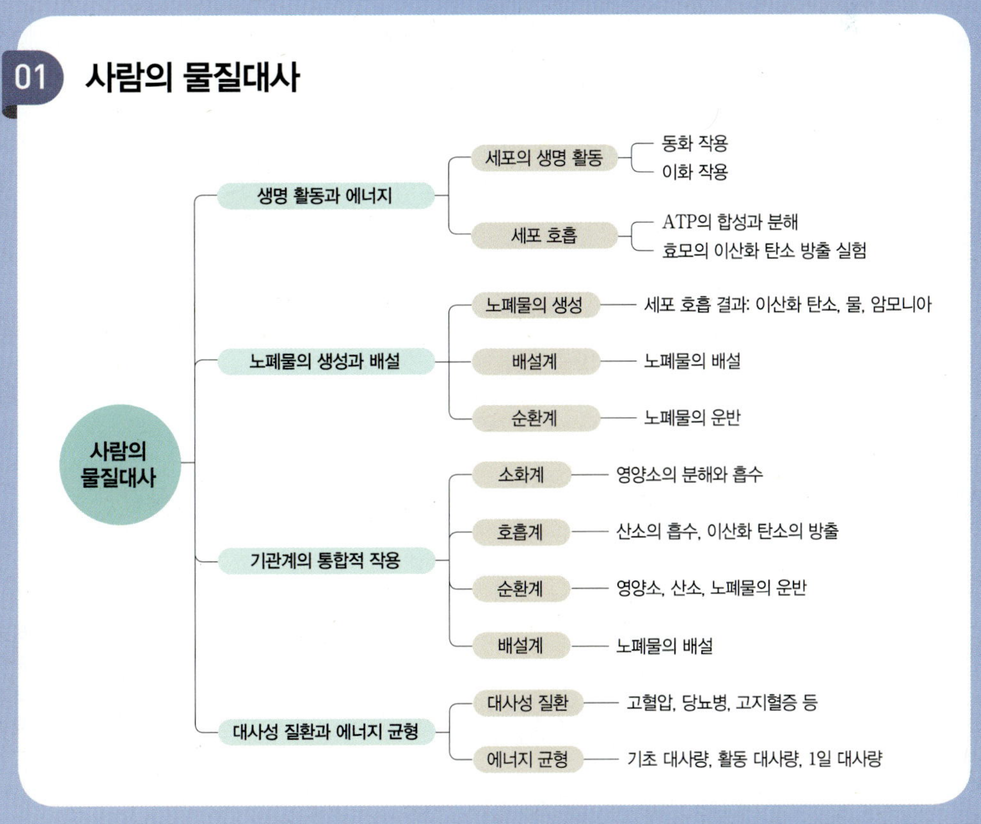

01 사람의 물질대사

① 세포의 생명 활동

개념 모든 생물은 생명 활동을 하기 위해 에너지를 필요로 하며, 이 에너지는 물질대사를 통해 얻는다.

1. 물질대사: 생명체 내에서 일어나는 모든 화학 반응

(1) 물질대사의 특징

❶ 물질대사가 일어날 때 항상 에너지의 출입이 일어나므로 에너지 대사라고도 한다.

❷ 단계적으로 반응이 진행되며, 각 단계는 대부분 효소에 의해 저온에서도 빠른 속도로 진행된다. ➡ 효소가 관여하는 반응이다.

(2) 물질대사의 종류

구분	동화 작용	이화 작용
에너지 출입	에너지 흡수(흡열 반응) ➡ 반응물의 에너지 합 < 생성물의 에너지 합	에너지 방출(발열 반응) ➡ 반응물의 에너지 합 > 생성물의 에너지 합
예	• 광합성: 물 + 이산화 탄소 → 포도당 + 산소 • 글리코젠 합성: 포도당 → 글리코젠 • 단백질 합성: 아미노산 → 단백질	• 세포 호흡: 포도당 + 산소 → 물 + 이산화 탄소 • 글리코젠 분해: 글리코젠 → 포도당 • 소화(녹말 분해): 녹말 → 엿당

② 에너지 전환과 이용

개념 영양소를 산화시켜 얻은 에너지는 필요에 따라 다양한 형태의 에너지로 전환되어 이용된다.

1. 세포 호흡: 세포 내에서 영양소를 산화시켜 에너지를 얻는 과정

(1) 장소: 세포 호흡은 세포 내의 미토콘드리아를 중심으로 일어난다. ➡ 일부는 세포질에서 일어난다.

(2) 과정: 영양소는 산소에 의해 산화되어 이산화 탄소와 물로 분해되며, 그 과정에서 방출되는 에너지의 일부는 ATP에 저장되고, 나머지는 열에너지 형태로 방출된다.

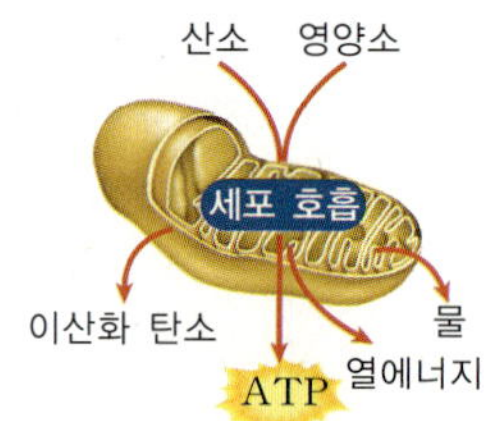

포도당 + 산소 → 이산화 탄소 + 물 + ATP + 열에너지

(3) ATP: 생물체 내에서 사용되는 일종의 에너지 화폐로, 에너지를 저장하고 있는 물질

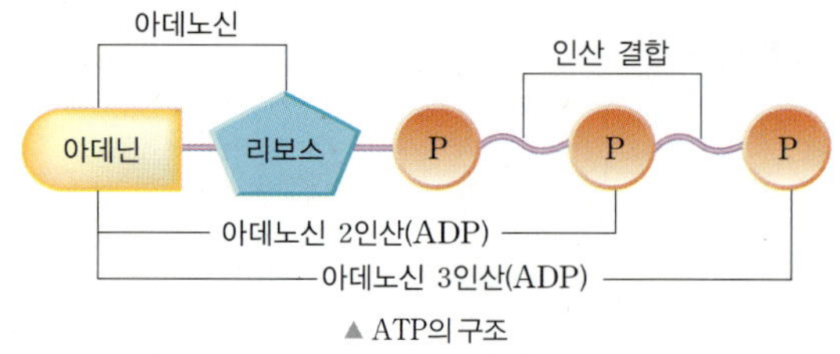

▲ ATP의 구조

에너지 대사

생물체 내에서 이루어지는 에너지의 방출, 전환, 저장, 이용 등에 관련된 반응을 에너지 대사라고 한다.

글리코젠의 합성과 분해

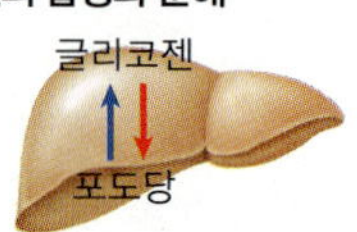

간에서는 글리코젠의 합성과 분해가 모두 일어난다. 인슐린에 의해 포도당이 글리코젠으로 합성되는 반응이 촉진되고, 글루카곤에 의해 글리코젠이 포도당으로 분해되는 반응이 촉진된다.

광합성과 세포 호흡

• 광합성: 엽록체가 빛에너지를 흡수하여 저분자 물질인 이산화 탄소와 물로부터 고분자 물질인 포도당을 합성하는 반응으로 식물에서 일어난다.

• 세포 호흡: 미토콘드리아가 고분자 물질인 포도당을 저분자 물질인 이산화 탄소와 물로 분해하는 과정에서 에너지를 방출하는 반응으로 세포질과 미토콘드리아에서 일어난다. 식물과 동물에서 모두 일어난다.

세포 호흡에서의 에너지 변화

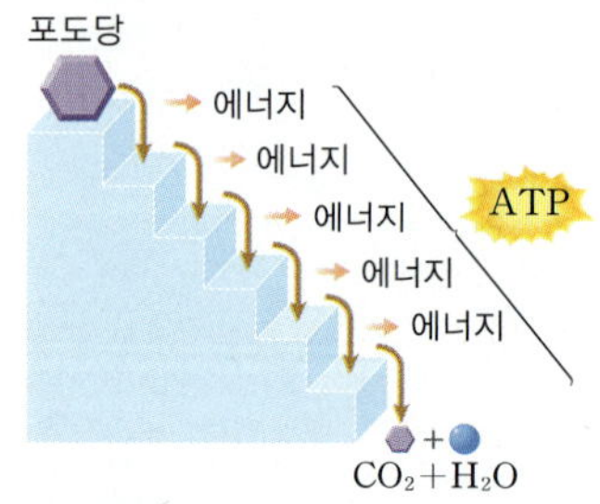

세포 호흡에서는 에너지가 단계적으로 조금씩 방출되며, 그중 일부가 ATP에 저장되고, 나머지는 열로 방출되어 체온 유지에 이용된다.

2. 에너지의 전환과 이용

(1) ATP와 ADP의 전환

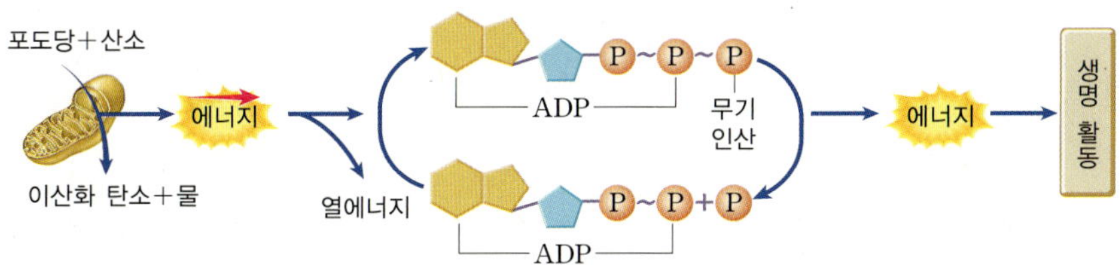

(2) 에너지의 이용: ATP가 ADP와 무기 인산(P_i)으로 분해되는 과정에서 방출되는 에너지는 다양한 생명 활동에 이용된다.

❶ **근육 운동**: 근육을 이루는 근육 섬유의 수축에 에너지가 이용된다. 근육의 수축과 이완으로 운동이 가능해진다.

❷ **능동 수송**: 세포막을 통해 낮은 농도에서 높은 농도로 물질(용질)을 이동시킬 때 에너지가 이용된다. 예 세포막의 Na^+-K^+ 펌프를 통한 Na^+과 K^+의 이동 등

❸ **물질의 합성·운반·저장**: 생물체에서 필요한 물질을 합성하고 분비, 저장하는 과정에 에너지가 이용된다. 예 단백질의 합성, 호르몬의 합성, 유전 물질의 합성 등

❹ 그 외에 소리를 내는 발성, 빛을 내는 생물의 발광, 전기를 만드는 생물의 발전, 체온 유지, 정신 활동 등에 에너지가 이용된다.

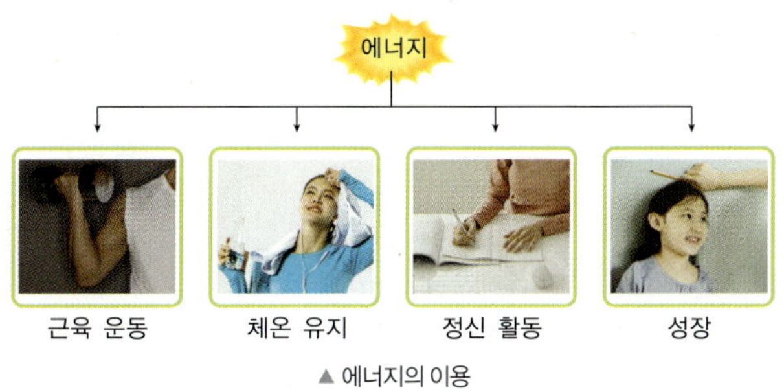

▲ 에너지의 이용

ATP와 ADP의 비교

구분	ATP	ADP
인산기 수	3	2
인산 결합 수	2	1
에너지양	많다	적다

Na^+-K^+ 펌프

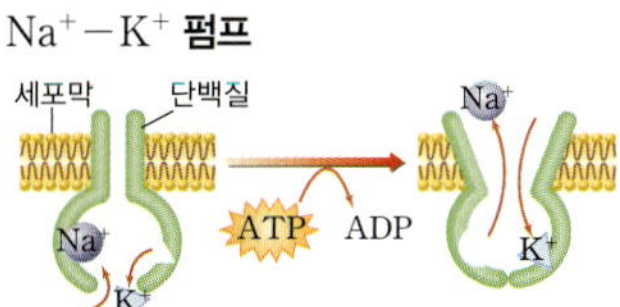

세포막에 있는 능동 수송 기구로 ATP를 이용하여 Na^+은 세포 밖으로 내보내고, K^+은 세포 안으로 받아들인다. 그 결과 세포 안과 밖에서 Na^+과 K^+은 불균등하게 분포한다.

암기 꼭!
ATP는 A(아데노신)에 tri(3개)의 인산(P)기!!

개념 익히기 문제

정답과 해설 p.007

🧠 교과서 문장으로 개념 익히기

01 물질대사는 생물체 내에서 일어나는 화학 반응으로, ☐☐ 작용과 ☐☐ 작용으로 나눌 수 있다.

02 세포가 영양소를 분해하여 생명 활동에 필요한 에너지를 얻는 과정을 ☐☐☐☐이라고 한다.

03 세포 호흡은 주로 ☐☐☐☐☐☐에서 일어난다.

04 세포 호흡 과정에서 방출된 에너지의 일부는 ☐☐☐에 저장되고, 나머지는 열에너지의 형태로 방출된다.

05 ☐☐☐는 생명 활동에 직접 이용되는 에너지원으로 아데노신에 인산기 ☐개가 결합한 화합물이다.

06 ☐☐☐가 ☐☐☐와 무기 인산(P_i)으로 분해될 때 방출된 에너지는 근육 운동, 능동 수송, 체온 유지 등의 생명 활동에 이용된다.

📦 OX 문제로 개념 익히기

07 세포 호흡은 물질대사 중 에너지를 흡수하는 동화 작용에 해당한다. (○ / ×)

08 유기물에 저장된 에너지는 세포 호흡을 통해 모두 ATP에 저장된다. (○ / ×)

09 ADP는 아데노신에 인산기 2개가 결합한 화합물이다. (○ / ×)

10 1분자당 저장된 에너지양은 ATP가 ADP보다 더 많다. (○ / ×)

11 미토콘드리아에서 영양소를 이용한 세포 호흡이 일어날 때 이산화 탄소가 발생된다. (○ / ×)

12 세포막의 Na^+-K^+ 펌프를 통해 Na^+이 이동할 때 ATP가 이용된다. (○ / ×)

③ 영양소의 흡수와 이동

 세포 호흡을 위해서는 영양소가 필요하며, 영양소의 흡수는 소화계, 이동은 순환계에 의해 일어난다.

1. 소화계 – 영양소의 흡수

(1) 영양소: 생물체를 구성하거나 에너지원 또는 생리 기능을 조절하는 데 사용되는 물질

(2) 영양소의 소화

❶ 탄수화물 ─ 녹말 ─(침과 이자액(아밀레이스))→ 엿당 ─(말테이스)→ 포도당
　　　　　├ 설탕 ─(수크레이스)→ 포도당 + 과당
　　　　　└ 젖당 ─(락테이스)→ 포도당 + 갈락토스

❷ 단백질 ─(위액(펩신))→ 폴리펩타이드 ─(이자액(트립신))→ 다이펩타이드, 트리펩타이드 ─(펩티데이스)→ 아미노산

❸ 지방 ─(이자액(라이페이스))→ 지방산, 모노글리세리드 ➡ 쓸개즙에 의해 지방(트리글리세리드) 유화

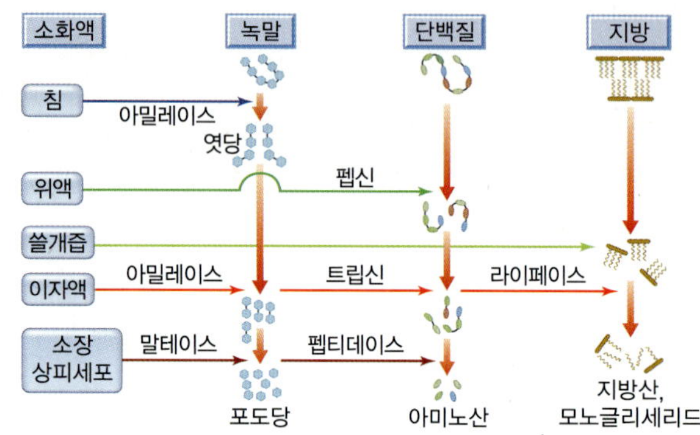

(3) 영양소의 흡수와 이동

❶ 소화계에서 최종 소화된 영양소는 소장벽에 있는 융털의 상피 세포를 통해 흡수되는데, 수용성 영양소(단당류, 아미노산, 무기염류)는 융털의 모세 혈관으로, 지용성 영양소(지방산, 모노글리세리드)는 융털의 암죽관으로 이동한 후 순환계를 통해 온몸으로 운반된다.

구분	종류	이동 경로
수용성 영양소	단당류(포도당), 아미노산, 무기염류, 비타민 B, C	융털의 모세 혈관 → 간문맥 → 간 → 간정맥 → 하대정맥 → 심장 → 온몸
지용성 영양소	지방산, 모노글리세리드, 비타민 A, D, E, K	융털의 암죽관 → 가슴 림프관 → 빗장밑 정맥 → 상대정맥 → 심장 → 온몸

❷ 수용성 영양소와 지용성 영양소는 융털 내부에서 각각 모세 혈관과 암죽관으로 분리 · 흡수되지만, 이동 과정에서 다시 합쳐진다.

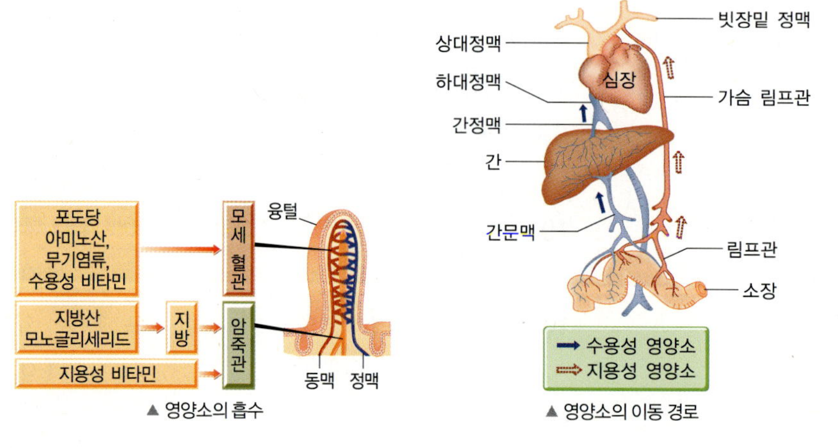

소화

음식물 속에 포함된 큰 분자의 영양소를 체내에서 흡수할 수 있는 작은 분자로 분해하는 과정을 소화라고 한다. 이때 소화 효소의 작용으로 영양소를 분해하는 과정을 화학적 소화, 화학적 소화 과정을 돕는 씹는 운동 및 소화관의 운동 등을 기계적 소화라고 한다.

쓸개즙

간에서 생성되어 쓸개에 저장되었다가 십이지장으로 분비되는 소화액이다. 쓸개즙에는 소화 효소가 포함되어 있지 않지만 큰 지방 덩어리를 작은 지방 알갱이로 만들어주는 기계적 소화를 일으킨다.

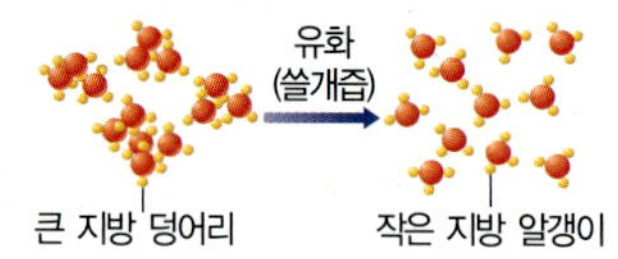

조직 세포

생물체의 조직을 구성하는 각각의 세포를 말하며, 하나의 조직을 구성하는 세포는 기능과 형태가 동일하다.

림프관

동물에서 조직과 조직을 연결하는 림프액이 들어 있는 관이다.

암기 꼭!

암죽관으로는 지방 분해 산물과 아덱(비타민 A, D, E, K)이 흡수!

개념 4 기체의 교환과 물질의 운반

세포 호흡에 이용되는 산소의 흡수와 세포 호흡의 결과 발생되는 이산화 탄소의 배출은 호흡계에서 일어나며, 산소와 이산화 탄소는 모두 순환계를 통해 운반된다.

1. 호흡계 – 기체 교환

(1) 사람의 호흡계: 폐, 기관, 기관지, 코 등으로 구성된다.

❶ 폐는 수많은 폐포로 이루어져 있어 공기와 접촉하는 면적이 넓기 때문에 기체의 교환이 효과적으로 일어난다.

❷ 폐는 근육이 없어 스스로 운동하지 못하고 주변 근육의 도움으로 운동한다.

(2) 기체의 운반

❶ 산소: 호흡계를 통해 체내로 흡수된 산소의 대부분은 혈액 속의 적혈구에 있는 헤모글로빈에 의해 운반된다.

❷ 이산화 탄소: 조직 세포에서 발생한 이산화 탄소는 대부분 혈장에 녹은 상태로 순환계를 통해 호흡계로 운반되어 체외로 배출된다.

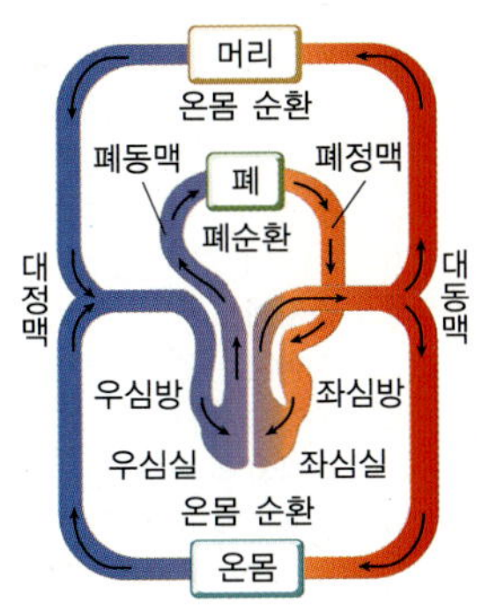

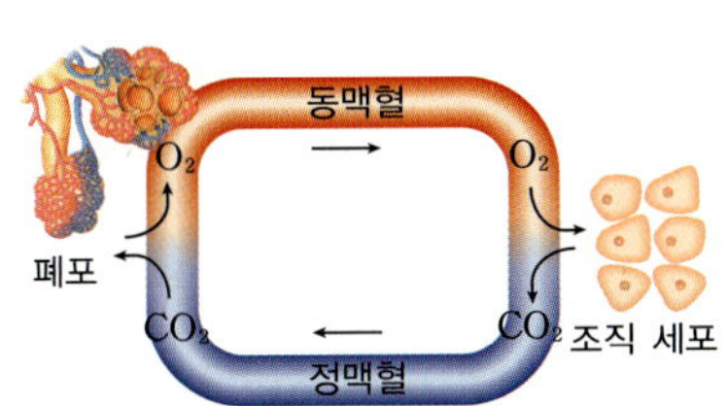

2. 순환계 – 물질의 운반

(1) 사람의 순환계: 심장을 중심으로 온몸으로 연결된 혈관을 타고 물질이 운반된다.

(2) 물질의 운반: 산소와 영양소를 조직 세포로 운반하고, 이산화 탄소를 비롯한 노폐물을 호흡계나 배설계로 운반한다.

기체 교환의 원리

분압이 높은 곳에서 낮은 곳으로 확산하여 기체 교환이 일어난다.

폐포 주변
• O_2 분압: 폐포 > 모세 혈관
• CO_2 분압: 폐포 < 모세 혈관
⇨ O_2는 폐포에서 모세 혈관으로, CO_2는 모세 혈관에서 폐포로 확산된다.

조직 세포 주변
• O_2 분압: 조직 세포 < 모세 혈관
• CO_2 분압: 조직 세포 > 모세 혈관
⇨ O_2는 모세 혈관에서 조직 세포로, CO_2는 조직 세포에서 모세 혈관으로 확산된다.

강의 포인트

순환계는 몸 밖과 직접 연결되어 있지 않고, 체내에서 물질을 이동시킨다. 기관계의 통합적 작용 문제에서 여러 기관계가 연결되어 제시될 때 몸 밖과 직접 연결되지 않은 기관계는 순환계이다.

개념 익히기 문제

정답과 해설 p.007

🧠 교과서 문장으로 개념 익히기

13 녹말, 단백질, 지방을 작은 분자로 분해하여 우리 몸으로 흡수하는 기관계는 ☐☐☐이다.

14 분해된 영양소는 소장의 안쪽 벽에 있는 융털의 ☐☐☐☐과 ☐☐☐☐으로 흡수된다.

15 숨을 들이마시는 동안 코로 들어온 공기는 기관과 기관지를 거쳐 ☐로 간다.

16 폐는 모세 혈관으로 둘러싸인 수많은 ☐☐로 이루어져 있어 기체 교환이 효과적으로 일어난다.

17 폐포에서 모세 혈관으로 ☐☐가 확산되고, 모세 혈관에서 폐포로 ☐☐☐☐☐가 확산된다.

18 산소는 적혈구 속의 ☐☐☐☐☐☐과 결합하여 온몸의 조직 세포로 운반된다.

📦 OX 문제로 개념 익히기

19 쓸개즙에 있는 소화 효소에 의해 지방이 저분자 물질로 분해된다. (O / X)

20 녹말이 엿당으로 분해되는 과정은 이화 작용에 해당한다. (O / X)

21 소화계를 통해 흡수된 영양소는 순환계를 통해 조직 세포로 운반된다. (O / X)

22 혈관을 흐르는 혈액의 단위 부피당 산소의 양은 폐동맥에서가 폐정맥에서보다 많다. (O / X)

23 폐에서 산소는 폐포에서 모세 혈관 방향으로 확산된다. (O / X)

24 조직 세포에서 세포 호흡 결과로 발생한 이산화 탄소는 순환계를 통해 호흡계로 운반된 후 배출된다. (O / X)

5 노폐물의 생성과 배설

세포 호흡 결과 발생한 노폐물은 순환계를 통해 호흡계, 배설계 등으로 운반되어 체외로 배출된다.

1. 배설계 – 노폐물의 배설

(1) 배설계의 구조: 사람의 배설계는 노폐물을 배설하는 데 관여하는 콩팥, 오줌관, 방광, 요도 등으로 구성된다.

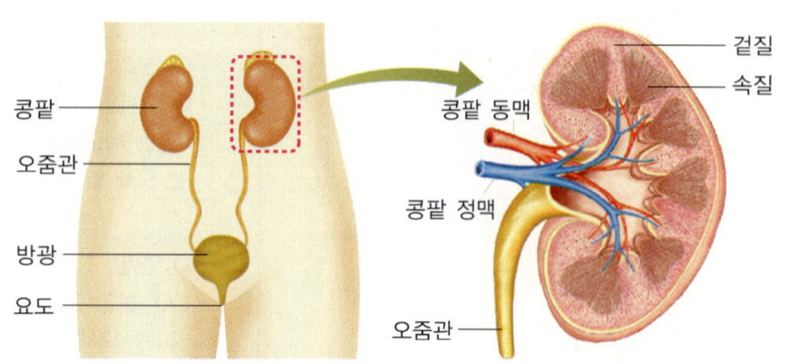

(2) 물질대사와 노폐물 – 단백질에는 지방과 탄수화물에 없는 질소(N)가 있다.

영양소	노폐물	배설 기관
지방, 단백질, 탄수화물	물	폐, 콩팥
	이산화 탄소	폐, 콩팥
단백질	암모니아(간에서 요소로 전환)	콩팥

2. 오줌의 생성 과정: 콩팥에서 노폐물은 여과, 재흡수, 분비 과정을 통해 걸러져 오줌을 통해 배설된다.

(1) 여과: 사구체에서 보먼주머니 방향으로 물질이 이동하는 것으로 크기가 큰 단백질이나 혈구는 여과되지 않는다. ⇨ 에너지 사용 없이 물, 무기 염류, 포도당, 아미노산, 요소 등이 이동한다.

(2) 재흡수: 세뇨관에서 모세 혈관으로 필요한 물질이 이동하는 것이다. ⇨ 물, 무기염류는 필요한 양만큼, 포도당, 아미노산은 100 % 재흡수된다.

(3) 분비: 모세 혈관에 남아 있던 노폐물이 세뇨관 쪽으로 이동한다. ⇨ 요산, 크레아틴 등이 이동한다.

6 기관계의 통합적 작용

소화계, 순환계, 호흡계, 배설계는 서로 구조적, 기능적으로 밀접하게 연관되어 있다.

1. 영양소의 흡수와 운반: 소화계 → 순환계 → 조직 세포

2. 기체의 교환과 운반

(1) 산소의 운반: 호흡계 → 순환계 → 조직 세포

(2) 이산화 탄소의 운반: 조직 세포 → 순환계 → 호흡계

3. 노폐물의 운반: 조직 세포 → 순환계 → 배설계, 호흡계

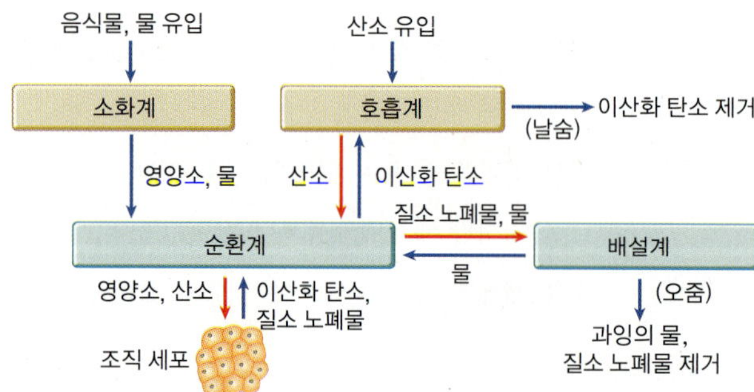

4. 기관계의 통합적 작용: 소화계, 순환계, 호흡계, 배설계는 밀접하게 연관되어 있어 하나라도 문제가 생기면 다른 기관계에 영향을 미친다.

콩팥

배의 등쪽에 쌍으로 존재하는 배설 기관으로, 노폐물을 배설하며 체내 항상성 유지에 관여한다. 항이뇨 호르몬(ADH)의 표적 기관으로 수분의 재흡수가 일어난다.

질소 노폐물

단백질과 핵산의 분해 과정에서 생성되는 질소를 포함하는 노폐물로, 암모니아, 요소, 요산 등이 있다. 독성이 강한 암모니아는 간에서 상대적으로 독성이 약한 요소로 전환되어 배설계로 운반된 후 체외로 배출된다.

순환계

순환계는 혈액을 통해 조직 세포에 필요한 물질을 공급하고, 세포 호흡 결과 생성된 이산화 탄소와 질소 노폐물을 호흡계와 배설계로 운반한다.

기관계의 통합적 작용에 의한 예

· 몸에 이상이 생겨 약물을 복용하게 되면, 약물은 소화계에서 흡수되어 순환계를 통해 아픈 부위로 전달된다.

· 술을 마시면, 소화계로 흡수된 알코올이 순환계를 따라 순환하며, 일부는 호흡계를 통해 나간다. ⇨ 음주 측정에 이용한다.

주의! 오개념

'암모니아는 배설계에서 요소의 형태로 전환되어 몸 밖으로 배설된다.'

⇨ 질소 노폐물이 주로 요소의 형태로 배설되므로 암모니아가 요소로 전환되는 기관계가 배설계라고 생각할 수 있으나, 암모니아가 요소로 전환되는 기관은 소화계에 속하는 간이다.

대사성 질환과 에너지 균형

물질대사의 이상으로 대사성 질환이 나타나며, 대사성 질환을 예방하기 위해서는 에너지의 균형이 이루어져야 한다.

1. 대사성 질환: 물질대사에 이상이 생겨서 발생하는 질환으로, 비만인 사람의 경우 정상인에 비해 대사성 질환에 걸릴 확률이 높다.

(1) 종류와 증상

당뇨병	혈당량을 조절하는 인슐린의 분비나 작용이 제대로 이루어지지 않아 발생하며, 혈당량이 정상보다 높아 여러 가지 합병증을 일으킨다.
고혈압	혈압이 정상 범위보다 높게 나타나는 질환으로, 여러 가지 심혈관계 질환의 원인이 된다.
고지혈증	혈액 속에 콜레스테롤, 중성 지방 등이 많은 상태가 지속되는 질환으로 동맥 경화 등 심혈관계 질환의 원인이 된다.

(2) 대사 증후군: 체내 물질대사 장애로 인해 고혈압, 고혈당, 고지혈증(이상 지혈증) 등의 물질대사 이상 관련 증상이 한 사람에게서 함께 나타나는 것

2. 에너지 대사의 균형

(1) 에너지 대사량

기초 대사량	아무 활동도 하지 않고 가만히 누워 있을 때 생명 유지를 위해 소모되는 최소한의 에너지양
활동 대사량	여러 신체 활동을 할 때 소모되는 에너지양
1일 대사량	하루에 필요한 총 에너지양으로 기초 대사량, 활동 대사량, 음식물의 소화·흡수에 필요한 에너지양을 더한 대사량

(2) 에너지의 균형: 건강한 삶을 위해서는 인체에서 소모되는 에너지양과 섭취한 에너지양이 균형을 이루어야 한다.

영양 부족	에너지 소비량 > 에너지 섭취량 → 체중 감소 및 성장 장애 등
영양 과다	에너지 소비량 < 에너지 섭취량 → 체중 증가 및 비만 등

1일 대사량

1일 대사량은 성별, 연령, 키, 체중, 체표 면적 등에 따라 다르며, 보통 체중 1 kg당 1시간에 성인 여자는 약 0.9 kcal, 성인 남자는 약 1.0 kcal이다.

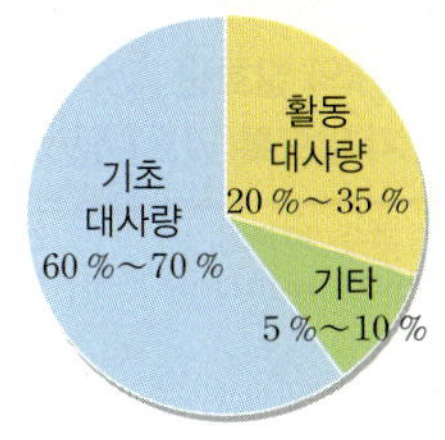

대사 증후군의 기준

항목	주요 증상
허리둘레	남자 90 cm 이상 여자 85 cm 이상
혈압	130/85 mmHg 이상
중성 지방	150 mg/dL 이상
HDL 콜레스테롤	남자 40 mg/dL 미만 여자 50 mg/dL 미만
공복 혈당	100 mg/dL 이상

위의 5가지 중 3가지 이상이 기준치를 넘으면 대사 증후군으로 진단한다.

암기 꼭!

대표적인 대사성 질환은
고(혈압) 고(지혈증) 당(뇨병)

개념 익히기 문제

정답과 해설 p.007

교과서 문장으로 개념 익히기

25 탄수화물과 지방이 세포 호흡에 이용되면 ☐과 ☐☐☐☐☐가 생성된다.

26 단백질이 세포 호흡에 이용되면 물, 이산화 탄소 외에 ☐☐☐도 생성된다.

27 질소 노폐물인 암모니아는 ☐에서 독성이 약한 ☐☐로 전환된다.

28 혈액에서 요소와 여분의 물을 걸러 내어 오줌을 생성하고 배설하는 기관계는 ☐☐☐이다.

29 우리 몸에서 물질대사의 이상으로 발생하는 질환을 통틀어 ☐☐☐ 질환이라고 한다.

OX 문제로 개념 익히기

30 단백질의 구성 원소에는 질소(N)가 포함된다. (O / X)

31 세포 호흡으로 생성된 물의 일부는 순환계를 통해 배설계와 호흡계로 운반되어 배출된다. (O / X)

32 고혈압, 고혈당, 고지혈증 등의 물질대사 이상 관련 증상이 한 사람에게서 함께 나타나는 것을 대사 증후군이라고 한다. (O / X)

33 당뇨병은 혈액 속에 콜레스테롤, 중성 지방 등이 과다하게 들어 있는 상태를 말한다. (O / X)

34 하루에 필요한 총 에너지양을 1일 대사량이라고 한다. (O / X)

탐구 집중 분석 — 효모의 호흡에 의한 이산화 탄소 발생량 측정 실험

📝 과정 & 결과

1 건조한 효모 12 g을 100 mL의 증류수에 풀어 효모액을 만든다. 효모는 산소가 있을 때는 산소 호흡을, 산소가 없을 때는 발효를 한다.

2 4개의 발효관 A~D에 그림과 같이 용액의 조성을 달리하여 처리한 후, 맹관부에 기포가 들어가지 않도록 발효관을 세운 다음 입구를 솜으로 막는다.

증류수 20 mL / 효모액 15 mL — A
1 % 포도당 수용액 20 mL / 효모액 15 mL — B
5 % 포도당 수용액 20 mL / 효모액 15 mL — C
10 % 포도당 수용액 20 mL / 효모액 15 mL — D

(맹관부 / 팽대부)

3 각 발효관에서 발생하는 기체의 부피를 맹관부에 모인 기체의 부피가 변하지 않을 때까지 2분 간격으로 측정한다.

(단위: mL)

시간(분) / 발효관	0	2	4	6	8	10	...	60
A	0	0	0	0	1	1	...	2
B	0	0.5	1.6	2.3	3	4	...	78
C	0	1.2	2.3	3.6	4.9	6	...	126
D	0	1.6	3.8	5.1	7	9	...	396

4 맹관부에 모인 기체의 부피가 더 이상 변하지 않으면 스포이트로 각 발효관의 용액을 20 mL씩 덜어 낸 다음, 5 % 수산화 칼륨 수용액을 20 mL씩 넣고 입구를 막은 후, 맹관부에 모인 기체의 부피 변화를 관찰한다.

🔍 분석

1. 과정 **3**의 결과로부터 당의 농도와 기체 발생량의 관계는 어떠한지 설명해 보자.

- 당의 농도가 높은 발효관일수록 60분이 지난 시점에 맹관부에 모인 기체의 부피가 크므로, 당의 농도가 높을수록 많은 기체가 발생한다.

2. 과정 **4**에서 수산화 칼륨 수용액을 C에 넣었을 때 어떠한 변화가 나타나며, 이를 통해 알 수 있는 것은 무엇인지 설명해 보자.

- 수산화 칼륨 수용액을 C에 넣으면 맹관부에 모여 있던 기체의 부피가 감소하면서 압력이 낮아져 수면의 높이가 상승한다. 이를 통해 맹관부에 모인 기체가 수산화 칼륨 수용액에 흡수되는 이산화 탄소임을 확인할 수 있으며, 효모가 포도당을 이용하여 세포 호흡을 할 때 이산화 탄소가 발생함을 알 수 있다.

⚙️ 탐구 목표

효모가 세포 호흡을 할 때 발생하는 기체가 무엇인지 확인하고, 당의 농도에 따른 이산화 탄소 발생량을 비교한다.

수산화 칼륨

칼륨의 수산화물로 화학식은 KOH이며, 이산화 탄소를 흡수하는 성질이 있다.

포도당이 포함되지 않은 A가 필요한 까닭

A는 대조 실험을 위한 대조군으로 당의 유무에 따른 결과를 비교하기 위해 필요하다.

🔬 탐구 포인트

발효관의 맹관부에 기체가 모이는 까닭을 효모의 세포 호흡과 관련지어 이해할 수 있어야 하며, 수산화 칼륨 수용액을 넣었을 때 발효관 내 수면의 높이가 상승하는 것으로부터 이산화 탄소가 발생하였음을 추론할 수 있어야 한다.

정답과 해설 p.008

예제 **1**

그림은 효모의 세포 호흡을 알아보기 위해 발효관 A와 B에 각각 효모와 포도당 수용액, 효모와 증류수를 넣고 솜으로 입구를 막은 후, 37 ℃에 두었을 때의 변화를 나타낸 것이다.

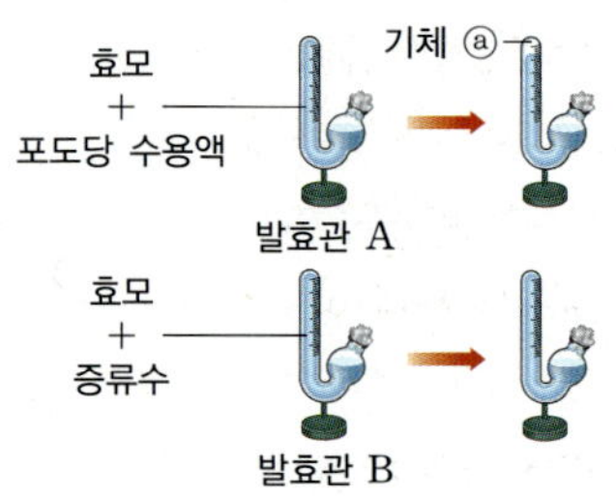

이에 대한 설명으로 옳지 <u>않은</u> 것은?

① A는 실험군이다.
② 온도는 통제 변인이다.
③ A의 효모에서 세포 호흡이 일어난다.
④ 기체 ⓐ에는 이산화 탄소가 포함된다.
⑤ A에서 포도당의 농도는 일정하다.

과정 & 결과

❶ 물에 충분히 불린 콩과 물을 믹서에 넣고 함께 간다.

❷ 과정 ❶의 콩물을 거름망으로 걸러 콩즙을 만든다.

❸ 4개의 비커에 증류수, 요소 용액, 콩즙, 오줌을 각각 50 mL씩 넣고, 각 비커에 BTB 용액을 떨어뜨린 후 색깔 변화를 관찰한다.

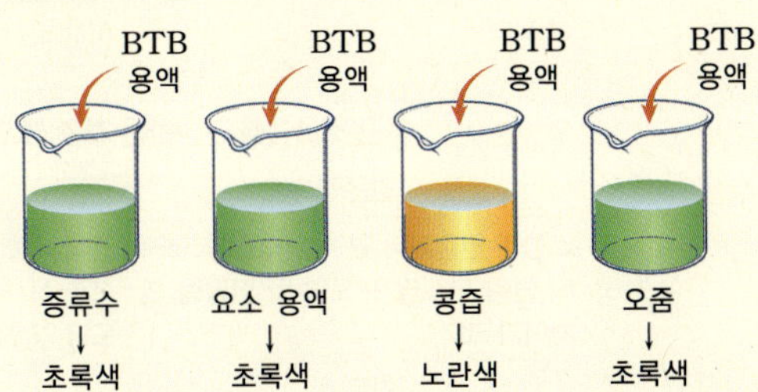

❹ 증류수, 요소 용액, 오줌이 들어 있는 비커 각각에 콩즙을 3 mL씩 넣고 색깔 변화를 관찰하여 표에 기록한다.

구분	증류수	요소 용액	오줌
콩즙 첨가 후 색깔 변화	초록색 ↓ 노란색	초록색 ↓ 파란색	초록색 ↓ 파란색

분석

1. 과정 ❸에서의 결과를 바탕으로 증류수, 요소 용액, 콩즙, 오줌의 pH를 설명해 보자.

- 증류수, 요소 용액, 오줌에 BTB 용액을 떨어뜨렸을 때 초록색이 나타났으므로 증류수, 요소 용액, 오줌은 중성이다. 반면 BTB 용액을 떨어뜨렸을 때 노란색이 나타난 콩즙은 산성이다.

2. 과정 ❹에서 요소 용액이 들어 있는 비커에 콩즙을 넣었을 때 BTB 용액이 파란색으로 변화된 까닭이 무엇인지 설명해 보자.

- 콩즙에는 요소를 분해하는 효소인 유레이스가 있어, 요소를 염기성인 암모니아로 분해하였다. 그 결과 용액이 염기성이 되어 BTB 용액이 초록색에서 파란색으로 변화된 것이다.

3. 과정 ❹에서 요소 용액이 들어 있는 비커와 오줌이 들어 있는 비커에 각각 콩즙을 넣었을 때 색의 변화가 같은 것으로부터 알 수 있는 사실이 무엇인지 써보자.

- 요소 용액이 들어 있는 비커에서도 콩즙의 유레이스에 의해 요소가 염기성인 암모니아로 분해되어 BTB 용액이 파란색으로 변화되었다. 그런데 오줌에 콩즙을 넣었을 때도 요소 용액에서와 같이 BTB 용액이 파란색으로 변화되었으므로 오줌에는 요소가 포함되어 있으며, 콩즙의 유레이스에 의해 요소가 암모니아로 분해되었음을 알 수 있다.

🔬 탐구 목표

콩즙을 이용하여 요소가 암모니아로 분해되는 것을 이해한다.

BTB 용액의 색깔 변화

염기성	중성	산성
파란색	초록색	노란색

🔬 탐구 포인트

콩즙과 요소 용액을 섞었을 때 BTB 용액의 색깔 변화를 통해 요소를 분해하는 물질이 콩즙에 있음을 이해하여야 한다. 또 오줌을 이용한 실험에서의 결과와 요소 용액을 이용한 결과가 같다는 것에서 오줌에는 요소가 포함되어 있음을 유추할 수 있어야 한다.

정답과 해설 p.008

예제 ❷

표는 증류수, 요소 용액, 콩즙에 각각 BTB 용액을 떨어뜨렸을 때의 색깔과 증류수, 요소 용액에 콩즙을 같은 양만큼 넣었을 때의 색깔을 나타낸 것이다. 단, BTB 용액은 산성에서 노란색, 중성에서 초록색, 염기성에서 파란색을 나타낸다.

구분	증류수	요소 용액	콩즙	증류수 + 콩즙	요소 용액 + 콩즙
색깔	초록색	초록색	노란색	노란색	파란색

(1) 요소 용액에 콩즙을 첨가하였을 때 pH는 어떻게 변하였는지 쓰시오.

(2) (1)과 같이 되는 까닭은 무엇인지 서술하시오.

기관계의 통합적 작용

🖐 **Point** 세포 호흡이 원활하게 일어나기 위해서는 소화계, 호흡계, 배설계, 순환계의 통합적 작용이 일어나야 함을 이해한다.

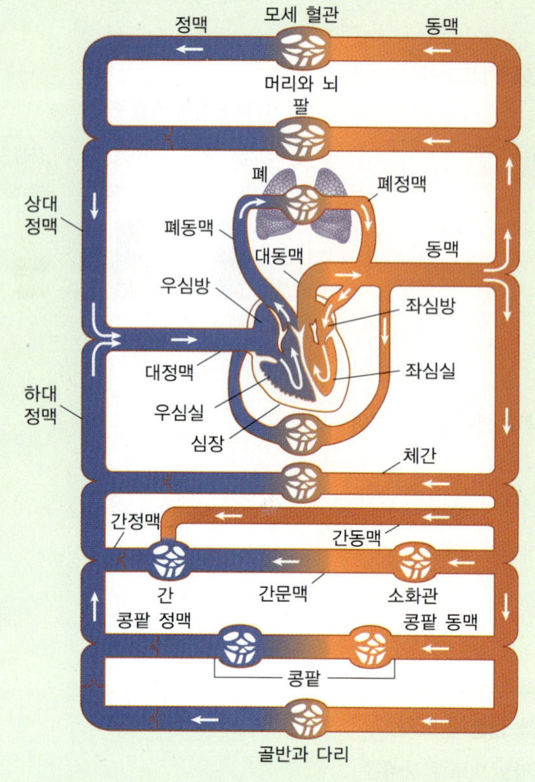

폐(호흡계를 구성하는 기관)에 연결된 혈관	
폐동맥	폐정맥
폐에서 기체가 교환되기 전의 혈액이 흐르므로 혈액의 단위 부피당 산소량이 적다.	폐에서 기체가 교환된 이후의 혈액이 흐르므로 혈액의 단위 부피당 산소량이 많다.

간(소화계를 구성하는 기관)에 연결된 혈관	
간문맥	간정맥
소장과 연결되어 있어 식사 전후 혈액의 단위 부피당 포도당 양(혈당량)의 차이가 크다.	간에서 혈당량이 조절된 혈액이 흐르므로 식사 전후 혈액의 단위 부피당 포도당 양(혈당량)의 차이가 거의 없다.
간동맥	간정맥
간을 지나기 전의 혈액이 흐르므로 혈액의 단위 부피당 요소의 양이 간정맥보다 적다.	간을 지난 후의 혈액이 흐르므로 혈액의 단위 부피당 요소의 양이 간동맥보다 많다.

콩팥에 연결된 혈관	
콩팥 동맥	콩팥 정맥
콩팥을 지나기 전의 혈액이 흐르므로 혈액의 단위 부피당 요소(질소 노폐물)의 양이 많다.	오줌을 통해 요소가 일부 제거된 혈액이 흐르므로 혈액의 단위 부피당 요소의 양이 적다.

머리와 뇌, 팔, 골반과 다리 등의 신체 기관과 연결된 혈관	
동맥	정맥
조직 세포에 산소를 공급하기 전의 혈액이 흐르므로 혈액의 단위 부피당 산소량이 많다.	조직 세포에 산소를 공급한 혈액이 흐르므로 혈액의 단위 부피당 산소량이 적다.

예제 ❸

정답과 해설 p.008

그림은 사람의 기관계 (가)~(다)의 통합적 작용 일부를 나타낸 것이다. (가)~(다)는 각각 소화계, 배설계, 순환계 중 하나이다.

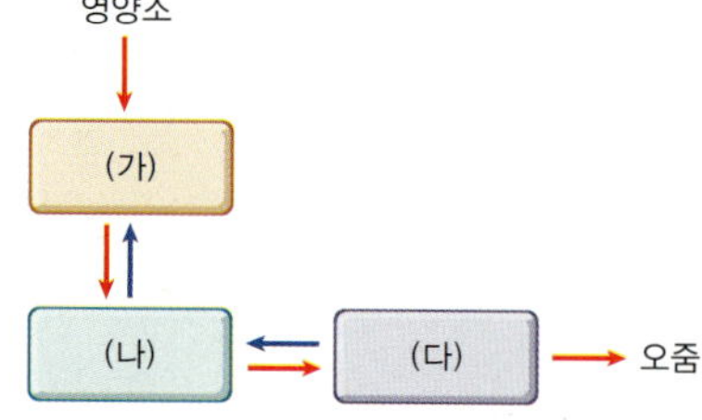

▶ **해결 전략**

1단계: (가)와 (다)에서 들어가고 나오는 물질과 소화계, 배설계, 순환계의 기능을 연결하여 (가), (나), (다)가 무엇인지 찾는다.

2단계: 각 기관계를 구성하는 대표적인 기관을 생각해 보고, 기관계의 통합적 작용에 따른 물질의 이동을 생각해 본다.

이에 대한 설명으로 옳지 <u>않은</u> 것은?

① (가)는 소화계이다.

② (가)에서 (나)로 이동하는 물질에 요소가 포함된다.

③ 심장은 (나)에 속하는 기관이다.

④ (다)에서 암모니아가 요소로 전환된다.

⑤ 조직 세포의 세포 호흡에서 발생한 물의 일부는 (다)를 통해 체외로 배출된다.

개념 다지기 문제

01

그림은 사람의 간에서 일어나는 물질의 전환을 나타낸 것이다.

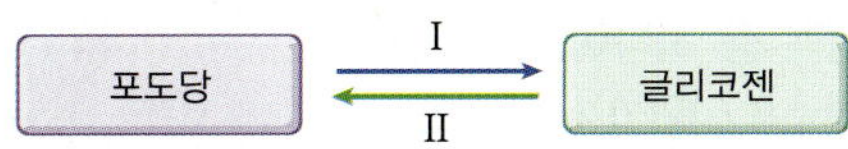

이에 대한 설명으로 옳은 것만을 |보기|에서 있는 대로 고른 것은?

> **보기**
> ㄱ. 과정 I은 동화 작용이다.
> ㄴ. 과정 II에서 에너지가 흡수된다.
> ㄷ. 효소는 과정 I과 II에 모두 관여한다.

① ㄱ   ② ㄷ   ③ ㄱ, ㄴ
④ ㄱ, ㄷ   ⑤ ㄴ, ㄷ

대표 유형 문제

02

물질대사에 대한 설명으로 옳지 <u>않은</u> 것은?

① 효소가 관여한다.
② 에너지의 출입이 있다.
③ 생물체 내의 화학 반응이다.
④ 세포 호흡은 동화 작용의 대표적인 예이다.
⑤ 저분자 물질이 고분자 물질로 합성되는 과정을 동화 작용이라고 한다.

03

그림은 ATP의 구조를 나타낸 것이다.

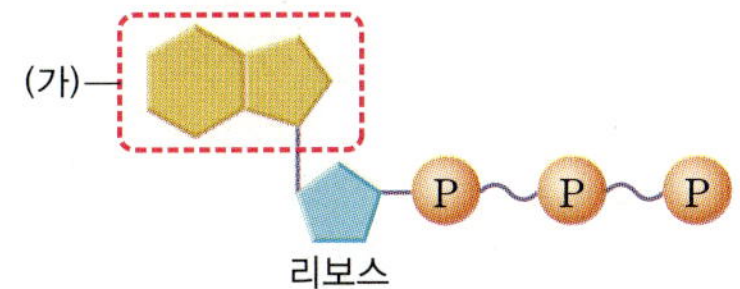

이에 대한 설명으로 옳은 것만을 |보기|에서 있는 대로 고른 것은?

> **보기**
> ㄱ. (가)는 염기인 아데닌(A)이다.
> ㄴ. ATP에는 인산기가 3개 있다.
> ㄷ. ATP에는 인산 결합이 3개 있다.

① ㄱ   ② ㄴ   ③ ㄱ, ㄴ
④ ㄱ, ㄷ   ⑤ ㄴ, ㄷ

대표 유형 문제

04

그림 (가)와 (나)는 물질대사의 동화 작용과 이화 작용에서의 에너지 변화를 순서 없이 나타낸 것이다.

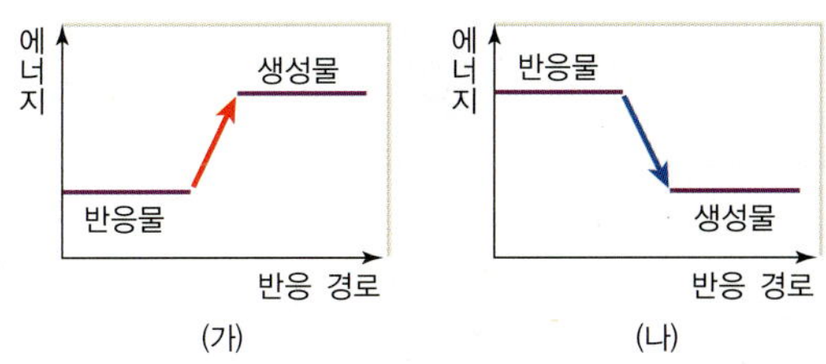

이에 대한 설명으로 옳은 것만을 |보기|에서 있는 대로 고른 것은?

> **보기**
> ㄱ. (가)는 이화 작용에서의 에너지 변화이다.
> ㄴ. 식물에서 (나)와 같은 에너지 변화는 나타나지 않는다.
> ㄷ. 세포에서 단백질이 합성될 때 (가)와 같은 에너지 변화가 나타난다.

① ㄱ   ② ㄷ   ③ ㄱ, ㄴ
④ ㄱ, ㄷ   ⑤ ㄴ, ㄷ

05

그림은 세포 호흡의 과정을 나타낸 것이다. ㉠~㉣은 각각 O_2, CO_2, ADP, ATP 중 하나이다. ㉠과 ㉡은 기체이다.

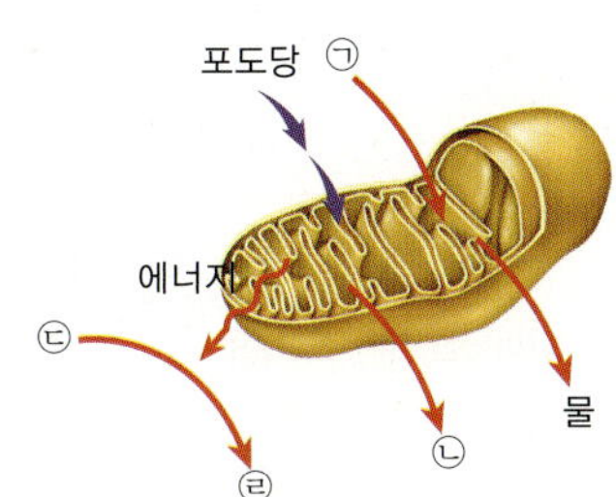

이에 대한 설명으로 옳지 <u>않은</u> 것은?

① ㉠은 O_2이다.
② 포도당이 분해되어 ㉡이 생성된다.
③ 1분자의 ㉢에는 인산기가 2개 있다.
④ 포도당의 에너지는 모두 ㉣에 저장된다.
⑤ ㉣에 저장된 에너지는 다양한 형태의 에너지로 전환되어 생명 활동에 이용된다.

개념 다지기 문제

06 그림은 소장의 융털 내부를 나타낸 것이다. A와 B는 각각 모세 혈관과 암죽관 중 하나이다.

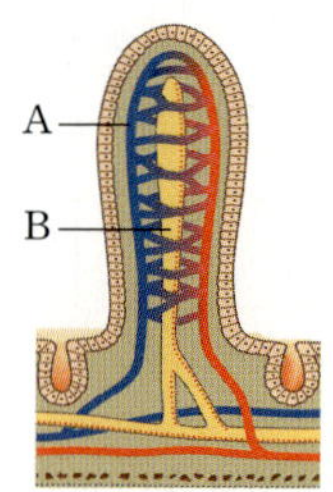

이에 대한 설명으로 옳은 것만을 |보기|에서 있는 대로 고른 것은?

> **보기**
> ㄱ. A는 모세 혈관이다.
> ㄴ. 아미노산은 B를 통해 흡수된다.
> ㄷ. A와 B를 통해 흡수된 영양소는 순환계를 통해 심장으로 이동한다.

① ㄱ 　② ㄷ 　③ ㄱ, ㄴ
④ ㄱ, ㄷ 　⑤ ㄴ, ㄷ

07 표는 영양소 A와 B의 소화 산물을, 그림은 소장에서 흡수된 영양소의 이동 경로를 나타낸 것이다. A와 B는 각각 녹말과 단백질 중 하나이다.

구분	소화 산물
A	포도당
B	아미노산

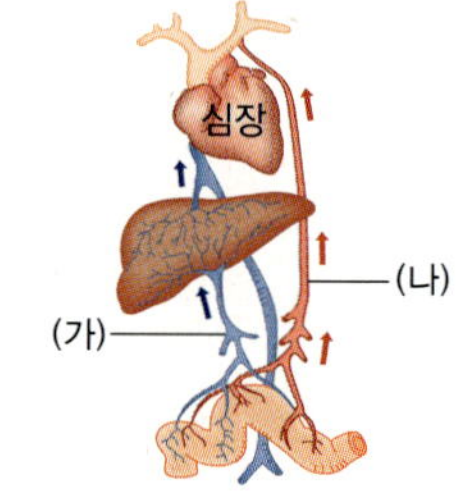

이에 대한 설명으로 옳은 것만을 |보기|에서 있는 대로 고른 것은?

> **보기**
> ㄱ. A는 단백질이다.
> ㄴ. 위에서 B의 화학적 소화가 일어난다.
> ㄷ. A와 B의 소화 산물은 모두 (가)를 통해 이동한다.

① ㄱ 　② ㄴ 　③ ㄱ, ㄴ
④ ㄱ, ㄷ 　⑤ ㄴ, ㄷ

08 그림은 사람의 폐포와 폐포 주변 모세 혈관 사이의 기체 교환을 나타낸 것이다. A와 B는 각각 폐동맥과 폐정맥 중 하나이고, ㉠과 ㉡은 각각 산소(O_2)와 이산화 탄소(CO_2) 중 하나이다.

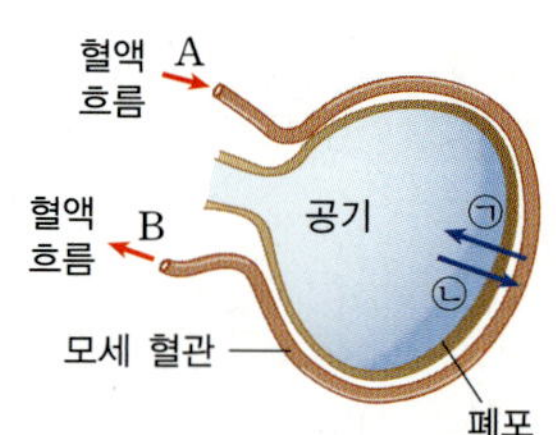

이에 대한 설명으로 옳은 것만을 |보기|에서 있는 대로 고른 것은?

> **보기**
> ㄱ. A는 폐동맥이다.
> ㄴ. ㉡의 분압은 폐포에서가 모세 혈관에서보다 높다.
> ㄷ. 혈액의 단위 부피당 ㉠의 양은 A에서보다 B에서 많다.

① ㄱ 　② ㄷ 　③ ㄱ, ㄴ
④ ㄱ, ㄷ 　⑤ ㄴ, ㄷ

09 표는 영양소 (가)와 (나)의 구성 원소를 나타낸 것이다. (가)와 (나)는 각각 지방과 단백질 중 하나이다.

영양소	(가)	(나)
구성 원소	탄소(C), 수소(H), 산소(O)	탄소(C), 수소(H), 산소(O), 질소(N)

이에 대한 설명으로 옳은 것만을 |보기|에서 있는 대로 고른 것은?

> **보기**
> ㄱ. (가)는 지방이다.
> ㄴ. (나)가 세포 호흡에 이용되면 암모니아가 생성된다.
> ㄷ. (가)와 (나)의 소화 산물은 모두 암죽관으로 흡수된다.

① ㄱ 　② ㄴ 　③ ㄷ
④ ㄱ, ㄴ 　⑤ ㄱ, ㄷ

10 표는 세포 호흡 결과 생성된 노폐물이 체외로 배설되는 경로를 나타낸 것이다. A~C는 각각 물, 이산화 탄소, 암모니아 중 하나이다.

배설 경로	폐	콩팥
노폐물	A, C	B, C

이에 대한 설명으로 옳지 <u>않은</u> 것은?

① A는 이산화 탄소이다.
② B는 질소 노폐물이다.
③ B의 일부는 간에서 요소 합성에 이용된다.
④ B와 C의 구성 원소에는 모두 수소가 포함된다.
⑤ 탄수화물이 세포 호흡에 이용되면 A~C가 모두 생성된다.

11
그림 (가)~(라)는 사람의 소화계, 배설계, 순환계, 호흡계를 순서 없이 나타낸 것이다.

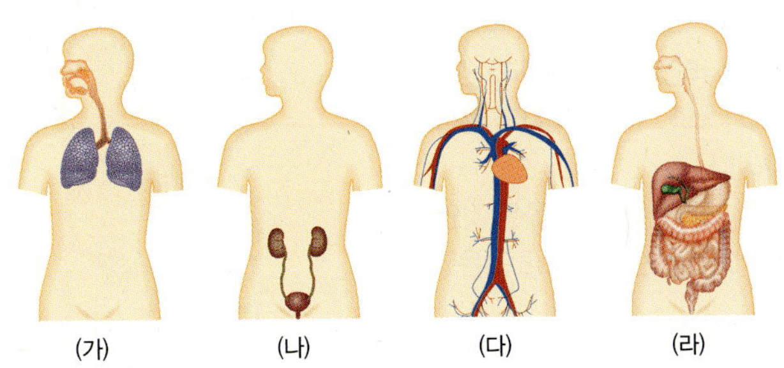

이에 대한 설명으로 옳은 것만을 |보기|에서 있는 대로 고른 것은?

|보기|
ㄱ. (가)는 소화계이다.
ㄴ. (라)에서 흡수되지 않은 영양소는 (나)를 통해 배출된다.
ㄷ. (다)는 (가), (나), (라) 사이의 물질 이동을 담당하는 기관계이다.

① ㄱ 　② ㄴ 　③ ㄷ
④ ㄴ, ㄷ 　⑤ ㄱ, ㄴ, ㄷ

12
다음은 대사성 질환 (가)와 (나)에 대한 설명이다. (가)와 (나)는 각각 당뇨병과 고혈압 중 하나이다.

- (가)는 혈당량을 조절하는 호르몬의 분비나 작용이 정상적이지 않아서 혈당량이 정상보다 높은 상태로 유지되는 질환이다.
- (나)는 혈압이 정상 범위보다 높은 상태로 유지되는 질환이다.

이에 대한 설명으로 옳은 것만을 |보기|에서 있는 대로 고른 것은?

|보기|
ㄱ. (가)는 고혈압이다.
ㄴ. (나)는 심혈관계 질환의 원인이 된다.
ㄷ. (가)와 (나)는 모두 몸의 물질대사에 이상이 생겨 발생하는 질환이다.

① ㄱ 　② ㄴ 　③ ㄱ, ㄷ
④ ㄴ, ㄷ 　⑤ ㄱ, ㄴ, ㄷ

13
그림은 소화된 영양소가 흡수되어 이동하는 경로의 일부를 나타낸 것이다.

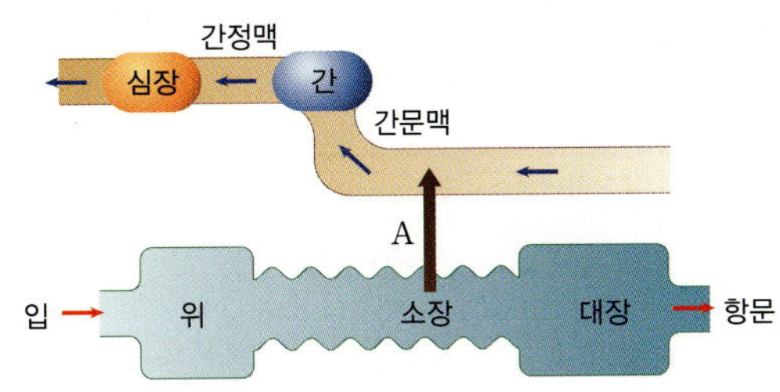

이에 대한 설명으로 옳은 것만을 |보기|에서 있는 대로 고른 것은?

|보기|
ㄱ. 위에서 단백질의 소화가 일어난다.
ㄴ. 과정 A는 지용성 영양소의 이동 경로이다.
ㄷ. 식사 직후 단위 부피당 포도당의 양은 간문맥을 흐르는 혈액에서가 간정맥을 흐르는 혈액에서보다 많다.

① ㄱ 　② ㄷ 　③ ㄱ, ㄴ
④ ㄱ, ㄷ 　⑤ ㄴ, ㄷ

14
그림은 두 사람 (가)와 (나)에서의 에너지 섭취량과 소비량을 비교하여 나타낸 것이다.

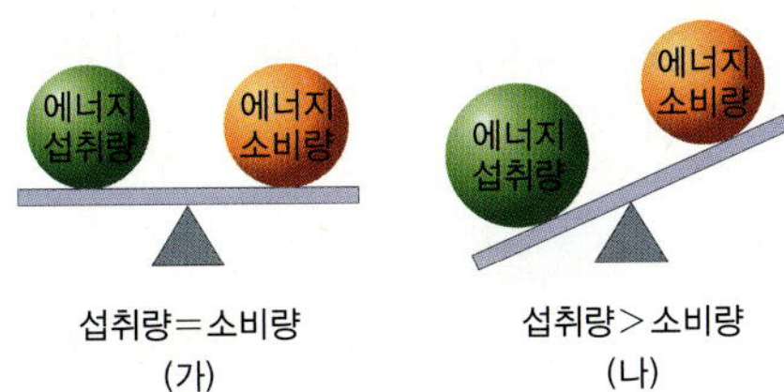

이에 대한 설명으로 옳은 것만을 |보기|에서 있는 대로 고른 것은?

|보기|
ㄱ. (가)는 에너지 균형을 이루고 있다.
ㄴ. (나)가 그림과 같은 에너지 대사를 유지한다면 체중이 감소할 것이다.
ㄷ. (가)와 (나) 중 대사성 질환이 나타날 가능성이 높은 사람은 (가)이다.

① ㄱ 　② ㄴ 　③ ㄷ
④ ㄱ, ㄴ 　⑤ ㄱ, ㄷ

15 그림은 세포에서 일어나는 ADP와 ATP 사이의 전환을 나타낸 것이다.

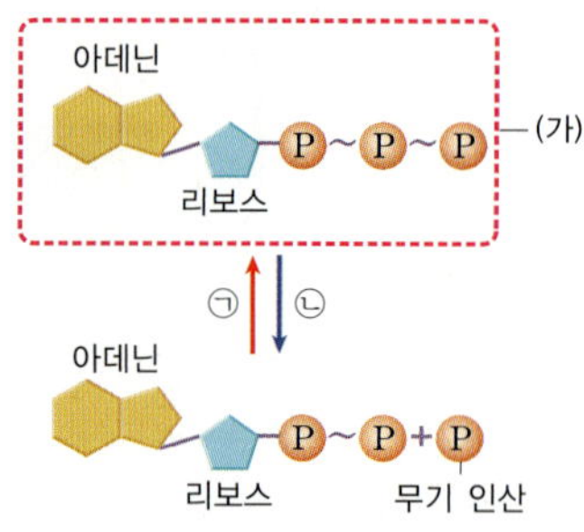

이에 대한 설명으로 옳은 것만을 |보기|에서 있는 대로 고른 것은?

> **보기**
> ㄱ. (가)는 ADP이다.
> ㄴ. 미토콘드리아에서 과정 ㉠이 일어난다.
> ㄷ. 과정 ㉡에서 에너지가 방출된다.

① ㄱ   ② ㄴ   ③ ㄱ, ㄷ
④ ㄴ, ㄷ   ⑤ ㄱ, ㄴ, ㄷ

16 그림은 엽록체와 미토콘드리아에서 일어나는 에너지와 물질의 이동을 나타낸 것이다.

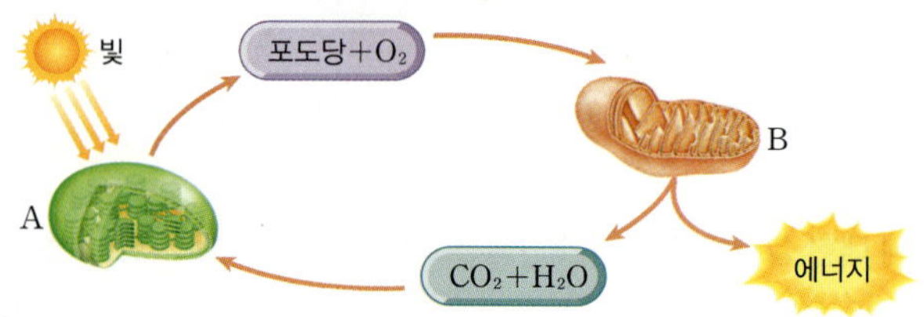

이에 대한 설명으로 옳은 것만을 |보기|에서 있는 대로 고른 것은?

> **보기**
> ㄱ. A에서 빛에너지가 화학 에너지로 전환된다.
> ㄴ. B에서 이화 작용이 일어난다.
> ㄷ. 포도당에 저장된 에너지는 B에서 모두 ATP에 저장된다.

① ㄱ   ② ㄷ   ③ ㄱ, ㄴ
④ ㄴ, ㄷ   ⑤ ㄱ, ㄴ, ㄷ

대표 유형 문제

17 그림은 사람의 혈액 순환 경로를 나타낸 것이다. ㉠과 ㉡은 혈관이고, A와 B는 각각 간과 콩팥 중 하나이다.
이에 대한 설명으로 옳은 것만을 |보기|에서 있는 대로 고른 것은?

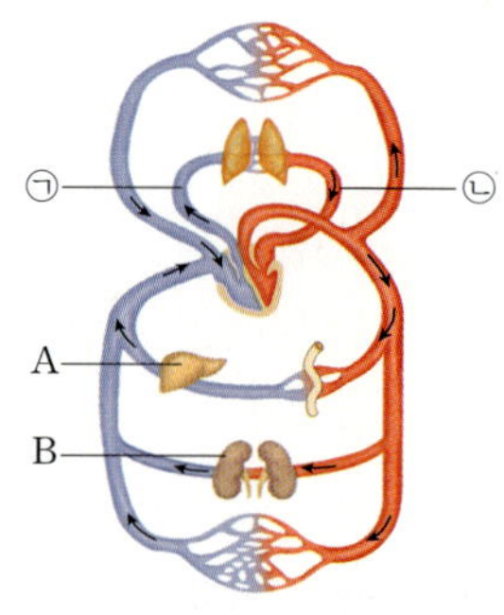

> **보기**
> ㄱ. A에서 암모니아가 요소로 전환된다.
> ㄴ. B는 배설계에 속한다.
> ㄷ. 혈액의 단위 부피당 산소량은 ㉠에서가 ㉡에서보다 많다.

① ㄱ   ② ㄷ   ③ ㄱ, ㄴ
④ ㄴ, ㄷ   ⑤ ㄱ, ㄴ, ㄷ

18 표는 BTB 용액이 담긴 시험관 Ⅰ～Ⅲ을 준비한 후 Ⅰ에는 용액 ㉠을, Ⅱ에는 용액 ㉡을, Ⅲ에는 오줌을 넣었을 때의 색깔과 추가로 생콩즙을 넣었을 때의 색깔을 나타낸 것이다. ㉠과 ㉡은 각각 증류수와 요소 용액 중 하나이다. 생콩즙에는 요소를 분해하는 효소가 있으며, BTB 용액은 산성에서 노란색, 중성에서 초록색, 염기성에서 파란색을 나타낸다.

시험관	Ⅰ	Ⅱ	Ⅲ
생콩즙을 넣기 전	초록색	초록색	초록색
생콩즙을 넣은 후	파란색	노란색	파란색

이에 대한 설명으로 옳은 것만을 |보기|에서 있는 대로 고른 것은?

> **보기**
> ㄱ. ㉡은 요소 용액이다.
> ㄴ. 요소가 분해되어 생성된 물질은 염기성이다.
> ㄷ. 오줌에는 요소가 포함되어 있다.

① ㄱ   ② ㄴ   ③ ㄱ, ㄷ
④ ㄴ, ㄷ   ⑤ ㄱ, ㄴ, ㄷ

서술형 문제

19 그림은 생명체 내에서 포도당과 같은 유기물의 에너지를 저장하는 물질 (가)를 나타낸 것이다.

(가)는 무엇이며, 생명체 내에서 유기물의 에너지를 (가)에 저장하는 까닭을 서술하시오.

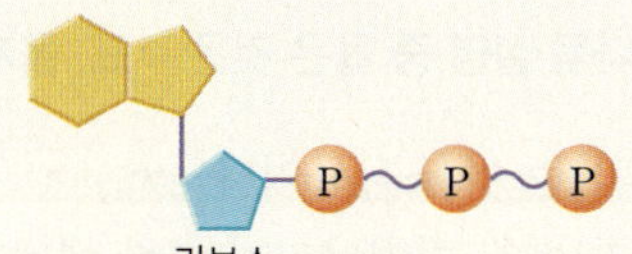

____

____

20 그림은 효모의 호흡을 알아보는 실험을 나타낸 것이다.

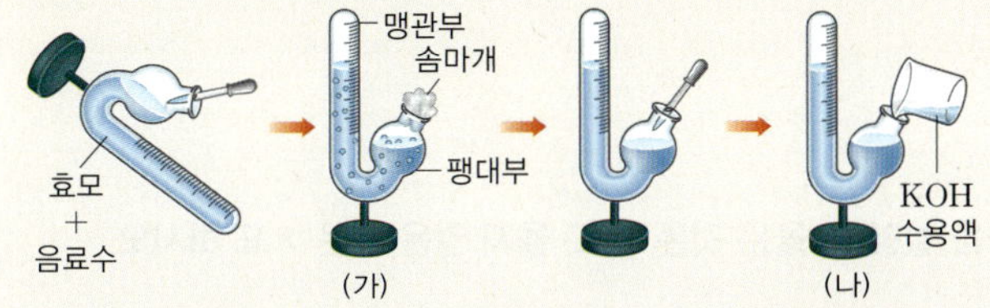

(가)에서 맹관부에 모인 기체는 무엇인지 쓰고, (나)에서 KOH 수용액을 넣었을 때 발효관 내에서 어떤 변화가 나타나는지 서술하시오.

____

____

____

대표 유형 문제

21 그림 (가)는 어떤 반응에서 시간에 따른 에너지양을, (나)는 이 반응에서 물질 A와 B의 상대량을 시간에 따라 나타낸 것이다. A와 B는 각각 반응물과 생성물 중 하나이다.

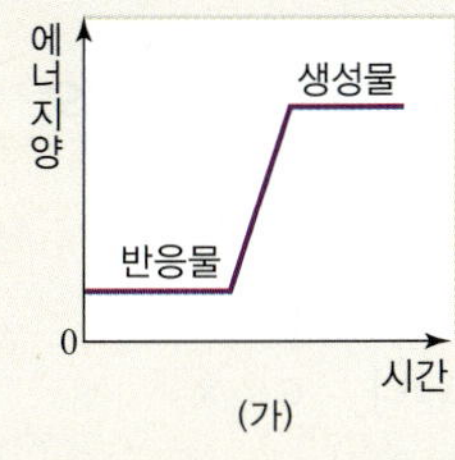

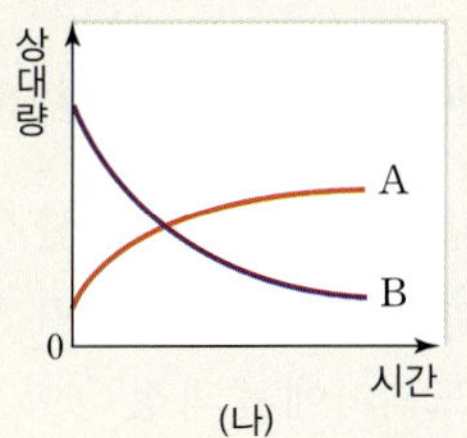

(나)에서 반응물은 A와 B 중 무엇인지 쓰고, 사람에서 (가)와 같은 에너지 변화가 나타나는 물질대사의 예를 두 가지 쓰시오.

____

____

대표 유형 문제

22 다음은 학생 A의 에너지 섭취와 소비에 대한 자료이다.

- A의 체중은 60 kg이며, 하루 동안 쌀밥 3공기, 배추김치 1접시, 불고기 2인분, 햄버거 2개, 탄산음료 1캔을 섭취하였다.
- A는 하루 동안 잠 9시간, 식사 2시간, TV 시청 3시간, 공부 9시간, 빨리 걷기 1시간의 활동을 하였다.
- 음식물의 에너지양(kcal)

쌀밥 1공기	배추김치 1접시	불고기 1인분	햄버거 1개	탄산음료 1캔
300	300	385	616	94

- 활동별 에너지 소비량(kcal/kg · h)

잠	식사	TV 시청	공부	빨리 걷기
0.9	1.6	1.1	1.9	4.2

(1) A가 하루 동안 섭취한 총 에너지양을 구하시오.

____

(2) A가 하루 동안 소비한 총 에너지양을 구하시오.

____

(3) A가 이와 같은 생활 습관을 지속할 때 체중이 어떻게 변화할지 서술하시오.

____

____

23 다음은 조직 세포와 모세 혈관 사이의 기체 교환을 나타낸 것이다.

$$모세\ 혈관\ \underset{CO_2}{\overset{O_2}{\rightleftarrows}}\ 조직\ 세포$$

(1) 위 기체 교환의 원리는 무엇인지 쓰시오.

____

____

(2) 조직 세포에서가 모세 혈관에서보다 CO_2가 많은 까닭을 서술하시오.

____

____

01 사람의 물질대사

1 에너지 대사

그림은 식물에서 일어나는 물질대사 과정에서의 에너지 변화를 나타낸 것이다.

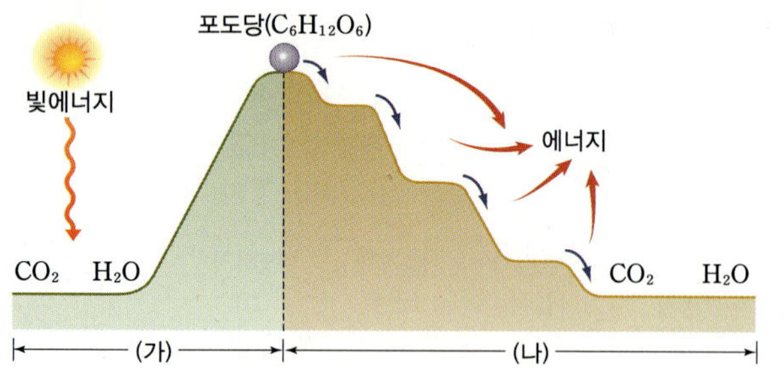

● 다음 설명 중 옳은 것은 ○표, 옳지 <u>않은</u> 것은 ×표 하시오.

1 (가)는 이화 작용이다.   O / ×

2 (가)에서 빛에너지가 화학 에너지로 전환된다.   O / ×

3 (나)는 세포 호흡이다.   O / ×

4 (나)에서 포도당은 단계적으로 분해된다.   O / ×

5 (나)에서만 효소가 관여한다.   O / ×

6 (나)에서 방출된 에너지의 일부는 ATP에 저장된다.   O / ×

7 (가)는 한꺼번에 일어나는 반응이고, (나)는 단계적으로 일어나는 반응이다.   O / ×

2 세포 호흡

그림은 사람의 미토콘드리아에서 일어나는 세포 호흡을 나타낸 것이다.

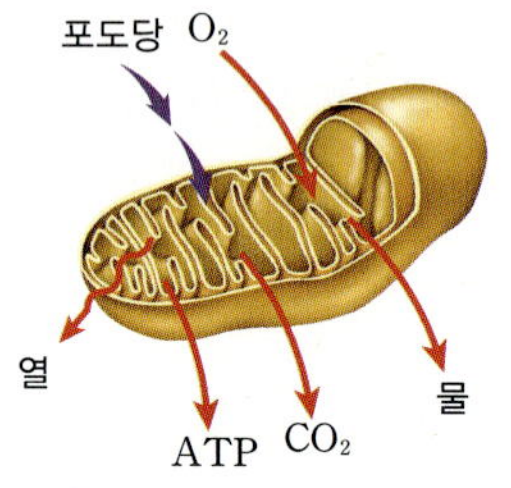

● 다음 설명 중 옳은 것은 ○표, 옳지 <u>않은</u> 것은 ×표 하시오.

1 세포 호흡은 이화 작용에 해당한다.   O / ×

2 포도당의 화학 에너지는 모두 ATP에 저장된다.   O / ×

3 포도당이 세포 호흡에 이용되면 물, CO_2, NH_3가 생성된다.   O / ×

4 세포 호흡의 반응물은 포도당과 산소이다.   O / ×

5 식물에서도 세포 호흡이 일어난다.   O / ×

6 ADP와 무기 인산이 ATP로 합성되는 반응은 이화 작용이다.   O / ×

3 ATP의 구조와 에너지 이용

그림은 ADP와 ATP 사이의 전환을 나타낸 것이다.

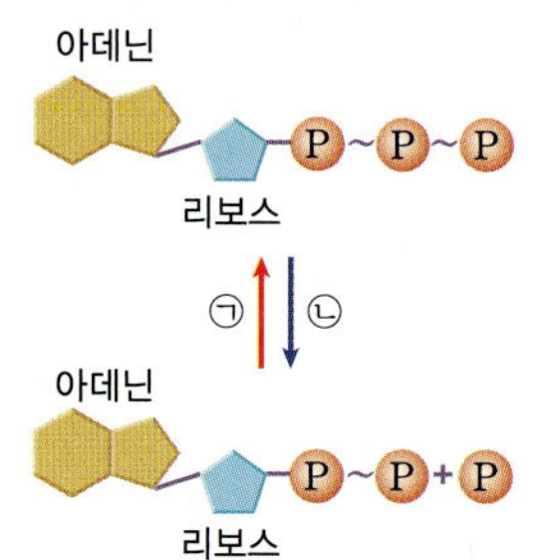

● 다음 설명 중 옳은 것은 ○표, 옳지 <u>않은</u> 것은 ×표 하시오.

1 ADP와 ATP에는 모두 인산기가 있다.   O / ×

2 1분자당 에너지양은 ADP가 ATP보다 많다.   O / ×

3 미토콘드리아에서 과정 ㉠이 일어난다.   O / ×

4 과정 ㉡이 일어날 때 에너지가 방출된다.   O / ×

5 ATP가 ADP로 분해될 때 인산기 사이의 인산 결합이 끊어진다.   O / ×

6 골격근이 수축할 때 과정 ㉡에서 방출된 에너지가 이용된다.   O / ×

7 ATP보다 ADP에 더 많은 인산 결합이 있다.   O / ×

4 호흡계

그림은 폐의 일부를 모식적으로 나타낸 것이다. (단, 화살표는 혈액의 이동 방향을 나타낸다.)

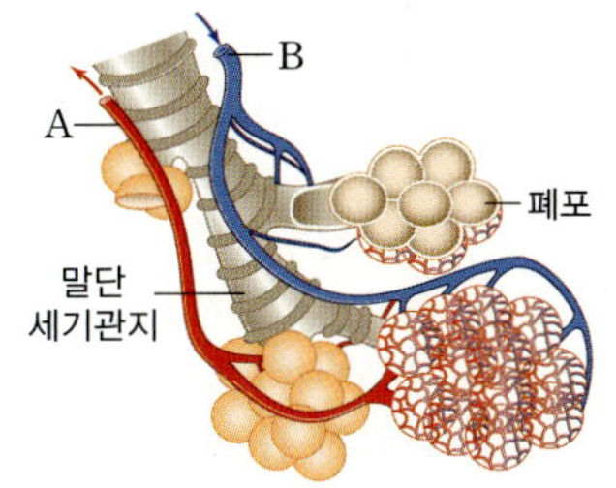

● 다음 설명 중 옳은 것은 ○표, 옳지 <u>않은</u> 것은 ×표 하시오.

1 A는 폐정맥이다. ○ / ×

2 B는 동맥혈(동맥피)가 흐르는 혈관이다. ○ / ×

3 폐에서 산소는 폐포에서 폐포 주변의 모세 혈관으로 확산된다. ○ / ×

4 폐에서 기체 교환이 일어날 때 ATP가 소모된다. ○ / ×

5 산소의 분압은 폐포에서가 폐포 주변의 모세 혈관에서 보다 높다. ○ / ×

6 폐포와 모세 혈관 사이에서 이산화 탄소와 산소의 이동 방향은 같다. ○ / ×

5 노폐물의 배설

그림은 영양소가 세포 호흡에 이용되어 생성되는 노폐물을 몸 밖으로 배출하기까지의 경로를 나타낸 것이다.

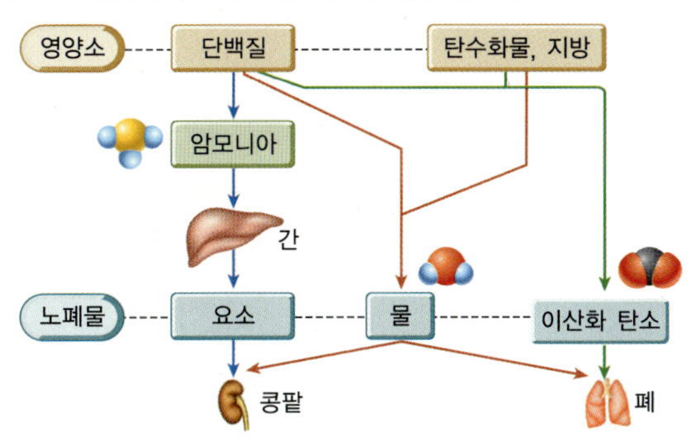

● 다음 설명 중 옳은 것은 ○표, 옳지 <u>않은</u> 것은 ×표 하시오.

1 지방과 탄수화물이 세포 호흡에 이용되면 물과 이산화 탄소가 생성된다. ○ / ×

2 지방이 세포 호흡에 이용되면 질소 노폐물이 생성된다. ○ / ×

3 암모니아는 소화계에 속하는 기관에서 요소로 전환된다. ○ / ×

4 요소는 암모니아보다 독성이 약한 물질이다. ○ / ×

5 요소는 호흡계와 배설계를 통해 배출된다. ○ / ×

6 조직 세포에서 생성된 노폐물이 콩팥, 폐 등으로 이동하는 과정에 순환계가 관여한다. ○ / ×

7 요소는 콩팥에서 오줌을 통해 몸 밖으로 배출된다. ○ / ×

8 포도당은 콩팥에서 여과된 후 100 % 재흡수되고, 물은 여과된 후 대부분 재흡수된다. ○ / ×

6 기관계의 통합적 작용

그림은 기관계의 통합적 작용을 나타낸 것이다.

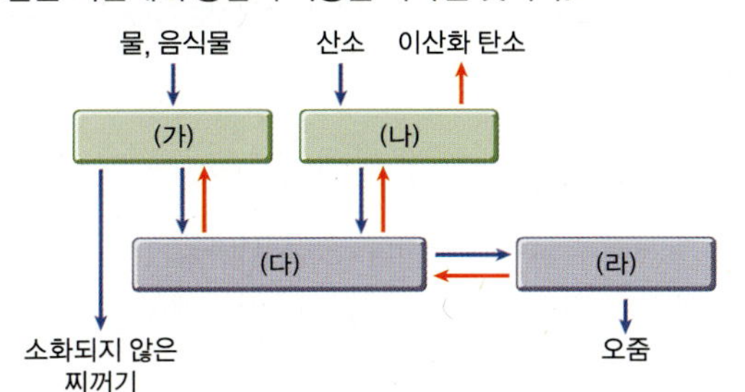

● 다음 설명 중 옳은 것은 ○표, 옳지 <u>않은</u> 것은 ×표 하시오.

1 (가)는 소화계이다. ○ / ×

2 산소는 (나)에서 흡수된 후 (다)를 통해 (라)로 이동한다. ○ / ×

3 (가)에서 흡수되지 않은 찌꺼기는 배설계를 통해 배출된다. ○ / ×

4 위는 (가), 폐는 (나), 심장은 (다), 콩팥은 (라)에 속하는 기관이다. ○ / ×

5 (가)에서 암모니아는 요소로 전환된다. ○ / ×

6 (다)에서 (라)로 이동하는 물질에 요소가 포함된다. ○ / ×

학교 시험 대비 문제

01 그림은 모세 혈관과 조직 세포 사이의 기체 교환을 나타낸 것이다. ⓐ와 ⓑ는 각각 산소와 이산화 탄소 중 하나이고, ㉠과 ㉡은 혈관의 서로 다른 지점이다.

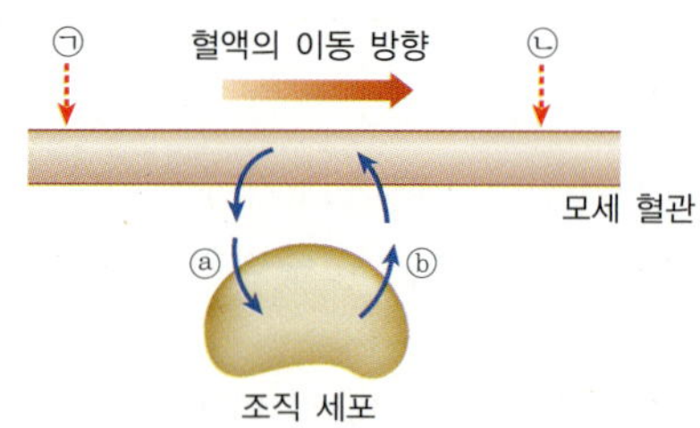

이에 대한 설명으로 옳은 것만을 |보기|에서 있는 대로 고른 것은?

> **보기**
> ㄱ. 혈액 내에서 ⓐ의 운반에 적혈구가 관여한다.
> ㄴ. ⓑ는 이산화 탄소이다.
> ㄷ. 단위 부피당 ⓑ의 양은 ㉠ 지점의 혈액이 ㉡ 지점의 혈액 보다 많다.

① ㄱ ② ㄷ ③ ㄱ, ㄴ
④ ㄱ, ㄷ ⑤ ㄴ, ㄷ

대표 유형 문제

02 그림은 콩팥의 구조를, 표는 탄수화물이 세포 호흡에 이용되어 생성된 노폐물의 종류를 나타낸 것이다.

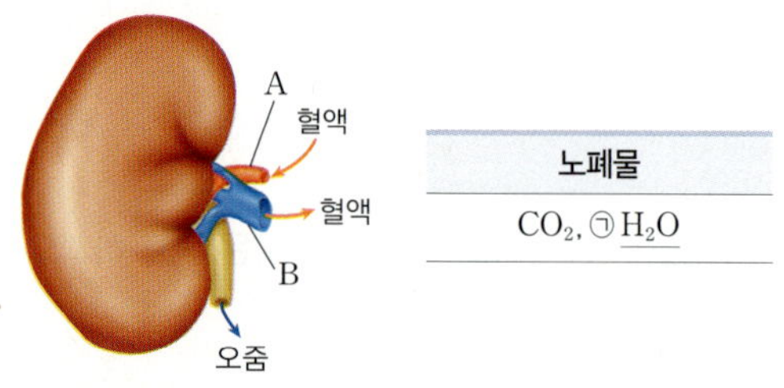

노폐물
CO_2, ㉠H_2O

이에 대한 설명으로 옳은 것만을 |보기|에서 있는 대로 고른 것은?

> **보기**
> ㄱ. A는 콩팥 동맥이다.
> ㄴ. ㉠의 일부는 콩팥에서 오줌으로 배출된다.
> ㄷ. 요소의 농도는 B의 혈액에서가 A의 혈액에서보다 높다.

① ㄱ ② ㄷ ③ ㄱ, ㄴ
④ ㄴ, ㄷ ⑤ ㄱ, ㄴ, ㄷ

---

03 그림은 사람의 혈액 순환 경로를 나타낸 것이다. ㉠~㉣은 각각 대동맥, 대정맥, 폐동맥, 폐정맥 중 하나이다.

이에 대한 설명으로 옳은 것만을 |보기|에서 있는 대로 고른 것은?

> **보기**
> ㄱ. ㉠은 폐정맥이다.
> ㄴ. ㉡과 ㉢에는 동맥혈(동맥피)이 흐른다.
> ㄷ. 혈액의 단위 부피당 이산화 탄소의 양은 ㉠의 혈액이 ㉣ 의 혈액보다 많다.

① ㄱ ② ㄷ ③ ㄱ, ㄴ
④ ㄱ, ㄷ ⑤ ㄴ, ㄷ

---

04 그림은 사람의 소장에서 흡수된 영양소 ㉠이 심장으로 이동하는 경로를 나타낸 것이다. (가)와 (나)는 각각 간문맥과 간정맥 중 하나이다.

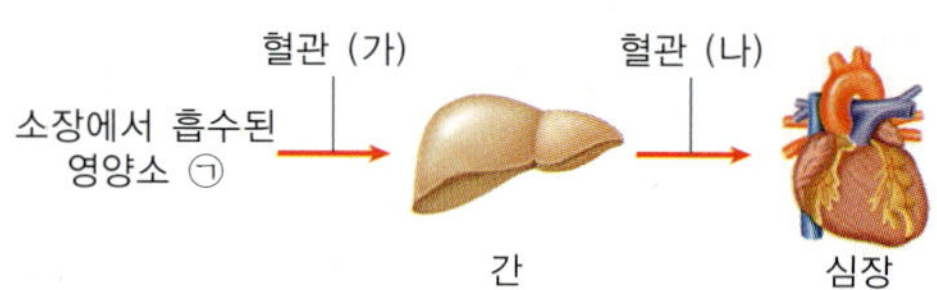

이에 대한 설명으로 옳은 것만을 |보기|에서 있는 대로 고른 것은?

> **보기**
> ㄱ. ㉠은 지용성 영양소이다.
> ㄴ. (나)의 혈액에는 요소가 있다.
> ㄷ. 식사 직후 포도당의 농도는 (가)의 혈액이 (나)의 혈액보 다 높다.

① ㄱ ② ㄴ ③ ㄷ
④ ㄱ, ㄴ ⑤ ㄴ, ㄷ

---

05 기관계에 대한 설명으로 옳은 것만을 |보기|에서 있는 대로 고른 것은?

> **보기**
> ㄱ. 호흡계에는 폐가 있다.
> ㄴ. 배설계에서 암모니아가 요소로 전환된다.
> ㄷ. 순환계는 여러 기관계 사이의 물질 이동에 관여한다.

① ㄱ ② ㄴ ③ ㄱ, ㄷ
④ ㄴ, ㄷ ⑤ ㄱ, ㄴ, ㄷ

06 그림은 사람의 소화계를 나타낸 것이다. A~C는 각각 간, 소장, 이자 중 하나이다.

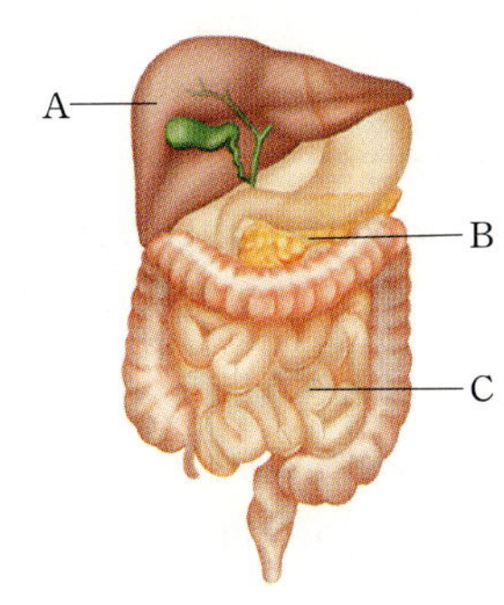

이에 대한 설명으로 옳은 것만을 |보기|에서 있는 대로 고른 것은?

┌─ 보기 ┐
ㄱ. A에서 글리코젠이 합성된다.
ㄴ. B에서 쓸개즙이 생성된다.
ㄷ. C에서 영양소의 흡수가 일어난다.
└───────┘

① ㄱ　　　　② ㄴ　　　　③ ㄷ
④ ㄱ, ㄴ　　　⑤ ㄱ, ㄷ

07 그림은 기관계의 통합적 작용을 나타낸 것이다. (가)~(다)는 각각 배설계, 순환계, 호흡계 중 하나이다.

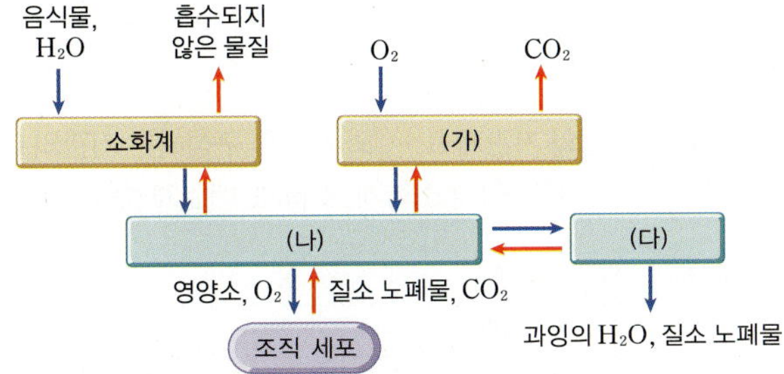

(가)~(다)에 해당하는 기관계를 옳게 연결한 것은?

	(가)	(나)	(다)
①	배설계	순환계	호흡계
②	호흡계	순환계	배설계
③	순환계	호흡계	배설계
④	호흡계	배설계	순환계
⑤	순환계	배설계	호흡계

08 표는 사람의 질환 (가)와 (나)에 대한 설명이다. (가)와 (나)는 각각 고지혈증과 당뇨병 중 하나이다.

질환	설명
(가)	인슐린이 정상적으로 분비되지 않아 나타나는 질환이다.
(나)	혈액 속에 콜레스테롤이나 중성 지방 등이 과다하게 축적되어 나타나는 질환이다.

이에 대한 설명으로 옳은 것만을 |보기|에서 있는 대로 고른 것은?

┌─ 보기 ┐
ㄱ. (가)는 당뇨병이다.
ㄴ. (나)는 유전적 요인에 의해서만 발생하는 질환이다.
ㄷ. (가)와 (나)는 모두 대사성 질환에 해당한다.
└───────┘

① ㄱ　　　　② ㄴ　　　　③ ㄱ, ㄴ
④ ㄱ, ㄷ　　　⑤ ㄴ, ㄷ

[09~10] 그림은 노폐물의 생성과 배설 과정을 나타낸 것이다. ㉠~㉣은 각각 물, 요소, 암모니아, 이산화 탄소를 순서 없이 나타낸 것이다.

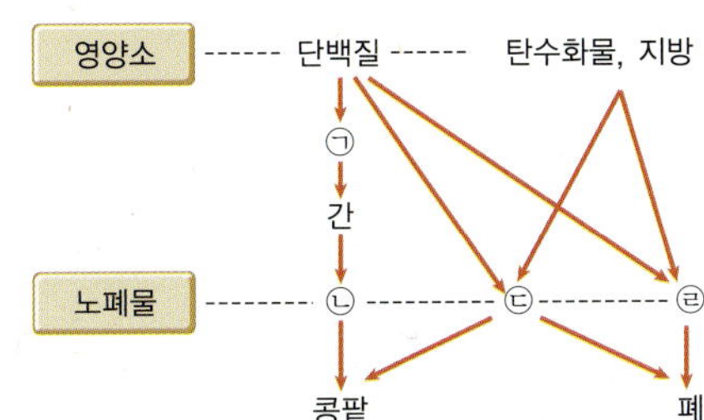

09 ㉠에 대한 설명으로 옳은 것만을 |보기|에서 있는 대로 고른 것은?

┌─ 보기 ┐
ㄱ. 질소 노폐물에 해당한다.
ㄴ. ㉡보다 독성이 약한 물질이다.
ㄷ. 초록색의 BTB 용액에 넣으면 노란색으로 변한다.
└───────┘

① ㄱ　　　　② ㄴ　　　　③ ㄷ
④ ㄱ, ㄷ　　　⑤ ㄴ, ㄷ

10 ㉡~㉣에 해당하는 물질을 옳게 연결한 것은?

	㉡	㉢	㉣
①	물	이산화 탄소	요소
②	요소	이산화 탄소	물
③	물	요소	이산화 탄소
④	요소	물	이산화 탄소
⑤	이산화 탄소	물	요소

11 그림은 체내외에서 일어나는 물질의 이동 과정을 나타낸 것이다. (가)~(다)는 각각 소화계, 호흡계, 배설계를 순서 없이 나타낸 것이다.

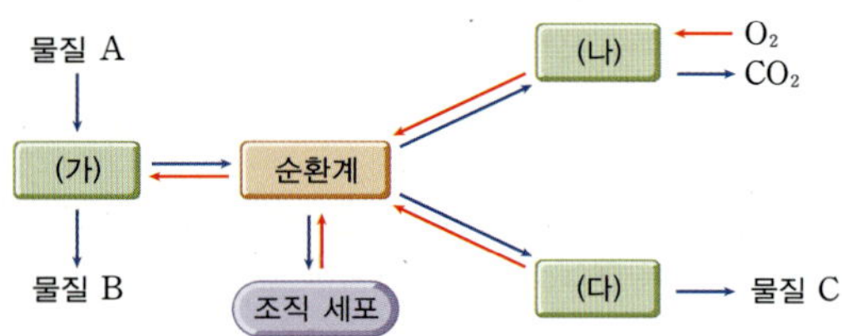

이에 대한 설명으로 옳은 것만을 |보기|에서 있는 대로 고른 것은?

> **보기**
> ㄱ. (가)는 배설계이다.
> ㄴ. (나)에서 기체 교환이 일어날 때 ATP가 소모된다.
> ㄷ. (다)에서 물질 C에는 질소 노폐물이 포함된다.

① ㄱ   ② ㄷ   ③ ㄱ, ㄴ
④ ㄱ, ㄷ   ⑤ ㄴ, ㄷ

대표 유형 문제

12 표는 두 학생 A와 B의 1일 대사량과 하루 동안 섭취한 영양소의 양을 나타낸 것이다. 탄수화물과 단백질은 4 kcal/g, 지방은 9 kcal/g의 열량을 가진다.

학생		A	B
1일 대사량(kcal)		2400	1950
영양소 섭취량(g)	탄수화물	360	320
	단백질	150	100
	지방	40	50

이에 대한 설명으로 옳은 것만을 |보기|에서 있는 대로 고른 것은? (단, 제시된 자료 이외는 고려하지 않는다.)

> **보기**
> ㄱ. 1일 대사량에는 기초 대사량이 포함된다.
> ㄴ. 에너지 섭취량은 A가 B보다 270 kcal가 더 많다.
> ㄷ. 표와 같은 에너지 섭취와 소비가 반복될 때 A와 B 중 비 만이 될 가능성이 더 높은 학생은 A이다.

① ㄱ   ② ㄷ   ③ ㄱ, ㄴ
④ ㄴ, ㄷ   ⑤ ㄱ, ㄴ, ㄷ

13 그림은 사람에서 단백질을 섭취한 후 요소가 생성되기까지의 과정을 나타낸 것이다.

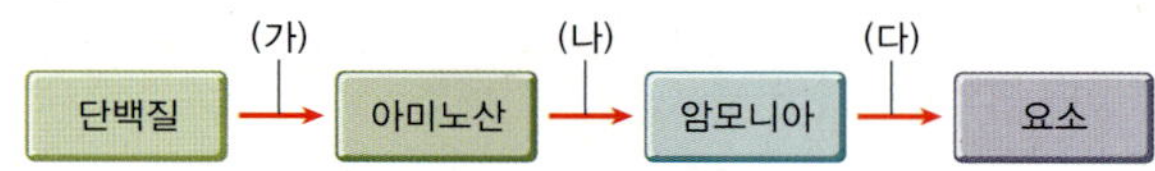

이에 대한 설명으로 옳은 것만을 |보기|에서 있는 대로 고른 것은?

> **보기**
> ㄱ. 과정 (가)에 효소가 관여한다.
> ㄴ. 과정 (나)는 세포 호흡에 의해 일어난다.
> ㄷ. 간에서 과정 (다)가 일어난다.

① ㄱ   ② ㄴ   ③ ㄱ, ㄷ
④ ㄴ, ㄷ   ⑤ ㄱ, ㄴ, ㄷ

14 대사성 질환에 대한 설명으로 옳은 것만을 |보기|에서 있는 대로 고른 것은?

> **보기**
> ㄱ. 고혈압은 동맥 경화와 같은 심혈관계 질환의 원인이 된다.
> ㄴ. 당뇨병은 인슐린이 과다하게 분비되어 나타나는 질환이다.
> ㄷ. 고지혈증은 필요 이상의 지방 성분이 혈액에 있을 때 나타나는 질환이다.

① ㄱ   ② ㄴ   ③ ㄱ, ㄷ
④ ㄴ, ㄷ   ⑤ ㄱ, ㄴ, ㄷ

15 표는 사람의 기관계 A~C와 각각을 구성하는 기관의 예를 나타낸 것이다. A~C는 각각 소화계, 호흡계, 배설계 중 하나이다.

기관계	A	B	C
기관	폐	?	콩팥

이에 대한 설명으로 옳은 것만을 |보기|에서 있는 대로 고른 것은?

> **보기**
> ㄱ. A에서는 기체 교환이 일어난다.
> ㄴ. B는 호흡계이다.
> ㄷ. C에서 오줌이 생성된다.

① ㄱ   ② ㄴ   ③ ㄱ, ㄷ
④ ㄴ, ㄷ   ⑤ ㄱ, ㄴ, ㄷ

16

다음은 콩즙에 들어 있는 효소의 작용을 알아보는 실험이다.

[실험 과정 및 결과]

(가) 2 %의 요소 용액 10 mL가 동일하게 들어 있는 시험관 Ⅰ~Ⅲ을 준비한다.

(나) Ⅰ~Ⅲ에 표와 같이 첨가물을 3 mL씩 넣는다.

시험관	Ⅰ	Ⅱ	Ⅲ
첨가물	증류수	생콩즙	끓인 콩즙

(다) (나)의 Ⅰ~Ⅲ에 만능 지시약을 넣어 색깔을 관찰하였더니 Ⅰ과 Ⅲ에서는 노란색이 나타나고, Ⅱ에서만 파란색이 나타났다.

※ pH에 따른 만능 지시약의 색

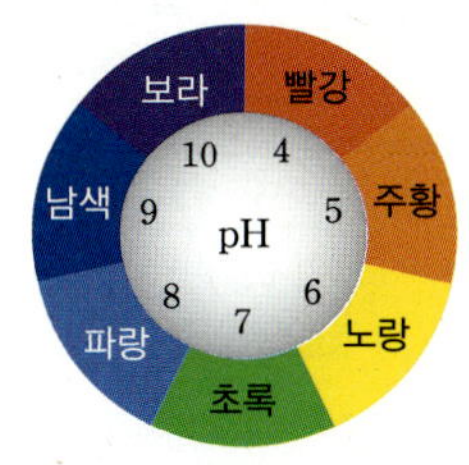

이에 대한 설명으로 옳은 것만을 |보기|에서 있는 대로 고른 것은?

보기

ㄱ. Ⅰ은 대조군이다.

ㄴ. 요소가 분해되어 생성된 물질은 염기성을 띤다.

ㄷ. Ⅲ에서 콩즙에 들어 있는 효소에 의해 요소가 분해되었다.

① ㄱ   ② ㄷ   ③ ㄱ, ㄴ

④ ㄴ, ㄷ   ⑤ ㄱ, ㄴ, ㄷ

17

배설의 의의를 서술하시오.

18

그림 (가)는 주로 앉아서 지내는 사람, (나)는 활동적인 사람의 1일 대사량(kcal)과 1일 대사량의 구성비를 나타낸 것이다.

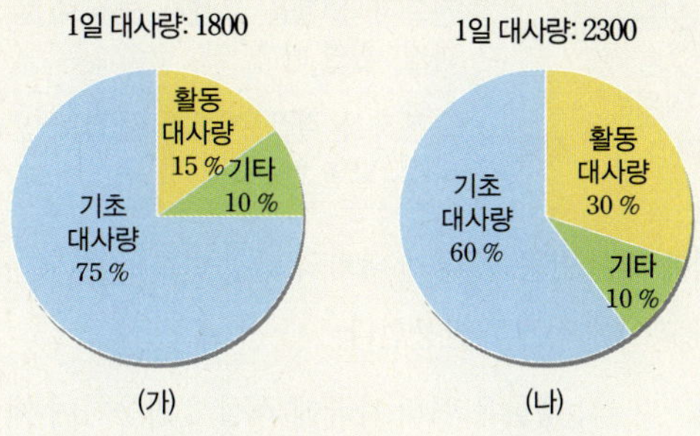

(1) (가)와 (나)의 기초 대사량을 구하고, 비교하시오.

(2) (가)와 (나)의 하루 평균 에너지 섭취량이 각각 2000 kcal일 때, 위와 같은 에너지 소비가 지속된다면 (가)와 (나)의 체중은 어떻게 달라지겠는지 각각 서술하시오.

19

다음은 영양소와 그 구성 원소에 관한 설명이다.

세포 호흡에 이용되어 에너지원으로 사용되는 영양소로는 지방, 단백질, 탄수화물이 있다. 탄수화물과 지방은 탄소, 수소, 산소로만 구성되고, 단백질은 탄소, 수소, 산소 외에 (가)를 포함하고 있다.

(1) 지방, 단백질, 탄수화물이 세포 호흡에 이용되었을 때 공통적으로 생성되는 노폐물을 2가지 쓰시오.

(2) 단백질이 세포 호흡에 이용되었을 때 (가)를 구성 원소로 포함하는 노폐물이 몸 밖으로 배설되기까지의 과정을 아래 표의 단어를 모두 사용하여 간단히 서술하시오.

간, 요소, 오줌, 콩팥, 암모니아

단원 한번에 정리하기

I-01 생명 과학의 이해

❶ 생물의 특성

1 세포로 구성: 모든 생물의 구조적·기능적 기본 단위는 세포이다.

2 물질대사: 생물체 내에서 생명 현상을 유지하기 위해 일어나는 모든 화학 반응이다.

❶(　　　) 작용	저분자 물질을 고분자 물질로 합성하는 과정, 흡열 반응
❷(　　　) 작용	고분자 물질을 저분자 물질로 분해하는 과정, 발열 반응

3 자극에 대한 반응: 생물체 내외의 환경 변화인 ❸(　　　)을 감지하고 이에 적절히 반응한다.

4 ❹(　　　): 생물은 여러 자극에 적절히 반응하여 체내 환경을 일정하게 유지한다.

5 발생과 생장: 생물은 수정란이 세포 분열과 기관의 분화 과정을 통해 새로운 개체로 형성되는 발생과 세포 분열을 통해 세포 수를 늘려 몸이 커지는 생장을 한다.

➡ 단세포 생물은 발생 과정을 거치지 않는다.

6 생식과 유전: 생물은 생식과 ❺(　　　)을 통해 자신과 닮은 자손을 남겨 종족을 유지한다.

7 적응과 진화: 생물은 환경 변화에 대해 몸의 형태나 생활 습성 등이 달라지는 적응을 한다. 오랜 세월에 걸쳐 지속적으로 적응이 일어나 각기 다른 모습으로 변해 가는 ❻(　　　)의 결과 종이 다양하게 분화한다.

❷ 바이러스의 특성

1 바이러스: 생물적 특성과 비생물적 특성을 모두 가지며, 세균 여과기를 통과할 정도로 크기가 작고, 살아 있는 생물에만 기생한다.

2 바이러스의 생물적 특성과 비생물적 특성

생물적 특성	• 유전 물질인 ❶(　　　)이 있다. • 살아 있는 ❷(　　　) 생물 내에서 증식한다. • 환경의 변화에 적응하며 진화한다.
비생물적 특성	• 세포의 구조를 갖지 않는다. • 생물체 밖에서는 ❸(　　　) 결정체로 존재한다. • 효소가 없어 스스로 ❹(　　　)나 증식을 하지 못한다.

3 바이러스의 출현 시기: 바이러스는 숙주 세포 내에서만 증식하므로 살아 있는 생물체보다 나중에 나타났다.

❸ 생명 과학의 탐구

1 ❶(　　　) 탐구 방법: 구체적인 수많은 관찰을 통해 일반적인 결론을 도출하는 탐구 방법

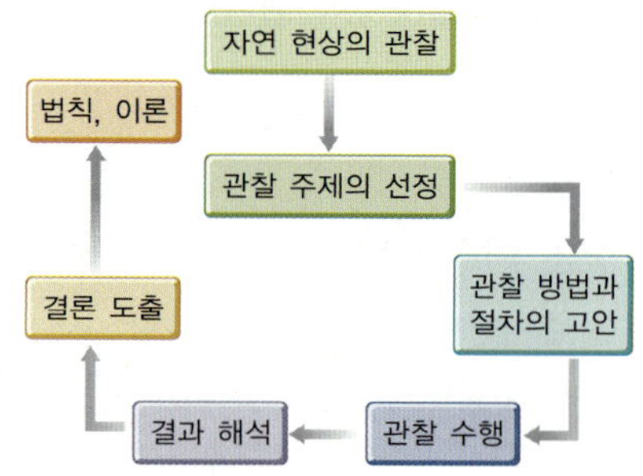

2 연역적 탐구 방법: 관찰을 통해 인식된 문제에 대한 답을 얻기 위해 ❷(　　　)을 설정하고 이를 검증하는 탐구 방법

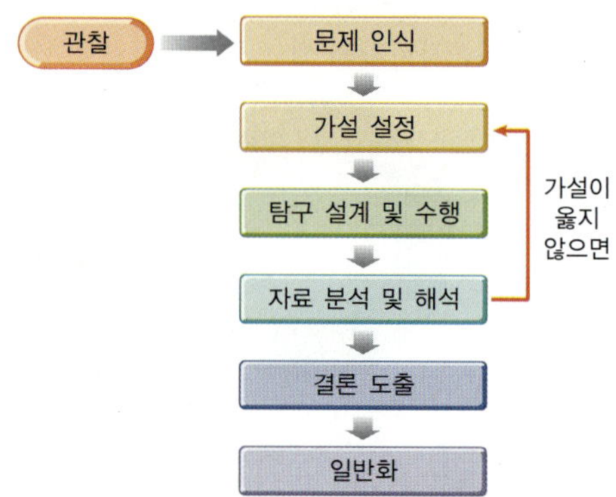

문제 인식	자연의 현상을 관찰하여 문제점을 발견한다.
가설 설정	잠정적인 결론(가설)을 설정하는 단계이다.
탐구 설계 및 수행	대조군 설정과 변인 통제가 중요하다. • ❸(　　　) 실험: 객관성과 인과 관계를 명확히 하기 위해 실험군과 대조군을 설정하여 대조 실험을 진행한다. • 변인 통제: 조작 변인만 다르게 하고, 실험 결과에 영향을 주는 다른 변인(통제 변인)들은 일정하게 유지시키는 것
자료 분석	실험 결과를 분석하거나 해석, 자료 처리, 추리, 예상을 포함한다.
❹(　　　) 도출	자료를 포괄적으로 설명할 수 있는 종합적 결론을 도출한다.

3 연역적 탐구 방법의 변인

❺(　　　) 변인	• 실험 결과에 영향을 주는 요인 – ❻(　　　)변인: 가설 검증을 위해 실험에서 의도적으로 변화시키는 요인 – 통제 변인: 조작 변인 이외에 실험 결과에 영향을 미칠 수 있는 요인으로 일정하게 유지시켜야 하는 요인
❼(　　　) 변인	• 조작 변인에 따라 달라지는 변인 • 실험 결과에 해당한다.

Ⅱ-01 사람의 물질대사

❶ 세포의 생명 활동

1 ❶(　　　　): 세포 내에서 영양소를 분해하여 생명 활동에 필요한 에너지를 얻는 과정으로 물질대사의 이화 작용에 해당한다.

2 **세포 호흡의 과정**: 포도당은 산소와 반응하여 물과 이산화 탄소로 완전히 분해되고, 그 결과 에너지가 방출된다. 이때 방출된 에너지의 일부는 ❷(　　)에 화학 에너지 형태로 저장되고, 나머지는 열에너지로 방출된다.

3 **ATP**: 생명 활동에 직접 이용되는 에너지 저장 물질로 아데노신에 ❸(　　)의 인산기가 결합한 화합물이다. ⇨ 인산기와 인산기는 인산 결합으로 연결되어 있다.

4 **효모의 세포 호흡**: 효모는 포도당을 분해하여 생명 활동에 필요한 에너지를 얻으며, 이때 이산화 탄소가 발생한다.

❷ 에너지의 전환과 이용

1 **에너지의 근원**: 광합성에 의해 포도당에 화학 에너지 형태로 저장되었다가 세포 호흡 과정에서 ATP에 저장되므로 생명체가 이용하는 에너지의 근원은 태양의 ❶(　　　)이다.

2 **ATP의 분해**: ATP에 저장된 에너지는 ❷(　　)와 무기 인산으로 가수 분해되면서 방출되어 여러 생명 활동에 쓰인다.

3 **에너지의 이용**: ATP 분해 과정에서 방출된 에너지는 물질 합성(화학 에너지), 근육 운동(기계적 에너지), 능동 수송(기계적 에너지), 발광(빛에너지), 발전(전기 에너지) 등의 생명 활동에 이용된다.

❸~❻ 기관계의 통합적 작용

1 **소화계**: 세포 호흡에 필요한 영양소를 소화·흡수하며, 간, 위, 이자 등으로 구성된다.

영양소	소장에서의 흡수 경로
❶(　　) 영양소	융털 내부의 모세 혈관으로 흡수
지용성 영양소	융털 내부의 암죽관으로 흡수

2 **호흡계**: 세포 호흡에 필요한 산소를 흡수하고, 세포 호흡 결과 생성된 이산화 탄소를 몸 밖으로 내보내며, 폐, 기관지 등으로 구성된다.

기체 교환의 원리	분압 차이에 의한 ❷(　　)으로 일어난다.	
기체 교환	산소	폐포 → 모세 혈관 → 조직 세포
	이산화 탄소	조직 세포 → 모세 혈관 → 폐포

3 **배설계**: 세포 호흡 결과 생성된 노폐물을 몸 밖으로 내보내며, 콩팥, 방광 등으로 구성된다. 질소 노폐물인 요소는 콩팥에서 여과, 재흡수, 분비의 과정을 거쳐 ❸(　　)에 포함되어 몸 밖으로 배출된다.

물	호흡계에서 수증기, 배설계에서 오줌의 형태로 배출된다.
이산화 탄소	❹(　　)를 통해 몸 밖으로 배출된다.
암모니아	간에서 독성이 약한 ❺(　　)로 전환된 후 콩팥에서 오줌에 포함되어 몸 밖으로 배출된다.

4 ❻(　　): 소화계, 호흡계, 배설계 사이의 물질의 이동에 관여하며, 심장, 혈관 등으로 구성된다.

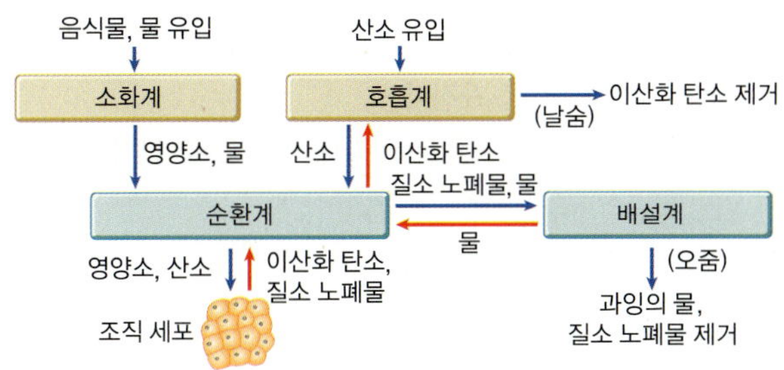

❼ 대사성 질환과 에너지 균형

1 **영양소 섭취와 에너지 균형**: 건강한 생활을 유지하기 위해서는 인체에서 소모되는 에너지양과 섭취한 에너지양이 ❶(　　)을 이루어야 한다.

영양 균형	에너지 섭취량 = 에너지 소비량
영양 부족	에너지 섭취량 < 에너지 소비량 ⇨ 체중 ❷(　　), 면역력 감소
영양 과다	에너지 섭취량 > 에너지 소비량 ⇨ 체중 증가, 비만

2 **대사량**

❸(　　) 대사량	체온 유지, 호흡, 심장 박동 등 생명 유지에 필요한 최소한의 에너지양
활동 대사량	다양한 활동을 하면서 소모되는 에너지양
1일 대사량	하루 동안 생활하는 데 필요한 에너지양 ⇨ 기초 대사량 + 활동 대사량 + 음식물의 소화·흡수에 필요한 에너지양

3 ❹(　　) **질환**: ❺(　　　)에 이상이 생겨 나타나는 질환으로 당뇨병, 고혈압, 고지혈증, 지방간 등이 있다. 대사성 질환은 식이 요법, 운동 요법, 올바른 생활 습관 등을 통해 치료하거나 예방할 수 있다.

1등급 실전 문제

★ 객관식 1~20번 : 70점 / 서술형 21~25번 : 30점
★ 문항별 배점은 다르며, 문항별로 별도 표기하였습니다.

학교 시험 대비 50min.

01 그림 (가)와 (나)는 각각 바이러스와 백혈구를 나타낸 것이다. (4점)

 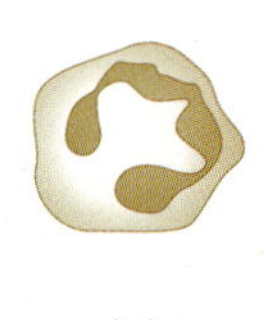

이에 대한 설명으로 옳은 것만을 |보기|에서 있는 대로 고른 것은?

보기
ㄱ. (가)는 핵산을 가진다.
ㄴ. (나)는 세포 구조를 가진다.
ㄷ. (가)와 (나)는 모두 스스로 물질대사를 할 수 있다.

① ㄱ ② ㄷ ③ ㄱ, ㄴ
④ ㄴ, ㄷ ⑤ ㄱ, ㄴ, ㄷ

02 그림은 서로 다른 환경에서 서식하고 있는 흰떡갈나무의 잎을 나타낸 것이다. (3점)

이 자료와 가장 관련이 깊은 생물의 특성의 예는?

① 갈증이 나면 수분을 보충한다.
② 대장균은 분열법으로 번식한다.
③ 간에서 글리코젠이 포도당으로 분해된다.
④ 미모사는 잎에 물체가 닿으면 잎이 오므라든다.
⑤ 건조한 사막에 서식하는 캥거루쥐는 소량의 진한 오줌을 배설한다.

03 그림은 나비의 알이 성체가 되기까지의 과정을 나타낸 것이다. (3점)

이에 대한 설명으로 옳은 것만을 |보기|에서 있는 대로 고른 것은?

보기
ㄱ. 과정 (가)에서 세포 분열이 일어난다.
ㄴ. 생물의 특성 중 생식과 유전의 예이다.
ㄷ. 애벌레와 나비에서 모두 물질대사가 일어난다.

① ㄱ ② ㄴ ③ ㄱ, ㄷ
④ ㄴ, ㄷ ⑤ ㄱ, ㄴ, ㄷ

04 그림은 정상인에서 식사 후 시간에 따른 혈중 인슐린 농도를 나타낸 것이다. (3점)

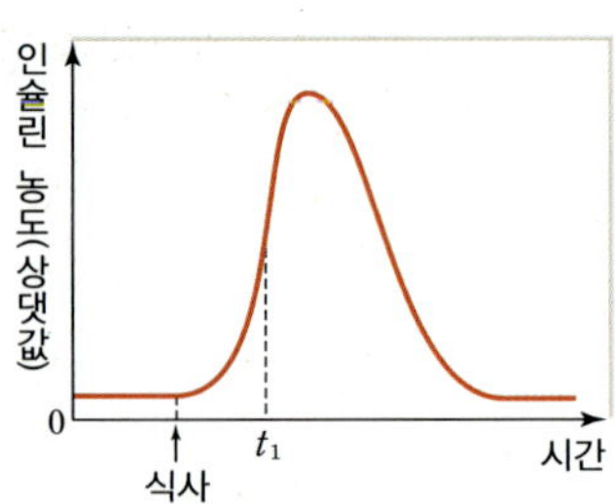

이에 대한 설명으로 옳은 것만을 |보기|에서 있는 대로 고른 것은?

보기
ㄱ. 생물의 특성 중 항상성의 예에 해당한다.
ㄴ. 혈중 포도당의 농도는 식사 직전이 t_1일 때보다 높다.
ㄷ. t_1일 때 이 사람의 간에서 물질대사가 일어난다.

① ㄱ ② ㄴ ③ ㄱ, ㄷ
④ ㄴ, ㄷ ⑤ ㄱ, ㄴ, ㄷ

05 (4점)

표 (가)는 대장균, 바이러스, 강아지 로봇에서 특징 ㉠과 ㉡의 유무를, (나)는 ㉠과 ㉡을 순서 없이 나타낸 것이다. A~C는 각각 대장균, 바이러스, 강아지 로봇 중 하나이다.

구분	㉠	㉡
A	○	×
B	ⓐ	○
C	ⓑ	×

(○:있음, ×:없음)

(가)

특징(㉠, ㉡)
- 핵산이 있다.
- 세포 구조이다.

(나)

이에 대한 설명으로 옳은 것만을 |보기|에서 있는 대로 고른 것은?

┌─ 보기 ─────────────────────────────
ㄱ. A는 바이러스이다.
ㄴ. ⓐ와 ⓑ는 모두 '×'이다.
ㄷ. ㉡은 '세포 구조이다.'이다.
└────────────────────────────────────

① ㄱ   ② ㄴ   ③ ㄱ, ㄷ
④ ㄴ, ㄷ   ⑤ ㄱ, ㄴ, ㄷ

06 (3점)

그림 (가)는 담배 모자이크병을 일으키는 병원체 X의 구조를, (나)는 담배 모자이크병에 걸린 담뱃잎에서 추출한 X를 건강한 담뱃잎에 감염시켰을 때의 결과를 나타낸 것이다.

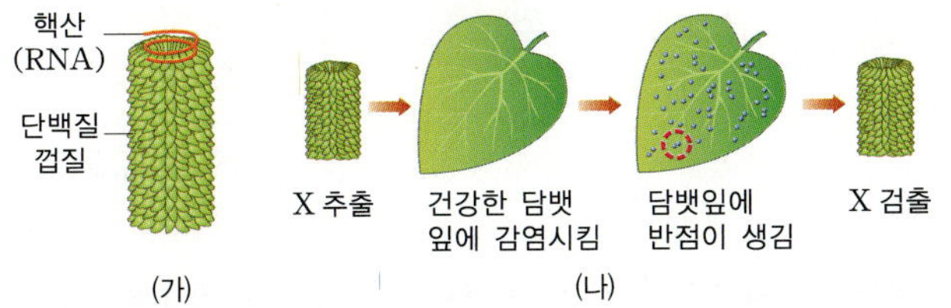

이에 대한 설명으로 옳은 것만을 |보기|에서 있는 대로 고른 것은?

┌─ 보기 ─────────────────────────────
ㄱ. X는 유전 물질을 가진다.
ㄴ. (나)의 담뱃잎에서 X의 수는 증가한다.
ㄷ. X는 담뱃잎 밖에서도 스스로 물질대사를 할 수 있다.
└────────────────────────────────────

① ㄱ   ② ㄷ   ③ ㄱ, ㄴ
④ ㄱ, ㄷ   ⑤ ㄴ, ㄷ

[07~08] 다음은 플레밍이 항생 물질을 발견한 연역적 탐구의 일부를 순서 없이 나타낸 것이다.

┌────────────────────────────────────
(가) 플레밍은 '푸른곰팡이에서 생성된 어떤 물질이 세균 증식을 억제하는 작용을 했을 것이다.'라고 생각하였다.
(나) ㉠푸른곰팡이를 접종하지 않은 배양 접시와 접종한 배양 접시에서 각각 세균을 배양하였다.
(다) '푸른곰팡이에서 생성된 물질은 세균 증식을 억제하는 효과가 있다.'라는 결론을 내렸다.
(라) 푸른곰팡이가 없는 배양 접시에서는 세균이 증식하였지만, 푸른곰팡이를 접종한 배양 접시에서는 세균이 증식하지 않았다.
└────────────────────────────────────

07 (4점)

이에 대한 설명으로 옳은 것만을 |보기|에서 있는 대로 고른 것은?

┌─ 보기 ─────────────────────────────
ㄱ. (가)에서 가설이 제시되었다.
ㄴ. ㉠은 대조군이다.
ㄷ. '세균의 증식 여부'는 독립변인에 해당한다.
└────────────────────────────────────

① ㄱ   ② ㄷ   ③ ㄷ
④ ㄱ, ㄴ   ⑤ ㄴ, ㄷ

08 (3점)

(가)~(라)를 연역적 탐구 과정의 순서에 맞게 옳게 배열한 것은?

① (가) → (나) → (다) → (라)
② (가) → (나) → (라) → (다)
③ (가) → (다) → (나) → (라)
④ (나) → (다) → (가) → (라)
⑤ (다) → (가) → (나) → (라)

1등급 실전 문제

09 그림은 양의 전염병 예방을 위해 개발한 백신 A가 효과가 있는지 알아보기 위해 건강한 양 50마리를 대상으로 실시한 실험을 나타낸 것이다. **(3점)**

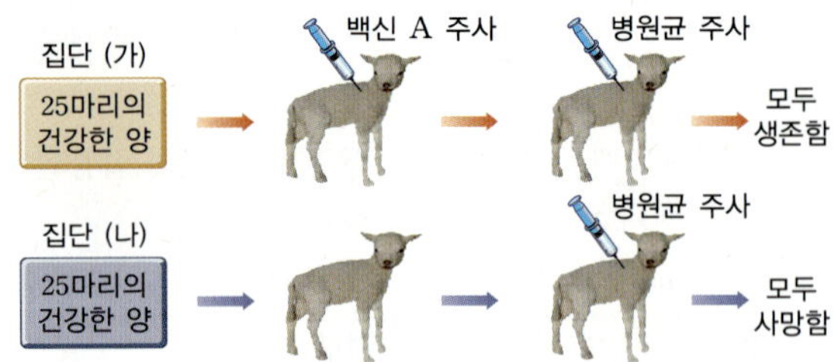

이에 대한 설명으로 옳은 것만을 |보기|에서 있는 대로 고른 것은?

> **보기**
> ㄱ. (가)는 대조군이다.
> ㄴ. 연역적 탐구 방법이 이용되었다.
> ㄷ. 실험의 결과로부터 백신 A가 전염병을 예방하는 데 효과가 있음을 알 수 있다.

① ㄱ　　　　② ㄷ　　　　③ ㄱ, ㄴ
④ ㄴ, ㄷ　　　⑤ ㄱ, ㄴ, ㄷ

10 다음은 생물의 특성을 이용하여 토양 속에 생명체가 존재하는지를 확인하기 위한 실험이다. ㉠은 A와 B 중 하나이다. **(4점)**

> [실험 과정 및 결과]
> (가) 동일한 장소에서 채취한 토양을 같은 양으로 나눈 후, 집기병 A에는 가열한 후 식힌 20 ℃의 토양을, B에는 가열하지 않은 20 ℃의 토양을 넣는다.
> (나) 그림과 같이 온도계와 석회수를 설치하고 상온인 20 ℃에서 일정 시간이 지난 뒤 변화를 관찰하였더니 B의 석회수만 뿌옇게 흐려졌고, (㉠)에서만 온도가 상승하였다.
>
> 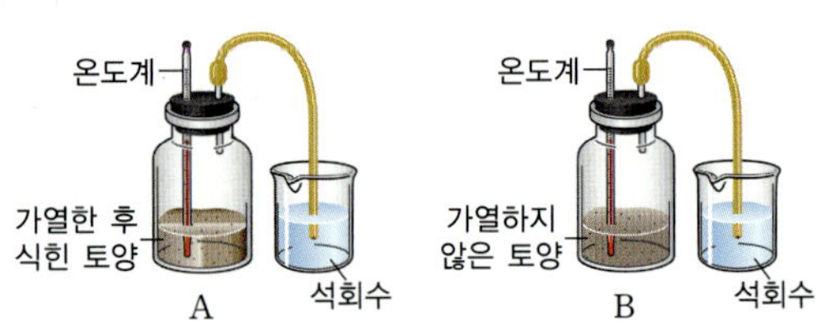
>

이에 대한 설명으로 옳은 것만을 |보기|에서 있는 대로 고른 것은?

> **보기**
> ㄱ. ㉠은 A이다.
> ㄴ. 생물의 특성 중 물질대사를 이용하여 진행한 실험이다.
> ㄷ. A와 B에 들어 있는 토양의 양은 조작 변인에 해당한다.

① ㄱ　　　　② ㄴ　　　　③ ㄱ, ㄴ
④ ㄱ, ㄷ　　　⑤ ㄴ, ㄷ

11 다음은 여러 과학자의 탐구 내용이다. **(4점)**

> (가) 다윈은 비글호를 타고 세계 곳곳을 다니며 관찰한 다양한 생물의 특성에 대해 연구한 것을 토대로 자연 선택설을 발표하였다.
> (나) 구달은 10여 년간 침팬지의 성장 과정, 행동, 침팬지들 사이의 관계를 관찰한 결과를 종합·정리하여 침팬지의 다양한 행동 특성을 알아냈다.
> (다) 에이크만은 건강 상태가 동일한 닭을 두 집단으로 나눠 한 집단에는 백미만 주고, 다른 한 집단에는 현미만 주어 관찰하였다. 그 결과 현미를 먹은 집단에서는 각기병이 생기지 않았다는 사실로부터 현미에는 각기병을 예방하는 물질이 있음을 밝혀냈다.

이에 대한 설명으로 옳은 것만을 |보기|에서 있는 대로 고른 것은?

> **보기**
> ㄱ. (가)에서는 귀납적 탐구 방법이 이용되었다.
> ㄴ. (나)의 탐구 과정에는 가설을 설정하는 단계가 있다.
> ㄷ. (다)의 탐구 과정에서 대조 실험이 이루어졌다.

① ㄱ　　　　② ㄴ　　　　③ ㄱ, ㄷ
④ ㄴ, ㄷ　　　⑤ ㄱ, ㄴ, ㄷ

12 그림 (가)는 생명체 내에서 일어나는 물질대사를, (나)는 (가)의 과정 Ⅰ과 Ⅱ 중 하나에서의 에너지 변화를 나타낸 것이다. **(3점)**

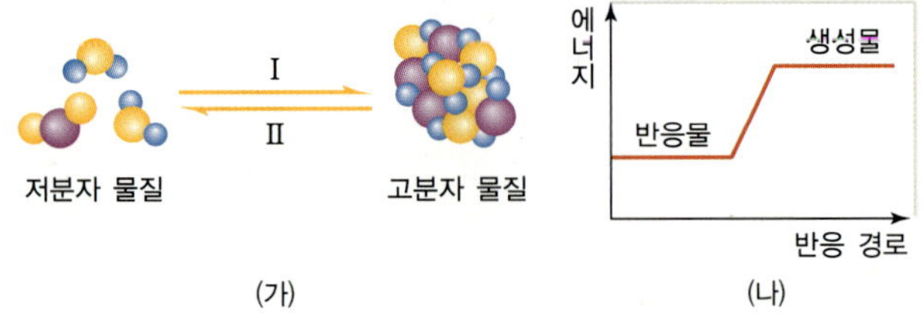

이에 대한 설명으로 옳은 것만을 |보기|에서 있는 대로 고른 것은?

> **보기**
> ㄱ. Ⅰ은 동화 작용이다.
> ㄴ. (나)는 Ⅱ에서의 에너지 변화이다.
> ㄷ. 단백질이 아미노산으로 소화되는 것은 Ⅰ의 예에 해당한다.

① ㄱ　　　　② ㄴ　　　　③ ㄱ, ㄷ
④ ㄴ, ㄷ　　　⑤ ㄱ, ㄴ, ㄷ

13 표는 생물체에서 일어나는 물질대사 (가)와 (나)의 예를 나타낸 것이다. (가)와 (나)는 각각 동화 작용과 이화 작용 중 하나이다. 3점

물질대사	예
(가)	식물은 빛에너지를 흡수하여 이산화 탄소와 물을 포도당으로 합성한다.
(나)	혈당량이 낮으면 간에서 글리코젠이 포도당으로 분해된다.

이에 대한 설명으로 옳은 것만을 |보기|에서 있는 대로 고른 것은?

─ 보기 ─
ㄱ. (가)의 예에서 빛에너지는 화학 에너지로 전환된다.
ㄴ. (나)에서 에너지가 방출된다.
ㄷ. 효소는 (가)와 (나)에 모두 관여한다.

① ㄱ ② ㄴ ③ ㄱ, ㄷ
④ ㄴ, ㄷ ⑤ ㄱ, ㄴ, ㄷ

14 그림은 사람에서 일어나는 세포 호흡 과정을 나타낸 것이다. ㉠과 ㉡은 각각 물과 산소 중 하나이고, ⓐ와 ⓑ는 각각 ADP와 ATP 중 하나이다. 3점

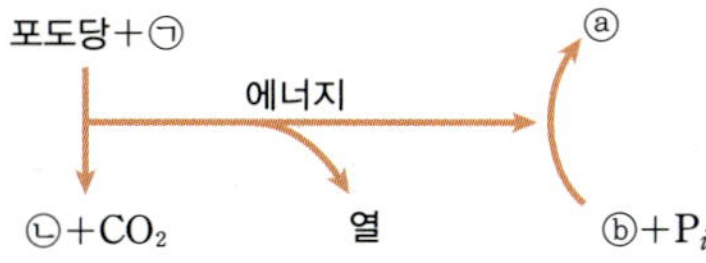

이에 대한 설명으로 옳은 것만을 |보기|에서 있는 대로 고른 것은?

─ 보기 ─
ㄱ. ㉠은 소화계를 통해 체내로 흡수된다.
ㄴ. 1분자당 에너지양은 ⓐ가 ⓑ보다 많다.
ㄷ. ㉡의 일부는 순환계를 통해 호흡계와 배설계로 이동하여 몸 밖으로 배출된다.

① ㄱ ② ㄷ ③ ㄱ, ㄴ
④ ㄴ, ㄷ ⑤ ㄱ, ㄴ, ㄷ

15 다음은 효모를 이용한 기체 발생 실험이다. 4점

[실험 과정 및 결과]
(가) 그림과 같이 4개의 발효관에 조성이 서로 다른 용액을 넣고, 맹관부에 기포가 들어가지 않도록 세운 다음 입구를 솜마개로 막는다.

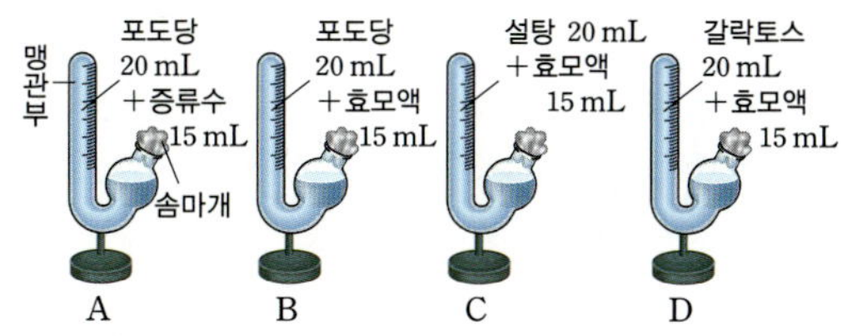

(나) 20분 동안 A~D에서 발생하는 기체의 부피를 측정한다.
(다) 맹관부에 기체가 다 모이면 용액의 일부를 뽑아 내고, 5 % KOH 수용액을 15 mL 넣은 후 변화를 관찰한 결과는 그림과 같다.

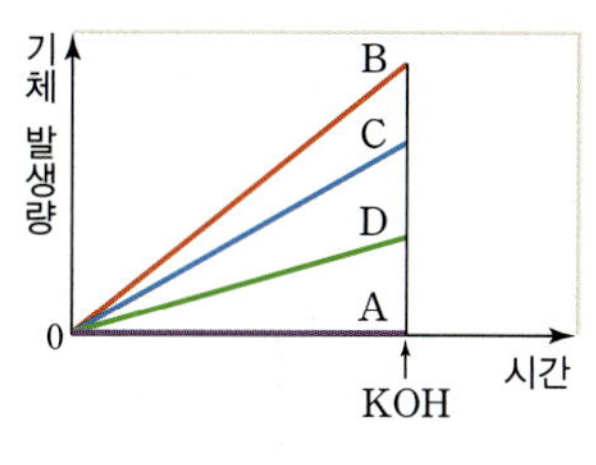

이에 대한 설명으로 옳은 것만을 |보기|에서 있는 대로 고른 것은?

─ 보기 ─
ㄱ. C와 D의 효모에서 물질대사가 일어났다.
ㄴ. (다)에서 맹관부에 모인 기체에는 이산화 탄소가 포함된다.
ㄷ. (다)에서 B에 KOH 수용액을 넣으면 맹관부에 모인 기체의 부피는 증가한다.

① ㄱ ② ㄷ ③ ㄱ, ㄴ
④ ㄴ, ㄷ ⑤ ㄱ, ㄴ, ㄷ

16 그림은 ATP의 구조를 나타낸 것이다. 3점

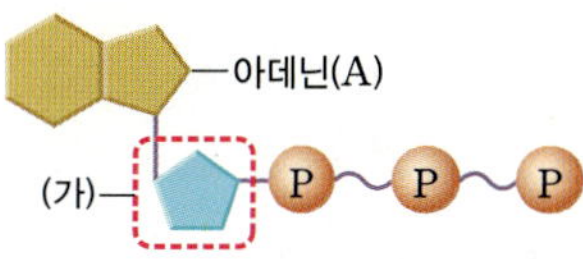

이에 대한 설명으로 옳은 것만을 |보기|에서 있는 대로 고른 것은?

─ 보기 ─
ㄱ. (가)는 디옥시리보스이다.
ㄴ. 미토콘드리아에서 ATP가 합성된다.
ㄷ. 무기 인산 사이의 결합에 화학 에너지가 저장되어 있다.

① ㄱ ② ㄷ ③ ㄱ, ㄴ
④ ㄴ, ㄷ ⑤ ㄱ, ㄴ, ㄷ

1등급 실전 문제

17 그림 (가)는 사람의 혈액 순환 경로를, (나)는 기관 A~C 중 하나에서 일어나는 반응을 나타낸 것이다. A~C는 각각 간, 콩팥, 폐 중 하나이고, ⓐ와 ⓑ는 각각 폐동맥과 폐정맥 중 하나이다. 〔4점〕

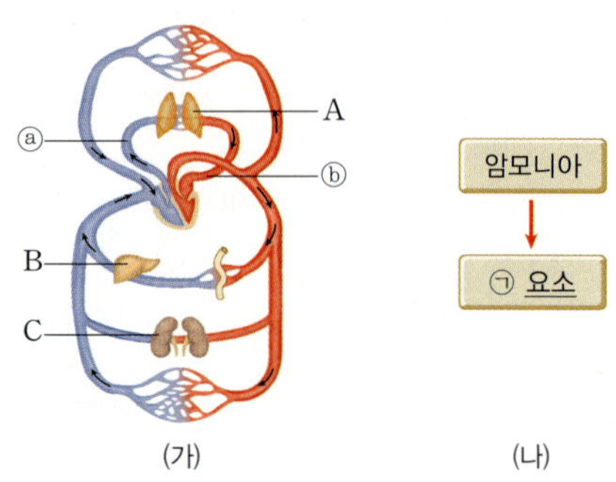

이에 대한 설명으로 옳은 것만을 |보기|에서 있는 대로 고른 것은?

보기
ㄱ. (나)는 B에서 일어나는 반응이다.
ㄴ. ㉠은 C에서 오줌을 통해 체외로 배출된다.
ㄷ. 단위 부피당 산소량은 ⓐ의 혈액이 ⓑ의 혈액보다 많다.

① ㄱ ② ㄷ ③ ㄱ, ㄴ
④ ㄴ, ㄷ ⑤ ㄱ, ㄴ, ㄷ

18 그림은 기관계의 통합적 작용을 나타낸 것이다. 화살표는 물질의 이동을 나타낸 것이다. 〔4점〕

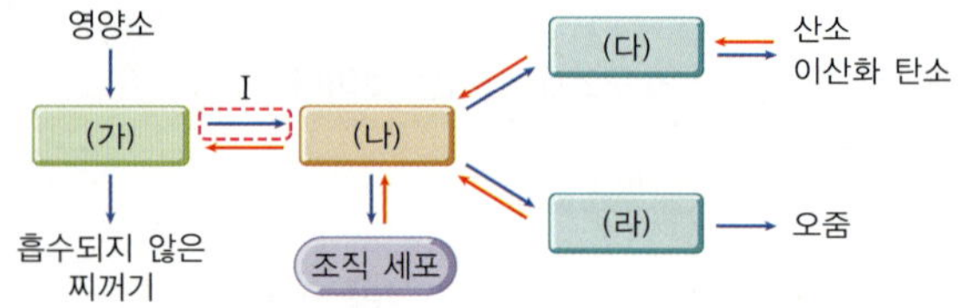

이에 대한 설명으로 옳지 <u>않은</u> 것은?

① (가)에서 이화 작용이 일어난다.
② Ⅰ에는 요소의 이동이 포함된다.
③ (나)는 순환계이다.
④ (다)에서 기체의 교환은 분압 차이에 의한 확산으로 일어난다.
⑤ (가)에서 흡수되지 않은 찌꺼기는 (라)를 통해 몸 밖으로 배출된다.

19 그림은 대사성 질환에 대한 세 학생 A~C의 대화를 나타낸 것이다. 〔4점〕

A~C 중 제시한 내용이 옳은 학생만을 있는 대로 고른 것은?

① A ② B ③ A, C
④ B, C ⑤ A, B, C

20 그림은 세 학생이 하루 동안 섭취하는 평균 에너지양을, 표는 한국인의 1일 권장량의 일부를 나타낸 것이다. 〔4점〕

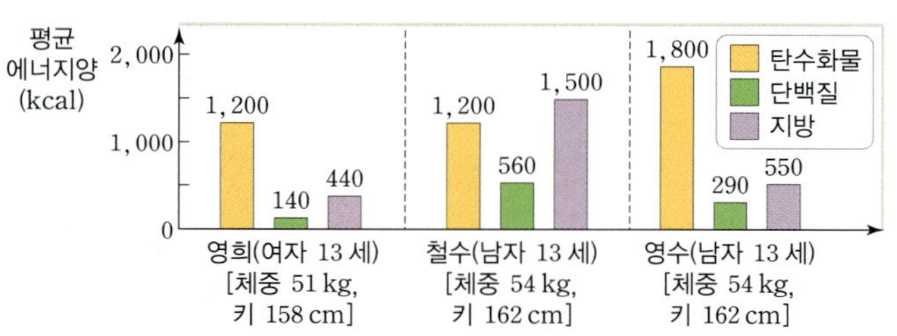

성별	연령(세)	체중(kg)	신장(cm)	1일 권장량(kcal)
남자	13~15	54	162	2,500
여자	13~15	51	159	2,100

이에 대한 설명으로 옳은 것만을 |보기|에서 있는 대로 고른 것은? (단, 제시된 자료 이외는 고려하지 않으며, 철수와 영수의 활동 대사량은 같다.)

보기
ㄱ. 영희는 철수보다 비만이 될 가능성이 높다.
ㄴ. 1일 에너지 섭취량에서 지방이 차지하는 비율은 영수가 영희보다 높다.
ㄷ. 세 학생 중 에너지의 섭취와 소비가 가장 균형적인 학생은 영수이다.

① ㄱ ② ㄷ ③ ㄱ, ㄴ
④ ㄴ, ㄷ ⑤ ㄱ, ㄴ, ㄷ

21 다음은 탄저병 백신의 효과를 확인하는 과정을 연역적 탐구 단계에 따라 나타낸 것이다.

[가설]: ㉮

[탐구 설계 및 수행]
(가) 건강한 양 50마리를 25마리씩 집단 A와 B로 나눈다.
(나) A와 B 중 ㉠에만 탄저병 백신을, 나머지 집단에는 생리 식염수를 주사한다. ㉠은 A와 B 중 하나이다.
(다) 2주 후 탄저병의 병원체를 A와 B에 주사한 후 탄저병 발병 여부를 확인한다.
[자료 해석] A와 B 중 A에서만 탄저병이 발병하였다.
[결론 도출] 탄저병 백신은 탄저병 예방에 효과가 있다.

(1) ㉮에 해당하는 내용을 쓰시오. 2점

(2) ㉠은 A와 B 중 무엇이며, 그렇게 판단한 까닭을 서술하시오.
4점

22 다음은 효모에 의한 세포 호흡을 알아보는 실험이다.

(가) 효모와 음료수를 발효관에 채운다.
(나) 그림과 같이 맹관부에 기체가 들어가지 않게 발효관을 세운 다음 입구를 솜마개로 막고, 발생하는 기체의 부피를 측정하였더니 일정 시간동안 ㉠맹관부에 기체가 모여들었다. h는 발효관 내 수면의 높이를 나타낸다.

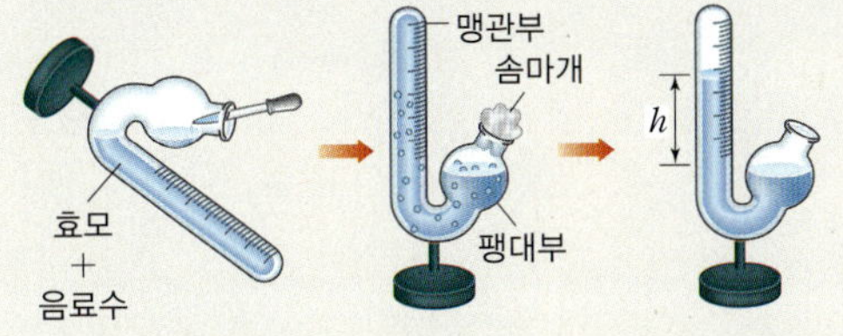

(1) ㉠에 나타난 현상과 가장 가까운 생물의 특성을 쓰시오. 2점

(2) ㉠일 때 발효관 내 용액 일부를 덜어내고 KOH 수용액을 넣으면 h는 어떻게 달라지겠는지 서술하시오. 4점

23 그림은 노폐물의 생성과 배출 경로를 나타낸 것이다. A~C는 각각 간, 폐, 콩팥 중 하나이다.

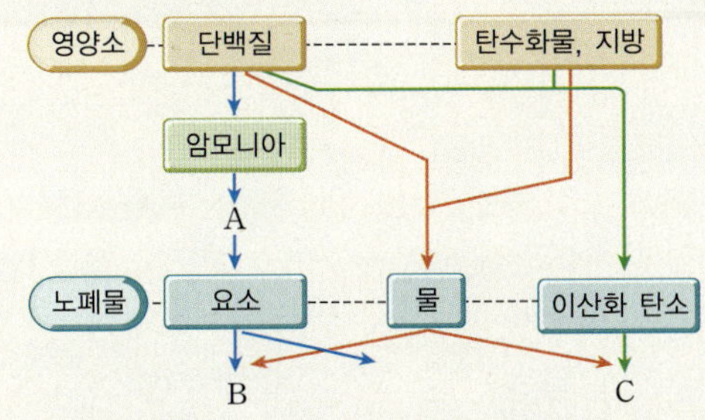

(1) A~C에 해당하는 기관을 각각 쓰시오. 3점

(2) B에 연결된 동맥의 혈액과 정맥의 혈액에서 단위 부피당 요소 양을 비교하시오. 4점

24 그림은 사람의 기관계 사이의 통합적 작용을 나타낸 것이다. (가)~(다)는 배설계, 소화계, 순환계를 순서 없이 나타낸 것이다.

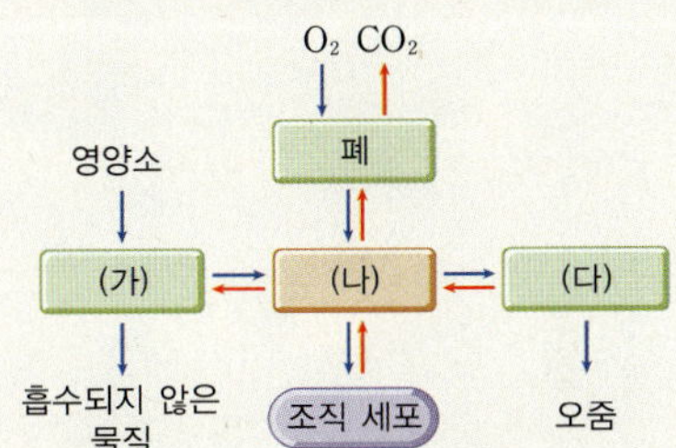

(1) (가)~(다)에 해당하는 기관계를 쓰시오. 3점

(2) 조직 세포의 세포 호흡에 필요한 산소와 영양소가 조직 세포로 공급되는 과정을 그림을 참고하여 서술하시오. 4점

25 다음은 대사성 질환 (가)에 대한 자료이다.

(가)는 혈액에 콜레스테롤이나 중성 지방 등이 필요 이상으로 존재하는 상태로 주로 운동 부족, 비만, 음주 등 잘못된 생활 습관에 의해 발생한다.

(가)가 무엇인지 쓰고, 자료로부터 (가)를 예방하기 위한 방법 한 가지를 추론하여 서술하시오. 4점

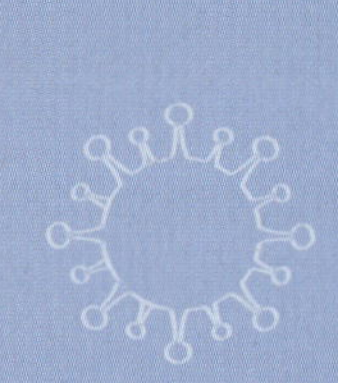

Ⅲ 항상성과 몸의 조절

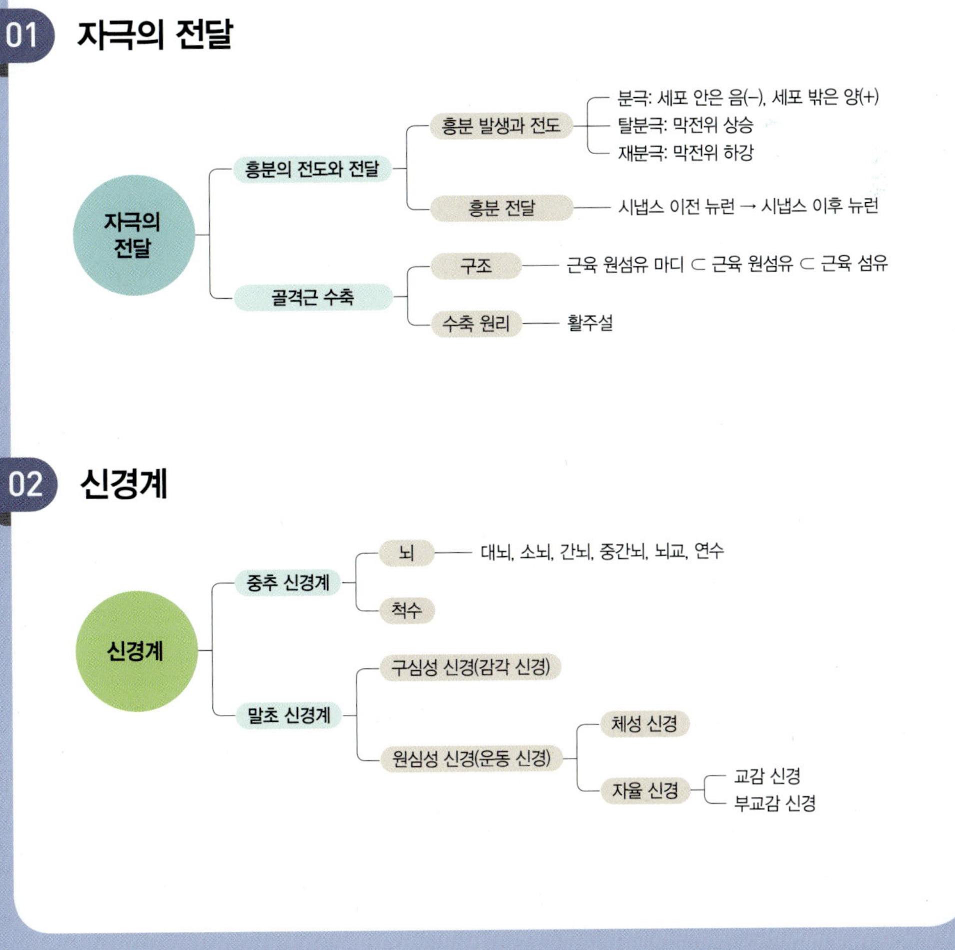

01 자극의 전달
자극의 전달
흥분의 전도와 전달
흥분 발생과 전도
분극: 세포 안은 음(−), 세포 밖은 양(+)
탈분극: 막전위 상승
재분극: 막전위 하강
흥분 전달
시냅스 이전 뉴런 → 시냅스 이후 뉴런
골격근 수축
구조
근육 원섬유 마디 ⊂ 근육 원섬유 ⊂ 근육 섬유
수축 원리
활주설
02 신경계
신경계
중추 신경계
뇌
대뇌, 소뇌, 간뇌, 중간뇌, 뇌교, 연수
척수
말초 신경계
구심성 신경(감각 신경)
원심성 신경(운동 신경)
체성 신경
자율 신경
교감 신경
부교감 신경

01 자극의 전달

1 뉴런

개념 신경계를 구성하는 기본 단위이며, 흥분을 발생시키고 이동시키는 신경 세포

1. 뉴런의 기능과 구조: 뉴런은 신경계를 구성하는 구조적 · 기능적 기본 단위인 신경 세포이다.

(1) 뉴런의 기능: 자극에 대해 흥분을 발생시킨 후 멀리까지 이동시켜 우리 몸이 자극에 대해 반응할 수 있게 한다.

(2) 뉴런의 구조

❶ **신경 세포체:** 핵과 대부분의 세포 소기관이 있으며, 뉴런의 생명 활동을 조절한다.

❷ **가지 돌기:** 나뭇가지 모양의 짧은 돌기로, 다른 뉴런이나 세포로부터 흥분을 받아들인다.

❸ **축삭 돌기:** 하나의 긴 돌기로, 흥분의 전도와 전달이 일어나 흥분을 다른 뉴런이나 세포로 이동시킨다.

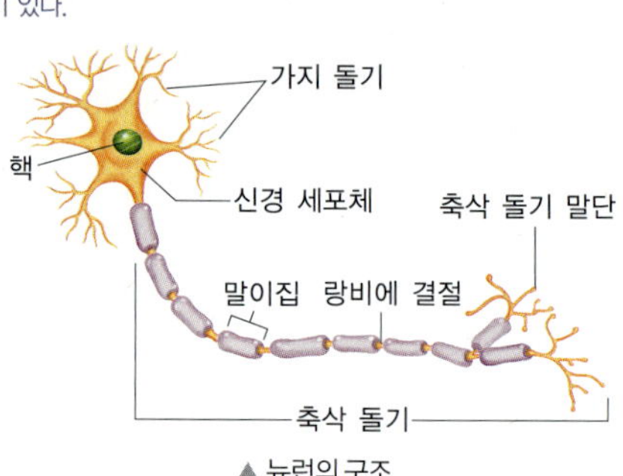

▲ 뉴런의 구조

2. 기능에 따른 뉴런의 구분

(1) 각 뉴런의 특징

구분	특징
구심성 뉴런(감각 뉴런)	감각기로부터 자극을 받아들인 후 연합 뉴런으로 흥분을 전달한다.
연합 뉴런	구심성 뉴런으로부터 흥분(감각 정보)을 전달받아 정보를 처리한 후 원심성 뉴런으로 반응 명령을 전달한다.
원심성 뉴런(운동 뉴런)	연합 뉴런으로부터 흥분(반응 명령)을 전달받은 후 반응기로 흥분을 전달한다.

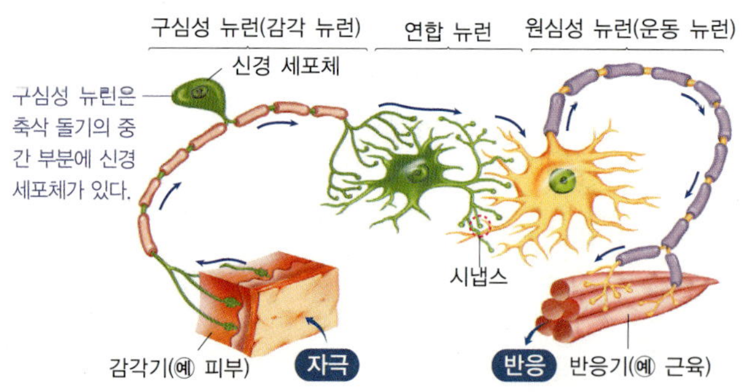

▲ 기능에 따른 뉴런의 구분

(2) 흥분 전달 방향: 흥분은 구심성 뉴런 → 연합 뉴런 → 원심성 뉴런으로 전달된다.
반대 방향으로는 전달되지 않는다.

3. 말이집의 유무에 따른 뉴런의 구분

민말이집 뉴런	축삭 돌기가 말이집으로 싸여 있지 않다.
말이집 뉴런	축삭 돌기가 말이집으로 싸여 있으며, 축삭 돌기가 노출되어 있는 랑비에 결절에서만 흥분이 발생한다. ➡ 도약전도가 일어나 흥분 전도 속도가 민말이집 뉴런에서보다 빠르다.

자극에 대한 반응

생물은 자극에 대해 반응함으로써 항상성을 유지하며 생명 활동을 한다. 자극에 대해 반응하기 위해서는 자극을 받아들인 부위(감각기)에서 반응이 일어나는 부위(반응기)로 흥분(정보)이 이동해야 하며, 이 역할을 하는 것이 신경과 호르몬이다.

뉴런, 신경, 신경계

많은 수의 뉴런이 모여 다발을 이룬 것이 신경이고, 많은 수의 신경이 모여 복잡한 망(네트워크)을 이룬 것이 신경계이다.

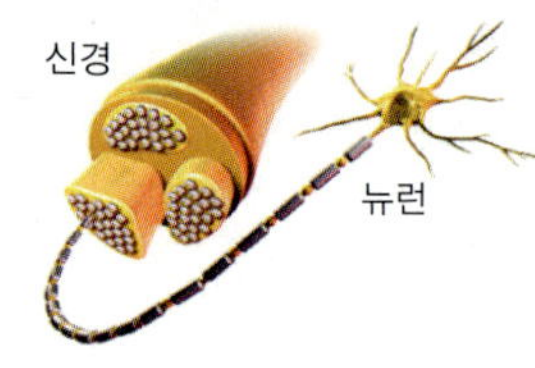

말이집과 랑비에 결절

· 말이집: 슈반 세포로 이루어져 있으며, 축삭 돌기를 감싸고 있는 절연체 구조이다.

· 랑비에 결절: 축삭 돌기에서 말이집으로 싸여 있지 않은 부분이다.

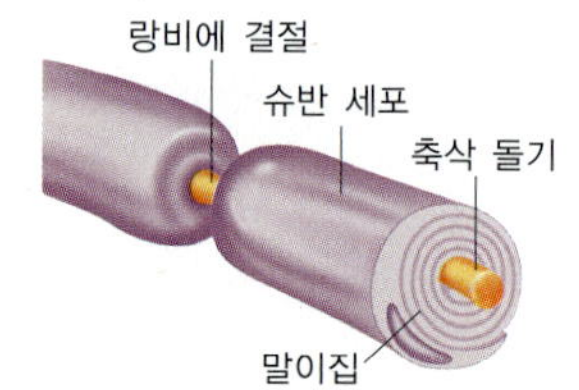

민말이집 뉴런과 말이집 뉴런

1. 막전위

(1) 뉴런이 자극을 받으면 막전위가 변하면서 흥분이 발생하며, 이 흥분이 축삭 돌기를 따라 전도된다.

(2) **막전위**: 세포막을 경계로 형성되는 세포 안쪽과 바깥쪽의 전위차로, 세포 안쪽의 전위에서 세포 바깥쪽의 전위를 뺀 값이다.

(3) **막전위 형성에 관여하는 막단백질**   음(−)의 값이면 세포 안쪽의 전위가 상대적으로 작은 것이고, 양(+)의 값이면 세포 안쪽의 전위가 상대적으로 큰 것이다.

❶ Na^+-K^+ 펌프: 에너지(ATP)를 소비하면서 Na^+을 세포 밖으로, K^+을 세포 안으로 이동시킨다. ➡ Na^+의 농도는 세포 밖이 더 높고, K^+의 농도는 세포 안이 더 높다.

❷ Na^+ 통로: 농도 차에 의해 Na^+을 세포 밖에서 안으로 확산시킨다.

❸ K^+ 통로: 농도 차에 의해 K^+을 세포 안에서 밖으로 확산시킨다.   농도가 높은 곳에서 낮은 곳으로 물질(용질)이 이동하는 현상

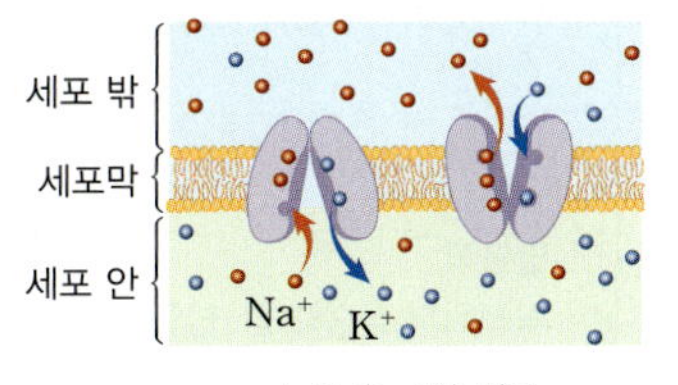
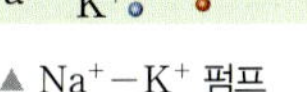
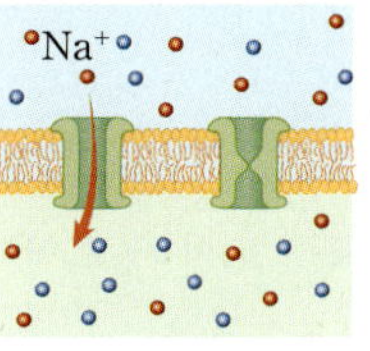
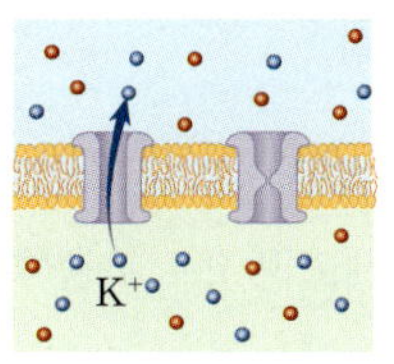

막전위가 형성되는 까닭

세포 안팎에서 이온의 분포가 달라 농도 차에 의해 이온이 세포막을 통해 확산되면서 전하의 흐름이 생기기 때문이다.

강의 포인트

펌프와 통로

펌프	에너지를 소비해 농도 차를 거슬러 물질을 이동시키며, 이러한 방식을 능동 수송이라고 한다.
통로	주로 자극에 의해 개폐가 조절되며, 통로가 열리면 농도 차에 의해 물질이 확산된다.

Na^+과 K^+의 농도

구분	세포 밖	세포 안
Na^+	140 mM	15 mM
K^+	5 mM	150 mM

정답과 해설 p.017

🧠 교과서 문장으로 개념 익히기

01 뉴런의 □□□□□는 핵과 대부분의 세포 소기관이 있으며, 뉴런의 생명 활동을 조절하는 부위이다.

02 뉴런의 □□□□는 다른 뉴런이나 세포로 흥분을 이동시키기 위해 흥분의 전도가 일어나는 부위이다.

03 뉴런은 자극에 대해 흥분을 발생시킨 후 멀리까지 이동시켜 우리 몸이 자극에 대해 □□할 수 있게 한다.

04 원심성 뉴런은 연합 뉴런으로부터 흥분(반응 명령)을 전달받은 후 반응기로 흥분을 전달하는 □□ 뉴런이다.

05 흥분은 구심성 뉴런 → 연합 뉴런 → □□□ 뉴런의 방향으로 전달된다.

06 □□□는 세포막을 경계로 형성되는 세포 안쪽과 바깥쪽의 전위차로, 세포 안쪽의 전위에서 세포 바깥쪽의 전위를 뺀 값이다.

07 Na^+ 통로는 농도 차에 의해 Na^+을 세포 □에서 □으로 확산시킨다.

08 Na^+-K^+ 펌프의 작용으로 Na^+의 농도는 세포 □이 세포 □보다 더 높다.

🧊 OX 문제로 개념 익히기

09 신경계를 구성하는 구조적·기능적 기본 단위인 신경 세포는 뉴런이다. (O / X)

10 뉴런은 축삭 돌기를 통해 흥분을 받아들인 후 가지 돌기를 통해 흥분을 이동시킨다. (O / X)

11 연합 뉴런은 구심성 뉴런과 원심성 뉴런을 연결하며, 정보를 처리한다. (O / X)

12 구심성 뉴런은 감각기로부터 자극을 받아들인 후 연합 뉴런으로 흥분을 전달하는 감각 뉴런이다. (O / X)

13 민말이집 뉴런에는 랑비에 결절이 있다. (O / X)

14 말이집 뉴런에서는 말이집으로 싸인 부위에서만 흥분이 발생하는 도약전도가 일어난다. (O / X)

15 뉴런이 자극을 받으면 막전위가 변하면서 흥분이 발생한다. (O / X)

16 Na^+-K^+ 펌프는 에너지를 소비하며 Na^+을 세포 안으로, K^+을 세포 밖으로 이동시킨다. (O / X)

17 K^+ 통로는 농도 차에 의해 K^+을 세포 밖에서 안으로 확산시킨다. (O / X)

2. 흥분의 발생: 역치 이상의 자극을 받은 축삭 돌기의 한 부위에서는 분극(휴지 전위) → 탈분극(활동 전위) → 재분극의 순서로 막전위가 변하며 흥분이 발생한다.

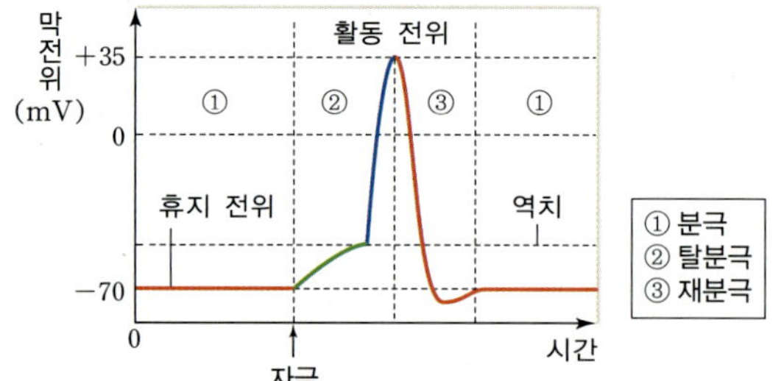

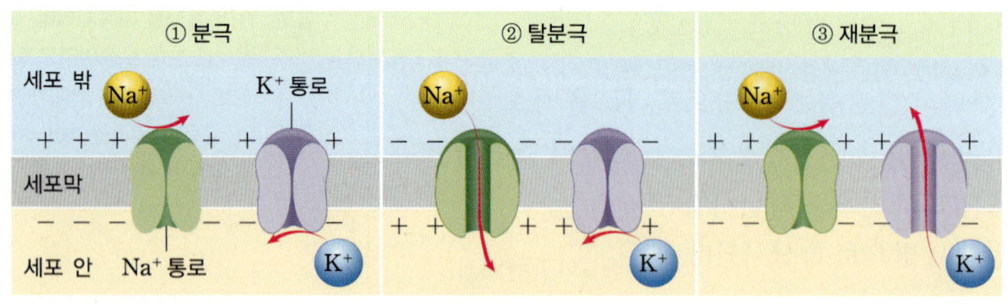

▲ 흥분의 발생 과정

자극을 받지 않은 휴지(휴식) 상태이다.

구분	특징
분극	• 일부 K⁺ 통로가 열려 있어 K⁺이 세포 밖으로 유출(확산)됨으로써 세포 안이 밖보다 음(−)전하를 띤다. • 약 −70 mV의 휴지 전위가 형성되어 세포 안은 음(−)전하를, 세포 밖은 양(+)전하를 띤다.
탈분극	• 자극을 받은 부위에서 Na⁺ 통로가 열려 Na⁺이 세포 밖에서 안으로 확산(유입)되면서 막전위가 상승한다. • 자극의 세기가 커서 막전위가 역치까지 상승하면 많은 수의 Na⁺ 통로가 열린다. ➡ 많은 양의 Na⁺이 유입되면서 막전위가 약 +30 mV~+35 mV까지 상승해 활동 전위가 발생한다.
재분극	• Na⁺ 통로는 닫히고, K⁺ 통로가 열린다. ➡ K⁺이 세포 안에서 밖으로 확산(유출)되면서 막전위가 하강한다. • 막전위가 일시적으로 휴지 전위보다 하강하는 과분극이 일어난 후 다시 휴지 전위(약 −70 mV)가 형성된다. 과도하게 분극되었다는 의미

3. 흥분(활동 전위)의 전도

(1) 자극을 받은 부위에서 활동 전위가 발생할 때 유입된 Na⁺이 축삭 돌기 안에서 인접한 부위로 확산된다. ➡ 인접한 부위에서 막전위가 역치까지 상승해 Na⁺ 통로가 열림으로써 많은 양의 Na⁺이 유입되어 활동 전위가 발생한다.

전도 방향: (가) → (나) → (다)	(가)	(나)	(다)
①	탈분극 ➡ Na⁺ 유입 후 (나)로 확산	분극 ➡ 흥분이 아직 도달하지 않음	
②	재분극 ➡ K⁺ 유출	탈분극 ➡ Na⁺ 유입 후 (다)로 확산	분극 ➡ 흥분이 아직 도달하지 않음
③	분극 ➡ 흥분이 이미 지나갔음	재분극 ➡ K⁺ 유출	탈분극 ➡ Na⁺ 유입 후 확산

(2) 흥분이 축삭 돌기를 따라 뉴런의 말단 부위까지 전도된다.

(3) 축삭 돌기의 중간 지점에서 활동 전위가 발생한 경우 흥분 전도는 양방향으로 진행된다.

역치

흥분을 발생시키는 데(= 반응을 일으키는 데) 필요한 최소한의 자극의 세기이다.

Na⁺−K⁺ 펌프는 모든 시기에서 항상 작동해 세포 안팎의 Na⁺과 K⁺의 농도 차를 유지시킨다.

휴지 전위

K⁺의 확산뿐만 아니라 세포 안에 분포하는 많은 음(−)이온들도 음(−)의 값을 갖는 휴지 전위의 형성에 관여한다.

탈분극

막전위가 상승해 양(+)의 값을 가지면서 세포 안은 양(+)전하, 밖은 음(−)전하로 바뀐다.

자극의 세기와 활동 전위

역치 이상의 자극에 대해서는 자극의 세기에 관계없이 활동 전위의 크기는 일정하며, 자극의 세기가 커지면 활동 전위의 발생 빈도가 증가한다.

흥분의 발생과 이온 투과도 변화

탈분극 과정에서는 Na⁺의 투과도가 증가하며, 재분극 과정에서는 K⁺의 투과도가 증가한다.

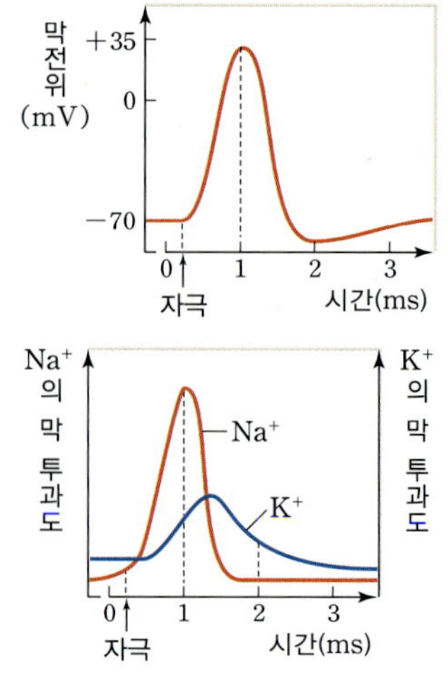

개념 신경 전달 물질을 분비해 한 뉴런에서 다른 뉴런으로 흥분을 이동시키는 현상

1. 흥분의 전달 과정

(1) 시냅스 이전 뉴런에서 활동 전위가 축삭 돌기를 따라 말단까지 전도된다.

(2) 신경 전달 물질이 들어 있는 시냅스 소포(소낭)의 막과 세포막이 융합해 신경 전달 물질이 시냅스 틈으로 방출된다.

(3) 신경 전달 물질이 시냅스 틈에서 확산되어 시냅스 이후 뉴런의 세포막에 있는 이온 통로(수용체)와 결합한다.

(4) 이온 통로가 열리고 Na^+이 시냅스 이후 뉴런 안으로 유입(확산)됨으로써 막전위가 상승해 탈분극이 일어난다.
양(+)이온이 유입되면 막전위가 상승한다.

(5) 시냅스 이후 뉴런의 막전위가 역치까지 상승하면서 활동 전위가 발생한다.

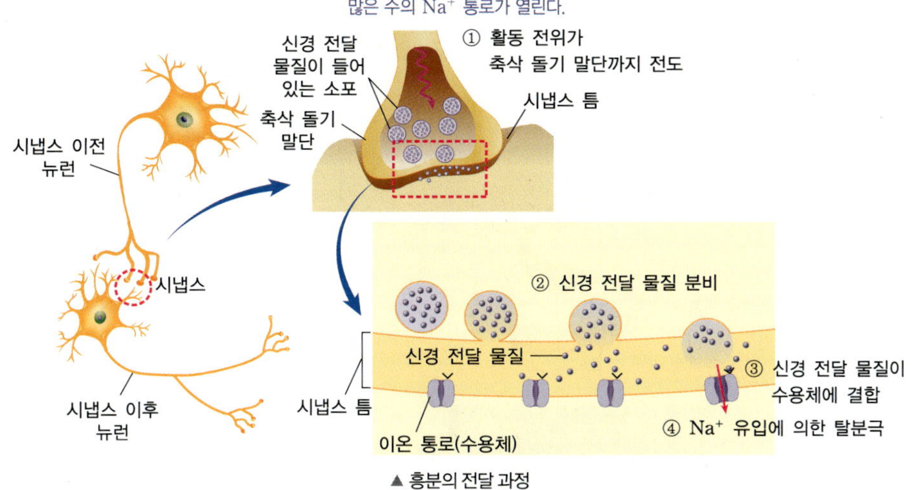

▲ 흥분의 전달 과정

2. 흥분 전달의 방향성

흥분은 시냅스 이전 뉴런의 축삭 돌기 말단에서 시냅스 이후 뉴런의 가지 돌기나 신경 세포체로만 전달된다.

흥분의 전도와 전달 방향

• 흥분의 전도는 축삭 돌기 안에서 Na^+이 확산되어 일어나므로 축삭 돌기의 중간 부위를 자극하면 동시에 양방향으로 흥분이 전도된다.

• 흥분의 전달은 시냅스 이전 뉴런에서 시냅스 이후 뉴런으로만 일어나며, 반대 방향으로는 일어나지 않는다.

이온 통로 수용체

신경 전달 물질과 같은 특정한 화학 물질과 결합하는 경우에만 통로가 열린다.

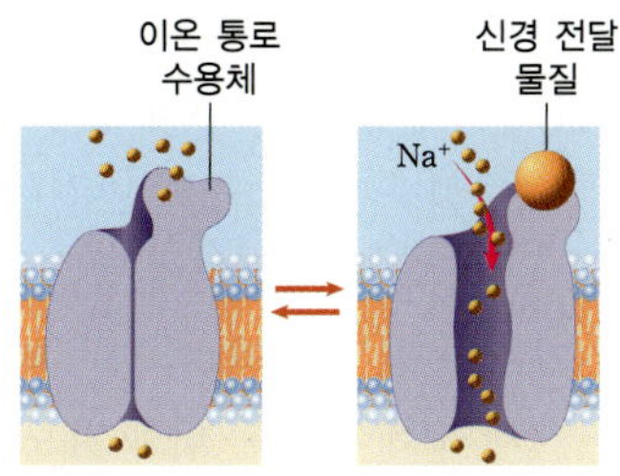

강의 포인트 ◎

시냅스

두 뉴런이 약 20~25 nm의 좁은 틈(시냅스 틈)을 두고 놓인 부위로, 다음 뉴런으로 흥분을 이동시키기 위해 신경 전달 물질에 의한 흥분의 전달이 일어난다.

개념 익히기 문제

정답과 해설 p.017

🧠 교과서 문장으로 개념 익히기

18 자극을 받지 않은 축삭 돌기 부위에서는 약 -70 mV의 ⬚⬚⬚⬚가 형성되어 있다.

19 탈분극 중인 부위에서는 Na^+ 통로를 통해 Na^+이 세포 안으로 유입되면서 막전위가 ⬚⬚한다.

20 자극을 받은 부위로 들어온 ⬚이 축삭 돌기 안에서 인접한 부위로 확산되어 흥분이 전도된다.

21 ⬚⬚⬚는 두 뉴런이 좁은 틈을 두고 놓여 있으며, 흥분의 전달이 일어나는 부위이다.

22 시냅스 이전 뉴런에서 분비되는 ⬚⬚⬚⬚⬚에 의해 시냅스 이후 뉴런으로 흥분이 전달된다.

📦 OX 문제로 개념 익히기

23 역치 이상의 자극을 받은 축삭 돌기의 한 지점에서는 분극 → 재분극 → 탈분극의 순서로 막전위가 변한다. (O / X)

24 분극 상태인 부위에서 세포 안은 양(+)전하, 세포 밖은 음(−)전하를 띤다. (O / X)

25 재분극 중인 부위에서는 K^+ 통로를 통해 K^+이 세포 밖으로 유출되면서 막전위가 하강한다. (O / X)

26 흥분이 전달될 때 신경 전달 물질이 시냅스 이후 뉴런에 작용하면 시냅스 이후 뉴런이 재분극된다. (O / X)

27 흥분은 시냅스 이전 뉴런에서 시냅스 이후 뉴런으로만 전달된다. (O / X)

④ 개념 근육의 수축
활주설에 의해 골격근을 구성하는 근육 원섬유 마디의 길이가 짧아지는 현상

1. 골격근의 작용

(1) **골격근**: 힘줄에 의해 뼈에 붙어 있으며, 몸의 움직임에 관여하는 근육이다.

(2) **골격근의 작용**: 골격근은 1쌍의 근육이 관절을 각각 반대 방향으로 움직이게 한다. 예를 들어 팔을 굽힐 때는 이두박근이 수축하고 삼두박근이 이완하며, 팔을 펼 때는 이두박근이 이완하고 삼두박근이 수축한다.

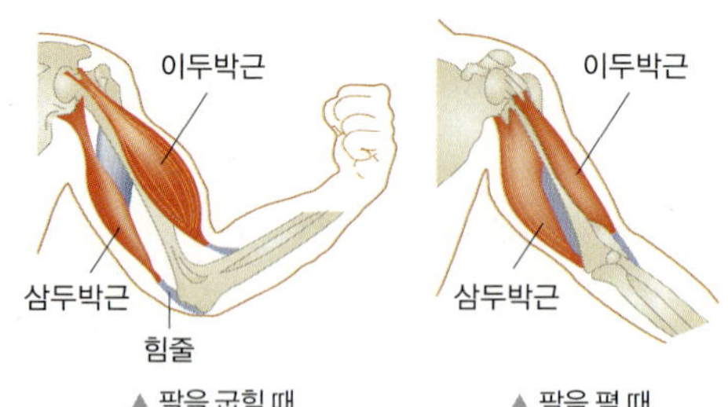

2. 골격근의 구조

(1) 골격근은 많은 수의 근육 섬유 다발로 이루어져 있으며, 각 근육 섬유 다발은 많은 수의 근육 섬유로 이루어져 있다.

(2) 길이가 긴 근육 섬유는 하나의 세포에 여러 개의 핵이 있는 다핵 세포이며, 세포질에 많은 근육 원섬유가 들어 있다.

(3) 근육 원섬유는 굵은 마이오신 필라멘트와 가느다란 액틴 필라멘트로 이루어져 있다.

(4) 마이오신 필라멘트와 액틴 필라멘트는 근육 원섬유 마디를 형성한다. 주성분은 단백질이다.
— 골격근 수축의 기본 단위

▲ 골격근의 구조

3. 근육 원섬유 마디의 구조
근육 원섬유 마디는 근육 원섬유에서 반복적으로 길게 연결되어 있으며, 인접한 두 Z선 사이의 구간이다.

구분	특징
I대 (명대)	액틴 필라멘트만 있어 밝게 관찰되는 부위
A대 (암대)	마이오신 필라멘트가 있어 어둡게 관찰되는 부위
H대	A대 내에서 액틴 필라멘트 없이 마이오신 필라멘트만 있는 부위 — A대에 포함되므로 A대보다 길이가 짧다.

4. 골격근의 수축

(1) **수축 과정**: 활주설

❶ 근육 원섬유 마디에 있는 마이오신 필라멘트가 액틴 필라멘트를 끌어당긴다.

❷ 액틴 필라멘트가 마이오신 필라멘트 사이에서 M선이 있는 가운데 방향으로 미끄러지듯 활주하면서 움직인다.

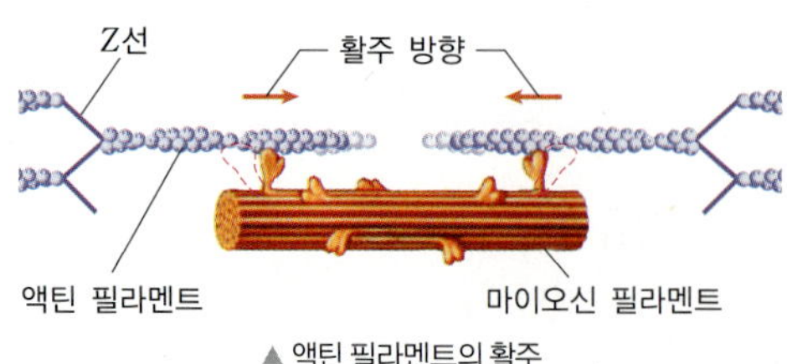

▲ 액틴 필라멘트의 활주

근육의 수축

우리 몸에서 신경에 의해 흥분이 전달되어 일어나는 대표적인 반응 중 하나가 근육의 수축에 의한 운동이다.

근육의 종류

- 골격근: 뼈에 붙어 있으며, 뼈를 움직여 신체(팔, 다리, 몸통 등) 운동을 일으킨다.
- 심장근: 심장을 구성하며, 심장을 박동시킨다.
- 내장근: 심장을 제외한 내장 기관(위, 소장, 혈관 등)을 구성하며, 내장 기관의 운동을 일으킨다.

근육 섬유

골격근을 구성하는 기본 단위인 근육 세포를 근육 섬유라고 한다.

근육 원섬유 마디

- 양쪽 끝에 Z선이 있으며, 여기에 액틴 필라멘트가 결합해 있다.
- 가운데에 M선이 있으며, 여기에 마이오신 필라멘트가 결합해 있다.

(2) **수축 결과**: Z선 사이의 거리가 가까워
지면서 근육 원섬유 마디의 길이가 짧
아진다.

❶ 액틴 필라멘트와 마이오신 필라멘트
가 겹쳐 있는 부위가 늘어나므로 I대
와 H대의 길이는 각각 짧아진다.

❷ 액틴 필라멘트와 마이오신 필라멘트
의 길이는 변하지 않으므로 A대의 길
이는 변하지 않는다.

❸ 근육 원섬유 마디가 짧아진 길이＝H
대가 짧아진 길이＝I대가 짧아진 길
이이다.

5. 근육 섬유에서 ATP의 합성

(1) 근육이 수축하기 위해 에너지(ATP)가 공급되어야 한다. ➡ ATP가 ADP로 분해될 때
<u>방출되는 에너지를 이용해 근육이 수축한다.</u>
다양한 생명 활동에 이용되며, 일부는 열로 방출된다.

(2) 근육 섬유에서 ATP는 크레아틴 인
산이 크레아틴으로 분해되거나, 에
너지원이 되는 영양소(포도당, 아
미노산, 지방산)가 세포 호흡에 이
용될 때 합성된다.

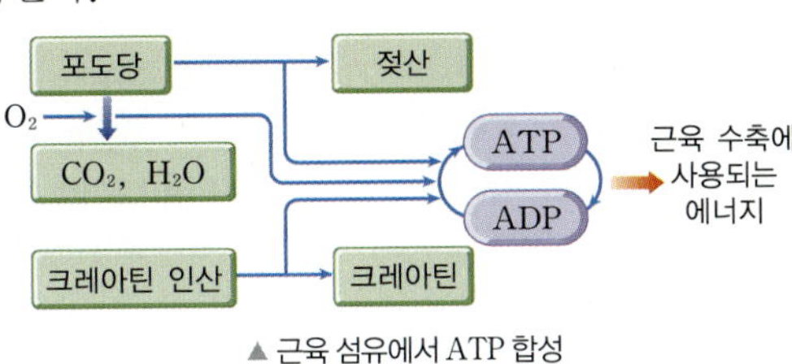

▲ 근육 섬유에서 ATP 합성

주의! 오개념

골격근의 수축이 강하게 일어나면 H대가
사라지기도 한다.

근육 섬유에서의 ATP 합성
· 운동 초기: 근육 섬유에 저장되어 있던
크레아틴 인산이 사용되면서 빠르게
ATP가 합성된다.
· 중간 강도의 운동: 주로 세포 호흡(산소
호흡)을 통해 ATP가 합성된다.
· 높은 강도의 운동: 산소가 부족해지므로
산소를 사용하지 않는 젖산 발효를 통해
ATP가 합성된다.

개념 익히기 문제

정답과 해설 p.017

🧠 교과서 문장으로 개념 익히기

28 ⬚⬚⬚⬚⬚⬚는 근육 원섬유에서 반복적으
로 길게 연결되어 있으며, 인접한 두 Z선 사이의 구간
이다.

29 근육 원섬유 마디에서 ⬚⬚는 액틴 필라멘트만 있어
밝게 관찰되는 부위이다.

30 근육 원섬유 마디에서 ⬚⬚는 A대 내에서 액틴 필라
멘트 없이 마이오신 필라멘트만 있는 부위이다.

31 골격근이 수축할 때 근육 원섬유 마디에서 액틴 필라
멘트와 마이오신 필라멘트가 겹쳐 있는 부위의 길이는
⬚⬚진다.

32 골격근이 수축할 때 A대, H대, I대 중 ⬚⬚의 길이만
변하지 않는다.

33 ATP가 ADP로 분해될 때 방출되는 ⬚⬚⬚를 이용해
근육이 수축한다.

34 근육 섬유에서 크레아틴 인산이 ⬚⬚⬚⬚으로 분해
될 때 ATP가 합성된다.

📦 OX 문제로 개념 익히기

35 골격근은 많은 수의 근육 섬유 다발로 이루어져 있다.
(O / x)

36 골격근을 구성하는 근육 섬유는 여러 개의 핵을 가진 다
핵 세포이다.
(O / x)

37 근육 원섬유는 굵은 액틴 필라멘트와 가느다란 마이오신
필라멘트로 이루어져 있다.
(O / x)

38 근육 원섬유 마디를 전자 현미경으로 관찰하면 A대가
I대보다 어둡게 보인다.
(O / x)

39 골격근이 수축할 때 근육 원섬유 마디를 구성하는 마이
오신 필라멘트가 액틴 필라멘트 사이에서 활주하듯이 움
직인다.
(O / x)

40 골격근이 수축할 때 액틴 필라멘트와 마이오신 필라멘트
의 길이는 모두 짧아진다.
(O / x)

41 골격근이 수축할 때 근육 원섬유 마디가 짧아진 길이는
H대가 짧아진 길이와 같다.
(O / x)

뉴런에서의 흥분 발생과 전도

🖐 **Point** 역치 이상의 자극을 받은 뉴런에서 막전위가 변하면서 흥분이 발생하는 과정에 대해 알아보고, 흥분이 축삭 돌기를 따라 전도되는 원리에 대해서도 알아보자.

그림은 어떤 뉴런에 역치 이상의 자극을 주었을 때, 이 뉴런 세포막의 한 지점에서 이온 ⊙과 ⓒ의 막 투과도를 시간에 따라 나타낸 것이다. ⊙과 ⓒ은 각각 Na^+과 K^+ 중 하나이다.

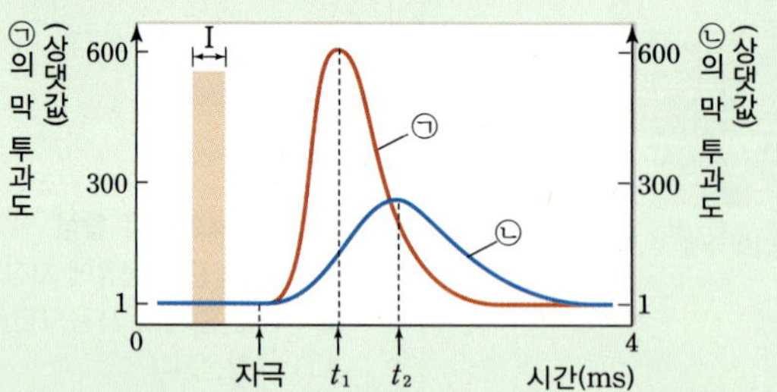

[STEP 1] 역치 이상의 자극을 받은 후 ⊙의 막 투과도가 먼저 증가했고, 이후 ⓒ의 막 투과도가 증가했다. → ⊙은 탈분극을 일으키는 Na^+이고, ⓒ은 재분극을 일으키는 K^+이다.

[STEP 2] 구간 Ⅰ은 역치 이상의 자극을 받기 전이며, Na^+(⊙)과 K^+(ⓒ)의 막 투과도가 낮다. → 휴지 전위를 나타내는 분극 상태이며, 세포 안쪽은 음($-$)전하, 바깥쪽은 양($+$)전하를 띤다.

[STEP 3] t_1일 때에는 Na^+(⊙)의 막 투과도가 K^+(ⓒ)의 막 투과도보다 높다. → Na^+이 세포 밖에서 안으로 유입되면서 막전위가 상승하는 탈분극 중이다.

[STEP 4] t_2일 때에는 K^+(ⓒ)의 막 투과도가 Na^+(⊙)의 막 투과도보다 높다. → K^+이 세포 안에서 밖으로 유출되면서 막전위가 하강하는 재분극 중이다.

그림 (가)는 민말이집 신경 A와 B에 역치 이상의 자극을 동시에 1회 주고 경과된 시간이 t일 때 지점 $P_1 \sim P_4$에서 측정한 막전위를, (나)는 $P_1 \sim P_4$에서 활동 전위가 발생하였을 때 각 지점에서의 막전위 변화를 나타낸 것이다. B의 흥분 전도 속도는 3 cm/ms이다.

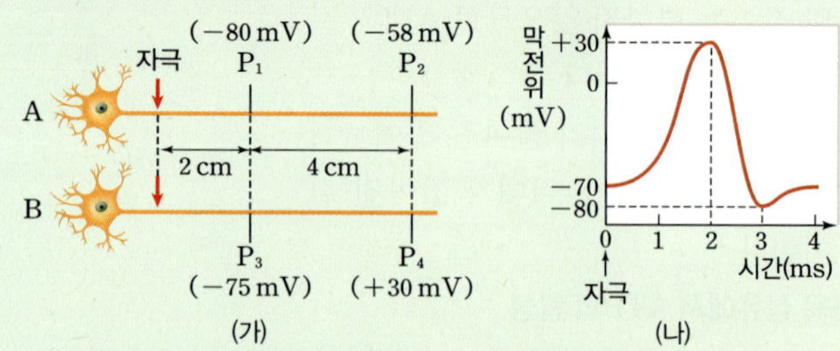

[STEP 1] B는 흥분 전도 속도가 3 cm/ms이므로 자극 지점에서부터 P_4까지 흥분이 전도되는 데 걸린 시간은 2 ms이다.

[STEP 2] t일 때 B의 P_4는 막전위가 $+30$ mV이므로 자극이 전도된 후 2 ms가 지났다. → $t = 2 + 2 = 4$ ms이다.

[STEP 3] t일 때 A의 P_1은 막전위가 -80 mV이므로 자극이 전도된 후 3 ms가 지났다.

[STEP 4] A는 자극 지점에서부터 P_1까지 흥분이 전도되는 데 걸린 시간이 $t - 3 = 4 - 3 = 1$ ms이다. → A의 흥분 전도 속도는 2 cm/ms이다.

[STEP 5] 경과된 시간이 4 ms(t)일 때 P_1은 (나)에서 3 ms일 때, P_2는 (나)에서 1 ms일 때, P_3은 (나)에서 $\frac{10}{3}$ ms일 때, P_4는 (나)에서 2 ms일 때의 막전위를 나타낸다.

예제 ❶

정답과 해설 p.017

그림 (가)는 뉴런의 ⊙과 ⓒ 중 한 지점에 역치 이상의 자극을 1회 주고 일정 시간이 지난 후 t일 때 측정한 지점 A~D에서의 막전위를, (나)는 A~D에서 활동 전위가 발생할 때 시간에 따른 막전위를 나타낸 것이다.

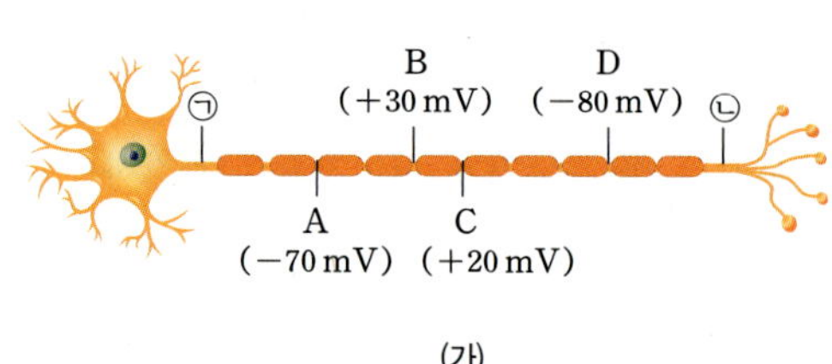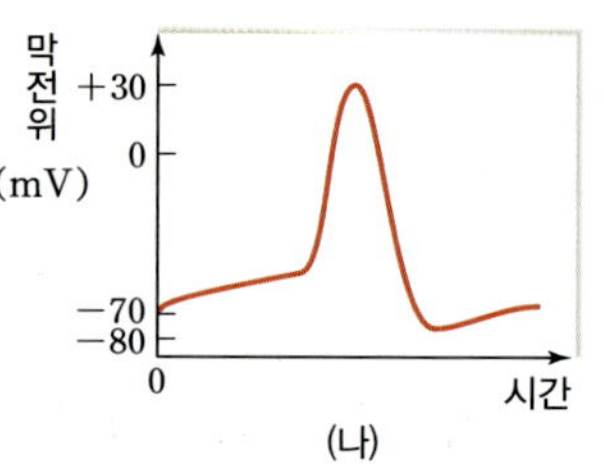

이에 대한 설명으로 옳은 것만을 |보기|에서 있는 대로 고른 것은? (단, 흥분의 전도는 1회만 일어나며, 휴지 전위는 -70 mV이다.)

> **보기**
> ㄱ. 자극을 준 지점은 ⓒ이다.
> ㄴ. t일 때 C에서 탈분극이 일어나고 있다.
> ㄷ. t일 때 ⊙과 A 사이에 막전위가 양($+$)의 값인 지점이 있다.

① ㄱ　　② ㄷ　　③ ㄱ, ㄴ　　④ ㄱ, ㄷ　　⑤ ㄴ, ㄷ

▶ **해결 전략**

1단계: A~D의 막전위를 통해 A~D 중 흥분이 가장 먼저 도달한 지점을 찾는다.

2단계: 활동 전위가 발생할 때 시간에 따른 막전위와 흥분의 전도 방향(순서)을 통해 A~D에서 막전위의 상승(탈분극) 또는 하강(재분극) 여부를 판단한다.

골격근의 수축과 이완

🖐 **Point** 활주설을 바탕으로 골격근이 수축 또는 이완할 때 근육 원섬유 마디를 구성하는 각 부분의 길이가 어떻게 변화하는지 알아보자.

표는 골격근의 근육 원섬유 마디 X가 수축하는 과정에서 두 시점 ⓐ와 ⓑ일 때 X의 길이와 A대의 길이를, 그림은 X의 한 지점에서 관찰되는 단면을 나타낸 것이다.

(단위: μm)

시점	X의 길이	A대의 길이
ⓐ	2.2	?
ⓑ	2.0	1.6

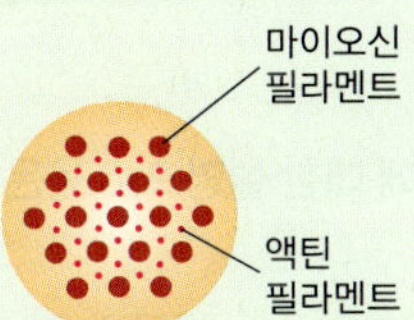

[STEP 1] X의 길이는 ⓑ일 때가 ⓐ일 때보다 0.2 μm 짧다. → 시간이 ⓐ에서 ⓑ로 흐르면서 X는 0.2 μm 수축했다.

[STEP 2] 골격근이 수축할 때 A대의 길이는 변하지 않는다. → ⓐ일 때 A대의 길이는 ⓑ일 때와 같은 1.6 μm이다.

[STEP 3] 골격근이 수축할 때 H대의 길이는 짧아지며, X가 짧아진 길이와 H대가 짧아진 길이는 같다. → H대의 길이는 ⓑ일 때가 ⓐ일 때보다 0.2 μm 짧다.

[STEP 4] 골격근이 수축할 때 I대의 길이는 짧아진다. → I대의 길이는 ⓑ일 때가 ⓐ일 때보다 짧다.

[STEP 5] 그림의 단면에는 마이오신 필라멘트와 액틴 필라멘트가 모두 있다. → 그림은 X에서 마이오신 필라멘트와 액틴 필라멘트가 겹치는 부분(A대에서 H대를 제외한 부분)의 단면을 나타낸 것이다.

그림은 근육 원섬유 마디 X의 구조를, 표는 골격근 수축 과정의 두 시점 t_1과 t_2일 때 X의 길이와 ㉠의 길이를 나타낸 것이다. X는 좌우 대칭이다. 구간 ㉠은 마이오신 필라멘트가 있는 부분이고, ㉡은 마이오신 필라멘트만 있는 부분이며, ㉢은 액틴 필라멘트만 있는 부분이다.

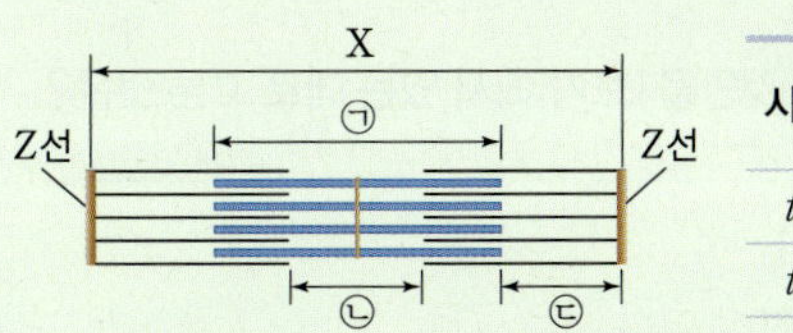

시점	X의 길이	㉠의 길이
t_1	3.0 μm	1.6 μm
t_2	2.6 μm	?

[STEP 1] X의 길이는 t_2일 때가 t_1일 때보다 0.4 μm 짧다. → 시간이 t_1에서 t_2로 흐르면서 X는 0.4 μm 수축했으며, 이 과정에서 ATP를 사용했다.

[STEP 2] ㉠은 마이오신 필라멘트가 있는 A대이다. → A대의 길이는 변하지 않으므로 t_2일 때 ㉠(A대)의 길이는 t_1일 때와 같은 1.6 μm이다.

[STEP 3] ㉡은 마이오신 필라멘트만 있는 H대이다. → X가 수축할 때 짧아지는 길이와 H대가 짧아지는 길이는 같다. 따라서 ㉡의 길이는 t_2일 때가 t_1일 때보다 0.4 μm 짧다.

[STEP 4] X의 길이는 ㉠의 길이＋2×㉢의 길이이다. → ㉢의 길이는 t_1일 때 0.7 μm이고, t_2일 때 0.5 μm이다.

[STEP 5] ㉢은 액틴 필라멘트만 있는 I대 중 오른쪽 절반이다. → X가 수축할 때 짧아지는 길이는 ㉢이 짧아지는 길이의 2배이다. 따라서 ㉢의 길이는 t_2일 때가 t_1일 때보다 0.2 μm 짧다.

정답과 해설 p.018

예제 ❷

그림은 근육 원섬유 마디 X의 구조를, 표는 두 시점 t_1과 t_2일 때 X에서 ㉠과 ㉡의 길이를 나타낸 것이다. 구간 ㉠은 마이오신 필라멘트만 있는 부분이고, ㉡은 액틴 필라멘트만 있는 부분이며, ㉢은 액틴 필라멘트와 마이오신 필라멘트가 겹치는 부분이다. X는 좌우 대칭이다.

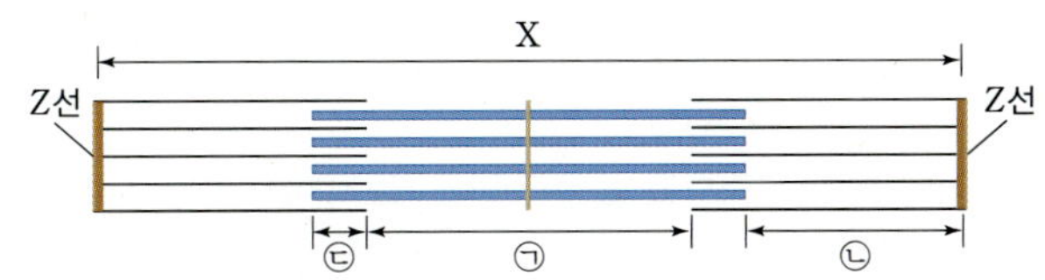

(단위: μm)

시점	㉠의 길이	㉡의 길이
t_1	1.2	0.8
t_2	0.8	?

이에 대한 설명으로 옳은 것만을 |보기|에서 있는 대로 고른 것은?

▸ **해결 전략**
1단계: 근육 원섬유 마디의 구조를 바탕으로 X가 수축할 때 ㉠~㉢의 길이 변화(증가, 감소)를 판단한다.
2단계: H대(㉠)의 길이 변화량을 이용해 X의 길이 변화량을 찾는다.
3단계: X의 길이 변화량을 이용해 ㉡과 ㉢의 길이 변화량을 찾는다.

┌ 보기 ┐
ㄱ. t_2일 때 ㉡의 길이는 0.4 μm이다.
ㄴ. ㉠의 길이와 ㉢의 길이를 더한 값은 t_1일 때와 t_2일 때가 같다.
ㄷ. X의 길이는 t_2일 때가 t_1일 때보다 0.4 μm 짧다.
└────┘

① ㄴ   ② ㄷ   ③ ㄱ, ㄴ   ④ ㄱ, ㄷ   ⑤ ㄴ, ㄷ

개념 다지기 문제

01 그림은 어떤 뉴런의 구조를 나타낸 것이다. A~C는 각각 가지 돌기, 축삭 돌기, 축삭 돌기 말단 중 하나이다.

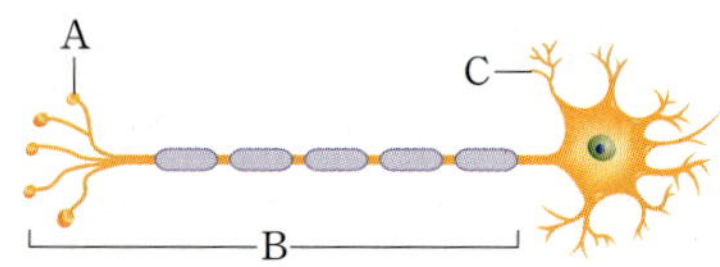

이에 대한 설명으로 옳은 것만을 |보기|에서 있는 대로 고른 것은?

> **보기**
> ㄱ. B는 축삭 돌기이다.
> ㄴ. 이 뉴런에는 말이집이 있다.
> ㄷ. 흥분은 A에서 받아들여진 후 C로 전도된다.

① ㄱ   ② ㄴ   ③ ㄷ
④ ㄱ, ㄴ   ⑤ ㄴ, ㄷ

02 뉴런에 대한 설명으로 옳은 것만을 |보기|에서 있는 대로 고른 것은?

> **보기**
> ㄱ. 신경계를 구성하는 기본 단위이다.
> ㄴ. 원심성 뉴런은 흥분을 반응기로 전달한다.
> ㄷ. 축삭 돌기에 핵과 대부분의 세포 소기관이 있다.

① ㄱ   ② ㄷ   ③ ㄱ, ㄴ
④ ㄴ, ㄷ   ⑤ ㄱ, ㄴ, ㄷ

03 다음은 뉴런에 대한 설명이다.

> 뉴런 ㉠은 뉴런 ㉡으로부터 흥분을 전달받아 정보를 처리한 후 원심성 뉴런으로 반응 명령을 전달한다.

이에 대한 설명으로 옳은 것만을 |보기|에서 있는 대로 고른 것은?

> **보기**
> ㄱ. 연합 뉴런은 ㉠에 해당한다.
> ㄴ. 운동 뉴런은 ㉡에 해당한다.
> ㄷ. ㉠과 ㉡은 모두 신경계를 구성한다.

① ㄱ   ② ㄴ   ③ ㄱ, ㄴ
④ ㄱ, ㄷ   ⑤ ㄴ, ㄷ

04 그림은 시냅스를 이루고 있는 뉴런 (가)~(다)를 나타낸 것이다. (가)~(다)는 각각 구심성 뉴런, 연합 뉴런, 원심성 뉴런 중 하나이다.

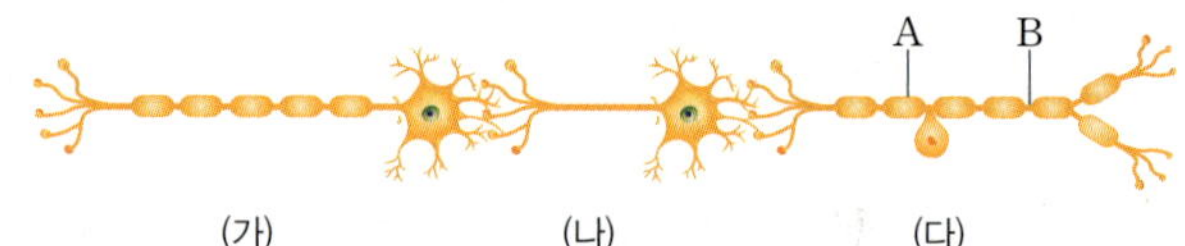

이에 대한 설명으로 옳은 것만을 |보기|에서 있는 대로 고른 것은?

> **보기**
> ㄱ. (나)는 연합 뉴런이다.
> ㄴ. A와 B는 모두 랑비에 결절이다.
> ㄷ. 흥분은 (가) → (나) → (다) 방향으로 전달된다.

① ㄱ   ② ㄷ   ③ ㄱ, ㄴ
④ ㄴ, ㄷ   ⑤ ㄱ, ㄴ, ㄷ

05 그림은 축삭 돌기의 한 지점에서 일어나는 이온의 이동을 나타낸 것이다.

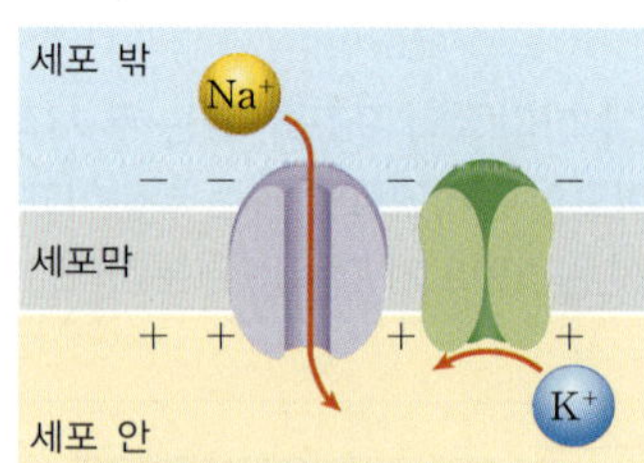

이 지점에 대한 설명으로 옳은 것만을 |보기|에서 있는 대로 고른 것은?

> **보기**
> ㄱ. 재분극이 일어나고 있다.
> ㄴ. 막전위가 상승하고 있다.
> ㄷ. 막전위가 음(−)의 값이다.

① ㄴ   ② ㄷ   ③ ㄱ, ㄴ
④ ㄱ, ㄷ   ⑤ ㄴ, ㄷ

06 표는 어떤 뉴런의 안과 밖에서 이온 ㉠과 ㉡의 농도(mM)를 나타낸 것이다. ㉠과 ㉡은 각각 K^+과 Na^+ 중 하나이다.

구분	㉠	㉡
뉴런 안	142	5
뉴런 밖	10	140

(단위: mM)

이에 대한 설명으로 옳은 것만을 |보기|에서 있는 대로 고른 것은?

┌─ 보기 ─
ㄱ. ㉠은 K^+이다.
ㄴ. ㉠은 통로를 통해 뉴런 안으로 유입된다.
ㄷ. ㉡은 Na^+-K^+ 펌프를 통해 뉴런 밖으로 이동한다.
└─

① ㄱ　　　② ㄴ　　　③ ㄱ, ㄴ
④ ㄱ, ㄷ　　　⑤ ㄴ, ㄷ

07 어떤 뉴런의 축삭 돌기에서 휴지 전위가 형성되어 있는 지점 ㉠에 대한 설명으로 옳은 것만을 |보기|에서 있는 대로 고른 것은?

┌─ 보기 ─
ㄱ. 역치 이상의 자극을 받고 있다.
ㄴ. Na^+의 막 투과도가 K^+의 막 투과도보다 크다.
ㄷ. 세포 안쪽이 음(−)전하를 띠고, 바깥쪽이 양(+)전하를 띤다.
└─

① ㄱ　　　② ㄷ　　　③ ㄱ, ㄴ
④ ㄱ, ㄷ　　　⑤ ㄴ, ㄷ

08 다음은 이온 ㉠에 대한 설명이다. ㉠은 K^+과 Na^+ 중 하나이다.

Na^+-K^+ 펌프에 의해 세포 안에서 밖으로 이동한다.

뉴런의 흥분 발생 과정에서 ㉠에 대한 설명으로 옳은 것만을 |보기|에서 있는 대로 고른 것은?

┌─ 보기 ─
ㄱ. 농도는 세포 안에서가 밖에서보다 낮다.
ㄴ. 재분극이 일어날 때 세포 안에서 밖으로 확산된다.
ㄷ. 세포막의 통로를 통해 이동하면 막전위가 상승한다.
└─

① ㄴ　　　② ㄷ　　　③ ㄱ, ㄴ
④ ㄱ, ㄷ　　　⑤ ㄴ, ㄷ

09 그림은 어떤 뉴런의 한 지점에 역치 이상의 자극을 주었을 때 시간에 따른 막전위를 나타낸 것이다.

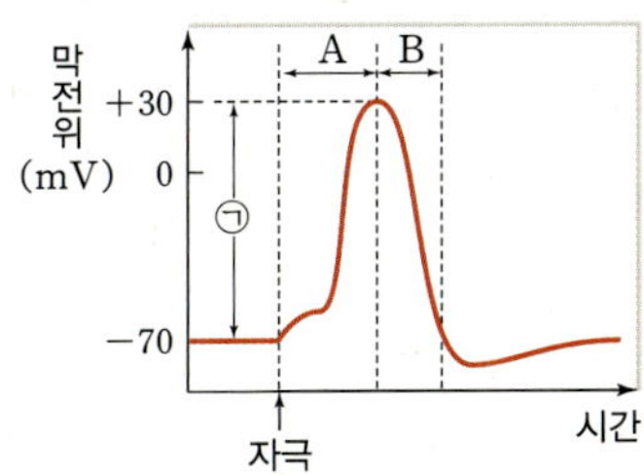

이에 대한 설명으로 옳은 것만을 |보기|에서 있는 대로 고른 것은?

┌─ 보기 ─
ㄱ. 자극의 세기가 클수록 ㉠이 증가한다.
ㄴ. 구간 A에서 탈분극이 일어난다.
ㄷ. 구간 B에서 K^+이 세포 안으로 확산된다.
└─

① ㄱ　　　② ㄴ　　　③ ㄷ
④ ㄱ, ㄴ　　　⑤ ㄴ, ㄷ

10 그림은 흥분이 1회 전도될 때 축삭 돌기의 지점 Ⅰ~Ⅲ에서 통로 ㉠과 ㉡을 통한 이온의 이동을 나타낸 것이다. ㉠과 ㉡은 각각 K^+ 통로와 Na^+ 통로 중 하나이다.

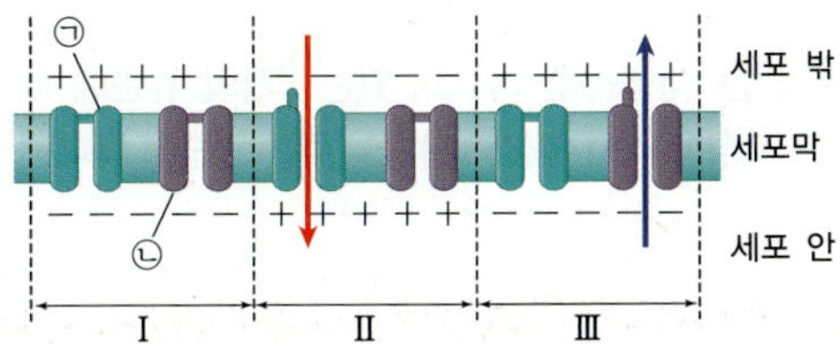

이에 대한 설명으로 옳은 것만을 |보기|에서 있는 대로 고른 것은? (단, 자극을 받지 않은 상태에서 이온의 확산은 고려하지 않는다.)

┌─ 보기 ─
ㄱ. ㉠이 열리면 막전위가 하강한다.
ㄴ. 흥분은 Ⅲ → Ⅱ → Ⅰ 방향으로 전도되고 있다.
ㄷ. 탈분극이 일어날 때 ㉡을 통해 이온이 세포 안으로 유입되고, 재분극이 일어날 때 ㉡을 통해 이온이 세포 밖으로 유출된다.
└─

① ㄱ　　　② ㄴ　　　③ ㄷ
④ ㄱ, ㄴ　　　⑤ ㄴ, ㄷ

개념 다지기 문제

11 그림은 흥분의 전달이 일어나고 있는 어떤 시냅스를 나타낸 것이다. (가)와 (나)는 뉴런이며, 이온 ㉠은 통로를 통해 (가)로 유입되고 있다.

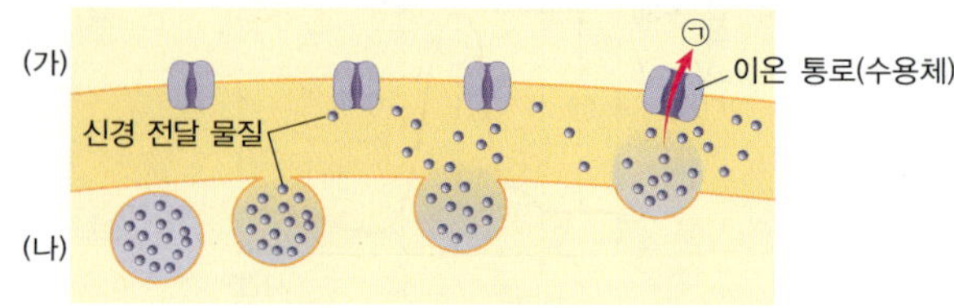

이에 대한 설명으로 옳은 것만을 |보기|에서 있는 대로 고른 것은?

> **보기**
> ㄱ. (가)는 시냅스 이전 뉴런이다.
> ㄴ. ㉠은 (가)에서 탈분극을 일으킨다.
> ㄷ. 이 시냅스에서 흥분은 (나) → (가) 방향으로만 전달된다.

① ㄱ   ② ㄴ   ③ ㄱ, ㄷ
④ ㄴ, ㄷ   ⑤ ㄱ, ㄴ, ㄷ

대표 유형 문제

12 그림은 시냅스를 이루고 있는 3개의 뉴런에 있는 지점 A~D와 한 지점에 역치 이상의 자극을 주는 모습을 나타낸 것이다.

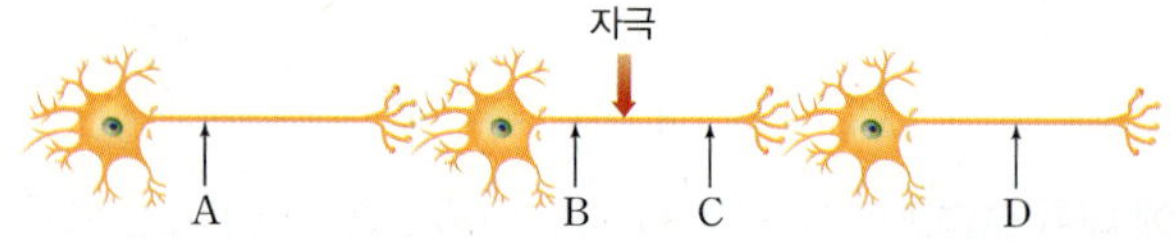

역치 이상의 자극을 1회 주었을 때에 대한 설명으로 옳은 것만을 |보기|에서 있는 대로 고른 것은? (단, 자극을 준 뉴런에서 흥분의 전도는 1회만 일어난다.)

> **보기**
> ㄱ. A에서 탈분극이 일어난다.
> ㄴ. B와 C에서 모두 활동 전위가 발생한다.
> ㄷ. C에서 막전위가 상승할 때 D에서는 막전위가 하강한다.

① ㄱ   ② ㄴ   ③ ㄷ
④ ㄱ, ㄴ   ⑤ ㄴ, ㄷ

13 사람의 골격근에 대한 설명으로 옳은 것만을 |보기|에서 있는 대로 고른 것은?

> **보기**
> ㄱ. 하나의 근육 섬유에는 여러 개의 핵이 있다.
> ㄴ. 근육 원섬유는 골격근을 구성하는 세포이다.
> ㄷ. 많은 수의 근육 섬유가 모여서 다발을 형성한다.

① ㄱ   ② ㄴ   ③ ㄱ, ㄴ
④ ㄱ, ㄷ   ⑤ ㄴ, ㄷ

14 그림은 사람의 골격근 일부를 나타낸 것이다. ㉠과 ㉡은 각각 근육 섬유와 근육 원섬유 중 하나이다.
이에 대한 설명으로 옳은 것만을 |보기|에서 있는 대로 고른 것은?

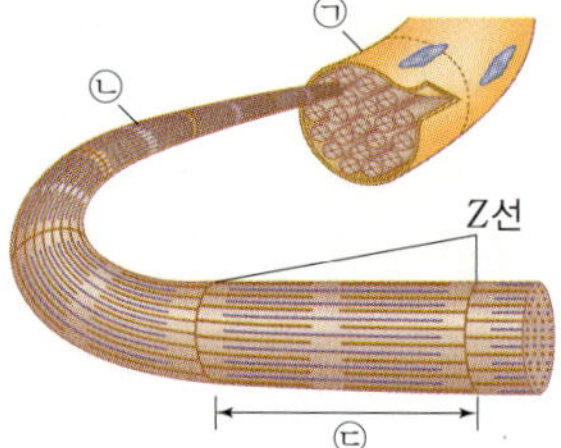

> **보기**
> ㄱ. ㉠은 골격근의 기본 단위이다.
> ㄴ. ㉡에는 마이오신 필라멘트가 있다.
> ㄷ. ㉢은 근육 원섬유 마디이다.

① ㄱ   ② ㄴ   ③ ㄱ, ㄷ
④ ㄴ, ㄷ   ⑤ ㄱ, ㄴ, ㄷ

대표 유형 문제

15 그림은 근육 원섬유 마디의 구조를 나타낸 것이다. ㉠~㉢은 각각 A대, H대, I대 중 하나이다.

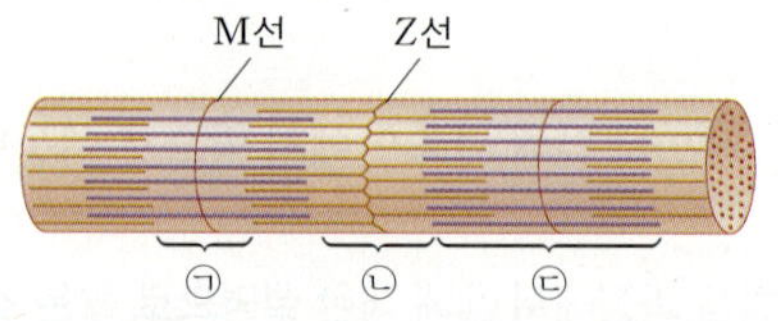

이에 대한 설명으로 옳은 것만을 |보기|에서 있는 대로 고른 것은?

> **보기**
> ㄱ. ㉠은 I대이다.
> ㄴ. ㉡에는 액틴 필라멘트가 있다.
> ㄷ. 골격근이 수축할 때 ㉢의 길이는 짧아진다.

① ㄱ   ② ㄴ   ③ ㄷ
④ ㄱ, ㄴ   ⑤ ㄴ, ㄷ

고난도 문제

16 그림은 축삭 돌기의 지점 Ⅰ과 Ⅱ 중 한 지점을 역치 이상으로 1회 자극한 후 경과된 시간이 t일 때 지점 ㉠~㉢에서의 막전위를 나타낸 것이다.

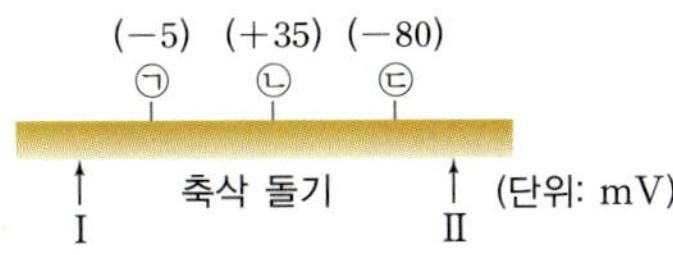

이에 대한 설명으로 옳은 것만을 |보기|에서 있는 대로 고른 것은? (단, 흥분의 전도는 1회 일어났고, 휴지 전위는 −70 mV이다.)

> **보기**
> ㄱ. ㉠에서 재분극이 일어나고 있다.
> ㄴ. t 이후에 ㉡에서 K^+의 막 투과도가 증가하는 시기가 있다.
> ㄷ. t일 때 ㉢과 Ⅱ 사이에서 막전위가 양(+)의 값인 부위가 있다.

① ㄴ ② ㄷ ③ ㄱ, ㄴ
④ ㄱ, ㄷ ⑤ ㄴ, ㄷ

17 표는 시점 t_1일 때와 t_2일 때 근육 원섬유 마디 X를 구성하는 각 부위의 길이를, 그림은 X를 나타낸 것이다. ㉠과 ㉡은 각각 A대와 I대 중 하나이며, X의 길이는 ㉠과 ㉡의 길이를 더한 값과 같다.

(단위: μm)

시점	H대	㉠	㉡
t_1	?	0.4	1.6
t_2	0.2	0.6	1.6

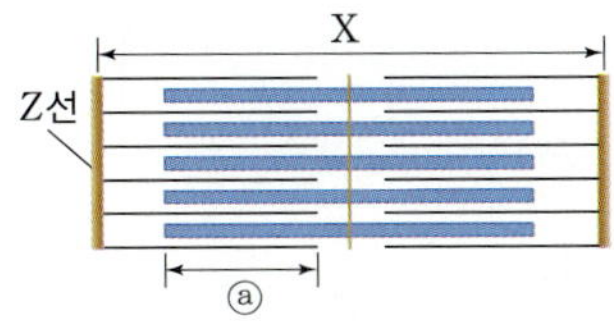

이에 대한 설명으로 옳은 것만을 |보기|에서 있는 대로 고른 것은? (단, X는 좌우 대칭이다.)

> **보기**
> ㄱ. t_1일 때 H대의 길이는 0.1 μm이다.
> ㄴ. t_2일 때 ⓐ의 길이는 I대의 길이보다 길다.
> ㄷ. t_2일 때 ㉡에는 액틴 필라멘트와 마이오신 필라멘트가 모두 있다.

① ㄱ ② ㄴ ③ ㄱ, ㄴ
④ ㄱ, ㄷ ⑤ ㄴ, ㄷ

서술형 문제

18 다음은 뉴런 ㉠~㉢에 대한 설명이다.

> • ㉠~㉢은 연합 뉴런, 구심성 뉴런, 원심성 뉴런을 순서 없이 나타낸 것이며, ㉠―㉡―㉢의 형태로 시냅스를 이루고 있다.
> • ㉠과 ㉡ 중 하나는 원심성 뉴런이다.

(1) ㉠~㉢의 이름을 각각 쓰시오.

(2) ㉠과 ㉢의 차이를 흥분 전달 방향과 연관 지어 서술하시오.

19 그림은 축삭 돌기의 한 지점에서 흥분이 발생할 때 이온 ㉠과 ㉡의 막 투과도 변화를 나타낸 것이다. ㉠과 ㉡은 각각 K^+과 Na^+ 중 하나이다.

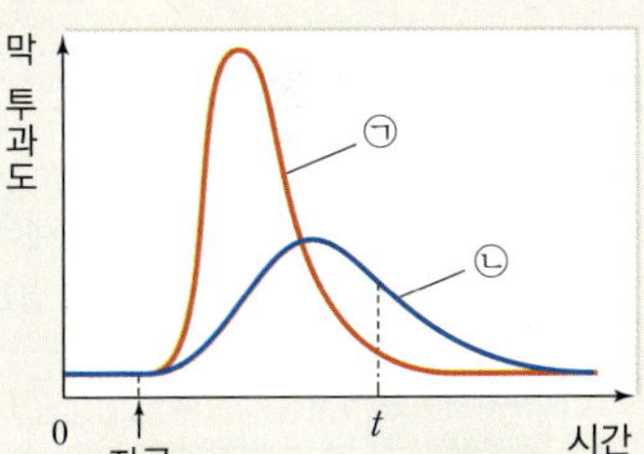

(1) ㉠과 ㉡을 각각 쓰시오.

(2) 시점 t일 때 막전위가 어떻게 변하는지 그 까닭과 함께 서술하시오.

20 표는 시점 t_1일 때와 t_2일 때 근육 원섬유 마디 X에서 X의 길이, A대의 길이, H대의 길이를 나타낸 것이다.

시점	X의 길이	A대의 길이	H대의 길이
t_1	2.2 μm	1.6 μm	0.8 μm
t_2	ⓐ	ⓑ	1.0 μm

(1) ⓐ의 값을 쓰시오.

(2) ⓑ의 값을 쓰고, 그렇게 판단한 까닭을 서술하시오.

02 신경계

1 신경계

개념 자극에 대해 반응하는 과정에서 흥분을 이동시키며, 기본 단위인 뉴런이 모여 이루어진 기관계

1. 사람의 신경계: 사람의 신경계는 중추 신경계와 온몸에 퍼져 있는 말초 신경계로 이루어져 있다.

구분	특징
중추 신경계	• 뇌와 척수로 구성된다. • 감각 정보를 받아들여 분석 · 종합 · 판단한 후 적절한 반응을 위한 명령을 내린다.
말초 신경계	• 뇌와 연결된 뇌 신경과 척수와 연결된 척수 신경으로 구성된다. • 감각기에서 받아들인 자극에 대한 흥분(감각 정보)을 중추로 전달하고, 중추가 내린 반응 명령을 반응기로 전달한다.

2. 신경계에 의한 흥분 이동 경로

원심성 뉴런들이 모인 원심성 신경이 담당한다.

구심성 뉴런들이 모인 구심성 신경이 담당한다.

자극 → 감각기 → 말초 신경계의 구심성 신경(감각 신경) → 중추 신경계(뇌, 척수) → 말초 신경계의 원심성 신경(운동 신경) → 반응기 → 반응

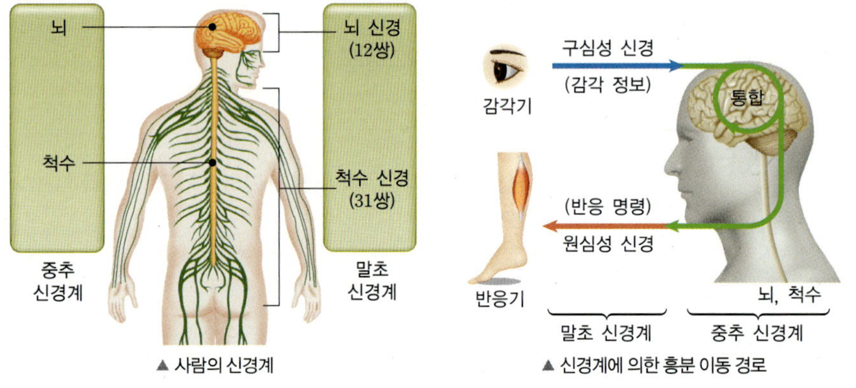

2 중추 신경계

개념 뇌와 척수로 이루어져 있으며, 감각 정보를 분석·종합·판단한 후 반응 명령을 내리는 신경계의 구성 요소

1. 뇌: 사람의 뇌는 대뇌, 소뇌, 간뇌, 중간뇌, 뇌교, 연수로 이루어져 있다.

(1) 대뇌

❶ 좌우 2개의 반구(좌반구, 우반구)로 구분되며, 표면에 주름이 많아 표면적이 넓다.

❷ 바깥쪽에 있는 겉질은 어두운 회색질, 안쪽에 있는 속질은 밝은 백색질로 되어 있다.

❸ 감각의 성립, 골격근의 수축에 의한 의식적인 수의 운동, 언어 · 기억 · 판단 · 추리 등의 중추이다.
고등 정신 기능
— 시각, 청각, 후각, 미각, 피부 감각을 느끼게 해준다.

❹ 겉질은 대뇌 기능의 대부분을 담당하며, 기능에 따라 감각령, 연합령, 운동령으로 구분되어 있다.

감각기

자극을 받아들이는 부위로, 몸 밖의 자극(빛, 온도, 소리 등)은 감각 기관을 통해, 몸 안의 자극(혈당량, 혈중 CO_2 농도 등)은 체내 수용기를 통해 받아들인다.

반응기

반응이 일어나는 부위로, 주로 운동을 일으키는 근육(골격근, 심장근, 내장근) 또는 물질을 분비하는 분비샘(외분비샘, 내분비샘)이다.

뇌 신경과 척수 신경

뇌 신경은 뇌와 연결된 구심성 신경들과 원심성 신경들로 이루어져 있고, 척수 신경은 척수와 연결된 구심성 신경들과 원심성 신경들로 이루어져 있다.

대뇌의 겉질

• 위치에 따라 전두엽, 두정엽, 측두엽, 후두엽으로 구분되며, 부위에 따라 기능이 다르다.

• 기능에 따라 감각 기관에서 오는 정보를 받아들이는 감각령, 감각 정보를 종합 · 분석해 반응 명령을 내리는 연합령, 골격근의 운동을 조절하는 운동령으로 구분된다.

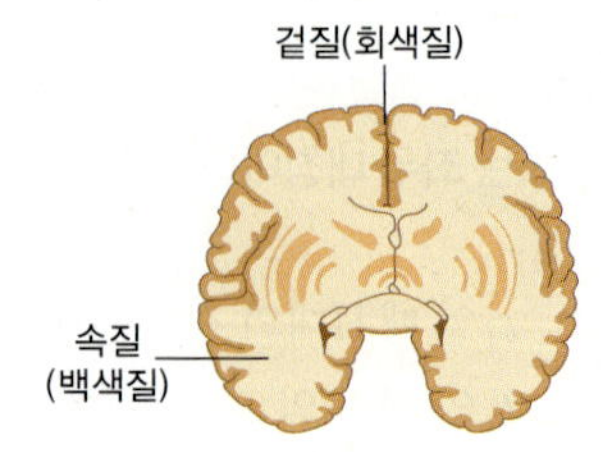

(2) **소뇌**: 의식적인 수의 운동이 정확하고 원활하게 일어나도록 조절하며, 평형 감각 기관
으로부터 오는 정보를 받아들여 몸의 평형을 유지시키는 중추이다.

(3) **간뇌**: 시상과 시상 하부로 구성된다.

❶ **시상**: 감각기로부터 받아들인 감각 정보를 선별하여 대뇌의 적절한 부위로 전달한다.

❷ **시상 하부**: 체온, 혈당량, 혈장 삼투압의 조절 중추로, 항상성 유지에 중요한 역할을
한다. _{외부 환경이 변하더라도 체내 환경을 항상 일정한 상태로 유지하려는 특성}

(4) **중간뇌**: 소뇌와 함께 몸의 평형을 조절하며, 안구 운동과 홍채 운동(동공 반사)을 조절
하는 중추이다.

(5) **뇌교**: 소뇌와 대뇌 사이에서 정보를 전달하며, 호흡 운동을 조절하는 데 관여한다.

(6) **연수**: 대부분의 신경은 연수를 지나면서 좌우가 교차되며, 심장 박동, 호흡 운동, 소화
운동 및 소화액 분비 등의 조절 중추이다. _{살아가는 데 필수적인 생명 활동의 중추이다.}

2. 척수

(1) **구조**

❶ 대뇌와 반대로, 겉질은 백색질이고, 속질은 회색질이다.

❷ 척추의 마디마다 배 쪽(앞쪽)으로 원심성 신경 다발이 나와 전근을 이루고, 등 쪽(뒤쪽)으로 구심성 신경 다발이 들어가면서 후근을 이룬다.

(2) **기능**: 뇌와 말초 신경(척수 신경) 사이에서 정보를 전달하는 연결 통로이며, 척수 반사의 중추이다.

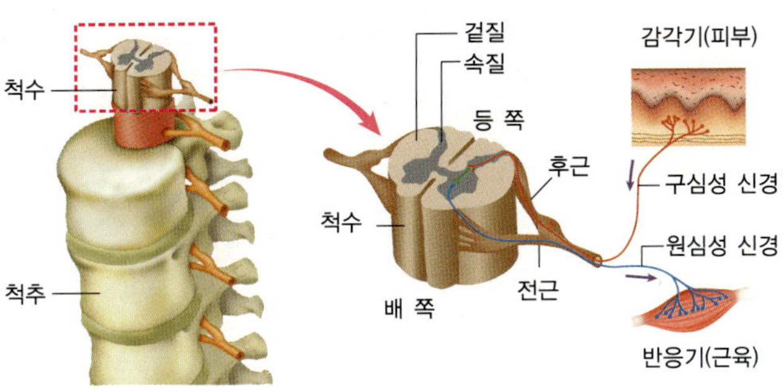

▲ 척수의 구조

간뇌, 중간뇌, 연수의 구조

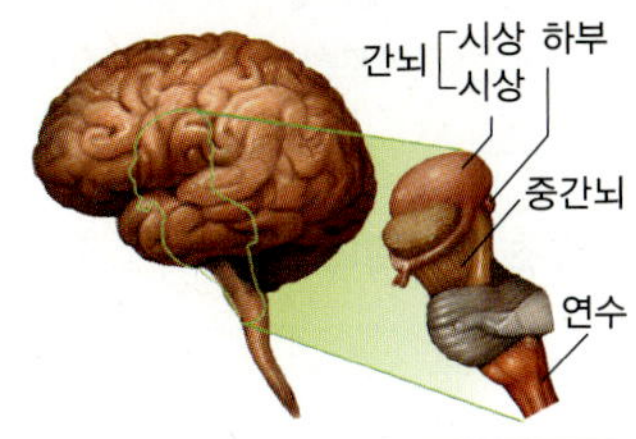

동공 반사

밝은 곳에서 동공이 작아지고, 어두운 곳에서 동공이 커지는 무조건 반사이다.

뇌줄기

중간뇌, 뇌교, 연수로 이루어지며, 소화 · 순환 · 호흡 등 살아가는 데 필수적인 활동을 조절하고, 무조건 반사를 일으키는 중요한 역할을 한다.

척수 반사

무릎 반사, 뜨겁거나 날카로운 물체에 닿아 순간적으로 피하는 회피 반사 등이 있다.

강의 포인트

척수에서 흥분의 이동

감각 정보는 구심성 신경 다발인 후근을 거쳐 척수로 들어오고, 반응 명령은 원심성 신경 다발인 전근을 거쳐 척수에서 나간다.

개념 익히기 문제

정답과 해설 p.020

🧠 교과서 문장으로 개념 익히기

01 사람의 [　] 신경계는 감각 정보를 받아들여 분석 · 종합 · 판단한 후 적절한 반응을 위한 명령을 내린다.

02 사람의 [　] 신경계는 뇌 신경과 척수 신경으로 구성된다.

03 [　]은 대뇌 기능의 대부분을 담당하며, 기능에 따라 감각령, 연합령, 운동령으로 구분되어 있다.

04 사람의 뇌에서 [　]는 수의 운동이 정확하게 일어나도록 조절하며, 몸의 평형을 유지시킨다.

05 뇌줄기는 중간뇌, [　], 연수로 이루어져 있다.

06 사람의 뇌에서 [　]는 심장 박동, 호흡 운동, 소화 운동의 조절 중추이다.

07 [　]는 뇌와 말초 신경 사이에서 정보를 전달하는 연결 통로이다.

08 사람의 척수에서 배 쪽으로 [　] 신경 다발이 나와 전근을 이룬다.

📦 OX 문제로 개념 익히기

09 사람의 중추 신경계는 뇌와 척수로 구성된다. (O / X)

10 사람의 대뇌는 겉질이 백색질이고, 속질이 회색질이다. (O / X)

11 사람의 뇌에서 체온, 혈당량, 삼투압의 조절 중추는 간뇌의 시상 하부이다. (O / X)

12 사람의 중간뇌는 안구 운동과 홍채 운동(동공 반사)을 조절하는 중추이다. (O / X)

13 대부분의 신경은 연수를 지나면서 좌우가 교차된다. (O / X)

14 사람의 척수는 겉질은 회색질이고, 속질은 백색질이다. (O / X)

15 사람의 척수에서 등 쪽으로 구심성 신경 다발이 들어가면서 후근을 이룬다. (O / X)

16 척수는 척수 반사의 중추이다. (O / X)

개념 온몸에 분포하고 있으며, 감각기와 중추, 중추와 반응기 사이에서 흥분을 이동시키는 신경계의 구성 요소

1. 말초 신경계의 구분: 기능적으로 구심성 신경과 원심성 신경으로 구분된다.

구분	특징
구심성 신경 (감각 신경)	감각기에서 받아들인 자극에 대한 감각 정보를 중추로 전달한다.
원심성 신경 (운동 신경)	중추에서 내린 반응 명령을 반응기로 전달하며, 명령을 전달하는 반응기의 종류에 따라 체성 신경과 자율 신경으로 다시 구분된다.

2. 체성 신경: 중추의 반응 명령을 골격근으로 전달하는 운동 신경으로 이루어져 있다.

(1) 중추와 반응기(골격근)를 하나의 운동 신경이 연결하므로 신경절이 없으며, 신경 말단에서 반응기(골격근)로 아세틸콜린을 분비한다.

(2) 골격근을 수축시키므로 주로 대뇌의 지배를 받아 의식적으로 조절되는 신체 운동을 담당하며, 무릎 반사와 같은 무의식적인 신체 운동도 담당한다. 골격근을 움직이는 반응은 모두 체성 신경에 의해 일어난다.

3. 자율 신경: 간뇌, 중간뇌, 연수가 중추가 되며, 중추의 반응 명령을 심장근, 내장근, 분비샘으로 전달하는 교감 신경과 부교감 신경으로 이루어져 있다.

구분	상대적인 길이		분비되는 신경 전달 물질	
	신경절 이전 뉴런	신경절 이후 뉴런	신경절 이전 뉴런	신경절 이후 뉴런
교감 신경	짧다.	길다.	아세틸콜린	노르에피네프린
부교감 신경	길다.	짧다.	아세틸콜린	아세틸콜린

(1) 대뇌의 지배를 받지 않으며, 자율적으로(무의식적으로) 항상성 유지를 위한 심장, 내장 기관, 분비샘 등의 작용을 조절한다.

(2) 중추와 반응기를 2개의 신경이 연결하므로 신경절이 있다.

(3) 같은 조직이나 기관에 작용하지만 서로 반대되는 작용(길항 작용)을 하는 교감 신경과 부교감 신경이 있다. 교감 신경은 주로 운동이나 흥분 시에, 부교감 신경은 주로 휴식이나 수면 시에 활성이 크다.

구분	동공	심장 박동	혈압	방광	소화액 분비	혈당량
교감 신경	확대	촉진	상승	확장	억제	상승
부교감 신경	축소	억제	하강	수축	촉진	하강

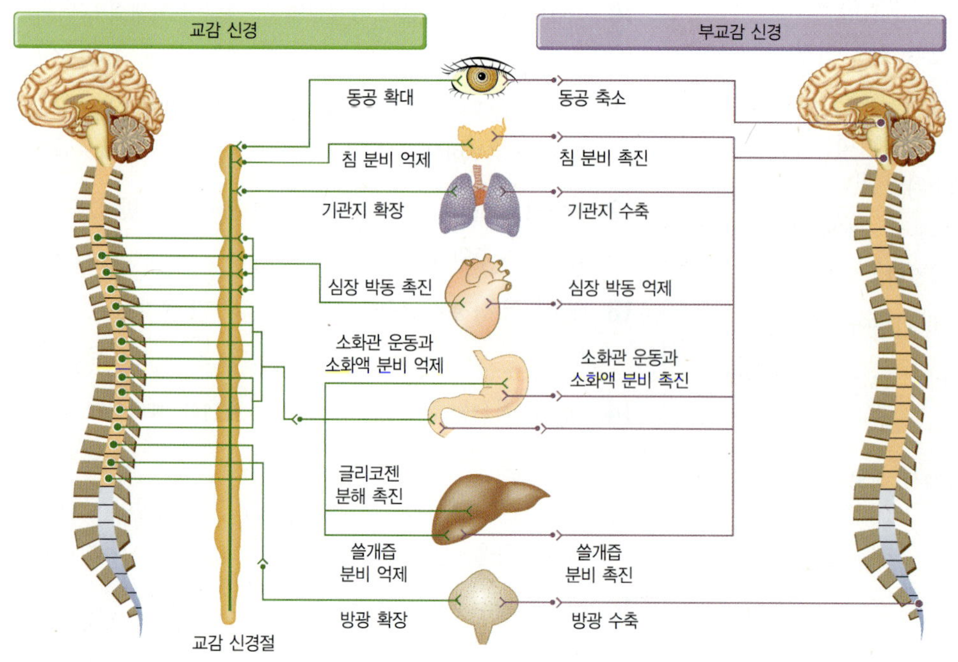

의식적인 반응과 무조건 반사
- 의식적인 반응: 대뇌가 중추가 되어 일어난다.
- 무조건 반사: 척수, 연수, 중간뇌 등이 중추가 되어 일어나며, 의식적인 반응보다 빠르게 일어난다.

의식적인 반응과 무조건 반사의 예

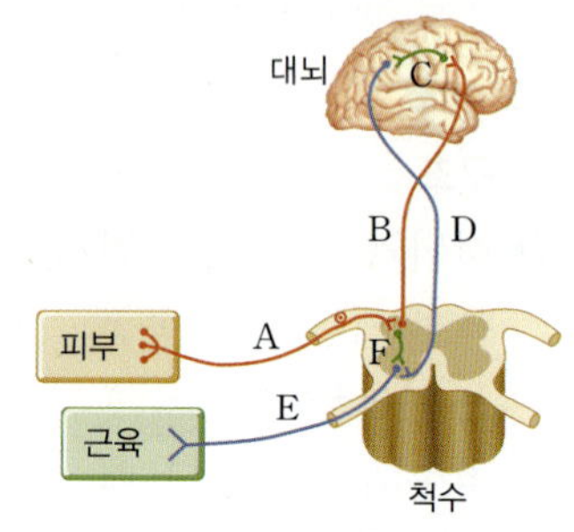

구분	경로
의식적인 반응	자극 → 감각기(피부) → 구심성 신경(A) → 척수(B) → 대뇌(C) → 척수(D) → 원심성 신경(E) → 반응기(근육) → 반응
척수 반사 (무조건 반사)	자극 → 감각기(피부) → 구심성 신경(A) → 척수(F) → 원심성 신경(E) → 반응기(근육) → 반응

말초 신경계의 구분

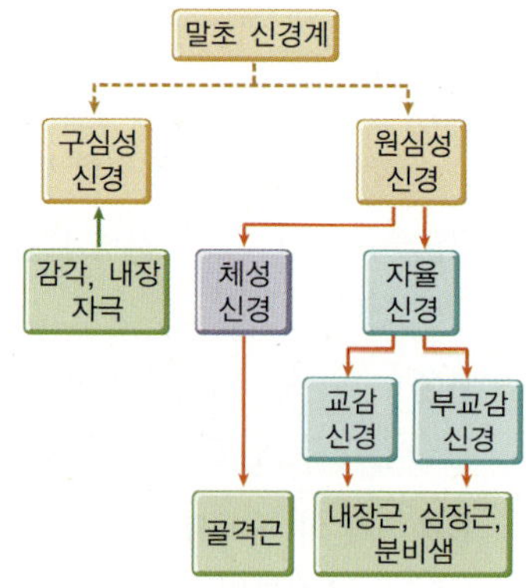

자율 신경의 분포
- 모든 교감 신경은 척수에서 빠져나오므로 신경절 이전 뉴런의 신경 세포체가 척수에 있다.
- 부교감 신경은 주로 중간뇌나 연수에서 빠져나오므로 신경절 이전 뉴런의 신경 세포체가 중간뇌나 연수에 있다. 그러나 방광에 연결된 부교감 신경은 척수에서 빠져나오므로 신경절 이전 뉴런의 신경 세포체가 척수에 있다.

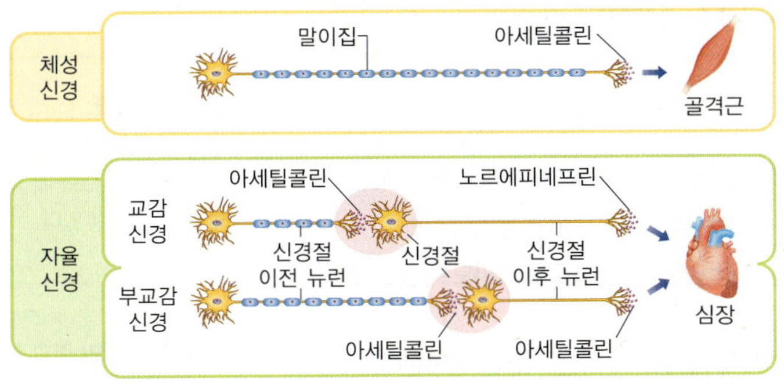

▲ 체성 신경과 자율 신경

4 신경계의 이상과 질환

개념 중추 신경계나 말초 신경계의 구조나 기능에 이상이 생겨 나타나는 여러 가지 질환

대뇌가 담당하는 기능이다.

구분	특징
중추 신경계 이상	• 알츠하이머병: 대뇌의 기능이 저하되어 기억력과 인지 기능 등이 약화된다. • 파킨슨병: 신경 전달 물질 중 도파민의 분비에 이상이 생겨 몸이 경직되고 운동에 장애가 생긴다.
말초 신경계 이상	• 근위축성 측삭 경화증(루게릭병): 체성 신경이 파괴되어 골격근이 경직되고 점차 약해져 운동 기능을 상실한다.

신경절
중추 신경계 바깥에서 두 신경이 연결되어 있어 신경 세포체가 모여 있는 부위를 말한다. 따라서 신경절에는 시냅스가 있으며, 신경절 앞쪽에 있는 뉴런을 신경절 이전 뉴런, 신경절 뒤쪽에 있는 뉴런을 신경절 이후 뉴런이라고 한다.

암기 꼭!
체성 신경과 자율 신경의 구분
체성 신경은 신경절이 없고, 자율 신경은 신경절이 있다.

도파민
중추 신경계에서 작용하는 신경 전달 물질이다. 도파민 부족 시 우울증이 생기기도 하고, 도파민 생성 세포가 손상되면 운동 기능에 장애가 생기기도 한다.

개념 익히기 문제

정답과 해설 p.020

교과서 문장으로 개념 익히기

17 의식적인 반응은 □□가 중추가 되어 일어난다.

18 체성 신경의 말단에서는 반응기로 □□□□□□이 분비된다.

19 사람의 □□ 신경은 중추의 반응 명령을 심장근, 내장근, 분비샘으로 전달하는 원심성 신경으로 이루어져 있다.

20 자율 신경 중 □□□ 신경은 신경절 이전 뉴런이 신경절 이후 뉴런보다 길다.

21 교감 신경의 신경절 이후 뉴런의 축삭 돌기 말단에서는 □□□□□□□이 분비된다.

22 부교감 신경의 신경절 이전 뉴런과 신경절 이후 뉴런의 축삭 돌기 말단에서는 모두 □□□□□□이 분비된다.

23 교감 신경과 부교감 신경은 같은 조직이나 기관에 작용하지만 서로 반대되는 기능을 하는 □□□□을 한다.

24 □□ 신경은 동공을 확대시키고, 심장 박동을 촉진시킨다.

25 체성 신경이 파괴되어 골격근이 경직되는 근위축성 측삭 경화증은 □□ 신경계의 이상으로 나타난다.

OX 문제로 개념 익히기

26 원심성 신경은 감각기에서 받아들인 자극에 대한 감각 정보를 중추로 전달한다. (O / x)

27 사람의 체성 신경은 중추의 반응 명령을 골격근으로 전달한다. (O / x)

28 체성 신경에는 신경절이 없다. (O / x)

29 체성 신경은 대뇌의 지배를 받아 의식적으로 조절되는 신체 운동만을 담당한다. (O / x)

30 자율 신경은 항상성 유지를 위한 심장, 내장 기관, 분비샘 등의 작용을 조절한다. (O / x)

31 교감 신경과 부교감 신경에는 모두 신경절이 있다. (O / x)

32 교감 신경은 신경절 이전 뉴런이 신경절 이후 뉴런보다 길다. (O / x)

33 부교감 신경은 방광을 확장시키고, 소화액 분비를 억제시킨다. (O / x)

34 알츠하이머병은 대뇌의 기능이 저하되어 기억력과 인지 기능 등이 약화되는 질환이다. (O / x)

과정 & 결과

❶ 고무찰흙 등 다양한 재료를 이용하여 중간뇌, 뇌교, 연수를 각각 만든 후 순서대로 붙인다.

❷ 소뇌와 간뇌를 각각 만들어 소뇌는 뇌교의 뒤쪽에, 간뇌는 중간뇌의 위쪽에 붙인다.

❸ 대뇌를 구성하는 세 부위(전두엽, 두정엽, 후두엽)을 각각 만든 후 간뇌를 둘러싸도록 붙인다. 이때 앞에서부터 뒤로 가면서 전두엽, 두정엽, 후두엽의 순서로 붙인다.

❹ 완성된 뇌의 단면 모형을 뇌의 모식도와 비교한 후, 뇌의 각 부위가 하는 역할을 설명한다.

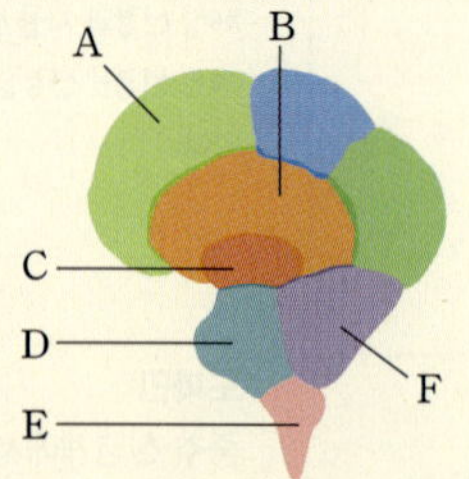
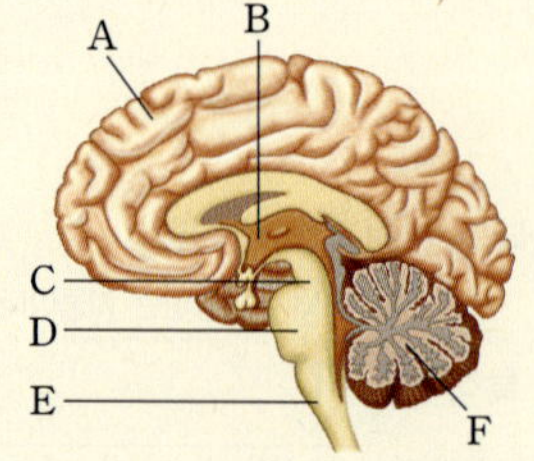

···▶ A: 뇌를 구성하는 부위 중에서 가장 큰 대뇌이다. ➡ 감각의 성립, 골격근의 수축에 의한 의식적인 수의 운동, 언어·기억·판단·추리 등을 담당한다.

···▶ B: 대뇌의 중간 아래에 있는 간뇌이다. ➡ 감각 정보를 대뇌의 적절한 부위로 전달하는 시상과 체온, 혈당량, 혈장 삼투압의 조절 중추인 시상 하부로 이루어져 있다.

···▶ C: 간뇌의 아래에 있는 중간뇌이다. ➡ 몸의 평형을 조절하며, 안구 운동과 홍채 운동을 조절한다.

···▶ D: 중간뇌 아래에 있는 뇌교이다. ➡ 소뇌와 대뇌 사이에서 정보를 전달하며, 호흡 운동을 조절한다.

···▶ E: 뇌교 아래에 있는 연수이다. ➡ 심장 박동·호흡 운동·소화 운동 및 소화액 분비 등을 조절한다.

···▶ F: 대뇌의 뒤쪽 아래에 있는 소뇌이다. ➡ 수의 운동을 조절하며, 몸의 평형을 유지시킨다.

분석

1. 위에서 만든 뇌의 단면 모형에서 빠진 부분이 있는가?

- 뇌의 안쪽에 있는 간뇌와 중간뇌 등이 보이도록 하기 위해 대뇌를 구성하는 또 다른 부위인 측두엽이 빠져 있다.

2. 뇌의 단면 모형에서 뇌줄기를 이루고 있는 부위는 무엇이며, 뇌줄기의 역할은 무엇인가?

- 뇌줄기는 중간뇌인 C, 뇌교인 D, 연수인 E로 이루어져 있으며, 소화·순환·호흡 등 생명 유지에 필수적인 활동을 조절하고 무의식적인 반사를 일으킨다.

🔧 탐구 목표

다양한 재료를 이용하여 뇌의 단면 모형을 만들고, 뇌의 각 부위가 하는 역할을 설명할 수 있다.

대뇌 각 부위의 주요 역할

- 전두엽: 계획, 의사 결정, 말하기, 논리적 사고
- 두정엽: 피부 감각, 운동, 말하기, 읽기, 미각(맛)
- 후두엽: 시각(사물 인식)
- 측두엽: 듣기(언어 이해), 후각(냄새)

측두엽까지 완성된 뇌 모형

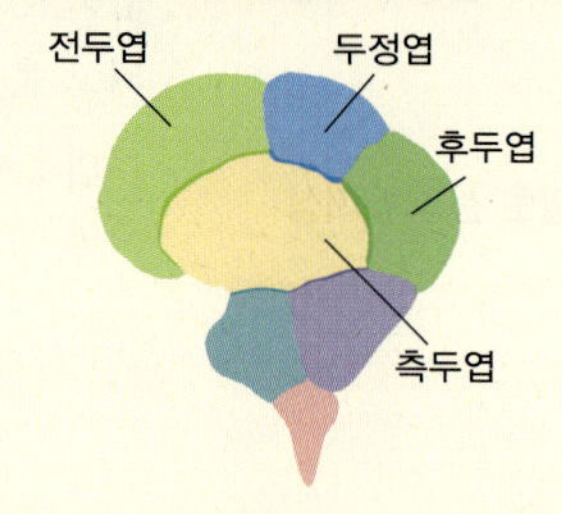

🔬 탐구 포인트

1. 뇌의 구조를 바탕으로 뇌를 구성하는 각 부위의 위치에 유의하며 모형을 완성한다.

2. 뇌의 각 부위(대뇌, 소뇌, 간뇌, 중간뇌, 뇌교, 연수)가 담당하는 주요 역할에 대해 설명한다.

정답과 해설 p.021

예제 ❶

그림은 사람의 뇌를 나타낸 것이다. A~E는 각각 간뇌, 대뇌, 소뇌, 연수, 중간뇌 중 하나이다. 이에 대한 설명으로 옳지 않은 것은?

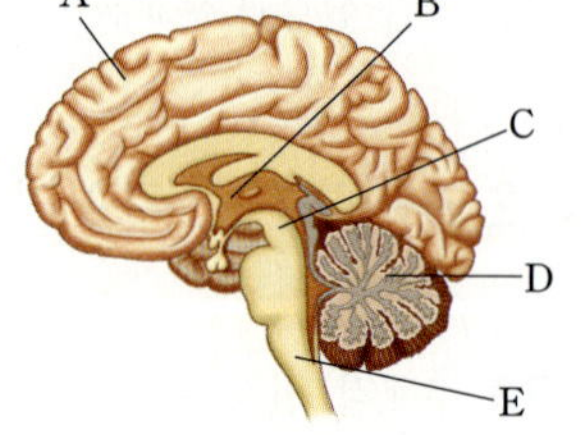

① A는 겉질이 회색질이다.

② B는 체온과 삼투압을 조절한다.

③ C는 동공 반사의 중추이다.

④ E는 소화액 분비를 조절한다.

⑤ C, D, E는 모두 뇌줄기를 구성한다.

예제 ❷

표는 사람의 뇌를 구성하는 부위 (가)~(다)의 특징을 나타낸 것이다. (가)~(다)는 간뇌, 연수, 중간뇌를 순서 없이 나타낸 것이다.

부위	특징
(가)	뇌줄기를 구성한다.
(나)	심장 박동과 호흡 운동의 조절 중추이다.
(다)	?

(가)~(다)의 이름을 각각 쓰고, (다)의 주요 기능을 서술하시오.

Point 사람의 말초 신경계를 구성하는 체성 신경, 자율 신경(교감 신경, 부교감 신경)의 구조적인 차이에 대해 알아보고, 각 신경의 기능적인 차이에 대해서도 알아보자.

그림은 중추 신경계로부터 말초 신경을 통해 심장과 다리 골격근에 연결된 경로를 나타낸 것이다.

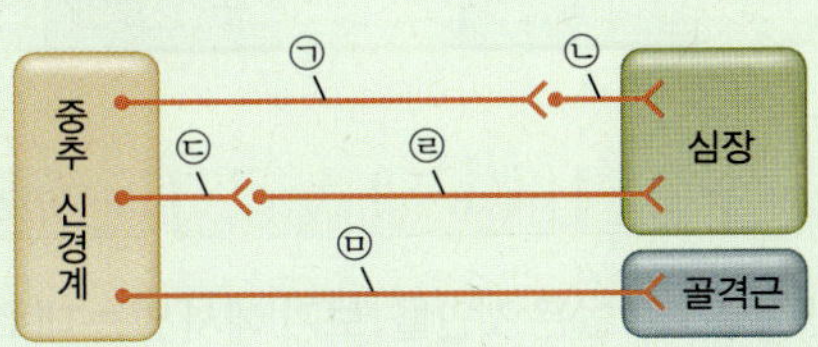

[STEP 1] ㉠(신경절 이전 뉴런)이 ㉡(신경절 이후 뉴런)보다 길다.
→ ㉠과 ㉡은 자율 신경 중 부교감 신경을 구성한다. ㉠의 신경 세포체는 심장 박동의 조절 중추인 연수에 있다. ㉠과 ㉡의 작용으로 심장 박동이 억제된다.

[STEP 2] ㉢(신경절 이전 뉴런)이 ㉣(신경절 이후 뉴런)보다 짧다.
→ ㉢과 ㉣은 자율 신경 중 교감 신경을 구성한다. ㉢의 신경 세포체는 척수의 속질(회색질)에 있다. ㉢과 ㉣의 작용으로 심장 박동이 촉진된다.

[STEP 3] ㉤에는 신경절이 없다. → ㉤은 체성 신경을 구성한다. ㉤의 작용으로 골격근이 수축한다.

[STEP 4] ㉠, ㉡, ㉢, ㉤의 축삭 돌기 말단에서는 모두 아세틸콜린이 분비되고, ㉣의 축삭 돌기 말단에서는 노르에피네프린이 분비된다.

그림 (가)는 동공의 크기 조절에 관여하는 교감 신경과 부교감 신경이 중추 신경계에 연결된 경로를, (나)는 빛의 세기에 따른 동공의 크기를 나타낸 것이다. ⓐ와 ⓑ에 각각 하나의 신경절이 있으며, ㉠과 ㉣의 말단에서 분비되는 신경 전달 물질은 같다.

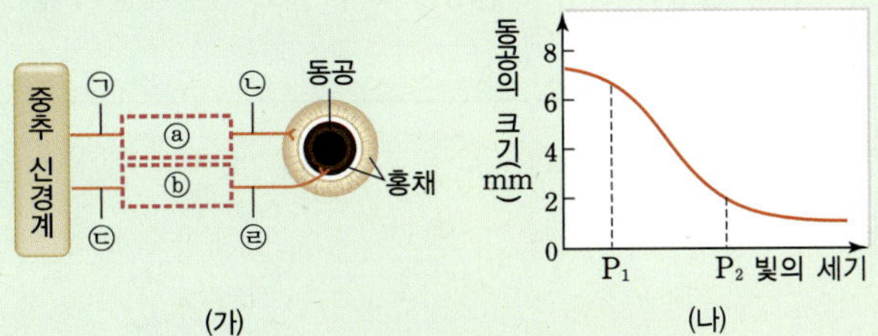

[STEP 1] ⓐ와 ⓑ에 각각 하나의 신경절이 있으므로 ㉠~㉣은 모두 자율 신경을 구성한다. → ㉠과 ㉢은 신경절 이전 뉴런이고, ㉡과 ㉣은 신경절 이후 뉴런이다.

[STEP 2] ㉠과 ㉢에서 분비되는 신경 전달 물질은 아세틸콜린이다.
→ ㉣에서도 아세틸콜린이 분비되므로 ㉣은 부교감 신경의 신경절 이후 뉴런이다.

[STEP 3] ㉠은 교감 신경의 신경절 이전 뉴런이다. → 신경 세포체가 척수의 속질(회색질)에 있다.

[STEP 4] ㉡에서 노르에피네프린이 분비되며, 교감 신경에 의해 동공이 확대된다. → P₂일 때가 P₁일 때보다 빛의 세기가 강해 동공의 크기가 작다. ㉡에서 분비되는 노르에피네프린의 양은 P₂일 때가 P₁일 때보다 적다.

정답과 해설 p.021

예제 ❸

그림은 중추에서 나오는 말초 신경 A~C를, 표는 신경 ㉠~㉢에 연결된 기관과 ㉠~㉢에서 활동 전위 발생 빈도가 증가했을 때 각 기관에서 일어나는 작용을 나타낸 것이다. A와 B 중 하나는 중간뇌에서 나오며, ㉠~㉢은 A~C를 순서 없이 나타낸 것이다. ⓐ와 ⓑ 중 한 곳에만 신경절이 있다.

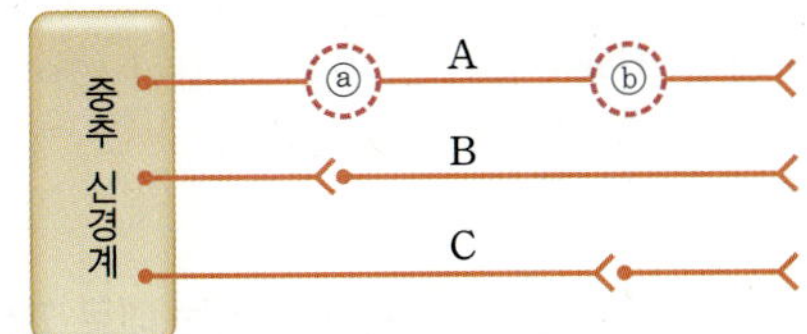

신경	연결된 기관	작용
㉠	방광	수축 촉진
㉡	눈	?
㉢	심장	?

이에 대한 설명으로 옳은 것만을 |보기|에서 있는 대로 고른 것은?

보기
ㄱ. ⓐ와 ⓑ 중 ⓐ에 아세틸콜린이 분비되는 부위가 있다.
ㄴ. ㉢에서 활동 전위 발생 빈도가 증가하면 심장 박동이 촉진된다.
ㄷ. B와 C의 신경절 이전 뉴런의 신경 세포체는 모두 척수의 속질에 있다.

① ㄱ　　　② ㄷ　　　③ ㄱ, ㄴ　　　④ ㄱ, ㄷ　　　⑤ ㄴ, ㄷ

▶ **해결 전략**
1단계: 중간뇌의 기능을 바탕으로 중간뇌에서 나오는 자율 신경의 종류와 기능을 판단한다.
2단계: 교감 신경과 부교감 신경의 길항 작용을 바탕으로 방광의 수축을 촉진하는 자율 신경을 판단한다.
3단계: 교감 신경과 부교감 신경의 구조적 차이를 이용해 신경절의 위치와 각 뉴런의 축삭 돌기 말단에서 분비되는 신경 전달 물질을 찾는다.

개념 다지기 문제

01 사람의 신경계에 대한 설명으로 옳은 것만을 |보기|에서 있는 대로 고른 것은?

> **보기**
> ㄱ. 뇌는 중추 신경계를 구성한다.
> ㄴ. 척수 신경은 말초 신경계를 구성한다.
> ㄷ. 구심성 신경과 원심성 신경은 모두 말초 신경계를 구성한다.

① ㄱ ② ㄷ ③ ㄱ, ㄴ
④ ㄴ, ㄷ ⑤ ㄱ, ㄴ, ㄷ

02 그림은 사람의 신경계 중 일부를 나타낸 것이다. A와 B는 각각 뇌와 척수 중 하나이다.
이에 대한 설명으로 옳은 것만을 |보기|에서 있는 대로 고른 것은?

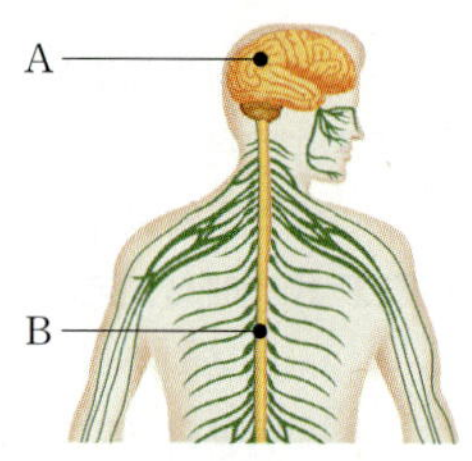

> **보기**
> ㄱ. A에 연합 뉴런이 있다.
> ㄴ. B는 말초 신경계를 구성한다.
> ㄷ. A와 B에서는 모두 반응을 위한 명령이 만들어진다.

① ㄱ ② ㄴ ③ ㄱ, ㄷ
④ ㄴ, ㄷ ⑤ ㄱ, ㄴ, ㄷ

03 다음은 신경계에 의한 흥분의 이동 경로를 나타낸 것이다.

> 자극 → 감각기 → 신경 ㉠ → 중추 신경계 → 신경 ㉡ → 반응기 → 반응

이에 대한 설명으로 옳은 것만을 |보기|에서 있는 대로 고른 것은?

> **보기**
> ㄱ. 감각 신경은 ㉠에 해당한다.
> ㄴ. ㉡은 원심성 뉴런으로 이루어져 있다.
> ㄷ. 척수 신경에는 ㉠과 ㉡이 모두 있다.

① ㄱ ② ㄴ ③ ㄱ, ㄷ
④ ㄴ, ㄷ ⑤ ㄱ, ㄴ, ㄷ

04 그림은 사람의 신경계를 구분하여 나타낸 것이다.

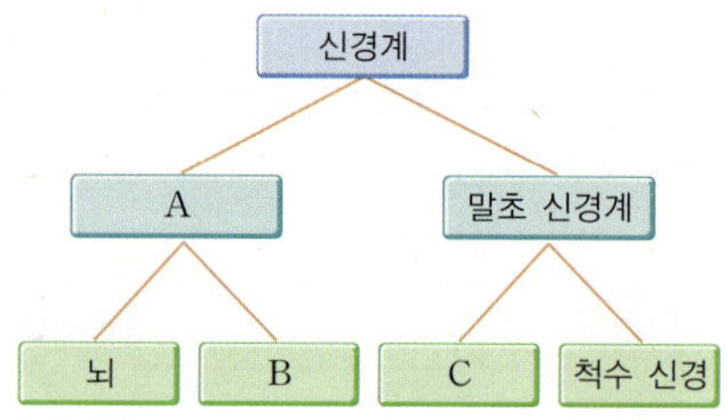

이에 대한 설명으로 옳은 것만을 |보기|에서 있는 대로 고른 것은?

> **보기**
> ㄱ. A에서 감각 정보가 분석된다.
> ㄴ. B는 척수이다.
> ㄷ. C는 척수 신경보다 신경의 수가 많다.

① ㄱ ② ㄴ ③ ㄷ
④ ㄱ, ㄴ ⑤ ㄴ, ㄷ

05 다음은 사람의 뇌를 구성하는 부위 ㉠과 ㉡에 대한 설명이다. ㉠과 ㉡은 각각 대뇌, 소뇌, 연수 중 서로 다른 하나이다.

> • ㉠은 감각의 성립과 골격근의 수축에 의한 의식적인 수의 운동의 중추이다.
> • ㉡은 평형 감각 기관으로부터 오는 정보를 받아들여 몸의 평형을 유지시킨다.

이에 대한 설명으로 옳은 것만을 |보기|에서 있는 대로 고른 것은?

> **보기**
> ㄱ. ㉠은 속질이 회색질이다.
> ㄴ. ㉠은 겉질이 감각령, 연합령, 운동령으로 구분된다.
> ㄷ. ㉡은 뇌줄기를 구성한다.

① ㄴ ② ㄷ ③ ㄱ, ㄴ
④ ㄱ, ㄷ ⑤ ㄴ, ㄷ

06

그림은 사람의 뇌를 나타낸 것이다. A~E는 각각 간뇌, 대뇌, 소뇌, 연수, 중간뇌 중 하나이다.

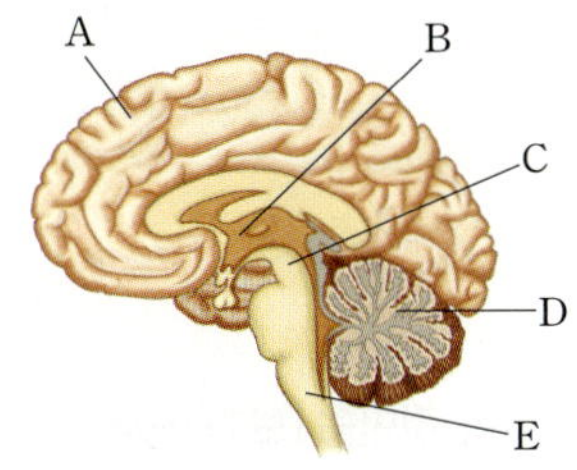

각 부위의 기능으로 옳지 않은 것은?

① A: 언어와 기억 등을 담당한다.
② B: 체온과 삼투압을 조절한다.
③ C: 홍채 운동을 조절한다.
④ D: 심장 박동 속도를 조절한다.
⑤ E: 소화액 분비를 조절한다.

07

다음은 우리 몸에서 호흡 속도가 조절되는 과정의 일부에 대한 설명이다.

뇌로 혈액을 공급하는 동맥에서는 ⓐ 혈액의 산소 농도를 감지한 후 신경 ㉠을 통해 중추 ㉡으로 흥분을 전달한다. ㉠에서 활동 전위의 발생 빈도가 증가하면 ㉡에 의해 호흡 속도가 빨라진다.

이에 대한 설명으로 옳은 것만을 |보기|에서 있는 대로 고른 것은?

┌─ 보기 ─
ㄱ. ㉠은 원심성 신경이다.
ㄴ. ㉡은 간뇌의 시상 하부이다.
ㄷ. ⓐ가 낮아지면 ㉠에서 활동 전위의 발생 빈도가 증가한다.
└─

① ㄱ　　　　② ㄴ　　　　③ ㄷ
④ ㄱ, ㄴ　　　⑤ ㄴ, ㄷ

08

그림은 중추 신경계를 구성하는 기관 (가)의 일부 구조를 나타낸 것이다. A와 B는 각각 전근과 후근 중 하나이다.

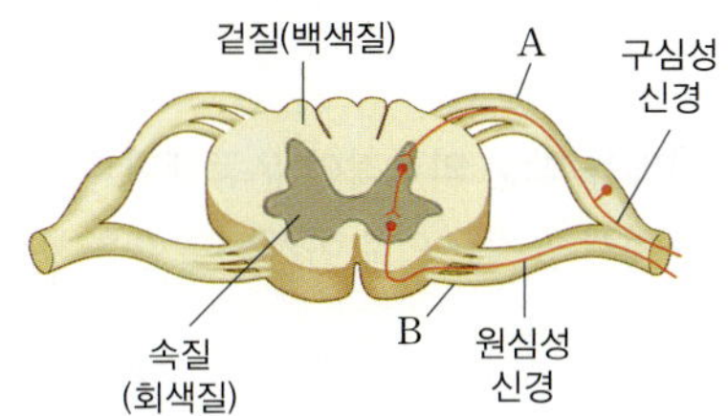

(가)에 대한 설명으로 옳은 것만을 |보기|에서 있는 대로 고른 것은?

┌─ 보기 ─
ㄱ. (가)는 척수이다.
ㄴ. (가)는 무릎 반사의 중추이다.
ㄷ. A는 후근, B는 전근이다.
└─

① ㄱ　　　　② ㄷ　　　　③ ㄱ, ㄴ
④ ㄴ, ㄷ　　　⑤ ㄱ, ㄴ, ㄷ

09

그림은 자극에 대한 반응 경로의 일부를 나타낸 것이다. A~F는 신경이다.

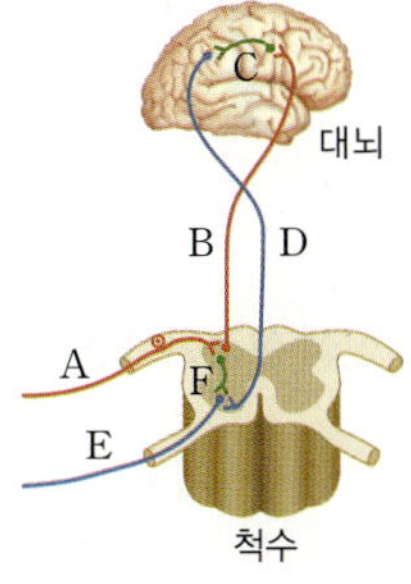

이에 대한 설명으로 옳은 것만을 |보기|에서 있는 대로 고른 것은?

┌─ 보기 ─
ㄱ. A는 척수의 등 쪽에 있다.
ㄴ. 무릎 반사는 E → F → A의 경로로 일어난다.
ㄷ. A → B → C → D → E의 경로로 일어나는 반응은 무조건 반사에 해당한다.
└─

① ㄱ　　　　② ㄴ　　　　③ ㄷ
④ ㄱ, ㄴ　　　⑤ ㄴ, ㄷ

 개념 다지기 문제

10 사람의 체성 신경에 대한 설명으로 옳은 것만을 |보기|에서 있는 대로 고른 것은?

> [보기]
> ㄱ. 신경절이 있다.
> ㄴ. 대뇌의 지배를 받는 의식적인 운동에만 관여한다.
> ㄷ. 신경 말단에서 골격근으로 아세틸콜린을 분비한다.

① ㄱ   ② ㄷ   ③ ㄱ, ㄴ
④ ㄱ, ㄷ   ⑤ ㄴ, ㄷ

대표 유형문제

11 그림은 중추에 연결된 신경 (가)~(다)를 나타낸 것이다.

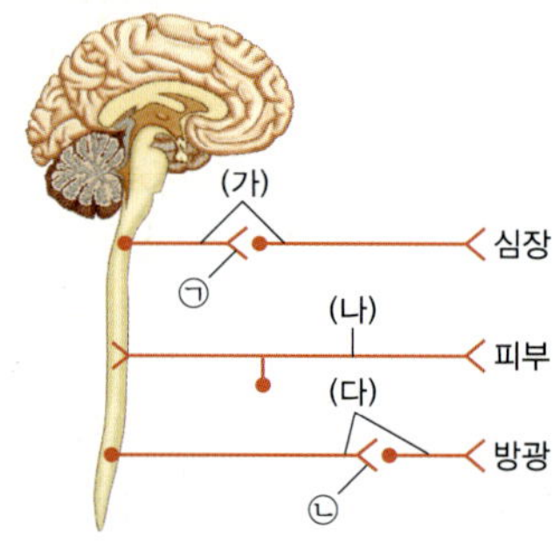

이에 대한 설명으로 옳지 않은 것은?

① (가)는 교감 신경이다.
② (나)는 척수 신경이다.
③ (다)에 의해 흥분이 전달되면 방광이 확장된다.
④ (가)~(다)는 모두 말초 신경계를 구성한다.
⑤ ㉠과 ㉡에서 모두 아세틸콜린이 분비된다.

12 다음은 어떤 원심성 신경에 의한 작용을 나타낸 것이다.

> • 혈압 상승   • 혈당량 증가

이 신경에 대한 설명으로 옳은 것만을 |보기|에서 있는 대로 고른 것은?

> [보기]
> ㄱ. 동공을 축소시킨다.
> ㄴ. 반응기로 아세틸콜린을 분비한다.
> ㄷ. 신경절 이전 뉴런이 신경절 이후 뉴런보다 짧다.

① ㄱ   ② ㄴ   ③ ㄷ
④ ㄱ, ㄴ   ⑤ ㄴ, ㄷ

대표 유형문제

13 그림은 위에 연결된 원심성 신경 (가)와 (나)를 나타낸 것이다. ㉠은 신경 전달 물질이다.

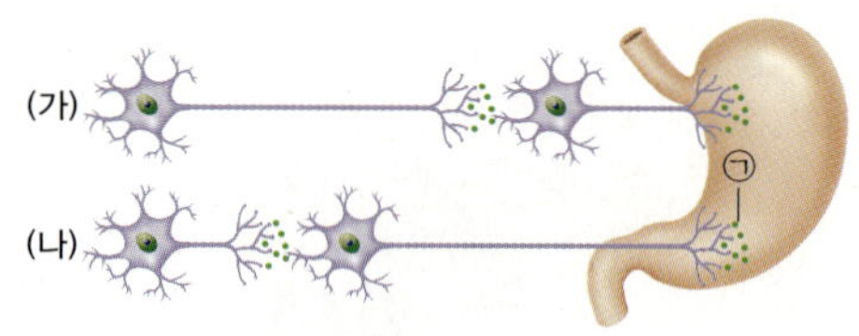

이에 대한 설명으로 옳은 것만을 |보기|에서 있는 대로 고른 것은?

> [보기]
> ㄱ. ㉠은 노르에피네프린이다.
> ㄴ. (가)와 (나)는 모두 체성 신경에 속한다.
> ㄷ. (가)에서 활동 전위 발생 빈도가 증가하면 위액 분비가 억제된다.

① ㄱ   ② ㄴ   ③ ㄱ, ㄴ
④ ㄱ, ㄷ   ⑤ ㄴ, ㄷ

대표 유형문제

14 그림은 중추 신경계와 반응기 A, B를 연결하는 원심성 신경을 나타낸 것이다. A와 B는 위와 방광을 순서 없이 나타낸 것이며, 뉴런 ㉠과 ㉡ 중 하나만 신경 세포체가 척수에 있다.

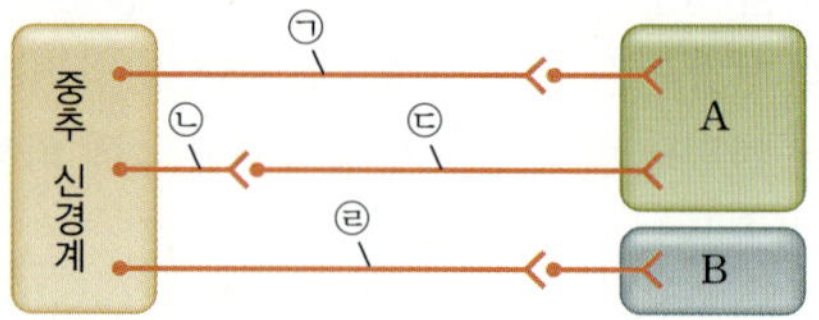

이에 대한 설명으로 옳은 것만을 |보기|에서 있는 대로 고른 것은?

> [보기]
> ㄱ. A는 소화계에 속한다.
> ㄴ. ㉣의 신경 세포체는 척수의 속질에 있다.
> ㄷ. ㉡과 ㉢의 축삭 돌기 말단에서 서로 다른 종류의 신경 전달 물질이 분비된다.

① ㄱ   ② ㄷ   ③ ㄱ, ㄴ
④ ㄴ, ㄷ   ⑤ ㄱ, ㄴ, ㄷ

15 그림은 사람의 뇌를, 표는 자율 신경 (가)와 (나)의 작용으로 일어나는 반응을 나타낸 것이다. A~E는 각각 간뇌, 대뇌, 소뇌, 연수, 중간뇌 중 하나이다.

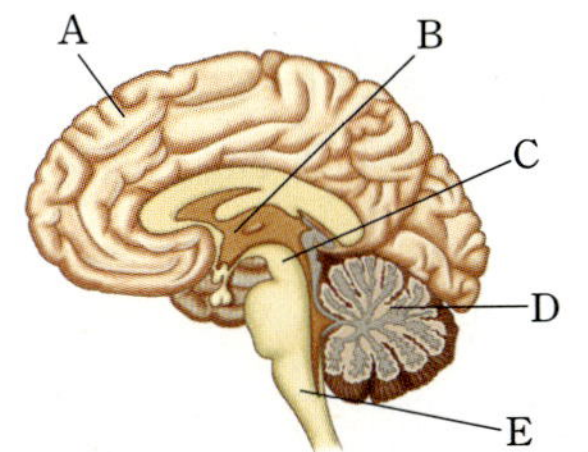

신경	반응
(가)	㉠추운 곳에서 얼굴이 창백해진다.
(나)	밝은 곳에서 동공이 작아진다.

이에 대한 설명으로 옳은 것만을 |보기|에서 있는 대로 고른 것은?

> **보기**
> ㄱ. A는 속질이 백색질이다.
> ㄴ. ㉠의 중추는 B이다.
> ㄷ. (나)의 신경절 이전 뉴런의 신경 세포체는 C에 있다.

① ㄴ ② ㄷ ③ ㄱ, ㄴ
④ ㄱ, ㄷ ⑤ ㄱ, ㄴ, ㄷ

16 그림은 중추와 연결된 원심성 신경 (가)~(다)를, 표는 우리 몸의 반응 Ⅰ~Ⅲ을 나타낸 것이다. Ⅰ~Ⅲ을 일으키는 원심성 신경은 각각 (가)~(다) 중 서로 다른 하나이다.

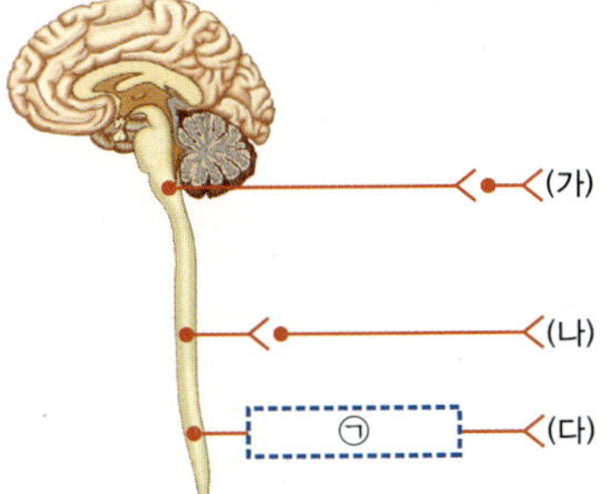

구분	반응
Ⅰ	다리가 올라간다.
Ⅱ	?
Ⅲ	심장 박동이 빨라진다.

이에 대한 설명으로 옳은 것만을 |보기|에서 있는 대로 고른 것은?

> **보기**
> ㄱ. (다)의 ㉠ 부위에 신경절이 있다.
> ㄴ. Ⅲ을 일으키는 원심성 신경은 (나)이다.
> ㄷ. '침 분비가 촉진된다.'는 Ⅱ의 반응에 해당한다.

① ㄱ ② ㄷ ③ ㄱ, ㄴ
④ ㄴ, ㄷ ⑤ ㄱ, ㄴ, ㄷ

17 다음은 사람의 뇌를 구성하는 부위 ㉠과 ㉡에 대한 설명이다. ㉠~㉢은 간뇌, 뇌교, 중간뇌를 순서 없이 나타낸 것이다.

> • ㉠은 뇌줄기를 구성한다.
> • ㉡은 동공 반사의 중추이다.

(1) ㉠과 ㉡의 이름을 각각 쓰시오.

(2) ㉢의 이름을 쓰고, 항상성과 관련하여 ㉢의 주요 기능을 서술하시오.

18 그림은 사람의 말초 신경계를 구분하여 나타낸 것이다.
(가)와 (나)가 각각 무엇인지 쓰고, 반응기를 바탕으로 (가)와 (나)가 수행하는 기능의 차이점을 서술하시오.

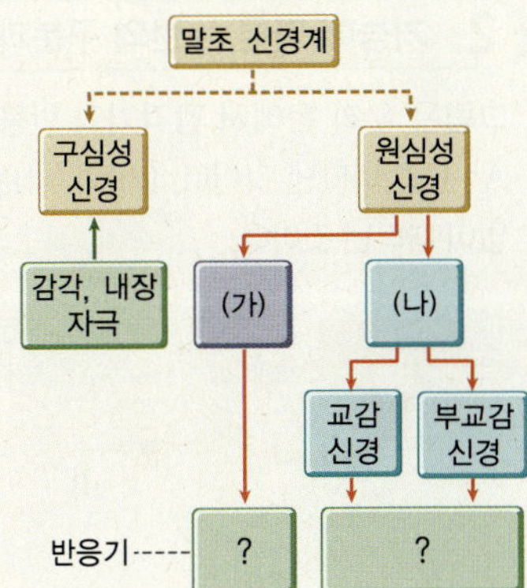

19 그림은 심장에 연결된 신경 (가)를 자극하기 전과 후에 심장 세포에서 심장 박동에 필요한 활동 전위의 발생 빈도를 나타낸 것이다.

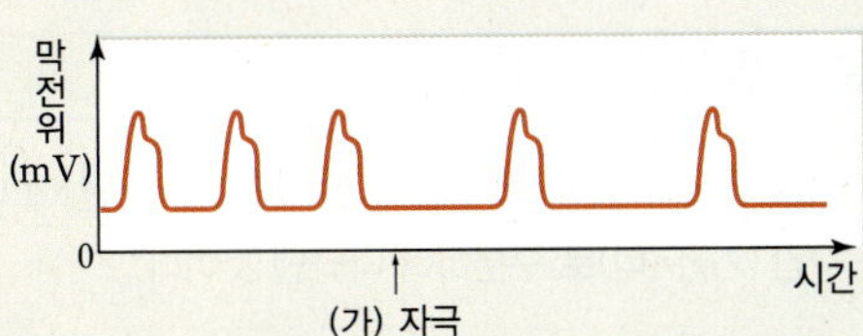

(1) (가)는 어떤 신경인지 쓰시오.

(2) (가)에서 심장으로 분비되는 신경 전달 물질의 이름을 쓰고, 이 신경 전달 물질을 방광에 처리했을 때 나타나는 반응을 서술하시오.

01 자극의 전달

1 뉴런의 구조와 기능

그림은 우리 몸에서 흥분을 전달하는 뉴런 (가)~(다)가 시냅스를 이루고 있는 모습을 나타낸 것이다.

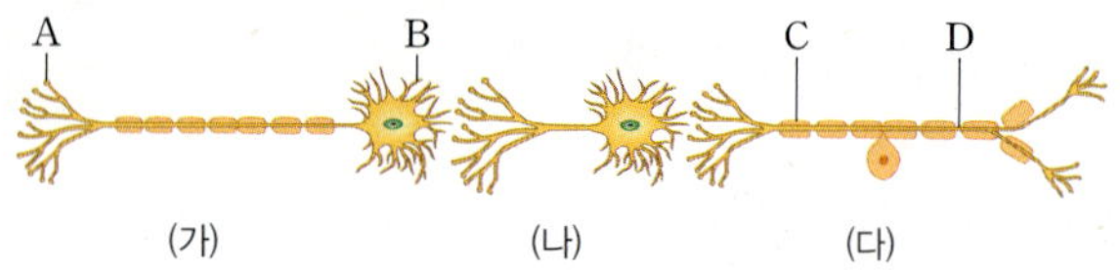

● 다음 설명 중 옳은 것은 ○표, 옳지 <u>않은</u> 것은 ×표 하시오.

1 (가)는 구심성 뉴런이다. ○ / ×

2 A는 (가)의 가지 돌기이다. ○ / ×

3 흥분은 (다) → (나) → (가) 방향으로 전달된다. ○ / ×

4 (가)와 (나) 사이에서 흥분이 전달될 때 (가)의 B에서 신경 전달 물질이 분비된다. ○ / ×

5 (나)는 민말이집 뉴런, (다)는 말이집 뉴런이다. ○ / ×

6 (다)에서 흥분이 전도될 때 C와 D에서 모두 활동 전위가 발생한다. ○ / ×

7 흥분이 전도될 때 (가)와 (다)에서 모두 도약전도가 일어난다. ○ / ×

2 기능에 따른 뉴런의 구분과 흥분 전달

그림은 우리 몸에서 감각기와 반응기 사이를 연결하는 뉴런 A~C를 나타낸 것이다. (가)와 (나)는 감각기와 반응기를 순서 없이 나타낸 것이다.

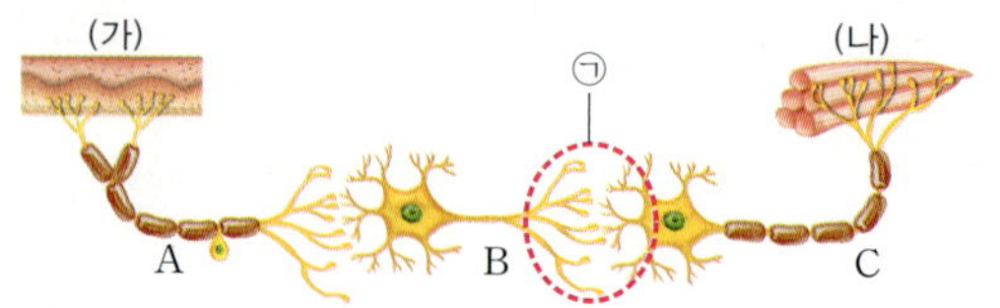

● 다음 설명 중 옳은 것은 ○표, 옳지 <u>않은</u> 것은 ×표 하시오.

1 (가)에서 자극을 받아들인다. ○ / ×

2 (나)는 반응기이다. ○ / ×

3 A는 감각 정보를 연합 뉴런으로 전달한다. ○ / ×

4 B는 원심성 뉴런이다. ○ / ×

5 C는 반응 명령을 반응기로 전달한다. ○ / ×

6 C는 운동 뉴런에 해당한다. ○ / ×

7 ㉠은 흥분의 전달이 일어나는 시냅스이다. ○ / ×

8 흥분이 전달될 때 B에서 분비된 신경 전달 물질의 작용으로 A에서 탈분극이 일어난다. ○ / ×

3 흥분의 발생

그림은 자극을 받은 뉴런의 축삭 돌기 한 지점에서 시간에 따른 막전위를 구간 (가)~(다)로 구분하여 나타낸 것이다.

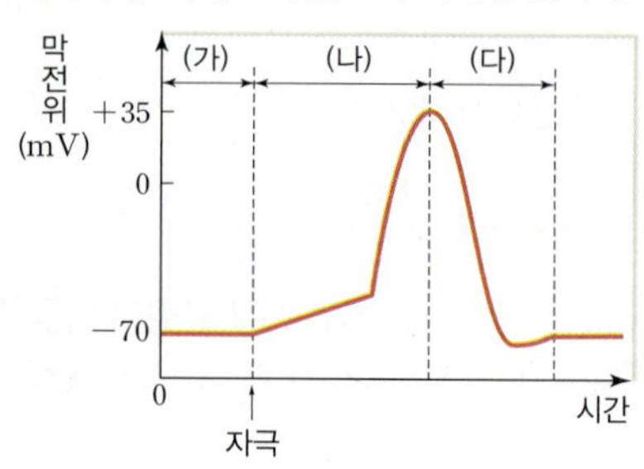

● 다음 설명 중 옳은 것은 ○표, 옳지 <u>않은</u> 것은 ×표 하시오.

1 이 뉴런의 휴지 전위는 −70 mV이다. ○ / ×

2 이 뉴런이 받은 자극의 세기는 역치 이상이다. ○ / ×

3 (가)는 분극 상태이다. ○ / ×

4 (가)에서 세포 안쪽은 양(+)전하, 바깥쪽은 음(−)전하를 띤다. ○ / ×

5 (가)에서 Na^+-K^+ 펌프에 의해 K^+이 세포 안으로 이동한다. ○ / ×

6 (나)에서 탈분극이 일어난다. ○ / ×

7 (나)에서 Na^+이 Na^+ 통로를 통해 세포 밖으로 이동한다. ○ / ×

8 (다)에서 K^+이 K^+ 통로를 통해 세포 안으로 이동한다. ○ / ×

4 흥분의 전도

그림은 어떤 뉴런의 ⊙과 ⓒ 중 한 지점에 역치 이상의 자극을 1회 주고 일정 시간이 지난 후 t일 때 측정한 지점 A~D에서의 막전위를 나타낸 것이다. t일 때 B와 C 중 한 지점만 탈분극 중이며, 이 뉴런의 휴지 전위는 $-70\,mV$이다.

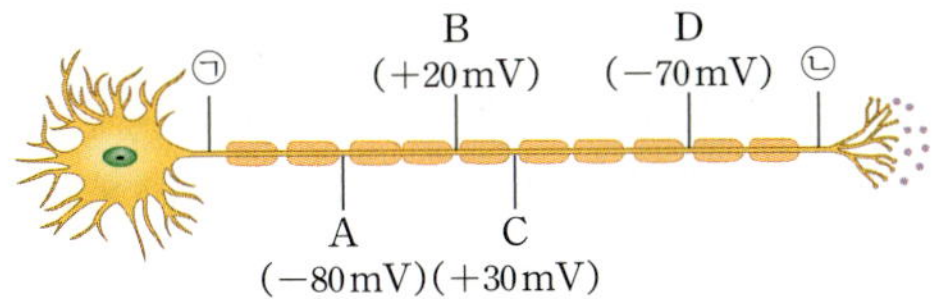

● 다음 설명 중 옳은 것은 ○표, 옳지 <u>않은</u> 것은 ×표 하시오.

1 자극을 준 지점은 ⊙이다. ○ / ×

2 t일 때 A에서 Na^+이 Na^+ 통로를 통해 세포 밖으로 유출되고 있다. ○ / ×

3 t일 때 B에서는 막전위가 상승하고 있다. ○ / ×

4 t일 때 B에서는 K^+이 K^+ 통로를 통해 세포 밖으로 이동한다. ○ / ×

5 t일 때 Na^+의 막 투과도는 C에서가 B에서보다 크다. ○ / ×

6 t일 때 C에서는 세포 안쪽이 양(+)전하를, 바깥쪽이 음(−)전하를 띤다. ○ / ×

7 t일 때 D에서 Na^+의 농도는 세포 안에서가 세포 밖에서보다 높다. ○ / ×

5 골격근의 구조와 수축

그림은 사람의 골격근을 구성하는 (가)와 (나)를 나타낸 것이다. (가)와 (나)는 근육 섬유와 근육 원섬유를 순서 없이 나타낸 것이다.

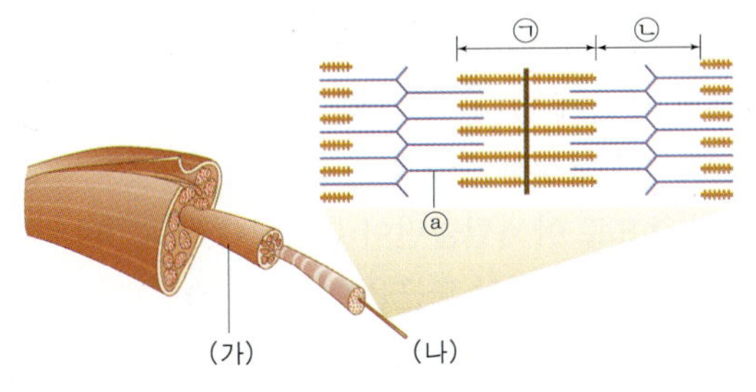

● 다음 설명 중 옳은 것은 ○표, 옳지 <u>않은</u> 것은 ×표 하시오.

1 (가)는 근육 섬유이다. ○ / ×
2 (가)는 여러 개의 핵을 가진 세포이다. ○ / ×
3 (나)에 근육 원섬유 마디가 있다. ○ / ×
4 ⊙은 H대이다. ○ / ×
5 ⓒ에는 마이오신 필라멘트가 있다. ○ / ×
6 전자 현미경으로 관찰하면 ⊙이 ⓒ보다 어둡게 보인다. ○ / ×
7 ⓐ는 액틴 필라멘트이다. ○ / ×
8 골격근이 수축할 때 ⓐ의 길이는 짧아진다. ○ / ×
9 골격근이 이완할 때 ⊙의 길이는 변화가 없지만, ⓒ의 길이는 길어진다. ○ / ×

6 골격근의 수축 원리

표는 근육 원섬유 마디 X에서 시점 t_1일 때와 t_2일 때 부위 ⊙과 ⓒ의 길이를 나타낸 것이다. ⊙과 ⓒ은 각각 A대와 H대 중 하나이며, x와 y는 $0.2\,\mu m$와 $1.6\,\mu m$를 순서 없이 나타낸 것이다.

시점	⊙의 길이	ⓒ의 길이
t_1	x	$0.4\,\mu m$
t_2	?	y

● 다음 설명 중 옳은 것은 ○표, 옳지 <u>않은</u> 것은 ×표 하시오.

1 x는 $1.6\,\mu m$이다. ○ / ×
2 ⊙은 A대이다. ○ / ×
3 ⓒ에는 액틴 필라멘트가 있다. ○ / ×
4 ⊙과 ⓒ에는 모두 마이오신 필라멘트가 있다. ○ / ×
5 t_2일 때 ⊙의 길이는 $1.6\,\mu m$이다. ○ / ×
6 X의 길이는 t_1일 때가 t_2일 때보다 $0.2\,\mu m$ 짧다. ○ / ×
7 t_1에서 t_2가 될 때 X에서 ATP가 소비된다. ○ / ×
8 X가 이완할 때 ⊙과 ⓒ의 길이는 모두 길어진다. ○ / ×

02 신경계

7 중추 신경계의 구조와 기능

그림은 사람의 중추 신경계를 나타낸 것이다. A~E는 각각 간뇌, 대뇌, 연수, 중간뇌, 척수 중 하나이다.

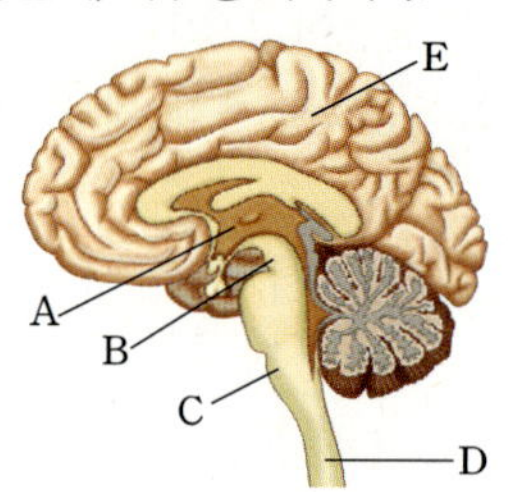

● 다음 설명 중 옳은 것은 ○표, 옳지 <u>않은</u> 것은 ×표 하시오.

1 A는 간뇌이다. ○ / ×
2 A에 체온과 혈당량의 조절 중추가 있다. ○ / ×
3 B는 연수이다. ○ / ×
4 B는 동공 반사의 중추이다. ○ / ×
5 C는 심장 박동과 호흡 운동의 조절 중추이다. ○ / ×
6 D는 겉질이 회색질이다. ○ / ×
7 D는 뇌와 말초 신경 사이에서 정보를 전달하는 연결 통로이다. ○ / ×
8 E의 기능은 대부분 속질이 담당한다. ○ / ×
9 E는 골격근의 수축에 의한 의식적인 수의 운동의 중추이다.
○ / ×

8 척수 반사와 신경에 의한 흥분 전달

그림은 중추 (가)의 작용으로 자극에 의한 반사가 일어날 때의 흥분 전달 경로를 나타낸 것이다. A와 B는 신경이고, ㉠은 골격근이다.

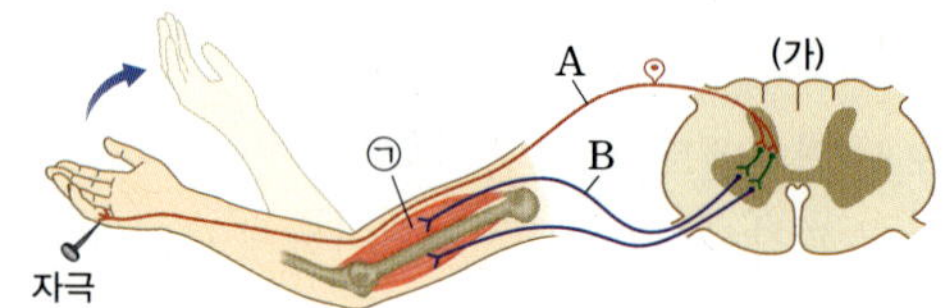

● 다음 설명 중 옳은 것은 ○표, 옳지 <u>않은</u> 것은 ×표 하시오.

1 (가)는 척수이다. ○ / ×
2 (가)의 속질에는 신경 세포체가 모여 있다. ○ / ×
3 A는 원심성 신경이다. ○ / ×
4 A와 B는 모두 척수 신경이다. ○ / ×
5 A는 우리 몸의 배 쪽에 있다. ○ / ×
6 B는 말초 신경계를 구성하는 자율 신경이다. ○ / ×
7 B의 말단에서 ㉠으로 아세틸콜린이 분비된다. ○ / ×
8 (가)에서 나오는 B는 척수의 후근을 이룬다. ○ / ×
9 (가)가 중추가 되어 일어나는 반응은 의식적으로 조절되는 수의 운동이다. ○ / ×

9 말초 신경계의 구조와 기능

그림은 척수와 반응기를 연결하는 신경 (가)~(다)를 나타낸 것이다.

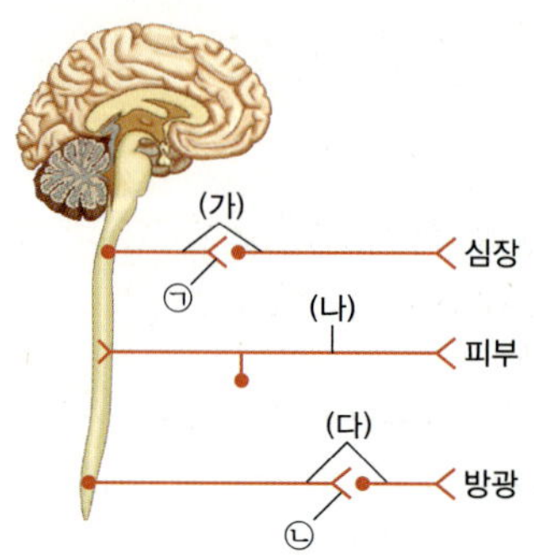

● 다음 설명 중 옳은 것은 ○표, 옳지 <u>않은</u> 것은 ×표 하시오.

1 (가)~(다)는 모두 구심성 신경이다. ○ / ×
2 (가)~(다)는 모두 말초 신경계를 구성한다. ○ / ×
3 (가)는 교감 신경이다. ○ / ×
4 (가)의 작용으로 심장 박동이 촉진된다. ○ / ×
5 ㉠에서 노르에피네프린이 분비된다. ○ / ×
6 (나)는 흥분을 피부에서 척수로 전달한다. ○ / ×
7 (다)는 신경절 이전 뉴런이 신경절 이후 뉴런보다 짧다.
○ / ×
8 ㉡에서 아세틸콜린이 분비된다. ○ / ×
9 (다)의 작용으로 방광이 확장된다. ○ / ×

학교 시험 대비 문제

01 그림은 어떤 뉴런의 축삭 돌기 일부를 나타낸 것이다. A~C는 각각 랑비에 결절, 말이집, 슈반 세포 중 하나이다.

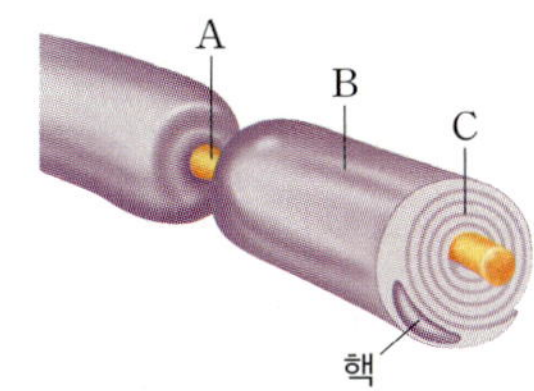

이에 대한 설명으로 옳은 것만을 |보기|에서 있는 대로 고른 것은?

─ 보기 ─
ㄱ. 이 뉴런에서는 도약전도가 일어난다.
ㄴ. A와 B에서 모두 활동 전위가 생성된다.
ㄷ. C는 슈반 세포이다.

① ㄴ
② ㄷ
③ ㄱ, ㄴ
④ ㄱ, ㄷ
⑤ ㄱ, ㄴ, ㄷ

대표 유형 문제

03 표는 뉴런에 역치 이상의 자극을 1회 준 후 경과된 시간이 t일 때 축삭 돌기의 세 지점 ㉠~㉢에서 동시에 측정한 막전위를 나타낸 것이다. ㉠~㉢은 축삭 돌기에 ㉠-㉡-㉢의 순서로 위치해 있다.

지점	㉠	㉡	㉢
막전위	$-70\,mV$	$+30\,mV$	$-80\,mV$

이에 대한 설명으로 옳은 것만을 |보기|에서 있는 대로 고른 것은? (단, 흥분의 전도는 1회만 일어나며, 휴지 전위는 $-70\,mV$이다.)

─ 보기 ─
ㄱ. 흥분은 ㉠ → ㉡ → ㉢ 방향으로 전도된다.
ㄴ. t일 때 ㉢에서 K^+이 세포 안에서 밖으로 이동한다.
ㄷ. t일 때 ㉠에서 세포막을 통한 Na^+의 이동은 일어나지 않는다.

① ㄴ
② ㄷ
③ ㄱ, ㄴ
④ ㄱ, ㄷ
⑤ ㄴ, ㄷ

대표 유형 문제

02 그림은 뉴런에 자극을 주었을 때 이온 ㉠과 ㉡의 막 투과도 변화를 나타낸 것이다. ㉠과 ㉡은 각각 K^+과 Na^+ 중 하나이다.

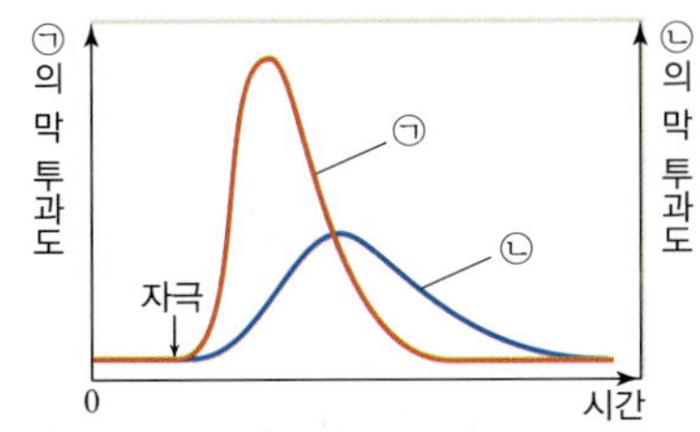

이에 대한 설명으로 옳은 것만을 |보기|에서 있는 대로 고른 것은?

─ 보기 ─
ㄱ. ㉠은 Na^+이다.
ㄴ. ㉠이 통로를 통해 이동하면 막전위가 상승한다.
ㄷ. ㉡의 농도는 세포 안에서가 세포 밖에서보다 높다.

① ㄱ
② ㄴ
③ ㄱ, ㄷ
④ ㄴ, ㄷ
⑤ ㄱ, ㄴ, ㄷ

대표 유형 문제

04 표는 Ⅰ-Ⅱ-Ⅲ-Ⅳ의 순서로 시냅스를 이루고 있는 뉴런 Ⅰ~Ⅳ 중 두 뉴런에 각각 역치 이상의 자극을 주었을 때 각 뉴런에서의 활동 전위 발생 여부를 나타낸 것이다. Ⅰ과 Ⅱ 중 시냅스 이후 뉴런은 Ⅱ이며, 뉴런 ㉠~㉣은 Ⅰ~Ⅳ를 순서 없이 나타낸 것이다.

구분	㉠	㉡	㉢	㉣
㉠에 자극을 주었을 때	○	×	○	×
㉡에 자극을 주었을 때	○	○	○	○

(○: 발생함, ×: 발생 안 함)

이에 대한 설명으로 옳은 것만을 |보기|에서 있는 대로 고른 것은?

─ 보기 ─
ㄱ. Ⅱ는 ㉣이다.
ㄴ. ㉢에서 분비되는 신경 전달 물질에 의해 ㉠의 막전위가 상승한다.
ㄷ. ㉣에 역치 이상을 자극을 주면 Ⅰ~Ⅳ 중 2개 뉴런에서 활동 전위가 발생한다.

① ㄱ
② ㄴ
③ ㄱ, ㄴ
④ ㄱ, ㄷ
⑤ ㄴ, ㄷ

05 그림 (가)~(다)는 근육 원섬유 X의 서로 다른 부위에서의 단면을 나타낸 것이다. ㉠과 ㉡은 각각 액틴 필라멘트와 마이오신 필라멘트 중 하나이다.

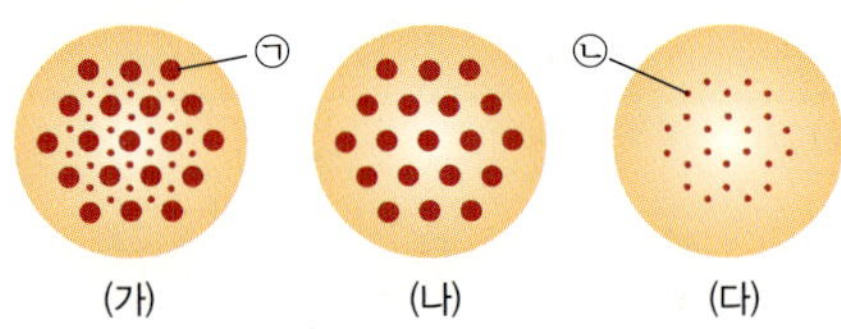

이에 대한 설명으로 옳은 것만을 |보기|에서 있는 대로 고른 것은?

> **보기**
> ㄱ. ㉠은 마이오신 필라멘트이다.
> ㄴ. X가 수축할 때 ㉠이 ㉡ 사이에서 움직인다.
> ㄷ. X가 이완하면 (나)의 단면을 나타내는 부위의 길이는 짧아진다.

① ㄱ   ② ㄴ   ③ ㄷ
④ ㄱ, ㄴ   ⑤ ㄴ, ㄷ

06 그림은 골격근이 수축 또는 이완할 때 근육 원섬유의 변화를 나타낸 것이다.

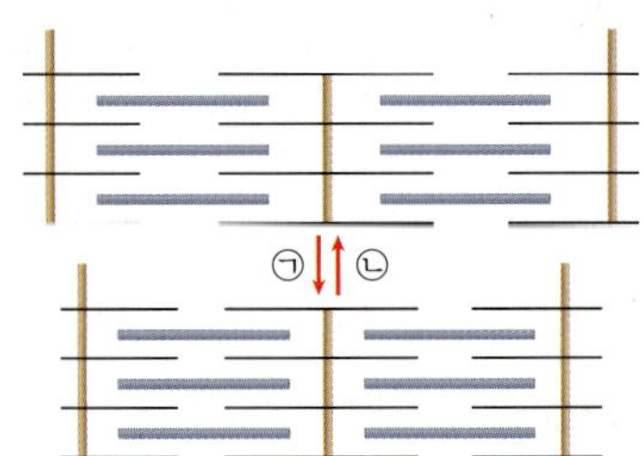

이에 대한 설명으로 옳은 것만을 |보기|에서 있는 대로 고른 것은?

> **보기**
> ㄱ. ㉠ 과정에서 ATP가 소비된다.
> ㄴ. ㉠ 과정에서 액틴 필라멘트만 있는 부분의 길이가 짧아진다.
> ㄷ. ㉡ 과정에서 액틴 필라멘트와 마이오신 필라멘트가 겹치는 부분의 길이가 길어진다.

① ㄱ   ② ㄴ   ③ ㄱ, ㄴ
④ ㄱ, ㄷ   ⑤ ㄴ, ㄷ

대표 유형 문제

07 표는 세 시점 t_1~t_3일 때 근육 원섬유 마디 X의 길이를 나타낸 것이다.

시점	t_1	t_2	t_3
X의 길이	2.0 μm	2.4 μm	2.6 μm

X에 대한 설명으로 옳은 것만을 |보기|에서 있는 대로 고른 것은?

> **보기**
> ㄱ. A대의 길이는 t_1일 때와 t_2일 때가 같다.
> ㄴ. H대의 길이는 t_2일 때가 t_1일 때보다 0.2 μm 길다.
> ㄷ. 액틴 필라멘트의 길이는 t_3일 때가 t_2일 때보다 0.2 μm 길다.

① ㄱ   ② ㄷ   ③ ㄱ, ㄴ
④ ㄱ, ㄷ   ⑤ ㄴ, ㄷ

대표 유형 문제

08 그림은 근육 원섬유 마디 X의 구조를 나타낸 것이다. 구간 ㉠은 마이오신 필라멘트가 있는 부분이고, ㉡은 마이오신 필라멘트만 있는 부분이며, ㉢은 액틴 필라멘트만 있는 부분이다.

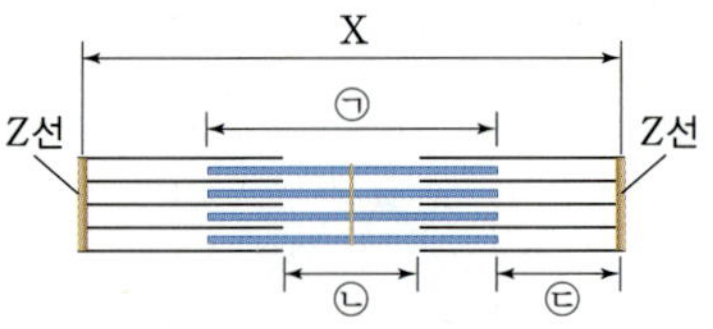

X가 수축해 길이가 0.6 μm 짧아질 때에 대한 설명으로 옳은 것만을 |보기|에서 있는 대로 고른 것은? (단, X는 좌우 대칭이다.)

> **보기**
> ㄱ. ㉡의 길이는 0.6 μm 짧아진다.
> ㄴ. ㉢의 길이는 0.3 μm 길어진다.
> ㄷ. ㉠의 길이에서 ㉡의 길이를 뺀 값은 0.6 μm 커진다.

① ㄱ   ② ㄴ   ③ ㄱ, ㄷ
④ ㄴ, ㄷ   ⑤ ㄱ, ㄴ, ㄷ

09

그림 (가)는 사람의 신경계를, (나)는 원심성 신경 ㉠의 작용을 나타낸 것이다. A와 B는 각각 뇌와 척수 중 하나이다.

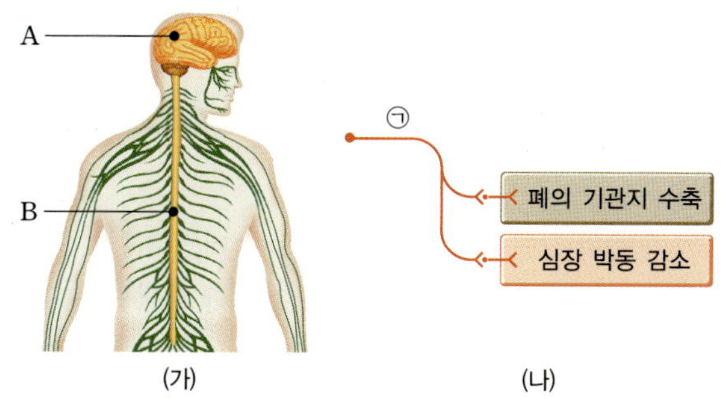

이에 대한 설명으로 옳은 것만을 |보기|에서 있는 대로 고른 것은?

> **보기**
> ㄱ. ㉠의 신경 세포체는 B에 있다.
> ㄴ. B는 척수 신경으로 이루어져 있다.
> ㄷ. A와 B에서는 모두 반응을 위한 명령이 만들어진다.

① ㄴ ② ㄷ ③ ㄱ, ㄴ
④ ㄴ, ㄷ ⑤ ㄱ, ㄴ, ㄷ

10

그림은 무릎 반사가 일어날 때 흥분 전달에 관여하는 신경 A～E를 나타낸 것이다.

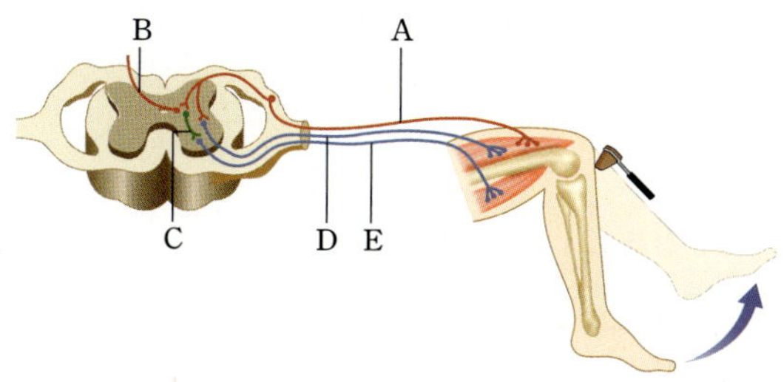

이에 대한 설명으로 옳은 것만을 |보기|에서 있는 대로 고른 것은?

> **보기**
> ㄱ. E는 자율 신경에 속한다.
> ㄴ. A와 D는 모두 말초 신경계를 구성한다.
> ㄷ. 의식적으로 다리를 움직이는 반응에서 B → C → E 방향으로 흥분이 전달된다.

① ㄴ ② ㄷ ③ ㄱ, ㄴ
④ ㄱ, ㄷ ⑤ ㄴ, ㄷ

대표 유형문제

11

그림은 중추 신경계와 반응기를 연결하는 신경 A～C를 나타낸 것이다. (가)와 (나)는 각각 소장과 골격근 중 하나이다.

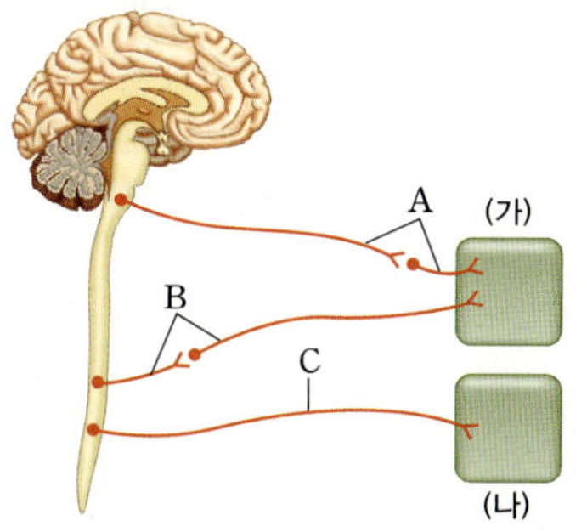

이에 대한 설명으로 옳은 것만을 |보기|에서 있는 대로 고른 것은?

> **보기**
> ㄱ. (가)는 골격근이다.
> ㄴ. A와 C의 축삭 돌기 말단에서 각각 반응기로 같은 종류의 신경 전달 물질이 분비된다.
> ㄷ. B의 신경절 이전 뉴런의 신경 세포체는 척수의 겉질에 있다.

① ㄱ ② ㄴ ③ ㄷ
④ ㄱ, ㄴ ⑤ ㄴ, ㄷ

대표 유형문제

12

표는 우리 몸에서 원심성 신경 A～C의 작용으로 일어나는 반응을 나타낸 것이다.

신경	반응
A	방광이 수축된다.
B	㉠동공이 확대된다.
C	위액의 분비가 촉진된다.

이에 대한 설명으로 옳은 것만을 |보기|에서 있는 대로 고른 것은?

> **보기**
> ㄱ. A의 신경 세포체는 척수에 있다.
> ㄴ. ㉠의 중추는 뇌줄기를 구성한다.
> ㄷ. C는 연수와 위를 연결하는 부교감 신경이다.

① ㄱ ② ㄴ ③ ㄱ, ㄷ
④ ㄴ, ㄷ ⑤ ㄱ, ㄴ, ㄷ

1등급 도전!
고난도 문제

13 그림은 민말이집 신경 (가)와 (나)의 지점 Ⅰ~Ⅲ과 역치 이상의 자극을 준 지점을, 표는 (가)와 (나)에 역치 이상의 자극을 동시에 1회 주고 경과된 시간이 t일 때 지점 ⓐ~ⓒ에서의 막전위를 나타낸 것이다. ⓐ~ⓒ는 Ⅰ~Ⅲ을 순서 없이 나타낸 것이다.

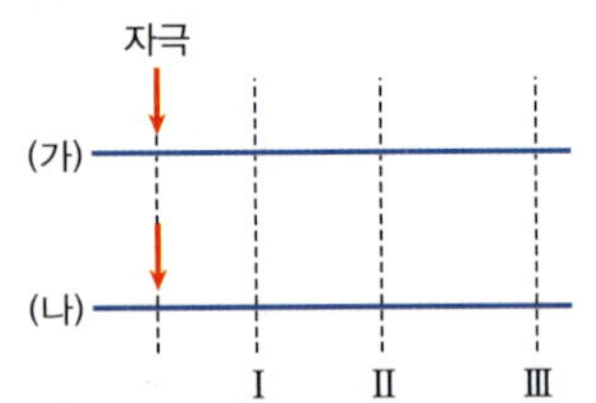

신경	t일 때의 막전위(mV)		
	ⓐ	ⓑ	ⓒ
(가)	−70	−80	+20
(나)	+20	−70	−80

이에 대한 설명으로 옳은 것만을 |보기|에서 있는 대로 고른 것은? (단, (가)와 (나)에서 흥분의 전도는 각각 1회 일어났고, 휴지 전위는 −70 mV이다.)

|보기|
ㄱ. 흥분 전도 속도는 (나)에서가 (가)에서보다 빠르다.
ㄴ. t일 때 (가)의 Ⅰ에서의 막 투과도는 Na^+이 K^+보다 작다.
ㄷ. t일 때 (나)의 Ⅰ과 Ⅱ 사이에 막전위가 양(+)의 값을 나타내는 부위가 있다.

① ㄱ   ② ㄴ   ③ ㄱ, ㄴ
④ ㄴ, ㄷ   ⑤ ㄱ, ㄴ, ㄷ

14 그림은 어떤 근육 원섬유 마디를, 사료는 시간이 t_1에서 t_2로 흐를 때 이 근육 원섬유 마디에서 일어나는 변화를 나타낸 것이다. 구간 ㉠은 액틴 필라멘트만 있는 부분이고, ㉡은 액틴 필라멘트와 마이오신 필라멘트가 겹치는 부분이며, ㉢은 마이오신 필라멘트만 있는 부분이다. 구간 ⓐ~ⓒ는 ㉠~㉢을 순서 없이 나타낸 것이다.

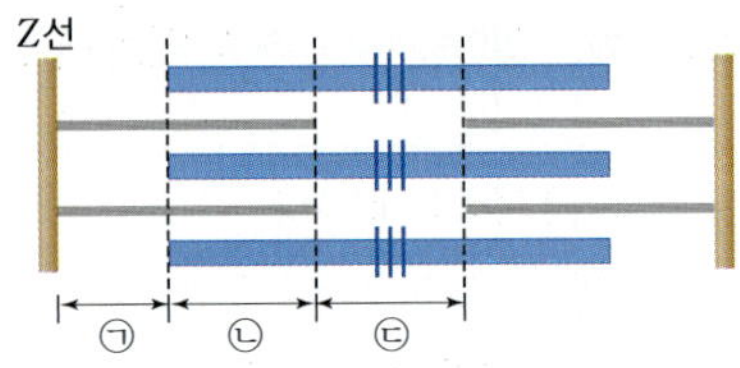

- ⓐ의 길이가 길어진다.
- ⓑ와 ⓒ의 길이를 더한 값이 $0.2\ \mu m$ 커진다.

시간이 t_1에서 t_2로 흐를 때 이 근육 원섬유 마디에 대한 설명으로 옳은 것만을 |보기|에서 있는 대로 고른 것은? (단, 근육 원섬유 마디는 좌우 대칭이다.)

|보기|
ㄱ. H대의 길이가 $0.4\ \mu m$ 길어진다.
ㄴ. ㉠과 ㉢의 길이를 더한 값이 $0.4\ \mu m$ 커진다.
ㄷ. 전자 현미경으로 관찰하면 ⓐ가 ⓑ보다 밝게 보인다.

① ㄱ   ② ㄴ   ③ ㄱ, ㄴ
④ ㄱ, ㄷ   ⑤ ㄴ, ㄷ

15 그림은 중추 신경계에서 나오는 원심성 신경 A~C를, 표는 신경 ㉠~㉢에 의해 일어나는 반응을 나타낸 것이다. ㉠~㉢은 A~C를 순서 없이 나타낸 것이다. ⓐ와 ⓑ 중 한 곳에만 신경절이 있다.

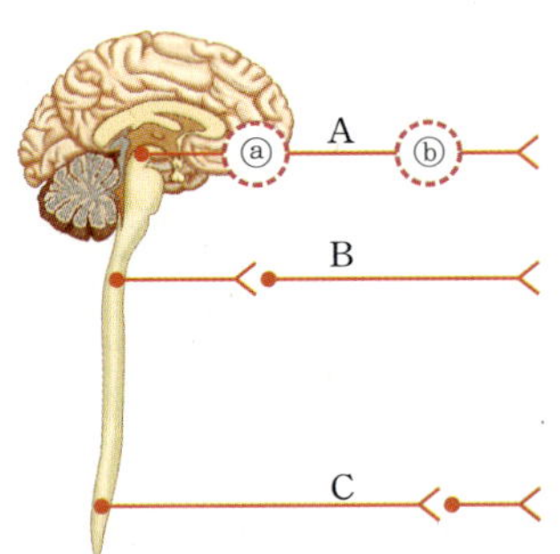

신경	반응
㉠	방광이 수축된다.
㉡	동공의 크기가 변한다.
㉢	심장 박동 속도가 변한다.

이에 대한 설명으로 옳은 것만을 |보기|에서 있는 대로 고른 것은?

|보기|
ㄱ. ㉡에 의해 동공의 크기가 확대된다.
ㄴ. B에 의해 일어나는 반응의 중추는 연수이다.
ㄷ. ⓐ와 ⓑ 중 ⓑ에 아세틸콜린이 분비되는 신경절이 있다.

① ㄱ   ② ㄴ   ③ ㄷ
④ ㄱ, ㄴ   ⑤ ㄴ, ㄷ

16 그림은 축삭 돌기의 (가)와 (나) 중 한 지점에 역치 이상의 자극을 1회 주고 경과된 시간이 t일 때 인접한 두 지점에서 통로를 통해 이동하는 주된 이온과 이동 방향을 나타낸 것이다. 이온 ⊙과 ⓒ은 K^+과 Na^+을 순서 없이 나타낸 것이다. (단, 자극을 받지 않은 상태에서 통로를 통한 이온 이동은 고려하지 않는다.)

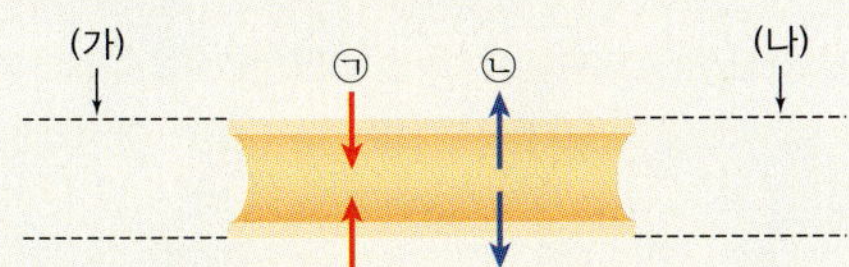

(1) ⊙과 ⓒ을 각각 쓰시오.

(2) (가)와 (나) 중 자극을 준 지점을 쓰고, 그렇게 판단한 까닭을 서술하시오.

17 그림 (가)는 민말이집 신경 A에 역치 이상의 자극을 1회 주고 경과된 시간이 4 ms일 때 지점 P_1에서 측정한 막전위를, (나)는 지점 P_1과 P_2에서 활동 전위가 발생하였을 때 각 지점에서의 막전위 변화를 나타낸 것이다.

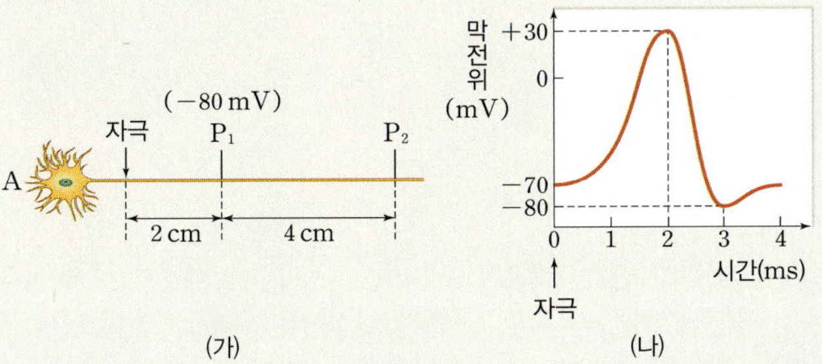

(1) A의 흥분 전도 속도(cm/ms)를 쓰시오.

(2) A에 역치 이상의 자극을 1회 주고 경과된 시간이 4 ms일 때 P_2에서 일어나는 이온의 이동과 막전위의 변화를 서술하시오.

18 그림은 근육 원섬유 마디 X의 구조를, 표는 시점 t_1과 t_2일 때 ⊙과 ⓒ의 길이를 나타낸 것이다. X는 좌우 대칭이다. 구간 ⊙은 마이오신 필라멘트만 있는 부분이고, ⓒ은 액틴 필라멘트만 있는 부분이다.

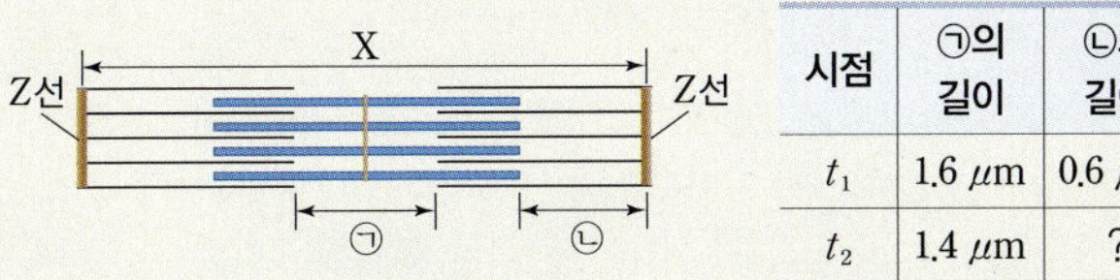

시점	⊙의 길이	ⓒ의 길이
t_1	1.6 μm	0.6 μm
t_2	1.4 μm	?

(1) t_2일 때 ⓒ의 길이를 쓰시오.

(2) t_1일 때와 t_2일 때 X의 길이와 A대의 길이를 각각 비교하여 서술하시오.

19 표는 중추 신경계의 부위 (가)~(다)에 의해 일어나는 반응을 나타낸 것이다. (가)~(다)는 각각 간뇌, 대뇌, 소뇌, 연수, 척수 중 서로 다른 하나이다.

구분	일어나는 반응
(가)	운동 후에 호흡이 거칠어진다.
(나)	굴러오는 공을 보고 발로 찬다.
(다)	압정을 밟아 순간적으로 발을 뗀다.

(1) (가)~(다)를 각각 쓰시오.

(2) 혈압을 상승시키는 원심성 신경은 (가)~(다) 중 어디에서 나오는지 쓰고, 그렇게 판단한 까닭을 서술하시오.

20 그림은 중추와 반응기를 연결하는 신경 A~C를 나타낸 것이다. A~C 중 길항 작용을 하는 두 신경을 쓰고, 이 두 신경의 길항 작용을 1가지만 서술하시오.

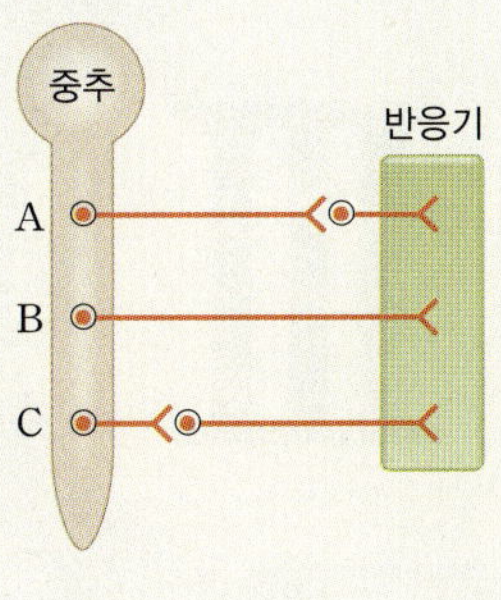

Ⅲ 항상성과 몸의 조절

03 항상성

- **항상성**
  - **호르몬**
    - **특성** — 내분비샘에서 분비, 혈액에 의해 운반, 표적 세포나 표적 기관에 작용
    - **종류** — 생장 호르몬, 갑상샘 자극 호르몬, 티록신, 항이뇨 호르몬, 에피네프린, 인슐린, 글루카곤, 에스트로젠, 테스토스테론 등
  - **항상성 유지**
    - **혈당량 조절**
      - **인슐린** — 혈당량 감소
      - **글루카곤, 에피네프린, 당질 코르티코이드** — 혈당량 증가
    - **체온 조절**
      - **고온 자극** — 열 발생량 감소, 열 발산량 증가
      - **저온 자극** — 열 발생량 증가, 열 발산량 감소
    - **삼투압 조절** — **항이뇨 호르몬** — 콩팥에서 물의 재흡수 촉진

04 방어 작용

- **방어 작용**
  - **질병과 병원체**
    - **질병**
      - 감염성 질병
      - 비감염성 질병
    - **병원체** — 세균, 바이러스, 원생생물, 균류, 변형된 프라이온
  - **방어 작용**
    - **비특이적 방어 작용** — 피부, 점막, 식세포 작용, 염증 반응
    - **특이적 방어 작용**
      - **세포성 면역** — 세포독성 T 림프구
      - **체액성 면역** — 보조 T 림프구
        B 림프구 → 형질 세포, 기억 세포

03 항상성

1 호르몬의 특성과 종류

개념 내분비샘에서 생성된 후 혈액에 의해 운반되어 표적 세포나 표적 기관의 반응을 일으키는 화학 물질

1. 호르몬의 특성

내분비 세포들이 모여 있는 내분비 조직이다.

(1) 내분비샘에서 생성된 후 혈관으로 분비되어 혈액에 의해 운반되는 화학 물질이다.

(2) 해당 호르몬과 결합하는 수용체를 가진 표적 세포와 표적 기관에만 작용해 특정한 반응을 일으킨다.

(3) 적은 양으로 생명 활동을 조절하며, 분비량이 많으면 과다증, 적으면 결핍증이 나타난다.

2. 사람의 주요 내분비샘과 호르몬

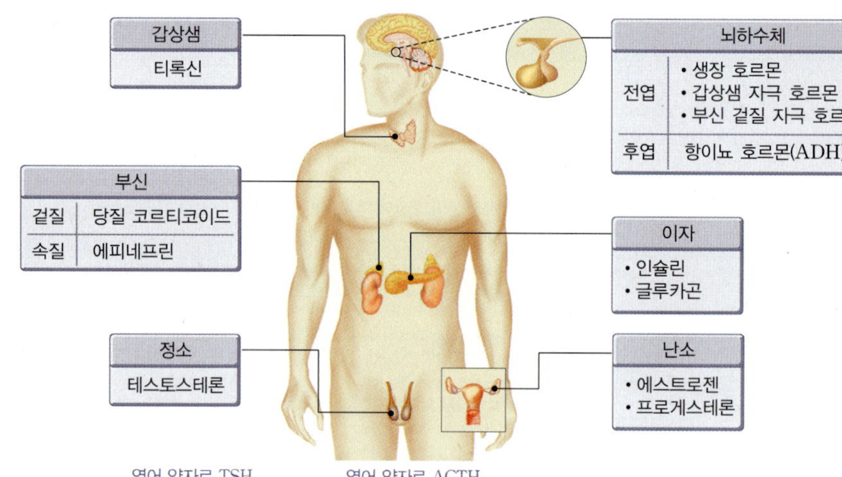

내분비샘		호르몬	주요 기능
뇌하수체	전엽	생장 호르몬	뼈와 근육 등의 생장 촉진
		갑상샘 자극 호르몬	갑상샘에서 티록신 분비 촉진
		부신 겉질 자극 호르몬	부신 겉질에서 당질 코르티코이드 분비 촉진
	후엽	항이뇨 호르몬(ADH)	콩팥에서 물의 재흡수 촉진
갑상샘		티록신	물질대사 촉진 세포 호흡 등을 촉진한다.
이자	β세포	인슐린	혈당량 감소(포도당 → 글리코젠)
	α세포	글루카곤	혈당량 증가(글리코젠 → 포도당)
부신	겉질	당질 코르티코이드	혈당량 증가(지방, 단백질 → 포도당)
	속질	에피네프린	혈당량 증가(글리코젠 → 포도당), 심장 박동 촉진

2 내분비계 질환

개념 내분비계에서 호르몬의 분비 이상으로 나타나는 과다증과 결핍증

1. 당뇨병: 인슐린이 제대로 작용하지 못해 혈당량이 높고, 그 결과 오줌으로 포도당이 배설된다. ➡ 제1형 당뇨병과 제2형 당뇨병으로 구분된다.

포도당의 배설뿐만 아니라 제대로 치료되지 않으면 다양한 합병증이 나타난다.

호르몬의 작용

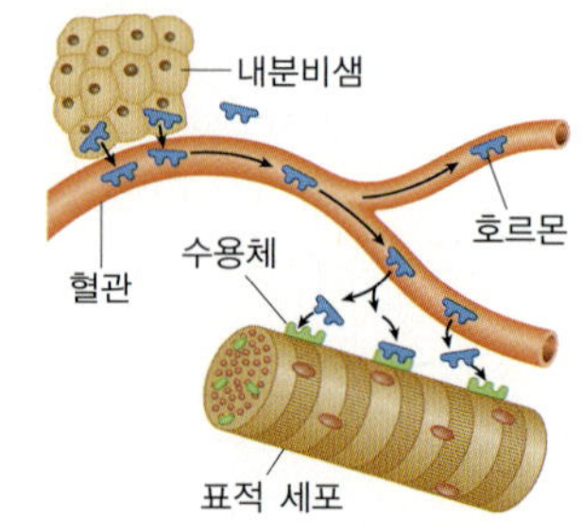

호르몬과 신경의 작용 비교

· 호르몬: 혈액에 의해 온몸으로 운반되어 해당 호르몬의 모든 표적 세포에 작용한다.

· 신경: 해당 신경이 연결된 곳에만 작용한다.

구분	호르몬	신경
신호 전달 속도	느림	빠름
작용 범위	넓음	좁음
효과의 지속성	오래 지속됨	일시적임

뇌하수체 전엽과 후엽

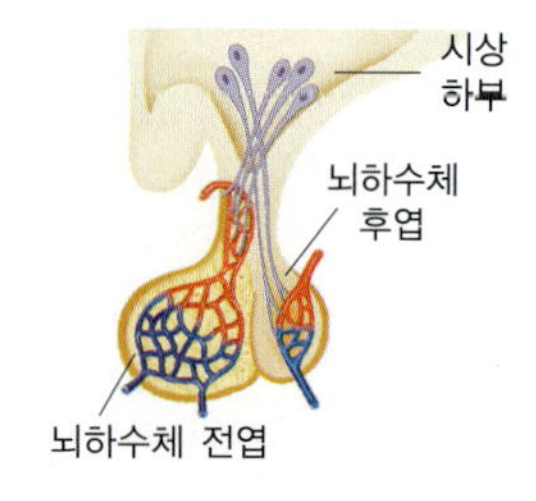

성호르몬

난소에서 분비되는 에스트로겐과 프로게스테론, 정소에서 분비되는 테스토스테론은 각각 여자와 남자의 2차 성징 등에 관여하는 성호르몬이다.

구분	특징
제1형 당뇨병	이자의 β세포가 파괴되어 인슐린이 제대로 생성·분비되지 못한다.
제2형 당뇨병	수용체 이상 등으로 인슐린의 표적 세포가 인슐린에 제대로 반응하지 못한다.

2. 기타 사람의 내분비계 질환

— 몸의 말단 부위가 커지는 말단 비대증이 나타날 수도 있다.

(1) 생장 호르몬이 너무 많이 분비되면 거인증, 너무 적게 분비되면 소인증이 나타난다.

(2) 티록신이 너무 많이 분비되면 갑상샘 기능 항진증, 너무 적게 분비되면 갑상샘 기능 저하증이 나타난다.

기능(작용)이 과다하다는 뜻이다.

3 항상성 유지의 원리

개념 외부 환경이 변하더라도 체내 환경을 항상 일정하게 유지하기 위한 원리

1. **음성 피드백:** 최종 분비되는 호르몬의 양이 많아질수록 그 호르몬은 자신의 분비를 촉진하는 조절 기관의 작용을 억제하며, 그 결과 호르몬의 분비량이 감소한다.

(1) **혈중 티록신의 농도가 낮을 때:** 시상 하부에서 TRH 분비 촉진 → 뇌하수체 전엽에서 TSH 분비 촉진 → 갑상샘에서 티록신 분비 촉진

(2) **혈중 티록신의 농도가 높을 때:** 티록신이 시상 하부에서의 TRH 분비와 뇌하수체 전엽에서의 TSH 분비 억제 → 갑상샘에서 티록신 분비 억제

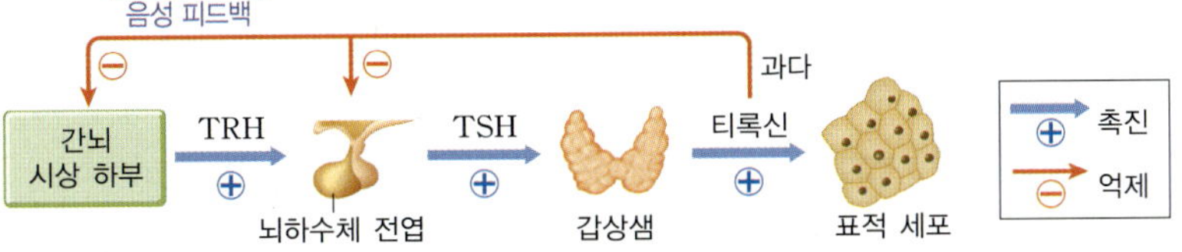

2. **길항 작용:** 동일한 기관에 작용하지만 서로 반대되는 기능을 수행한다.

갑상샘 기능 항진증과 저하증
- 갑상샘 기능 항진증: 물질대사량이 증가해 체온이 상승하고, 땀을 많이 흘리며, 체중이 감소한다.
- 갑상샘 기능 저하증: 물질대사량이 감소해 추위를 많이 타고, 체중이 증가한다.

항상성
외부 환경이 변하더라도 체온, 혈당량, 혈장 삼투압 등의 체내 환경을 항상 일정한 상태로 유지하려는 생물의 특성이다.

항상성 유지
주로 간뇌의 시상 하부가 조절 중추이며, 신경계와 내분비계(호르몬)의 작용에 의해 자극에 대해 적절하게 반응함으로써 유지된다.

TRH와 TSH
TRH는 갑상샘 자극 호르몬 방출 호르몬이고, TSH는 갑상샘 자극 호르몬이다.

강의 포인트
길항 작용의 예
- 자율 신경계의 길항 작용: 위에서 교감 신경에 의한 소화액 분비 억제, 부교감 신경에 의한 소화액 분비 촉진
- 호르몬의 길항 작용: 간에서 인슐린에 의한 글리코젠 합성 촉진, 글루카곤에 의한 글리코젠 분해 촉진

개념 익히기 문제

정답과 해설 p.028

교과서 문장으로 개념 익히기

01 ▢▢▢은 내분비샘에서 생성된 후 혈관으로 분비되어 혈액에 의해 운반되는 화학 물질이다.

02 항이뇨 호르몬은 뇌하수체 ▢▢에서 분비된다.

03 갑상샘에서 분비되는 ▢▢▢은 물질대사를 촉진시킨다.

04 ▢▢▢이 제대로 작용하지 못하면 오줌으로 포도당이 배설되는 당뇨병이 나타날 수 있다.

05 제1형 당뇨병에서는 이자의 ▢▢▢가 파괴되어 인슐린이 제대로 분비되지 못한다.

06 ▢▢▢▢▢에 의해 최종 분비되는 호르몬의 양이 많아질수록 그 호르몬은 자신의 분비를 촉진하는 조절 기관의 작용을 억제한다.

07 혈중 티록신의 농도가 높을 때 티록신에 의해 시상 하부에서 TRH의 분비가 ▢▢된다.

OX 문제로 개념 익히기

08 호르몬은 수용체를 가진 표적 세포에 작용해 특정한 반응을 일으킨다. (O / x)

09 갑상샘 자극 호르몬은 뇌하수체 전엽에서 분비되며, 티록신의 분비를 촉진시킨다. (O / x)

10 당질 코르티코이드는 부신 속질에서 분비된다. (O / x)

11 글루카곤과 에피네프린은 길항 작용을 통해 혈당량을 조절한다. (O / x)

12 생장 호르몬이 너무 많이 분비되면 거인증, 너무 적게 분비되면 소인증이 나타난다. (O / x)

13 항상성은 외부 환경이 변하더라도 체내 환경을 항상 일정한 상태로 유지하려는 생물의 특성이다. (O / x)

14 혈중 티록신 농도가 낮을 때 뇌하수체 전엽에서 갑상샘 자극 호르몬의 분비가 억제된다. (O / x)

4 혈당량 조절

 호르몬(인슐린, 글루카곤, 에피네프린)의 작용으로 혈액 속의 포도당 농도가 일정하게 유지되는 과정

- 포도당은 체내의 중요한 에너지원이므로 체내 혈당량이 일정하게 유지되는 것이 중요하다.
- 정상인의 혈당량은 인슐린, 글루카곤, 에피네프린에 의해 정상 범위로 유지된다.

구분	조절 과정
혈당량이 높을 때	이자의 β세포에서 인슐린 분비량 증가 → 간에서 포도당을 글리코젠으로 전환하는 과정 촉진, 체세포에서 혈액 속의 포도당 흡수 촉진 → 혈당량 감소
혈당량이 낮을 때	이자의 α세포에서 글루카곤 분비량 증가 → 간에서 글리코젠을 포도당으로 분해한 후 혈액으로 방출하는 과정 촉진 → 혈당량 증가
	시상 하부가 교감 신경을 자극 → 부신 속질에서 에피네프린 분비량 증가 → 간에서 글리코젠을 포도당으로 분해한 후 혈액으로 방출하는 과정 촉진 → 혈당량 증가 교감 신경에서 분비되는 노르에피네프린과 구조 및 기능이 비슷하다.

많은 수의 포도당이 결합해 이루어진 탄수화물로, 간이나 근육에 저장된다.

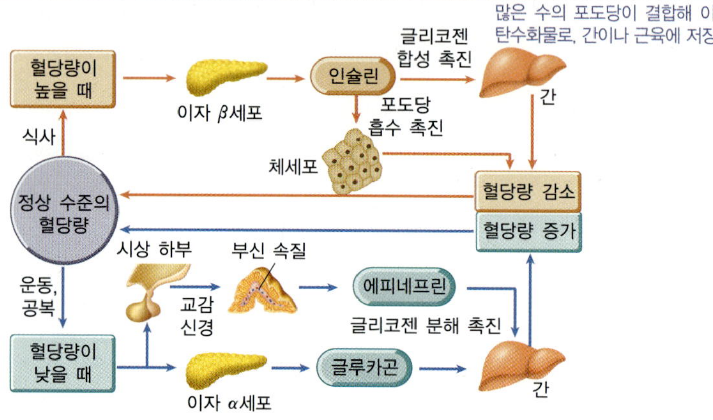

5 체온 조절

 신경계와 호르몬의 작용으로 열 발생량과 열 발산량을 조절해 체온이 일정하게 유지되는 과정

- 체온 변화 감지와 조절의 중추는 간뇌의 시상 하부이다.
- 자율 신경과 호르몬의 작용으로 열 발생량과 열 발산량을 조절하여 체온을 일정하게 유지시킨다.

구분	조절 과정
추울 때	• 골격근의 수축에 의한 몸 떨림, 티록신과 에피네프린의 분비량 증가에 의한 간과 근육에서의 물질대사 촉진 → 열 발생량 증가 • 시상 하부에 의한 교감 신경의 작용 강화 → 피부 근처 혈관 수축 → 피부 근처로 흐르는 혈액량 감소 → 열 발산량(방출량) 감소
더울 때	피부 근처 혈관이 확장되어 피부 근처로 흐르는 혈액량 증가, 땀 분비 촉진 → 열 발산량 증가

더울 때 손이나 얼굴 등이 붉게 보이는 까닭이다.　　추울 때 손이나 얼굴 등이 창백하게 보이는 까닭이다.

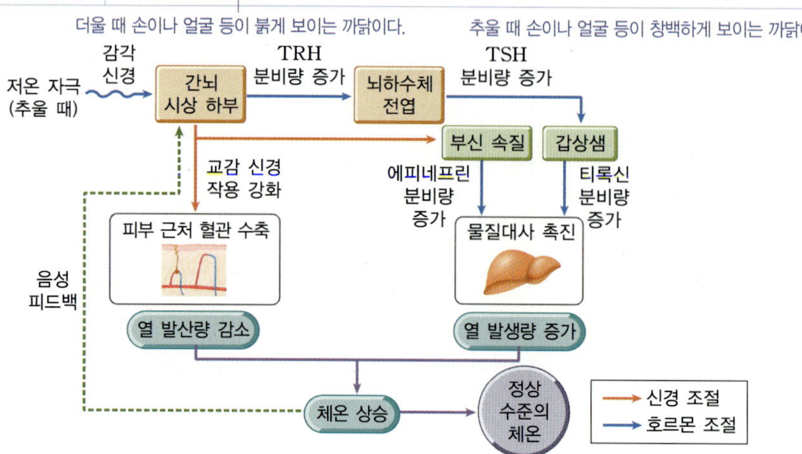

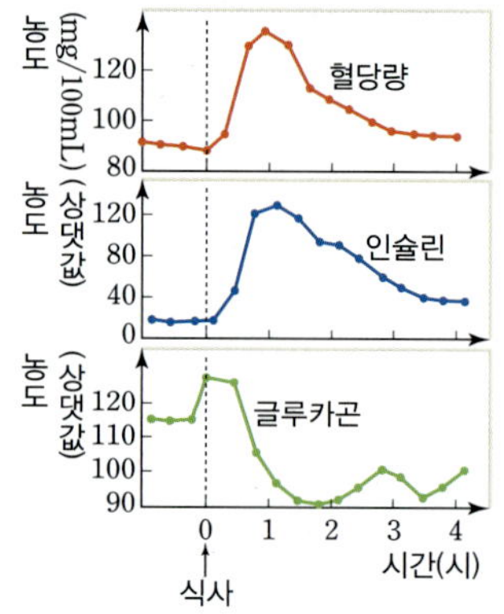

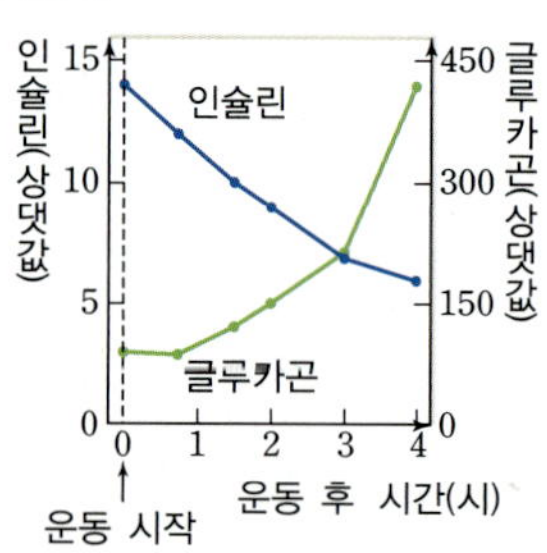

구분	조절 과정
혈장 삼투압이 높을 때	시상 하부의 작용으로 뇌하수체 후엽에서 항이뇨 호르몬(ADH) 분비량 증가 → 콩팥에서 물의 재흡수량 증가 → 오줌 생성량 감소(오줌의 삼투압 증가) → 체내 수분량 증가 → 혈장 삼투압 감소 콩팥에서 재흡수되는 물은 혈액으로 되돌아가므로 오줌으로 배설되지 않는다.
혈장 삼투압이 낮을 때	시상 하부의 작용으로 뇌하수체 후엽에서 항이뇨 호르몬(ADH) 분비량 감소 → 콩팥에서 물의 재흡수량 감소 → 오줌 생성량 증가(오줌의 삼투압 감소) → 체내 수분량 감소 → 혈장 삼투압 증가

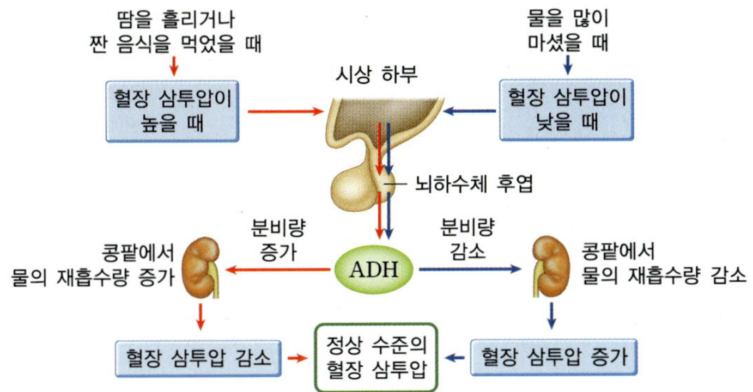

강의 포인트

항이뇨 호르몬
항(抗)은 '막다', 이뇨(利尿)는 '오줌 생성'이란 뜻으로, 콩팥에서 물의 재흡수를 촉진해 오줌의 생성을 막는 호르몬이다.

항이뇨 호르몬이 활발하게 작용할수록 나타나는 현상
• 혈장 삼투압이 낮아지고, 혈액량과 혈압이 증가한다.
• 오줌량이 감소하고, 오줌의 삼투압이 높아진다.

혈장 삼투압 유지의 중요성
삼투압은 세포막을 통해 물을 이동시키는 힘으로 작용한다. 혈장 삼투압이 높아지면 세포 밖으로 물이 빠져나가 세포가 찌그러질 수 있고, 혈장 삼투압이 낮아지면 세포 안으로 물이 들어와 세포가 터질 수 있으므로 항상 혈장 삼투압을 일정하게 유지해야 한다.

개념 익히기 문제

정답과 해설 p.028

🧠 교과서 문장으로 개념 익히기

15 혈당량이 높아지면 이자에서 □□□의 분비가 촉진된다.

16 건강한 사람은 운동을 하면 이자에서 □□□□의 분비량이 증가한다.

17 교감 신경의 자극으로 부신 속질에서 □□□□□이 분비되면 혈당량이 증가한다.

18 추울 때에는 □□ 신경의 작용이 강화되어 피부 근처 혈관이 수축한다.

19 더울 때에는 열 □□□을 증가시키기 위해 피부 근처 혈관이 확장된다.

20 피부 근처 혈관이 확장되고, 땀 분비가 촉진되면 열 발산량이 □□한다.

21 뇌하수체 후엽에서 분비되는 항이뇨 호르몬은 □□에서 물의 재흡수를 촉진해 혈장 삼투압을 조절한다.

22 항이뇨 호르몬의 분비량이 증가하면 혈장 삼투압이 □□한다.

23 물을 많이 마시면 혈장 삼투압이 낮아지므로 항이뇨 호르몬의 분비량이 □□한다.

🏢 OX 문제로 개념 익히기

24 인슐린은 간에서 포도당을 글리코젠으로 합성·저장하게 해 혈당량을 감소시킨다. (O / X)

25 이자의 β세포에서 글루카곤이 분비된다. (O / X)

26 혈당량이 낮아지면 간에서 글리코젠의 분해가 촉진된다. (O / X)

27 추울 때에는 체온을 높이기 위해 열 발생량을 감소시키고, 열 발산량을 증가시킨다. (O / X)

28 추울 때에는 티록신과 에피네프린의 분비량이 모두 감소한다. (O / X)

29 더울 때에는 피부 근처로 흐르는 혈액량이 증가한다. (O / X)

30 혈장 삼투압이 낮을 때에는 콩팥에서 물의 재흡수량이 감소해 오줌의 삼투압이 증가한다. (O / X)

31 항이뇨 호르몬이 활발하게 작용할수록 혈장 삼투압이 낮아지고, 혈액량과 혈압이 증가한다. (O / X)

32 콩팥에서 물의 재흡수량이 증가하면 단위 시간당 오줌의 생성량이 증가한다. (O / X)

혈당량 조절과 당뇨병

Point 이자에서 분비되는 호르몬인 인슐린과 글루카곤의 길항 작용을 통해 혈당량이 조절되는 과정과 인슐린의 작용에 이상이 생길 때 나타나는 당뇨병에 대해서 알아보자.

그림은 정상인의 혈중 포도당 농도에 따른 ⊙과 ⓒ의 혈중 농도를 나타낸 것이다. ⊙과 ⓒ은 각각 인슐린과 글루카곤 중 하나이다.

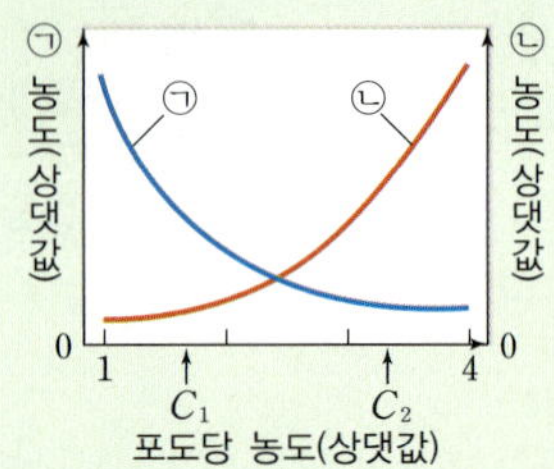

[STEP 1] 혈당량(혈중 포도당 농도)이 높아지면 혈당량을 정상 수준으로 낮추기 위해 인슐린의 분비가 촉진되고, 혈당량이 낮아지면 혈당량을 정상 수준으로 높이기 위해 글루카곤의 분비가 촉진된다.

[STEP 2] 혈중 포도당 농도가 높아짐에 따라 ⊙의 혈중 농도는 감소하고, ⓒ의 혈중 농도는 증가한다. ➡ ⊙은 이자의 α세포에서 분비되는 글루카곤이고, ⓒ은 이자의 β세포에서 분비되는 인슐린이다.

[STEP 3] 혈당량의 조절 중추는 간뇌의 시상 하부이다. ➡ 글루카곤(⊙)은 시상 하부에 연결된 교감 신경의 작용으로 분비가 촉진되며, 인슐린(ⓒ)은 시상 하부에 연결된 부교감 신경의 작용으로 분비가 촉진된다.

[STEP 4] C_2일 때가 C_1일 때보다 혈당량이 높아 인슐린(ⓒ)의 혈중 농도가 높고, 글루카곤(⊙)의 혈중 농도가 낮다. ➡ C_2일 때가 C_1일 때보다 간에 저장되는 글리코젠의 양이 많다.

그림은 당뇨병 환자 A와 B가 탄수화물을 섭취한 후 인슐린을 주사하였을 때 시간에 따른 혈중 포도당 농도를, 표는 당뇨병 (가)와 (나)의 원인을 나타낸 것이다. A와 B의 당뇨병은 각각 (가)와 (나) 중 하나에 해당한다. ⊙은 α세포와 β세포 중 하나이다.

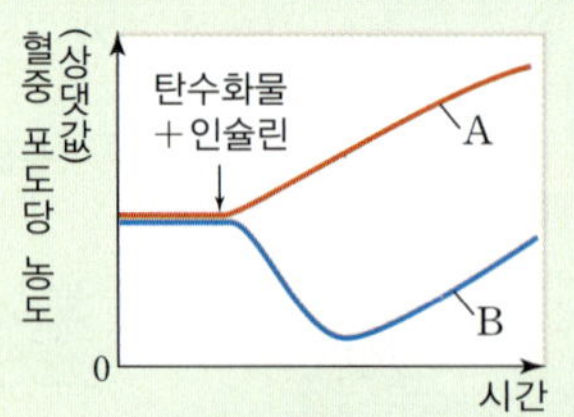

당뇨병	원인
(가)	이자의 ⊙이 파괴되어 인슐린이 생성되지 못함
(나)	인슐린의 표적 세포가 인슐린에 반응하지 못함

[STEP 1] 당뇨병은 정상인에 비해 혈당량이 높아 오줌으로 포도당이 배설되는 질병이다. ➡ 혈당량을 감소시키는 인슐린의 작용에 이상에 생기면 당뇨병이 나타날 수 있다. ⊙은 인슐린을 생성·분비하는 β세포이다.

[STEP 2] 탄수화물을 섭취하면 탄수화물이 포도당으로 소화된 후 소장에서 흡수되므로 혈당량이 증가한다. ➡ A는 탄수화물을 섭취한 후 인슐린을 주사해도 혈당량이 감소하지 않는다. ➡ A는 인슐린이 있어도 표적 세포가 인슐린에 반응하지 못한다. ➡ A의 당뇨병(제2형 당뇨병) 원인은 (나)이다.

[STEP 3] B는 탄수화물을 섭취한 후 인슐린을 주사하면 혈당량이 감소한다. ➡ B는 인슐린이 있으면 표적 세포가 인슐린에 반응한다. ➡ B의 당뇨병(제1형 당뇨병) 원인은 (가)이다.

정답과 해설 p.028

예제 ❶

그림은 정상인과 당뇨병 환자 A가 탄수화물을 섭취한 후 시간에 따른 혈중 호르몬 ⊙의 농도를, 표는 당뇨병 (가)와 (나)의 원인을 나타낸 것이다. ⊙은 인슐린과 글루카곤 중 하나이며, A의 당뇨병은 (가)와 (나) 중 하나이다.

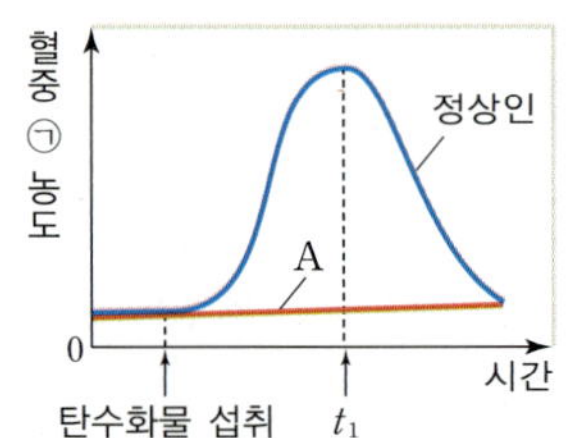

당뇨병	원인
(가)	⊙이 정상적으로 생성되지 못함
(나)	⊙은 정상적으로 분비되나 표적 세포가 ⊙에 반응하지 못함

이에 대한 설명으로 옳은 것만을 |보기|에서 있는 대로 고른 것은? (단, 제시된 조건 이외는 고려하지 않는다.)

> **보기**
> ㄱ. A의 당뇨병은 (나)에 해당한다.
> ㄴ. ⊙은 이자의 α세포에서 분비된다.
> ㄷ. t_1일 때 간에 저장되는 글리코젠의 양은 정상인이 A보다 많다.

① ㄱ   ② ㄷ   ③ ㄱ, ㄴ   ④ ㄴ, ㄷ   ⑤ ㄱ, ㄴ, ㄷ

▶ **해결 전략**

1단계: 탄수화물 섭취 후 시간에 따른 정상인의 혈중 ⊙ 농도를 통해 ⊙의 기능을 판단하고, 이를 바탕으로 ⊙의 종류와 내분비샘을 찾는다.

2단계: 2가지 당뇨병의 원인과 A의 혈중 인슐린 농도 변화를 바탕으로 A의 당뇨병 원인을 판단한다.

3단계: 인슐린의 기능을 바탕으로 정상인과 당뇨병 환자(A)의 간에서 포도당이 글리코젠으로 전환되는 양을 비교한다.

🖐 **Point** 뇌하수체 후엽에서 분비되는 항이뇨 호르몬에 의해 혈장 삼투압이 조절되는 과정과 항이뇨 호르몬의 분비에 영향을 미치는 요인에 대해서 알아보자.

그림은 정상인이 1 L의 물을 섭취한 후 단위 시간당 오줌 생성량을 시간에 따라 나타낸 것이다.

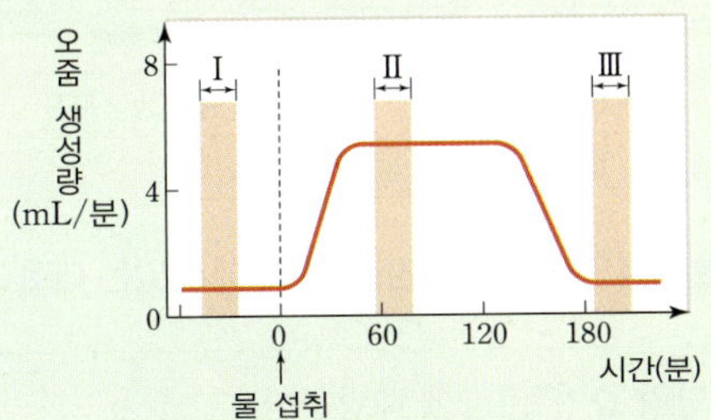

[STEP 1] 물을 섭취한 후 체내 수분량이 많아져 혈장 삼투압이 감소했다. ➡ 뇌하수체 후엽에서 항이뇨 호르몬의 분비가 억제되므로 혈중 항이뇨 호르몬 농도는 Ⅱ에서가 Ⅰ에서보다 낮다.

[STEP 2] 콩팥에서 물의 재흡수량은 Ⅱ에서가 Ⅰ에서보다 적으므로 오줌 생성량은 Ⅱ에서가 Ⅰ에서보다 많다. ➡ 오줌의 삼투압은 Ⅱ에서가 Ⅰ에서보다 낮다.

[STEP 3] 물 섭취 이후 오줌으로 물을 배설함으로써 체내 수분량이 감소해 혈장 삼투압이 정상 수준으로 높아졌다. ➡ 혈중 항이뇨 호르몬 농도는 구간 Ⅲ에서가 Ⅱ에서보다 높다.

[STEP 4] 콩팥에서의 물의 재흡수량은 Ⅲ에서가 Ⅱ에서보다 많으므로 오줌 생성량은 Ⅲ에서가 Ⅱ에서보다 적다. ➡ 오줌의 삼투압은 Ⅲ에서가 Ⅱ에서보다 높다.

그림 (가)와 (나)는 정상인에서 각각 ㉠과 ㉡의 변화량에 따른 혈중 항이뇨 호르몬(ADH)의 농도를 나타낸 것이다. ㉠과 ㉡은 각각 혈장 삼투압과 전체 혈액량 중 하나이다.

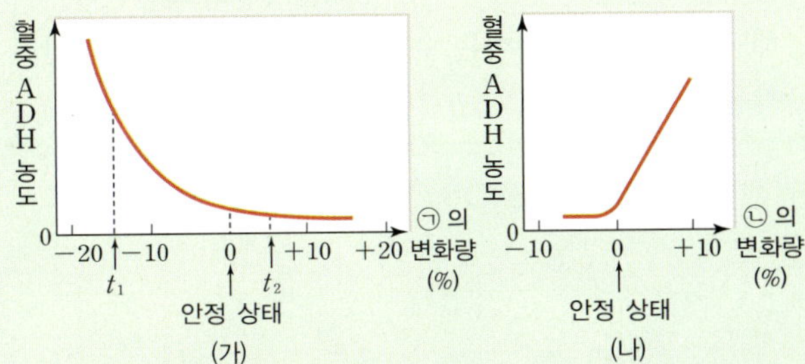

[STEP 1] 혈장 삼투압이 증가하면 체내 수분량을 늘려 혈장 삼투압을 감소시켜야 한다. ➡ 혈장 삼투압이 증가하면 콩팥에서 물의 재흡수를 촉진하는 항이뇨 호르몬(ADH)의 분비가 촉진된다. ➡ ㉡이 증가하면 혈중 ADH 농도가 높아지므로 ㉡은 혈장 삼투압이다.

[STEP 2] 체내 수분량이 많아 전체 혈액량이 증가하면 체내 수분량을 줄여 전체 혈액량을 감소시켜야 한다. ➡ 전체 혈액량이 증가하면 ADH의 분비가 억제되어 콩팥에서 물의 재흡수가 억제된다. ➡ ㉠이 증가하면 혈중 ADH 농도가 낮아지므로 ㉠은 전체 혈액량이다.

[STEP 3] (가)에서 t_2일 때가 t_1일 때보다 전체 혈액량(㉠)이 많아 혈중 ADH 농도가 낮다. ➡ t_2일 때가 t_1일 때보다 단위 시간당 오줌 생성량은 많고, 오줌의 삼투압은 낮다.

정답과 해설 p.028

예제 ❷

그림 (가)는 건강한 사람의 혈액량이 평상시일 때와 조건 ⓐ일 때, ㉠에 따른 혈중 ADH(항이뇨 호르몬) 농도를, (나)는 이 사람이 1 L의 물을 섭취한 후 시간에 따른 ㉡을 나타낸 것이다. ㉠은 혈압과 혈장 삼투압 중 하나이고, ㉡은 오줌 생성량과 오줌의 삼투압 중 하나이다. ⓐ는 평상시보다 혈액량이 증가했을 때와 감소했을 때 중 하나이다.

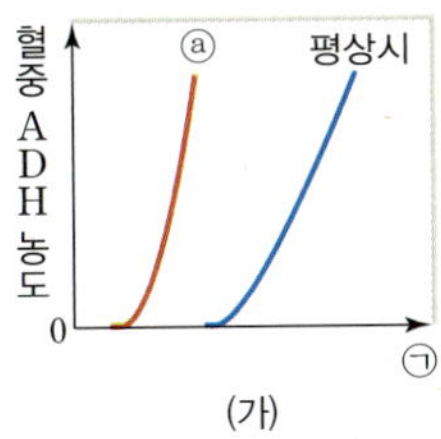 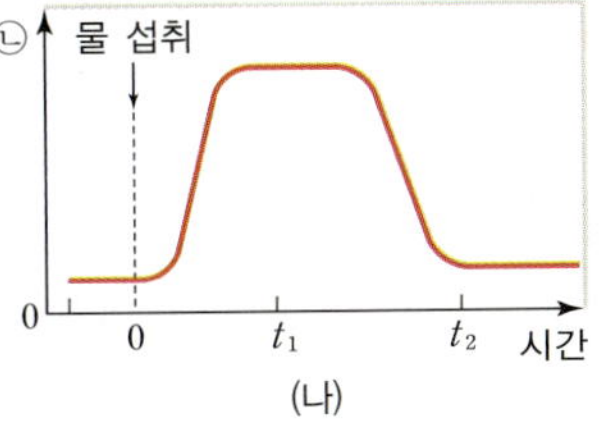

이에 대한 설명으로 옳은 것만을 |보기|에서 있는 대로 고른 것은? (단, 주어진 자료만 고려한다.)

┌ 보기 ┐
ㄱ. ⓐ는 평상시보다 혈액량이 감소했을 때이다.
ㄴ. 혈중 ADH 농도가 높아지면 ㉠과 ㉡은 모두 감소한다.
ㄷ. (나)에서 t_2일 때가 t_1일 때보다 콩팥에서 단위 시간당 물의 재흡수량이 적다.

① ㄱ   ② ㄷ   ③ ㄱ, ㄴ   ④ ㄴ, ㄷ   ⑤ ㄱ, ㄴ, ㄷ

▶ **해결 전략**

1단계: 평상시 ㉠이 높아지면 혈중 ADH 농도가 증가하는 것을 바탕으로 ㉠을 판단한다.

2단계: ㉠이 같은 경우, 평상시보다 ⓐ일 때 혈중 ADH 농도가 높은 것을 통해 ⓐ를 판단한다.

3단계: 물을 섭취하면 혈장 삼투압이 감소해 ADH 분비가 억제된다는 것을 바탕으로 ㉡을 판단한다.

4단계: 혈장 삼투압과 혈중 ADH 농도의 변화를 바탕으로 두 시점에서 물의 재흡수량을 비교한다.

개념 다지기 문제

01 호르몬에 대한 설명으로 옳은 것만을 |보기|에서 있는 대로 고른 것은?

─ 보기 ─
ㄱ. 내분비샘에서 생성된 후 혈액에 의해 운반된다.
ㄴ. 분비량이 많을수록 생리 기능이 효율적으로 조절된다.
ㄷ. 해당 호르몬과 결합하는 수용체를 가진 표적 세포에만 작용한다.

① ㄱ ② ㄴ ③ ㄱ, ㄴ
④ ㄱ, ㄷ ⑤ ㄴ, ㄷ

02 그림은 사람에서 분비되는 호르몬 X의 작용 과정을 나타낸 것이다.
이에 대한 설명으로 옳은 것만을 |보기|에서 있는 대로 고른 것은?

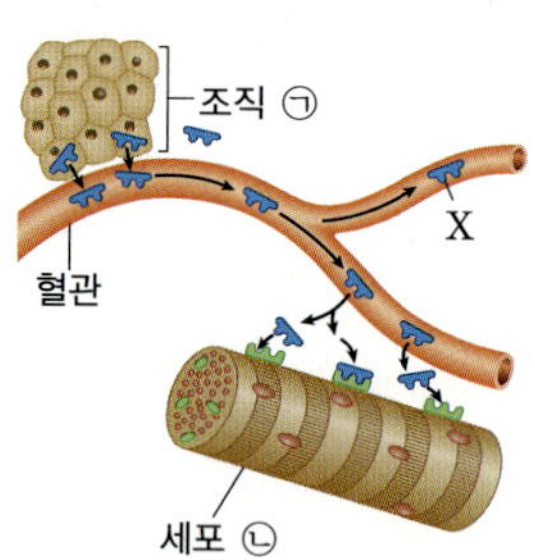

─ 보기 ─
ㄱ. ㉠은 내분비 조직에 해당한다.
ㄴ. ㉡은 X의 표적 세포이다.
ㄷ. X는 ㉡에서 특정한 반응을 일으킨다.

① ㄱ ② ㄷ ③ ㄱ, ㄴ
④ ㄴ, ㄷ ⑤ ㄱ, ㄴ, ㄷ

03 사람의 내분비샘 X에서는 생장 호르몬이 분비된다. X에 대한 설명으로 옳은 것만을 |보기|에서 있는 대로 고른 것은?

─ 보기 ─
ㄱ. 뇌하수체 후엽이다.
ㄴ. 인슐린과 글루카곤이 분비된다.
ㄷ. 당질 코르티코이드의 분비를 촉진하는 호르몬이 분비된다.

① ㄱ ② ㄷ ③ ㄱ, ㄴ
④ ㄱ, ㄷ ⑤ ㄴ, ㄷ

04 표는 사람의 호르몬 (가)~(다)의 주요 기능을 나타낸 것이다. (가)~(다)는 생장 호르몬, 갑상샘 자극 호르몬, 당질 코르티코이드를 순서 없이 나타낸 것이다.

호르몬	주요 기능
(가)	티록신 분비 촉진
(나)	뼈와 근육 등의 생장 촉진
(다)	㉠

이에 대한 설명으로 옳은 것만을 |보기|에서 있는 대로 고른 것은?

─ 보기 ─
ㄱ. '혈당량 증가'는 ㉠에 해당한다.
ㄴ. 갑상샘은 (가)의 표적 기관이다.
ㄷ. (가)와 (나)는 모두 뇌하수체 전엽에서 분비된다.

① ㄱ ② ㄴ ③ ㄱ, ㄷ
④ ㄴ, ㄷ ⑤ ㄱ, ㄴ, ㄷ

05 그림은 티록신의 분비 조절 과정을 나타낸 것이다.

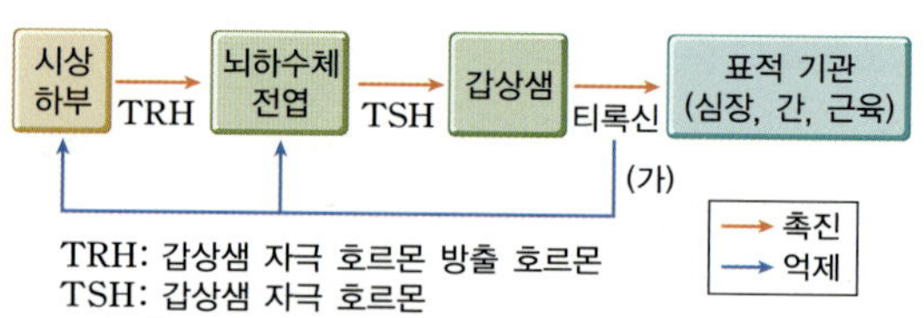

TRH: 갑상샘 자극 호르몬 방출 호르몬
TSH: 갑상샘 자극 호르몬

이에 대한 설명으로 옳은 것만을 |보기|에서 있는 대로 고른 것은?

─ 보기 ─
ㄱ. 혈중 티록신 농도가 낮으면 TRH 분비가 촉진된다.
ㄴ. TSH 분비가 촉진되면 혈중 티록신 농도가 증가한다.
ㄷ. 티록신의 분비량이 감소하면 (가) 과정이 활발하게 일어난다.

① ㄱ ② ㄷ ③ ㄱ, ㄴ
④ ㄱ, ㄷ ⑤ ㄴ, ㄷ

대표 유형문제

06 그림은 혈당량 조절 과정을 나타낸 것이다. 호르몬 A~C 는 각각 글루카곤, 인슐린, 에피네프린 중 하나이다.

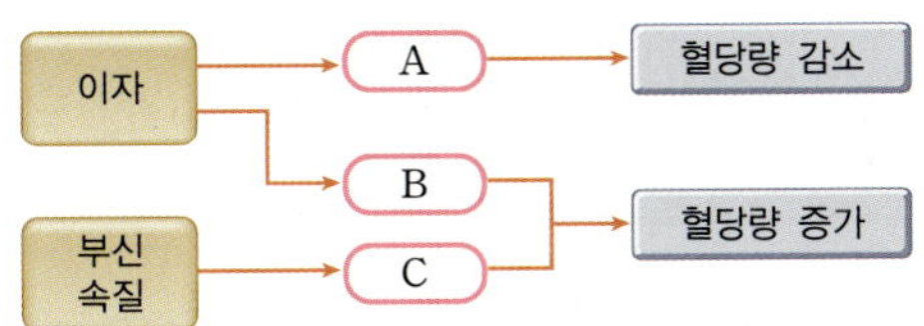

이에 대한 설명으로 옳은 것만을 |보기|에서 있는 대로 고른 것은?

> **보기**
> ㄱ. A와 B는 간에서 길항 작용을 한다.
> ㄴ. B는 이자의 β세포에서 분비된다.
> ㄷ. C는 포도당을 글리코젠으로 합성하는 과정을 촉진한다.

① ㄱ ② ㄴ ③ ㄷ
④ ㄱ, ㄴ ⑤ ㄴ, ㄷ

대표 유형문제

07 그림은 식사 후 시간에 따른 혈액의 포도당, 호르몬 A와 B 의 농도를 나타낸 것이다. A와 B는 모두 혈당량 조절에 관여하며, 이자에서 분비된다.

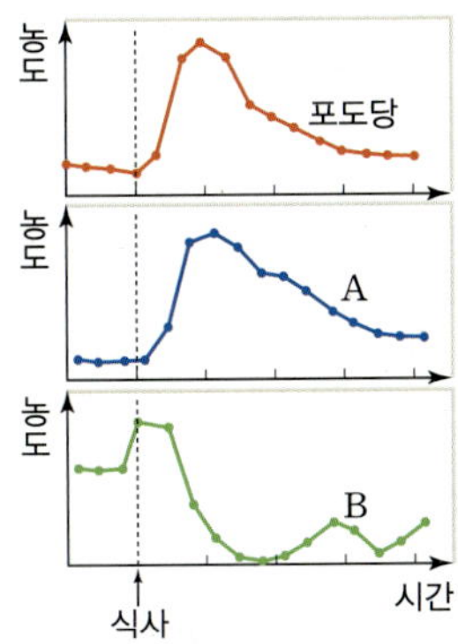

이에 대한 설명으로 옳은 것만을 |보기|에서 있는 대로 고른 것은?

> **보기**
> ㄱ. A는 인슐린이다.
> ㄴ. A의 분비가 촉진되면 혈당량이 감소한다.
> ㄷ. B는 체세포로의 포도당 유입을 촉진한다.

① ㄱ ② ㄷ ③ ㄱ, ㄴ
④ ㄴ, ㄷ ⑤ ㄱ, ㄴ, ㄷ

08 그림은 정상인과 어떤 환자가 동일한 양의 포도당을 섭취한 후 시간에 따른 혈당량을 나타낸 것이다. 이 환자는 정상인보다 이자에서 분비되는 호르몬 X의 혈중 농도가 높다.

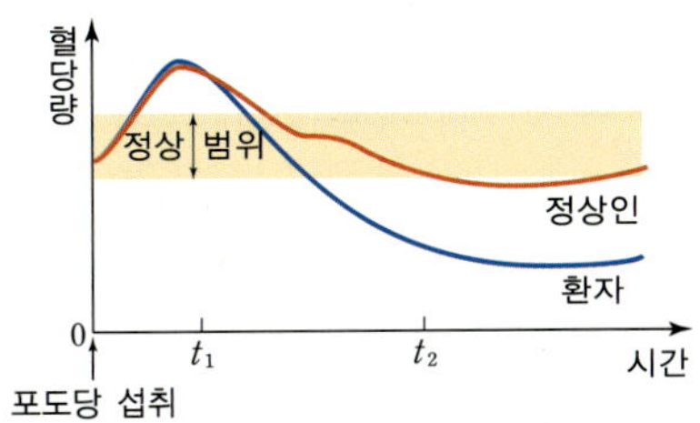

이에 대한 설명으로 옳은 것만을 |보기|에서 있는 대로 고른 것은? (단, 주어진 자료만 고려한다.)

> **보기**
> ㄱ. X는 인슐린이다.
> ㄴ. 정상인의 혈중 X 농도는 t_1일 때가 t_2일 때보다 낮다.
> ㄷ. t_1~t_2에서 정상인의 간에 저장되어 있는 글리코젠의 양은 감소한다.

① ㄱ ② ㄴ ③ ㄱ, ㄴ
④ ㄱ, ㄷ ⑤ ㄴ, ㄷ

대표 유형문제

09 그림은 저온 자극에 대한 체온 조절 과정의 일부를 나타낸 것이다. TSH는 갑상샘 자극 호르몬이다.

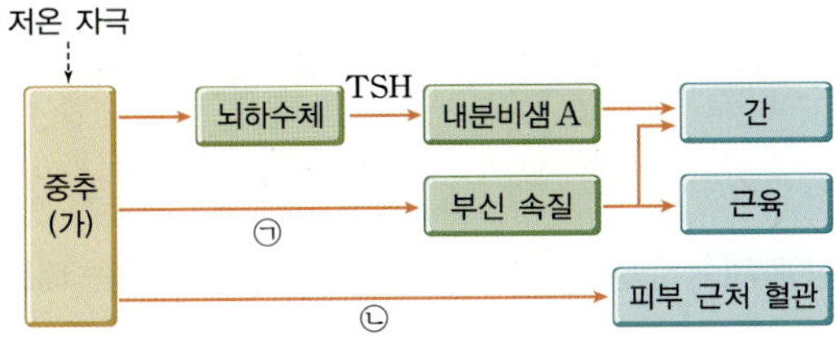

이에 대한 설명으로 옳은 것만을 |보기|에서 있는 대로 고른 것은?

> **보기**
> ㄱ. (가)는 연수이다.
> ㄴ. A에서 물질대사를 촉진하는 호르몬이 분비된다.
> ㄷ. ㉠과 ㉡은 모두 교감 신경의 작용으로 일어난다.

① ㄱ ② ㄷ ③ ㄱ, ㄴ
④ ㄴ, ㄷ ⑤ ㄱ, ㄴ, ㄷ

10 표는 자극 (가)와 (나)가 주어질 때 체온을 조절하기 위해 일어나는 반응을 각각 나타낸 것이다. (가)와 (나)는 '고온 자극'과 '저온 자극'을 순서 없이 나타낸 것이다.

자극	일어나는 반응
(가)	• 간과 근육에서 물질대사 촉진 • ㉠피부를 통한 열 발산량 감소
(나)	?

이에 대한 설명으로 옳은 것만을 |보기|에서 있는 대로 고른 것은?

┌─ 보기 ─
ㄱ. (가)는 '저온 자극'이다.
ㄴ. ㉠은 피부 근처 혈관이 확장되어 일어난다.
ㄷ. (나)가 주어지면 피부 근처 혈관에 연결된 교감 신경에서 활동 전위 발생 빈도가 증가한다.
└─

① ㄱ   ② ㄴ   ③ ㄷ
④ ㄱ, ㄴ   ⑤ ㄴ, ㄷ

11 그림은 어떤 자극에 대한 체온 조절 과정을 나타낸 것이다.

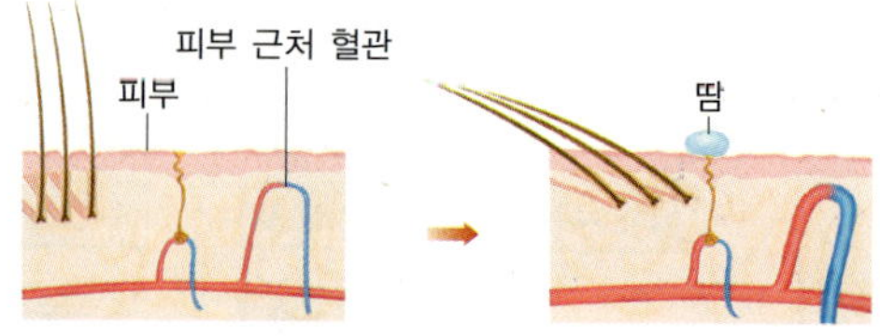

이 과정에 대한 설명으로 옳은 것만을 |보기|에서 있는 대로 고른 것은?

┌─ 보기 ─
ㄱ. 체온을 높이기 위해 일어난다.
ㄴ. 이 과정을 통해 피부를 통한 열 발산량이 증가한다.
ㄷ. 피부 근처 혈관에 연결된 교감 신경의 작용이 강화되어 일어난다.
└─

① ㄱ   ② ㄴ   ③ ㄷ
④ ㄱ, ㄴ   ⑤ ㄴ, ㄷ

대표 유형문제

12 다음은 혈장 삼투압이 조절되는 과정을 나타낸 것이다. ㉠과 ㉡은 각각 '감소'와 '증가' 중 하나이다.

┌─
뇌하수체 후엽에서 호르몬 X의 분비량 ㉠ → ⓐ콩팥에서 물의 재흡수량 증가 → 혈장 삼투압 ㉡
└─

이에 대한 설명으로 옳은 것만을 |보기|에서 있는 대로 고른 것은?

┌─ 보기 ─
ㄱ. ㉠과 ㉡은 모두 '증가'이다.
ㄴ. X의 분비를 조절하는 중추는 중간뇌이다.
ㄷ. ⓐ에 의해 단위 시간당 오줌으로 배설되는 물의 양이 감소한다.
└─

① ㄴ   ② ㄷ   ③ ㄱ, ㄴ
④ ㄱ, ㄷ   ⑤ ㄴ, ㄷ

대표 유형문제

13 그림 (가)와 (나)는 각각 압력 ㉠과 ㉡에 따른 혈중 항이뇨 호르몬(ADH)의 농도를 나타낸 것이다. ㉠과 ㉡은 각각 혈압과 혈장 삼투압 중 하나이다.

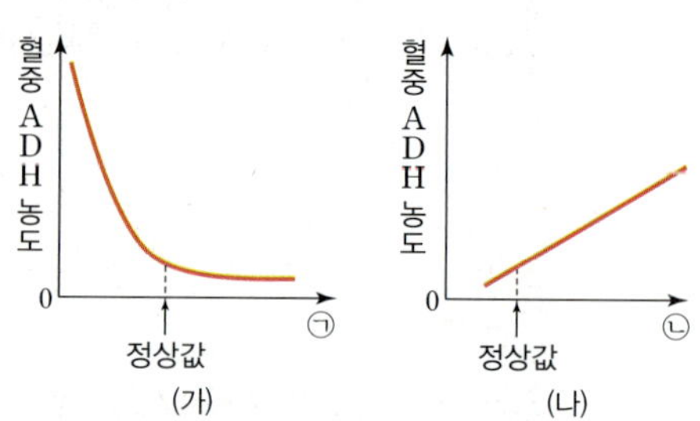

이에 대한 설명으로 옳은 것만을 |보기|에서 있는 대로 고른 것은?

┌─ 보기 ─
ㄱ. ㉠은 혈장 삼투압이다.
ㄴ. ㉠이 정상값보다 감소하면 오줌 생성량이 증가한다.
ㄷ. ㉡이 정상값보다 증가하면 생성되는 오줌의 삼투압이 증가한다.
└─

① ㄱ   ② ㄷ   ③ ㄱ, ㄴ
④ ㄱ, ㄷ   ⑤ ㄴ, ㄷ

14 그림 (가)는 피부 온도와 시상 하부 온도에 따른 ⓐ를, (나)는 저온 자극에 대한 체온 조절 반응 ⊙과 ⓒ의 경로를 나타낸 것이다. ⓐ는 열 발산량과 열 발생량 중 하나이다.

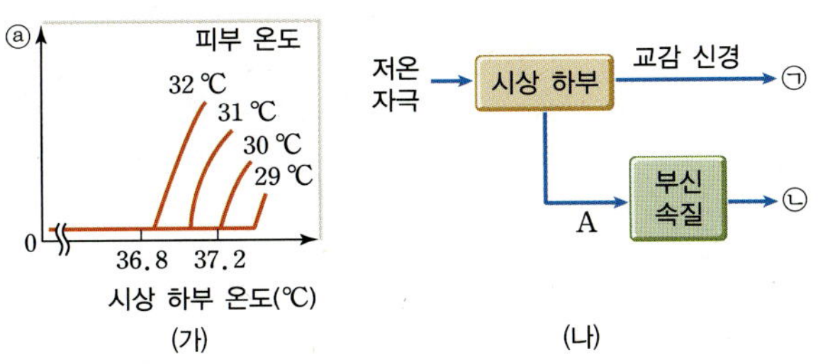

이에 대한 설명으로 옳은 것만을 |보기|에서 있는 대로 고른 것은?

> **보기**
> ㄱ. ⓐ는 열 발생량이다.
> ㄴ. '피부 근처 혈관 수축'은 ⊙에 해당한다.
> ㄷ. A는 호르몬에 의해 일어난다.

① ㄴ　　　　② ㄷ　　　　③ ㄱ, ㄴ
④ ㄱ, ㄷ　　　⑤ ㄴ, ㄷ

15 그림 (가)는 호르몬 A의 분비와 작용을, (나)는 정상 상태와 조건 ⊙일 때 압력 X에 따른 혈중 A 농도를 나타낸 것이다. ⊙은 정상 상태보다 혈액량이 많은 조건과 적은 조건 중 하나이다.

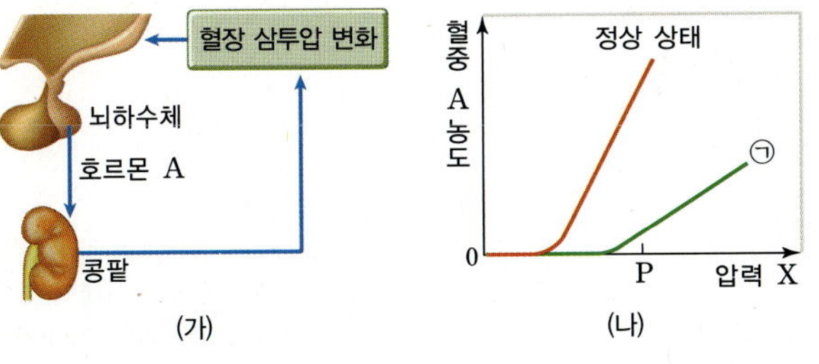

이에 대한 설명으로 옳은 것만을 |보기|에서 있는 대로 고른 것은? (단, 주어진 자료만 고려한다.)

> **보기**
> ㄱ. 혈장 삼투압은 X에 해당한다.
> ㄴ. ⊙은 정상 상태보다 혈액량이 적은 조건이다.
> ㄷ. (나)에서 P일 때 생성되는 오줌의 삼투압은 ⊙일 때가 정상 상태일 때보다 높다.

① ㄱ　　　　② ㄷ　　　　③ ㄱ, ㄴ
④ ㄱ, ㄷ　　　⑤ ㄴ, ㄷ

16 다음은 사람의 호르몬 ⊙~ⓒ과 관련된 내분비계 질환에 대한 설명을 나타낸 것이다. ⊙~ⓒ은 인슐린, 티록신, 생장 호르몬을 순서 없이 나타낸 것이다.

> • ⊙이 너무 많이 분비되면 거인증이 나타난다.
> • ⓒ이 너무 적게 분비되면 갑상샘 기능 저하증이 나타난다.
> • ⓒ이 제대로 작용하지 못하면 　　　ⓐ

(1) ⊙과 ⓒ이 분비되는 내분비샘을 각각 쓰시오.

(2) ⓒ의 이름을 쓰고, ⓐ에 들어갈 증상을 서술하시오.

17 그림은 운동을 시작한 후 이자에서 분비되는 혈당량 조절 호르몬 X의 혈중 농도 변화를 나타낸 것이다.

(1) X의 이름을 쓰시오.

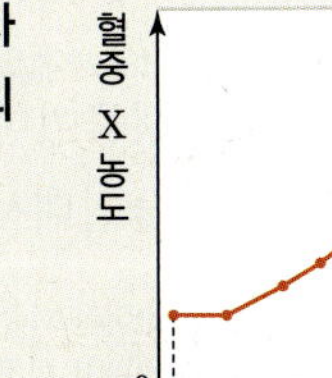

(2) X의 작용으로 간에서 일어나는 현상과 그로 인한 혈당량의 변화를 각각 서술하시오.

18 그림은 물을 마신 경우와 생리 식염수를 마신 경우 시간에 따른 오줌 생성 속도를 나타낸 것이다.

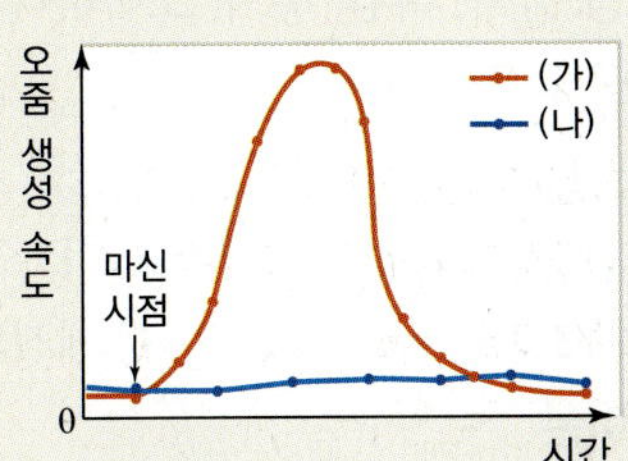

(가)와 (나) 중 물을 마신 경우를 쓰고, 그렇게 판단한 까닭을 혈장 삼투압을 조절하는 호르몬과 연관 지어 서술하시오.

04 방어 작용

1 질병과 병원체

개념 세균, 바이러스 등 인체 내에서 증식함으로써 몸의 이상을 일으키는 감염 인자

1. 질병의 구분: 감염성 질병과 비감염성 질병

구분	특징
감염성 질병	• 외부에서 침입한 병원체가 인체 내에서 증식함으로써 나타나는 질병 • 다른 사람에게 전염될 수 있다. • 예 감기, 독감, 결핵 등
비감염성 질병	• 병원체 없이 생활방식, 환경, 유전 등이 원인이 되어 나타나는 질병 • 다른 사람에게 전염되지 않는다. • 예 고혈압, 당뇨병, 혈우병 등

2. 병원체의 종류: 대표적인 병원체에는 세균, 바이러스, 원생생물과 균류, 변형된 프라이온이 있다.

(1) 세균 핵이 막으로 싸여 있지 않아 일정한 형태가 없는 것이다.

❶ 단세포 원핵생물이며, DNA가 세포질에 있다.

❷ 독립적으로 물질대사를 수행하며, 분열법 등으로 증식한다. 바이러스에는 효과가 없다.

❸ 일부 세균은 항생제를 이용하여 제거할 수 있다.

❹ 대표적인 질병: 결핵, 세균성 식중독, 세균성 폐렴, 파상풍, 탄저병, 콜레라 등

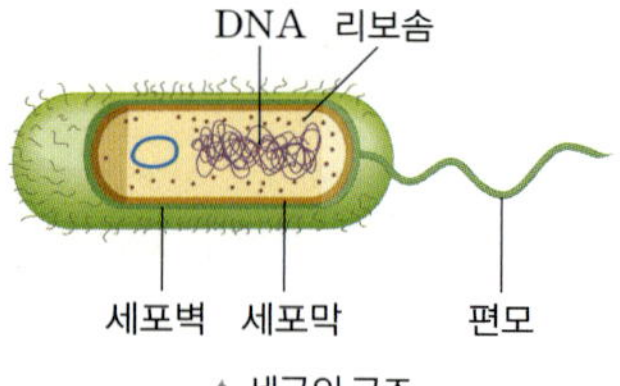

▲ 세균의 구조

(2) 바이러스

❶ 세균보다 크기가 작으며, 세포로 이루어져 있지 않다.

❷ 유전 물질인 핵산(DNA와 RNA 중 하나)과 이를 둘러싼 단백질 껍질로 구성된다.

❸ 살아 있는 숙주 세포 내에서만 증식한다.

❹ 일부 바이러스는 항바이러스제를 이용하여 제거할 수 있다.

❺ 대표적인 질병: 감기, 독감, 홍역, 소아마비, 후천성 면역 결핍증(AIDS) 등

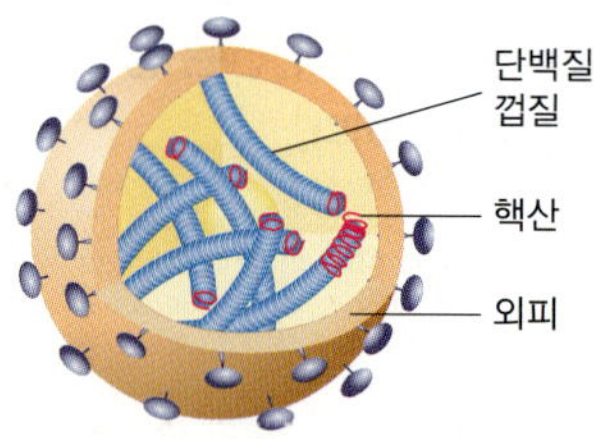

▲ 바이러스의 구조

(3) 원생생물과 균류(곰팡이) 핵이 막으로 싸여 있어 일정한 형태(주로 구형)가 있는 것이다.

❶ 모두 핵(핵막)을 가지고 있는 진핵생물로, 유전 물질이 핵 안에 들어 있다.

❷ 원생생물에 의한 대표적인 질병: 말라리아, 수면병 등

❸ 균류에 의한 대표적인 질병: 무좀, 만성 폐질환 등

(4) 변형된 프라이온

❶ 핵산이 없이 단백질로만 이루어진 병원체로, 신경계의 퇴행성 질병을 유발하고, 크기는 바이러스보다 작다.

❷ 감염 과정: 정상 프라이온이 구조가 바뀌어 변형된 프라이온이 된다. → 정상 프라이온이 변형된 프라이온과 접촉하면 변형된 프라이온으로 바뀐다. → 변형된 프라이온이 축적되면서 신경 조직이 파괴된다.

❸ 대표적인 질병: 광우병(소), 스크래피(양·염소), 크로이츠펠트─야코프병(사람) 등

병원체의 감염 경로

병원체의 감염 경로에는 대표적으로 공기(결핵균), 물(콜레라균), 접촉(브루셀라균) 등이 있다.

혈우병

혈액 응고에 관여하는 유전자의 돌연변이로 인해 상처 부위에서 혈액이 잘 응고되지 않는 유전병

항생제

세균과 같은 미생물의 생장과 증식을 억제하는 물질로, 세포로 이루어져 있지 않은 바이러스에는 효과가 없다.

결핵

결핵균에 감염되어 기침, 체중 감소, 호흡 곤란 등이 나타나는 질병

세균과 바이러스의 비교

세균	• 세포 구조 • 독립적으로 증식(물질대사) • 항생제로 치료
바이러스	• 비세포 구조 • 숙주 세포 내에서만 증식 • 항바이러스제로 치료

병원성 원생생물

질병을 일으키는 원생생물은 주로 열대 지역에서 매개 곤충을 통해 인체 내로 들어와 증식하면서 독소를 분비하거나 세포를 파괴한다.

말라리아 원충

모기를 매개로 감염되며, 적혈구 내에서 증식하여 적혈구를 파괴한다.

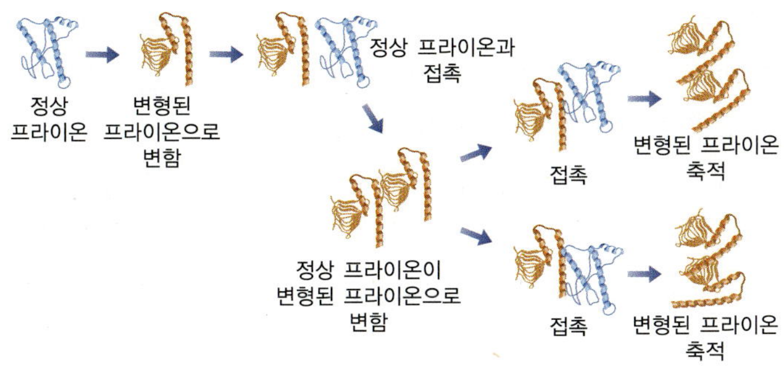

▲ 변형된 프라이온에 의한 감염 과정

변형된 프라이온

정상 프라이온은 병원체가 아니며, 아직까지는 정상 프라이온이 변형된 프라이온으로 바뀌는 까닭을 정확히 알지 못한다. 변형된 프라이온은 정상 프라이온보다 열에 강하다.

변형된 프라이온에 의한 질병

변형된 프라이온이 축적되면서 뇌에 스펀지처럼 구멍이 뚫리게 되어 신경계의 퇴행성 질병이 나타난다.

② 우리 몸의 방어 작용

병원체의 감염에 의한 질병을 막기 위해 우리 몸에서 일어나는 비특이적 방어 작용과 특이적 방어 작용

1. 방어 작용의 구분: 비특이적 방어 작용과 특이적 방어 작용으로 구분된다.

구분	특징
비특이적 방어 작용	• 병원체의 종류나 감염 경험의 유무에 관계없이 빠르게 일어나며, '선천성 면역'이라고도 부른다. • 피부, 점막, 분비액, 식세포 작용(식균 작용), 염증 반응 등이 있다.
특이적 방어 작용	• 병원체의 종류를 구별하여 일어나며, '후천성 면역'이라고도 부른다. • T 림프구와 B 림프구에 의해 일어나며, 체액성 면역과 세포성 면역이 있다.

태어날 때부터 갖고 있다는 뜻이다.

태어난 이후에 갖게 된다는 뜻이다.

강의 포인트

비특이적 방어 작용과 특이적 방어 작용의 차이

• 비특이적 방어 작용에서는 하나의 면역 세포(예 식세포)가 다양한 종류의 병원체를 제거한다.
• 특이적 방어 작용에서는 하나의 면역 세포(예 림프구)가 특정한 병원체만을 제거한다.

개념 익히기 문제

정답과 해설 p.031

🧠 교과서 문장으로 개념 익히기

01 ▢▢▢▢▢은 외부에서 침입한 병원체가 인체 내에서 증식함으로써 나타나는 질병이다.

02 결핵, 탄저병, 콜레라의 병원체는 모두 ▢▢이다.

03 감기, 광우병, 말라리아 중 바이러스에 의해 나타나는 질병은 ▢▢이다.

04 바이러스에 의해 나타나는 일부 질병은 ▢▢▢▢▢를 이용하여 치료할 수 있다.

05 말라리아와 수면병은 모두 ▢▢▢▢에 의해 발생하는 대표적인 질병이다.

06 무좀은 ▢▢에 의해 발생하는 대표적인 질병이다.

07 변형된 ▢▢▢▢은 핵산이 없이 단백질로만 이루어진 병원체이다.

08 ▢▢▢▢▢ 방어 작용은 병원체의 종류나 감염 경험의 유무에 관계없이 빠르게 일어난다.

09 특이적 방어 작용에는 ▢▢▢ 면역과 세포성 면역이 있다.

📦 OX 문제로 개념 익히기

10 고혈압, 당뇨병, 혈우병은 모두 비감염성 질병이다.

(O / X)

11 독감의 병원체는 독립적으로 물질대사를 수행한다.

(O / X)

12 후천성 면역 결핍증의 병원체는 항생제를 이용하여 제거할 수 있다.

(O / X)

13 원생생물과 균류는 모두 핵(핵막)을 가지고 있는 진핵생물이다.

(O / X)

14 광우병의 병원체는 핵산과 단백질 껍질로 이루어져 있다.

(O / X)

15 피부, 점막, 분비액은 모두 특이적 방어 작용에 해당한다.

(O / X)

16 식세포 작용과 염증 반응은 모두 비특이적 방어 작용에 해당한다.

(O / X)

17 T 림프구와 B 림프구는 선천성 면역을 담당한다.

(O / X)

2. 비특이적 방어 작용(선천성 면역)

(1) **외부 방어벽**: 피부, 점막, 분비액이 작용하여 병원체가 침입하는 것을 막는다.

(2) **내부 방어**: 식세포 작용(식균 작용)과 염증 반응으로 체내에 침입한 병원체를 제거한다.

구분	특징
식세포 작용 (식균 작용)	대식세포와 같은 백혈구가 병원체를 세포 안으로 끌어들인 후 효소를 이용하여 분해한다.
염증 반응	피부나 점막이 손상되어 병원체가 체내로 침입했을 때 일어나며, 부어오름, 붉어짐, 통증 등을 동반한다. 병원체를 제거하기 위해 일어나는 정상적인 방어 작용이다.

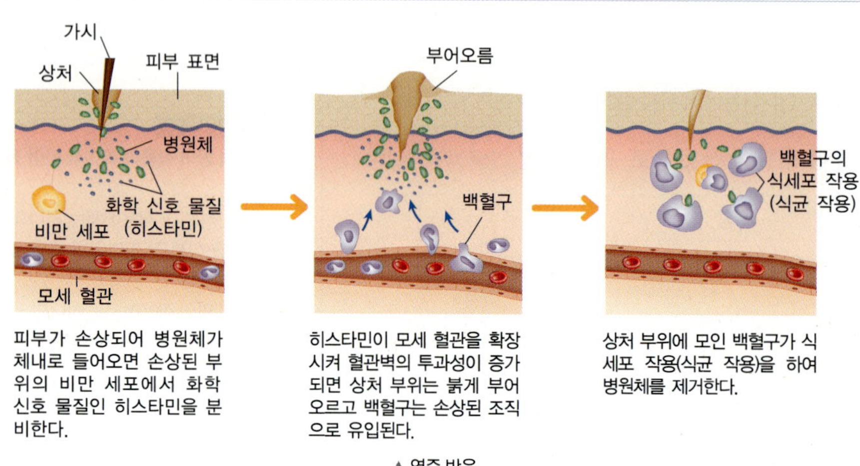

피부가 손상되어 병원체가 체내로 들어오면 손상된 부위의 비만 세포에서 화학 신호 물질인 히스타민을 분비한다.

히스타민이 모세 혈관을 확장시켜 혈관벽의 투과성이 증가되면 상처 부위는 붉게 부어오르고 백혈구는 손상된 조직으로 유입된다.

상처 부위에 모인 백혈구가 식세포 작용(식균 작용)을 하여 병원체를 제거한다.

▲ 염증 반응

3. 특이적 방어 작용(후천성 면역)

(1) **특이적 방어 작용의 특징**

❶ 병원체, 꽃가루 등 체내에서 면역 반응을 일으키는 항원을 인식해 제거한다. 우리 몸이 대항하게(싸우게) 되는 원인 물질

❷ 백혈구의 일종인 T 림프구와 B 림프구에 의해 일어나며, 각 림프구마다 인식하여 제거할 수 있는 항원이 다르므로 특이적으로 일어난다.

구분	특징
T 림프구	골수에서 생성(분화)된 후 가슴샘으로 이동해 최종 성숙하며, 세포독성 T림프구와 보조 T 림프구가 있다.
B 림프구	골수에서 생성(분화)된 후 골수에 남아 최종 성숙한다.

(2) **세포성 면역**: 보조 T 림프구에 의해 활성화된 세포독성 T림프구가 병원체에 감염된 세포나 암세포를 직접 제거한다.

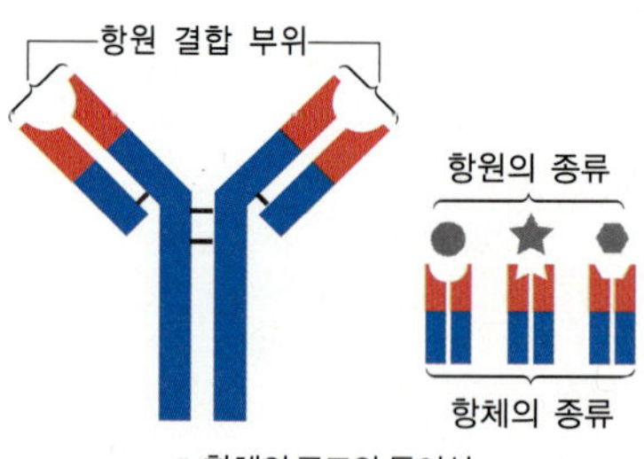

▲ 항체의 구조와 특이성

(3) **체액성 면역**

❶ 침입한 항원과 결합하는 항체를 생성한 후, 항원과 항체가 결합하는 항원 항체 반응을 통해 항원을 제거한다. 우리 몸이 대항하기(싸우기) 위해 만드는 물질

❷ 항체마다 항원 결합 부위의 구조가 달라 특정 항원과만 결합하는 항원 항체 반응의 특이성을 나타낸다.

❸ 1차 면역 반응: 항원이 처음 침입했을 때 일어난다.

반응 과정	대식세포가 병원체를 분해한 후 항원 조각을 세포 표면에 제시한다. → 보조 T 림프구가 항원 조각을 인식해 활성화된다. → 활성화된 보조 T 림프구가 B 림프구를 활성화시킨다. → 활성화된 B 림프구는 증식한 후 항체를 생성·분비하는 형질 세포와 항원의 특성을 기억하는 기억 세포로 분화된다. → 항원 항체 반응으로 항원(병원체)이 제거된다. 백신을 맞는 까닭은 체내에 미리 기억 세포를 분화시켜 놓기 위해서이다.

피부와 점막의 방어 작용

- 병원체는 건강한 피부와 점막을 통과하지 못한다.
- 기관지에서는 공기 중의 미생물이 점액에 의해 잡힌 후 섬모 운동으로 배출된다.
- 병을 일으키지 않는 미생물이 서식하고 있어 병원체와 경쟁한다.

분비액의 방어 작용

- 피지샘과 땀샘에서는 약산성의 분비물이 분비되어 미생물의 생장을 억제한다.
- 눈물, 코의 점액, 침에는 라이소자임이 들어 있어 세균의 세포벽을 분해한다.

림프구의 생성과 성숙

B 림프구의 B는 최종 성숙 장소인 골수(bone marrow)를, T 림프구의 T는 최종 성숙 장소인 가슴샘(thymus)을 의미한다.

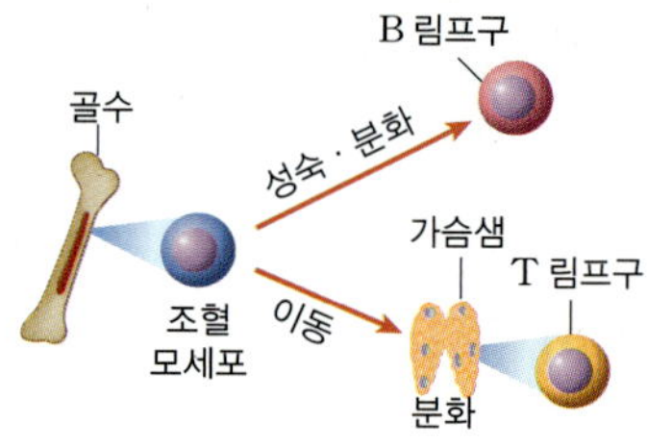

강의 포인트

골수

뼈의 내부에 있는 조직으로, 이곳에는 평생 동안 분열하며 혈구(적혈구, 백혈구, 혈소판)를 만들어내는 줄기세포인 조혈 모세포가 있다.

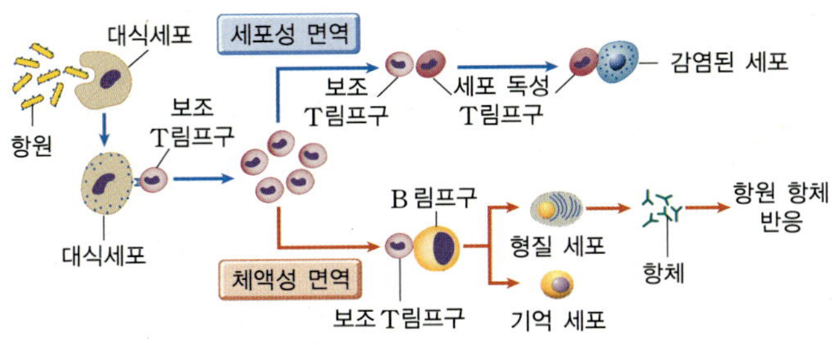

▲ 세포성 면역과 체액성 면역(1차 면역 반응)

❹ 2차 면역 반응: 동일한 항원이 재침입했을 때 일어난다.

반응 과정	1차 면역 반응에서 형성된 기억 세포가 항원을 인식한 후 증식해 기억 세포와 형질 세포로 분화된다. → 1차 면역 반응보다 빠르게 많은 양의 항체가 형질 세포에서 생성·분비된다. → 항원 항체 반응으로 항원(병원체)이 제거된다.

1차 면역 반응 때보다 많은 수의 형질 세포가 분화된다.   1차 면역 반응 때보다 효율적이고 강력하게 병원체가 제거된다.

▲ 1차 면역 반응과 2차 면역 반응

B 림프구의 특이성과 2차 면역 반응

하나의 B 림프구로부터 분화된 형질 세포는 한 종류의 항체만을 생성하며, 기억 세포는 한 종류의 항원만을 기억한다. 따라서 두 종류 이상의 항원이 동시에 침입해도 이전에 침입했던 적이 있는 항원에 대해서는 기억 세포가 있어 2차 면역 반응이 일어나지만, 처음 침입한 항원에 대해서는 기억 세포가 없어 1차 면역 반응이 일어난다.

형질 세포와 기억 세포

• 형질 세포는 수명이 짧으며, 더 이상 증식하거나 다른 세포로 분화되지 않는다.
• 기억 세포는 수명이 길며, 재침입한 항원을 인식한 후 증식한다.

체액성 면역과 백신

약화된 항원(병원체)으로 만든 백신을 투여하면 체내에서 1차 면역 반응 결과 기억 세포가 형성되며, 이후 실제 병원체에 감염되어도 기억 세포에 의해 2차 면역 반응이 일어나 병에 걸리지 않게 된다.

개념 익히기 문제

정답과 해설 p.031

🧠 교과서 문장으로 개념 익히기

18 대식세포는 병원체를 세포 안으로 끌어들인 후 효소를 이용하여 분해하는 ☐☐☐ 작용을 한다.

19 ☐ 림프구는 골수에서 생성된 후 가슴샘으로 이동해 최종 성숙한다.

20 ☐☐☐☐☐☐은 세포독성 T림프구가 병원체에 감염된 세포를 직접 제거하는 방어 작용이다.

21 ☐☐☐☐☐에서는 항원 항체 반응을 통해 항원을 제거한다.

22 항체마다 항원 결합 부위의 구조가 달라 특정 항원과만 결합하는 항원 항체 반응의 ☐☐☐을 나타낸다.

23 1차 면역 반응에서 활성화된 B 림프구는 증식한 후 항체를 생성하는 ☐☐ 세포와 항원의 특성을 기억하는 기억 세포로 분화된다.

24 2차 면역 반응에서는 ☐☐ 세포가 항원을 인식한 후 증식해 기억 세포와 형질 세포로 분화된다.

📦 OX 문제로 개념 익히기

25 피부나 점막이 손상되어 병원체가 체내로 침입했을 때 염증 반응이 일어나며, 이는 비특이적 방어 작용이다.
(O / X)

26 각각의 림프구마다 인식하여 제거할 수 있는 항원이 서로 다르다.
(O / X)

27 B 림프구는 골수에서 생성된 후 골수에 남아 최종 성숙한다.
(O / X)

28 1차 면역 반응에서는 대식세포가 세포 표면에 제시한 항원 조각을 인식해 보조 T 림프구가 활성화된다. (O / X)

29 1차 면역 반응에서는 활성화된 보조 T 림프구가 B 림프구를 활성화시킨다.
(O / X)

30 2차 면역 반응에서는 형질 세포가 항원을 인식한 후 증식한다.
(O / X)

31 2차 면역 반응에서는 1차 면역 반응에서보다 빠르게 많은 양의 항체가 생성된다.
(O / X)

3 혈액형 판정

개념 항혈청에 대한 혈액의 응집 반응을 통해 적혈구에 있는 응집원의 종류를 알아내는 과정

1. 혈액의 응집 반응: 적혈구의 세포막에 있는 응집원(항원에 해당)과 혈장에 있는 응집소(항체에 해당) 사이에서 일어나는 일종의 항원 항체 반응이다.

2. ABO식 혈액형: 응집원의 종류에 따라 A형, B형, AB형, O형으로 구분한다.

(1) 응집원은 A와 B의 두 종류가 있고, 응집소는 α와 β의 두 종류가 있다.

(2) 혈액형에 따른 응집원과 응집소

하나의 적혈구에 응집원 A와 B가 모두 있다.

구분	A형	B형	AB형	O형
응집원	A	B	A, B	없음
응집소	β	α	없음	α, β

(3) **혈액형의 판정:** 응집원 A와 응집소 α가 결합하거나, 응집원 B와 응집소 β가 결합하면 응집 반응이 일어난다. ➡ 응집소 α가 들어 있는 항 A 혈청과 응집소 β가 들어 있는 항 B 혈청을 이용해 판정할 수 있다.

응집원 A에 대항하는 혈청이므로 응집소 α가 들어 있다.

응집원과 응집소 사이에는 항원 항체 반응의 특이성이 나타난다.

구분	A형	B형	AB형	O형
혈액을 항 A 혈청과 섞었을 때	응집됨	응집 안 됨	응집됨	응집 안 됨
혈액을 항 B 혈청과 섞었을 때	응집 안 됨	응집됨	응집됨	응집 안 됨

(4) **수혈 관계**

❶ 기본적으로 같은 혈액형 사이에서 이루어지며, 이 경우 다량 수혈이 가능하다.

❷ 서로 다른 혈액형 사이에서는 혈액을 주는 쪽의 응집원과 혈액을 받는 쪽의 응집소가 결합하지 않으면 소량 수혈이 가능하다.

3. Rh식 혈액형: Rh 응집원(항원)의 유무에 따라 Rh^+형과 Rh^-형으로 구분한다.

(1) **혈액형에 따른 응집원과 응집소**

ABO식 혈액형의 응집원과 마찬가지로 적혈구 표면에 있다.

구분	Rh^+형	Rh^-형
Rh 응집원(항원)	있음	없음
Rh 응집소(항체)	없음	처음에는 없으나, Rh 응집원에 노출되면 생김

(2) **혈액형의 판정:** Rh 응집원과 Rh 응집소가 결합하면 응집 반응이 일어난다. ➡ Rh 응집소가 들어 있는 항 Rh 혈청을 이용해 판정할 수 있다.

구분	Rh^+형	Rh^-형
혈액을 항 Rh 혈청과 섞었을 때	응집됨	응집 안 됨

(3) **수혈 관계**

❶ 같은 혈액형 사이에서 수혈이 가능하다.

❷ 서로 다른 혈액형 사이에서는 Rh 응집원에 노출되지 않은 Rh^-형은 Rh^+형에게 수혈이 가능하다.

강의 **포인트**

혈액의 응집

부적절한 수혈 시 한 혈액의 응집원(항원)과 다른 혈액의 응집소(항체)가 결합해 적혈구가 뭉치는 현상으로, 일종의 항원 항체 반응이다. 혈액을 응집시키는 중요한 2가지 혈액형이 ABO식 혈액형과 Rh식 혈액형이다.

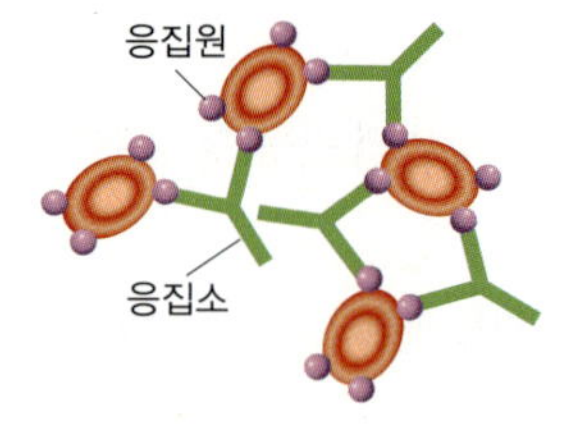

ABO식 혈액형의 응집원과 응집소

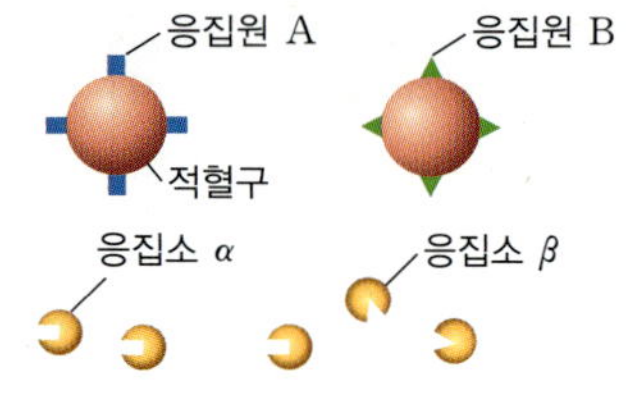

혈청

혈장(혈액의 액체 성분)과 유사하며, 항 A 혈청에는 응집소 α, 항 B 혈청에는 응집소 β, 항 Rh 혈청에는 Rh 응집소가 들어 있다.

ABO식 혈액형에서 소량 수혈이 가능한 경우

주는 쪽	O	A	B
↓	↓	↓	↓
받는 쪽	A, B, AB	AB	AB

항 Rh 혈청

Rh 응집원이 있는 붉은털원숭이의 적혈구를 토끼의 혈액에 주사한 후 면역 반응이 일어나 Rh 응집소가 만들어진 토끼의 혈청을 이용한다.

④ 면역 관련 질환
개념 | 우리 몸에서 방어 작용을 담당하는 면역 세포의 이상으로 나타나는 여러 가지 질환

1. 자가 면역 질환
(1) 어떤 사람의 면역계가 자신의 몸을 구성하는 물질을 항원으로 인식해 자신의 세포나 조직 등을 공격하여 나타난다. <u>관절 등에 통증을 유발하는 질병을 뜻하는 의학 용어이다.</u>

(2) 대표적으로 제1형 당뇨병과 류머티즘 관절염 등이 있다.

구분	특징
제1형 당뇨병	세포독성 T림프구가 이자의 β세포를 공격해 인슐린이 제대로 합성되지 않는다.
류머티즘 관절염	항체가 연골 조직이나 뼈 조직을 공격하여 염증을 유발한다.

2. 후천성 면역 결핍증(AIDS)
(1) 사람 면역 결핍 바이러스(HIV)에 감염되어 나타난다.

(2) HIV의 숙주 세포인 보조 T 림프구의 수가 감소하므로 면역 기능이 약해진다.
세포성 면역 기능과 체액성 면역 기능이 모두 약해진다.

3. 알레르기: 특정 항원(⑩ 꽃가루, 먼지, 곰팡이 등)이 침입했을 때 과도한 면역 반응이 일어나 가려움증, 재채기, 콧물 등과 같은 증상이 나타난다.

AIDS

HIV는 보조 T 림프구를 숙주 세포로 이용한다. 감염이 진행되어 보조 T 림프구의 수가 일정 수준 이하로 감소하면 독성이 약한 병원체의 감염에도 위험해지게 된다.

알레르기 유발 과정

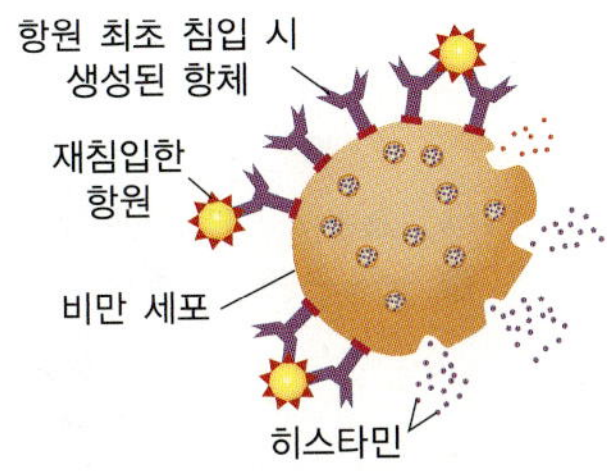

항원이 처음 침입하여 항체 생성 → 항체가 비만 세포 표면에 결합 → 동일 항원이 재침입해 비만 세포 표면의 항체에 결합 → 비만 세포에서 히스타민 분비 → 히스타민에 의해 알레르기 증상이 나타남

개념 익히기 문제

정답과 해설 p.031

🧠 교과서 문장으로 개념 익히기

32 A형인 사람의 적혈구에는 □□□□가 있고, 혈장에는 응집소 β가 있다.

33 ABO식 혈액형이 □형인 사람의 혈장에는 응집소 α와 β가 모두 있다.

34 B형인 사람의 혈액을 항 □ 혈청과 섞으면 응집 반응이 일어난다.

35 A형인 사람의 혈액과 AB형인 사람의 적혈구에는 공통적으로 □□□□가 있다.

36 ABO식 혈액형이 □형인 사람은 B형인 사람에게 소량 수혈해 줄 수 있다.

37 Rh식 혈액형이 Rh⁺형인 사람의 □□□에는 Rh 응집원이 있다.

38 Rh식 혈액형이 Rh⁻형인 사람이 Rh 응집원에 노출되면 Rh □□□가 생긴다.

39 □□□□□□은 어떤 사람의 면역계가 자신의 몸을 구성하는 물질을 항원으로 인식해 자신의 세포나 조직 등을 공격하여 나타나는 면역 관련 질환이다.

40 □□□□는 특정 항원이 침입했을 때 과도한 면역 반응이 일어나는 면역 관련 질환이다.

🧊 OX 문제로 개념 익히기

41 ABO식 혈액형은 응집원의 종류에 따라 A형, B형, AB형, O형으로 구분한다. (○ / ×)

42 AB형인 사람의 혈액은 항 A 혈청과 항 B 혈청에 모두 응집 반응을 나타낸다. (○ / ×)

43 Rh식 혈액형이 Rh⁺형인 사람의 혈장에는 Rh 응집소가 있다. (○ / ×)

44 혈액을 항 Rh 혈청과 섞었을 때 응집 반응이 일어나는 사람의 Rh식 혈액형은 Rh⁻형이다. (○ / ×)

45 AB형인 사람의 혈장과 O형인 사람의 혈장에는 공통적인 응집소가 들어 있다. (○ / ×)

46 서로 다른 혈액형 사이에서는 혈액을 주는 쪽의 응집원과 혈액을 받는 쪽의 응집소가 결합하지 않으면 소량 수혈이 가능하다. (○ / ×)

47 AB형인 사람은 B형인 사람에게 소량 수혈해 줄 수 있다. (○ / ×)

48 제1형 당뇨병과 류머티즘 관절염은 모두 자가 면역 질환에 해당한다. (○ / ×)

49 사람 면역 결핍 바이러스(HIV)에 감염되면 HIV의 숙주 세포인 보조 T 림프구의 수가 감소한다. (○ / ×)

🖐Point 보조 T 림프구, B 림프구, 형질 세포, 기억 세포에 의해 일어나는 체액성 면역 반응 과정을 정리하고, 체액성 면역 반응에서 1차 면역 반응과 2차 면역 반응의 차이에 대해서 알아보자.

그림 (가)는 어떤 사람이 세균 X에 감염된 후 나타나는 특이적 방어 작용의 일부를, (나)는 이 사람에서 X의 침입에 의해 생성되는 X에 대한 혈중 항체의 농도 변화를 나타낸 것이다. ㉠과 ㉡은 보조 T 림프구와 B 림프구를 순서 없이 나타낸 것이다.

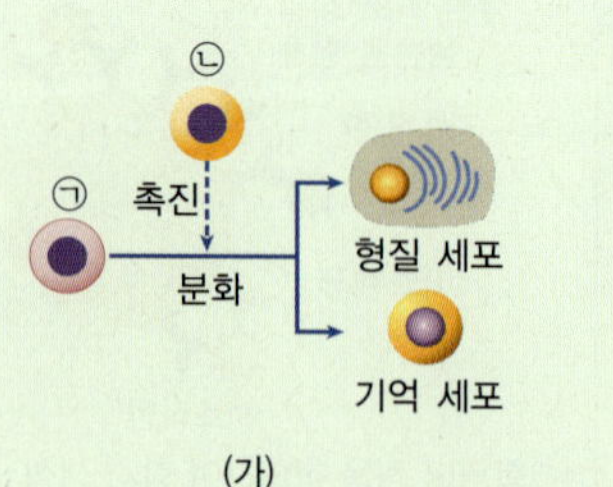

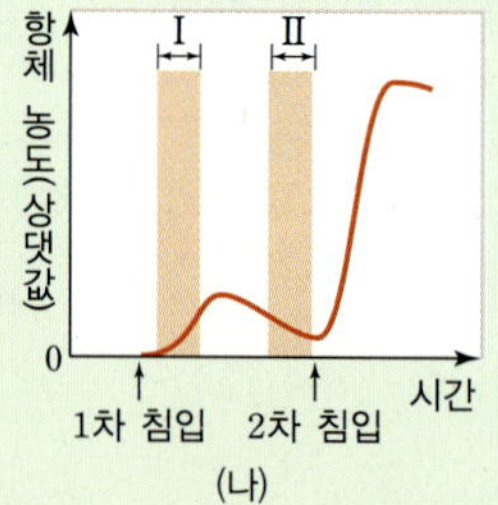

(가)

(나)

[STEP 1] 1차 면역 반응에서는 활성화된 보조 T 림프구에 의해 B 림프구가 활성화되며, 활성화된 B 림프구가 증식한 후 형질 세포와 기억 세포로 분화된다. ➡ ㉡에 의해 ㉠의 분화가 촉진되므로 ㉠은 B 림프구이고, ㉡은 보조 T 림프구이다.

[STEP 2] (나)의 Ⅰ에서는 X의 1차 침입 후 X에 대한 항체가 생성되었다. ➡ X의 1차 침입 이후 X에 대한 1차 면역 반응인 (가)가 일어났으며, Ⅰ에서 형질 세포에 의해 항체가 생성되었다.

[STEP 3] X의 2차 침입 후 X에 대한 항체가 Ⅰ에서보다 빠르게 많이 생성되었다. ➡ X의 2차 침입 이후 X에 대한 2차 면역 반응이 일어났다. ➡ 2차 면역 반응은 기억 세포에 의해 일어나므로 Ⅱ에서는 1차 면역 반응 때 분화된 기억 세포가 있다.

다음은 병원체 ㉠과 ㉡에 대한 생쥐의 방어 작용 실험이다.

(가) 유전적으로 동일하고, ㉠과 ㉡에 노출된 적이 없는 생쥐 Ⅰ~Ⅵ을 준비한다.
(나) Ⅰ에는 생리 식염수를, Ⅱ에는 죽은 ㉠을, Ⅲ에는 죽은 ㉡을 각각 주사한다. Ⅱ에서는 ㉠에 대한, Ⅲ에서는 ㉡에 대한 항체가 각각 생성되었다.
(다) 2주 후 (나)의 Ⅰ~Ⅲ에서 각각 혈장을 분리하여 표와 같이 살아 있는 ㉠과 함께 Ⅳ~Ⅵ에게 주사하고, 1일 후 생쥐의 생존 여부를 확인한다.

생쥐	주사액의 조성	생존 여부
Ⅳ	Ⅰ의 혈장 + ㉠	죽는다
Ⅴ	Ⅱ의 혈장 + ㉠	산다
Ⅵ	ⓐⅢ의 혈장 + ㉠	죽는다

[STEP 1] Ⅰ에는 생리 식염수를 주사했으므로 Ⅰ에서는 ㉠과 ㉡에 대한 면역 반응이 모두 일어나지 않았다. ➡ Ⅰ의 혈장에는 ㉠과 ㉡에 대한 항체가 모두 없다. ➡ 따라서 살아 있는 ㉠을 주사한 Ⅳ는 ㉠을 제거하지 못해 죽었다.

[STEP 2] Ⅱ에서는 ㉠에 대한 항체가 생성되었다. ➡ Ⅱ의 혈장에는 ㉠에 대한 항체가 있다. ➡ 따라서 살아 있는 ㉠을 주사한 Ⅴ는 Ⅱ의 혈장에 있는 ㉠에 대한 항체에 의해 ㉠이 제거되었으므로 살았다.

[STEP 3] Ⅲ에서는 ㉡에 대한 항체가 생성되었다. ➡ 체액성 면역은 특이적으로 일어나므로 Ⅲ의 혈장에는 ㉠에 대한 항체가 없다. ➡ 따라서 살아 있는 ㉠을 주사한 Ⅵ은 ㉠을 제거하지 못해 죽었다.

예제 ❶

정답과 해설 p.032

그림 (가)와 (나)는 유전적으로 동일하고 항원 X에 노출된 적이 없는 생쥐 A와 B에게 각각 백신 후보 물질 ⓐ와 ⓑ를 주사한 후 X를 주사했을 때 X에 대한 혈중 항체 농도 변화를 나타낸 것이다.

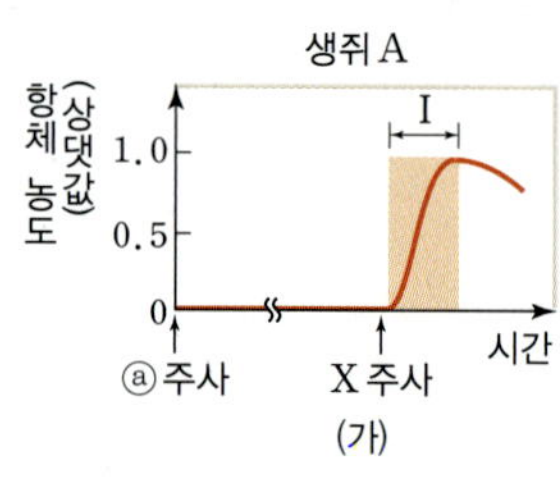

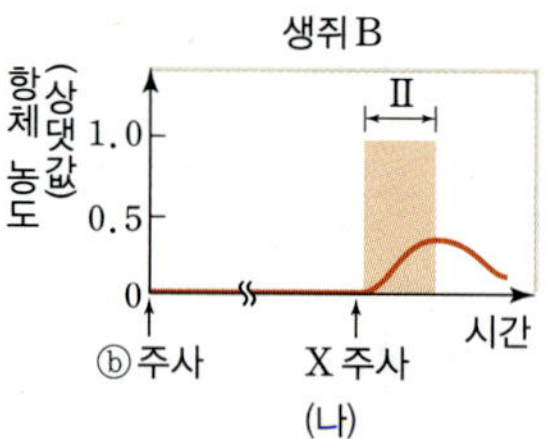

(가)

(나)

▶ 해설 전략
1단계: Ⅰ과 Ⅱ에서 항체 생성량을 비교해 각 구간에서 일어난 체액성 면역 반응을 구분한다.
2단계: 1차 면역 반응과 2차 면역 반응 과정을 바탕으로 Ⅰ과 Ⅱ에서 일어나는 현상을 판단한다.
3단계: 2차 면역 반응의 특징과 백신의 사용 목적을 바탕으로 백신을 만들기에 보다 적합한 물질을 판단한다.

이에 대한 설명으로 옳은 것만을 |보기|에서 있는 대로 고른 것은? (단, 제시된 자료만 고려한다.)

┌ 보기 ┐
ㄱ. 구간 Ⅰ에서 X에 대한 형질 세포가 기억 세포로 분화된다.
ㄴ. 구간 Ⅱ에서 X에 대한 특이적 방어 작용이 일어난다.
ㄷ. X에 대한 백신을 만들 때 사용할 물질로 ⓑ가 ⓐ보다 적합하다.
└────┘

① ㄴ　　　② ㄷ　　　③ ㄱ, ㄴ　　　④ ㄱ, ㄷ　　　⑤ ㄴ, ㄷ

개념 다지기 문제

01 다음은 사람의 3가지 질병을 나타낸 것이다.

> 고혈압 당뇨병 혈우병

이 질병들의 공통점으로 옳은 것만을 |보기|에서 있는 대로 고른 것은?

> **보기**
> ㄱ. 감염성 질병이다.
> ㄴ. 다른 사람에게 전염된다.
> ㄷ. 생활 방식, 환경, 유전 등이 원인이 되어 나타난다.

① ㄱ   ② ㄷ   ③ ㄱ, ㄴ
④ ㄱ, ㄷ   ⑤ ㄴ, ㄷ

02 그림은 어떤 병원체의 구조를 나타낸 것이다. 이 병원체에 대한 설명으로 옳은 것만을 |보기|에서 있는 대로 고른 것은?

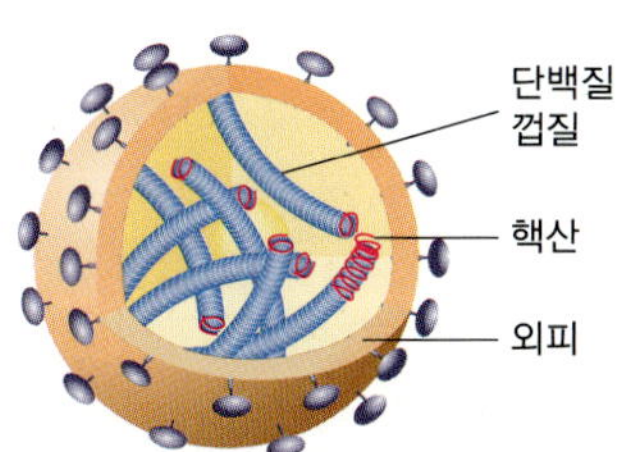

> **보기**
> ㄱ. 단세포 원핵생물이다.
> ㄴ. 독립적으로 물질대사를 한다.
> ㄷ. 유전 물질을 가지고 있어 돌연변이가 일어난다.

① ㄱ   ② ㄴ   ③ ㄷ
④ ㄱ, ㄴ   ⑤ ㄴ, ㄷ

03 병원체 X는 핵산이 없이 물질 ㉠으로만 이루어져 있으며, 세균, 원생생물, 바이러스, 변형된 프라이온 중 하나이다. 이에 대한 설명으로 옳은 것만을 |보기|에서 있는 대로 고른 것은?

> **보기**
> ㄱ. ㉠은 탄수화물이다.
> ㄴ. X는 변형된 프라이온이다.
> ㄷ. 말라리아는 X에 의해 나타나는 질병이다.

① ㄴ   ② ㄷ   ③ ㄱ, ㄴ
④ ㄱ, ㄷ   ⑤ ㄴ, ㄷ

대표 유형문제

04 표는 사람의 6가지 질병을 (가)~(다)로 구분하여 나타낸 것이다.

구분	질병
(가)	결핵, 탄저병
(나)	고혈압, 혈우병
(다)	독감, 후천성 면역 결핍증

이에 대한 설명으로 옳은 것만을 |보기|에서 있는 대로 고른 것은?

> **보기**
> ㄱ. (가)는 세균에 감염되어 나타난다.
> ㄴ. (다)의 치료에 항생제가 이용된다.
> ㄷ. 소아마비와 낫 모양 적혈구 빈혈증은 모두 (가)~(다) 중 (나)에 속한다.

① ㄱ   ② ㄴ   ③ ㄷ
④ ㄱ, ㄴ   ⑤ ㄴ, ㄷ

대표 유형문제

05 그림은 어떤 병원체의 구조를 나타낸 것이다. 이 병원체는 균류, 세균, 바이러스 중 하나이다.

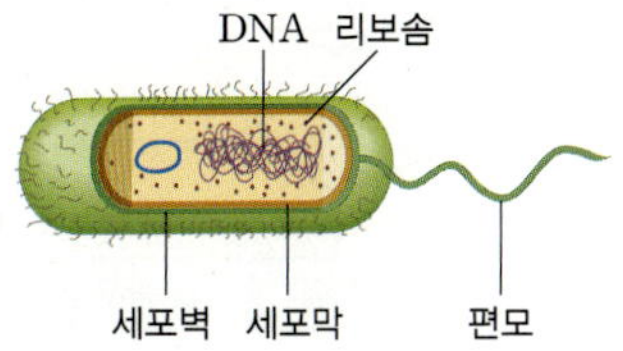

이에 대한 설명으로 옳은 것만을 |보기|에서 있는 대로 고른 것은?

> **보기**
> ㄱ. 핵(핵막)이 없다.
> ㄴ. 살아 있는 숙주 세포 내에서만 증식한다.
> ㄷ. 결핵은 이 병원체에 의한 질병 중 하나이다.

① ㄱ   ② ㄴ   ③ ㄱ, ㄴ
④ ㄱ, ㄷ   ⑤ ㄴ, ㄷ

06 다음은 사람의 3가지 질병을 나타낸 것이다.

| 무좀 | 수면병 | 말라리아 |

이 질병을 일으키는 병원체의 공통점으로 옳은 것만을 |보기|에서 있는 대로 고른 것은?

> **보기**
> ㄱ. 진핵생물이다.
> ㄴ. 항생제를 이용하여 제거한다.
> ㄷ. 핵산과 단백질을 모두 갖는다.

① ㄱ ② ㄴ ③ ㄱ, ㄷ
④ ㄴ, ㄷ ⑤ ㄱ, ㄴ, ㄷ

08 그림은 프라이온의 감염 과정을 나타낸 것이다. (가)와 (나)는 각각 정상 프라이온과 변형된 프라이온 중 하나이다.

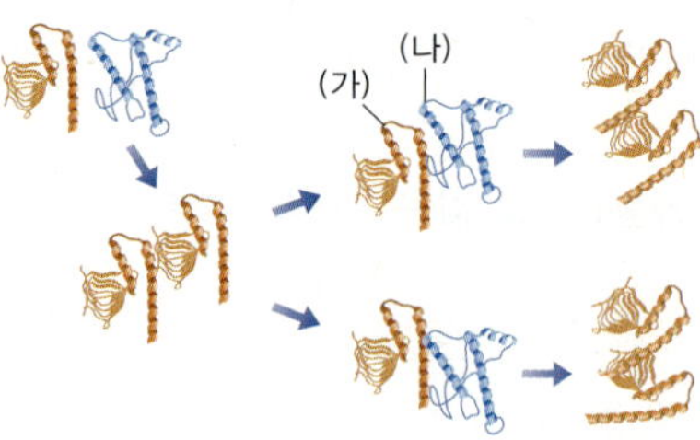

이에 대한 설명으로 옳은 것만을 |보기|에서 있는 대로 고른 것은?

> **보기**
> ㄱ. (가)에 핵산이 있다.
> ㄴ. (나)가 축적되면 광우병이 나타난다.
> ㄷ. (나)와 바이러스에는 모두 단백질이 있다.

① ㄴ ② ㄷ ③ ㄱ, ㄴ
④ ㄱ, ㄷ ⑤ ㄴ, ㄷ

대표 유형 문제

07 그림은 사람의 4가지 질병을 구분하는 과정을 나타낸 것이다.

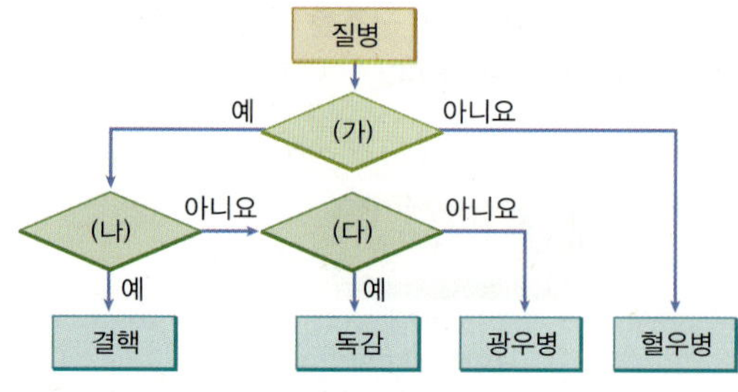

특징 (가)~(다)로 옳은 것만을 |보기|에서 있는 대로 고른 것은?

> **보기**
> ㄱ. (가): 감염성 질병인가?
> ㄴ. (나): 병원체가 유전 물질을 갖는가?
> ㄷ. (다): 병원체가 세포 분열을 통해 증식하는가?

① ㄱ ② ㄴ ③ ㄷ
④ ㄱ, ㄴ ⑤ ㄴ, ㄷ

09 표는 사람의 방어 작용을 (가)와 (나)로 구분하여 각 방어 작용의 예를 나타낸 것이다.

구분	예
(가)	체액성 면역, 세포성 면역
(나)	피부, 점막, 염증 반응, 식세포 작용(식균 작용)

이에 대한 설명으로 옳은 것만을 |보기|에서 있는 대로 고른 것은?

> **보기**
> ㄱ. (가)는 선천성 면역에 해당한다.
> ㄴ. (나)는 병원체의 종류에 따라 특이적으로 일어난다.
> ㄷ. (나)는 병원체의 감염 경험의 유무에 관계없이 일어난다.

① ㄱ ② ㄴ ③ ㄷ
④ ㄱ, ㄴ ⑤ ㄴ, ㄷ

10

그림은 염증 반응이 일어나는 과정을 나타낸 것이다. 물질 X는 감염 부위에 있는 비만 세포에 의해 분비된 후 모세 혈관에 작용한다.

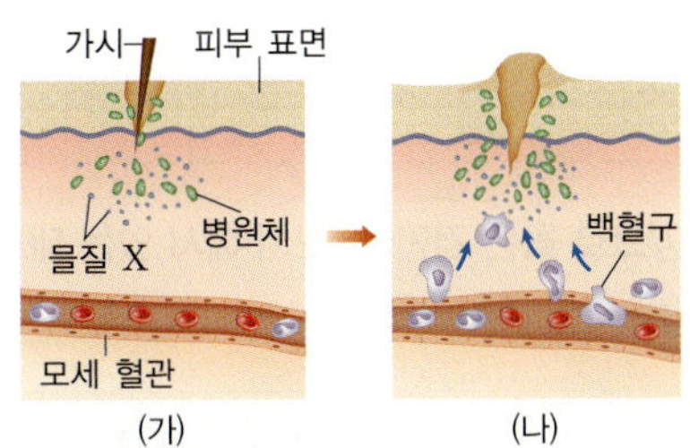

이에 대한 설명으로 옳은 것만을 |보기|에서 있는 대로 고른 것은?

> **보기**
> ㄱ. 히스타민은 X에 해당한다.
> ㄴ. (가) → (나) 과정에서 감염 부위의 모세 혈관이 수축한다.
> ㄷ. (나) 이후에 감염 부위에서 백혈구의 식세포 작용(식균 작용)이 일어난다.

① ㄱ ② ㄴ ③ ㄷ
④ ㄱ, ㄷ ⑤ ㄴ, ㄷ

11

표는 림프구 (가)와 (나)의 특징을 나타낸 것이다. (가)와 (나)는 각각 B 림프구와 T 림프구 중 하나이고, 부위 ⊙과 ⓒ은 골수와 가슴샘을 순서 없이 나타낸 것이다.

구분	특징
(가)	형질 세포와 ⓐ기억 세포로 분화된다.
(나)	⊙에서 생성된 후 ⓒ으로 이동해 최종 성숙한다.

이에 대한 설명으로 옳은 것만을 |보기|에서 있는 대로 고른 것은?

> **보기**
> ㄱ. (가)는 ⊙에서 최종 성숙한다.
> ㄴ. ⓐ에 의해 2차 면역 반응이 일어난다.
> ㄷ. (나)는 체액성 면역과 세포성 면역에 모두 관여한다.

① ㄱ ② ㄴ ③ ㄱ, ㄷ
④ ㄴ, ㄷ ⑤ ㄱ, ㄴ, ㄷ

12

그림은 사람의 방어 작용 (가)와 (나)의 일부 과정을 나타낸 것이다. (가)와 (나)는 세포성 면역과 체액성 면역을 순서 없이 나타낸 것이고, 세포 ⊙~ⓒ은 림프구이다.

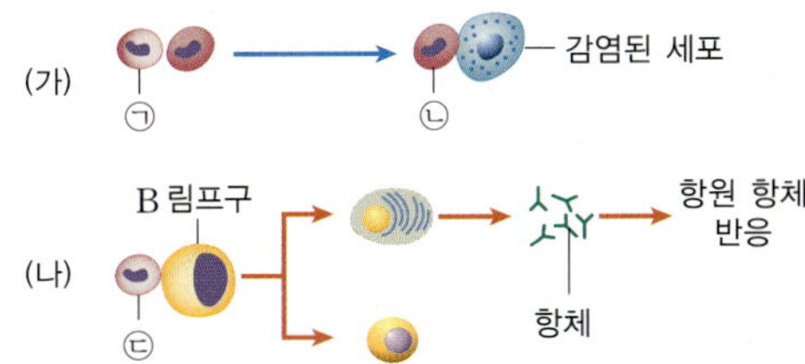

이에 대한 설명으로 옳은 것만을 |보기|에서 있는 대로 고른 것은?

> **보기**
> ㄱ. (가)는 체액성 면역이다.
> ㄴ. ⊙과 ⓒ은 모두 보조 T 림프구이다.
> ㄷ. ⓒ은 감염된 세포에 결합하는 항체를 생성한다.

① ㄴ ② ㄷ ③ ㄱ, ㄴ
④ ㄱ, ㄷ ⑤ ㄴ, ㄷ

13

그림은 세균 X에 대한 사람의 방어 작용 중 일부를 나타낸 것이다. 세포 ⊙과 ⓒ은 각각 형질 세포와 대식세포 중 하나이다.

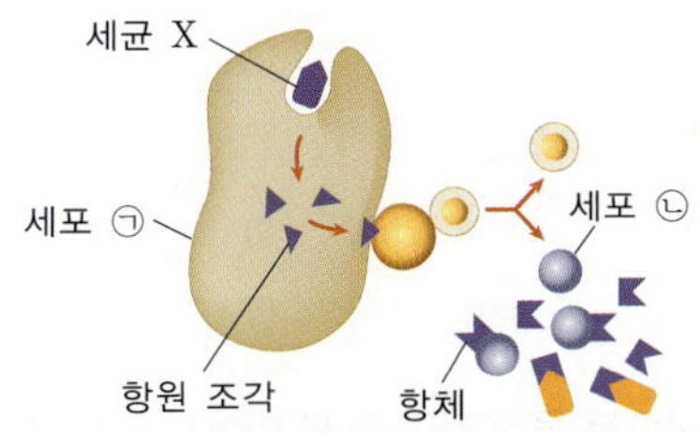

이에 대한 설명으로 옳은 것만을 |보기|에서 있는 대로 고른 것은?

> **보기**
> ㄱ. ⊙은 비특이적 방어 작용으로 X를 분해한다.
> ㄴ. ⊙은 X의 항원 조각을 보조 T 림프구에게 제시한다.
> ㄷ. ⓒ은 X와 특이적으로 결합하는 항체를 생성한다.

① ㄱ ② ㄴ ③ ㄱ, ㄷ
④ ㄴ, ㄷ ⑤ ㄱ, ㄴ, ㄷ

 개념 다지기 문제

대표 유형문제

14 그림은 건강한 쥐에 항원 A와 B를 주사했을 때 체내 항체 ㉠과 ㉡의 농도 변화를 나타낸 것이다. ㉠과 ㉡은 각각 A와 B 중 서로 다른 항원에 특이적으로 결합한다.

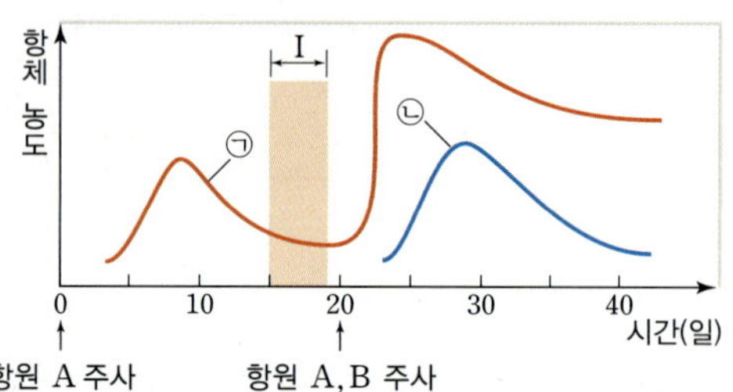

이에 대한 설명으로 옳은 것만을 |보기|에서 있는 대로 고른 것은? (단, 항원의 종류를 제외한 나머지 조건은 모두 같다.)

|보기|
ㄱ. ㉠은 항원 A와 항원 항체 반응을 한다.
ㄴ. ㉡은 항원 B에 대한 체액성 면역 반응으로 생성된다.
ㄷ. 구간 I에서 이 쥐의 체내에 항원 A와 B에 대한 기억 세포가 모두 있다.

① ㄱ   ② ㄴ   ③ ㄷ
④ ㄱ, ㄴ   ⑤ ㄴ, ㄷ

대표 유형문제

15 그림은 남자 (가)의 ABO식 혈액형 판정 결과를, 표는 (가)와 여자 (나)의 혈구와 혈장을 서로 섞었을 때 응집 반응 결과를 나타낸 것이다.

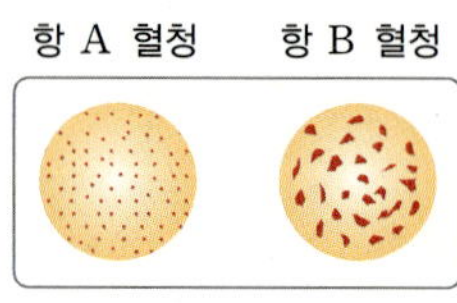

구분		(나)	
		혈구	혈장
(가)	혈구		−
	혈장	+	

(+: 응집됨, −: 응집 안 됨)

이에 대한 설명으로 옳은 것만을 |보기|에서 있는 대로 고른 것은? (단, ABO식 혈액형만 고려한다.)

|보기|
ㄱ. (가)의 ABO식 혈액형은 B형이다.
ㄴ. (나)의 혈액에는 응집소 α와 β가 모두 없다.
ㄷ. (가)는 (나)에게 소량 수혈해 줄 수 있다.

① ㄱ   ② ㄴ   ③ ㄱ, ㄷ
④ ㄴ, ㄷ   ⑤ ㄱ, ㄴ, ㄷ

대표 유형문제

16 표는 ABO식 혈액형이 서로 다른 어떤 가족 구성원의 혈장에서 응집소 α와 β의 유무를 나타낸 것이다.

구분	아버지	어머니	딸
응집소 α	있음	?	있음
응집소 β	없음	?	있음

이에 대한 설명으로 옳은 것만을 |보기|에서 있는 대로 고른 것은? (단, ABO식 혈액형만 고려한다.)

|보기|
ㄱ. 아버지의 혈액은 항 A 혈청에 응집한다.
ㄴ. 어머니와 딸은 공통된 응집소를 갖는다.
ㄷ. 어머니의 혈구와 딸의 혈장을 섞으면 응집 반응이 일어난다.

① ㄱ   ② ㄴ   ③ ㄱ, ㄴ
④ ㄱ, ㄷ   ⑤ ㄴ, ㄷ

17 표는 사람의 면역 관련 질환 (가)와 (나)의 특징을 나타낸 것이다. (가)와 (나)는 자가 면역 질환과 후천성 면역 결핍증을 순서 없이 나타낸 것이다.

질환	특징
(가)	?
(나)	면역계가 자신의 몸을 구성하는 물질을 항원으로 인식한다.

이에 대한 설명으로 옳은 것만을 |보기|에서 있는 대로 고른 것은?

|보기|
ㄱ. 사람 면역 결핍 바이러스에 감염되면 (가)가 나타날 수 있다.
ㄴ. (가)를 나타내는 사람은 건강한 사람보다 보조 T 림프구의 수가 많다.
ㄷ. 항체가 연골 조직을 공격하여 나타나는 류머티즘 관절염은 (나)에 해당한다.

① ㄱ   ② ㄴ   ③ ㄱ, ㄷ
④ ㄴ, ㄷ   ⑤ ㄱ, ㄴ, ㄷ

18 그림 (가)는 어떤 쥐에 항원 A와 B를 주사했을 때 체내 항체 a와 b의 농도 변화를, (나)는 항원 주사 이후 이 쥐의 체내에서 항체가 생성되는 과정의 일부를 나타낸 것이다. 항원 X는 항원 A와 B 중 하나이고, ㉠은 기억 세포와 형질 세포 중 하나이다.

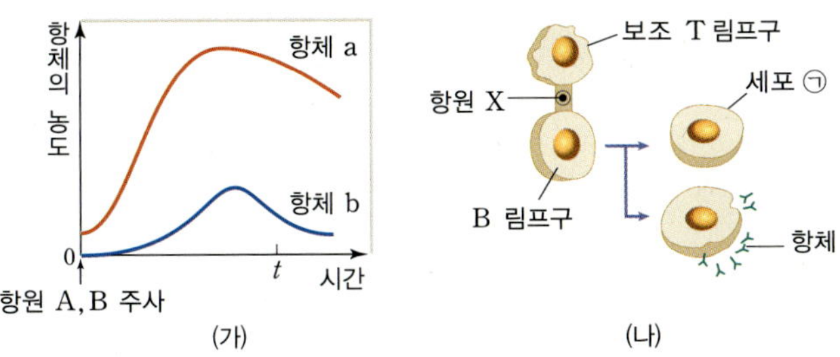

이에 대한 설명으로 옳은 것만을 |보기|에서 있는 대로 고른 것은? (단, 항원 A와 B에 대해 항체 a와 b가 각각 생성된다.)

┌─ 보기 ─
ㄱ. 항원 X는 항원 B이다.
ㄴ. ㉠은 t 이후에 처음 분화되었다.
ㄷ. 이 쥐는 항원 A와 B를 주사하기 전에 두 항원에 모두 노출된 적이 없다.
└─

① ㄱ   ② ㄴ   ③ ㄷ
④ ㄱ, ㄴ   ⑤ ㄴ, ㄷ

19 다음은 네 사람 (가)~(라)의 ABO식 혈액형에 대한 자료이다.

- (가)~(라)는 모두 ABO식 혈액형이 서로 다르다.
- (가)~(라) 중 (나)와 (다)의 혈액만 (가)의 혈장과 응집한다.
- (나)와 (다) 중 (나)의 혈장만 (가)의 혈구와 응집한다.
- (가)와 (라) 중 (가)의 혈액만 항 A 혈청에 응집한다.

이에 대한 설명으로 옳은 것만을 |보기|에서 있는 대로 고른 것은? (단, ABO식 혈액형만 고려한다.)

┌─ 보기 ─
ㄱ. (가)의 ABO식 혈액형은 AB형이다.
ㄴ. (나)는 응집소 β를 갖는다.
ㄷ. (다)와 (라) 중 (라)의 혈장만 (가)의 혈구와 응집한다.
└─

① ㄱ   ② ㄷ   ③ ㄱ, ㄴ
④ ㄱ, ㄷ   ⑤ ㄴ, ㄷ

20 표는 사람의 질병을 (가)와 (나)로 구분하여 나타낸 것이다. (가)와 (나)는 각각 비감염성 질병과 감염성 질병 중 하나이다.

구분	질병
(가)	㉠결핵, ㉡독감
(나)	혈우병, 페닐케톤뇨증

(가)와 (나)를 각각 비감염성 질병과 감염성 질병으로 구분하고, ㉠의 병원체와 ㉡의 병원체의 차이점을 1가지만 비교하여 서술하시오.

21 그림은 어떤 세균에 대한 1차 면역 반응 과정 중 일부를 나타낸 것이다. ㉠과 ㉡은 서로 다른 종류의 림프구이다.

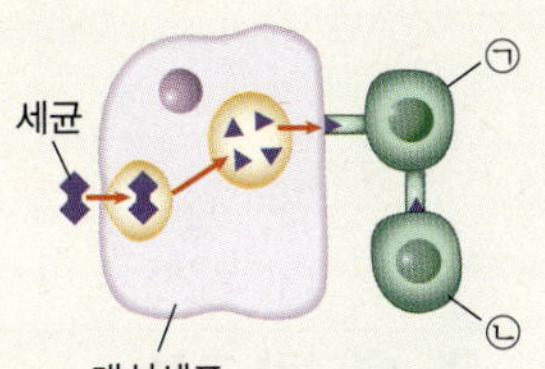

(1) ㉠과 ㉡의 이름을 각각 쓰시오.

(2) ㉠과 ㉡ 중 항체를 생성하는 세포로 분화되는 림프구의 기호를 쓰고, 이 림프구로부터 항체가 생성되기까지의 과정을 서술하시오.

22 표는 ABO식 혈액형이 A형인 어떤 사람의 혈액형 판정 결과를 나타낸 것이다. ㉠~㉢은 항 A 혈청, 항 B 혈청, 항 Rh 혈청을 순서 없이 나타낸 것이다.

구분	㉠	㉡	㉢
응집 여부	?	응집함	응집함

(1) ㉠이 어떤 혈청인지 쓰고, 이 사람의 Rh식 혈액형을 쓰시오.

(2) 이 사람은 혈액형이 Rh^+ B형인 사람에게 수혈해 줄 수 있는지 여부를 그 까닭과 함께 서술하시오. (단, Rh식 혈액형과 ABO식 혈액형만 고려한다.)

03　항상성

1　음성 피드백

그림은 건강한 사람에게서 티록신의 분비가 조절되는 과정을 나타낸 것이다.

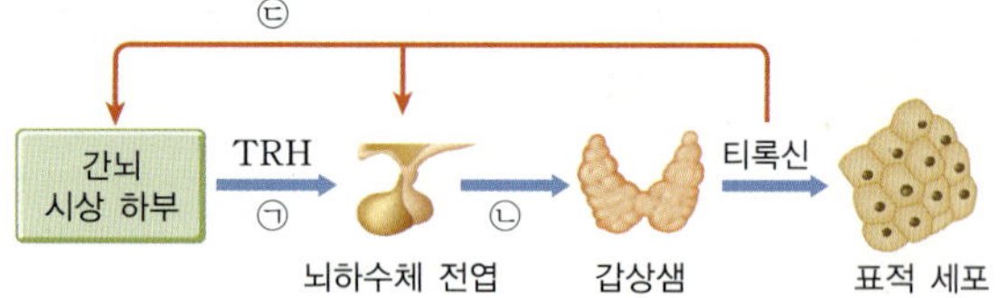

● 다음 설명 중 옳은 것은 ○표, 옳지 <u>않은</u> 것은 ×표 하시오.

1 ㉠에서 TRH는 뇌하수체 전엽을 자극한다.　○ / ×

2 ㉡은 뇌하수체 전엽에서 분비되는 갑상샘 자극 호르몬(TSH)에 의해 일어난다.　○ / ×

3 혈중 티록신의 농도가 낮을 때에는 ㉠과 ㉡이 모두 억제된다.　○ / ×

4 ㉡이 활발히 일어날수록 표적 세포의 물질대사가 억제된다.　○ / ×

5 ㉢은 혈중 티록신의 농도가 높을 때 일어나는 음성 피드백 과정이다.　○ / ×

6 ㉢이 활발히 일어날수록 혈중 TRH의 농도는 증가한다.　○ / ×

2　혈당량 조절

그림은 호르몬에 의해 혈당량이 조절되는 과정을 나타낸 것이다. (가)는 내분비샘이다.

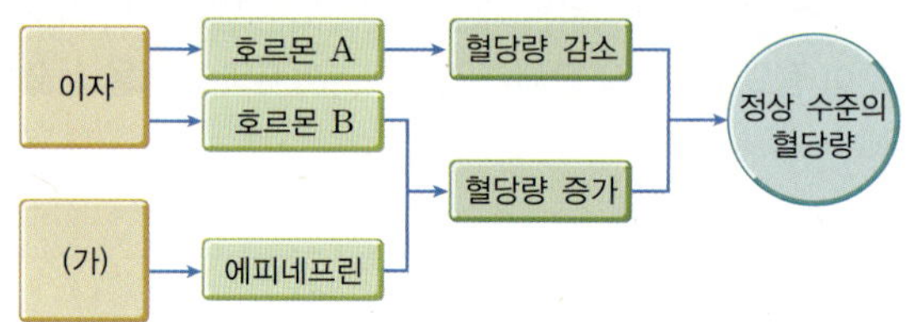

● 다음 설명 중 옳은 것은 ○표, 옳지 <u>않은</u> 것은 ×표 하시오.

1 (가)는 부신 겉질이다.　○ / ×

2 A는 이자의 α세포에서 분비된다.　○ / ×

3 A는 간에서 포도당이 글리코젠으로 합성되는 과정을 촉진한다.　○ / ×

4 B는 글루카곤이다.　○ / ×

5 식사 후에는 B의 분비가 촉진된다.　○ / ×

6 혈중 B의 농도가 증가하면 간에 저장되는 글리코젠의 양이 증가한다.　○ / ×

7 B와 에피네프린은 간에서 길항 작용을 하여 혈당량을 조절한다.　○ / ×

3　체온 조절

그림은 어떤 자극에 대해 일어나는 체온 조절 과정을 나타낸 것이다. 이 자극은 고온 자극과 저온 자극 중 하나이다.

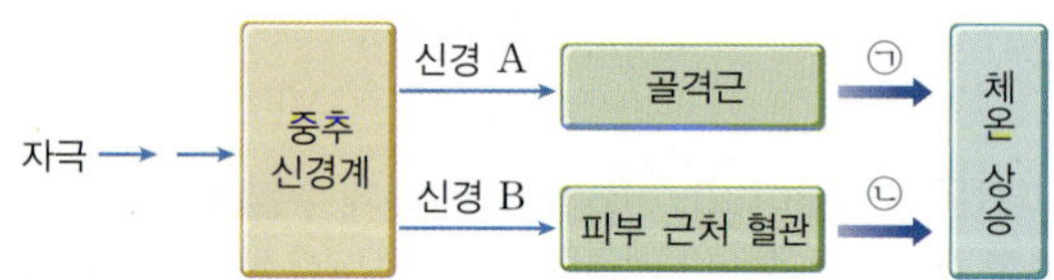

● 다음 설명 중 옳은 것은 ○표, 옳지 <u>않은</u> 것은 ×표 하시오.

1 이 자극은 고온 자극이다.　○ / ×

2 체온을 조절하는 중추는 간뇌의 시상 하부이다.　○ / ×

3 A는 체성 신경이다.　○ / ×

4 B는 부교감 신경이다.　○ / ×

5 B에서 활동 전위 발생 빈도가 증가하면 피부 근처 혈관이 확장된다.　○ / ×

6 ㉠은 골격근의 수축에 의해 체내 열 발생량이 증가하는 과정이다.　○ / ×

7 ㉡은 피부 근처 혈관을 흐르는 혈액량이 감소해 열 발산량이 감소하는 과정이다.　○ / ×

4 삼투압 조절

그림은 어떤 정상인이 ㉠과 ㉡을 섭취하였을 때 단위 시간당 오줌 생성량의 변화를 나타낸 것이다. ㉠과 ㉡은 물과 소금물을 순서 없이 나타낸 것이다. (단, 제시된 조건 이외에 체내 수분량에 영향을 미치는 요인은 없다.)

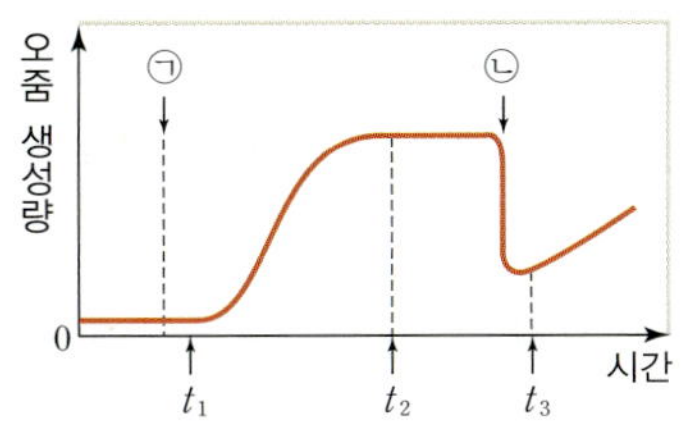

● 다음 설명 중 옳은 것은 ○표, 옳지 <u>않은</u> 것은 ×표 하시오.

1 ㉠은 소금물이다. ○ / ×
2 ㉡을 섭취한 후 혈장 삼투압이 증가했다. ○ / ×
3 체내 수분량은 t_1일 때가 t_2일 때보다 많다. ○ / ×
4 혈중 항이뇨 호르몬의 농도는 t_2일 때가 t_1일 때보다 높다.

○ / ×

5 오줌의 삼투압은 t_2일 때가 t_1일 때보다 높다. ○ / ×
6 단위 시간당 콩팥에서 물의 재흡수량은 t_3일 때가 t_2일 때보다 많다. ○ / ×
7 오줌 생성량이 증가할수록 항이뇨 호르몬의 분비는 억제된다.

○ / ×

04 방어 작용

5 병원체의 종류와 특징

표는 사람의 6가지 질병을 A~C로 구분하여 나타낸 것이다.

구분	질병
A	결핵, 탄저병
B	무좀, 말라리아
C	독감, 후천성 면역 결핍증

● 다음 설명 중 옳은 것은 ○표, 옳지 <u>않은</u> 것은 ×표 하시오.

1 A~C는 모두 감염성 질병에 속한다. ○ / ×
2 A의 병원체는 바이러스이다. ○ / ×
3 A의 병원체는 독립적으로 물질대사를 수행한다. ○ / ×
4 B의 병원체는 진핵생물이다. ○ / ×
5 C의 병원체는 항생제를 이용해 제거할 수 있다. ○ / ×
6 C의 병원체는 세포 분열을 통해 증식한다. ○ / ×
7 A~C의 병원체는 모두 핵산을 가진다. ○ / ×
8 콜레라는 A~C 중 C에 속한다. ○ / ×
9 '병원체가 단백질을 갖는가?'의 특징을 이용해 A의 병원체와 C의 병원체가 구분된다. ○ / ×

6 세포성 면역과 체액성 면역

그림은 세포 (가)~(다)에 의해 일어나는 방어 작용을 나타낸 것이다. (가)~(다)는 형질 세포, B 림프구, 세포독성 T림프구를 순서 없이 나타낸 것이다.

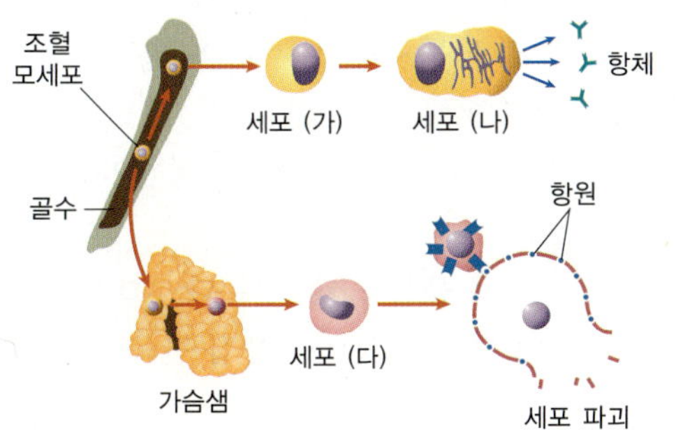

● 다음 설명 중 옳은 것은 ○표, 옳지 <u>않은</u> 것은 ×표 하시오.

1 (가)는 골수에서 생성된다. ○ / ×
2 (가)는 세포독성 T림프구이다. ○ / ×
3 (가)와 (나)는 모두 체액성 면역에 관여한다. ○ / ×
4 (나)는 형질 세포이다. ○ / ×
5 (나)는 항원을 인식한 후 증식하여 기억 세포로 분화된다.

○ / ×

6 (다)는 가슴샘에서 최종 성숙한다. ○ / ×
7 (다)는 세포성 면역에 관여한다. ○ / ×
8 (가)~(다)는 모두 특이적 방어 작용에 관여한다. ○ / ×

7 체액성 면역

그림은 세균 X가 체내에 처음 침입했을 때 일어나는 방어 작용의 일부를 나타낸 것이다. 세포 ㉠~㉤은 각각 기억 세포, 대식 세포, 형질 세포, B 림프구, 보조 T 림프구 중 하나이다.

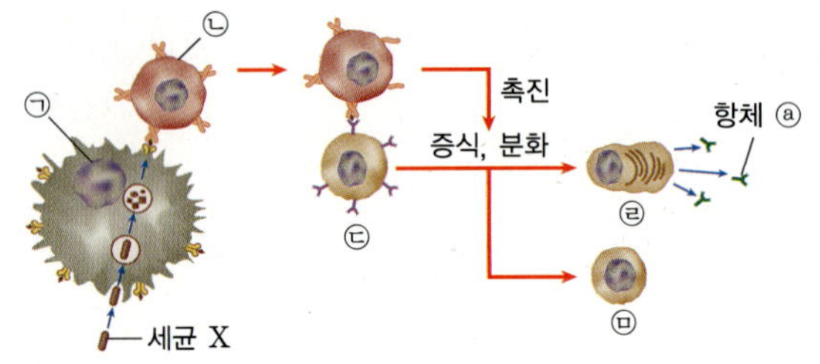

● 다음 설명 중 옳은 것은 ○표, 옳지 **않은** 것은 ×표 하시오.

1 ㉠은 식세포 작용(식균 작용)을 한다. ○ / ×

2 ㉡은 가슴샘에서 최종 성숙한다. ○ / ×

3 ㉠이 제시한 X의 조각을 인식해 ㉡이 활성화된다. ○ / ×

4 ㉢은 보조 T 림프구이다. ○ / ×

5 ㉣은 형질 세포이다. ○ / ×

6 ㉣이 ⓐ를 생성하는 것은 비특이적 방어 작용에 해당한다. ○ / ×

7 ⓐ는 X에 특이적으로 결합한다. ○ / ×

8 ㉤은 항원의 특성을 기억한다. ○ / ×

9 X가 재침입하면 ㉤이 X를 인식해 2차 면역 반응이 일어난다. ○ / ×

8 1차 면역 반응과 2차 면역 반응

그림은 생쥐 X에 항원 A를 주입하고 일정 시간 후 다시 항원 A와 B를 동시에 주입했을 때 생성되는 항체의 농도 변화를 나타낸 것이다. 항원 A에 대해 항체 A가, 항원 B에 대해 항체 B가 각각 생성된다.

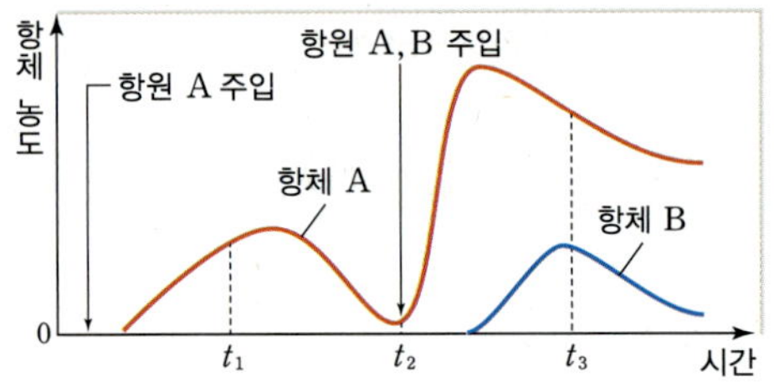

● 다음 설명 중 옳은 것은 ○표, 옳지 **않은** 것은 ×표 하시오.

1 t_1일 때 특이적 방어 작용이 일어난다. ○ / ×

2 t_1일 때 X의 체내에 항원 A에 대한 형질 세포와 기억 세포가 모두 있다. ○ / ×

3 t_2일 때 항원 A에 대한 체액성 면역 반응이 일어난다. ○ / ×

4 t_2일 때 X의 체내에 항원 B에 대한 기억 세포가 있다. ○ / ×

5 t_2~t_3에서 항원 A를 인식하는 기억 세포가 형질 세포로 분화된다. ○ / ×

6 t_3일 때 항원 B에 대한 2차 면역 반응이 일어난다. ○ / ×

7 t_3일 때 항원 A와 B에 대해 모두 항원 항체 반응이 일어난다. ○ / ×

9 ABO식 혈액형의 판정

표는 네 사람 (가)~(라)의 혈액을 서로 다른 항 A 혈청, 항 B 혈청, 항 Rh 혈청에 섞었을 때의 응집 여부를 나타낸 것이다. (단, ABO식 혈액형과 Rh식 혈액형만 고려한다.)

구분	(가)	(나)	(다)	(라)
항 A 혈청	+	+	−	−
항 B 혈청	−	+	−	+
항 Rh 혈청	+	+	+	−

(+ : 응집됨, − : 응집 안 됨)

● 다음 설명 중 옳은 것은 ○표, 옳지 **않은** 것은 ×표 하시오.

1 (가)는 Rh^+ A형이다. ○ / ×

2 (나)는 응집소 α와 β를 모두 갖는다. ○ / ×

3 (다)의 혈장에는 Rh 응집소가 있다. ○ / ×

4 (다)는 응집원 A와 B를 모두 갖는다. ○ / ×

5 (다)는 (나)에게 소량 수혈해 줄 수 있다. ○ / ×

6 (라)의 적혈구 표면에는 응집원 B와 Rh 응집원이 모두 있다. ○ / ×

7 (다)와 (라)는 공통적으로 응집소 α를 갖는다. ○ / ×

8 (나)의 혈장과 (다)의 혈구를 섞으면 응집 반응이 일어난다. ○ / ×

학교 시험 대비 문제

01 그림은 사람의 호르몬 A와 B가 분비되는 과정을 나타낸 것이다. (가)와 (나)는 서로 다른 내분비샘이고, A와 B는 각각 티록신과 항이뇨 호르몬 중 하나이다.
이에 대한 설명으로 옳은 것만을 |보기|에서 있는 대로 고른 것은?

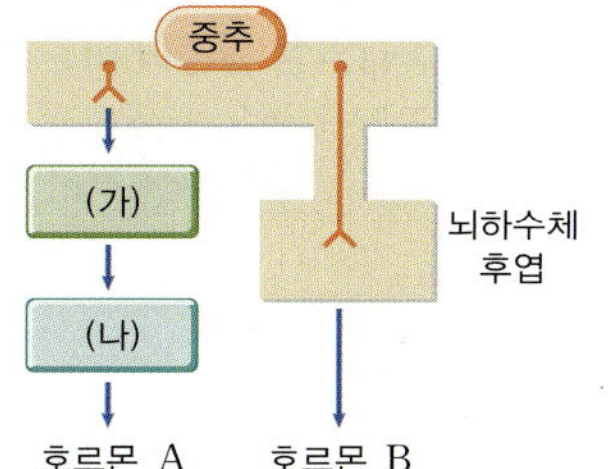

┌─ 보기 ─
ㄱ. A는 간에서 물질대사를 촉진한다.
ㄴ. (나)에서 당질 코르티코이드가 분비된다.
ㄷ. B는 콩팥에서 물의 재흡수를 촉진한다.

① ㄱ ② ㄴ ③ ㄱ, ㄴ
④ ㄱ, ㄷ ⑤ ㄴ, ㄷ

대표 유형문제

02 그림은 어떤 자극에 대한 체온 조절 과정을 나타낸 것이다.

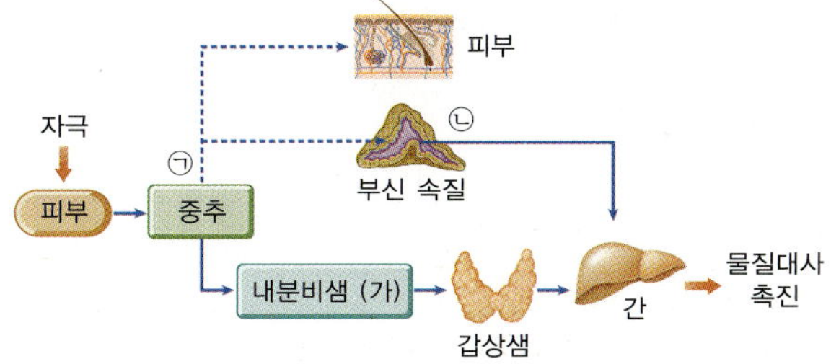

이에 대한 설명으로 옳은 것만을 |보기|에서 있는 대로 고른 것은?

┌─ 보기 ─
ㄱ. ㉠에 의해 피부 근처 혈관의 지름이 짧아진다.
ㄴ. ㉠은 교감 신경, ㉡은 호르몬에 의해 각각 일어난다.
ㄷ. (가)에서 생장 호르몬과 부신 겉질 자극 호르몬이 분비된다.

① ㄱ ② ㄴ ③ ㄱ, ㄷ
④ ㄴ, ㄷ ⑤ ㄱ, ㄴ, ㄷ

03 표는 티록신의 분비량이 정상보다 많은 환자 (가)와 (나)에서 혈중 TSH(갑상샘 자극 호르몬)와 티록신 농도를 정상 수준과 비교하여 나타낸 것이다. (가)와 (나) 중 한 사람은 갑상샘의 활성이, 다른 사람은 뇌하수체 전엽의 활성이 과도하게 높다.

구분	(가)	(나)
TSH 농도	낮음	?
티록신 농도	높음	높음

이에 대한 설명으로 옳은 것만을 |보기|에서 있는 대로 고른 것은?

┌─ 보기 ─
ㄱ. (가)는 갑상샘의 활성이 과도하게 높다.
ㄴ. (가)에서 음성 피드백은 일어나지 않는다.
ㄷ. (나)는 혈중 TSH 농도가 정상보다 높다.

① ㄱ ② ㄴ ③ ㄱ, ㄷ
④ ㄴ, ㄷ ⑤ ㄱ, ㄴ, ㄷ

대표 유형문제

04 그림 (가)는 호르몬 A와 B의 분비 경로를, (나)는 식사 후 시간에 따른 혈중 호르몬 ㉠과 ㉡의 농도를 나타낸 것이다. A와 B는 각각 티록신과 당질 코르티코이드 중 하나이고, ㉠과 ㉡은 모두 이자에서 분비된다.

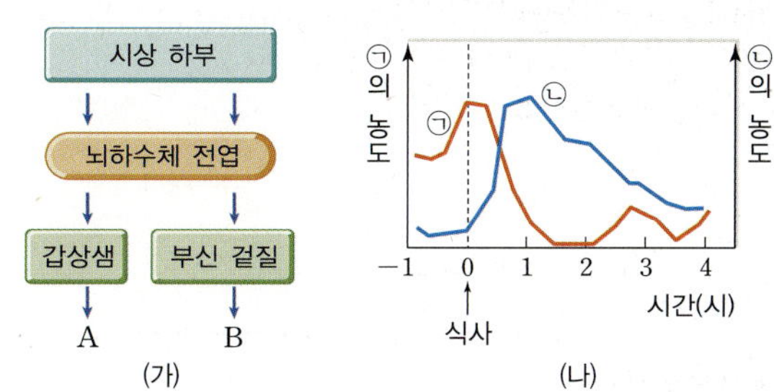

이에 대한 설명으로 옳은 것만을 |보기|에서 있는 대로 고른 것은?

┌─ 보기 ─
ㄱ. A는 세포 호흡을 촉진시킨다.
ㄴ. 혈당량을 조절하기 위해 B와 ㉠은 길항 작용을 한다.
ㄷ. ㉡의 분비가 촉진되면 간에 저장되는 글리코젠의 양이 증가한다.

① ㄱ ② ㄴ ③ ㄱ, ㄷ
④ ㄴ, ㄷ ⑤ ㄱ, ㄴ, ㄷ

05

그림은 ㉠에서 분비되는 호르몬 A의 작용으로 혈장 삼투압이 변화되는 과정을 나타낸 것이다.

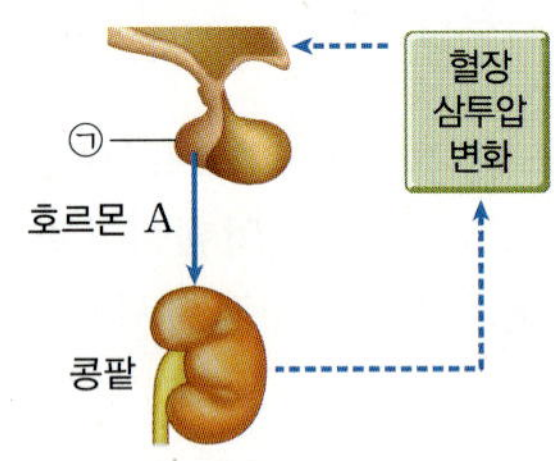

이에 대한 설명으로 옳은 것만을 |보기|에서 있는 대로 고른 것은?

─ 보기 ─
ㄱ. ㉠은 뇌하수체 전엽이다.
ㄴ. 콩팥은 A의 표적 기관이다.
ㄷ. A의 분비가 억제되면 단위 시간당 콩팥에서 생성되는 오줌량이 증가한다.

① ㄱ   ② ㄴ   ③ ㄷ
④ ㄱ, ㄴ   ⑤ ㄴ, ㄷ

대표 유형 문제

06

그림은 건강한 사람이 용액 X를 섭취한 후 시간에 따른 삼투압 ㉠과 ㉡을 나타낸 것이다. X는 물과 소금물 중 하나이며, ㉠과 ㉡은 각각 혈장 삼투압과 오줌의 삼투압 중 하나이다.

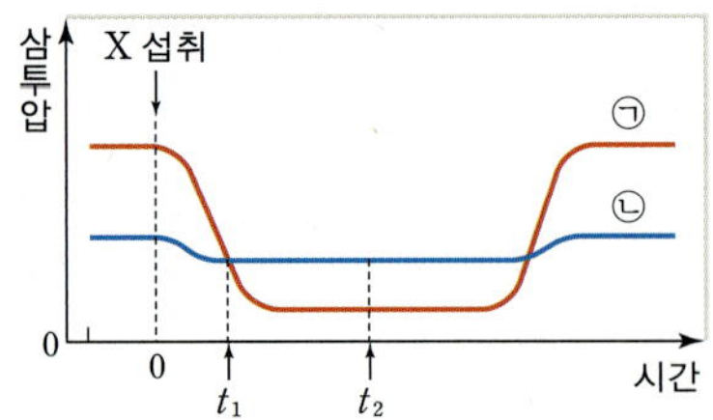

이에 대한 설명으로 옳은 것만을 |보기|에서 있는 대로 고른 것은? (단, 주어진 자료만 고려한다.)

─ 보기 ─
ㄱ. X는 물이다.
ㄴ. ㉠은 오줌의 삼투압이다.
ㄷ. 혈중 항이뇨 호르몬 농도는 t_2일 때가 t_1일 때보다 높다.

① ㄴ   ② ㄷ   ③ ㄱ, ㄴ
④ ㄱ, ㄷ   ⑤ ㄴ, ㄷ

07

표는 사람의 질병을 A와 B로 구분하여 나타낸 것이다. A와 B는 각각 감염성 질병과 비감염성 질병 중 하나이다.

구분	질병
A	독감, 결핵
B	당뇨병, 낫 모양 적혈구 빈혈증

이에 대한 설명으로 옳은 것만을 |보기|에서 있는 대로 고른 것은?

─ 보기 ─
ㄱ. A는 병원체가 인체 내에서 증식함으로써 나타난다.
ㄴ. A에 속하는 질병은 모두 항생제를 이용하여 치료한다.
ㄷ. 고혈압과 혈우병은 모두 B에 속한다.

① ㄱ   ② ㄴ   ③ ㄱ, ㄷ
④ ㄴ, ㄷ   ⑤ ㄱ, ㄴ, ㄷ

대표 유형 문제

08

표는 병원체 A~C에서 특징 ㉠~㉢의 유무를 나타낸 것이다. A~C는 각각 결핵, 감기, 말라리아의 병원체 중 하나이며, ㉠~㉢ 중 하나는 '진핵생물이다.'이다.

구분	㉠	㉡	㉢
A	○	○	×
B	×	×	○
C	×	○	○

(○: 있음, ×: 없음)

이에 대한 설명으로 옳은 것만을 |보기|에서 있는 대로 고른 것은?

─ 보기 ─
ㄱ. A와 수면병의 병원체는 모두 핵이 있다.
ㄴ. '돌연변이가 일어난다.'는 ㉡에 해당한다.
ㄷ. '영양소로만 이루어진 배지에서 증식한다.'는 ㉢에 해당한다.

① ㄱ   ② ㄴ   ③ ㄷ
④ ㄱ, ㄴ   ⑤ ㄴ, ㄷ

09 그림은 어떤 사람이 항원 X에 처음 감염되었을 때 일어나는 방어 작용의 일부를 나타낸 것이다. ⊙~ⓒ은 각각 기억 세포, B 림프구, 보조 T 림프구 중 하나이다.

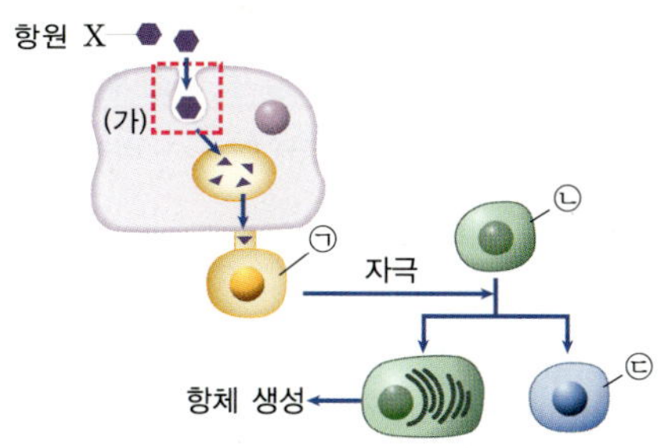

이에 대한 설명으로 옳은 것만을 |보기|에서 있는 대로 고른 것은?

> **보기**
> ㄱ. (가) 과정은 비특이적 방어 작용에 해당한다.
> ㄴ. ⊙은 골수, ⓛ은 가슴샘에서 각각 최종 성숙한다.
> ㄷ. 항원 X에 재감염되면 ⓒ은 ⓛ으로 분화된다.

① ㄱ   ② ㄴ   ③ ㄷ
④ ㄱ, ㄴ   ⑤ ㄴ, ㄷ

10 그림은 어떤 쥐에게 항원을 투여했을 때 시간에 따른 항체 생성량을 나타낸 것이다. t일 때 마지막으로 항원을 투여했으며, 항원 X와 Y에 대해 각각 항체 X와 Y가 생성된다.

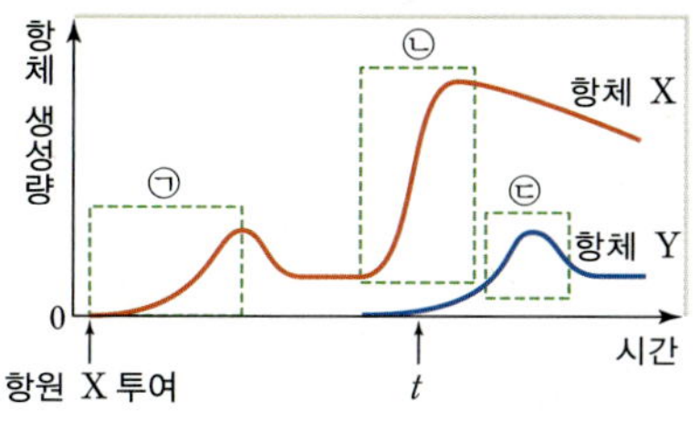

이에 대한 설명으로 옳은 것만을 |보기|에서 있는 대로 고른 것은?

> **보기**
> ㄱ. t일 때 항원 X만 투여했다.
> ㄴ. ⊙과 ⓒ은 모두 1차 면역 반응으로 생성되었다.
> ㄷ. ⓛ은 항원 X에 대한 B 림프구에서 분화된 형질 세포로부터 생성되었다.

① ㄱ   ② ㄴ   ③ ㄱ, ㄴ
④ ㄱ, ㄷ   ⑤ ㄴ, ㄷ

11 그림은 정상 생쥐와 생쥐 A, B가 세균 X에 감염되었을 때 시간에 따른 체내 세균 X의 수를 나타낸 것이다. A와 B 중 하나는 대식세포가, 다른 하나는 보조 T 림프구가 결핍되었으며, t일 때 정상 생쥐에서 X는 체액성 면역으로 제거된다.

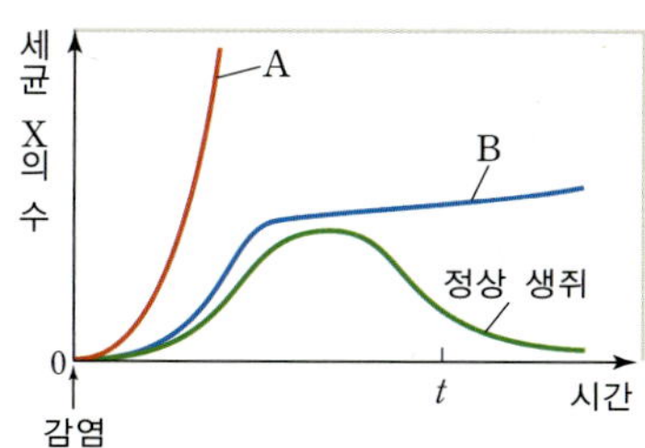

이에 대한 설명으로 옳은 것만을 |보기|에서 있는 대로 고른 것은?

> **보기**
> ㄱ. A는 대식세포가 결핍되었다.
> ㄴ. A와 B에서는 모두 비특이적 방어 작용이 일어나지 않는다.
> ㄷ. t일 때 X에 결합하는 항체 농도는 정상 생쥐에서가 B에서보다 높다.

① ㄱ   ② ㄴ   ③ ㄱ, ㄴ
④ ㄱ, ㄷ   ⑤ ㄴ, ㄷ

12 그림은 어떤 가족 구성원의 혈액형 판정 결과를, 표는 이 가족 구성원의 혈액형에 대한 자료이다. (가)~(다)는 각각 항 A 혈청, 항 B 혈청, 항 Rh 혈청 중 하나이다.

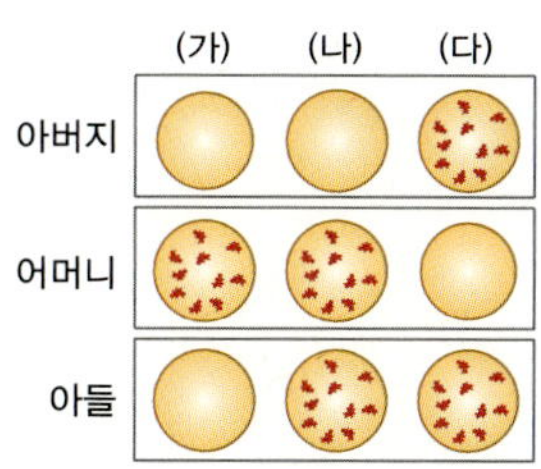

> • 어머니는 응집소 α를 갖는다.
> • 아버지, 어머니, 아들은 모두 ABO식 혈액형이 서로 다르다.

이에 대한 설명으로 옳은 것만을 |보기|에서 있는 대로 고른 것은? (단, ABO식 혈액형과 Rh식 혈액형만 고려한다.)

> **보기**
> ㄱ. (가)에 Rh 응집소가 들어 있다.
> ㄴ. 아버지의 혈구와 아들의 혈장을 섞으면 응집된다.
> ㄷ. 어머니는 혈액형이 Rh^+ A형인 사람에게 수혈해 줄 수 있다.

① ㄱ   ② ㄴ   ③ ㄷ
④ ㄱ, ㄴ   ⑤ ㄴ, ㄷ

1등급 도전!
고난도 문제

13 그림 (가)는 호르몬 Y의 분비와 작용을, (나)는 혈압과 혈장 삼투압에 따른 혈중 호르몬 Y의 농도를 나타낸 것이다. ㉠과 ㉡은 각각 혈압과 혈장 삼투압 중 하나이다.

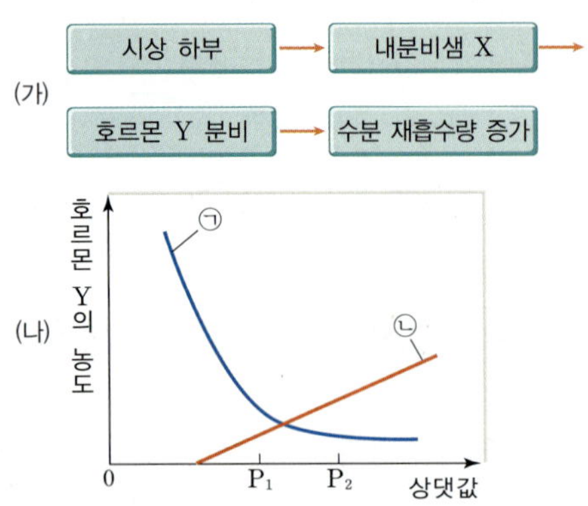

이에 대한 설명으로 옳은 것만을 |보기|에서 있는 대로 고른 것은?

|보기|
ㄱ. X는 뇌하수체 전엽이다.
ㄴ. 체내 수분량이 많아지면 ㉠이 증가한다.
ㄷ. ㉡이 P_2일 때가 P_1일 때보다 생성되는 오줌의 삼투압이 높다.

① ㄱ   ② ㄴ   ③ ㄷ
④ ㄱ, ㄴ   ⑤ ㄴ, ㄷ

14 그림 (가)는 어떤 쥐에 항원 X를 투여한 후 혈중 X에 대한 항체 농도의 변화를, (나)는 구간 Ⅰ~Ⅲ 중 하나에서 일어나는 방어 작용 과정을 나타낸 것이다. Ⅰ~Ⅲ 중 두 구간에서 같은 양의 X를 투여했다. ㉠과 ㉡은 각각 B 림프구와 보조 T 림프구 중 하나이고, ㉡은 골수에서 최종 성숙한다.

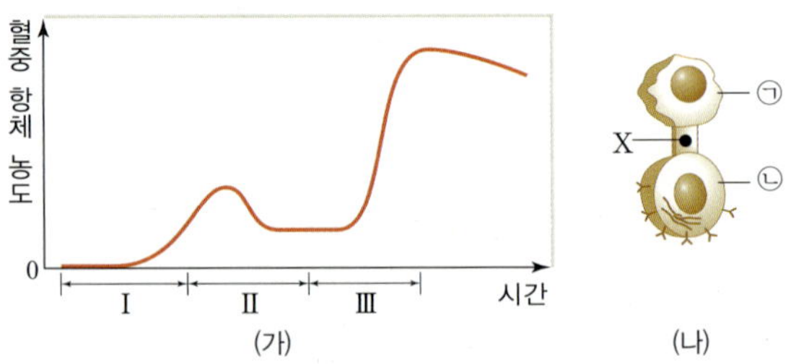

이에 대한 설명으로 옳은 것만을 |보기|에서 있는 대로 고른 것은?

|보기|
ㄱ. (나)는 Ⅰ에서 일어난다.
ㄴ. Ⅱ에서 쥐의 체내에 ㉠으로부터 분화된 형질 세포가 있다.
ㄷ. Ⅰ~Ⅲ 중 Ⅲ에서만 쥐의 체내에 X에 대한 기억 세포가 있다.

① ㄱ   ② ㄴ   ③ ㄱ, ㄴ
④ ㄱ, ㄷ   ⑤ ㄴ, ㄷ

15 표는 어떤 가족 구성원 사이에서 소량이라도 수혈이 가능한 모든 경우를, 그림은 이 가족 구성원 중 두 사람의 혈액을 섞었을 때 일어나는 응집 반응을 나타낸 것이다.

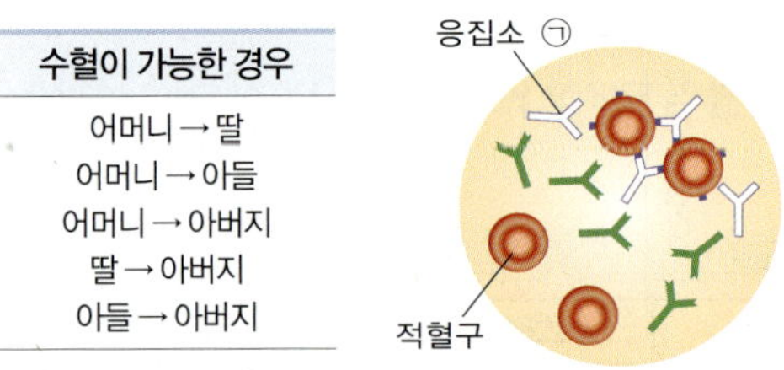

이에 대한 설명으로 옳은 것만을 |보기|에서 있는 대로 고른 것은? (단, ABO식 혈액형만 고려한다.)

|보기|
ㄱ. 응집소 ㉠은 어머니의 것이다.
ㄴ. 딸과 아들은 공통된 응집원을 갖는다.
ㄷ. 아버지의 혈장과 딸의 혈구를 섞으면 응집 반응이 일어난다.

① ㄱ   ② ㄷ   ③ ㄱ, ㄴ
④ ㄱ, ㄷ   ⑤ ㄴ, ㄷ

16 그림은 시상 하부와 뇌하수체를 나타낸 것이다. ㉠과 ㉡은 각각 뇌하수체 전엽과 뇌하수체 후엽 중 하나이다.

㉠과 ㉡ 중 항이뇨 호르몬이 분비되는 곳의 기호를 쓰고, 항이뇨 호르몬의 주요 기능을 서술하시오.

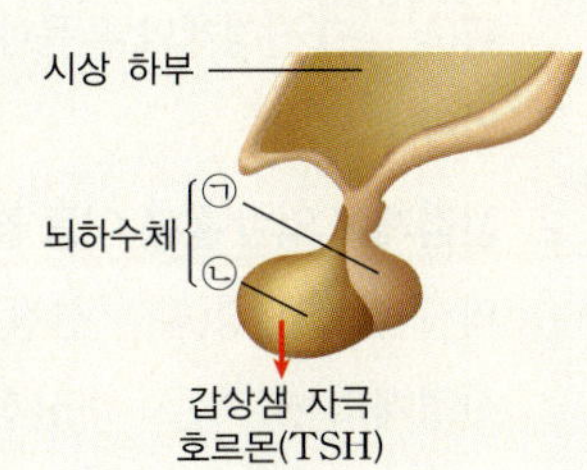

17 그림 (가)는 어떤 사람의 시간에 따른 물질대사 속도를, (나)는 피부를 나타낸 것이다. 구간 Ⅰ과 Ⅱ에서 온도가 서로 다른 자극이 주어졌다.

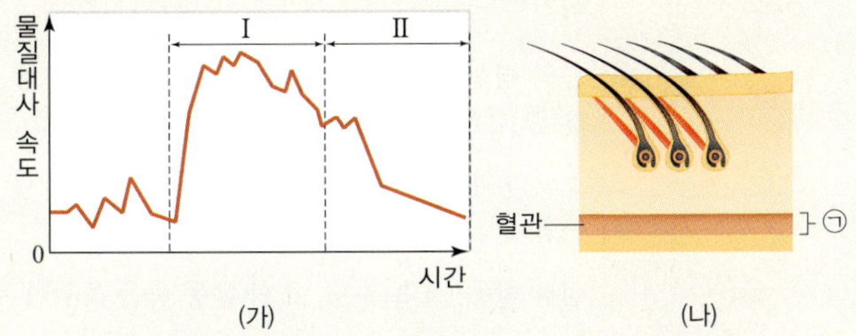

(1) Ⅰ과 Ⅱ 중 더 높은 온도의 자극이 주어진 구간을 쓰시오.

(2) Ⅰ과 Ⅱ 중 ㉠의 길이가 더 길어지는 구간을 쓰고, 그 까닭을 서술하시오.

18 표는 호르몬 A∼C의 분비 이상에 의한 질환을 나타낸 것이다. A∼C는 인슐린, 생장 호르몬, 항이뇨 호르몬을 순서 없이 나타낸 것이다.

호르몬	분비 이상
A	결핍되면 정상보다 오줌량이 많아진다.
B	과다하면 거인증이나 말단 비대증이 나타난다.
C	?

(1) A∼C의 이름을 각각 쓰시오.

(2) C의 대표적인 표적 기관을 쓰고, 이 표적 기관에 대한 C의 주요 기능을 서술하시오.

19 표는 병원체 A∼D에서 3가지 특징의 유무를 나타낸 것이다. A∼D는 세균, 바이러스, 원생생물, 변형된 프라이온을 순서 없이 나타낸 것이다.

구분	A	B	C	D
핵산을 갖는다.	×	○	○	○
핵(핵막)이 있다.	×	×	×	○
세포 분열을 한다.	×	○	×	○

(○: 있음, ×: 없음)

(1) A∼D 중 ㉠독감의 병원체와 ㉡말라리아의 병원체의 기호를 각각 쓰시오.

(2) A∼D 중 세균과 바이러스의 기호를 각각 쓰고, 물질대사와 연관 지어 세균과 바이러스의 특징을 비교하여 서술하시오.

20 그림 (가)와 (나)는 체액성 면역과 세포성 면역을 순서 없이 나타낸 것이다. ㉠과 ㉡은 림프구이다.

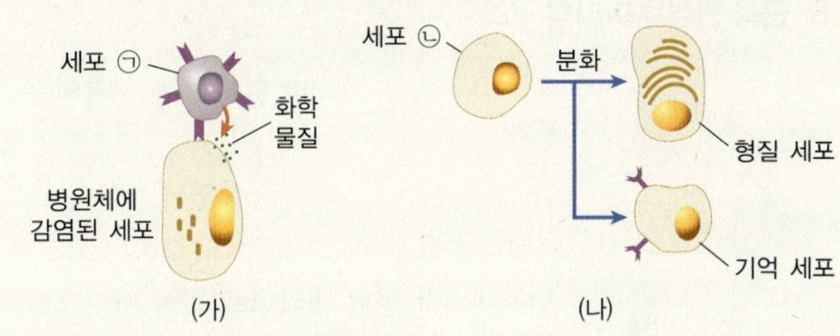

(1) ㉠과 ㉡의 이름을 각각 쓰시오.

(2) (가)와 (나)에서 일어나는 방어 작용의 차이를 비교하여 서술하시오.

단원 한번에 정리하기

01 자극의 전달

1 뉴런의 기능과 구조: 핵과 세포 소기관이 있는 신경 세포체, 다른 뉴런으로부터 흥분을 받아들이는 가지 돌기, 다른 뉴런으로 흥분을 이동시키는 ❶(　　　) 돌기로 이루어져 있다.

2 기능에 따른 뉴런의 구분

구심성 뉴런	감각기로부터 자극을 받아들인 후 연합 뉴런으로 흥분을 전달함
❷(　　　) 뉴런	구심성 뉴런으로부터 흥분을 전달받아 정보를 처리한 후 원심성 뉴런으로 반응 명령을 전달함
원심성 뉴런	연합 뉴런으로부터 흥분을 전달받은 후 반응기로 흥분을 전달함

3 막전위 형성에 관여하는 막단백질: $Na^+ - K^+$ 펌프는 에너지를 소비하면서 ❸(　　　)을 세포 밖으로, ❹(　　　)을 세포 안으로 이동시킨다. ➡ Na^+의 농도는 세포 밖이 더 높고, K^+의 농도는 세포 안이 더 높다.

4 흥분의 발생: 역치 이상의 자극을 받은 부위에서는 분극 → ❺(　　　) → 재분극의 순서로 막전위가 변한다.
- **분극**: 약 $-70\,mV$의 휴지 전위가 형성되어 세포 안은 음(−)전하를, 세포 밖은 양(+)전하를 띤다.
- **탈분극**: Na^+ 통로를 통해 Na^+이 세포 안으로 확산(유입)되면서 막전위가 ❻(　　　)한다.
- **재분극**: K^+ 통로를 통해 K^+이 세포 밖으로 확산(유출)되면서 막전위가 하강한다.

5 흥분의 전달: 시냅스 이전 뉴런의 말단에서 분비된 신경 전달 물질에 의해 시냅스 이후 뉴런의 막전위가 상승하면서 흥분이 전달된다.

6 근육 원섬유 마디의 구조

I대	❼(　　　)만 있어 밝게 관찰되는 부위
A대	❽(　　　)가 있어 어둡게 관찰되는 부위
❾(　)대	A대 내에서 액틴 필라멘트 없이 마이오신 필라멘트만 있는 부위

7 골격근의 수축: 활주설
- 액틴 필라멘트가 마이오신 필라멘트 사이에서 M선이 있는 가운데 방향으로 미끄러지듯 활주하면서 움직인다. ➡ 골격근이 수축할 때 에너지를 공급하기 위해 ATP가 소비된다.
- 골격근의 수축 결과 근육 원섬유 마디의 길이가 짧아지면서 I대와 H대의 길이는 각각 짧아지고, ❿(　)대의 길이는 변하지 않는다.

02 신경계

1 사람의 신경계: 사람의 신경계는 뇌와 척수로 이루어진 ❶(　　　) 신경계와 온몸에 퍼져 있는 말초 신경계로 이루어져 있다.

2 신경계에 의한 흥분 이동 경로: 자극 → 감각기 → 말초 신경계의 구심성 신경(감각 신경) → 중추 신경계(뇌, 척수) → 말초 신경계의 ❷(　　　) 신경(운동 신경) → 반응기 → 반응

3 사람의 뇌

❸(　　　)	겉질은 회색질, 속질은 백색질이고, 감각의 성립, 수의 운동, 언어·기억·판단·추리 등의 중추임
소뇌	수의 운동이 정확하게 일어나도록 조절하며, 몸의 평형을 유지시킴
❹(　　　)	감각 정보를 선별하는 시상과 체온·혈당량·혈장 삼투압의 조절 중추인 시상 하부로 이루어짐
❺(　　　)	몸의 평형을 조절하며, 안구 운동과 홍채 운동(동공 반사)을 조절함
뇌교	소뇌와 대뇌를 중계하며, 호흡 운동 조절에 관여함
❻(　　　)	심장 박동, 호흡 운동, 소화 운동 등을 조절함

4 척수: 겉질은 백색질, 속질은 회색질이고, 원심성 신경 다발이 나와 전근을, 구심성 신경 다발이 들어가면서 후근을 이룬다. ➡ 뇌와 말초 신경(척수 신경) 사이에서 정보를 전달하며, 척수 반사의 중추이다.

5 체성 신경: 중추의 반응 명령을 골격근으로 전달하는 운동 신경으로 이루어져 있다. ➡ 신경절이 없으며, 신경 말단에서 반응기(골격근)로 ❼(　　　)을 분비한다.

6 자율 신경: 같은 조직이나 기관에 작용하지만 길항 작용을 하는 교감 신경과 부교감 신경이 있다.
- 교감 신경은 신경절 이전 뉴런이 신경절 이후 뉴런보다 길이가 짧다. ➡ 신경절 이전 뉴런의 말단에서 ❽(　　　)이, 신경절 이후 뉴런의 말단에서 ❾(　　　)이 분비된다.
- 부교감 신경은 신경절 이전 뉴런이 신경절 이후 뉴런보다 길이가 길다. ➡ 신경절 이전 뉴런의 말단과 신경절 이후 뉴런의 말단에서 모두 ❿(　　　)이 분비된다.

구분	동공	심장 박동	방광	소화액 분비
교감 신경	확대	⓫(　　)	확장	억제
부교감 신경	축소	⓬(　　)	수축	촉진

7 신경계의 이상과 질환: 알츠하이머병은 대뇌의 기능이 저하되어 기억력과 인지 기능 등이 약화되는 질환이다.

03 항상성

1 호르몬의 특성: 내분비샘에서 생성된 후 ❶(　　) 에 의해 운반된다. ➡ 해당 호르몬과 결합하는 수용체를 가진 표적 세포와 표적 기관에만 작용해 특정한 반응을 일으킨다.

2 사람의 주요 내분비샘과 호르몬

내분비샘		호르몬	주요 기능
뇌하수체	❷(　　)	생장 호르몬	생장 촉진
		갑상샘 자극 호르몬	티록신 분비 촉진
	후엽	❸(　　) 호르몬	물의 재흡수 촉진
갑상샘		❹(　　)	물질대사 촉진
이자	β세포	인슐린	혈당량 ❺(　　)
	α세포	글루카곤	혈당량 ❻(　　)
부신	겉질	당질 코르티코이드	혈당량 증가
	❼(　　)	에피네프린	혈당량 증가

3 내분비계 질환: 인슐린이 제대로 작용하지 못하면 혈당량이 높아 오줌으로 포도당이 배설되는 당뇨병이 나타나고, 생장 호르몬이 너무 많이 분비되면 거인증, 너무 적게 분비되면 소인증이 나타난다.

4 음성 피드백: 혈중 티록신의 농도가 높을 때에는 티록신이 시상 하부에서의 TRH 분비와 뇌하수체 전엽에서의 TSH 분비를 억제하므로 갑상샘에서 티록신 분비가 ❽(　　) 된다.

5 혈당량 조절

혈당량이 높을 때	이자의 β세포에서 ❾(　　) 분비량 증가 → 간에서 포도당을 ❿(　　) 으로 전환하는 과정 촉진 → 혈당량 감소
혈당량이 낮을 때	이자의 α세포에서 ⓫(　　) 분비량 증가 → 간에서 글리코젠을 ⓬(　　) 으로 분해한 후 혈액으로 방출하는 과정 촉진 → 혈당량 증가

6 체온 조절

추울 때	간과 근육에서 물질대사 촉진으로 열 발생량 증가, 교감 신경의 작용 강화로 피부 근처 혈관이 수축해 열 발산량 ⓭(　　)
더울 때	피부 근처 혈관이 확장되어 피부 근처로 흐르는 혈액량 증가, 땀 분비를 촉진하여 열 발산량 ⓮(　　)

7 혈장 삼투압 조절

혈장 삼투압이 높을 때	뇌하수체 후엽에서 항이뇨 호르몬 분비량 증가 → 콩팥에서 물의 재흡수량 ⓯(　　) → 체내 수분량 증가 → 혈장 삼투압 감소
혈장 삼투압이 낮을 때	뇌하수체 후엽에서 항이뇨 호르몬 분비량 감소 → 콩팥에서 물의 재흡수량 ⓰(　　) → 체내 수분량 감소 → 혈장 삼투압 증가

04 방어 작용

1 병원체의 종류

❶(　　)	단세포 원핵생물이며, 독립적으로 물질대사를 수행함 ➡ 항생제를 이용하여 치료할 수 있음 **예** 결핵, 파상풍, 탄저병, 콜레라 등
❷(　　)	핵산과 단백질 껍질로 구성되며, 숙주 세포 내에서만 증식함 ➡ 항바이러스제를 이용하여 치료할 수 있음 **예** 감기, 독감, 홍역, 후천성 면역 결핍증(AIDS) 등
원생생물과 균류	핵(핵막)을 가지고 있는 진핵생물임 **예** 말라리아, 수면병, 무좀 등
변형된 프라이온	핵산이 없이 ❸(　　) 로만 이루어진 병원체임 **예** 광우병, 크로이츠펠트-야코프병

2 방어 작용의 구분: 병원체의 종류나 감염 경험의 유무에 관계없이 일어나는 ❹(　　) 방어 작용과 병원체의 종류를 구별하여 일어나는 ❺(　　) 방어 작용이 있다.

3 비특이적 방어 작용: 식세포 작용, 염증 반응 등이 있다.

4 세포성 면역: 보조 T 림프구에 의해 활성화된 세포독성 T림프구가 병원체에 감염된 세포나 암세포를 직접 제거한다.

5 ❻(　　) 면역: 항원 항체 반응을 통해 항원을 제거한다.

1차 면역 반응	대식세포에 의해 활성화된 보조 T 림프구가 B 림프구를 활성화시킴 ➡ 활성화된 B 림프구는 증식한 후 항체를 생성하는 ❼(　　) 와 항원을 기억하는 ❽(　　) 로 분화됨
2차 면역 반응	기억 세포가 항원을 인식한 후 증식해 기억 세포와 형질 세포로 분화됨 ➡ 1차 면역 반응보다 빠르게 많은 양의 항체가 형질 세포에서 생성됨

6 ABO식 혈액형

• 혈액형에 따른 응집원과 응집소

구분	A형	B형	AB형	O형
응집원	A	B	A, B	없음
응집소	❾(　　)	❿(　　)	없음	α, β

• 혈액형의 판정

구분	A형	B형	AB형	O형
항 A 혈청과 섞었을 때	+	−	+	−
항 B 혈청과 섞었을 때	−	+	+	−

(+:응집됨, −:응집 안 됨)

7 Rh식 혈액형

• ⓫(　　) 형은 적혈구에 Rh 응집원이 있고, ⓬(　　) 형은 적혈구에 Rh 응집원이 없다.

• 혈액을 항 Rh 혈청과 섞었을 때, Rh^+형은 응집 반응이 일어나고, Rh^-형은 응집 반응이 일어나지 않는다.

01 그림은 뉴런의 막단백질을 나타낸 것이다. 이온 ⓐ와 ⓑ는 각각 K$^+$과 Na$^+$을 순서 없이 나타낸 것이다. [3점]

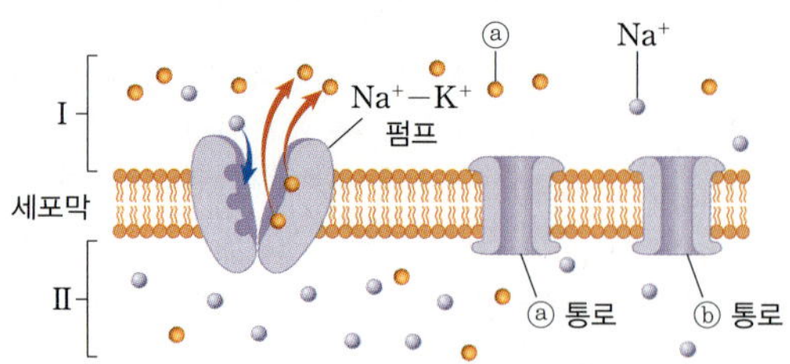

이에 대한 설명으로 옳은 것만을 |보기|에서 있는 대로 고른 것은?

보기

ㄱ. $\dfrac{ⓑ \ 농도}{ⓐ \ 농도}$ 는 Ⅰ에서가 Ⅱ에서보다 작다.

ㄴ. ⓐ 통로를 통해 K$^+$이 Ⅱ → Ⅰ 방향으로 이동한다.

ㄷ. Na$^+$이 Ⅰ → Ⅱ 방향으로 이동할 때 막전위가 상승한다.

① ㄱ   ② ㄴ   ③ ㄷ
④ ㄱ, ㄷ   ⑤ ㄴ, ㄷ

---

02 그림은 뉴런 X에서 활동 전위가 발생할 때 시간에 따른 막전위를, 표는 X의 한 지점을 역치 이상으로 1회 자극한 후 경과된 시간이 t일 때 축삭 돌기의 지점 A~C에서 동시에 측정한 막전위를 나타낸 것이다. A~C는 A–B–C의 순서로 위치한다. [4점]

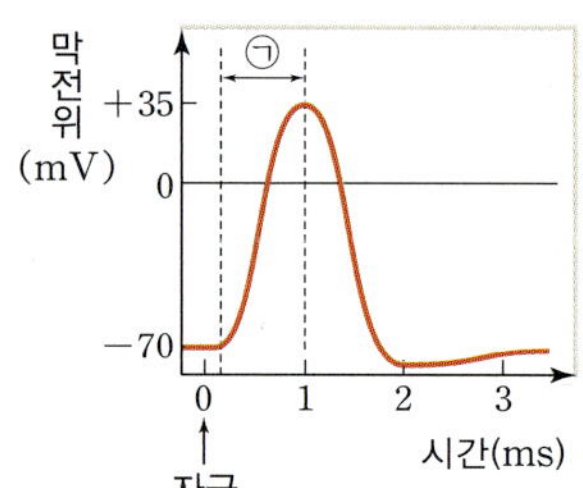

지점	막전위
A	−15 mV
B	−10 mV
C	−80 mV

t일 때 X에 대한 설명으로 옳은 것만을 |보기|에서 있는 대로 고른 것은?

보기

ㄱ. K$^+$의 막 투과도는 A에서가 B에서보다 높다.

ㄴ. 흥분은 A → B → C 방향으로 전도되고 있다.

ㄷ. A~C 중 ㉠ 구간에서와 같은 막전위 변화는 A에서 나타난다.

① ㄱ   ② ㄴ   ③ ㄱ, ㄴ
④ ㄱ, ㄷ   ⑤ ㄴ, ㄷ

---

03 그림은 3개의 뉴런이 연결된 모습을 나타낸 것이다. 이 3개의 뉴런 중 어느 한 지점을 역치 이상으로 1회 자극하면 지점 ㉠ → ㉡ → ㉢의 순서로 활동 전위가 발생하며, ㉣에서는 활동 전위가 발생하지 않는다. ㉠~㉣은 A~D를 순서 없이 나타낸 것이다. [4점]

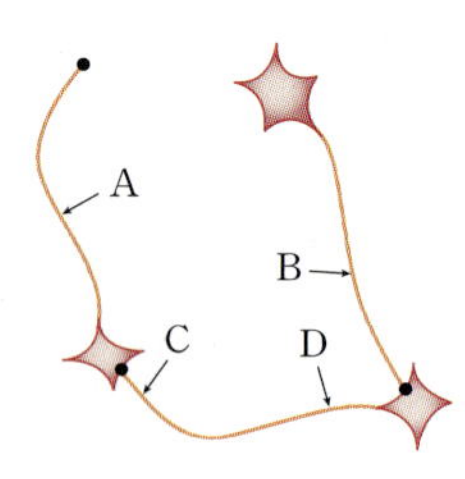

이에 대한 설명으로 옳은 것만을 |보기|에서 있는 대로 고른 것은? (단, 제시된 뉴런만 고려한다.)

보기

ㄱ. ㉠은 B이다.

ㄴ. C를 역치 이상으로 1회 자극하면 ㉡과 ㉢에서만 활동 전위가 발생한다.

ㄷ. ㉣을 역치 이상으로 1회 자극하면 3개의 뉴런에서 신경 전달 물질이 분비된다.

① ㄱ   ② ㄴ   ③ ㄷ
④ ㄱ, ㄴ   ⑤ ㄴ, ㄷ

---

04 그림은 근육 원섬유 마디 X의 구조를, 자료는 시간이 t_1에서 t_2로 흐를 때 X에서 일어난 현상을 나타낸 것이다. ㉠과 ㉡은 각각 액틴 필라멘트와 마이오신 필라멘트 중 하나이다. [4점]

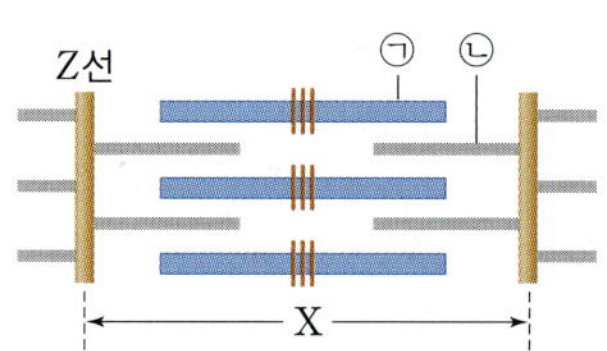

· H대의 길이가 0.2 μm 길어졌다.
· X의 길이가 2.2 μm가 되었다.

X에 대한 설명으로 옳은 것만을 |보기|에서 있는 대로 고른 것은? (단, X는 좌우 대칭이다.)

보기

ㄱ. t_1일 때 X의 길이는 2.0 μm이다.

ㄴ. ㉡만 있는 부분의 길이는 t_2일 때가 t_1일 때보다 길다.

ㄷ. ㉠과 ㉡이 겹치는 부분의 길이는 t_2일 때가 t_1일 때보다 짧다.

① ㄱ   ② ㄷ   ③ ㄱ, ㄴ
④ ㄴ, ㄷ   ⑤ ㄱ, ㄴ, ㄷ

05 그림은 무릎 반사가 일어날 때 다리의 움직임을, 표는 (가)와 (나)일 때 근육 X를 구성하는 어떤 근육 원섬유 마디에서 부위 ⓐ와 ⓑ의 길이를 나타낸 것이다. (가)와 (나)는 각각 다리의 위치가 ㉠일 때와 ㉡일 때 중 하나이고, ⓐ와 ⓑ는 각각 H대와 A대 중 하나이다. **[4점]**

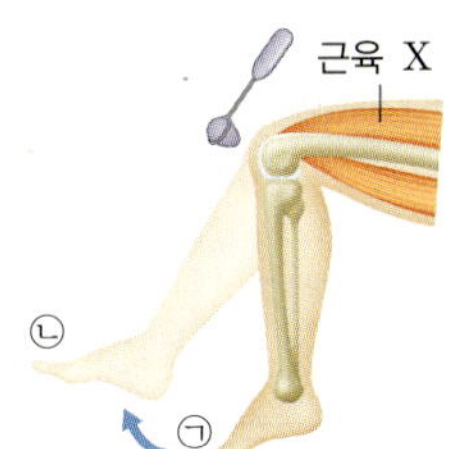

구분	ⓐ의 길이	ⓑ의 길이
(가)	0.6 μm	x
(나)	1.0 μm	y

이에 대한 설명으로 옳은 것만을 |보기|에서 있는 대로 고른 것은?

보기
ㄱ. $x = y > 0.6$이다.
ㄴ. (가)는 ㉠일 때이다.
ㄷ. ㉠에서 ㉡으로 변하는 반응의 중추는 척수이다.

① ㄱ   ② ㄴ   ③ ㄱ, ㄷ
④ ㄴ, ㄷ   ⑤ ㄱ, ㄴ, ㄷ

06 그림은 뇌의 구조를, 표는 눈에 연결된 신경 ㉠과 ㉡의 작용을 나타낸 것이다. A~C는 각각 간뇌, 대뇌, 중간뇌 중 하나이다. **[3점]**

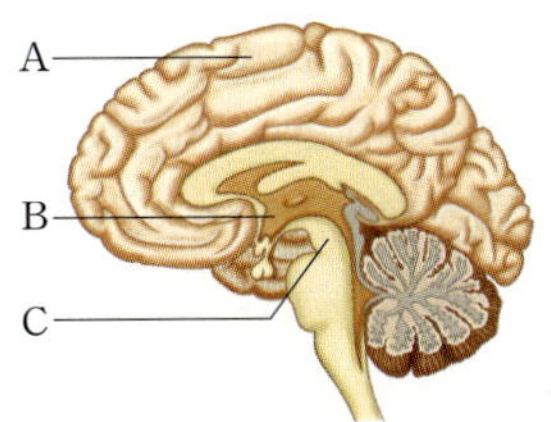

- ㉠의 작용으로 동공이 확대된다.
- 주변이 밝아지면 ㉡의 활동 전위 발생 빈도가 증가한다.

이에 대한 설명으로 옳은 것만을 |보기|에서 있는 대로 고른 것은?

보기
ㄱ. A의 겉질은 감각령, 연합령, 운동령으로 구분된다.
ㄴ. ㉠의 신경절 이전 뉴런의 신경 세포체는 C에 있다.
ㄷ. ㉡의 신경절 이후 뉴런의 축삭 돌기 말단에서 노르에피네프린이 분비된다.

① ㄱ   ② ㄴ   ③ ㄷ
④ ㄱ, ㄴ   ⑤ ㄴ, ㄷ

07 그림은 중추 X와 X에 연결된 신경을, 자료는 체온 조절 과정을 나타낸 것이다. ㉠과 ㉡은 각각 전근과 후근 중 하나이다. **[3점]**

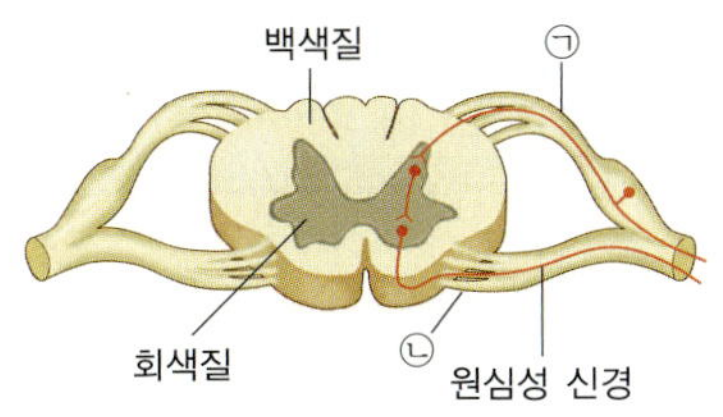

저온 자극을 받으면 ⓐ피부 근처 혈관이 수축한다.

이에 대한 설명으로 옳은 것만을 |보기|에서 있는 대로 고른 것은?

보기
ㄱ. ㉠은 전근이다.
ㄴ. X는 체온을 조절하는 중추이다.
ㄷ. ⓐ에 관여하는 신경은 신경절 이전 뉴런의 신경 세포체가 X의 회색질에 있다.

① ㄴ   ② ㄷ   ③ ㄱ, ㄴ
④ ㄱ, ㄷ   ⑤ ㄴ, ㄷ

08 그림 (가)와 (나)는 각각 공을 찰 때와 심장 박동이 빨라질 때의 반응 경로 중 하나를 나타낸 것이다. **[3점]**

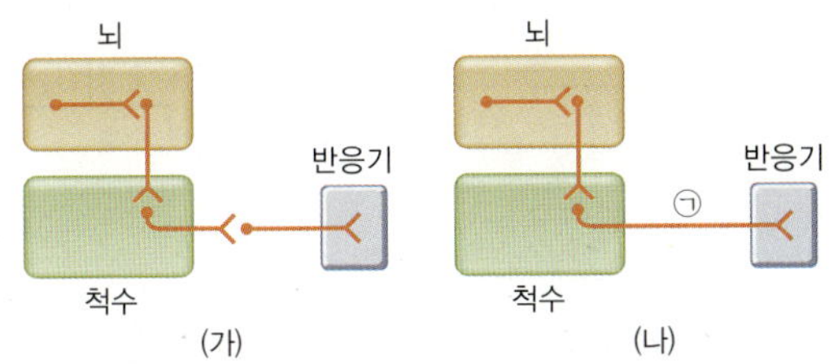

이에 대한 설명으로 옳은 것만을 |보기|에서 있는 대로 고른 것은?

보기
ㄱ. (가)에서 중추는 연수이다.
ㄴ. 신경 ㉠은 반응기로 아세틸콜린을 분비한다.
ㄷ. (가)와 (나)에서 모두 척수 신경이 관여한다.

① ㄱ   ② ㄴ   ③ ㄱ, ㄷ
④ ㄴ, ㄷ   ⑤ ㄱ, ㄴ, ㄷ

09 ^{4점} 표는 어떤 조건에서 일어나는 반응을, 그림은 중추와 반응기를 연결하는 신경 A~C를 나타낸 것이다.

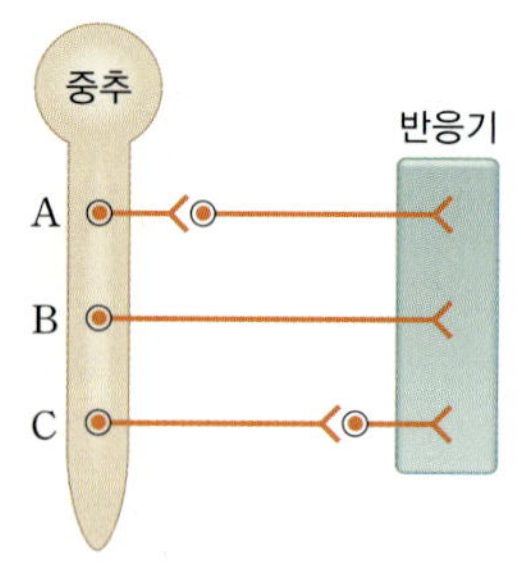

이에 대한 설명으로 옳은 것만을 |보기|에서 있는 대로 고른 것은?

> **보기**
> ㄱ. ⊙의 중추는 중간뇌이다.
> ㄴ. ⓒ은 A~C 중 B에 의해 일어난다.
> ㄷ. C에서 반응기로 노르에피네프린이 분비된다.

① ㄱ   ② ㄴ   ③ ㄷ
④ ㄱ, ㄴ   ⑤ ㄴ, ㄷ

10 ^{4점} 그림은 중추에 연결된 말초 신경의 작용으로 반응 ⓐ~ⓒ가 일어나는 과정을, 표는 ⓐ~ⓒ 중 2가지를 순서 없이 나타낸 것이다.

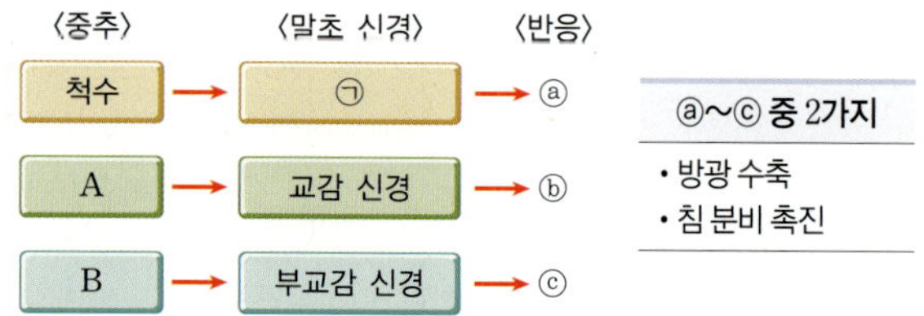

이에 대한 설명으로 옳은 것만을 |보기|에서 있는 대로 고른 것은?

> **보기**
> ㄱ. A에서 전근을 통해 교감 신경이 나온다.
> ㄴ. ⊙에 노르에피네프린이 분비되는 부위가 있다.
> ㄷ. '호흡 운동 억제'는 ⓐ~ⓒ 중 표에서 빠진 반응에 해당한다.

① ㄱ   ② ㄴ   ③ ㄷ
④ ㄱ, ㄴ   ⑤ ㄴ, ㄷ

11 ^{3점} 그림은 사람의 호르몬 A~C가 분비되는 과정을 나타낸 것이다. (가)와 (나)는 서로 다른 내분비샘이고, A~C는 각각 인슐린, 티록신, 에피네프린, 항이뇨 호르몬 중 서로 다른 하나이다.

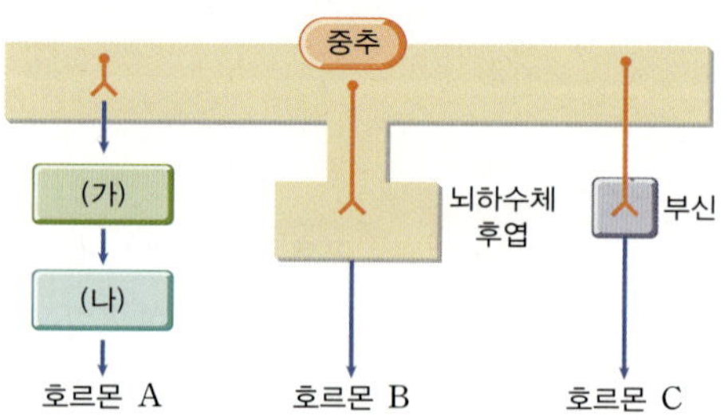

이에 대한 설명으로 옳은 것만을 |보기|에서 있는 대로 고른 것은?

> **보기**
> ㄱ. (가)는 뇌하수체 전엽이다.
> ㄴ. 갑상샘 자극 호르몬(TSH)은 A의 분비를 촉진한다.
> ㄷ. C는 간에서 포도당이 글리코젠으로 합성되는 과정을 촉진한다.

① ㄱ   ② ㄴ   ③ ㄱ, ㄴ
④ ㄱ, ㄷ   ⑤ ㄴ, ㄷ

12 ^{4점} 표는 갑상샘과 뇌하수체 중 한 부위에만 이상이 있는 환자 (가)~(라)의 혈중 티록신 농도와 TSH(갑상샘 자극 호르몬) 농도를 정상과 비교하여 나타낸 것이다. (가)~(라)는 이상이 있는 부위의 활성이 정상보다 높거나 낮다.

구분	(가)	(나)	(다)	(라)
티록신 농도	낮음	높음	낮음	높음
TSH 농도	높음	높음	낮음	낮음

이에 대한 설명으로 옳은 것만을 |보기|에서 있는 대로 고른 것은?

> **보기**
> ㄱ. (가)와 (라)는 모두 갑상샘에 이상이 있다.
> ㄴ. (다)와 (라)는 모두 이상이 있는 부위의 활성이 정상보다 높다.
> ㄷ. 혈중 TRH(갑상샘 자극 호르몬 방출 호르몬)의 농도는 (나)에서가 (다)에서보다 높다.

① ㄱ   ② ㄷ   ③ ㄱ, ㄴ
④ ㄴ, ㄷ   ⑤ ㄱ, ㄴ, ㄷ

13 표는 이자에서 분비되는 호르몬 A와 B의 작용을, 그림은 식사 후 시간에 따른 혈중 호르몬 ㉠과 ㉡의 농도를 나타낸 것이다. ㉠과 ㉡은 각각 A와 B 중 하나이다. `[3점]`

호르몬	촉진되는 반응
A	포도당 → 글리코젠
B	글리코젠 → 포도당

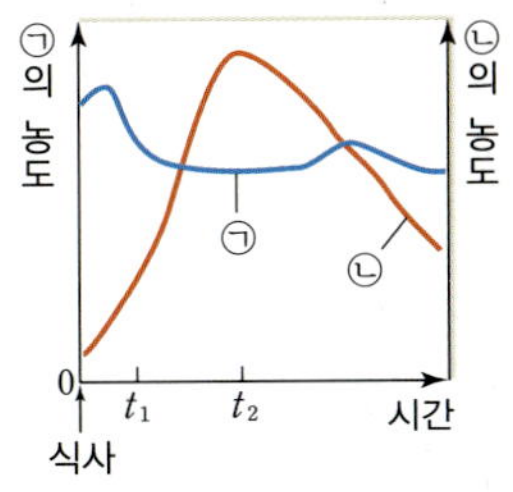

이에 대한 설명으로 옳은 것만을 |보기|에서 있는 대로 고른 것은?

> **보기**
> ㄱ. A와 ㉠은 모두 이자의 β세포에서 분비된다.
> ㄴ. 부교감 신경이 흥분하면 B의 분비가 촉진된다.
> ㄷ. t_2일 때가 t_1일 때보다 간에 저장된 글리코젠의 양이 많다.

① ㄱ ② ㄴ ③ ㄷ
④ ㄱ, ㄴ ⑤ ㄴ, ㄷ

14 그림은 우리 몸이 어떤 자극을 받았을 때 일어나는 체온 조절 과정을 나타낸 것이다. `[4점]`

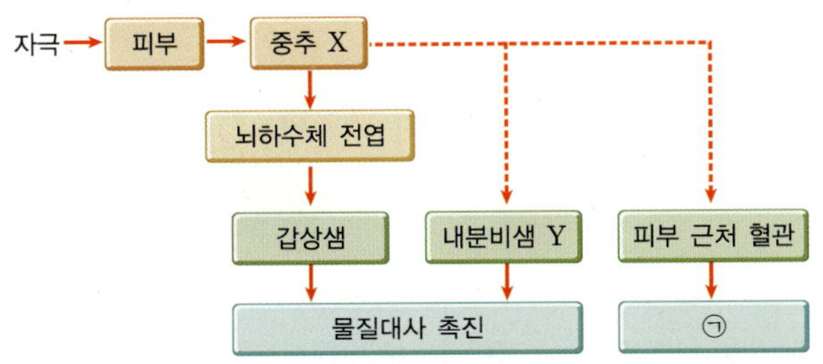

이에 대한 설명으로 옳은 것만을 |보기|에서 있는 대로 고른 것은?

> **보기**
> ㄱ. X는 뇌교와 척수 사이에 위치한다.
> ㄴ. 부신 속질은 Y에 해당한다.
> ㄷ. '피부에서의 열 발산량 증가'는 ㉠에 해당한다.

① ㄴ ② ㄷ ③ ㄱ, ㄴ
④ ㄱ, ㄷ ⑤ ㄴ, ㄷ

15 그림은 정상인의 ㉠에 따른 ㉡을 나타낸 것이다. ㉠과 ㉡은 혈중 ADH(항이뇨 호르몬) 농도와 단위 시간당 오줌 생성량을 순서 없이 나타낸 것이다. `[4점]`

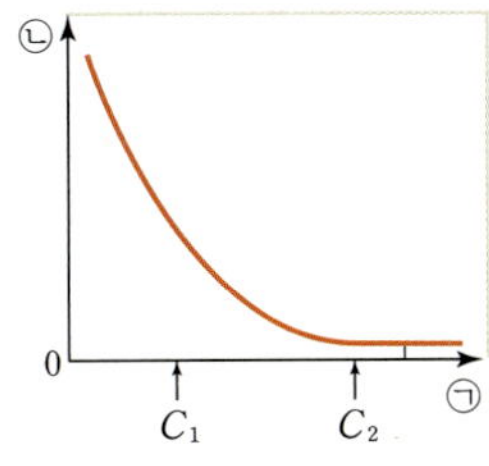

이에 대한 설명으로 옳은 것만을 |보기|에서 있는 대로 고른 것은? (단, 주어진 자료만 고려한다.)

> **보기**
> ㄱ. ADH는 뇌하수체 전엽에서 분비된다.
> ㄴ. ㉡은 혈중 ADH 농도이다.
> ㄷ. 생성되는 오줌의 삼투압은 C_2일 때가 C_1일 때보다 높다.

① ㄱ ② ㄷ ③ ㄱ, ㄴ
④ ㄱ, ㄷ ⑤ ㄴ, ㄷ

16 그림은 질병을 병원체의 종류에 따라 구분하여 나타낸 것이다. (가)~(다)는 병원체이다. `[3점]`

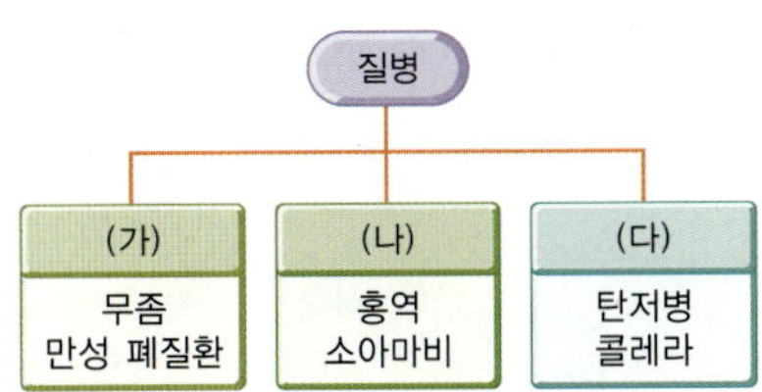

이에 대한 설명으로 옳은 것만을 |보기|에서 있는 대로 고른 것은?

> **보기**
> ㄱ. (가)는 진핵생물이다.
> ㄴ. (다)는 항바이러스제를 이용하여 치료한다.
> ㄷ. '독립적으로 물질대사를 하는가?'의 특징을 이용해 (나) 와 (다)가 구분된다.

① ㄱ ② ㄴ ③ ㄱ, ㄷ
④ ㄴ, ㄷ ⑤ ㄱ, ㄴ, ㄷ

17 (3점)
그림은 병원체 X에 대한 방어 작용을 나타낸 것이다. 세포 ㉠~㉣은 각각 B 림프구, 기억 세포, 형질 세포, 보조 T 림프구를 순서 없이 나타낸 것이다.

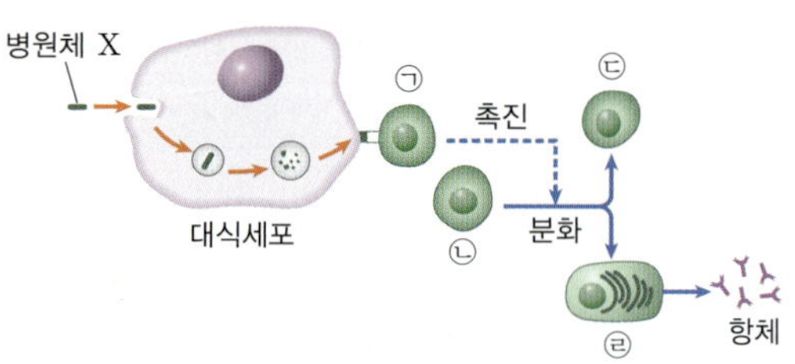

이에 대한 설명으로 옳은 것만을 |보기|에서 있는 대로 고른 것은?

보기
ㄱ. ㉠은 보조 T 림프구이다.
ㄴ. ㉡은 골수에서 최종 성숙한다.
ㄷ. X가 재침입하면 ㉣이 증식한 후 ㉢으로 분화된다.

① ㄱ ② ㄷ ③ ㄱ, ㄴ
④ ㄴ, ㄷ ⑤ ㄱ, ㄴ, ㄷ

18 (3점)
그림 (가)는 어떤 쥐의 체내에 항원 X가 침입했을 때 시간에 따른 혈중 X에 대한 항체 농도를, (나)는 이 쥐의 체내에서 일어난 X에 대한 면역 과정 일부를 나타낸 것이다. 세포 ㉠과 ㉡ 중 하나는 대식세포이다.

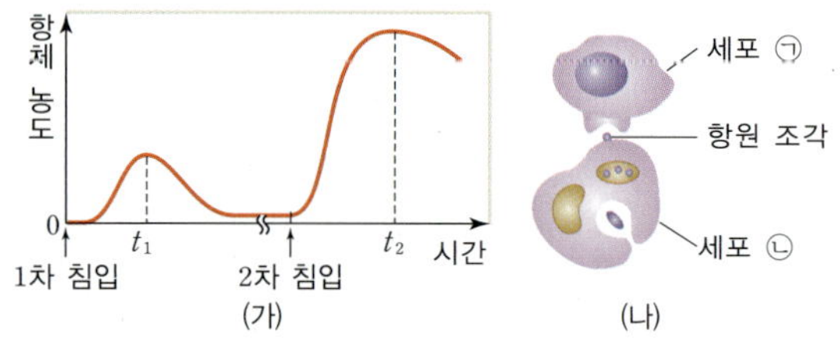

이에 대한 설명으로 옳은 것만을 |보기|에서 있는 대로 고른 것은? (단, X에 대한 면역 반응만 고려한다.)

보기
ㄱ. (나)는 t_1일 때 처음 일어났다.
ㄴ. ㉠으로부터 항체를 생성하는 세포가 분화된다.
ㄷ. t_1일 때와 t_2일 때 모두 체내에 X에 대한 기억 세포가 있다.

① ㄱ ② ㄴ ③ ㄷ
④ ㄱ, ㄴ ⑤ ㄴ, ㄷ

19 (4점)
다음은 사람 (가)~(라)의 ABO식 혈액형에 대한 자료이다.

- (가)~(라)는 모두 ABO식 혈액형이 서로 다르다.
- 그림은 (가)의 혈액형 판정 결과를 나타낸 것이다.
- (나)와 (다)의 혈액을 각각 (가)의 혈장과 섞으면 응집 반응이 일어난다.
- ⓐ'혈액을 ㉠의 혈구와 섞으면 응집 반응이 일어나는가?'의 특징을 이용해 (나)와 (다)의 혈액형이 구분된다. ㉠은 (가)와 (라) 중 하나이다.

이에 대한 설명으로 옳은 것만을 |보기|에서 있는 대로 고른 것은? (단, ABO식 혈액형만 고려한다.)

보기
ㄱ. (나)는 (라)에게 소량 수혈해 줄 수 있다.
ㄴ. (나)와 (다)는 공통된 응집소를 갖는다.
ㄷ. ⓐ를 이용해 (가)와 (라)의 ABO식 혈액형이 구분된다.

① ㄴ ② ㄷ ③ ㄱ, ㄴ
④ ㄴ, ㄷ ⑤ ㄱ, ㄴ, ㄷ

20 (3점)
그림은 우리 몸에서 알레르기가 일어나는 과정의 일부를 나타낸 것이다. ㉠은 염증 반응에도 관여하며, 비만 세포와 형질 세포 중 하나이다.

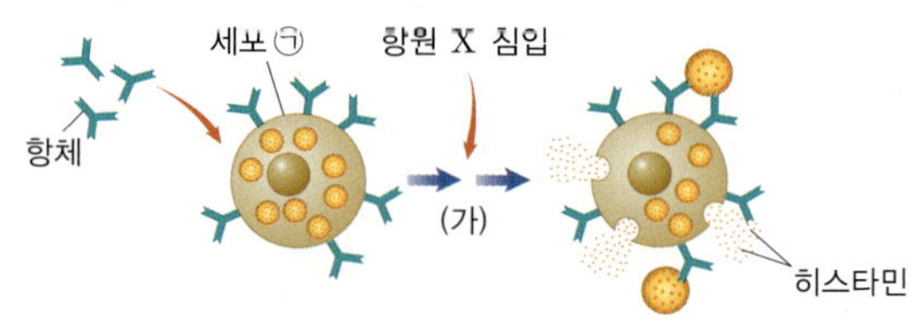

이에 대한 설명으로 옳은 것만을 |보기|에서 있는 대로 고른 것은?

보기
ㄱ. ㉠은 비만 세포이다.
ㄴ. (가)에서 항원 X는 체내에 처음 침입했다.
ㄷ. ㉠에서 분비되는 히스타민에 의해 주위 모세 혈관이 수축된다.

① ㄱ ② ㄴ ③ ㄷ
④ ㄱ, ㄴ ⑤ ㄴ, ㄷ

21

그림은 4개의 뉴런을, 표는 이 중 3개 뉴런의 지점 P에 동시에 역치 이상의 자극을 1회 준 후 경과된 시간이 t일 때 지점 ㉠, ㉡, Q_3에서의 막전위를 나타낸 것이다. ㉠과 ㉡은 각각 Q_1과 Q_2 중 하나이다. 4개 뉴런의 휴지 전위는 모두 $-70\ mV$이며, 말이집 이외에 흥분 전도 속도에 영향을 미치는 요인은 고려하지 않는다.

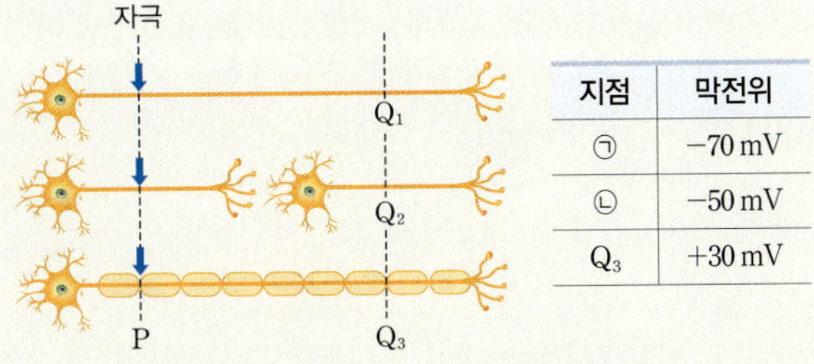

지점	막전위
㉠	$-70\ mV$
㉡	$-50\ mV$
Q_3	$+30\ mV$

(1) ㉠과 ㉡은 각각 어느 지점인지 쓰시오. **2점**

(2) t일 때 Q_1에서 일어나고 있는 이온의 이동과 막전위의 변화를 서술하시오. **4점**

22

그림 (가)는 사람의 중추 신경계를, (나)는 홍채와 홍채에 연결된 원심성 신경 ㉠의 일부를 나타낸 것이다. A~D는 각각 간뇌, 대뇌, 연수, 척수, 중간뇌 중 서로 다른 하나이고, ㉠은 A~D 중 하나에서 나온다.

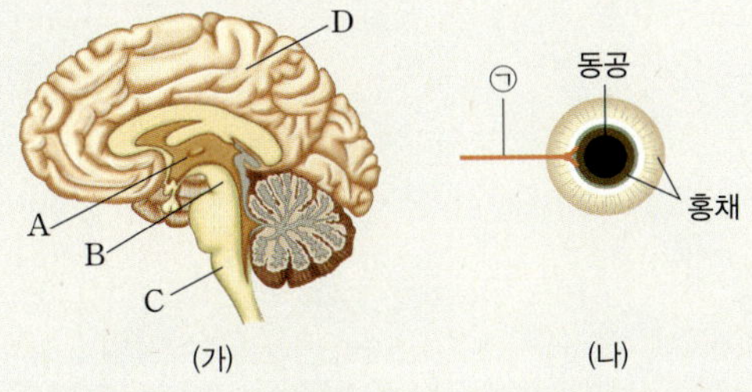

(1) A~D 중 뇌줄기를 구성하는 부위의 기호와 이름을 모두 쓰시오. **2점**

(2) ㉠의 이름을 쓰고, ㉠의 작용으로 눈에서 일어나는 반응을 서술하시오. **4점**

23

그림은 티록신의 분비가 조절되는 과정을, 표는 갑상샘의 기능에만 이상이 있는 환자 (가)와 (나)의 특징을 나타낸 것이다. TRH와 TSH는 모두 호르몬이다.

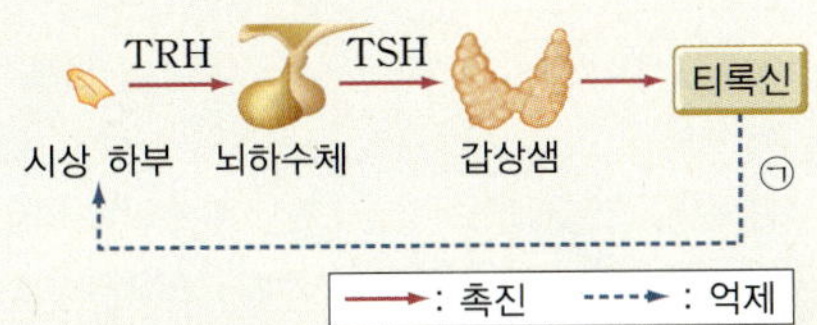

- (가) 정상인보다 추위를 잘 탄다.
- (나) 정상인보다 몸에 열이 많고 체중이 감소한다.

(1) ㉠과 같은 조절 작용의 이름을 쓰시오. **2점**

(2) (가)와 (나) 중 혈중 TSH의 농도는 누가 더 높은지 쓰고, 그 까닭을 ㉠을 포함하여 서술하시오. **4점**

24

그림 (가)는 병원체 X를, (나)는 3가지 질병을 구분하는 과정을 나타낸 것이다. A~C는 결핵, 독감, 혈우병을 순서 없이 나타낸 것이다.

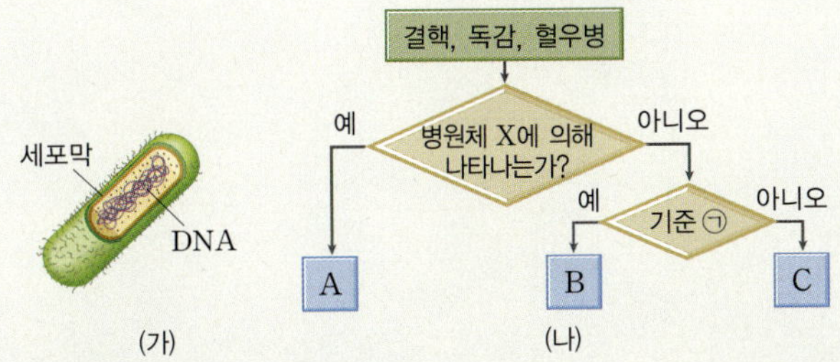

A는 어떤 질병인지 쓰고, 기준 ㉠으로 알맞은 것을 1가지만 서술하시오. **6점**

25

그림은 항체 생성 과정을 나타낸 것이다.

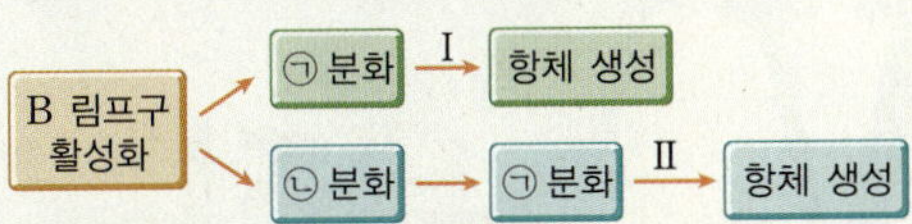

세포 ㉠과 ㉡의 이름을 각각 쓰고, 과정 Ⅰ과 Ⅱ에서 각각 항체가 생성될 때 생성 속도와 생성량의 차이를 비교하여 서술하시오. **6점**

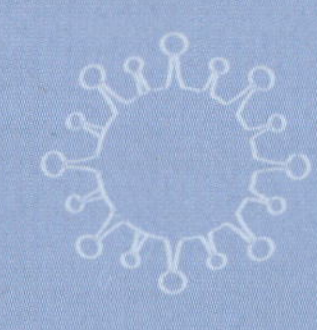

2 사람의 유전

1 유전 정보와 염색체

Ⅳ 유전

1 유전 정보와 염색체

01 유전 정보와 염색체

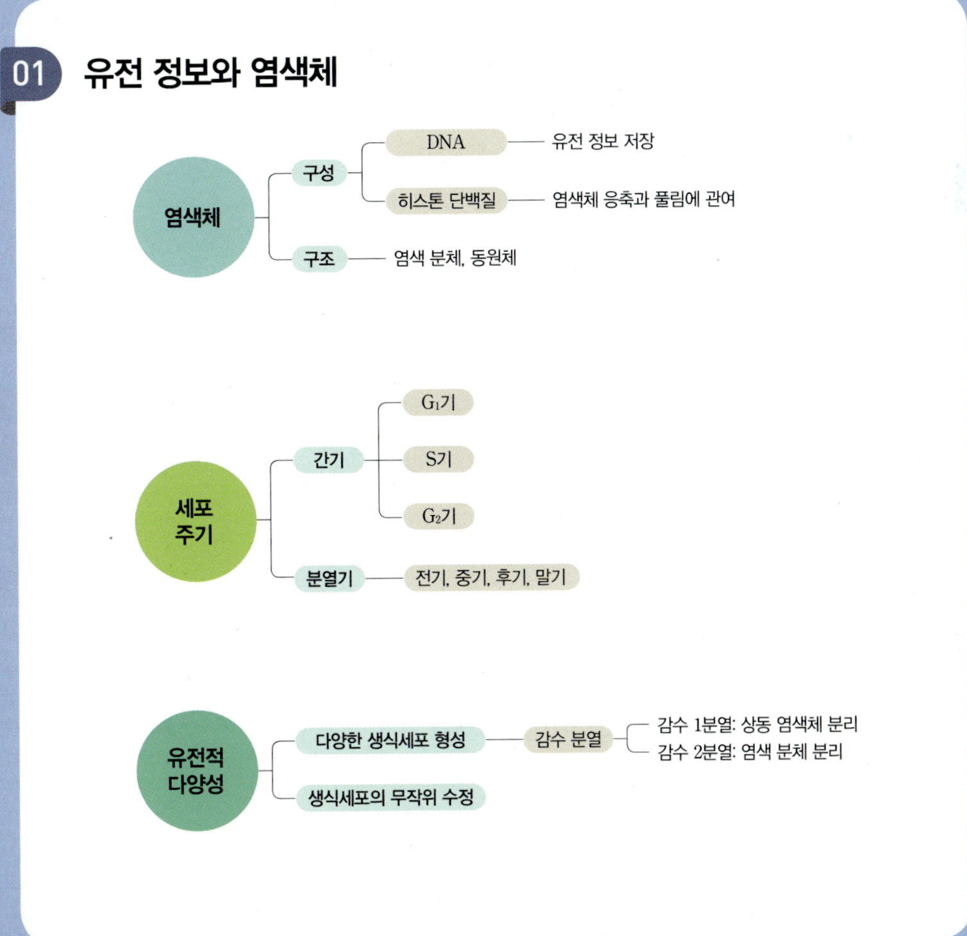

01 유전 정보와 염색체

❶ 염색체

개념 진핵생물의 세포 분열 때 관찰되고 염기성 색소에 잘 염색되는 막대 모양의 소체(小體)

1. 염색체: 세포 분열 시 응축되어 나타나는 굵고 짧은 막대 모양의 구조로, DNA와 히스톤 단백질로 이루어져 있다.

> DNA + 히스톤 단백질 ➜ 뉴클레오솜 ➜ 염색체

(1) 분열하고 있지 않을 때 염색체는 실처럼 풀어져 핵 속에 있다.

(2) DNA: 핵산의 일종으로 유전 정보가 들어 있으며, 세포 분열 전에 복제된다.

❶ 기본 단위: 인산 : 당 : 염기가 1 : 1 : 1로 구성된 뉴클레오타이드이다.

❷ 구조: 바깥쪽에 당−인산 골격이 있고, 안으로는 염기가 서로 마주 보는 이중 나선 구조이다.

(3) **히스톤 단백질:** DNA를 감고 있는 단백질로 DNA를 응축시키는 데 관여하며, DNA는 히스톤 단백질을 감아 뉴클레오솜을 형성한다.

2. 염색 분체

(1) **염색 분체:** 세포 주기 중 간기에 DNA가 복제된 상태에서 세포 분열이 일어나므로 염색체는 동일한 염색체 가닥을 2개씩 가지게 되는데, 이 각각의 가닥을 염색 분체라고 한다. ➜ 1개의 염색체를 구성하는 염색 분체에 있는 유전자 구성은 동일하다.

DNA, 유전자, 염색체의 관계

DNA는 생명체의 유전에 관한 모든 정보를 담고 있는 분자이고, 유전자는 특정 유전 형질을 발현하는 단위이다. 1개의 DNA 분자의 긴 사슬에는 특정 형질을 결정하는 여러 유전자가 특정 위치에 자리하고 있다.

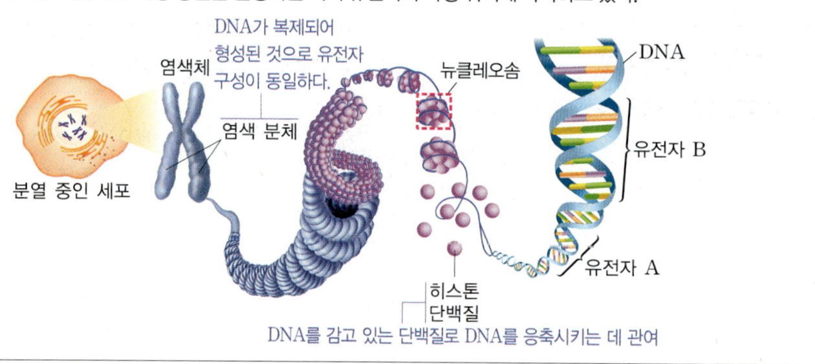

(2) 염색 분체의 형성과 분리

❶ 염색 분체의 형성: 세포 분열이 일어나기 전 DNA가 복제되며, 복제된 DNA가 응축하여 염색 분체를 형성한다.

❷ 염색 분체의 분리: 염색 분체는 체세포 분열 시 분리되어 서로 다른 딸세포로 들어간다. 따라서 2개의 딸세포는 모세포와 유전 정보가 같다.

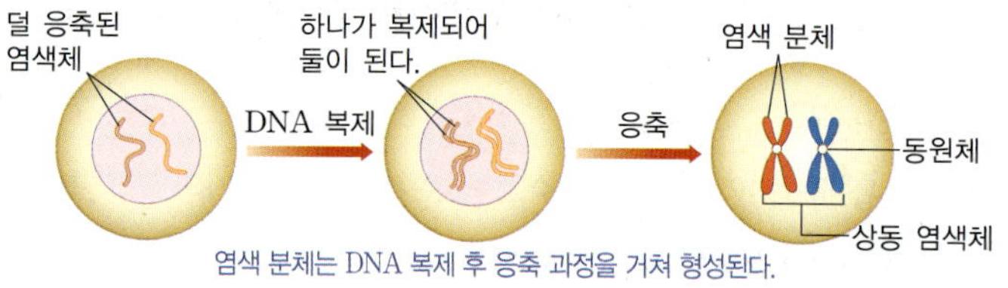

뉴클레오솜

DNA와 히스톤 단백질로 이루어진 구슬처럼 생긴 구조로, 염색체의 기본 단위이다.

유전자

· 곱슬머리, 피부색과 같이 표현형으로 나타나는 각종 유전적 성질을 유전 형질이라고 하며, 특정 유전 형질을 발현하는 단위를 유전자라고 한다.

· 유전자는 DNA의 특정 부위에 위치한다.

동원체

염색체가 접촉하고 있는 잘록한 부위로, 세포 분열 시 방추사가 부착되는 곳이다.

강의 포인트

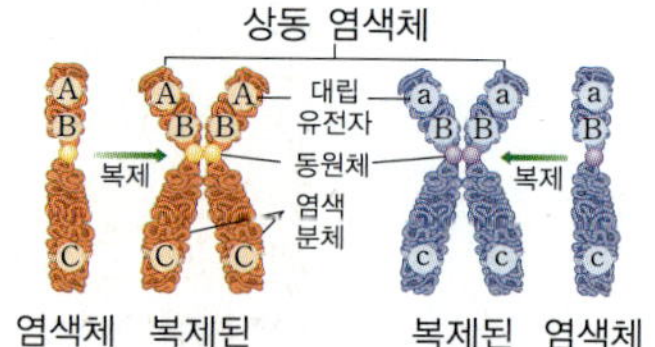

· 염색 분체의 유전자: 하나의 염색체를 이루는 염색 분체는 복제되어 2개가 된 것이므로 염색 분체의 같은 위치에 있는 유전자는 서로 동일하다.

· 상동 염색체의 유전자: 상동 염색체는 부모로부터 하나씩 물려받아 쌍을 이룬 것이므로, 상동 염색체 위의 대립유전자는 다를(예 Aa) 수도 있고, 같을(BB) 수도 있다.

· 유전자형의 동형 접합성과 이형 접합성: 같은 대립유전자가 쌍을 이루면 동형 접합성(예 BB), 다른 대립유전자가 쌍을 이루면 이형 접합성(예 Aa, Cc)이라고 한다.

3. 염색체 구성

(1) 상동 염색체: 체세포 속에 들어 있는 크기와 모양
이 같은 염색체 쌍으로, 부계와 모계로부터 하나
씩 물려받은 것이다. ➡ 생식세포를 만들 때 다
시 분리되어 각각 다른 생식세포로 들어간다.

(2) 상동 염색체와 대립유전자: 상동 염색체의 같은 위
치에는 동일한 형질을 결정하는 유전자 쌍인 대
립유전자가 있다.

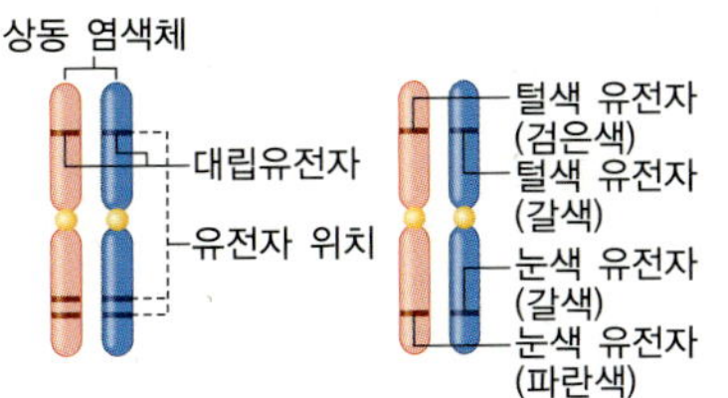

▲ 상동 염색체와 대립유전자

② 핵형과 핵상

개념 핵형은 염색체의 형태적인 특징을, 핵상은 염색체의 구성 상태를 의미함

1. 핵형과 핵상

(1) 핵형: 어떤 생물이 가지는 염색체 수, 모양, 크기 등의 특성이다.

❶ 모든 생물은 종에 따라 염색체 수와 모양, 크기가 일정하다. ➡ 같은 종에서 성별이 같으면 체세포의 핵형은 같다.

❷ 생물의 염색체 수

> 염색체 수가 같아도 다른 종일 수 있다.

생물	사람	잉어	고릴라	감자	초파리	완두	벼
염색체 수(개)	46	104	48	48	8	14	24

(2) 핵상: 한 세포 속에 들어 있는 염색체의 상태이다. ➡ 생물은 부계와 모계로부터 염색
체를 한 세트씩 물려받아 짝수 개의 염색체를 가지므로 대부분 체세포의 핵상은 $2n$,
생식세포의 핵상은 n이다.

2. 사람의 염색체: 22쌍(44개)의 상염색체와 1쌍
의 성염색체로 구성되어 있다. ➡ $2n = 46$

(1) 상염색체: 성에 관계없이 암수 공통으로 갖
고 있는 염색체이다. ➡ 1번~22번 염색체

(2) 성염색체: 성을 결정하는 염색체로, X 염색
체와 Y 염색체가 있다.

(3) 사람의 염색체: 남자는 $2n = 44 + XY$, 여자는 $2n = 44 + XX$이다.

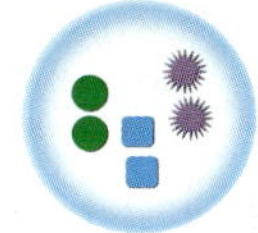
▲ 남자의 핵형

▲ 여자의 핵형

핵형 분석

체세포 분열 중기 세포의 염색체 사진을
이용하여 염색체 쌍을 큰 것부터 작은 것
순서대로 번호를 붙여 나열하며, 성염색체
쌍은 맨 끝에 나열한다. ➡ 핵형 분석을 통
해 성별, 염색체 이상 등을 알 수 있다.

강의 포인트 ◎

상동 염색체가 쌍으로 있는 세포의 핵상은
$2n$, 상동 염색체 중 1개씩만 있는 세포의
핵상은 n이다.

$2n=6$
상동 염색체가 3쌍
이 있고, 염색체 수
는 6이다.

$n=6$
상동 염색체가 없
으며, 염색체 수는
6이다.

주의! 오개념

염색체 수가 같아도 염색체의 모양과 크기
에 차이가 있으면 핵형이 다르다. 따라서
염색체 수가 같다고 반드시 같은 종인 것
은 아니다.

개념 익히기 문제

정답과 해설 p.044

🧠 교과서 문장으로 개념 익히기

01 ☐☐☐는 세포 분열 시 나타나는 막대 모양의 물질로
염기성 물질에 염색된다.

02 한 쌍의 상동 염색체의 같은 위치에 있는 유전자를
☐☐☐☐☐라고 한다.

03 생물의 종류에 따라 염색체의 수와 모양, 크기가 일정한
특성을 ☐☐이라고 한다.

04 남자의 체세포 1개에 있는 염색체는 ☐☐개이며, 성염
색체 구성은 ☐☐이다.

📦 OX 문제로 개념 익히기

05 염색체는 유전 정보가 들어 있는 DNA와 히스톤 단백질
로 이루어져 있다. (○ / ×)

06 1개의 염색체를 구성하는 염색 분체는 동일한 유전 정보
를 가진다. (○ / ×)

07 사람 체세포의 핵상은 $2n$이다. (○ / ×)

08 사람 체세포 1개에 있는 염색체 수와 유전자 수는 같다.
(○ / ×)

09 여자의 성염색체 구성은 XY이다. (○ / ×)

3 세포 주기
세포가 분열하여 생장하고 다시 분열할 때까지의 과정

1. 세포 주기: 간기와 분열기로 구분된다.

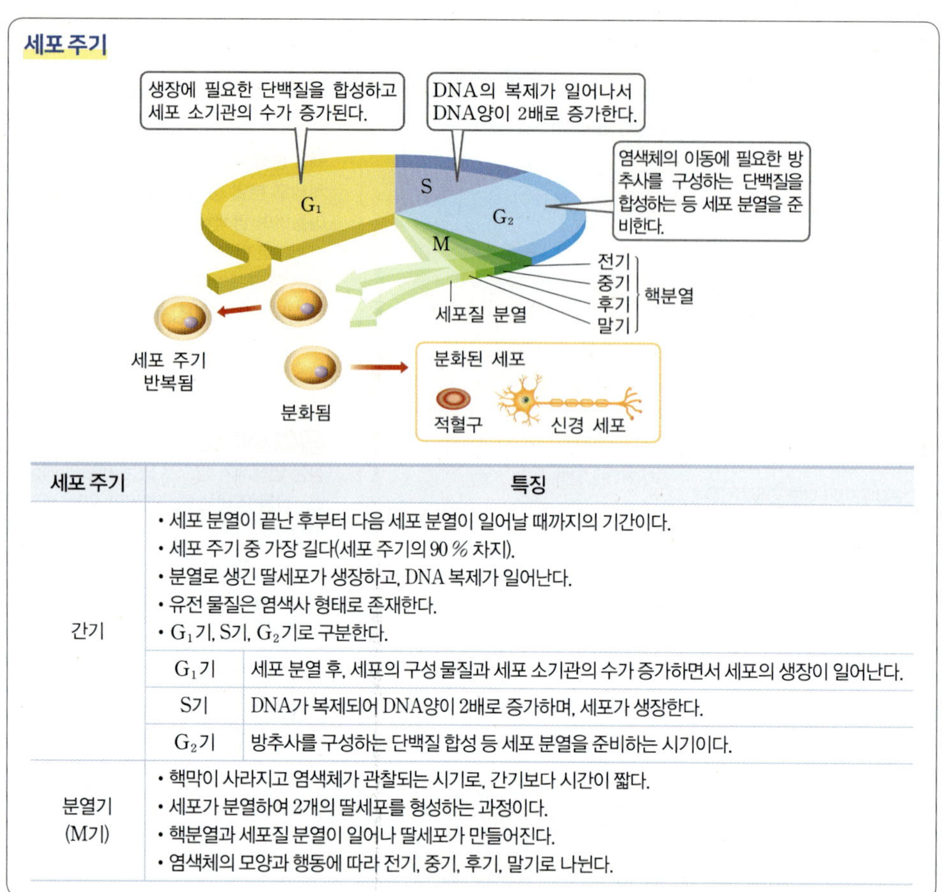

세포 주기		특징
간기		• 세포 분열이 끝난 후부터 다음 세포 분열이 일어날 때까지의 기간이다. • 세포 주기 중 가장 길다(세포 주기의 90 % 차지). • 분열로 생긴 딸세포가 생장하고, DNA 복제가 일어난다. • 유전 물질은 염색사 형태로 존재한다. • G_1기, S기, G_2기로 구분한다.
	G_1기	세포 분열 후, 세포의 구성 물질과 세포 소기관의 수가 증가하면서 세포의 생장이 일어난다.
	S기	DNA가 복제되어 DNA양이 2배로 증가하며, 세포가 생장한다.
	G_2기	방추사를 구성하는 단백질 합성 등 세포 분열을 준비하는 시기이다.
분열기 (M기)		• 핵막이 사라지고 염색체가 관찰되는 시기로, 간기보다 시간이 짧다. • 세포가 분열하여 2개의 딸세포를 형성하는 과정이다. • 핵분열과 세포질 분열이 일어나 딸세포가 만들어진다. • 염색체의 모양과 행동에 따라 전기, 중기, 후기, 말기로 나뉜다.

2. 세포 주기의 조절 이상: 세포가 세포 주기 조절 기능에 이상이 생기면 암세포와 같이 비정상적으로 세포 분열을 반복하게 된다.

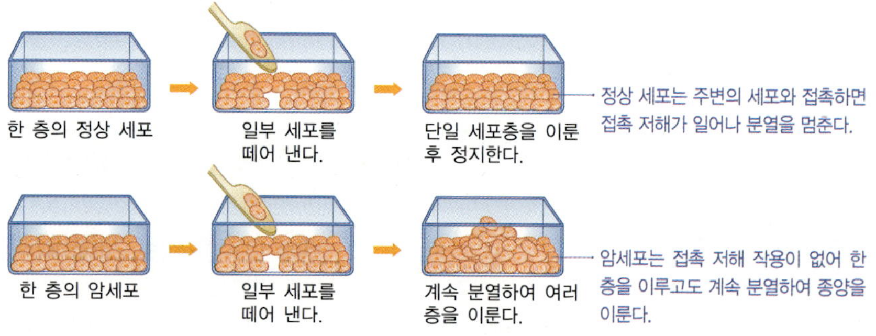

• **종양:** 주변의 조직과 조화를 이루지 않고 자율적으로 분열하여 이룬 세포 덩어리이다. 전이되지 않는 양성 종양과 전이가 되는 악성 종양이 있는데, 악성 종양을 암이라고 한다.

4 체세포 분열
생물의 생장과 조직의 재생 과정에서 일어나는 세포 분열

1. 체세포 분열의 의의: 체세포가 분열하여 세포 수가 증가하는 과정으로, 유전자 구성이 동일한 2개의 딸세포가 만들어진다. ➡ 단세포 생물에서는 생식을 의미하며, 다세포 생물에서는 상황에 따라 발생, 생장, 재생, 기관의 유지 등을 의미한다.

세포의 종류와 환경에 따른 세포 주기

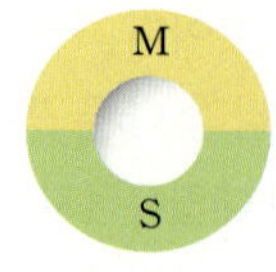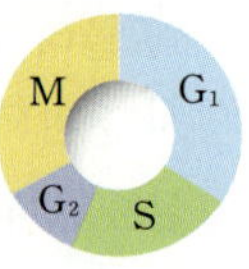

▲ 사람 수정란의 난할 ▲ 효모의 번식(출아법)

• 수정란의 난할이 일어날 때는 G_1기, G_2기가 없으므로 난할을 거듭할수록 세포 1개의 크기는 점점 작아진다.
• 효모의 세포 분열은 곧 번식이다. 효모의 번식이 일어날 때 상대적으로 분열기(M기)가 긴 편이다.

G_0기

모든 세포가 계속 분열하는 것은 아니다. 세포는 G_1기에서 S기로 진행할 때 분열을 계속할 것인가 멈출 것인가를 결정하는 G_1 검문 지점이 있다. 신경 세포나 근육 세포와 같이 분화가 끝난 세포는 G_1기에서 S기로 전환하지 않고 이 지점에서 분열을 멈추는데, 이러한 상태를 G_0기라 한다.

암기 꼭!
핵막의 소실과 방추사를 관찰할 수 있는 시기는 세포 주기 중 분열기이다.

강의 포인트

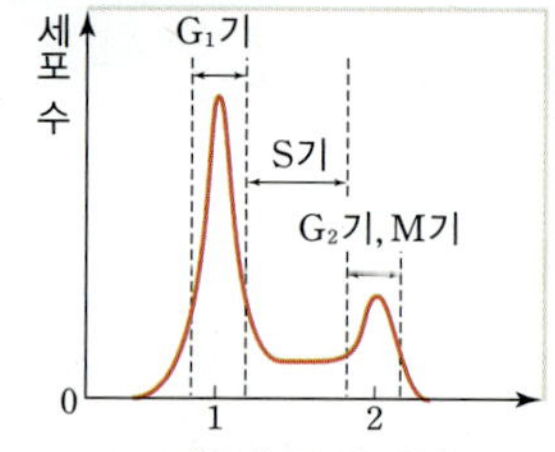

세포당 DNA양이 1인 세포는 G_1기의 세포이고, 세포당 DNA양이 1~2인 세포는 S기의 세포이며, 세포당 DNA양이 2인 세포는 G_2기와 M기의 세포이다.

암세포
분열을 조절하는 능력이 없어 무한 분열하므로 주변의 조직이나 기관에 침투하여 손상을 준다. 혈관과 림프관을 따라 다른 곳으로 전이하는 성질이 있다.

2. 체세포 분열 과정: 핵분열과 세포질 분열 과정을 거쳐 2개의 딸세포가 된다. ➡ 염색체 수와 핵상의 변화가 없다($2n \rightarrow 2n$).

(1) 핵분열: 염색체의 모양과 행동에 따라 전기, 중기, 후기, 말기로 나눈다.

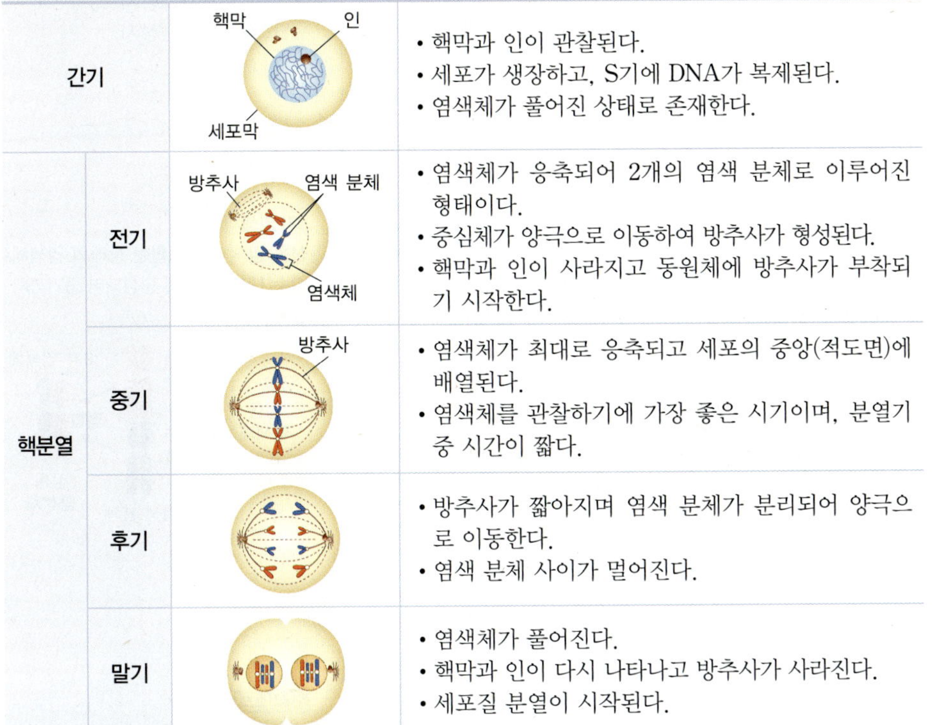

	간기		• 핵막과 인이 관찰된다. • 세포가 생장하고, S기에 DNA가 복제된다. • 염색체가 풀어진 상태로 존재한다.
핵분열	전기		• 염색체가 응축되어 2개의 염색 분체로 이루어진 형태이다. • 중심체가 양극으로 이동하여 방추사가 형성된다. • 핵막과 인이 사라지고 동원체에 방추사가 부착되기 시작한다.
	중기		• 염색체가 최대로 응축되고 세포의 중앙(적도면)에 배열된다. • 염색체를 관찰하기에 가장 좋은 시기이며, 분열기 중 시간이 짧다.
	후기		• 방추사가 짧아지며 염색 분체가 분리되어 양극으로 이동한다. • 염색 분체 사이가 멀어진다.
	말기		• 염색체가 풀어진다. • 핵막과 인이 다시 나타나고 방추사가 사라진다. • 세포질 분열이 시작된다.

(2) 세포질 분열: 핵분열 말기에 세포질이 분리되어 2개의 딸세포가 되는 과정이다.

❶ **동물 세포의 세포질 분열:** 세포질이 바깥쪽에서 안쪽으로 함입되어 세포질이 분리된다.

❷ **식물 세포의 세포질 분열:** 세포의 안쪽에서 바깥쪽으로 세포판이 형성되어 세포질이 분리된다.

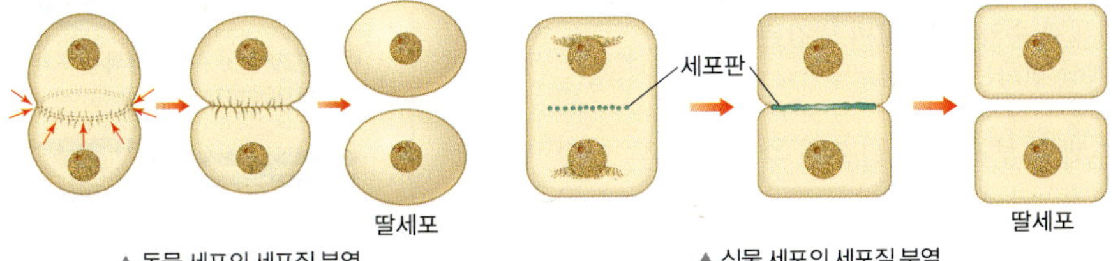

▲ 동물 세포의 세포질 분열   ▲ 식물 세포의 세포질 분열

체세포 분열이 일어나는 경우
• 발생: 수정란에서 하나의 개체가 되는 과정이다.
• 생장: 아이의 키가 점점 자란다. 사과가 크게 자란다.
• 재생: 상처 부위가 아문다. 도마뱀의 잘린 꼬리가 다시 자란다.

세포가 분열하는 이유
• 세포는 세포막을 통해 물질을 교환하는데, 세포가 커지면 부피에 비해 표면적의 비가 작아진다. 따라서 세포막을 통한 물질 출입이 효율적으로 이루어지지 못하게 된다.
• 세포의 생명 활동은 핵의 통제를 받는데, 하나의 세포에 있는 핵의 양은 일정하다. 그런데 세포가 커지면 상대적으로 세포에 대한 핵의 통제가 어려워진다.

체세포 분열 동안 DNA양의 변화

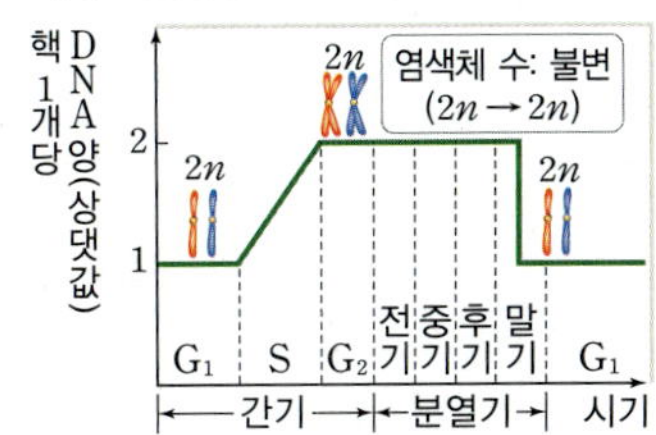

간기의 S기에 DNA가 복제되어 2배가 된 후 2개의 딸핵에 반씩 나누어 들어가므로 딸세포의 염색체 수와 DNA양은 G_1기 모세포와 같다.

정답과 해설 p.044

🧠 교과서 문장으로 개념 익히기

10 세포가 분열하여 생장하고 다시 분열할 때까지의 과정을 ☐☐☐☐라 한다.

11 핵막과 인이 관찰되는 시기를 ☐☐라 하고, DNA 복제 전 세포의 생장이 일어나는 시기를 ☐☐, DNA 복제가 일어나는 시기를 ☐☐라 한다.

12 동물 세포의 방추사는 ☐☐☐에서 형성된다.

13 체세포 분열 중 염색 분체가 분리되는 시기는 ☐☐이다.

📦 OX 문제로 개념 익히기

14 간기 동안에 DNA양이 2배로 증가된다. (O / X)

15 분열기 중 염색체를 관찰하기에 가장 좋은 시기는 전기이다. (O / X)

16 체세포 분열을 통해 생성된 딸세포의 유전 정보는 모세포의 유전 정보와 같다. (O / X)

17 동물 세포는 세포질 분열이 일어날 때 세포 안쪽에서 바깥쪽으로 세포판이 형성된다. (O / X)

1. 감수 분열: 생식 기관에서 정자와 난자 같은 생식세포를 형성하기 위한 분열로 생식세포 분열이라 하며, 1회의 DNA 복제 후 연속 2회의 분열을 하여 DNA양과 염색체 수가 모세포의 반으로 감소한 4개의 딸세포를 형성한다.

2. 감수 분열 과정: 감수 1분열과 감수 2분열이 연속적으로 일어난다.

(1) 감수 1분열($2n \rightarrow n$): 간기에 DNA가 복제된 상동 염색체가 접합하여 2가 염색체가 된 후 상동 염색체가 분리되어 염색체 수가 반으로 줄어든다.

간기		• 세포 생장과 DNA 복제가 일어난다. • 핵막과 인이 관찰되며, 염색체는 풀어진 상태이다.
감수 1분열	전기	• 응축된 염색체가 나타난다. • 상동 염색체가 접합하여 2가 염색체가 형성된다. • 핵막과 인이 사라지고, 방추사가 형성된다. • 염색체에 방추사가 부착되기 시작한다.
	중기	• 2가 염색체가 세포 중앙(적도면)에 배열된다.
	후기	• 방추사에 의해 상동 염색체가 분리되어 양극으로 이동한다. 상동 ➡ 딸세포는 모세포의 상동 염색체 한 쌍 중 1개씩만 갖게 된다. 염색체 분리
	말기	• 핵막이 다시 나타난다. • 세포질 분열이 일어나 2개의 딸세포가 형성된다. • 염색체 수와 DNA양이 반감된다. (핵상 변화: $2n \rightarrow n$)

(2) 감수 2분열($n \rightarrow n$): 간기 없이 염색 분체가 분리되어 염색체 수의 변화는 없고, DNA양은 반으로 줄어든다.

감수 2분열	전기	• 간기 없이 바로 감수 2분열이 진행되어 DNA의 복제가 일어나지 않는다. • 방추사가 나타나고 핵막이 다시 사라진다.
	중기	• 염색체가 세포 중앙(적도면)에 배열된다.
	후기	• 방추사에 의해 염색 분체가 분리되어 양극으로 이동한다. 염색 분체 분리
	말기	• 핵막과 인이 다시 나타나고, 세포질 분열이 일어나 4개의 딸세포가 형성된다. • 염색체 수는 변함없고, DNA양은 반으로 줄어든다. (핵상 변화 없음: $n \rightarrow n$)

동물에서 감수 분열이 일어나는 경우
• 정소에서 정자 형성 시
• 난소에서 난자 형성 시

2가 염색체
상동 염색체가 접합한 상태의 염색체로, 감수 1분열 전기에 형성되어 중기까지 관찰된다.

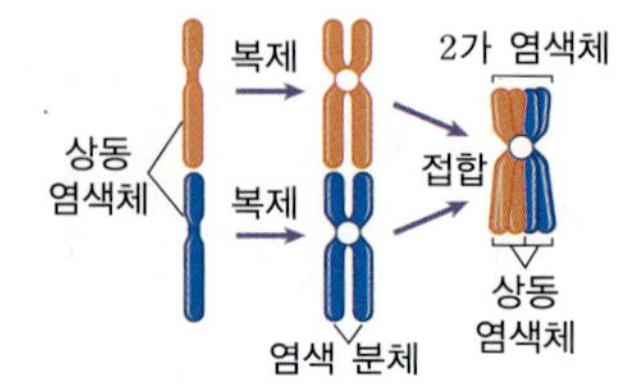

강의 포인트
감수 분열에서의 핵상과 염색체 수 변화
• 감수 1분열($2n \rightarrow n$): 상동 염색체가 분리되어 핵상과 염색체 수가 반으로 줄어든다.

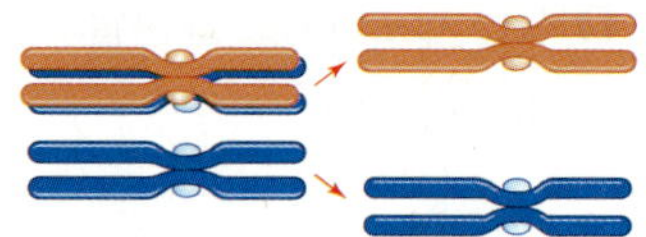

• 감수 2분열($n \rightarrow n$): 염색 분체가 분리되어 핵상과 염색체 수는 변함없다.

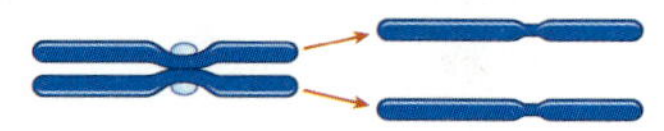

암기 꼭!
상동 염색체가 접합하여 세포 중앙에 배열되어 있으면 감수 1분열 중기 세포이고 상동 염색체가 없으며 염색체가 세포 중앙에 배열되어 있으면 감수 2분열 중기이다. 상동 염색체가 일렬로 세포 중앙에 배열되어 있으면 체세포 분열 중기 세포이다.

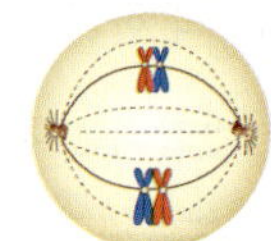
감수 1분열 중기

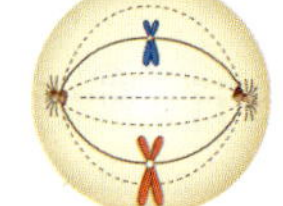
감수 2분열 중기

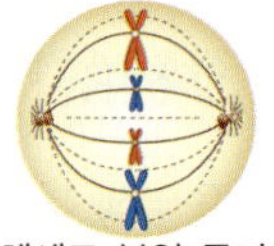
체세포 분열 중기

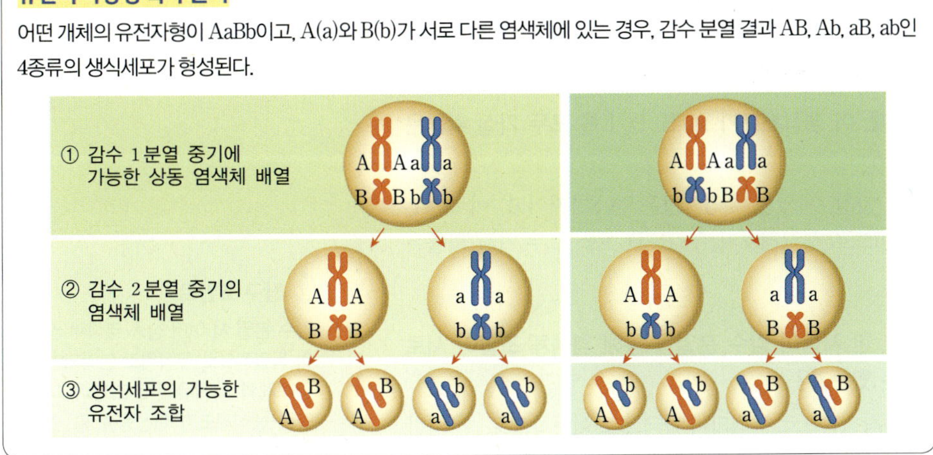

* **간기**: DNA 복제, 염색체 수 변함없음, DNA양 2배 증가
* **감수 1분열**: 상동 염색체 분리, 염색체 수 반감($2n \rightarrow n$), DNA양 반감
* **감수 2분열**: 염색 분체 분리, 염색체 수 변함없음($n \rightarrow n$), DNA양 반감

3. 감수 분열의 의의

(1) 염색체 수의 유지: 유성 생식하는 생물은 암수 생식세포의 수정에 의해 자손이 만들어지므로 생식세포의 염색체 수는 체세포 염색체 수($2n$)의 반(n)이 되어야 한다. ➡ 세대를 거듭해도 한 개체의 염색체 수와 DNA양은 감수 분열과 수정에 의해 일정하게 유지된다.

(2) 유전적 다양성의 증가: 감수 1분열 중기에 상동 염색체가 무작위적으로 배열된 후 분리되므로 유전적으로 다양한 생식세포가 형성된다. 또한, 암수의 생식세포가 수정 과정에서 무작위적으로 짝을 이루므로 다양한 유전자 조합을 가진 자손이 태어난다.

유전적 다양성 획득 원리

어떤 개체의 유전자형이 AaBb이고, A(a)와 B(b)가 서로 다른 염색체에 있는 경우, 감수 분열 결과 AB, Ab, aB, ab인 4종류의 생식세포가 형성된다.

① 감수 1분열 중기에 가능한 상동 염색체 배열	
② 감수 2분열 중기의 염색체 배열	
③ 생식세포의 가능한 유전자 조합	

감수 분열과 수정에 따른 염색체 수의 변화

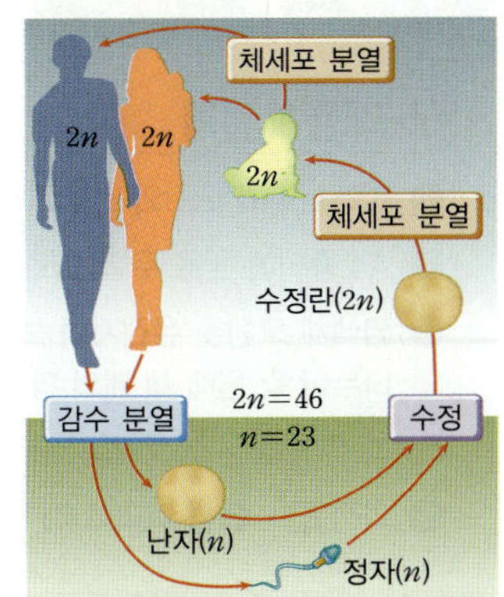

생식세포 분열 결과 형성된 생식세포는 염색체 수가 체세포의 반이므로 암수 생식세포의 수정으로 생긴 자손의 염색체 수와 유전 물질의 양은 부모와 같다. 세대를 거듭하더라도 개체가 가지는 염색체 수와 유전 물질의 양이 일정하게 유지된다.

강의 포인트

$2n$개의 염색체를 가진 생물은 $2^n \times 2^n = 2^{2n}$(난자의 경우의 수 × 정자의 경우의 수 = 수정란의 경우의 수)가지 종류의 자손이 생길 수 있다.

사람이 만들 수 있는 생식세포 종류는 약 8백만($\fallingdotseq 2^{23}$)가지이며, 이들의 결합으로 생기는 자손의 종류는 70조($\fallingdotseq 2^{23} \times 2^{23}$)가지가 가능하므로 감수 분열은 생물의 유전적 다양성 증가에 크게 기여한다.

개념 익히기 문제

정답과 해설 p.044

🧠 교과서 문장으로 개념 익히기

18 감수 분열은 ☐☐☐☐☐를 형성하기 위한 분열이다.

19 감수 1분열에 ☐☐ 염색체의 접합에 의해 ☐☐ 염색체가 형성된 후 ☐☐ 염색체가 분리되어 염색체 수가 반으로 줄어든다.

20 감수 2분열 후기 때 ☐☐☐가 양극으로 분리되어 ☐☐☐☐은 반감되고, 염색체 수는 변함없다.

21 감수 분열에서 DNA 복제는 ☐회 일어나고, 핵분열은 ☐회 일어난다.

📦 OX 문제로 개념 익히기

22 감수 1분열 후 만들어진 2개의 딸세포의 염색체 수와 DNA양은 모두 G_1기 세포의 $\frac{1}{2}$배이다. (O / x)

23 감수 분열에서 상동 염색체가 분리되는 시기는 감수 1분열 후기이다. (O / x)

24 감수 분열은 어버이와 동일한 염색체 수와 유전자를 자손에게 전달하는 데 의의가 있다. (O / x)

25 사람의 생식세포가 가질 수 있는 유전 정보의 종류는 46가지이다. (O / x)

📝 과정 & 결과

❶ A와 a, B와 b, D와 d, E와 e가 각각 적힌 길이가 다른 3쌍의 상동 염색체 모형을 준비한다.

❷ A4 종이에 원을 두 개 그린다.

❸ 염색체 모형을 유전자가 보이지 않게 뒤집은 후, 두 개의 원에 상동 염색체를 하나씩 무작위로 나누어 각 원에 세 개의 염색체가 놓이게 한다.

❹ 각 원에 놓인 염색체를 뒤집어 생식세포의 유전자형을 기록한다.

❺ 과정 ❷~❹를 여러 차례 반복하면서 생식세포의 유전자형을 기록한다.

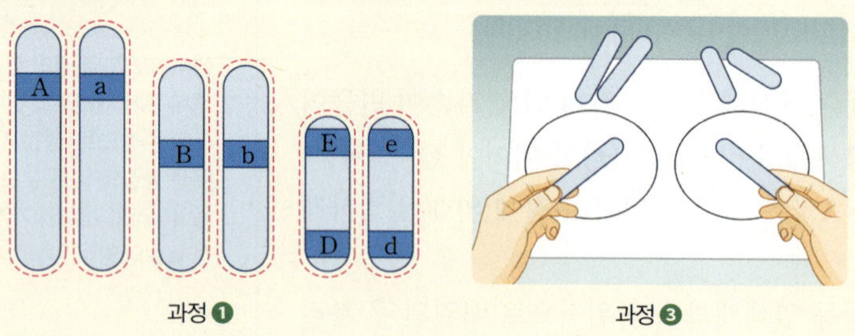

과정 ❶ 　　　　　　　　　　　　　　과정 ❸

🔍 분석

1. 이 사람의 유전자형은 무엇인가?

• AaBbDdEe이다.

2. 이 사람의 생식세포가 가질 수 있는 유전자형은 무엇인가?

• ABDE, ABde, AbDE, Abde, aBDE, aBde, abDE, abde로 총 8종류이다.

3. 이 사람으로부터 생식세포가 형성될 때, 이 생식세포가 A, B, D, E를 모두 가질 확률은 얼마인가?

• 이 사람으로부터 형성된 생식세포가 가질 수 있는 유전자형은 총 8가지이고, 이 중 A, B, D, E를 모두 갖는 경우는 1가지이므로 생식세포가 A, B, D, E를 모두 가질 확률은 $\frac{1}{8}$이다.

4. 사람은 23쌍의 상동 염색체를 갖는다. 한 사람이 감수 분열을 통해 염색체 조합이 서로 다른 생식세포를 최대 몇 가지 만들 수 있는가?

• 감수 1분열 후기 때 상동 염색체는 무작위적으로 분리되어 양극으로 이동하므로, 한 사람이 감수 분열을 통해 염색체 조합이 서로 다른 생식세포를 최대 2^{23}가지 만들 수 있다.

⚙️ 탐구 목표

모의 활동을 통해 감수 분열 시 유전적 다양성의 획득 과정을 이해하고 설명할 수 있다.

유전적 다양성이 나타나는 까닭

• 감수 분열 시 상동 염색체의 무작위적인 분리로 인한 다양한 생식세포 형성

• 생식세포의 무작위 수정

x쌍의 상동 염색체를 가진 생물($2n = 2x$)로부터 염색체 조합이 서로 다른 2^x가지의 생식세포가 형성된다.

🔬 탐구 포인트

감수 분열 시 여러 상동 염색체 쌍이 독립적으로 무작위로 분리되어 염색체와 대립유전자 조합이 다양한 생식세포가 형성됨을 알 수 있다.

정답과 해설 p.044

예제 ❶

다음 중 감수 분열에 대한 설명으로 옳지 <u>않은</u> 것은?

① DNA 복제는 2회 일어난다.

② 정소에서 감수 분열이 일어난다.

③ 모세포와 딸세포의 핵상은 다르다.

④ 감수 1분열 전기 때 상동 염색체의 접합이 일어난다.

⑤ 감수 2분열 후기 때 염색 분체의 분리가 일어난다.

예제 ❷ 서술형

그림은 감수 분열 과정의 일부를 나타낸 것이다.

 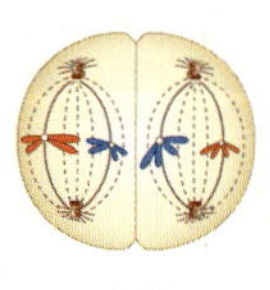 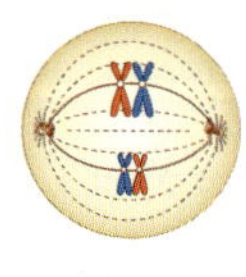 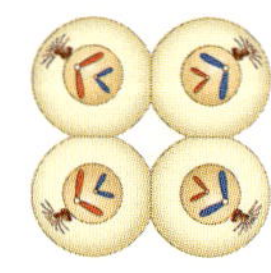

(가) 　　　　 (나) 　　　　 (다) 　　　　 (라)

감수 분열 과정을 순서대로 나열하시오.

체세포 분열과 감수 분열의 비교

Point 체세포 분열과 감수 분열을 비교하여 공통점과 차이점을 안다.

구분	체세포 분열	감수 분열
분열 장소	동물: 몸 전체, 식물: 생장점, 형성층	동물: 정소와 난소, 식물: 꽃밥과 밑씨
분열 과정		
분열 횟수	1회	2회
딸세포 수	2개	4개
DNA양 변화	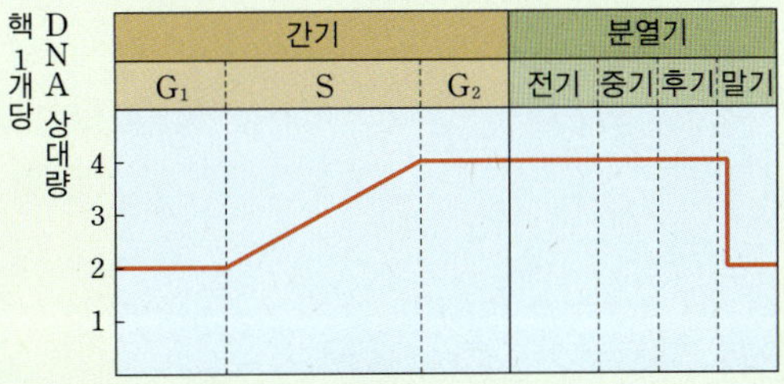	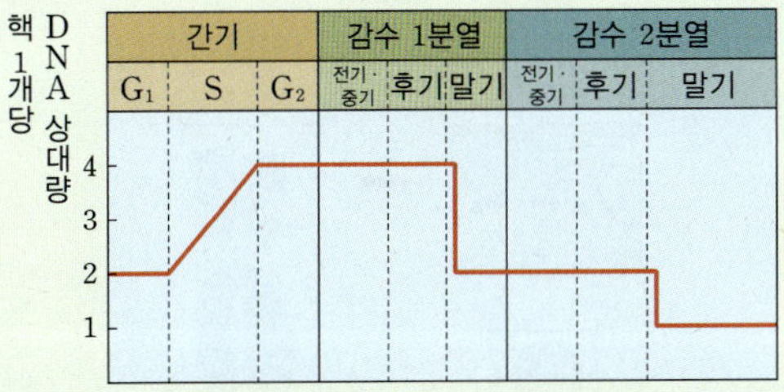
분열의 의의	• 세포 수가 증가하여 발생과 생장을 한다. • 손상된 조직의 재생이나 기관의 기능을 유지하기 위해 필요한 세포를 만든다.	• 생식세포 분열로 세대를 거듭해도 염색체 수가 일정하게 유지된다. • 감수 1분열 중기의 무작위적인 염색체 배열로 유전적으로 다양한 생식세포를 형성하게 되어 유전적으로 다양한 자손을 갖게 된다.
특징	• 염색 분체가 분리되기 때문에 딸세포에서 핵상과 염색체 수의 변화가 없다($2n \rightarrow 2n$)	• 감수 1분열 전기와 중기에 2가 염색체가 관찰된다. • 감수 1분열 시 상동 염색체가 분리되기 때문에 딸세포에서 핵상과 염색체 수의 변화가 있다($2n \rightarrow n$).

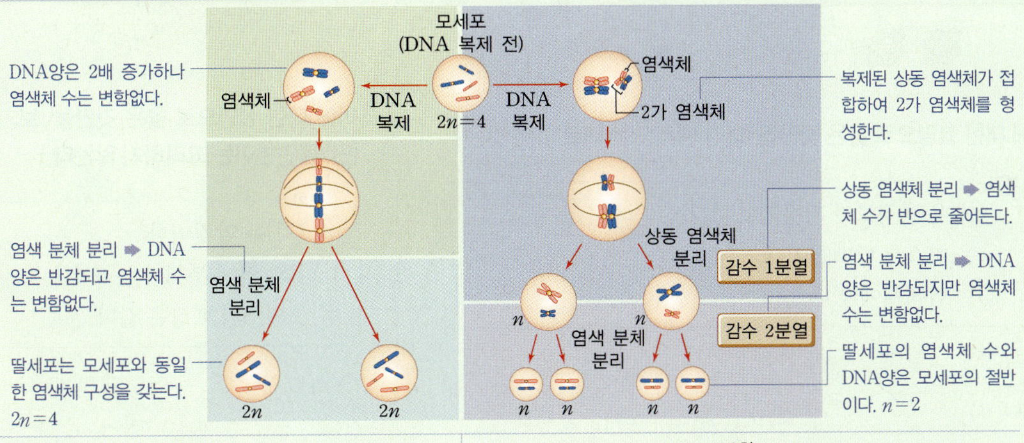

분열 과정(체세포 분열): DNA양은 2배 증가하나 염색체 수는 변함없다. 염색체, DNA 복제, $2n=4$, 모세포(DNA 복제 전). 염색 분체 분리 ➡ DNA양은 반감되고 염색체 수는 변함없다. 딸세포는 모세포와 동일한 염색체 구성을 갖는다. $2n=4$

분열 과정(감수 분열): 염색체, 2가 염색체, 복제된 상동 염색체가 접합하여 2가 염색체를 형성한다. 상동 염색체 분리 ➡ 염색체 수가 반으로 줄어든다. 감수 1분열. 염색 분체 분리 ➡ DNA양은 반감되지만 염색체 수는 변함없다. 감수 2분열. 딸세포의 염색체 수와 DNA양은 모세포의 절반이다. $n=2$

정답과 해설 p.044

예제 ❶

그림 (가)는 어떤 동물의 세포 분열 과정에서 핵 1개당 DNA 상대량의 변화를, (나)는 (가)의 구간 Ⅰ ~ Ⅲ 중 한 구간에 관찰되는 세포의 염색체를 나타낸 것이다.

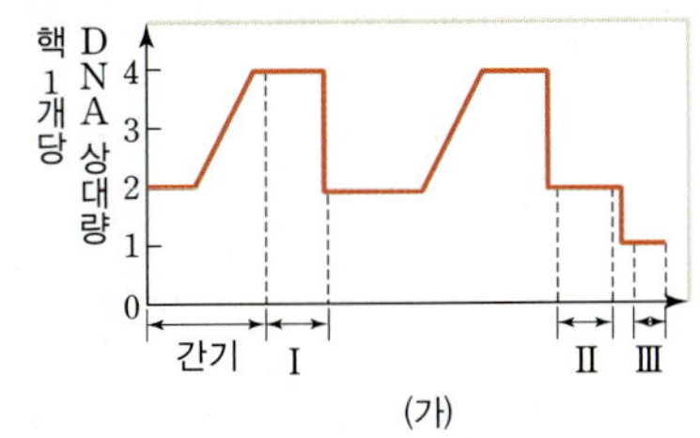

(가)    (나)

이에 대한 설명으로 옳은 것만을 |보기|에서 있는 대로 고른 것은?

보기

ㄱ. 구간 Ⅰ에서 세포의 핵상은 $2n$이다.

ㄴ. 구간 Ⅱ에서 2가 염색체가 관찰된다.

ㄷ. (나)는 구간 Ⅲ에서 관찰된다.

① ㄱ   ② ㄴ   ③ ㄱ, ㄴ   ④ ㄱ, ㄷ   ⑤ ㄴ, ㄷ

▶ **해결 전략**

1단계: 체세포 분열과 감수 분열 과정에서 핵 1개당 DNA 상대량 변화를 생각한다.

2단계: 구간 Ⅰ ~ Ⅲ은 어떤 세포 분열의 어떤 시기인지 생각한다.

3단계: 각 구간의 세포가 갖는 특징을 생각한다.

4단계: (나)의 세포가 어떤 구간에 속하는지 생각한다.

개념 다지기 문제

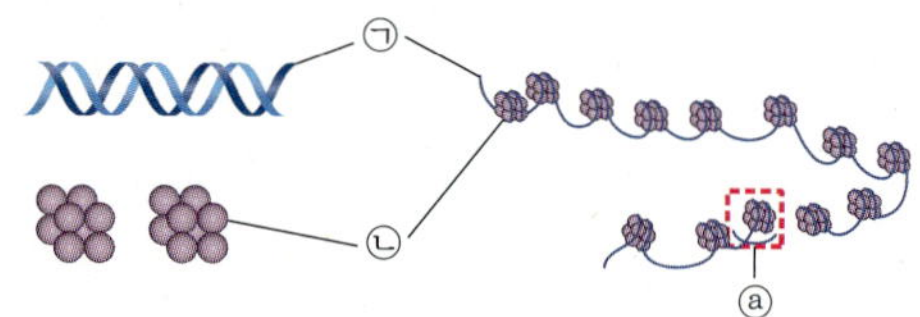

01 그림은 염색체의 구성 성분 ㉠과 ㉡을 나타낸 것이다. ㉠과 ㉡은 각각 DNA와 히스톤 단백질 중 하나이다.

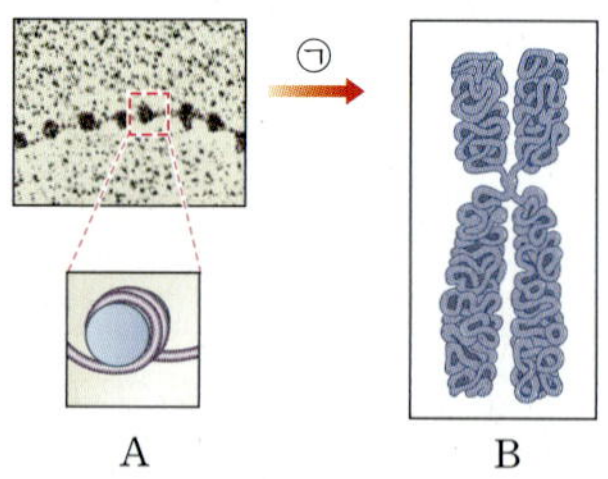

이에 대한 설명으로 옳은 것만을 |보기|에서 있는 대로 고른 것은?

〈보기〉
ㄱ. ㉠에 유전 정보가 저장되어 있다.
ㄴ. ㉡은 히스톤 단백질이다.
ㄷ. ⓐ는 염색체에 있다.

① ㄱ ② ㄷ ③ ㄱ, ㄴ
④ ㄴ, ㄷ ⑤ ㄱ, ㄴ, ㄷ

---

02 그림은 염색체의 형성 과정을 나타낸 것이다.

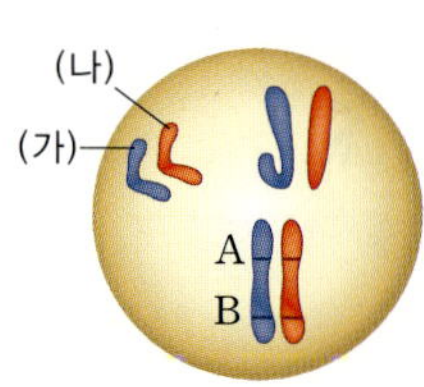

이에 대한 설명으로 옳은 것만을 |보기|에서 있는 대로 고른 것은?

〈보기〉
ㄱ. A는 뉴클레오솜이다.
ㄴ. 간기의 S기에 ㉠이 일어난다.
ㄷ. A와 B에 모두 DNA가 있다.

① ㄱ ② ㄴ ③ ㄱ, ㄷ
④ ㄴ, ㄷ ⑤ ㄱ, ㄴ, ㄷ

---

03 그림은 어떤 생물의 체세포 염색체와 유전자 A, B를 나타낸 것이다. 이에 대한 설명으로 옳은 것만을 |보기|에서 있는 대로 고른 것은? (단, 돌연변이는 고려하지 않는다.)

〈보기〉
ㄱ. 이 세포의 핵상은 n이다.
ㄴ. A는 B의 대립유전자이다.
ㄷ. (가)와 (나)는 부모로부터 하나씩 물려받았다.

① ㄱ ② ㄷ ③ ㄱ, ㄴ
④ ㄴ, ㄷ ⑤ ㄱ, ㄴ, ㄷ

대표 유형 문제

04 그림은 개체 (가)의 세포 A와 B의 모든 염색체를 나타낸 것이다. (가)가 속하는 종의 성염색체는 암컷이 XX, 수컷이 XY이다.

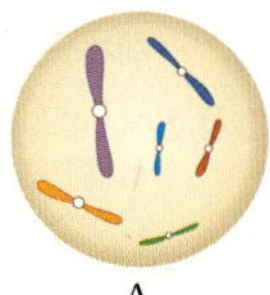
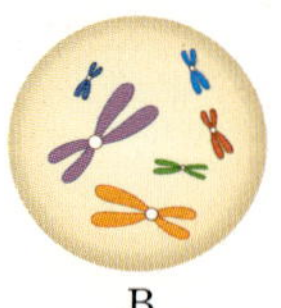

A   B

이에 대한 설명으로 옳은 것만을 |보기|에서 있는 대로 고른 것은? (단, 돌연변이는 고려하지 않는다.)

〈보기〉
ㄱ. (가)는 암컷이다.
ㄴ. B의 염색 분체 수는 6이다.
ㄷ. A와 B의 핵상은 같다.

① ㄱ ② ㄷ ③ ㄱ, ㄴ
④ ㄴ, ㄷ ⑤ ㄱ, ㄴ, ㄷ

---

05 그림은 어떤 사람의 세포 ㉠을 이용하여 핵형 분석 결과를 나타낸 것이다.

이에 대한 설명으로 옳은 것만을 |보기|에서 있는 대로 고른 것은?

〈보기〉
ㄱ. 이 사람은 여자이다.
ㄴ. 적혈구는 ㉠에 해당한다.
ㄷ. 1번 염색체는 21번 염색체보다 작다.

① ㄱ ② ㄷ ③ ㄱ, ㄴ
④ ㄴ, ㄷ ⑤ ㄱ, ㄴ, ㄷ

06 그림은 어떤 동물 세포의 세포 주기를 나타낸 것이다. ㉠~㉣은 G₁기, S기, G₂기, M기를 순서 없이 나타낸 것이다.
이에 대한 설명으로 옳은 것만을 |보기|에서 있는 대로 고른 것은?

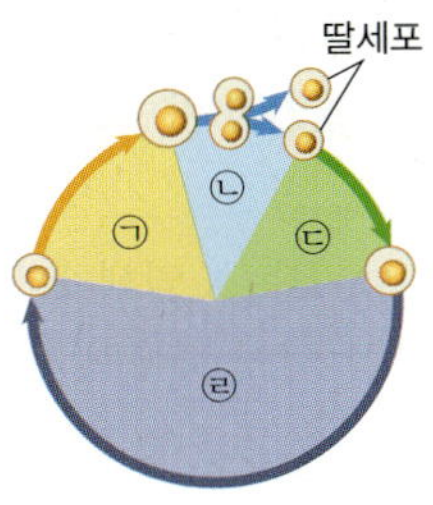

┌─ 보기 ─────────────────────
ㄱ. ㉡은 M기이다.
ㄴ. ㉣의 세포는 핵막을 갖는다.
ㄷ. 세포당 DNA양은 ㉠의 세포가 ㉢의 세포의 2배이다.
└───────────────────────────

① ㄱ ② ㄷ ③ ㄱ, ㄴ
④ ㄴ, ㄷ ⑤ ㄱ, ㄴ, ㄷ

07 그림은 어떤 동물의 체세포를 배양하여 세포당 DNA양에 따른 세포 수를 나타낸 것이다.
이에 대한 설명으로 옳은 것만을 |보기|에서 있는 대로 고른 것은?

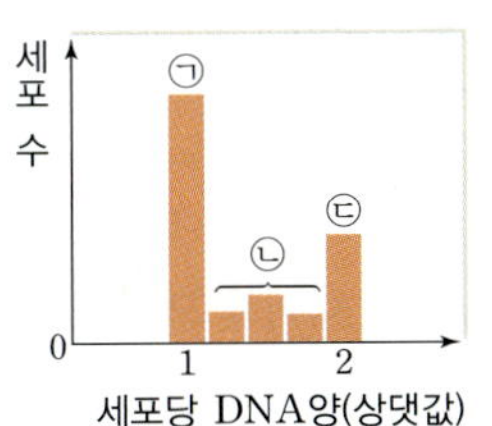

┌─ 보기 ─────────────────────
ㄱ. ㉠의 세포에서는 단백질 합성이 일어난다.
ㄴ. ㉡의 세포에는 S기 세포가 있다.
ㄷ. ㉢의 세포에는 간기의 세포와 분열기의 세포가 모두 있다.
└───────────────────────────

① ㄱ ② ㄷ ③ ㄱ, ㄴ
④ ㄴ, ㄷ ⑤ ㄱ, ㄴ, ㄷ

08 그림 (가)는 어떤 세포의 세포 주기를, (나)는 (가)의 어떤 시기에 관찰된 세포를 나타낸 것이다. ㉠과 ㉡은 각각 S기와 M기 중 하나이다.

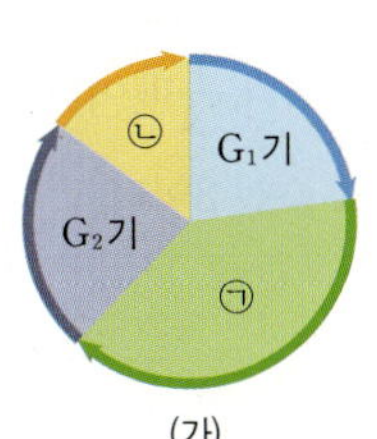

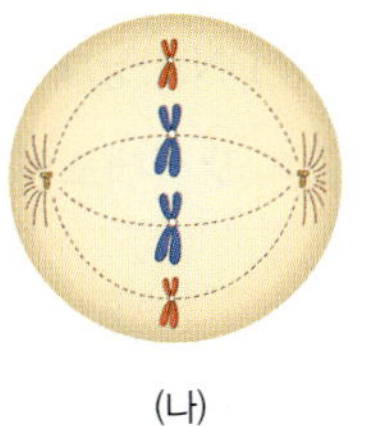

이에 대한 설명으로 옳은 것만을 |보기|에서 있는 대로 고른 것은?

┌─ 보기 ─────────────────────
ㄱ. ㉠은 S기이다.
ㄴ. (나)는 ㉡에 관찰된다.
ㄷ. 세포당 DNA 상대량은 G₁기 세포와 ㉡의 세포가 같다.
└───────────────────────────

① ㄱ ② ㄷ ③ ㄱ, ㄴ
④ ㄴ, ㄷ ⑤ ㄱ, ㄴ, ㄷ

09 그림은 어떤 세포의 세포 분열 과정을 나타낸 것이다.

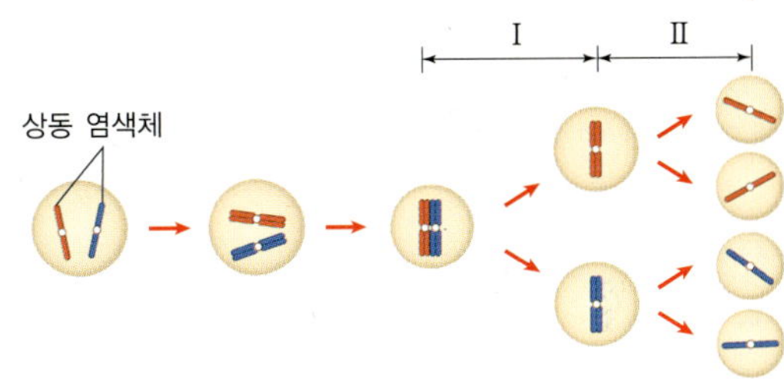

이에 대한 설명으로 옳은 것만을 |보기|에서 있는 대로 고른 것은?

┌─ 보기 ─────────────────────
ㄱ. 과정 I에서 상동 염색체가 분리된다.
ㄴ. 과정 II에서 염색체 수가 반감된다.
ㄷ. 분열 중 2가 염색체가 형성된다.
└───────────────────────────

① ㄱ ② ㄷ ③ ㄱ, ㄴ
④ ㄱ, ㄷ ⑤ ㄴ, ㄷ

10 그림은 어떤 세포가 분열하는 동안 핵 1개당 DNA양의 변화를 나타낸 것이다.

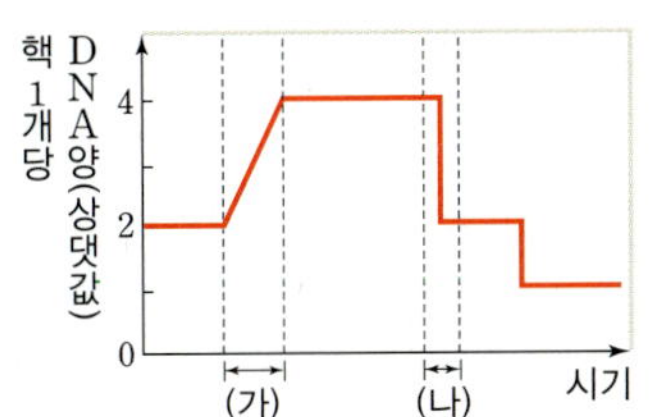

이에 대한 설명으로 옳은 것만을 |보기|에서 있는 대로 고른 것은?

┌─ 보기 ─────────────────────
ㄱ. 구간 (가)에서 DNA가 복제된다.
ㄴ. 구간 (나)에서 핵상의 변화가 있다.
ㄷ. 구간 (가)와 (나)의 세포에는 모두 뉴클레오솜이 있다.
└───────────────────────────

① ㄱ ② ㄷ ③ ㄱ, ㄴ
④ ㄴ, ㄷ ⑤ ㄱ, ㄴ, ㄷ

11 표는 어떤 동물의 정자 형성 과정에서 관찰되는 세포 (가)~(라)의 핵상과 핵 1개당 DNA 상대량을 나타낸 것이다. (가)~(라)는 각각 G_1기 세포, 감수 1분열 중기 세포, 감수 2분열 중기 세포, 정자 중 하나이다.

세포	핵상	핵 1개당 DNA 상대량
(가)	n	㉠
(나)	$2n$	2
(다)	?	4
(라)	?	2

이에 대한 설명으로 옳은 것만을 |보기|에서 있는 대로 고른 것은? (단, 돌연변이는 고려하지 않는다.)

> **보기**
> ㄱ. ㉠은 1이다.
> ㄴ. (라)는 정자이다.
> ㄷ. 세포 1개당 염색체 수는 (가)와 (다)가 같다.

① ㄱ ② ㄷ ③ ㄱ, ㄴ
④ ㄴ, ㄷ ⑤ ㄱ, ㄴ, ㄷ

12 그림 (가)와 (나)는 어떤 생물의 체세포 분열 과정과 감수 분열 과정의 일부를 순서 없이 나타낸 것이다.

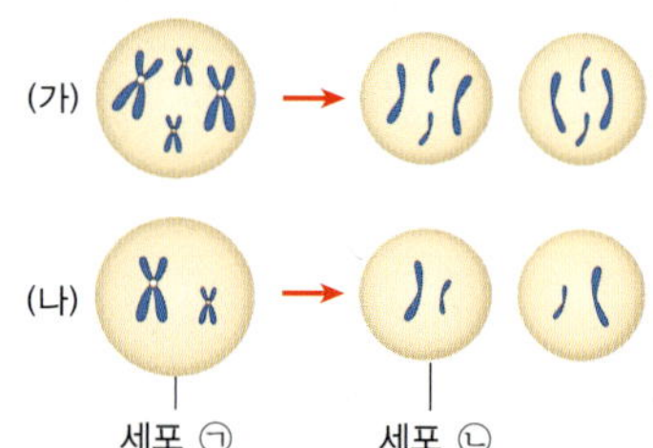

이에 대한 설명으로 옳은 것만을 |보기|에서 있는 대로 고른 것은? (단, 돌연변이는 고려하지 않는다.)

> **보기**
> ㄱ. (가)는 감수 분열 과정이다.
> ㄴ. ㉠과 ㉡의 핵상은 같다.
> ㄷ. (가)와 (나)에서 모두 염색체 수가 반감된다.

① ㄱ ② ㄴ ③ ㄷ
④ ㄴ, ㄷ ⑤ ㄱ, ㄴ, ㄷ

13 그림은 어떤 남자의 체세포에서 1쌍의 상염색체와 성염색체를 나타낸 것이다. A는 a와 대립유전자이고, B는 형질 ㉠을 결정하는 대립유전자이다.

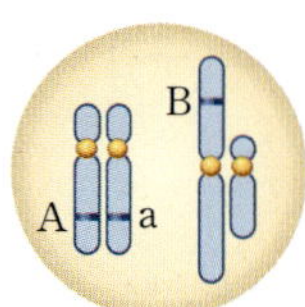

이에 대한 설명으로 옳은 것만을 |보기|에서 있는 대로 고른 것은? (단, 돌연변이는 고려하지 않는다.)

> **보기**
> ㄱ. B는 X 염색체에 있다.
> ㄴ. 이 남자에서 감수 분열 중 A와 B는 항상 같은 딸세포로 이동한다.
> ㄷ. 이 남자에서 감수 분열을 통해 형성된 정자가 A와 B를 모두 가질 확률은 $\frac{1}{2}$이다.

① ㄱ ② ㄷ ③ ㄱ, ㄴ
④ ㄴ, ㄷ ⑤ ㄱ, ㄴ, ㄷ

14 그림은 어떤 사람의 생식세포 형성 과정을 나타낸 것이다. 이에 대한 설명으로 옳은 것만을 |보기|에서 있는 대로 고른 것은? (단, 돌연변이는 고려하지 않는다.)

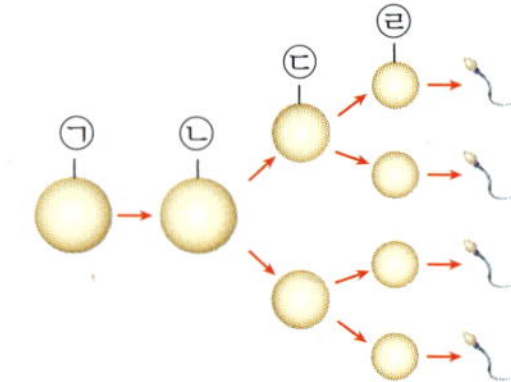

> **보기**
> ㄱ. ㉠과 ㉡에는 모두 Y 염색체가 있다.
> ㄴ. ㉡이 ㉢으로 되는 과정에서 상동 염색체가 분리된다.
> ㄷ. ㉣의 핵상은 $2n$이다.

① ㄱ ② ㄴ ③ ㄷ
④ ㄱ, ㄴ ⑤ ㄱ, ㄴ, ㄷ

대표 유형문제

15 표는 어떤 동물의 세포 A~C의 특징을 나타낸 것이다. A~C 중 G_1기 세포가 있으며, 나머지 2개는 중기의 세포이다.

세포 \ 특징	염색체 수	염색 분체 수
A	4	8
B	8	16
C	8	8

이에 대한 설명으로 옳은 것만을 |보기|에서 있는 대로 고른 것은? (단, 돌연변이는 고려하지 않는다.)

> **보기**
> ㄱ. C는 G_1기 세포이다.
> ㄴ. 핵 1개당 DNA 상대량은 A가 B의 $\frac{1}{2}$배이다.
> ㄷ. 이 동물의 생식세포의 염색체 수는 8이다.

① ㄱ ② ㄷ ③ ㄱ, ㄴ
④ ㄴ, ㄷ ⑤ ㄱ, ㄴ, ㄷ

고난도 문제

16 다음은 물질 X가 세포 주기에 미치는 영향을 알아보기 위한 실험이다.

[실험 과정]
(가) 동일한 조건의 G_1기 세포들을 집단 A와 B로 나눈다.
(나) B에만 물질 X를 처리하고, 일정 시간 동안 배양한다.
(다) 두 집단의 세포를 동시에 고정한 후, 각 집단에서 세포 하나의 DNA 상대량에 따른 세포 수를 조사한다.

[실험 결과]

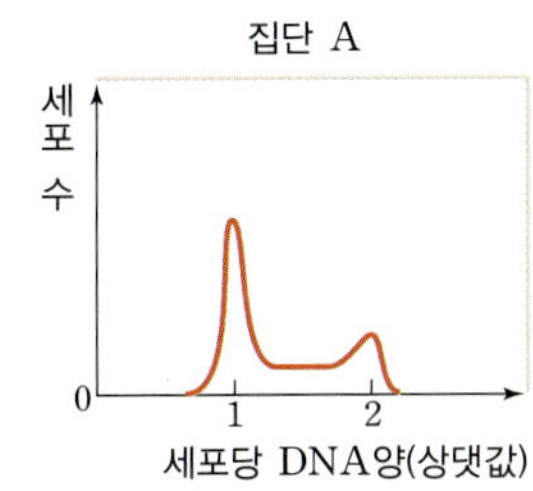
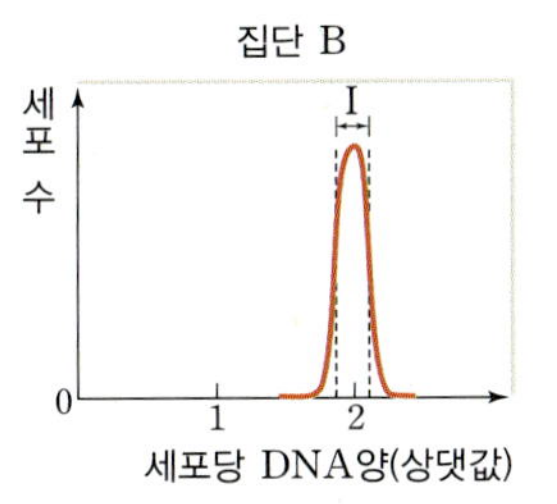

이에 대한 설명으로 옳은 것만을 |보기|에서 있는 대로 고른 것은?

┌ 보기 ┐
ㄱ. A의 세포 주기에서 G_1기가 G_2기보다 길다.
ㄴ. 구간 I의 세포에서 핵상은 n이다.
ㄷ. G_1기에서 S기로의 진행을 억제하는 물질은 X에 해당한다.

① ㄱ   ② ㄷ   ③ ㄱ, ㄴ   ④ ㄴ, ㄷ   ⑤ ㄱ, ㄴ, ㄷ

17 그림은 $2n=4$인 어떤 동물에서 G_1기 세포 ⓐ로부터 생식세포가 형성되는 과정을, 표는 이 동물의 세포 I~III은 ⓐ와 ⓑ 중 하나이며, IV는 ⓒ이다.

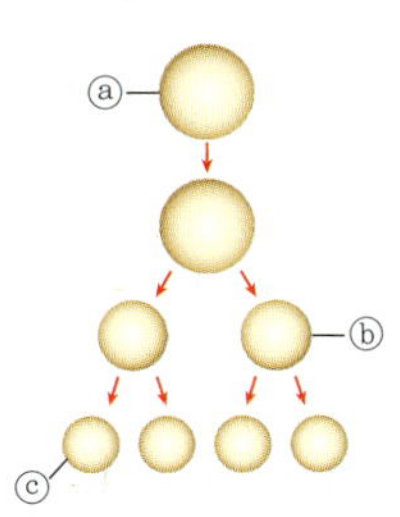

세포	염색체			
	㉠	㉡	㉢	㉣
I	○	×	×	○
II	○	○	×	×
III	○	○	○	○
IV	×	○	○	×

(○: 있음, ×: 없음)

이에 대한 설명으로 옳은 것만을 |보기|에서 있는 대로 고른 것은? (단, 돌연변이는 고려하지 않는다.)

┌ 보기 ┐
ㄱ. ⓐ는 III이다.
ㄴ. ㉡과 ㉣은 상동 염색체이다.
ㄷ. ⓑ에는 ㉠과 ㉢이 모두 있다.

① ㄱ   ② ㄷ   ③ ㄱ, ㄴ   ④ ㄴ, ㄷ   ⑤ ㄱ, ㄴ, ㄷ

서술형 문제

18 그림은 동물 A 체세포의 세포 주기를 나타낸 것이다. ㉠~㉣은 각각 G_1기, G_2기, S기, M기 중 하나이고, ㉢ 시기에 염색분체의 분리가 일어난다.

(1) ㉠~㉣은 어떤 시기인지 각각 쓰시오.

(2) ㉡의 세포와 ㉣의 세포의 DNA양을 비교하여 서술하시오.

19 그림은 체세포 분열 과정을 순서 없이 나타낸 것이다.

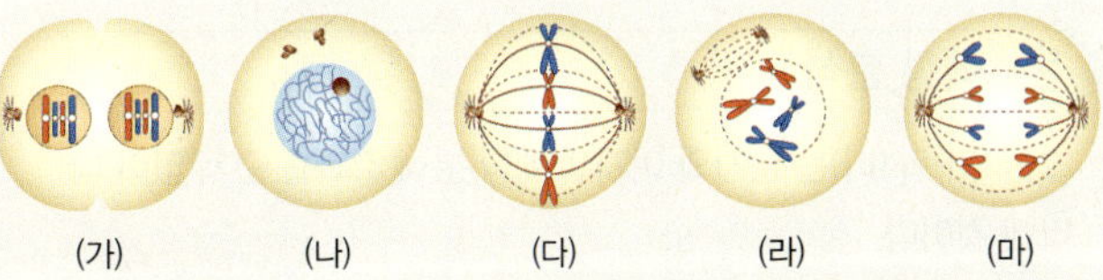

(가)   (나)   (다)   (라)   (마)

(1) 간기에 해당하는 세포의 기호를 쓰고, 그렇게 답한 까닭을 서술하시오.

(2) 분열 과정을 (가)~(마)를 1번씩 사용하여 순서대로 나열하시오.

20 그림은 어떤 동물의 생식세포 분열 과정을 나타낸 것이다.

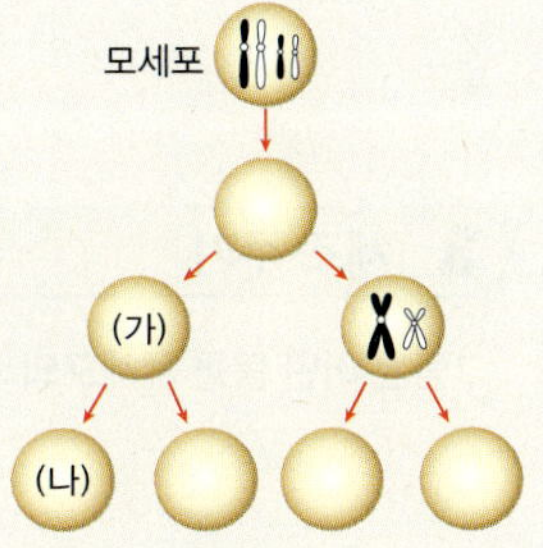

(1) (가)에서 (나)로 진행되는 과정에서 핵상의 변화를 서술하시오.

(2) 세포 (가)와 (나)에 들어갈 염색체 구성을 나타내시오.

01 유전 정보와 염색체

1 염색체의 구조

그림은 염색체의 구조를 나타낸 것이다.

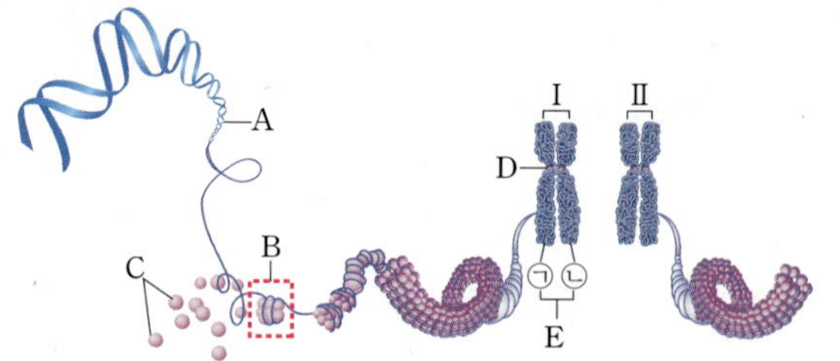

● 다음 설명 중 옳은 것은 ○표, 옳지 <u>않은</u> 것은 ×표 하시오.

1 A에 유전 정보가 저장되어 있다. ○ / ×
2 B에는 DNA와 히스톤 단백질이 있다. ○ / ×
3 C는 DNA이다. ○ / ×
4 체세포 분열 때 D에 방추사가 부착된다. ○ / ×
5 ㉠과 ㉡에 있는 유전 정보는 서로 다르다. ○ / ×
6 E는 간기 때 관찰된다. ○ / ×
7 Ⅰ과 Ⅱ는 상동 염색체이다. ○ / ×

2 핵형 분석

그림 (가)와 (나)는 남자와 여자의 핵형 분석 결과를 순서 없이 나타낸 것이다.

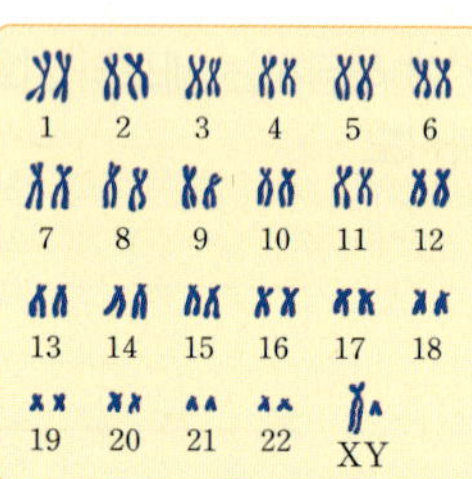

(가)   (나)

● 다음 설명 중 옳은 것은 ○표, 옳지 <u>않은</u> 것은 ×표 하시오.

1 (가)는 남자의 핵형 분석 결과이다. ○ / ×
2 (나)에서 Y 염색체는 아버지로부터 물려받은 것이다. ○ / ×
3 (가)에서 상염색체 수는 44이다. ○ / ×
4 핵형 분석에 사용되는 세포는 간기의 세포이다. ○ / ×
5 (나)에서 1번 염색체의 크기는 2번 염색체의 크기보다 크다. ○ / ×
6 (나)에서 모든 염색체는 2개의 염색 분체로 되어 있다. ○ / ×
7 (가)와 (나)의 핵형은 모두 정상이다. ○ / ×

3 세포 주기

그림은 어떤 동물 체세포의 세포 주기를 나타낸 것이다.

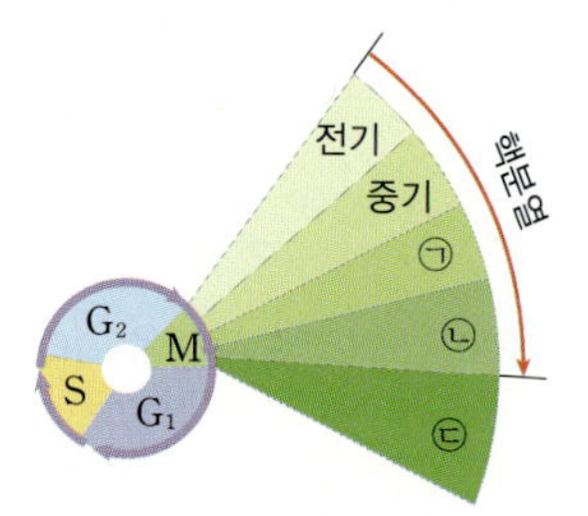

● 다음 설명 중 옳은 것은 ○표, 옳지 <u>않은</u> 것은 ×표 하시오.

1 ㉠의 세포에서 염색 분체의 분리가 일어난다. ○ / ×
2 ㉡은 후기이다. ○ / ×
3 ㉢의 세포에서 세포판이 형성된다. ○ / ×
4 DNA양은 G_1기 세포가 G_2기 세포보다 많다. ○ / ×
5 S기에서 DNA 복제가 일어난다. ○ / ×
6 G_1기 세포는 핵막을 갖는다. ○ / ×
7 G_2기 세포에서 세포의 생장이 일어난다. ○ / ×

4 체세포 분열과 감수 분열

그림은 어떤 동물에서 볼 수 있는 세포 분열 과정의 일부를 나타낸 것이다.

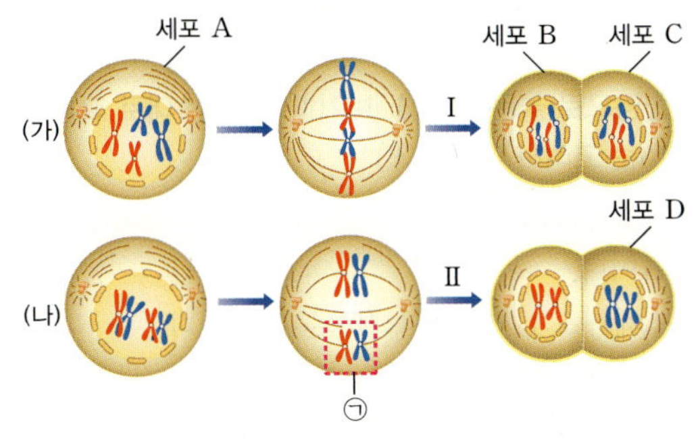

● 다음 설명 중 옳은 것은 ○표, 옳지 않은 것은 ×표 하시오.

1 A의 핵상은 $2n$이다. ○ / ×

2 A와 B의 핵상은 다르다. ○ / ×

3 과정 Ⅰ에서 상동 염색체가 분리된다. ○ / ×

4 (가)는 감수 분열 과정이다. ○ / ×

5 (나)는 감수 1분열 과정이다. ○ / ×

6 감수 1분열에서 과정 Ⅰ이 일어난다. ○ / ×

7 과정 Ⅱ에서 세포의 핵상이 변한다. ○ / ×

8 과정 Ⅱ에서 상동 염색체가 분리된다. ○ / ×

9 D의 핵상은 $2n$이다. ○ / ×

10 과정 Ⅰ과 Ⅱ에서 모두 세포당 DNA양이 반감된다. ○ / ×

11 ㉠은 2가 염색체이다. ○ / ×

5 감수 분열 동안 DNA양 변화

그림은 감수 분열이 일어나는 동안 핵 1개당 DNA양의 변화를 나타낸 것이다.

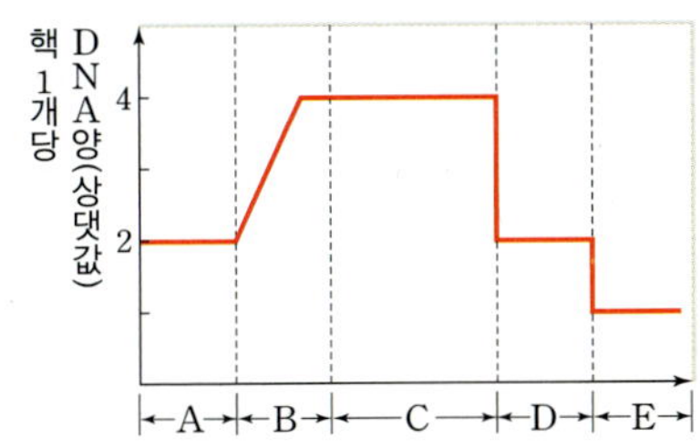

● 다음 설명 중 옳은 것은 ○표, 옳지 않은 것은 ×표 하시오.

1 구간 A에 G_1기 세포가 있다. ○ / ×

2 구간 B에 DNA가 복제되는 세포가 있다. ○ / ×

3 구간 C에 핵막이 사라지는 세포가 있다. ○ / ×

4 구간 D에 2가 염색체를 갖는 세포가 있다. ○ / ×

5 구간 E에 핵상이 $2n$인 세포가 있다. ○ / ×

6 이 과정을 거쳐 1개의 모세포($2n$)로부터 2개의 딸세포가 형성된다. ○ / ×

7 구간 A와 B의 세포는 모두 핵막을 갖는다. ○ / ×

6 생식세포 형성 과정

그림은 사람에서 G_1기 세포 ㉠으로부터 정자가 형성되는 과정을 나타낸 것이다. ㉡과 ㉢은 중기의 세포이며, 이 사람의 유전자형은 Aa이며, A는 a의 대립유전자이다. (단, A, a 각각의 1개당 DNA 상대량은 1이다.)

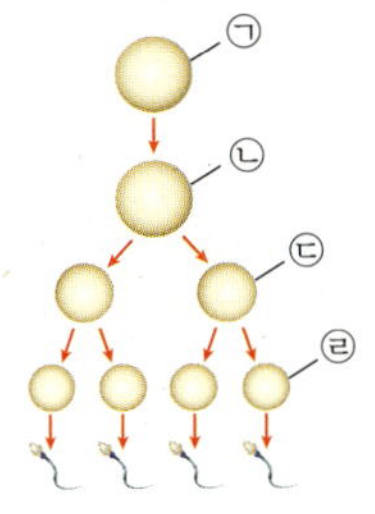

● 다음 설명 중 옳은 것은 ○표, 옳지 않은 것은 ×표 하시오.

1 ㉠의 핵상은 $2n$이다. ○ / ×

2 세포 1개당 DNA 상대량은 ㉡이 ㉣의 2배이다. ○ / ×

3 ㉡이 ㉢으로 분열하는 과정에서 염색 분체가 분리된다. ○ / ×

4 ㉡에는 A의 DNA 상대량이 2이다. ○ / ×

5 ㉢에는 A와 a가 모두 있다. ○ / ×

6 ㉢이 ㉣로 분열하는 과정에서 상동 염색체가 분리된다. ○ / ×

7 ㉡에서 2가 염색체가 관찰된다. ○ / ×

학교 시험 대비 문제

01 그림은 어떤 동물의 염색체 구조를 나타낸 것이다.

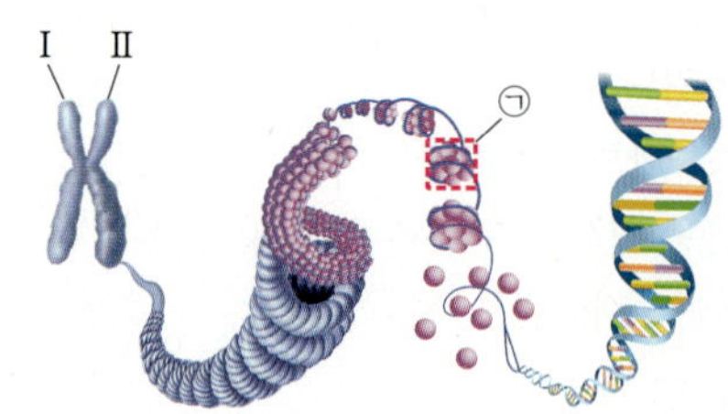

이에 대한 설명으로 옳은 것만을 |보기|에서 있는 대로 고른 것은?

> **보기**
> ㄱ. Ⅰ에 ㉠이 있다.
> ㄴ. Ⅰ과 Ⅱ의 유전자 구성은 다르다.
> ㄷ. ㉠에 단백질이 있다.

① ㄱ   ② ㄴ   ③ ㄱ, ㄷ
④ ㄴ, ㄷ   ⑤ ㄱ, ㄴ, ㄷ

03 그림은 어떤 사람의 핵형 일부를 나타낸 것이다. 이 사람의 핵형은 정상이고, 특정 형질에 대한 유전자형은 Aa이다.

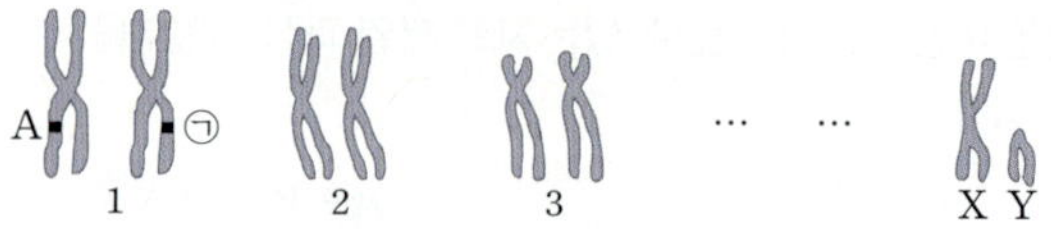

이에 대한 설명으로 옳은 것만을 |보기|에서 있는 대로 고른 것은? (단, 돌연변이는 고려하지 않는다.)

> **보기**
> ㄱ. ㉠은 A이다.
> ㄴ. (나)의 체세포 1개당 상염색체 수는 44이다.
> ㄷ. 이 사람은 남자이다.

① ㄱ   ② ㄷ   ③ ㄱ, ㄴ
④ ㄴ, ㄷ   ⑤ ㄱ, ㄴ, ㄷ

02 그림은 어떤 사람의 핵형 분석 결과를 나타낸 것이다.

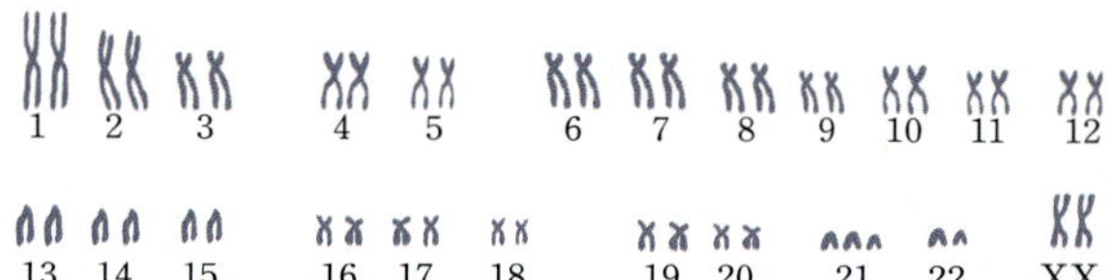

이에 대한 설명으로 옳은 것만을 |보기|에서 있는 대로 고른 것은?

> **보기**
> ㄱ. 이 사람은 남자이다.
> ㄴ. 이 핵형 분석 결과에 사용된 세포는 적혈구이다.
> ㄷ. 이 사람은 다운 증후군의 염색체 이상을 갖는다.

① ㄱ   ② ㄷ   ③ ㄱ, ㄴ
④ ㄱ, ㄷ   ⑤ ㄴ, ㄷ

04 그림은 사람의 체세포에 있는 염색체의 구조를 나타낸 것이다.

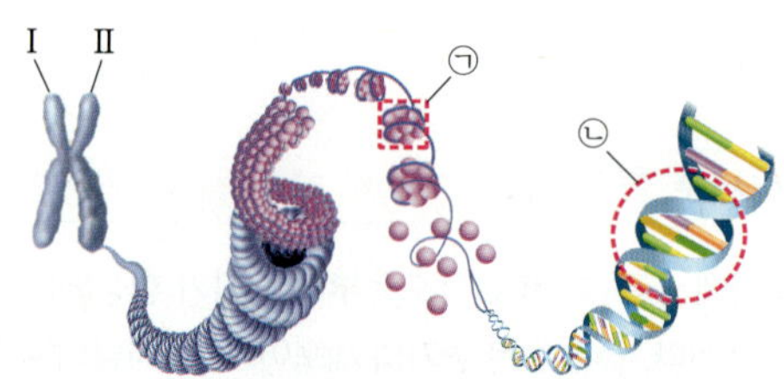

이에 대한 설명으로 옳은 것만을 |보기|에서 있는 대로 고른 것은?

> **보기**
> ㄱ. Ⅰ과 Ⅱ는 상동 염색체이다.
> ㄴ. ㉠에 히스톤 단백질이 있다.
> ㄷ. ㉡의 기본 단위는 뉴클레오타이드이다.

① ㄱ   ② ㄴ   ③ ㄱ, ㄷ
④ ㄴ, ㄷ   ⑤ ㄱ, ㄴ, ㄷ

05

그림은 같은 종인 동물($2n=8$) Ⅰ과 Ⅱ의 세포 (가)~(다) 각각에 들어 있는 모든 염색체를 나타낸 것이다. (가)~(다) 중 1개는 Ⅰ의 세포이고, 나머지 2개는 Ⅱ의 세포이다. Ⅰ의 성염색체는 XX, Ⅱ의 성염색체는 XY이다. A는 a와 대립유전자이다.

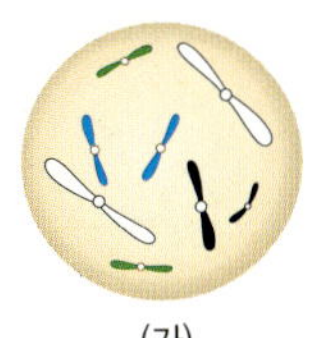
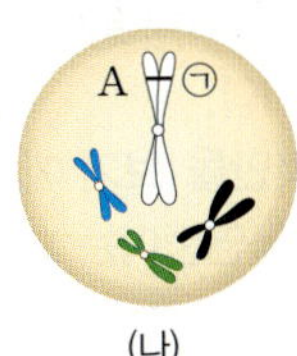
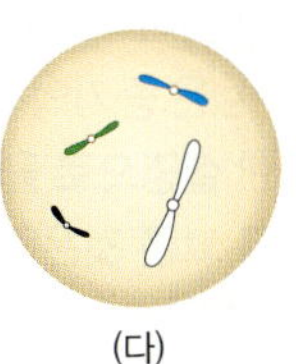

이에 대한 설명으로 옳은 것만을 |보기|에서 있는 대로 고른 것은? (단, 돌연변이와 교차는 고려하지 않는다.)

|보기|
ㄱ. ㉠은 a이다.
ㄴ. (가)는 Ⅰ의 세포이다.
ㄷ. (나)와 (다)의 핵상은 같다.

① ㄱ　　② ㄴ　　③ ㄷ
④ ㄱ, ㄷ　　⑤ ㄴ, ㄷ

06

그림은 세포 (가)~(다) 각각에 들어 있는 모든 염색체를 나타낸 것이다. (가)~(다) 각각은 개체 Ⅰ($2n=4$)과 개체 Ⅱ($2n=?$)의 세포 중 하나이다.

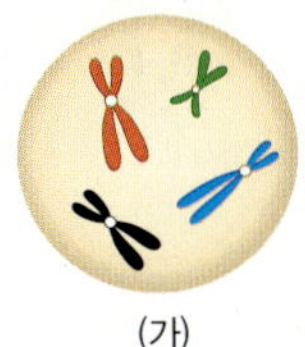
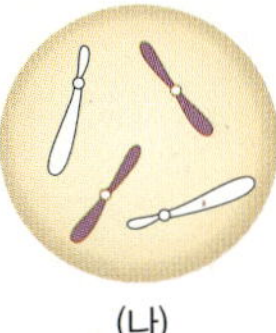

이에 대한 설명으로 옳은 것만을 |보기|에서 있는 대로 고른 것은? (단, 돌연변이는 고려하지 않는다.)

|보기|
ㄱ. (나)는 Ⅰ의 세포이다.
ㄴ. (가)와 (나)의 핵상은 같다.
ㄷ. Ⅱ의 감수 1분열 중기 세포 1개당 염색체 수는 8이다.

① ㄱ　　② ㄴ　　③ ㄱ, ㄷ
④ ㄴ, ㄷ　　⑤ ㄱ, ㄴ, ㄷ

07

그림 (가)는 어떤 동물 체세포의 세포 주기를, (나)는 (가)의 세포 주기를 갖는 이 동물의 조직에서 세포당 DNA 상대량에 따른 세포 수를 나타낸 것이다. ㉠ ~ ㉢은 각각 G₁기, G₂기, 분열기(M기) 중 하나이다.

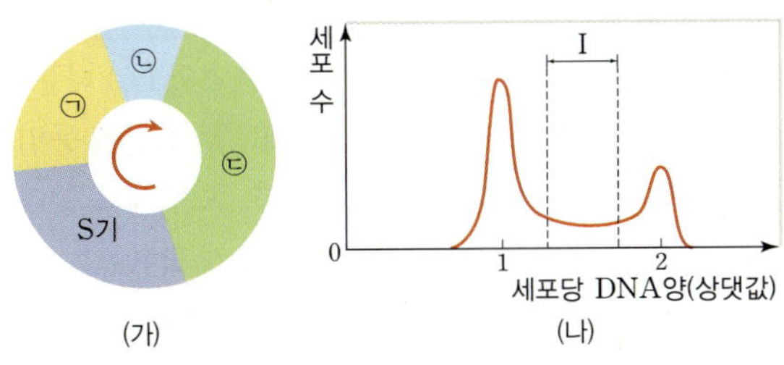

이에 대한 설명으로 옳은 것만을 |보기|에서 있는 대로 고른 것은?

|보기|
ㄱ. ㉡은 분열기(M기)이다.
ㄴ. G₁기보다 G₂기가 더 길다.
ㄷ. 구간 Ⅰ에는 S기의 세포가 있다.

① ㄱ　　② ㄴ　　③ ㄱ, ㄷ
④ ㄴ, ㄷ　　⑤ ㄱ, ㄴ, ㄷ

08

그림은 어떤 동물($2n$)의 체세포 분열 과정에서 핵 1개당 DNA 상대량을 나타낸 것이다.

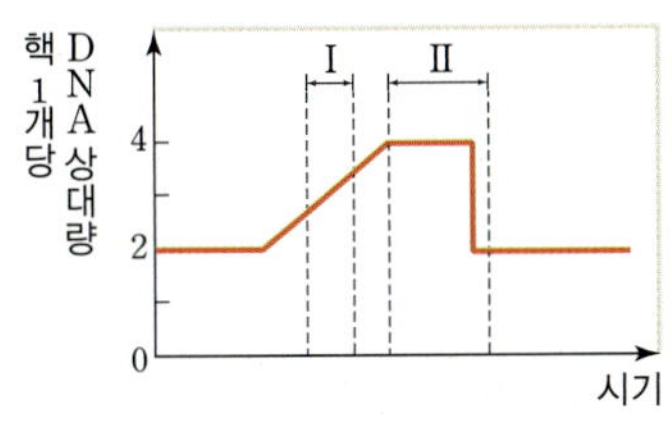

이에 대한 설명으로 옳은 것만을 |보기|에서 있는 대로 고른 것은?

|보기|
ㄱ. 구간 Ⅰ에서 DNA 복제가 일어난다.
ㄴ. 구간 Ⅱ에서 상동 염색체가 분리된다.
ㄷ. 구간 Ⅰ의 세포와 구간 Ⅱ의 세포의 핵상은 같다.

① ㄱ　　② ㄴ　　③ ㄱ, ㄷ
④ ㄴ, ㄷ　　⑤ ㄱ, ㄴ, ㄷ

1등급 도전!
고난도 문제

기출 변형 교육청

09 다음은 세포 주기에 대한 실험이다.

[실험 과정 및 결과]

(가) 어떤 동물의 체세포를 배양하여 집단 A와 B로 나눈다.

(나) A와 B 중 B에만 물질 X를 처리하고, 두 집단을 동일한 조건에서 일정 시간 동안 배양한다. X는 세포 주기의 G_1기와 G_2기 중 하나의 시기에 멈추게 한다.

(다) 두 집단에서 같은 수의 세포를 동시에 고정한 후, 각 집단의 세포당 DNA양에 따른 세포 수를 측정한 결과는 그림과 같다.

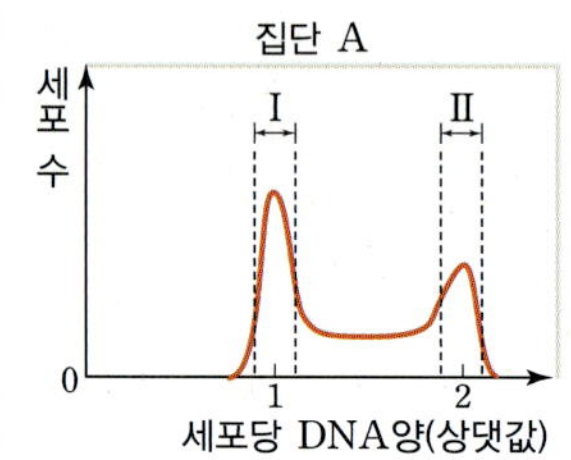

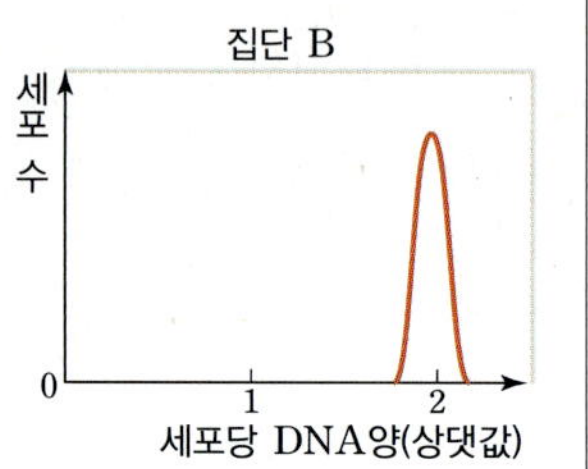

이에 대한 설명으로 옳은 것만을 |보기|에서 있는 대로 고른 것은?

보기
ㄱ. 구간 Ⅰ에는 핵막이 있는 세포가 있다.
ㄴ. 구간 Ⅱ에는 염색 분체가 분리되는 세포가 있다.
ㄷ. X는 세포 주기의 G_1기에 멈추게 하는 물질이다.

① ㄱ 　② ㄴ 　③ ㄷ
④ ㄱ, ㄴ 　⑤ ㄱ, ㄴ, ㄷ

기출 변형 교육청

10 그림은 어떤 동물($2n = 8$)의 G_1기 세포 ㉠으로부터 생식세포가 형성되는 과정을 나타낸 것이다. ㉠의 DNA 상대량은 4이고, ㉡과 ㉢은 중기의 세포이다. 이에 대한 설명으로 옳은 것만을 |보기|에서 있는 대로 고른 것은? (단, 돌연변이는 고려하지 않는다.)

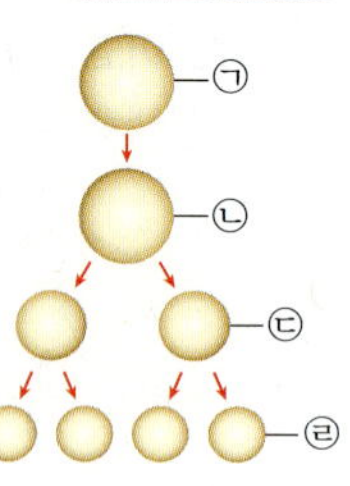

보기
ㄱ. ㉡의 DNA 상대량은 8이다.
ㄴ. ㉢의 핵상은 n이다.
ㄷ. $\dfrac{염색체\ 수}{DNA\ 상대량}$ 는 ㉢과 ㉣이 같다.

① ㄱ 　② ㄷ 　③ ㄱ, ㄴ
④ ㄴ, ㄷ 　⑤ ㄱ, ㄴ, ㄷ

기출 교육청

11 그림 (가)는 어떤 사람의 감수 분열 과정 일부를, (나)는 세포 ㉠~㉢을 나타낸 것이다. ㉠~㉢은 각각 (가)의 세포 B~D 중 하나이며, 세포 A와 ㉠~㉢에는 5번과 13번 염색체만을 나타내었다.

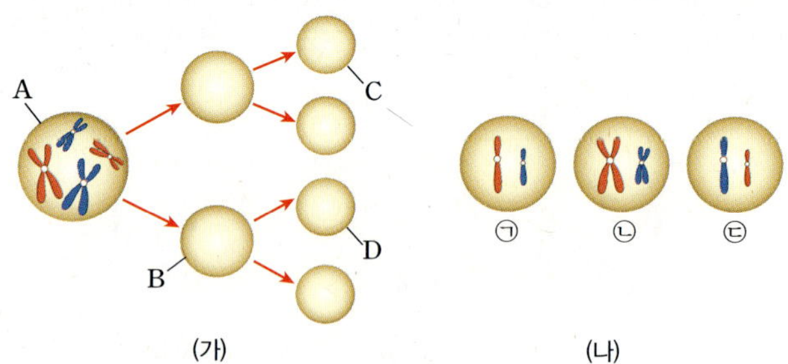

이에 대한 설명으로 옳은 것만을 |보기|에서 있는 대로 고른 것은? (단, 돌연변이는 고려하지 않는다.)

보기
ㄱ. A의 핵상은 $2n$이다.
ㄴ. B와 ㉢의 세포 1개당 DNA양은 같다.
ㄷ. C는 ㉠이다.

① ㄱ 　② ㄴ 　③ ㄱ, ㄷ
④ ㄴ, ㄷ 　⑤ ㄱ, ㄴ, ㄷ

12 그림은 염색체의 구조를 나타낸 것이다.

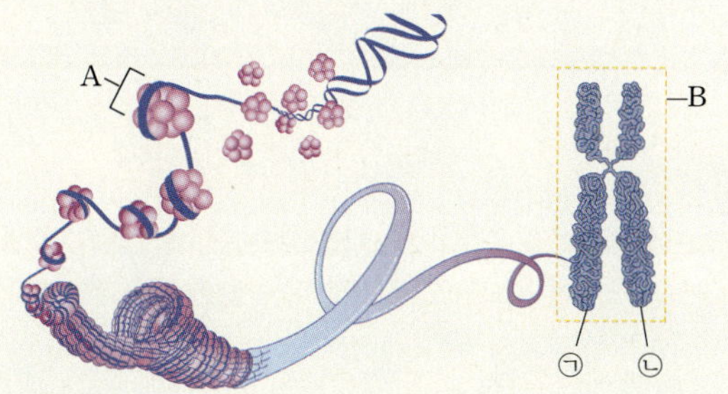

(1) A를 구성하는 2가지 주요 물질을 각각 쓰시오.

(2) 세포 주기 중 B를 관찰할 수 있는 시기를 쓰시오.

(3) ㉠과 ㉡의 유전 정보를 비교하여 서술하시오.

13 그림은 어떤 동물 체세포 집단 X의 세포 주기를 나타낸 것이다. (가)~(다)는 각각 G_1기, 분열기(M기), S기 중 하나이다.

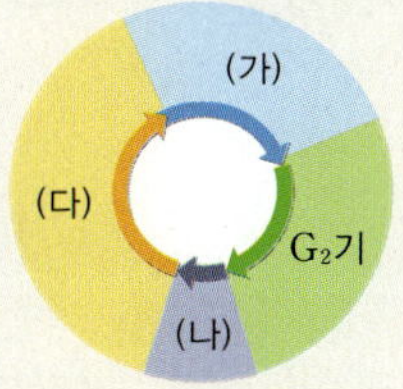

(1) (가)~(다) 중 DNA 복제가 일어나는 시기를 쓰시오.

(2) X를 구성하는 세포 집단에서 세포 주기 중 어떤 시기의 세포가 가장 많을지 쓰고, 그렇게 생각한 까닭을 서술하시오.

14 그림은 어떤 동물의 세포 분열 과정에서 시기에 따른 핵 1개당 DNA양을 나타낸 것이다.

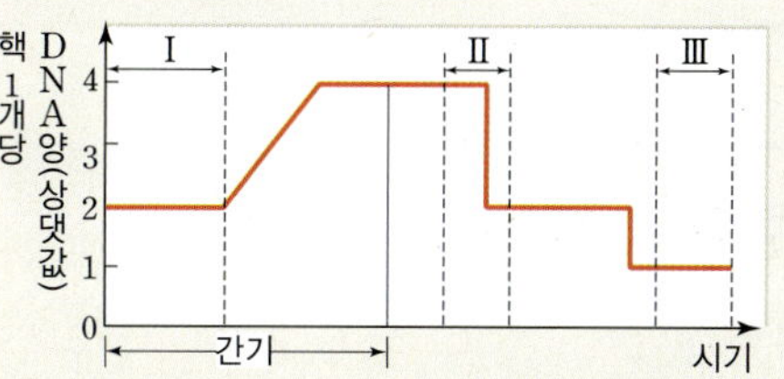

(1) 구간 Ⅰ~Ⅲ 중 상동 염색체가 분리되는 구간을 쓰시오.

(2) Ⅰ의 세포와 Ⅲ의 세포에서 염색체 수와 핵상을 비교하여 서술하시오.

15 그림은 어떤 동물($2n=4$)에서 일어나는 세포 분열 과정 (가)와 (나)를 나타낸 것이다.

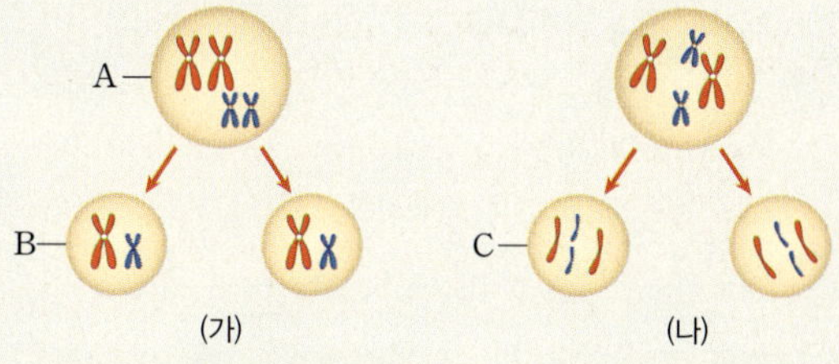

(1) A~C 중 나머지 2가지 세포와 핵상이 다른 1가지 세포를 쓰시오.

(2) (가)와 (나) 중 체세포 분열 과정은 무엇인지 쓰고, 그렇게 생각한 까닭을 서술하시오.

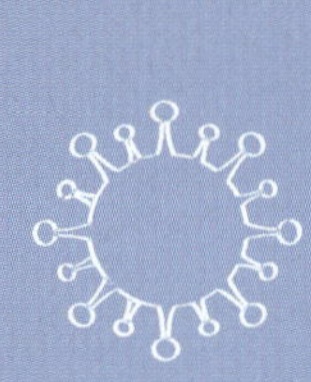

IV 유전

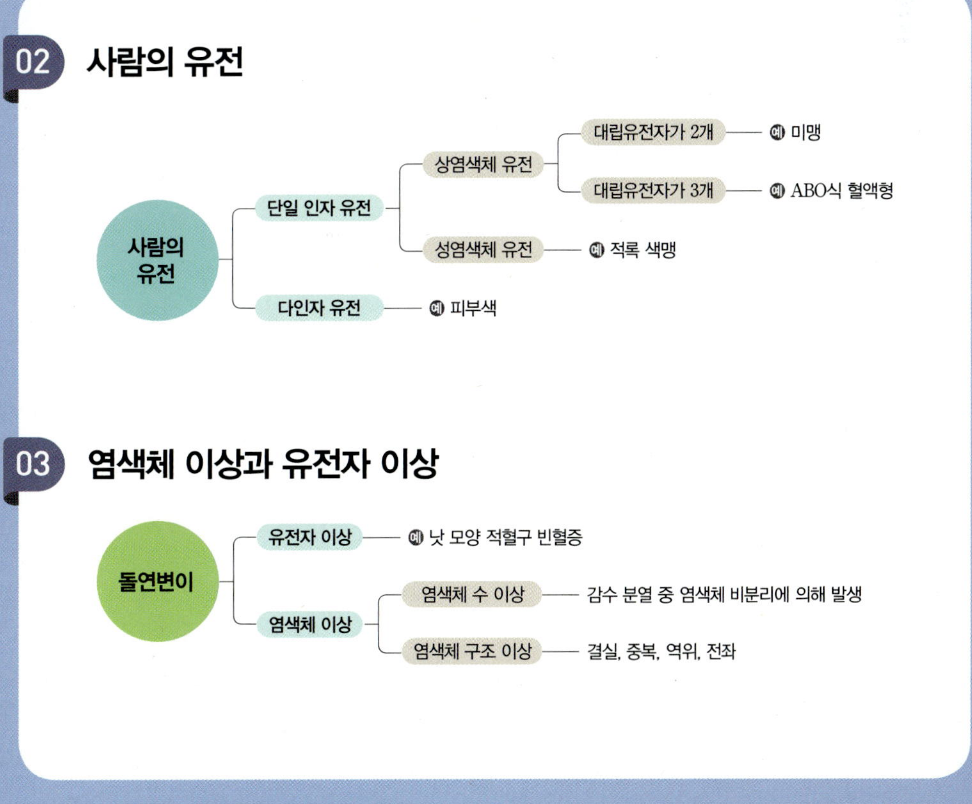
02 사람의 유전
사람의 유전
단일 인자 유전
상염색체 유전
대립유전자가 2개 — 예 미맹
대립유전자가 3개 — 예 ABO식 혈액형
성염색체 유전 — 예 적록 색맹
다인자 유전 — 예 피부색
03 염색체 이상과 유전자 이상
돌연변이
유전자 이상 — 예 낫 모양 적혈구 빈혈증
염색체 이상
염색체 수 이상 — 감수 분열 중 염색체 비분리에 의해 발생
염색체 구조 이상 — 결실, 중복, 역위, 전좌

02

사람의 유전

1 유전

개념 부모가 가지고 있는 특성이 자손에게 전해지는 현상

1. 사람의 유전 연구: 사람의 유전 형질도 기본적인 유전 법칙을 따르지만, 사람의 유전 연구는 멘델의 교배 실험과 같은 방법으로 연구할 수 없다.

(1) 사람의 유전 연구의 어려운 점

❶ 한 세대가 길다. ➡ 연구 결과를 확인하는 데 걸리는 시간이 길다.

❷ 자손의 수가 적다. ➡ 결과를 통계 처리하는 데 신뢰도가 적다.

❸ 자유로운 교배가 불가능하다. ➡ 특정 형질을 가진 사람을 인위적으로 결혼시키는 것은 불가능하다.

❹ 형질이 다양하고 복잡하다. ➡ 형질이 복잡하고 유전자의 수가 많아 결과를 분석하기 어렵다.

❺ 환경의 영향을 많이 받는다. ➡ 유전에 의한 것인지 환경에 의한 것인지 분석하기 어렵다.

(2) 사람의 유전 연구 방법: 간접적인 방법으로 연구를 한다.

❶ 가계도 분석: 특정한 유전 형질을 갖는 집안의 가계도를 조사해서 그 형질의 유전자 분포와 유전 방식을 연구할 수 있다.

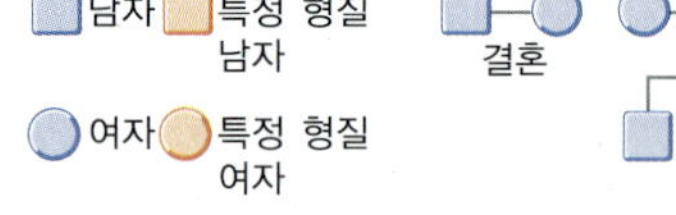
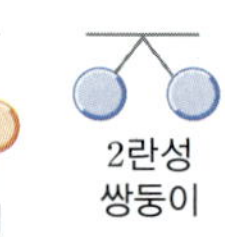

▲ 가계도 작성에 사용되는 기호

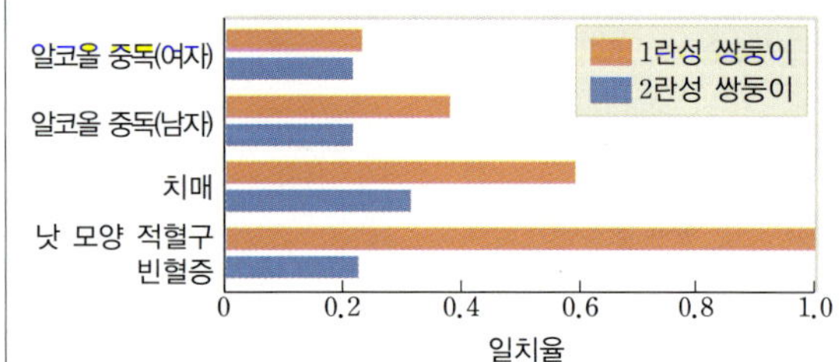

가계도를 통해 알 수 있는 것

· 형질의 우열 관계를 판단할 수 있다.
· 특정 형질의 유전자형을 판단하고 예상할 수 있다. ➡ 정상 부모(A, B) 사이에서 이상이 있는 남자 2가 태어났으므로 정상이 우성, 이상 형질이 열성이다. 또한, 부모의 유전자형은 모두 열성 대립유전자를 한 개씩 갖는다.
· 형질이 상염색체에 의한 유전인지 성염색체에 의한 유전인지 알 수 있다.

❷ 쌍둥이 연구: 1란성 쌍둥이와 2란성 쌍둥이 등을 비교하여 어떤 특정 형질이 유전과 환경 중 어느 요인의 영향을 많이 받는지 비교 연구할 수 있다.

쌍둥이 연구

그림은 여러 가지 질병에 대해 1란성 쌍둥이와 2란성 쌍둥이의 일치율을 비교하여 나타낸 것이다. (표현형이 같은 쌍둥이가 많을수록 일치율은 1.0에 가깝다.)

· 알코올 중독은 1란성 쌍둥이와 2란성 쌍둥이의 일치율 차이가 가장 작으므로 유전의 영향은 적고 환경의 영향을 받는다.
· 낫 모양 적혈구 빈혈증의 1란성 쌍둥이의 일치율이 1이므로 환경과 상관없이 유전자에 의해 결정된다.
· 1란성 쌍둥이는 유전자 구성이 같아 환경의 영향에 따라 형질의 차이가 나타나며, 2란성 쌍둥이는 유전자 구성이 같지 않아 유전적 차이와 환경의 영향에 따라 형질의 차이가 나타난다.

우열의 원리

특정 형질을 결정하는 대립유전자 구성이 서로 다를 경우(이형 접합성) 열성 형질은 억제되고 우성 형질만 표현된다는 유전 원리이다.

예 둥근 완두 유전자를 R, 주름진 완두 유전자를 r라 할 때 유전자형 Rr는 둥근 완두의 표현형이 나타난다.

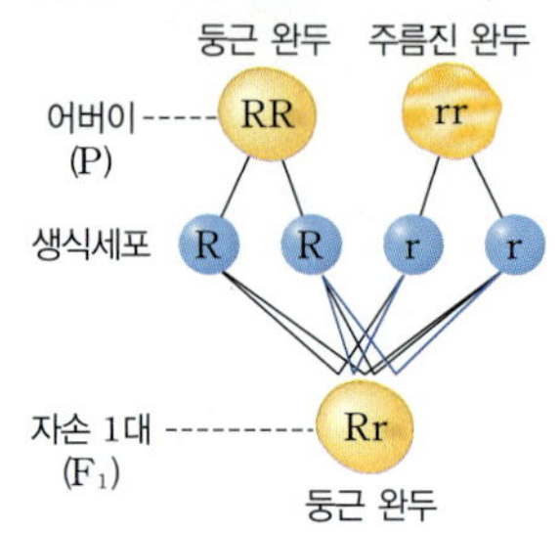

분리의 법칙

생식세포 형성 시 대립유전자 쌍이 분리되어 각각 다른 생식세포로 들어가는 것을 분리의 법칙이라고 하며, 그 결과 자손에서 표현형이 일정한 비율로 나타난다.

유전자형과 표현형

상동 염색체에 있는 대립유전자 구성을 기호로 나타낸 것을 유전자형, 겉으로 드러난 형질을 표현형이라고 한다.

우성과 열성

대립유전자 구성이 서로 다를 때(이형 접합성)겉으로 표현되는 형질을 우성, 겉으로 표현되지 않는 형질을 열성이라고 한다.

1란성 쌍둥이와 2란성 쌍둥이

· 1란성 쌍둥이: 하나의 수정란이 발생 초기에 나뉘어져 각각 독립적인 개체로 발생한다.
· 2란성 쌍둥이: 2개 이상의 난자가 배란되어 각각 다른 정자와 수정된 후 각각 독립적인 개체로 발생한다.

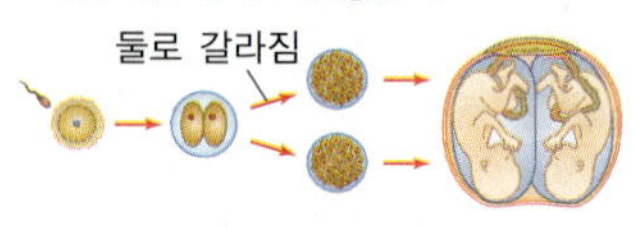

▲ 1란성 쌍둥이

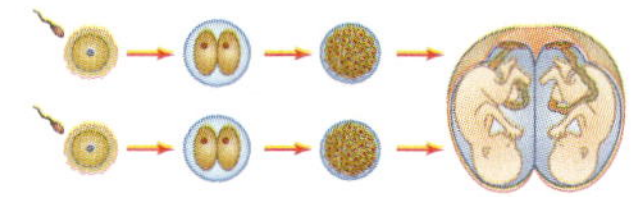

▲ 2란성 쌍둥이

❸ **집단 조사(통계 조사)**: 집단 유전학적 방법으로 유전자의 발현 빈도를 조사하고 통계 처리하여 유전의 특징을 연구할 수 있다.

❹ **핵형 분석**: 염색체 수나 모양을 분석하여 성별이나 염색체 이상을 알 수 있다.

❺ **DNA 분석**: 정상인 DNA의 염기와 비교하여 DNA 염기 변화가 있으면 유전자 이상으로 판단할 수 있다. ➡ 핵형 분석으로 알 수 없는 돌연변이를 판단할 수 있다.

2. 사람 유전의 기본 원리

(1) 유전 형질과 유전자: 유전 형질은 상동 염색체의 동일한 위치에 있는 대립유전자 쌍에 의해 결정된다.

(2) 부모의 유전자가 자손에게 전달되는 원리: 부모의 유전자는 생식세포를 통해 자손에게 전달된다. ➡ 자손의 대립유전자는 부모에게서 하나씩 물려받은 것이다.

> **부모의 대립유전자가 자손에게 유전되는 과정**
>
> 부 | AA(쌍꺼풀) aa(외까풀) | 모
> 감수 1분열
> 감수 2분열
> 생식세포 — A | A | A | A | a | a | a | a
> 우성 형질만 표현됨 ➡ 우열의 원리
> 자녀 | Aa 쌍꺼풀
> 아버지에게 물려받음 — 어머니에게 물려받음
>
> - 아버지의 유전자형은 AA이고 표현형은 쌍꺼풀이다. 어머니의 유전자형은 aa이고, 표현형은 외까풀이다.
> - 아버지(AA)에게서 대립유전자 A가 있는 생식세포가, 어머니(aa)에게서 대립유전자 a가 있는 생식세포가 형성되어 수정하면 유전자형이 Aa인 쌍꺼풀이 있는 자녀가 태어난다.

3. 사람의 유전 구분

(1) 상염색체 유전과 성염색체 구분: 유전자가 있는 염색체의 종류에 따른 구분

❶ **상염색체 유전**: 형질을 결정하는 유전자가 상염색체에 있다. ➡ 성별에 따라 형질의 발현 빈도에 차이가 없다. **예** 눈꺼풀, 귓불 모양

❷ **성염색체 유전**: 형질을 결정하는 유전자가 성염색체에 있다. ➡ 성별에 따라 형질의 발현 빈도에 차이가 있다. **예** 적록 색맹, 혈우병

(2) 단일 인자 유전과 다인자 유전: 형질을 결정하는 대립유전자 쌍의 수에 따른 구분

❶ **단일 인자 유전**: 형질이 1쌍의 대립유전자에 의해 결정된다. **예** 눈꺼풀, 적록 색맹

❷ **다인자 유전**: 형질이 여러 쌍의 대립유전자에 의해 결정된다. **예** 키, 몸무게, 피부색

형질
완두의 겉모양, 피부색 등 생물이 가지고 있는 여러 가지 모양이나 성질이다.

동형 접합성
특정 형질에 대한 유전자형이 동일한 대립유전자로 구성된 상태 **예** AA, aa

이형 접합성
특정 형질에 대한 유전자형이 서로 다른 대립유전자로 구성된 상태 **예** Aa

암기 꼭!
상염색체 유전과 성염색체 유전 구분 Tip
정상인 부모 사이에서 유전병인 딸이 태어났을 경우에는 이 유전병 대립유전자는 상염색체에 있고 열성이다.

개념 익히기 문제

정답과 해설 p.049

🧠 교과서 문장으로 개념 익히기

01 생물이 가지고 있는 모양이나 성질을 ◻◻이라 한다.

02 ◻◻◻◻◻은 상동 염색체에 있는 대립유전자 구성을 기호로 나타낸 것이다.

03 단일 인자 유전을 따르는 형질의 유전자형이 이형 접합성일 때 겉으로 나타나는 형질을 ◻◻, 겉으로 나타나지 않는 형질을 ◻◻이라고 한다.

04 대립유전자는 ◻◻◻◻를 형성할 때 분리되어 각각 다른 생식세포로 들어갔다가 ◻◻에 의해 다시 쌍을 이룬다.

📦 OX 문제로 개념 익히기

05 사람의 유전 연구 방법으로 가계도 분석 방법이 있다.
(O / x)

06 사람의 형질 중 멘델의 유전 법칙을 따르는 형질은 없다.
(O / x)

07 ABO식 혈액형과 피부색은 모두 다인자 유전에 해당한다.
(O / x)

08 사람의 유전은 유전자가 있는 염색체의 종류에 따라 상염색체 유전과 성염색체 유전으로 나눌 수 있다. (O / x)

09 자녀의 유전자형이 aa이면, 부모 모두 a를 갖는다.
(O / x)

1. 단일 대립 유전

(1) 하나의 유전 형질에 1쌍의 대립유전자가 관여하며, 멘델의 유전 법칙을 따른다.

(2) 1쌍의 대립유전자 구성에 따라 대립 형질이 명확하게 구분된다.

(3) 눈꺼풀, 머리카락, 보조개, 귓불 모양, 혀 말기, 보조개 등이 이에 해당한다.

형질	PTC 미맹		귓불 모양		혀 말기		Rh식 혈액형	
우성/열성	정상	미맹	분리형	부착형	가능	불가능	Rh⁺	Rh⁻
유전자형	TT, Tt	tt	EE, Ee	ee	RR, Rr	rr	DD, Dd	dd

> **귓불 모양 유전 가계도 분석**
>
> 그림은 어떤 가족에서 귓불 모양을 조사하여 가계도로 나타낸 것이다. 귓불 모양을 결정하는 대립유전자는 E와 e이며, E는 우성 대립유전자, e는 열성 대립유전자이다.
>
> 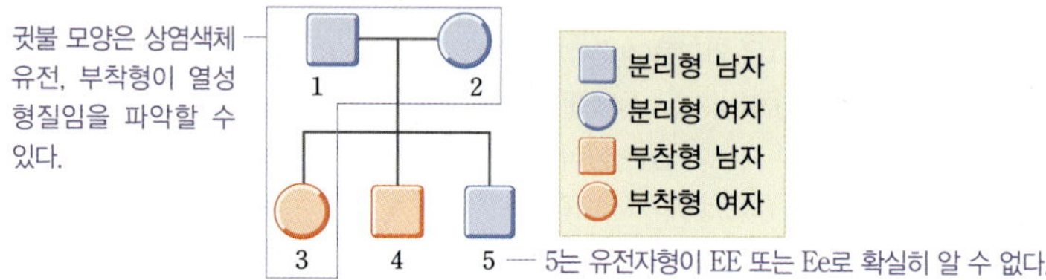
>
>
> - 귓불 모양은 1쌍의 대립유전자에 의해 결정된다.
> - 분리형인 1과 2로부터 부착형인 여자 3이 태어났으므로 분리형은 우성 형질, 부착형은 열성 형질이며, 귓불 모양 대립유전자는 상염색체에 있다.
> - 귓불 모양 대립유전자가 X 염색체에 있다면 1의 유전자형은 $X^E Y$이고, 3은 1로부터 X^E를 물려받아 분리형을 가져야 하지만, 가계도에서는 부착형을 갖는다.
> - 이 가족에서 귓불 모양의 유전자형으로 1은 Ee, 2는 Ee, 3은 ee, 4는 ee, 5는 E_이다.
> - 5의 동생이 태어날 때, 이 아이가 분리형 귓불(E_)을 가질 확률은 $\frac{3}{4}$이다.

2. 복대립 유전

(1) 상염색체에 있는 대립유전자 1쌍으로 형질이 결정되며, 하나의 형질을 결정하는 데 3가지 이상의 대립유전자가 관여하는 유전이다. **예** ABO식 혈액형

(2) 하나의 형질에 대한 대립유전자가 3가지 이상이기 때문에 유전자형과 표현형이 다양하게 나타난다.

(3) 형질은 1쌍의 대립유전자에 의해 결정되므로 대립유전자의 유전 방식은 멘델의 유전 법칙(분리의 법칙)을 따른다.

(4) ABO식 혈액형

❶ 대립유전자: A, B, O 3가지가 있다.

❷ 대립유전자 사이의 우열 관계: A와 B는 각각 O에 대해 우성이고, A와 B 사이에는 우열 관계가 없다.

❸ 표현형과 유전자형: A형, B형, AB형, O형의 4가지 표현형으로 나타나며, 유전자형은 6가지이다.

혈액형	A형	B형	AB형	O형
적혈구 표면의 응집원	응집원 A	응집원 B	응집원 B / 응집원 A	응집원이 없다.
유전자 위치와 유전자형	A A / A O	B B / B O	A B	O O

대립 형질
서로 대립 관계에 있는 형질이다.
예 완두의 모양이 둥글다 ↔ 주름지다, 쌍꺼풀 ↔ 외까풀

PTC 미맹
Phenyl Thio Carbamide란 화학 물질의 맛을 못 느끼는 경우로, 정상인의 경우는 쓴맛으로 느끼며, 미맹인 사람은 무미 또는 다른 맛으로 느낀다. PTC 용액에 대해서만 쓴맛을 느끼지 못할 뿐 다른 맛은 정상적으로 느끼며, 다른 음식에서의 쓴맛도 느낄 수 있다.

단일 대립 유전 형질

형질	우성	열성
눈꺼풀	쌍꺼풀	외까풀
머리카락	곱슬머리	직모
보조개	있음	없음
이마선	V(M)자형	일자형
엄지손가락 젖혀짐	젖혀짐	곧음

Rh식 혈액형
적혈구 표면에 있는 Rh 응집원 유무에 따라 Rh⁺형과 Rh⁻형의 표현형으로 나타나며, Rh⁺형이 우성 형질, Rh⁻형이 열성 형질이다.

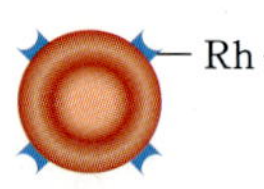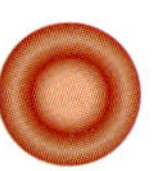

공동 우성
ABO식 혈액형 유전에서 유전자 A와 B 사이에는 우열의 구분이 없어 유전자형이 잡종인 AB형의 경우 두 대립유전자가 나타내는 형질이 동일한 정도로 발현되는 유전 방식이다.

ABO식 혈액형과 응집원
AB형, A형, B형, O형, 4가지 혈액형은 적혈구 표면에 존재하는 응집원에 따라 구분한다. 유전자 A는 응집원 A를 만들고, 유전자 B는 응집원 B를 만들며, 유전자 O는 응집원을 만들지 못한다.

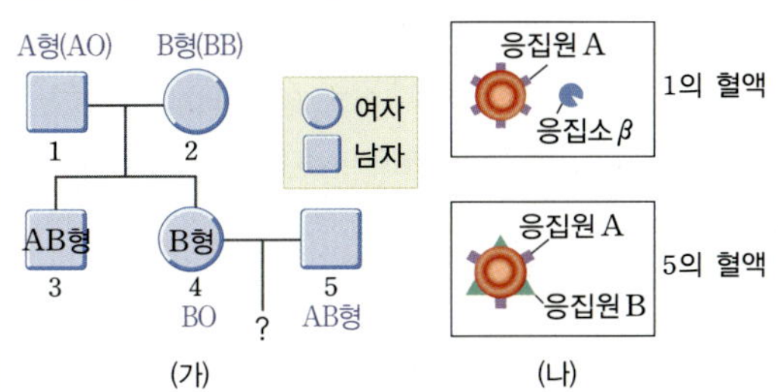

그림 (가)는 어느 가족의 ABO식 혈액형에 관한 가계도이고, (나)는 사람 1과 5의 혈액에서 관찰되는 응집원과 응집소를 나타낸 것이다. (단, 2의 ABO식 혈액형의 유전자형은 동형 접합성이다.)

- (나)에서 1은 응집원 A를 가지므로 A형, 5는 응집원 A와 B를 가지므로 AB형임을 알 수 있다.

- 1은 A형이고, 3은 AB형이므로 2는 응집원 B를 갖는다. 2의 ABO식 혈액형의 유전자형이 동형 접합성이라고 했으므로 2의 ABO식 혈액형은 B형, 유전자형은 BB이다.

- 1은 A형이고, 4는 B형이므로 1의 ABO식 혈액형의 유전자형은 AO, 4의 ABO식 혈액형의 유전자형은 BO이다.

- 4(BO)와 5(AB) 사이에서 아이가 태어날 때, 이 아이의 ABO식 혈액형이 A형(AO)일 확률은 $\frac{1}{4}$이다.

강의 포인트
ABO식 혈액형처럼 대립유전자는 3가지인데 표현형이 4가지인 경우 대립유전자 중 2가지 사이의 우열 관계가 분명하지 않다.

3 성염색체 유전

개념 성염색체에 위치한 유전자에 의한 유전

1. 사람의 성 결정

(1) 사람의 성은 난자와 정자가 가진 성염색체의 종류에 따라 결정된다. ➡ Y 염색체가 있으면 남자, 없으면 여자가 된다. Y 염색체에는 사람의 성을 결정하는 성 결정 유전자가 있고, 이 유전자가 발현되면 남자가 된다.

(2) 감수 분열 시 한 쌍의 성염색체는 분리되어 서로 다른 생식세포로 들어간다. ➡ 난자는 22+X의 구성으로 X 염색체만 갖는 것만 생성되지만, 정자는 22+X, 22+Y로 X 염색체를 갖는 것과 Y 염색체를 갖는 것 2가지가 생성된다.

(3) 성은 난자가 어떤 종류의 성염색체를 갖는 정자와 수정하는 가에 의해 결정된다. 성염색체에는 남녀의 성을 결정하는 유전자 외에도 여러 가지 형질에 대한 유전자가 들어 있다.

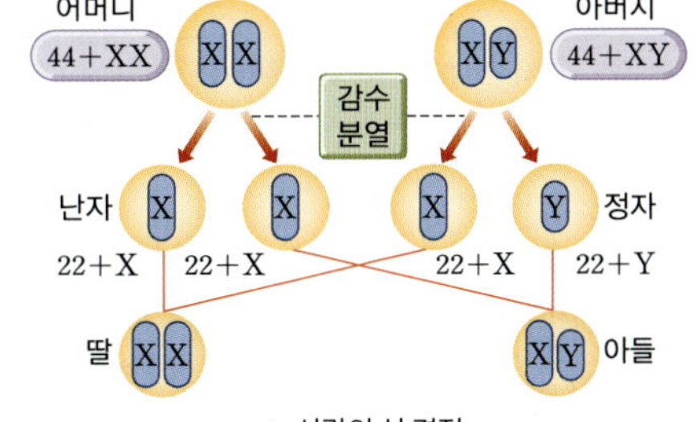

▲ 사람의 성 결정

사람의 정자와 난자
정자에는 22개의 상염색체와 1개의 X 염색체 또는 22개의 상염색체와 1개의 Y 염색체가 있으며, 난자에는 22개의 상염색체와 1개의 X 염색체가 있다.

개념 익히기 문제

정답과 해설 p.049

교과서 문장으로 개념 익히기

10 귓불 모양 유전에서 분리형 형질은 부착형 형질에 대해 ☐☐ 형질이다.

11 상염색체에 위치한 유전자에 의한 유전은 ☐☐☐☐ 유전이다.

12 하나의 형질을 결정하는 데 3가지 이상의 대립유전자가 관여하는 유전은 ☐☐☐ 유전이다.

13 감수 분열 시 한 쌍의 성염색체는 분리되어 서로 다른 ☐☐☐☐로 들어간다.

OX 문제로 개념 익히기

14 1쌍의 대립유전자에 결정되는 형질은 멘델의 유전 법칙을 따른다. (O / X)

15 부모에게서 나타난 형질은 모두 열성으로 유전된다. (O / X)

16 ABO식 혈액형은 형질을 결정하는 데 관여하는 대립유전자가 2개이다. (O / X)

17 난자가 X 염색체를 갖는 정자와 수정되어 태어난 아이는 여자이다. (O / X)

2. X 염색체에 의한 유전(반성유전): X 염색체에 있는 유전자에 의하여 나타나는 유전으로, 성에 따라 표현형의 빈도가 달라진다.

(1) 적록 색맹 유전: 빨간색과 초록색을 구분하지 못하는 유전 형질이다.

❶ 유전자가 X 염색체에 있으며, 정상에 대해 열성이다. ➡ 정상 대립유전자(X) > 적록 색맹 대립유전자(X′)

❷ 여자보다 남자에서 발현 비율이 높다. ➡ 남자는 적록 색맹 대립유전자가 1개만 있어도 적록 색맹이 되지만, 여자는 적록 색맹 대립유전가 2개인 경우에만 적록 색맹이 된다.

❸ 어머니가 적록 색맹이면 반드시 아들도 적록 색맹이며, 딸이 적록 색맹이면 반드시 아버지도 적록 색맹이다.

❹ 성별에 따른 적록 색맹 유전자형과 표현형

성별	남자		여자		
유전자형	XX	X′Y	XX	XX′	X′X′
표현형	정상	적록 색맹	정상	정상(보인자)	적록 색맹

정상 남자–보인자 여자

XY × XX′

X′Y XX′ XY XX

어머니가 보인자인 경우 아들이 적록 색맹일 확률은 $\frac{1}{2}$이고, 딸은 아버지가 정상이면 정상이다.

적록 색맹 남자–정상 여자

X′Y × XX

XY XX′ XY XX′

아버지가 적록 색맹이면 아버지로부터 X 염색체를 받는 딸은 모두 적록 색맹 대립유전자를 갖게 된다.

적록 색맹 남자–보인자 여자

X′Y × XX′

X′Y X′X′ XY XX′

딸은 아버지와 어머니로부터 각각 하나씩 적록 색맹 대립유전자를 받아야만 적록 색맹이 된다.

정상 남자–적록 색맹 여자

XY × X′X′

X′Y XX′ X′Y XX′

어머니가 적록 색맹인 경우 어머니로부터 X 염색체를 받는 아들은 반드시 적록 색맹이다.

(2) 혈우병 유전: 혈액 응고에 관여하는 단백질을 만드는 유전자에 이상이 있어 혈액 응고 작용이 정상적으로 일어나지 않는 유전병이다.

❶ 유전자가 X 염색체에 있으며, 정상에 대해 열성이다.

❷ 정상 대립유전자(X^A)가 우성, 혈우병 대립유전자(X^a)가 열성이다.

❸ 여자의 경우 혈우병 대립유전자를 2개 가지면 대부분 유산되거나 사산된다. 혈우병 환자는 대부분 남자이다.

❹ 성별에 따른 혈우병 유전자형과 표현형

성별	남자		여자		
유전자형	X^AY	X^aY	X^AX^A	X^AX^a	X^aX^a
표현형	정상	혈우병	정상	정상(보인자)	혈우병(치사)

3. 한성 유전: Y 염색체에 있는 유전자에 의해 나타나는 유전 현상이다. ➡ Y 염색체는 남자만 가지므로 반드시 아버지에게서 아들로 유전된다. 〈예〉 귓속털 과다증

❹ 다인자 유전

1. 다인자 유전: 하나의 형질을 표현하는 데 2쌍 이상의 대립유전자가 관여하는 유전으로, 환경의 영향을 많이 받는다. 〈예〉키, 몸무게, 피부색, 지능, 발길이, 지문선 수 등

(1) 특징

❶ 여러 쌍의 대립유전자가 하나의 형질 발현에 관여한다.

❷ 여러 쌍의 대립유전자에 의한 다양한 유전자 조합이 다양한 표현형을 만든다.

❸ 대립 형질이 뚜렷하게 구별되지 않으며, 표현형이 연속적인 변이로 나타난다.

❹ 형질이 유전자에 의한 영향과 환경에 의한 영향을 모두 받는다.

적록 색맹 유전의 원리

어머니가 보인자인 경우 아들이 적록 색맹 대립유전자를 물려받아 적록 색맹이 될 확률은 $\frac{1}{2}$이고, 딸은 아버지가 정상이면 적록 색맹이 아니다.

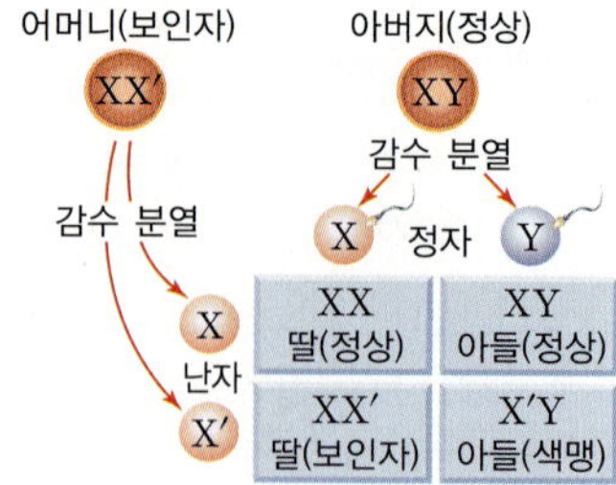

암기 꼭! 남자와 여자에서 유전병 대립유전자의 DNA 양이 같지만 표현형이 다를 경우 이 유전병 대립유전자는 X 염색체에 있고 열성이다.

혈우병

유전자 이상에 의해 선천적으로 혈액 응고 인자가 없어서 발생하는 질환으로, 상처가 나도 혈액 응고 인자가 없어 피가 멈추는 데 정상인보다 시간이 오래 걸린다.

혈우병 유전

열성 치사 유전으로, 여자가 혈우병 인자가 동형 접합성(X^aX^a)이면 유산이 되거나 사산된다. 따라서 여자 혈우병은 드물다.

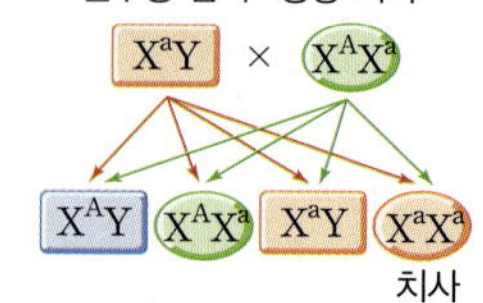

▲ 혈우병 유전의 예

다인자 유전 형질의 표현형

다인자 유전 형질은 여러 쌍의 대립유전자가 관여하므로 표현형이 다양하고, 환경의 영향을 받아 표현형이 더욱 다양해진다.

(2) 사람의 피부색 유전

❶ A, B, C는 피부를 검게 만드는 대립유전자이고, 피부색의 표현형은 유전자형에서 대문자로 표시되는 대립유전자의 수에 의해 결정되며, 이 대립유전자의 수가 다르면 표현형이 다르다.

❷ 피부색을 검게 하는 대립유전자의 수에 의해 빈도는 정규 분포 곡선을 나타낸다.

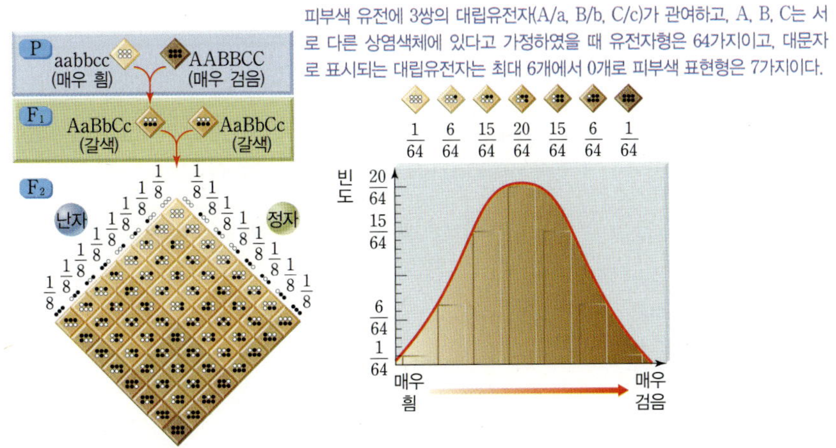

강의 포인트
다인자 유전에서(AaBbCc끼리 교배 시) 자손의 표현형 가짓수
· A/a, B/b, C/c가 모두 다른 상염색체에 있을 경우: 7가지
· A/a, B/b, C/c가 모두 같은 상염색체에 있을 경우: 3가지
· A/a와 B/b는 같은 염색체에 있고 C/c는 다른 염색체에 있을 경우: 7가지, 5가지, 3가지가 가능하다.

암기 꼭!
복대립 유전과 다인자 유전 비교
복대립 유전은 대립유전자 1쌍으로 형질이 결정되며, 이때 하나의 유전 형질을 결정하는 데 3가지 이상의 대립유전자가 관여하는 유전 현상이고, 다인자 유전은 여러 쌍의 대립유전가 하나의 형질 발현에 관여하는 유전 현상이다.

2. 단일 인자 유전과 다인자 유전의 비교

구분	단일 인자 유전	다인자 유전
형질 결정	1쌍의 대립유전자에 의해 결정	여러 쌍의 대립유전자에 의해 결정
유전 형질	귓불 모양, 눈꺼풀, ABO식 혈액형 등	피부색, 키, 몸무게, 지문 형태 등
표현형	우성과 열성의 대립 형질이 뚜렷함	다양한 표현형
환경 영향	환경 영향이 적음	환경 영향이 큼
형질 분포	대부분의 대립 형질이 뚜렷하게 구분된다. ➡ 불연속적인 변이	표현형이 다양하게 나타난다. ➡ 정규 분포 곡선 형태의 연속적인 변이

개념 익히기 문제

정답과 해설 p.049

교과서 문장으로 개념 익히기

18 남자는 ☐ 염색체를 1개만 가지므로, 여자보다 남자에게 적록 색맹이 나타날 확률이 더 ☐다.

19 유전자가 X 염색체에 있어 남녀에 따라 발현 빈도가 다른 유전을 ☐☐☐☐이라고 한다.

20 딸의 적록 색맹의 유전자형이 X′X′이면, 아버지의 적록 색맹의 유전자형은 ☐☐이다.

21 하나의 형질을 표현하는 데 2쌍 이상의 대립유전자가 관여하는 유전을 ☐☐☐ 유전이라고 한다.

OX 문제로 개념 익히기

22 적록 색맹은 단일 인자 유전을 따른다. (○ / ×)

23 미맹 유전은 피부색 유전보다 환경의 영향을 받는다. (○ / ×)

24 단일 인자 유전을 따르는 형질은 대립 형질이 뚜렷하게 구분된다. (○ / ×)

25 다인자 유전은 환경의 영향을 받지 않는다. (○ / ×)

26 피부색, 키, 몸무게는 다인자 유전을 따르는 형질의 예이다. (○ / ×)

가계도 분석

§ **Point** 가계도 분석을 통해 형질의 우열 관계와 유전자형을 확인하고, 상염색체 유전인지 성염색체 유전인지를 판별할 수 있다.

<가계도 분석을 통해 알아내야 할 것>

1. 우성 형질과 열성 형질 판별: 부모에게 없던 형질이 자손에게 나타나면 자손의 형질이 열성이다.
2. 상염색체 유전, 성염색체 유전 판별
   (1) 정상인 부모 사이에서 유전병인 딸이 태어났다. ➡ 상염색체 유전이다.
   (2) 적록 색맹이나 혈우병 등은 반성유전이다. ➡ X 염색체 유전이다.
   (3) 자료에서 성과 관련된 유전이라고 제시하고 여자에게 유전된다. ➡ X 염색체 유전이다.

유형 1. 유전병 가계도 분석

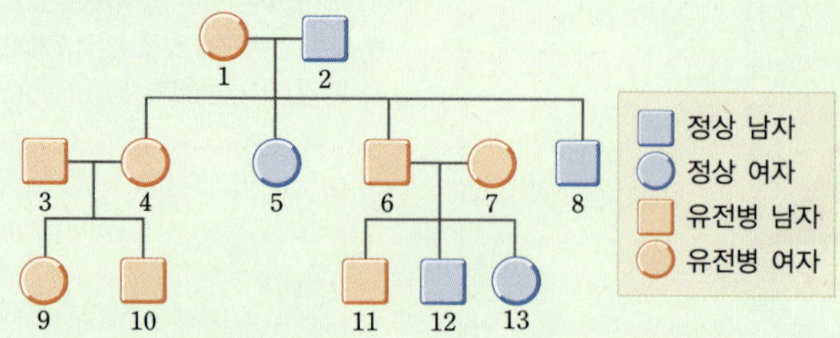

[STEP 1] 어떤 형질이 열성인가? ➡ 유전병 부모 6과 7 사이에 정상인 자녀 12, 13이 태어났으므로 정상 형질이 열성이다.

[STEP 2] 상염색체 유전인가, 성염색체 유전인가? ➡ 유전병이 남녀 모두에게 나타나고, 유전병을 가진 6으로부터 정상인 딸 13이 태어났으므로 이 유전병 유전자는 상염색체에 있다.

[STEP 3] 단계적으로 유전자 확인하기 ➡ 우성 대립유전자를 A, 열성 대립유전자를 a로 표시하면
   ① 정상이 열성이므로 2, 5, 8, 12, 13의 유전자형은 aa이다.
   ② 열성 자녀인 12와 13이 태어났으므로 6, 7의 유전자형은 Aa이다.
   ③ 우성 형질 부모 사이에 태어난 9, 10, 11의 유전자형은 알 수 없다.
   ④ 우성과 열성 형질의 부모 1과 2 사이에 우성과 열성 형질인 자녀가 태어나면 우성 형질인 자녀 4와 6은 열성 형질인 부모로부터 열성 대립유전자를 물려받으므로 유전자형은 Aa이다.

유형 2. ABO식 혈액형과 적록 색맹 유전

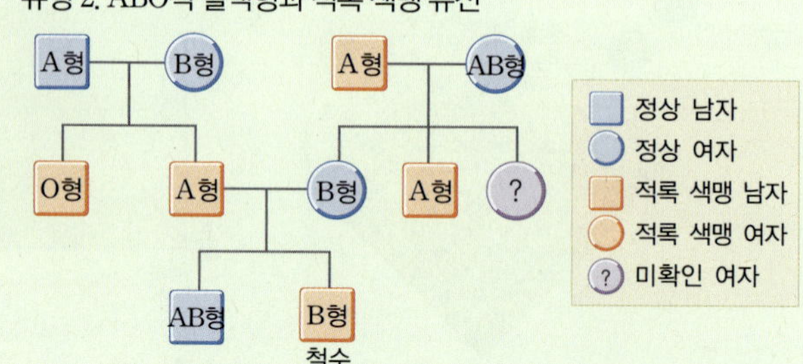

[STEP 1] 철수의 혈액형 유전자형은 무엇인가? ➡ 철수의 아버지는 A형이고, 철수가 B형이 되기 위해서는 아버지에게 유전자 O를 받아야 한다. 따라서 철수의 유전자형은 BO이다.

[STEP 2] 철수의 적록 색맹 대립유전자는 누구로부터 물려받은 것인가? ➡ 철수의 적록 색맹 대립유전자는 철수의 어머니로부터 물려받은 것이며, 어머니의 적록 색맹 대립유전자는 적록 색맹인 외할아버지로부터 물려받은 것이다.

[STEP 3] 미확인 여자가 A형이고 적록 색맹일 확률은 얼마인가? ➡ 미확인 여자의 언니가 B형이므로 아버지의 유전자형은 $AO/X'Y$이다. 미확인 여자의 오빠가 적록 색맹이므로 어머니는 보인자이고 유전자형은 AB/XX'이다. 따라서 미확인 여자가 A형이 될 확률은 $\frac{1}{2}$이고, 적록 색맹이 될 확률은 $\frac{1}{2}$이다. 혈액형과 적록 색맹의 유전자는 서로 다른 염색체에 있으므로 A형이고 적록 색맹이 될 확률은 $\frac{1}{2} \times \frac{1}{2} = \frac{1}{4}$이다.

예제 ❶

정답과 해설 p.050

그림은 어떤 집안의 유전병에 대한 가계도를 나타낸 것이다.

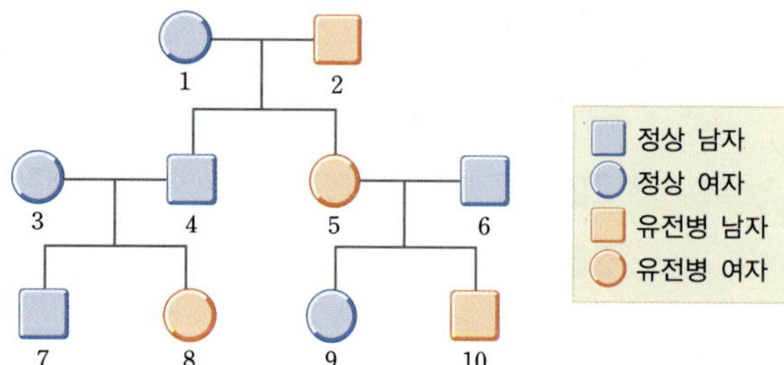

이에 대한 설명으로 옳은 것만을 |보기|에서 있는 대로 고르시오.

▶ 해결 전략

1단계: 같은 형질 사이에 다른 형질의 자녀가 태어났는지 확인하여 우성과 열성을 판별한다.
2단계: 상염색체 유전인지, 성염색체 유전인지 판별한다.
3단계: 1~10의 유전자형을 판별한다.
4단계: 3과 4의 유전자형을 알고, 8의 동생이 태어날 때, 이 아이가 유전병일 확률을 구한다.

|보기|

ㄱ. 유전병은 우성 형질이다.

ㄴ. 1, 3, 6의 유전병의 유전자형은 모두 이형 접합성이다.

ㄷ. 8의 동생이 태어날 때, 이 아이가 유전병일 확률은 $\frac{1}{4}$이다.

개념 다지기 문제

01 사람의 유전 연구가 어려운 까닭에 대한 설명으로 옳은 것만을 |보기|에서 있는 대로 고른 것은?

> **보기**
> ㄱ. 한 세대가 길다.
> ㄴ. 완두에 비해 유전자의 수가 적다.
> ㄷ. 환경의 영향을 많이 받는다.

① ㄱ   ② ㄴ   ③ ㄱ, ㄷ
④ ㄴ, ㄷ   ⑤ ㄱ, ㄴ, ㄷ

02 그림 (가)와 (나)는 1란성 쌍둥이와 2란성 쌍둥이의 형성 과정을 순서 없이 나타낸 것이다. ㉠과 ㉡은 생식세포이고, ㉢은 배아이다.

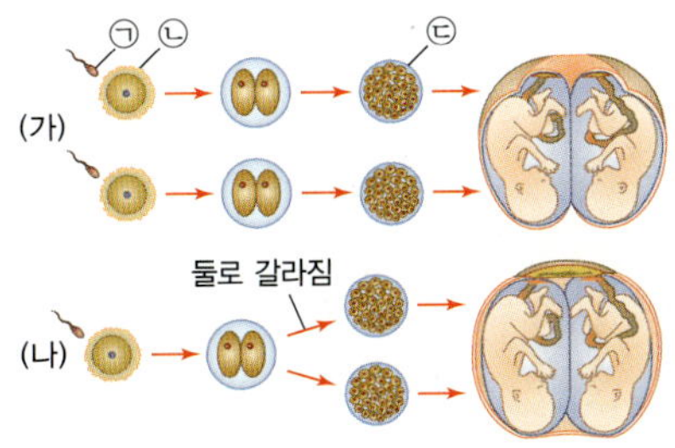

이에 대한 설명으로 옳은 것만을 |보기|에서 있는 대로 고른 것은?

> **보기**
> ㄱ. ㉠의 핵상은 n이다.
> ㄴ. ㉢에는 ㉡의 유전 정보가 모두 있다.
> ㄷ. (가)는 1란성 쌍둥이의 형성 과정이다.

① ㄱ   ② ㄴ   ③ ㄱ, ㄴ
④ ㄱ, ㄷ   ⑤ ㄴ, ㄷ

03 가계도 해석 방법에 대한 설명으로 옳은 것만을 |보기|에서 있는 대로 고른 것은?

> **보기**
> ㄱ. 남자와 여자를 나타내는 기호는 서로 다르게 표현한다.
> ㄴ. 정상인 부모로부터 형질을 가진 자녀가 태어났을 때, 정상은 열성 형질이다.
> ㄷ. 우성 형질이 발현된 아버지로부터 열성 형질이 발현된 딸이 태어난다면 이 형질의 유전자는 상염색체에 있다.

① ㄱ   ② ㄴ   ③ ㄱ, ㄷ
④ ㄴ, ㄷ   ⑤ ㄱ, ㄴ, ㄷ

04 그림은 어떤 가족의 미맹 유전에 대한 가계도를 나타낸 것이다.

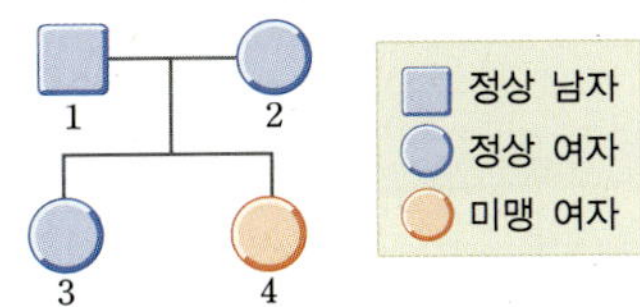

이에 대한 설명으로 옳은 것만을 |보기|에서 있는 대로 고른 것은? (단, 돌연변이는 고려하지 않는다.)

> **보기**
> ㄱ. 미맹은 열성 형질이다.
> ㄴ. 1의 미맹의 유전자형은 이형 접합성이다.
> ㄷ. 4의 동생이 태어날 때, 이 아이가 미맹일 확률은 $\frac{1}{2}$이다.

① ㄱ   ② ㄴ   ③ ㄷ
④ ㄱ, ㄴ   ⑤ ㄱ, ㄴ, ㄷ

05 그림은 자녀 1의 부모의 염색체에서 A, a, B, b, D, d의 위치를 나타낸 것이다.

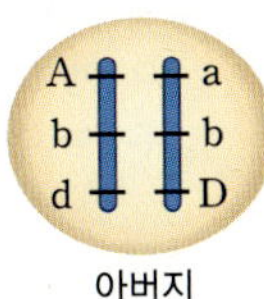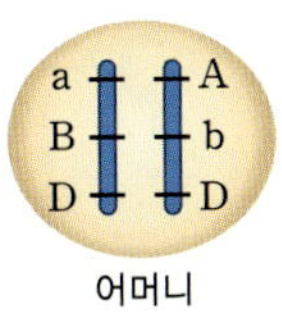

이에 대한 설명으로 옳은 것만을 |보기|에서 있는 대로 고른 것은? (단, 돌연변이와 교차는 고려하지 않는다.)

> **보기**
> ㄱ. A는 X 염색체에 있다.
> ㄴ. 자녀 1은 b와 D를 모두 갖는다.
> ㄷ. 어머니에서 a와 b는 같은 염색체에 있다.

① ㄱ   ② ㄴ   ③ ㄱ, ㄷ
④ ㄴ, ㄷ   ⑤ ㄱ, ㄴ, ㄷ

개념 다지기 문제

06 표는 어떤 가족의 유전 형질 ㉠의 발현 여부를 나타낸 것이다. ㉠은 1쌍의 대립유전자 A와 a에 의해 결정되며, A는 a에 대해 완전 우성이다. 자녀 2는 a를 갖는다.

구성원	성별	㉠ 발현 여부
아버지	남	발현됨
어머니	여	발현됨
자녀 1	여	발현 안 됨
자녀 2	남	발현됨

이에 대한 설명으로 옳은 것만을 |보기|에서 있는 대로 고른 것은? (단, 돌연변이는 고려하지 않는다.)

> **보기**
> ㄱ. ㉠의 유전자는 상염색체에 있다.
> ㄴ. 어머니의 ㉠의 유전자형은 동형 접합성이다.
> ㄷ. 아버지의 ㉠의 유전자형은 자녀 2의 ㉠의 유전자형과 다르다.

① ㄱ   ② ㄴ   ③ ㄱ, ㄷ
④ ㄴ, ㄷ   ⑤ ㄱ, ㄴ, ㄷ

07 그림은 어떤 집안의 유전병 (가)에 대한 가계도를 나타낸 것이다. (가)는 1쌍의 대립유전자 A와 a에 의해 결정되며, A는 a에 대해 완전 우성이다.

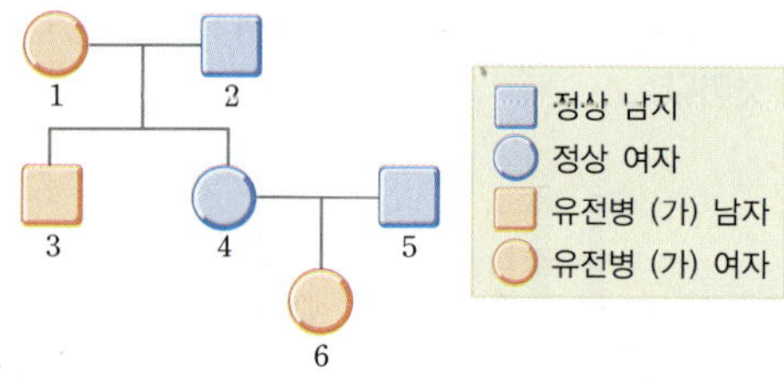

이에 대한 설명으로 옳은 것만을 |보기|에서 있는 대로 고른 것은? (단, 돌연변이는 고려하지 않는다.)

> **보기**
> ㄱ. (가)는 우성 형질이다.
> ㄴ. (가)는 여자보다 남자에게서 나타날 확률이 높다.
> ㄷ. 6의 동생이 태어날 때, 이 아이가 (가)일 확률은 $\frac{1}{4}$이다.

① ㄱ   ② ㄷ   ③ ㄱ, ㄴ
④ ㄴ, ㄷ   ⑤ ㄱ, ㄴ, ㄷ

08 다음은 사람의 유전 형질 (가)에 대한 자료이다.

- (가)는 1쌍의 대립유전자에 의해 결정된다.
- (가)의 대립유전자는 A, B, C이며, 상염색체에 있다.
- 대립유전자의 우열 관계는 A > B > C 이다.

이에 대한 설명으로 옳은 것만을 |보기|에서 있는 대로 고른 것은? (단, 돌연변이는 고려하지 않는다.)

> **보기**
> ㄱ. (가)의 표현형 수는 2이다.
> ㄴ. (가)의 유전자형 수는 6이다.
> ㄷ. 유전자형이 AB인 사람과 AC인 사람의 (가)의 표현형은 같다.

① ㄱ   ② ㄴ   ③ ㄱ, ㄷ
④ ㄴ, ㄷ   ⑤ ㄱ, ㄴ, ㄷ

09 그림은 ABO식 혈액형이 모두 다른 가족의 가계도를 나타낸 것이다. 3의 ABO식 혈액형 유전자형은 동형 접합성이다.

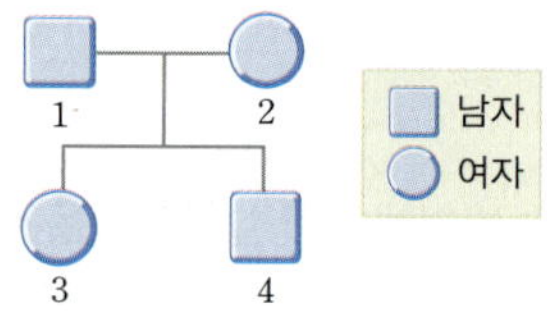

이에 대한 설명으로 옳은 것만을 |보기|에서 있는 대로 고른 것은? (단, 돌연변이는 고려하지 않는다.)

> **보기**
> ㄱ. 1과 2는 모두 응집소 α를 갖는다.
> ㄴ. 3은 O형이다.
> ㄷ. 4의 ABO식 혈액형의 유전자형은 동형 접합성이다.

① ㄴ   ② ㄷ   ③ ㄱ, ㄴ
④ ㄱ, ㄷ   ⑤ ㄴ, ㄷ

10 다음은 어떤 가족의 유전 형질 (가)에 대한 자료이다.

- (가)는 1쌍의 대립유전자 A와 a에 의해 결정되고, A는 a에 대해 완전 우성이다.
- 여자보다 남자에서 (가)가 발현될 확률이 높다.
- 어머니에게서 (가)가 발현되지 않았고, 아버지에게서 (가)가 발현되었으며, 아들은 (가)가 발현되고, ㉠딸은 (가)가 발현되지 않았다.

이에 대한 설명으로 옳은 것만을 |보기|에서 있는 대로 고른 것은? (단, 돌연변이는 고려하지 않는다.)

┌ 보기 ┐
ㄱ. (가)의 유전자는 상염색체에 있다.
ㄴ. A는 (가) 발현 대립유전자이다.
ㄷ. ㉠의 (가)의 유전자형은 이형 접합성이다.

① ㄱ　　　　② ㄷ　　　　③ ㄱ, ㄴ
④ ㄴ, ㄷ　　　⑤ ㄱ, ㄴ, ㄷ

11 표는 아버지를 제외한 어떤 가족 구성원의 성별과 체세포 1개당 유전자 A, a의 DNA 상대량을 나타낸 것이다.

구성원	성별	DNA 상대량	
		A	a
어머니	여	1	1
자녀 1	?	0	2
자녀 2	남	0	1
자녀 3	여	1	1

이에 대한 설명으로 옳은 것만을 |보기|에서 있는 대로 고른 것은? (단, 돌연변이는 고려하지 않으며, A, a 각각의 1개당 DNA 상대량은 1이다.)

┌ 보기 ┐
ㄱ. 아버지는 a를 갖는다.
ㄴ. 자녀 1은 여자이다.
ㄷ. 자녀 3에서 A는 X 염색체에 있다.

① ㄱ　　　　② ㄴ　　　　③ ㄱ, ㄷ
④ ㄴ, ㄷ　　　⑤ ㄱ, ㄴ, ㄷ

12 그림은 어떤 집안의 적록 색맹에 대한 가계도를 나타낸 것이다.

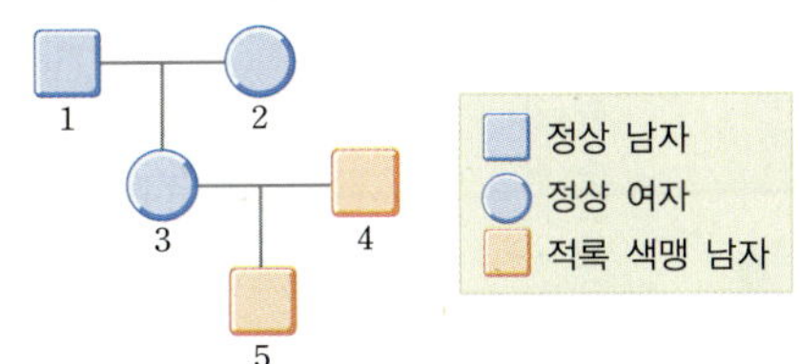

이에 대한 설명으로 옳은 것만을 |보기|에서 있는 대로 고른 것은? (단, 돌연변이는 고려하지 않는다.)

┌ 보기 ┐
ㄱ. 2의 적록 색맹의 유전자형은 동형 접합성이다.
ㄴ. 5는 3으로부터 적록 색맹 대립유전자를 물려받았다.
ㄷ. 5의 동생이 태어날 때, 이 아이가 적록 색맹일 확률은 $\frac{1}{2}$이다.

① ㄱ　　　　② ㄴ　　　　③ ㄱ, ㄷ
④ ㄴ, ㄷ　　　⑤ ㄱ, ㄴ, ㄷ

13 다음은 어떤 가족의 자녀 1~3의 적록 색맹 형질을 조사한 것이다.

- 자녀 1은 적록 색맹인 딸이다.
- 자녀 2는 정상인 아들이다.
- 자녀 3은 적록 색맹인 아들이다.

이에 대한 설명으로 옳은 것만을 |보기|에서 있는 대로 고른 것은? (단, 돌연변이는 고려하지 않는다.)

┌ 보기 ┐
ㄱ. 아버지는 적록 색맹 대립유전자를 갖는다.
ㄴ. 어머니와 자녀 1의 적록 색맹의 유전자형은 같다.
ㄷ. 자녀 2와 3은 어머니로부터 같은 X 염색체를 물려받았다.

① ㄱ　　　　② ㄴ　　　　③ ㄱ, ㄷ
④ ㄴ, ㄷ　　　⑤ ㄱ, ㄴ, ㄷ

개념 다지기 문제

대표 유형 문제

14
그림은 어떤 집단에서 ABO식 혈액형, 지문선의 수, 홍역 발병 여부를 조사한 것이다. 홍역의 병원체는 바이러스이다.

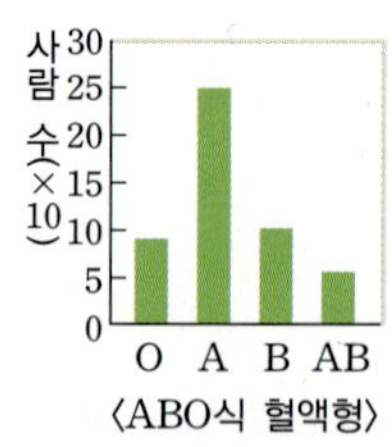
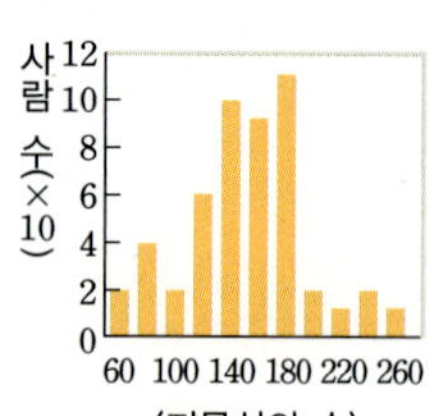
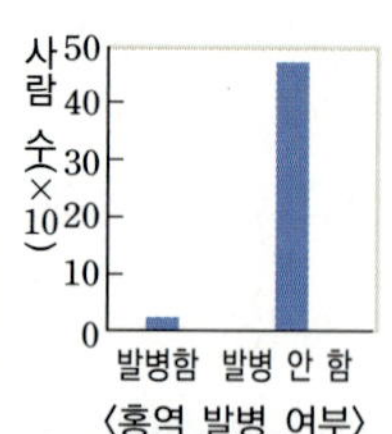

이에 대한 설명으로 옳은 것만을 |보기|에서 있는 대로 고른 것은?

> **보기**
> ㄱ. ABO식 혈액형은 복대립 유전을 따르는 형질이다.
> ㄴ. 지문선의 수는 멘델의 유전 법칙을 따라 유전된다.
> ㄷ. 홍역 발병 여부는 2쌍의 대립유전자에 의해 결정된다.

① ㄱ   ② ㄷ   ③ ㄱ, ㄴ
④ ㄴ, ㄷ   ⑤ ㄱ, ㄴ, ㄷ

15
다음은 사람의 유전 형질 (가)에 대한 자료이다.

- (가)의 유전자는 서로 다른 2개의 상염색체에 있다.
- (가)를 결정하는 2개의 유전자는 각각 대립유전자 A와 a, B와 b를 가진다.
- (가)의 표현형은 유전자형에서 대문자로 표시되는 대립유전자의 수에 의해서만 결정되며, 이 대립유전자의 수가 다르면 표현형이 다르다.
- ㉠유전자형이 AABB인 남자와 유전자형이 aabb인 여자 사이에서 자녀 1이 태어났다.

이에 대한 설명으로 옳은 것만을 |보기|에서 있는 대로 고른 것은? (단, 돌연변이는 고려하지 않는다.)

> **보기**
> ㄱ. 자녀 1의 (가)의 유전자형은 AaBb이다.
> ㄴ. (가)는 다인자 유전을 따르는 형질이다.
> ㄷ. ㉠에서 생성된 생식세포의 (가)의 유전자 구성은 1종류이다.

① ㄱ   ② ㄴ   ③ ㄱ, ㄷ
④ ㄴ, ㄷ   ⑤ ㄱ, ㄴ, ㄷ

16
다음은 사람의 유전 형질 (가)에 대한 자료이다.

- (가)는 서로 다른 상염색체에 있는 3쌍의 대립유전자에 의해 형질이 결정된다.
- (가)를 결정하는 3개의 유전자는 각각 대립유전자 A와 a, B와 b, D와 d를 가진다.
- (가)의 표현형은 유전자형에서 대문자로 표시되는 대립유전자의 수에 의해서만 결정되며, 이 대립유전자의 수가 다르면 표현형이 다르다.

이에 대한 설명으로 옳은 것만을 |보기|에서 있는 대로 고른 것은? (단, 돌연변이는 고려하지 않는다.)

> **보기**
> ㄱ. (가)는 반성유전을 따르는 형질이다.
> ㄴ. (가)의 유전자형의 종류는 9가지이다.
> ㄷ. (가)의 유전자형이 AABbdd인 개체와 aaBbDD인 개체의 (가)의 표현형은 같다.

① ㄱ   ② ㄷ   ③ ㄱ, ㄴ
④ ㄴ, ㄷ   ⑤ ㄱ, ㄴ, ㄷ

17
그림은 어느 고등학교 학생 100명을 대상으로 두 가지 유전 형질을 조사하여 얻은 결과를 나타낸 것이다.

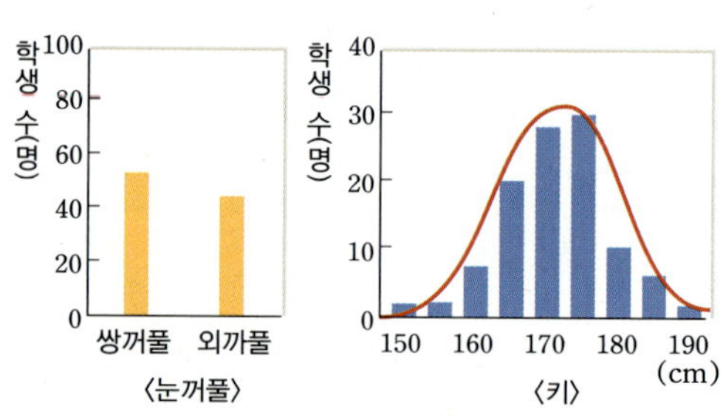

이에 대한 설명으로 옳은 것만을 |보기|에서 있는 대로 고른 것은?

> **보기**
> ㄱ. 눈꺼풀은 대립 형질이 뚜렷하다.
> ㄴ. 키를 결정하는 대립유전자는 여러 쌍이다.
> ㄷ. 눈꺼풀은 키보다 환경의 영향을 더 받는다.

① ㄱ   ② ㄴ   ③ ㄷ
④ ㄱ, ㄴ   ⑤ ㄱ, ㄴ, ㄷ

18 그림 (가)는 어떤 집안의 ABO식 혈액형에 대한 가계도를, (나)는 3의 혈액에서 관찰되는 응집원을 나타낸 것이다. 1~4는 ABO식 혈액형이 모두 다르고, 4의 ABO식 혈액형의 유전자형은 동형 접합성이다.

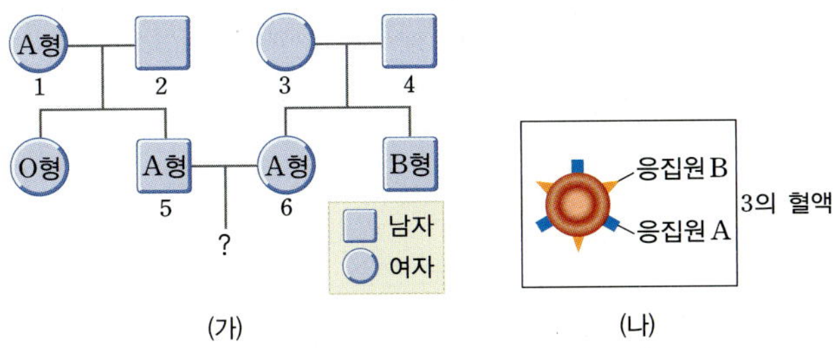

이에 대한 설명으로 옳은 것만을 |보기|에서 있는 대로 고른 것은? (단, 돌연변이는 고려하지 않는다.)

> **보기**
> ㄱ. 2는 B형이다.
> ㄴ. 3의 혈액에는 응집소 α가 있다.
> ㄷ. 5와 6 사이에서 아이가 태어날 때, 이 아이의 ABO식 혈액형이 4와 같을 확률은 $\dfrac{3}{4}$이다.

① ㄱ 　② ㄴ 　③ ㄱ, ㄷ
④ ㄴ, ㄷ 　⑤ ㄱ, ㄴ, ㄷ

19 그림 (가)는 어떤 가족 구성원의 유전 형질 ㉠에 대한 가계도를, (나)는 이 가족 구성원 1~4에서 ㉠의 발현에 관여하는 대립유전자 A와 A*의 DNA 상대량을 나타낸 것이다.

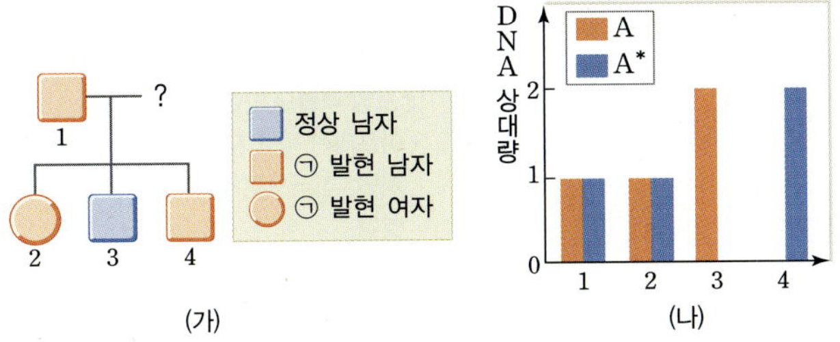

이에 대한 설명으로 옳은 것만을 |보기|에서 있는 대로 고른 것은? (단, 돌연변이는 고려하지 않으며, A, A* 각각의 1개당 DNA 상대량은 1이다.)

> **보기**
> ㄱ. A는 상염색체에 있다.
> ㄴ. A는 A*에 대해 우성이다.
> ㄷ. 어머니는 A와 A*를 모두 갖는다.

① ㄱ 　② ㄴ 　③ ㄷ
④ ㄱ, ㄷ 　⑤ ㄱ, ㄴ, ㄷ

20 표 (가)는 부부 Ⅰ과 Ⅱ의 ABO식 혈액형을, (나)는 Ⅰ과 Ⅱ의 자녀 ㉠과 ㉡의 ABO식 혈액형을 나타낸 것이다. ABO식 혈액형은 대립유전자 A, B, O에 의해 결정되며, 돌연변이는 고려하지 않는다.

부부	Ⅰ	Ⅱ
혈액형	A형, AB형	A형, B형

(가)

자녀	㉠	㉡
혈액형	O형	A형

(나)

(1) ㉠의 ABO식 혈액형의 유전자형을 쓰시오.

(2) ㉠의 부모는 Ⅰ과 Ⅱ 중 누구인지 고르고, 그 까닭을 서술하시오.

21 그림은 빅토리아 여왕가의 혈우병 유전에 관한 가계도를 나타낸 것이다.

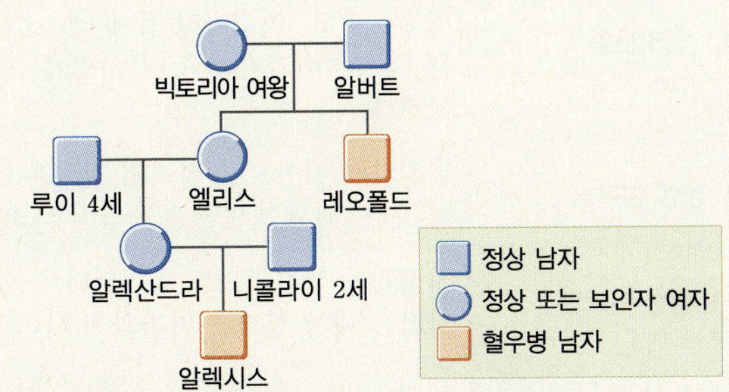

(1) 혈우병 유전의 특징을 2가지만 서술하시오.

(2) 알렉시스의 혈우병 대립유전자는 어떤 경로로 전달되었는지 서술하시오.

03 염색체 이상과 유전자 이상

① 유전자 이상에 의한 돌연변이

개념 유전 정보가 저장된 DNA 염기 서열이 달라져 나타난 돌연변이

1. 유전자 이상

(1) 유전자 돌연변이: DNA 염기 서열이 달라지면 잘못된 유전 정보로 인해 단백질 형성에 이상이 생기고 이로 인해 어버이에서 볼 수 없던 새로운 형질이 나타난다.

(2) 유전자 돌연변이의 특징: DNA 수준에서의 변화이기 때문에 핵형 분석을 통해 알 수 없고, 멘델 법칙에 따라 유전될 수 있다.

(3) 유전자 이상에 의한 유전병

유전병	원인 및 증상
낫 모양 적혈구 빈혈증	• 헤모글로빈을 구성하는 단백질의 유전자에 이상이 생겨 비정상 헤모글로빈이 만들어지고, 적혈구가 찌그러져 낫 모양이 된다. • 낫 모양 적혈구는 수명이 짧고 산소 운반 능력이 떨어지며, 모세 혈관을 막아 혈액 순환을 방해한다. ➡ 빈혈을 유발한다. 정상 적혈구의 헤모글로빈 분자: 발린 – 히스티딘 – 류신 – 트레오닌 – 프롤린 – 글루탐산 – 글루탐산 (1 2 3 4 5 6 7) 낫 모양 적혈구의 헤모글로빈 분자: 발린 – 히스티딘 – 류신 – 트레오닌 – 프롤린 – 발린 – 글루탐산 ▲ 정상 적혈구와 낫 모양 적혈구의 헤모글로빈 분자의 아미노산 배열 순서
페닐케톤뇨증	• 아미노산의 일종인 페닐알라닌을 분해하는 효소의 유전자에 이상이 생겨 체내에 페닐알라닌이 축적되어 페닐케톤으로 바뀐다. • 중추 신경계를 손상시킨다.
알비노증	• 멜라닌 색소를 만드는 유전자에 이상이 생겨 멜라닌 색소를 만들지 못해 눈, 피부, 머리카락 등에 색소가 결핍된다. • 눈, 피부, 머리카락 등이 하얗게 되며, 자외선에 대한 방어 능력이 떨어진다.
낭성 섬유증	• 유전자의 이상으로 점액의 점성을 조절하지 못한다. • 폐, 간 등에서 과도한 점액질이 분비되어 기관의 기능에 이상이 생긴다.
헌팅턴 무도병	• 신경계가 점진적으로 파괴된다. • 지적 장애가 생기고 머리와 팔다리의 움직임이 통제되지 않는다.

└ 우성 유전병

② 염색체 이상에 의한 돌연변이

개념 염색체의 수나 구조에 이상이 나타난 돌연변이

1. 염색체 이상

(1) 염색체 이상은 염색체 수 이상과 염색체 구조 이상으로 구분할 수 있다.

(2) 일부 염색체 이상은 핵형 분석을 통해 알아낼 수도 있다.

2. 염색체 수 이상

(1) 염색체 수 이상 돌연변이: 정상인보다 염색체 수가 많거나 적은 돌연변이이다.

(2) 염색체 수 이상의 원인: 생식세포 분열 과정 중 염색체 비분리가 일어나 염색체 수가 비정상인 생식세포가 수정에 참여하면 염색체 수 이상 돌연변이가 나타난다.

유전병
염색체나 유전자에 이상이 생겨 나타나는 질병으로, 생식세포를 통해 자손에게 유전되기도 한다.

변이
양친의 자손들 사이에 나타나는 형질의 차이로, 환경 차이에 의한 개체변이와 유전자 변화에 의한 돌연변이가 있다. 개체변이는 유전되지 않고, 돌연변이는 유전된다.

돌연변이 발생 원인
염색체나 그 속에 들어 있는 유전자의 이상에 의해 생기는 것으로, 유전 물질의 복제 과정에서 우연히 발생하거나 방사선, 화학 물질 등과 같은 외부 요인에 의해 발생한다.

낫 모양 적혈구 빈혈증의 빈도
• 아프리카 적도 지역 원주민은 빈도가 높지만, 미국으로 이주한 집단은 빈도가 낮다.
• 낫 모양 적혈구 빈혈증 유전자를 이형 접합성으로 가진 집단은 말라리아에 걸리지 않아 말라리아 유행 지역에서 생존 가능성이 크다.

염색체 비분리
세포 분열 과정에서 방추사 형성이 끊어져 염색체가 분리되지 못하고 한쪽 세포로 이동한다. 한쪽 세포는 염색체 수가 증가하고, 다른 한쪽 세포는 감소한다.

(3) 염색체 비분리 현상

감수 1분열 시 상동 염색체 비분리가 1회 일어난 경우	감수 2분열 시 염색 분체 비분리가 1회 일어난 경우
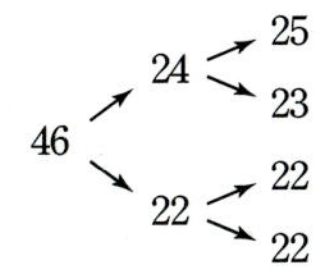	
모든 생식세포에 이상이 나타난다. ➡ 염색체 수가 정상(n)보다 1개 많은 것($n+1$) 2개, 1개 적은 것($n-1$) 2개	정상과 비정상 생식세포가 1 : 1로 나타난다. ➡ 염색체 수가 정상(n)인 것 2개, 염색체 수가 정상보다 1개 많은 것($n+1$) 1개, 정상보다 1개 적은 것($n-1$) 1개

(4) 염색체 수 이상 유전병

상염색체 수 이상 유전병	다운 증후군	• 21번 염색체가 3개이다. • 정신 지체, 심장 기형이 나타난다.	$2n+1=45+XX$ $2n+1=45+XY$
	에드워드 증후군	• 18번 염색체가 3개이다. • 정신 지체, 심장 기형이 나타난다.	
성염색체 수 이상 유전병	터너 증후군	• 성염색체가 X로 1개이다. • 여성이지만 불임이다.	$2n-1=44+X$
	클라인펠터 증후군	• 성염색체가 XXY로 3개이다. • 남성의 생식 기관을 가지나 불임이다.	$2n+1=44+XXY$

3. 염색체 구조 이상: 염색체 수는 정상이나 염색체 구조에 이상이 생긴 돌연변이이다.

결실	염색체 일부가 없어진 경우 예 고양이 울음 증후군, 윌리엄스 증후군	A B C D E F ➡ A B D E F
중복	상동 염색체의 동일한 부분이 삽입되어 같은 부분이 반복되는 경우	A B C D E F ➡ A B B C D E F
역위	염색체 일부가 떨어진 후 거꾸로 연결된 경우	A B C D E F ➡ A C B D E F
전좌	염색체의 일부가 떨어진 후 상동 염색체가 아닌 다른 염색체에 연결되거나 서로 바뀌어 들어가는 경우 예 만성 골수성 백혈병	A B C D E F / V W X Y Z ➡ V C D E F / A B W X Y Z

염색체 구조 이상에 의한 유전병
• 고양이 울음 증후군: 5번 염색체 부분 결실로 나타난다. 고양이 울음소리를 내고, 정신 발달이 느리고 유아기나 아동기에 조기 사망한다.
• 윌리엄스 증후군: 7번 염색체 부분 결실로 나타난다. 뇌 손상을 유발하고, 심장 기형, 콩팥 손상, 근육 약화 등이 나타나기도 한다.
• 만성 골수성 백혈병: 9번 염색체와 22번 염색체 간의 전좌로 나타난다. 조혈 모세포 암세포로 변해 비정상적으로 과도하게 증식하여 백혈병이 나타난다.

개념 익히기 문제

정답과 해설 p.053

🧠 교과서 문장으로 개념 익히기

01 유전자 돌연변이는 DNA의 ☐☐ ☐☐이 달라져서 나타나는 현상이다.

02 감수 분열 과정에서 ☐☐☐☐☐가 일어나면 염색체 수 이상 돌연변이가 나타난다.

03 감수 1분열 시 ☐☐☐☐☐가 비분리되는 경우 모든 생식세포에 이상이 나타난다.

🎲 OX 문제로 개념 익히기

04 돌연변이는 유전자 이상으로 나타난 것과 염색체 이상으로 나타난 것으로 구분할 수 있다. (O / X)

05 염색체 수의 이상은 체세포 분열 과정에서 염색체의 비분리가 일어날 때 일어난다. (O / X)

06 다운 증후군, 만성 골수성 백혈병, 헌팅턴 무도병은 핵형 분석을 통해 알아낼 수 있다. (O / X)

염색체 수 이상 돌연변이 분석

👆 **Point** 감수 분열 과정 중 염색체 비분리에 의해 비정상 생식세포가 만들어지고, 비정상 생식세포의 수정에 의해 염색체 수 이상 돌연변이가 나타날 수 있다.

유형 1. 난자 형성 과정에서 상염색체의 비분리

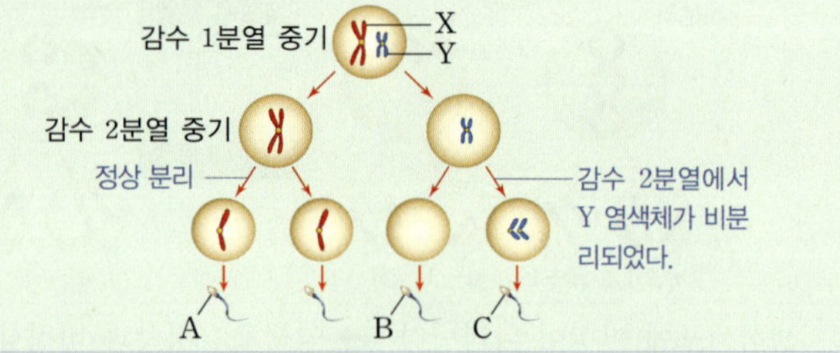

감수 1분열에서 염색체의 비분리 가 일어났다.

감수 1분열 중기

감수 2분열 중기

21번 염색체 2개 난자 A

1. A는 감수 1분열 과정에서 21번 염색체가 정상적으로 분리되지 않아 21번 염색체를 2개 가진 난자이다.
2. A가 정상 정자와 수정되면 21번 염색체가 3개인 다운 증후군 아기가 태어날 수 있다.

유형 2. 정자 형성 과정에서 성염색체의 비분리

감수 1분열 중기 X Y

감수 2분열 중기

정상 분리 감수 2분열에서 Y 염색체가 비분리되었다.

A B C

1. 감수 2분열 과정에서 Y 염색체가 비분리된 경우이다.
2. 정상 난자가 A와 수정되면 정상인 아이가 태어나고, B와 수정되면 성염색체가 X(터너 증후군)인 아기가, C와 수정되면 성염색체가 XYY인 아기가 태어날 수 있다.

유형 3. 염색체 수 이상 유전병

구분	유전병	설명	핵형
상염색체 수 이상 유전병	다운 증후군	• 21번 염색체가 3개이다. • 지적 장애, 머리가 작고 눈 사이가 멀다. • $2n+1=45+XX$ • $2n+1=45+XY$	(21번 염색체 3개)
	에드워드 증후군	• 18번 염색체가 3개이다. • 지적 장애, 심장 기형이 나타난다. • $2n+1=45+XX$ • $2n+1=45+XY$	(18번 염색체 3개)
성염색체 수 이상 유전병	터너 증후군	• 성염색체가 X로 1개이다. • 여성이지만 불임이며, 지능은 정상이다. • $2n-1=44+X$	(X 염색체 1개)
	클라인펠터 증후군	• 성염색체가 XXY로 3개이다. • 남성의 생식 기관을 가지나 불임이며, 여성처럼 가슴이 발달한다. • $2n+1=44+XXY$	(XXY 염색체)

정답과 해설 p.053

예제 ❶

그림은 어떤 사람에게서 감수 분열을 통해 정자가 형성되는 과정을, 표는 정자 ㉠과 ㉡의 X 염색체 수를 나타낸 것이다.

이에 대한 설명으로 옳은 것만을 |보기|에서 있는 대로 고르시오. (단, 제시된 염색체 비분리 이외의 돌연변이는 고려하지 않는다.)

성염색체 비분리

정상 분리

A

정자	X 염색체 수
㉠	1
㉡	0

▶ **해결 전략**

1단계: 염색체 비분리에 의해 딸세포의 염색체 수는 비정상일 수 있음을 이해한다.

2단계: 성염색체 비분리가 감수 1분열에서 일어났을 때와 감수 2분열에서 일어났을 때의 차이점을 이해한다.

3단계: ㉠과 ㉡의 X 염색체 수를 통해 ㉠에 Y 염색체가 있음을 안다.

┌ 보기 ┐
ㄱ. ㉠에 Y 염색체가 있다.
ㄴ. A의 핵상은 $2n$이다.
ㄷ. 상염색체 수는 A와 ㉡에서 같다.

🖐 **Point** 가계도와 핵형 분석을 통해 유전의 특징과 염색체 비분리가 일어나는 과정을 파악할 수 있다.

유형 1. 가계도를 통해 염색체 비분리가 일어난 시기 찾기

- 이 유전병은 정상 대립유전자 T와 유전병 대립유전자 t에 의해 결정되며, T는 t에 대해 완전 우성이다.
- 그림은 어떤 가족의 이 유전병에 대한 가계도를, 표는 ⓒ~ⓜ의 체세포 1개당 염색체 수와 t의 DNA 상대량을 나타낸 것이다.

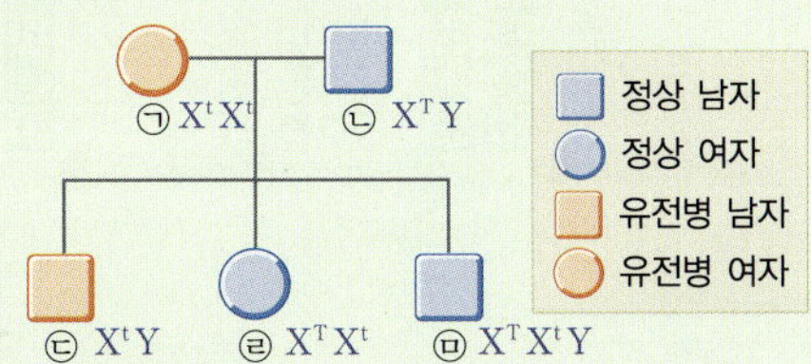

구분	염색체 수	t의 DNA 상대량
ⓒ	46	1
ⓔ	46	1
ⓜ	47	1

범례: 정상 남자, 정상 여자, 유전병 남자, 유전병 여자

- ⓜ이 태어날 때 부모의 생식세포 형성 과정에서 염색체 비분리가 1회 일어났으며, 그 외의 돌연변이는 고려하지 않는다.
- T, t 각각의 1개당 DNA 상대량은 1이다.

[분석]
단계 1. 이 유전병의 유전의 특성을 파악한다.
→ 염색체 수가 정상인 ⓒ, ⓔ에서 t의 DNA 상대량이 모두 1인데, 남자인 ⓒ은 유전병이고, 여자인 ⓔ은 정상이므로 t는 X 염색체에 있다. 즉, ⓒ의 유전자형은 X^tY, ⓔ의 유전자형은 X^TX^t이다. T는 유전병 대립유전자, t는 정상 대립유전자이다.
단계 2. ⓜ의 유전자는 누구로부터 물려받았는지 파악한다.
→ ⓜ은 염색체 수가 1개 더 많지만 t의 DNA 상대량이 1이고, 정상인 남자이므로 유전자형은 X^TX^tY이다. 따라서 유전병인 어머니 ㉠으로부터 정상 난자(X^t)와 정상인 아버지 ㉡으로부터 염색체가 비분리되어 형성된 정자(X^TY)가 수정되어 태어났다.
단계 3. ㉡에서 생식세포가 형성될 때 염색체 비분리가 언제 일어났는지 파악한다.
→ ⓜ은 ㉡으로부터 X^TY를 물려받았으므로 ㉡에서 감수 1분열 중 성염색체 비분리가 일어났다.

유형 2. 핵형 분석을 통해 염색체 비분리가 일어난 시기 찾기

그림은 적록 색맹인 어머니와 적록 색맹이 아닌 아버지 사이에서 태어난 자녀 (가)의 핵형 분석 결과를 나타낸 것이다. 자녀 (가)는 적록 색맹이 아니고, 부모의 생식세포 형성 시 염색체 비분리는 한 사람에게서만 1회 일어났다. 정상 대립유전자는 R, 적록 색맹 대립유전자는 r이다.

[분석]
1. (가)의 성염색체가 XXY이므로, (가)는 클라인펠터 증후군인 남자이다.
2. 적록 색맹인 어머니와 적록 색맹이 아닌 아버지 사이에서 적록 색맹이 아닌 자녀 (가)가 태어났으므로 (가)는 어머니로부터 X^r를 물려받고, 아버지로부터 X^R와 Y 염색체를 물려받았다. 따라서 아버지의 정자 형성 과정 중 감수 1분열에서 염색체의 비분리가 일어났다.
3. ㉠과 ㉡ 중 하나는 어머니로부터, 다른 하나는 아버지로부터 물려받았으므로, 둘 중 하나의 염색체에만 적록 색맹 대립유전자가 있다.

정답과 해설 p.053

예제 ❷

적록 색맹에 대하여 정상 여자와 정상 남자 사이에서 태어난 사람 A는 적록 색맹이며, $2n+1 = 44+XXY$의 핵형을 갖는다.
A에 대한 설명으로 옳은 것만을 |보기|에서 있는 대로 고르시오. (단, 제시된 염색체 비분리 이외의 돌연변이는 고려하지 않는다.)

▶ **해결 전략**
1단계: A의 부모의 적록 색맹의 유전자형을 파악한다.
2단계: A가 적록 색맹이면서 성염색체 구성이 XXY가 되려면 부모의 생식세포 형성 과정 중 염색체 비분리가 언제 일어나야 하는지 생각한다.

|보기|
ㄱ. 어머니는 적록 색맹 대립유전자를 갖는다.
ㄴ. 다운 증후군의 염색체 이상을 갖는다.
ㄷ. 감수 2분열에서 염색체 비분리가 일어난 난자와 정자가 수정되어 태어났다.

개념 다지기 문제

01 그림은 정상 적혈구와 낫 모양 적혈구의 형태와 헤모글로빈 분자의 일부 아미노산의 배열을 나타낸 것이다.

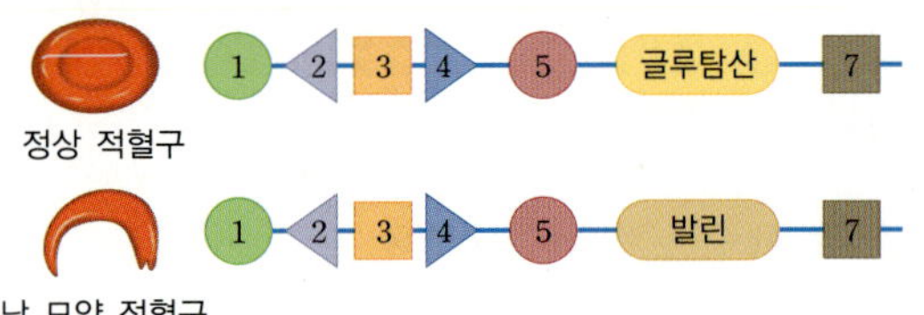

이에 대한 설명으로 옳은 것만을 |보기|에서 있는 대로 고른 것은?

> ─ 보기 ─
> ㄱ. 낫 모양 적혈구는 자손에게 유전될 수 있다.
> ㄴ. 낫 모양 적혈구를 갖는 사람은 핵형 분석을 통해 알 수 있다.
> ㄷ. 정상 적혈구와 낫 모양 적혈구의 헤모글로빈을 구성하는 아미노산의 서열은 모두 일치한다.

① ㄱ ② ㄴ ③ ㄷ
④ ㄱ, ㄴ ⑤ ㄱ, ㄴ, ㄷ

02 그림 (가)는 어떤 동물($2n = 4$) 암컷의 정상 체세포를, (나)는 이 동물 난자의 염색체를 나타낸 것이다. ㉠과 ㉡은 염색체이고, P~T, W~Z, q, r는 유전자이다.

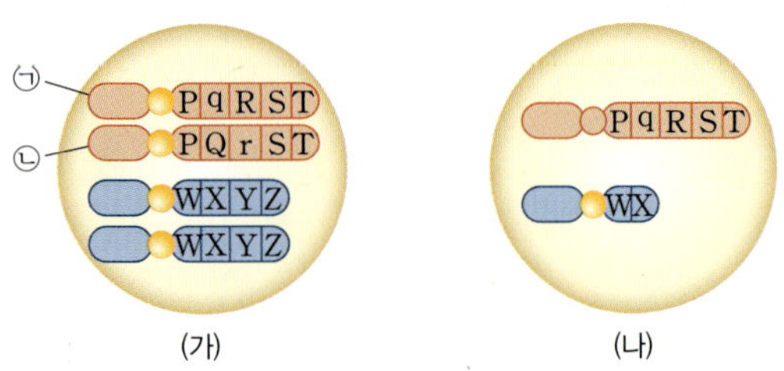

이에 대한 설명으로 옳은 것만을 |보기|에서 있는 대로 고른 것은? (단, 제시된 돌연변이 이외의 돌연변이는 고려하지 않는다.)

> ─ 보기 ─
> ㄱ. ㉠과 ㉡은 상동 염색체이다.
> ㄴ. (나)는 결실이 일어난 세포이다.
> ㄷ. P는 W의 대립유전자이다.

① ㄱ ② ㄴ ③ ㄷ
④ ㄱ, ㄴ ⑤ ㄱ, ㄴ, ㄷ

03 그림 (가)는 어떤 생물의 정상 체세포를, (나)는 이 생물에서 염색체 구조 이상이 일어난 체세포를 나타낸 것이다. ㉠과 ㉡은 염색체이고, A~G, a, d, g는 유전자이다.

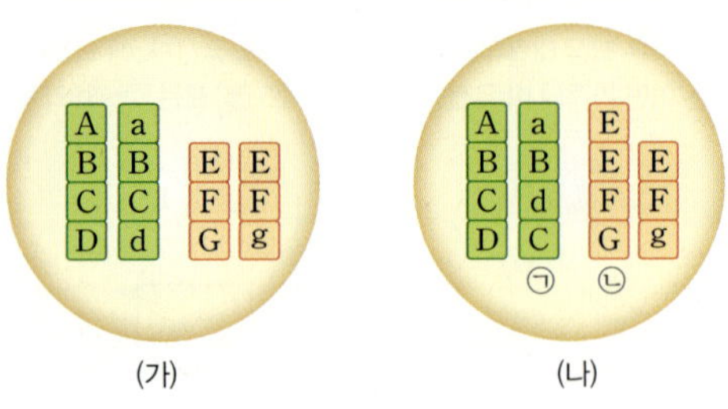

이에 대한 설명으로 옳은 것만을 |보기|에서 있는 대로 고른 것은? (단, 제시된 돌연변이 이외의 돌연변이는 고려하지 않는다.)

> ─ 보기 ─
> ㄱ. D는 d의 대립유전자이다.
> ㄴ. ㉠은 역위가 일어난 염색체이다.
> ㄷ. ㉡은 중복이 일어난 염색체이다.

① ㄱ ② ㄷ ③ ㄱ, ㄴ
④ ㄴ, ㄷ ⑤ ㄱ, ㄴ, ㄷ

04 표는 어떤 가족 구성원의 일부에서 21번 염색체와 성염색체를 나타낸 것이다. ㉠~㉢은 염색체이다. 어머니의 모든 세포에서 21번 염색체와 성염색체 사이에 전좌가 일어났다.

어머니		자녀 1		자녀 2	
21번 염색체	성염색체	㉠	㉡		㉢

이에 대한 설명으로 옳은 것만을 |보기|에서 있는 대로 고른 것은? (단, 제시된 돌연변이 이외의 돌연변이는 고려하지 않는다.)

> ─ 보기 ─
> ㄱ. ㉠과 ㉢은 상동 염색체이다.
> ㄴ. ㉡은 어머니로부터 물려받은 것이다.
> ㄷ. 자녀 2는 남자이다.

① ㄱ ② ㄴ ③ ㄷ
④ ㄴ, ㄷ ⑤ ㄱ, ㄴ, ㄷ

 유형문제

05 그림은 정자 형성 과정에서 일어난 성염색체 비분리 현상을 나타낸 것이다. 그림에서는 성염색체만 표시하였고 나머지 염색체는 정상적으로 분리되었다.

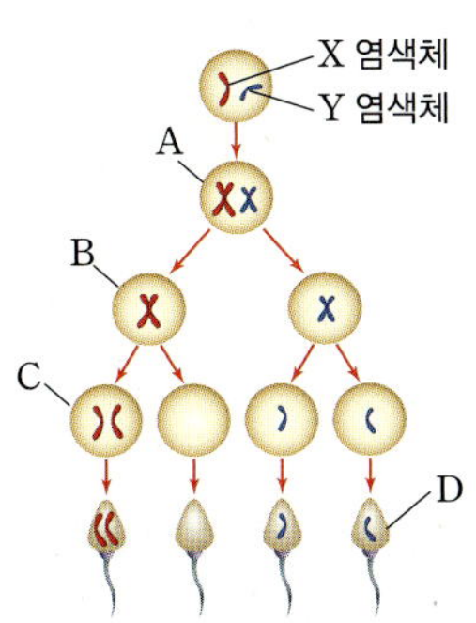

이에 대한 설명으로 옳은 것만을 |보기|에서 있는 대로 고른 것은? (단, 제시된 돌연변이 이외의 돌연변이는 고려하지 않는다.)

┌─ 보기 ─
ㄱ. A와 B의 DNA양은 같다.
ㄴ. C의 핵상은 $2n$이다.
ㄷ. D와 정상 난자가 수정하여 태어난 아이의 핵형은 정상이다.
└─

① ㄱ 　② ㄷ 　③ ㄱ, ㄴ
④ ㄴ, ㄷ 　⑤ ㄱ, ㄴ, ㄷ

06 그림은 사람의 생식세포가 형성되는 과정 중 일부를 나타낸 것이다. ㉠과 ㉡은 상동 염색체이고, 이 사람의 특정 형질 유전자형은 Aa이며, A는 a와 대립유전자이다. ㉠과 ㉡에 특정 형질 유전자가 있다.

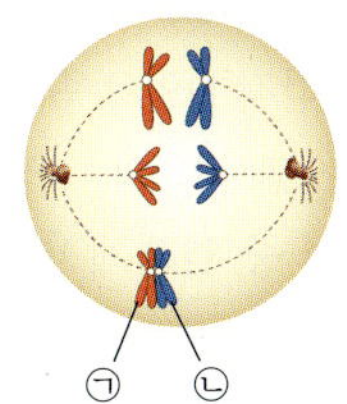

이에 대한 설명으로 옳은 것만을 |보기|에서 있는 대로 고른 것은? (단, 제시된 돌연변이 이외의 돌연변이는 고려하지 않는다.)

┌─ 보기 ─
ㄱ. 이 과정은 감수 1분열 후기 때 일어난다.
ㄴ. ㉠과 ㉡의 유전 정보는 모두 같다.
ㄷ. 이 과정을 거쳐 형성된 생식세포의 수정에 의해 태어난 자손은 부모에게 없던 형질이 나타날 수 있다.
└─

① ㄱ 　② ㄴ 　③ ㄷ
④ ㄱ, ㄷ 　⑤ ㄱ, ㄴ, ㄷ

07 다음 |보기|는 염색체 수 이상에 의한 유전병과 그 특징을 연결한 것이다. 옳게 연결된 것만을 있는 대로 고른 것은?

┌─ 보기 ─
ㄱ. 다운 증후군 − 18번 염색체 3개
ㄴ. 클라인펠터 증후군 − 성염색체 XXY
ㄷ. 터너 증후군 − 성염색체 X
ㄹ. 고양이 울음 증후군 − 21번 염색체 3개
└─

① ㄱ, ㄴ 　② ㄱ, ㄷ 　③ ㄴ, ㄷ
④ ㄴ, ㄹ 　⑤ ㄷ, ㄹ

08 그림 (가)는 정상인 사람의 핵형 분석 결과이고, (나)와 (다)는 돌연변이가 일어난 사람의 특정 염색체만을 나타낸 것이다.

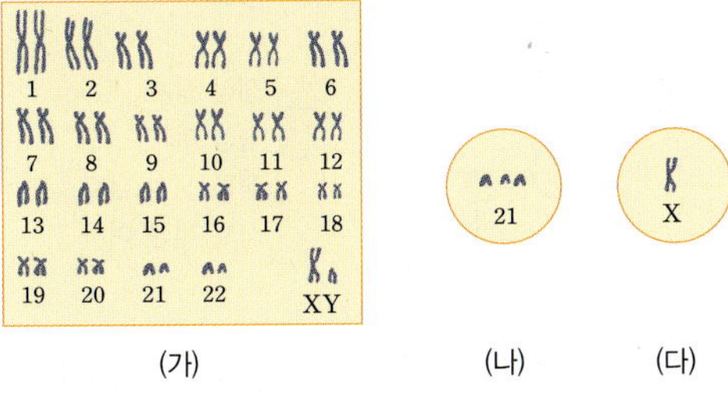

이에 대한 설명으로 옳은 것만을 |보기|에서 있는 대로 고른 것은?

┌─ 보기 ─
ㄱ. 정상인 사람의 체세포 1개당 염색체 수는 46이다.
ㄴ. (나)는 다운 증후군의 염색체 이상을 갖는 사람에게서 나타난다.
ㄷ. (다)를 갖는 사람은 여자이다.
└─

① ㄱ 　② ㄷ 　③ ㄱ, ㄴ
④ ㄴ, ㄷ 　⑤ ㄱ, ㄴ, ㄷ

09 그림은 정상인 사람에서 성염색체만 비분리가 일어나 형성된 정자 (가)~(라)의 성염색체 구성을 나타낸 것이다. 염색체 비분리는 각각의 정자 형성 과정에서 1회만 일어났다.

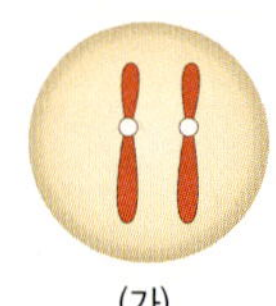   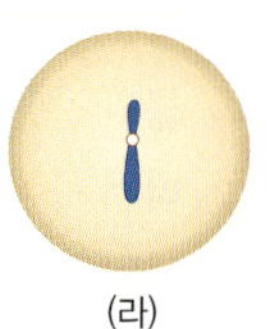

(가)　　　(나)　　　(다)　　　(라)

이에 대한 설명으로 옳은 것만을 |보기|에서 있는 대로 고른 것은? (단, 제시된 돌연변이 이외의 돌연변이는 고려하지 않는다.)

---보기---
ㄱ. 전체 DNA양은 (다)가 (라)의 2배이다.
ㄴ. (가)와 (나)에는 모두 X 염색체가 있다.
ㄷ. (가)~(라) 중에서 감수 1분열에서 염색체 비분리가 일어난 정자는 (나)이다.

① ㄱ　　　　② ㄷ　　　　③ ㄱ, ㄴ
④ ㄴ, ㄷ　　　⑤ ㄱ, ㄴ, ㄷ

 **유형 문제**

10 그림은 어떤 집안의 적록 색맹에 대한 가계도를 나타낸 것이다. 5는 클라인펠터 증후군의 염색체 이상을 가지고, 난자 ⓐ와 정자 ⓑ가 수정되어 태어났으며, ⓐ와 ⓑ의 형성 과정 중 한 세포의 감수 분열에서 염색체 비분리가 1회 일어났다.

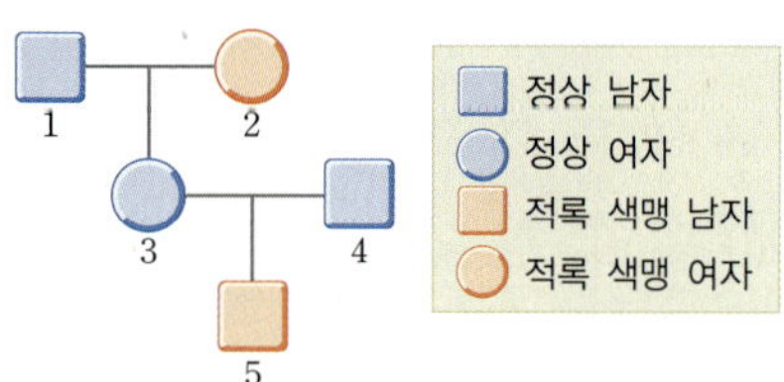

이에 대한 설명으로 옳은 것만을 |보기|에서 있는 대로 고른 것은? (단, 제시된 돌연변이 이외의 돌연변이는 고려하지 않는다.)

---보기---
ㄱ. 3은 보인자이다.
ㄴ. ⓐ가 형성될 때 감수 1분열에서 염색체 비분리가 일어났다.
ㄷ. ⓑ는 적록 색맹 대립유전자를 갖는다.

① ㄱ　　　　② ㄷ　　　　③ ㄱ, ㄴ
④ ㄴ, ㄷ　　　⑤ ㄱ, ㄴ, ㄷ

11 그림 (가)는 어떤 여자의 난자 형성 과정을, (나)는 어떤 남자의 정자 형성 과정을 나타낸 것이다. 표는 정자와 난자의 X 염색체와 Y 염색체 수를 나타낸 것이다. (가)에서 염색체 비분리가 1회 일어났다.

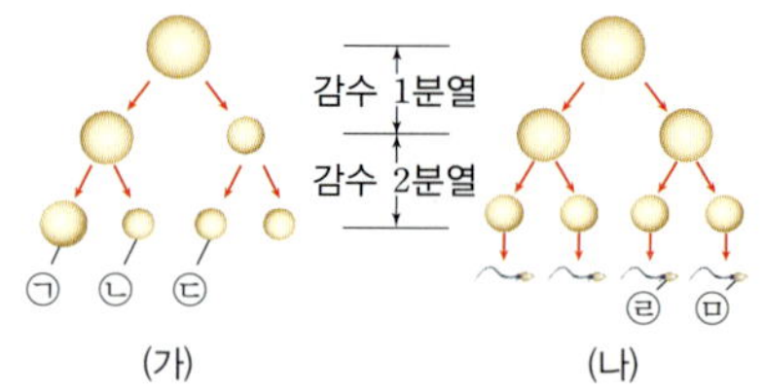

세포	염색체 수	
	X	Y
㉠	2	0
㉢	0	0
㉣	0	1

이에 대한 설명으로 옳은 것만을 |보기|에서 있는 대로 고른 것은? (단, 제시된 돌연변이 이외의 돌연변이는 고려하지 않는다.)

---보기---
ㄱ. (가)의 감수 1분열에서 염색체 비분리가 일어났다.
ㄴ. ㉡과 ㉣의 염색체 수는 같다.
ㄷ. ㉢의 성염색체 수는 ㉤의 성염색체 수보다 크다.

① ㄱ　　　　② ㄷ　　　　③ ㄱ, ㄴ
④ ㄴ, ㄷ　　　⑤ ㄱ, ㄴ, ㄷ

12 다음은 어떤 가족의 유전 형질 ㉠에 대한 자료이다.

- ㉠은 성염색체에 있는 대립유전자 D와 d에 의해 결정되며, D는 d에 대해 완전 우성이다.
- 표는 이 가족 구성원의 성별과 ㉠ 발현 여부를 나타낸 것이다.

구성원	성별	㉠ 발현 여부
아버지	남자	발현됨
어머니	여자	발현 안 됨
자녀 1	여자	발현 안 됨
자녀 2	남자	발현됨

- 이 가족 구성원의 핵형은 모두 정상이다.
- 아버지와 어머니는 각각 D와 d 중 한 종류만 갖는다.
- 자녀 2는 난자 ⓐ와 정자 ⓑ의 수정에 의해서 태어났고, ⓐ와 ⓑ의 형성 과정 중 염색체 비분리는 각각 1회씩 일어났다.

이에 대한 설명으로 옳은 것만을 |보기|에서 있는 대로 고른 것은? (단, 제시된 돌연변이 이외의 돌연변이는 고려하지 않는다.)

---보기---
ㄱ. 어머니는 D를 갖는다.
ㄴ. d는 ㉠ 발현 대립유전자이다.
ㄷ. ⓑ가 형성될 때 감수 2분열에서 염색체 비분리가 일어났다.

① ㄱ　　　　② ㄷ　　　　③ ㄱ, ㄴ
④ ㄴ, ㄷ　　　⑤ ㄱ, ㄴ, ㄷ

13 남자 P의 정자 형성 과정 중 감수 1분열 중기 세포인 ㉠과 여자 Q의 난자 형성 과정 중 감수 1분열 중기 세포인 ㉡으로부터 각각 형성된 정자와 난자가 수정되어 염색체 수가 정상인 수정란 ㉢이 형성되었다. 그림은 ㉠~㉢에서 상염색체에 있는 대립유전자 C와 C*의 DNA 상대량을 나타낸 것이다. 정자와 난자 형성 시 염색체 비분리는 각각 1회씩 일어났다.

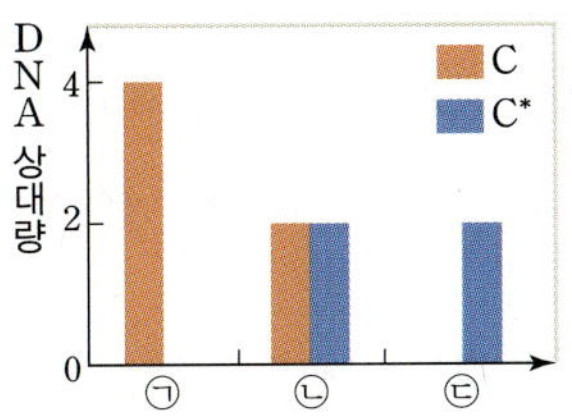

이에 대한 설명으로 옳은 것만을 |보기|에서 있는 대로 고른 것은? (단, C와 C* 각각의 1개당 DNA 상대량은 1이며, 제시된 염색체 비분리 이외의 돌연변이는 고려하지 않는다.)

> **보기**
> ㄱ. P의 유전자형은 CC이다.
> ㄴ. ㉡으로부터 난자가 형성되는 과정 중 감수 2분열에서 염색체 비분리가 일어났다.
> ㄷ. ㉢은 정자로부터 22개의 염색체를 받았다.

① ㄱ   ② ㄴ   ③ ㄱ, ㄷ
④ ㄴ, ㄷ   ⑤ ㄱ, ㄴ, ㄷ

14 그림은 어떤 사람의 정자 형성 과정을, 표는 그림에서 생성된 정자(A~D)의 총 염색체 수를 나타낸 것이다. 그림에는 성염색체만을 나타냈다.

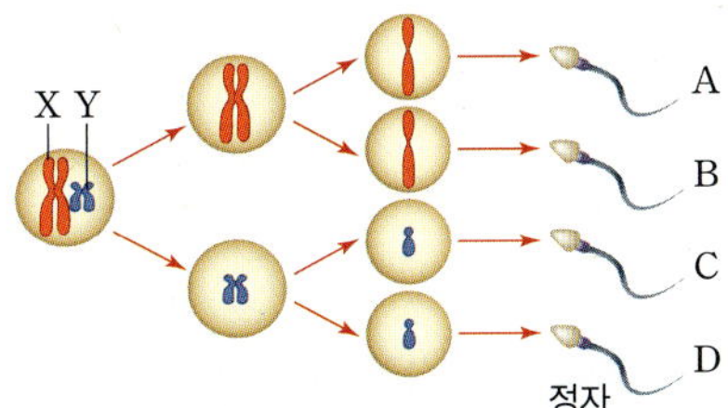

정자	총 염색체 수
A	22
B	22
C	24
D	24

이에 대한 설명으로 옳은 것만을 |보기|에서 있는 대로 고른 것은? (단, 제시된 돌연변이 이외의 돌연변이는 고려하지 않는다.)

> **보기**
> ㄱ. 감수 1분열에서 염색체 비분리가 일어났다.
> ㄴ. A가 정상 난자와 수정하여 태어난 아이는 터너 증후군의 염색체 이상을 갖는다.
> ㄷ. B와 C의 DNA양은 같다.

① ㄱ   ② ㄴ   ③ ㄱ, ㄷ
④ ㄴ, ㄷ   ⑤ ㄱ, ㄴ, ㄷ

15 그림은 어떤 사람의 핵형 분석 결과를 나타낸 것이다.

(1) 이 사람의 유전병을 쓰시오.

(2) 이와 같은 염색체 구성이 나타나는 까닭을 서술하시오.

16 표는 정상 염색체와 염색체 구조 이상 ㉠~㉣이 일어난 염색체의 유전자 배열을 나타낸 것이다. ㉠~㉣은 각각 결실, 중복, 역위, 전좌 중 하나이고, A~E, M, N은 유전자이다.

정상	A B C D E
㉠	A B C D D E
㉡	A E D C B
㉢	A B C D M N
㉣	?

(1) ㉠~㉢은 무엇인지 각각 쓰시오.

(2) ㉣이 일어났을 때의 유전자 배열을 3가지 이상 쓰시오.

학교 시험 빈출 자료 MASTER

02 사람의 유전

1 사람의 유전 연구 방법

그림은 여러 가지 질병에 대한 1란성 쌍둥이의 일치율과 2란성 쌍둥이의 일치율을 비교한 것이다. 표현형이 같을수록 일치율은 1.0에 가깝다.

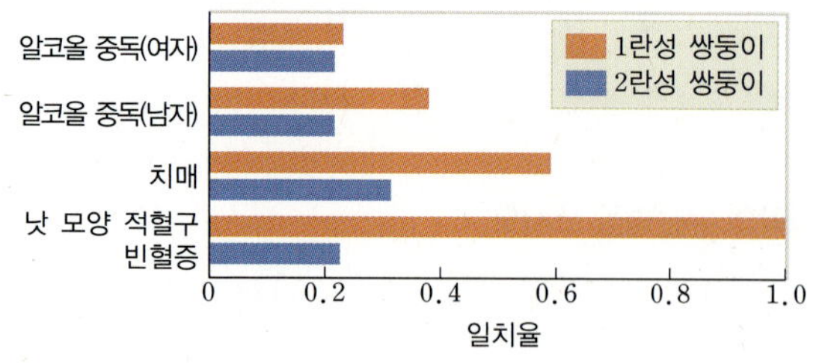

● 다음 설명 중 옳은 것은 ○표, 옳지 <u>않은</u> 것은 ×표 하시오.

1 치매는 유전의 영향을 받지 않는다. ○ / ×

2 알코올 중독, 치매, 낫 모양 적혈구 빈혈증 중 환경의 영향을 가장 많이 받는 질병은 알코올 중독이다. ○ / ×

3 낫 모양 적혈구 빈혈증은 환경의 영향보다 유전의 영향이 더 크다. ○ / ×

4 1란성 쌍둥이와 2란성 쌍둥이의 형질 발현 정도를 비교하여 형질에 영향을 미치는 유전과 환경의 영향을 알 수 있다. ○ / ×

5 2란성 쌍둥이의 유전 정보는 서로 같다. ○ / ×

2 부모의 유전자가 자손에게 유전되는 원리

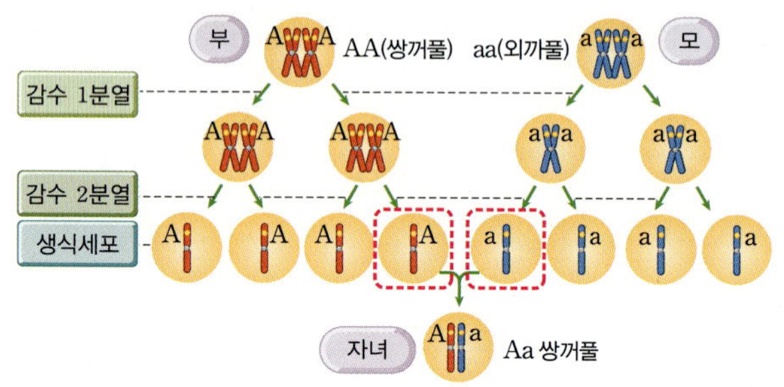

● 다음 설명 중 옳은 것은 ○표, 옳지 <u>않은</u> 것은 ×표 하시오.

1 자녀는 아버지로부터 A를 물려받았다. ○ / ×

2 감수 1분열에서 상동 염색체의 분리가 일어난다. ○ / ×

3 어머니의 눈꺼풀의 유전자형은 이형 접합성이다. ○ / ×

4 아버지로부터 형성된 생식세포에서 눈꺼풀의 유전자형 종류는 3가지이다. ○ / ×

5 자녀에서 눈꺼풀의 표현형 중 열성 형질이 발현되었다. ○ / ×

3 단일 인자 유전 가계도 분석

그림은 어떤 집안에서 유전 형질 ㉠에 대한 가계도를 나타낸 것이다. ㉠은 1쌍의 대립유전자에 A와 a에 의해 결정되며, A는 a에 대해 완전 우성이다.

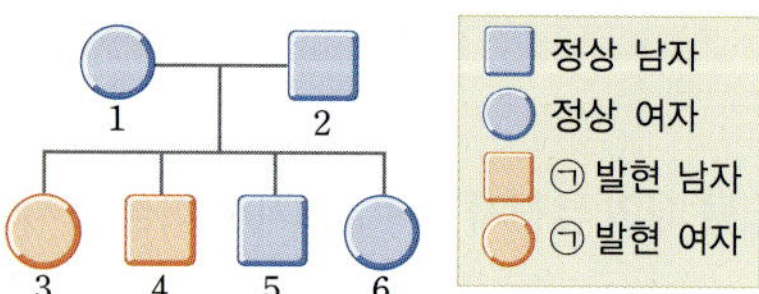

● 다음 설명 중 옳은 것은 ○표, 옳지 <u>않은</u> 것은 ×표 하시오.

1 정상은 열성 형질이다. ○ / ×

2 A는 상염색체에 있다. ○ / ×

3 1과 2의 ㉠의 유전자형은 모두 이형 접합성이다. ○ / ×

4 3의 ㉠의 유전자형은 동형 접합성이다. ○ / ×

5 1과 4는 모두 A를 갖는다. ○ / ×

6 A는 ㉠ 발현 대립유전자이다. ○ / ×

7 1~6 중 A를 갖는 사람은 4명이다. ○ / ×

8 6의 동생이 태어날 때, 이 아이에게서 ㉠이 발현될 확률은 $\frac{1}{4}$ 이다. ○ / ×

4 복대립 유전 가계도 분석

그림은 어떤 집안의 ABO식 혈액형에 대한 가계도를 나타낸 것이다. ABO식 혈액형을 결정하는 대립유전자는 A, B, O이고, 1과 6의 ABO식 혈액형의 유전자형은 이형 접합성이다.

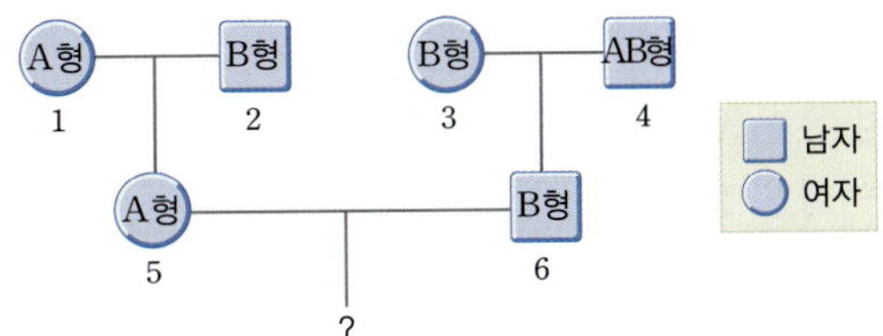

● 다음 설명 중 옳은 것은 ○표, 옳지 <u>않은</u> 것은 ×표 하시오.

1 1과 3은 모두 O를 갖는다. ○ / ×
2 2의 ABO식 혈액형의 유전자형은 이형 접합성이다. ○ / ×
3 5와 6 사이에서 아이가 태어날 때, 이 아이가 A형일 확률은 $\frac{1}{2}$이다. ○ / ×
4 5와 6 사이에서 아이가 태어날 때, 이 아이가 AB형일 확률은 $\frac{1}{4}$이다. ○ / ×
5 6의 B는 3으로부터 물려받았다. ○ / ×
6 5의 A는 1로부터 물려받았다. ○ / ×
7 5와 6 사이에서 아이가 태어날 때, 이 아이가 가질 수 있는 ABO식 혈액형은 2종류이다. ○ / ×

5 사람의 성 결정 과정

그림은 사람의 성 결정 과정을 나타낸 것이다.

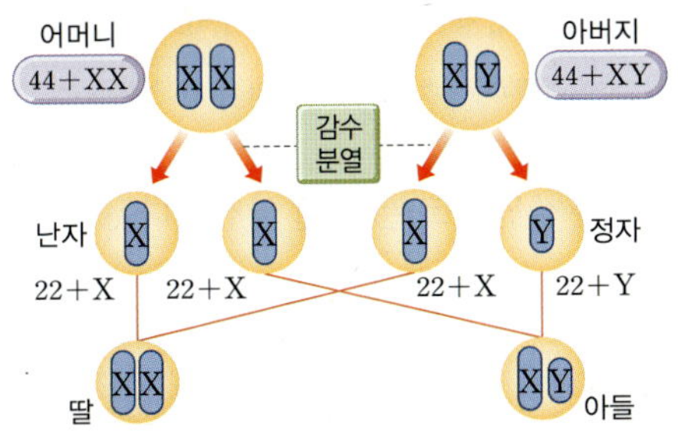

● 다음 설명 중 옳은 것은 ○표, 옳지 <u>않은</u> 것은 ×표 하시오.

1 난자는 X 염색체만 가질 수 있다. ○ / ×
2 아들의 X 염색체는 어머니로부터 물려받은 것이다. ○ / ×
3 딸은 어머니와 아버지로부터 X 염색체를 각각 1개씩 물려받았다. ○ / ×
4 정자는 체세포 분열을 통해 형성된다. ○ / ×
5 정자의 핵상은 $2n$이다. ○ / ×
6 난자에는 상동 염색체 쌍이 있다. ○ / ×
7 사람의 성은 수정에 참여하는 정자가 어떤 성염색체를 갖고 있는가에 의해 결정된다. ○ / ×

6 적록 색맹 유전 원리

그림은 적록 색맹 유전의 원리를 나타낸 것이다. 정상 대립유전자는 X, 적록 색맹 대립유전자는 X′으로 나타낸다.

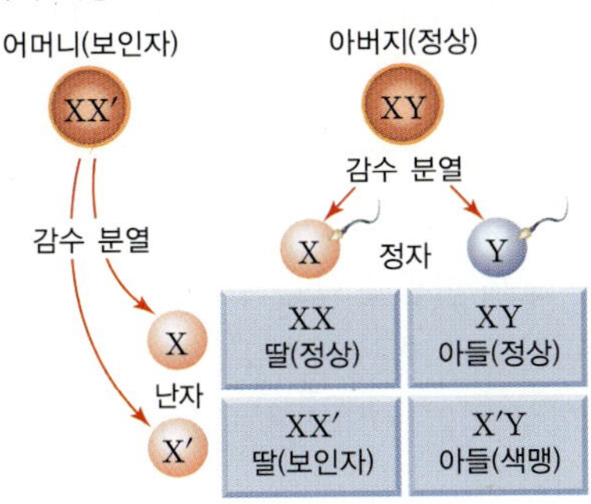

● 다음 설명 중 옳은 것은 ○표, 옳지 <u>않은</u> 것은 ×표 하시오.

1 어머니는 적록 색맹이다. ○ / ×
2 감수 분열을 통해 각 대립유전자는 서로 다른 생식세포로 이동한다. ○ / ×
3 적록 색맹의 유전자는 상염색체에 있다. ○ / ×
4 적록 색맹은 정상에 대해 우성이다. ○ / ×
5 적록 색맹은 남자보다 여자에서 발현 비율이 높다. ○ / ×
6 적록 색맹인 여자의 유전자형은 X′X′이다. ○ / ×

7 단일 인자 유전과 다인자 유전의 비교

그림은 어떤 집단에서 미맹, ABO식 혈액형, 키에 대한 유전 형질을 조사하여 얻은 결과를 나타낸 것이다.

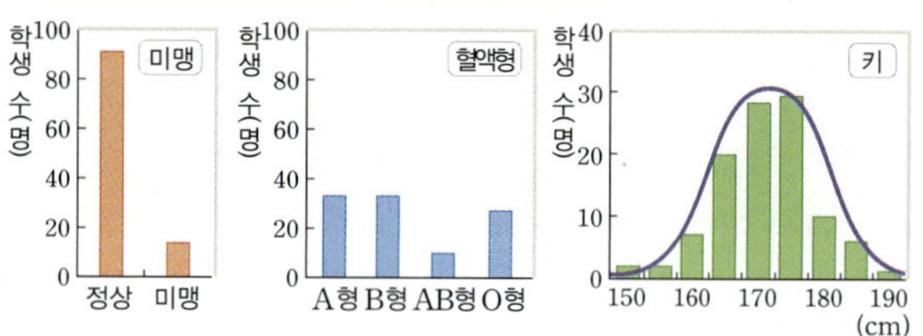

● 다음 설명 중 옳은 것은 ○표, 옳지 않은 것은 ×표 하시오.

1 미맹은 단일 인자 유전을 따르는 형질이다. ○ / ×

2 ABO식 혈액형은 단일 인자 유전을 따르는 형질이다. ○ / ×

3 키는 환경의 영향을 받는 형질이다. ○ / ×

4 키는 다인자 유전을 따르는 형질이다. ○ / ×

5 ABO식 혈액형을 결정하는 대립유전자의 수는 2이다. ○ / ×

6 미맹은 형질이 연속적인 변이를 보인다. ○ / ×

8 피부색 유전 원리

A, B, C는 피부를 검게 만드는 대립유전자이고, 피부색의 표현형은 유전자형에서 대문자로 표시되는 대립유전자의 수에 의해서만 결정되며, 이 대립유전자의 수가 다르면 표현형이 다르다.

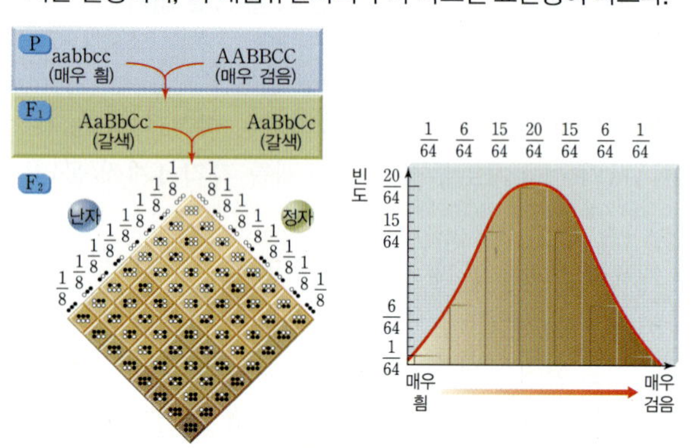

● 다음 설명 중 옳은 것은 ○표, 옳지 않은 것은 ×표 하시오.

1 피부색 유전은 환경의 영향을 받는다. ○ / ×

2 피부색의 유전자형이 AaBbCc인 생물과 AABbcc인 생물의 피부색 표현형은 같다. ○ / ×

3 피부색은 1쌍의 대립유전자에 의해 결정된다. ○ / ×

4 피부색의 형질은 대립 형질이 뚜렷하게 구분된다. ○ / ×

5 표현형이 정상 분포 곡선 형태의 연속적인 변이로 나타난다. ○ / ×

6 피부색은 복대립 유전을 따르는 유전 형질이다. ○ / ×

03 염색체 이상과 유전자 이상

9 낫 모양 적혈구 형성 과정

헤모글로빈을 구성하는 아미노산 중 6번째 아미노산이 바뀌어 적혈구가 낫 모양으로 변형되므로, 산소 운반 능력이 떨어져 심한 빈혈이 되고 모세 혈관을 막아 장기 손상을 일으킨다.

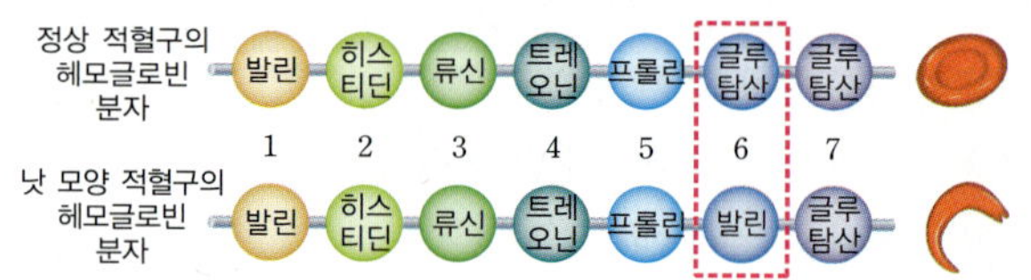

● 다음 설명 중 옳은 것은 ○표, 옳지 않은 것은 ×표 하시오.

1 낫 모양 적혈구 빈혈증은 염색체 돌연변이의 예이다. ○ / ×

2 산소 운반 능력은 정상 적혈구가 낫 모양 적혈구보다 높다. ○ / ×

3 헤모글로빈의 아미노산 서열은 정상 적혈구와 낫 모양 적혈구에서 모두 같다. ○ / ×

4 낫 모양 적혈구는 모세 혈관을 막을 수 있다. ○ / ×

5 낫 모양 적혈구 빈혈증은 자손에게 유전되지 않는다. ○ / ×

6 낫 모양 적혈구 형성 원인은 헤모글로빈 유전자의 DNA 염기 서열 변화이다. ○ / ×

10 염색체 구조의 이상

염색체 수는 이상이 없지만 구조에 이상이 생겨 나타나는 돌연 변이이다.

결실	염색체의 일부가 없어진 경우	A B C D E F → A B D E F
중복	염색체의 일부가 더 붙어 같은 부분이 반복되는 경우	A B C D E F → A B B C D E F
역위	염색체의 일부가 거꾸로 연결된 경우	A B C D E F → A C B D E F
전좌	염색체의 일부가 상동이 아닌 다른 염색체에 붙은 경우	A B C D E F / V W X Y Z → V C D E F / A B W X Y Z

● 다음 설명 중 옳은 것은 ○표, 옳지 <u>않은</u> 것은 ×표 하시오.

1 핵형 분석을 통해 결실을 알 수 있다. ○ / ×
2 염색체의 일부가 없어진 경우는 역위에 해당한다. ○ / ×
3 고양이 울음 증후군의 염색체 이상을 갖는 사람은 5번 염색체의 결실이 있다. ○ / ×
4 염색체의 일부가 상동이 아닌 다른 염색체에 붙은 경우는 전좌이다. ○ / ×
5 결실을 거친 염색체는 유전자의 일부가 반복되어 있다.
○ / ×
6 염색체 구조 이상이 발생하면 염색체의 수가 증가한다.
○ / ×

11 염색체 수 이상 유전병

정상인보다 염색체 수가 많거나 적어서 발생하는 유전병이다.

상염색체 수 이상 유전병	다운 증후군	• 21번 염색체가 3개이다. • $2n+1=45+XX$ • $2n+1=45+XY$
	에드워드 증후군	• 18번 염색체가 3개이다. • $2n+1=45+XX$ • $2n+1=45+XY$
성염색체 수 이상 유전병	터너 증후군	• 성염색체가 X로 1개이다. • $2n-1=44+X$
	클라인펠터 증후군	• 성염색체가 XXY로 3개이다. • $2n+1=44+XXY$

● 다음 설명 중 옳은 것은 ○표, 옳지 <u>않은</u> 것은 ×표 하시오.

1 다운 증후군의 염색체 이상은 여자에게서만 나타난다.
○ / ×
2 에드워드 증후군의 염색체 이상을 갖는 사람은 21번 염색체가 3개이다. ○ / ×
3 터너 증후군의 염색체 이상을 갖는 사람은 여자이다. ○ / ×
4 클라인펠터 증후군의 염색체 이상을 갖는 사람은 체세포 1개당 성염색체가 3개이다. ○ / ×
5 핵형 분석을 통해 염색체 수 이상 여부를 알 수 있다. ○ / ×
6 상염색체 비분리에 의한 염색체 수 이상은 남녀 모두에게 나타날 수 있다. ○ / ×

12 염색체 비분리 가계도 분석

그림은 어떤 집안의 적록 색맹에 대한 가계도를 나타낸 것이다. 적록 색맹은 X 염색체에 있는 대립유전자 A와 a에 의해 결정되며, A는 a에 대해 완전 우성이다. 6은 염색체 비분리가 1회 일어난 정자 ㉠과 정상 난자 ㉡의 수정에 의해 태어났다.

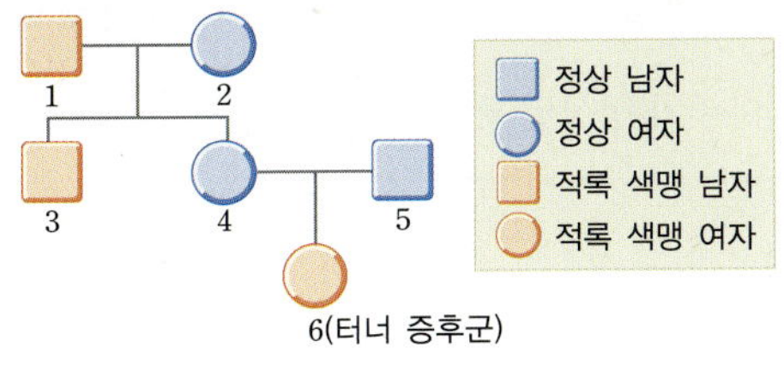

● 다음 설명 중 옳은 것은 ○표, 옳지 <u>않은</u> 것은 ×표 하시오.

1 4의 적록 색맹의 유전자형은 Aa이다. ○ / ×
2 ㉠에는 성염색체가 없다. ○ / ×
3 ㉡에는 A가 있다. ○ / ×
4 6의 적록 색맹 대립유전자는 4로부터 물려받았다. ○ / ×
5 1과 3의 적록 색맹의 유전자형은 같다. ○ / ×
6 6의 동생이 태어날 때, 이 아이가 적록 색맹일 확률은 $\frac{1}{2}$이다.
○ / ×

학교 시험 대비 문제

01 표는 1란성 쌍둥이와 2란성 쌍둥이 사이에서 형질의 일치 정도를 나타낸 것이다. 일치율이 1에 가까울수록 형질의 표현형이 같다.

구분 형질	1란성 쌍둥이	2란성 쌍둥이
키	0.89	0.53
미맹	1.00	0.51
지능	0.90	0.83
혈액형	1.00	0.75

이 자료에 대한 설명으로 옳은 것만을 |보기|에서 있는 대로 고른 것은?

┌─ 보기 ─
ㄱ. 지능은 환경의 영향을 받지 않는다.
ㄴ. 혈액형은 유전자에 의해 결정된다.
ㄷ. 키는 미맹보다 유전의 영향을 더 받는다.
└─

① ㄴ　　　　② ㄷ　　　　③ ㄱ, ㄴ
④ ㄱ, ㄷ　　　⑤ ㄴ, ㄷ

02 표는 부모와 딸에서 단일 대립 유전을 따르는 3가지 형질을 조사하여 나타낸 것이다.

형질	대립 형질	부	모	딸
눈꺼풀	쌍꺼풀, 외까풀	쌍꺼풀	쌍꺼풀	외까풀
미맹	정상, 미맹	정상	정상	미맹
혀 말기	가능, 불가능	가능	가능	불가능

이에 대한 설명으로 옳은 것만을 |보기|에서 있는 대로 고른 것은? (단, 돌연변이는 고려하지 않는다.)

┌─ 보기 ─
ㄱ. 쌍꺼풀은 외까풀에 대해 우성 형질이다.
ㄴ. 미맹은 상염색체 유전을 따르는 형질이다.
ㄷ. 딸의 혀 말기의 유전자형은 이형 접합성이다.
└─

① ㄱ　　　　② ㄴ　　　　③ ㄷ
④ ㄱ, ㄴ　　　⑤ ㄱ, ㄴ, ㄷ

03 표는 두 가족 A와 B의 미맹 유전에 대한 조사 결과를 나타낸 것이다. 미맹 유전은 1쌍의 대립유전자에 의해 결정되며, 정상 대립유전자와 미맹 대립유전자 사이의 우열 관계는 뚜렷하다.

가족	부모의 표현형		표현형에 따른 자녀의 수	
	아버지	어머니	정상	미맹
A	㉠정상	정상	1	1
B	정상	미맹	0	1

이에 대한 설명으로 옳은 것만을 |보기|에서 있는 대로 고른 것은? (단, 돌연변이는 고려하지 않는다.)

┌─ 보기 ─
ㄱ. 미맹은 정상에 대해 열성 형질이다.
ㄴ. 미맹 유전은 단일 인자 유전을 따른다.
ㄷ. ㉠의 미맹의 유전자형은 동형 접합성이다.
└─

① ㄱ　　　　② ㄴ　　　　③ ㄱ, ㄴ
④ ㄱ, ㄷ　　　⑤ ㄴ, ㄷ

04 그림은 상염색체에 있는 대립유전자 A와 a에 의해 결정되는 어떤 유전병 P에 대한 가계도를 나타낸 것이다. A는 a에 대해 완전 우성이고, ㉠은 A를 갖지 않는다.

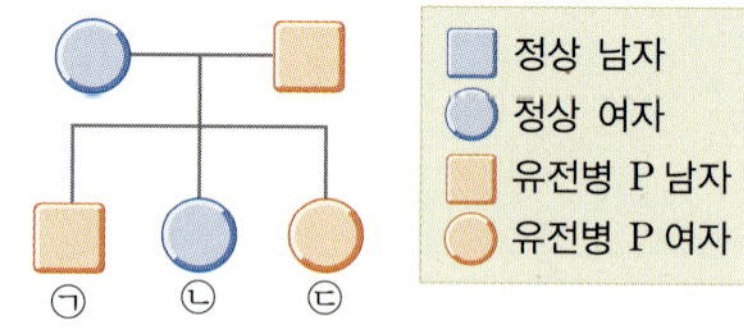

이에 대한 설명으로 옳은 것만을 |보기|에서 있는 대로 고른 것은? (단, 돌연변이는 고려하지 않는다.)

┌─ 보기 ─
ㄱ. A는 P 발현 대립유전자이다.
ㄴ. ㉡의 P의 유전자형은 이형 접합성이다.
ㄷ. ㉢과 유전자형이 Aa인 남자 사이에서 아이가 태어날 때, 이 아이가 정상일 확률은 $\frac{1}{2}$이다.
└─

① ㄱ　　　　② ㄴ　　　　③ ㄷ
④ ㄱ, ㄷ　　　⑤ ㄴ, ㄷ

05

그림은 어떤 집안의 유전병에 대한 가계도를 나타낸 것이다. 이 유전병은 X 염색체에 있는 대립유전자 A와 a에 의해 결정되며, A는 a에 대해 완전 우성이다.

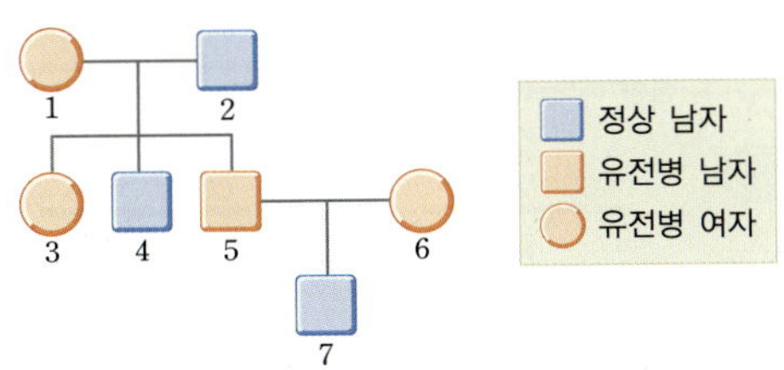

이에 대한 설명으로 옳은 것만을 |보기|에서 있는 대로 고른 것은? (단, 돌연변이는 고려하지 않는다.)

|보기|
ㄱ. 4와 5는 1로부터 서로 다른 X 염색체를 물려받았다.
ㄴ. 1~7 중 a를 갖는 사람은 모두 5명이다.
ㄷ. 7의 동생이 태어날 때, 이 아이가 남자이고 유전병이 발현될 확률은 $\frac{1}{4}$이다.

① ㄱ　　　　② ㄴ　　　　③ ㄱ, ㄷ
④ ㄴ, ㄷ　　　⑤ ㄱ, ㄴ, ㄷ

06

그림은 어떤 유전병에 대한 가계도를, 표는 구성원의 유전병 대립유전자와 정상 대립유전자에 대한 DNA 상대량을 나타낸 것이다.

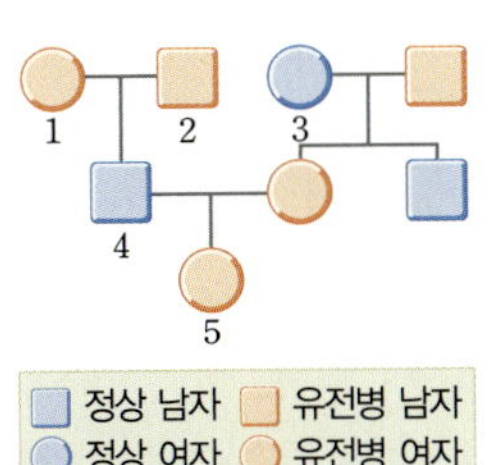

구성원	유전병 대립유전자 DNA 상대량	정상 대립유전자 DNA 상대량
1	1	1
2	1	0
3	㉠	㉡
4	㉢	㉣

이에 대한 설명으로 옳은 것만을 |보기|에서 있는 대로 고른 것은? (단, 돌연변이는 고려하지 않는다.)

|보기|
ㄱ. ㉠+㉢은 ㉡+㉣보다 작다.
ㄴ. 유전병의 유전자는 상염색체에 있다.
ㄷ. 5의 동생이 태어날 때, 이 아이가 유전병일 확률은 $\frac{1}{2}$이다.

① ㄱ　　　　② ㄴ　　　　③ ㄱ, ㄴ
④ ㄱ, ㄷ　　　⑤ ㄴ, ㄷ

07

다음은 어떤 가족의 유전 형질 ㉠에 대한 자료이다.

- ㉠은 대립유전자 T와 t에 의해 결정되며, T는 t에 대해 완전 우성이다.
- 표는 이 가족 구성원의 성별과 ㉠ 발현 여부를 나타낸 것이다.

구분	아버지	어머니	자녀 1	자녀 2
성별	남자	여자	여자	남자
㉠ 발현 여부	발현 안 됨	발현됨	발현 안 됨	발현됨

- 아버지와 어머니는 T와 t 중 서로 다른 한 종류의 대립유전자만 갖는다.

이에 대한 설명으로 옳은 것만을 |보기|에서 있는 대로 고른 것은? (단, 돌연변이는 고려하지 않는다.)

|보기|
ㄱ. T는 ㉠ 발현 대립유전자이다.
ㄴ. t는 X 염색체에 있다.
ㄷ. 자녀 2의 동생이 태어날 때, 이 아이에게서 ㉠이 발현될 확률은 $\frac{1}{2}$이다.

① ㄱ　　　　② ㄴ　　　　③ ㄱ, ㄷ
④ ㄴ, ㄷ　　　⑤ ㄱ, ㄴ, ㄷ

08

그림은 어떤 집안의 적록 색맹에 대한 가계도를 나타낸 것이다.

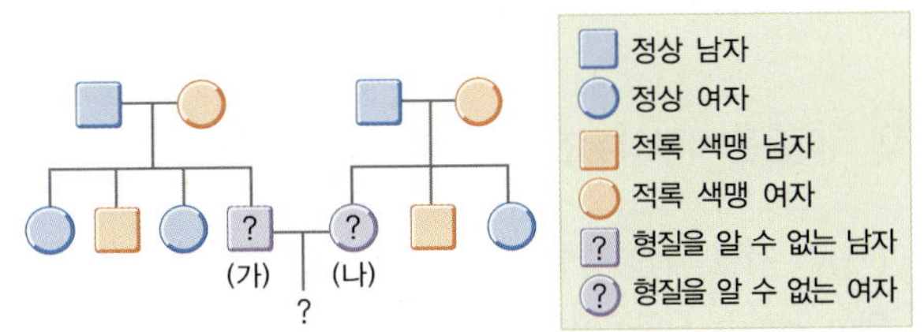

이에 대한 설명으로 옳은 것만을 |보기|에서 있는 대로 고른 것은? (단, 돌연변이는 고려하지 않는다.)

|보기|
ㄱ. (가)는 적록 색맹이다.
ㄴ. (나)는 정상 대립유전자를 갖는다.
ㄷ. (가)와 (나) 사이에서 자녀가 태어날 때, 이 아이가 적록 색맹인 남자 아이일 확률은 $\frac{1}{2}$이다.

① ㄱ　　　　② ㄴ　　　　③ ㄷ
④ ㄱ, ㄴ　　　⑤ ㄱ, ㄴ, ㄷ

09 표는 어떤 형질 ㉠과 ㉡에 대한 자료이다. ㉠은 1쌍의 대립유전에 의해, ㉡은 2쌍의 대립유전자에 의해 형질이 결정된다. ㉡의 표현형은 유전자형에서 대문자로 표시되는 대립유전자의 수에 의해 결정되며, 유전자 A, B, D는 서로 다른 상염색체에 있다. A와 a, B와 b, D와 d는 각각 대립유전자이다.

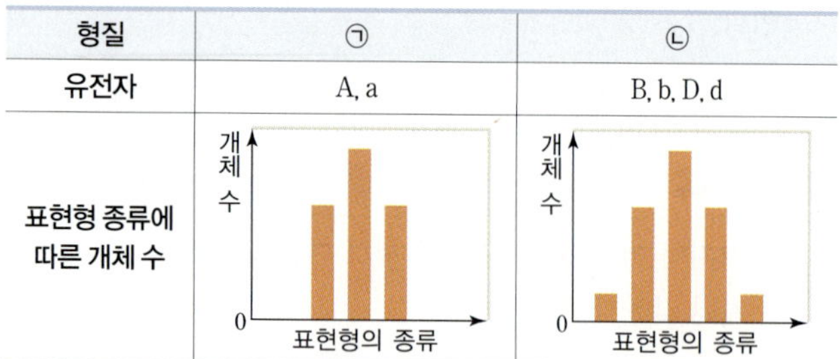

형질	㉠	㉡
유전자	A, a	B, b, D, d
표현형 종류에 따른 개체 수		

이에 대한 설명으로 옳은 것만을 |보기|에서 있는 대로 고른 것은? (단, 각 형질은 제시된 표현형만을 고려하고, 돌연변이는 고려하지 않는다.)

┌─ 보기 ─────────────────────────────┐
ㄱ. ㉠은 다인자 유전이다.
ㄴ. ㉡의 유전자형이 BBDd인 개체와 BbDD인 개체의 표현형은 서로 같다.
ㄷ. ㉡의 유전자형이 BbDd인 개체와 bbdd인 개체 사이에서 자손(F_1)이 태어날 때, 이 자손에서 나타날 수 있는 표현형은 최대 3가지이다.
└────────────────────────────────┘

① ㄱ 　　② ㄷ 　　③ ㄱ, ㄴ
④ ㄴ, ㄷ 　　⑤ ㄱ, ㄴ, ㄷ

10 다음은 사람의 유전 형질 (가)에 대한 자료이다.

- (가)는 서로 다른 상염색체에 있는 3쌍의 대립유전자 A와 a, B와 b, D와 d에 의해 결정된다.
- (가)의 표현형은 유전자형에서 대문자로 표시되는 대립유전자의 수에 의해서만 결정되며, 이 대립유전자의 수가 다르면 (가)의 표현형이 다르다.

유전자형이 모두 AaBbdd인 부모 사이에서 아이가 태어날 때, 이 아이의 (가)의 표현형이 부모와 같을 확률은? (단, 돌연변이는 고려하지 않는다.)

① $\dfrac{3}{4}$ 　　② $\dfrac{3}{8}$ 　　③ $\dfrac{1}{3}$

④ $\dfrac{1}{4}$ 　　⑤ $\dfrac{1}{8}$

11 그림은 정상 적혈구와 낫 모양 적혈구가 만들어지는 과정을 나타낸 것이다.

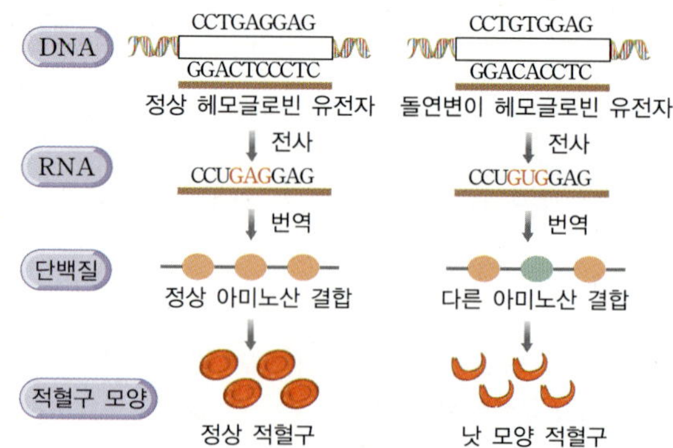

이에 대한 설명으로 옳은 것만을 |보기|에서 있는 대로 고른 것은?

┌─ 보기 ─────────────────────────────┐
ㄱ. 낫 모양 적혈구를 갖는 사람은 핵형 분석을 통해 확인할 수 있다.
ㄴ. 헤모글로빈 유전자에 일어난 돌연변이 때문에 단백질의 구조는 달라지지 않는다.
ㄷ. 헤모글로빈 단백질을 구성하는 아미노산의 종류와 순서는 DNA의 염기 서열로 결정된다.
└────────────────────────────────┘

① ㄱ 　　② ㄴ 　　③ ㄷ
④ ㄴ, ㄷ 　　⑤ ㄱ, ㄴ, ㄷ

12 그림은 사람의 정자 형성 과정 중 상염색체 한 쌍과 성염색체 한 쌍을 나타낸 것이다. 과정 Ⅰ에서 염색체 구조 이상이 일어났다.

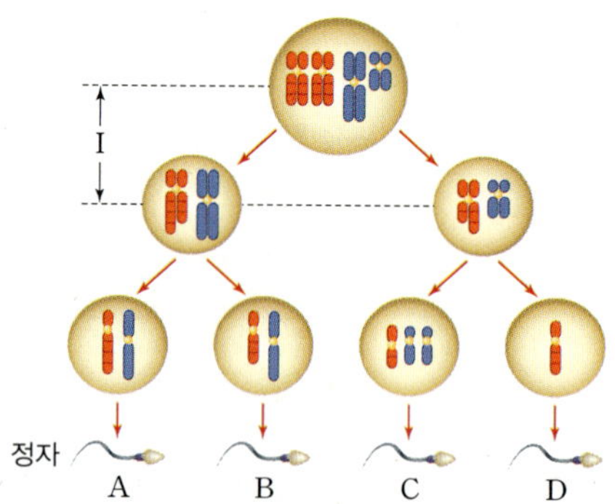

이에 대한 설명으로 옳은 것만을 |보기|에서 있는 대로 고른 것은? (단, 제시된 돌연변이 이외에 돌연변이는 고려하지 않는다.)

┌─ 보기 ─────────────────────────────┐
ㄱ. Ⅰ에서 결실과 중복이 일어났다.
ㄴ. A가 정상 난자와 수정하여 태어난 아이는 남자이다.
ㄷ. 세포 1개당 염색체 수는 C > B > D이다.
└────────────────────────────────┘

① ㄱ 　　② ㄴ 　　③ ㄱ, ㄷ
④ ㄴ, ㄷ 　　⑤ ㄱ, ㄴ, ㄷ

13 표는 사람 (가)와 (나)의 유전병과 특징을 나타낸 것이다.

사람	유전병	특징
(가)	⊙다운 증후군	체세포당 21번 염색체가 3개이다.
(나)	클라인펠터 증후군	⊙체세포당 성염색체가 3개이다.

이에 대한 설명으로 옳은 것만을 |보기|에서 있는 대로 고른 것은?

> **보기**
> ㄱ. ⊙은 염색체 수 이상에 의한 유전병이다.
> ㄴ. (나)는 성염색체로 Y 염색체를 갖는다.
> ㄷ. 핵형 분석을 통해 ⊙을 확인할 수 있다.

① ㄱ ② ㄷ ③ ㄱ, ㄴ
④ ㄴ, ㄷ ⑤ ㄱ, ㄴ, ㄷ

15 그림 (가)는 어떤 동물의 모든 염색체가 들어 있는 정상 체세포를, (나)는 이 동물에서 염색체 이상이 일어난 체세포를 나타낸 것이다. A~G는 유전자이다.

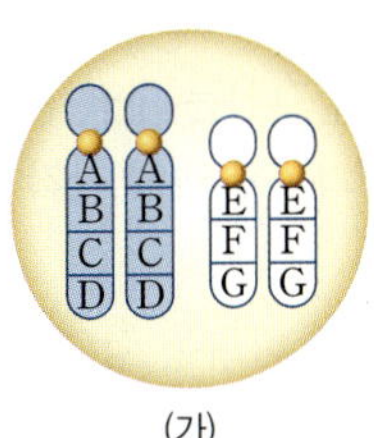
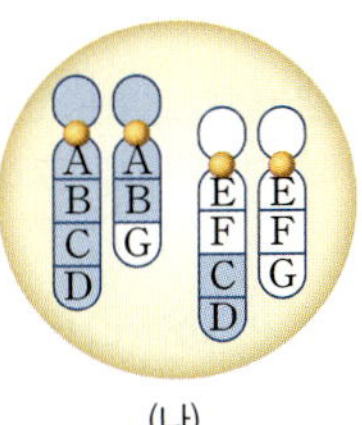

이에 대한 설명으로 옳은 것만을 |보기|에서 있는 대로 고른 것은?

> **보기**
> ㄱ. (가)의 핵상은 $2n$이다.
> ㄴ. (나)에 전좌가 일어난 염색체가 있다.
> ㄷ. A는 E와 대립유전자이다.

① ㄱ ② ㄴ ③ ㄷ
④ ㄱ, ㄴ ⑤ ㄱ, ㄴ, ㄷ

14 사람의 유전 형질 ⓐ는 상염색체에 있는 1쌍의 대립유전자 A와 a에 의해 결정된다. 그림은 어떤 사람의 G_1기 세포 Ⅰ로부터 정자가 형성되는 과정을, 표는 세포 (가) ~ (라)의 염색체 수와 A의 DNA 상대량을 나타낸 것이다. 이 정자 형성 과정에서 염색체 비분리가 1회 일어났고, (가)~(라)는 Ⅰ~Ⅳ를 순서 없이 나타낸 것이다.

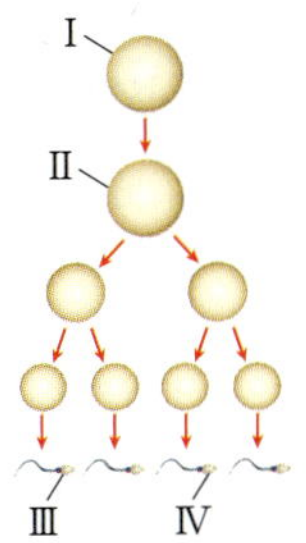

세포	염색체 수	A의 DNA 상대량
(가)	46	1
(나)	24	2
(다)	⊙	2
(라)	23	0

이에 대한 설명으로 옳은 것만을 |보기|에서 있는 대로 고른 것은? (단, 제시된 염색체 비분리 이외의 돌연변이는 고려하지 않으며, A, a, 각각의 1개당 DNA 상대량은 1이고, Ⅱ는 중기의 세포이다.)

> **보기**
> ㄱ. (가)는 Ⅱ이다.
> ㄴ. ⊙은 23이다.
> ㄷ. 감수 2분열에서 염색체 비분리가 일어났다.

① ㄱ ② ㄴ ③ ㄷ
④ ㄱ, ㄴ ⑤ ㄴ, ㄷ

16 그림은 어떤 남자의 생식세포 형성 과정을, 표는 세포 Ⅰ~Ⅲ의 총 염색체 수와 X 염색체 수를 나타낸 것이다. 이 남자의 생식세포 형성 과정에서 성염색체 비분리가 1회 일어났다.

세포	총 염색체 수	X 염색체 수
Ⅰ	24	1
Ⅱ	24	1
Ⅲ	⊙	?

이에 대한 설명으로 옳은 것만을 |보기|에서 있는 대로 고른 것은? (단, 제시된 염색체 비분리 이외의 돌연변이는 고려하지 않으며, Ⅰ은 중기의 세포이다.)

> **보기**
> ㄱ. ⊙은 22이다.
> ㄴ. Ⅲ에는 Y 염색체가 있다.
> ㄷ. 세포당 DNA양은 Ⅰ과 Ⅱ에서 같다.

① ㄱ ② ㄴ ③ ㄱ, ㄷ
④ ㄴ, ㄷ ⑤ ㄱ, ㄴ, ㄷ

기출 변형 교육청

17 다음은 어떤 집안의 유전병 (가)와 (나)에 대한 자료이다.

- (가)는 대립유전자 D와 d에 의해, (나)는 대립유전자 E와 e에 의해 결정되며, D와 E는 d와 e에 대해 각각 완전 우성이다.
- (가)의 유전자와 (나)의 유전자 중 하나는 상염색체에 있고, 다른 하나는 성염색체에 있다.

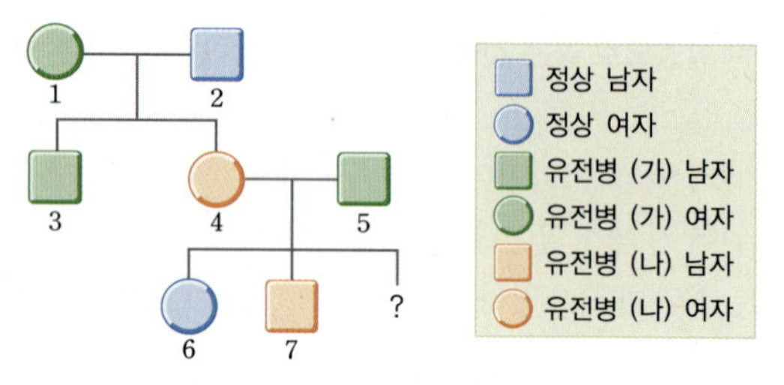

이에 대한 설명으로 옳은 것만을 |보기|에서 있는 대로 고른 것은? (단, 돌연변이는 고려하지 않는다.)

―○ 보기 ○―
ㄱ. (가)는 열성 형질이다.
ㄴ. 6의 (나)의 유전자형은 이형 접합성이다.
ㄷ. 7의 동생이 태어날 때, 이 아이에게서 (가)와 (나)가 모두 나타날 확률은 $\frac{1}{4}$이다.

① ㄱ 　② ㄷ 　③ ㄱ, ㄴ
④ ㄴ, ㄷ 　⑤ ㄱ, ㄴ, ㄷ

기출 변형 교육청

18 다음은 어떤 가족의 유전 형질 ㉠과 ABO식 혈액형에 대한 자료이다.

- ㉠의 유전자와 ABO식 혈액형의 유전자는 같은 염색체에 있다.
- ㉠은 대립유전자 H와 h에 의해 결정되며, H는 h에 대해 완전 우성이다.
- 가계도는 이 가족 구성원에게서 ㉠의 발현 여부를, 표는 1, 3, 5 사이의 ABO식 혈액형에 대한 응집 반응 결과를 나타낸 것이다.

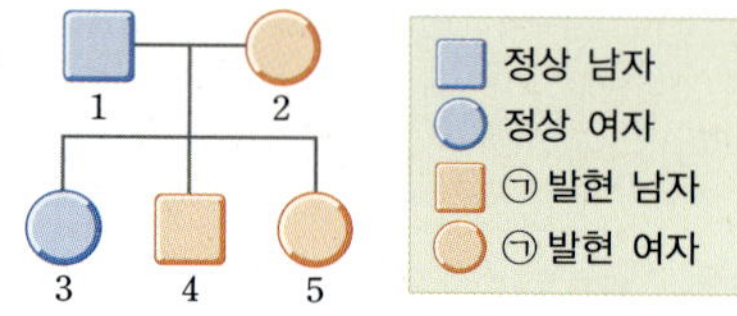

구분		1의 혈액
3의 혈액	적혈구	+
	혈장	−
5의 혈액	적혈구	+
	혈장	+

(+:응집됨, −:응집안됨)

- 1~4의 ABO식 혈액형은 각각 서로 다르며, 2의 혈액형은 A형이다.

이에 대한 설명으로 옳은 것만을 |보기|에서 있는 대로 고른 것은? (단, 돌연변이와 교차는 고려하지 않는다.)

―○ 보기 ○―
ㄱ. ㉠은 우성 형질이다.
ㄴ. 5의 ABO식 혈액형은 A형이다.
ㄷ. 5의 동생이 태어날 때, 이 아이의 혈액형이 B형이면서 ㉠이 발현될 확률은 $\frac{1}{4}$이다.

① ㄱ 　② ㄴ 　③ ㄱ, ㄷ
④ ㄴ, ㄷ 　⑤ ㄱ, ㄴ, ㄷ

19 그림은 어떤 집안의 ABO식 혈액형에 대한 가계도를 나타낸 것이다. 2는 응집원 B를 갖고, 4의 ABO식 혈액형의 유전자형은 동형 접합성이다.

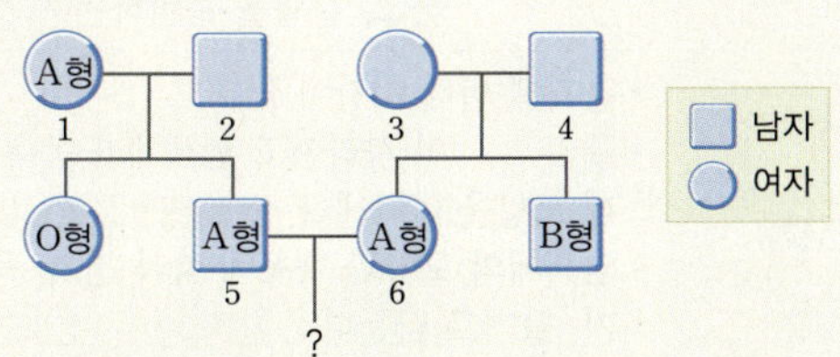

(1) 3의 ABO식 혈액형을 쓰시오.

(2) 5와 6 사이에서 아이가 태어날 때, 이 아이의 ABO식 혈액형이 4와 같을 확률을 구하시오.

20 다음은 사람의 유전 형질 (가)에 대한 자료이다.

- (가)는 서로 다른 3개의 상염색체에 있는 3쌍의 대립유전자 A와 a, B와 b, D와 d에 의해 결정된다.
- (가)의 표현형은 유전자형에서 대문자로 표시되는 대립유전자의 수에 의해서만 결정되며, 이 대립유전자의 수가 다르면 표현형이 다르다.

(1) (가)의 유전자형이 AaBbDd인 사람과 (가)의 표현형이 같은 사람의 유전자형을 1가지만 쓰시오.

(2) (가)의 유전자형이 각각 AaBbDd인 부부 사이에서 자녀가 태어날 때, 이 아이에게서 나타날 수 있는 (가)의 표현형은 최대 몇 가지인지 쓰시오.

21 다음은 어떤 가족의 적록 색맹에 대한 자료이다.

- 그림은 이 가족의 적록 색맹에 대한 가계도를 나타낸 것이다.

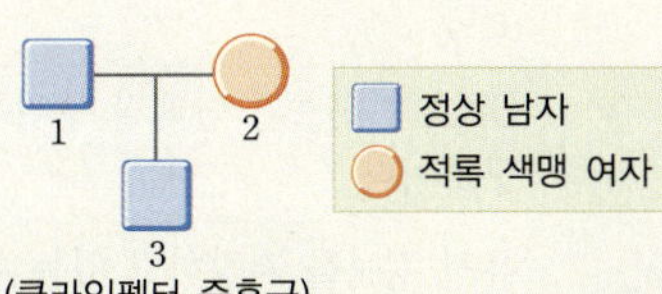

- 3은 정자 ㉠과 난자 ㉡의 수정으로 태어났고, ㉠ 또는 ㉡의 형성 과정에서 염색체 비분리가 1회 일어났다.

(1) 3의 정상 대립유전자는 누구에게 물려받은 것인지 서술하시오.

(2) ㉠과 ㉡ 중 염색체 수가 비정상인 세포를 고르고, 그 까닭을 서술하시오.

22 그림은 어떤 남자의 세포 (가)~(다)에서 관찰한 일부 염색체를 나타낸 것이다. (가)는 정상 세포의 염색체, (나)와 (다)는 염색체 이상이 일어난 세포의 염색체이다. A~D, K~M은 유전자이다.

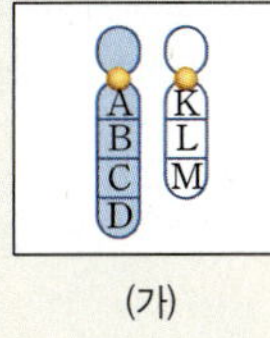

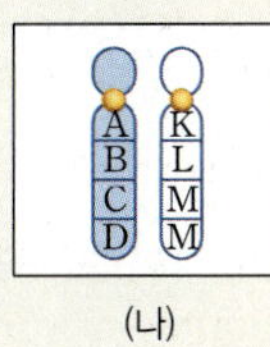

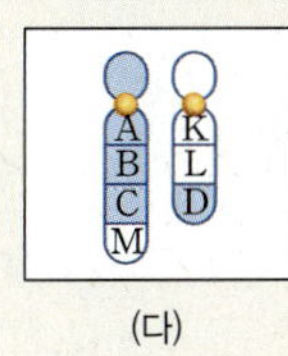

(1) (나)에 일어난 염색체 구조적 돌연변이의 종류를 쓰시오.

(2) (다)에서 일어난 염색체 구조적 돌연변이의 종류를 쓰시오.

단원 한번에 정리하기

01 유전 정보와 염색체

1 염색체의 구조

염색체	분열하는 세포에서 막대 모양으로 관찰되며, ❶( )와 히스톤 단백질로 구성된다.
❷( )	DNA가 히스톤 단백질 주위를 감싸고 있는 구조이다.
DNA	유전 정보를 저장하고 있는 유전 물질이며, 뉴클레오타이드가 단위체로 이중 나선 구조이다.
유전자	생물의 형질을 결정하는 유전 정보가 저장된 ❸( )의 특정 부분이다. ➡ 염색체 하나를 구성하고 있는 DNA에는 수많은 유전자가 있다.

2 염색 분체의 형성: 1개의 염색체를 이루고 있는 2개의 염색 분체는 간기 때 복제되어 동일한 유전 정보를 갖고 있는 DNA가 각각 응축되어 형성된 것이다.

3 상동 염색체와 대립유전자

- **❹(   ) 염색체:** 체세포에 들어 있는 모양과 크기가 같은 한 쌍의 염색체이다. ➡ 상동 염색체 중 하나는 부계에게서, 다른 하나는 모계에게서 물려받은 것이다.
- **❺(   ):** 상동 염색체의 같은 위치에 존재하며, 하나의 형질을 결정한다. ➡ 대립유전자 쌍이 같은 경우를 동형 접합성, 서로 다른 경우를 이형 접합성이라고 한다.

4 핵형: 체세포에 들어 있는 염색체의 수, 모양, 크기와 같은 염색체의 외형적인 특징으로 같은 종에서 성별이 같으면 체세포의 핵형은 ❻(   ).

- **핵형 분석:** 체세포 분열 중기 세포를 이용하여 염색체 쌍을 큰 것부터 작은 것 순서대로 번호를 붙여 나열하며, 성염색체 쌍은 맨 끝에 나열한다.
- **사람의 염색체:** 사람의 체세포에는 총 23쌍(46개)의 염색체가 있다.

상염색체	• 성별에 관계없이 공통으로 가지는 염색체이다. • 1번부터 22번까지 ❼( )쌍(44개)의 상염색체를 가진다.
성염색체	• 여자와 남자가 서로 다른 구성으로 가지는 염색체이다. • 남자의 체세포에는 X 염색체와 ❽( ) 염색체가 1개씩 있고, 여자의 체세포에는 2개의 ❾( ) 염색체가 있다.

5 핵상: 하나의 세포 속에 들어 있는 염색체의 상대적인 수이다. ➡ 상동 염색체가 쌍을 이루고 있으면 ❿( ), 상동 염색체 중 하나씩만 있으면 ⓫( )으로 표시한다.

6 세포 주기

⓬( )	⓭( )	세포의 생장이 일어나며, 일반적으로 기간이 가장 길다.
		DNA가 복제되어 DNA양이 2배로 증가되는 시기이다.
	G_2기	방추사를 구성하는 단백질을 합성하고, 분열을 준비하는 시기이다.
⓮( ) (M기)		• 간기에 비해 시간이 짧다. • ⓯( )이 사라지고 염색체가 응축되어 막대 모양을 나타낸다. • 염색체의 모양과 행동에 따라 전기, 중기, 후기, 말기로 나눈다.

7 체세포 분열: 간기의 S기에 DNA가 한 번 복제된 후 핵분열과 세포질 분열 과정을 거쳐 모세포와 염색체 수가 같은 2개의 딸세포가 만들어진다.

8 감수 분열: 간기의 S기에 DNA가 한 번 복제된 후 분열이 연속해서 2회 일어난다. ➡ 염색체 수와 유전 물질 양이 모세포의 반인 딸세포가 4개 만들어진다.

- **감수 1분열:** ⓰(   )가 분리되어 각각 다른 딸세포로 들어간다. ➡ 딸세포는 모세포의 상동 염색체 중 1개씩만 있게 되어 염색체 수가 반으로 감소한다($2n \rightarrow n$).
- **감수 2분열:** ⓱(   )가 분리되어 각각 다른 딸세포로 들어간다. ➡ 딸세포의 염색체 수는 변함없다($n \rightarrow n$).

9 체세포 분열과 감수 분열의 비교

구분	체세포 분열	감수 분열
DNA 복제	간기(S기)에 1회	
분열 횟수	1회 ➡ 딸세포 ⓲( )개 형성	2회 ➡ 딸세포 ⓳( )개 형성
⓴( )	형성되지 않음	감수 1분열 전기에 형성
염색체 수 변화	변함없음($2n \rightarrow 2n$)	㉑( )으로 감소 ($2n \rightarrow n$)
분열 결과	생장, 재생	생식세포 형성

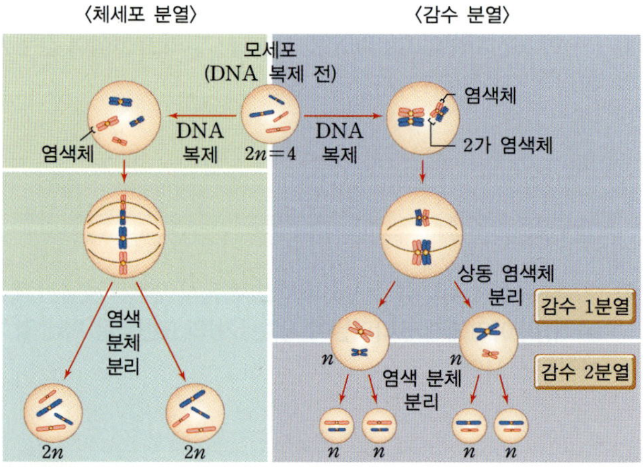

02 사람의 유전

1 사람의 유전 연구 방법: 가계도 분석, 쌍둥이 연구, 집단 조사, 핵형 분석 및 DNA 분석

2 상염색체 유전
- **단일 대립 유전**: 상염색체에 있는 대립유전자 1쌍으로 형질이 결정되며, 형질이 나타나는 빈도는 남녀에서 ❶(   ). <예> 미맹, 눈꺼풀, 혀 말기 등
- **복대립 유전**: 상염색체에 있는 대립유전자 1쌍으로 형질이 결정되며, 하나의 형질을 결정하는 데 ❷( )가지 이상의 대립유전자가 관여하는 유전이다. <예> ABO식 혈액형

3 ABO식 혈액형 유전
- **대립유전자 사이의 우열 관계**: A와 B는 O에 대해 ❸(   )이고, A와 B 사이에는 우열 관계가 성립되지 않는다.
- **ABO식 혈액형의 표현형과 유전자형**

표현형	A형	B형	AB형	O형
유전자형	AA, ❹( )	BB, BO	AB	❺( )

4 성염색체 유전
- **사람의 성 결정 방식**: X 염색체를 가진 정자가 난자와 수정되면 여자(XX)가 되고, Y 염색체를 가진 정자가 난자와 수정되면 ❻(   )(XY)가 된다.
- **❼( ) 염색체에 의한 유전(반성유전)**: 특정 형질을 결정하는 유전자가 X 염색체에 있어 성별에 따라 형질의 발현 빈도가 달라지는 유전 현상이다. <예> 적록 색맹

5 적록 색맹: 빨간색과 초록색을 구분하지 못하는 유전 형질로, 정상 대립유전자(X^R)가 우성이고, 적록 색맹 대립유전자(X^r)가 열성이다.
- **성별에 따른 적록 색맹의 표현형과 유전자형**

성별	남자		여자		
유전자형	X^RY	X^rY	X^RX^R	X^RX^r	X^rX^r
표현형	정상	적록 색맹	정상	❽( )	적록 색맹

- 적록 색맹은 ❾(   )보다 ❿(   )에게 더 많이 나타난다. ➡ 여자는 X 염색체 2개에 모두 적록 색맹 대립유전자가 있어야 적록 색맹이 나타나지만, 남자는 X 염색체 1개에 적록 색맹 대립유전자가 있으면 적록 색맹이 나타나기 때문이다.

6 다인자 유전: ⓫(   ) 쌍의 대립유전자에 의해 형질이 결정되는 유전 현상으로, ⓬(   )이 다양하게 나타난다. <예> 키, 몸무게, 피부색, 지문선 수 등 ➡ 대립 형질이 뚜렷하게 구별되지 않으며, 유전과 환경의 영향을 모두 받는다.

7 단일 인자 유전과 다인자 유전 비교

구분	단일 인자 유전	다인자 유전
형질 결정	⓭( )쌍의 대립유전자에 의해 결정된다.	여러 쌍의 대립유전자에 의해 결정된다.
형질 분포	표현형이 뚜렷이 구분되어 ⓮( ) 변이로 나타난다.	표현형이 다양하고 환경의 영향을 받아 ⓯( ) 변이가 나타난다.

03 염색체 이상과 유전자 이상

1 ❶(   ) 돌연변이: 염색체 수와 구조에는 이상이 없지만 유전자를 구성하는 DNA의 염기 서열에 이상이 생긴 돌연변이 ➡ 핵형 분석으로 알 수 ❷(   ). <예> 낫 모양 적혈구 빈혈증

2 ❸(   ) 돌연변이: 염색체 수와 구조에 이상이 생긴 돌연변이
- **염색체 구조 이상**

결실	염색체 일부가 없어진 경우 <예> 고양이 울음 증후군, 윌리엄스 증후군
중복	상동 염색체의 동일한 부분이 삽입되어 같은 부분이 반복되는 경우
역위	염색체 일부가 떨어진 후 거꾸로 연결된 경우
❹( )	염색체의 일부가 떨어진 후 상동 염색체가 아닌 다른 염색체에 붙는 경우 <예> 만성 골수성 백혈병

- **염색체 수 이상**

❺( ) 증후군	• 21번 염색체가 3개이다. • $2n+1=45+XX/2n+1=45+XY$
에드워드 증후군	• 18번 염색체가 3개이다. • $2n+1=45+XX/2n+1=45+XY$
터너 증후군	• 성염색체가 X로 1개이다. • $2n-1=44+X$
❻( ) 증후군	• 성염색체가 XXY로 3개이다. • $2n+1=44+XXY$

3 염색체 비분리
- **감수 1분열 중 1쌍의 상동 염색체가 비분리되는 경우**: 생식세포 중 2개는 염색체 수가 1개 많고($n+1$), 2개는 염색체 수가 1개 적다.
  〈성염색체 비분리〉 정자: ❼(   ), 성염색체 없음, 난자: XX(상동 염색체), 성염색체 없음
- **감수 2분열 중 1개의 염색체에서 염색 분체가 비분리되는 경우**: 생식세포 중 2개는 염색체 수가 정상(n)이고, 1개는 염색체 수가 1개 적으며($n-1$), 1개는 염색체 수가 1개 많다($n+1$).
  〈성염색체 비분리〉 정자: XX, ❽(   ), 성염색체 없음, 난자: XX(동일한 염색체), ❾(   ) 없음

01 (3점)

사람의 유전 형질 ⓐ는 2쌍의 대립유전자 H와 h, T와 t에 의해 결정되고, H와 h는 상염색체에, T와 t는 X 염색체에 있다. 표는 이 사람의 세포 (가)~(라)에서 유전자 ㉠~㉣의 유무를 나타낸 것이다. ㉠~㉣은 H, h, T, t를 순서 없이 나타낸 것이다.

유전자	세포			
	(가)	(나)	(다)	(라)
㉠	×	×	×	×
㉡	○	×	○	○
㉢	○	○	×	○
㉣	○	×	○	×

(○: 있음, ×: 없음)

이에 대한 설명으로 옳은 것만을 |보기|에서 있는 대로 고른 것은? (단, 돌연변이는 고려하지 않는다.)

― 보기 ―
ㄱ. ㉡은 X 염색체에 있다.
ㄴ. ㉢은 ㉣의 대립유전자이다.
ㄷ. (나)에는 Y 염색체가 있다.

① ㄱ   ② ㄴ   ③ ㄱ, ㄷ
④ ㄴ, ㄷ   ⑤ ㄱ, ㄴ, ㄷ

02 (3점)

그림은 염색체의 구조를 나타낸 것이다.

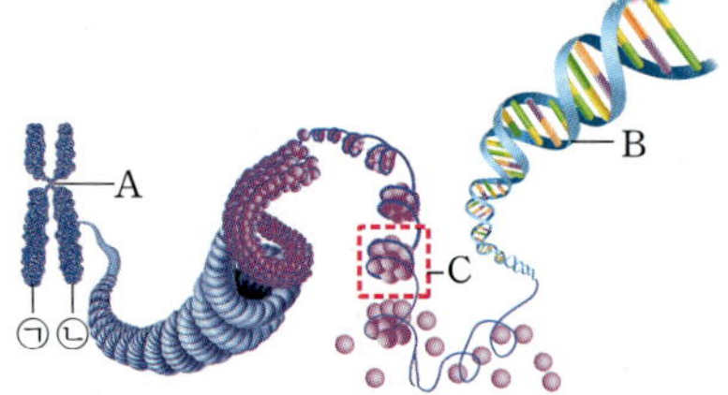

이에 대한 설명으로 옳은 것만을 |보기|에서 있는 대로 고른 것은?

― 보기 ―
ㄱ. 세포 분열 시 A에 방추사가 결합한다.
ㄴ. 체세포 분열 시 ㉠과 ㉡은 분리된다.
ㄷ. C는 B와 히스톤 단백질로 구성된다.

① ㄱ   ② ㄴ   ③ ㄱ, ㄷ
④ ㄴ, ㄷ   ⑤ ㄱ, ㄴ, ㄷ

03 (3점)

그림은 어떤 사람의 핵형 분석 결과를 나타낸 것이다. 이 사람은 염색체 수가 비정상적인 생식세포와 염색체 수가 정상인 생식세포의 수정에 의해 태어났다.

이에 대한 설명으로 옳은 것만을 |보기|에서 있는 대로 고른 것은?

― 보기 ―
ㄱ. 이 사람은 여자이다.
ㄴ. 이 사람의 ABO식 혈액형은 A형이다.
ㄷ. 이 사람은 성염색체가 비분리된 생식세포의 수정에 의해 태어났다.

① ㄱ   ② ㄴ   ③ ㄱ, ㄷ
④ ㄴ, ㄷ   ⑤ ㄱ, ㄴ, ㄷ

04 (3점)

표는 여러 가지 생물과 체세포의 염색체 수를 나타낸 것이다.

생물	염색체 수	생물	염색체 수
사람	46	비둘기	62
개	78	완두	14
침팬지	48	감자	48

이에 대한 설명으로 옳은 것만을 |보기|에서 있는 대로 고른 것은?

― 보기 ―
ㄱ. 침팬지와 감자의 핵형은 같다.
ㄴ. 생물의 크기가 클수록 염색체 수가 크다.
ㄷ. 사람의 생식세포의 염색체 수는 23이다.

① ㄱ   ② ㄷ   ③ ㄱ, ㄴ
④ ㄴ, ㄷ   ⑤ ㄱ, ㄴ, ㄷ

05 `3점`

그림은 세포 (가)와 (나) 각각에 들어 있는 모든 염색체를 나타낸 것이다. (가)와 (나)는 각각 동물 A(2n = 4)와 동물 B(2n = ?)의 세포 중 하나이다.

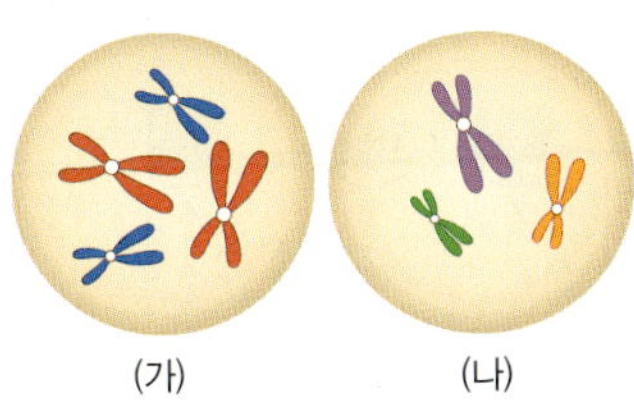

이에 대한 설명으로 옳은 것만을 |보기|에서 있는 대로 고른 것은? (단, 돌연변이는 고려하지 않는다.)

┌─ 보기 ─────────────────────────────┐
ㄱ. (가)는 A의 세포이다.
ㄴ. (가)와 (나)의 핵상은 모두 2n이다.
ㄷ. B의 체세포 분열 중기에서 염색 분체 수는 12이다.
└────────────────────────────────┘

① ㄱ   ② ㄴ   ③ ㄱ, ㄷ
④ ㄴ, ㄷ   ⑤ ㄱ, ㄴ, ㄷ

06 `3점`

그림은 사람의 체세포 집단 ⊙과 ⓒ을 배양할 때 세포 주기에 따른 세포 수를 나타낸 것이다.

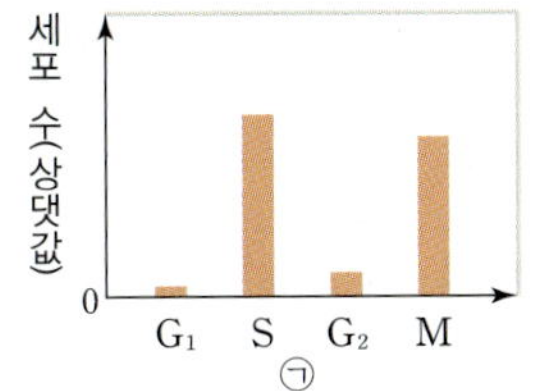

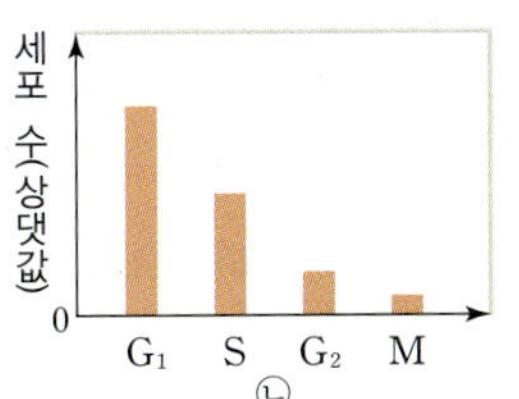

이에 대한 설명으로 옳은 것만을 |보기|에서 있는 대로 고른 것은?

┌─ 보기 ─────────────────────────────┐
ㄱ. ⊙에는 DNA가 복제되는 세포 수가 가장 많다.
ㄴ. ⓒ에는 핵이 있는 세포가 핵이 없는 세포보다 적다.
ㄷ. $\dfrac{⊙의\ 세포\ 크기}{ⓒ의\ 세포\ 크기}$ 는 배양 시간이 흐를수록 커진다.
└────────────────────────────────┘

① ㄱ   ② ㄴ   ③ ㄱ, ㄷ
④ ㄴ, ㄷ   ⑤ ㄱ, ㄴ, ㄷ

07 `3점`

그림은 어떤 체세포의 세포 주기를 나타낸 것이다. (가)와 (나)는 각각 S기와 M기 중 하나이다.

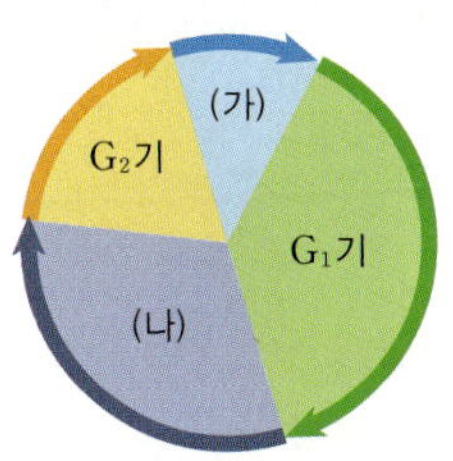

이에 대한 설명으로 옳은 것만을 |보기|에서 있는 대로 고른 것은?

┌─ 보기 ─────────────────────────────┐
ㄱ. (가)에서 2가 염색체가 형성된다.
ㄴ. (나)에서 DNA 복제가 일어난다.
ㄷ. G₁기 세포와 (나)의 세포 모두 핵막을 갖는다.
└────────────────────────────────┘

① ㄱ   ② ㄴ   ③ ㄱ, ㄷ
④ ㄴ, ㄷ   ⑤ ㄱ, ㄴ, ㄷ

08 `3점`

그림 (가)는 어떤 동물(2n)의 세포가 분열하는 동안 핵 1개당 DNA 상대량을, (나)는 t_1~t_3 중 한 시점에서 관찰된 세포를 나타낸 것이다.

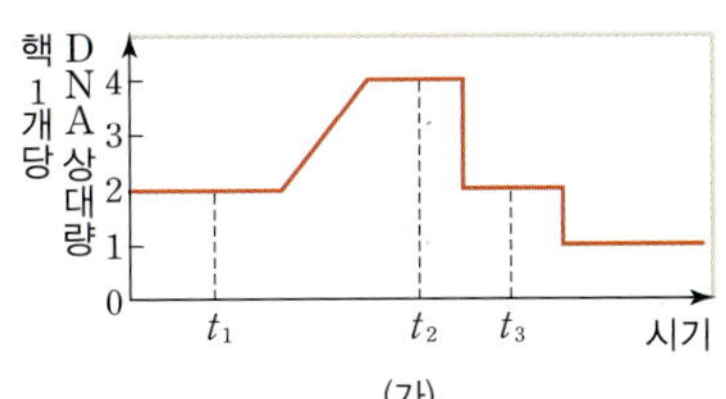

이에 대한 설명으로 옳은 것만을 |보기|에서 있는 대로 고른 것은?

┌─ 보기 ─────────────────────────────┐
ㄱ. t_1일 때의 세포는 핵막이 있다.
ㄴ. t_2일 때의 세포와 정자는 핵상이 같다.
ㄷ. (나)는 t_3일 때 관찰된 세포이다.
└────────────────────────────────┘

① ㄱ   ② ㄴ   ③ ㄷ
④ ㄱ, ㄷ   ⑤ ㄱ, ㄴ, ㄷ

09 (4점)
그림은 유전자형이 Aa인 어떤 사람의 G_1기 세포로부터 생식세포가 형성되는 과정을 나타낸 것이다. A는 a와 대립유전자이고, Ⅱ와 Ⅲ은 중기의 세포이며, Ⅳ는 A를 갖는다.

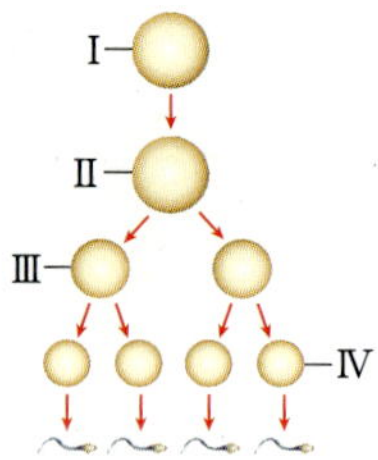

이에 대한 설명으로 옳은 것만을 |보기|에서 있는 대로 고른 것은? (단, 돌연변이는 고려하지 않으며, A, a 각각의 1개당 DNA 상대량은 1이다.)

> **보기**
> ㄱ. Ⅱ에서 2가 염색체가 관찰된다.
> ㄴ. Ⅳ의 핵상은 n이다.
> ㄷ. a의 DNA 상대량은 Ⅰ에서가 Ⅲ에서의 $\frac{1}{2}$배이다.

① ㄱ ② ㄴ ③ ㄱ, ㄷ
④ ㄴ, ㄷ ⑤ ㄱ, ㄴ, ㄷ

10 (4점)
다음은 유전 형질 ㉠의 특성에 대한 자료이다.

> • ㉠을 나타내는 남녀의 비율은 비슷하다.
> • ㉠은 1쌍의 대립유전자에 의해 결정된다.
> • ㉠을 나타내는 부모 사이에서는 ㉠을 나타내는 자녀만 태어난다.

이에 대한 설명으로 옳은 것만을 |보기|에서 있는 대로 고른 것은? (단, 돌연변이는 고려하지 않는다.)

> **보기**
> ㄱ. ㉠의 유전자는 상염색체에 있다.
> ㄴ. ㉠은 정상에 대해 우성 형질이다.
> ㄷ. ㉠의 유전자형이 각각 이형 접합성인 남자와 여자 사이에서 아이가 태어날 때, 이 아이에게서 ㉠이 발현될 확률은 $\frac{1}{4}$이다.

① ㄱ ② ㄴ ③ ㄱ, ㄷ
④ ㄴ, ㄷ ⑤ ㄱ, ㄴ, ㄷ

11 (4점)
그림은 어떤 집안의 ABO식 혈액형 가계도를 나타낸 것이다. ABO식 혈액형은 대립유전자 A, B, O에 의해 결정되고, A와 B는 O에 대해 완전 우성이며, 2와 3의 ABO식 혈액형의 유전자형은 다르다.

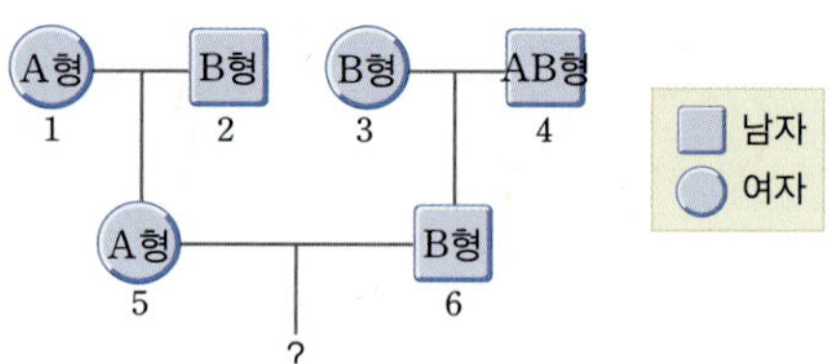

이에 대한 설명으로 옳은 것만을 |보기|에서 있는 대로 고른 것은? (단, 돌연변이는 고려하지 않는다.)

> **보기**
> ㄱ. ABO식 혈액형은 복대립 유전을 따른다.
> ㄴ. 5는 2로부터 O를 물려받았다.
> ㄷ. 5와 6 사이에서 아이가 태어날 때, 이 아이의 ABO식 혈액형이 AB형일 확률은 $\frac{1}{2}$이다.

① ㄱ ② ㄴ ③ ㄱ, ㄷ
④ ㄴ, ㄷ ⑤ ㄱ, ㄴ, ㄷ

12 (4점)
표는 어떤 가족에서 자녀 1의 어머니를 제외한 나머지 구성원의 성별과 유전 형질 ㉠의 발현 여부를, 그림은 이 가족에서 유전 형질 ㉠의 발현에 관여하는 대립유전자 A와 A*의 DNA 상대량을 나타낸 것이다.

구성원	성별	㉠
아버지	남자	○
자녀 1	남자	ⓐ
자녀 2	여자	ⓑ
자녀 3	남자	×

(○: 발현됨, ×: 발현 안 됨)

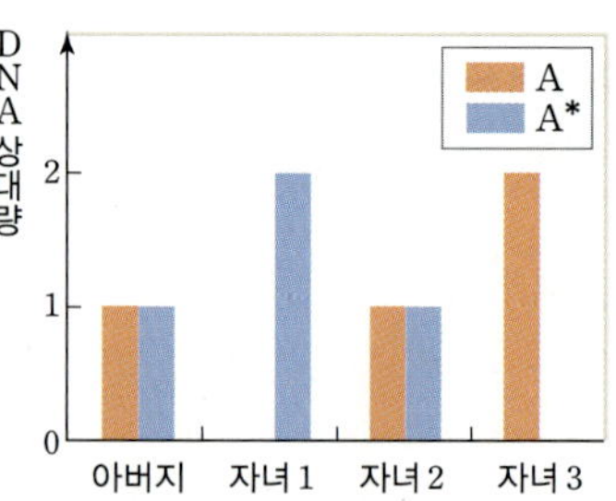

이에 대한 설명으로 옳은 것만을 |보기|에서 있는 대로 고른 것은? (단, 돌연변이는 고려하지 않으며, A, A* 각각의 1개당 DNA 상대량은 1이다.)

> **보기**
> ㄱ. ⓐ와 ⓑ는 모두 '○'이다.
> ㄴ. A는 A*에 대해 우성이다.
> ㄷ. 어머니의 ㉠의 유전자형은 AA*이다.

① ㄱ ② ㄴ ③ ㄷ
④ ㄱ, ㄷ ⑤ ㄱ, ㄴ, ㄷ

13 (4점)
표는 유전자형과 성별에 따른 유전 형질 ㉠의 발현 여부를, 그림은 어떤 집안에서 ㉠에 대한 가계도를 나타낸 것이다. ㉠은 1쌍의 대립유전자 A와 a에 의해 결정되며, A는 a에 대해 완전 우성이다.

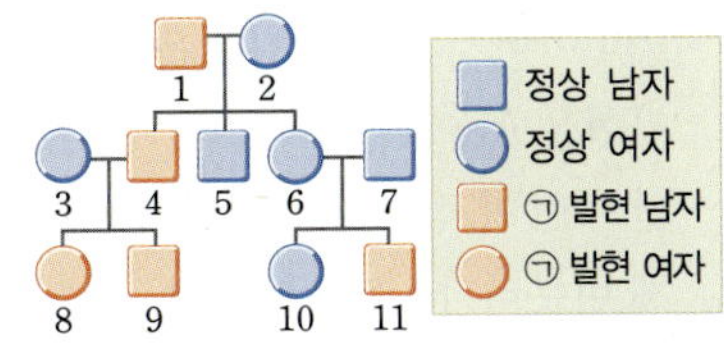

유전자형	성별	
	여자	남자
AA	○	○
Aa	×	○
aa	×	×

(○: 발현됨, ×: 발현 안 됨)

이에 대한 설명으로 옳은 것만을 |보기|에서 있는 대로 고른 것은? (단, 돌연변이는 고려하지 않는다.)

> **보기**
> ㄱ. A는 상염색체에 있다.
> ㄴ. 5와 6의 ㉠의 유전자형은 같다.
> ㄷ. 8의 A는 3과 4로부터 각각 물려받은 것이다.

① ㄱ ② ㄴ ③ ㄱ, ㄷ
④ ㄴ, ㄷ ⑤ ㄱ, ㄴ, ㄷ

14 (4점)
그림은 어떤 집안의 적록 색맹에 대한 가계도를 나타낸 것이다.

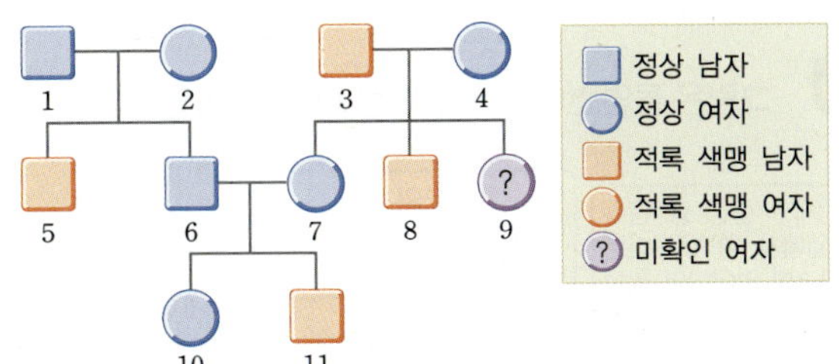

이에 대한 설명으로 옳은 것만을 |보기|에서 있는 대로 고른 것은? (단, 돌연변이는 고려하지 않는다.)

> **보기**
> ㄱ. 11의 적록 색맹 대립유전자는 4로부터 물려받았다.
> ㄴ. 2, 4, 7은 모두 적록 색맹의 보인자이다.
> ㄷ. 9가 적록 색맹일 확률은 $\frac{1}{4}$이다.

① ㄱ ② ㄴ ③ ㄷ
④ ㄱ, ㄴ ⑤ ㄱ, ㄴ, ㄷ

15 (4점)
다음은 피부색 유전에 대한 자료이다.

- 피부색은 서로 다른 상염색체에 있는 3쌍의 대립유전자 A와 a, B와 b, D와 d에 의해 결정된다.
- A, B, D는 피부색을 어둡게 하는 유전자이고, a, b, d는 피부색을 밝게 하는 유전자이다.
- 피부색의 표현형은 유전자형에서 대문자로 표시되는 대립유전자의 수에 의해서만 결정된다.
- 유전자형이 AaBbDd인 부모에게서 태어난 ㉠자녀가 가질 수 있는 피부색의 표현형은 최대 ⓐ가지이다.

이에 대한 설명으로 옳은 것만을 |보기|에서 있는 대로 고른 것은? (단, 돌연변이는 고려하지 않는다.)

> **보기**
> ㄱ. 피부색은 다인자 유전에 해당한다.
> ㄴ. ⓐ는 6이다.
> ㄷ. ㉠에게서 AaBbDd와 표현형이 같을 확률은 $\frac{5}{16}$이다.

① ㄱ ② ㄷ ③ ㄱ, ㄴ
④ ㄱ, ㄷ ⑤ ㄴ, ㄷ

16 (4점)
그림은 사람의 정자 형성 과정에서 일어날 수 있는 성염색체의 비분리 현상을 나타낸 것이다.

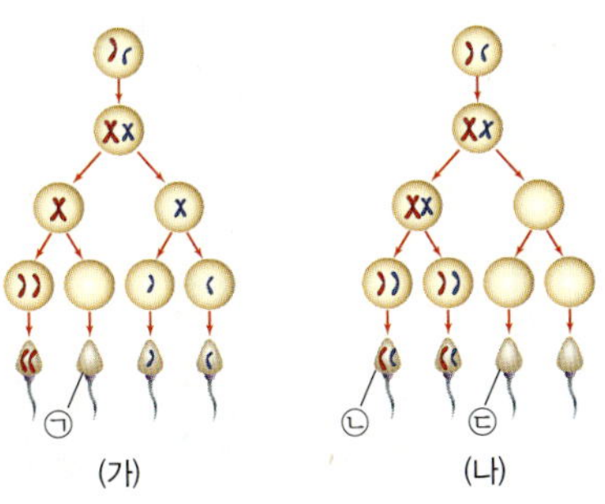

이에 대한 설명으로 옳은 것만을 |보기|에서 있는 대로 고른 것은? (단, 제시된 염색체 비분리 이외의 돌연변이는 고려하지 않는다.)

> **보기**
> ㄱ. ㉠과 정상 난자가 수정되어 태어난 아이는 터너 증후군의 염색체 이상이 나타난다.
> ㄴ. 상염색체 수는 ㉡에서가 ㉢에서보다 많다.
> ㄷ. (가)와 (나)는 모두 상동 염색체의 비분리가 일어났다.

① ㄱ ② ㄴ ③ ㄷ
④ ㄱ, ㄴ ⑤ ㄱ, ㄴ, ㄷ

17 그림 (가)는 어떤 집안의 적록 색맹 가계도를, (나)는 6의 핵형 분석 결과를 나타낸 것이다. 이 집안에서 성염색체 비분리가 한 번만 일어났고, 6은 정자 ㉠와 난자 ㉡에 의해 태어났다. `4점`

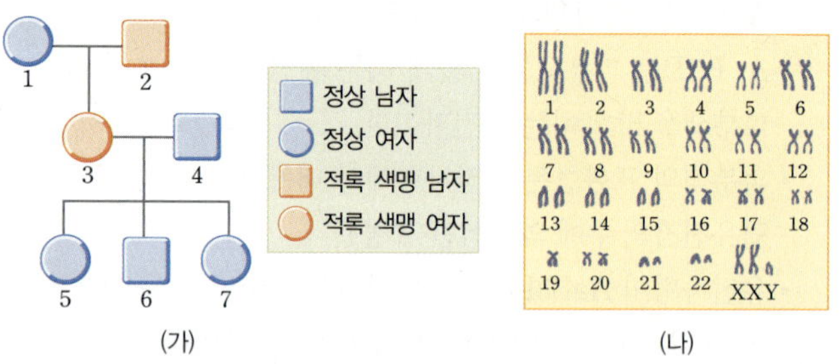

이에 대한 설명으로 옳은 것만을 |보기|에서 있는 대로 고른 것은? (단, 돌연변이는 고려하지 않는다.)

┌─ 보기 ─
ㄱ. 1은 적록 색맹의 유전자형이 이형 접합성이다.
ㄴ. 6은 클라인펠터 증후군의 염색체 이상을 갖는다.
ㄷ. ㉠이 형성될 때 감수 1분열에서 성염색체 비분리가 있었다.
└

① ㄱ   ② ㄴ   ③ ㄱ, ㄷ
④ ㄴ, ㄷ   ⑤ ㄱ, ㄴ, ㄷ

18 표는 어머니와 자녀 (가), (나)의 21번 염색체와 성염색체를 나타낸 것이다. 어머니의 모든 세포에서 21번 염색체와 성염색체 사이에 전좌가 일어났다. `3점`

어머니	자녀 (가)	자녀 (나)
21번 염색체 성염색체	㉠ ㉡	

이에 대한 설명으로 옳은 것만을 |보기|에서 있는 대로 고른 것은? (단, 제시된 돌연변이 이외의 돌연변이는 고려하지 않는다.)

┌─ 보기 ─
ㄱ. 어머니는 고양이 울음 증후군을 나타낸다.
ㄴ. ㉠과 ㉡은 상동 염색체이다.
ㄷ. (가)와 (나)는 모두 전좌가 일어난 염색체를 갖는다.
└

① ㄱ   ② ㄴ   ③ ㄷ
④ ㄴ, ㄷ   ⑤ ㄱ, ㄴ, ㄷ

19 다음은 사람 P($2n = 46$)의 가족에 대한 자료이다. `4점`

- 유전병 (가)는 5번 염색체에 있는 1쌍의 대립유전자 A와 a에 의해 결정되며, A는 a에 대해 완전 우성이다.
- P의 부모는 모두 정상이고, P는 (가)가 발현되었다.
- P의 아버지의 유전자형은 AA이고, P의 어머니의 유전자형은 Aa이다.
- 난자 ㉠이 정자와 수정되어 P 태어났다. ㉠ 형성 시 염색체 비분리가 1회 일어났다.
- P와 부모의 핵형은 정상이다.

이에 대한 설명으로 옳은 것만을 |보기|에서 있는 대로 고른 것은? (단, 제시된 돌연변이 이외의 돌연변이는 고려하지 않는다.)

┌─ 보기 ─
ㄱ. a는 정상 대립유전자이다.
ㄴ. ㉠의 형성 과정 중 감수 2분열에서 염색체 비분리가 일어났다.
ㄷ. P의 염색체 중 아버지로부터 받은 염색체 수는 22이다.
└

① ㄱ   ② ㄴ   ③ ㄷ
④ ㄴ, ㄷ   ⑤ ㄱ, ㄴ, ㄷ

20 그림은 돌연변이에 대한 학생 A~C의 설명이다. `3점`

제시한 설명이 옳은 학생만을 있는 대로 고른 것은?

① A   ② B   ③ C
④ A, B   ⑤ A, B, C

21 그림은 세포 집단 P를 구성하는 세포의 세포 주기를 나타낸 것이다.
P에서 세포 분열이 진행될수록 세포의 크기는 어떻게 변하는지 쓰고, 그 까닭을 서술하시오. (4점)

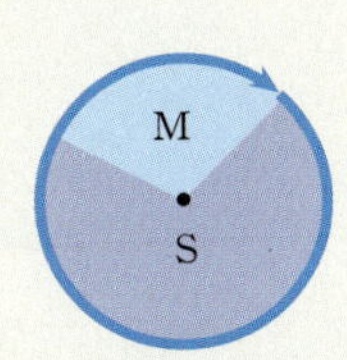

22 그림은 체세포 분열 중기와 후기 동안 시간 경과에 따른 A와 B의 변화를 나타낸 것이다. A와 B는 각각 '한 염색체를 이루는 두 염색 분체 사이의 거리'와 '중심체와 염색체 사이의 거리 중 하나이다.

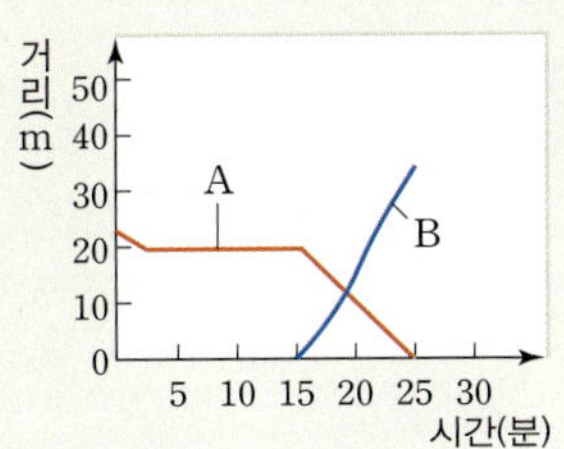

(1) A와 B는 각각 무엇인지 쓰시오. (2점)

(2) 염색 분체가 양극으로 이동이 완료된 시점은 몇 분 이후인지 쓰시오. (2점)

23 그림은 어떤 집안의 ABO식 혈액형과 유전 형질 ㉠에 대한 가계도를 나타낸 것이다. ABO식 혈액형의 대립유전자 A, B, O에 의해 결정되고, ㉠은 1쌍의 대립유전자 D와 d에 의해 결정되며, D는 d에 대해 완전 우성이다. ABO식 혈액형의 대립유전자와 ㉠의 대립유전자는 서로 다른 상염색체에 있다.

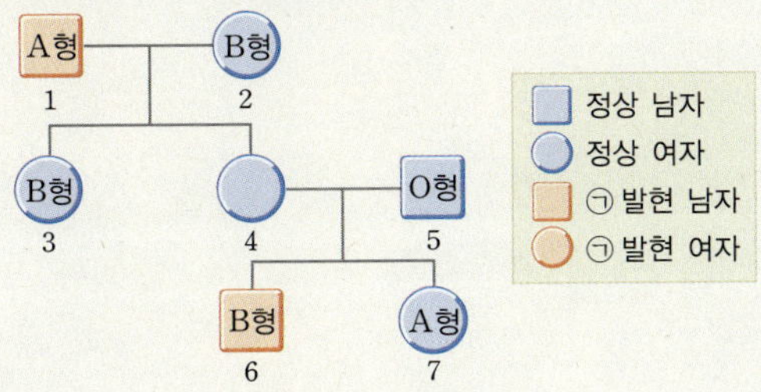

(1) 4의 ABO식 혈액형을 쓰시오. (3점)

(2) 7의 동생이 태어날 때, 이 아이의 ABO식 혈액형이 A형이고, ㉠이 발현될 확률을 구하시오. (5점)

24 그림은 정자가 형성되는 과정을, 표는 정자의 X 염색체 수와 Y 염색체 수를 나타낸 것이다. 정자 형성 과정 중 성염색체 비분리는 1회 일어났다. (단, 제시된 염색체 비분리 이외의 돌연변이는 고려하지 않는다.)

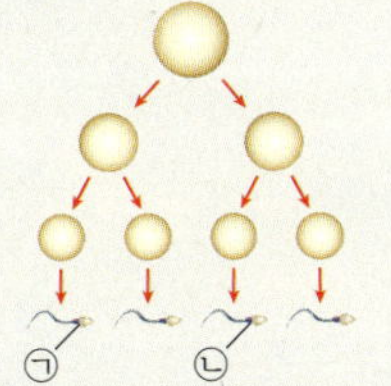

정자	X 염색체	Y 염색체
㉠	1	1
㉡	?	ⓐ

(1) ⓐ의 값을 쓰시오. (3점)

(2) ㉡과 정상 난자가 수정되어 태어난 아이는 어떤 염색체 이상인지 쓰시오. (3점)

25 다음은 어떤 가족의 유전 형질 ㉠에 대한 자료이다. (단, 제시된 염색체 비분리 이외의 돌연변이는 고려하지 않는다.)

- ㉠은 대립유전자 A와 A*에 의해 결정되며, A는 A*에 대해 완전 우성이다.
- 정상 난자와 염색체 비분리가 1회 일어난 정자 ⓐ가 수정되어 4가 태어났다.
- 그림은 이 가족의 ㉠에 대한 가계도를, 표는 구성원 1~3의 체세포 1개당 A와 A*의 DNA 상대량을 나타낸 것이다.

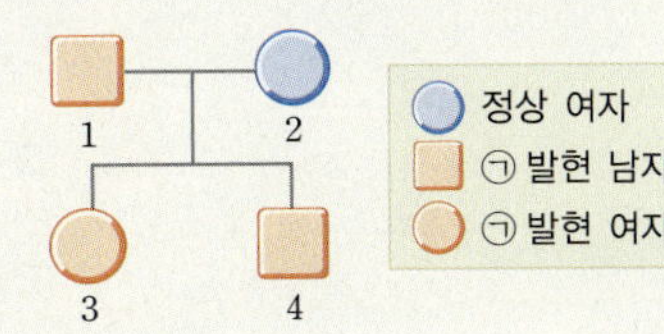

구성원	DNA 상대량	
	A	A*
1	1	0
2	0	2
3	1	1

(1) 4의 ㉠의 유전자형을 쓰시오. (3점)

(2) ⓐ가 형성될 때 염색체 비분리가 일어난 시기에 대해 서술하시오. (5점)

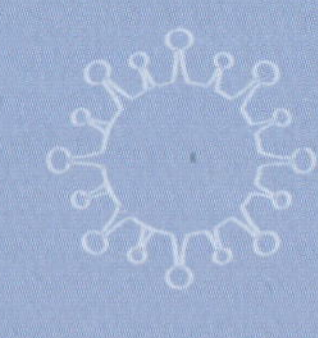

V

생태계와 상호 작용

1 생태계의 구성과 기능

01 생태계의 구성과 기능

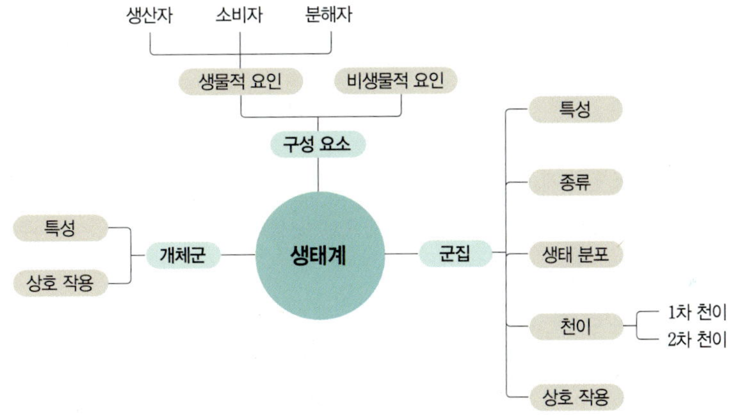

02 에너지 흐름과 물질 순환

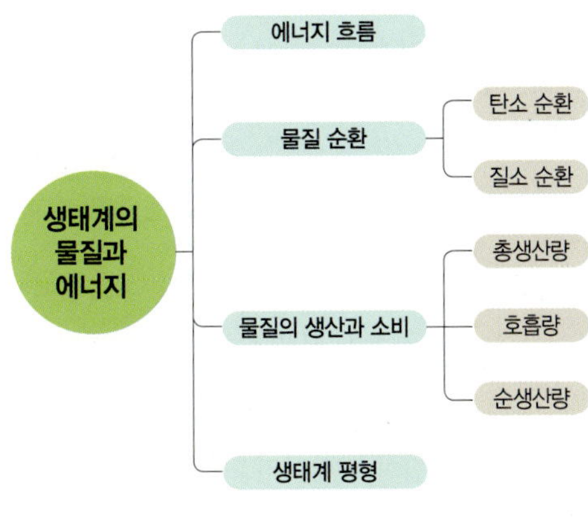

01 생태계의 구성과 기능

KEY 🔑
생태계의 구성과 상호 작용, 개체군의 특성과 상호 작용, 군집의 특성과 상호 작용, 천이

1 생태계

개념 생물이 주변 환경이나 다른 생물과 서로 영향을 주고받으며 살아가는 체계

1. 개체, 개체군, 군집, 생태계

개체	생명 활동에 필요한 구조와 기능을 갖추고 있는 독립된 하나의 생명체이다.
개체군	• 일정한 지역에서 같은 종의 개체들이 무리를 지어 생활하는 집단이다. • 한 개체군은 하나의 종으로 구성된다.
군집	• 일정한 지역에 여러 개체군들이 모여 생활하는 집단이다. • 한 군집은 여러 종으로 구성된다.
생태계	군집을 이루는 각각의 개체군이 주변 환경이나 다른 개체군들과 영향을 주고받으며 살아가는 체계이다.

2. 생태계의 구성 요소: 생태계는 생물적 요인과 비생물적 요인으로 구성된다.

생물적 요인 (생물 군집)	생산자	광합성을 하는 식물과 같이 스스로 무기물로부터 유기물을 합성하는 생물 **예** 식물, 조류 등
	소비자	다른 생물을 먹어 유기물을 얻는 생물 **예** 초식 동물, 육식 동물 등
	분해자	다른 생물의 사체나 배설물에 들어 있는 유기물을 무기물로 분해하여 생명 활동에 필요한 에너지를 얻는 생물 **예** 세균, 곰팡이, 버섯 등
비생물적 요인		생물을 둘러싼 모든 환경 요인으로 생물이 살아가는 데 영향을 주는 것 **예** 빛, 물, 온도, 공기, 토양 등

3. 생태계 구성 요소 사이의 상호 관계

(1) 비생물적 요인이 생물적 요인에 영향을 준다. **예** 가을에 기온이 낮아져 단풍나무 잎이 붉게 변한다.

(2) 생물적 요인이 비생물적 요인에 영향을 준다. **예** 질소 고정 세균에 의해 토양의 암모늄 이온이 증가한다.

(3) 생물적 요인은 서로 영향을 주고받는다. **예** 사자의 개체 수가 증가하면 얼룩말의 개체 수가 감소한다.

4. 비생물적 요인과 생물적 요인 사이의 상호 관계

	빛의 세기	• 한 식물에서도 빛을 많이 받는 양엽은 빛을 적게 받는 음엽보다 울타리 조직이 발달하여 잎의 두께가 두껍다. • 음지 식물은 양지 식물보다 보상점과 광포화점이 낮아 약한 빛에서도 잘 자란다.
빛과 생물	일조 시간	• 일조 시간에 따라 동물의 생식 시기와 식물의 개화 시기가 달라진다. ➡ 광주기성 **예** 꾀꼬리는 일조 시간이 길어지는 봄에 생식을 위해 알을 낳고 송어는 일조 시간이 짧아지는 가을에 번식한다. **예** 단일 식물은 하루 중 낮의 길이가 짧아지고, 밤의 길이가 길어지는 계절에 꽃이 피고, 장일 식물은 하루 중 낮의 길이가 길어지고, 밤의 길이가 짧아지는 계절에 꽃이 핀다.
	빛의 파장	• 수심에 따라 투과되는 빛의 파장이 달라 바닷속에 서식하는 해조류의 분포가 다르다. ➡ 녹조류는 얕은 수심까지, 홍조류는 깊은 수심까지 분포한다.

개체, 개체군, 군집, 생태계의 관계

조류(algae)
광합성을 하는 원생생물로 물속에서 서식하며, 생태계에서 생산자의 역할을 한다.

빛의 세기에 따른 양지 식물과 음지 식물의 광합성량

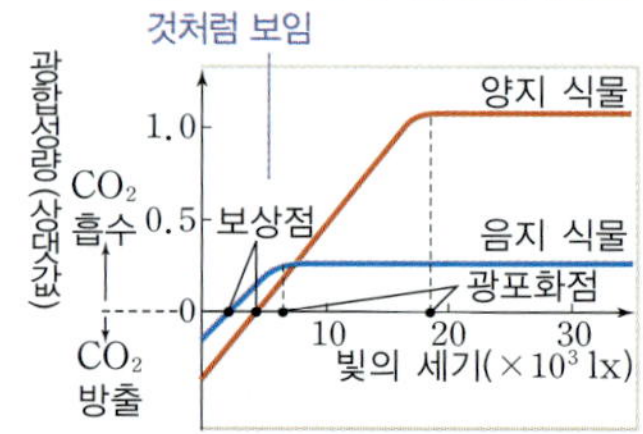

• 보상점: 광합성을 위해 흡수하는 이산화 탄소의 양과 세포 호흡으로 방출하는 이산화 탄소의 양이 같을 때의 빛의 세기이다.

• 광포화점: 광합성량이 최대가 되어 증가하지 않는 최소한의 빛의 세기이다.

일조 시간
하루 중 실제로 햇빛이 비치는 시간을 말한다.

일조 시간에 따른 식물의 개화

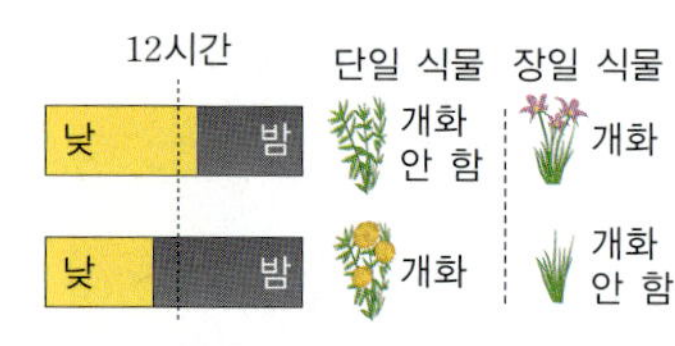

• 단일 식물의 예: 국화, 도꼬마리 등
• 장일 식물의 예: 보리, 카네이션 등

물과 생물	• 조류와 파충류의 알은 단단한 껍데기로 싸여 있고, 사막에 사는 파충류는 몸이 비늘로 덮여 있다. ➡ 수분 증발 방지 • 물이 부족한 곳에 사는 건생 식물은 뿌리나 저수 조직이 발달해 있다. 예 선인장 등 • 수생 식물은 줄기나 잎에 통기 조직이 발달해 있음 예 물수세미, 연, 부레옥잠 등
온도와 생물	• 변온 동물은 온도가 낮아지는 겨울에 겨울잠을 잔다. • 추운 지방에 사는 포유류는 몸의 말단부(귀, 꼬리 등)가 작고, 몸집이 크다. • 계절형: 계절에 따라 몸의 색, 형태, 크기가 다르다. 예 호랑나비, 물벼룩 등
공기와 생물	• 산소가 희박한 고산 지대에 사는 사람은 저지대에 사는 사람보다 폐의 표면적이 넓거나, 적혈구 수가 많다. • 공기 중에는 세포 호흡과 광합성의 재료가 들어 있어 생물의 광합성과 세포 호흡은 공기의 조성을 변화시킨다.
토양과 생물	• 토양은 생물의 서식지이며, 물과 양분 등을 얻는 곳이므로 토양의 상태에 따라 서식할 수 있는 생물종이 달라진다. • 세균, 버섯 등과 같은 분해자에 의해 토양 속 무기물의 양이 증가하고, 두더지는 토양의 통기성을 높인다.

호랑나비의 계절형

봄에 태어난 호랑나비(봄형)가 여름에 태어난 호랑나비(여름형)보다 몸의 크기가 작고 색깔이 연하다.

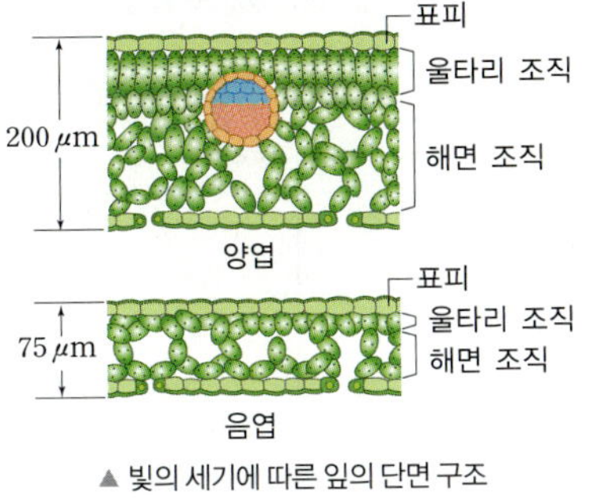

▲ 빛의 세기에 따른 잎의 단면 구조

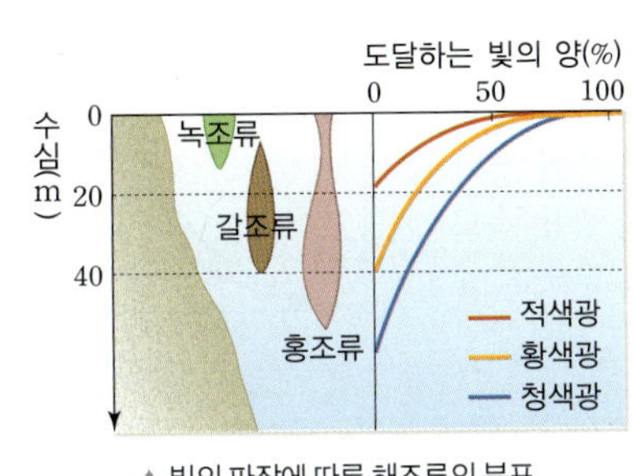

▲ 빛의 파장에 따른 해조류의 분포

암기 꼭!

한 개체군은 한 종으로만 이루어지며, 군집은 여러 개체군으로 이루어진다.

개념 익히기 문제

정답과 해설 p.063

🧠 교과서 문장으로 개념 익히기

01 군집을 이루는 각각의 개체군이 다른 개체군 및 물리적 환경과 영향을 주고받으며 살아가는 체계를 □□□ 라고 한다.

02 일정한 지역에서 같은 종의 생물이 무리를 이루어 생활하는 집단을 □□□이라고 한다.

03 생물적 요인은 생태계에서 담당하는 역할에 따라 □□□, □□□, □□□로 구분된다.

04 생태계에서 □□□는 다른 생물의 사체나 배설물 속의 유기물을 무기물로 분해하여 에너지를 얻는 생물이다.

05 변온 동물이 겨울에 겨울잠을 자는 것은 비생물적 요인 중 □□에 대한 적응 현상이다.

📦 OX 문제로 개념 익히기

06 개체군은 일정한 지역에 여러 종의 개체들이 무리를 지어 생활하는 집단이다. (O / X)

07 세균과 곰팡이는 모두 비생물적 요인에 해당한다. (O / X)

08 지의류에 의해 바위의 토양화가 촉진되는 것은 생물적 요인이 비생물적 요인에 영향을 주는 예에 해당한다. (O / X)

09 뿌리혹박테리아가 대기 중의 질소를 고정하여 콩과식물에 공급하는 것은 비생물적 요인이 생물적 요인에 영향을 주는 예에 해당한다. (O / X)

10 국화가 하루 중 밤의 길이가 길어지는 가을에 꽃을 피우는 것은 비생물적 요인 중 빛에 대한 적응 현상이다. (O / X)

1. 개체군의 특성

(1) 개체군의 밀도: 일정한 공간에 서식하는 개체군의 개체 수이다. 개체군의 크기를 밀도로 나타냄

$$개체군의 밀도 = \frac{개체군을\ 구성하는\ 개체\ 수}{개체군이\ 서식하는\ 공간의\ 면적}$$

❶ 개체군의 밀도를 증가시키는 요인: 출생, 이입

❷ 개체군의 밀도를 감소시키는 요인: 사망, 이출

❸ 질병, 기후, 서식지 등의 비생물적 요인과 다른 생물의 기생, 포식과 피식 등의 생물적 요인도 영향을 미친다.

(2) 개체군의 생장 곡선: 시간에 따른 개체군의 개체 수 변화를 나타낸 그래프이다.

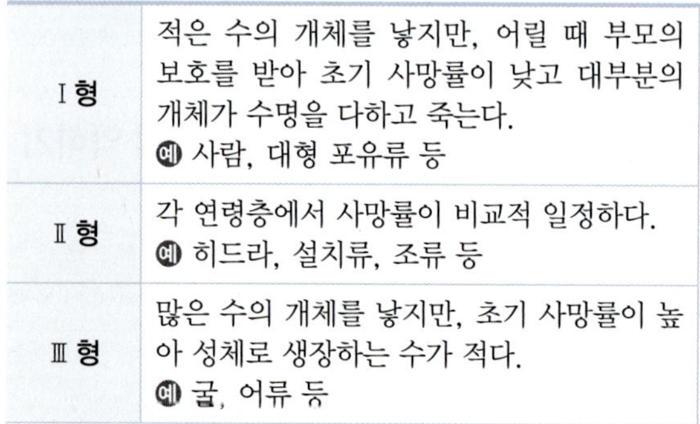

이론적 생장 곡선	자원의 제한이 없는 이상적인 환경에서 나타나며, 개체군의 개체 수가 기하급수적으로 증가한다. ➡ J자형 생장 곡선
실제 생장 곡선	실제 환경에서 나타나며, 처음에는 개체군의 개체 수가 급격히 증가하지만, 개체 수가 증가할수록 환경 저항이 커져 개체군의 생장 속도가 점차 느려지고, 나중에는 일정한 수준을 유지한다. ➡ S자형 생장 곡선
환경 저항	개체군의 생장을 억제하는 요인이다. ⑩ 서식지와 먹이 부족, 개체들 사이의 종내 경쟁, 노폐물 축적, 질병 등 • 환경 수용력: 주어진 환경에서 서식할 수 있는 개체군의 최대 크기이다.

(3) 개체군의 생존 곡선: 같은 시기에 출생한 개체들 중 시간이 지남에 따라 살아남은 개체 수를 상대 연령에 따라 나타낸 그래프이다.

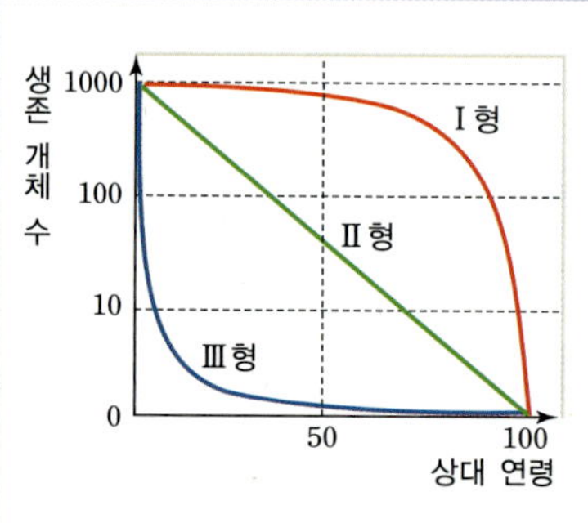

Ⅰ형	적은 수의 개체를 낳지만, 어릴 때 부모의 보호를 받아 초기 사망률이 낮고 대부분의 개체가 수명을 다하고 죽는다. ⑩ 사람, 대형 포유류 등
Ⅱ형	각 연령층에서 사망률이 비교적 일정하다. ⑩ 히드라, 설치류, 조류 등
Ⅲ형	많은 수의 개체를 낳지만, 초기 사망률이 높아 성체로 생장하는 수가 적다. ⑩ 굴, 어류 등

(4) 개체군의 연령 피라미드: 개체군 내에서 전체 개체 수에 대한 각 연령별 개체 수의 비율을 낮은 연령층부터 차례대로 쌓아 피라미드 모양으로 나타낸 것이다.

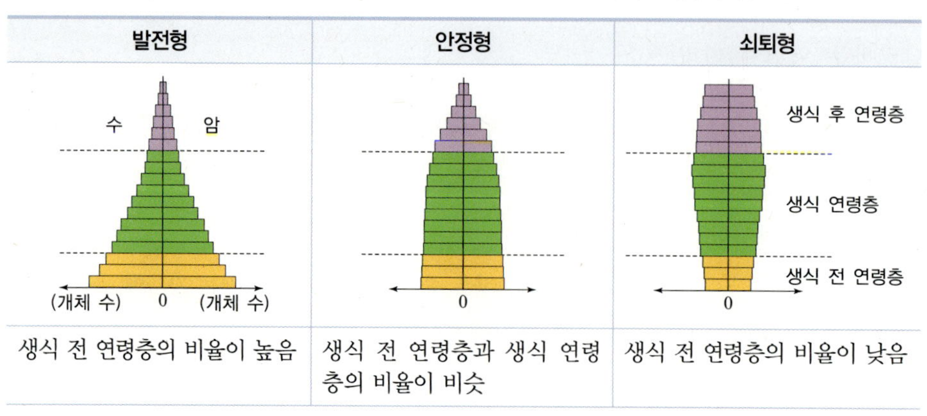

발전형	안정형	쇠퇴형
생식 전 연령층의 비율이 높음	생식 전 연령층과 생식 연령층의 비율이 비슷	생식 전 연령층의 비율이 낮음

개체군의 밀도를 변화시키는 요인

• 이입: 다른 곳에서 개체들이 들어오는 현상으로 밀도를 증가시킨다.

• 이출: 다른 곳으로 개체들이 나가는 현상으로 밀도를 감소시킨다.

개체군의 생장

개체군을 구성하는 개체 수가 시간에 따라 증가하는 것을 말한다.

개체군의 생장과 환경 저항

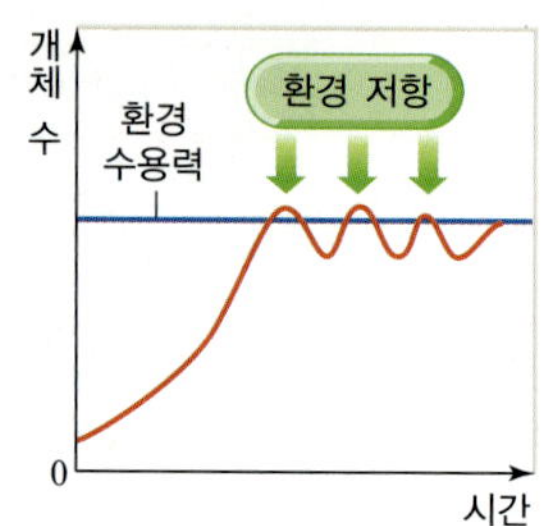

실제 환경에서 개체군의 밀도가 높아지면 개체군의 생장은 환경 저항에 의해 제한되어 개체 수가 일정해진다.

개체군의 사망률 곡선

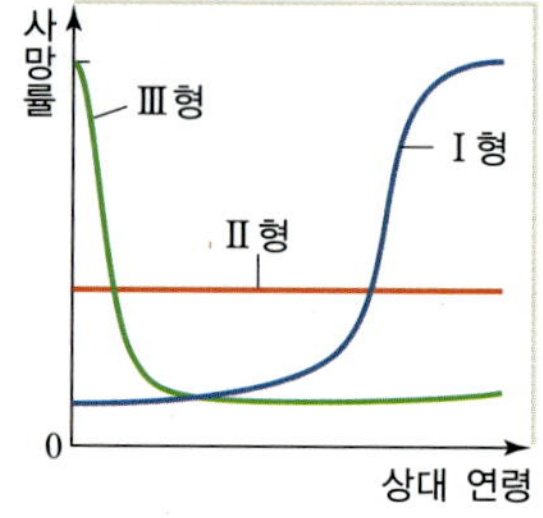

개체군의 연령 피라미드와 개체군 크기 예측

상대적으로 생식 전 연령층의 비율이 높을수록 개체군의 크기가 커지고, 상대적으로 생식 전 연령층의 비율이 낮을수록 개체군의 크기가 작아진다.

• 발전형: 개체군의 크기가 점차 커질 것으로 예상

• 안정형: 개체군의 크기에 변화가 적을 것으로 예상

• 쇠퇴형: 개체군의 크기가 점차 작아질 것으로 예상

(5) 개체군의 주기적 변동

계절적 변동	계절에 따른 환경 요인의 변화로 개체군의 크기가 변동된다. 예 돌말 개체군의 계절적 변동: 영양염류, 빛의 세기, 수온 등 환경 요인의 계절적 변화에 따라 돌말 개체군의 크기가 1년을 주기로 변화
포식과 피식 관계에 따른 변동	포식과 피식에 의해 두 개체군의 크기가 주기적으로 변동된다. 예 눈신토끼(피식자)와 스라소니(포식자)의 개체 수 변동 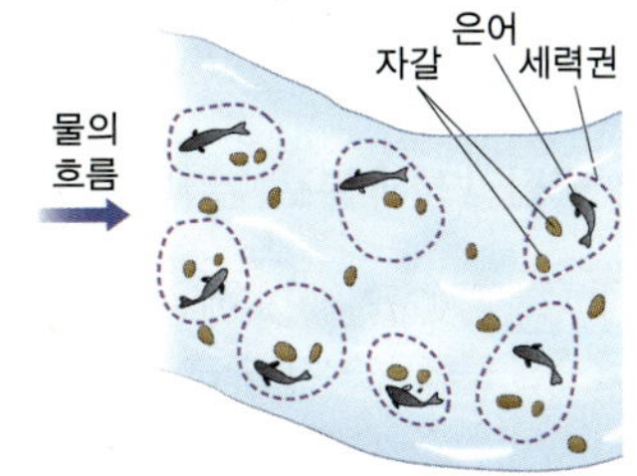

2. 개체군 내의 상호 작용 ➡ 개체군 내 개체들 사이의 불필요한 종내 경쟁을 피하고 질서를 유지

텃세	먹이나 서식 공간의 확보, 배우자 독점 등을 위해 일정한 생활 공간(세력권)을 차지하고 다른 개체의 침입을 막는 것 예 은어, 까치, 얼룩말 등
순위제	힘의 서열에 따라 순위를 정하여 먹이나 배우자를 차지하는 것 예 닭, 큰뿔양 등
리더제	한 개체가 리더가 되어 개체군 전체의 행동을 지휘하는 것 예 늑대, 기러기 등
사회생활	각 개체들이 먹이 획득, 생식, 방어 등의 역할을 분담하고 협력하여 생활하는 것 예 벌, 개미 등
가족생활	혈연관계의 개체들이 모여 생활하는 것 예 사자, 호랑이, 제비 등

개념 익히기 문제

정답과 해설 p.063

🧠 교과서 문장으로 개념 익히기

11 개체군이 서식하는 공간의 단위 면적당 개체 수를 개체군의 ☐☐라고 한다.

12 개체군의 개체 수 변화를 시간에 따라 나타낸 그래프를 개체군의 ☐☐☐☐이라고 한다.

13 서식 공간과 먹이 부족, 노폐물의 축적, 전염병의 확산 등 개체군의 생장을 제한하는 요인을 ☐☐☐☐이라고 한다.

14 개체군을 이루는 각 개체가 자신의 생활 구역을 확보하여 다른 개체의 접근을 막고, 먹이, 배우자, 공간 등을 독점하는 것을 ☐☐라고 한다.

🎲 OX 문제로 개념 익히기

15 개체군의 이론적 생장 곡선은 S자형을, 실제 생장 곡선은 J자형을 나타낸다. (○ / x)

16 개체군의 생존 곡선의 3가지 유형(Ⅰ형~Ⅲ형) 중 초기 사망률이 가장 높은 유형은 Ⅲ형이다. (○ / x)

17 개체군의 연령 피라미드의 3가지 유형(발전형, 안정형, 쇠퇴형) 중 생식 전 연령층의 비율이 상대적으로 낮아 개체 수가 점차 감소할 것으로 예상되는 유형은 쇠퇴형이다. (○ / x)

18 한 닭장에 있는 닭 사이에서 모이를 먹는 순서가 결정되는 것은 개체군 내의 상호 작용 중 리더제에 해당한다. (○ / x)

개념 일정한 지역에 여러 개체군들이 모여 생활하는 집단

1. 군집의 구성과 종류

(1) 군집의 구성: 군집을 구성하는 개체군의 역할에 따라 생산자, 소비자, 분해자로 구분한다.

❶ **먹이 사슬과 먹이 그물**: 군집을 구성하는 개체군 사이에 서로 먹고 먹히는 관계를 형성한다.

먹이 사슬	군집을 구성하는 개체군 사이의 먹고 먹히는 관계를 사슬 모양으로 나타낸 것
먹이 그물	군집 내에서 여러 개의 먹이 사슬이 그물처럼 복잡하게 얽혀 있는 것

❷ **생태적 지위**: 군집 내 각 개체군의 위치와 역할로 먹이 지위와 공간 지위로 구분한다.

(2) 군집의 종류: 생물의 서식 환경에 따라 육상 군집과 수생 군집으로 구분할 수 있다.

육상 군집	삼림	기온이 높고 강수량이 많은 지역에 발달한다. 예 열대 우림, 낙엽수림, 침엽수림
	초원	삼림보다 강수량이 적은 지역에 발달한다. 예 열대 초원(사바나), 온대 초원
	사막 (황원)	강수량이 매우 적고 건조하거나, 기온이 매우 낮아 식물이 자라기 어려운 지역에 발달한다. 예 열대 사막, 온대 사막, 툰드라
수생 군집		강, 하천, 호수에 형성되는 담수 군집과 바다에 형성되는 해수 군집이 있다.

2. 군집의 생태 분포: 기온, 강수량 등 환경 요인의 영향을 받아 형성된 군집의 분포이다.

수평 분포	• 위도에 따른 분포로 기온과 강수량의 차이에 의해 나타난다. • 저위도에서 고위도로 갈수록 기온이 낮아지며, 열대 우림 → 낙엽수림 → 침엽수림 → 툰드라 순으로 분포한다.
수직 분포	• 특정 지역에서 고도에 따른 분포로 주로 기온의 차이에 의해 나타난다. • 고도가 낮은 곳에서 높은 곳으로 갈수록 기온이 낮아지며, 상록 활엽수림 → 낙엽 활엽수림 → 침엽수림 → 관목대 순으로 분포한다.

3. 군집의 구조

(1) 군집을 구성하는 종의 구분 방형구법에서 중요치가 가장 높은 종
➡ 다른 종과 비생물적 요인에 영향을 주어 군집의 구조에 큰 영향을 끼침

우점종	개체 수가 많거나 차지하는 면적이 넓어 그 군집을 대표할 수 있는 종
핵심종	우점종은 아니지만, 군집의 구조에 중요한 역할을 하는 종
희소종	군집을 구성하는 개체군 중에서 개체 수가 매우 적은 종
지표종	특정 지역이나 환경에서만 볼 수 있는 종 ➡ 군집의 지역적, 환경적 특성을 나타냄

(2) 층상 구조: 군집이 몇 개의 수직적인 층으로 구성된 구조이다.

4. 군집의 천이: 군집의 종 구성과 특성이 시간이 지남에 따라 변하는 현상을 말한다.

(1) 1차 천이: 생물이 없고 토양이 형성되지 않은 불모지에서 시작하는 천이이다.

습성 천이	• 연못, 호수, 늪지와 같이 물이 있는 곳에서 시작하는 천이 소나무 등의 침엽수(양수)가 우점종 • 빈영양호 → 부영양호 → 습원(습지) → 초원 → 관목림 → 양수림 → 혼합림 → 음수림(극상) – 참나무 등의 활엽수(음수)가 우점종
건성 천이	• 용암 대지, 바위, 모래, 맨땅과 같이 건조한 곳에서 시작하는 천이 • 용암 대지 → 지의류(개척자) → 초원 → 관목림 → 양수림 → 혼합림 → 음수림(극상)

(2) 2차 천이: 산불, 산사태, 벌목, 홍수 등이 일어나 기존에 있던 군집은 파괴되었으나, 토양은 남아 있는 곳에서 시작되는 천이이다. ➡ 주로 초본 식물(풀)이 개척자이다.

먹이 사슬

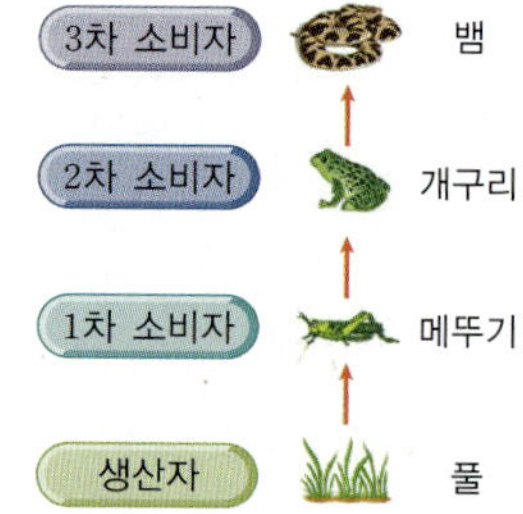

먹이 그물

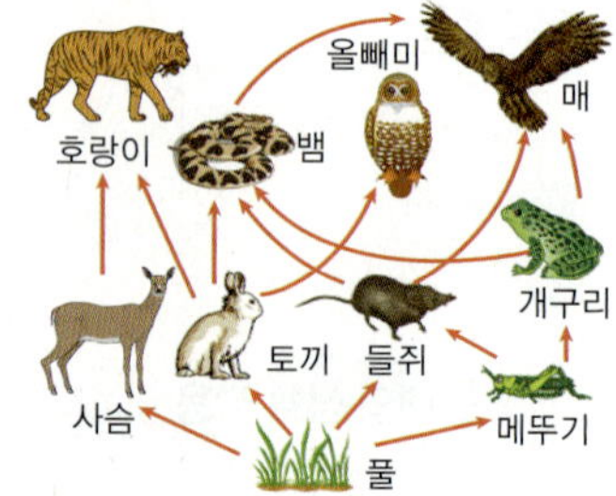

삼림 군집의 층상 구조
• 층상 구조가 발달한 삼림 군집에서는 높이에 따라 도달하는 빛의 세기가 다르다. → 지표면에 가까울수록 빛의 세기가 감소한다.
• 햇빛을 최대한 활용할 수 있는 구조로 되어 있다. → 상층의 교목층에는 강한 빛에 적응한 구조를 가진 식물이 잘 자라고, 아래층으로 내려갈수록 약한 빛에 적응한 구조를 가진 식물이 잘 자란다.

핵심종의 예
• 습지 환경을 변화시키는 비버
• 바닷가 바위 생태계에서 따개비와 조개의 생존을 결정하는 불가사리

지표종의 예
• 에델바이스: 고산 지대에 서식하여 해당 지역의 고도와 온도 범위를 알 수 있다.
• 지의류: 이산화 황의 농도가 높으면 살 수 없어 대기 중 이산화 황의 오염 정도를 알 수 있다.

개척자
천이에서 가장 먼저 출현하는 생물이다.

극상
천이의 마지막 단계로 안정된 상태를 이루는 군집이다.

양수림에서 음수림으로의 천이
• 양수림이 형성되면 다 자란 양수(소나무 등의 침엽수)들에 의해 숲의 상층에서 많은 빛이 흡수되므로 하층에 도달하는 빛의 세기가 약해진다.
• 빛의 세기가 약한 양수림의 하층에서는 강한 빛에서만 잘 자라는 양수의 어린 나무는 생장하지 못하지만, 약한 빛에서도 잘 자라는 음수(참나무 등의 활엽수)의 어린 나무는 잘 생장한다. → 점차 음수가 번성하여 혼합림을 거쳐 음수림으로 천이가 일어난다.

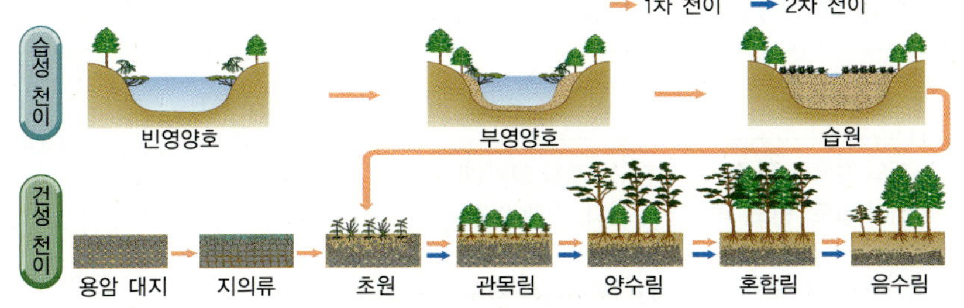

▲ 1차 천이(습성 천이, 건성 천이)와 2차 천이

5. 군집 내 개체군 사이의 상호 작용

종간 경쟁	• 생태적 지위가 비슷한 두 종 이상의 개체군들이 함께 살면 한정된 자원과 서식지 등을 차지하기 위한 종간 경쟁이 일어난다. 예 짚신벌레와 애기짚신벌레 사이의 종간 경쟁 생태적 지위가 많이 겹칠수록 종간 경쟁이 심해짐 • 경쟁·배타 원리: 종간 경쟁에서 진 개체군이 사라지는 것
분서	• 생태적 지위가 비슷한 개체군들이 종간 경쟁을 피하기 위해 먹이, 서식지, 활동 시기 등을 달리한다. 예 한 나무에 서식하는 솔새들의 분서, 피라미와 은어의 분서
포식과 피식	• 군집을 이루는 서로 다른 종의 개체군 사이에 먹고 먹히는 관계이다. ➡ 먹이 사슬 형성 예 토끼풀(피식자)과 토끼(포식자), 뿔사슴(피식자)과 늑대(포식자)
공생	• 군집을 이루는 서로 다른 두 종의 개체군이 서로 밀접한 관계를 맺으며 생활한다. • 상리 공생: 두 개체군이 모두 이익을 얻는 관계이다. 예 말미잘과 흰동가리 • 편리공생: 한 개체군은 이익을 얻지만, 다른 개체군은 이익도 손해도 없는 관계이다. 예 바다거북과 빨판상어, 혹등고래와 따개비
기생	• 한 개체군이 다른 개체군에 피해를 주며 생활한다. 예 사람(숙주)과 기생충(기생 생물), 식물(숙주)과 겨우살이(기생 생물)

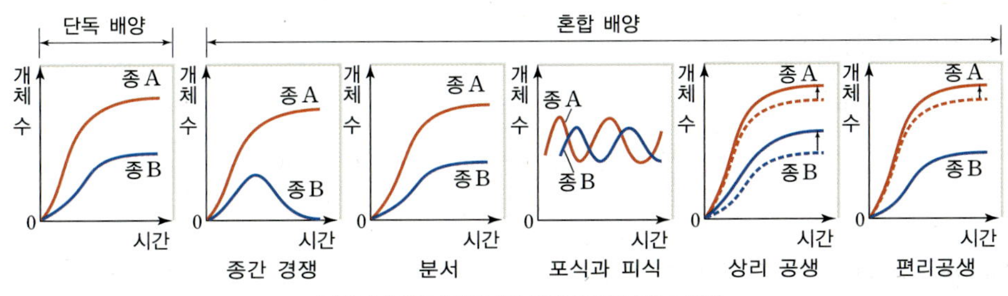

▲ 군집 내 개체군 사이의 상호 작용에 따른 개체 수 변화

빈영양호
영양염류와 부식토가 적은 호수이다.

부영양호
영양염류가 많아 생물이 잘 자라는 호수이다.

2차 천이의 천이 속도
2차 천이는 토양에 남아 있는 기존 식물의 종자나 뿌리로부터 천이가 시작되므로 보통 1차 천이보다 빠르게 진행된다.

군집 내 개체군 사이의 상호 작용

구분	개체군 A (종 A)	개체군 B (종 B)
종간 경쟁	−	−
포식과 피식	+ (포식자)	− (피식자)
상리 공생	+	+
편리 공생	+	0
기생	− (숙주)	+ (기생 생물)

(+: 이익을 얻음, −: 손해를 봄, 0: 이익도 손해도 없음)

강의 포인트
지의류는 생물적 요인으로 균류와 조류의 공생체이다. 척박한 환경에서도 물만 있으면 생존이 가능하다.

개념 익히기 문제

정답과 해설 p.063

교과서 문장으로 개념 익히기

19 생태계에서 개체군이 가지는 위치와 역할을 □□□ □□라고 한다.

20 위도에 따라 기온과 강수량이 달라 서로 다른 생물 군집이 나타나는 것을 □□□□□라고 한다.

21 용암 대지와 같이 생명체가 없고 토양이 형성되지 않은 곳에서 시작하는 천이를 □□□□라고 한다.

22 종간 경쟁에서 이긴 개체군은 번성하여 생장하지만, 종간 경쟁에서 진 개체군은 도태되어 사라지는 현상을 □□·□□□□라고 한다.

OX 문제로 개념 익히기

23 육상 군집 중 삼림은 강수량이 매우 적거나, 기온이 낮은 지역에 발달한다. (O / X)

24 2차 천이의 개척자는 지의류이다. (O / X)

25 분서는 생태적 지위가 비슷한 개체들이 먹이나 서식지를 달리하여 종간 경쟁을 피하는 상호 작용이다. (O / X)

26 말미잘과 흰동가리 사이의 상호 작용에서 말미잘과 흰동가리는 모두 상호 작용을 통해 이익을 얻는다. (O / X)

27 한 나무 사이에서 여러 종의 솔새들이 서식지를 달리하여 생활하는 것은 분서의 예에 해당한다. (O / X)

방형구법을 이용한 식물 군집 조사

📝 과정

❶ 조사하고자 하는 지역에 $1\,m \times 1\,m$ 크기의 25개의 칸으로 이루어진 방형구 4개를 설치한다.

❷ 방형구 안에 있는 각 식물 종과 개체 수를 조사하여 밀도, 빈도, 피도를 구한다. 이때 어떤 식물 종이 출현한 칸은 그 식물 종이 그 칸의 면적($0.04\,m^2$)을 모두 점유하는 것으로 간주한다.

❸ 각 식물 종의 상대 밀도, 상대 빈도, 상대 피도를 계산하여 중요치를 구하고, 우점종을 결정한다.

- 밀도 $= \dfrac{\text{특정 종의 개체 수}}{\text{전체 방형구의 면적}(m^2)}$
- 상대 밀도(%) $= \dfrac{\text{특정 종의 밀도}}{\text{조사한 모든 종의 밀도의 합}} \times 100$
- 빈도 $= \dfrac{\text{특정 종이 출현한 방형구 수}}{\text{전체 방형구 수}}$
- 상대 빈도(%) $= \dfrac{\text{특정 종의 빈도}}{\text{조사한 모든 종의 빈도의 합}} \times 100$
- 피도 $= \dfrac{\text{특정 종이 점유한 면적}(m^2)}{\text{전체 방형구의 면적}(m^2)}$
- 상대 피도(%) $= \dfrac{\text{특정 종의 피도}}{\text{조사한 모든 종의 피도의 합}} \times 100$

- 중요치 $=$ 상대 밀도 $+$ 상대 빈도 $+$ 상대 피도 ➡ 중요치가 가장 높은 종이 그 군집의 우점종

🔍 결과

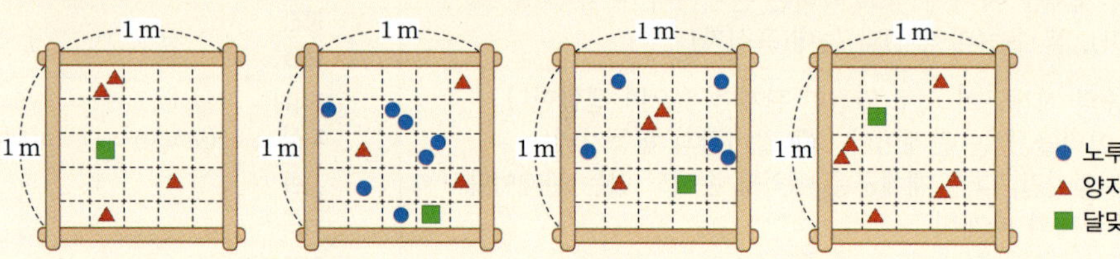

🔍 분석

1. 각 식물 종의 밀도, 빈도, 피도를 구하고, 상대 밀도, 상대 빈도, 상대 피도를 계산한다.

식물 종	밀도	빈도	피도	상대 밀도(%)	상대 빈도(%)	상대 피도(%)
노루귀	$\dfrac{12}{4}=3/m^2$	$\dfrac{2}{4}=0.5$	$\dfrac{0.04 \times 9}{4}=0.09$	$\dfrac{3}{8} \times 100 = 37.5$	$\dfrac{0.5}{2.5} \times 100 = 20$	$\dfrac{0.09}{0.25} \times 100 = 36$
양지꽃	$\dfrac{16}{4}=4/m^2$	$\dfrac{4}{4}=1$	$\dfrac{0.04 \times 12}{4}=0.12$	$\dfrac{4}{8} \times 100 = 50$	$\dfrac{1}{2.5} \times 100 = 40$	$\dfrac{0.12}{0.25} \times 100 = 48$
달맞이꽃	$\dfrac{4}{4}=1/m^2$	$\dfrac{4}{4}=1$	$\dfrac{0.04 \times 4}{4}=0.04$	$\dfrac{1}{8} \times 100 = 12.5$	$\dfrac{1}{2.5} \times 100 = 40$	$\dfrac{0.04}{0.25} \times 100 = 16$

2. 각 식물 종의 중요치를 구하고, 우점종을 결정한다.

식물 종	노루귀	양지꽃	달맞이꽃
중요치	$37.5+20+36=93.5$	$50+40+48=138$	$12.5+40+16=68.5$

- 이 식물 군집의 우점종은 중요치가 가장 높은 양지꽃이다.

⚙ 탐구 목표

방형구법을 이용하여 조사한 식물 군집의 우점종을 결정할 수 있다.

🔬 탐구 포인트

방형구법

조사 지역에 여러 개의 방형구를 설치하고, 방형구 안에 있는 생물 종과 각 생물종의 밀도, 빈도, 피도를 조사하여 우점종을 알아내는 방법이다. → 식물 군집 외에도 해조류나 따개비 등의 부착 생물 군집을 조사할 때도 사용한다.

방형구의 면적

연구 대상과 목적에 따라 다른 면적의 방형구를 사용하며, 면적이 $1\,m^2$인 방형구가 100개의 칸으로 이루어진 경우 한 칸의 면적은 $0.01\,m^2$, 25개의 칸으로 이루어진 경우 한 칸의 면적은 $0.04\,m^2$이다.

피도의 측정

피도를 정확히 측정하기 어려운 경우, 피도 계급을 사용하기도 한다.

피도 계급	방형구에서 점유한 면적
5	$\dfrac{3}{4}$ 이상
4	$\dfrac{1}{2} \sim \dfrac{3}{4}$
3	$\dfrac{1}{4} \sim \dfrac{1}{2}$
2	$\dfrac{1}{20} \sim \dfrac{1}{4}$
1	$\dfrac{1}{20}$ 이하

정답과 해설 p.064

예제 ❶

표는 어느 지역의 식물 군집에 대해 방형구법으로 조사한 결과이다.

이에 대한 설명으로 옳은 것만을 |보기|에서 있는 대로 고른 것은? (단, 식물 종 A~C 이외의 다른 종은 고려하지 않는다.)

식물 종	개체 수	빈도	상대 피도(%)
A	5	0.03	30
B	11	0.04	35
C	9	0.03	?

─ 보기 ─

ㄱ. A의 상대 밀도는 $20\,\%$이다.

ㄴ. 이 식물 군집에서 우점종은 B이다.

ㄷ. C의 중요치는 100보다 작다.

① ㄱ　　　② ㄷ　　　③ ㄱ, ㄴ　　　④ ㄴ, ㄷ　　　⑤ ㄱ, ㄴ, ㄷ

▶ 해결 전략

1단계: 제시된 자료를 토대로 A~C의 상대 밀도, 상대 빈도, 상대 피도를 구한다.

→ 상대 밀도(%)는
$$\dfrac{\text{특정 종의 개체 수}}{\text{조사한 모든 종의 개체 수}} \times 100$$
으로 계산하여 구할 수 있다.

2단계: A~C의 중요치를 구하여 우점종을 결정한다.

개념 다지기 문제

01 그림은 어떤 지역의 생태계에서 생태계 구성 요소의 일부를 나타낸 것이다. A~C는 개체, 군집, 개체군을 순서 없이 나타낸 것이다.

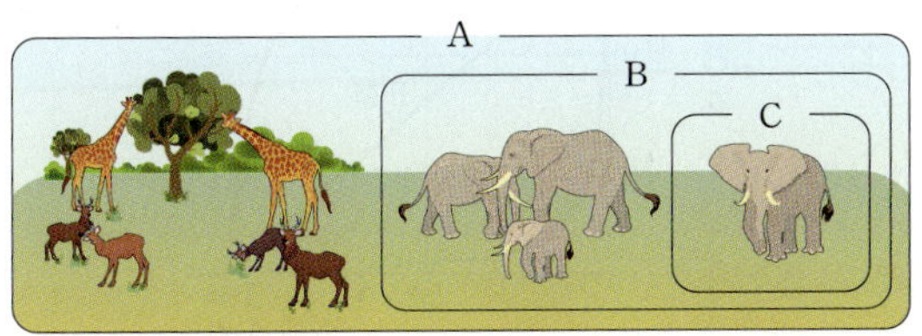

이에 대한 설명으로 옳은 것만을 |보기|에서 있는 대로 고른 것은?

|보기|
ㄱ. A는 군집, C는 개체이다.
ㄴ. 기린과 코끼리는 동일한 B에 속한다.
ㄷ. 이 생태계에는 생물적 요인만 있다.

① ㄱ   ② ㄴ   ③ ㄱ, ㄷ
④ ㄴ, ㄷ   ⑤ ㄱ, ㄴ, ㄷ

대표 유형 문제

02 그림은 어떤 생태계를 구성하는 요소 사이의 상호 관계를 나타낸 것이다.

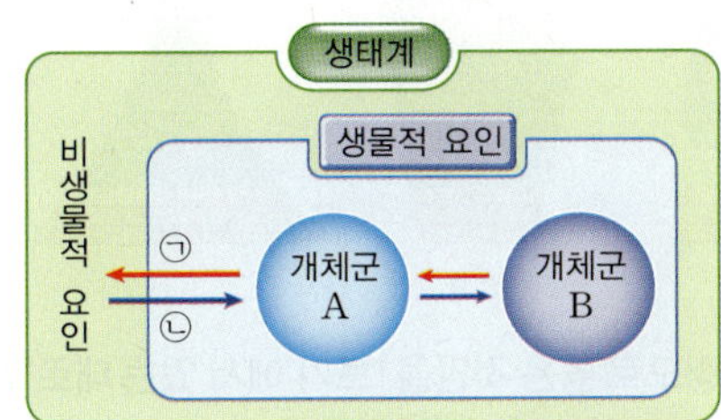

이에 대한 설명으로 옳은 것만을 |보기|에서 있는 대로 고른 것은?

|보기|
ㄱ. 숲이 우거져 숲속이 어두워지는 것은 ㉠의 예에 해당한다.
ㄴ. 곰팡이는 비생물적 요인에 속한다.
ㄷ. 개체군 A는 동일한 종으로 구성되어 있다.

① ㄱ   ② ㄴ   ③ ㄱ, ㄷ
④ ㄴ, ㄷ   ⑤ ㄱ, ㄴ, ㄷ

---

03 그림은 생태계 구성 요소 A~C 사이의 물질 이동 일부를, 표는 A~C의 예를 나타낸 것이다. A~C는 생산자, 소비자, 분해자를 순서 없이 나타낸 것이다.

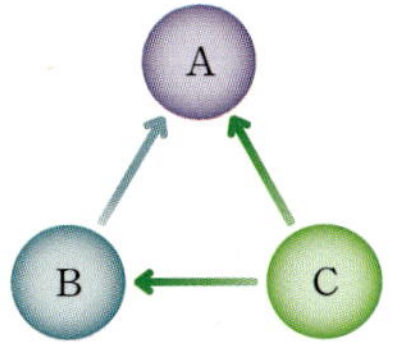

구성 요인	예
A	버섯
B	?
C	갈조류

이에 대한 설명으로 옳은 것만을 |보기|에서 있는 대로 고른 것은?

|보기|
ㄱ. A~C 중 B와 C만 생물적 요인에 속한다.
ㄴ. B는 소비자이다.
ㄷ. C에는 빛에너지를 이용하여 스스로 무기물로부터 유기물을 합성하는 생물이 있다.

① ㄱ   ② ㄴ   ③ ㄷ
④ ㄱ, ㄴ   ⑤ ㄴ, ㄷ

---

04 다음은 생태계 구성 요소 사이의 상호 관계의 예 (가)~(라)를 나타낸 것이다.

(가) A 지역에 사는 갈라파고스펭귄은 B 지역에 사는 황제펭귄보다 몸집이 작고 몸의 말단부가 크다.
(나) 바다의 깊이에 따라 해조류의 분포가 다르다.
(다) 꾀꼬리는 일조 시간이 길어지는 봄에 생식을 위해 알을 낳는다.
(라) 지렁이는 토양에 틈을 만들어 토양의 통기성을 높인다.

이에 대한 설명으로 옳은 것만을 |보기|에서 있는 대로 고른 것은?

|보기|
ㄱ. 연 평균 기온은 A 지역에서가 B 지역에서보다 낮다.
ㄴ. (나)와 (다)에서 생물적 요인에 영향을 준 비생물적 요인은 모두 빛이다.
ㄷ. (가)와 (라)는 모두 비생물적 요인이 생물적 요인에 영향을 주는 예에 해당한다.

① ㄱ   ② ㄴ   ③ ㄷ
④ ㄱ, ㄴ   ⑤ ㄴ, ㄷ

개념 다지기 문제

05 그림은 어떤 개체군의 생장 곡선 A와 B를 나타낸 것이다. A와 B는 실제 생장 곡선과 이론적 생장 곡선을 순서 없이 나타낸 것이다.

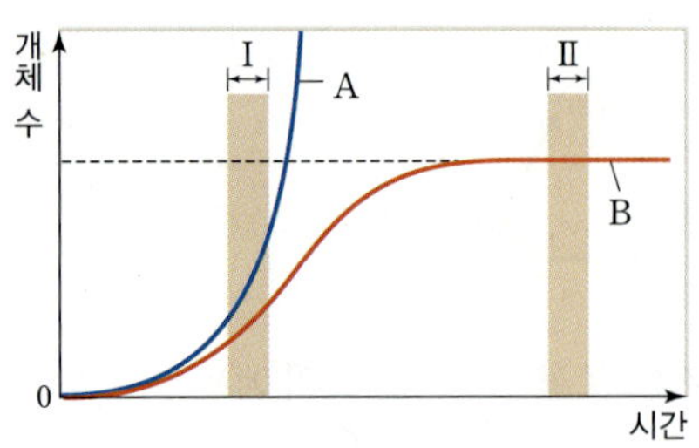

이에 대한 설명으로 옳은 것만을 |보기|에서 있는 대로 고른 것은? (단, 이 개체군에서 이입과 이출은 없다.)

|보기|
ㄱ. A는 실제 생장 곡선이다.
ㄴ. 구간 Ⅰ에서 증가한 개체 수는 A에서가 B에서보다 크다.
ㄷ. 구간 Ⅱ에서는 B에 환경 저항이 작용하지 않는다.

① ㄱ   ② ㄴ   ③ ㄱ, ㄷ
④ ㄴ, ㄷ   ⑤ ㄱ, ㄴ, ㄷ

06 개체군의 특성에 대한 설명으로 옳지 <u>않은</u> 것은?

① 개체군의 밀도를 감소시키는 요인에는 이출과 사망이 있다.
② 개체군의 밀도는 일정한 공간에 서식하는 개체 수를 말한다.
③ 실제 환경에서 개체군의 크기가 커질수록 환경 저항은 줄어든다.
④ 자원의 제한이 없는 이상적인 환경에서는 J자형의 생장 곡선이 나타난다.
⑤ 주어진 환경 조건에서 서식할 수 있는 개체군의 최대 크기를 환경 수용력이라고 한다.

07 그림은 개체군의 생존 곡선 유형 Ⅰ형~Ⅲ형을 나타낸 것이다.

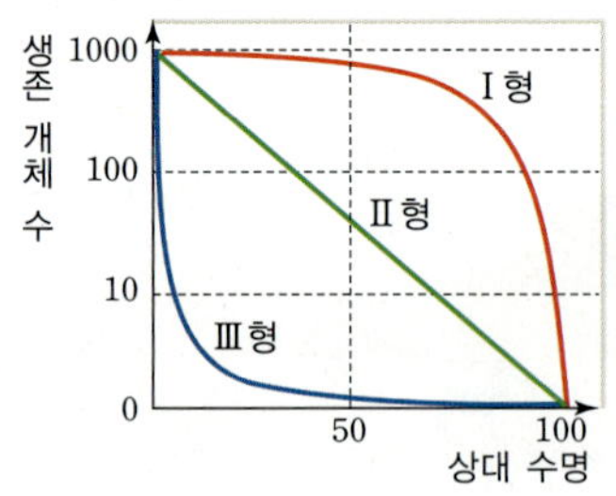

이에 대한 설명으로 옳은 것만을 |보기|에서 있는 대로 고른 것은?

|보기|
ㄱ. 한 개체가 한번에 출생하는 평균 자손 수는 Ⅰ형에서가 Ⅲ형에서보다 많다.
ㄴ. 어린 개체의 사망률은 Ⅱ형에서가 Ⅲ형에서보다 낮다.
ㄷ. 굴 개체군은 Ⅱ형의 생존 곡선을 나타낸다.

① ㄱ   ② ㄴ   ③ ㄱ, ㄴ
④ ㄱ, ㄷ   ⑤ ㄴ, ㄷ

08 그림은 개체군의 연령 피드미드 유형 (가)~(다)를 나타낸 것이다. (가)~(다)는 발전형, 쇠퇴형, 안정형을 순서 없이 나타낸 것이다.

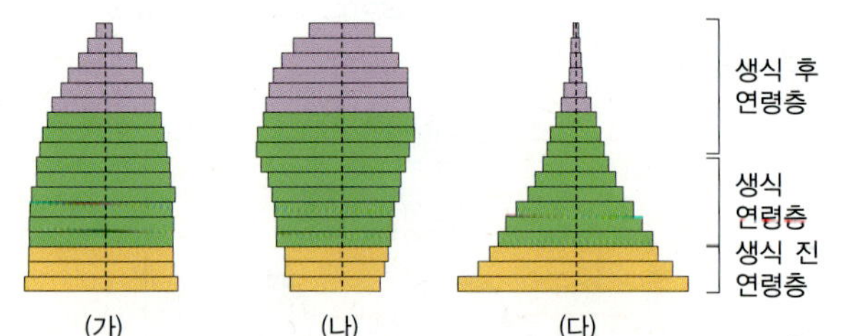

이에 대한 설명으로 옳은 것만을 |보기|에서 있는 대로 고른 것은?

|보기|
ㄱ. (가)는 발전형, (나)는 쇠퇴형이다.
ㄴ. $\dfrac{\text{생식 전 연령층의 개체 수}}{\text{생식 후 연령층의 개체 수}}$ 는 (나)에서가 (다)에서보다 작다.
ㄷ. (가)~(다) 중 개체군의 크기가 점차 증가할 가능성이 가장 큰 유형은 (나)이다.

① ㄱ   ② ㄴ   ③ ㄱ, ㄷ
④ ㄴ, ㄷ   ⑤ ㄱ, ㄴ, ㄷ

09 그림은 어떤 하천에서 계절에 따른 비생물적 요인의 변화와 돌말의 개체 수 변동을 나타낸 것이다. A~D는 봄, 여름, 가을, 겨울을 순서 없이 나타낸 것이다.

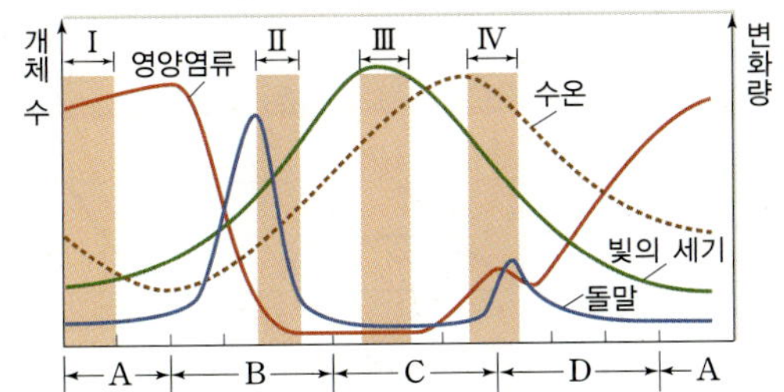

이에 대한 설명으로 옳지 <u>않은</u> 것은? (단, 제시된 자료 외에 다른 요인은 고려하지 않는다.)

① B는 봄, D는 가을이다.
② 구간 Ⅰ에서 돌말의 개체 수가 적은 것은 빛의 세기가 약하고 수온이 낮기 때문이다.
③ 구간 Ⅱ에서 돌말의 개체 수가 감소한 것은 영양염류가 감소하였기 때문이다.
④ 구간 Ⅲ에서 돌말의 개체 수가 적은 것은 빛의 세기가 강하고 수온이 높기 때문이다.
⑤ 구간 Ⅳ에서 돌말의 개체 수가 증가하는 것은 영양염류가 증가하기 때문이다.

10 표는 생물 사이의 상호 작용 A~C의 예를 나타낸 것이다. A~C는 텃세, 리더제, 사회생활을 순서 없이 나타낸 것이다.

상호 작용	예
A	호랑이는 배설물로 자기 영역을 표시한다.
B	기러기가 이동할 때 한 마리가 무리를 이끈다.
C	개미 개체군에서 일개미, 병정개미, 여왕개미는 담당하는 역할이 다르다.

이에 대한 설명으로 옳은 것만을 |보기|에서 있는 대로 고른 것은?

ㄱ. A는 텃세, C는 사회생활이다.
ㄴ. 닭이 먹이를 먹는 순서가 정해져 있는 것은 B의 예에 해당한다.
ㄷ. B와 C는 모두 개체군 내의 상호 작용이다.

① ㄱ　　　　② ㄴ　　　　③ ㄷ
④ ㄱ, ㄷ　　　⑤ ㄴ, ㄷ

11 군집의 특성과 군집을 구성하는 종의 구분에 대한 설명으로 옳지 <u>않은</u> 것은?

① 방형구법에서 중요치가 가장 낮은 종이 우점종이다.
② 지의류는 이산화 황의 오염 정도를 예측할 수 있는 지표종이다.
③ 핵심종은 우점종은 아니지만 군집의 구조에 결정적인 영향을 미치는 종이다.
④ 생태적 지위는 군집을 구성하는 각 개체군이 가지는 위치와 역할을 의미한다.
⑤ 희소종은 군집을 구성하는 개체군 중 개체 수가 가장 적어 보호가 필요한 종이다.

12 다음은 어느 군집 A에 대한 설명이다.

> • 강수량이 적고 기온이 낮아 식물이 잘 자라기 어려운 지역에 형성된다.
> • 짧은 기간 동안 이끼류와 같은 일부 식물만 자란다.

군집의 종류 중 A에 해당하는 것은?

① 툰드라　　　　　② 사바나
③ 온대 초원　　　　④ 담수 군집
⑤ 침엽수림

13 그림은 어떤 식물 군집의 높이에 따른 빛의 세기와 층상 구조를 나타낸 것이다. A와 B는 관목층과 교목층을 순서 없이 나타낸 것이다.

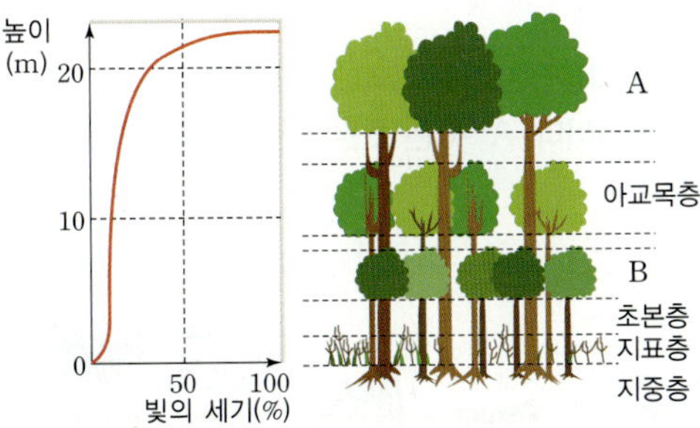

이에 대한 설명으로 옳은 것만을 |보기|에서 있는 대로 고른 것은?

ㄱ. A는 관목층, B는 교목층이다.
ㄴ. 층상 구조는 식물 군집의 수직적인 구성을 나타낸 것이다.
ㄷ. A로부터 아래층으로 내려갈수록 약한 빛에 적응한 구조를 가진 식물이 잘 자란다.

① ㄱ　　　　② ㄴ　　　　③ ㄱ, ㄴ
④ ㄱ, ㄷ　　　⑤ ㄴ, ㄷ

개념 다지기 문제

14 그림은 식물 군집의 생태 분포를 나타낸 것이다. (가)와 (나)는 수직 분포와 수평 분포를 순서 없이 나타낸 것이다.

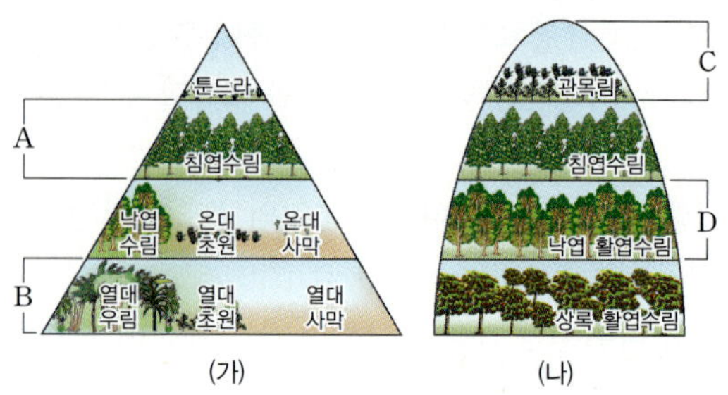

이에 대한 설명으로 옳은 것만을 |보기|에서 있는 대로 고른 것은?

> **보기**
> ㄱ. A 지역은 B 지역보다 위도가 낮다.
> ㄴ. C 지역은 D 지역보다 기온이 낮다.
> ㄷ. (가)는 기온과 강수량의 차이에 의해 나타나는 수평 분포이다.

① ㄱ ② ㄴ ③ ㄱ, ㄷ
④ ㄴ, ㄷ ⑤ ㄱ, ㄴ, ㄷ

---

15 그림의 (가)는 어떤 지역에서 일어나는 식물 군집의 천이 과정을 나타낸 것이다. A~C는 초원, 양수림, 음수림을 순서 없이 나타낸 것이다.

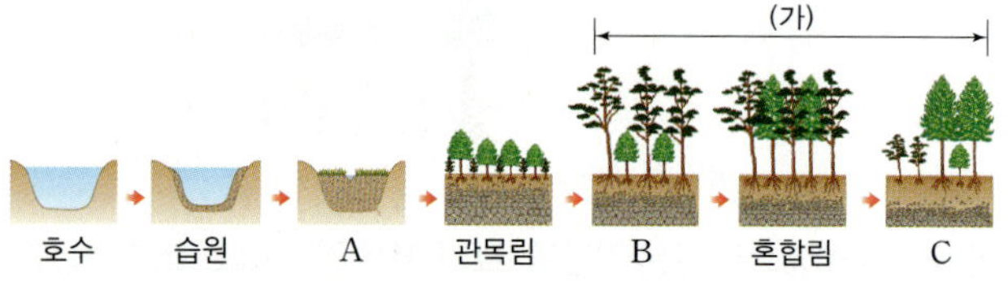

이에 대한 설명으로 옳지 <u>않은</u> 것은?

① 1차 천이에 해당한다.
② 습성 천이의 과정을 나타낸 것이다.
③ A의 우점종은 지의류이다.
④ B는 양수림, C는 음수림이다.
⑤ (가) 구간에서 식물 군집 변화에 영향을 준 비생물적 요인 중 하나는 빛의 세기이다.

---

16 그림 (가)는 종 A~C를 각각 단독 배양했을 때, (나)는 A와 B를 혼합 배양했을 때, (다)는 A와 C를 혼합 배양했을 때 시간에 따른 개체 수를 나타낸 것이다.

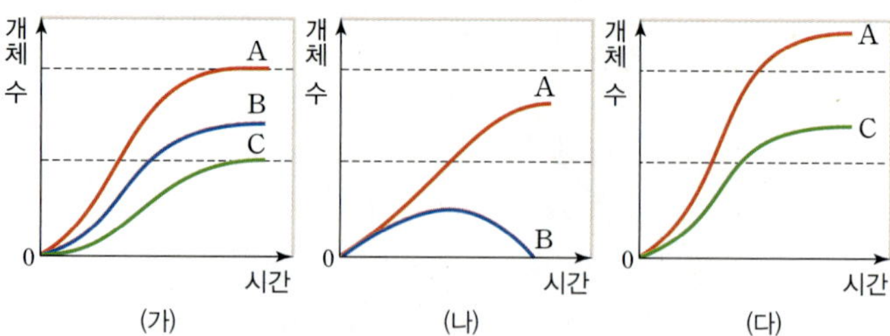

이에 대한 설명으로 옳은 것만을 |보기|에서 있는 대로 고른 것은? (단, (가)~(다)에서 초기 개체 수와 배양 조건은 동일하다.)

> **보기**
> ㄱ. A와 C 사이의 상호 작용은 상리 공생이다.
> ㄴ. (나)에서 경쟁 · 배타 원리가 적용되었다.
> ㄷ. A는 B와의 상호 작용을 통해 이익을 얻는다.

① ㄱ ② ㄷ ③ ㄱ, ㄴ
④ ㄴ, ㄷ ⑤ ㄱ, ㄴ, ㄷ

---

17 표는 서로 다른 종 사이의 상호 작용 (가)~(다)를, 그림은 어떤 생태계에서 종 A와 B의 시간에 따른 개체 수를 나타낸 것이다. (가)~(다)는 기생, 편리공생, 포식과 피식을 순서 없이 나타낸 것이고, A와 B 사이의 상호 작용은 (나)이다.

상호 작용	종 1	종 2
(가)	손해	?
(나)	ⓐ	손해
(다)	이익	ⓑ

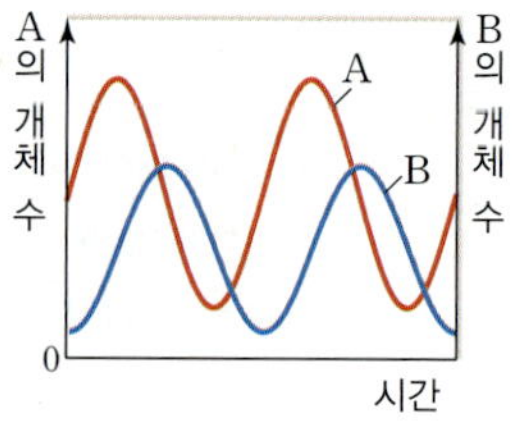

이에 대한 설명으로 옳은 것만을 |보기|에서 있는 대로 고른 것은?

> **보기**
> ㄱ. (가)는 기생이다.
> ㄴ. ⓐ는 '이익', ⓑ는 '손해'이다.
> ㄷ. 콩과식물과 뿌리혹박테리아의 상호 작용은 (다)에 해당한다.

① ㄱ ② ㄷ ③ ㄱ, ㄴ
④ ㄴ, ㄷ ⑤ ㄱ, ㄴ, ㄷ

18 그림은 먹이의 양과 서식지 면적이 서로 다른 두 조건 Ⅰ과 Ⅱ에서 개체군 A를 각각 단독 배양했을 때 시간에 따른 개체 수를 나타낸 것이다. 먹이의 양과 서식지 면적은 모두 Ⅰ에서가 Ⅱ에서의 2배이다.

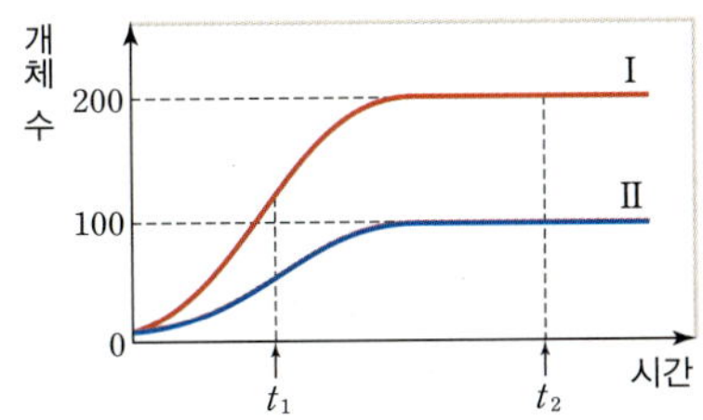

이에 대한 설명으로 옳은 것만을 |보기|에서 있는 대로 고른 것은? (단, 제시된 요인 외에 다른 요인은 고려하지 않는다.)

> **보기**
> ㄱ. A에 대한 환경 수용력은 Ⅰ에서가 Ⅱ에서보다 크다.
> ㄴ. t_1일 때 $\dfrac{\text{출생한 개체 수}}{\text{사망한 개체 수}}$는 Ⅰ에서가 Ⅱ에서보다 작다.
> ㄷ. t_2일 때 A의 밀도는 Ⅰ과 Ⅱ에서 같다.

① ㄱ 　② ㄴ 　③ ㄱ, ㄷ
④ ㄴ, ㄷ 　⑤ ㄱ, ㄴ, ㄷ

19 그림은 어떤 지역에 1 m×1 m 크기의 방형구 2개를 설치하여 조사한 식물 종 A~C의 분포를, 표는 A~C의 피도를 나타낸 것이다.

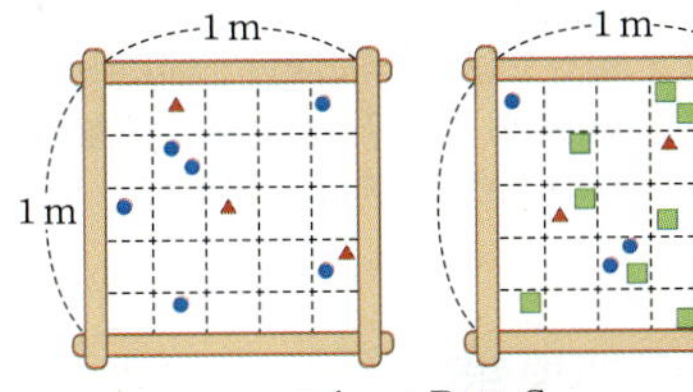

식물 종	피도
A	0.08
B	0.05
C	0.07

● A 　▲ B 　■ C

이에 대한 설명으로 옳은 것만을 |보기|에서 있는 대로 고른 것은? (단, 방형구에 나타낸 각 도형은 식물 1개체를 의미하며, 제시된 종 이외의 종은 고려하지 않는다.)

> **보기**
> ㄱ. 상대 밀도는 A가 B의 1.5배이다.
> ㄴ. 빈도는 B가 C의 2배이다.
> ㄷ. 이 식물 군집에서 우점종은 C이다.

① ㄱ 　② ㄷ 　③ ㄱ, ㄴ
④ ㄴ, ㄷ 　⑤ ㄱ, ㄴ, ㄷ

20 그림은 생태계 구성 요소 사이의 상호 관계를, 표는 A~C의 예를 나타낸 것이다. 생태계 구성 요인 A~C는 분해자, 생산자, 소비자를 순서 없이 나타낸 것이다.

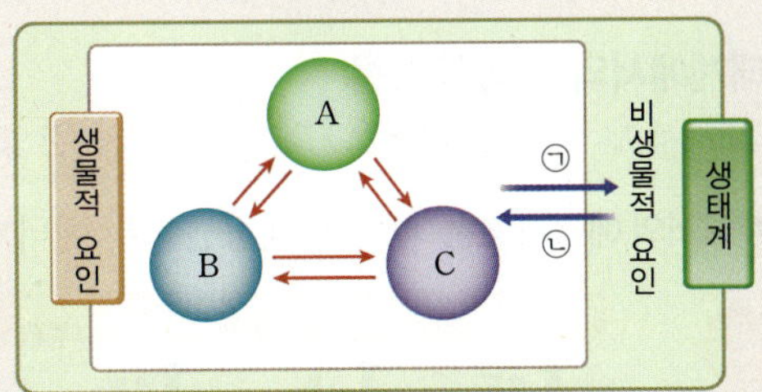

구성 요인	A	B	C
예	메뚜기, 개구리	세균, 버섯	벼, 소나무

(1) A~C는 각각 무엇인지 쓰시오.

⑵ 생태계 구성 요소 사이의 상호 관계 ㉠과 ㉡의 예를 각각 1가지씩 서술하시오.

21 그림은 어떤 지역에서 일어나는 식물 군집의 천이 과정을 나타낸 것이다. 이 지역의 식물 군집이 C에 도달한 후 산사태가 발생하여 기존의 식물 군집이 파괴되었다. A~C는 양수림, 음수림, 초원을 순서 없이 나타낸 것이다.

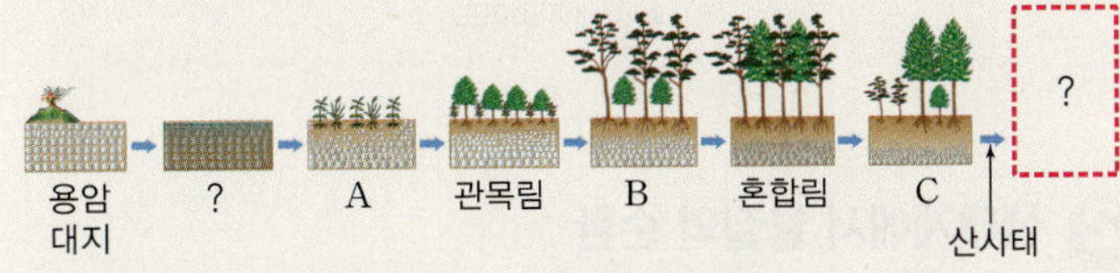

(1) 산사태가 발생하기 전까지의 천이 과정에서 개척자와 A~C는 각각 무엇인지 쓰시오.

(2) 산사태가 발생한 이후 천이가 진행될 때 가장 먼저 형성되는 군집은 A~C 중 무엇인지 쓰고, 산사태가 발생한 이후의 천이 과정이 1차 천이보다 빠르게 일어나는 까닭을 함께 서술하시오.

02 에너지 흐름과 물질의 순환

① 생태계에서의 에너지 흐름

개념 생태계에서 에너지는 순환하지 않고 먹이 사슬을 따라 한 방향으로만 흐르다가 생태계 밖으로 빠져나감

1. 생태계에서의 에너지 흐름: 생태계에 공급되는 에너지의 근원은 태양의 빛에너지이다.

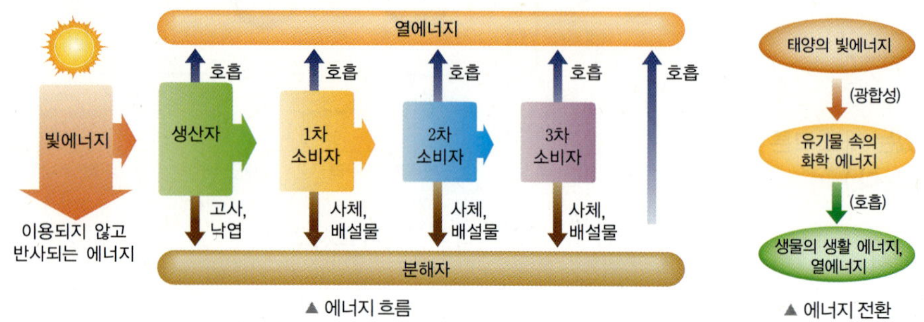

생태계에서의 에너지 흐름

- 빛에너지는 생산자의 광합성에 의해 유기물 속 화학 에너지로 전환되어 먹이 사슬을 따라 소비자로 이동하며, 각 영양 단계에서 세포 호흡을 통해 생명 활동에 사용되고, 열에너지로 전환되어 생태계 밖으로 방출된다.
- 생물의 사체나 배설물 등에 저장된 화학 에너지는 분해자의 세포 호흡을 통해 생명 활동에 사용되고, 열에너지로 전환되어 생태계 밖으로 방출된다.

2. 생태 피라미드: 먹이 사슬에서 각 영양 단계에 속하는 생물의 개체 수, 생물량(생체량), 에너지양을 하위 영양 단계에서 상위 영양 단계로 순서대로 쌓아올린 것이다.

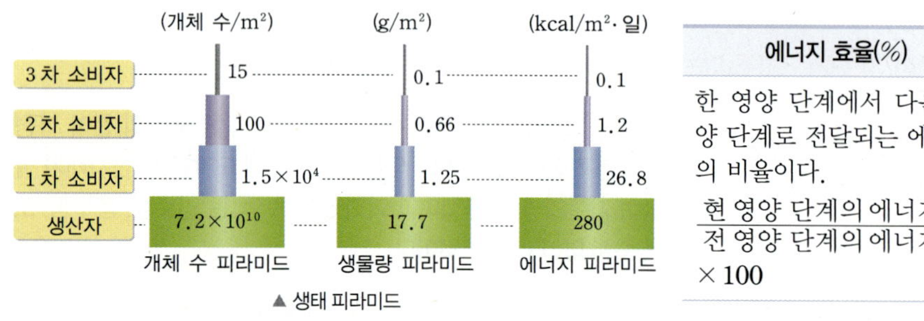

에너지 효율(%)

한 영양 단계에서 다음 영양 단계로 전달되는 에너지의 비율이다.

$$\frac{\text{현 영양 단계의 에너지양}}{\text{전 영양 단계의 에너지양}} \times 100$$

② 생태계에서 물질의 순환

개념 생태계에서 물질은 생물적 요인과 비생물적 요인 사이를 순환하면서 생물이 이용할 수 있는 형태로 전환

1. 생태계에서 물질의 순환 대기 중의 질소는 매우 안정하여 대부분의 식물이 직접 이용할 수 없기 때문에 식물이 이용할 수 있는 이온 형태로 전환되어야 함

질소 순환	· 대기 중의 질소(N_2)는 질소 고정에 의해 암모늄 이온(NH_4^+)으로 전환되거나, 번개 등의 공중 방전에 의해 질산 이온(NO_3^-)으로 전환된다. · 암모늄 이온(NH_4^+)이 질산화 작용에 의해 질산 이온(NO_3^-)으로 산화된다. · 암모늄 이온(NH_4^+)이나 질산 이온(NO_3^-)이 식물의 뿌리를 통해 흡수되어 질소 동화 작용을 통해 질소 화합물(핵산, 단백질 등)로 합성된다. · 합성된 질소 화합물은 먹이 사슬을 따라 상위 영양 단계(소비자)로 이동하며, 이 과정에서 일부는 질소 노폐물의 형태로 배설된다. · 생물의 사체나 배설물에 포함된 질소 화합물은 분해자에 의해 암모늄 이온(NH_4^+)으로 분해되어 토양으로 돌아가고, 토양 속 질산 이온(NO_3^-)은 탈질산화 작용에 의해 질소(N_2)가 되어 대기 중으로 돌아간다.

생태계에서의 에너지 흐름

생태계에서 에너지는 순환하지 않고, 한 방향으로만 흐르기 때문에 생태계가 유지되려면 태양으로부터 빛에너지가 계속 공급되어야 한다.

생물량(생체량, 현존량)

현재 생물이 가지는 유기물의 총량(생물의 질량)으로 누적된 생장량과 같다.

먹이 사슬의 영양 단계와 에너지양

먹이 사슬의 각 영양 단계에서 에너지 중 일부는 생명 활동에 사용되거나 열에너지, 고사, 낙엽, 사체, 배설물의 형태로 방출되기 때문에 상위 영양 단계로 갈수록 각 영양 단계의 생물들이 사용할 수 있는 에너지양은 점차 감소한다. 따라서 먹이 사슬의 영양 단계가 일정 단계 이상으로 길어질 수 없다.

암기 꼭!

먹이 사슬의 각 영양 단계와 분해자에서 세포 호흡을 통해 전환된 열에너지는 다른 생물들에게 이용되지 못하고 생태계 밖으로 방출됨

질소 고정

질소 고정 세균(뿌리혹박테리아, 아조토박터 등)에 의해 질소(N_2)가 암모늄 이온(NH_4^+)으로 전환되는 과정이다.

질산화 작용

질산화 세균에 의해 암모늄 이온(NH_4^+)이 질산 이온(NO_3^-)으로 산화되는 과정이다.

탈질산화 작용

탈질산화 세균에 의해 질산 이온(NO_3^-)이 질소(N_2)로 환원되는 과정이다.

| 탄소
순환 | • 탄소는 대기에서는 주로 이산화 탄소(CO_2), 물속에서는 주로 탄산 수소 이온(HCO_3^-)으로 존재하며, 생산자의 광합성을 통해 포도당과 같은 유기물로 합성된다.
• 유기물의 형태로 탄소가 먹이 사슬을 따라 상위 영양 단계(소비자)로 이동하거나, 사체나 배설물의 형태로 분해자에게 전달된다. → 생산자, 소비자, 분해자의 세포 호흡을 통해 이산화 탄소(CO_2)로 분해되어 대기 또는 물속으로 돌아간다.
• 생물의 사체나 배설물 중 일부 유기물은 화석 연료가 되고, 화석 연료가 연소되면 이산화 탄소(CO_2)로 분해되어 대기로 돌아간다. |

└ 화석 연료의 사용 증가 → 대기 중 이산화 탄소 농도 증가 → 온실 효과 및 지구 온난화 심화

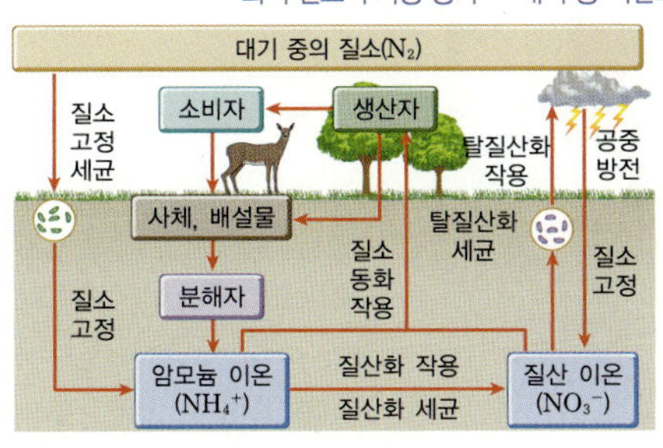

▲ 질소 순환

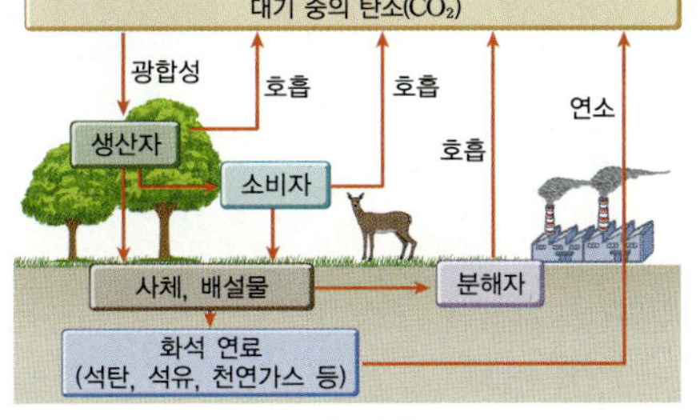

▲ 탄소 순환

2. 생태계에서 물질의 생산과 소비

총생산량	생산자가 광합성을 통해 합성한 유기물의 총량
호흡량	생물이 생명 활동에 필요한 에너지를 얻기 위해 호흡에 소비하는 유기물의 양
순생산량	총생산량에서 생산자의 호흡량을 제외하고 생산자에 저장된 유기물의 양
생장량	순생산량에서 피식량, 고사 · 낙엽량을 제외하고 생명체에 남아 있는 유기물의 양

3 생태계 평형

개념 생태계에서 군집의 구성, 개체 수, 물질의 양, 에너지 흐름이 안정된 상태를 유지하는 것
➡ 군집을 이루는 생물종이 다양하고 먹이 그물이 복잡할수록 생태계 평형이 잘 회복되고 유지됨

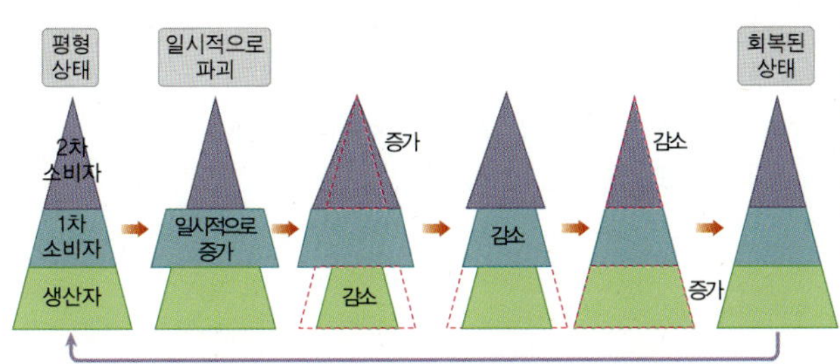

▲ 1차 소비자가 일시적으로 증가하였을 때 생태계 평형 회복 과정

생태계에서 일어나는 물질의 순환과 에너지 흐름 비교
생태계에서 물질은 생물적 요인과 비생물적 요인 사이를 순환하지만, 에너지는 순환하지 않고 먹이 사슬을 따라 한 방향으로만 흐르다가 생태계 밖으로 빠져나간다.

식물 군집에서 물질의 생산량과 소비량

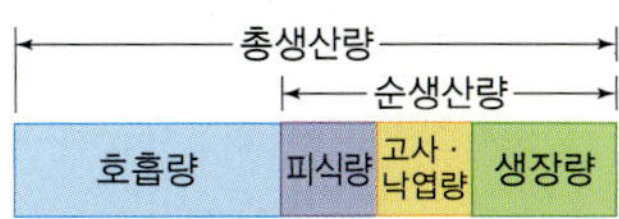

• 피식량: 순생산량 중에서 식물(생산자)이 초식 동물(1차 소비자)에게 먹힌 유기물 양이다.
• 고사 · 낙엽량: 말라죽거나 잎 또는 줄기가 떨어져나가 식물(생산자)이 잃어버리는 유기물의 양이다.
• 총생산량 = 호흡량 + 순생산량
• 생장량 = 순생산량 − (피식량 +고사 · 낙엽량)
• 생산자의 순생산량에는 소비자 또는 분해자가 이용할 수 있는 화학 에너지의 양이 포함된다.

생태계 평형의 파괴
• 생태계 평형을 유지하는 조절 능력에는 한계가 있어서 이 한계를 넘는 요인이 작용하면 생태계 평형이 파괴된다.
• 생태계 평형의 파괴 요인: 자연 재해, 인간 활동에 의한 서식지 파괴 및 환경 오염, 외래 생물의 무분별한 유입 등

'1차 소비자 증가 → 생산자 감소, 2차 소비자 증가 → 1차 소비자 감소 → 생산자 증가, 2차 소비자 감소 → 평형 상태 회복'의 순으로 일어남

개념 익히기 문제

정답과 해설 p.068

🧠 교과서 문장으로 개념 익히기

01 먹이 사슬에서 각 영양 단계가 보유한 생물량, 개체 수, 에너지양을 하위 영양 단계부터 상위 영양 단계로 쌓아 올린 것을 □□□□□□□라고 한다.

02 한 영양 단계에서 다음 영양 단계로 이동하는 에너지 비율을 □□□□□□이라고 한다.

03 생태계에서 생산자가 광합성을 하여 생산한 유기물의 총량을 □□□□□이라고 한다.

📦 OX 문제로 개념 익히기

04 생태계에서 탄소와 에너지는 생물적 요인과 비생물적 요인 사이를 순환한다. (O / x)

05 뿌리혹박테리아는 대기 중의 질소(N_2)를 암모늄 이온(NH_4^+)으로 고정시키는 과정에 관여한다. (O / x)

06 평형을 이루고 있는 생태계에서 1차 소비자가 증가하면 생산자도 일시적으로 증가한다. (O / x)

자료 집중 분석 — 생태계에서의 에너지 흐름 및 물질 생산과 소비

[자료 1] 그림은 어떤 안정된 생태계에서 영양 단계에 따른 에너지 이동량을 나타낸 것이다.

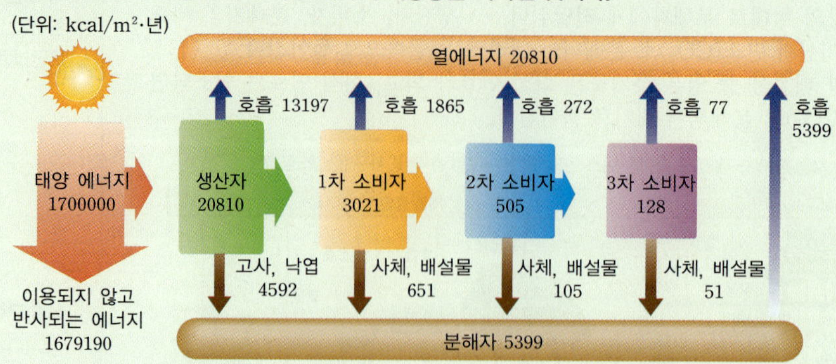

• 각 영양 단계에 전달되는 에너지양(kcal/m²·년)

생산자	1차 소비자	2차 소비자	3차 소비자
$1700000 - 1679190 = 20810$	$20810 - 13197 - 4592 = 3021$	$3021 - 1865 - 651 = 505$	$505 - 272 - 105 = 128$

➡ 생태계에 유입된 에너지는 각 영양 단계에서 세포 호흡을 통해 생명 활동에 사용되거나, 사체나 배설물의 형태로 분해자에게 전달되고 남은 에너지 중 일부만 상위 영양 단계로 전달된다. ➡ 상위 영양 단계로 갈수록 전달되는 에너지양이 감소한다.

• 생태계에서 에너지 효율은 한 영양 단계에서 다음 영양 단계로 전달되는 에너지의 비율로 생태계에 따라 다르게 나타난다.

[자료 2] 그림은 어떤 생태계의 식물(생산자)과 초식 동물에서의 물질 생산량과 소비량을 나타낸 것이다.

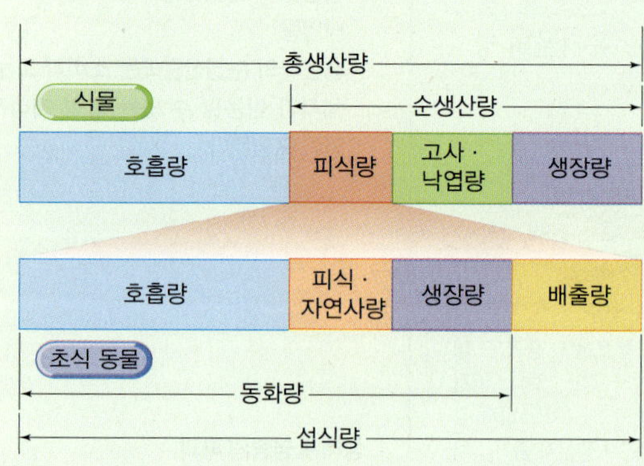

• 식물(생산자)과 초식 동물(1차 소비자)에서 물질 생산량과 소비량
➡ 섭식량: 소비자가 섭취한 유기물의 총량
➡ 식물(생산자)의 피식량은 초식 동물(1차 소비자)의 섭식량과 같다.
➡ 배출량: 섭식량에서 소화되지 않고 몸 밖으로 배출되는 유기물의 양
➡ 동화량 = 섭식량 − 배출량
➡ 동화량 중 일부는 세포 호흡을 통해 에너지를 생성하는 데 쓰이거나, 몸을 구성하고 생장하는 데 쓰인다.
➡ 상위 영양 단계로 갈수록 동화량은 감소한다.
• 천이 단계에 따른 식물 군집의 유기물량 차이
➡ 천이가 진행 중인 군집: 생물량은 적지만 순생산량은 많다.
➡ 극상에 도달한 군집: 생물량은 많지만 순생산량은 적다.

예제 ❶

정답과 해설 p.068

그림 (가)는 어떤 생태계에서 각 영양 단계의 에너지양을 상댓값으로 나타낸 생태 피라미드이고, (나)는 어떤 식물 군집에서 물질의 생산량과 소비량을 나타낸 것이다. ⓐ와 ⓑ는 순생산량과 호흡량을 순서 없이 나타낸 것이다.

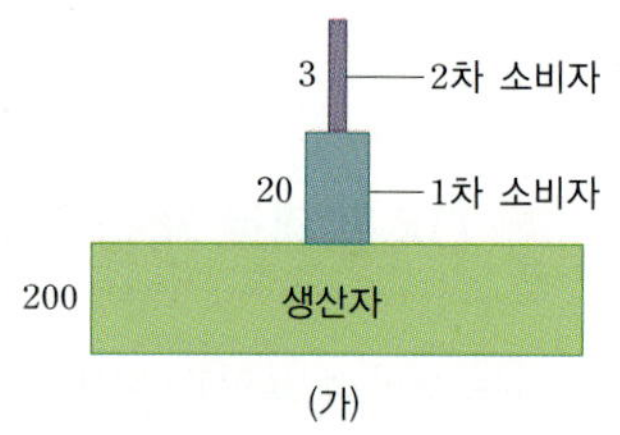

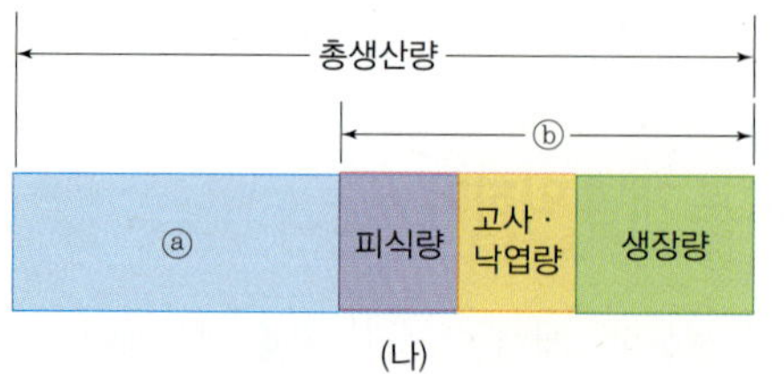

> **▶ 해결 전략**
> **1단계:** 각 영양 단계의 에너지양을 토대로 에너지 효율을 계산한다.
> 에너지 효율(%)
> $= \dfrac{\text{현 영양 단계의 에너지양}}{\text{전 영양 단계의 에너지양}} \times 100$
> **2단계:** 생산자인 식물이 소비자인 초식 동물에게 피식된다는 사실을 토대로 식물과 초식 동물에서 물질의 생산량과 소비량의 관계를 적용한다.

이에 대한 설명으로 옳은 것만을 |보기|에서 있는 대로 고른 것은?

> **보기**
> ㄱ. (가)에서 에너지 효율은 2차 소비자가 1차 소비자의 1.5배이다.
> ㄴ. 초식 동물의 호흡량은 ⓐ에 포함된다.
> ㄷ. ⓑ는 순생산량이다.

① ㄱ   ② ㄴ   ③ ㄱ, ㄷ   ④ ㄴ, ㄷ   ⑤ ㄱ, ㄴ, ㄷ

개념 다지기 문제

01 다음은 생태계에서 일어나는 에너지 흐름에 대한 학생 A~C의 발표 내용이다.

제시한 내용이 옳은 학생만을 있는 대로 고른 것은?

① A   ② C   ③ A, B
④ B, C   ⑤ A, B, C

02 그림은 어떤 안정된 생태계의 에너지 흐름을 나타낸 것이다. A~D는 분해자, 생산자, 1차 소비자, 2차 소비자를 순서 없이 나타낸 것이다.

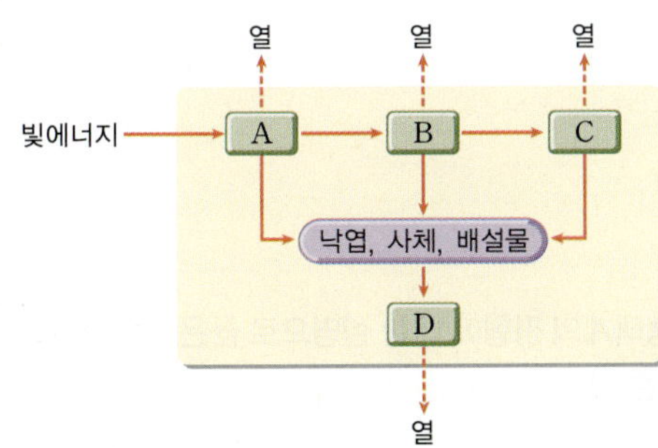

이에 대한 설명으로 옳은 것만을 |보기|에서 있는 대로 고른 것은?

보기
ㄱ. A는 생산자이다.
ㄴ. A로부터 B에 전달된 에너지는 모두 C에 전달된다.
ㄷ. C와 D에서 모두 유기물에 저장된 화학 에너지가 열에너지로 전환된다.

① ㄱ   ② ㄴ   ③ ㄱ, ㄷ
④ ㄴ, ㄷ   ⑤ ㄱ, ㄴ, ㄷ

03 그림 (가)와 (나)는 어떤 안정된 생태계에서 영양 단계 A~C의 생물량(생체량) 피라미드와 에너지 피라미드를 나타낸 것이다. A~C는 생산자, 1차 소비자, 2차 소비자를 순서 없이 나타낸 것이다.

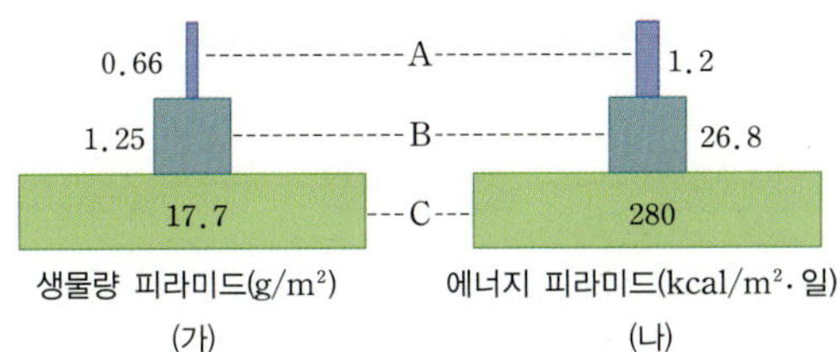

이에 대한 설명으로 옳은 것만을 |보기|에서 있는 대로 고른 것은?

보기
ㄱ. B는 2차 소비자이다.
ㄴ. 상위 영양 단계로 갈수록 에너지양은 감소한다.
ㄷ. (가)는 현재 각 영양 단계에 속하는 생물이 가지는 유기물의 총량을 하위 영양 단계에서부터 쌓아 올린 것이다.

① ㄱ   ② ㄷ   ③ ㄱ, ㄴ
④ ㄴ, ㄷ   ⑤ ㄱ, ㄴ, ㄷ

대표 유형 문제

04 그림은 생태계에서 일어나는 질소 순환 과정의 일부를 나타낸 것이다.

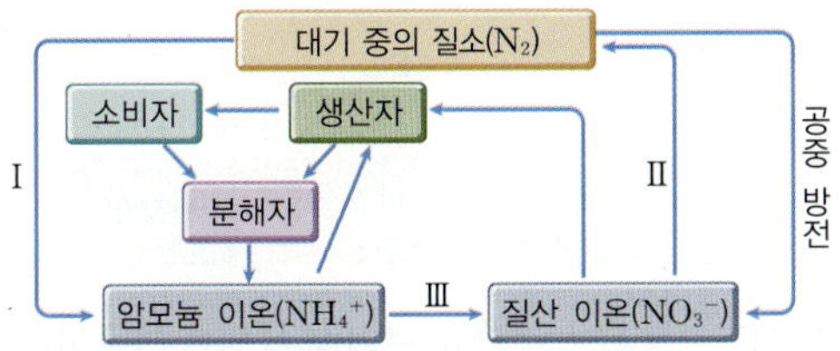

이에 대한 설명으로 옳지 않은 것은?

① 과정 Ⅰ에 뿌리혹박테리아가 관여한다.
② 과정 Ⅱ에 탈질산화 세균이 관여한다.
③ 과정 Ⅲ은 질소 동화 작용이다.
④ 식물은 암모늄 이온(NH_4^+)을 이용하여 단백질을 합성한다.
⑤ 생물의 사체나 배설물에 포함된 질소 화합물은 분해자에 의해 토양으로 되돌아간다.

개념 다지기 문제

05 그림은 생태계에서 일어나는 탄소 순환 과정의 일부를 나타낸 것이다.

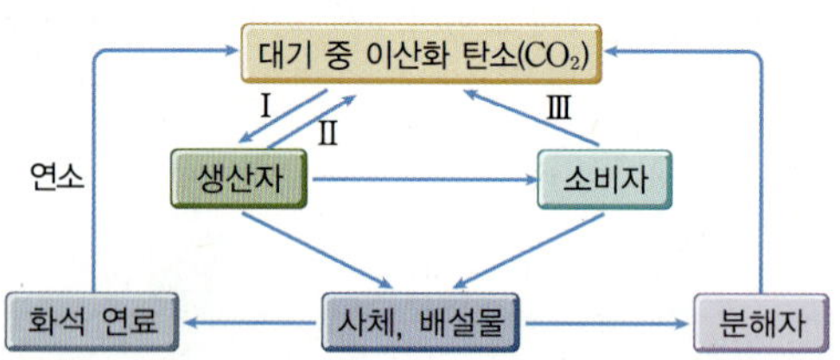

이에 대한 설명으로 옳은 것만을 |보기|에서 있는 대로 고른 것은?

> **보기**
> ㄱ. 과정 I을 통해 이산화 탄소(CO_2)가 유기물로 합성된다.
> ㄴ. 과정 II와 III에 모두 세포 호흡이 관여한다.
> ㄷ. 탄소는 유기물의 형태로 생산자에서 소비자로 이동한다.

① ㄱ 　② ㄴ 　③ ㄱ, ㄷ
④ ㄴ, ㄷ 　⑤ ㄱ, ㄴ, ㄷ

대표 유형문제

06 그림은 어떤 생태계의 생산자에서 물질 생산과 소비의 관계를 나타낸 것이다. ㉠~㉢은 순생산량, 피식량, 호흡량을 순서 없이 나타낸 것이다.

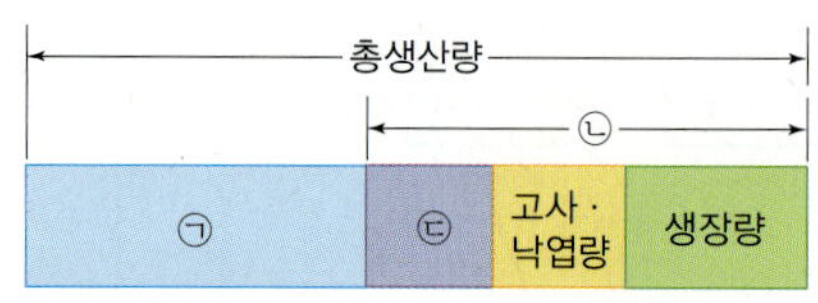

이에 대한 설명으로 옳은 것만을 |보기|에서 있는 대로 고른 것은?

> **보기**
> ㄱ. ㉠은 순생산량이다.
> ㄴ. ㉡은 생산자가 광합성을 통해 합성한 유기물의 총량이다.
> ㄷ. 1차 소비자의 호흡량은 ㉢에 포함된다.

① ㄱ 　② ㄷ 　③ ㄱ, ㄴ
④ ㄴ, ㄷ 　⑤ ㄱ, ㄴ, ㄷ

대표 유형문제

07 그림은 어떤 식물 군집 (가)에서 유기물량의 변화를 나타낸 것이다. A와 B는 총생산량과 호흡량을 순서 없이 나타낸 것이다.

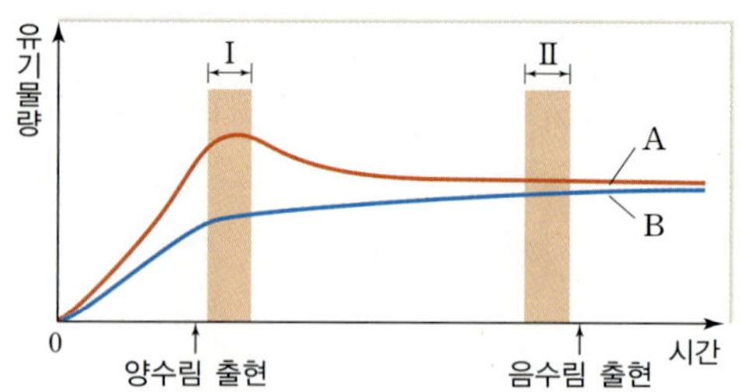

이에 대한 설명으로 옳은 것만을 |보기|에서 있는 대로 고른 것은?

> **보기**
> ㄱ. 구간 I에서 (가)의 고사량은 B에 포함된다.
> ㄴ. (가)의 순생산량은 구간 I에서가 구간 II에서보다 크다.
> ㄷ. A는 (가)가 생명 활동에 필요한 에너지를 얻고자 세포 호흡에 소비하는 유기물의 총량이다.

① ㄱ 　② ㄴ 　③ ㄱ, ㄷ
④ ㄱ, ㄷ 　⑤ ㄴ, ㄷ

08 생태계의 평형에 대한 설명으로 옳은 것만을 |보기|에서 있는 대로 고른 것은?

> **보기**
> ㄱ. 생태계 평형을 유지하는 조절 능력에는 한계가 없다.
> ㄴ. 먹이 그물이 단순할수록 생태계 평형을 유지하기 쉽다.
> ㄷ. 자연 재해와 환경 오염은 모두 생태계 평형을 파괴하는 원인에 해당한다.
> ㄹ. 평형을 유지하고 있는 생태계에서는 물질 순환과 에너지 흐름이 모두 원활하게 이루어진다.

① ㄱ, ㄹ 　② ㄴ, ㄷ 　③ ㄷ, ㄹ
④ ㄱ, ㄴ, ㄷ 　⑤ ㄴ, ㄷ, ㄹ

09 그림은 평형을 이루고 있는 어떤 안정된 생태계에서의 에너지 흐름을 에너지양의 상댓값으로 나타낸 것이다. (가)~(다)는 생산자, 1차 소비자, 2차 소비자를 순서 없이 나타낸 것이고, ㉠은 에너지양이다.

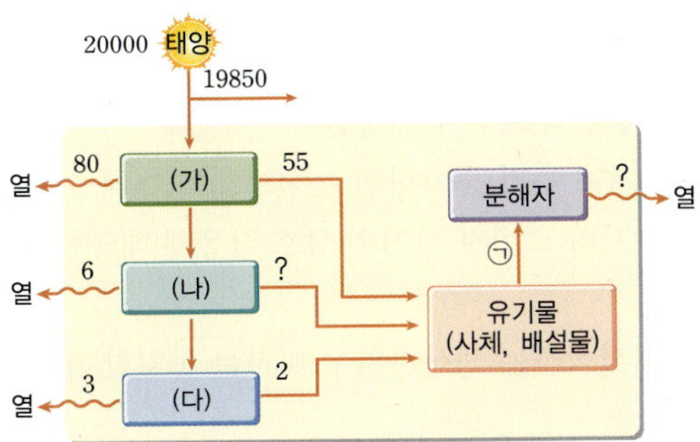

이에 대한 설명으로 옳은 것만을 |보기|에서 있는 대로 고른 것은?

> **보기**
> ㄱ. ㉠은 61이다.
> ㄴ. (다)는 1차 소비자이다.
> ㄷ. (가)로부터 (나)에 전달된 에너지는 (나)로부터 (다)에 전달된 에너지의 2배이다.

① ㄱ   ② ㄴ   ③ ㄱ, ㄷ
④ ㄴ, ㄷ   ⑤ ㄱ, ㄴ, ㄷ

10 그림 (가)와 (나)는 각각 서로 다른 안정된 생태계에서 생산자, 1차 소비자, 2차 소비자의 에너지양을 상댓값으로 나타낸 생태 피라미드이다. ⓐ는 에너지양이고, 2차 소비자의 에너지 효율은 (나)에서가 (가)에서의 2배이다.

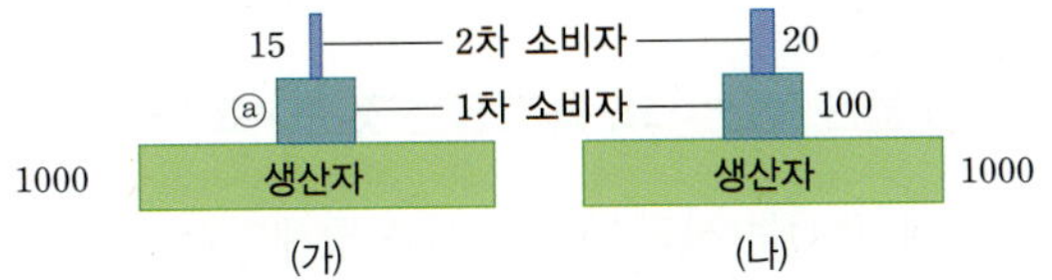

이에 대한 설명으로 옳은 것만을 |보기|에서 있는 대로 고른 것은?

> **보기**
> ㄱ. ⓐ는 150이다.
> ㄴ. (나)에서 1차 소비자의 에너지 효율은 10 %이다.
> ㄷ. (가)와 (나)에서 모두 에너지 효율은 2차 소비자가 1차 소비자보다 크다.

① ㄱ   ② ㄷ   ③ ㄱ, ㄴ
④ ㄴ, ㄷ   ⑤ ㄱ, ㄴ, ㄷ

11 그림은 생태계에서 일어나는 ㉠과 ㉡의 이동을 나타낸 것이다. A와 B는 분해자와 생산자를 순서 없이 나타낸 것이고, ㉠과 ㉡은 각각 물질과 에너지 중 하나이다.

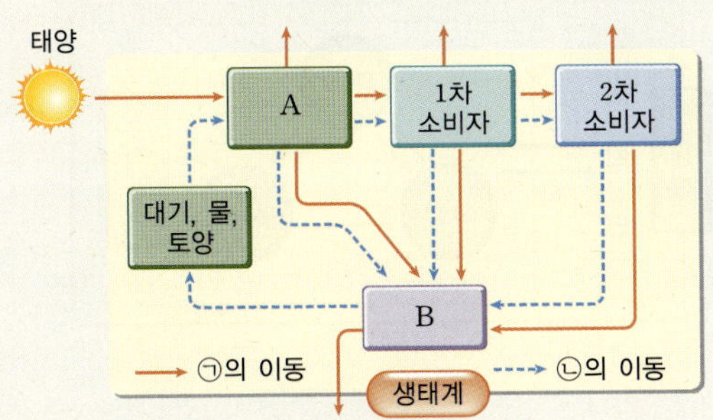

(1) A와 B는 각각 무엇인지 쓰시오.

(2) ㉠과 ㉡은 각각 무엇인지 쓰고, 그렇게 생각한 까닭을 함께 서술하시오.

12 그림은 평형 상태에 있던 어느 생태계에서 1차 소비자의 개체 수만 일시적으로 증가하는 사건이 발생한 후, 평형 상태를 회복하기까지의 과정을 나타낸 것이다.

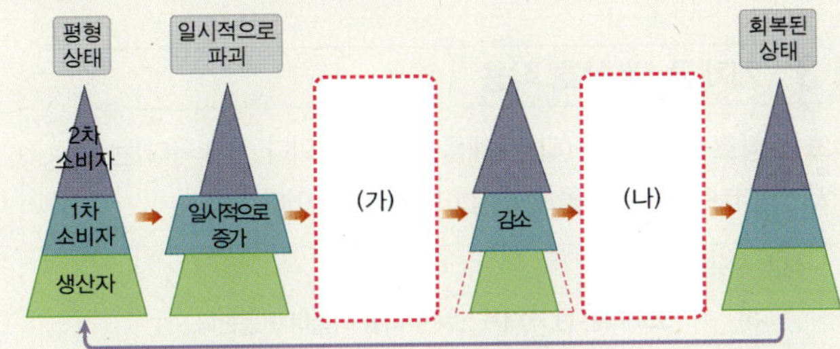

평형 상태를 회복하는 과정 중 (가) 단계와 (나) 단계에서 각각 생산자와 2차 소비자의 개체 수가 어떻게 변화하는지 서술하시오.

01 생태계의 구성과 기능

1 생태계의 구성

그림은 생태계를 구성하는 요소 사이의 관계를 나타낸 것이다.

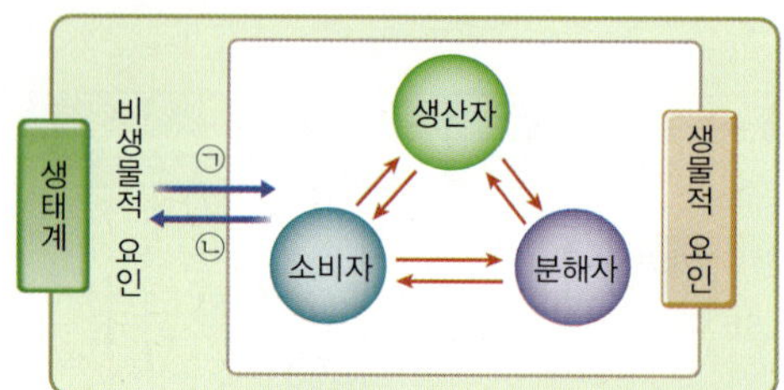

● 다음 설명 중 옳은 것은 ○표, 옳지 <u>않은</u> 것은 ×표 하시오.

1 분해자는 다른 생물의 사체나 배설물에 들어 있는 유기물을 무기물로 분해하여 에너지를 얻는다. ○ / ×

2 질소 고정 세균에 의해 토양의 암모늄 이온(NH_4^+)이 증가하는 것은 ㉡의 예에 해당한다. ○ / ×

3 곰팡이는 비생물적 요인에 해당한다. ○ / ×

4 스라소니의 개체 수가 증가하면 눈신토끼의 개체 수가 감소하는 것은 생산자와 소비자 사이의 상호 작용에 해당한다.
　　　　　　　　　　　　　　　　　　　　　　○ / ×

5 같은 지역에 서식하는 생산자와 소비자는 동일한 개체군에 속한다. ○ / ×

2 개체군의 구성

그림은 어떤 개체군의 실제 생장 곡선과 이론적 생장 곡선을 나타낸 것이다. (단, 이입과 이출은 없으며, 서식지 면적은 일정하다.)

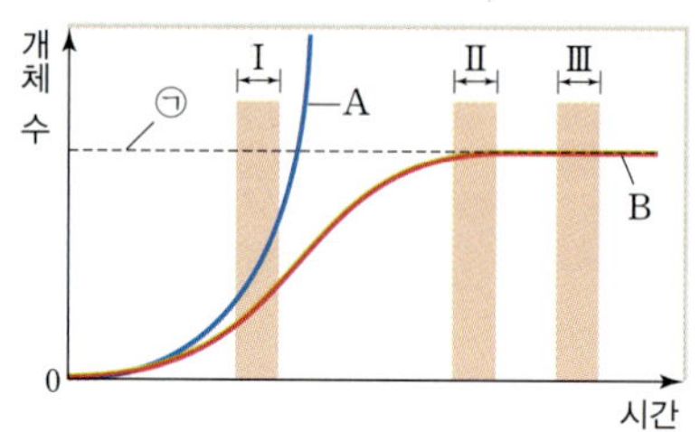

● 다음 설명 중 옳은 것은 ○표, 옳지 <u>않은</u> 것은 ×표 하시오.

1 A는 실제 생장 곡선, B는 이론적 생장 곡선이다. ○ / ×

2 A와 같은 J자형의 생장 곡선은 자원의 제한이 있는 환경에서 나타난다. ○ / ×

3 ㉠은 환경 수용력이다. ○ / ×

4 A의 구간 Ⅰ에서 $\dfrac{출생률}{사망률}$ 은 1보다 작다. ○ / ×

5 B에서 개체군 밀도는 구간 Ⅰ에서가 구간 Ⅱ에서보다 작다.
　　　　　　　　　　　　　　　　　　　　　　○ / ×

6 B의 구간 Ⅰ과 구간 Ⅲ에서 모두 환경 저항이 작용한다.
　　　　　　　　　　　　　　　　　　　　　　○ / ×

3 개체군 내 상호 작용

표는 상호 작용 (가)~(다)의 예를 나타낸 것이다. (가)~(다)는 텃세, 리더제, 사회생활을 순서 없이 나타낸 것이다.

상호 작용	예
(가)	코끼리는 한 개체가 전체 무리를 이끌며 이동한다.
(나)	여왕개미는 생식, 일개미는 먹이 획득, 병정개미는 방어를 담당한다.
(다)	은어는 일정한 공간을 차지하고 다른 은어의 침입을 막는다.

● 다음 설명 중 옳은 것은 ○표, 옳지 <u>않은</u> 것은 ×표 하시오.

1 (가)는 리더제, (나)는 사회생활, (다)는 텃세이다. ○ / ×

2 (가)에서는 힘의 강약에 따라 모든 개체들 사이의 서열이 정해진다. ○ / ×

3 꿀벌이 일을 분담하여 협력하는 것은 (나)의 예에 해당한다.
　　　　　　　　　　　　　　　　　　　　　　○ / ×

4 (다)는 개체들을 분산시켜 개체들 사이의 불필요한 경쟁을 방지한다. ○ / ×

5 (다)가 나타나는 개체군에서 각 개체가 차지한 공간을 세력권이라고 한다. ○ / ×

4 군집의 천이

그림 (가)와 (나)는 1차 천이와 2차 천이를 순서 없이 나타낸 것이다. A~D는 양수림, 음수림, 지의류, 초원을 순서 없이 나타낸 것이다.

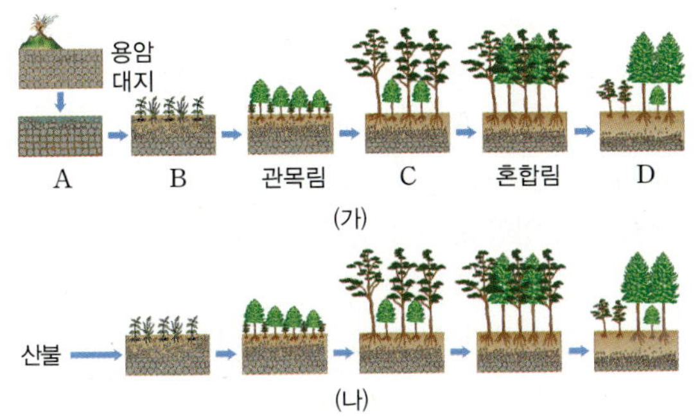

● 다음 설명 중 옳은 것은 ○표, 옳지 않은 것은 ×표 하시오.

1 (가)는 2차 천이, (나)는 1차 천이이다. ○ / ×

2 (가)에는 건성 천이와 습성 천이가 있다. ○ / ×

3 A는 지의류, B는 초원, C는 음수림, D는 양수림이다. ○ / ×

4 (가)와 (나)에서 모두 개척자는 지의류이고, 음수림에서 극상을 이룬다. ○ / ×

5 B에서 D로 천이가 진행될수록 지표면에 도달하는 빛의 세기는 약해진다. ○ / ×

6 C의 하층에서는 양수의 어린 개체가 음수의 어린 개체보다 더 잘 생장한다. ○ / ×

5 군집 내 개체군 사이의 상호 작용

그림은 서로 다른 종 사이의 상호 작용 (가)~(다)에서 개체 수 변화를 나타낸 것이다. (가)~(다)는 상리 공생, 종간 경쟁, 포식과 피식을 순서 없이 나타낸 것이다.

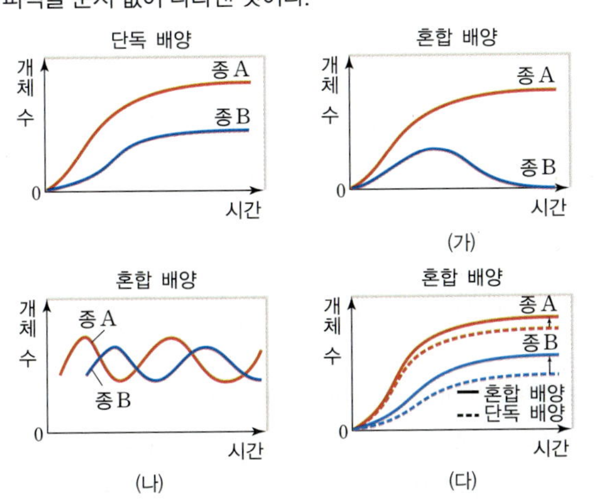

● 다음 설명 중 옳은 것은 ○표, 옳지 않은 것은 ×표 하시오.

1 (가)는 종간 경쟁, (나)는 포식과 피식, (다)는 상리 공생이다. ○ / ×

2 생태적 지위가 많이 겹칠수록 (가)의 정도가 심해진다. ○ / ×

3 (가)~(다) 중 상호 작용을 통해 한 종은 이익을 얻지만, 다른 한 종은 손해를 입는 것은 (가)뿐이다. ○ / ×

4 사람과 기생충 사이의 상호 작용은 (나)에 해당한다. ○ / ×

5 (가)~(다) 중 상호 작용을 통해 두 종 모두 이익을 얻는 것은 (다)이다. ○ / ×

6 콩과식물과 뿌리혹박테리아 사이의 상호 작용은 (다)에 해당한다. ○ / ×

6 식물 군집의 조사

표는 어떤 지역의 식물 군집을 조사한 결과를 나타낸 것이다. (단, 식물 종 A~C 이외의 종은 고려하지 않는다.)

식물 종	상대 밀도(%)	상대 빈도(%)	상대 피도(%)
A	⊙	28	21
B	25	36	ⓒ
C	40	36	44

● 다음 설명 중 옳은 것은 ○표, 옳지 않은 것은 ×표 하시오.

1 방형구법은 식물 군집의 조사 방법 중 하나이다. ○ / ×

2 ⊙은 ⓒ보다 크다. ○ / ×

3 밀도는 A~C 중 A가 가장 높다. ○ / ×

4 중요치는 상대 밀도, 상대 빈도, 상대 피도를 모두 합한 값이다. ○ / ×

5 이 식물 군집에서 우점종은 B이다. ○ / ×

6 우점종은 특정 지역이나 환경에서만 볼 수 있는 종을 의미한다. ○ / ×

02 에너지 흐름과 물질 순환

7 생태계에서의 에너지 흐름

그림은 어떤 안정된 생태계에서 영양 단계 A~C의 생물량(생체량) 피라미드와 에너지양을 상댓값으로 나타낸 에너지 피라미드이다. A~C는 생산자, 1차 소비자, 2차 소비자를 순서 없이 나타낸 것이다.

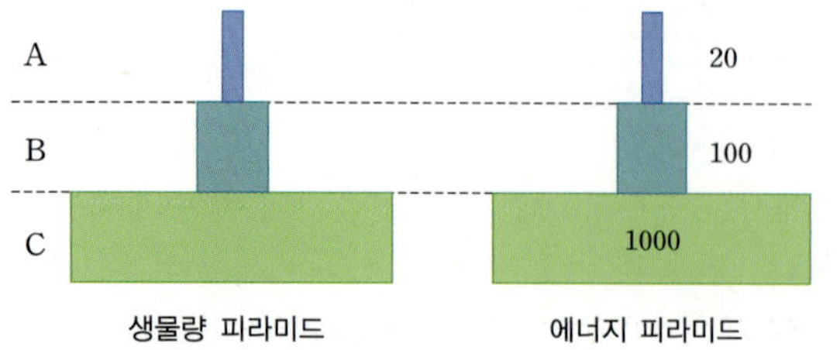

● 다음 설명 중 옳은 것은 ○표, 옳지 <u>않은</u> 것은 ×표 하시오.

1 생물량(생체량)은 현재 생물이 가지는 유기물의 총량이다.　○ / ×

2 C는 광합성을 통해 탄소 화합물을 합성한다.　○ / ×

3 B가 가진 에너지는 모두 A로 전달된다.　○ / ×

4 생태계에서 에너지는 순환한다.　○ / ×

5 이 생태계에서 상위 영양 단계로 갈수록 에너지양은 감소한다.　○ / ×

6 에너지 효율은 1차 소비자가 10 %, 2차 소비자가 15 %이다.　○ / ×

8 생태계에서의 물질 순환

그림은 생태계에서 일어나는 탄소 순환 과정과 질소 순환 과정을 나타낸 것이다.

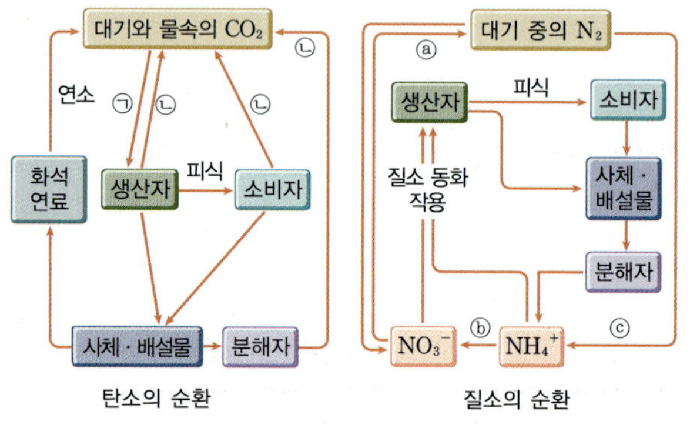

● 다음 설명 중 옳은 것은 ○표, 옳지 <u>않은</u> 것은 ×표 하시오.

1 생태계에서 물질은 순환하지 않고 한 방향으로만 흐른다.　○ / ×

2 ㉠ 과정에 세포 호흡이, ㉡ 과정에 광합성이 관여한다.　○ / ×

3 탄소는 유기물의 형태로 생산자에서 소비자로 이동한다.　○ / ×

4 식물은 대기 중의 질소(N_2)를 직접 이용할 수 있다.　○ / ×

5 ⓐ 과정은 질산화 작용, ⓑ 과정은 탈질산화 작용이다.　○ / ×

6 ⓒ 과정에 뿌리혹박테리아가 관여한다.　○ / ×

7 식물은 암모늄 이온(NH_4^+)이나 질산 이온(NO_3^-)을 흡수하여 핵산, 단백질 등을 합성하는 데 사용한다.　○ / ×

9 생태계에서 물질의 생산과 소비

그림은 생산자(식물)의 물질 생산과 소비의 관계를 나타낸 것이다. ㉠~㉢은 피식량, 호흡량, 총생산량을 순서 없이 나타낸 것이다.

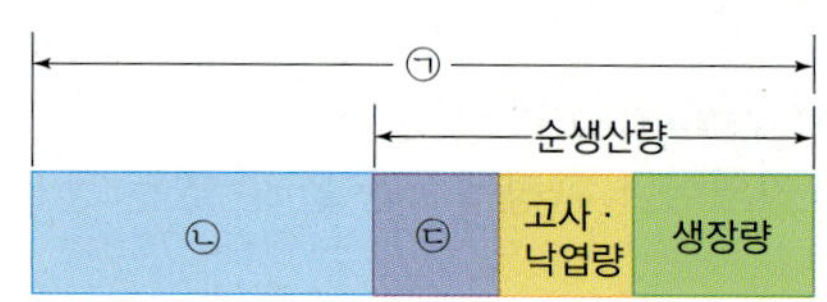

● 다음 설명 중 옳은 것은 ○표, 옳지 <u>않은</u> 것은 ×표 하시오.

1 ㉠은 생산자가 광합성을 통해 합성한 유기물의 총량이다.　○ / ×

2 ㉡은 피식량, ㉢은 호흡량이다.　○ / ×

3 1차 소비자의 호흡량은 ㉡에 포함된다.　○ / ×

4 1차 소비자의 섭식량은 ㉢과 같다.　○ / ×

학교 시험 대비 문제

01 그림은 생물적 요인과 비생물적 요인 사이의 관계를, 표는 생물적 요인과 비생물적 요인 사이의 관계의 예를 나타낸 것이다.

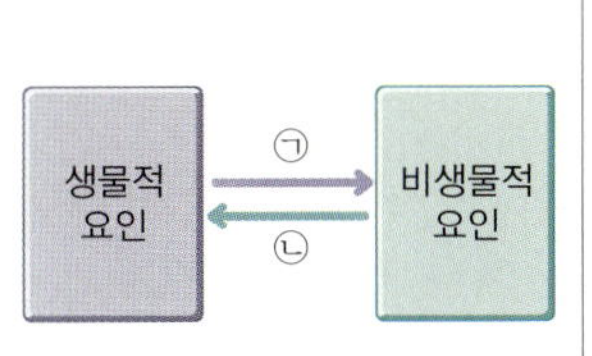

(가) 식물의 낙엽이 쌓이면 토양이 비옥해진다.
(나) 개구리는 겨울잠을 잔다.
(다) 선인장에는 가시 형태의 잎과 저수 조직이 발달해 있다.

이에 대한 설명으로 옳은 것만을 |보기|에서 있는 대로 고른 것은?

> **보기**
> ㄱ. (가)는 ㉠의 예이다.
> ㄴ. (나)는 ㉡의 예이다.
> ㄷ. 물은 (다)와 관련이 깊은 비생물적 요인이다.

① ㄱ   ② ㄴ   ③ ㄱ, ㄷ
④ ㄴ, ㄷ   ⑤ ㄱ, ㄴ, ㄷ

대표 유형 문제

02 그림은 어떤 개체군의 생장 곡선을 나타낸 것이다.

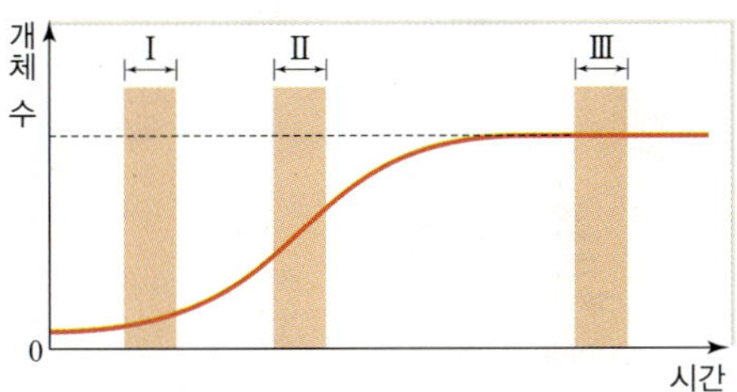

이에 대한 설명으로 옳은 것만을 |보기|에서 있는 대로 고른 것은? (단, 이입과 이출은 고려하지 않으며, 서식지의 면적은 일정하다.)

> **보기**
> ㄱ. 개체군 밀도는 구간 Ⅰ~Ⅲ 중 Ⅲ에서가 가장 높다.
> ㄴ. 환경 저항은 구간 Ⅰ과 Ⅲ에서 모두 작용한다.
> ㄷ. $\dfrac{\text{사망한 개체 수}}{\text{출생한 개체 수}}$는 구간 Ⅱ에서가 Ⅲ에서보다 크다.

① ㄱ   ② ㄷ   ③ ㄱ, ㄴ
④ ㄴ, ㄷ   ⑤ ㄱ, ㄴ, ㄷ

03 그림 (가)는 개체군 A~C에서 각각 상대 연령에 따른 사망률을, (나)는 개체군의 생존 곡선 유형 Ⅰ형~Ⅲ형을 나타낸 것이다. A~C는 히드라 개체군, 코끼리 개체군, 붕어 개체군을 순서 없이 나타낸 것이고, A~C의 생존 곡선 유형은 각각 Ⅰ형~Ⅲ형 중 하나이다.

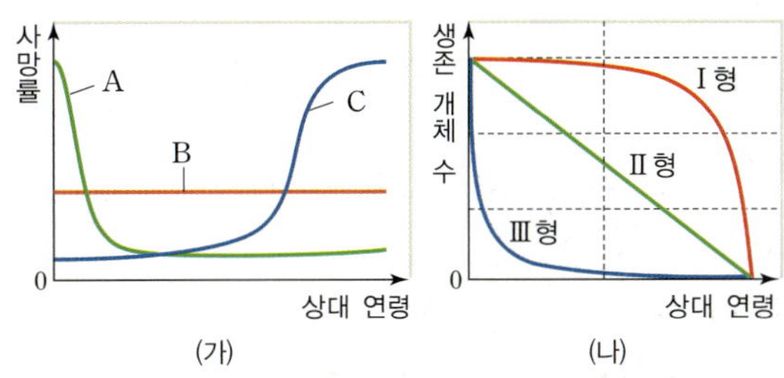

이에 대한 설명으로 옳은 것만을 |보기|에서 있는 대로 고른 것은?

> **보기**
> ㄱ. A의 생존 곡선 유형은 Ⅰ형에 해당한다.
> ㄴ. B는 히드라 개체군이다.
> ㄷ. C의 개체는 어릴 때 부모의 보호를 받아 초기 사망률이 낮다.

① ㄱ   ② ㄴ   ③ ㄷ
④ ㄱ, ㄷ   ⑤ ㄴ, ㄷ

대표 유형 문제

04 그림은 생물 사이의 상호 작용 3가지를 분류하는 과정을 나타낸 것이다.

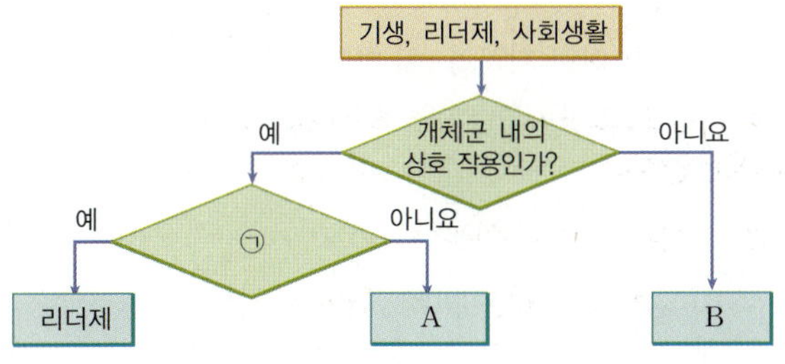

이에 대한 설명으로 옳은 것만을 |보기|에서 있는 대로 고른 것은?

> **보기**
> ㄱ. '힘의 강약에 따라 모든 개체들 사이의 서열이 정해지는가?'는 ㉠에 해당한다.
> ㄴ. 암사자들이 수사자와 함께 새끼를 돌보며 무리지어 생활하는 것은 A의 예에 해당한다.
> ㄷ. B의 상호 작용을 하는 두 집단 중 한 집단만 손해를 입는다.

① ㄱ   ② ㄷ   ③ ㄱ, ㄴ
④ ㄴ, ㄷ   ⑤ ㄱ, ㄴ, ㄷ

05 그림은 어느 지역에 형성된 식물 군집의 생태 분포 ㉠을 나타낸 것이고, 표는 (가)~(다)에 해당하는 식물 군집을 순서 없이 나타낸 것이다. ㉠은 수평 분포와 수직 분포 중 하나이다.

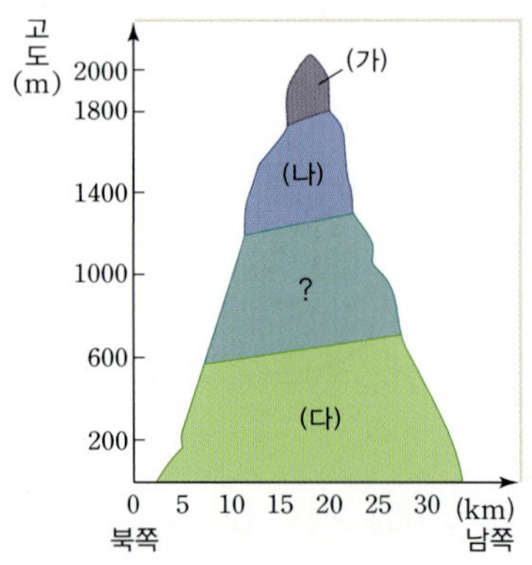

식물 군집
침엽수림
상록 활엽수림
관목림

이에 대한 설명으로 옳은 것만을 |보기|에서 있는 대로 고른 것은?

┌ 보기 ┐
ㄱ. ㉠은 수직 분포이다.
ㄴ. (가)는 침엽수림, (나)는 관목림이다.
ㄷ. 상록 활엽수림이 분포한 지역은 관목림이 분포한 지역보다 기온이 낮다.

① ㄱ   ② ㄷ   ③ ㄱ, ㄴ
④ ㄴ, ㄷ   ⑤ ㄱ, ㄴ, ㄷ

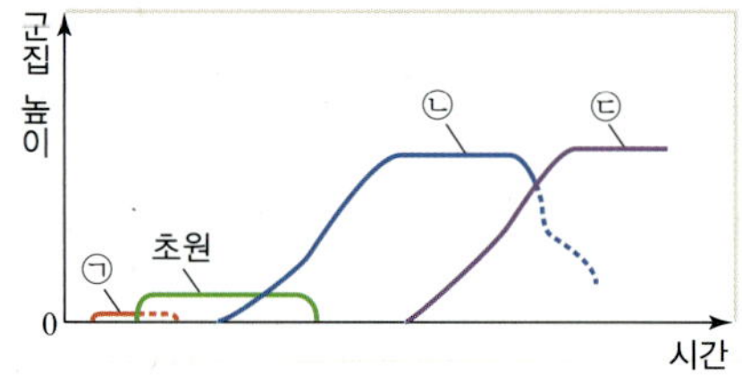

06 그림은 어떤 지역의 1차 천이 과정에서 식물 군집의 높이 변화를 나타낸 것이다. ㉠~㉢은 양수림, 음수림, 지의류를 순서 없이 나타낸 것이다.

이에 대한 설명으로 옳은 것만을 |보기|에서 있는 대로 고른 것은?

┌ 보기 ┐
ㄱ. 이 지역에서는 건성 천이가 일어났다.
ㄴ. ㉠은 2차 천이의 개척자이다.
ㄷ. 이 지역은 ㉢에서 극상을 이룬다.

① ㄱ   ② ㄴ   ③ ㄱ, ㄷ
④ ㄴ, ㄷ   ⑤ ㄱ, ㄴ, ㄷ

07 그림은 서로 다른 두 종 사이의 상호 작용의 종류를, 표는 꽃과 벌새 사이의 상호 작용에 대한 자료이다. 꽃과 벌새 사이의 상호 작용은 ㉠~㉢ 중 하나이며, ㉠~㉢은 상리 공생, 종간 경쟁, 편리공생을 순서 없이 나타낸 것이다.

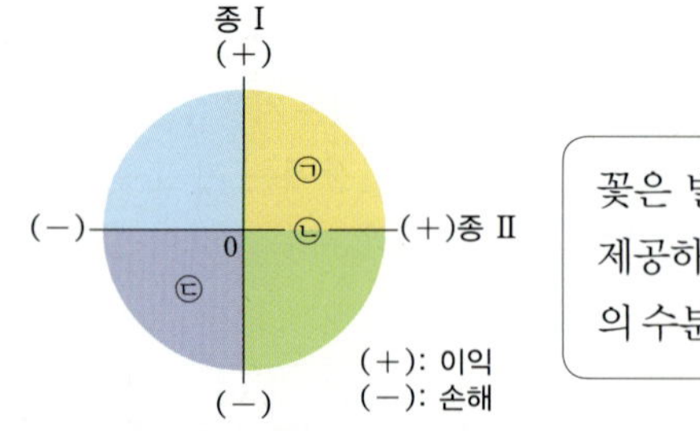

꽃은 벌새에게 꿀을 제공하고, 벌새는 꽃의 수분을 돕는다.

이에 대한 설명으로 옳은 것만을 |보기|에서 있는 대로 고른 것은?

┌ 보기 ┐
ㄱ. 꽃과 벌새 사이의 상호 작용은 ㉠에 해당한다.
ㄴ. 식물과 겨우살이 사이의 상호 작용은 ㉡에 해당한다.
ㄷ. ㉢은 생태적 지위가 겹치는 두 종 사이에서 일어날 수 있다.

① ㄱ   ② ㄴ   ③ ㄱ, ㄷ
④ ㄴ, ㄷ   ⑤ ㄱ, ㄴ, ㄷ

08 그림은 어떤 숲의 나무에서 생태적 지위가 겹치는 서로 다른 3종의 새 A~C의 활동 영역을 나타낸 것이다.

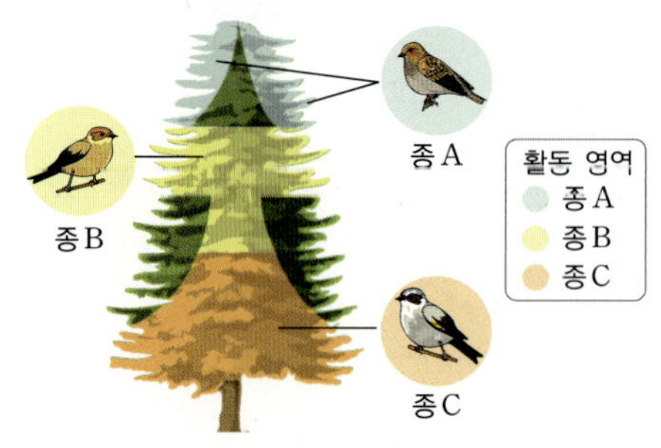

이에 대한 설명으로 옳은 것만을 |보기|에서 있는 대로 고른 것은?

┌ 보기 ┐
ㄱ. A와 B 사이의 상호 작용은 텃세에 해당한다.
ㄴ. 이 나무에서 B와 C는 한 군집을 이룬다.
ㄷ. A~C의 활동 영역이 다른 것은 종간 경쟁을 피하기 위해서이다.

① ㄱ   ② ㄷ   ③ ㄱ, ㄴ
④ ㄴ, ㄷ   ⑤ ㄱ, ㄴ, ㄷ

09 그림은 어떤 안정된 생태계에서 일어나는 에너지 흐름을 나타낸 것이다. A~C는 이 생태계를 구성하는 생물적 요인이다.

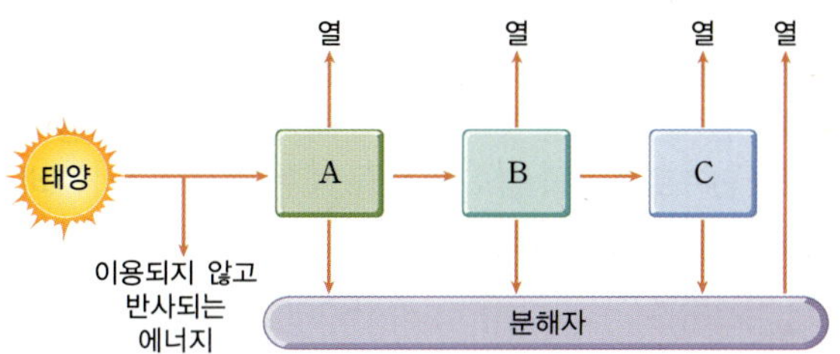

이에 대한 설명으로 옳은 것만을 |보기|에서 있는 대로 고른 것은?

> **보기**
> ㄱ. A에서 빛에너지가 화학 에너지로 전환된다.
> ㄴ. B가 사용할 수 있는 에너지양은 C가 사용할 수 있는 에너지양보다 많다.
> ㄷ. C로부터 방출된 열에너지는 A에 전달되어 다시 이용된다.

① ㄱ ② ㄴ ③ ㄷ
④ ㄱ, ㄴ ⑤ ㄴ, ㄷ

10 그림은 어떤 생태계의 생산자에서 물질 생산과 소비의 관계를 나타낸 것이다. 1차 소비자의 에너지양은 B에 포함되며, A~C는 생장량, 피식량, 호흡량을 순서 없이 나타낸 것이다.

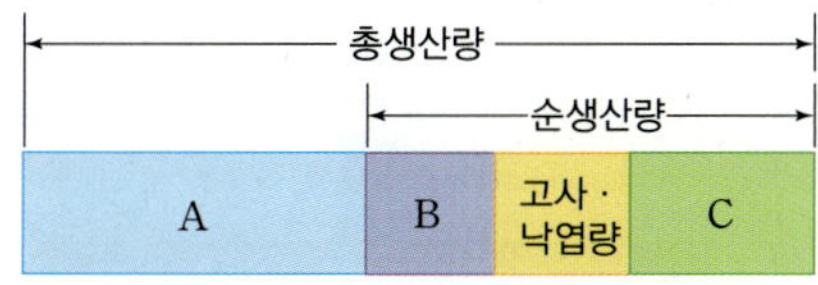

이에 대한 설명으로 옳은 것만을 |보기|에서 있는 대로 고른 것은?

> **보기**
> ㄱ. A는 생장량이다.
> ㄴ. 생산자가 광합성을 통해 합성한 유기물의 총량에 B가 포함된다.
> ㄷ. 생산자에 남아 있는 유기물의 양은 C에 포함된다.

① ㄱ ② ㄷ ③ ㄱ, ㄴ
④ ㄴ, ㄷ ⑤ ㄱ, ㄴ, ㄷ

11 그림은 생태계에서 일어나는 탄소 순환 과정의 일부를 나타낸 것이다. A~C는 분해자, 생산자, 소비자를 순서 없이 나타낸 것이다.

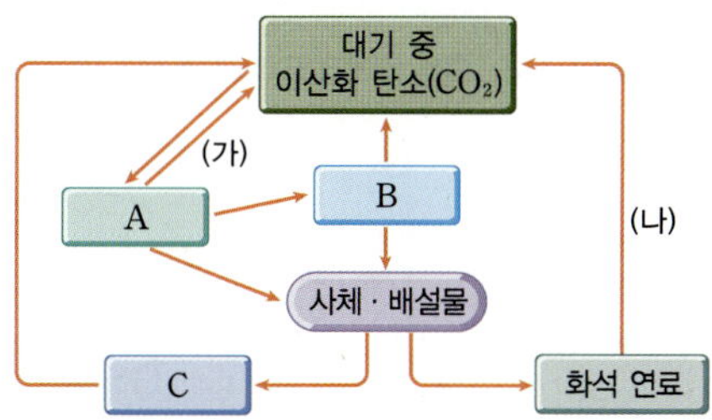

이에 대한 설명으로 옳은 것만을 |보기|에서 있는 대로 고른 것은?

> **보기**
> ㄱ. 녹조류는 A에 속한다.
> ㄴ. 과정 (가)와 (나)에 모두 세포 호흡이 관여한다.
> ㄷ. B와 C는 모두 유기물을 무기물로 분해한다.

① ㄱ ② ㄴ ③ ㄷ
④ ㄱ, ㄷ ⑤ ㄴ, ㄷ

12 그림은 어느 고원 지역에서 사슴을 보호하기 위해 사슴의 천적인 늑대 사냥을 허가한 후, 사슴과 늑대의 개체 수, 초원의 생산량 변화를 나타낸 것이다.

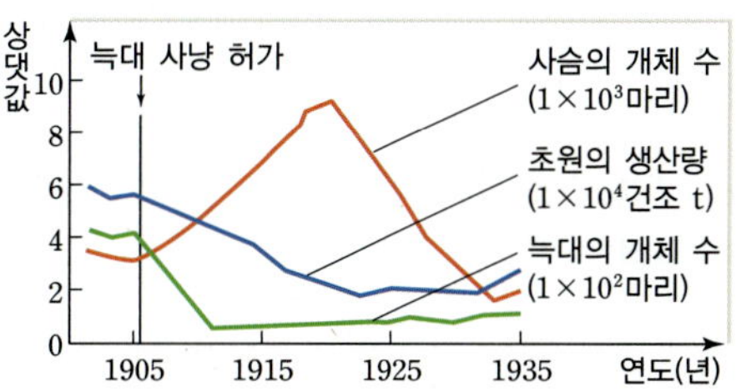

이 자료를 통해 알 수 있는 사실로 옳은 것만을 |보기|에서 있는 대로 고른 것은? (단, 생물 군집 내 개체군 사이의 상호 작용 이외의 다른 요인은 고려하지 않는다.)

> **보기**
> ㄱ. 사슴과 초원의 식물 사이의 상호 작용은 종간 경쟁이다.
> ㄴ. 늑대 사냥과 같은 사람의 개입은 생태계 평형을 깨뜨리는 원인이 될 수 있다.
> ㄷ. 1920년 이후 사슴의 개체 수가 감소한 것은 늑대의 개체 수가 증가하였기 때문이다.

① ㄴ ② ㄷ ③ ㄱ, ㄴ
④ ㄱ, ㄷ ⑤ ㄱ, ㄴ, ㄷ

1등급 도전!
고난도 문제

13 그림 (가)는 상호 작용하는 서로 다른 두 종 A와 B의 시간에 따른 개체 수를, (나)는 (가)에서 볼 수 있는 A와 B의 개체 수 변화를 나타낸 것이다. ㉠은 A와 B 중 한 종의 개체 수를 나타낸 것이다.

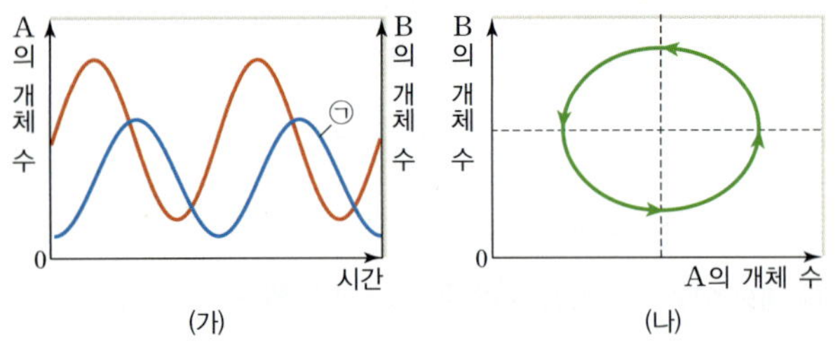

이에 대한 설명으로 옳은 것만을 |보기|에서 있는 대로 고른 것은?

> **보기**
> ㄱ. ㉠은 B의 개체 수를 나타낸 것이다.
> ㄴ. A와 B의 생태적 지위는 동일하다.
> ㄷ. A는 B와의 상호 작용에서 이익을 얻는다.

① ㄱ   ② ㄴ   ③ ㄱ, ㄷ
④ ㄴ, ㄷ   ⑤ ㄱ, ㄴ, ㄷ

대표 유형문제

14 표는 방형구법을 이용하여 어떤 지역의 식물 군집을 조사한 자료를 나타낸 것이다.

식물 종	상대 밀도(%)	상대 빈도(%)	상대 피도(%)
A	25	?	30
B	㉠	34	46
C	30	30	㉡

이에 대한 설명으로 옳은 것만을 |보기|에서 있는 대로 고른 것은? (단, 식물 종 A~C 이외의 다른 종은 고려하지 않는다.)

> **보기**
> ㄱ. ㉠은 ㉡의 2배이다.
> ㄴ. A가 출현한 방형구 수는 C가 출현한 방형구 수보다 크다.
> ㄷ. 이 식물 군집에서 우점종은 B이다.

① ㄱ   ② ㄴ   ③ ㄱ, ㄷ
④ ㄴ, ㄷ   ⑤ ㄱ, ㄴ, ㄷ

15 그림 (가)는 어떤 안정된 생태계에서 영양 단계 A~C의 생물량(생체량)을 나타낸 생태 피라미드이고, (나)는 B에서 물질 생산과 소비의 관계를 나타낸 것이다. 이 생태계에서 생물량(생체량)은 상위 영양 단계로 갈수록 감소한다. A~C는 생산자, 1차 소비자, 2차 소비자를 순서 없이 나타낸 것이고, ㉠과 ㉡은 각각 동화량과 생장량 중 하나이다.

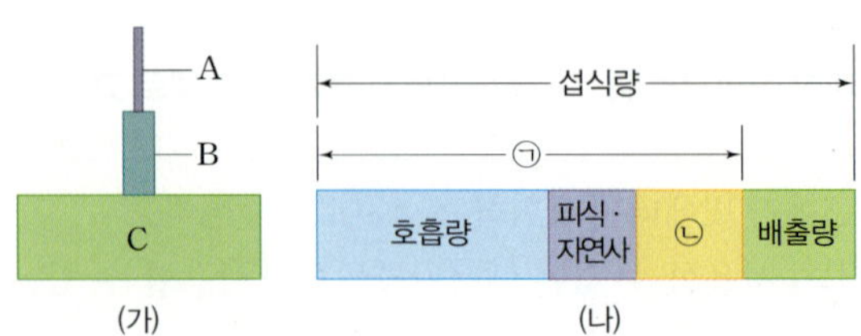

이에 대한 설명으로 옳은 것만을 |보기|에서 있는 대로 고른 것은?

> **보기**
> ㄱ. ㉠은 동화량이다.
> ㄴ. A의 에너지양은 B의 ㉡에 포함된다.
> ㄷ. B의 생물량(생체량)은 C의 호흡량에 포함된다.

① ㄱ   ② ㄴ   ③ ㄱ, ㄷ
④ ㄴ, ㄷ   ⑤ ㄱ, ㄴ, ㄷ

대표 유형문제

16 그림은 어떤 안정된 생태계에서 A~D의 에너지양을 상댓값으로 나타낸 생태 피라미드이다. A~D는 생산자, 1차 소비자, 2차 소비자, 3차 소비자를 순서 없이 나타낸 것이고, 에너지 효율은 3차 소비자가 2차 소비자의 2배이다.

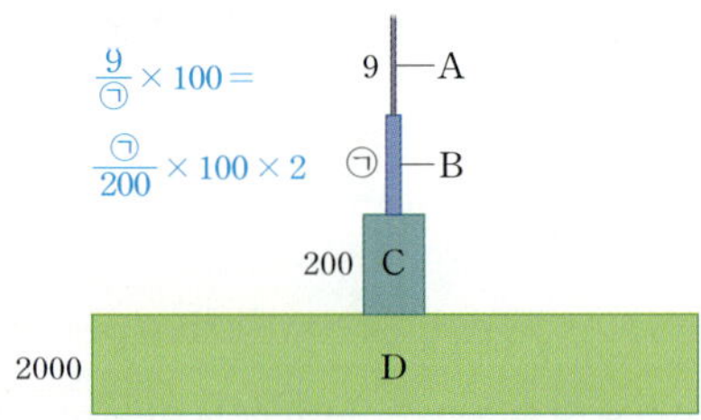

이에 대한 설명으로 옳은 것만을 |보기|에서 있는 대로 고른 것은?

> **보기**
> ㄱ. ㉠은 30이다.
> ㄴ. 상위 영양 단계로 갈수록 에너지양이 감소한다.
> ㄷ. C의 호흡량은 D의 호흡량에 포함된다.

① ㄱ   ② ㄷ   ③ ㄱ, ㄴ
④ ㄴ, ㄷ   ⑤ ㄱ, ㄴ, ㄷ

서술형 문제

17 그림은 어떤 개체군의 생장 곡선을 나타낸 것이다. (가)와 (나)는 실제 생장 곡선과 이론적 생장 곡선을 순서 없이 나타낸 것이다.

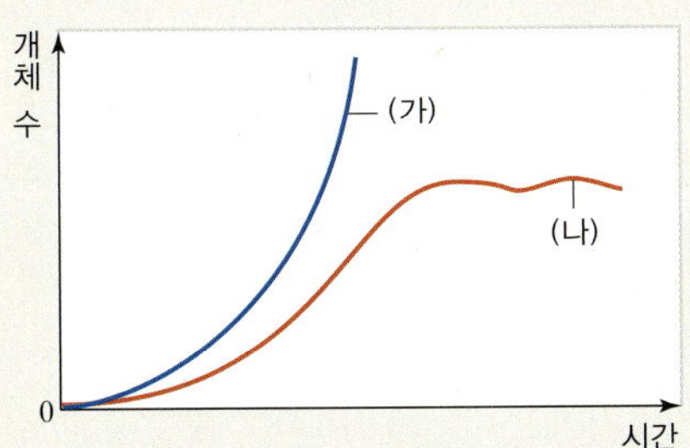

(1) (가)와 (나)는 각각 무엇인지 쓰시오.

(2) (나)가 (가)와 달리 S자형을 나타내는 까닭은 무엇인지 서술하시오.

대표 유형 문제

18 다음은 은어 개체군에서 나타나는 상호 작용 (가)에 대한 자료이다.

은어는 수심이 얕은 곳에서 개체군을 형성하고 있지만, 각각의 개체들이 서식하는 범위가 정해져 있으며, 이렇게 확보된 서식 공간을 ⓐ라고 한다.

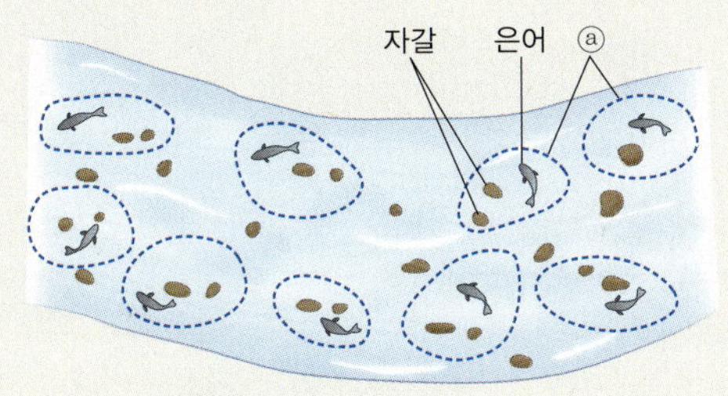

(1) (가)와 ⓐ는 각각 무엇인지 쓰시오.

(2) (가)가 형성되면 은어 개체군이 얻을 수 있는 이점을 1가지만 서술하시오.

19 다음은 생태계에서 일어나는 질소 순환 과정에 대한 자료이다.

- 대기 중의 질소(N_2)는 매우 안정하여 식물이 직접 이용할 수 없기 때문에 식물이 이용할 수 있는 이온 형태로 전환되어야 한다.
- 그림은 생태계에서 일어나는 질소 순환 과정의 일부를 나타낸 것이다. (가)~(다)는 질산화 작용, 질소 동화 작용, 탈질산화 작용을 순서 없이 나타낸 것이다.

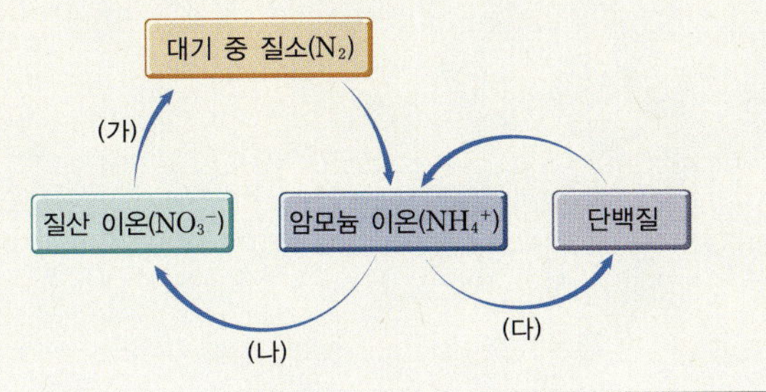

(1) (가)~(다)는 각각 무엇인지 쓰시오.

(2) 대기 중의 질소(N_2)가 식물이 이용할 수 있는 이온 형태로 전환되는 과정을 2가지만 서술하시오.

20 다음은 생태계에서 먹이 사슬의 영양 단계와 에너지양에 대한 자료이다.

먹이 사슬에서 상위 영양 단계로 갈수록 전달되는 에너지양이 줄어들기 때문에 영양 단계가 일정 단계 이상으로 길어질 수 없다.

먹이 사슬에서 상위 영양 단계로 갈수록 전달되는 에너지양이 줄어드는 까닭을 서술하시오.

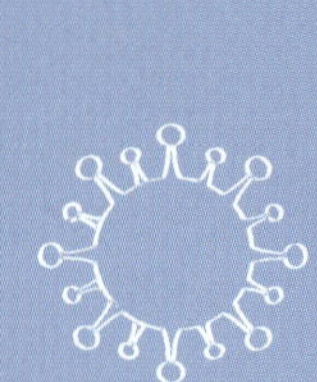

V 생태계와 상호 작용

2 생물 다양성과 보전

03 생물 다양성과 보전

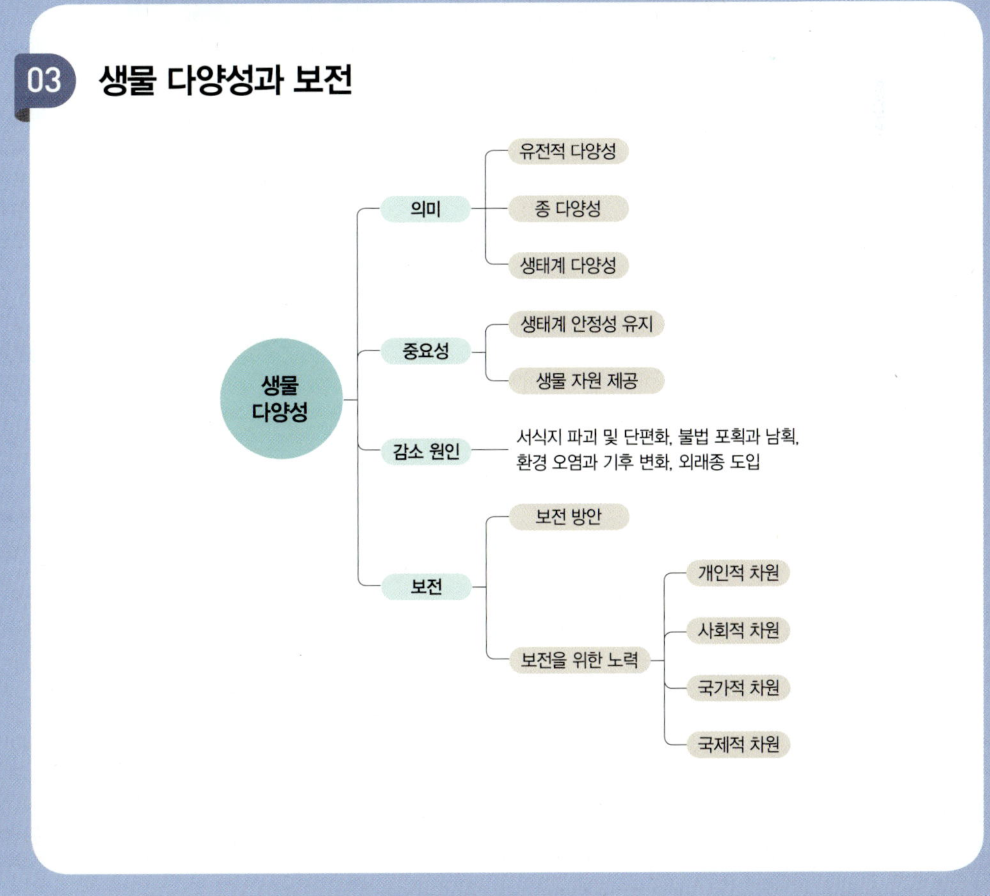

03 생물 다양성과 보전

1 생물 다양성

개념 생태계에 서식하는 생물의 다양한 정도로, 유전적 다양성, 종 다양성, 생태계 다양성을 모두 포함

1. 생물 다양성의 의미

유전적 다양성	• 한 개체군 내의 개체들에서 유전자의 변이로 다양한 형질이 나타나는 것이다. • 같은 종이라도 대립유전자가 다양하면 형질이 서로 다르게 나타난다. 예 아시아무당벌레의 다양한 색과 반점 무늬, 국화꽃의 다양한 모양과 색 ➡ 종 내에 형질을 결정하는 대립유전자가 다양할수록 유전적 다양성이 높다. • 유전적 다양성이 높은 개체군은 환경이 급격히 변하거나 전염병이 발생했을 때 멸종될 확률이 낮다.
종 다양성	• 한 생태계 내의 군집에 서식하는 종의 다양한 정도이다. • 종의 수가 많을수록(종 풍부도가 높을수록), 전체 개체 수에서 각 종이 차지하는 비율이 고를수록(종 균등도가 높을수록) 종 다양성이 높다. • 종 다양성이 높을수록 생태계가 안정적으로 유지된다.
생태계 다양성	• 생물의 서식지인 생태계의 다양한 정도이다. • 생물적 요인과 비생물적 요인 사이의 상호 작용에 관한 다양성을 모두 포함한다. • 생태계 다양성이 높은 지역일수록 다양한 환경 조건이 존재하므로 각각의 환경에 적응하여 다양한 종이 나타날 수 있다. ➡ 유전적 다양성과 종 다양성이 높아짐

▲ 유전적 다양성

▲ 종 다양성

▲ 생태계 다양성

2. 생물 다양성의 중요성

(1) 생태계 안정성 유지: 생물 다양성이 높을수록 생태계 평형이 쉽게 깨지지 않는다.

종 다양성이 높은 생태계	종 다양성이 낮은 생태계
먹이 사슬이 다양하고 복잡하여 한 종이 사라지더라도 다른 종이 대체할 수 있어 생태계 평형이 쉽게 깨지지 않는다.	먹이 사슬이 단순하여 한 종이 사라지면 그 종을 대체할 수 있는 다른 종이 적어 생태계 평형이 쉽게 깨진다.

(2) 생물 자원의 제공

❶ 생물 다양성이 높을수록 생물 자원이 풍부해진다.

❷ 의식주, 의약품 원료, 유전자 자원 등 다양한 자원으로 이용된다.

환경 변화와 유전적 다양성

유전적 다양성이 높은 개체군일수록 급격한 환경 변화에 살아남을 수 있는 유리한 형질을 가진 개체가 존재할 확률이 높다.
➡ 멸종될 확률이 낮다.

생태계의 종류

초원, 삼림, 사막, 습지, 갯벌, 산, 강, 호수, 바다, 농경지 등

갯벌과 습지의 생태계 다양성

갯벌과 습지는 수상 생태계와 육상 생태계를 잇는 지역으로 이 두 생태계가 인접한 지역에서는 각 생태계에 서식하는 종 이외에 두 생태계의 자원을 모두 이용하는 종이 함께 서식하므로 종 다양성이 높다.

환경 지표 및 조절자로서의 생물 자원

• 지표종(특정 지역의 환경 상태 예측)
• 습지(오염 물질 처리), 해안 지역(자연 정화)
• 방풍림(홍수, 산사태 등 자연 재해 예방)

생물 자원

의식주 자원	사람의 의식수에 필요한 사원 제공
의약품 원료	질병 치료에 쓰이는 의약품의 원료 제공 예 주목 → 택솔(항암제), 버드나무 껍질 → 아스피린의 주성분, 푸른곰팡이 → 페니실린(항생제)
유전자 자원	새로운 형질을 가진 생물의 개발에 필요한 유전자 자원 제공
사회적·심미적 가치	휴식 및 여가 활동, 생태 관광을 위한 장소 제공
연료 자원	에너지 생성에 필요한 연료 자원 제공

3. 생물 다양성의 감소 원인

서식지 파괴 및 단편화	• 숲의 벌채, 습지의 매립 등으로 서식지 파괴 → 서식지 면적 감소 → 종 다양성 감소 • 주택지 개발, 도로나 철도 건설 등으로 큰 서식지가 작은 서식지로 분할 → 서식지 면적이 감소되고 생물의 이동이 제한되어 고립 → 유전적 다양성과 종 다양성 감소
불법 포획과 남획	포획이 금지된 종을 포획(불법 포획)하거나 어떤 종을 회복할 수 없을 정도로 과도하게 포획(남획) → 멸종 위기종 발생, 생물 다양성 감소
환경 오염과 기후 변화	사람의 활동에 따른 토양·수질·대기의 오염과 지구 온난화를 비롯한 여러 기후 변화 → 생물 다양성 감소
외래종 도입	천적이 없는 외래종이 도입되어 대량으로 번식 → 고유종의 서식지를 차지하고 먹이 사슬을 변화시킴 → 생물 다양성 감소 예 블루길, 뉴트리아, 돼지풀, 큰입배스, 가시박 등

4. 생물 다양성 보전 방안

서식지 보호	군집 단위로 큰 서식지를 보호 예 국립 공원 지정, 안식년 실시
서식지 연결	단편화된 서식지에 이동 통로를 설치하여 서식지 연결 예 생태 통로 설치
불법 포획·남획 금지	희귀 종의 불법 포획과 남획 금지
외래종 도입 방지	기존 생태계에 미치는 영향을 검증한 후 도입
멸종 위기종 보호·관리	멸종 위기에 처한 종을 보호하고 관리하여 개체 수 보전 예 천연기념물 지정, 핵심종 관리, 자생지 방사, 종자 은행 운영
법률 제정·시행	생물 다양성을 보전하기 위한 법률을 제정하여 시행 예 야생 생물 보호 및 관리에 관한 법률

5. 생물 다양성 보전을 위한 노력

개인적 차원	쓰레기 분리 수거, 자원 및 에너지 절약·재활용, 정부의 정책에 관심을 가지고 참여하기 등
사회적 차원	생물 다양성 보전을 위한 홍보 및 캠페인 활동, 대정부 감시를 위한 비정부 기구(NGO) 활동 등
국가적 차원	자생 종의 분포와 정보 수집, 서식지 보호를 위한 국립 공원 지정, 멸종 위기 종의 보호 및 복원 사업 실시, 종자 은행을 통한 종의 유전자 관리 등
국제적 차원	생물 다양성에 관한 국제 협약을 체결하여 시행 예 람사르 협약, 생물 다양성 협약, 나고야 의정서

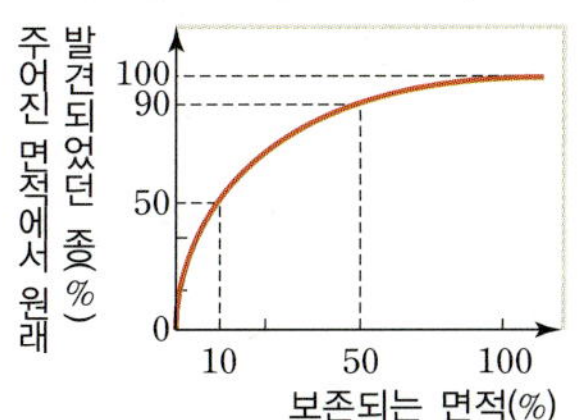

서식지 파괴에 따른 종 다양성 감소

서식지가 파괴되어 서식지 면적이 50 % 줄어들면 원래 발견되는 종의 10 %가 감소하고, 서식지 면적이 90 % 줄어들면 원래 발견되는 종의 50 %가 감소한다.

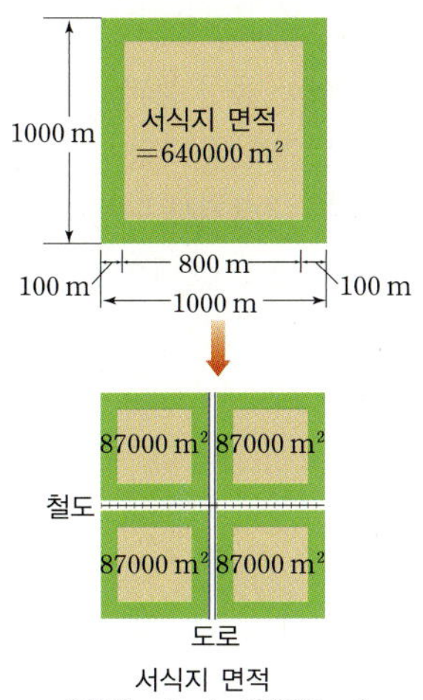

서식지 단편화에 따른 서식지 면적 변화

철도와 도로의 건설로 서식지가 단편화되면 서식지 면적이 감소하고, 서식지 가장자리의 비율이 늘어나며, 서식지 중앙에서 서식지 가장자리까지의 거리가 짧아진다.

➡ 서식지 중앙에 사는 종의 실제 서식지가 크게 줄어듦

개념 익히기 문제

정답과 해설 p.075

🧠 교과서 문장으로 개념 익히기

01 생물 다양성 중 □□□□□□은 한 종에 얼마나 다양한 대립유전자가 존재하는가를 뜻한다.

02 생물 다양성 중 □□□□은 어느 한 군집에 서식하는 종의 다양한 정도를 의미한다.

03 생물 다양성 중 □□□□□□은 일정 지역에서 나타나는 생태계의 다양함을 의미한다.

04 사람이 생활에 이용하는 자원 중 생물에서 유래한 것을 □□□□이라고 한다.

📦 OX 문제로 개념 익히기

05 유전적 다양성이 높은 개체군은 환경이 급격히 변하였을 때 멸종될 확률이 높다. (O / X)

06 종 다양성은 군집을 구성하는 종의 수가 많고, 각 종의 비율이 고를수록 높다. (O / X)

07 서식지 파괴 및 단편화는 생물 다양성을 감소시키는 원인에 해당한다. (O / X)

08 생태 통로 설치, 천연기념물 지정은 생물 다양성을 보전하기 위한 방안에 해당한다. (O / X)

개념 다지기 문제

01 그림은 생물 다양성의 3가지 의미를 나타낸 것이다. A~C는 종 다양성, 생태계 다양성, 유전적 다양성을 순서 없이 나타낸 것이다.

A   B   C

이에 대한 설명으로 옳은 것만을 |보기|에서 있는 대로 고른 것은?

> **보기**
> ㄱ. A에는 동물 종과 식물 종만 포함된다.
> ㄴ. B는 유전적 다양성이다.
> ㄷ. C는 생태계를 구성하는 생물적 요인과 비생물적 요인의 관계에 관한 다양성을 포함한다.

① ㄱ   ② ㄷ   ③ ㄱ, ㄴ
④ ㄴ, ㄷ   ⑤ ㄱ, ㄴ, ㄷ

02 그림 (가)는 생물 다양성의 3가지 의미를 구분하여 나타낸 것이고, (나)는 종 A의 개체군에서 각 개체들의 등껍질 무늬를 나타낸 것이다. ㉠~㉢은 생태계 다양성, 유전적 다양성, 종 다양성을 순서 없이 나타낸 것이다.

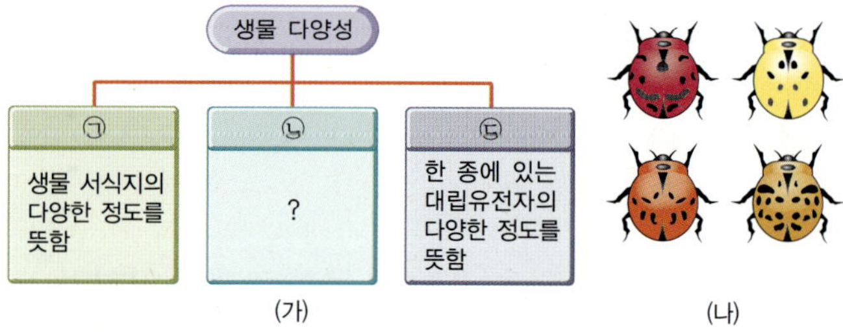

이에 대한 설명으로 옳은 것만을 |보기|에서 있는 대로 고른 것은? (단, A의 등껍질 무늬는 환경의 영향을 받지 않는 유전 형질이다.)

> **보기**
> ㄱ. ㉠은 생태계 다양성이다.
> ㄴ. ㉡은 종의 수가 많을수록, 전체 개체수에서 각 종이 차지하는 비율이 고를수록 낮다.
> ㄷ. (나)는 ㉢에 해당한다.

① ㄱ   ② ㄴ   ③ ㄱ, ㄷ
④ ㄴ, ㄷ   ⑤ ㄱ, ㄴ, ㄷ

03 그림은 면적이 같은 안정된 생태계 (가)와 (나)에서 먹이 관계를 나타낸 것이다.

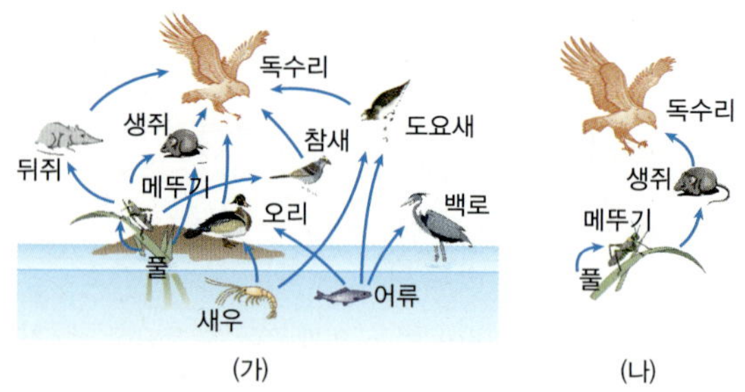

이에 대한 설명으로 옳은 것만을 |보기|에서 있는 대로 고른 것은? (단, 제시된 종 이외의 다른 종은 고려하지 않는다.)

> **보기**
> ㄱ. 종 다양성은 (가)에서가 (나)에서보다 높다.
> ㄴ. 환경이 급격히 변하였을 때 (나)는 (가)보다 생태계가 안정적으로 유지될 수 있다.
> ㄷ. 생쥐가 사라지면 (가)와 (나)에서 모두 독수리가 사라진다.

① ㄱ   ② ㄴ   ③ ㄱ, ㄷ
④ ㄴ, ㄷ   ⑤ ㄱ, ㄴ, ㄷ

04 생물 다양성을 보전하기 위한 방안으로 옳지 <u>않은</u> 것은?

① 국립 공원을 지정하여 서식지를 보호한다.
② 희귀 생물의 불법 포획과 남획을 금지한다.
③ 기존 생태계에 미치는 영향을 검증한 후 외래종을 도입한다.
④ 군집 단위의 큰 서식지를 작게 분할하여 종을 관리한다.
⑤ 생물 다양성을 보전하기 위한 법률을 제정하여 시행한다.

고난도 문제

05 그림은 서로 다른 지역 (가)~(다)에 서식하는 식물 종 A~C를 나타낸 것이다.

이에 대한 설명으로 옳은 것만을 |보기|에서 있는 대로 고른 것은? (단, A~C 이외의 다른 종은 고려하지 않는다.)

보기

ㄱ. 서식하는 식물 종의 수는 (가)와 (다)가 같다.

ㄴ. 전체 개체 수에서 B의 개체 수가 차지하는 비율은 (나)에서가 (다)에서보다 작다.

ㄷ. (가)~(다) 중 종 다양성이 가장 높은 지역은 (가)이다.

① ㄱ　　　　② ㄴ　　　　③ ㄱ, ㄷ
④ ㄴ, ㄷ　　　⑤ ㄱ, ㄴ, ㄷ

대표 유형문제

06 그림은 어느 지역에 도로가 건설되어 생물 군집의 서식지가 분할된 모습을 나타낸 것이다.

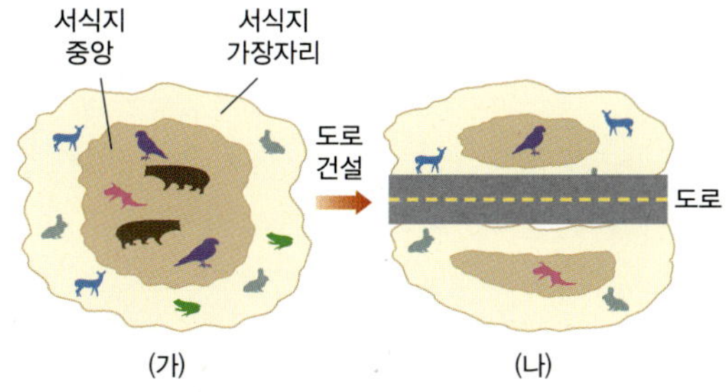

이에 대한 설명으로 옳은 것만을 |보기|에서 있는 대로 고른 것은? (단, 제시된 종 이외의 다른 종은 고려하지 않는다.)

보기

ㄱ. 도로 건설로 종 다양성이 감소하였다.

ㄴ. 서식지가 (나)와 같이 단편화되면 생물의 이동이 제한된다.

ㄷ. (나)의 분할된 두 서식지 사이에 생태 통로를 설치하는 것은 생물 다양성 보전에 도움이 된다.

① ㄱ　　　　② ㄴ　　　　③ ㄱ, ㄷ
④ ㄴ, ㄷ　　　⑤ ㄱ, ㄴ, ㄷ

서술형 문제

07 다음은 감자마름병과 감자를 재배하는 경작지 A, B에 대한 자료이다.

- 감자마름병은 감자에 곰팡이가 발생하는 병으로 이 병에 걸리면 감자가 썩어 죽는다.
- 경작지 A에는 한 품종의 감자만 재배하였고, 경작지 B에는 다양한 품종의 감자를 재배하였다.

감자마름병이 유행하였을 때 경작지 A와 경작지 B 중 피해를 적게 입을 경작지는 어느 곳일지 쓰고, 그렇게 생각한 까닭을 생물 다양성과 관련지어 서술하시오.

____

____

08 생물 자원은 사람이 생활에 이용하는 자원 중에서 생물로부터 유래한 것이다. 사람이 실생활에서 생물 자원을 이용하는 사례를 2가지만 서술하시오.

____

____

09 생물 다양성은 중요한 가치를 지니고 있지만 지구의 생물 다양성은 빠른 속도로 감소하고 있다. 생물 다양성을 감소시키는 원인을 2가지만 서술하시오.

____

03 생물 다양성과 보전

1 생물 다양성의 의미

그림은 생물 다양성의 3가지 의미를 나타낸 것이다. (가)~(다)는 종 다양성, 생태계 다양성, 유전적 다양성을 순서 없이 나타낸 것이다.

(가)　　　　　(나)　　　　　(다)

● 다음 설명 중 옳은 것은 ○표, 옳지 <u>않은</u> 것은 ×표 하시오.

1 (가)는 유전적 다양성, (나)는 생태계 다양성, (다)는 종 다양성이다.　○ / ×

2 (가)는 종 수가 많을수록, 전체 개체 수에서 각 종이 차지하는 비율이 고를수록 높다.　○ / ×

3 (나)는 한 지역 내에 서식하는 종의 다양한 정도를 의미한다.　○ / ×

4 사람마다 눈동자 색이 다른 것은 (가)에 해당한다.　○ / ×

5 (다)가 높은 종일수록 환경이 급격히 변하였을 때 멸종될 확률이 낮다.　○ / ×

2 생물 다양성의 중요성

그림은 동일한 면적의 안정된 생태계 A와 B에서 먹이 관계를 나타낸 것이다. (단, 제시된 종 이외의 다른 종은 고려하지 않는다.)

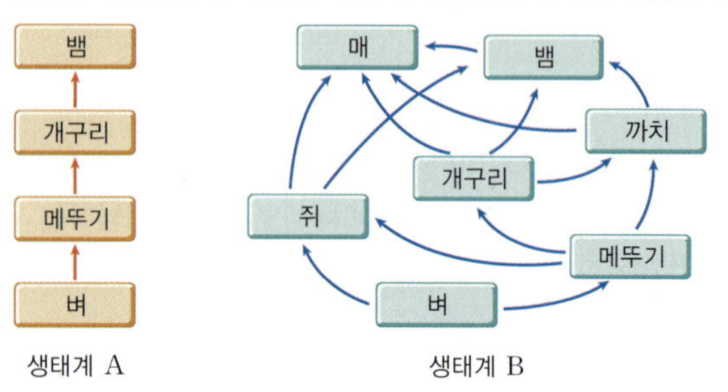

● 다음 설명 중 옳은 것은 ○표, 옳지 <u>않은</u> 것은 ×표 하시오.

1 종 다양성은 A에서가 B에서보다 낮다.　○ / ×

2 A에서 메뚜기는 2차 소비자이다.　○ / ×

3 B에서 뱀이 가지는 에너지는 모두 매에게 전달된다.　○ / ×

4 B에서 매가 사라지면 뱀의 개체 수는 일시적으로 증가할 것이다.　○ / ×

5 생태계 평형은 A에서가 B에서보다 안정적으로 유지된다.　○ / ×

3 생물 다양성의 보전

그림은 주택지 개발로 어떤 지역에서 생물 군집의 서식지가 변화된 모습을 나타낸 것이다. (단, 제시된 종 이외의 다른 종은 고려하지 않는다.)

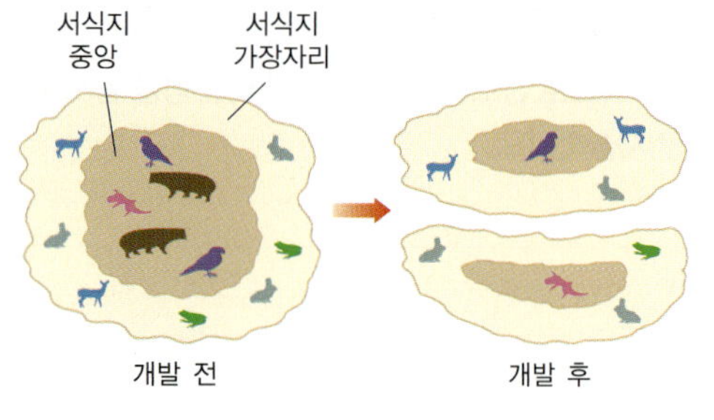

● 다음 설명 중 옳은 것은 ○표, 옳지 <u>않은</u> 것은 ×표 하시오.

1 주택지 개발로 생물 군집의 서식지가 단편화되었다.　○ / ×

2 그림과 같이 서식지가 단편화되면 서식지 중앙의 면적은 줄어들고 서식지 가장자리의 면적은 넓어진다.　○ / ×

3 주택지 개발로 이 지역의 종 다양성이 높아졌다.　○ / ×

4 이 지역에서 분할된 두 서식지 사이에 생태 통로를 설치하는 것은 생물 다양성을 보전하는 방안에 해당한다.　○ / ×

학교 시험 대비 문제

대표 유형 문제

01 표는 생물 다양성의 3가지 의미를 설명한 자료이다. (가)~(다)는 종 다양성, 생태계 다양성, 유전적 다양성을 순서 없이 나타낸 것이다.

구분	의미
(가)	한 생태계 내에 존재하는 종의 다양한 정도를 의미한다.
(나)	삼림, 사막, 초원, 습지 등이 다양하게 나타나는 것을 의미한다.
(다)	?

이에 대한 설명으로 옳은 것만을 |보기|에서 있는 대로 고른 것은?

> **보기**
> ㄱ. (가)가 낮을수록 먹이 사슬이 복잡하게 형성된다.
> ㄴ. (나)는 생태계 다양성이다.
> ㄷ. 같은 부모에게서 태어난 자녀의 얼굴 모습이 서로 다른 것은 (다)에 해당한다.

① ㄱ   ② ㄴ   ③ ㄱ, ㄷ
④ ㄴ, ㄷ   ⑤ ㄱ, ㄴ, ㄷ

02 다음은 생물 다양성에 대한 학생 A~C의 발표 내용이다.

제시한 내용이 옳은 학생만을 있는 대로 고른 것은?

① A   ② C   ③ A, B
④ B, C   ⑤ A, B, C

03 표는 생물 다양성의 중요성과 가치를 설명한 자료이다.

> 생물 다양성은 ㉠생태계 평형을 유지하는 데 중요한 역할을 하며, 사람의 생활에 필요한 다양한 ㉡생물 자원을 공급하고, 사람들에게 ㉢사회적 · 심미적 가치를 제공한다.

이에 대한 설명으로 옳은 것만을 |보기|에서 있는 대로 고른 것은?

> **보기**
> ㄱ. 종 다양성이 낮을수록 ㉠의 효과가 커진다.
> ㄴ. 야생 벼의 질병 저항성 유전자를 이용하여 질병에 강한 새로운 벼 품종을 개발하는 것은 ㉡의 예에 해당한다.
> ㄷ. 휴양림을 활용한 생태 관광 자원은 ㉢의 예에 해당한다.

① ㄱ   ② ㄴ   ③ ㄱ, ㄷ
④ ㄴ, ㄷ   ⑤ ㄱ, ㄴ, ㄷ

대표 유형 문제

04 그림은 우리나라에 서식하는 3가지 외래종을 나타낸 것이다.

▲ 돼지풀   ▲ 큰입배스   ▲ 꽃매미

이와 같은 외래종이 생물 다양성에 미치는 영향으로 옳은 것만을 |보기|에서 있는 대로 고른 것은?

> **보기**
> ㄱ. 생물 다양성을 감소시키는 원인이 될 수 있다.
> ㄴ. 먹이 사슬을 변화시켜 생태계를 교란할 수 있다.
> ㄷ. 천적이 없는 경우 다량으로 번식하여 고유종의 서식지를 차지할 수 있다.

① ㄱ   ② ㄴ   ③ ㄱ, ㄷ
④ ㄴ, ㄷ   ⑤ ㄱ, ㄴ, ㄷ

1등급 도전!
고난도 문제

05 그림 (가)는 생물 다양성의 3가지 의미를, (나)는 어떤 종 A의 개체 수에 따른 유전자 변이의 수를 나타낸 것이다. ㉠과 ㉡은 생태계 다양성과 유전적 다양성을 순서 없이 나타낸 것이고, (나)는 ㉠에 해당한다.

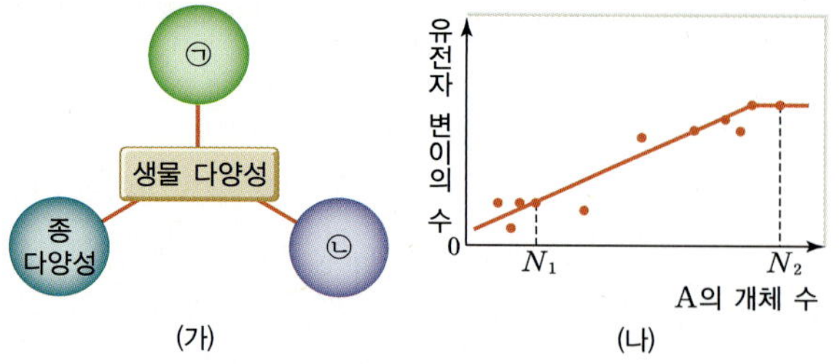

이에 대한 설명으로 옳은 것만을 |보기|에서 있는 대로 고른 것은?

— 보기 —
ㄱ. ㉠은 생태계 다양성이다.
ㄴ. A의 개체 수가 N_2일 때가 N_1일 때보다 환경이 급격히 변하였을 때 살아남을 확률이 높다.
ㄷ. ㉡은 생물 서식지의 다양한 정도를 의미한다.

① ㄱ   ② ㄴ   ③ ㄱ, ㄷ
④ ㄴ, ㄷ   ⑤ ㄱ, ㄴ, ㄷ

06 그림은 어떤 지역의 한 생태계에서 시간에 따른 생물의 전체 개체 수, 종 수, 종 다양성을 나타낸 것이다.

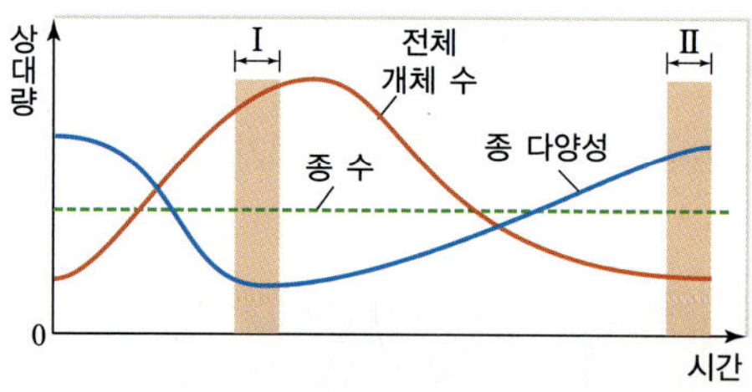

이에 대한 설명으로 옳은 것만을 |보기|에서 있는 대로 고른 것은? (단, 제시된 조건 이외는 고려하지 않는다.)

— 보기 —
ㄱ. 전체 개체 수에서 각 종이 차지하는 비율은 구간 Ⅱ에서가 Ⅰ에서보다 고르다.
ㄴ. 이 생태계가 안정적으로 유지될 가능성은 구간 Ⅰ일 때가 Ⅱ일 때보다 높다.
ㄷ. 종 다양성은 한 종에 있는 대립유전자의 다양한 정도를 의미한다.

① ㄱ   ② ㄷ   ③ ㄱ, ㄴ
④ ㄴ, ㄷ   ⑤ ㄱ, ㄴ, ㄷ

대표 유형 문제

07 그림 (가)는 서식지에서 보존되는 면적에 따른 처음에 있던 종에서 살아남은 종의 비율을, (나)는 서식지 단편화 정도에 따른 어린 가리비의 피식률을 나타낸 것이다.

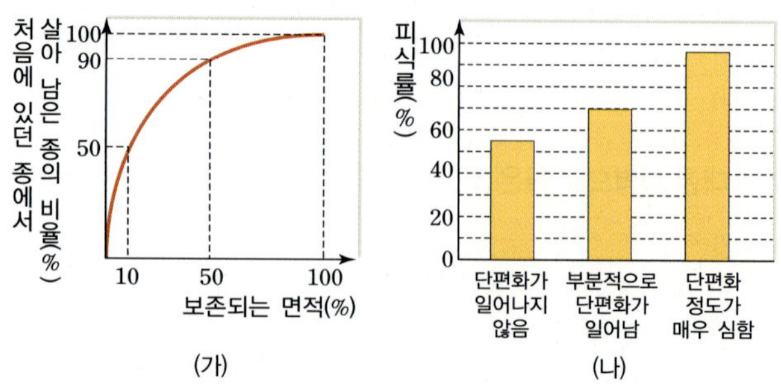

이 자료에 대한 설명으로 옳은 것만을 |보기|에서 있는 대로 고른 것은?

— 보기 —
ㄱ. (가)에서 서식지 면적이 50 % 감소하면 처음 이 지역에 살던 종의 50 %가 사라진다.
ㄴ. (나)에서 서식지 단편화 정도가 작을수록 어린 가리비의 피식률이 낮아진다.
ㄷ. 서식지 감소 및 단편화는 모두 종 다양성을 감소시킬 수 있다.

① ㄱ   ② ㄴ   ③ ㄱ, ㄷ
④ ㄴ, ㄷ   ⑤ ㄱ, ㄴ, ㄷ

대표 유형 문제

08 표는 생물 다양성을 보전하기 위한 방안을 나타낸 것이다.

(가) 공원의 지정 탐방로를 이용하고 자원을 절약하여 사용한다.
(나) ㉠국립 공원을 지정하고, 종자 은행을 통해 종의 유전자를 관리한다.
(다) ㉡생물 다양성에 관한 국제 협약을 체결하여 시행한다.

이에 대한 설명으로 옳은 것만을 |보기|에서 있는 대로 고른 것은?

— 보기 —
ㄱ. (가)는 생물 다양성 보전을 위한 개인적 차원의 노력에 해당한다.
ㄴ. ㉠은 서식지 파괴를 줄이기 위한 방안에 해당한다.
ㄷ. 람사르 협약은 ㉡에 해당한다.

① ㄱ   ② ㄴ   ③ ㄱ, ㄷ
④ ㄴ, ㄷ   ⑤ ㄱ, ㄴ, ㄷ

09

그림은 어떤 초파리 개체군에서 개체들의 날개 무늬를 나타낸 것이다.

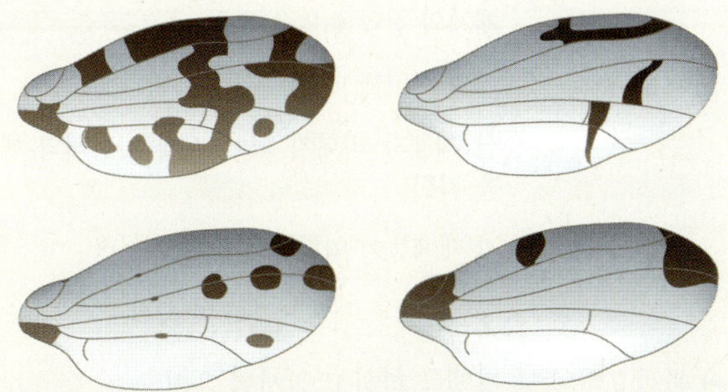

같은 종의 초파리 개체들에서 날개 무늬가 다양하게 나타나는 것은 생물 다양성의 3가지 의미 중 어느 것에 해당하는지 쓰고, 이와 같은 생물 다양성이 나타나는 까닭을 서술하시오.

10

그림은 지역 (가)~(다)에 서식하는 종 A~D의 개체 수 비율을 나타낸 것이다.

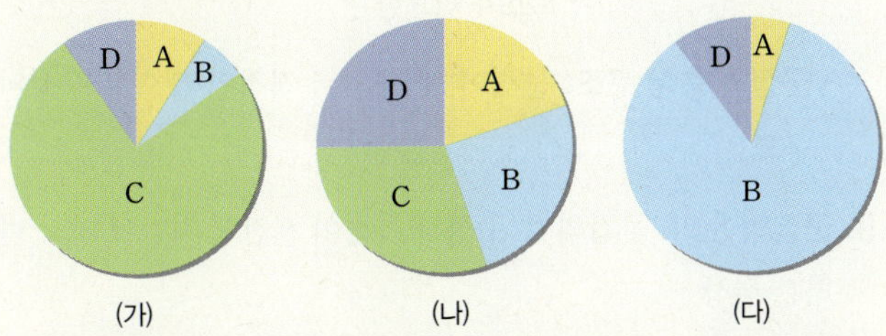

(가)~(다) 중 종 다양성이 가장 높은 지역을 쓰고, 그렇게 생각한 까닭을 서술하시오. (단, A~D 이외의 다른 종은 고려하지 않는다.)

11

다음은 어느 지역에서 개발 활동으로 인한 변화를 설명한 자료이다.

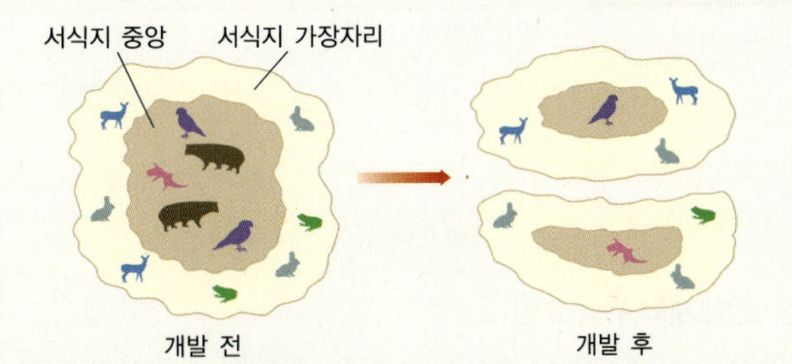

개발 활동으로 인해 생물들의 서식지가 분할되었으며, 서식지 중앙에 서식하는 종의 수가 서식지 가장자리에 서식하는 종의 수보다 더 크게 감소하였다.

서식지 중앙에 서식하는 종의 수가 서식지 가장자리에 서식하는 종의 수보다 더 크게 감소한 까닭을 서술하시오.

12

그림은 생물 다양성을 보전하기 위하여 설치한 시설물 (가)를 나타낸 것이다.

(가)는 무엇인지 쓰고, (가)가 어떻게 생물 다양성을 보전하는 데 도움을 주는지 서술하시오.

단원 한번에 정리하기

01 생태계의 구성과 기능

1 개체군, 군집, 생태계의 관계

❶(　　)	일정한 지역에서 같은 종의 개체들이 무리를 지어 생활하는 집단
❷(　　)	일정한 지역에 여러 개체군들이 모여 생활하는 집단
생태계	생물이 주변 환경이나 다른 생물과 서로 영향을 주고받으며 살아가는 체계

2 생태계의 구성 요인

- ❸(　　　　): 생산자, 소비자, 분해자
- ❹(　　　　): 빛, 물, 온도, 공기, 토양 등

3 생태계 구성 요인 사이의 상호 관계

비생물적 요인이 생물적 요인에 영향을 주는 것

생물적 요인이 비생물적 요인에 영향을 주는 것

생물적 요인 사이에 서로 영향을 주고받는 것

4 개체군의 특성

- **개체군의 밀도**: 일정한 공간에 서식하는 개체 수

$$개체군의\ 밀도 = \frac{개체군을\ 구성하는\ 개체\ 수}{개체군이\ 서식하는\ 공간의\ 면적}$$

개체군의 밀도를 증가시키는 요인	출생, 이입
개체군의 밀도를 감소시키는 요인	사망, 이출

- **개체군의 생장 곡선**: 시간에 따른 개체군의 개체 수 변화를 나타낸 그래프

❺(　　) 생장 곡선	자원의 제한이 없는 이상적인 환경에서 나타남 → J자형 생장 곡선
❻(　　) 생장 곡선	자원의 제한이 있는 실제 환경에서 나타남 → 환경 저항이 작용하여 S자형 생장 곡선
환경 저항	개체군의 생장을 억제하는 요인
환경 수용력	주어진 환경에서 서식할 수 있는 개체군의 최대 크기

- **개체군의 ❼(　　　)**: 같은 시기에 출생한 개체들 중 시간이 지남에 따라 살아남은 개체 수를 상대 연령에 따라 나타낸 그래프
- **개체군의 연령 피라미드**: 개체군 내에서 전체 개체 수에 대한 각 연령별 개체 수의 비율을 낮은 연령층부터 차례대로 쌓아 피라미드 모양으로 나타낸 것

안정형	개체군 크기에 변화가 적을 것으로 예상
발전형	개체군 크기가 점차 커질 것으로 예상
쇠퇴형	개체군 크기가 점차 작아질 것으로 예상

- **개체군의 주기적 변동**: 계절적 변동(예 돌말 개체군의 주기적 변동), 포식과 피식 관계에 따른 변동(예 눈신토끼와 스라소니의 개체 수 변동)

5 개체군 내의 상호 작용

❽(　　)	일정한 생활 공간(세력권)을 차지하고 다른 개체의 침입을 막음
순위제	힘의 서열에 따라 순위를 정함
❾(　　)	한 개체가 리더가 되어 개체군 전체의 행동을 지휘
사회생활	각 개체들이 역할을 분담하고 협력
❿(　　)	혈연관계의 개체들이 모여 생활

→ 불필요한 종내 경쟁을 피하고 질서를 유지

6 군집의 특성과 종류

- **⓫(　　　　)**: 군집 내에서 각 개체군이 가지는 위치와 역할

먹이 지위	어떤 먹이를 먹는지에 해당
공간 지위	서식지 지위라고도 하며, 살고 있는 곳의 위치를 의미함

- **군집의 종류**: 서식 환경에 따라 육상 군집(삼림, 초원, 사막)과 수생 군집(담수 군집, 해수 군집)으로 구분

7 군집의 생태 분포

위도에 따른 기온과 강수량의 차이로 나타나는 ⓬(　　　)와 특정 지역에서 고도에 따른 기온의 차이로 나타나는 ⓭(　　　)가 있음

8 군집의 구조

- 군집을 구성하는 종의 구분

⓮(　　)	개체 수가 많거나 차지하는 면적이 넓어 그 군집을 대표할 수 있는 종 → 중요치가 가장 높은 종
⓯(　　)	우점종은 아니지만, 군집의 구조에 중요한 역할을 하는 종
⓰(　　)	특징 지역이나 환경에서만 볼 수 있는 종
희소종	군집을 이루는 개체군 중 개체 수가 매우 적어 보호가 필요한 종

- **군집의 층상 구조**: 군집이 몇 개의 수직적인 층으로 구성된 구조

9 군집의 천이

군집의 종 구성과 특성이 시간이 지남에 따라 변하는 현상

1차 천이	• 토양이 형성되지 않은 불모지에서 시작 • 건성 천이와 습성 천이로 구분 • 건성 천이의 개척자는 지의류
2차 천이	• 산불, 산사태 등으로 기존 군집은 파괴되었으나, 토양이 남아 있는 곳에서 시작 • 개척자는 초본 식물(풀)

10 군집 내 개체군 사이의 상호 작용

⓱(　　　　)	생태적 지위가 비슷한 개체군들이 한정된 자원을 두고 다투는 것
⓲(　　　　) (생태 지위 분화)	생태적 지위가 비슷한 개체군들이 종간 경쟁을 피하기 위해 먹이, 서식지 등을 달리하는 것
포식과 피식	군집을 이루는 두 개체군 사이에 먹고 먹히는 관계
⓳(　　　　)	두 개체군이 모두 이익을 얻는 관계
편리공생	한 개체군은 이익을 얻지만, 다른 개체군은 이익도 손해도 없는 관계
⓴(　　　　)	한 개체군이 다른 개체군에 피해를 주며 생활하는 관계

02 에너지 흐름과 물질 순환

1 생태계에서의 에너지 흐름: 생태계에서 에너지는 순환하지 않고 한 방향으로만 흐른다.

2 ❶(　　　　　　): 각 영양 단계에 속하는 생물의 개체 수, 생물량(생체량), 에너지양을 하위 영양 단계에서 상위 영양 단계로 쌓아올린 것

3 ❷(　　　　　　): 한 영양 단계에서 다음 영양 단계로 전달되는 에너지의 비율

4 생태계에서의 물질의 순환: 물질은 생물적 요인과 비생물적 요인 사이를 순환한다.

- **탄소 순환**: 대기 중 이산화 탄소가 생산자의 ❸(　　　)에 의해 유기물로 합성 → 유기물의 형태로 먹이 사슬을 따라 상위 영양 단계로 이동하거나, 분해자에게 전달 → 생산자, 소비자, 분해자의 세포 호흡을 통해 이산화 탄소로 분해되어 대기로 돌아감
- **질소 순환**: 대기 중 질소는 ❹(　　　)에 의해 암모늄 이온으로 전환 → 토양 속 암모늄 이온이 ❺(　　　)에 의해 질산 이온으로 산화 → 암모늄 이온이나 질산 이온이 식물에 흡수되어 ❻(　　　　)을 통해 질소 화합물로 합성 → 합성된 질소 화합물은 먹이 사슬을 따라 상위 영양 단계로 이동하거나, 분해자에게 전달 → 생물의 사체나 배설물 속 질소 화합물은 분해자에 의해 암모늄 이온으로 분해, 질산 이온은 ❼(　　　　)에 의해 질소가 되어 대기 중으로 돌아감

5 생태계에서 물질의 생산과 소비

> ❽(　　　　) = 호흡량 + 순생산량
> 순생산량 = 고사·낙엽량 + 피식량 + ❾(　　　)

6 생태계 평형: 생태계에서 군집의 구성, 물질 순환, 에너지 흐름 등이 안정된 상태를 유지하는 것

→ 군집을 이루는 종이 다양하고 먹이 그물이 복잡할수록 생태계 평형이 잘 회복되고 유지됨

03 생물 다양성과 보전

1 생물 다양성의 의미

유전적 다양성	• 한 종에 있는 대립유전자의 다양한 정도 • 같은 종이라도 형질이 서로 다르게 나타남 • 유전적 다양성이 높은 개체군은 급격한 환경 변화에도 멸종될 확률이 낮음
❶(　　　　)	• 한 생태계 내의 군집에 서식하는 종의 다양한 정도 • 종의 수가 많을수록, 전체 개체 수에서 각 종이 차지하는 비율이 고를수록 높음
❷(　　　　)	• 생물의 서식지인 생태계의 다양한 정도 • 생물적 요인과 비생물적 요인 사이의 상호 작용에 관한 다양성을 모두 포함

2 생물 다양성의 중요성

- **생태계 안정성 유지**: 생물 다양성이 높을수록 생태계 평형이 쉽게 깨지지 않음
- **생물 자원의 제공**: 생물 다양성이 높을수록 풍부

3 생물 다양성의 감소 원인: 서식지 파괴 및 ❸(　　　), 불법 포획과 남획, 환경 오염과 기후 변화, 외래종 도입 등

4 생물 다양성 보전 방안: 서식지 보호, 서식지 연결, 불법 포획과 남획 방지, 무분별한 외래종 도입 방지, 멸종 위기종 보호·관리, 관련 법률의 제정과 시행

5 생물 다양성 보전을 위한 노력

❹(　　　　) 차원	쓰레기 분리 수거, 자원 및 에너지 절약·재활용 등
사회적 차원	생물 다양성 보전을 위한 홍보 및 캠페인 활동, 대정부 감시를 위한 비정부 기구(NGO) 활동 등
❺(　　　　) 차원	서식지 보호를 위한 국립 공원 지정, 멸종 위기종의 보호 및 복원 사업 실시, 종자 은행을 통한 종의 관리 등
국제적 차원	생물 다양성에 관한 국제 협약을 체결하여 시행 ⑩ 람사르 협약, 생물 다양성 협약, 나고야 의정서 등

01 그림은 생태계 구성 요소 사이의 상호 관계를 나타낸 것이다. (3점)

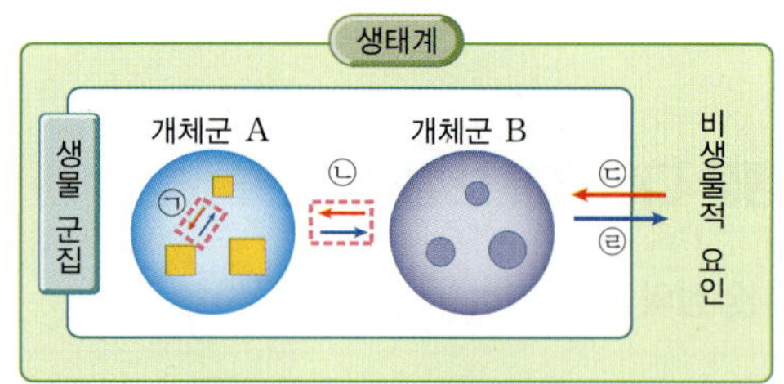

이에 대한 설명으로 옳은 것만을 |보기|에서 있는 대로 고른 것은?

┌─ 보기 ─────────────────────────────┐
ㄱ. 곰팡이는 비생물적 요인에 속한다.
ㄴ. 벼룩이 개의 몸에 붙어살면서 양분을 빼앗는 것은 ㉠에 해당한다.
ㄷ. 탈질산화 세균에 의해 질산화 이온이 질소 기체가 되는 것은 ㉣에 해당한다.
└────────────────────────────────┘

① ㄱ ② ㄷ ③ ㄱ, ㄴ
④ ㄴ, ㄷ ⑤ ㄱ, ㄴ, ㄷ

02 표는 비생물적 요인 (가)~(다)가 생물적 요인에 영향을 주는 예를 나타낸 것이다. (가)~(다)는 빛, 물, 공기를 순서 없이 나타낸 것이다. (3점)

비생물적 요인	예
(가)	사막에 사는 캥거루쥐는 고농도의 오줌을 배설한다.
(나)	한 식물에 있는 ⓐ양엽과 ⓑ음엽의 두께가 서로 다르다.
(다)	㉠

이에 대한 설명으로 옳은 것만을 |보기|에서 있는 대로 고른 것은?

┌─ 보기 ─────────────────────────────┐
ㄱ. (가)는 물, (나)는 공기이다.
ㄴ. ⓐ는 ⓑ보다 울타리 조직이 발달하여 잎의 두께가 두껍다.
ㄷ. '고산 지대에 사는 사람의 적혈구 수가 평지에 사는 사람의 적혈구 수보다 많다.'는 ㉠에 해당한다.
└────────────────────────────────┘

① ㄱ ② ㄴ ③ ㄱ, ㄷ
④ ㄴ, ㄷ ⑤ ㄱ, ㄴ, ㄷ

03 그림은 어떤 개체군의 생장 곡선을 나타낸 것이다. ㉠과 ㉡은 각각 실제 생장 곡선과 이론적 생장 곡선 중 하나이다. (3점)

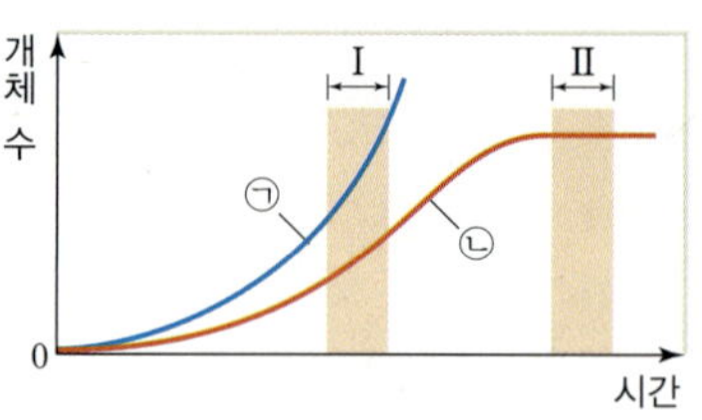

이에 대한 설명으로 옳은 것만을 |보기|에서 있는 대로 고른 것은? (단, 이입과 이출은 없다.)

┌─ 보기 ─────────────────────────────┐
ㄱ. ㉡은 S자형 생장 곡선이다.
ㄴ. 구간 Ⅰ에서 $\dfrac{출생한\ 개체\ 수}{사망한\ 개체\ 수}$ 는 ㉠에서가 ㉡에서보다 크다.
ㄷ. 환경 저항은 ㉠의 구간 Ⅰ과 ㉡의 구간 Ⅱ에서 모두 작용한다.
└────────────────────────────────┘

① ㄱ ② ㄷ ③ ㄱ, ㄴ
④ ㄴ, ㄷ ⑤ ㄱ, ㄴ, ㄷ

04 그림은 어떤 두 나라 A와 B의 인구를 같은 해에 각각 조사하여 얻은 연령 피라미드를 나타낸 것이다. A의 연령 피라미드와 B의 연령 피라미드는 각각 발전형과 쇠퇴형 중 하나이다. (3점)

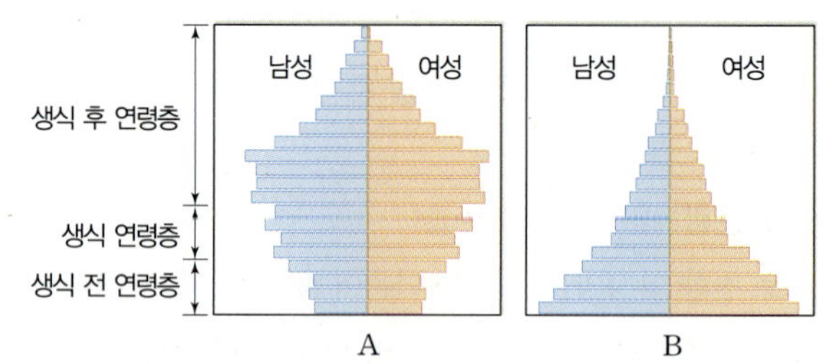

이에 대한 설명으로 옳은 것만을 |보기|에서 있는 대로 고른 것은? (단, 제시된 자료 이외는 고려하지 않는다.)

┌─ 보기 ─────────────────────────────┐
ㄱ. A의 연령 피라미드는 쇠퇴형이다.
ㄴ. 전체 인구에서 생식 전 연령층이 차지하는 비율은 A에서가 B에서보다 크다.
ㄷ. A와 B 중 인구 수가 감소할 것으로 예상되는 나라는 B이다.
└────────────────────────────────┘

① ㄱ ② ㄷ ③ ㄱ, ㄴ
④ ㄴ, ㄷ ⑤ ㄱ, ㄴ, ㄷ

05 `3점`

그림은 상호 작용 A~C의 공통점과 차이점을, 표는 특징 ㉠과 ㉡을 순서 없이 나타낸 것이다. A~C는 순위제, 텃세, 편리공생을 순서 없이 나타낸 것이다.

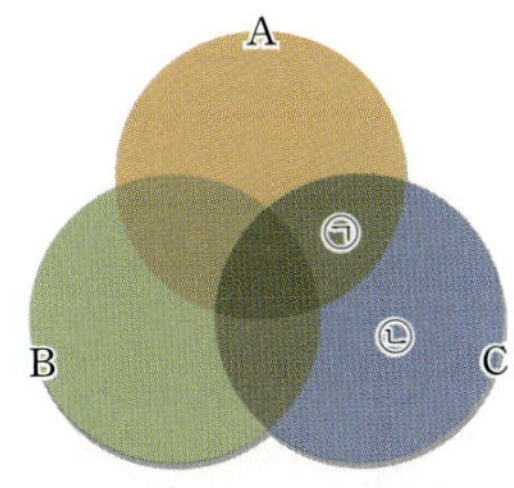

특징
• 세력권을 형성하여 다른 개체의 접근을 막는다. • 개체군 내의 상호 작용이다.

이에 대한 설명으로 옳은 것만을 |보기|에서 있는 대로 고른 것은?

> **보기**
> ㄱ. A와 C는 모두 불필요한 종내 경쟁을 줄이기 위한 상호 작용이다.
> ㄴ. B의 상호 작용을 하는 두 집단 중 한 집단은 손해를 본다.
> ㄷ. 은어 개체군에서 C가 나타난다.

① ㄱ   ② ㄴ   ③ ㄱ, ㄷ
④ ㄴ, ㄷ   ⑤ ㄱ, ㄴ, ㄷ

06 `4점`

표는 두 지역 Ⅰ과 Ⅱ에 서식하는 서로 다른 식물 종 A~D의 개체 수를 나타낸 것이다. B의 밀도는 Ⅰ과 Ⅱ에서 같다.

식물 종 / 지역	A	B	C	D
Ⅰ	18	12	9	11
Ⅱ	13	6	10	11

이에 대한 설명으로 옳은 것만을 |보기|에서 있는 대로 고른 것은? (단, A~D 이외의 다른 종은 고려하지 않는다.)

> **보기**
> ㄱ. Ⅰ에서 A와 B는 한 개체군을 이룬다.
> ㄴ. 면적은 Ⅰ이 Ⅱ의 2배이다.
> ㄷ. $\dfrac{\text{Ⅰ에서 D의 상대 밀도}}{\text{Ⅱ에서 C의 상대 밀도}}$ 는 1보다 작다.

① ㄱ   ② ㄴ   ③ ㄱ, ㄷ
④ ㄴ, ㄷ   ⑤ ㄱ, ㄴ, ㄷ

07 `3점`

표는 상호 작용 (가)~(다)의 예를 나타낸 것이다. (가)~(다)는 가족생활, 리더제, 사회생활을 순서 없이 나타낸 것이다.

상호 작용	예
(가)	여왕개미, 일개미, 병정개미는 일을 분담하여 협력한다.
(나)	?
(다)	사자는 가까운 혈연관계의 개체끼리 모여 함께 새끼를 돌본다.

이에 대한 설명으로 옳은 것만을 |보기|에서 있는 대로 고른 것은?

> **보기**
> ㄱ. (가)는 사회생활, (다)는 가족생활이다.
> ㄴ. 큰뿔양 수컷들이 뿔 치기를 통해 서열을 정하는 것은 (나)의 예에 해당한다.
> ㄷ. (다)는 군집 내 개체군 사이의 상호 작용에 해당한다.

① ㄱ   ② ㄷ   ③ ㄱ, ㄴ
④ ㄴ, ㄷ   ⑤ ㄱ, ㄴ, ㄷ

08 `3점`

다음은 군집의 수평 분포에 대한 학생 A~C의 발표 내용이다.

제시한 내용이 옳은 학생만을 있는 대로 고른 것은?

① A   ② B   ③ A, C
④ B, C   ⑤ A, B, C

1등급 실전 문제

09 (3점)

표는 군집을 구성하는 종을 (가)~(다)로 구분하여 예를 나타낸 것이다. (가)~(다)는 지표종, 핵심종, 희소종을 순서 없이 나타낸 것이다.

구분	예
(가)	비버가 강에 댐을 쌓아 숲을 습지로 바꾸면 그곳에 서식하는 생물의 구성이 크게 달라진다.
(나)	에델바이스는 고산 지대에 서식하므로 그곳의 고도와 온도 범위를 알 수 있다.
(다)	나팔고둥은 개체 수가 적어 아주 드물게 발견되며 멸종 위기 생물로 지정되어 있다.

(가)~(다)에 해당하는 종을 옳게 짝 지은 것은?

	(가)	(나)	(다)
①	희소종	지표종	핵심종
②	지표종	핵심종	희소종
③	지표종	희소종	핵심종
④	핵심종	희소종	지표종
⑤	핵심종	지표종	희소종

10 (4점)

그림은 서로 다른 두 종 A와 B를 단독 배양과 혼합 배양했을 때 시간에 따른 개체 수를, 표는 종 사이의 상호 작용을 나타낸 것이다. ㉠~㉢은 상리 공생, 종간 경쟁, 포식과 피식을 순서 없이 나타낸 것이다.

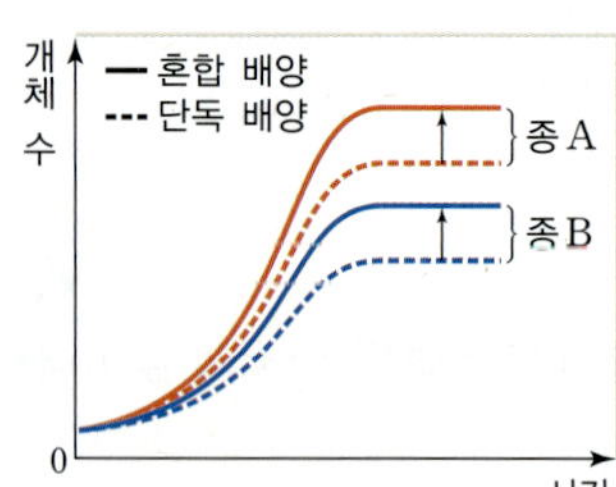

상호 작용	종 Ⅰ	종 Ⅱ
㉠	이익	손해
㉡	ⓐ	?
㉢	손해	ⓑ

이에 대한 설명으로 옳은 것만을 |보기|에서 있는 대로 고른 것은?

보기
ㄱ. ⓐ와 ⓑ는 모두 '이익'이다.
ㄴ. A와 B를 혼합 배양했을 때 A와 B 사이의 상호 작용은 ㉡에 해당한다.
ㄷ. 스라소니와 눈신토끼 사이의 상호 작용은 ㉢에 해당한다.

① ㄱ　　　　② ㄴ　　　　③ ㄱ, ㄷ
④ ㄴ, ㄷ　　　⑤ ㄱ, ㄴ, ㄷ

11 (4점)

그림은 어떤 식물 군집 A에서 유기물량의 변화를 나타낸 것이다. ㉠과 ㉡은 순생산량과 총생산량을 순서 없이 나타낸 것이다.

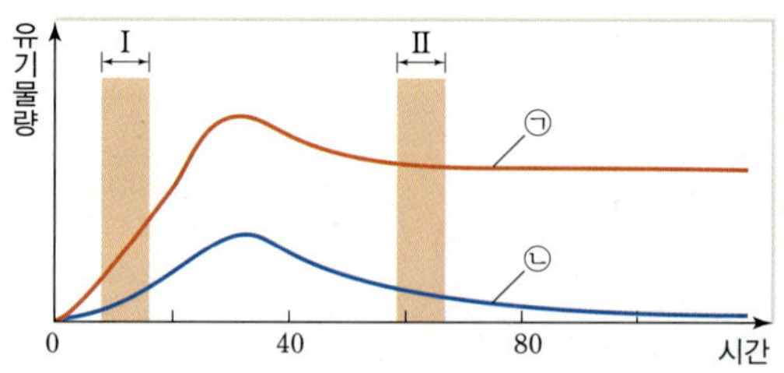

이에 대한 설명으로 옳은 것만을 |보기|에서 있는 대로 고른 것은?

보기
ㄱ. ㉠은 생산자가 광합성을 통해 합성한 유기물의 총량이다.
ㄴ. 생산자에 남아 있는 유기물량은 ㉡에 포함된다.
ㄷ. 호흡량은 구간 Ⅰ에서가 Ⅱ에서보다 작다.

① ㄱ　　　　② ㄷ　　　　③ ㄱ, ㄴ
④ ㄴ, ㄷ　　　⑤ ㄱ, ㄴ, ㄷ

12 (3점)

그림 (가)와 (나)는 서로 다른 두 지역에서 일어나는 천이 과정의 일부를 나타낸 것이다. A~C는 양수림, 지의류, 초원을 순서 없이 나타낸 것이다.

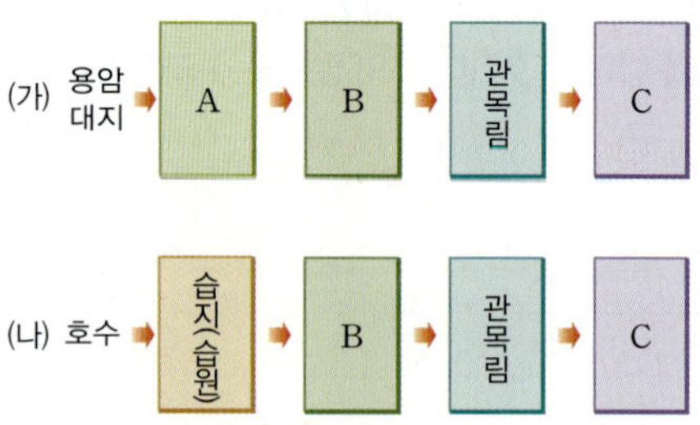

이에 대한 설명으로 옳은 것만을 |보기|에서 있는 대로 고른 것은?

보기
ㄱ. (가)는 건성 천이 과정의 일부를 나타낸 것이다.
ㄴ. B는 지의류, C는 양수림이다.
ㄷ. (나)의 C에서 산불이 나면 A에서부터 천이가 다시 시작된다.

① ㄱ　　　　② ㄴ　　　　③ ㄱ, ㄷ
④ ㄴ, ㄷ　　　⑤ ㄱ, ㄴ, ㄷ

13 (4점) 그림 (가)는 어떤 안정된 생태계에서 A~C의 생물량(생체량)을 나타낸 생태 피라미드를, (나)는 이 생태계에서 일어나는 탄소 순환 과정의 일부를 나타낸 것이다. A~C는 생산자, 1차 소비자, 2차 소비자를 순서 없이 나타낸 것이다.

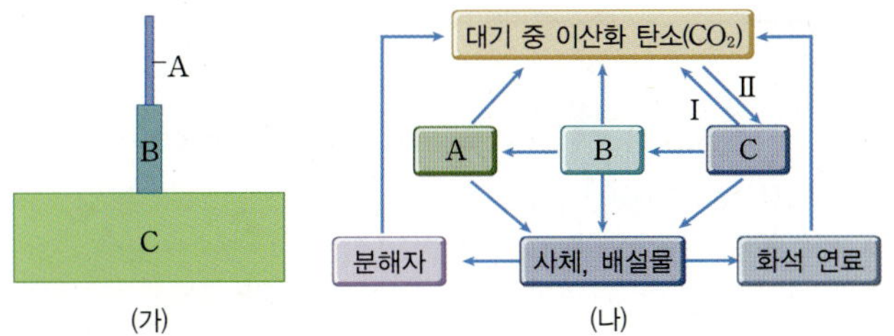

이에 대한 설명으로 옳은 것만을 |보기|에서 있는 대로 고른 것은?

> **보기**
> ㄱ. A의 생물량(생체량)은 B의 호흡량에 포함되지 않는다.
> ㄴ. 탄소는 유기물의 형태로 C로부터 B로 전달된다.
> ㄷ. 과정 Ⅰ에는 세포 호흡이 관여하고, Ⅱ에는 광합성이 관여한다.

① ㄱ ② ㄴ ③ ㄱ, ㄷ
④ ㄴ, ㄷ ⑤ ㄱ, ㄴ, ㄷ

14 (4점) 그림은 생태계에서 일어나는 질소 순환 과정의 일부를 나타낸 것이다. 생물 ㉠~㉢은 버섯, 완두, 뿌리혹박테리아를 순서 없이 나타낸 것이고, 물질 A와 B는 단백질과 암모늄 이온(NH_4^+)을 순서 없이 나타낸 것이다.

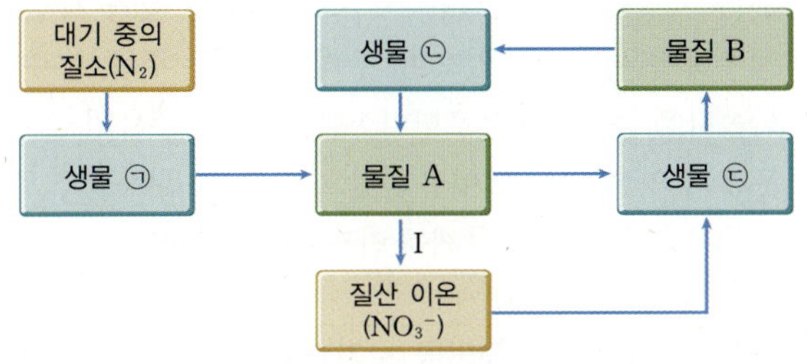

이에 대한 설명으로 옳은 것만을 |보기|에서 있는 대로 고른 것은?

> **보기**
> ㄱ. ㉠과 ㉢ 사이의 상호 작용은 상리 공생이다.
> ㄴ. ㉡에서 질소 동화 작용을 통해 B가 A로 전환된다.
> ㄷ. 과정 Ⅰ에 질산화 세균이 관여한다.

① ㄱ ② ㄴ ③ ㄱ, ㄷ
④ ㄴ, ㄷ ⑤ ㄱ, ㄴ, ㄷ

15 (4점) 그림은 어떤 생태계에서 생산자의 물질 생산과 소비를, 표는 이 생태계에서 생산자, A, B의 에너지양을 상댓값으로 나타낸 것이다. ㉠~㉢은 순생산량, 총생산량, 호흡량을 순서 없이 나타낸 것이고, A와 B는 1차 소비자와 2차 소비자를 순서 없이 나타낸 것이다. 1차 소비자의 에너지 효율은 10 %이다.

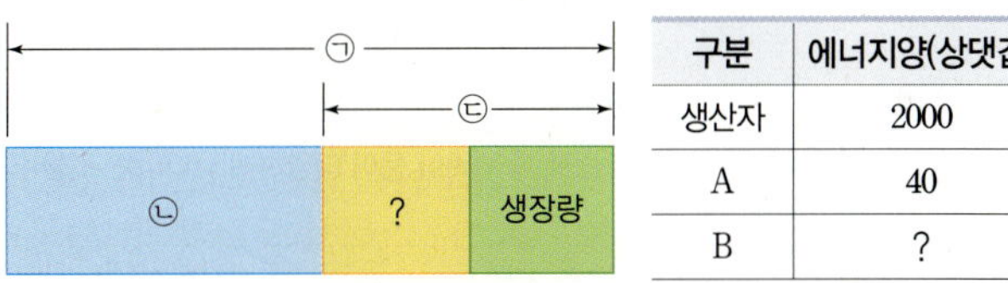

구분	에너지양(상댓값)
생산자	2000
A	40
B	?

이에 대한 설명으로 옳은 것만을 |보기|에서 있는 대로 고른 것은?

> **보기**
> ㄱ. ㉢은 순생산량이다.
> ㄴ. B의 호흡량은 ㉢에 포함된다.
> ㄷ. 2차 소비자의 에너지 효율은 20 %이다.

① ㄱ ② ㄴ ③ ㄱ, ㄷ
④ ㄴ, ㄷ ⑤ ㄱ, ㄴ, ㄷ

16 (4점) 표는 면적이 동일한 서로 다른 지역 Ⅰ과 Ⅱ에 각각 면적이 1 m²인 방형구 25개를 설치하여 식물 군집을 조사한 결과를 나타낸 것이다.

지역	식물 종	상대 밀도(%)	빈도	상대 피도(%)	총 개체 수
Ⅰ	A	30	0.32	36	100
	B	?	0.20	19	
	C	38	0.48	?	
Ⅱ	A	?	0.60	45	80
	B	10	0.16	20	
	C	15	0.24	?	

이에 대한 설명으로 옳은 것만을 |보기|에서 있는 대로 고른 것은? (단, 식물 종 A~C 이외의 다른 종은 고려하지 않는다.)

> **보기**
> ㄱ. Ⅰ의 식물 군집에서 우점종은 C이다.
> ㄴ. B의 개체 수는 Ⅰ에서가 Ⅱ에서의 4배이다.
> ㄷ. 종 다양성은 Ⅰ에서가 Ⅱ에서보다 낮다.

① ㄱ ② ㄷ ③ ㄱ, ㄴ
④ ㄴ, ㄷ ⑤ ㄱ, ㄴ, ㄷ

17 (3점) 표는 생물 다양성의 3가지 의미를 설명한 자료이다. (가)~(다)는 생태계 다양성, 유전적 다양성, 종 다양성을 순서 없이 나타낸 것이다.

구분	의미
(가)	동일한 종에서 개체들 사이의 형질이 다양하게 나타나는 것을 의미한다.
(나)	?
(다)	사막, ㉠삼림, 습지, ㉡사바나 등이 다양하게 나타나는 것을 의미한다.

이에 대한 설명으로 옳은 것만을 |보기|에서 있는 대로 고른 것은?

|보기|
ㄱ. (가)는 모든 종에서 나타난다.
ㄴ. (나)는 종 다양성, (다)는 생태계 다양성이다.
ㄷ. ㉠은 ㉡보다 강수량이 적고 건조한 곳에 형성된다.

① ㄱ ② ㄴ ③ ㄷ
④ ㄱ, ㄴ ⑤ ㄴ, ㄷ

18 (4점) 다음은 이끼 서식지에 따른 절지동물의 종 수에 대한 실험이다.

(가) 바위에 덮인 이끼층을 제거하는 방식을 달리하여 이끼 서식지 A~C를 준비한다.

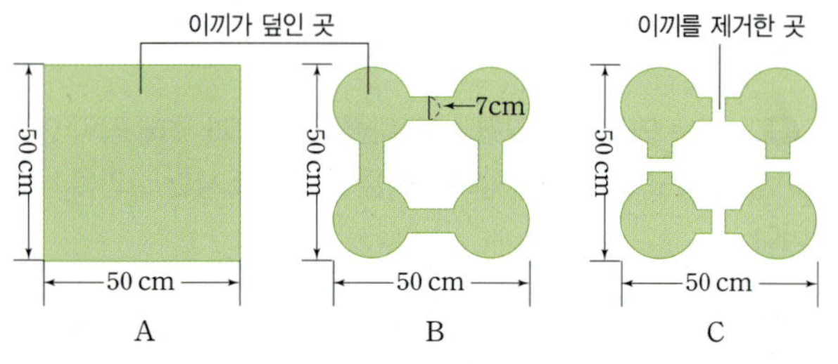

(나) 일정 시간이 지난 후, A~C에서 관찰되는 절지동물의 종 수는 C<B<A 순으로 나타났다.

이 자료를 통해 알 수 있는 사실로 옳은 것만을 |보기|에서 있는 대로 고른 것은? (단, 제시된 조건 이외의 조건은 모두 동일하다.)

|보기|
ㄱ. 이끼 서식지 면적이 작을수록 서식하는 절지동물의 종 수가 많다.
ㄴ. B와 C 중 절지동물 개체군이 소멸될 가능성이 높은 서식지는 B이다.
ㄷ. 단편화된 서식지를 연결하는 생태 통로는 종 다양성 보전에 도움이 된다.

① ㄱ ② ㄷ ③ ㄱ, ㄴ
④ ㄴ, ㄷ ⑤ ㄱ, ㄴ, ㄷ

19 (4점) 그림은 어떤 안정된 하천 생태계에 외래종 ㉠이 유입되기 전과 후의 먹이 그물 (가)와 (나)를 나타낸 것이다. A~K는 서로 다른 종이다.

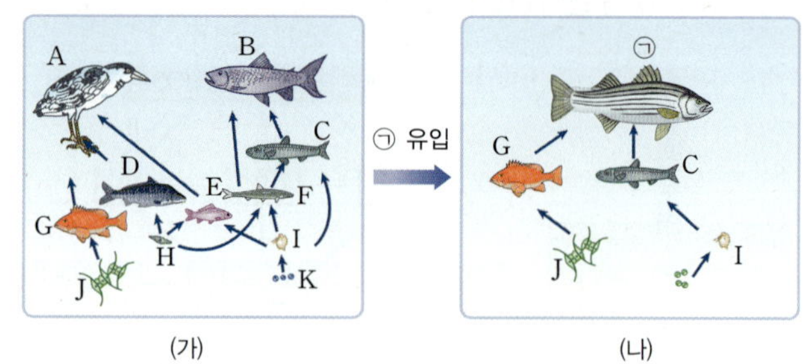

이에 대한 설명으로 옳은 것만을 |보기|에서 있는 대로 고른 것은? (단, 제시된 요인 이외는 고려하지 않는다.)

|보기|
ㄱ. ㉠의 유입으로 이 하천 생태계의 종 다양성이 감소하였다.
ㄴ. (가)에서 G가 증가하면 J가 일시적으로 감소할 것이다.
ㄷ. (가)와 (나) 중 한 종이 멸종할 때 생태계 평형이 깨지기 쉬운 생태계는 (나)이다.

① ㄱ ② ㄴ ③ ㄱ, ㄷ
④ ㄴ, ㄷ ⑤ ㄱ, ㄴ, ㄷ

20 (4점) 다음은 반달가슴곰과 주목에 대한 설명이다.

- 반달가슴곰은 무분별한 산림 개발과 밀렵으로 개체 수가 크게 줄어 멸종 위기에 처해 있다.
- 주목은 주목속에 속하는 나무로 늘 푸른 잎을 가진다. ㉠주목속은 10종이 있으며, 우리나라에는 주목, 눈주목, 화솔나무 등 3종이 분포한다. 예로부터 ㉡주목의 줄기는 옷감의 염색 원료로 이용되었으며, ㉢주목의 껍질로부터 추출한 물질은 항암제를 만드는 데 쓰인다.

이에 대한 설명으로 옳은 것만을 |보기|에서 있는 대로 고른 것은?

|보기|
ㄱ. 천연기념물 지정과 자생지 방사는 모두 반달가슴곰의 개체 수를 보전하는 데 도움이 되는 방안이다.
ㄴ. ㉠은 생물 다양성의 의미 중 유전적 다양성에 해당한다.
ㄷ. ㉡과 ㉢은 모두 생물 자원으로 이용된다.

① ㄱ ② ㄴ ③ ㄱ, ㄷ
④ ㄴ, ㄷ ⑤ ㄱ, ㄴ, ㄷ

21 그림은 어떤 하천에서 계절에 따른 비생물적 요인의 변화와 돌말의 개체 수 변화를 나타낸 것이다.

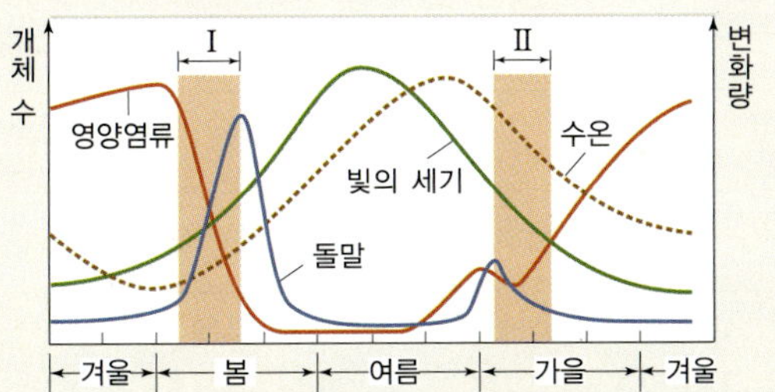

돌말의 개체 수가 구간 Ⅰ에서 증가하고, Ⅱ에서 감소하는 까닭을 비생물적 요인의 변화와 관련지어 각각 서술하시오. 6점

22 그림은 서로 다른 종 A와 B를 각각 단독 배양했을 때와 혼합 배양했을 때 시간에 따른 개체 수를 나타낸 것이다.

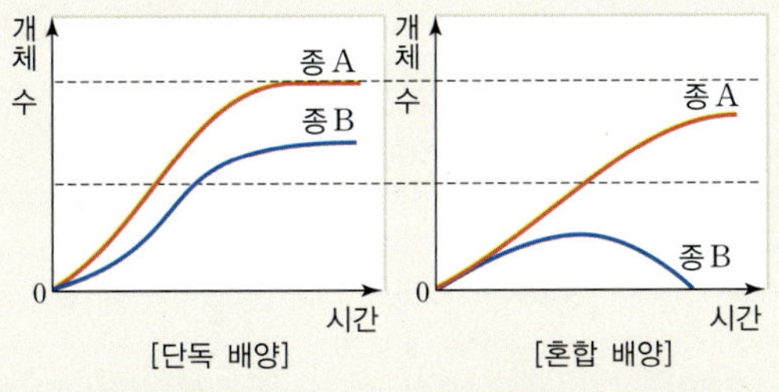

(1) 위의 결과를 토대로 혼합 배양했을 때 A와 B 사이의 상호 작용은 ㉠이라고 결론지었다. ㉠은 무엇인지 쓰시오. 2점

(2) 그림은 서로 다른 종 C~F의 생태적 지위의 중복 정도를 나타낸 것이다.

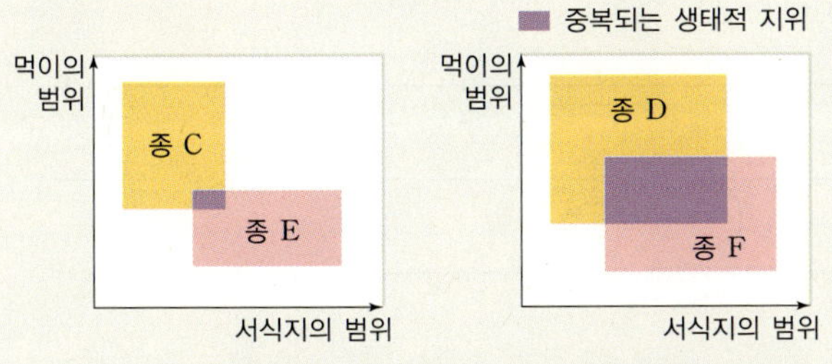

C와 E, D와 F 중 두 종 사이에 ㉠이 더 심할 것으로 예상되는 두 종을 고르고, 그렇게 생각한 까닭을 서술하시오. 4점

23 그림은 어떤 안정된 생태계에서 일어나는 에너지 이동을 나타낸 것이다. 에너지양은 상댓값으로 나타낸 것이다.

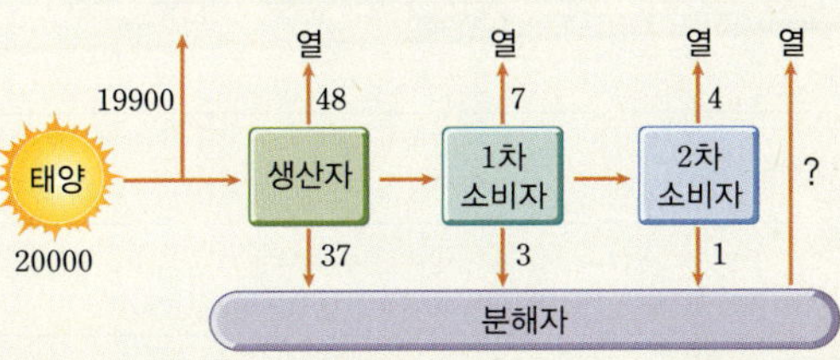

(1) 생산자, 1차 소비자, 2차 소비자에 전달되는 에너지양(상댓값)은 얼마인지 각각 쓰시오. 3점

(2) 생태계가 안정적으로 유지되려면 태양으로부터 에너지가 계속 공급되어야 하는데, 그 까닭은 무엇인지 서술하시오. 3점

24 그림은 식물 군집의 천이 과정 일부를 나타낸 것이다.

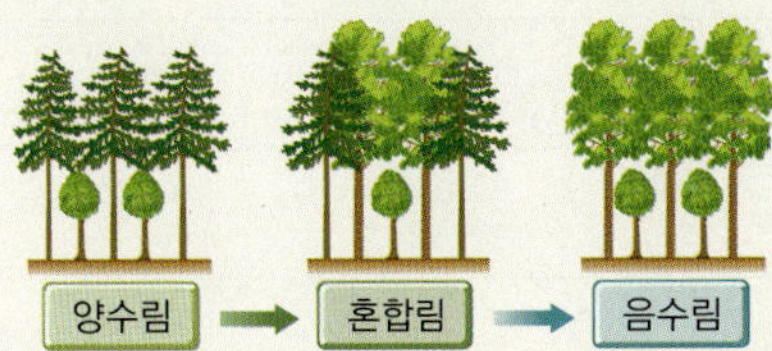

양수림에서 음수림으로 천이가 일어나는 까닭을 서술하시오. 6점

25 표는 생물 다양성 보전을 위한 방안을 나타낸 것이다.

구분	방안
개인적 차원	㉠
사회적 차원	㉡
국가적 차원	㉢
국제적 차원	국제 협약을 체결하여 시행

㉠~㉢에 해당하는 방안을 각각 1가지씩 서술하시오. 6점

메가스터디
고등과학 기본서

두플러스 2+

실전에 강하다! 내신과 수능을 한번에!

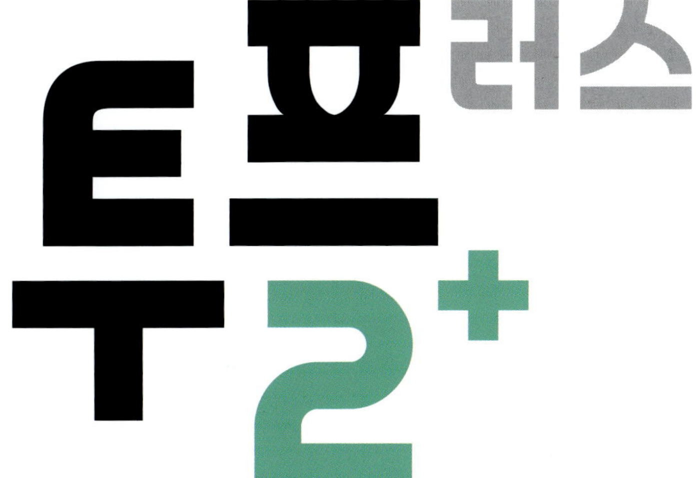

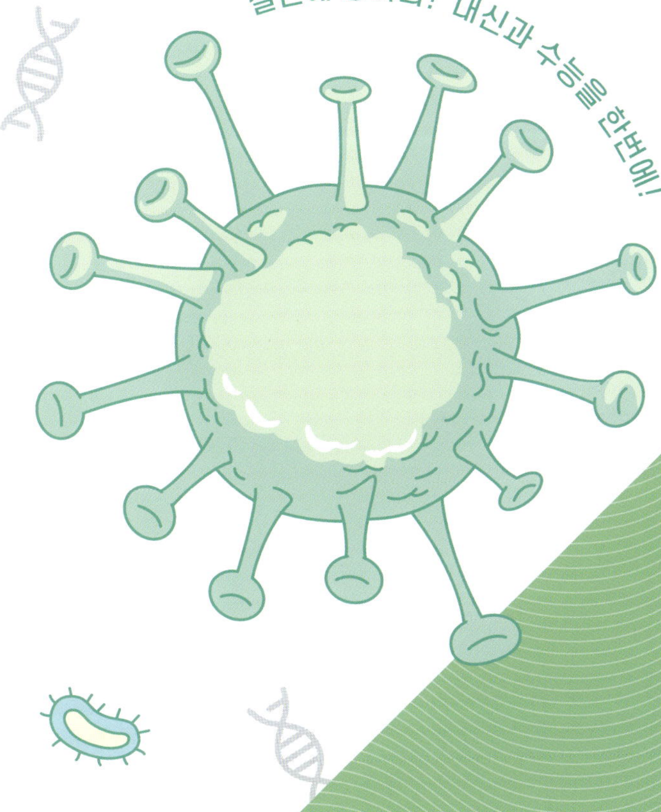

생명과학 I

수능 대비

최신 수능 빈출 자료 | 수능 대비 실전 문제

진짜 공부 챌린지 내/가/스/터/디

메가스터디BOOKS

2+

생명과학 Ⅰ 수능 대비서의 **수능 1등급으로 가는 지름길!**

교육청 기출 분석 + 평가원 기출 분석 + 수능 기출 분석 → 수능 빈출 자료 분석 / 수능 실전 문제 → 수능 1등급의 지름길!

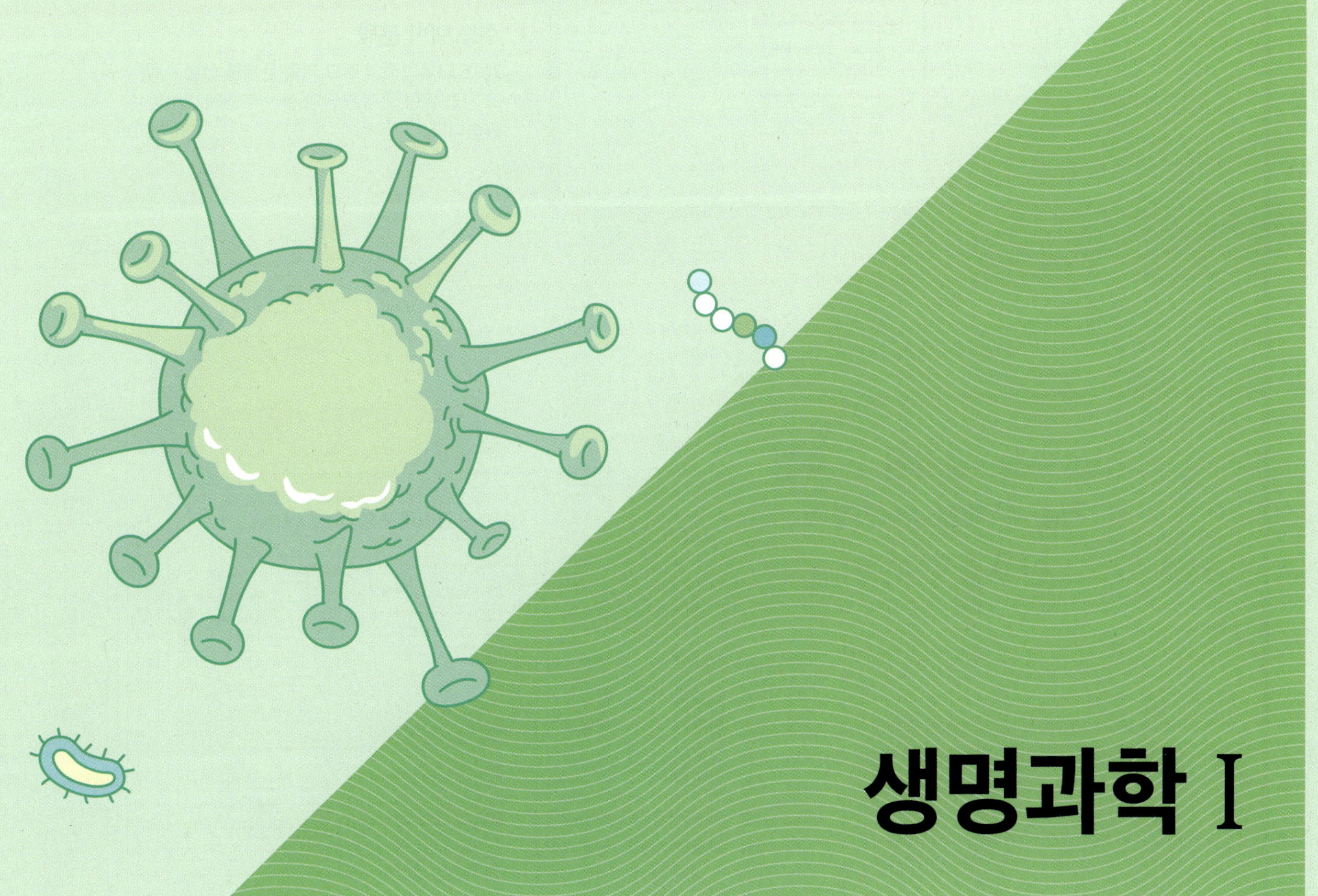

탑 러스
투2⁺

생명과학 Ⅰ

수능 대비

구성과 특징

최신 수능 기출 문제 분석을 통한 "수능 기초 다지기"

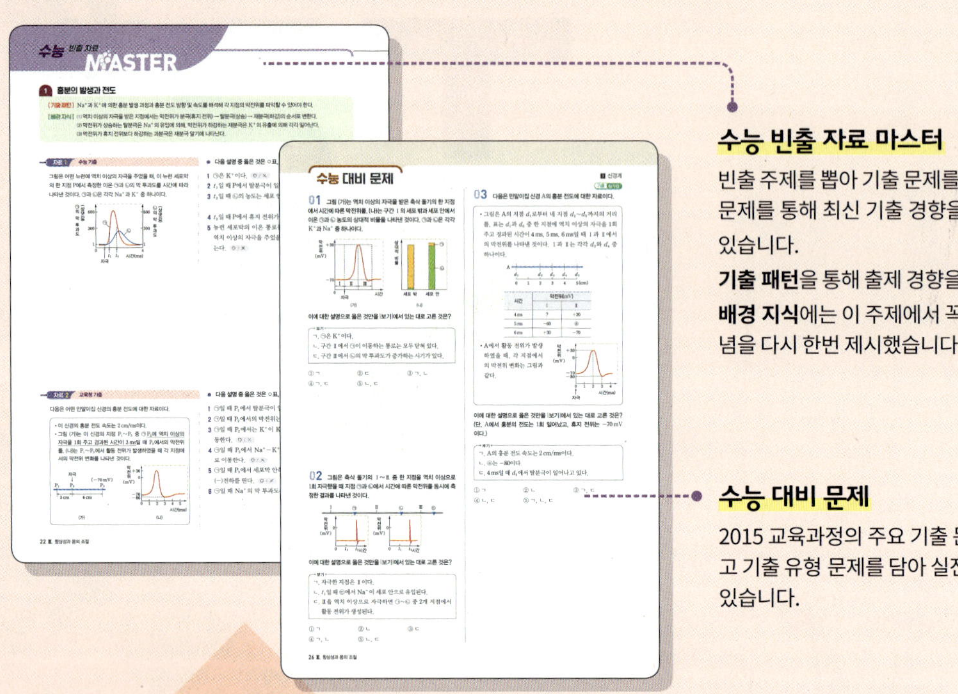

수능 빈출 자료 마스터

빈출 주제를 뽑아 기출 문제를 선별 수록하고 OX 문제를 통해 최신 기출 경향을 한눈에 파악할 수 있습니다.

기출 패턴을 통해 출제 경향을 파악할 수 있으며, **배경 지식**에는 이 주제에서 꼭 알아야 할 핵심 개념을 다시 한번 제시했습니다.

수능 대비 문제

2015 교육과정의 주요 기출 문제를 선별 수록하고 기출 유형 문제를 담아 실전 수능에 대비할 수 있습니다.

최신 수능·평가원·교육청
기출 문제를 분석하여
빈출 유형 수록!

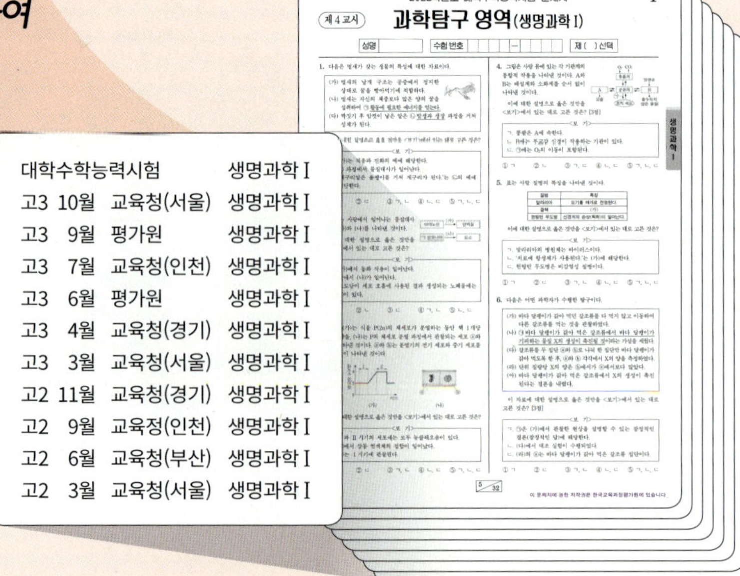

대학수학능력시험		생명과학 I
고3	10월 교육청(서울)	생명과학 I
고3	9월 평가원	생명과학 I
고3	7월 교육청(인천)	생명과학 I
고3	6월 평가원	생명과학 I
고3	4월 교육청(경기)	생명과학 I
고3	3월 교육청(서울)	생명과학 I
고2	11월 교육청(경기)	생명과학 I
고2	9월 교육정(인천)	생명과학 I
고2	6월 교육청(부산)	생명과학 I
고2	3월 교육청(서울)	생명과학 I

차례

Contents

최신 수능 기출 문제 분석을 통한 수능 시험 대비
"한권으로 내신부터 수능 대비까지"

I 생명 과학의 이해

1 생물의 특성과 바이러스

[기출 패턴] 생물의 특성과 예에 대한 문항이 출제된다. 생물의 특성을 이해하기 위해 생물이 공통적으로 나타내는 특징을 알고 그에 해당하는 예를 유형별로 익혀 둘 필요가 있다. 또한, 생물과 비생물의 중간형인 바이러스의 생물적 특성과 비생물적 특성을 비교해서 알고 있어야 한다. 바이러스의 경우 최근에는 인체의 방어 작용과 관련하여 질병과 함께 출제되는 경우가 많다.

[배경 지식] (1) 생물의 특성에는 세포로 구성, 물질대사, 자극에 대한 반응, 항상성, 발생과 생장, 생식과 유전, 적응과 진화가 있다.
(2) 바이러스는 생명체 내에서 유전 물질인 핵산을 이용하여 증식하며, 생명체 밖에서는 단백질 결정체로 존재한다.

자료 1　평가원 기출

표는 생물의 특성과 예를 나타낸 것이다. (가)와 (나)는 생식과 유전, 항상성을 순서 없이 나타낸 것이다.

생물의 특성	예
(가)	혈중 포도당 농도가 증가하면 ⓐ인슐린의 분비가 촉진된다.
(나)	짚신벌레는 분열법으로 번식한다.
적응과 진화	고산 지대에 사는 사람은 낮은 지대에 사는 사람보다 적혈구 수가 많다.

● 다음 설명 중 옳은 것은 ○표, 옳지 않은 것은 ×표 하시오.

1 (가)는 생식과 유전이다.　○ / ×
2 ⓐ는 혈중 포도당 농도의 감소를 촉진한다.　○ / ×
3 (나)의 예에서 짚신벌레는 세포 구조를 가진다.　○ / ×
4 '사람이 물을 마시면 오줌의 양이 증가한다.'는 (가)의 예에 해당한다.　○ / ×
5 '핀치는 먹이의 종류에 따라 부리 모양이 다르다.'는 적응과 진화의 예에 해당한다.　○ / ×

자료 2　교육청 기출

다음은 아프리카에 사는 어떤 도마뱀에 대한 설명이다.

● 다음 설명 중 옳은 것은 ○표, 옳지 않은 것은 ×표 하시오.

1 나무는 모두 세포로 구성된다.　○ / ×
2 도마뱀은 세포로 구성된다.　○ / ×
3 도마뱀에서 이화 작용이 일어난다.　○ / ×
4 자료는 생물의 특성 중 생식의 예이다.　○ / ×
5 자료는 '하마는 콧구멍이 코 윗부분에 있어 몸이 물에 잠긴 상태에서도 숨을 쉴 수 있다.'와 같은 생명 현상의 특성의 예에 해당한다.　○ / ×

자료 3　평가원 기출

다음은 푸른곰팡이와 인플루엔자 바이러스에 대한 자료이다.

- 플레밍은 세균을 배양하던 접시에서 ㉠푸른곰팡이 주위에 세균이 자라지 못하는 것을 관찰하였다.
- 독감은 ㉡인플루엔자 바이러스에 의하여 발병하며 백신을 접종하여 예방할 수 있다.

● 다음 설명 중 옳은 것은 ○표, 옳지 않은 것은 ×표 하시오.

1 ㉠에서 페니실린이 발견되었다.　○ / ×
2 ㉠에서 물질대사가 일어난다.　○ / ×
3 ㉡은 세포 구조를 가진다.　○ / ×
4 ㉡은 생명체 밖에서 증식한다.　○ / ×
5 ㉠과 ㉡에는 모두 유전 물질이 있다.　○ / ×

2 생명 과학의 탐구 과정

정답과 해설 p.084

[기출패턴] 생명 과학의 탐구 방법 중 귀납적 탐구 방법과 연역적 탐구 방법의 차이를 이해하고, 연역적 탐구 과정의 순서를 알고 있어야 한다. 또한, 탐구를 설계할 때 고려해야 할 사항을 알고, 변인의 종류와 실험군 및 대조군 등을 구분할 수 있어야 한다.

[배경지식] (1) 귀납적 탐구에서는 관찰한 사실을 종합·분석하여 일반화된 결론을 얻으며, 가설 설정 단계가 없다.
(2) 연역적 탐구에서는 인식한 문제에 대해 가설을 세우고 대조 실험을 진행하여 가설의 타당성을 확인한다.
(3) 변인에는 독립변인(조작 변인, 통제 변인)과 종속변인이 있다.

자료 1 교육청 기출

다음은 어떤 과학자가 수행한 탐구의 일부이다.

(가) ㉠도마뱀 알 20개 중 10개는 27 ℃에, 나머지 10개는 33 ℃에 두었다.
(나) ㉡일정 시간이 지난 후 알에서 자란 새끼가 부화하면, 알을 둔 온도별로 새끼의 성별을 확인하였다.

● 다음 설명 중 옳은 것은 ○표, 옳지 <u>않은</u> 것은 ×표 하시오.

1 ㉠은 세포로 구성된다. ○ / ×
2 ㉡은 생물의 특성 중 진화의 예에 해당한다. ○ / ×
3 연역적 탐구 방법이 이용되었다. ○ / ×
4 (가)에서 알을 둔 온도는 조작 변인에 해당한다. ○ / ×
5 (나)에서 새끼의 성별은 종속변인에 해당한다. ○ / ×

자료 2 교육청 기출

다음은 철수가 수행한 탐구 과정의 일부를 순서 없이 나타낸 것이다.

(가) 화분 A~C를 준비하여 A에는 염기성 토양을, B에는 중성 토양을, C에는 산성 토양을 각각 500 g씩 넣은 후 수국을 심었다.
(나) 일정 기간이 지난 후 ㉠수국의 꽃 색깔을 확인하였더니 A에서는 붉은색, B에서는 흰색, C에서는 푸른색으로 나타났다.
(다) 서로 다른 지역에 서식하는 수국의 꽃 색깔이 다른 것을 관찰하고 의문이 생겼다.
(라) 토양의 pH에 따라 수국의 꽃 색깔이 다를 것이라고 생각하였다.

● 다음 설명 중 옳은 것은 ○표, 옳지 <u>않은</u> 것은 ×표 하시오.

1 귀납적 탐구 방법이 이용되었다. ○ / ×
2 탐구는 (가) → (다) → (라) → (나) 순서로 진행되었다.
　○ / ×
3 ㉠은 독립변인에 해당한다. ○ / ×
4 A~C에 들어 있는 토양의 양은 통제 변인에 해당한다.
　○ / ×
5 이 탐구에서 대조 실험이 진행되었다. ○ / ×
6 이 실험의 결과는 가설을 지지한다. ○ / ×

자료 3 교육청 기출

다음은 초식 동물 종 A와 식물 종 P의 상호 작용에 대해 어떤 과학자가 수행한 탐구이다.

(가) P가 사는 지역에 A가 유입된 후 P의 가시의 수가 많아진 것을 관찰하고, A가 P를 뜯어 먹으면 P의 가시의 수가 많아질 것이라고 생각했다.
(나) 같은 지역에 서식하는 P를 집단 ㉠과 ㉡으로 나눈 후, ㉠에만 A의 접근을 차단하여 P를 뜯어 먹지 못하도록 했다.
(다) 일정 시간이 지난 후, P의 가시의 수는 Ⅰ에서가 Ⅱ에서보다 많았다. Ⅰ과 Ⅱ는 ㉠과 ㉡을 순서 없이 나타낸 것이다.
(라) A가 P를 뜯어 먹으면 P의 가시의 수가 많아진다는 결론을 내렸다.

● 다음 설명 중 옳은 것은 ○표, 옳지 <u>않은</u> 것은 ×표 하시오.

1 연역적 탐구 방법이 이용되었다. ○ / ×
2 (가)는 탐구 설계 및 수행 단계이다. ○ / ×
3 ㉠은 Ⅰ이다. ○ / ×
4 P에 대한 A의 접근 차단 여부는 조작 변인에 해당한다.
　○ / ×
5 P의 가시의 수는 종속변인에 해당한다. ○ / ×
6 이 탐구에서 대조 실험이 진행되었다. ○ / ×

수능 대비 문제

01 표는 생물의 특성의 예를 나타낸 것이다. (가)와 (나)는 물질대사, 자극에 대한 반응을 순서 없이 나타낸 것이다.   `기출 변형` `평가원`

생물의 특성	예
(가)	미모사의 잎을 만지면 잎이 접힌다.
(나)	ⓐ효모를 이용해서 막걸리를 만들 때 CO_2가 발생한다.
적응과 진화	㉠

이에 대한 설명으로 옳은 것만을 |보기|에서 있는 대로 고른 것은?

보기
ㄱ. (가)는 물질대사이다.
ㄴ. ⓐ는 세포로 구성된다.
ㄷ. '개구리는 투명한 눈꺼풀이 있어 물속에서 활동하기에 알맞다.'는 ㉠에 해당한다.

① ㄱ   ② ㄷ   ③ ㄱ, ㄴ
④ ㄱ, ㄷ   ⑤ ㄴ, ㄷ

02 다음은 여러 생명 현상에 대한 설명이다.

(가) 애벌레는 번데기를 거쳐 나비가 된다.
(나) 식사 후 증가한 혈당량이 정상으로 돌아온다.
(다) 적록 색맹인 어머니로부터 적록 색맹인 아들이 태어난다.

(가)~(다)에 나타난 생명 현상의 특성을 옳게 짝 지은 것은?

	(가)	(나)	(다)
①	발생과 생장	항상성	생식과 유전
②	항상성	생식과 유전	발생과 생장
③	생식과 유전	항상성	발생과 생장
④	발생과 생장	생식과 유전	항상성
⑤	항상성	발생과 생장	생식과 유전

03 다음은 끈끈이 주걱에 대한 자료이다.

끈끈이주걱의 잎에는 투명한 점액이 분비되는 털이 덮여 있다. 벌레들이 점액을 꿀로 착각하여 잎에 앉으면 ㉠털이 구부러져 곤충을 붙잡는다. 이후 털에서 분비된 효소에 의해 ㉡곤충이 소화된다.

㉠, ㉡과 가장 관련이 깊은 생명 현상의 특성을 옳게 짝 지은 것은?

	㉠	㉡
①	물질대사	자극에 대한 반응
②	적응과 진화	자극에 대한 반응
③	적응과 진화	항상성
④	자극에 대한 반응	물질대사
⑤	자극에 대한 반응	적응과 진화

04 표는 강아지와 강아지 로봇의 특징을 나타낸 것이다.   `기출` `교육청`

구분	특징
강아지	• ㉠낯선 사람이 다가오는 것을 보면 짖는다. • 사료를 소화 · 흡수하여 생활에 필요한 에너지를 얻는다.
강아지 로봇	• 금속과 플라스틱으로 구성된다. • 건전지에 저장된 에너지를 통해 움직인다.

이에 대한 설명으로 옳은 것만을 |보기|에서 있는 대로 고른 것은?

보기
ㄱ. 강아지는 세포로 되어 있다.
ㄴ. 강아지 로봇은 물질대사를 통해 에너지를 얻는다.
ㄷ. ㉠과 가장 관련이 깊은 생물의 특성은 자극에 대한 반응이다.

① ㄱ   ② ㄴ   ③ ㄱ, ㄷ
④ ㄴ, ㄷ   ⑤ ㄱ, ㄴ, ㄷ

05

표 (가)는 A, B, 사람에서 특징 ㉠~㉢의 유무를, (나)는 ㉠~㉢을 나타낸 것이다. A와 B는 각각 대장균과 박테리오파지 중 하나이다.

구분	㉠	㉡	㉢
A	?	×	○
B	○	?	○
사람	○	○	○

(○: 있음, ×: 없음)

특징(㉠~㉢)

• 발생을 한다.
• 세포로 구성된다.
• ___㉮___

(가)   (나)

이에 대한 설명으로 옳은 것만을 |보기|에서 있는 대로 고른 것은?

보기

ㄱ. A에는 단백질이 있다.
ㄴ. B는 스스로 물질대사를 할 수 있다.
ㄷ. '핵산을 가진다.'는 ㉮에 해당한다.

① ㄱ   ② ㄴ   ③ ㄱ, ㄷ
④ ㄴ, ㄷ   ⑤ ㄱ, ㄴ, ㄷ

06

그림은 A가 B에서 증식하는 과정을 나타낸 것이다. A와 B는 각각 대장균과 박테리오파지 중 하나이다.

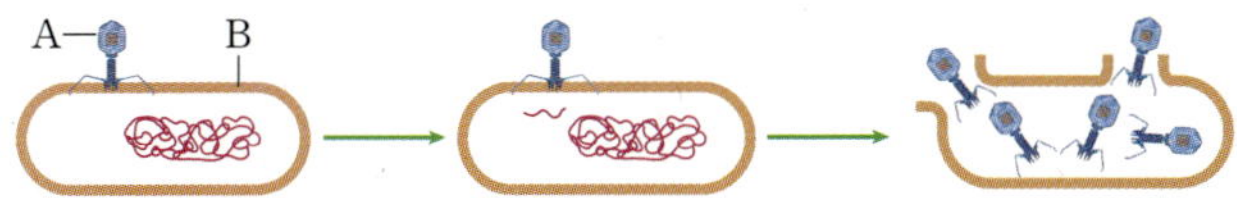

이에 대한 설명으로 옳은 것만을 |보기|에서 있는 대로 고른 것은?

보기

ㄱ. A는 세포 분열로 증식한다.
ㄴ. B는 대장균이다.
ㄷ. A와 B는 모두 유전 물질을 갖는다.

① ㄱ   ② ㄷ   ③ ㄷ
④ ㄴ, ㄷ   ⑤ ㄱ, ㄴ, ㄷ

07

다음은 코로나 바이러스(CoV)에 대한 기사 일부이다.

코로나 바이러스(CoV)는 RNA 바이러스로, 동물이나 사람을 감염시킴으로써 주로 호흡기 혹은 위장관 질환을 유발하는 것으로 알려져 있다. CoV의 외피에는 숙주 세포와의 결합을 위한 단백질이 있다.

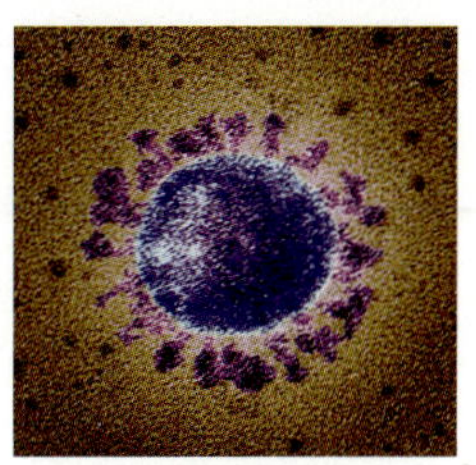

▲ 코로나 바이러스

CoV에 대한 설명으로 옳은 것만을 |보기|에서 있는 대로 고른 것은?

보기

ㄱ. 세포로 구성된다.
ㄴ. 숙주 세포 내에서 돌연변이가 나타난다.
ㄷ. 스스로 물질대사를 할 수 있다.

① ㄱ   ② ㄴ   ③ ㄱ, ㄷ
④ ㄴ, ㄷ   ⑤ ㄱ, ㄴ, ㄷ

08

다음은 생물의 특성을 알아보기 위한 실험이다.

[실험 과정 및 결과]

(가) 발효관에 그림과 같이 포도당 수용액과 효모액을 넣고, 맹관부에 기체가 들어가지 않도록 세운 다음 입구를 솜으로 막는다.

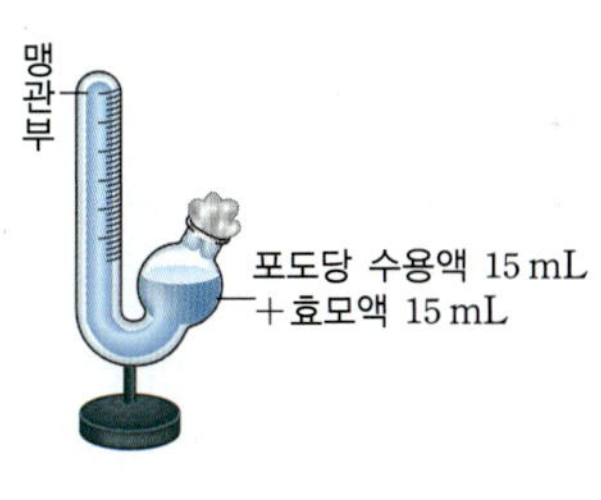

(나) 일정 시간 후 ㉠맹관부에 기체가 모였다.

㉠에 나타난 생물의 특성과 가장 관련이 깊은 예는?

① 올챙이는 자라서 개구리가 된다.
② 짚신벌레는 분열법으로 증식한다.
③ 식물은 광합성을 통해 양분을 얻는다.
④ 핀치는 먹이 종류에 따라 부리 모양이 다르다.
⑤ 뜨거운 물체에 손이 닿으면 반사적으로 손을 뗀다.

09 다음은 어떤 학생이 수행한 탐구이다.

(가) ⓐ잎이 무성한 나무에서 가을이 되면 잎이 떨어지는 것을 보고, 나뭇잎이 떨어지는 것은 일조 시간이 줄어들었기 때문일 것이라고 생각했다.

(나) 같은 종류의 식물을 온실 A와 B에 각각 동일하게 심은 후, ㉠에는 일조 시간을 점차 짧게 하고, 나머지 하나에는 일조 시간을 일정하게 하였다. ㉠은 A와 B 중 하나이다.

(다) 일정 시간 후 나무 한 그루당 떨어진 잎의 개수를 세었더니 A에서가 10개, B에서가 200개였다.

(라) 일조 시간이 줄어들어 나뭇잎이 떨어진다는 결론을 내렸다.

이에 대한 설명으로 옳은 것만을 |보기|에서 있는 대로 고른 것은?

보기
ㄱ. ㉠은 A이다.
ㄴ. 떨어진 잎의 개수는 종속변인이다.
ㄷ. ⓐ는 생물의 특성 중 적응과 진화의 예에 해당한다.

① ㄱ ② ㄷ ③ ㄱ, ㄴ
④ ㄱ, ㄷ ⑤ ㄴ, ㄷ

10 다음은 어떤 과학자가 수행한 탐구이다.

(가) 서식 환경과 비슷한 털색을 갖는 생쥐가 포식자의 눈에 잘 띄지 않아 생존에 유리할 것이라고 생각했다.

(나) ㉠갈색 생쥐 모형과 ㉡흰색 생쥐 모형을 준비해서 지역 A와 B 각각에 두 모형을 설치했다. A와 B는 각각 갈색 모래 지역과 흰색 모래 지역 중 하나이다.

(다) A에서는 ㉠이 ㉡보다, B에서는 ㉡이 ㉠보다 포식자로부터 더 많은 공격을 받았다.

(라) ⓐ서식 환경과 비슷한 털색을 갖는 생쥐가 생존에 유리하다는 결론을 내렸다.

이에 대한 설명으로 옳은 것만을 |보기|에서 있는 대로 고른 것은?

보기
ㄱ. A는 갈색 모래 지역이다.
ㄴ. 연역적 탐구 방법이 이용되었다.
ㄷ. ⓐ는 생물의 특성 중 적응과 진화의 예에 해당한다.

① ㄱ ② ㄴ ③ ㄱ, ㄷ
④ ㄴ, ㄷ ⑤ ㄱ, ㄴ, ㄷ

11 다음은 두 종의 식물 A와 B를 이용한 연역적 탐구이다.

(가) A와 B를 하나의 화분에 넣고 키웠을 때 B에 비해 A가 잘 자라지 못하는 것을 보고, B의 뿌리가 A의 생장을 방해하여 A가 잘 자라지 못한 것이라고 생각했다.

(나) 그림과 같이 세 개의 화분(Ⅰ~Ⅲ)을 준비하여 Ⅰ에는 A만, Ⅱ와 Ⅲ에는 A와 B를 모두 심고, Ⅲ에만 화분의 흙 속에 칸막이를 설치하였다.

(다) A의 생장률을 비교하였더니 Ⅰ > Ⅱ = Ⅲ이었다.

이에 대한 설명으로 옳은 것만을 |보기|에서 있는 대로 고른 것은?

보기
ㄱ. 대조 실험이 진행되었다.
ㄴ. Ⅱ와 Ⅲ에서 칸막이의 설치 여부는 조작 변인이다.
ㄷ. 실험의 결과는 가설을 지지한다.

① ㄱ ② ㄴ ③ ㄱ, ㄴ
④ ㄱ, ㄷ ⑤ ㄴ, ㄷ

12 다음은 생명 과학의 탐구 방법에 대한 자료이다. (가)는 귀납적 탐구 방법, (나)는 연역적 탐구 방법을 이용한 사례이다.

(가) 구달은 오랜 시간 동안 침팬지의 행동 특성을 관찰하였다. 관찰된 여러 특성을 종합한 결과 침팬지는 도구를 사용한다는 결론을 내렸다.

(나) 파스퇴르는 건강한 양 50마리를 25마리씩 두 집단으로 나누어 한 집단에는 탄저병 백신을 주사하고, 다른 한 집단에는 탄저병 백신을 주사하지 않았다. 일정 시간 후 두 집단에 모두 탄저균을 주사한 결과 탄저병 백신을 주사한 양들은 모두 건강하였으나, 탄저병 백신을 주사하지 않은 양들은 모두 죽었다.

이에 대한 설명으로 옳은 것만을 |보기|에서 있는 대로 고른 것은?

보기
ㄱ. (가)에서는 의문에 대한 잠정적인 답을 제시한다.
ㄴ. (나)에서 대조 실험이 진행되었다.
ㄷ. (나)에서 탄저병 백신 주사 여부는 통제 변인이다.

① ㄱ ② ㄴ ③ ㄱ, ㄴ
④ ㄱ, ㄷ ⑤ ㄴ, ㄷ

Ⅱ 사람의 물질대사

1 세포의 생명 활동

[기출 패턴] 물질대사의 종류와 에너지 출입의 관계, 세포 호흡에 따른 물질의 전환, 효모의 세포 호흡에 대한 문제가 주로 출제된다. 광합성과
세포 호흡 과정에서 에너지가 어떻게 이동하는지 기억하고 있어야 한다.

[배경 지식] (1) 물질대사에는 흡열 반응인 동화 작용과 발열 반응인 이화 작용이 있다.
(2) 사람의 세포에서 세포 호흡은 주로 미토콘드리아에서 일어나며, 이때 에너지가 방출된다.
(3) 효모의 세포 호흡 과정에서 이산화 탄소(CO_2)가 방출되며, 이산화 탄소는 KOH 수용액을 이용하여 확인할 수 있다.

자료 1 　평가원 기출

그림은 광합성과 세포 호흡에서의 에너지와 물질의 이동을 나타낸
것이다. (가)와 (나)는 각각 광합성과 세포 호흡 중 하나이다.

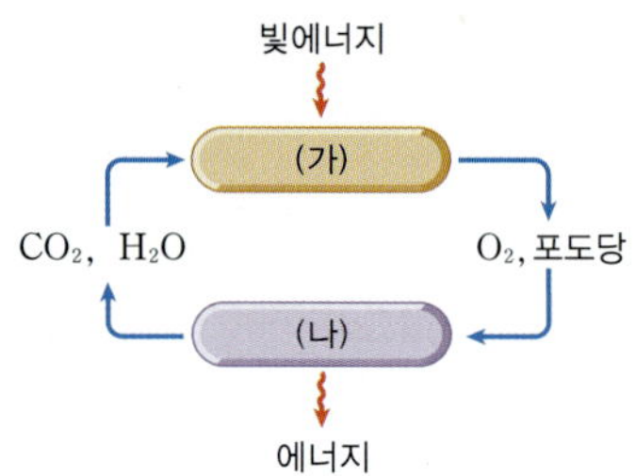

● 다음 설명 중 옳은 것은 ○표, 옳지 않은 것은 ×표 하시오.

1 (가)는 광합성이다.　○ / ×

2 (가)에서 빛에너지가 화학 에너지로 전환된다.　○ / ×

3 (가)는 미토콘드리아에서 일어난다.　○ / ×

4 (나)에서 ATP가 생성된다.　○ / ×

5 (나)는 이화 작용이다.　○ / ×

6 (가)와 (나)에 모두 효소가 이용된다.　○ / ×

7 (나)에서 포도당의 에너지는 모두 ATP에 저장된다.

　○ / ×

자료 2 　평가원 기출

그림은 사람의 미토콘드리아에서 일어나는 세포 호흡을 나타낸 것
이다. ⓐ와 ⓑ는 O_2와 CO_2를 순서 없이 나타낸 것이다.

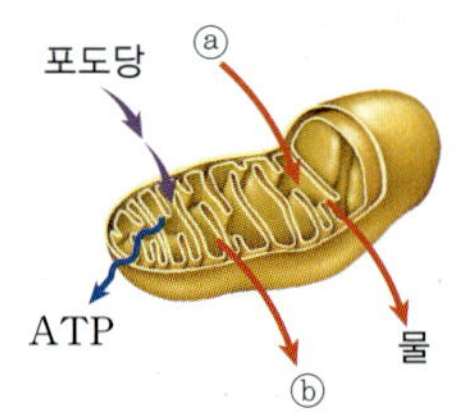

● 다음 설명 중 옳은 것은 ○표, 옳지 않은 것은 ×표 하시오.

1 미토콘드리아에서 이화 작용이 일어난다.　○ / ×

2 ATP의 구성 원소에는 인(P)이 포함된다.　○ / ×

3 포도당이 분해되어 생성된 에너지의 일부는 체온 유지에
이용된다.　○ / ×

4 ⓐ는 산소, ⓑ는 이산화 탄소이다.　○ / ×

5 폐포 모세 혈관에서 폐포로의 ⓑ 이동에는 ATP가 사용
된다.　○ / ×

자료 3 　교육청 기출

다음은 효모를 이용한 물질대사 실험이다.

[실험 과정]
(가) 발효관 A와 B에 표와 같이 용액을 넣고,
맹관부에 공기가 들어가지 않도록 발효
관을 세운 후, 입구를 솜으로 막는다.

발효관	용액
A	증류수 20 mL + 효모액 20 mL
B	5 % 포도당 수용액 20 mL + 효모액 20 mL

(나) A와 B를 37 ℃로 맞춘 항온기에 두고 일정 시간이 지난
후 ㉠맹관부에 모인 기체의 양을 측정한다.

● 다음 설명 중 옳은 것은 ○표, 옳지 않은 것은 ×표 하시오.

1 B의 ㉠에 이산화 탄소가 있다.　○ / ×

2 ㉠은 조작 변인이다.　○ / ×

3 B에서 이화 작용이 일어난다.　○ / ×

4 실험 결과 맹관부 수면의 높이는 A가 B보다 높다.

　○ / ×

5 (나)에서 측정한 ㉠은 A에서가 B에서보다 많다.　○ / ×

2 에너지 전환과 이용

정답과 해설 p.086

[기출 패턴] 세포 호흡 과정에서 방출된 에너지의 일부가 ATP에 저장되며, 세포 호흡에 이용되는 영양소의 종류에 따른 노폐물의 종류나 ATP가 생명 활동에 필요한 에너지로 전환되어 이용된다는 내용이 주로 출제된다.

[배경 지식] (1) ATP가 ADP와 무기 인산(P_i)으로 분해될 때 방출되는 에너지는 여러 생명 활동에 이용된다.
(2) 질소(N)가 포함된 단백질이 세포 호흡에 이용되면 질소 노폐물인 암모니아(NH_3)가 생성된다.
(3) 세포 호흡에서 방출된 에너지의 일부는 ATP 합성에 이용되며, 나머지는 열에너지로 방출된다.

자료 1 교육청 기출

그림은 ATP와 ADP 사이의 전환을 나타낸 것이다.

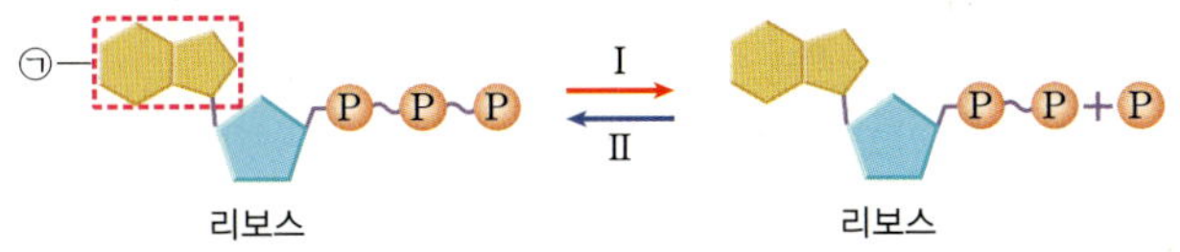

● 다음 설명 중 옳은 것은 ○표, 옳지 <u>않은</u> 것은 ×표 하시오.

1 ㉠은 아데닌(A)이다. ○ / ×

2 과정 I 에서 에너지가 방출된다. ○ / ×

3 미토콘드리아에서 과정 II가 일어난다. ○ / ×

4 과정 I 에서 인산 결합이 끊어진다. ○ / ×

5 1분자당 에너지양은 ADP가 ATP보다 많다. ○ / ×

6 근육 운동에 과정 I 에서 방출된 에너지가 사용된다. ○ / ×

7 과정 I 과 II에 모두 효소가 이용된다. ○ / ×

자료 2 평가원 기출

그림 (가)는 사람의 체내에서 포도당이 세포 호흡을 거쳐 최종 분해 산물로 되는 과정을, (나)는 체내에서 포도당이 글리코젠으로 되는 과정을 나타낸 것이다.

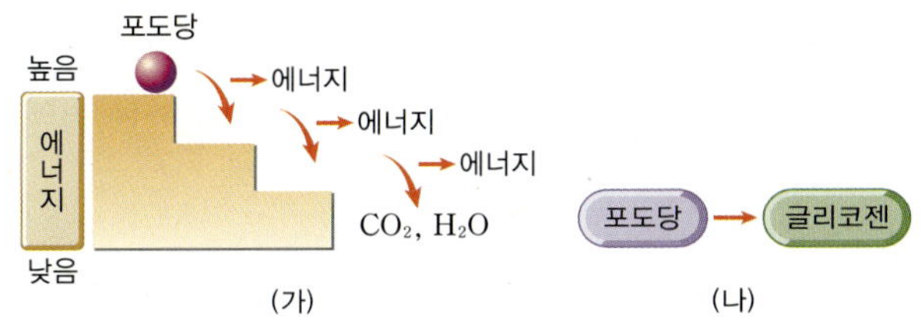

● 다음 설명 중 옳은 것은 ○표, 옳지 <u>않은</u> 것은 ×표 하시오.

1 (가)에는 효소가 필요하다. ○ / ×

2 (가)에서 방출된 에너지는 모두 ATP 합성에 이용된다. ○ / ×

3 (가)와 (나)는 모두 이화 작용이다. ○ / ×

4 인슐린은 간에서 (나)를 촉진한다. ○ / ×

5 세포 호흡이 일어날 때 에너지는 단계적으로 방출된다. ○ / ×

자료 3 교육청 기출

그림은 사람이 세포 호흡을 통해 영양소 ㉠으로부터 ATP를 생성하고, 이 ATP를 생명 활동에 이용하는 과정을 나타낸 것이다. ㉠은 아미노산과 포도당 중 하나이다.

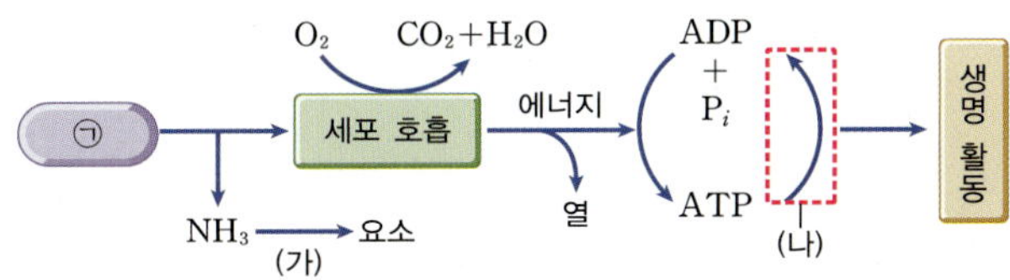

● 다음 설명 중 옳은 것은 ○표, 옳지 <u>않은</u> 것은 ×표 하시오.

1 ㉠은 아미노산이다. ○ / ×

2 ㉠의 구성 원소에 질소(N)가 포함된다. ○ / ×

3 간에서 (가) 과정이 일어난다. ○ / ×

4 과정 (나)에는 효소가 이용된다. ○ / ×

5 근육 수축에는 (나) 과정에서 방출된 에너지가 이용된다. ○ / ×

6 과정 (가)에서는 에너지의 출입이 일어나지 않는다. ○ / ×

3 기관계의 통합적 작용

[기출패턴] 각 기관계의 역할과 유기적 작용에 대한 문제가 주로 출제되므로 생명 활동에 필요한 에너지를 얻기 위한 소화계, 순환계, 호흡계, 배설계에 어떤 기관이 속하는지 알고 있어야 하며, 각 기관계가 유기적으로 역할을 수행한다는 것을 이해하고 있어야 한다.

[배경지식] (1) 소화계에서는 영양소의 소화와 흡수, 호흡계에서는 기체의 교환, 배설계에서는 노폐물의 배설, 순환계에서는 물질의 이동이 일어난다. 순환계는 체내에서만 물질을 이동시킨다.

(2) 탄수화물, 단백질, 지방이 세포 호흡에 이용되면 공통적으로 이산화 탄소(CO_2)와 물(H_2O)이 생성되며, 단백질에서만 암모니아(NH_3)가 더 생성된다. 암모니아(NH_3)는 소화계에 속하는 간에서 요소로 합성된 후 순환계에 의해 배설계로 운반되어 몸 밖으로 배출된다.

자료 1 평가원 기출

그림 (가)와 (나)는 각각 사람의 소화계와 호흡계를 나타낸 것이다. A와 B는 각각 간과 폐 중 하나이다.

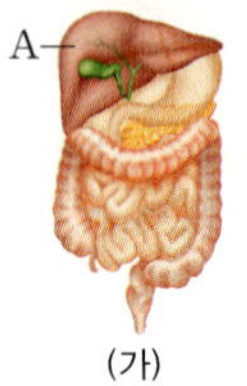
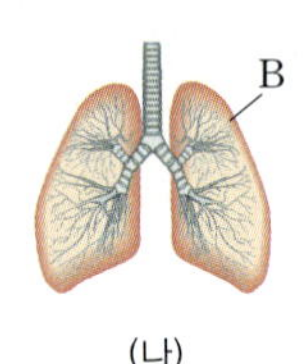

● 다음 설명 중 옳은 것은 ○표, 옳지 않은 것은 ×표 하시오.

1 A는 폐이다. ○ / ×
2 A에서 동화 작용이 일어난다. ○ / ×
3 A에서 암모니아가 요소로 전환되는 반응이 일어난다. ○ / ×
4 (가)에서 영양소의 소화와 흡수가 일어난다. ○ / ×
5 (가)에서 흡수된 물질은 (나)에서 이용된다. ○ / ×
6 B에서 기체 교환이 일어난다. ○ / ×

자료 2 교육청 기출

그림은 사람에서 일어나는 기관계의 통합적 작용을 나타낸 것이다. A~C는 각각 배설계, 소화계, 호흡계 중 하나이다.

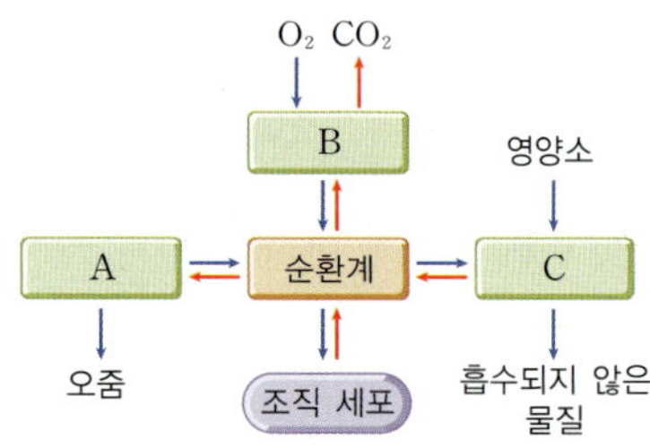

● 다음 설명 중 옳은 것은 ○표, 옳지 않은 것은 ×표 하시오.

1 대장은 A에 속한다. ○ / ×
2 A에서 물의 재흡수가 일어난다. ○ / ×
3 B는 호흡계이다. ○ / ×
4 단위 부피당 O_2의 양은 B에서 순환계 방향으로 이동하는 혈액에서가 순환계에서 B 방향으로 이동하는 혈액에서보다 적다. ○ / ×
5 C에서 아미노산이 흡수된다. ○ / ×
6 C에서 순환계를 거쳐 A로 이동하는 물질에는 요소가 포함된다. ○ / ×

자료 3 평가원 기출

표는 사람 몸을 구성하는 기관계의 특징을 나타낸 것이다. A와 B는 배설계와 소화계를 순서 없이 나타낸 것이다.

기관계	특징
A	오줌을 통해 노폐물을 몸 밖으로 내보낸다.
B	음식물을 분해하여 영양소를 흡수한다.
순환계	?

● 다음 설명 중 옳은 것은 ○표, 옳지 않은 것은 ×표 하시오.

1 A는 배설계이다. ○ / ×
2 A에는 암모니아를 요소로 합성하는 기관이 있다. ○ / ×
3 소장은 B에 속한다. ○ / ×
4 B에서 흡수된 물질은 순환계를 통해 운반된다. ○ / ×
5 글루카곤은 순환계를 통해 표적 기관으로 운반된다. ○ / ×

4 대사성 질환과 에너지 균형

정답과 해설 p.086

[기출 패턴] 표나 그림 자료를 보고 대사성 질환의 종류를 추론하는 문제가 주로 출제되므로 대사성 질환의 종류와 발병 원인을 잘 알고 있어야 한다. 또한 1일 대사량, 기초 대사량, 활동 대사량 등의 개념을 정확하게 이해하고 에너지 대사가 균형을 이루지 않을 때 나타날 수 있는 문제점을 알고 있어야 한다.

[배경 지식] (1) 대사성 질환에는 고혈압, 당뇨병, 고지혈증 등이 있다. 고혈압은 혈압이 정상 범위보다 만성적으로 높은 상태가 나타나는 질환이고 당뇨병은 인슐린의 분비가 적거나, 인슐린이 정상적으로 작용하지 않아 혈당량이 정상 범위보다 높은 상태가 나타나는 질환이며, 고지혈증은 혈액 속에 콜레스테롤이나 지방 등이 과도하게 많아 나타나는 질환이다.
(2) 1일 대사량은 기초 대사량과 활동 대사량, 음식물의 소화와 흡수에 필요한 대사량을 모두 더한 값이다.

자료 1 　교육청 기출

표는 사람의 질환 (가)와 (나)의 특징을 나타낸 것이다. (가)와 (나)는 당뇨병과 고지혈증을 순서 없이 나타낸 것이다.

질환	특징
(가)	혈액에 콜레스테롤이나 중성 지방 등이 정상 범위 이상으로 많이 들어 있다.
(나)	호르몬 ㉠의 분비 부족이나 작용 이상으로 혈당량이 조절되지 못하고 오줌에서 포도당이 검출된다.

● **다음 설명 중 옳은 것은 ○표, 옳지 <u>않은</u> 것은 ×표 하시오.**

1 (가)는 당뇨병이다. ○ / ×

2 ㉠은 이자에서 분비된다. ○ / ×

3 (가)는 심혈관계 질환의 원인이 된다. ○ / ×

4 (가)와 (나)는 모두 대사성 질환이다. ○ / ×

5 에너지 섭취량이 에너지 소비량보다 적은 사람은 에너지 섭취량과 에너지 소비량이 균형을 이룬 사람보다 (가)가 나타날 가능성이 높다. ○ / ×

자료 2 　교육청 기출

다음은 비만에 대한 자료이다.

> 기초 대사량과 ㉠활동 대사량을 합한 에너지양보다 섭취한 음식물에서 얻은 에너지양이 많은 에너지 불균형 상태가 지속되면 비만이 되기 쉽다. 비만은 ㉡고혈압, 당뇨병, 심혈관계 질환이 발생할 가능성을 높인다.

● **다음 설명 중 옳은 것은 ○표, 옳지 <u>않은</u> 것은 ×표 하시오.**

1 ㉠은 생명 활동을 유지하는 데 필요한 최소한의 에너지양이다. ○ / ×

2 ㉡은 대사성 질환에 해당한다. ○ / ×

3 ㉡은 혈압이 정상 범위보다 만성적으로 낮게 나타나는 질환이다. ○ / ×

4 규칙적인 운동은 비만을 예방하는 데 도움이 된다. ○ / ×

자료 3 　평가원 기출

그림은 사람 Ⅰ~Ⅲ의 에너지 소비량과 에너지 섭취량을, 표는 Ⅰ~Ⅲ의 에너지 소비량과 에너지 섭취량이 그림과 같이 일정 기간 지속되었을 때 Ⅰ~Ⅲ의 체중 변화를 나타낸 것이다. ㉠과 ㉡은 에너지 소비량과 에너지 섭취량을 순서 없이 나타낸 것이다.

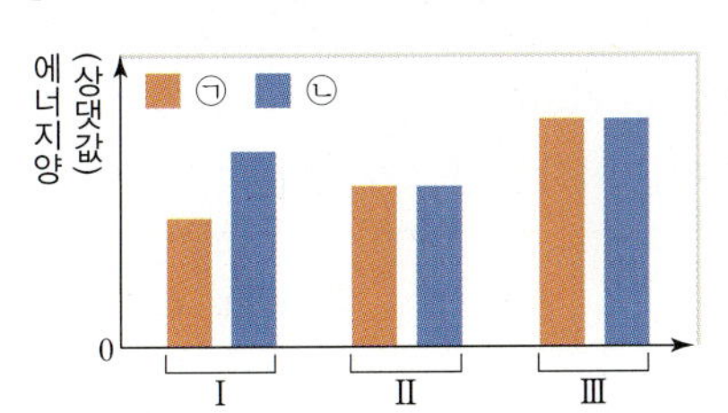

사람	체중 변화
Ⅰ	증가함
Ⅱ	변화 없음
Ⅲ	변화 없음

● **다음 설명 중 옳은 것은 ○표, 옳지 <u>않은</u> 것은 ×표 하시오.**

1 ㉠은 에너지 섭취량이다. ○ / ×

2 ㉠에 기초 대사량이 포함된다. ○ / ×

3 Ⅰ~Ⅲ 중 에너지 섭취량과 소비량이 균형을 이루고 있는 사람은 Ⅱ와 Ⅲ이다. ○ / ×

4 Ⅰ~Ⅲ 중 대사성 질환이 나타날 가능성이 가장 높은 사람은 Ⅰ이다. ○ / ×

수능 대비 문제

01
그림은 세포에서 일어나는 물질대사 Ⅰ과 Ⅱ를 나타낸 것이다.

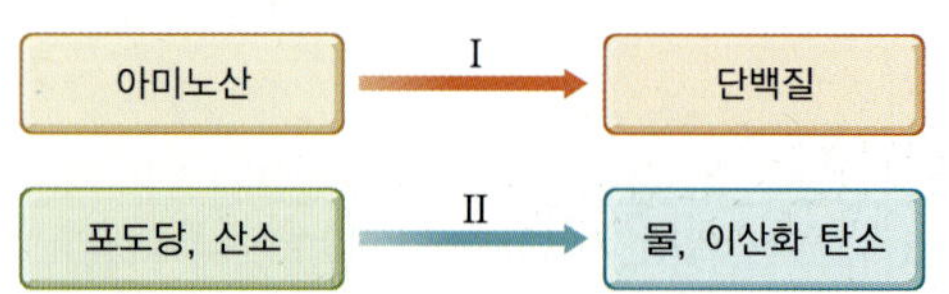

이에 대한 설명으로 옳은 것만을 |보기|에서 있는 대로 고른 것은?

> **보기**
> ㄱ. Ⅰ은 이화 작용이다.
> ㄴ. Ⅱ에서 ATP가 합성된다.
> ㄷ. Ⅰ과 Ⅱ에 모두 효소가 이용된다.

① ㄱ   ② ㄷ   ③ ㄱ, ㄴ
④ ㄱ, ㄷ   ⑤ ㄴ, ㄷ

02
기출 변형 평가원

그림은 ATP와 ADP 사이의 전환을 나타낸 것이다.

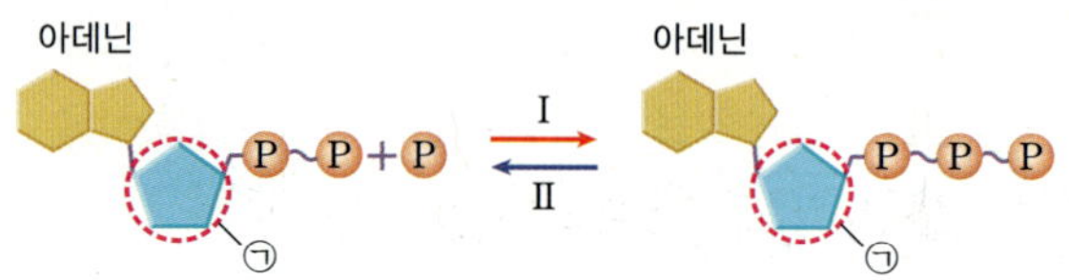

이에 대한 설명으로 옳은 것만을 |보기|에서 있는 대로 고른 것은?

> **보기**
> ㄱ. ㉠은 리보스이다.
> ㄴ. 미토콘드리아에서 과정 Ⅰ이 일어난다.
> ㄷ. 근육 운동에 과정 Ⅱ에서 방출된 에너지가 사용된다.

① ㄱ   ② ㄴ   ③ ㄱ, ㄷ
④ ㄴ, ㄷ   ⑤ ㄱ, ㄴ, ㄷ

03
표는 사람에서 일어나는 두 종류의 물질대사 Ⅰ과 Ⅱ를, 그림은 Ⅰ과 Ⅱ 중 하나에서의 에너지 변화를 나타낸 것이다.

물질대사	반응
Ⅰ	포도당 → 글리코젠
Ⅱ	녹말 → 엿당

이에 대한 설명으로 옳은 것만을 |보기|에서 있는 대로 고른 것은?

> **보기**
> ㄱ. 간에서 Ⅰ이 일어난다.
> ㄴ. Ⅱ는 동화 작용이다.
> ㄷ. 그림은 Ⅱ에서의 에너지 변화이다.

① ㄱ   ② ㄴ   ③ ㄱ, ㄴ
④ ㄱ, ㄷ   ⑤ ㄴ, ㄷ

04
기출 평가원

표는 영양소 (가), (나), 지방이 세포 호흡에 사용될 때 생성되는 노폐물을 나타낸 것이다. (가)와 (나)는 단백질과 탄수화물을 순서 없이 나타낸 것이다.

영양소	노폐물
(가)	물, 이산화 탄소
(나)	물, 이산화 탄소, ⓐ암모니아
지방	?

이에 대한 설명으로 옳은 것만을 |보기|에서 있는 대로 고른 것은?

> **보기**
> ㄱ. (가)는 탄수화물이다.
> ㄴ. 간에서 ⓐ가 요소로 전환된다.
> ㄷ. 지방의 노폐물에는 이산화 탄소가 있다.

① ㄱ   ② ㄴ   ③ ㄱ, ㄷ
④ ㄴ, ㄷ   ⑤ ㄱ, ㄴ, ㄷ

05 그림은 광합성과 세포 호흡에서의 에너지 변화를 나타낸 것이다.

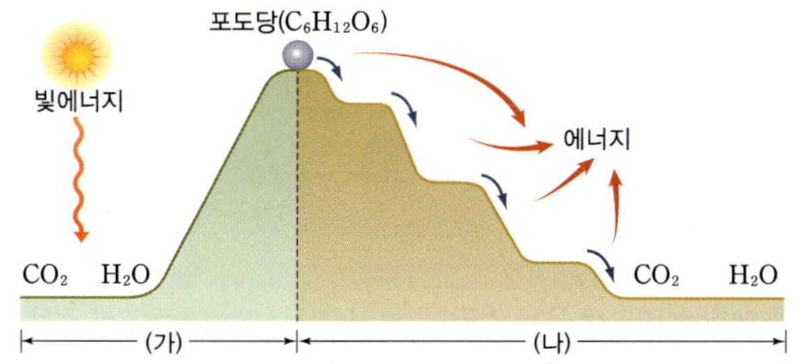

이에 대한 설명으로 옳은 것만을 |보기|에서 있는 대로 고른 것은?

보기
ㄱ. 과정 (가)에서 빛에너지가 화학 에너지로 전환된다.
ㄴ. (나)는 이화 작용이다.
ㄷ. (가)와 (나)에는 모두 효소가 이용된다.

① ㄱ   ② ㄴ   ③ ㄱ, ㄷ
④ ㄴ, ㄷ   ⑤ ㄱ, ㄴ, ㄷ

기출 변형 **대수능**

06 그림은 사람에서 일어나는 영양소의 물질대사 과정 일부를 나타낸 것이다. ㉠과 ㉡은 암모니아와 이산화 탄소를 순서 없이 나타낸 것이다.

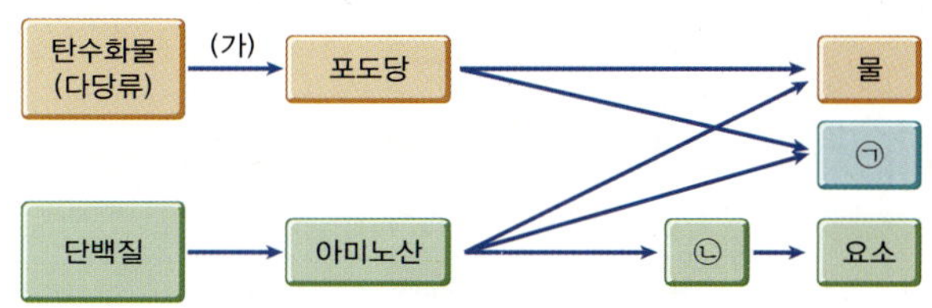

이에 대한 설명으로 옳은 것만을 |보기|에서 있는 대로 고른 것은?

보기
ㄱ. 과정 (가)에서 이화 작용이 일어난다.
ㄴ. 배설계를 통해 ㉠이 몸 밖으로 배출된다.
ㄷ. 콩팥에서 ㉡이 요소로 전환된다.

① ㄱ   ② ㄷ   ③ ㄱ, ㄴ
④ ㄴ, ㄷ   ⑤ ㄱ, ㄴ, ㄷ

---

07 그림은 사람에서 단백질로부터 ATP를 생성하고, 이 ATP를 생명 활동에 이용하는 과정을 나타낸 것이다.

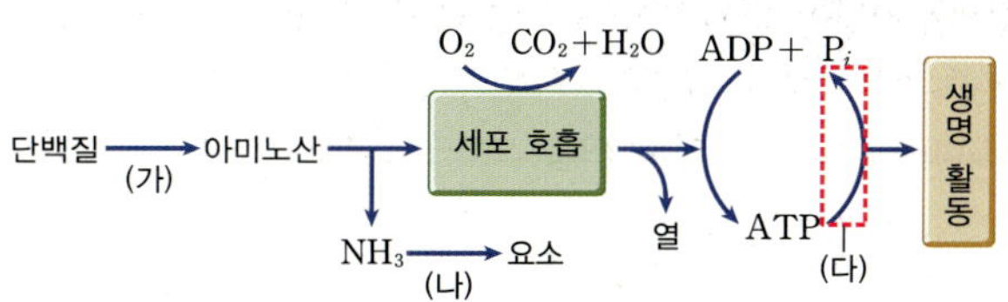

이에 대한 설명으로 옳은 것만을 |보기|에서 있는 대로 고른 것은?

보기
ㄱ. 과정 (가)는 이화 작용이다.
ㄴ. 소화계에서 과정 (가)와 (나)가 일어난다.
ㄷ. 호흡계를 통한 기체 교환에 과정 (다)에서 방출된 에너지가 이용된다.

① ㄱ   ② ㄴ   ③ ㄱ, ㄴ
④ ㄱ, ㄷ   ⑤ ㄴ, ㄷ

기출 변형 **평가원**

08 그림 (가)는 미토콘드리아에서 일어나는 세포 호흡을, (나)는 세포 호흡 결과 생성된 ⓐ와 ⓑ의 배설 경로를 나타낸 것이다. ⓐ와 ⓑ는 각각 CO_2와 H_2O 중 하나이고, 기관계 ㉠과 ㉡은 각각 호흡계와 배설계 중 하나이다.

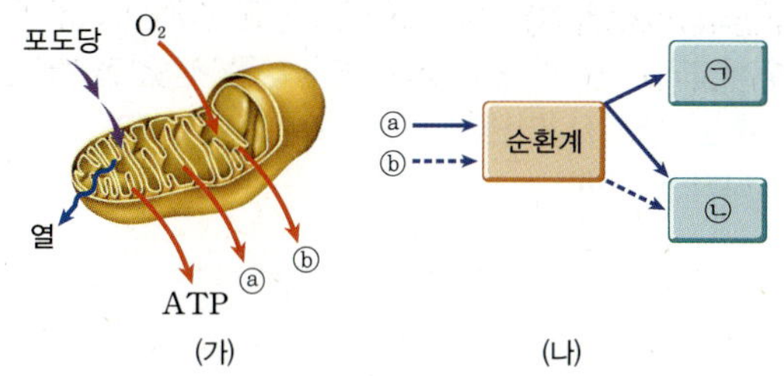

이에 대한 설명으로 옳은 것만을 |보기|에서 있는 대로 고른 것은? (단, 실선은 ⓐ의 배설 경로, 점선은 ⓑ의 배설 경로이다.)

보기
ㄱ. ⓐ는 CO_2이다.
ㄴ. 콩팥은 ㉠에 해당하는 기관이다.
ㄷ. 포도당이 분해되어 생성된 에너지는 모두 ATP에 저장된다.

① ㄱ   ② ㄴ   ③ ㄷ
④ ㄱ, ㄷ   ⑤ ㄴ, ㄷ

09 그림 (가)와 (나)는 각각 사람의 호흡계와 소화계를 나타낸 것이다. A와 B는 각각 간과 폐 중 하나이다.

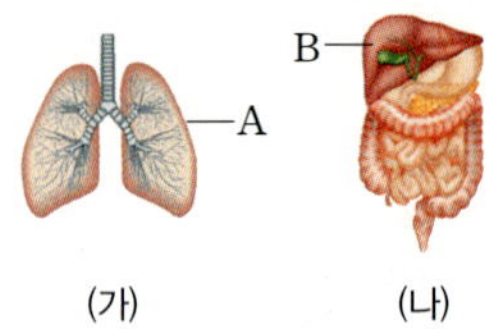

이에 대한 설명으로 옳은 것만을 |보기|에서 있는 대로 고른 것은?

> **보기**
> ㄱ. A는 폐이다.
> ㄴ. B에서 혈당량이 조절된다.
> ㄷ. (가)에서 흡수된 물질은 (나)에서 이용된다.

① ㄱ   ② ㄴ   ③ ㄱ, ㄷ
④ ㄴ, ㄷ   ⑤ ㄱ, ㄴ, ㄷ

---

11 표는 기관계 A~C와 A~C에 속하는 기관의 예를, 그림은 B와 C, 순환계 사이의 통합적 작용을 나타낸 것이다. A~C는 소화계, 배설계, 호흡계를 순서 없이 나타낸 것이다.

기관계	기관의 예
A	대장
B	㉠
C	?

이에 대한 설명으로 옳은 것만을 |보기|에서 있는 대로 고른 것은?

> **보기**
> ㄱ. A는 배설계이다.
> ㄴ. 폐는 ㉠에 해당한다.
> ㄷ. C를 통해 요소는 오줌으로 배출된다.

① ㄱ   ② ㄴ   ③ ㄱ, ㄴ
④ ㄱ, ㄷ   ⑤ ㄴ, ㄷ

---

10 표 (가)는 사람에서 일어나는 물질대사 과정에서 포도당과 아미노산으로부터 생성되는 노폐물 ㉠~㉢을, (나)는 기관계 A와 B를 통해 배출되는 노폐물을 나타낸 것이다. ㉠~㉢은 물, 요소, 이산화 탄소를 순서 없이 나타낸 것이고, A와 B는 배설계와 호흡계를 순서 없이 나타낸 것이다.

영양소	생성되는 노폐물	기관계	배출되는 노폐물
포도당	㉠, ㉡	A	㉠, ㉡
아미노산	㉠, ㉡, ㉢	B	㉡, ㉢
(가)		(나)	

이에 대한 설명으로 옳은 것만을 |보기|에서 있는 대로 고른 것은?

> **보기**
> ㄱ. ㉠은 요소이다.
> ㄴ. 소화계에서 ㉢이 생성된다.
> ㄷ. B에서 ㉡의 재흡수가 일어난다.

① ㄱ   ② ㄴ   ③ ㄱ, ㄷ
④ ㄴ, ㄷ   ⑤ ㄱ, ㄴ, ㄷ

---

12 그림은 사람 몸에 있는 각 기관계의 통합적 작용을 나타낸 것이다. A와 B는 각각 소화계와 호흡계 중 하나이다.

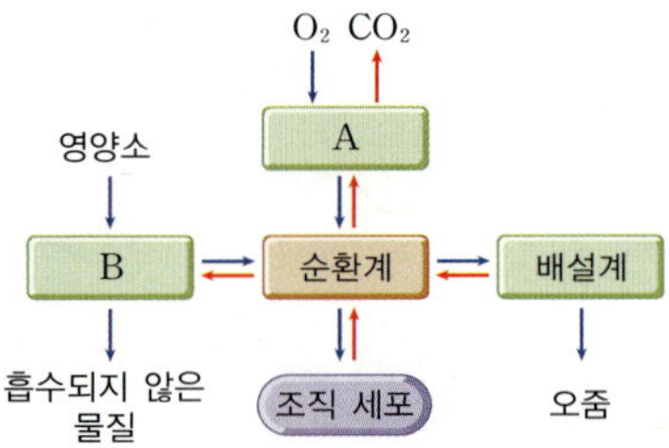

이에 대한 설명으로 옳은 것만을 |보기|에서 있는 대로 고른 것은?

> **보기**
> ㄱ. A는 호흡계이다.
> ㄴ. B에는 포도당을 흡수하는 기관이 있다.
> ㄷ. 글루카곤은 순환계를 통해 표적 기관으로 운반된다.

① ㄱ   ② ㄴ   ③ ㄱ, ㄷ
④ ㄴ, ㄷ   ⑤ ㄱ, ㄴ, ㄷ

13

그림은 대사성 질환에 대한 세 학생의 발표를 나타낸 것이다.

발표 내용이 옳은 학생만을 있는 대로 고른 것은?

① A ② B ③ A, C
④ B, C ⑤ A, B, C

기출 평가원

14

그림 (가)와 (나)는 각각 사람 A와 B의 수축기 혈압과 이완기 혈압의 변화를 나타낸 것이다. A와 B는 정상인과 고혈압 환자를 순서 없이 나타낸 것이다.

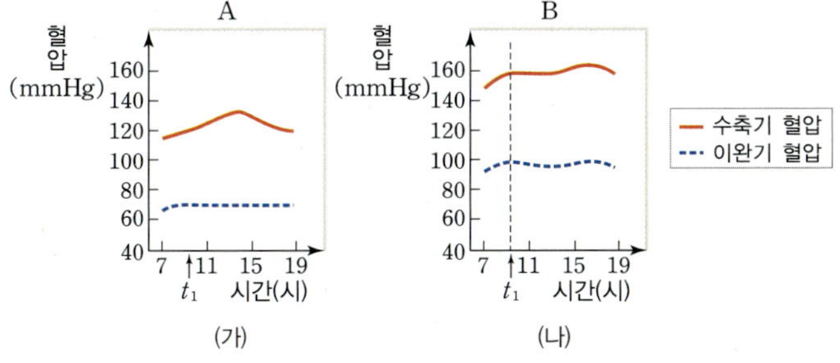

이에 대한 설명으로 옳은 것만을 |보기|에서 있는 대로 고른 것은?

⎡보기⎤
ㄱ. 대사성 질환 중에는 고혈압이 있다.
ㄴ. t_1일 때 수축기 혈압은 A가 B보다 높다.
ㄷ. B는 고혈압 환자이다.

① ㄱ ② ㄴ ③ ㄱ, ㄷ
④ ㄴ, ㄷ ⑤ ㄱ, ㄴ, ㄷ

15

그림은 사람의 혈액 순환 경로를 나타낸 것이다. ㉠~㉣은 각각 폐동맥, 폐정맥, 콩팥 동맥, 콩팥 정맥 중 하나이다.

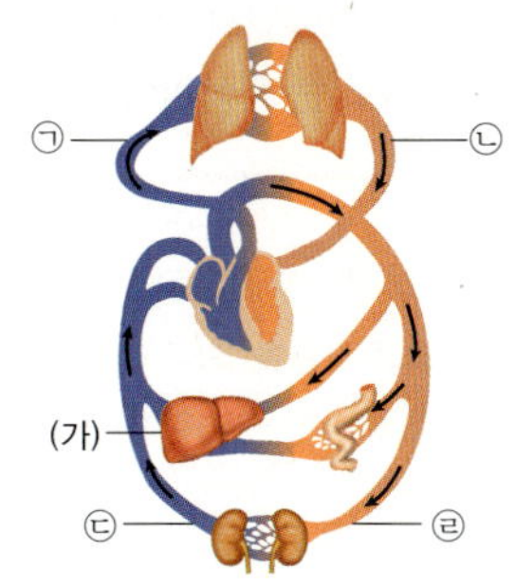

이에 대한 설명으로 옳은 것만을 |보기|에서 있는 대로 고른 것은?

⎡보기⎤
ㄱ. (가)는 소화계에 속한다.
ㄴ. 혈액의 단위 부피당 산소량은 ㉠에서가 ㉡에서보다 많다.
ㄷ. 혈액의 단위 부피당 요소량은 ㉢에서가 ㉣에서보다 많다.

① ㄱ ② ㄴ ③ ㄱ, ㄴ
④ ㄱ, ㄷ ⑤ ㄴ, ㄷ

기출 변형 평가원

16

표는 사람 몸을 구성하는 기관계의 특징을 나타낸 것이다. A와 B는 배설계와 호흡계를 순서 없이 나타낸 것이다.

기관계	특징
A	세포 호흡에 필요한 산소를 흡수하고, 이산화 탄소와 물을 배출한다.
B	오줌을 통해 몸 밖으로 노폐물을 내보낸다.
소화계	㉠

이에 대한 설명으로 옳은 것만을 |보기|에서 있는 대로 고른 것은?

⎡보기⎤
ㄱ. A는 호흡계이다.
ㄴ. B에는 항이뇨 호르몬(ADH)의 표적 기관이 있다.
ㄷ. '음식물을 분해하여 영양소를 흡수한다.'는 ㉠에 해당한다.

① ㄱ ② ㄴ ③ ㄱ, ㄷ
④ ㄴ, ㄷ ⑤ ㄱ, ㄴ, ㄷ

17 표는 질환 A, B, 당뇨병의 원인 또는 증상을 나타낸 것이고, 그림은 정상인 사람과 당뇨병인 사람 ㉮에서의 식사 후 혈당량 변화를 나타낸 것이다. A와 B는 고혈압과 고지혈증을 순서 없이 나타낸 것이고, ㉮에서 인슐린의 분비는 정상이다.

질환	원인 또는 증상
A	혈액 속에 콜레스테롤이나 중성 지방이 많다.
B	혈압이 만성적으로 정상 범위보다 높다.
당뇨병	인슐린이 적게 분비되거나 인슐린이 제대로 작용하지 못한다.

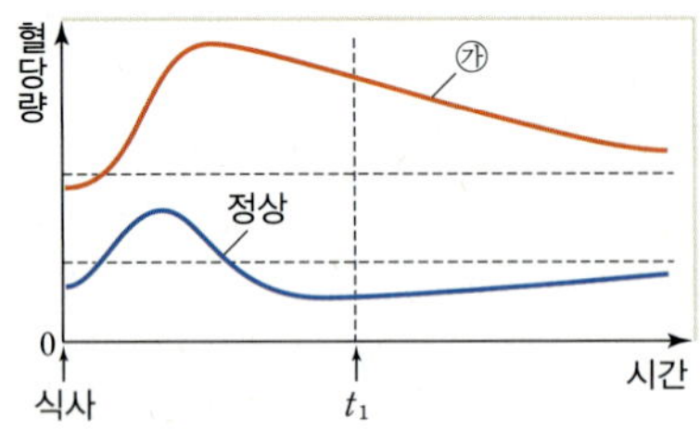

이에 대한 설명으로 옳은 것만을 |보기|에서 있는 대로 고른 것은?

┌─ 보기 ─────────────────────────────────┐
ㄱ. A는 고혈압이다.
ㄴ. A와 B는 모두 대사성 질환에 해당한다.
ㄷ. t_1일 때 혈중 인슐린의 농도는 ㉮에서가 정상인 사람에서보다 높다.
└──┘

① ㄱ　　　② ㄷ　　　③ ㄱ, ㄴ
④ ㄱ, ㄷ　　　⑤ ㄴ, ㄷ

---

18 그림은 사람 몸에 있는 각 기관계의 통합적 작용을 나타낸 것이며, 표는 기관계 (가)~(다)에 대한 자료이다. (가)~(다)는 배설계, 소화계, 순환계를 순서 없이 나타낸 것이다.

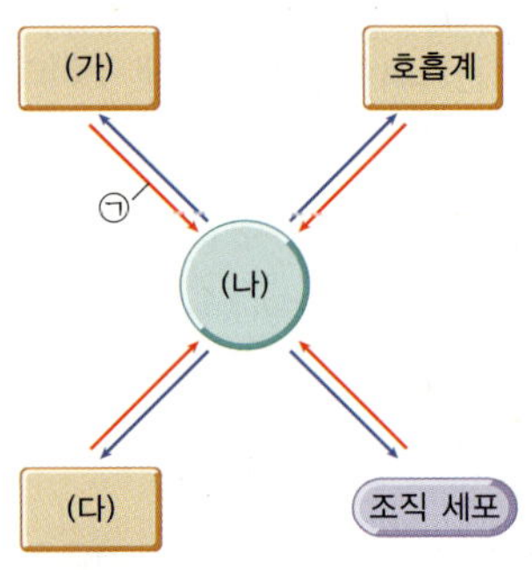

- (가)에서 영양소의 소화와 흡수가 일어난다.
- (나)는 조직 세포에서 생성된 CO_2를 호흡계로 운반한다.
- (다)를 통해 질소 노폐물이 배설된다.

이에 대한 설명으로 옳은 것만을 |보기|에서 있는 대로 고른 것은?

┌─ 보기 ─────────────────────────────────┐
ㄱ. ㉠에는 요소의 이동이 포함된다.
ㄴ. (나)는 순환계이다.
ㄷ. 콩팥은 (다)에 속한다.
└──┘

① ㄱ　　　② ㄷ　　　③ ㄱ, ㄴ
④ ㄴ, ㄷ　　　⑤ ㄱ, ㄴ, ㄷ

---

19 그림 (가)는 나이에 따른 남녀의 체표면적당 기초 대사량을 나타낸 것이고, (나)는 남녀의 평균적인 몸무게에 따른 기초 대사량을 나타낸 것이다. A와 B는 각각 남자와 여자 중 하나이다.

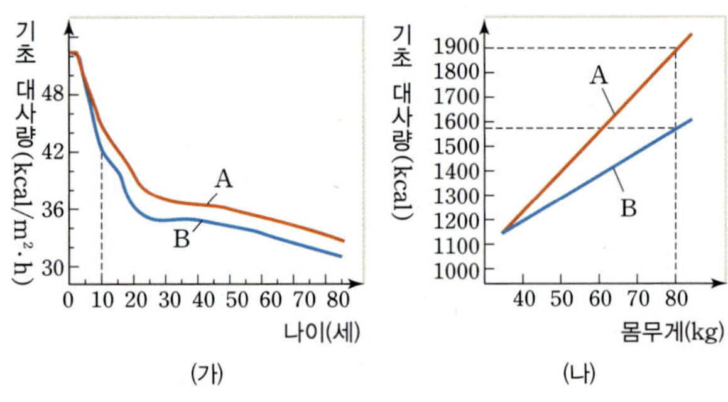

이에 대한 설명으로 옳은 것만을 |보기|에서 있는 대로 고른 것은? (단, 제시된 자료 이외는 고려하지 않는다.)

┌─ 보기 ─────────────────────────────────┐
ㄱ. 체표면적이 $1\,m^2$인 10세 여자의 1일 기초 대사량은 약 960 kcal이다.
ㄴ. $\dfrac{\text{몸무게가 80 kg인 여자의 기초 대사량}}{\text{몸무게가 80 kg인 남자의 기초 대사량}} > 1$이다.
ㄷ. 키와 나이가 같은 두 남자에서 몸무게가 무거운 사람이 기초 대사량이 더 크다.
└──┘

① ㄱ　　　② ㄷ　　　③ ㄱ, ㄴ
④ ㄱ, ㄷ　　　⑤ ㄴ, ㄷ

---

20 그림은 사람 몸에 있는 각 기관계의 통합적 작용을, 표는 지방, 단백질, 탄수화물이 물질대사를 통해 분해되어 생성된 최종 분해 산물을 나타낸 것이다. A~C는 배설계, 소화계, 순환계를, ㉠~㉢은 물, 암모니아, 이산화 탄소를 순서 없이 나타낸 것이다.

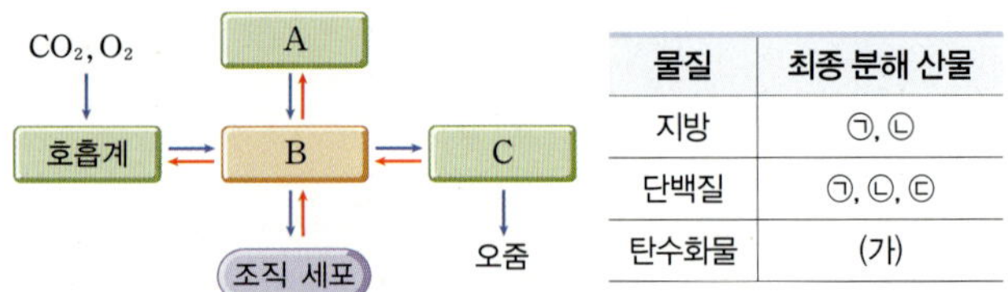

물질	최종 분해 산물
지방	㉠, ㉡
단백질	㉠, ㉡, ㉢
탄수화물	(가)

이에 대한 설명으로 옳은 것만을 |보기|에서 있는 대로 고른 것은?

┌─ 보기 ─────────────────────────────────┐
ㄱ. (가)에는 ㉠이 있다.
ㄴ. 심장은 B에 속하는 기관이다.
ㄷ. ㉢은 C에서 요소로 전환된다.
└──┘

① ㄱ　　　② ㄷ　　　③ ㄱ, ㄴ
④ ㄴ, ㄷ　　　⑤ ㄱ, ㄴ, ㄷ

III 항상성과 몸의 조절

1 흥분의 발생과 전도

[기출 패턴] Na^+과 K^+에 의한 흥분 발생 과정과 흥분 전도 방향 및 속도를 해석해 각 지점의 막전위를 파악할 수 있어야 한다.

[배경 지식] (1) 역치 이상의 자극을 받은 지점에서는 막전위가 분극(휴지 전위) → 탈분극(상승) → 재분극(하강)의 순서로 변한다.

(2) 막전위가 상승하는 탈분극은 Na^+의 유입에 의해, 막전위가 하강하는 재분극은 K^+의 유출에 의해 각각 일어난다.

(3) 막전위가 휴지 전위보다 하강하는 과분극은 재분극 말기에 나타난다.

자료 1 수능 기출

그림은 어떤 뉴런에 역치 이상의 자극을 주었을 때, 이 뉴런 세포막의 한 지점 P에서 측정한 이온 ㉠과 ㉡의 막 투과도를 시간에 따라 나타낸 것이다. ㉠과 ㉡은 각각 Na^+과 K^+ 중 하나이다.

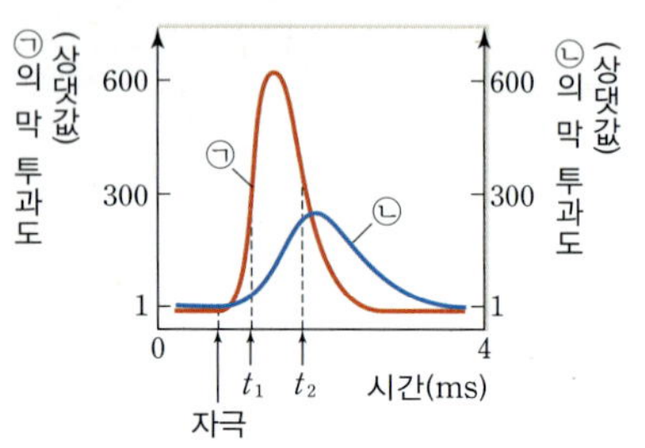

● **다음 설명 중 옳은 것은 ○표, 옳지 않은 것은 ×표 하시오.**

1 ㉠은 K^+이다. ○ / ×

2 t_1일 때 P에서 탈분극이 일어나고 있다. ○ / ×

3 t_2일 때 ㉡의 농도는 세포 안에서가 세포 밖에서보다 높다. ○ / ×

4 t_2일 때 P에서 휴지 전위가 형성되어 있다. ○ / ×

5 뉴런 세포막의 이온 통로를 통한 ㉠의 이동을 차단하고 역치 이상의 자극을 주었을 때, 활동 전위가 생성되지 않는다. ○ / ×

자료 2 교육청 기출

다음은 어떤 민말이집 신경의 흥분 전도에 대한 자료이다.

- 이 신경의 흥분 전도 속도는 2 cm/ms이다.
- 그림 (가)는 이 신경의 지점 $P_1 \sim P_3$ 중 ㉠ P_2에 역치 이상의 자극을 1회 주고 경과된 시간이 3 ms일 때 P_3에서의 막전위를, (나)는 $P_1 \sim P_3$에서 활동 전위가 발생하였을 때 각 지점에서의 막전위 변화를 나타낸 것이다.

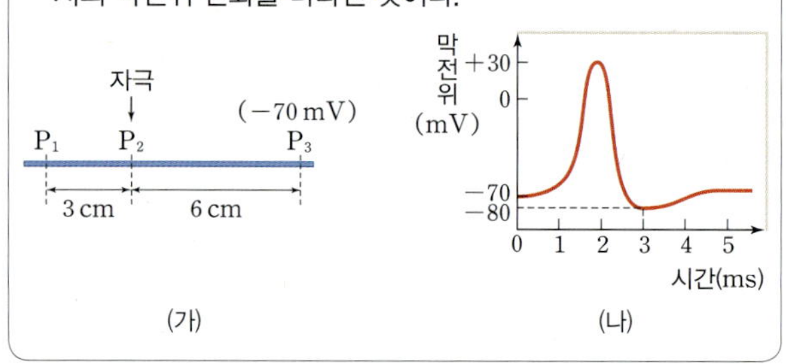

● **다음 설명 중 옳은 것은 ○표, 옳지 않은 것은 ×표 하시오.**

1 ㉠일 때 P_1에서 탈분극이 일어나고 있다. ○ / ×

2 ㉠일 때 P_2에서의 막전위는 -70 mV이다. ○ / ×

3 ㉠일 때 P_2에서는 K^+이 K^+ 통로를 통해 세포 밖으로 이동한다. ○ / ×

4 ㉠일 때 P_3에서 $Na^+ - K^+$ 펌프를 통해 K^+이 세포 밖으로 이동한다. ○ / ×

5 ㉠일 때 P_3에서 세포막 안쪽은 양(+)전하를, 바깥쪽은 음(−)전하를 띤다. ○ / ×

6 ㉠일 때 Na^+의 막 투과도는 P_1에서가 P_3에서보다 크다. ○ / ×

2 골격근의 수축

[기출 패턴] 골격근이 수축·이완할 때 근육 원섬유 마디 각 부위(A대, H대, I대 등)의 길이 변화를 파악할 수 있어야 한다.

[배경 지식] (1) 골격근이 수축할 때 근육 원섬유 마디, H대, I대의 길이는 모두 짧아진다.
(2) 골격근이 수축·이완하더라도 근육 원섬유 마디에서 A대의 길이는 변하지 않는다.
(3) 골격근이 수축할 때 액틴 필라멘트와 마이오신 필라멘트가 겹치는 부분의 길이는 길어진다.

자료 1 평가원 기출

그림은 골격근 수축 과정의 두 시점 (가)와 (나)일 때 관찰된 근육 원섬유를, 표는 (가)와 (나)일 때 ㉠의 길이와 ㉡의 길이를 나타낸 것이다. ⓐ와 ⓑ는 근육 원섬유에서 각각 어둡게 보이는 부분(암대)과 밝게 보이는 부분(명대)이고, ㉠과 ㉡은 ⓐ와 ⓑ를 순서 없이 나타낸 것이다.

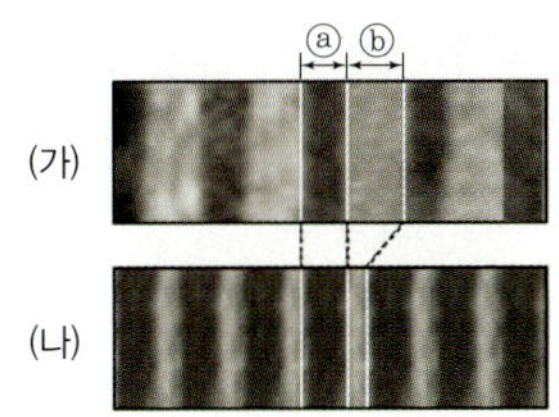

시점	㉠의 길이	㉡의 길이
(가)	1.6 μm	1.8 μm
(나)	1.6 μm	0.6 μm

● 다음 설명 중 옳은 것은 ○표, 옳지 <u>않은</u> 것은 ×표 하시오.

1 ㉠은 ⓐ이다. ○ / ×

2 (가)일 때 ⓑ에 H대가 있다. ○ / ×

3 (가)일 때 ⓑ에 Z선이 있다. ○ / ×

4 (나)일 때 ㉠에 액틴 필라멘트가 있다. ○ / ×

5 (나)일 때 ㉡에 마이오신 필라멘트가 있다. ○ / ×

6 (가)에서 (나)로 될 때 ATP에 저장된 에너지가 사용된다.
○ / ×

자료 2 교육청 기출

다음은 골격근의 수축 과정에 대한 자료이다.

- 그림은 좌우 대칭인 근육 원섬유 마디 X의 구조를 나타낸 것이다. 구간 ㉠은 액틴 필라멘트와 마이오신 필라멘트가 겹치는 부분이고, ㉡은 마이오신 필라멘트만 있는 부분이다.
- 표는 골격근 수축 과정의 시점 t_1과 t_2일 때 X, ⓐ, ⓑ의 길이를 나타낸 것이다. ⓐ와 ⓑ는 각각 ㉠과 ㉡ 중 하나이다.

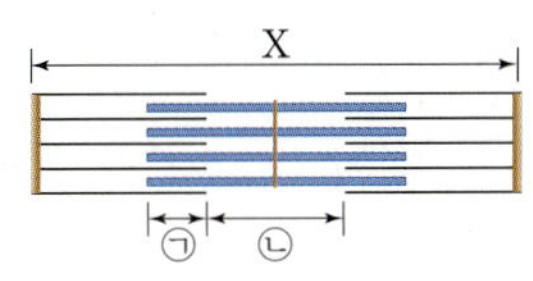

시점	길이(μm)		
	X	ⓐ	ⓑ
t_1	?	0.5	0.6
t_2	2.2	0.7	0.2

● 다음 설명 중 옳은 것은 ○표, 옳지 <u>않은</u> 것은 ×표 하시오.

1 ⓑ는 ㉠이다. ○ / ×

2 ⓐ에 M선이 있다. ○ / ×

3 ⓐ는 H대이다. ○ / ×

4 t_1일 때 X의 길이는 2.4 μm이다. ○ / ×

5 t_1일 때 H대의 길이는 0.6 μm이다. ○ / ×

6 t_2일 때 A대의 길이는 1.6 μm이다. ○ / ×

7 t_1에서 t_2가 될 때 X에서 ATP가 소비되었다. ○ / ×

3 중추 신경계의 구조와 기능

[기출 패턴] 중추 신경계를 구성하는 뇌와 척수의 구조 및 뇌를 구성하는 각 부위의 기능을 파악할 수 있어야 한다.

[배경 지식] (1) 사람의 뇌는 대뇌, 소뇌, 간뇌, 중간뇌, 뇌교, 연수로 이루어지며, 이 중 중간뇌, 뇌교, 연수는 뇌줄기를 이룬다.
(2) 대뇌는 수의 운동의 중추, 간뇌는 항상성 유지의 중추, 중간뇌는 동공 반사의 중추, 연수는 심장 박동과 호흡 운동의 중추이다.
(3) 척수는 겉질이 백색질, 속질이 회색질이고, 등 쪽에 구심성 신경 다발인 후근, 배 쪽에 원심성 신경 다발인 전근이 있다.

자료 1 교육청 기출

그림은 사람에서 중추 신경계와 심장이 자율 신경으로 연결된 모습의 일부를 나타낸 것이다. A와 B는 각각 연수와 중간뇌 중 하나이고, ㉠과 ㉡ 중 한 부위에 신경절이 있다.

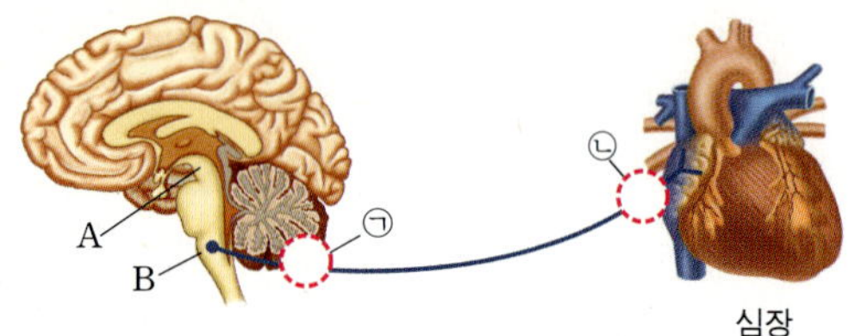

● 다음 설명 중 옳은 것은 ○표, 옳지 않은 것은 ×표 하시오.

1 A는 동공 반사의 중추이다. ○ / ×

2 A에는 시상과 시상 하부가 있다. ○ / ×

3 B는 중간뇌이다. ○ / ×

4 B는 호흡 운동과 소화 운동의 조절 중추이다. ○ / ×

5 B를 지나면서 좌우가 교차되는 신경이 있다. ○ / ×

6 A와 B는 모두 뇌줄기를 구성한다. ○ / ×

7 '의식적인 수의 운동의 조절 중추인가?'의 특징을 이용해 A와 B가 구분된다. ○ / ×

8 ㉠에 신경절이 있다. ○ / ×

자료 2 수능 기출

그림은 무릎 반사가 일어날 때 흥분 전달 경로를 나타낸 것이다.

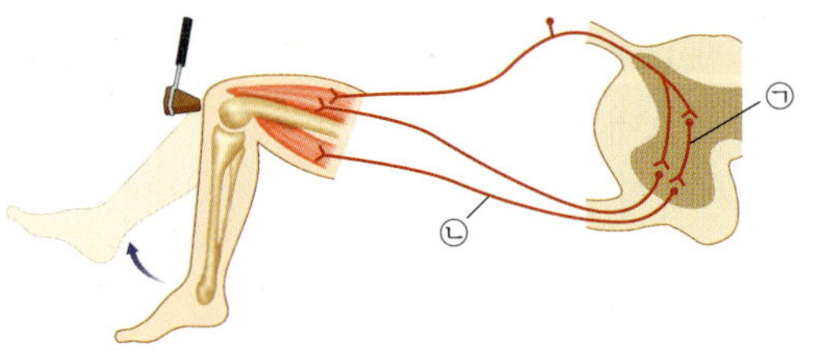

● 다음 설명 중 옳은 것은 ○표, 옳지 않은 것은 ×표 하시오.

1 ㉠은 연합 뉴런이다. ○ / ×

2 ㉡은 후근을 통해 나온다. ○ / ×

3 흥분은 ㉠에서 ㉡으로 전달된다. ○ / ×

4 ㉠과 ㉡은 모두 중추 신경계를 구성한다. ○ / ×

5 이 반사의 조절 중추는 척수이다. ○ / ×

6 이 반사의 조절 중추는 겉질이 회색질이다. ○ / ×

7 이 반사의 조절 중추는 배 쪽에 원심성 신경 다발인 전근이 있다. ○ / ×

4 자율 신경의 구조와 기능

정답과 해설 p.089

[기출 패턴] 자율 신경을 구성하는 교감 신경과 부교감 신경의 구조적 차이와 길항 작용을 파악할 수 있어야 한다.

[배경 지식] (1) 교감 신경은 신경절 이전 뉴런이 신경절 이후 뉴런보다 짧고, 신경절 이후 뉴런의 축삭 돌기 말단에서 노르에피네프린이 분비된다.
(2) 부교감 신경은 신경절 이전 뉴런이 신경절 이후 뉴런보다 길고, 신경절 이후 뉴런의 축삭 돌기 말단에서 아세틸콜린이 분비된다.
(3) 교감 신경은 동공 확대, 심장 박동 촉진의 기능을, 부교감 신경은 동공 축소, 심장 박동 억제의 기능을 한다.

자료 1 　교육청 기출

그림은 동공 크기의 조절에 관여하는 자율 신경이 중간뇌에, 심장 박동의 조절에 관여하는 자율 신경이 연수에 연결된 경로를 나타낸 것이다. ⓐ와 ⓑ에는 각각 하나의 신경절이 있다.

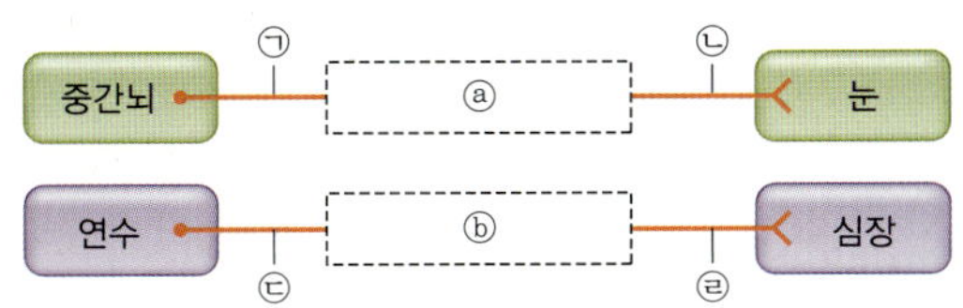

● 다음 설명 중 옳은 것은 ○표, 옳지 <u>않은</u> 것은 ×표 하시오.

1 ㉠은 부교감 신경을 구성한다. ○ / ×

2 ㉡의 축삭 돌기 말단에서 동공을 확대시키는 신경 전달 물질이 분비된다. ○ / ×

3 ㉡과 ㉢의 축삭 돌기 말단에서 모두 아세틸콜린이 분비된다. ○ / ×

4 ㉢의 길이가 ㉣의 길이보다 짧다. ○ / ×

5 ㉣의 축삭 돌기 말단에서 심장 박동을 촉진하는 신경 전달 물질이 분비된다. ○ / ×

6 ㉠~㉣은 모두 말초 신경계를 구성한다. ○ / ×

자료 2 　평가원 기출

그림 (가)는 동공의 크기 조절에 관여하는 교감 신경과 부교감 신경이 중추 신경계에 연결된 경로를, (나)는 빛의 세기에 따른 동공의 크기를 나타낸 것이다. ⓐ와 ⓑ에 각각 하나의 신경절이 있으며, ㉠과 ㉣의 말단에서 분비되는 신경 전달 물질은 같다.

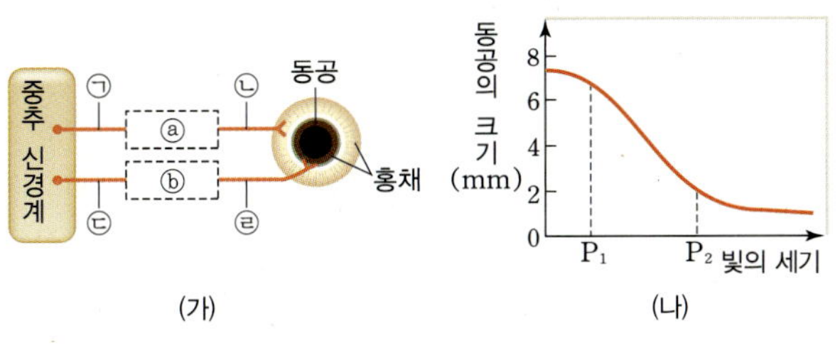

● 다음 설명 중 옳은 것은 ○표, 옳지 <u>않은</u> 것은 ×표 하시오.

1 ㉠의 길이는 ㉡의 길이보다 길다. ○ / ×

2 ㉠의 신경 세포체는 척수의 회색질에 있다. ○ / ×

3 ㉡의 축삭 돌기 말단에서 분비되는 신경 전달 물질의 양은 P_2일 때가 P_1일 때보다 많다. ○ / ×

4 ㉡의 축삭 돌기 말단에서 분비되는 신경 전달 물질을 심장에 처리하면 심장 박동이 억제된다. ○ / ×

5 ㉣의 축삭 돌기 말단에서 분비되는 신경 전달 물질은 노르에피네프린이다. ○ / ×

6 ㉣에서 활동 전위의 발생 빈도는 P_2일 때가 P_1일 때보다 크다. ○ / ×

수능 대비 문제

01

그림 (가)는 역치 이상의 자극을 받은 축삭 돌기의 한 지점에서 시간에 따른 막전위를, (나)는 구간 I 의 세포 밖과 세포 안에서 이온 ㉠과 ㉡ 농도의 상대적 비율을 나타낸 것이다. ㉠과 ㉡은 각각 K^+과 Na^+ 중 하나이다.

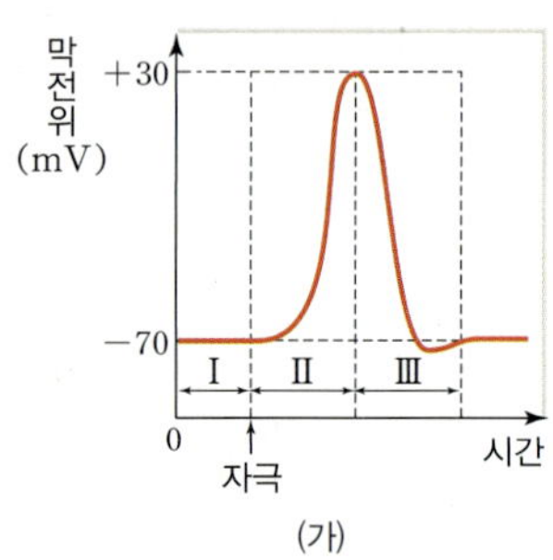
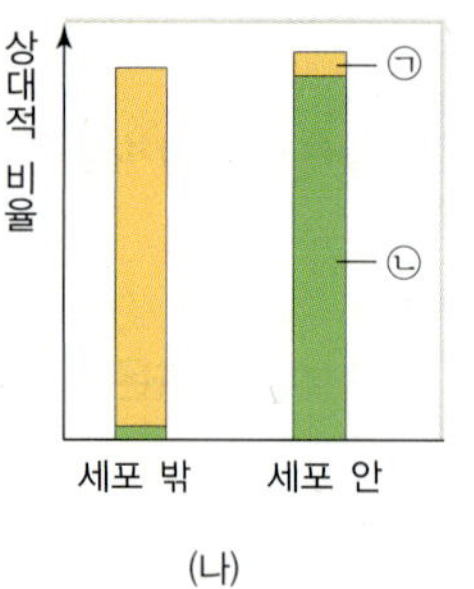

이에 대한 설명으로 옳은 것만을 |보기|에서 있는 대로 고른 것은?

|보기|

ㄱ. ㉠은 K^+이다.
ㄴ. 구간 II 에서 ㉠이 이동하는 통로는 모두 닫혀 있다.
ㄷ. 구간 III 에서 ㉡의 막 투과도가 증가하는 시기가 있다.

① ㄱ
② ㄷ
③ ㄱ, ㄴ
④ ㄱ, ㄷ
⑤ ㄴ, ㄷ

02

그림은 축삭 돌기의 I ~ III 중 한 지점을 역치 이상으로 1회 자극했을 때 지점 ㉠과 ㉡에서 시간에 따른 막전위를 동시에 측정한 결과를 나타낸 것이다.

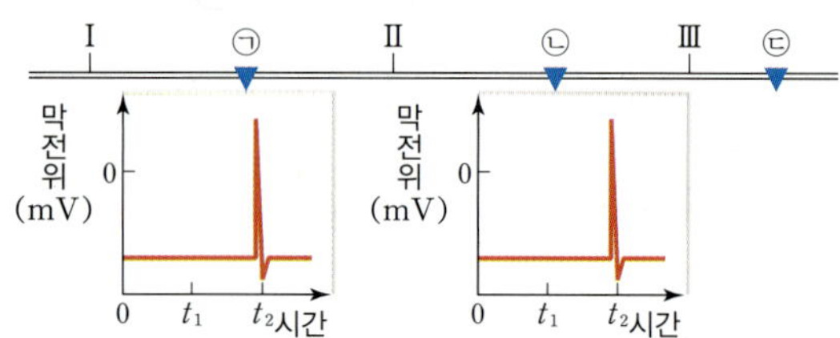

이에 대한 설명으로 옳은 것만을 |보기|에서 있는 대로 고른 것은?

|보기|

ㄱ. 자극한 지점은 II 이다.
ㄴ. t_1일 때 ㉢에서 Na^+이 세포 안으로 유입된다.
ㄷ. III을 역치 이상으로 자극하면 ㉠~㉢ 중 2개 지점에서 활동 전위가 생성된다.

① ㄱ
② ㄴ
③ ㄷ
④ ㄱ, ㄴ
⑤ ㄴ, ㄷ

03

다음은 민말이집 신경 A의 흥분 전도에 대한 자료이다.

- 그림은 A의 지점 d_1로부터 네 지점 $d_2 \sim d_5$까지의 거리를, 표는 d_1과 d_5 중 한 지점에 역치 이상의 자극을 1회 주고 경과된 시간이 4 ms, 5 ms, 6 ms일 때 I 과 II 에서의 막전위를 나타낸 것이다. I 과 II 는 각각 d_2와 d_4 중 하나이다.

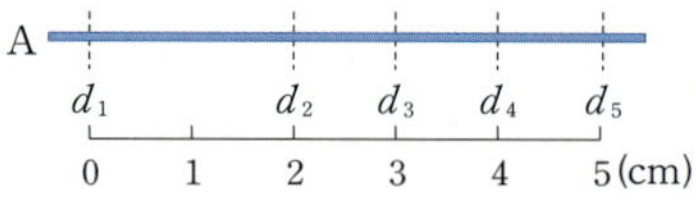

시간	막전위(mV)	
	I	II
4 ms	?	+30
5 ms	-60	ⓐ
6 ms	+30	-70

- A에서 활동 전위가 발생하였을 때, 각 지점에서의 막전위 변화는 그림과 같다.

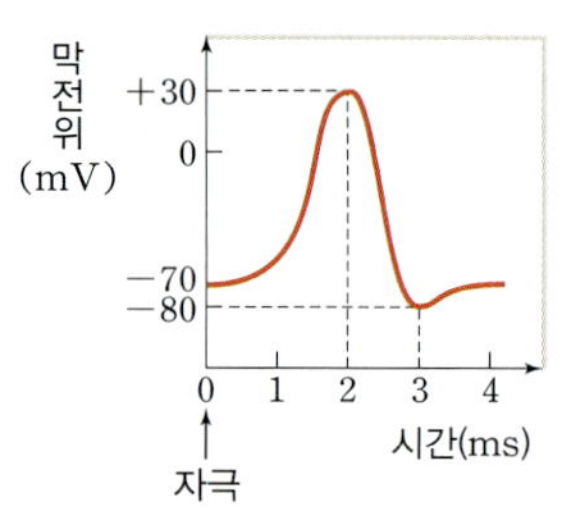

이에 대한 설명으로 옳은 것만을 |보기|에서 있는 대로 고른 것은? (단, A에서 흥분의 전도는 1회 일어났고, 휴지 전위는 -70 mV 이다.)

|보기|

ㄱ. A의 흥분 전도 속도는 2 cm/ms이다.
ㄴ. ⓐ는 -80이다.
ㄷ. 4 ms일 때 d_3에서 탈분극이 일어나고 있다.

① ㄱ
② ㄴ
③ ㄱ, ㄷ
④ ㄴ, ㄷ
⑤ ㄱ, ㄴ, ㄷ

04 다음은 민말이집 신경 A와 B의 흥분 전도에 대한 자료이다.

- 그림은 흥분 전도 속도가 서로 다른 A와 B의 지점 P로부터 $d_1 \sim d_3$까지의 거리를 나타낸 것이다.

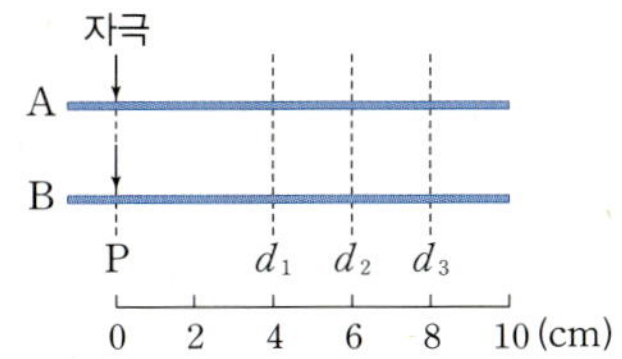

- 표는 A와 B의 P에 역치 이상의 자극을 동시에 1회 주고 경과된 시간이 5 ms일 때 $d_1 \sim d_3$에서의 막전위를 나타낸 것이다. ㉠, ㉡, ㉣ 중 둘은 −80이다.

신경	막전위(mV)		
	d_1	d_2	d_3
A	㉠	0	㉡
B	㉢	㉣	−30

- A와 B의 흥분 전도 속도는 각각 2 cm/ms와 3 cm/ms 중 하나이다.

이에 대한 설명으로 옳은 것만을 |보기|에서 있는 대로 고른 것은? (단, A와 B에서 흥분 전도는 각각 1회 일어났고, 휴지 전위는 −70 mV이다.)

┌ 보기 ┐
ㄱ. A의 흥분 전도 속도는 2 cm/ms이다.
ㄴ. ㉡＝㉣이다.
ㄷ. A의 P를 자극하고 경과된 시간이 2 ms일 때 P에서의 막전위는 0 mV이다.

① ㄱ 　② ㄴ 　③ ㄱ, ㄴ
④ ㄱ, ㄷ 　⑤ ㄴ, ㄷ

05 다음은 민말이집 신경 A와 B의 흥분 전도에 대한 자료이다.

- 그림은 A와 B의 지점 $d_1 \sim d_4$의 위치를, 표는 ㉠A와 B의 지점 X에 역치 이상의 자극을 동시에 1회 주고 경과한 시간이 2 ms, 3 ms, 5 ms, 7 ms일 때 d_2에서 측정한 막전위를 나타낸 것이다. X는 d_1과 d_4 중 하나이고, Ⅰ~Ⅳ는 2 ms, 3 ms, 5 ms, 7 ms를 순서 없이 나타낸 것이다.

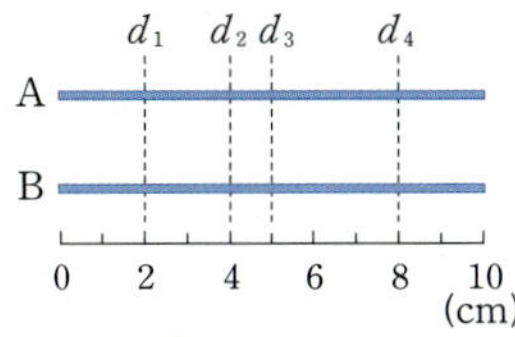

신경	d_2에서 측정한 막전위(mV)			
	Ⅰ	Ⅱ	Ⅲ	Ⅳ
A	?	−60	?	−80
B	−60	−80	?	−70

- A와 B의 흥분 전도 속도는 각각 1 cm/ms와 2 cm/ms 중 하나이다.
- A와 B 각각에서 활동 전위가 발생하였을 때, 각 지점에서의 막전위 변화는 그림과 같다.

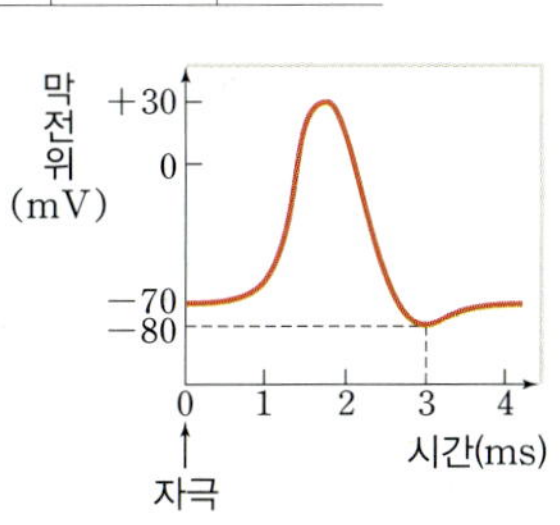

이에 대한 설명으로 옳은 것만을 |보기|에서 있는 대로 고른 것은? (단, A와 B에서 흥분 전도는 각각 1회 일어났고, 휴지 전위는 −70 mV이다.)

┌ 보기 ┐
ㄱ. Ⅱ는 3 ms이다.
ㄴ. B의 흥분 전도 속도는 2 cm/ms이다.
ㄷ. ㉠이 4 ms일 때 A의 d_3에서의 막전위는 −60 mV이다.

① ㄱ 　② ㄴ 　③ ㄷ
④ ㄱ, ㄴ 　⑤ ㄴ, ㄷ

06 그림은 3개의 뉴런이 서로 연결된 모습과 축삭 돌기의 지점 A~D를 나타낸 것이다.

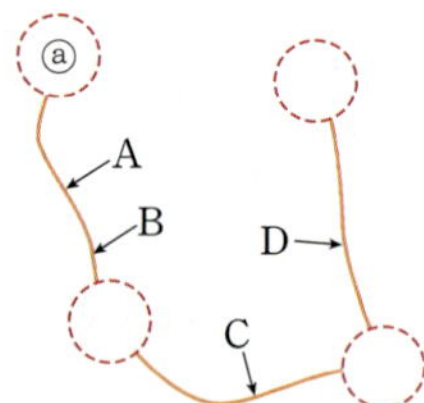

이 3개 뉴런 중 하나의 특정 지점을 역치 이상으로 1회 자극하자 ㉠ → ㉡ → ㉢의 순서로 활동 전위가 생성되었으며, ㉣에서는 막전위가 변하지 않았다. ㉠~㉣은 각각 A~D 중 하나이다. 이에 대한 설명으로 옳은 것만을 |보기|에서 있는 대로 고른 것은? (단, 각 뉴런의 신경 세포체와 축삭 돌기 말단은 나타내지 않았으며, 제시된 뉴런만 고려한다.)

> ─┤보기├─
> ㄱ. ⓐ에 신경 세포체가 있다.
> ㄴ. ㉣을 역치 이상으로 자극하면 A~D에서 모두 활동 전위가 생성된다.
> ㄷ. ㉡을 역치 이상으로 자극해도 ㉠에서 막을 통한 Na^+의 이동은 일어나지 않는다.

① ㄴ   ② ㄷ   ③ ㄱ, ㄴ
④ ㄱ, ㄷ   ⑤ ㄴ, ㄷ

07 그림은 근육 원섬유 마디 X의 구조를, 표는 t_1일 때와 t_2일 때 ㉠과 ㉡ 중 한 지점의 횡단면에 있는 섬유를 나타낸 것이다. ⓐ와 ⓑ는 액틴 필라멘트와 마이오신 필라멘트를 순서 없이 나타낸 것이다.

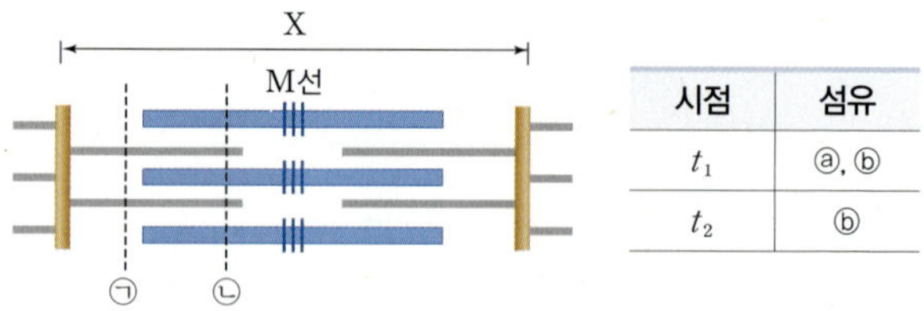

시점	섬유
t_1	ⓐ, ⓑ
t_2	ⓑ

이에 대한 설명으로 옳은 것만을 |보기|에서 있는 대로 고른 것은? (단, X가 수축 또는 이완할 때 ㉠, ㉡, M선의 위치는 모두 고정되어 있다.)

> ─┤보기├─
> ㄱ. I대에 ⓑ가 있다.
> ㄴ. 표는 ㉠의 횡단면에 있는 섬유를 나타낸 것이다.
> ㄷ. $\dfrac{\text{X에서 ⓐ와 ⓑ가 겹쳐 있는 부분의 길이}}{\text{X의 길이}}$ 는 t_2일 때가 t_1일 때보다 작다.

① ㄱ   ② ㄴ   ③ ㄷ
④ ㄱ, ㄴ   ⑤ ㄴ, ㄷ

기출 수능

08 다음은 골격근의 수축 과정에 대한 자료이다.

> • 그림은 근육 원섬유 마디 X의 구조를 나타낸 것이다. X는 좌우 대칭이다.
>
> 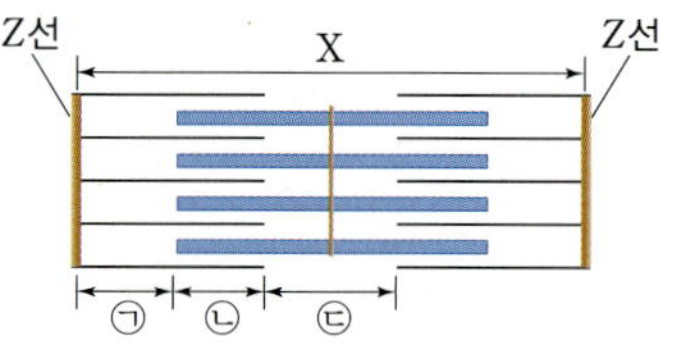
>
> • 구간 ㉠은 액틴 필라멘트만 있는 부분이고, ㉡은 액틴 필라멘트와 마이오신 필라멘트가 겹치는 부분이며, ㉢은 마이오신 필라멘트만 있는 부분이다.
> • 골격근 수축 과정의 시점 t_1일 때 ㉠~㉢의 길이는 순서 없이 ⓐ, $3d$, $10d$이고, 시점 t_2일 때 ㉠~㉢의 길이는 순서 없이 ⓐ, $2d$, $3d$이다. d는 0보다 크다.

이에 대한 설명으로 옳은 것만을 |보기|에서 있는 대로 고른 것은?

> ─┤보기├─
> ㄱ. 근육 원섬유는 근육 섬유로 구성되어 있다.
> ㄴ. H대의 길이는 t_1일 때가 t_2일 때보다 길다.
> ㄷ. t_2일 때 ㉠의 길이는 $2d$이다.

① ㄱ   ② ㄴ   ③ ㄷ
④ ㄱ, ㄴ   ⑤ ㄴ, ㄷ

기출 변형 평가원

09

다음은 근육 원섬유 (가)를 구성하는 근육 원섬유 마디 X에 대한 자료이다.

- 그림은 X의 구조를, 표는 시간이 t_1에서 t_2로 흐를 때 두 시점에서 구간 ⓐ와 ⓑ의 길이를 나타낸 것이다. 구간 ㉠은 액틴 필라멘트와 마이오신 필라멘트가 겹치는 부분이고, ㉡은 마이오신 필라멘트만 있는 부분이며, ㉢은 액틴 필라멘트만 있는 부분이다. ⓐ와 ⓑ는 각각 ㉡과 ㉢ 중 하나이다. X는 좌우 대칭이다.

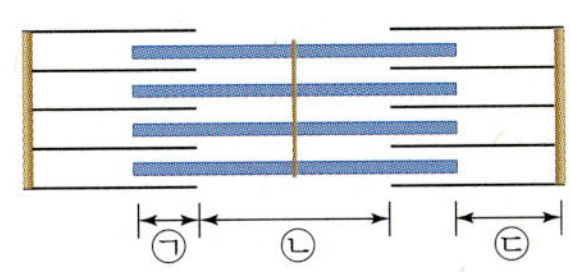

(단위: μm)

구분	ⓐ의 길이	ⓑ의 길이
t_1	1.0	0.6
t_2	0.6	0.4

- $\dfrac{t_2 \text{일 때 X의 길이}}{t_1 \text{일 때 X의 길이}} = \dfrac{y}{x}$ 이다. x와 y는 각각 6과 7 중 하나이다.

이에 대한 설명으로 옳은 것만을 |보기|에서 있는 대로 고른 것은?

─ 보기 ─
ㄱ. 시간이 t_1에서 t_2로 흐를 때 (가)에서 ATP가 소비된다.
ㄴ. t_2일 때 $\dfrac{\text{X의 길이}}{\text{㉠의 길이}} < 5$ 이다.
ㄷ. t_1일 때와 t_2일 때 A대의 길이는 각각 1.6 μm이다.

① ㄱ　　　　② ㄷ　　　　③ ㄱ, ㄴ
④ ㄴ, ㄷ　　　⑤ ㄱ, ㄴ, ㄷ

기출 평가원

10

다음은 골격근의 수축 과정에 대한 자료이다.

- 그림 (가)는 근육 원섬유 마디 X의 구조를, (나)의 ㉠~㉢은 X를 ㉮ 방향으로 잘랐을 때 관찰되는 단면의 모양을 나타낸 것이다. X는 좌우 대칭이다.

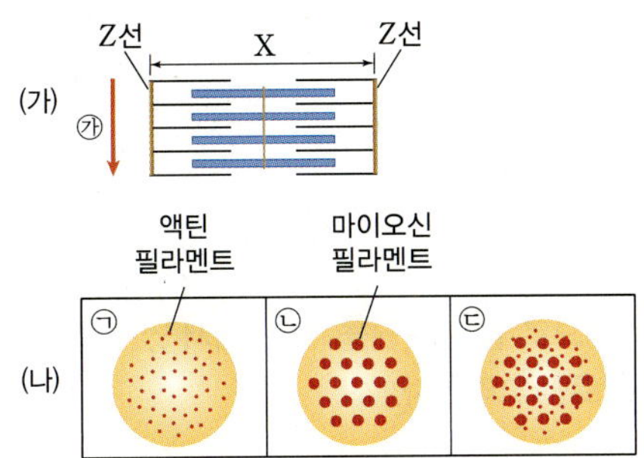

- 표는 골격근 수축 과정의 두 시점 t_1과 t_2일 때 각 시점의 한쪽 Z선으로부터의 거리가 각각 l_1, l_2, l_3인 세 지점에서 관찰되는 단면의 모양을 나타낸 것이다. ⓐ~ⓒ는 ㉠~㉢을 순서 없이 나타낸 것이며, X의 길이는 t_2일 때가 t_1일 때보다 짧다.

거리	단면의 모양	
	t_1	t_2
l_1	ⓐ	ⓑ
l_2	㉡	ⓒ
l_3	ⓑ	?

- $l_1 \sim l_3$은 모두 $\dfrac{t_2 \text{일 때 X의 길이}}{2}$ 보다 작다.

이에 대한 설명으로 옳은 것만을 |보기|에서 있는 대로 고른 것은?

─ 보기 ─
ㄱ. 마이오신 필라멘트의 길이는 t_1일 때가 t_2일 때보다 길다.
ㄴ. ⓐ는 ㉠이다.
ㄷ. $l_3 < l_1$이다.

① ㄱ　　　　② ㄴ　　　　③ ㄷ
④ ㄱ, ㄴ　　　⑤ ㄴ, ㄷ

11 그림 (가)는 단어를 말할 때, (나)는 단어를 볼 때 대뇌의 겉질에서 활성화되는 부위를 나타낸 것이다. 부위 ㉠이 손상되면 시각 장애가 나타날 수 있다. ㉠은 전두엽, 두정엽, 측두엽, 후두엽 중 하나이다.

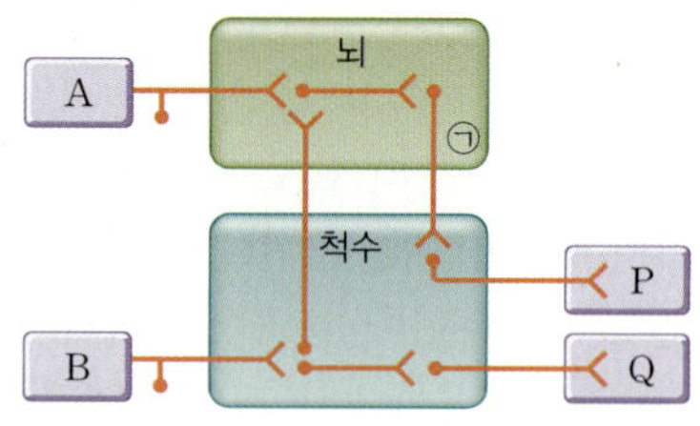

이에 대한 설명으로 옳은 것만을 |보기|에서 있는 대로 고른 것은? (단, 주어진 자료만 고려한다.)

> **보기**
> ㄱ. 후두엽은 ㉠에 해당한다.
> ㄴ. 전두엽에 운동령이 있다.
> ㄷ. 두정엽과 측두엽의 겉질은 모두 백색질이다.

① ㄱ   ② ㄴ   ③ ㄷ
④ ㄱ, ㄴ   ⑤ ㄴ, ㄷ

13 그림은 흥분 전달 경로를, 자료는 자극에 대한 반응 (가)~(다)를 나타낸 것이다. ㉠은 신경이며, (가)~(다)는 각각 그림의 경로 중 하나를 통해 일어난다.

> (가) 주머니에서 동전을 꺼낸다.
> (나) 날아오는 공을 보고 잡는다.
> (다) 주변이 갑자기 밝아져 ⓐ

이에 대한 설명으로 옳은 것만을 |보기|에서 있는 대로 고른 것은? (단, 주어진 경로만 고려한다.)

> **보기**
> ㄱ. (가)와 (나)에 모두 ㉠이 관여한다.
> ㄴ. '동공의 크기가 작아진다.'는 ⓐ에 해당한다.
> ㄷ. B → Q의 경로를 통해 일어나는 반응은 무조건 반사에 해당한다.

① ㄱ   ② ㄷ   ③ ㄱ, ㄴ
④ ㄱ, ㄷ   ⑤ ㄴ, ㄷ

12 기출 교육청

그림 (가)는 중추 신경계의 구조를, (나)는 중추 신경계와 심장이 자율 신경으로 연결된 모습을 나타낸 것이다. A~C는 각각 척수, 연수, 대뇌 중 하나이다.

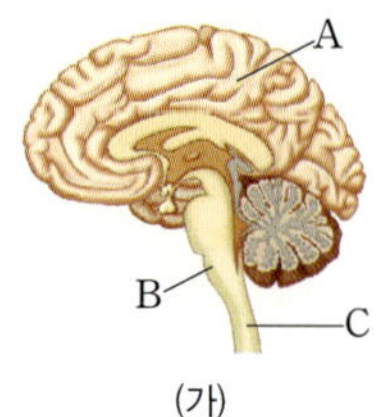
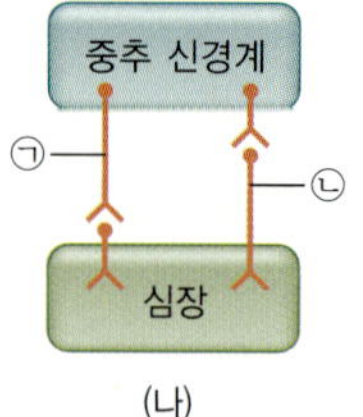

이에 대한 설명으로 옳은 것만을 |보기|에서 있는 대로 고른 것은?

> **보기**
> ㄱ. A의 겉질은 회색질이다.
> ㄴ. ㉠의 신경 세포체는 C에 존재한다.
> ㄷ. ㉡에서 흥분 발생 빈도가 증가하면 심장 박동이 촉진된다.

① ㄱ   ② ㄴ   ③ ㄱ, ㄷ
④ ㄴ, ㄷ   ⑤ ㄱ, ㄴ, ㄷ

14

표는 무의식적인 반응 (가)~(다)를, 그림은 자극에 대한 반응 Ⅰ~Ⅲ을 구분하는 과정을 나타낸 것이다. Ⅰ~Ⅲ은 각각 (가)~(다) 중 하나이다.

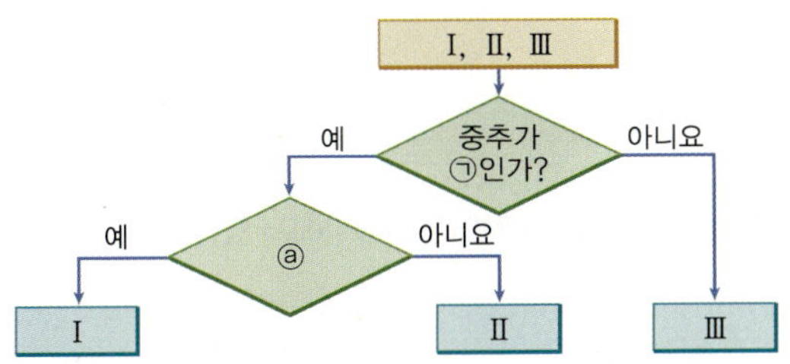

이에 대한 설명으로 옳은 것만을 |보기|에서 있는 대로 고른 것은?

> **보기**
> ㄱ. ㉠은 척수이다.
> ㄴ. '교감 신경이 관여하는가?'는 ⓐ에 해당한다.
> ㄷ. Ⅲ에 관여하는 원심성 신경은 골격근으로 아세틸콜린을 분비한다.

① ㄱ   ② ㄴ   ③ ㄱ, ㄴ
④ ㄱ, ㄷ   ⑤ ㄴ, ㄷ

15

표 (가)는 사람의 중추 신경계를 구성하는 부위 A~D에서 특징 ㉠~㉢의 유무를, (나)는 ㉠~㉢ 중 2가지를 순서 없이 나타낸 것이다. A~D는 척수, 연수, 대뇌, 중간뇌를 순서 없이 나타낸 것이고, A는 겉질이 회색질이다.

구분	㉠	㉡	㉢
A	○	×	?
B	○	?	×
C	?	?	×
D	×	○	?

(○: 있음, ×: 없음)

(가)

특징
• 무릎 반사의 중추이다.
• 부교감 신경이 나온다.

(나)

이에 대한 설명으로 옳은 것만을 |보기|에서 있는 대로 고른 것은?

> **보기**
> ㄱ. '무릎 반사의 중추이다.'는 ㉢이다.
> ㄴ. B에서 심장과 연결된 교감 신경이 나온다.
> ㄷ. '무의식적인 반사의 중추이다.'는 ㉠~㉢ 중 (나)에서 빠진 특징에 해당한다.

① ㄱ   ② ㄴ   ③ ㄷ
④ ㄱ, ㄴ   ⑤ ㄴ, ㄷ

16

그림 (가)는 심장 박동을 조절하는 자율 신경 A와 B 중 A를 자극했을 때 심장 세포에서 활동 전위가 발생하는 빈도의 변화를, (나)는 물질 ㉠의 주사량에 따른 심장 박동 수를 나타낸 것이다. ㉠은 심장 세포에서의 활동 전위 발생 빈도를 변화시키는 물질이며, A와 B는 교감 신경과 부교감 신경을 순서 없이 나타낸 것이다.

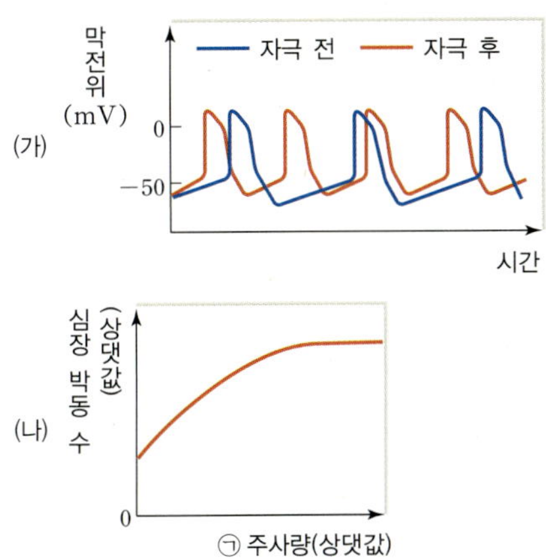

이에 대한 설명으로 옳은 것만을 |보기|에서 있는 대로 고른 것은?

> **보기**
> ㄱ. A의 신경절 이후 뉴런의 축삭 돌기 말단에서 분비되는 신경 전달 물질은 아세틸콜린이다.
> ㄴ. ㉠이 작용하면 심장 세포에서의 활동 전위 발생 빈도가 감소한다.
> ㄷ. A와 B는 심장 박동 조절에 길항적으로 작용한다.

① ㄱ   ② ㄴ   ③ ㄷ
④ ㄱ, ㄷ   ⑤ ㄴ, ㄷ

정답과 해설 p.090

17 그림은 원심성 신경 A~C를, 표는 신경 ㉠~㉢에 연결된 기관과 ㉠~㉢의 흥분으로 각 기관에서 일어나는 반응을 나타낸 것이다. A와 B 중 하나는 중간뇌에서 나오며, ㉠~㉢은 A~C를 순서 없이 나타낸 것이다. ⓐ와 ⓑ 중 하나에 신경절이 있다.

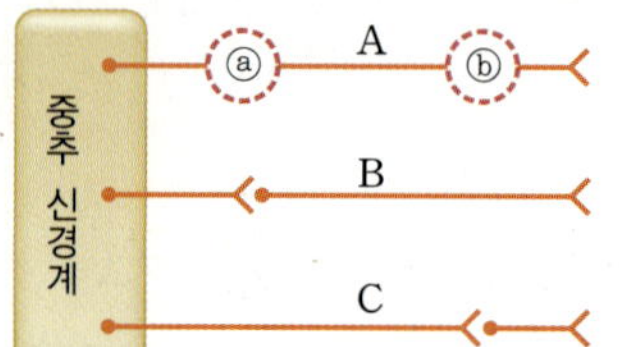

신경	기관	반응
㉠	눈	?
㉡	심장	?
㉢	방광	수축 촉진

이에 대한 설명으로 옳은 것만을 |보기|에서 있는 대로 고른 것은?

> **보기**
> ㄱ. ⓐ와 ⓑ 중 ⓐ에서 아세틸콜린이 분비된다.
> ㄴ. ㉡이 흥분하면 심장 박동이 촉진된다.
> ㄷ. B와 C의 신경절 이전 뉴런의 신경 세포체는 모두 척수의 속질에 있다.

① ㄱ ② ㄴ ③ ㄱ, ㄴ
④ ㄱ, ㄷ ⑤ ㄴ, ㄷ

18 표 (가)는 원심성 신경 Ⅰ~Ⅲ이 흥분해 일어나는 반응을, (나)는 신경 ㉠~㉢에서 특징 A~C의 유무를 나타낸 것이다. ㉠~㉢은 Ⅰ~Ⅲ을 순서 없이 나타낸 것이며, '신경절이 있다.'와 '신경 세포체가 연수에 있다.'는 각각 A~C 중 하나이다. ⓐ와 ⓑ는 'ㅇ'와 '×'를 순서 없이 나타낸 것이다.

구분	반응
Ⅰ	침 분비가 억제됨
Ⅱ	무릎 반사가 일어남
Ⅲ	?

(가)

구분	A	B	C
㉠	○	ⓐ	?
㉡	?	ⓑ	○
㉢	○	○	×

(○: 있음, ×: 없음)

(나)

이에 대한 설명으로 옳은 것만을 |보기|에서 있는 대로 고른 것은?

> **보기**
> ㄱ. '신경절이 있다.'는 B이다.
> ㄴ. ㉢은 신경절 이전 뉴런의 신경 세포체가 척수에 있다.
> ㄷ. '동공이 축소됨'은 Ⅲ에 의해 흥분이 전달되어 일어나는 반응에 해당한다.

① ㄱ ② ㄴ ③ ㄱ, ㄴ
④ ㄱ, ㄷ ⑤ ㄴ, ㄷ

19 그림은 사람의 중추 신경계를 구성하는 부위 (가)로부터 말초 신경을 통해 반응기 Ⅰ~Ⅲ에 연결된 경로를, 표는 반응 ㉠과 ㉡을 나타낸 것이다. (가)는 뇌와 척수 중 하나이고, Ⅰ~Ⅲ은 심장, 방광, 골격근을 순서 없이 나타낸 것이다. 뉴런 ⓐ~ⓒ 중 하나가 흥분하면 ㉠과 ㉡ 중 하나가 일어난다.

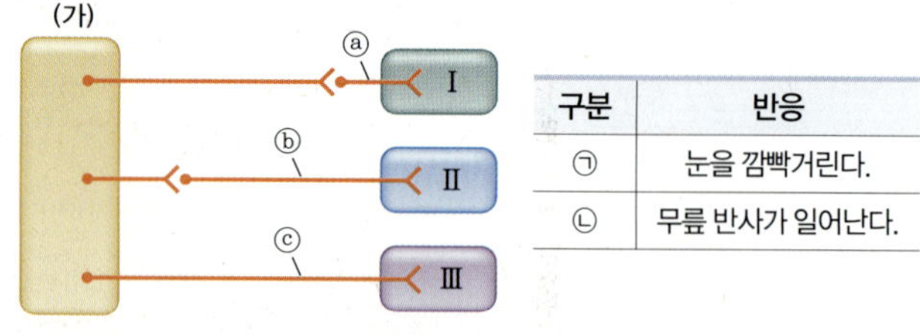

구분	반응
㉠	눈을 깜빡거린다.
㉡	무릎 반사가 일어난다.

이에 대한 설명으로 옳은 것만을 |보기|에서 있는 대로 고른 것은?

> **보기**
> ㄱ. Ⅰ은 방광이다.
> ㄴ. ⓒ가 흥분하면 ㉠이 일어난다.
> ㄷ. ⓐ~ⓒ 중 ⓑ의 말단에서만 반응기로 노르에피네프린이 분비된다.

① ㄱ ② ㄷ ③ ㄱ, ㄴ
④ ㄱ, ㄷ ⑤ ㄴ, ㄷ

20 그림 (가)는 동공의 크기 조절에 관여하는 말초 신경이 중추 신경계에 연결된 경로를, (나)는 무릎 반사에 관여하는 말초 신경이 중추 신경계에 연결된 경로를 나타낸 것이다.

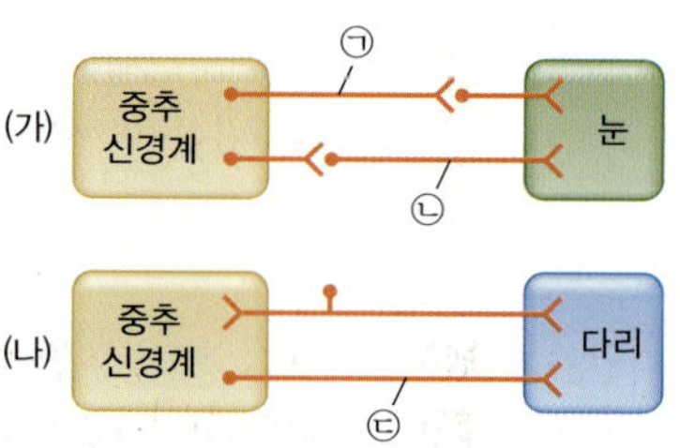

이에 대한 설명으로 옳은 것만을 |보기|에서 있는 대로 고른 것은?

> **보기**
> ㄱ. ㉠~㉢은 모두 자율 신경계에 속한다.
> ㄴ. ㉠과 ㉡의 말단에서 분비되는 신경 전달 물질은 같다.
> ㄷ. 무릎 반사의 중추는 척수이다.

① ㄱ ② ㄷ ③ ㄱ, ㄴ
④ ㄴ, ㄷ ⑤ ㄱ, ㄴ, ㄷ

수능 빈출 자료 MASTER

1 체온 조절

정답과 해설 p.094

[기출 패턴] 신경계와 호르몬의 작용으로 체온이 조절되는 과정을 파악할 수 있어야 한다.

[배경 지식] (1) 추울 때에는 체온을 높이기 위해 체내 열 발생량을 증가시키고, 열 발산량을 감소시킨다.
(2) 더울 때에는 체온을 낮추기 위해 체내 열 발생량을 감소시키고, 열 발산량을 증가시킨다.
(3) 물질대사가 촉진되면 체내 열 발생량이 증가하고, 교감 신경의 작용이 강화되어 피부 근처 혈관이 수축하면 열 발산량이 감소한다.

자료 1 평가원 기출

그림 (가)는 사람에서 시상 하부 온도에 따른 ㉠을, (나)는 저온 자극이 주어졌을 때, 시상 하부로부터 교감 신경 A를 통해 피부 근처 혈관의 수축이 일어나는 과정을 나타낸 것이다. ㉠은 근육에서의 열 발생량(열 생산량)과 피부에서의 열 발산량(열 방출량) 중 하나이다.

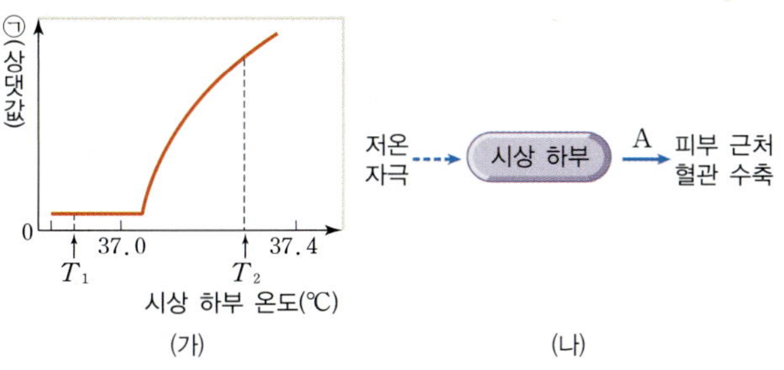

● 다음 설명 중 옳은 것은 ○표, 옳지 않은 것은 ×표 하시오.

1 ㉠은 피부에서의 열 발산량이다. ○ / ×
2 A는 신경절 이전 뉴런의 신경 세포체가 시상 하부에 있다. ○ / ×
3 A의 신경절 이후 뉴런의 축삭 돌기 말단에서 분비되는 신경 전달 물질은 아세틸콜린이다. ○ / ×
4 피부 근처 혈관으로 흐르는 단위 시간당 혈액량은 T_2일 때가 T_1일 때보다 많다. ○ / ×
5 A에서의 활동 전위 발생 빈도는 T_1일 때가 T_2일 때보다 높다. ○ / ×
6 사람의 체온 조절 중추는 간뇌에 있다. ○ / ×

자료 2 교육청 기출

그림은 어떤 사람에게 저온 자극이 주어졌을 때 일어나는 체온 조절 과정의 일부를 나타낸 것이다.

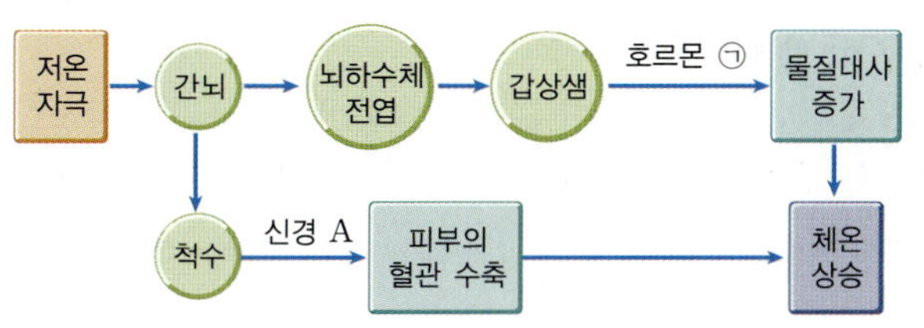

● 다음 설명 중 옳은 것은 ○표, 옳지 않은 것은 ×표 하시오.

1 ㉠은 티록신이다. ○ / ×
2 A는 원심성 신경이다. ○ / ×
3 피부의 혈관 수축으로 열 발산량이 증가한다. ○ / ×
4 혈중 ㉠의 농도가 높아지면 체내 열 발생량이 감소한다. ○ / ×
5 A의 작용이 강화되면 피부 근처를 흐르는 혈액의 양이 감소한다. ○ / ×
6 뇌하수체 전엽은 체온 조절의 중추이다. ○ / ×

2 삼투압 조절

정답과 해설 p.094

[기출 패턴] 항이뇨 호르몬의 작용으로 혈장 삼투압이 조절되는 과정을 파악할 수 있어야 한다.

[배경 지식] (1) 항이뇨 호르몬은 콩팥에서 물의 재흡수를 촉진해 오줌으로 배설되는 물의 양을 감소시킨다.

(2) 혈장 삼투압이 높을 때 항이뇨 호르몬의 분비가 촉진된다.

(3) 혈중 항이뇨 호르몬의 농도가 높아지면 혈장 삼투압은 감소하고, 혈액량(혈압)과 오줌의 삼투압은 증가한다.

자료 1 수능 기출

그림 (가)와 (나)는 정상인에서 ㉠의 변화량에 따른 혈중 항이뇨 호르몬(ADH) 농도와 갈증을 느끼는 정도를 각각 나타낸 것이다. ㉠은 혈장 삼투압과 전체 혈액량 중 하나이다. (단, 제시된 자료 이외에 체내 수분량에 영향을 미치는 요인은 없다.)

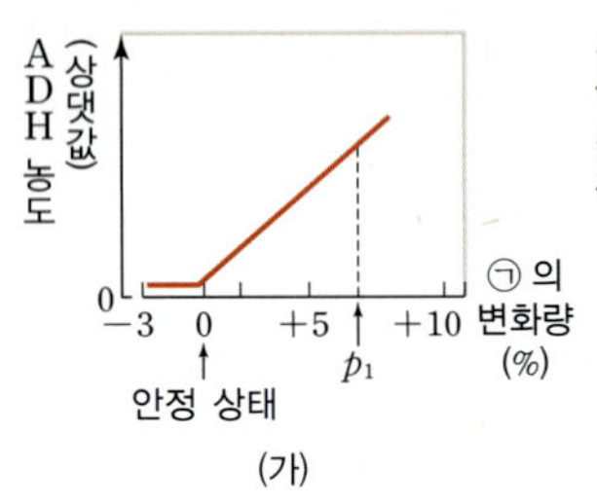
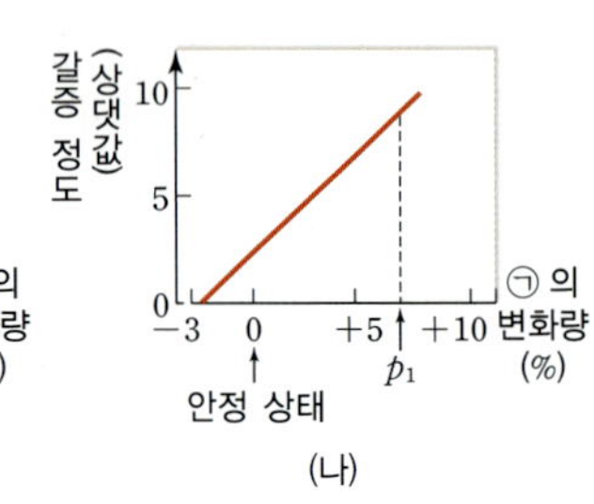

● 다음 설명 중 옳은 것은 ○표, 옳지 않은 것은 ×표 하시오.

1 ㉠은 혈장 삼투압이다. ○ / ×

2 생성되는 오줌의 삼투압은 안정 상태일 때가 p_1일 때보다 높다. ○ / ×

3 갈증을 느끼는 정도는 안정 상태일 때가 p_1일 때보다 크다. ○ / ×

4 단위 시간당 오줌 생성량은 안정 상태일 때가 p_1일 때보다 많다. ○ / ×

5 p_1일 때 물을 마시면 혈중 ADH 농도가 증가한다. ○ / ×

자료 2 평가원 기출

그림은 정상인의 혈중 항이뇨 호르몬(ADH) 농도에 따른 ㉠을 나타낸 것이다. ㉠은 오줌 삼투압과 단위 시간당 오줌 생성량 중 하나이다. (단, 제시된 자료 이외에 체내 수분량에 영향을 미치는 요인은 없다.)

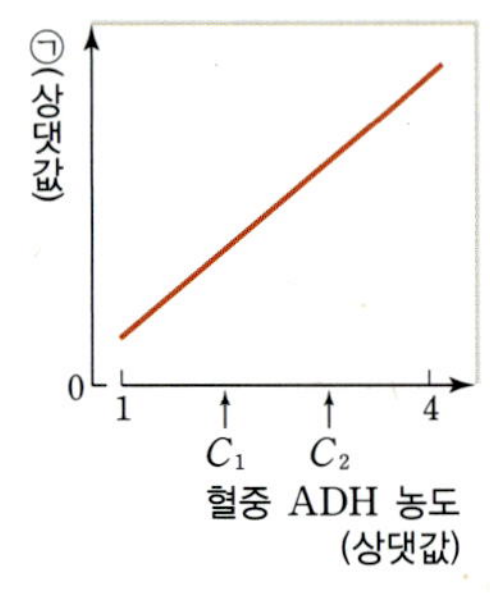

● 다음 설명 중 옳은 것은 ○표, 옳지 않은 것은 ×표 하시오.

1 ADH는 뇌하수체 후엽에서 분비된다. ○ / ×

2 혈중 ADH의 농도를 조절하는 중추는 시상 하부이다. ○ / ×

3 ㉠은 단위 시간당 오줌 생성량이다. ○ / ×

4 콩팥에서의 단위 시간당 물의 재흡수량은 C_1일 때가 C_2일 때보다 많다. ○ / ×

5 C_1일 때 땀을 많이 흘리면 혈중 ADH 농도는 감소한다. ○ / ×

6 ㉠이 증가하면 혈장 삼투압이 높아진다. ○ / ×

수능 대비 문제

01 그림은 사람의 호르몬 A~C가 분비되는 경로를 나타낸 것이다. (가)와 (나)는 각각 부신과 뇌하수체 중 하나이고, A~C는 각각 에피네프린, 항이뇨 호르몬, 당질 코르티코이드 중 하나이다.

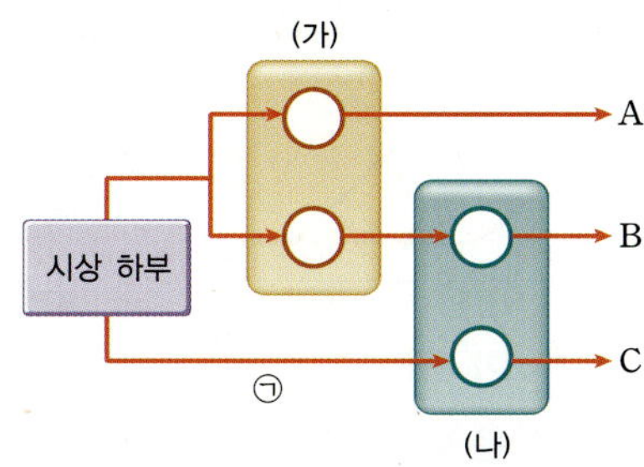

이에 대한 설명으로 옳은 것만을 |보기|에서 있는 대로 고른 것은?

보기
ㄱ. (가)에서 생장 호르몬이 분비된다.
ㄴ. B와 C는 모두 혈당량을 증가시킨다.
ㄷ. ㉠은 부신 겉질 자극 호르몬(ACTH)에 의해 일어난다.

① ㄱ　　　　② ㄴ　　　　③ ㄷ
④ ㄱ, ㄴ　　　⑤ ㄴ, ㄷ

기출 변형 수능

02 그림은 당뇨병 환자 Ⅰ이 탄수화물을 섭취한 후 인슐린을 주사하였을 때 시간에 따른 혈중 포도당 농도를, 표는 환자 Ⅰ과 Ⅱ의 당뇨병 원인을 나타낸 것이다.

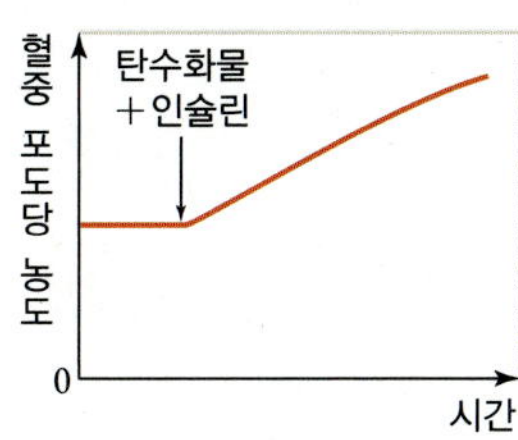

환자	당뇨병 원인
Ⅰ	㉠이 인슐린에 반응하지 못함
Ⅱ	㉡이 파괴되어 인슐린을 생성하지 못함

이에 대한 설명으로 옳은 것만을 |보기|에서 있는 대로 고른 것은? (단, 주어진 자료만 고려한다.)

보기
ㄱ. 인슐린의 표적 세포는 ㉠에 해당한다.
ㄴ. 이자의 α세포는 ㉡에 해당한다.
ㄷ. 정상인에서 혈당량이 감소하면 인슐린의 분비가 촉진된다.

① ㄱ　　　　② ㄴ　　　　③ ㄷ
④ ㄱ, ㄴ　　　⑤ ㄴ, ㄷ

기출 수능

03 다음은 티록신의 분비 조절 과정에 대한 실험이다.

- ㉠과 ㉡은 각각 티록신과 TSH 중 하나이다.

[실험 과정 및 결과]
(가) 유전적으로 동일한 생쥐 A, B, C를 준비한다.
(나) B와 C의 갑상샘을 각각 제거한 후, A~C에서 혈중 ㉠의 농도를 측정한다.
(다) (나)의 B와 C 중 한 생쥐에만 ㉠을 주사한 후, A~C에서 혈중 ㉡의 농도를 측정한다.
(라) (나)와 (다)에서 측정한 결과는 그림과 같다.

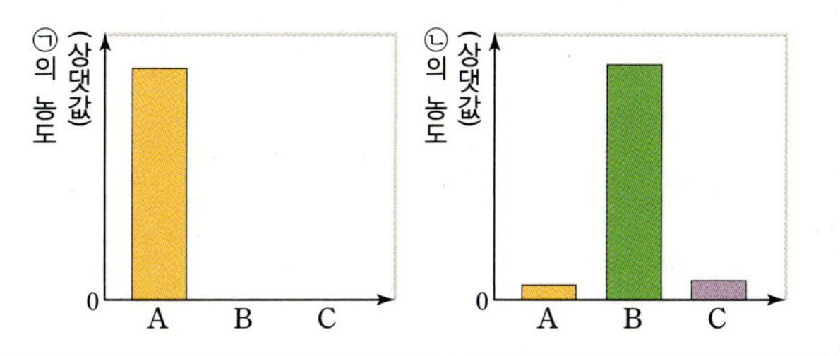

이에 대한 설명으로 옳은 것만을 |보기|에서 있는 대로 고른 것은? (단, 제시된 조건 이외는 고려하지 않는다.)

보기
ㄱ. 갑상샘은 ㉡의 표적 기관이다.
ㄴ. (다)에서 ㉠을 주사한 생쥐는 B이다.
ㄷ. 티록신의 분비는 음성 피드백에 의해 조절된다.

① ㄱ　　　　② ㄴ　　　　③ ㄱ, ㄷ
④ ㄴ, ㄷ　　　⑤ ㄱ, ㄴ, ㄷ

04

그림 (가)는 이자에서 혈당량에 따른 호르몬 A와 B의 분비 속도를, (나)는 A와 B 중 하나에 의해 촉진되는 과정을 나타낸 것이다. A와 B는 인슐린과 글루카곤 중 하나이다.

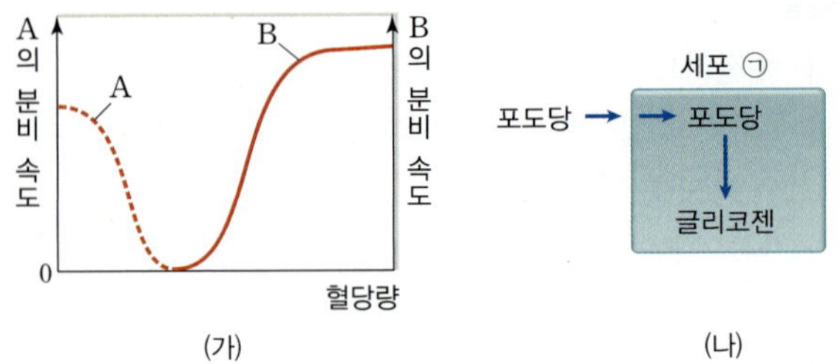

이에 대한 설명으로 옳은 것만을 |보기|에서 있는 대로 고른 것은?

> **보기**
> ㄱ. (나)는 A에 의해 촉진되는 과정이다.
> ㄴ. 세포 ㉠에는 B와 결합하는 수용체가 있다.
> ㄷ. 식사 후에는 혈중 $\dfrac{\text{B의 농도}}{\text{A의 농도}}$ 가 커진다.

① ㄱ　　　　② ㄷ　　　　③ ㄱ, ㄴ
④ ㄱ, ㄷ　　　⑤ ㄴ, ㄷ

06

그림 (가)는 주위 온도가 각각 5 °C와 35 °C일 때 체온 조절 중추 X의 온도에 따른 체내 열 발생량을, (나)는 체온 조절 시 일어나는 어떤 과정을 나타낸 것이다.

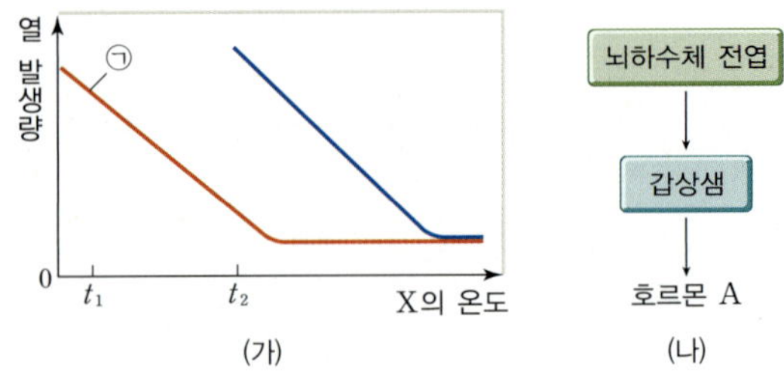

이에 대한 설명으로 옳은 것만을 |보기|에서 있는 대로 고른 것은?

> **보기**
> ㄱ. X는 뇌하수체 전엽이다.
> ㄴ. ㉠은 주위 온도가 35 °C일 때이다.
> ㄷ. 호르몬 A의 분비량은 t_2일 때가 t_1일 때보다 적다.

① ㄱ　　　　② ㄷ　　　　③ ㄱ, ㄴ
④ ㄴ, ㄷ　　　⑤ ㄱ, ㄴ, ㄷ

기출 변형 **교육청**

05

표는 사람의 호르몬 A와 B의 분비 경로를, 그림은 운동 시작 후 이자에서 호르몬 ㉠과 ㉡의 분비량 변화를 나타낸 것이다. A와 B는 각각 에피네프린과 당질 코르티코이드 중 하나이며, ㉠과 ㉡은 각각 인슐린과 글루카곤 중 하나이다.

호르몬	분비 경로
A	중추 → ⓐ내분비샘 → 부신
B	중추 → 말초 신경 → 부신

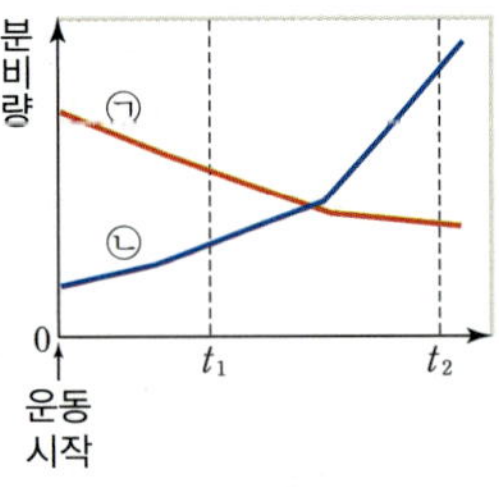

이에 대한 설명으로 옳은 것만을 |보기|에서 있는 대로 고른 것은?

> **보기**
> ㄱ. ⓐ는 뇌하수체 전엽이다.
> ㄴ. 혈당량 조절을 위해 간에서 B와 ㉡은 길항 작용을 한다.
> ㄷ. 간에 저장된 글리코젠의 양은 t_2일 때가 t_1일 때보다 많다.

① ㄱ　　　　② ㄷ　　　　③ ㄱ, ㄴ
④ ㄱ, ㄷ　　　⑤ ㄴ, ㄷ

07

그림 (가)는 피부 온도가 서로 다른 조건 A와 B에서 부위 X의 온도에 따른 열 발산량을, (나)는 X에 의해 호르몬 ㉠과 ㉡이 분비되는 경로를 나타낸 것이다. ㉠과 ㉡은 각각 티록신과 에피네프린 중 하나이다.

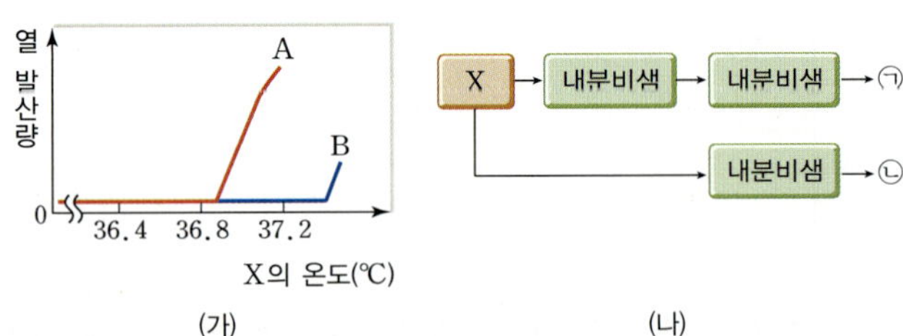

이에 대한 설명으로 옳은 것만을 |보기|에서 있는 대로 고른 것은?

> **보기**
> ㄱ. X는 체온 조절 중추이다.
> ㄴ. 피부 온도는 B에서가 A에서보다 낮다.
> ㄷ. X의 온도가 37 °C일 때 A와 B 중 ㉠의 분비량은 A에서 많다.

① ㄱ　　　　② ㄷ　　　　③ ㄱ, ㄴ
④ ㄱ, ㄷ　　　⑤ ㄴ, ㄷ

08

그림은 정상인이 온도 T_1과 T_2에 각각 노출되었을 때, 피부 혈관의 일부를 나타낸 것이다. T_1과 T_2는 각각 20 °C와 40 °C 중 하나이고, T_1과 T_2 중 하나의 온도에 노출되었을 때만 골격근의 떨림이 발생하였다.

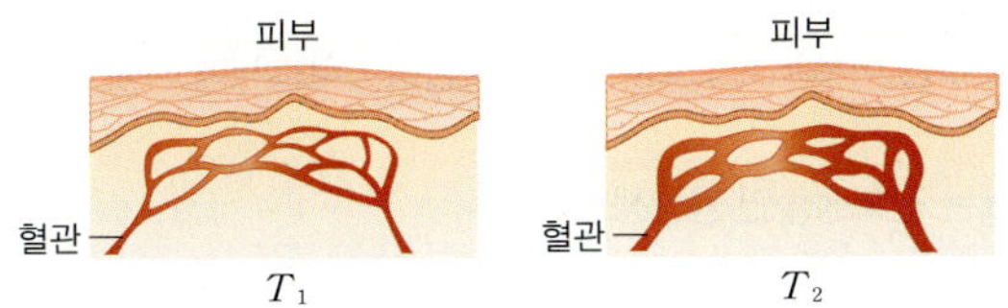

이에 대한 설명으로 옳은 것만을 |보기|에서 있는 대로 고른 것은?

> ─○ 보기 ○─
> ㄱ. T_1은 40 °C이다.
> ㄴ. 골격근의 떨림이 발생한 온도는 T_2이다.
> ㄷ. 피부 혈관이 수축하는 데 교감 신경이 관여한다.

① ㄴ ② ㄷ ③ ㄱ, ㄴ
④ ㄱ, ㄷ ⑤ ㄴ, ㄷ

09

그림 (가)는 호르몬 A의 분비와 작용을, (나)는 혈중 A의 농도에 따른 ⓛ의 삼투압에 대한 ㉠의 삼투압 비를 나타낸 것이다. ㉠과 ⓛ은 각각 혈장과 오줌 중 하나이다.

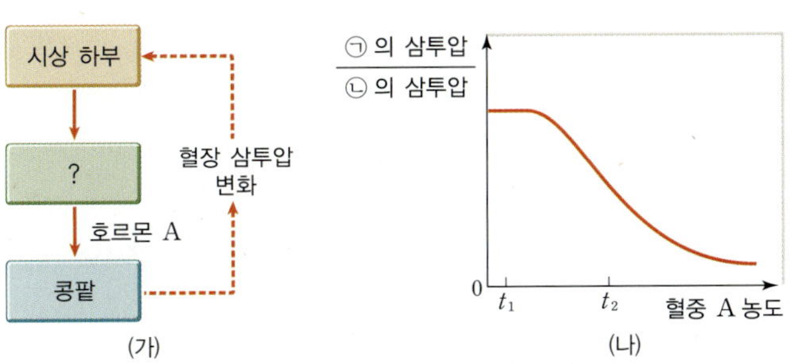

이에 대한 설명으로 옳은 것만을 |보기|에서 있는 대로 고른 것은?

> ─○ 보기 ○─
> ㄱ. ㉠은 혈장이다.
> ㄴ. A는 뇌하수체 후엽에서 분비된다.
> ㄷ. 단위 시간당 오줌 생성량은 t_2일 때가 t_1일 때보다 많다.

① ㄱ ② ㄷ ③ ㄱ, ㄴ
④ ㄴ, ㄷ ⑤ ㄱ, ㄴ, ㄷ

10

그림은 3가지 조건에서 압력 X에 따른 혈중 호르몬 A의 농도를 나타낸 것이다. A는 뇌하수체 후엽에서 분비되어 혈장 삼투압을 조절하며, ㉠과 ⓛ은 각각 혈액량이 정상 상태보다 많은 조건과 적은 조건 중 하나이다.

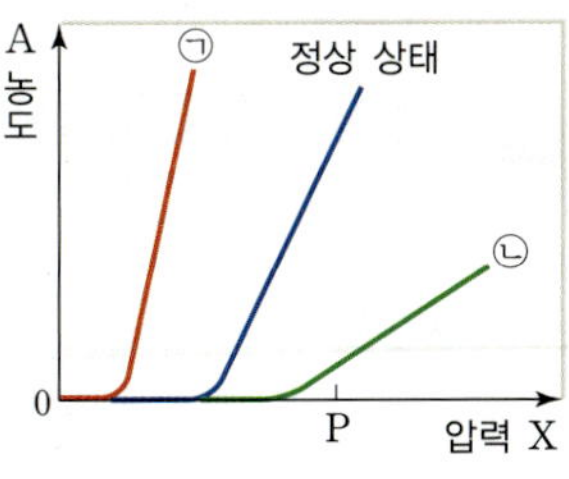

이에 대한 설명으로 옳은 것만을 |보기|에서 있는 대로 고른 것은? (단, 주어진 자료만 고려한다.)

> ─○ 보기 ○─
> ㄱ. 혈압은 X에 해당한다.
> ㄴ. ㉠은 정상 상태보다 혈액량이 많은 조건이다.
> ㄷ. P일 때 오줌의 삼투압은 정상 상태보다 ⓛ에서 낮다.

① ㄱ ② ㄴ ③ ㄷ
④ ㄱ, ㄴ ⑤ ㄴ, ㄷ

11

그림은 정상인의 ㉠의 변화량에 따른 혈중 ADH(항이뇨 호르몬) 농도를, 표는 안정 상태에 비해 ㉠과 ⓛ이 다른 4가지 조건 ⓐ~ⓓ를 나타낸 것이다. ㉠과 ⓛ은 혈액량과 혈장 삼투압을 순서 없이 나타낸 것이다.

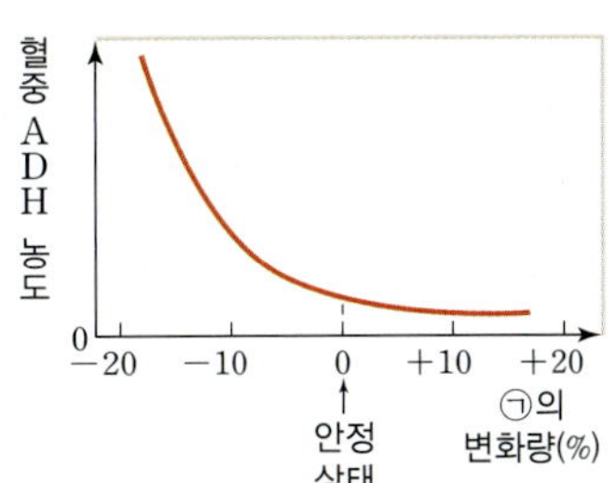

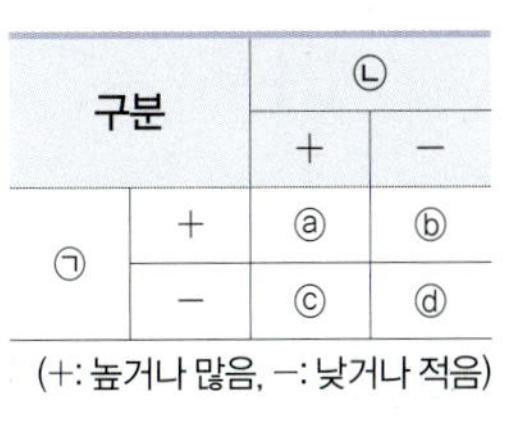

구분		ⓛ	
		+	−
㉠	+	ⓐ	ⓑ
	−	ⓒ	ⓓ

(+: 높거나 많음, −: 낮거나 적음)

이에 대한 설명으로 옳은 것만을 |보기|에서 있는 대로 고른 것은? (단, 주어진 자료만 고려한다.)

> ─○ 보기 ○─
> ㄱ. ㉠은 혈장 삼투압이다.
> ㄴ. 오줌의 삼투압은 ⓑ일 때가 ⓓ일 때보다 낮다.
> ㄷ. 혈중 ADH 농도는 ⓒ일 때가 ⓑ일 때보다 낮다.

① ㄱ ② ㄴ ③ ㄷ
④ ㄱ, ㄴ ⑤ ㄴ, ㄷ

1 병원체의 종류와 특징

[기출 패턴] 대표적인 감염성 질병과 각 질병의 병원체가 갖는 특징을 파악해야 한다.

[배경 지식] (1) 결핵, 탄저병의 병원체인 세균은 세포로 이루어진 생명체이며, 일부는 항생제에 의해 제거될 수 있다.

(2) 독감, 홍역의 병원체인 바이러스는 독립적으로 물질대사를 하지 못하는 비세포 구조이며, 일부는 항바이러스제에 의해 제거될 수 있다.

(3) 무좀의 병원체는 진핵생물인 균류(곰팡이)이고, 말라리아의 병원체는 진핵생물인 원생생물이다.

자료 1 수능 기출

표 (가)는 사람의 5가지 질병을 A~C로 구분하여 나타낸 것이고, (나)는 병원체의 3가지 특징을 나타낸 것이다.

구분	질병
A	말라리아
B	독감, 홍역
C	결핵, 탄저병

(가)

특징
• 유전 물질을 갖는다.
• 세포 구조로 되어 있다.
• 독립적으로 물질대사를 한다.

(나)

● 다음 설명 중 옳은 것은 ○표, 옳지 않은 것은 ×표 하시오.

1 말라리아의 병원체는 곰팡이다. ○ / ×

2 독감의 병원체는 세포 구조로 되어 있다. ○ / ×

3 A의 병원체는 (나)의 특징 중 2가지만 갖는다. ○ / ×

4 B의 병원체는 핵산과 단백질을 갖는다. ○ / ×

5 B의 치료에 항생제가 사용된다. ○ / ×

6 C의 병원체는 (나)의 특징을 모두 갖는다. ○ / ×

7 C의 병원체는 단세포 원핵생물이다. ○ / ×

자료 2 평가원 기출

표 (가)는 병원체의 3가지 특징을, (나)는 (가)의 특징 중 사람의 질병 A~C의 병원체가 갖는 특징의 개수를 나타낸 것이다. A~C는 독감, 무좀, 말라리아를 순서 없이 나타낸 것이다.

특징
• 독립적으로 물질대사를 한다.
• ㉠단백질을 갖는다.
• 곰팡이에 속한다.

(가)

질병	병원체가 갖는 특징의 개수
A	3
B	?
C	2

(나)

● 다음 설명 중 옳은 것은 ○표, 옳지 않은 것은 ×표 하시오.

1 A는 무좀이다. ○ / ×

2 A의 병원체는 핵을 갖는다. ○ / ×

3 (가)의 특징 중 B의 병원체가 갖는 특징의 개수는 1이다.
○ / ×

4 B의 병원체는 특징 ㉠을 갖는다. ○ / ×

5 B의 병원체는 세포 분열을 통해 증식한다. ○ / ×

6 C는 모기를 매개로 전염된다. ○ / ×

7 C의 병원체는 독립적으로 물질대사를 한다. ○ / ×

8 A~C의 병원체는 모두 핵산을 갖는다. ○ / ×

2 체액성 면역 반응

정답과 해설 p.096

[기출 패턴] 보조 T 림프구와 B 림프구의 작용으로 일어나는 1차 면역 반응 과정과 함께 2차 면역 반응의 특징을 파악해야 한다.

[배경 지식] (1) 1차 면역 반응에서는 보조 T 림프구가 B 림프구를 활성화시키면 B 림프구가 형질 세포와 기억 세포로 분화된다.
(2) 형질 세포는 항체를 생성하며, 기억 세포는 항원의 특성을 기억한다.
(3) 2차 면역 반응에서는 기억 세포가 항원을 인식한 후 형질 세포로 분화되며, 1차 면역 반응에서보다 빠르게 많은 양의 항체가 생성된다.

자료 1 교육청 기출

그림 (가)는 어떤 생쥐에 항원 A를 1차로 주사하였을 때 일어나는 면역 반응의 일부를, (나)는 A를 주사하였을 때 이 생쥐에서 생성되는 A에 대한 혈중 항체의 농도 변화를 나타낸 것이다. ㉠~㉢은 기억 세포, 형질 세포, 보조 T 림프구를 순서 없이 나타낸 것이다.

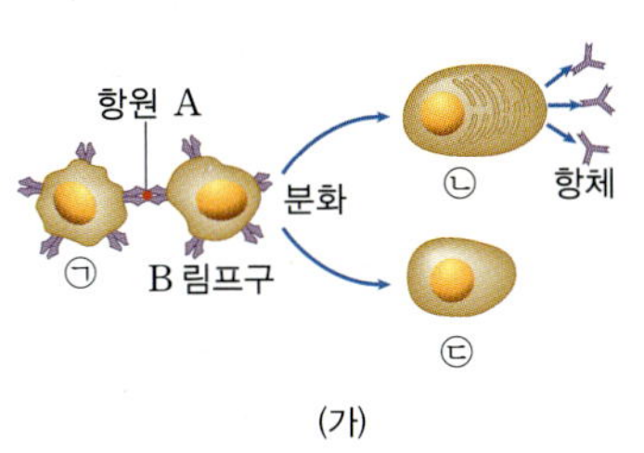

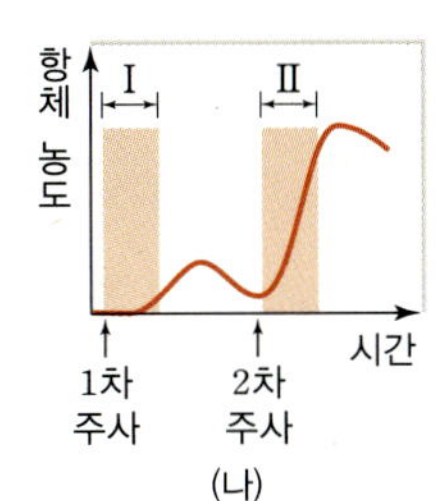

● 다음 설명 중 옳은 것은 ○표, 옳지 <u>않은</u> 것은 ×표 하시오.

1 ㉠은 보조 T 림프구이다. ○ / ×
2 ㉠은 골수에서 최종 성숙된다. ○ / ×
3 구간 Ⅰ에서 ㉢이 형성된다. ○ / ×
4 구간 Ⅱ에서 ㉢이 ㉢으로 분화된다. ○ / ×
5 구간 Ⅰ에서 B 림프구로부터 ㉢이 분화된다. ○ / ×
6 구간 Ⅱ에서 1차 면역 반응이 일어난다. ○ / ×
7 Ⅰ과 Ⅱ에서 모두 항원 항체 반응이 일어난다. ○ / ×
8 Ⅱ에서 ㉢이 항원을 인식한 후 증식한다. ○ / ×

자료 2 평가원 기출

그림 (가)와 (나)는 사람의 면역 반응을 나타낸 것이다. (가)와 (나)는 각각 세포성 면역과 체액성 면역 중 하나이며, ㉠~㉢은 기억 세포, 세포독성 T림프구, B 림프구를 순서 없이 나타낸 것이다.

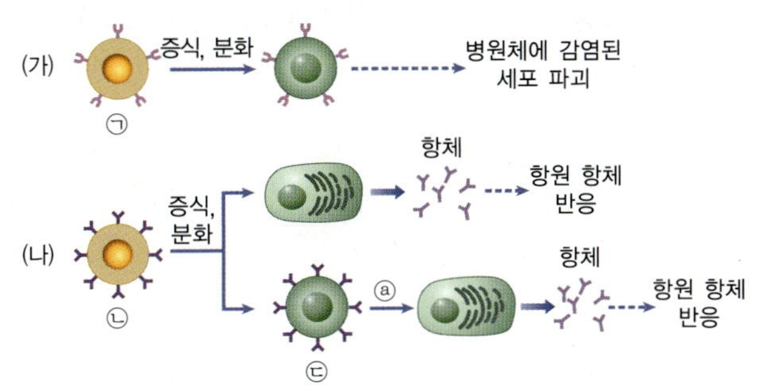

● 다음 설명 중 옳은 것은 ○표, 옳지 <u>않은</u> 것은 ×표 하시오.

1 (가)는 체액성 면역이다. ○ / ×
2 (나)는 비특이적 방어 작용이다. ○ / ×
3 보조 T 림프구는 ㉢에서 ㉢으로의 분화를 촉진한다. ○ / ×
4 2차 면역 반응에서 과정 ⓐ가 일어난다. ○ / ×
5 ㉢은 골수에서 최종 성숙된다. ○ / ×
6 (나)에서 항체는 특정 항원과 결합하는 특이성을 갖는다. ○ / ×

01 표는 사람의 질병을 (가)와 (나)로 구분하여 나타낸 것이다.

구분	질병
(가)	⊙결핵, ⓒ말라리아
(나)	ⓒ백색증(알비노증), ⓔ페닐케톤뇨증

이에 대한 설명으로 옳은 것만을 |보기|에서 있는 대로 고른 것은?

> **보기**
> ㄱ. ⊙은 항생제에 의해 제거되는 병원체에 의해 나타난다.
> ㄴ. ⓒ은 세포 분열을 하지 않는 병원체에 의해 나타난다.
> ㄷ. ⓒ과 ⓔ은 모두 특정 유전자의 돌연변이에 의해 나타난다.

① ㄱ ② ㄴ ③ ㄱ, ㄷ
④ ㄴ, ㄷ ⑤ ㄱ, ㄴ, ㄷ

02 표는 사람의 질병 ⊙~ⓒ의 특징을, 그림은 병원체 X를 나타낸 것이다. ⊙~ⓒ은 독감, 홍역, 혈우병을 순서 없이 나타낸 것이다.

- ⊙과 ⓒ은 모두 백신으로 예방된다.
- ⓒ과 ⓒ 중 하나만 DNA를 가진 병원체에 의해 나타난다.

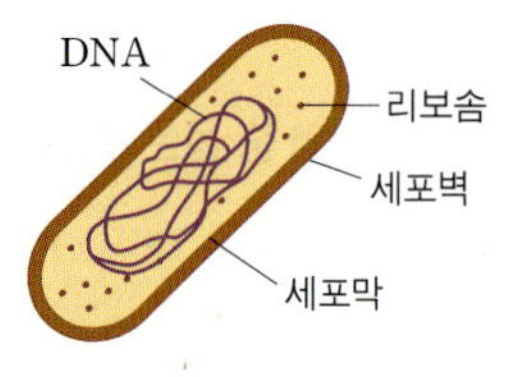

이에 대한 설명으로 옳은 것만을 |보기|에서 있는 대로 고른 것은?

> **보기**
> ㄱ. X는 ⊙의 병원체에 해당한다.
> ㄴ. ⓒ은 돌연변이에 의한 비감염성 질병이다.
> ㄷ. ⓒ의 병원체는 독립적으로 물질대사를 하지 못한다.

① ㄱ ② ㄴ ③ ㄱ, ㄴ
④ ㄱ, ㄷ ⑤ ㄴ, ㄷ

03 그림은 병원체 A~C에서 특징 ⊙~ⓒ의 유무를 나타낸 것이다. A~C는 광우병, 질병 X, 후천성 면역 결핍증(AIDS)의 병원체를 순서 없이 나타낸 것이고, '핵산이 있다.'와 '막으로 싸인 핵이 있다.'는 각각 ⊙~ⓒ 중 하나이다.

구분	A	B	C
⊙	○	×	×
ⓒ	○	○	○
ⓒ	○	×	○

(○: 있음, ×: 없음)

이에 대한 설명으로 옳은 것만을 |보기|에서 있는 대로 고른 것은?

> **보기**
> ㄱ. 콜레라는 X에 해당한다.
> ㄴ. C에 의한 질병 치료에 항생제가 이용된다.
> ㄷ. '단백질이 있다.'는 ⓒ에 해당한다.

① ㄱ ② ㄷ ③ ㄱ, ㄴ
④ ㄱ, ㄷ ⑤ ㄴ, ㄷ

04 표 (가)는 병원체 A~C의 특징을, (나)는 사람의 6가지 질병을 Ⅰ~Ⅲ으로 구분하여 나타낸 것이다. A~C는 세균, 균류(곰팡이), 바이러스를 순서 없이 나타낸 것이고, Ⅰ~Ⅲ은 세균성 질병, 바이러스성 질병, 비감염성 질병을 순서 없이 나타낸 것이다.

병원체	특징
A	핵이 있음
B	항생제에 의해 제거됨
C	세포 구조가 아님

(가)

구분	질병
Ⅰ	⊙당뇨병, 고혈압
Ⅱ	독감, 홍역
Ⅲ	결핵, 파상풍

(나)

이에 대한 설명으로 옳은 것만을 |보기|에서 있는 대로 고른 것은?

> **보기**
> ㄱ. ⊙은 대사성 질환이다.
> ㄴ. Ⅱ의 병원체는 B이다.
> ㄷ. Ⅲ의 병원체는 유전 물질을 갖는다.

① ㄱ ② ㄴ ③ ㄱ, ㄴ
④ ㄱ, ㄷ ⑤ ㄴ, ㄷ

05

그림 (가)는 면역 반응 일부를, (나)는 어떤 정상인의 체내에 항원 A와 B가 침입했을 때 시간에 따른 항체 ⓐ와 ⓑ의 농도를 나타낸 것이다. X는 B 림프구와 보조 T 림프구 중 하나이다. (가)의 항체는 ⓐ와 ⓑ 중 하나이고, $t_1 \sim t_2$에서 과정 ㉠이 일어났다.

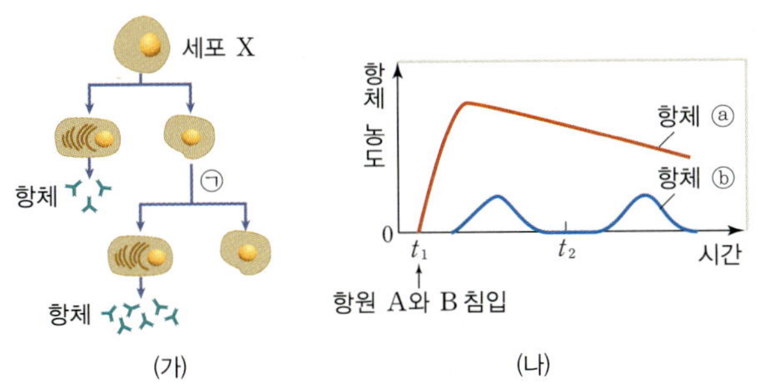

이에 대한 설명으로 옳은 것만을 |보기|에서 있는 대로 고른 것은? (단, t_2일 때에도 항원이 침입했다.)

보기
ㄱ. X는 가슴샘에서 최종 성숙한다.
ㄴ. (가)의 항체는 ⓑ이다.
ㄷ. t_2 이후에 항원 A와 B에 대한 특이적 방어 작용이 모두 일어난다.

① ㄱ   ② ㄴ   ③ ㄷ
④ ㄱ, ㄴ   ⑤ ㄴ, ㄷ

06

그림은 어떤 건강한 사람의 체내에서 시간에 따른 항원 X와 결합하는 항체의 농도를, 표는 이 과정에서 일어난 면역 반응 일부를 나타낸 것이다. 세포 ㉠과 ㉡은 각각 대식세포, B 림프구, 보조 T 림프구 중 서로 다른 하나이다.

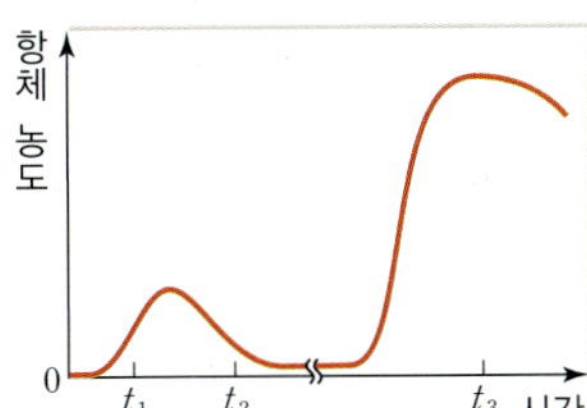

(가) ㉠이 X를 세포 내로 들여와 분해한다.
(나) ㉠이 ㉡을 활성화시킨다.

이에 대한 설명으로 옳은 것만을 |보기|에서 있는 대로 고른 것은? (단, X에 대한 면역 반응만 고려한다.)

보기
ㄱ. (가)에서 선천성 면역 반응이 일어난다.
ㄴ. $0 \sim t_1$에서 ㉡은 형질 세포와 기억 세포로 분화된다.
ㄷ. $t_2 \sim t_3$에서 X에 대한 2차 면역 반응이 일어난다.

① ㄱ   ② ㄴ   ③ ㄱ, ㄴ
④ ㄱ, ㄷ   ⑤ ㄴ, ㄷ

07

다음은 항원 X에 대한 생쥐의 방어 작용 실험이다.

[실험 과정 및 결과]

(가) 유전적으로 동일하고 X에 노출된 적이 없는 생쥐 A~D를 준비한다.

(나) A와 B에 X를 각각 2회에 걸쳐 주사한 후, A와 B에서 특이적 방어 작용이 일어났는지 확인한 결과는 표와 같다.

생쥐	특이적 방어 작용
A	○
B	ⓐ

(○: 일어남, ×: 일어나지 않음)

(다) 일정 시간이 지난 후, (나)의 A에서 ㉠을 분리하여 C에, (나)의 B에서 ㉡을 분리하여 D에 주사한다. ㉠과 ㉡은 혈장과 기억 세포를 순서 없이 나타낸 것이다.

(라) 일정 시간이 지난 후, C와 D에 X를 각각 주사한다. C와 D에서 X에 대한 혈중 항체 농도 변화는 그림과 같다.

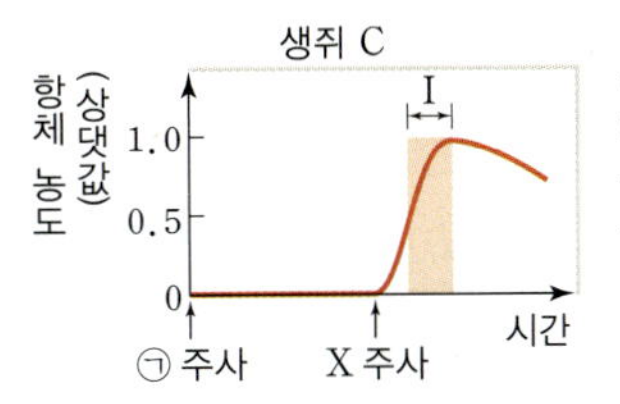

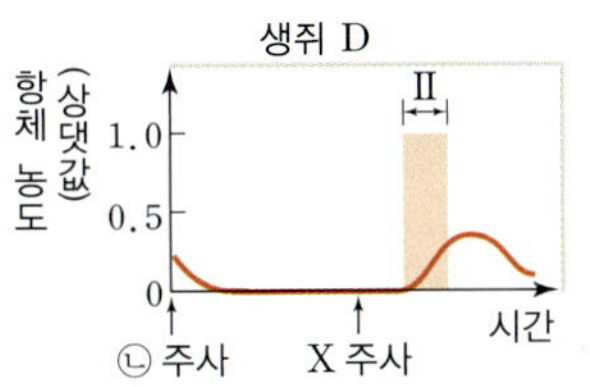

이에 대한 설명으로 옳은 것만을 |보기|에서 있는 대로 고른 것은?

보기
ㄱ. ⓐ는 'O'이다.
ㄴ. 구간 I에서 X에 대한 항체가 형질 세포로부터 생성되었다.
ㄷ. 구간 II에서 X에 대한 1차 면역 반응이 일어났다.

① ㄱ   ② ㄷ   ③ ㄱ, ㄴ
④ ㄴ, ㄷ   ⑤ ㄱ, ㄴ, ㄷ

수능 대비 문제

기출 변형 · 수능

08 다음은 항원 X에 대한 생쥐의 방어 작용 실험이다.

[과정]

(가) 유전적으로 동일하고, X에 노출된 적이 없는 생쥐 A와 B를 준비한다.

(나) A에게 X를 2회에 걸쳐 주사한다.

(다) 1주일 후, (나)의 A에서 ㉠을 분리하여 B에게 주사한다. ㉠은 혈청과 X에 대한 기억 세포 중 하나이다.

(라) 일정 시간 간격을 두고 B에게 X를 2회에 걸쳐 주사한다.

[결과]

B에서 X에 대한 혈중 항체 농도 변화가 그림과 같이 나타났다.

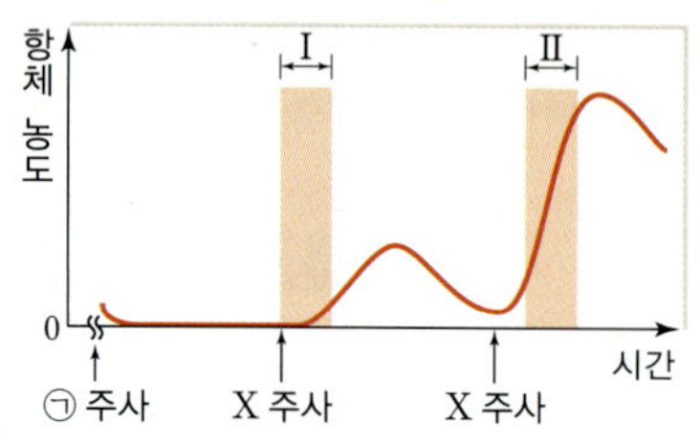

이에 대한 설명으로 옳은 것만을 |보기|에서 있는 대로 고른 것은?

보기

ㄱ. ㉠은 혈청이다.

ㄴ. 구간 Ⅰ에서 X에 대한 비특이적 방어 작용이 일어났다.

ㄷ. 구간 Ⅱ에서 X에 대한 2차 면역 반응이 일어났다.

① ㄱ ② ㄴ ③ ㄱ, ㄷ

④ ㄴ, ㄷ ⑤ ㄱ, ㄴ, ㄷ

09 다음은 어떤 가족의 ABO식 혈액형에 대한 자료이다.

- 이 가족은 어머니, 아버지, 딸로 이루어져 있다.
- 어머니, 아버지, 딸 중 한 사람은 나머지 두 사람에게 모두 소량 수혈해 줄 수 있다.
- 표는 구성원 Ⅰ~Ⅲ의 혈액형 판정 결과를 나타낸 것이다. Ⅰ~Ⅲ은 어머니, 아버지, 딸을 순서 없이 나타낸 것이며, 혈청 ㉠과 ㉡은 각각 항 A 혈청과 항 B 혈청 중 하나이다. ⓐ와 ⓑ는 '응집함'과 '응집 안 함'을 순서 없이 나타낸 것이다.

구분	㉠	㉡
Ⅰ	ⓐ	ⓐ
Ⅱ	ⓑ	ⓐ
Ⅲ	ⓐ	ⓑ

이에 대한 설명으로 옳은 것만을 |보기|에서 있는 대로 고른 것은? (단, ABO식 혈액형만 고려한다.)

보기

ㄱ. Ⅰ은 딸이다.

ㄴ. Ⅱ와 Ⅲ은 공통된 응집소를 갖는다.

ㄷ. Ⅰ의 혈장과 Ⅲ의 혈구를 섞으면 응집한다.

① ㄱ ② ㄴ ③ ㄱ, ㄴ

④ ㄱ, ㄷ ⑤ ㄴ, ㄷ

기출 · 교육청

10 표 (가)는 사람 Ⅰ~Ⅲ의 혈액에서 응집원 B와 응집소 β의 유무를, (나)는 Ⅰ~Ⅲ의 혈액을 혈청 ㉠~㉢과 각각 섞었을 때의 ABO식 혈액형에 대한 응집 반응 결과를 나타낸 것이다. Ⅰ~Ⅲ의 ABO식 혈액형은 모두 다르며, ㉠~㉢은 Ⅰ의 혈청, Ⅱ의 혈청, 항 B 혈청을 순서 없이 나타낸 것이다.

구분	응집원 B	응집소 β
Ⅰ	○	?
Ⅱ	?	×
Ⅲ	?	○

(○: 있음, ×: 없음)

(가)

구분	㉠	㉡	㉢
Ⅰ의 혈액	−	?	?
Ⅱ의 혈액	?	+	+
Ⅲ의 혈액	?	+	−

(+: 응집됨, −: 응집 안 됨)

(나)

이에 대한 설명으로 옳은 것만을 |보기|에서 있는 대로 고른 것은?

보기

ㄱ. ㉢은 항 B 혈청이다.

ㄴ. Ⅰ의 ABO식 혈액형은 B형이다.

ㄷ. Ⅱ의 혈액에는 응집소 α가 있다.

① ㄱ ② ㄴ ③ ㄷ

④ ㄱ, ㄴ ⑤ ㄴ, ㄷ

Ⅳ 유전

1 유전 정보와 염색체

[기출 패턴] 염색체와 유전자의 관계를 알고 염색 분체의 형성과 분리 과정을 해석할 수 있어야 한다.

[배경 지식] (1) 염색체: 세포 분열 시 염색체가 응축되어 나타나는 굵고 짧은 막대 모양의 구조로 DNA와 히스톤 단백질로 이루어져 있다.

(2) 핵형: 어떤 생물의 체세포 속의 염색체 수와 모양, 크기 등의 특성이다.

(3) 핵상: 한 세포 속에 들어 있는 염색체의 상태이다.

자료 1 　평가원 기출

그림은 어떤 사람의 핵형 분석 결과를 나타낸 것이다. ⓐ는 세포 분열 시 방추사가 부착되는 부분이다.

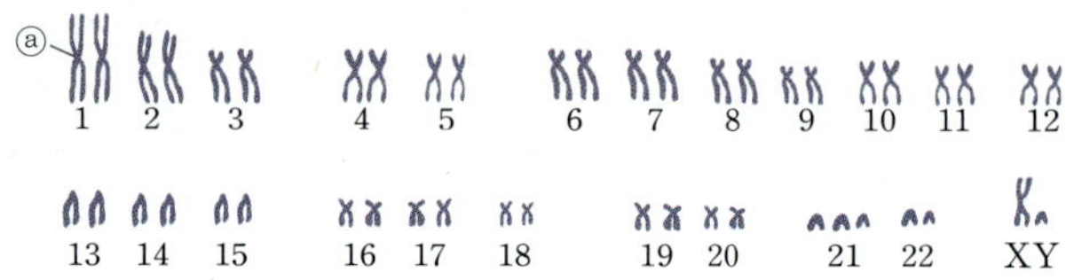

● 다음 설명 중 옳은 것은 ○표, 옳지 <u>않은</u> 것은 ×표 하시오.

1 ⓐ는 동원체이다. ○ / ×

2 이 사람은 다운 증후군의 염색체 이상을 보인다. ○ / ×

3 이 핵형 분석 결과에서 상염색체의 염색 분체 수는 45 이다. ○ / ×

4 이 사람은 여자이다. ○ / ×

5 4번 염색체의 크기는 20번 염색체의 크기보다 크다.

○ / ×

자료 2 　평가원 기출

그림은 세포 (가)와 (나) 각각에 들어 있는 모든 염색체를 나타낸 것이다. (가)와 (나)는 각각 동물 A($2n=6$)와 동물 B($2n=?$)의 세포 중 하나이다.

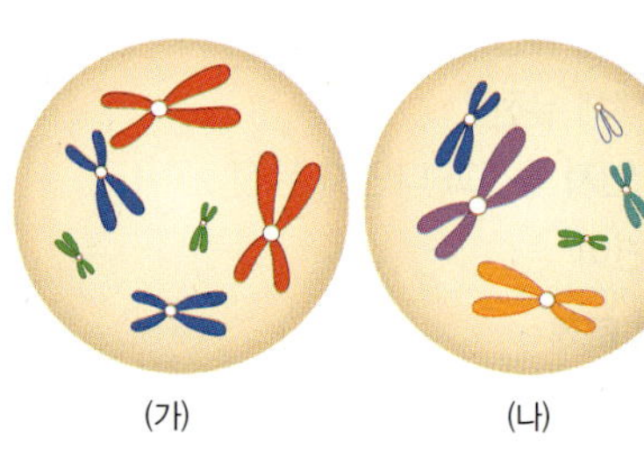

(가)　　　(나)

● 다음 설명 중 옳은 것은 ○표, 옳지 <u>않은</u> 것은 ×표 하시오.

1 (가)는 A의 세포이다. ○ / ×

2 (가)의 핵상은 $2n$이다. ○ / ×

3 (나)의 핵상은 $2n$이다. ○ / ×

4 B의 체세포 분열 중기의 세포 1개당 염색 분체 수는 12 이다. ○ / ×

5 A와 B는 같은 종이다. ○ / ×

2 세포 주기와 세포 분열

정답과 해설 p.099

[기출 패턴] 세포 주기의 개념을 알고 체세포 분열과 감수 분열의 차이를 비교할 수 있어야 한다.

[배경 지식] (1) 세포 주기: 세포가 분열하여 생장하고 다시 분열할 때까지의 과정이다.
(2) 체세포 분열: 생물의 생장과 조직의 재생 과정에서 일어나는 세포 분열이다.
(3) 감수 분열: 생식세포를 형성하기 위해 일어나는 세포 분열이다.

자료 1   평가원 기출

그림 (가)는 동물 A($2n=4$) 체세포의 세포 주기를, (나)는 A의 체세포 분열 과정 중 어느 한 시기에 관찰되는 세포를 나타낸 것이다. ㉠~㉢은 각각 G_2기, M기(분열기), S기 중 하나이다.

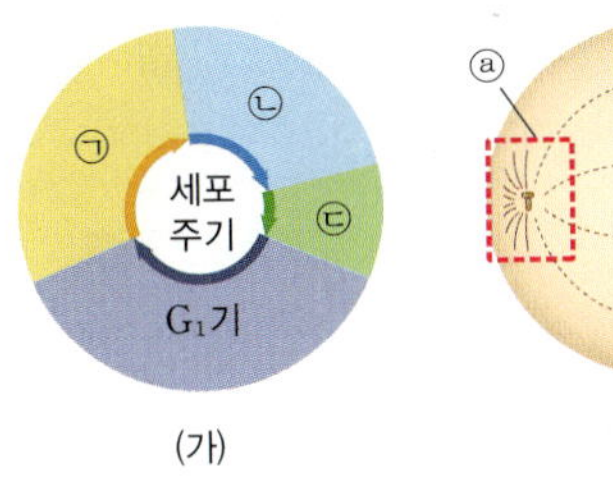
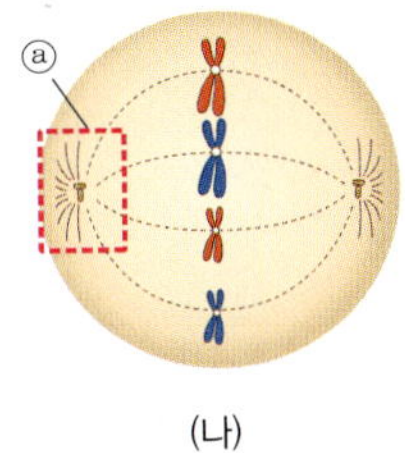

(가)   (나)

● **다음 설명 중 옳은 것은 ○표, 옳지 않은 것은 ×표 하시오.**

1 ㉠ 시기에 DNA 복제가 일어난다. ○ / ×

2 ⓐ에 동원체가 있다. ○ / ×

3 (나)는 ㉢ 시기에 관찰되는 세포이다. ○ / ×

4 ㉡ 시기 세포와 G_1기 세포의 DNA양은 같다. ○ / ×

5 (나)에서 2가 염색체가 관찰된다. ○ / ×

자료 2   평가원 기출

그림 (가)는 사람에서 체세포의 세포 주기를, (나)는 사람의 체세포에 있는 염색체의 구조를 나타낸 것이다. ㉠~㉢은 각각 G_1기, G_2기, S기 중 하나이다.

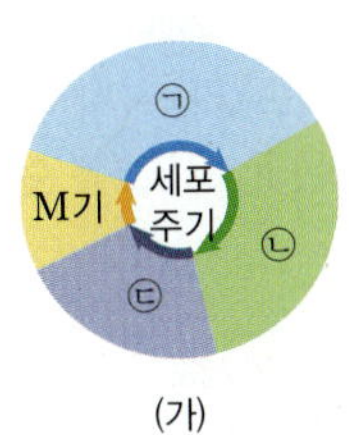
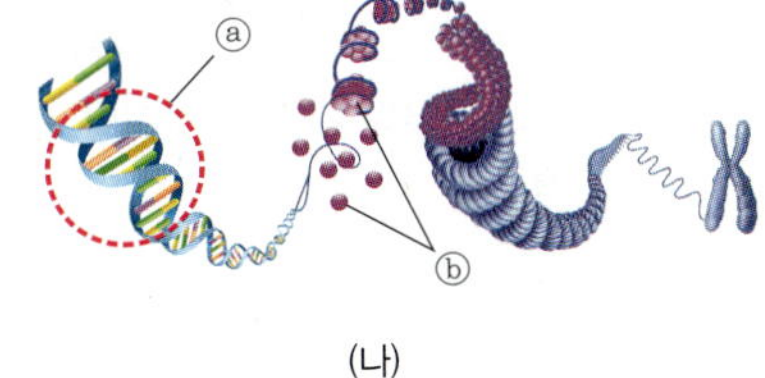

(가)   (나)

● **다음 설명 중 옳은 것은 ○표, 옳지 않은 것은 ×표 하시오.**

1 ㉠은 G_2기이다. ○ / ×

2 ㉡ 시기에 ⓐ가 복제된다. ○ / ×

3 뉴클레오솜의 구성 성분에는 ⓑ가 포함된다. ○ / ×

4 ㉡ 시기 세포에 방추사가 관찰된다. ○ / ×

5 ㉢ 시기 세포에 핵막이 사라진다. ○ / ×

자료 3   교육청 기출

그림 (가)는 어떤 동물($2n=?$)의 G_1기 세포로부터 생식세포가 형성되는 동안 핵 1개당 DNA 상대량을, (나)는 이 세포 분열 과정 중 일부를 나타낸 것이다. 이 동물의 특정 형질에 대한 유전자형은 Aa이며, A는 a와 대립유전자이다. ⓐ와 ⓑ의 핵상은 다르다.

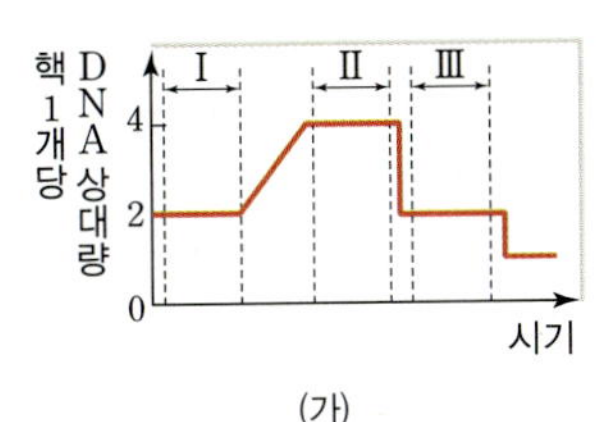

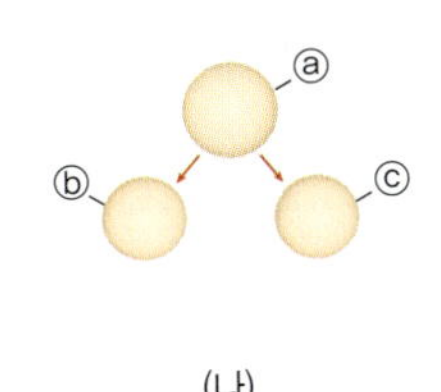

(가)   (나)

● **다음 설명 중 옳은 것은 ○표, 옳지 않은 것은 ×표 하시오.**

1 ⓐ의 핵상은 $2n$이다. ○ / ×

2 ⓐ는 구간 Ⅲ에서 관찰된다. ○ / ×

3 ⓑ와 ⓒ의 유전자 구성은 동일하다. ○ / ×

4 구간 Ⅰ에는 핵막을 가진 세포가 있다. ○ / ×

5 구간 Ⅲ의 세포는 A와 a를 모두 갖는다. ○ / ×

01

그림은 같은 종인 동물($2n=?$) Ⅰ과 Ⅱ의 세포 (가)~(다) 각각에 들어 있는 모든 염색체를 나타낸 것이다. (가)~(다) 중 2개는 암컷 Ⅰ의 세포이고, 나머지 1개는 수컷 Ⅱ의 세포이다. 이 동물의 성염색체는 암컷이 XX, 수컷이 XY이다.

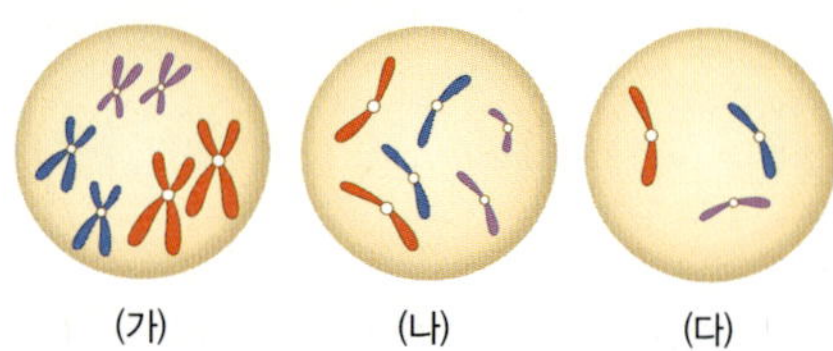

(가) (나) (다)

이에 대한 설명으로 옳은 것만을 |보기|에서 있는 대로 고른 것은? (단, 돌연변이는 고려하지 않는다.)

보기
ㄱ. (가)는 Ⅰ의 세포이다.
ㄴ. (나)와 (다)의 핵상은 같다.
ㄷ. Ⅱ의 감수 1분열 중기 세포 1개당 염색 분체 수는 12이다.

① ㄱ ② ㄴ ③ ㄱ, ㄷ
④ ㄴ, ㄷ ⑤ ㄱ, ㄴ, ㄷ

02

그림은 동물 A($2n=?$)의 세포 (가)와 (나)에 들어 있는 염색체 중 X 염색체를 제외한 나머지 염색체를 모두 나타낸 것이다. A의 성염색체는 암컷이 XX, 수컷이 XY이다.

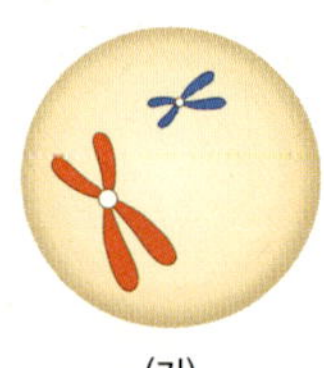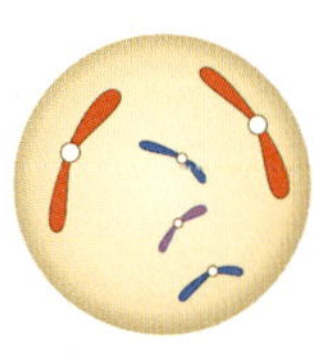

(가) (나)

이에 대한 설명으로 옳은 것만을 |보기|에서 있는 대로 고른 것은? (단, 돌연변이는 고려하지 않는다.)

보기
ㄱ. (가)와 (나)의 핵상은 같다.
ㄴ. A는 수컷이다.
ㄷ. A의 체세포 분열 중기의 세포 1개당 염색 분체 수는 12이다.

① ㄱ ② ㄷ ③ ㄱ, ㄴ
④ ㄴ, ㄷ ⑤ ㄱ, ㄴ, ㄷ

03

그림은 염색체의 구조를 나타낸 것이다.

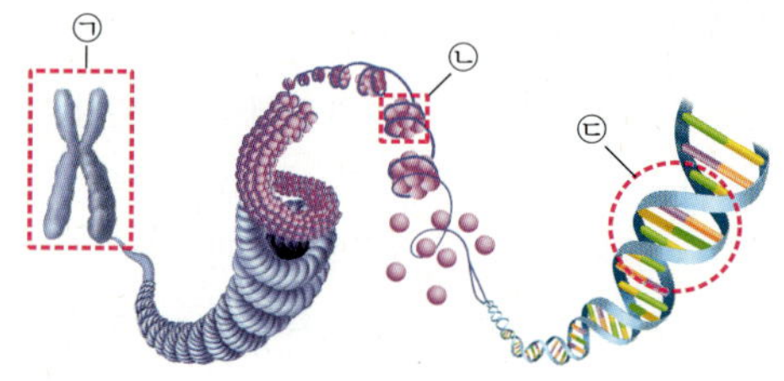

이에 대한 설명으로 옳은 것만을 |보기|에서 있는 대로 고른 것은?

보기
ㄱ. ㉠은 세포 주기 중 분열기 때 관찰된다.
ㄴ. ㉡에 단백질이 있다.
ㄷ. ㉢은 뉴클레오타이드로 구성된다.

① ㄱ ② ㄷ ③ ㄱ, ㄴ
④ ㄴ, ㄷ ⑤ ㄱ, ㄴ, ㄷ

04

사람의 유전 형질 ⓐ는 2쌍의 대립유전자 E와 e, F와 f에 의해 결정되며, E와 e는 9번 염색체에, F와 f는 X 염색체에 존재한다. 표는 사람 Ⅰ의 세포 (가)~(다)와 사람 Ⅱ의 세포 (라)~(바)에서 유전자 ㉠~㉣의 유무를 나타낸 것이다. ㉠~㉣은 E, e, F, f를 순서 없이 나타낸 것이다.

유전자	Ⅰ의 세포			Ⅱ의 세포		
	(가)	(나)	(다)	(라)	(마)	(바)
㉠	○	○	○	○	○	×
㉡	○	○	×	○	×	○
㉢	○	×	○	×	×	○
㉣	×	×	×	○	×	○

(○: 있음, ×: 없음)

이에 대한 설명으로 옳은 것만을 |보기|에서 있는 대로 고른 것은? (단, 돌연변이와 교차는 고려하지 않는다.)

보기
ㄱ. ㉠은 ㉢의 대립유전자이다.
ㄴ. (라)에는 Y 염색체가 있다.
ㄷ. Ⅰ의 ⓐ에 대한 유전자형은 EeFF이다.

① ㄱ ② ㄴ ③ ㄷ
④ ㄱ, ㄴ ⑤ ㄴ, ㄷ

기출 변형 수능

05

그림은 어떤 동물의 체세포를 배양한 후 세포당 DNA양에 따른 세포 수를 나타낸 것이다.

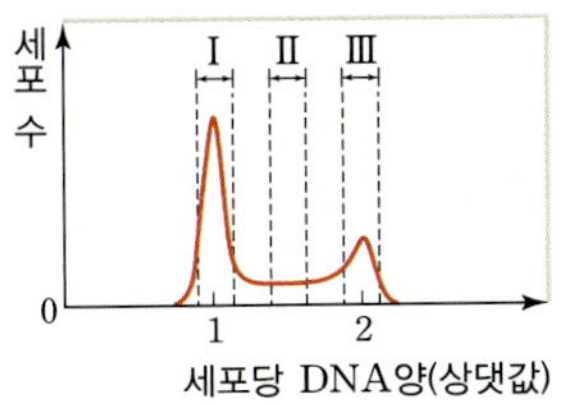

이에 대한 설명으로 옳은 것만을 |보기|에서 있는 대로 고른 것은?

보기
ㄱ. 구간 Ⅰ에는 핵막을 갖는 세포가 있다.
ㄴ. 구간 Ⅱ에는 DNA가 복제되는 세포가 있다.
ㄷ. 구간 Ⅲ에는 핵상이 $2n$인 세포가 있다.

① ㄱ　　　　② ㄷ　　　　③ ㄱ, ㄴ
④ ㄴ, ㄷ　　　⑤ ㄱ, ㄴ, ㄷ

기출 변형 교육청

06

그림 (가)는 어떤 동물의 체세포를 배양한 후 세포당 DNA양에 따른 세포 수를, (나)는 이 체세포의 세포 주기를 나타낸 것이다. ㉠~㉢은 각각 G₁기, S기, M기 중 하나이다.

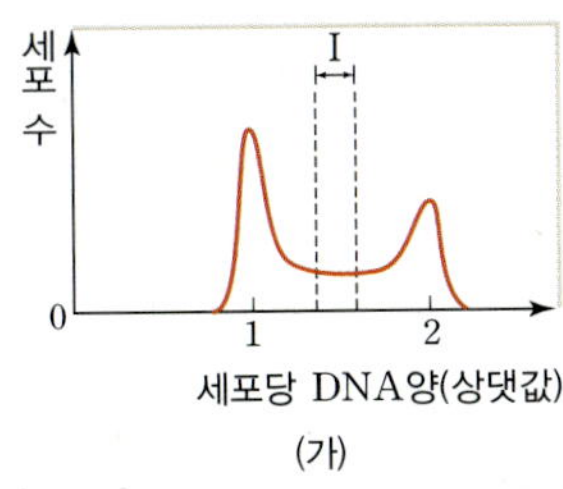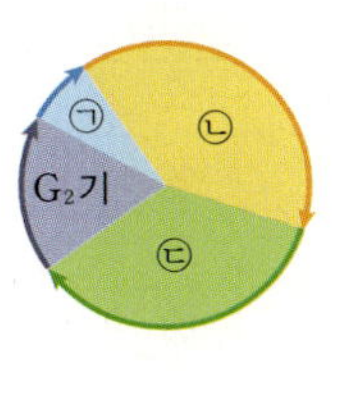

(가)　　　　　　(나)

이에 대한 설명으로 옳은 것만을 |보기|에서 있는 대로 고른 것은?

보기
ㄱ. 구간 Ⅰ에는 DNA 복제가 일어나는 세포가 있다.
ㄴ. ㉠은 M기이다.
ㄷ. 이 체세포의 세포 주기 중 G₁기가 G₂기보다 짧다.

① ㄱ　　　　② ㄷ　　　　③ ㄱ, ㄴ
④ ㄴ, ㄷ　　　⑤ ㄱ, ㄴ, ㄷ

기출 수능

07

그림 (가)는 사람의 체세포를 배양한 후 세포당 DNA양에 따른 세포 수를, (나)는 사람의 체세포에 있는 염색체의 구조를 나타낸 것이다.

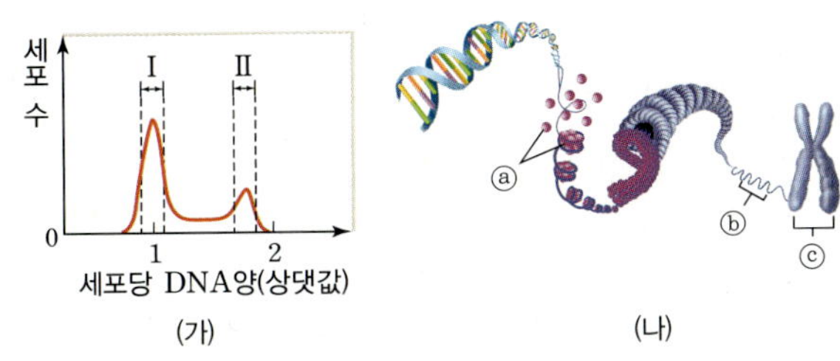

(가)　　　　　　(나)

이에 대한 설명으로 옳은 것만을 |보기|에서 있는 대로 고른 것은?

보기
ㄱ. 구간 Ⅰ에 ⓐ가 들어 있는 세포가 있다.
ㄴ. 구간 Ⅱ에 ⓑ가 ⓒ로 응축되는 시기의 세포가 있다.
ㄷ. 핵막을 갖는 세포의 수는 구간 Ⅱ에서가 구간 Ⅰ에서보다 많다.

① ㄱ　　　　② ㄴ　　　　③ ㄷ
④ ㄱ, ㄴ　　　⑤ ㄱ, ㄷ

기출 평가원

08

그림 (가)는 어떤 동물의 체세포 Q를 배양한 후 세포당 DNA양에 따른 세포 수를, (나)는 Q의 체세포 분열 과정 중 ㉠ 시기에서 관찰되는 세포를 나타낸 것이다.

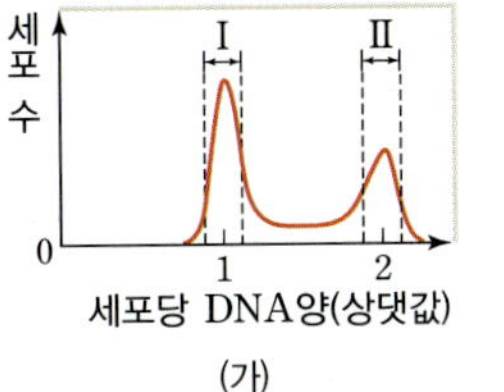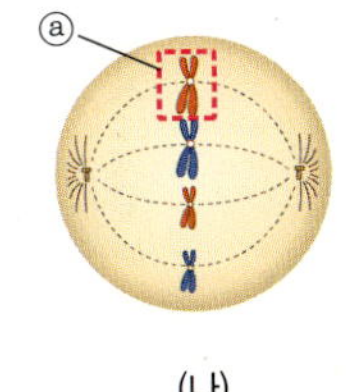

(가)　　　　　　(나)

이에 대한 설명으로 옳은 것만을 |보기|에서 있는 대로 고른 것은?

보기
ㄱ. ⓐ에는 히스톤 단백질이 있다.
ㄴ. 구간 Ⅱ에는 ㉠ 시기의 세포가 있다.
ㄷ. G₁기의 세포 수는 구간 Ⅱ에서가 구간 Ⅰ에서보다 많다.

① ㄱ　　　　② ㄷ　　　　③ ㄱ, ㄴ
④ ㄴ, ㄷ　　　⑤ ㄱ, ㄴ, ㄷ

09 그림은 사람 A의 체세포를 배양한 후 세포당 DNA양에 따른 세포 수를 나타낸 것이다. 『기출 변형 수능』

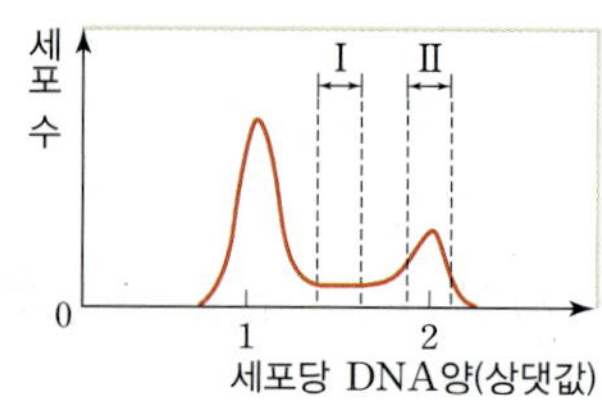

이에 대한 설명으로 옳은 것만을 |보기|에서 있는 대로 고른 것은?

> **보기**
> ㄱ. 구간 Ⅰ에는 핵막을 갖는 세포가 있다.
> ㄴ. 구간 Ⅱ에는 핵형 분석에 이용 가능한 세포가 있다.
> ㄷ. 구간 Ⅱ에는 상동 염색체가 분리되는 세포가 있다.

① ㄱ   ② ㄷ   ③ ㄱ, ㄴ
④ ㄴ, ㄷ   ⑤ ㄱ, ㄴ, ㄷ

---

11 그림 (가)는 어떤 동물($2n=?$)의 세포 주기를, (나)는 이 동물의 분열 중인 세포를 나타낸 것이다. ㉠과 ㉡은 각각 G_1기와 G_2기 중 하나이며, 이 동물의 특정 형질에 대한 유전자형은 Aa이다. 『기출 변형 교육청』

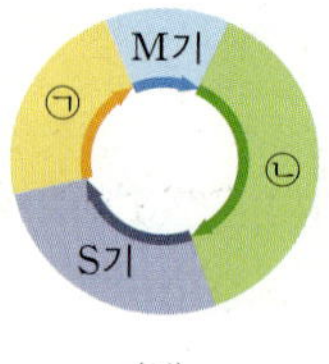
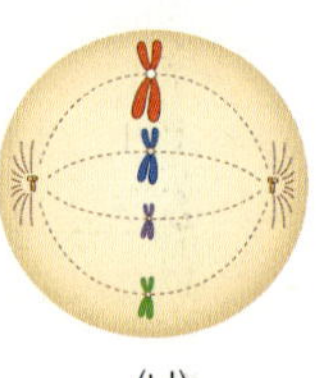

(가)   (나)

이에 대한 설명으로 옳은 것만을 |보기|에서 있는 대로 고른 것은?

> **보기**
> ㄱ. ㉠은 G_2기이다.
> ㄴ. (나)가 관찰되는 시기는 ㉡이다.
> ㄷ. (나)에는 A와 a가 모두 있다.

① ㄱ   ② ㄴ   ③ ㄱ, ㄷ
④ ㄴ, ㄷ   ⑤ ㄱ, ㄴ, ㄷ

---

10 그림은 어떤 동물($2n=4$)의 체세포 분열에서 세포 1개당 DNA 상대량 변화를 나타낸 것이다. 이 세포의 특정 형질에 대한 유전자형은 Aa이다. 『기출 변형 교육청』

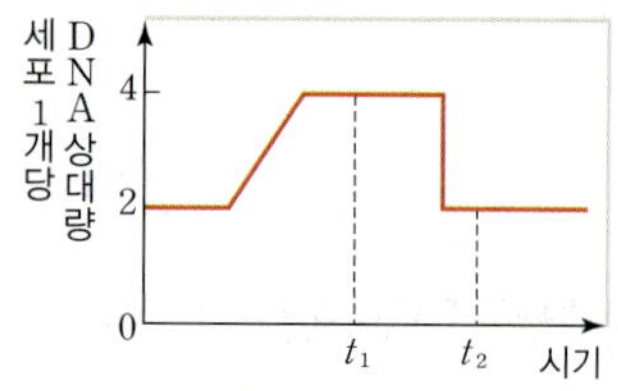

이에 대한 설명으로 옳은 것만을 |보기|에서 있는 대로 고른 것은?

> **보기**
> ㄱ. t_1일 때 세포의 핵상은 n이다.
> ㄴ. t_2일 때 세포는 A와 a를 모두 갖는다.
> ㄷ. t_1과 t_2 사이에서 염색 분체의 분리가 일어난다.

① ㄱ   ② ㄴ   ③ ㄱ, ㄷ
④ ㄴ, ㄷ   ⑤ ㄱ, ㄴ, ㄷ

---

12 표는 같은 종인 동물($2n=6$) Ⅰ의 세포 (가)와 (나), Ⅱ의 세포 (다)와 (라)에서 유전자 ㉠~㉣의 유무를, 그림은 세포 A와 B 각각에 들어 있는 모든 염색체를 나타낸 것이다. 이 동물 종의 특정 형질은 2쌍의 대립유전자 H와 h, T와 t에 의해 결정되며, ㉠~㉣은 H, h, T, t를 순서 없이 나타낸 것이다. A와 B는 각각 Ⅰ과 Ⅱ의 세포 중 하나이고, Ⅰ과 Ⅱ의 성염색체는 암컷이 XX, 수컷이 XY이다. 『기출 평가원』

유전자	Ⅰ의 세포 (가)	Ⅰ의 세포 (나)	Ⅱ의 세포 (다)	Ⅱ의 세포 (라)
㉠	×	○	×	×
㉡	×	×	×	○
㉢	○	○	×	○
㉣	○	○	○	×

(○: 있음, ×: 없음)

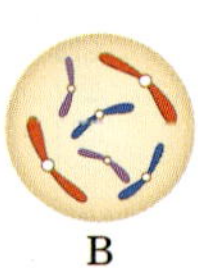

이에 대한 설명으로 옳은 것만을 |보기|에서 있는 대로 고른 것은? (단, 돌연변이와 교차는 고려하지 않는다.)

> **보기**
> ㄱ. ㉠은 ㉣과 대립유전자이다.
> ㄴ. A는 Ⅱ의 세포이다.
> ㄷ. (라)에는 X 염색체가 있다.

① ㄱ   ② ㄴ   ③ ㄱ, ㄷ
④ ㄴ, ㄷ   ⑤ ㄱ, ㄴ, ㄷ

13 표는 사람의 세포 A~C에서 ㉠~㉢의 유무를 나타낸 것이다. ㉠~㉢은 각각 1번 염색체, X 염색체, Y 염색체 중 하나이고, ㉠은 남자에만 있는 염색체이며, A~C는 정자, 남자의 체세포, 여자의 체세포를 순서 없이 나타낸 것이다.

염색체 세포	㉠	㉡	㉢
A	×	○	○
B	○	○	×
C	○	○	○

(○: 있음, ×: 없음)

이에 대한 설명으로 옳은 것만을 |보기|에서 있는 대로 고른 것은? (단, 돌연변이는 고려하지 않는다.)

┌─ 보기 ────────────────────────┐
ㄱ. ㉠은 Y 염색체이다.
ㄴ. A와 C의 핵상은 같다.
ㄷ. B에는 ㉡이 2개 있다.
└──────────────────────────────┘

① ㄱ 　　② ㄷ 　　③ ㄱ, ㄴ
④ ㄴ, ㄷ 　　⑤ ㄱ, ㄴ, ㄷ

14 그림은 유전자형이 Aa인 어떤 동물($2n=?$)의 G_1기 세포 I로부터 생식세포가 형성되는 과정을, 표는 세포 ㉠~㉣의 상염색체 수와 대립유전자 A와 a의 DNA 상대량을 더한 값을 나타낸 것이다. ㉠~㉣은 I~IV를 순서 없이 나타낸 것이고, 이 동물의 성염색체는 XX이다.

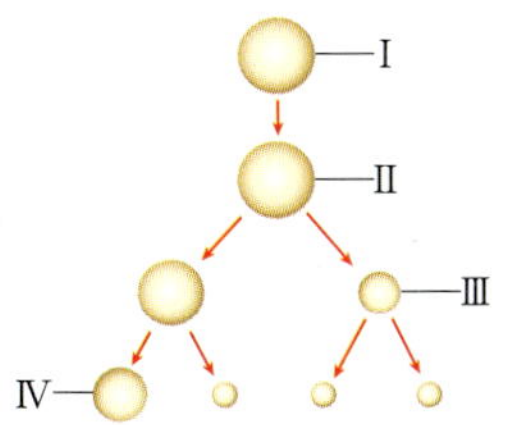

세포	상염색체 수	A와 a의 DNA 상대량을 더한 값
㉠	8	?
㉡	4	2
㉢	ⓐ	ⓑ
㉣	?	4

이에 대한 설명으로 옳은 것만을 |보기|에서 있는 대로 고른 것은? (단, 돌연변이는 고려하지 않으며, A와 a 각각의 1개당 DNA 상대량은 1이다. II와 III은 중기의 세포이다.)

┌─ 보기 ────────────────────────┐
ㄱ. ㉠은 I이다.
ㄴ. ⓐ + ⓑ = 5이다.
ㄷ. II의 2가 염색체 수는 5이다.
└──────────────────────────────┘

① ㄱ 　　② ㄷ 　　③ ㄱ, ㄴ
④ ㄴ, ㄷ 　　⑤ ㄱ, ㄴ, ㄷ

15 표는 유전자형이 Aa인 어떤 사람의 세포 P가 생식세포로 되는 과정에서 관찰되는 서로 다른 시기의 세포 ㉠~㉢의 염색체 수와 A와 a의 DNA 상대량을 더한 값을 나타낸 것이다. A는 a와 서로 대립유전자이다.

세포	염색체 수	A와 a의 DNA 상대량을 더한 값
㉠	?	1
㉡	23	2
㉢	46	4

이에 대한 설명으로 옳은 것만을 |보기|에서 있는 대로 고른 것은? (단, 돌연변이와 교차는 고려하지 않으며, ㉡과 ㉢은 중기의 세포이다. A와 a 각각의 1개당 DNA 상대량은 1이다.)

┌─ 보기 ────────────────────────┐
ㄱ. ㉠의 염색체 수는 23이다.
ㄴ. ㉢에서 A의 DNA 상대량은 2이다.
ㄷ. ㉡이 ㉠으로 되는 과정에서 염색 분체가 분리된다.
└──────────────────────────────┘

① ㄱ 　　② ㄴ 　　③ ㄱ, ㄷ
④ ㄴ, ㄷ 　　⑤ ㄱ, ㄴ, ㄷ

16 표는 어떤 동물($2n=6$)의 감수 분열 과정에서 형성되는 세포 (가)와 (나)의 세포 1개당 DNA 상대량과 핵상을 나타낸 것이다. (가)와 (나)는 모두 중기 세포이다.

세포	세포 1개당 DNA 상대량	핵상
(가)	2	n
(나)	4	$2n$

이에 대한 설명으로 옳은 것만을 |보기|에서 있는 대로 고른 것은? (단, 돌연변이는 고려하지 않는다.)

┌─ 보기 ────────────────────────┐
ㄱ. (가)의 염색체 수는 6이다.
ㄴ. (나)에 2가 염색체가 있다.
ㄷ. 감수 2분열이 완료된 세포의 DNA 상대량은 2이다.
└──────────────────────────────┘

① ㄴ 　　② ㄷ 　　③ ㄱ, ㄴ
④ ㄱ, ㄷ 　　⑤ ㄱ, ㄴ, ㄷ

수능 대비 문제

17 그림은 사람의 세포 분열 과정에서 핵 1개당 DNA 상대량을 나타낸 것이다. t_2와 t_3은 모두 중기의 한 시점이다.

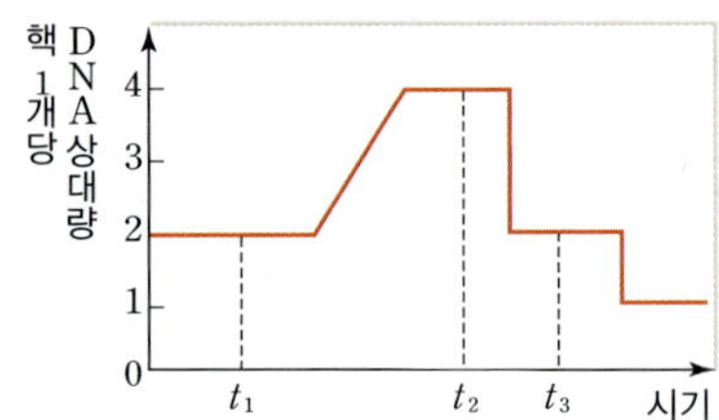

이에 대한 설명으로 옳은 것만을 |보기|에서 있는 대로 고른 것은?

> **보기**
> ㄱ. t_1일 때의 세포에 핵막이 있다.
> ㄴ. t_2일 때의 세포에는 2가 염색체가 있다.
> ㄷ. t_3일 때의 세포와 정자는 핵상이 다르다.

① ㄱ ② ㄴ ③ ㄱ, ㄴ
④ ㄱ, ㄷ ⑤ ㄴ, ㄷ

18 사람의 유전 형질 ⓐ는 3쌍의 대립유전자 E와 e, F와 f, G와 g에 의해 결정되며, ⓐ를 결정하는 유전자는 서로 다른 3개의 상염색체에 존재한다. 그림은 어떤 사람의 G_1기 세포 I로부터 정자가 형성되는 과정을, 표는 이 사람의 세포 ㉠~㉢이 갖는 유전자 E, f, G의 DNA 상대량을 나타낸 것이다. ㉠~㉢은 I~Ⅲ을 순서 없이 나타낸 것이고, Ⅱ는 중기의 세포이다.

세포	유전자		
	E	f	G
㉠	2	0	0
㉡	0	0	1
㉢	1	0	1

이에 대한 설명으로 옳은 것만을 |보기|에서 있는 대로 고른 것은? (단, 돌연변이와 교차는 고려하지 않으며, E, e, F, f, G, g 각각의 1개당 DNA 상대량은 1이다.)

> **보기**
> ㄱ. Ⅲ은 ㉡이다.
> ㄴ. ㉢의 핵상은 n이다.
> ㄷ. Ⅱ에서 $\dfrac{\text{E의 DNA 상대량} + \text{G의 DNA 상대량}}{\text{F의 DNA 상대량}}$ 은 2 이다.

① ㄱ ② ㄴ ③ ㄷ
④ ㄱ, ㄴ ⑤ ㄴ, ㄷ

19 그림은 같은 종인 동물($2n=6$) I과 Ⅱ의 세포 (가)~(라) 각각에 들어 있는 모든 염색체를, 표는 세포 A~D가 갖는 유전자 H, h, T, t의 DNA 상대량을 나타낸 것이다. (가)~(다)는 I의 난자 형성 과정에서 나타나는 세포이며, (라)는 (다)로부터 형성된 난자가 정자 ⓐ와 수정되어 태어난 Ⅱ의 세포이다. I의 특정 형질에 대한 유전자형은 HhTT이고, H는 h와 대립유전자이며, T는 t와 대립유전자이다. 이 동물의 성염색체는 암컷이 XX, 수컷이 XY이며, A~D는 (가)~(라)를 순서 없이 나타낸 것이다.

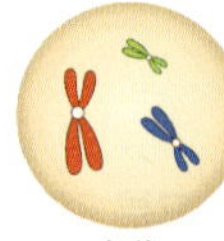

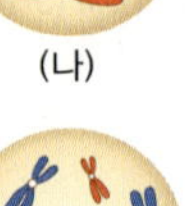

세포	DNA 상대량			
	H	h	T	t
A	2	㉠	?	0
B	1	?	㉡	?
C	㉢	2	2	0
D	0	2	2	0

이에 대한 설명으로 옳은 것만을 |보기|에서 있는 대로 고른 것은? (단, 돌연변이와 교차는 고려하지 않으며, H, h, T, t 각각의 1개당 DNA 상대량은 1이다.)

> **보기**
> ㄱ. ㉠+㉡+㉢ = 5이다.
> ㄴ. C는 (가)이다.
> ㄷ. 정자 ⓐ는 T를 갖는다.

① ㄱ ② ㄴ ③ ㄷ
④ ㄱ, ㄷ ⑤ ㄴ, ㄷ

1 상염색체 유전

정답과 해설 p.101

[기출 패턴] 상염색체에 위치한 유전자에 의한 유전의 원리를 알고 자료를 해석할 수 있어야 한다.

[배경 지식] (1) 단일 대립 유전: 1쌍의 대립유전자에 의한 유전으로 표현형이 뚜렷하다.

(2) 복대립 유전: 상염색체에 있는 대립유전자 1쌍으로 형질이 결정되며, 하나의 형질을 결정하는 데 3가지 이상의 대립유전자가 관여하는 유전이다.

자료 1 | 평가원 기출

- 유전병 ㉠은 대립유전자 H와 H*에 의해 결정되며, H와 H* 사이의 우열 관계는 분명하다.
- H는 정상 대립유전자이고, H*는 유전병 대립유전자이다.
- ㉠의 유전자와 ABO식 혈액형 유전자는 같은 염색체에 있다.
- 구성원 1, 3, 5의 ABO식 혈액형은 A형, 구성원 6의 ABO식 혈액형은 B형이다.
- 구성원 1의 ABO식 혈액형에 대한 유전자형은 동형 접합성이다.

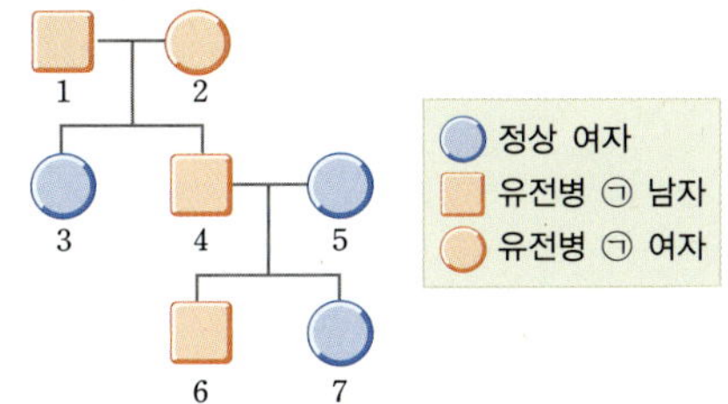

● 다음 설명 중 옳은 것은 ○표, 옳지 않은 것은 ×표 하시오.

1 H*는 H에 대해 우성이다. ○ / ×

2 4의 ABO식 혈액형의 유전자형은 AB형이다. ○ / ×

3 6의 H*는 1로부터 물려받았다. ○ / ×

4 3의 ㉠에 대한 유전자형은 HH*이다. ○ / ×

5 7의 동생이 태어날 때, 이 아이에게서 ㉠은 나타나지 않고 ABO식 혈액형이 A형일 확률은 $\frac{1}{2}$이다. ○ / ×

자료 2 | 교육청 기출

그림은 영희 집안의 유전병 ㉠과 ㉡에 대한 가계도를 나타낸 것이다. ㉠은 대립유전자 A와 A*에 의해, ㉡은 대립유전자 B와 B*에 의해 결정되며, A는 A*에 대해, B는 B*에 대해 각각 완전 우성이다. 영희의 ㉠과 ㉡의 유전자형은 모두 동형 접합성이고, ㉠과 ㉡ 중 하나는 반성유전된다.

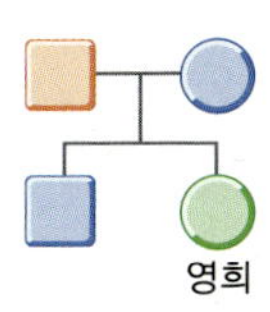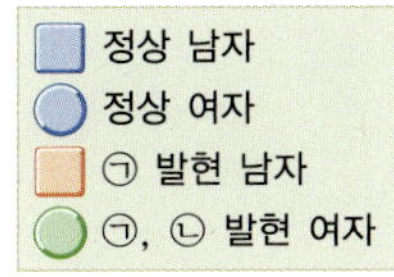

● 다음 설명 중 옳은 것은 ○표, 옳지 않은 것은 ×표 하시오.

1 ㉠의 유전자는 상염색체에 있다. ○ / ×

2 ㉠과 ㉡은 모두 단일 인자 유전이다. ○ / ×

3 영희의 동생이 태어날 때, 이 아이가 유전병 ㉠과 ㉡을 모두 갖는 남자 아이일 확률은 $\frac{1}{16}$이다. ○ / ×

4 ㉡은 우성 형질이다. ○ / ×

5 A*는 ㉠ 발현 대립유전자이다. ○ / ×

2 성염색체 유전

[기출 패턴] 성염색체에 위치한 유전자에 의한 유전의 원리를 알고 자료를 해석할 수 있어야 한다.

[배경 지식] (1) 사람의 성 결정: 남자의 염색체 구성은 44＋XY, 여자의 염색체 구성은 44＋XX이다.
(2) X 염색체에 의한 유전: X 염색체에 있는 유전자에 의하여 나타나는 유전으로, 성에 따라 표현형의 빈도가 달라진다.

자료 1 　교육청 기출

- 유전병 P는 대립유전자 A와 a에 의해 결정되며, A는 a에 대해 완전 우성이다.
- 영희네 가족 구성원은 아버지, 어머니, 오빠, 영희, 남동생이다.
- 아버지는 a를 가지고 있지 않다.
- 어머니와 오빠에게서는 유전병 P가 나타나고, 남동생에게서는 유전병 P가 나타나지 않는다.
- 가족 구성원 중 오빠에게서만 적록 색맹이 나타난다.

● 다음 설명 중 옳은 것은 ○표, 옳지 <u>않은</u> 것은 ×표 하시오.

1 적록 색맹의 유전자는 상염색체에 있다. ○ / ×

2 A는 X 염색체에 있다. ○ / ×

3 어머니의 적록 색맹의 유전자형은 동형 접합성이다. ○ / ×

4 아버지와 어머니 사이에서 동생이 한 명 더 태어날 때, 이 아이에게서 유전병 P가 나타나고 적록 색맹이 나타나지 않을 확률은 $\frac{1}{2}$이다. ○ / ×

자료 2 　교육청 기출

- ㉠은 대립유전자 H와 h에 의해, ㉡은 대립유전자 T와 t에 의해 결정된다. H는 h에 대해, T는 t에 대해 각각 완전 우성이다.
- ㉠의 유전자와 ㉡의 유전자는 같은 염색체에 있다.
- 가계도는 구성원 1~9에게서 ㉠과 ㉡의 발현 여부를 나타낸 것이다.

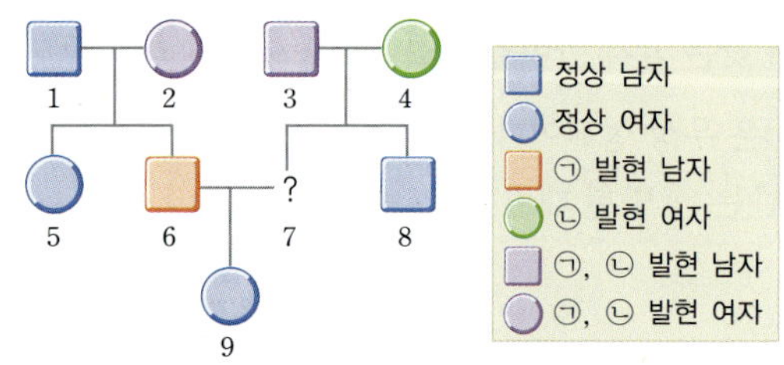

- 4와 8의 체세포 1개당 t의 DNA 상대량은 같다.

● 다음 설명 중 옳은 것은 ○표, 옳지 <u>않은</u> 것은 ×표 하시오.

1 ㉠은 열성 형질이다. ○ / ×

2 1~9 중 h와 t가 있는 염색체를 가진 사람은 모두 4명이다. ○ / ×

3 9의 동생이 태어날 때, 이 아이에게서 ㉠과 ㉡이 모두 발현될 확률은 $\frac{1}{4}$이다. ○ / ×

3 단일 인자 유전과 다인자 유전

정답과 해설 p.101

[기출 패턴] 단일 인자 유전과 다인자 유전의 개념을 알고 자료를 해석할 수 있어야 한다.

[배경 지식] (1) 단일 인자 유전: 형질이 1쌍의 대립유전자에 의해 결정된다. 🗨 눈꺼풀, 적록 색맹
(2) 다인자 유전: 형질이 여러 쌍의 대립유전자에 의해 결정된다. 🗨 키, 몸무게, 피부색

자료 1 교육청 기출

- 피부색은 서로 다른 상염색체에 있는 3쌍의 대립유전자 A와 a, B와 b, D와 d에 의해 결정된다.
- 피부색은 유전자형에서 대문자로 표시되는 대립유전자의 수에 의해서만 결정되며, 이 수가 다르면 피부색이 다르다.
- 개체 Ⅰ의 유전자형은 aabbDD이다.
- 개체 Ⅰ과 Ⅱ 사이에서 ㉠자손(F_1)이 태어날 때, ㉠의 유전자형이 AaBbDd일 확률은 $\frac{1}{8}$이다.

● 다음 설명 중 옳은 것은 ○표, 옳지 <u>않은</u> 것은 ×표 하시오.

1 Ⅰ과 Ⅱ는 피부색이 서로 같다. ○ / ×

2 Ⅱ에서 A, B, D가 모두 있는 생식세포가 형성된다. ○ / ×

3 ㉠의 피부색이 Ⅰ과 같을 확률은 $\frac{3}{8}$이다. ○ / ×

4 Ⅱ의 피부색의 유전자형은 AABBdd이다. ○ / ×

자료 2 평가원 기출

- 눈 색을 결정하는 데 관여하는 2개의 유전자는 서로 다른 상염색체에 있으며, 2개의 유전자는 각각 대립유전자 A와 a, 대립유전자 B와 b를 갖는다.
- 눈 색의 표현형은 유전자형에서 대문자로 표시되는 대립유전자의 수에 의해서만 결정되며, 대문자로 표시되는 대립유전자가 많을수록 더 짙은 색을 나타낸다.

● 다음 설명 중 옳은 것은 ○표, 옳지 <u>않은</u> 것은 ×표 하시오.

1 A와 a, B와 b 사이의 우열 관계는 분명하지 않다. ○ / ×

2 유전자형이 AaBb와 aabb인 부모 사이에서 아이가 태어날 때, 이 아이에게서 나타날 수 있는 눈 색 표현형은 최대 4가지이다. ○ / ×

3 유전자형이 모두 AaBb인 부모 사이에서 아이가 태어날 때, 부모보다 눈 색이 더 짙은 아이가 태어날 확률은 $\frac{3}{8}$이다. ○ / ×

4 돌연변이

정답과 해설 p.101

[기출 패턴] 유전자 돌연변이와 염색체 돌연변이의 개념을 알고 자료를 해석할 수 있어야 한다.

[배경 지식] (1) 유전자 돌연변이: 유전 정보가 저장된 DNA 염기 서열이 달라져 나타난 돌연변이이다.

(2) 염색체 돌연변이: 염색체의 수나 구조에 이상이 나타난 돌연변이이다.

자료 1 　교육청 기출

그림은 어떤 사람에서 정자가 형성되는 과정과 각 정자의 핵상을 나타낸 것이다. 감수 1분열에서 성염색체의 비분리가 1회 일어났다.

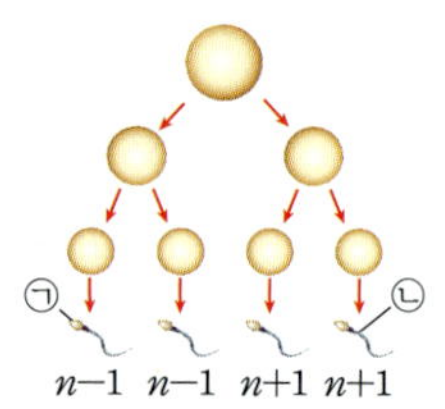

● 다음 설명 중 옳은 것은 ○표, 옳지 않은 것은 ×표 하시오.

1 ㉠에는 X 염색체가 있다. 　○ / ×

2 ㉡에 22개의 상염색체가 있다. 　○ / ×

3 ㉡과 정상 난자가 수정되어 태어난 아이에게서 터너 증후군이 나타난다. 　○ / ×

4 ㉠은 상염색체 22개를 갖는다. 　○ / ×

5 ㉡은 성염색체 2개를 갖는다. 　○ / ×

자료 2 　교육청 기출

- 이 유전병은 정상 대립유전자 A와 유전병 대립유전자 a에 의해 결정되며, A는 a에 대해 완전 우성이다.
- 아버지와 어머니는 각각 A와 a 중 한 가지만 가진다.
- 표는 영희네 가족 구성원의 유전병 유무를 나타낸 것이다.

구분	아버지	어머니	오빠	영희	남동생
유전병	×	○	○	×	×

(○: 있음, ×: 없음)

- 감수 분열 시 ㉠염색체 비분리가 1회 일어나 형성된 정자가 정상 난자와 수정되어 남동생이 태어났으며, 남동생의 성염색체는 XXY이다.

● 다음 설명 중 옳은 것은 ○표, 옳지 않은 것은 ×표 하시오.

1 이 유전병 유전자는 상염색체에 있다. 　○ / ×

2 오빠와 남동생의 체세포 1개당 a의 상대량은 같다. 　○ / ×

3 ㉠은 감수 2분열에서 일어났다. 　○ / ×

4 남동생은 클라인펠터 증후군의 염색체 이상을 갖는다. 　○ / ×

수능 대비 문제

01

다음은 어떤 가족의 ABO식 혈액형 및 유전병 (가)와 (나)에 대한 자료이다.

- (가)는 대립유전자 H와 H*에 의해, (나)는 대립유전자 T와 T*에 의해 결정된다. H는 H*에 대해, T는 T*에 대해 완전 우성이다.
- (가)와 (나)의 유전자는 ABO식 혈액형 유전자와 같은 염색체에 있다.
- 표는 구성원 1, 2, 3, 4의 혈액형 검사 결과를, 그림은 이 가족 구성원의 유전병 (가)와 (나)에 대한 가계도를 나타낸 것이다.

구분	1	2	3	4
항 A 혈청	○	×	○	○
항 B 혈청	×	○	×	○

(○:응집함, ×:응집안함)

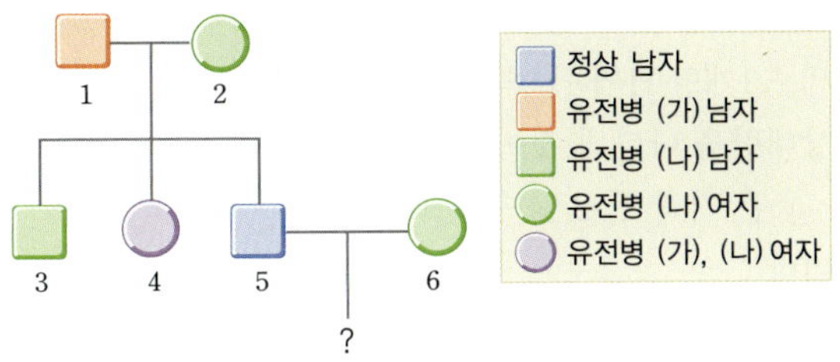

- 3, 4, 5의 ABO식 혈액형은 모두 다르다.
- 2와 6은 ABO식 혈액형, (가), (나)에 대한 유전자형 및 같은 염색체에 있는 대립유전자 종류가 동일하다.

이에 대한 설명으로 옳은 것만을 |보기|에서 있는 대로 고른 것은? (단, 돌연변이와 교차는 고려하지 않는다.)

┌ 보기 ┐
ㄱ. 유전병 (가)는 열성 형질이다.
ㄴ. 3은 대립유전자 O, H*, T가 함께 있는 염색체를 갖는다.
ㄷ. 5와 6 사이에서 유전병 (가) 또는 (나)를 갖는 아이가 태어날 때, 이 아이가 B형일 확률은 $\frac{2}{3}$이다.

① ㄱ   ② ㄷ   ③ ㄱ, ㄴ
④ ㄱ, ㄷ   ⑤ ㄴ, ㄷ

02

다음은 어떤 집안의 유전 형질 ㉠, ㉡과 ABO식 혈액형에 대한 자료이다.

- ㉠은 대립유전자 H와 h에 의해, ㉡은 대립유전자 T와 t에 의해 결정된다. H는 h에 대해, T는 t에 대해 각각 완전 우성이다.
- ㉠의 유전자와 ㉡의 유전자 중 하나만 ABO식 혈액형 유전자와 같은 염색체에 있고, 나머지 하나는 X 염색체에 있다.
- 가계도는 구성원 1~9에게서 ㉠과 ㉡의 발현 여부를 나타낸 것이다.
- 3은 H와 h 중 한 종류만 갖고, ABO식 혈액형의 유전자형이 동형 접합성이다.

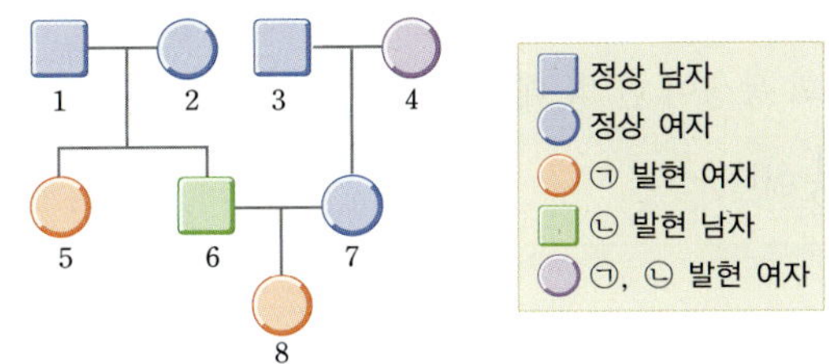

- 표는 구성원 1~8의 ABO식 혈액형을 나타낸 것이다.

구성원	1	2	3	4	5	6	7	8
혈액형	A형	B형	A형	O형	O형	B형	A형	O형

이에 대한 설명으로 옳은 것만을 |보기|에서 있는 대로 고른 것은? (단, 돌연변이와 교차는 고려하지 않는다.)

┌ 보기 ┐
ㄱ. ㉠과 ㉡은 모두 열성 형질이다.
ㄴ. 이 가계도의 구성원 중 H와 T를 모두 가진 사람은 4명이다.
ㄷ. 8의 동생이 태어날 때, 이 아이에게서 ㉠과 ㉡ 중 ㉠만 발현될 확률은 $\frac{1}{8}$이다.

① ㄱ   ② ㄷ   ③ ㄱ, ㄴ
④ ㄴ, ㄷ   ⑤ ㄱ, ㄴ, ㄷ

03
[기출 변형] [교육청]

그림은 어떤 집안의 유전병 ㉠에 대한 가계도를 나타낸 것이다. ㉠은 대립유전자 A와 a에 의해 결정되며, A는 a에 대해 완전 우성이다.

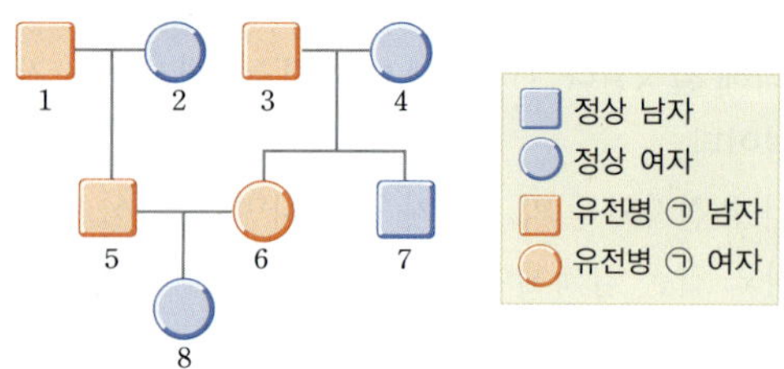

이에 대한 설명으로 옳은 것만을 |보기|에서 있는 대로 고른 것은? (단, 돌연변이는 고려하지 않는다.)

─ 보기 ─
ㄱ. A는 ㉠ 발현 대립유전자이다.
ㄴ. ㉠의 유전자는 X 염색체에 있다.
ㄷ. 8의 동생이 한 명 태어날 때, 이 아이가 정상일 확률은 $\dfrac{1}{2}$이다.

① ㄱ   ② ㄷ   ③ ㄱ, ㄴ
④ ㄴ, ㄷ   ⑤ ㄱ, ㄴ, ㄷ

04
[기출 변형] [교육청]

다음은 사람의 유전 형질 (가)와 (나)에 대한 자료이다.

- (가)는 대립유전자 A와 a에 의해 결정되며, A는 a에 대해 완전 우성이다.
- (나)는 1쌍의 대립유전자에 의해 결정되며, 대립유전자에는 B, D, E가 있고, 우열 관계는 B>D>E이다.
- (가)의 유전자와 (나)의 유전자는 서로 다른 상염색체에 있다.
- (가)와 (나)의 유전자형이 AaBD인 부모 사이에서 ㉠이 태어날 때, ㉠에서 나타날 수 있는 표현형은 최대 ⓐ가지이다.

이에 대한 설명으로 옳은 것만을 |보기|에서 있는 대로 고른 것은? (단, 돌연변이와 교차는 고려하지 않는다.)

─ 보기 ─
ㄱ. ⓐ는 4이다.
ㄴ. (나)는 다인자 유전을 따르는 형질이다.
ㄷ. ㉠에서 (가)와 (나)의 유전자형이 AaBD일 확률은 $\dfrac{1}{4}$이다.

① ㄱ   ② ㄴ   ③ ㄱ, ㄷ
④ ㄴ, ㄷ   ⑤ ㄱ, ㄴ, ㄷ

05
[기출] [평가원]

다음은 어떤 집안의 유전 형질 (가)와 (나)에 대한 자료이다.

- (가)는 대립유전자 H와 H^*에 의해, (나)는 대립유전자 R과 R^*에 의해 결정된다. H는 H^*에 대해, R는 R^*에 대해 각각 완전 우성이다.
- (나)를 결정하는 유전자는 X 염색체에 있다.
- 가계도는 구성원 ⓐ를 제외한 나머지 구성원에게서 (가)와 (나)의 발현 여부를 나타낸 것이다.

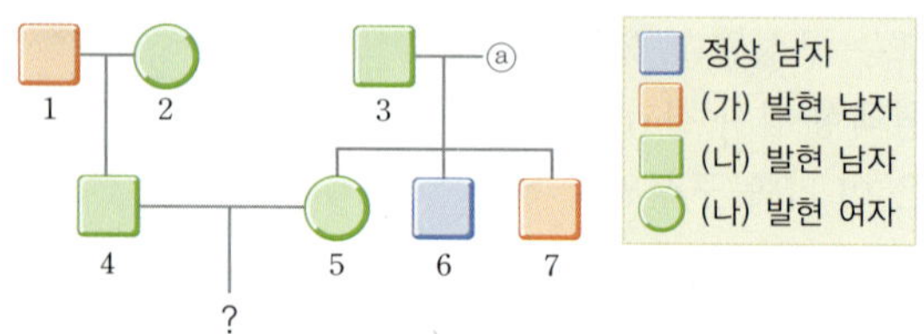

- 표는 구성원 ㉠~㉢에서 체세포 1개당 H와 H^*의 DNA 상대량을 나타낸 것이다. ㉠~㉢은 각각 1, 2, 4 중 하나이다.

구성원		㉠	㉡	㉢
DNA 상대량	H	1	?	2
	H^*	?	1	?

이에 대한 설명으로 옳은 것만을 |보기|에서 있는 대로 고른 것은? (단, 돌연변이와 교차는 고려하지 않으며, H와 H^* 각각의 1개당 DNA 상대량은 1이다.)

─ 보기 ─
ㄱ. 구성원 ㉢은 구성원 2이다.
ㄴ. ⓐ에게서 (가)와 (나)가 모두 발현되지 않았다.
ㄷ. 4와 5 사이에서 아이가 태어날 때, 이 아이에게서 (가)와 (나)가 모두 발현될 확률은 $\dfrac{1}{8}$이다.

① ㄱ   ② ㄷ   ③ ㄱ, ㄴ
④ ㄴ, ㄷ   ⑤ ㄱ, ㄴ, ㄷ

기출 변형 교육청

06 다음은 어떤 가족의 유전 형질 (가)와 적록 색맹에 대한 자료이다.

- (가)는 대립유전자 A와 a에 의해 결정되며, A는 a에 대해 완전 우성이다.
- 이 가족 구성원은 아버지, 어머니, 자녀 1, 자녀 2, 자녀 3으로 구성되고, 자녀 1과 3은 남자, 자녀 2는 여자이다.
- 아버지는 a를 갖지 않는다.
- 어머니와 자녀 1에게서는 (가)가 나타나고, 자녀 3에게서는 (가)가 나타나지 않는다.
- 가족 구성원 중 자녀 1에게서만 적록 색맹이 나타난다.

이에 대한 설명으로 옳은 것만을 |보기|에서 있는 대로 고른 것은? (단, 돌연변이와 교차는 고려하지 않는다.)

보기
ㄱ. (가)의 유전자는 X 염색체에 있다.
ㄴ. 어머니의 적록 색맹의 유전자형은 이형 접합성이다.
ㄷ. 자녀 3의 동생이 태어날 때, 이 아이에게서 (가)와 적록 색맹이 모두 발현될 확률은 $\frac{1}{2}$이다.

① ㄱ ② ㄷ ③ ㄱ, ㄴ
④ ㄴ, ㄷ ⑤ ㄱ, ㄴ, ㄷ

이에 대한 설명으로 옳은 것만을 |보기|에서 있는 대로 고른 것은? (단, 돌연변이는 고려하지 않는다.)

보기
ㄱ. ㉠은 우성 형질이다.
ㄴ. 1~9 중 a가 없는 사람은 1명이다.
ㄷ. 9의 동생이 태어날 때, 이 아이에게서 ㉠이 발현될 확률은 $\frac{1}{4}$이다.

① ㄱ ② ㄷ ③ ㄱ, ㄴ
④ ㄴ, ㄷ ⑤ ㄱ, ㄴ, ㄷ

기출 변형 교육청

07 다음은 어떤 집안의 유전 형질 ㉠에 대한 자료이다.

- ㉠은 대립유전자 A와 a에 의해 결정된다. A는 a에 대해 완전 우성이다.
- 가계도는 구성원 1~9에게서 ㉠의 발현 여부를 나타낸 것이다.

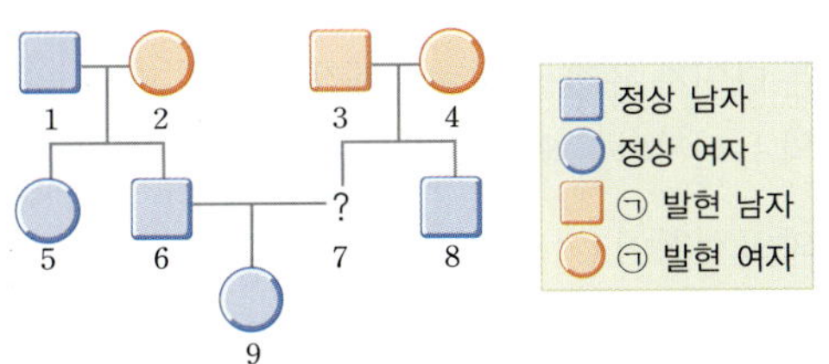

- 4와 8의 체세포 1개당 a의 DNA 상대량은 같다.

기출 평가원

08 다음은 어떤 집안의 유전 형질 (가)와 (나)에 대한 자료이다.

- (가)는 대립유전자 H와 h에 의해, (나)는 대립유전자 R와 r에 의해 결정된다. H는 h에 대해, R는 r에 대해 각각 완전 우성이다.
- (가)와 (나)의 유전자는 모두 X 염색체에 있다.
- 가계도는 구성원 ⓐ와 ⓑ를 제외한 구성원 1~9에게서 (가)와 (나)의 발현 여부를 나타낸 것이다.

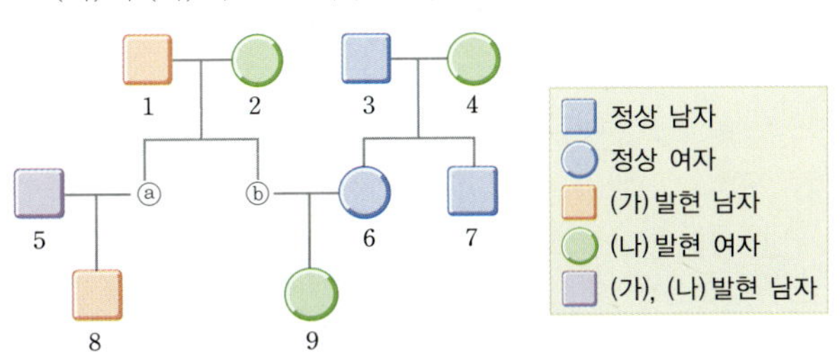

- ⓐ와 ⓑ 중 한 사람은 (가)와 (나)가 모두 발현되었고, 나머지 한 사람은 (가)와 (나)가 모두 발현되지 않았다.

이에 대한 설명으로 옳은 것만을 |보기|에서 있는 대로 고른 것은? (단, 돌연변이는 고려하지 않는다.)

보기
ㄱ. ⓐ에게서 (가)와 (나)가 모두 발현되었다.
ㄴ. 2의 (가)에 대한 유전자형은 이형 접합성이다.
ㄷ. 8의 동생이 태어날 때, 이 아이에게서 나타날 수 있는 표현형은 최대 4가지이다.

① ㄱ ② ㄴ ③ ㄱ, ㄷ
④ ㄴ, ㄷ ⑤ ㄱ, ㄴ, ㄷ

기출 교육청

09 다음은 어떤 집안의 유전병 ㉠과 ㉡에 대한 자료이다.

- ㉠은 대립유전자 A와 A*에 의해, ㉡은 대립유전자 B와 B*에 의해 결정된다. A는 A*에 대해, B는 B*에 대해 각각 완전 우성이다.
- ㉠의 유전자와 ㉡의 유전자는 같은 염색체에 있다.
- 가계도는 구성원 6과 7을 제외한 나머지 구성원에게서 ㉠과 ㉡의 유무를 나타낸 것이고, 6과 7의 성별은 나타내지 않았다.

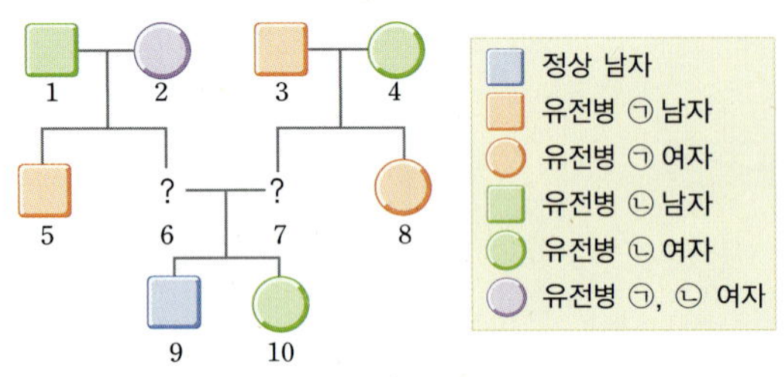

- 구성원 1은 B와 B* 중 한 가지만 가진다.

이에 대한 설명으로 옳은 것만을 |보기|에서 있는 대로 고른 것은? (단, 돌연변이는 고려하지 않는다.)

> **보기**
> ㄱ. A는 정상 대립유전자이다.
> ㄴ. 2는 A*와 B*가 함께 있는 염색체를 가진다.
> ㄷ. 10의 동생이 태어날 때, 이 아이에게서 ㉠과 ㉡이 모두 나타날 확률은 $\frac{1}{4}$이다.

① ㄱ   ② ㄷ   ③ ㄱ, ㄴ
④ ㄴ, ㄷ   ⑤ ㄱ, ㄴ, ㄷ

기출 변형 교육청

10 다음은 사람의 유전 형질 (가)와 (나)에 대한 자료이다.

- (가)는 대립유전자 A와 a에 의해 결정되며, 유전자형이 다르면 개체의 표현형은 서로 다르다.
- (나)는 2쌍의 대립유전자 B와 b, D와 d에 의해 결정되며, (나)의 표현형은 유전자형에서 대문자로 표시되는 대립유전자의 수에 의해서만 결정된다.
- (가)와 (나)를 결정하는 유전자는 서로 다른 3개의 상염색체에 존재한다.

이에 대한 설명으로 옳은 것만을 |보기|에서 있는 대로 고른 것은? (단, 돌연변이는 고려하지 않는다.)

> **보기**
> ㄱ. A는 a에 대해 완전 우성이다.
> ㄴ. (나)는 복대립 유전을 따르는 형질이다.
> ㄷ. 유전자형이 AaBbDd인 부모로부터 아이가 태어날 때, 이 아이가 가질 수 있는 (가)와 (나)의 표현형은 최대 15가지이다.

① ㄱ   ② ㄷ   ③ ㄱ, ㄴ
④ ㄴ, ㄷ   ⑤ ㄱ, ㄴ, ㄷ

기출 변형 평가원

11 다음은 사람의 유전 형질 ㉠과 ㉡에 대한 자료이다.

- ㉠은 1쌍의 대립유전자에 A와 A*에 의해 결정되며, 유전자형이 다르면 표현형이 다르다.
- ㉡은 1쌍의 대립유전자에 의해 결정되며, 대립유전자에는 D, E, F가 있다. 유전자형이 DD인 사람과 DE인 사람의 표현형은 같고, 유전자형이 EE인 사람과 EF인 사람의 표현형은 같다.
- ㉠과 ㉡의 유전자형이 (가) AA*EF인 여자와 AA*DF인 남자 사이에서 아이 ⓐ가 태어날 때, ⓐ에게서 나타날 수 있는 ㉠과 ㉡의 표현형은 최대 9가지이다.

이에 대한 설명으로 옳은 것만을 |보기|에서 있는 대로 고른 것은? (단, 돌연변이는 고려하지 않는다.)

> **보기**
> ㄱ. ㉠은 다인자 유전을 따르는 형질이다.
> ㄴ. ㉠의 유전자와 ㉡의 유전자는 같은 염색체에 있다.
> ㄷ. ⓐ의 표현형이 (가)와 같을 확률은 $\frac{1}{8}$이다.

① ㄱ   ② ㄴ   ③ ㄷ
④ ㄱ, ㄴ   ⑤ ㄴ, ㄷ

12 다음은 사람의 유전 형질 (가)~(다)에 대한 자료이다.

- (가)~(다)의 유전자는 서로 다른 3개의 상염색체에 있다.
- (가)는 대립유전자 A와 A*에 의해 결정되며, A는 A*에 대해 완전 우성이다.
- (나)는 대립유전자 B와 B*에 의해 결정되며, 유전자형이 다르면 표현형이 다르다.
- (다)는 1쌍의 대립유전자에 의해 결정되며, 대립유전자에는 D, E, F, G가 있고, 각 대립유전자 사이의 우열 관계는 분명하다. (다)의 표현형은 4가지이다.
- 유전자형이 ㉠ AA*BB*DE인 아버지와 AA*BB*FG인 어머니 사이에서 아이가 태어날 때, 이 아이에게서 나타날 수 있는 표현형은 최대 12가지이다.
- 유전자형이 AABB*DF인 아버지와 AA*BBDE인 어머니 사이에서 아이가 태어날 때, 이 아이의 표현형이 어머니와 같을 확률은 $\frac{3}{8}$이다.

유전자형이 AA*BB*DF인 아버지와 AA*BB*EG인 어머니 사이에서 아이가 태어날 때, 이 아이의 표현형이 ㉠과 같을 확률은? (단, 돌연변이는 고려하지 않는다.)

① $\frac{1}{8}$　　② $\frac{3}{16}$　　③ $\frac{1}{4}$

④ $\frac{9}{32}$　　⑤ $\frac{5}{16}$

13 그림 (가)는 유전자형이 Aa인 어떤 남자의 정자 형성 과정을, (나)는 세포 Ⅲ에 있는 21번 염색체를 모두 나타낸 것이다. (가)에서 염색체 비분리가 1회 일어났고, Ⅰ은 중기의 세포이고, X 염색체가 있다.

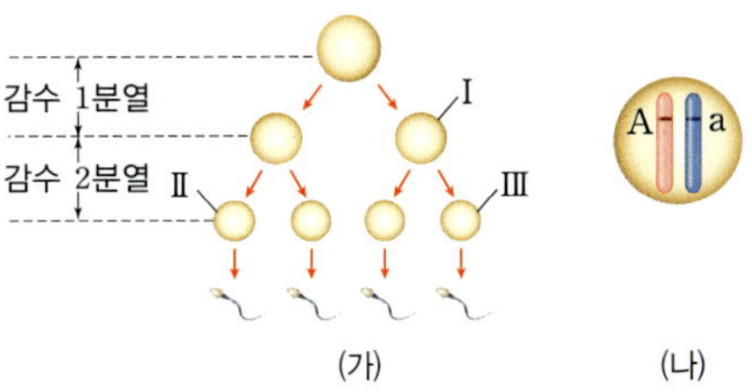

이에 대한 설명으로 옳은 것만을 |보기|에서 있는 대로 고른 것은? (단, 제시된 염색체 비분리 이외의 돌연변이와 교차는 고려하지 않는다.)

|보기|
ㄱ. Ⅱ에는 Y 염색체가 있다.
ㄴ. Ⅰ과 Ⅲ에 있는 A의 수는 같다.
ㄷ. 감수 1분열에서 염색체 비분리가 일어났다.

① ㄱ　　② ㄴ　　③ ㄱ, ㄷ
④ ㄴ, ㄷ　　⑤ ㄱ, ㄴ, ㄷ

14 그림은 어떤 동물(2n = 6)의 정자 형성 과정을 나타낸 것이다. 이 정자 형성 과정에서 성염색체 비분리가 1회 일어났고, 정자 ㉠~㉢ 각각의 총 염색체 수는 ㉠ > ㉢ > ㉡이며, 이 동물의 성염색체는 XY이다.

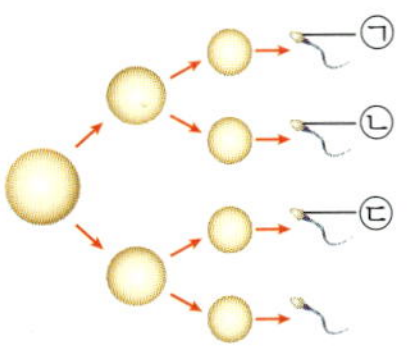

이에 대한 설명으로 옳은 것만을 |보기|에서 있는 대로 고른 것은? (단, 제시된 염색체 비분리 이외의 돌연변이는 고려하지 않는다.)

|보기|
ㄱ. ㉠의 총 염색체 수는 4이다.
ㄴ. ㉡과 ㉢에는 모두 성염색체가 있다.
ㄷ. 성염색체 비분리는 감수 2분열에서 일어났다.

① ㄱ　　② ㄴ　　③ ㄷ
④ ㄱ, ㄷ　　⑤ ㄴ, ㄷ

수능 대비 문제

15 그림은 어떤 사람에서 G_1기 세포 ㉠으로부터 정자가 형성되는 과정을, 표는 세포 ㉡~㉣에서 성염색체 수를 나타낸 것이다. 감수 분열 과정 중 성염색체 비분리가 1회 일어났다.

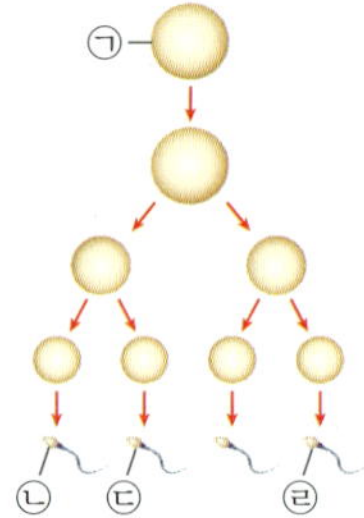

세포	성염색체 수
㉡	2
㉢	2
㉣	0

이에 대한 설명으로 옳은 것만을 |보기|에서 있는 대로 고른 것은? (단, 제시된 염색체 비분리 이외의 돌연변이는 고려하지 않는다.)

> **보기**
> ㄱ. ㉡에 X 염색체가 있다.
> ㄴ. 감수 1분열에서 염색체 비분리가 일어났다.
> ㄷ. ㉣과 정상 난자가 수정되어 태어난 아이에게서 터너 증후군이 나타난다.

① ㄱ   ② ㄴ   ③ ㄷ
④ ㄱ, ㄷ   ⑤ ㄱ, ㄴ, ㄷ

16 다음은 영희네 가족의 어떤 유전병에 대한 자료이다.

- 이 유전병은 대립유전자 A와 a에 의해 결정되며, A는 a에 대해 완전 우성이다.
- 아버지와 어머니는 각각 A와 a 중 한 가지만 가진다.
- 표는 영희네 가족 구성원의 유전병 유무를 나타낸 것이다.

구성원	아버지	어머니	오빠	영희	남동생
유전병	○	×	×	○	○

(○:있음, ×:없음)

- 감수 분열 시 ㉠염색체 비분리가 1회 일어나 형성된 정자가 정상 난자와 수정되어 남동생이 태어났으며, 남동생의 성염색체는 XXY이다.

이에 대한 설명으로 옳은 것만을 |보기|에서 있는 대로 고른 것은? (단, 제시된 돌연변이 이외의 돌연변이는 고려하지 않는다.)

> **보기**
> ㄱ. 이 유전병 유전자는 상염색체에 있다.
> ㄴ. 오빠와 남동생의 체세포 1개당 a의 상대량은 같다.
> ㄷ. ㉠은 감수 1분열에서 일어났다.

① ㄱ   ② ㄴ   ③ ㄷ
④ ㄱ, ㄴ   ⑤ ㄴ, ㄷ

17 다음은 어떤 집안의 유전 형질 ㉠과 ㉡에 대한 자료이다.

- ㉠은 대립유전자 A와 A^*에 의해, ㉡은 대립유전자 B와 B^*에 의해 결정된다. A는 A^*에 대해, B는 B^*에 대해 각각 완전 우성이다.
- ㉠과 ㉡을 결정하는 유전자는 모두 X 염색체에 있다.
- 부모 모두 ㉠은 발현되지 않았고, 부모 중 한 사람만 ㉡이 발현되었다.
- 표는 이 부모로부터 태어난 자녀 1~4의 성별과 ㉠과 ㉡의 발현 여부를 나타낸 것이다.

자녀	성별	㉠	㉡
1	남	×	○
2	남	○	○
3	여	×	×
4	남	×	×

(○:발현됨, ×:발현되지 않음)

- 부모와 자녀 1~3의 핵형은 모두 정상이다.
- 감수 분열 시 부모 중 한 사람에게서만 염색체 비분리가 1회 일어나 ⓐ염색체 수가 비정상적인 생식세포가 형성되었다. ⓐ가 정상 생식세포와 수정되어 4가 태어났으며, 4는 클라인펠터 증후군을 나타낸다.

이에 대한 설명으로 옳은 것만을 |보기|에서 있는 대로 고른 것은? (단, 제시된 염색체 비분리 이외의 돌연변이와 교차는 고려하지 않는다.)

> **보기**
> ㄱ. ㉡은 우성 형질이다.
> ㄴ. 1~4의 어머니는 A와 B^*가 함께 있는 염색체를 가지고 있다.
> ㄷ. ⓐ는 감수 1분열에서 염색체 비분리가 일어나 형성된 정자이다.

① ㄱ   ② ㄴ   ③ ㄷ
④ ㄱ, ㄷ   ⑤ ㄴ, ㄷ

18

사람의 유전 형질 (가)는 2쌍의 대립유전자 A와 a, B와 b에 의해 결정되며, (가)를 결정하는 유전자는 서로 다른 2개의 상염색체에 있다. 그림은 유전자형이 AABb인 어떤 사람의 G_1기 세포 Ⅰ로부터 정자가 형성되는 과정을, 표는 세포 ㉠∼㉣에 들어 있는 세포 1개당 대립유전자 A와 b의 DNA 상대량을 더한 값을 나타낸 것이다. 이 정자 형성 과정에서 18번 염색체의 비분리가 1회 일어났고, ㉠∼㉣은 Ⅰ∼Ⅳ를 순서 없이 나타낸 것이다. Ⅳ는 A를 갖지 않는다.

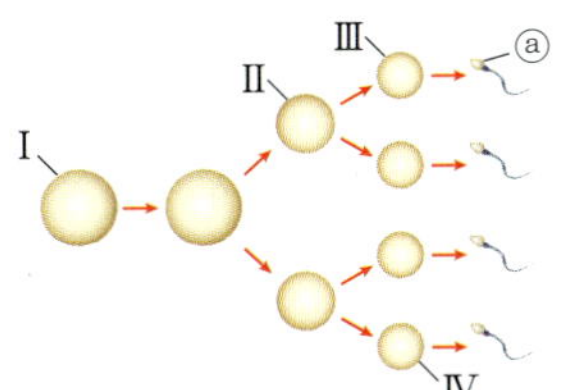

세포	A와 b의 DNA 상대량을 더한 값
㉠	4
㉡	3
㉢	1
㉣	2

이에 대한 설명으로 옳은 것만을 |보기|에서 있는 대로 고른 것은? (단, 제시된 염색체 비분리 이외의 돌연변이와 교차는 고려하지 않으며, A, a, B, b 각각의 1개당 DNA 상대량은 1이다.)

┌ 보기 ┐
ㄱ. ㉣은 Ⅲ이다.
ㄴ. 염색체 비분리는 감수 1분열에서 일어났다.
ㄷ. 정자 ⓐ와 정상 난자가 수정되어 태어난 아이는 다운 증후군의 염색체 이상을 보인다.
└───────┘

① ㄱ　　　　② ㄴ　　　　③ ㄱ, ㄴ
④ ㄱ, ㄷ　　　⑤ ㄴ, ㄷ

19

다음은 어떤 집안의 유전 형질 (가)에 대한 자료이다.

- (가)는 상염색체에 있는 1쌍의 대립유전자에 의해 결정되며, 대립유전자에는 D, E, F, G가 있다.
- D는 E, F, G에 대해, E는 F, G에 대해, F는 G에 대해 각각 완전 우성이다.
- 그림은 구성원 1∼8의 가계도를, 표는 1, 3, 4, 5의 체세포 1개당 G의 DNA 상대량을 나타낸 것이다. 가계도에 (가)의 표현형은 나타내지 않았다.

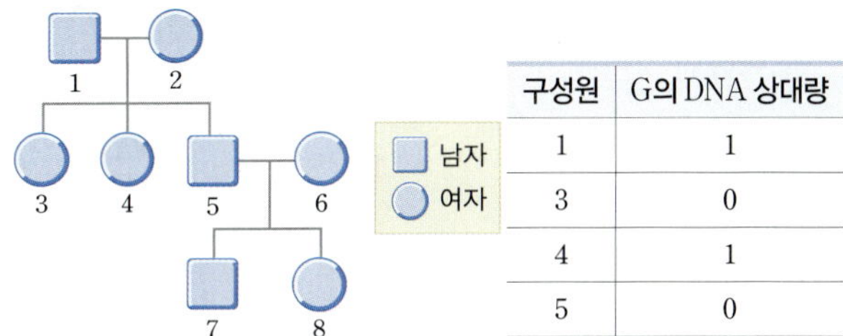

구성원	G의 DNA 상대량
1	1
3	0
4	1
5	0

- 1∼8의 유전자형은 각각 서로 다르다.
- 3, 4, 5, 6의 표현형은 모두 다르고, 2와 8의 표현형은 같다.
- 5와 6 중 한 명의 생식세포 형성 과정에서 ⓐ대립유전자 ㉠이 대립유전자 ㉡으로 바뀌는 돌연변이가 1회 일어나 ㉡을 갖는 생식세포가 형성되었다. 이 생식세포가 정상 생식세포와 수정되어 8이 태어났다. ㉠과 ㉡은 각각 D, E, F, G 중 하나이다.

이에 대한 설명으로 옳은 것만을 |보기|에서 있는 대로 고른 것은? (단, 제시된 돌연변이 이외의 돌연변이는 고려하지 않으며, D, E, F, G 각각의 1개당 DNA 상대량은 1이다.)

┌ 보기 ┐
ㄱ. 5와 7의 표현형은 같다.
ㄴ. ⓐ는 5에서 형성되었다.
ㄷ. 2∼8 중 1과 표현형이 같은 사람은 2명이다.
└───────┘

① ㄱ　　　　② ㄴ　　　　③ ㄷ
④ ㄱ, ㄴ　　　⑤ ㄱ, ㄷ

수능 대비 문제

기출 평가원

20 다음은 영희네 가족의 유전 형질 (가)~(다)에 대한 자료이다.

- (가)는 대립유전자 A와 A*에 의해, (나)는 대립유전자 B와 B*에 의해, (다)는 대립유전자 D와 D*에 의해 결정된다.
- (가)와 (나)의 유전자는 7번 염색체에, (다)의 유전자는 X 염색체에 있다.
- 그림은 영희네 가족 구성원 중 어머니, 오빠, 영희, ⓐ남동생의 세포 Ⅰ~Ⅳ가 갖는 A, B, D*의 DNA 상대량을 나타낸 것이다.

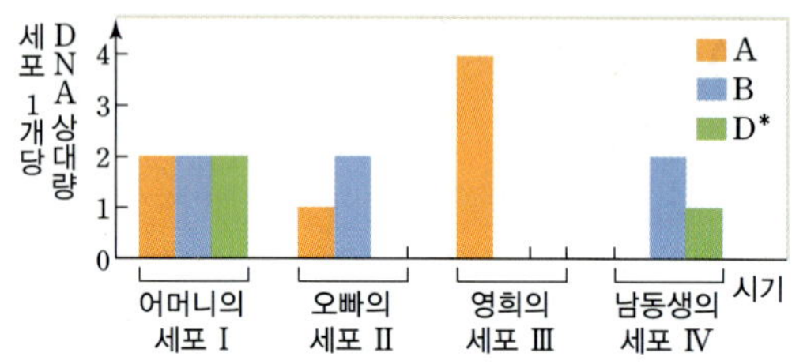

- 어머니의 생식세포 형성 과정에서 대립유전자 ㉠이 대립유전자 ㉡으로 바뀌는 돌연변이가 1회 일어나 ㉡을 갖는 생식세포가 형성되었다. 이 생식세포가 정상 생식세포와 수정되어 ⓐ가 태어났다. ㉠과 ㉡은 (가)~(다) 중 한 가지 형질을 결정하는 서로 다른 대립유전자이다.

이에 대한 설명으로 옳은 것만을 |보기|에서 있는 대로 고른 것은? (단, 제시된 돌연변이 이외의 돌연변이와 교차는 고려하지 않으며, A, A*, B, B*, D, D* 각각의 1개당 DNA 상대량은 1이다.)

> |보기|
> ㄱ. Ⅰ은 G_1기 세포이다.
> ㄴ. ㉠은 A이다.
> ㄷ. 아버지에서 A*, B, D를 모두 갖는 정자가 형성될 수 있다.

① ㄱ   ② ㄴ   ③ ㄷ
④ ㄱ, ㄷ   ⑤ ㄴ, ㄷ

기출 변형 평가원

21 사람의 유전 형질 ⓐ는 3쌍의 대립유전자 A와 a, B와 b, D와 d에 의해 결정되며, ⓐ를 결정하는 유전자는 서로 다른 2개의 상염색체에 있다. 그림은 유전자형이 AaBbDd인 G_1기의 세포 Q로부터 정자가 형성되는 과정을, 표는 세포 ㉠~㉢의 세포 1개당 a, B, D의 DNA 상대량을 나타낸 것이다. ㉠~㉢은 Ⅰ~Ⅲ을 순서 없이 나타낸 것이다. 그림에서 염색체 비분리는 1회 일어났고, Ⅰ~Ⅲ 중 1개의 세포만 A를 가지며, Ⅰ은 중기의 세포이다.

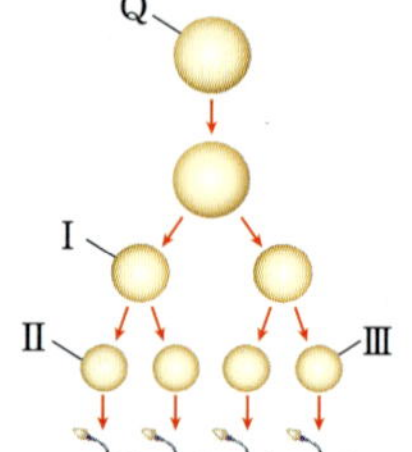

구성원	㉠	㉡	㉢
DNA 상대량 a	1	0	0
B	0	0	2
D	1	0	0

이에 대한 설명으로 옳은 것만을 |보기|에서 있는 대로 고른 것은? (단, 제시된 염색체 비분리 이외의 돌연변이와 교차는 고려하지 않으며, A, a, B, b, D, d 각각의 1개당 DNA 상대량은 1이다.)

> |보기|
> ㄱ. Ⅰ은 ㉡이다.
> ㄴ. 염색체 비분리는 감수 2 분열에서 일어났다.
> ㄷ. Q에는 A와 b가 같은 염색체에 있다.

① ㄱ   ② ㄴ   ③ ㄷ
④ ㄱ, ㄴ   ⑤ ㄴ, ㄷ

1 생태계의 구성과 기능

[기출 패턴] 생태계 구성 요소의 종류와 특성을 이해하고, 각 구성 요소 사이의 상호 관계를 제시된 자료와 예시를 통해 파악할 수 있는지 묻는 문항이 출제되고 있다.

[배경 지식] (1) 생태계는 생물적 요인과 비생물적 요인으로 구성되며, 각 구성 요소는 서로 영향을 주고받는다.
(2) 개체군 내 상호 작용: 텃세, 순위제, 리더제, 사회생활, 가족생활
(3) 군집 내 개체군 사이의 상호 작용: 종간 경쟁, 분서, 포식과 피식, 공생(상리 공생, 편리공생), 기생
(4) 군집의 천이는 1차 천이(건성 천이, 습성 천이)와 2차 천이로 구분한다.

자료 1 평가원 기출

그림은 생태계를 구성하는 요소 사이의 상호 관계를 나타낸 것이다.

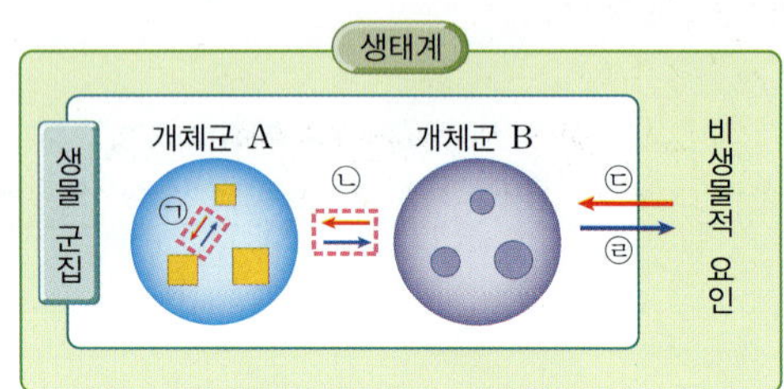

● 다음 설명 중 옳은 것은 ○표, 옳지 않은 것은 ×표 하시오.

1 뿌리혹박테리아는 생물적 요인에 해당한다. ○ / ×
2 분서는 ㉠에 해당하고, 리더제는 ㉡에 해당한다.
　　　　　　　　　　　　　　　　　　　　　　　　　○ / ×
3 숲의 나무 때문에 빛이 차단되어 토양 수분의 증발량이 감소하는 것은 ㉢에 해당한다. ○ / ×
4 기온이 나뭇잎의 색 변화에 영향을 주는 것은 ㉣에 해당한다. ○ / ×

자료 2 평가원 기출

표 (가)는 종 사이의 상호 작용을 나타낸 것이고, (나)는 바다에 서식하는 산호와 조류 간의 상호 작용에 대한 자료이다. Ⅰ과 Ⅱ는 종간 경쟁과 상리 공생을 순서 없이 나타낸 것이다.

상호 작용	종 1	종 2
Ⅰ	이익	ⓐ
Ⅱ	ⓑ	손해

(가)

산호와 함께 사는 조류는 산호에게 산소와 먹이를 공급하고, 산호는 조류에게 서식지와 영양소를 제공한다.

(나)

● 다음 설명 중 옳은 것은 ○표, 옳지 않은 것은 ×표 하시오.

1 ⓐ와 ⓑ는 모두 '이익'이다. ○ / ×
2 (나)의 상호 작용은 Ⅱ에 해당한다. ○ / ×
3 말미잘과 흰동가리 사이의 상호 작용은 Ⅰ에 해당한다.
　　　　　　　　　　　　　　　　　　　　　　　　　○ / ×
4 (나)에서 산호와 조류는 한 개체군을 이룬다. ○ / ×

자료 3 교육청 기출

그림 (가)와 (나)는 서로 다른 두 지역에서 일어나는 천이 과정의 일부를 나타낸 것이다. A~C는 초원, 양수림, 지의류를 순서 없이 나타낸 것이다.

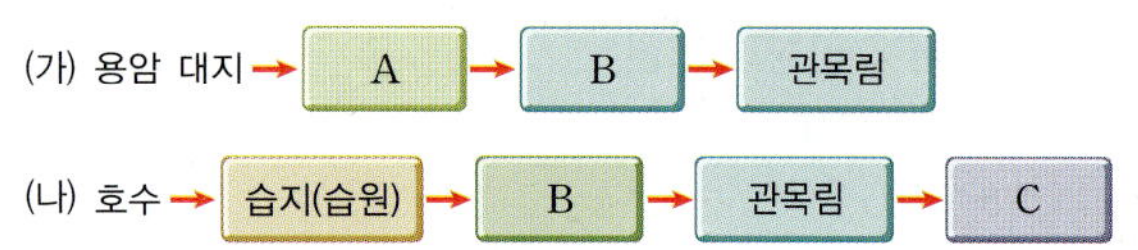

● 다음 설명 중 옳은 것은 ○표, 옳지 않은 것은 ×표 하시오.

1 A는 초원, B는 지의류, C는 양수림이다. ○ / ×
2 (가)는 1차 천이, (나)는 2차 천이에 해당한다. ○ / ×
3 (가)에서 개척자는 지의류이다. ○ / ×
4 (가)는 건성 천이, (나)는 습성 천이를 나타낸 것이다.
　　　　　　　　　　　　　　　　　　　　　　　　　○ / ×

2 에너지 흐름과 물질 순환

정답과 해설 p.107

[기출 패턴] 자료를 해석하여 생태계에서 일어나는 에너지 전환과 에너지 흐름, 물질 순환의 과정을 각 단계별로 파악하고 있는지 묻는 문항이 출제되고 있다.

[배경 지식] (1) 생태계에서 물질은 순환하지만, 에너지는 순환하지 않고 먹이 사슬을 따라 한 방향으로만 흐른다.

(2) 에너지 효율(%) = $\dfrac{\text{현 영양 단계의 에너지양}}{\text{전 영양 단계의 에너지양}} \times 100$

(3) 생산자에서 물질의 생산과 소비 관계: 총생산량 = 호흡량 + 순생산량(고사·낙엽량 + 피식량 + 생장량)

자료 1 평가원 기출

그림 (가)는 어떤 생태계에서 영양 단계의 생체량(생물량)과 에너지양을 상댓값으로 나타낸 생태 피라미드를, (나)는 이 생태계에서 생산자의 총생산량, 순생산량, 생장량의 관계를 나타낸 것이다.

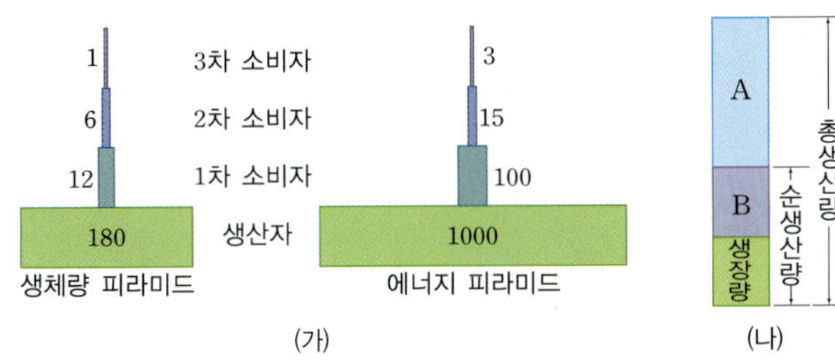

● 다음 설명 중 옳은 것은 ○표, 옳지 <u>않은</u> 것은 ×표 하시오.

1 1차 소비자의 생체량은 A에 포함된다. ○ / ×

2 생산자의 고사·낙엽량은 B에 포함된다. ○ / ×

3 에너지 효율은 1차 소비자가 15 %, 2차 소비자가 20 %이다. ○ / ×

4 상위 영양 단계로 갈수록 생체량과 에너지양은 모두 감소한다. ○ / ×

자료 2 교육청 기출

그림은 물질 순환 과정의 일부를 나타낸 것이다. 기체 A와 B는 각각 N_2와 CO_2 중 하나이며, ㉠과 ㉡은 각각 생산자와 소비자 중 하나이다.

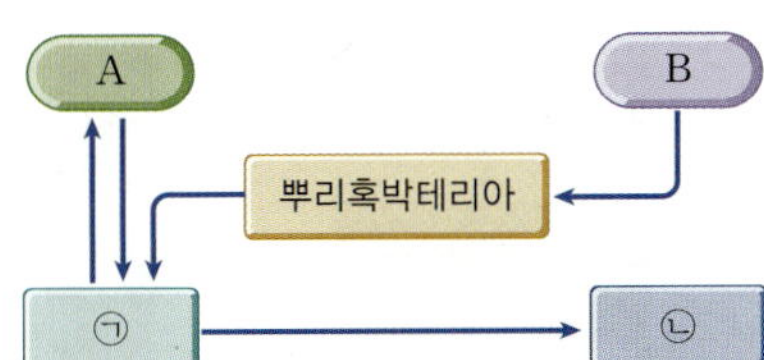

● 다음 설명 중 옳은 것은 ○표, 옳지 <u>않은</u> 것은 ×표 하시오.

1 A는 CO_2, B는 N_2이다. ○ / ×

2 A는 ㉠에 흡수되어 광합성을 통해 유기물로 합성된다. ○ / ×

3 B는 질소 동화 작용에 의해 암모늄 이온(NH_4^+)으로 전환된다. ○ / ×

4 A는 유기물의 형태로 ㉠에서 ㉡으로 전달된다. ○ / ×

5 완두는 ㉠에 해당한다. ○ / ×

자료 3 평가원 기출

그림은 식물 군집 A의 시간에 따른 총생산량과 순생산량을 나타낸 것이다. ㉠과 ㉡은 각각 총생산량과 순생산량 중 하나이다.

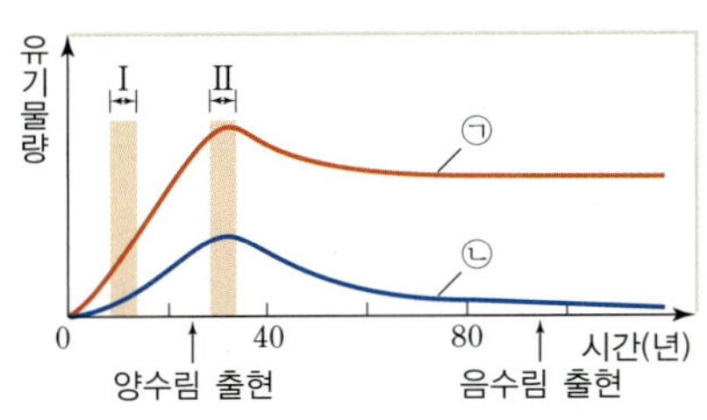

● 다음 설명 중 옳은 것은 ○표, 옳지 <u>않은</u> 것은 ×표 하시오.

1 A의 호흡량은 구간 Ⅰ에서가 구간 Ⅱ에서보다 많다. ○ / ×

2 구간 Ⅱ에서 A의 피식량은 순생산량에 포함된다. ○ / ×

3 ㉡은 생산자가 광합성을 통해 생산한 유기물의 총량이다. ○ / ×

4 구간 Ⅱ에서 A는 극상을 이룬다. ○ / ×

수능 대비 문제

01 그림은 생태계 구성 요소 사이의 상호 관계를, 표는 ⓛ의 예를 나타낸 것이다. A와 B는 생물적 요인과 비생물적 요인을 순서 없이 나타낸 것이다.

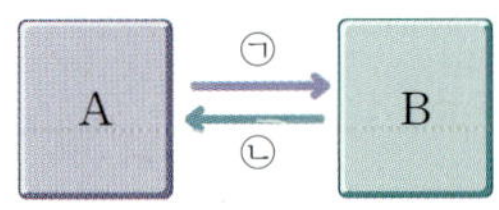

이에 대한 설명으로 옳은 것만을 |보기|에서 있는 대로 고른 것은?

> **보기**
> ㄱ. A는 생물적 요인이다.
> ㄴ. 곰팡이는 B에 속한다.
> ㄷ. 식물의 낙엽으로 토양이 비옥해지는 것은 ⓛ의 예에 해당한다.

① ㄱ   ② ㄴ   ③ ㄱ, ㄷ
④ ㄴ, ㄷ   ⑤ ㄱ, ㄴ, ㄷ

기출 변형 **평가원**

02 그림은 생태계 구성 요소 사이의 상호 관계를, 표는 생태계 구성 요소 사이의 상호 관계에 대한 예를 나타낸 것이다.

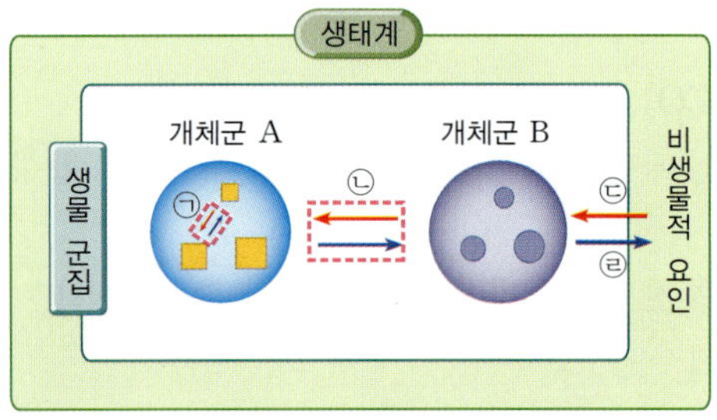

(가) 겨우살이는 다른 식물에 뿌리를 박아 물과 양분을 얻는다.
(나) 버들붕어 수컷은 자신의 세력권에 다른 버들붕어가 침입하면 공격하여 쫓아낸다.

이에 대한 설명으로 옳은 것만을 |보기|에서 있는 대로 고른 것은?

> **보기**
> ㄱ. 지의류는 생물 군집에 속한다.
> ㄴ. (가)와 (나)는 모두 ⓖ의 예에 해당한다.
> ㄷ. 질소 고정 세균에 의해 토양의 암모늄 이온(NH_4^+)이 증가하는 것은 ⓔ의 예에 해당한다.

① ㄱ   ② ㄷ   ③ ㄱ, ㄴ
④ ㄴ, ㄷ   ⑤ ㄱ, ㄴ, ㄷ

---

03 그림은 생물적 요인 사이의 상호 관계를, 표는 비생물적 요인 (가)가 A에 해당하는 생물에 영향을 주는 예를 나타낸 것이다. A와 B는 생산자와 분해자를 순서 없이 나타난 것이다.

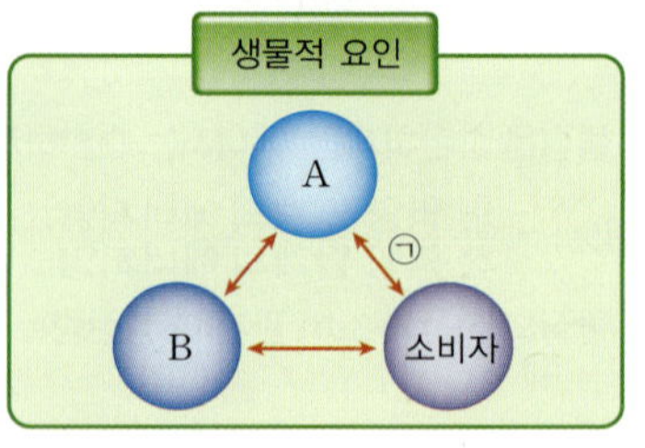

이에 대한 설명으로 옳은 것만을 |보기|에서 있는 대로 고른 것은?

> **보기**
> ㄱ. 사슴과 호랑이 사이의 상호 작용은 ⓛ에 해당한다.
> ㄴ. B는 생물의 사체에 포함된 유기물을 분해한다.
> ㄷ. (가)는 빛이다.

① ㄱ   ② ㄴ   ③ ㄱ, ㄷ
④ ㄴ, ㄷ   ⑤ ㄱ, ㄴ, ㄷ

---

04 그림 (가)는 어떤 나무 X에 있는 잎 A와 B의 단면 구조를, (나)는 서로 다른 지역에 서식하고 있는 여우 ⓖ과 ⓛ의 모습을 나타낸 것이다. A와 B는 각각 양엽과 음엽 중 하나이고, ⓖ과 ⓛ은 각각 사막여우와 북극여우 중 하나이다.

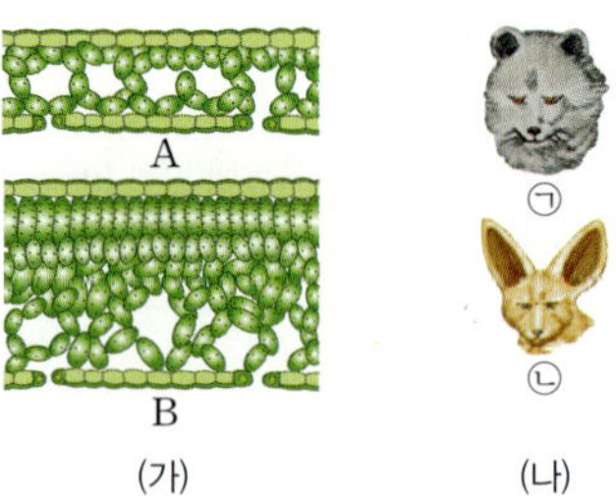

이에 대한 설명으로 옳은 것만을 |보기|에서 있는 대로 고른 것은?

> **보기**
> ㄱ. X에서 $\dfrac{\text{A의 비율}}{\text{B의 비율}}$ 은 상층부에서가 하층부에서보다 작다.
> ㄴ. ⓖ은 ⓛ보다 위도가 높은 지역에 서식한다.
> ㄷ. (가)와 (나)는 모두 빛이 생물적 요인에 영향을 주는 예이다.

① ㄱ   ② ㄷ   ③ ㄱ, ㄴ
④ ㄴ, ㄷ   ⑤ ㄱ, ㄴ, ㄷ

05

그림 (가)는 어떤 개체군의 생장 곡선 A와 B를, (나)는 A와 B 중 하나의 시간에 따른 개체 수 증가율을 나타낸 것이다. A와 B는 각각 실제 생장 곡선과 이론적 생장 곡선 중 하나이고, 개체 수 증가율은 단위 시간 당 증가한 개체 수이다.

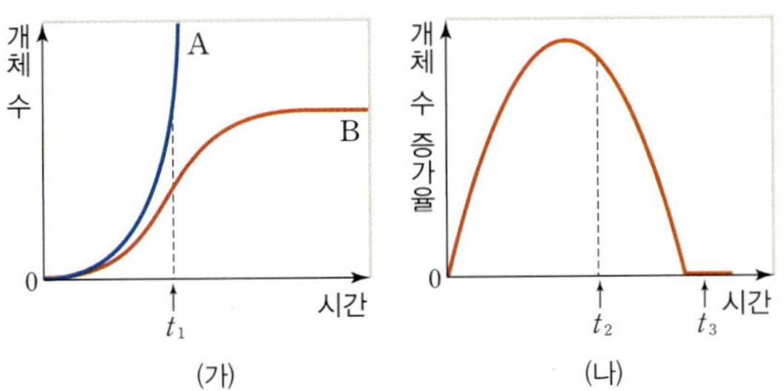

이에 대한 설명으로 옳은 것만을 |보기|에서 있는 대로 고른 것은? (단, 이 개체군에서 이입과 이출은 없으며, 서식지 면적은 일정하다.)

|보기|
ㄱ. (나)는 B의 시간에 따른 개체 수 증가율을 나타낸 것이다.
ㄴ. t_1일 때 환경 저항은 A와 B에서 모두 작용하지 않는다.
ㄷ. 이 개체군의 밀도는 t_2일 때가 t_3일 때보다 크다.

① ㄱ   ② ㄴ   ③ ㄱ, ㄷ
④ ㄴ, ㄷ   ⑤ ㄱ, ㄴ, ㄷ

06

그림 (가)는 개체군 A~C에서 예상되는 개체 수 변화를, (나)는 A~C의 연령 피라미드 유형 중 하나를 나타낸 것이다. A~C의 연령 피라미드 유형은 각각 발전형, 쇠퇴형, 안정형 중 하나이다.

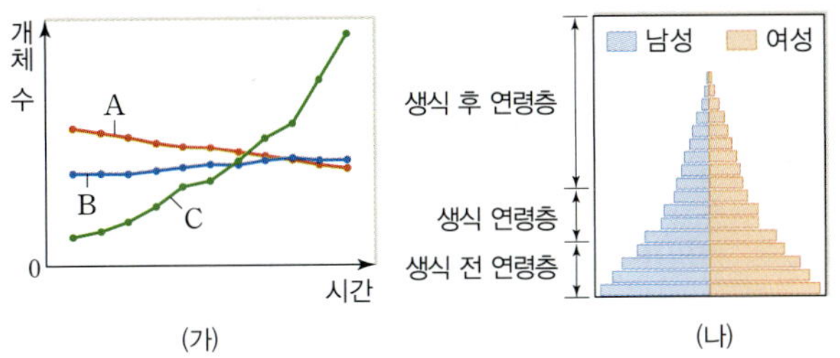

이에 대한 설명으로 옳은 것만을 |보기|에서 있는 대로 고른 것은?

|보기|
ㄱ. B의 연령 피라미드 유형은 안정형이다.
ㄴ. C의 연령 피라미드 유형은 (나)이다.
ㄷ. $\dfrac{\text{생식 후 연령층의 개체 수}}{\text{생식 전 연령층의 개체 수}}$는 A에서가 C에서보다 크다.

① ㄱ   ② ㄴ   ③ ㄱ, ㄷ
④ ㄴ, ㄷ   ⑤ ㄱ, ㄴ, ㄷ

07

그림은 실험 (가)~(다)에서 서로 다른 두 종 A와 B의 시간에 따른 개체 수를 나타낸 것이다. (가)와 (나)는 A와 B를 각각 단독 배양한 결과이고, (다)는 A와 B를 혼합 배양한 결과이다. 배양 온도는 (가)와 (나)에서 다르고, (가)와 (다)에서 같다.

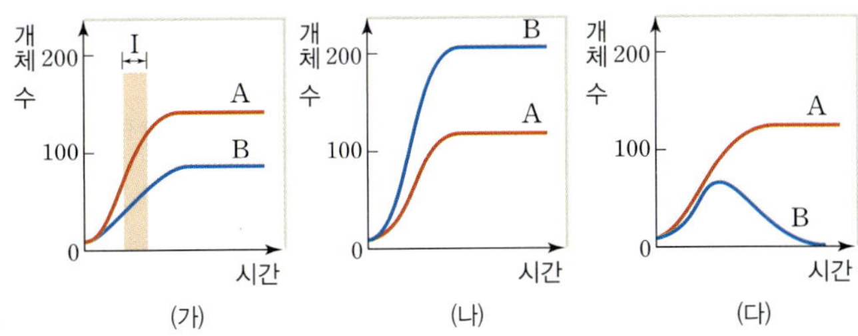

이에 대한 설명으로 옳은 것만을 |보기|에서 있는 대로 고른 것은? (단, 이입과 이출은 없으며, 제시된 조건 이외의 조건은 동일하다.)

|보기|
ㄱ. A에 대한 환경 수용력은 (가)에서가 (나)에서보다 크다.
ㄴ. 구간 Ⅰ에서 $\dfrac{\text{출생한 개체 수}}{\text{사망한 개체 수}}$는 A에서가 B에서보다 크다.
ㄷ. (다)에서 A는 B와의 상호 작용을 통해 이익을 얻는다.

① ㄱ   ② ㄷ   ③ ㄱ, ㄴ
④ ㄴ, ㄷ   ⑤ ㄱ, ㄴ, ㄷ

08

표는 생물 사이의 상호 작용 A~C의 예를 나타낸 것이다. A~C는 가족생활, 리더제, 순위제를 순서 없이 나타낸 것이다.

상호 작용	예
A	우두머리 늑대가 무리의 사냥감과 이동 시기를 정한다.
B	닭은 서열에 따라 먹이를 먹는 순서가 결정된다.
C	㉠

이에 대한 설명으로 옳은 것만을 |보기|에서 있는 대로 고른 것은?

|보기|
ㄱ. A에서 우두머리 개체를 제외한 나머지 개체들 사이에는 서열이 정해져 있지 않다.
ㄴ. A~C는 모두 개체군 내의 상호 작용이다.
ㄷ. 꿀벌이 일을 분담하고 협력하는 것은 ㉠에 해당한다.

① ㄱ   ② ㄴ   ③ ㄷ
④ ㄱ, ㄴ   ⑤ ㄴ, ㄷ

09 그림은 식물 군집의 수평 분포를 나타낸 것이고, 표는 A~C에 해당하는 식물 군집을 순서 없이 나타낸 것이다.

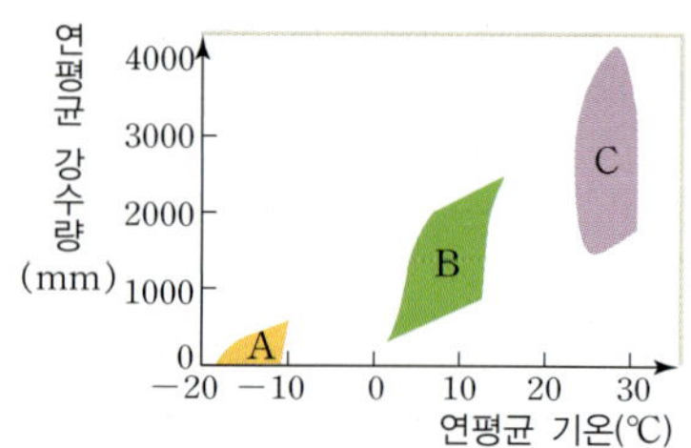

이에 대한 설명으로 옳은 것만을 |보기|에서 있는 대로 고른 것은?

> ─| 보기 |─
> ㄱ. A는 툰드라이다.
> ㄴ. A는 B보다 저위도 지역에 주로 분포한다.
> ㄷ. B와 C에서 모두 층상 구조가 발견된다.

① ㄱ   ② ㄴ   ③ ㄱ, ㄷ
④ ㄴ, ㄷ   ⑤ ㄱ, ㄴ, ㄷ

기출 변형 | 수능

10 그림은 어느 해안가에 서식하는 서로 다른 두 종의 따개비 A와 B의 분포를, 표는 A와 B의 특징을 나타낸 것이다.

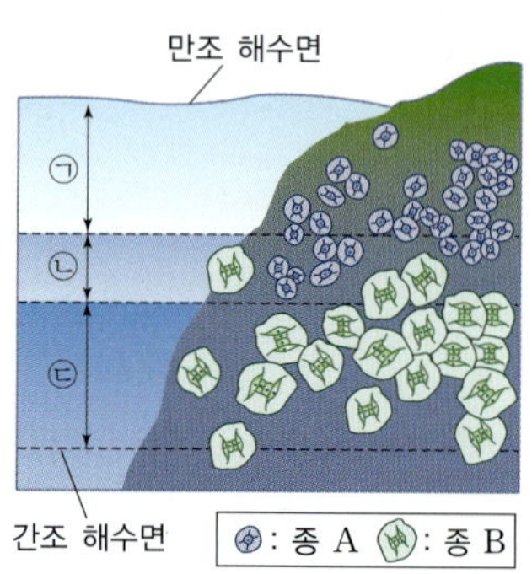

- A는 B보다 건조에 강하며, 자연 상태에서 A는 ㉠과 ㉡에만, B는 ㉡과 ㉢에만 서식한다.
- A를 제거해도 B는 ㉡과 ㉢에만 서식하지만, B를 제거하면 A는 ㉠~㉢에 모두 서식한다.

이에 대한 설명으로 옳은 것만을 |보기|에서 있는 대로 고른 것은?

> ─| 보기 |─
> ㄱ. 자연 상태에서 ㉠에 B가 서식하지 않는 것은 B 개체군 내의 종내 경쟁 때문이다.
> ㄴ. 자연 상태의 ㉢에 A가 서식하지 않는 것은 경쟁·배타 원리가 적용된다.
> ㄷ. B를 모두 제거하면 ㉢에서 A에 환경 저항이 작용하지 않는다.

① ㄱ   ② ㄴ   ③ ㄱ, ㄷ
④ ㄴ, ㄷ   ⑤ ㄱ, ㄴ, ㄷ

11 다음은 어떤 하천에서 피라미와 은어 사이의 상호 작용 ㉠에 대한 자료이다.

> - 은어가 없는 하천에서 피라미는 하천 중앙에서 녹조류를 먹으며 살아간다.
> - 이 하천에 은어가 이주해 오면 피라미는 하천 가장자리로 이동하여 곤충을 먹으며 살아가고, 은어는 하천 중앙에서 녹조류를 먹으며 살아간다.
>
> 
>

이에 대한 설명으로 옳은 것만을 |보기|에서 있는 대로 고른 것은?

> ─| 보기 |─
> ㄱ. 은어와 피라미는 한 개체군을 이룬다.
> ㄴ. ㉠은 분서이다.
> ㄷ. 은어 개체군에서 각각의 개체들이 일정한 공간을 확보하여 서식 범위가 정해져 있는 것은 ㉠의 예에 해당한다.

① ㄱ   ② ㄴ   ③ ㄱ, ㄷ
④ ㄴ, ㄷ   ⑤ ㄱ, ㄴ, ㄷ

기출 변형 | 평가원

12 표 (가)는 종 사이의 상호 작용을 나타낸 것이고, (나)는 종 A~C 사이의 상호 작용에 대한 자료이다. ㉠~㉢은 상리 공생, 편리 공생, 포식과 피식을 순서 없이 나타낸 것이고, A와 B 사이의 상호 작용은 ㉡이다.

상호 작용	종 Ⅰ	종 Ⅱ
㉠	손해	?
㉡	?	ⓐ
㉢	ⓑ	이익

- A는 B의 피부에 붙어 피를 빨아먹는 C를 잡아먹는다.
- A는 B로부터 먹이인 C를 얻고, B는 A에 의해 C가 제거되는 도움을 받는다.

이에 대한 설명으로 옳은 것만을 |보기|에서 있는 대로 고른 것은?

> ─| 보기 |─
> ㄱ. A와 C 사이의 상호 작용은 ㉠이다.
> ㄴ. ⓐ와 ⓑ는 모두 '이익'이다.
> ㄷ. 흰동가리와 말미잘 사이의 상호 작용은 ㉢이다.

① ㄱ   ② ㄴ   ③ ㄱ, ㄷ
④ ㄴ, ㄷ   ⑤ ㄱ, ㄴ, ㄷ

13

그림 (가)는 어떤 식물 군집에서 산불이 일어나기 전과 후의 천이 과정 일부를, (나)는 이 식물 군집에서 ㉠과 ㉡의 시간에 따른 개체 수를 나타낸 것이다. A~C는 양수림, 음수림, 초원을 순서 없이 나타낸 것이고, ㉠과 ㉡은 활엽수(음수)와 침엽수(양수)를 순서 없이 나타낸 것이다.

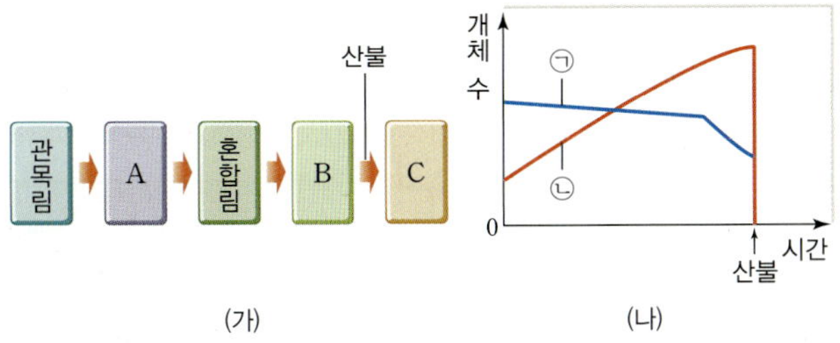

이에 대한 설명으로 옳은 것만을 |보기|에서 있는 대로 고른 것은?

> **보기**
> ㄱ. C의 우점종은 지의류이다.
> ㄴ. ㉠은 침엽수(양수)이다.
> ㄷ. 혼합림에서 ㉡에 속하는 종의 어린 나무가 ㉠에 속하는 종의 어린 나무보다 잘 생장한다.

① ㄱ   ② ㄴ   ③ ㄱ, ㄷ
④ ㄴ, ㄷ   ⑤ ㄱ, ㄴ, ㄷ

14

그림은 어떤 안정된 생태계에서 일어나는 탄소 순환 과정의 일부를, 표는 A~C의 에너지양(상댓값)과 에너지 효율을 나타낸 것이다. A~C는 생산자, 1차 소비자, 2차 소비자를 순서 없이 나타낸 것이다.

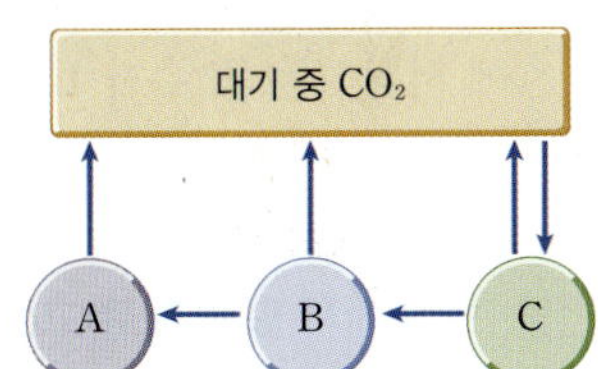

구분	에너지양 (상댓값)	에너지 효율(%)
A	45	?
B	?	10
C	3000	—

이에 대한 설명으로 옳은 것만을 |보기|에서 있는 대로 고른 것은?

> **보기**
> ㄱ. A와 B에서 모두 세포 호흡을 통해 CO_2와 열에너지가 방출된다.
> ㄴ. B와 C 사이에 포식과 피식의 관계가 형성된다.
> ㄷ. 2차 소비자의 에너지 효율은 15 %이다.

① ㄱ   ② ㄴ   ③ ㄱ, ㄷ
④ ㄴ, ㄷ   ⑤ ㄱ, ㄴ, ㄷ

15

그림은 어떤 생태계에서 일어나는 질소 순환 과정의 일부를, 표는 과정 (가)~(다)에 관여하는 생물을 나타낸 것이다. A와 B는 단백질과 대기 중 질소(N_2)를 순서 없이 나타낸 것이다.

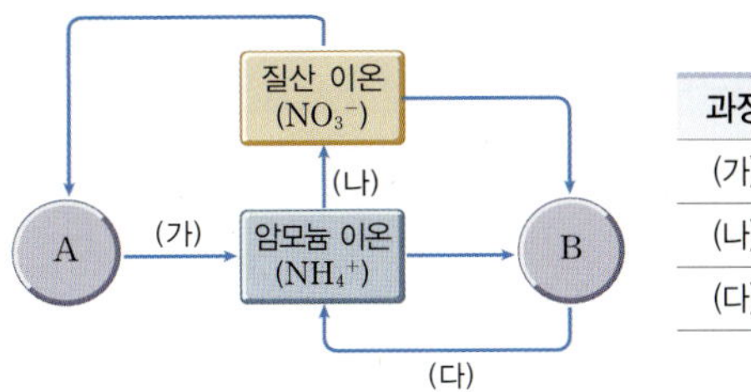

과정	생물
(가)	ⓐ
(나)	?
(다)	버섯

이에 대한 설명으로 옳은 것만을 |보기|에서 있는 대로 고른 것은?

> **보기**
> ㄱ. 뿌리혹박테리아는 ⓐ에 해당한다.
> ㄴ. A는 단백질, B는 대기 중 질소(N_2)이다.
> ㄷ. (나)는 탈질산화 작용이다.

① ㄱ   ② ㄴ   ③ ㄱ, ㄷ
④ ㄴ, ㄷ   ⑤ ㄱ, ㄴ, ㄷ

16

그림은 어떤 생태계의 생산자에서 유기물량의 변화를 나타낸 것이다. ㉠~㉢은 생장량, 순생산량, 총생산량을 순서 없이 나타낸 것이다.

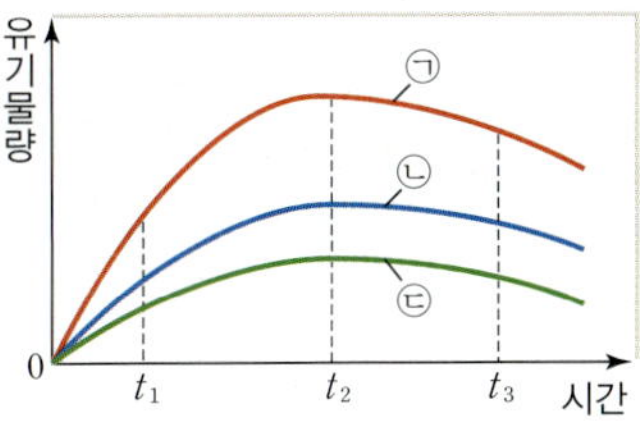

> **보기**
> ㄱ. 생산자의 호흡량은 t_1일 때가 t_2일 때보다 작다.
> ㄴ. t_2일 때 1차 소비자의 섭식량은 생산자의 ㉢보다 크다.
> ㄷ. 생산자의 생물량은 t_2일 때가 t_3일 때보다 크다.

① ㄱ   ② ㄴ   ③ ㄱ, ㄷ
④ ㄴ, ㄷ   ⑤ ㄱ, ㄴ, ㄷ

17 다음은 방형구법을 이용하여 어떤 지역의 식물 군집을 조사한 자료이다.

- 이 지역에 면적이 $1\,m^2$인 ⓐ개의 방형구를 설치하였다.
- 설치한 방형구에서 식물 종 A~D가 관찰되었으며, 설치한 방형구 중 A가 출현한 방형구 수는 4, C가 출현한 방형구 수는 14이다.
- 표는 조사한 자료를 토대로 A~D의 개체 수, 빈도, 상대 피도를 나타낸 것이다.

식물 종	개체 수	빈도	상대 피도(%)
A	45	?	6
B	?	0.44	30
C	21	0.28	24
D	24	0.20	?

- B의 상대 밀도는 D의 상대 피도와 같다.

이에 대한 설명으로 옳은 것만을 |보기|에서 있는 대로 고른 것은? (단, A~D 이외의 다른 종은 고려하지 않는다.)

|보기|
ㄱ. ⓐ는 50이다.
ㄴ. $\dfrac{\text{A의 상대 빈도}}{\text{B의 상대 밀도}} = \dfrac{1}{2}$이다.
ㄷ. 이 식물 군집에서 우점종은 B이다.

① ㄱ   ② ㄴ   ③ ㄱ, ㄷ
④ ㄴ, ㄷ   ⑤ ㄱ, ㄴ, ㄷ

18 그림은 식물 군집의 천이 중 습성 천이 과정의 일부를 나타낸 것이다. A~C는 초원, 양수림, 음수림을 순서 없이 나타낸 것이다.

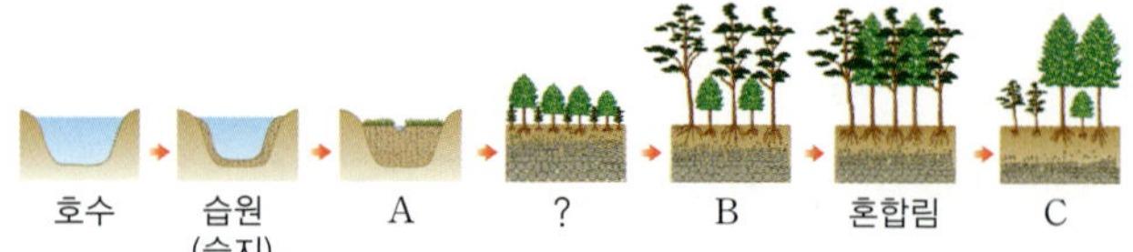

이에 대한 설명으로 옳은 것만을 |보기|에서 있는 대로 고른 것은?

|보기|
ㄱ. 2차 천이에 해당한다.
ㄴ. 지표면에 도달하는 빛의 양은 A에서가 B에서보다 많다.
ㄷ. 우점종의 평균 키는 A에서가 C에서보다 작다.

① ㄱ   ② ㄴ   ③ ㄱ, ㄷ
④ ㄴ, ㄷ   ⑤ ㄱ, ㄴ, ㄷ

19 그림 (가)는 어떤 안정된 생태계에서 일어나는 에너지 흐름을, (나)는 이 생태계의 A에서 물질 생산과 소비의 관계를 나타낸 것이다. A~C는 1차 소비자, 2차 소비자, 생산자를 순서 없이 나타낸 것이고, ㉠~㉢은 총생산량, 피식량, 호흡량을 순서 없이 나타낸 것이다.

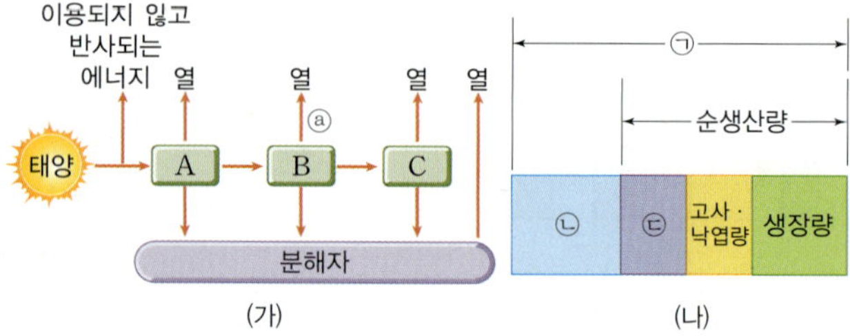

이에 대한 설명으로 옳은 것만을 |보기|에서 있는 대로 고른 것은?

|보기|
ㄱ. ㉠은 A가 광합성을 통해 합성한 유기물의 총량이다.
ㄴ. B의 생물량은 A의 ㉡에 포함된다.
ㄷ. ⓐ는 A의 ㉢에 의한 에너지양에 포함된다.

① ㄱ   ② ㄴ   ③ ㄱ, ㄷ
④ ㄴ, ㄷ   ⑤ ㄱ, ㄴ, ㄷ

20 다음은 군집을 구성하는 종에 대한 자료이다.

- 군집을 구성하는 종은 핵심종, 지표종, 우점종, 희소종으로 구분된다.
- 어떤 안정된 바닷가 바위 생태계 ㉠에서 불가사리는 최상위 포식자이며, 삿갓조개, 담치, 따개비, 고둥을 잡아먹고, 고둥은 홍합과 따개비를 잡아먹는다.
- ㉠에서 불가사리가 사라지자 ㉠에 서식하는 종 수가 15종에서 8종으로 줄어들었다.

이 자료에 대한 설명으로 옳은 것만을 |보기|에서 있는 대로 고른 것은?

|보기|
ㄱ. ㉠에서 불가사리는 핵심종 역할을 한다.
ㄴ. ㉠에서 고둥의 개체 수가 증가하면 일시적으로 따개비의 개체 수는 감소한다.
ㄷ. 대기 오염 정도에 따라 분포가 달라지는 지의류는 지표종의 예에 해당한다.

① ㄱ   ② ㄴ   ③ ㄱ, ㄷ
④ ㄴ, ㄷ   ⑤ ㄱ, ㄴ, ㄷ

1 생물 다양성과 보전

정답과 해설 p.111

[기출 패턴] 생물 다양성의 의미를 구분하고, 자료를 해석하여 종 다양성이 높은 군집을 추론할 수 있어야 하며, 생물 다양성의 중요성, 감소 원인, 보전 방안을 이해하고 있는지 묻는 문항이 출제되고 있다.

[배경 지식] (1) 생물 다양성의 의미: 유전적 다양성, 종 다양성, 생태계 다양성
(2) 종 다양성은 종의 수가 많을수록, 전체 개체 수에서 각 종이 차지하는 비율이 고를수록 높다.
(3) 생물 다양성이 높을수록 생태계 평형이 쉽게 깨지지 않고, 생물 자원이 풍부해진다.

자료 1 · 교육청 기출

다음은 생물 다양성에 대한 학생 A~C의 대화 내용이다.

● 다음 설명 중 옳은 것은 ○표, 옳지 않은 것은 ×표 하시오.

1 한 생태계에 있는 종의 다양한 정도를 생태계 다양성이라고 한다. ○ / ×

2 생태계가 다양하게 존재할수록 생물 다양성이 증가한다. ○ / ×

3 같은 종의 달팽이에서 껍데기의 무늬가 다양하게 나타나는 것은 종 다양성에 해당한다. ○ / ×

4 불법 포획과 남획, 환경 오염은 모두 생물 다양성 감소의 원인이다. ○ / ×

5 국립 공원 지정과 안식일 지정은 모두 서식지를 보호하여 생물 다양성을 보전하기 위한 방안이다. ○ / ×

6 생물 자원은 사람의 식량과 의약품에 이용된다. ○ / ×

자료 2 · 수능 기출

표 (가)는 면적이 동일한 서로 다른 지역 Ⅰ과 Ⅱ의 식물 군집을 조사한 결과를 나타낸 것이고, (나)는 우점종에 대한 자료이다. (단, A~C 이외의 종은 고려하지 않는다.)

지역	종	상대 밀도 (%)	상대 빈도 (%)	상대 피도 (%)	총 개체 수
Ⅰ	A	30	?	19	100
	B	?	24	22	
	C	29	31	?	
Ⅱ	A	5	?	13	120
	B	?	13	25	
	C	70	42	?	

(가)

(나) • 어떤 군집의 우점종은 중요치가 가장 높아 그 군집을 대표할 수 있는 종을 의미하며, 각 종의 중요치는 상대 밀도, 상대 빈도, 상대 피도를 더한 값이다.

● 다음 설명 중 옳은 것은 ○표, 옳지 않은 것은 ×표 하시오.

1 개체군 밀도는 Ⅰ의 A가 Ⅱ의 B보다 작다. ○ / ×

2 A의 상대 빈도는 Ⅰ과 Ⅱ에서 같다. ○ / ×

3 Ⅰ의 식물 군집에서 우점종은 A, Ⅱ의 식물 군집에서 우점종은 C이다. ○ / ×

4 종 다양성은 Ⅰ에서가 Ⅱ에서보다 낮다. ○ / ×

5 종 다양성이 높은 생태계일수록 생태계 평형이 쉽게 깨지지 않는다. ○ / ×

수능 대비 문제

01

표는 생물 다양성의 3가지 의미의 특성을, 그림은 식물의 번식 방법 ⓐ를 나타낸 것이다. (가)~(다)는 생태계 다양성, 유전적 다양성, 종 다양성을 순서 없이 나타낸 것이다.

구분	특성
(가)	?
(나)	한 개체군 내에서의 생물 다양성이다.
(다)	생물적 요인과 비생물적 요인 사이의 관계에 대한 다양성을 포함한다.

이에 대한 설명으로 옳은 것만을 |보기|에서 있는 대로 고른 것은?

보기
ㄱ. (가)가 높을수록 먹이 사슬이 복잡하게 형성된다.
ㄴ. ⓐ는 씨를 통해 번식하는 방법보다 (나)를 높인다.
ㄷ. (다)는 생태계 다양성이다.

① ㄱ
② ㄴ
③ ㄱ, ㄷ
④ ㄴ, ㄷ
⑤ ㄱ, ㄴ, ㄷ

02

기출 변형 수능

그림은 지역 (가)~(다)에 서식하는 서로 다른 식물 종 A~C를 나타낸 것이다. 면적은 (가)와 (다)가 같고, (나)는 (가)의 절반이다.

(가)　　　　(나)　　　　(다)

이 자료에 대한 설명으로 옳은 것만을 |보기|에서 있는 대로 고른 것은? (단, A~C 이외의 종은 고려하지 않는다.)

보기
ㄱ. 식물의 종 다양성은 (가)에서가 (다)에서보다 낮다.
ㄴ. C의 개체군 밀도는 (나)에서가 (다)에서보다 작다.
ㄷ. (나)에서 B와 C는 서로 다른 개체군을 이룬다.

① ㄱ
② ㄴ
③ ㄱ, ㄷ
④ ㄴ, ㄷ
⑤ ㄱ, ㄴ, ㄷ

03

그림은 어떤 지역에 도로 건설 전후와 생태 통로 건설 전후의 세 시점 t_1~t_3일 때의 모습을, 표는 t_1~t_3일 때 식물 종 A~D의 개체 수를 나타낸 것이다. 생태 통로 설치는 이 지역의 생물 다양성을 증가시켰으며, ㉠과 ㉡은 t_2와 t_3을 순서 없이 나타낸 것이다.

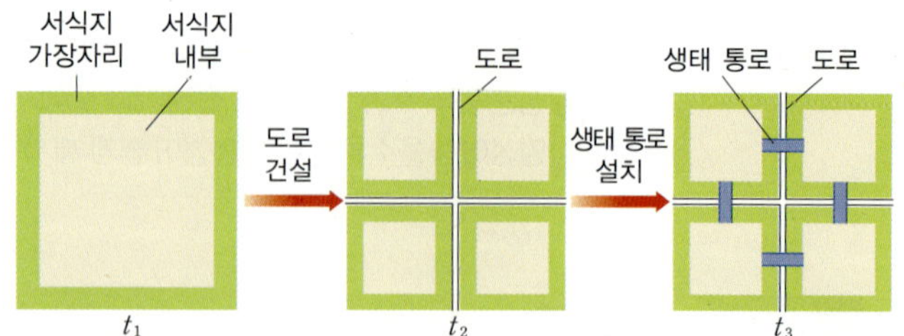

구분	A	B	C	D
t_1	12	22	28	16
㉠	0	24	8	10
㉡	0	24	18	20

이에 대한 설명으로 옳은 것만을 |보기|에서 있는 대로 고른 것은? (단, A~D 이외의 다른 종은 고려하지 않는다.)

보기
ㄱ. 도로 건설로 서식지의 단편화가 일어났다.
ㄴ. $\dfrac{\text{서식지 가장자리 면적}}{\text{서식지 내부 면적}}$ 은 t_1일 때가 t_2일 때보다 작다.
ㄷ. ㉠은 t_2, ㉡은 t_3이다.

① ㄱ
② ㄴ
③ ㄱ, ㄷ
④ ㄴ, ㄷ
⑤ ㄱ, ㄴ, ㄷ

04

다음은 생물 다양성의 감소 원인과 보전 방안에 대한 학생 A~C의 발표 내용이다.

제시한 내용이 옳은 학생만을 있는 대로 고른 것은?

① A
② B
③ A, C
④ B, C
⑤ A, B, C

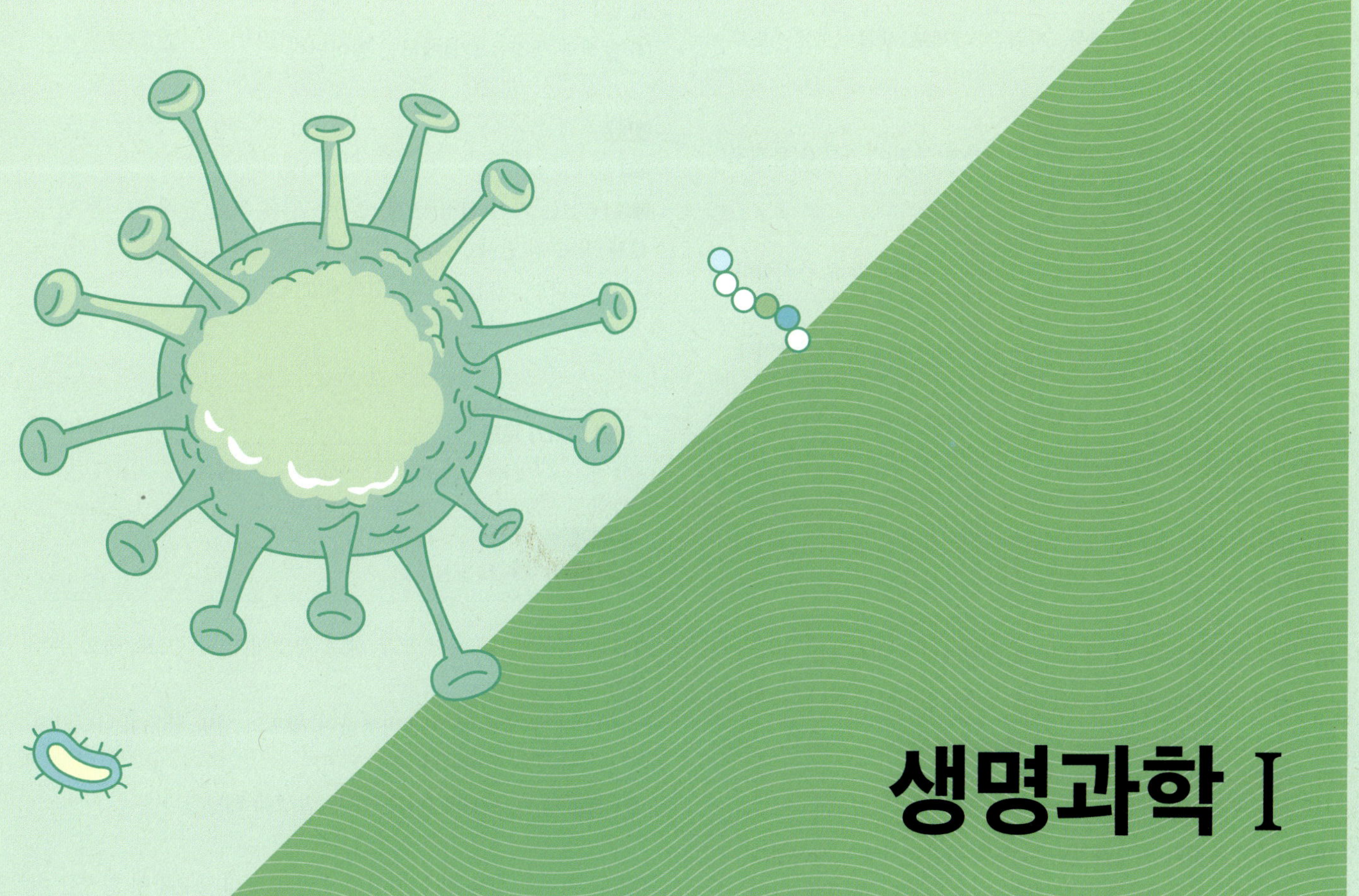
러스
투탑2+
생명과학 Ⅰ
정답과 해설

I. 생명 과학의 이해

1 생명 과학의 이해

01 생명 과학의 이해

개념 익히기 문제   p.011, 013

01 세포	**02** 물질대사	**03** 항상성	**04** 생장
05 생식과 유전	**06** 적응, 진화	**07** ○	**08** ×
09 ○	**10** ○	**11** ○	**12** ×	**13** 유전 물질, 세포
14 결정체	**15** 가설	**16** 조작 변인	**17** 대조군, 대조 실험
18 ○	**19** ○	**20** ○	**21** ×	**22** ×

02 생명체에서 일어나는 화학 반응을 물질대사라고 하며, 물질대사는 동화 작용과 이화 작용으로 구분한다.

04 수정란이 세포 분열을 통해 세포 수를 늘리고, 세포가 분화하여 어린 개체가 되는 과정은 발생이고, 세포 분열을 통해 어린 개체의 몸이 커져 성체로 자라는 과정은 생장이다.

07 짚신벌레는 단세포 생물, 사람은 다세포 생물이므로, 모두 세포로 구성된다.

08 엽록체에서 일어나는 광합성은 저분자 물질이 고분자 물질로 합성되는 동화 작용이다.

11 출아법은 생식의 한 종류로 히드라는 출아법을 통해 증식한다.

12 항생제 저항성 세균이 증가하는 것은 적응과 진화의 결과이다.

14 대부분의 바이러스는 유전 물질인 핵산과 핵산을 감싸고 있는 단백질로만 구성되어 있다.

15 연역적 탐구 과정에서는 귀납적 탐구 과정과 달리 가설 설정 단계가 있다.

16 연역적 탐구 과정의 탐구 설계 과정에서 원인이 되는 변인을 독립변인, 결과에 해당하는 변인을 종속변인이라고 한다. 독립변인 중 실험자가 의도적으로 변화시키는 요인을 조작 변인, 변화시키지 않는 요인을 통제 변인이라고 한다.

19 귀납적 탐구와 연역적 탐구는 모두 관찰에서부터 시작한다.

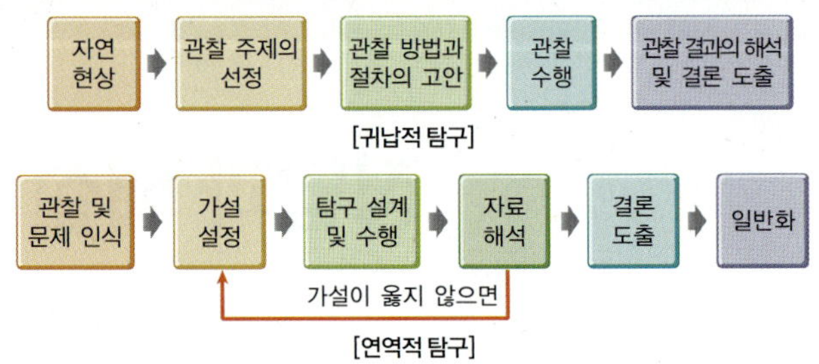

20 세포설의 확립, 다윈의 진화론, 왓슨과 크릭의 DNA 구조 발견 등은 모두 다양한 사례의 관찰 결과를 종합·분석하여 이루어진 성과이다.

21 대조 실험에서 조작을 가하지 않고 그대로 둔 집단을 대조군, 조작을 가한 집단을 실험군이라고 한다.

22 통제 변인은 실험자가 실험하는 동안 일정하게 유지하는 독립변인을 의미하며, 변인 통제는 통제 변인들을 일정하게 유지하는 실험자의 행위를 의미한다.

탐구 집중 분석   p.014, 015

예제 1

정답 (1) ○ (2) × (3) ○ (4) ×

해설 | 죽순과 종유석과 석순은 모두 화학 반응에 의해 크기가 커지지만, 죽순은 생물이고, 종유석과 석순은 비생물이다. 따라서 세포 수 증가, 물질대사, 발생과 생장 등은 모두 죽순(가)에서만 나타난다.
(2) (나)는 종유석과 석순이므로 생명 현상인 물질대사가 일어나지 않는다.
(4) 발생과 생장은 (가)에서만 일어난다.

예제 2

정답 ④

해설 | (가)는 가설 설정 단계, (나)는 결론 도출 단계, (다)는 탐구 설계 및 수행 단계, (라)는 결과 정리 및 분석 단계이므로 (가) → (다) → (라) → (나) 순으로 진행되었다.

개념 다지기 문제   p.016~018

01 ⑤	**02** ③	**03** ②	**04** ③	**05** ⑤	**06** ①
07 ④	**08** ①	**09** ⑤	**10** ⑤		

고난도 **11** ③ **12** ③
서술형 **13~15** 해설 참조

01 ㄴ. (가)와 (나)에서 모두 세포 분열이 일어나므로 세포 수는 증가한다.
ㄷ. (나)에서 세포 분열을 비롯하여 세포의 생명 활동이 나타나므로 물질대사가 일어난다.
바로알기 ㄱ. (가)와 (나)는 모두 발생에 해당한다.

02 ③ 먹이와 사육 장소가 서로 달라도 체내 수분량이 일정한 비율로 존재하는 것은 생물의 특성 중 항상성과 가장 관련이 깊다.

03 ㄴ. 사막여우의 몸집이 북극여우에 비해 작은 것은 기후 조건에 적응하고 진화한 결과이다.
바로알기 ㄱ. 사과를 보면 입에 침이 고이는 것은 자극에 대한 반응의 예이다.

ㄷ. 식물의 어린 싹의 줄기가 빛이 비치는 쪽으로 굽는 것은 자극에 대한 반응의 예이다.

04 ㄱ. 강아지는 생명체이므로 세포로 구성된다.
ㄴ. 강아지 로봇도 센서를 통해 사물을 인식하고 짖거나 피하는 등 자극에 대해 반응한다.
🔍 **바로알기** ㄷ. 물질대사는 생명체에서 일어나는 화학 반응으로 강아지 로봇(나)에서는 일어나지 않는다.

05

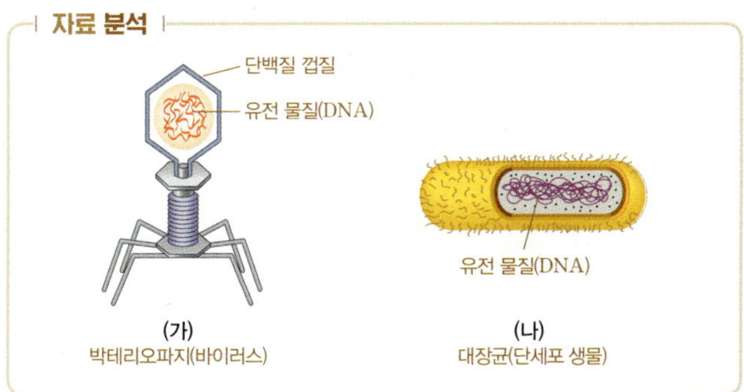

ㄴ. 바이러스는 자신의 효소를 갖지 못하여 스스로 물질대사를 하지 못하고, 대장균은 효소가 있어 스스로 물질대사를 할 수 있다. (나)는 스스로 물질대사를 할 수 있는 대장균이다.
ㄷ. 바이러스와 대장균은 모두 유전 물질인 핵산을 가진다.
🔍 **바로알기** ㄱ. 바이러스(가)는 단백질과 핵산으로 구성되며 세포 구조를 갖지 않는다.

06 ㄱ. 여과액(㉠)을 살아 있는 담뱃잎에 발랐을 때 담배 모자이크병이 나타났으므로 ㉠에는 X가 있다.
🔍 **바로알기** ㄴ. 세균 여과기는 세균을 거르는 장치로 세균보다 작은 물질만 통과한다. X는 여과액에 있으므로 걸러지지 않고 세균 여과기를 통과하였다. 따라서 X의 크기는 세균보다 작다.
ㄷ. 죽은 담뱃잎에서는 살아 있는 담뱃잎에서와 달리 담배 모자이크병이 나타나지 않았으므로 X의 수는 증가하지 않는다. X는 살아 있는 세포에서만 증식 가능한 바이러스라고 판단할 수 있다.

07 ㄱ. (나)와 (다)에서 바이러스에는 단백질과 핵산이 있음을 알 수 있다.
ㄷ. 바이러스는 (가)와 (다)에서 돌연변이(적응과 진화)와 증식 같은 생물적 특성을, (나)에서 생명체 밖에서 단백질 결정체(입자)로 존재한다는 비생물적 특성을 가지고 있음을 알 수 있다.
🔍 **바로알기** ㄴ. (나)에서 숙주 세포 밖에서 단백질 결정체로 존재하므로 바이러스는 숙주 세포 밖에서는 생명 활동을 하지 못한다.

08 ① 연역적 탐구의 순서는 관찰 → 문제인식 → 가설 설정(㉠) → 탐구 설계 및 수행(㉡) → 결과 분석 → 결론 도출이다.
🔍 **바로알기** 관찰 주제 선정은 귀납적 탐구에 있는 단계이다.

09 ㄴ. 입구를 막지 않은 병에서만 구더기가 발생하였으므로 실험 결과는 가설 '구더기는 자연적으로 발생하지 않을 것이다.'를 지지한다.
ㄷ. 입구를 막은 병과 입구를 막지 않은 병을 비교하는 실험을 진행하였으므로 (나)에서 대조 실험이 진행되었다.
🔍 **바로알기** ㄱ. (가)는 가설 설정 단계이다. 귀납적 탐구에서는 가설을 설정하지 않으므로 연역적 탐구가 이용되었다.

10 ⑤ 대조 실험에서 실험군과 대조군에서 다르게 하는 요인이 조작 변인이다. 병의 입구를 막는 그물망의 설치 여부를 달리하였으므로 조작 변인은 그물망 설치 여부이다. 실험 결과에 해당하는 종속변인은 구더기 발생 여부이다.
이 실험에서는 그물망의 설치 여부에 따른 구더기 발생 여부를 확인하였다.

구분	내용
실험군	그물망으로 입구를 막은 병
대조군	그물망으로 입구를 막지 않은 병

11

구분	㉠ (세포로 구성된다.)	㉡ (다세포 생물이다.)	㉢ (유전 물질을 가진다.)
A (대장균)	○	× 단세포	○
B (강아지)	○	○	○
C (바이러스)	× 세포 아님	×	○

강아지, 대장균, 바이러스가 모두 가지는 특징

(○: 있음, ×: 없음)

ㄱ. A는 ㉠~㉢ 중 두 가지 특징을 가지는 것이므로 제시된 것 중 대장균이다.
ㄴ. ㉡은 B만 가지는 특징이므로 '다세포 생물이다.'이다.
🔍 **바로알기** ㄷ. C는 특징 ㉢만 가지므로 바이러스이다. 바이러스는 스스로 물질대사를 할 수 없다.

12 ㄱ. 실험의 결과에 대한 잠정적인 결론을 설정하는 단계인 (가)는 가설 설정이다.
ㄷ. 빛의 유무가 조작 변인이므로 빛 이외의 조건인 온도는 일정하게 유지해야 하는 통제 변인에 해당한다.
🔍 **바로알기** ㄴ. 빛의 유무에 따른 결과를 확인해야 하므로 빛이 조작 변인이다. B에 빛을 주었다면 A에는 빛을 주지 않아야 한다. 따라서 ㉠은 '없음'이다.

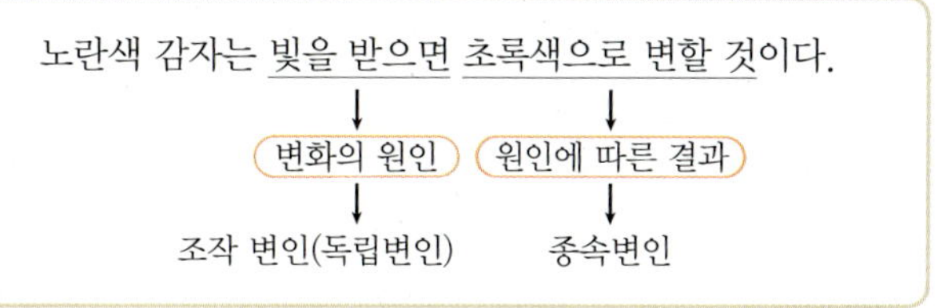

13 서술형

정답 (1) ③

모범 답안 (2) 강아지 로봇은 자극에 대한 반응을 제외한 나머지 생물의 특성을 나타내지 않으므로 생물로 볼 수 없다.

해설 (1), (2) (가)에서 강아지 로봇이 장애물을 인식하여 피하고, 경우에 따라 소리를 내는 것은 생물의 특성 중 자극에 대한 반응에 해당한다. 전지의 에너지를 소모하면서 이동하는 것은 물질대사라고 볼 수 없다.

채점 기준 (2)	배점
강아지 로봇을 비생물로 판단하고, 적절하게 설명한 경우	100 %
강아지 로봇을 비생물로 판단하였으나, 적절한 설명이 부족한 경우	50 %

14 서술형

모범 답안 X는 세균이고, Y는 바이러스이다. 바이러스는 스스로 물질대사를 할 수 없어서 숙주 세포 밖에서 단백질 결정체로 존재하므로 수가 변하지 않는다. 따라서 Y가 바이러스이고, 세균은 스스로 물질대사를 할 수 있으므로 동물 세포 안팎에서 모두 수가 증가하는 X가 세균이다.

채점 기준	배점
X와 Y를 구분하고, 옳게 설명한 경우	100 %
X와 Y만 구분하거나 설명이 부족한 경우	50 %

15 서술형

정답 (1) 가설 설정

모범 답안 (2) 조작 변인: 마늘의 첨가 여부, 종속변인: 세균의 증식 여부

해설 (1) 제시된 내용이 잠정적인 결론에 해당하는 가설이므로, 연역적 탐구에서의 가설 설정 단계에 해당한다.

(2) 가설은 조작 변인(원인)과 종속변인(결과)으로 구성되므로 이 실험의 조작 변인은 마늘의 첨가 여부이고 종속변인은 세균의 증식 여부이다.

채점 기준 (2)	배점
2가지 모두 옳게 제시한 경우	100 %
2가시 중 1가지만 옳게 제시한 경우	50 %

학교 시험 빈출 자료 MASTER   p.019

① 1 × 　 2 ○ 　 3 × 　 4 ○ 　 5 ○ 　 6 ○
② 1 ○ 　 2 × 　 3 ○ 　 4 ○ 　 5 ○ 　 6 ○
③ 1 ○ 　 2 ○ 　 3 ○ 　 4 ○ 　 5 ×

①-1 (가)는 항상성에 해당한다. 항상성 중 체온 유지에 관한 내용이다.

①-3 빛을 비추면 지렁이가 빛이 없는 곳으로 이동하는 것은 자극에 대한 반응의 예이다.

①-6 (나)는 물질대사로 생명체에서는 물질대사가 일어난다. 사람(㉠)과 지렁이(㉡)는 모두 세포 호흡을 통해 유기물을 분해하여 에너지를 얻으므로 물질대사를 한다.

②-2 (가)는 바이러스이므로 세포 구조를 갖지 않는다.

②-3 세균은 단세포 생물로 자극에 대해 반응한다.

②-6 돌연변이는 유전 물질(핵산)에 있는 유전자 변화에 의해 일어나므로 핵산을 가지는 (가)와 (나)에서 모두 돌연변이가 나타난다.

③-3 왓슨과 크릭의 DNA 구조 발견 과정에는 귀납적 탐구(가)가 이용되었다.

③-4 플레밍은 페니실린이라 명명한 항생 물질을 발견하는 과정에서 가설을 세우고, 대조 실험을 진행하였으므로 연역적 탐구(나)가 이용되었다.

③-5 여러 가지 자료를 분석하고 종합하여 일반적인 원리나 법칙을 이끌어 내는 탐구 방법은 귀납적 탐구(가)이다.

학교 시험 대비 문제   p.020~023

01 ④ 　 02 ⑤ 　 03 ⑤ 　 04 ④ 　 05 ④ 　 06 ②
07 ③ 　 08 ④ 　 09 ⑤ 　 10 ④
고난도 11 ③ 　 12 ③ 　 13 ③ 　 14 ③
서술형 15~20 해설 참조

01

자료 분석

• (가)는 사료를 먹으면 소화·흡수하여 에너지를 얻으며, 물체의 움직임을 감지하거나 소리를 들으면 짖으며 뛰어다닌다.
　물질대사(이화 작용)　　　자극에 대한 반응　　자극을 감지

• (나)는 전기 에너지로 움직이며, 센서가 있어 공을 던지면 물어 온다.
　자극을 감지　　자극에 대한 반응

ㄱ. 사료를 먹는 (가)는 강아지이다. 강아지(가)는 세포로 구성된 생물이다.

ㄷ. 강아지(가)와 강아지 로봇(나)은 공통적으로 자극에 대해 반응한다.

바로알기 ㄴ. 강아지 로봇(나)은 생명체가 아니므로 물질대사가 일어나지 않는다.

02 ⑤ 잎에 곤충이 앉았을 때 잎이 갑자기 접히는 것(㉠)은 자극에 대한 반응에 해당한다.

03 ⑤ 흡수한 영양소를 단백질 합성에 이용하는 것(㉡)은 물질대사에 해당한다. 녹색 식물이 이산화 탄소와 물을 이용하여 포도당을 합성하는 것도 물질대사의 예에 해당한다.

바로알기 ①은 발생과 생장, ②는 생식과 유전, ③은 항상성, ④는 발생과 생장이다.

04 ④ 제시된 자료는 환경의 변화에 따른 생물의 적응 사례이므로 생물의 특성 중 적응과 진화에 해당한다. 살충제를 사용한 후 살충제에 저항성이 생긴 바퀴벌레가 나타나는 것은 돌연변이에 의한 것이므로 적응과 진화의 예에 해당한다.

바로알기 ①은 생식과 유전, ②는 자극에 대한 반응, ③은 물질대사, ⑤는 발생과 생장이다.

05 ㄱ. 대장균은 단세포 생물이다. 대장균은 생물이므로 세포로 구성된다.

ㄴ. 대장균 내에서 증식한 박테리오파지의 모습이 모두 동일한 것은 박테리오파지의 유전 결과이다. 박테리오파지의 핵산에 있는 유전자에 의해 증식한 박테리오파지의 모습은 모두 동일하다.

🔍 **바로알기** ㄷ. 박테리오파지는 바이러스이므로 유전 물질을 가지고 있어 유전 현상이 나타나지만, 효소가 없어 스스로 물질대사를 할 수 없다.

06 ② 식사 후 혈중 인슐린의 농도가 증가되어 혈당량이 정상 범위를 유지하는 것은 생물의 특성 중 항상성에 해당한다. 또한 수박을 많이 먹었을 때 오줌양이 증가하여 체내 수분량이 일정하게 유지되는 것도 항상성에 해당한다.

🔍 **바로알기** ①은 적응과 진화, ③은 발생과 생장, ④는 자극에 대한 반응, ⑤는 적응과 진화의 예이다.

07 ㄱ. 실험자가 실험 과정에서 일정하게 유지하는 변인은 통제 변인(A)으로 독립변인에 해당한다.

ㄷ. A가 통제 변인, B가 조작 변인에 대한 설명이므로 C는 종속변인에 해당한다. 종속변인(C)은 실험의 결과에 해당하는 변인이다.

변인	독립변인: 원인에 해당	조작 변인: 변화시키는 변인
		통제 변인: 일정하게 유지시키는 변인
	종속변인: 결과에 해당	

🔍 **바로알기** ㄴ. 실험자가 실험 과정에서 체계적으로 변화시키는 변인은 조작 변인(B)이다.

08

｜ 자료 분석 ｜

(가) X가 우유를 상하게 할 것이라고 생각하였다.
➡ 잠정적 답인 가설을 설정한 단계

(나) 우연히 상한 우유에서 세균 X가 많이 발견되는 것을 관찰하였다.
➡ 관찰을 통한 문제의 인식 단계

(다) X를 넣은 우유는 상하였고, X를 넣지 않은 우유는 상하지 않았다.
➡ 대조 실험 결과를 확인한 단계

(라) ㉠우유가 든 병을 두 개 준비하여, 한 병에만 X를 넣은 후 항온기에 넣고 일정 시간을 두었다.
➡ 대조 실험을 실시한 단계

④ 연역적 탐구는 관찰 및 문제 인식(나) → 가설 설정(가) → 탐구 설계 및 수행(라) → 결과 분석(다) → 결론 도출 순으로 진행된다.

09 ㄱ. X의 첨가 여부가 조작 변인에 해당하므로 두 병에 X를 넣기 전 우유(㉠)에는 X가 없어야 한다.

ㄷ. (라)에서 한 병에만 X를 넣고, 나머지 한 병에는 X를 넣지 않았으므로 대조 실험이 진행되었다.

🔍 **바로알기** ㄴ. (가)에서 가설을 설정하였으므로 이 학생은 연역적 탐구를 이용하였다. 귀납적 탐구 방법에는 가설 설정 단계가 없다.

10 ㄱ. 결과에서 배즙에는 단백질을 분해하는 물질이 있음을 확인하였으므로 달걀 흰자에는 단백질이 있다.

ㄴ. 배즙에 단백질을 분해하는 물질이 있는가를 확인하는 실험을 진행하였으므로 배즙의 첨가 여부는 조작 변인에 해당한다.

🔍 **바로알기** ㄷ. 배즙에는 단백질을 분해하는 물질이 있음을 확인하였으므로 배즙을 첨가한 시험관 A에서는 달걀 흰자는 분해되어 무게가 감소하였을 것이다. 따라서 실험 결과 달걀 흰자의 무게는 A에서가 B에서보다 더 많이 감소한다.

11 ㄱ. 바이러스가 가지는 특징 A는 '유전 물질이 있다.'이다. 대장균도 유전 물질을 가진다.

ㄷ. '다세포 생물이다.'는 지렁이만 가지는 특징이므로 C이고, '유전 물질이 있다.'는 바이러스, 지렁이, 대장균 모두가 가지는 특징이므로 A이다. 따라서 ㉮는 대장균과 지렁이는 갖지만 바이러스는 갖지 않는 특징이며, '세포로 구성된다.'는 이 조건을 만족한다.

🔍 **바로알기** ㄴ. C는 지렁이만 가지는 특징이므로 '다세포 생물이다.'이다.

12

｜ 자료 분석 ｜

시험관	A	B	C	D
10 % 녹말 용액	10	10	0	10
증류수	10	0	10	5
10 % 침 희석액	0	10	10	5

침 희석액 대신 증류수를 넣은 대조군　　(단위: mL)

ㄱ. 침에 의한 녹말의 분해 작용을 알아보는 실험에서 조작 변인은 침의 첨가 여부, 종속변인은 녹말의 분해 정도이다. 따라서 대조군은 침을 넣지 않은 시험관 A이다.

ㄷ. 시험관 A, B, D에는 모두 녹말이 포함되어 있고, 침의 농도가 서로 다르므로 시험관 A, B, D를 비교하면 침의 농도에 따른 녹말 분해 정도를 확인할 수 있다.

🔍 **바로알기** ㄴ. 시험관 A에는 침이 없고, 시험관 C에는 녹말이 없으므로 시험관 A와 C를 비교해서는 침에 의한 녹말의 분해 작용을 확인할 수 없다.

13 ㄷ. 결론이 가설을 뒷받침한다면 일반화를 진행하고, 결론이 가설을 뒷받침하지 않는다면 가설을 수정하여 재실험을 진행하는 (가)가 진행된다.

🔍 **바로알기** ㄱ. ㉠은 문제 인식 단계이다. 의문에 대한 잠정적인 답을 설정하는 단계는 가설 설정(㉡)이다.

ㄴ. 가설 설정(㉡)은 귀납적 탐구에서는 없는 단계이다.

14 ㄱ. 귀납적 탐구는 오랜 시간 동안 관찰한 결과를 종합·분석하여 일반화하는 탐구 방법이다. (가)는 가젤 영양의 뜀뛰기 행동 관찰 결과를 종합·분석하였으므로 귀납적 탐구를 이용한 사례이다.

ㄷ. (가)에서는 가젤 영양의 행동 관찰, (나)에서는 대조 실험에 따른 결과 관찰, (다)에서 침팬지의 행동 관찰이 진행되었다. 연역적 탐구와 귀납적 탐구 모두 관찰이 진행된다.

🔍 **바로알기** ㄴ. 대조 실험은 연역적 탐구에서 실험 결과의 타당성을 높이기 위해 실시하는 것으로 연역적 탐구 과정인 (나)에서는 대조 실험이 진행되었지만, 귀납적 탐구 과정인 (다)에서는 진행되지 않았다.

15 서술형

정답 (1) (가) 항상성, (나) 물질대사, (다) 생식과 유전

모범 답안 (2) 소화, 글리코젠 합성, 글리코젠 분해, 호르몬 합성, 단백질 합성, 유전 물질의 합성 등

해설 사람이 더울 때 땀을 흘려 체온을 일정하게 유지하는 것은 항상성, 효모가 유기물인 포도당을 분해하여 에너지를 얻는 것은 물질대사, 부모의 형질이 자손에게 전달되는 것은 생식과 유전의 예이다.

물질대사는 물질의 합성과 분해에 해당하므로 우리 몸에서 일어나는 소화나 세포 호흡, 여러 가지 물질의 합성과 분해가 모두 물질대사의 예가 될 수 있다.

채점 기준		배점
(1)	3가지 모두 옳게 서술한 경우	50 %
	3가지 중 2가지만 옳게 서술한 경우	30 %
	3가지 중 1가지만 옳게 서술한 경우	10 %
(2)	2가지 모두 옳게 서술한 경우	50 %
	2가지 중 1가지만 옳게 서술한 경우	20 %

16 서술형

모범 답안 (1) 생물적 특성: 핵산을 가진다. 비생물적 특성: 세포 구조를 가지지 않는다.

(2) 바이러스가 생물적 특성을 나타내기 위해서는 숙주 세포가 필요하다. 따라서 바이러스보다 숙주 생명체가 먼저 등장한 것으로 볼 수 있기 때문에 바이러스는 최초 생명체가 아니다.

해설 (가)에서 바이러스가 단백질과 핵산으로 이루어져 있다고 했는데, 단백질과 핵산은 모두 생명체의 구성 성분이다. 특히 핵산은 유전 물질이므로 생명 현상이 나타나게 하기 위해 매우 중요한 물질이다. 하지만 세포 구조를 갖추지 못했으므로 생명체로 볼 수 없다.

(나)에서 바이러스는 숙주 세포 밖에서는 생명 활동을 할 수 없으므로 생명체가 나타나기 전에는 존재할 수 없었다고 유추할 수 있다.

채점 기준		배점
(1)	2가지 모두 옳게 서술한 경우	50 %
	2가지 중 1가지만 옳게 서술한 경우	20 %
(2)	바이러스가 최초의 생명체가 아닌 까닭을 (나)와 관련지어 옳게 서술한 경우	50 %
	바이러스가 최초의 생명체가 아닌 까닭을 (나)와 관련지어 서술하지 않은 경우	0 %

17 서술형

정답 (1) 가설

모범 답안 (2) 실험 결과의 타당성을 높이기 위해서 실험군과 대조군을 비교하는 대조 실험을 한다.

해설 대조 실험은 대조군과 실험군으로 나누어 확인하고자 하는 한 가지 요인인 조작 변인 이외의 다른 요인들(통제 변인)을 모두 일정하게 하여 조작 변인이 결과(종속변인)에 미치는 영향을 알아보는 실험이다. 대조 실험을 하지 않으면 결과가 어떤 요인에 의해 나타난 것인지를 확인할 수 없으므로 실험 결과의 타당성을 얻을 수 없다.

채점 기준 (2)	배점
실험 결과의 타당성, 객관성 등의 표현이 포함되고 옳게 서술한 경우	100 %
실험 결과의 타당성, 객관성 등의 표현 없이 올바른 실험을 위해서라고 서술한 경우	0 %

18 서술형

정답 (1) 조작 변인: 백신 접종 여부, 종속변인: 양의 생존 여부

모범 답안 (2) 백신 A를 접종하면 양이 생존하므로 백신 A는 전염병 예방에 효과가 있을 것이다.

해설 전염병 예방을 위한 백신의 효능을 실험하고 있으므로 백신의 접종 여부가 조작 변인이고, 양의 생존 여부 또는 질병의 발병 여부가 종속변인이다. 가설은 조작 변인과 종속변인으로 구성되므로 이 둘을 이용하여 가설을 추론한다.

채점 기준		배점
(1)	2가지 모두 옳게 서술한 경우	50 %
	2가지 중 1가지만 옳게 서술한 경우	20 %
(2)	조작 변인과 종속변인을 이용하여 가설을 서술한 경우	50 %
	조작 변인과 종속변인이 아닌 다른 변인을 제시하여 서술한 경우	0 %

19 서술형

모범 답안 A와 B에 넣는 콩의 개수를 동일하게 해야 한다.

해설 조작 변인과 종속변인을 제외한 나머지 변인은 모두 통제 변인이므로 실험 과정에서 일정하게 유지해야 한다. (가)에서 검은콩을 A에는 10개, B에는 5개를 넣었으므로 페트리 접시에 넣은 콩의 개수가 같지 않았다. 따라서 이 실험에서는 적절한 변인 통제가 이루어지지 않았다고 볼 수 있다.

채점 기준	배점
A와 B에 넣는 콩의 개수가 동일해야 한다고 서술한 경우	100 %
접시 A와 B에 넣는 콩의 개수가 아닌 온도 유지, 접시 크기 등의 다른 독립변인을 서술한 경우	0 %

20 서술형

모범 답안 (가)와 관련이 있는 연구: 다윈의 연구, 까닭: (가)는 귀납적 탐구 방법이며 귀납적 탐구에는 가설 설정 단계가 없다. 그런데 레디의 연구에는 가설이 설정되었으므로 연역적 탐구가 이용되었고, 다윈은 관찰 결과를 종합하여 결론을 도출하였으므로 귀납적 탐구가 이용되었다.

해설 | 가설을 설정하는 것은 연역적 탐구에만 있는 단계이다. 따라서 레디의 연구는 연역적 탐구를 이용한 사례이고, 다윈의 진화론은 귀납적 탐구를 이용한 대표적인 사례이다.

채점 기준	배점
연구 내용과 까닭을 모두 옳게 서술한 경우	100 %
연구 내용과 까닭 중 1가지만 옳게 서술한 경우	50 %

── Ⅱ. 사람의 물질대사 ──

1 사람의 물질대사

01 사람의 물질대사

개념 익히기 문제

p.027, 029, 031

01 동화, 이화 **02** 세포 호흡 **03** 미토콘드리아
04 ATP **05** ATP, 3 **06** ATP, ADP **07** ×
08 × **09** ○ **10** ○ **11** ○ **12** ○ **13** 소화계
14 모세 혈관, 암죽관 **15** 폐 **16** 폐포 **17** 산소, 이산화 탄소
18 헤모글로빈 **19** × **20** ○ **21** ○ **22** ×
23 ○ **24** ○ **25** 물, 이산화 탄소 **26** 암모니아
27 간, 요소 **28** 배설계 **29** 대사성 **30** ○ **31** ○
32 ○ **33** × **34** ○

01 물질대사는 저분자 물질이 고분자 물질로 합성되는 동화 작용과 고분자 물질이 저분자 물질로 분해되는 이화 작용으로 구분한다.

03 세포 호흡은 주로 미토콘드리아에서 일어나고, 일부는 세포질에서 일어난다.

04 세포 호흡에서 방출된 에너지는 ATP에 저장되거나 열에너지의 형태로 몸 밖으로 나간다.

06 ATP에서 1개의 인산 결합이 끊어지면서 ADP와 무기 인산(P_i)이 생성되며, 이 과정에서 방출된 에너지는 다양한 형태로 전환되어 생명 활동에 이용된다.

07 세포 호흡은 고분자 물질이 저분자 물질로 분해되는 이화 작용으로, 이 과정에서 에너지가 방출된다.

08 세포 호흡 과정에서 유기물에 저장된 에너지의 일부는 ATP에 저장되고, 나머지는 열에너지 형태로 방출된다.

12 세포막의 $Na^+ - K^+$ 펌프를 통한 Na^+과 K^+의 이동에는 에너지(ATP)가 이용된다.

14 소화계에서 분해된 영양소 중 수용성 영양소는 융털 내부의 모세 혈관으로 흡수되고, 지용성 영양소는 융털 내부의 암죽관으로 흡수된다.

15 코로 들어온 공기는 폐 쪽으로 이동한다. 폐에서는 폐포와 모세 혈관 사이에 기체 교환이 일어난다.

17 산소의 분압은 폐포에서가 폐포 주변의 모세 혈관에서보다 높고, 이산화 탄소의 분압은 폐포 주변의 모세 혈관에서가 폐포에서보다 높다. 기체는 분압이 높은 쪽에서 낮은 쪽으로 확산된다.

19 쓸개즙은 지방의 유화를 돕는 소화액으로, 소화 효소를 포함하고 있지 않다.

22 폐동맥은 심장에서 폐로 들어가는 혈액이 흐르는 혈관으로 기체 교환이 일어나기 전의 혈액이 흐르며, 폐정맥은 폐에서 심장으로 들어가는 혈액이 흐르는 혈관으로 기체 교환이 끝난 혈액이 흐른다. 따라서 폐정맥을 흐르는 혈액에 더 많은 산소가 포함되어 있다.

26 단백질은 탄수화물과 지방에 없는 질소(N)가 있어 세포 호흡에 이용되면 암모니아(NH_3)가 생성된다.

27 암모니아는 간에서 독성이 약한 요소로 전환된 후 순환계를 통해 배설계로 운반되어 몸 밖으로 배설된다.

29 물질대사의 이상으로 나타나는 대사성 질환에는 당뇨병, 고혈압, 고지혈증 등이 있다.

33 혈액 속에 콜레스테롤, 중성 지방 등이 과다하게 들어 있는 상태는 고지혈증이며, 당뇨병은 인슐린의 분비나 작용이 정상적이지 않아 혈당량이 정상보다 높은 상태를 말한다.

🔍 탐구 집중 분석
p.032, 033

예제 1

정답 ⑤

해설 효모는 생명 활동에 필요한 에너지를 얻기 위해 포도당을 분해한다. 이 과정에서 발생한 이산화 탄소는 발효관의 맹관부에 모인다. 포도당 수용액을 넣은 A는 실험군이고, 포도당 첨가 여부를 제외한 다른 요인들은 모두 통제 변인이다.

예제 2

모범 답안 (1) 요소 용액에 콩즙을 첨가하였을 때 BTB 용액이 초록색에서 파란색으로 변화되었으므로 pH는 증가하였다.
(2) 콩즙에 요소를 분해하는 효소(유레이스)가 있어서 요소기 염기성인 암모니아로 분해되었기 때문이다.

해설 BTB 용액은 산성에서 노란색, 중성에서 초록색, 염기성에서 파란색을 나타낸다. 요소 용액에 BTB 용액을 떨어뜨렸을 때 초록색이 나타났으므로 요소 용액은 중성에 가까운 용액이며, 요소가 분해되어 생성된 암모니아는 염기성 물질이다.

⏱ 자료 집중 분석
p.034

예제 3

정답 ④

해설 (가)는 소화계, (나)는 순환계, (다)는 배설계이다. 소화계 (가)에 속하는 간에서 암모니아가 요소로 전환되어 순환계(나)를

통해 배설계(다)로 이동한 후 몸 밖으로 배출된다. 심장은 순환계인 (나)에 속하는 기관이다.

개념 다지기 문제
p.035~039

01 ④	02 ④	03 ③	04 ②	05 ④	06 ④
07 ⑤	08 ③	09 ④	10 ⑤	11 ③	12 ④
13 ④	14 ①				

고난도 15 ④ 16 ③ 17 ③ 18 ④
서술형 19~23 해설 참조

01 ㄱ. 포도당은 단당류(저분자 물질)이고 글리코젠은 다당류(고분자 물질)이므로, 저분자 물질이 고분자 물질로 합성되는 과정 Ⅰ은 동화 작용이다.
ㄷ. 물질대사가 일어날 때 효소가 관여하므로 과정 Ⅰ과 Ⅱ에는 모두 효소가 관여한다.
🔍**바로알기** ㄴ. 과정 Ⅱ는 고분자 물질인 글리코젠이 저분자 물질인 포도당으로 분해되는 이화 작용이다. 이화 작용은 에너지가 방출되는 발열 반응이다.

02 ①, ②, ③, ⑤ 물질대사는 생물체 내에서 일어나는 화학 반응으로 에너지의 출입이 반드시 동반되며 효소가 관여한다. 물질대사는 저분자 물질로부터 고분자 물질이 합성되는 동화 작용(예 광합성 또는 단백질 합성 등)과 고분자 물질이 저분자 물질로 분해되는 이화 작용(예 세포 호흡)으로 구분된다.
🔍**바로알기** ④ 세포 호흡은 포도당과 같은 유기물이 분해되는 과정으로 이화 작용의 대표적인 예이다.

03 ㄱ, ㄴ. ATP는 아데노신(아데닌 + 리보스)에 인산기 3개가 결합한 물질로 (가)는 염기인 아데닌(A)이다.
🔍**바로알기** ㄷ. ATP에는 인산기가 3개 있으므로 인산기와 인산기 사이의 인산 결합이 2개 있다.

04 ㄷ. 세포에서 아미노산을 이용하여 단백질이 합성되는 것은 동화 작용(가)의 예에 해당한다.
🔍**바로알기** ㄱ. (가)에서 반응물의 에너지가 생성물의 에너지보다 작으므로 (가)는 흡열 반응인 동화 작용에서의 에너지 변화를 나타낸 것이다.
ㄴ. 식물에서는 동화 작용(가)과 이화 작용(나)이 모두 일어난다.

05

자료 분석

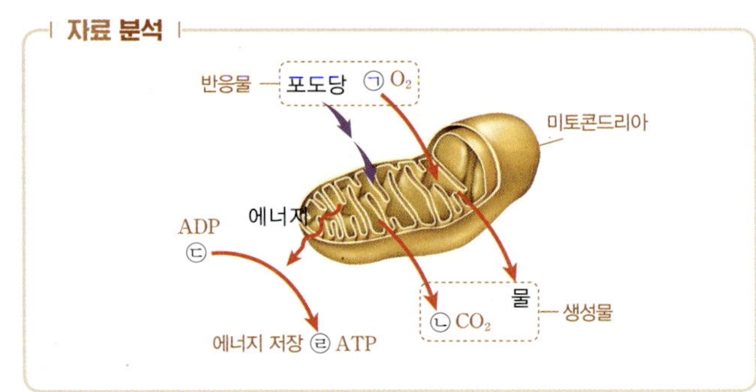

① 미토콘드리아에서 유기물이 분해될 때 O₂(㉠)가 이용된다.

② 세포 호흡으로 포도당이 분해되며, 이 과정에서 CO₂(㉡)가 생성된다.

③ ADP(㉢)에는 인산기가 2개 있다.

⑤ ATP(㉣)에 저장된 에너지는 다양한 형태의 에너지로 전환되어 근육 수축 등을 비롯한 여러 생명 활동에 이용된다.

🔍 **바로알기** ④ 포도당의 화학 에너지 중 일부는 ATP에 저장되고, 나머지는 열에너지로 방출된다.

06 ㄱ. 융털의 가운데에 있는 B는 암죽관이고, 암죽관을 둘러싼 그물 형태의 구조를 가지는 A는 모세 혈관이다.

ㄷ. 모세 혈관(A)을 통해 흡수된 수용성 영양소와 암죽관(B)을 통해 흡수된 지용성 영양소는 모두 순환계를 통해 심장으로 이동한 후 온몸으로 전달된다.

🔍 **바로알기** ㄴ. 아미노산은 수용성 영양소이다. 수용성 영양소는 융털 내부의 모세 혈관(A)으로 흡수된다.

07

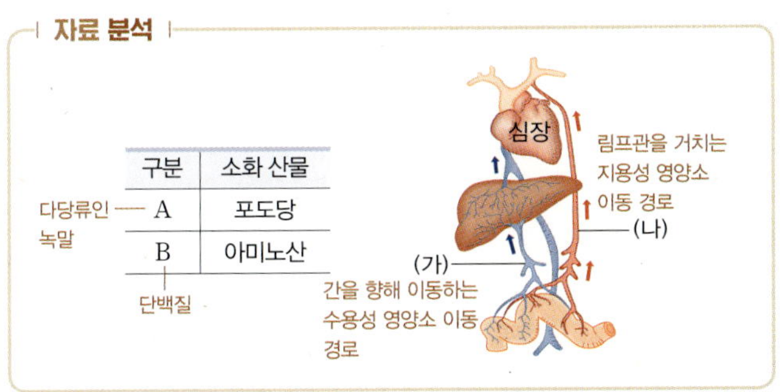

ㄴ. 위에서는 소화 효소 펩신에 의해 단백질(B)이 폴리펩타이드로 분해되는 화학적 소화가 일어난다.

ㄷ. 녹말(A)의 분해 산물인 포도당과 단백질(B)의 분해 산물인 아미노산은 모두 수용성 영양소로, 소장의 모세 혈관으로 흡수되어 간문맥 → 간 → 간정맥을 통해 심장으로 이동하므로 (가)를 통해 이동한다.

🔍 **바로알기** ㄱ. A는 녹말, B는 단백질이다.

08 ㄱ. A는 폐동맥이고, B는 폐정맥이다.

ㄴ. ㉡은 폐포에서 모세 혈관으로 이동하므로 산소이다. 산소(㉡)의 분압은 폐포에서가 모세 혈관에서보다 높다.

🔍 **바로알기** ㄷ. ㉠은 이산화 탄소이다. 혈액의 단위 부피당 이산화 탄소(㉠)의 양은 폐정맥(B)에서가 폐동맥(A)에서보다 적다.

09 ㄱ. (가)는 탄소(C), 수소(H), 산소(O)로 구성되므로 지방이고, (나)는 질소(N)를 가지므로 단백질이다.

ㄴ. 단백질(나)이 세포 호흡에 이용되면 질소 노폐물인 암모니아가 생성된다.

🔍 **바로알기** ㄷ. 지방(가)의 소화 산물인 지방산과 모노글리세리드는 융털 내부의 암죽관으로 흡수되고, 단백질(나)의 소화 산물인 아미노산은 융털 내부의 모세 혈관으로 흡수된다.

10 ① A는 폐를 통해서만 체외로 배출되는 물질이므로 이산화 탄소이다.

②, ③ B는 콩팥을 통해서만 배출되므로 암모니아이다. 암모니아의 일부는 간에서 독성이 적은 요소로 전환된다.

④ 암모니아(B, NH₃)와 물(C, H₂O)의 구성 원소에는 모두 수소(H)가 포함된다.

🔍 **바로알기** ⑤ 탄수화물은 탄소(C), 수소(H), 산소(O)로 구성되므로 세포 호흡에 이용되면 이산화 탄소(A)와 물(C)이 생성되며, 암모니아(B)는 생성되지 않는다. 암모니아는 질소(N)를 포함하는 아미노산(단백질)의 세포 호흡 결과 생성된다.

11 ㄷ. 순환계(다)는 소화계(라), 호흡계(가), 배설계(나) 사이의 물질 이동을 담당한다.

🔍 **바로알기** ㄱ. (가)는 호흡계, (나)는 배설계, (다)는 순환계, (라)는 소화계이다.

ㄴ. 소화계(라)에서 흡수되지 않은 영양소는 소화계(라)를 통해 몸 밖으로 배출된다. 배설계(나)를 통해 배설되는 노폐물은 물, 요소 등이다.

12 ㄴ. 고혈압(나)과 고지혈증 등은 모두 심혈관계 질환의 원인이 된다.

ㄷ. 당뇨병(가)과 고혈압(나)은 모두 대사성 질환이다. 대사성 질환이란 몸의 물질대사에 이상이 생겨 발생하는 질환이다.

🔍 **바로알기** ㄱ. (가)는 당뇨병, (나)는 고혈압이다. 당뇨병은 혈당량이 정상보다 높아 오줌으로 포도당이 섞여 나오는 질병으로 여러 가지 합병증의 원인이 된다.

13 ㄱ. 위에서는 펩신에 의해 단백질이 폴리펩타이드로 분해된다.

ㄷ. 식사 후 포도당은 소장의 모세 혈관으로 흡수되어 간문맥을 지나 간, 간정맥을 거쳐 심장으로 이동한 후 온몸으로 공급된다. 간에서 혈당량의 조절이 일어나므로 식사 직후 단위 부피당 포도당의 양은 간문맥을 흐르는 혈액에서가 간정맥을 흐르는 혈액에서보다 많다.

🔍 **바로알기** ㄴ. A는 혈액을 통해 심장으로 운반되는 경로이다. 혈액을 따라 간을 거쳐 심장으로 이동하는 것은 수용성 영양소이므로 A는 수용성 양분의 이동 경로이다.

14 ㄱ. (가)는 에너지 섭취량과 에너지 소비량이 같으므로 에너지 균형을 이루고 있다.

🔍 **바로알기** ㄴ. (나)는 에너지 섭취량이 에너지 소비량보다 많으므로 그림과 같은 에너지 대사를 유지한다면 체중이 증가할 것이다.

ㄷ. 대사성 질환은 체내 물질대사에 이상이 생겨 나타난다. 에너지 대사가 균형을 이루지 못하는 사람은 균형을 이루는 사람에 비해 대사성 질환이 나타날 가능성이 높다. 따라서 (나)가 (가)보다 대사성 질환이 나타날 가능성이 높다.

15

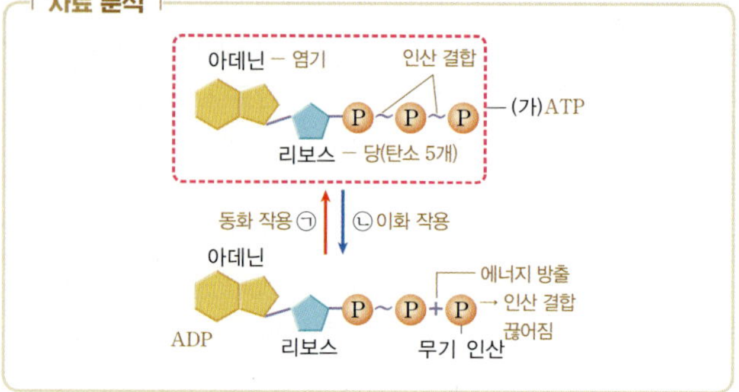

ㄴ. 미토콘드리아에서는 유기물에 저장된 에너지를 이용하여 ATP가 합성되므로 과정 ㉠이 일어난다.

ㄷ. ATP(가)가 ADP로 전환되는 과정 ㉡에서 방출된 에너지는 다양한 생명 활동에 이용된다.

바로알기 ㄱ. (가)에는 인산기가 3개 있으므로 (가)는 ATP이다.

16 ㄱ. A는 엽록체이다. 엽록체에서는 빛에너지가 화학 에너지로 전환된다.

ㄴ. B는 미토콘드리아이다. 미토콘드리아에서는 세포 호흡이 일어나며, 세포 호흡은 이화 작용의 예이다.

바로알기 ㄷ. 포도당의 에너지 일부는 ATP에 저장되고, 나머지는 열에너지 형태로 방출된다.

17 ㄱ. A는 간이다. 간에서는 질소 노폐물인 암모니아가 요소로 전환되는 반응이 일어난다.

ㄴ. B는 콩팥이다. 콩팥은 배설계에 속하는 기관이다.

바로알기 ㄷ. ㉠은 폐동맥, ㉡은 폐정맥이다. 혈액의 단위 부피당 산소량은 폐동맥(㉠)에서가 폐정맥(㉡)에서보다 적다.

18 ㄴ. 요소가 들어 있는 Ⅰ에 생콩즙을 넣었을 때 BTB 용액의 색깔이 파란색으로 변하였으므로 요소가 분해되어 생성된 물질은 염기성을 나타낸다.

ㄷ. Ⅰ에서와 Ⅲ에서 생콩즙을 넣었을 때 색깔이 모두 파란색으로 변하였으므로 Ⅲ에 넣은 오줌에는 요소가 포함되어 있다.

바로알기 ㄱ. ㉡을 넣은 시험관 Ⅱ에 생콩즙을 넣었을 때 노란색으로 변하였으므로 요소의 분해가 일어나지 않았다. 따라서 ㉡은 증류수이다. 증류수에 생콩즙을 넣었을 때 노란색으로 색깔 변화가 나타난 것은 생콩즙이 산성 물질이기 때문이라는 것도 유추할 수 있다.

19 서술형

모범 답안 | ATP(아데노신 3인산), 세포 내에는 에너지가 필요한 경우가 많으며, 그때마다 포도당을 분해하여 이용한다면 열에너지로 손실되는 양이 많을 수 있다. 따라서 세포는 포도당의 에너지를 작은 단위인 ATP에 나누어 저장함으로써 에너지를 효율적으로 이용한다.

해설 | 아데노신(아데닌+리보스)에 인산기가 3개 결합한 물질인 (가)는 ATP이다.

에너지가 필요할 때마다 포도당을 분해하여 에너지를 만든다면 그때 사용하지 못한 에너지는 열로 방출되어 사용할 수 없게 된다. 따라서 포도당의 에너지를 ATP에 나누어 저장하여 둔다면 필요한 시기에 적당한 양만큼의 에너지를 사용할 수 있으므로 효율적이다.

채점 기준	배점
에너지의 효율적 이용을 위한 것으로 판단하고, 적절하게 설명한 경우	100 %
에너지의 효율적 이용을 위한 것으로 판단하였으나, 적절한 설명이 부족한 경우	50 %

20 서술형

모범 답안 | 이산화 탄소, 발효관 내 수면의 높이가 상승한다.

해설 | 수산화 칼륨(KOH) 수용액은 이산화 탄소를 흡수한다. 발효관의 맹관부에 이산화 탄소가 모여 있으므로 수산화 칼륨 수용액을 넣으면 이산화 탄소가 흡수되어 맹관부 내의 압력이 낮아져 수면의 높이가 상승한다.

채점 기준	배점
(가)에 모인 기체와 발효관 내 수면의 높이 변화를 옳게 설명한 경우	100 %
(가)에 모인 기체만 쓰고, 발효관 내 수면의 높이 변화를 옳게 설명하지 못한 경우	30 %

21 서술형

모범 답안 | B, 글리코젠 합성, 단백질 합성 등

해설 | 반응물이 생성물보다 에너지양이 적으므로 (가)는 동화 작용에서의 에너지 변화를 나타낸 것이다. (나)에서 시간에 따라 A의 양은 증가하고, B의 양은 감소하므로 A는 생성물, B는 반응물에 해당한다.

사람에서 일어나는 동화 작용의 예로는 글리코젠 합성, 호르몬 합성, 단백질 합성, 유전 물질 합성 등이 있다. 사람에서 광합성은 일어나지 않으므로 광합성은 예가 될 수는 없다.

채점 기준	배점
B를 쓰고, (가)의 예를 두 가지 모두 옳게 제시한 경우	100 %
B만 쓰거나, (가)의 예를 1가지만 옳게 제시한 경우	30 %

22 서술형

정답 (1) 3296 kcal (2) 2154 kcal

모범 답안 | (3) 섭취한 에너지양이 소비한 에너지양보다 많으므로 A가 이와 같은 생활 습관을 지속한다면 체중이 증가할 것이다.

해설 | (1) $(300 \times 3) + 300 + (385 \times 2) + (616 \times 2) + 94 = 3296$

(2) $60 \times \{(0.9 \times 9) + (1.6 \times 2) + (1.1 \times 3) + (1.9 \times 9) + (4.2 \times 1)\} = 2154$

(3) 에너지 섭취량이 에너지 소비량보다 많으면 남는 에너지가 지방으로 전환되어 체내에 축적된다.

채점 기준 (3)	배점
체중의 변화를 적절하게 설명한 경우	100 %
체중의 변화를 적절하게 설명하지 못한 경우	0 %

정답 (1) 분압 차이에 의한 확산(또는 분압이 높은 곳에서 분압이 낮은 곳으로 확산에 의해 이동한다.)

모범 답안 (2) 조직 세포에서 세포 호흡이 일어나 이산화 탄소(CO_2)가 생성되었기 때문이다.

해설 (2) 조직 세포에서 유기물과 산소를 이용한 세포 호흡을 통해 ATP를 합성하는 과정에서 노폐물인 CO_2가 발생하므로 조직 세포에서가 모세 혈관에서보다 CO_2가 많다.

채점 기준 (2)	배점
세포 호흡을 언급하고, 조직 세포의 생명 활동과 관련지어 적절하게 설명한 경우	100 %
세포 호흡을 언급하지 않고, 조직 세포의 생명 활동과 관련지어 적절하게 설명하지 못한 경우	50 %

학교 시험 빈출 자료 MASTER

p.040~041

① 1 ×　2 ○　3 ○　4 ○　5 ×　6 ○　7 ×
② 1 ○　2 ×　3 ×　4 ○　5 ○　6 ×
③ 1 ○　2 ×　3 ○　4 ○　5 ○　6 ○　7 ×
④ 1 ○　2 ×　3 ○　4 ×　5 ○　6 ×
⑤ 1 ○　2 ×　3 ○　4 ○　5 ×　6 ○　7 ○
　 8 ○
⑥ 1 ○　2 ○　3 ×　4 ○　5 ○　6 ○

①-1 (가)는 에너지를 흡수하여 저분자 물질로부터 고분자 물질이 합성되는 동화 작용이다.

①-4 세포 호흡(나)에서 유기물이 분해될 때 효소가 관여하며, 이 과정에서 유기물은 단계적으로 분해되면서 에너지가 조금씩 방출된다.

①-5 (가)와 (나)는 물질대사이므로 모두 효소가 관여한다.

①-7 (가)와 (나) 모두 효소가 관여하여 단계적으로 일어나는 반응이다.

②-2 유기물이 분해될 때 방출되는 에너지의 일부는 열에너지로 되어 체온 유지에 쓰이고, 일부는 ATP의 합성에 이용된다.

②-3 포도당이 분해되면 물과 이산화 탄소가 생성된다.

②-5 식물 세포에도 미토콘드리아가 있으며, 생명 활동을 위한 ATP의 합성이 일어난다.

②-6 ADP와 무기 인산이 결합하여 ATP가 합성되는 반응은 동화 작용이다.

③-2 ADP보다 ATP에 더 많은 인산 결합이 있으므로 더 많은 에너지가 저장되어 있다.

③-5 ATP에는 인산 결합이 2개 있고, ADP에는 인산 결합이 1개 있다. ATP가 ADP로 분해될 때 인산 결합 1개가 끊어지면서 에너지가 방출된다.

③-6 골격근이 수축할 때는 ATP가 ADP로 분해될 때 방출되는 에너지가 이용된다.

③-7 ATP에는 2개, ADP에는 1개의 인산 결합이 있다.

④-2 B는 폐동맥으로 정맥혈이 흐른다.

④-4 폐와 조직에서 기체가 교환될 때는 에너지가 이용되지 않는다. ATP를 사용하는 대표적인 경우는 골격근의 수축 과정, $Na^+ - K^+$ 펌프를 통한 Na^+, K^+의 이동 등이 있다.

④-6 산소는 폐포에서 모세 혈관으로, 이산화 탄소는 모세 혈관에서 폐포로 이동한다.

⑤-2 지방은 탄소(C), 수소(H), 산소(O)로만 구성되어 있어 세포 호흡에 이용되면 물과 이산화 탄소가 생성된다.

⑤-5 요소는 배설계를 통해 오줌으로 배출된다.

⑤-8 세포 호흡 결과 생성된 물은 오줌을 통해 모두 배출되지 않고 대부분은 체내로 재흡수되어 체내 항상성 유지에 이용된다.

⑥-3 소화계에서 흡수되지 않은 찌꺼기는 소화계를 통해 배출된다.

⑥-5 암모니아가 요소로 전환되는 과정은 간에서 일어나며, 간은 소화계에 속하는 기관이다.

⑥-6 간(소화계)에서 합성된 요소는 순환계(다)를 통해 배설계(라)로 이동한 후 콩팥에서 오줌에 포함되어 몸 밖으로 배출된다.

학교 시험 대비 문제

p.042~045

01 ③　02 ③　03 ②　04 ⑤　05 ③　06 ⑤
07 ②　08 ④　09 ①　10 ④　11 ②　12 ③
13 ⑤　14 ③　15 ③
고난도　16 ③
서술형　17~19 해설 참조

01

┌ 자료 분석 ┐

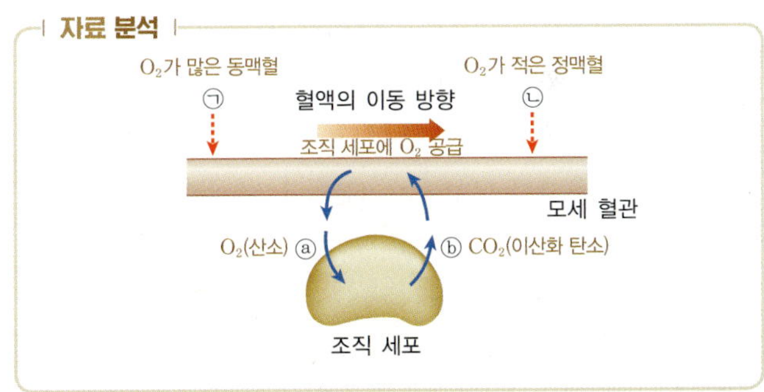

ㄱ. 산소는 대부분 적혈구 속의 헤모글로빈과 결합하여 조직 세포로 운반된다.

ㄴ. 산소(ⓐ)는 모세 혈관에서 조직 세포로 확산되고, 이산화 탄소(ⓑ)는 조직 세포에서 모세 혈관으로 확산된다. 따라서 ⓑ는 이산화 탄소이다.

바로알기 ㄷ. 조직 세포에 산소(ⓐ)를 건네주고 이산화 탄소(ⓑ)를 건네받은 혈액이 흐르는 ㉡ 지점에서가 ㉠ 지점에서보다 단위 부피당 이산화 탄소(ⓑ)의 양이 많다.

02

ㄱ. 심장에서 나와 기관으로 이동하는 혈관이 동맥, 심장으로 들어가는 혈관이 정맥이다. A는 혈액이 콩팥으로 들어가는 혈관이므로 콩팥 동맥이고, B는 콩팥 정맥이다.

ㄴ. ㉠(H_2O)은 콩팥에서 여과와 재흡수 과정을 거쳐 일부가 오줌으로 배출된다.

🔍 **바로알기** ㄷ. 요소는 콩팥에서 여과, 재흡수, 분비의 과정을 모두 거친 후 남아 있는 일부의 양이 오줌을 통해 몸 밖으로 배출된다. 따라서 콩팥 동맥(A)의 혈액에서가 콩팥 정맥(B)의 혈액에서보다 요소의 농도가 높다.

03

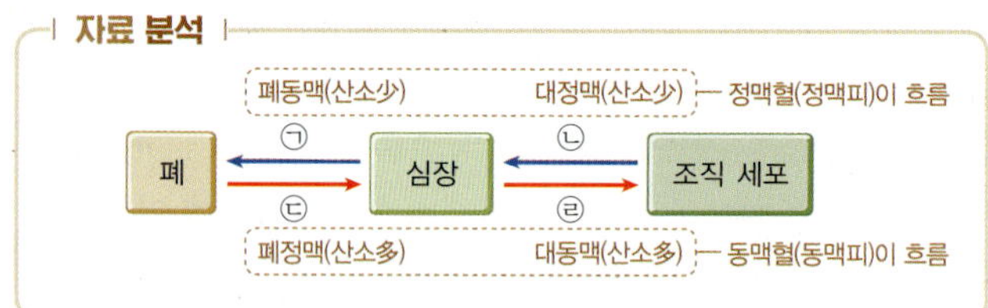

㉠은 폐동맥, ㉡은 대정맥, ㉢은 폐정맥, ㉣은 대동맥이다.

ㄷ. ㉠은 폐동맥으로 폐에서 산소를 공급받기 위한 혈액이 흐르고, ㉣은 대동맥으로 조직 세포에 산소를 공급하기 위한 혈액이 흐르므로 혈액의 단위 부피당 이산화 탄소의 양은 ㉠의 혈액에서가 ㉣의 혈액에서보다 많다.

🔍 **바로알기** ㄱ. ㉠은 심장에서 폐로 혈액이 이동하는 경로에 해당하므로 폐동맥이다.

ㄴ. 대정맥(㉡)에는 정맥혈(정맥피)이 흐르고, 폐정맥(㉢)에는 동맥혈(동맥피)이 흐른다.

04

ㄴ. 간에서 암모니아가 요소로 전환되는 반응이 일어나므로 간에서 나온 혈액이 흐르는 간정맥(나)에는 요소가 있다.

ㄷ. 식사 직후 소장에서 흡수된 포도당의 일부는 간에서 글리코젠의 합성에 이용되므로 포도당의 농도는 간문맥(가)에서가 간정맥(나)에서보다 높다.

🔍 **바로알기** ㄱ. ㉠은 소장에서 흡수되어 간문맥과 간정맥을 통해 심장으로 이동하므로 수용성 영양소이다.

05

ㄱ. 폐는 호흡계를 구성하는 기관이다. 폐 외에 코, 기관, 기관지가 호흡계에 속한다.

ㄷ. 순환계는 소화계, 호흡계, 배설계 등 여러 기관계 사이의 물질 이동에 관여한다.

🔍 **바로알기** ㄴ. 암모니아가 요소로 전환되는 반응은 간에서 일어나며, 간은 소화계를 구성하는 기관이다.

06

A는 간, B는 이자, C는 소장이다.

ㄱ. 간(A)에서는 포도당이 글리코젠으로 합성되는 반응과 글리코젠이 포도당으로 분해되는 반응이 모두 일어난다.

ㄷ. C는 소장으로 소화된 영양소의 흡수가 일어난다.

🔍 **바로알기** ㄴ. B는 이자이며, 이자에서는 탄수화물, 단백질, 지방을 분해하는 여러 효소가 포함된 이자액이 분비된다. 쓸개즙은 간(A)에서 생성되어 쓸개에 저장되었다가 소장으로 분비되는 소화액으로, 지방의 유화를 돕는다.

07

기체의 교환이 일어나는 (가)는 호흡계이고, 여러 기관계 사이의 물질 이동에 관여하는 (나)는 순환계이며, 질소 노폐물을 배출하는 (다)는 배설계이다.

08

ㄱ. 인슐린은 포도당을 글리코젠으로 합성하는 과정을 촉진하여 혈당량을 낮춘다. 인슐린이 정상적으로 분비되지 않아 혈당량이 정상보다 높게 유지되는 질환 (가)는 당뇨병이다.

ㄷ. 당뇨병(가)과 고지혈증(나)은 모두 물질대사의 이상으로 나타나는 대사성 질환에 해당한다.

🔍 **바로알기** ㄴ. 고지혈증은 유전적 요인뿐만 아니라 생활 습관 등의 환경적 요인에 의해서도 발생한다.

09

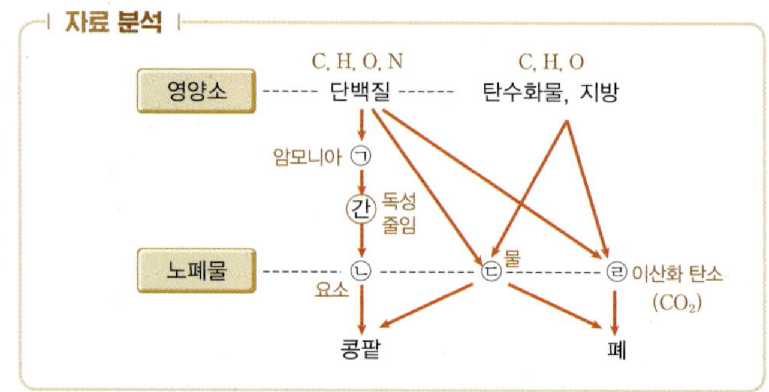

ㄱ. ㉠은 단백질에서만 생성되는 노폐물로 암모니아(NH_3)이다. 암모니아는 질소 노폐물에 해당한다.

🔍 **바로알기** ㄴ. 암모니아(㉠)는 간에서 독성이 약한 요소(㉡)로 전환된다.

ㄷ. BTB 용액은 산성에서 노란색, 중성에서 초록색, 염기성에서 파란색을 나타낸다. 암모니아(㉠)는 염기성 물질이므로 암모니아(㉠)를 초록색의 BTB 용액에 넣으면 BTB 용액이 파란색으로 변한다.

10

㉡은 간에서 암모니아(㉠)로부터 전환된 요소이다. 요소는 콩팥을 통해 배설된다. ㉢은 콩팥과 폐를 통해 몸 밖으로 배설되므로 물이다. 콩팥에서는 오줌, 폐에서는 날숨으로 나간다. ㉣은 폐를 통해 몸 밖으로 배설되므로 이산화 탄소이다.

11

ㄷ. (다)는 배설계이며, 배설계에서는 세포 호흡의 결과 발생한 질소 노폐물 등을 체외로 배출한다.

🔍 **바로알기** ㄱ. (가)는 소화계이다.

ㄴ. 기체 교환은 분압 차이에 의한 확산으로 일어나므로 ATP를 소모하지 않는다.

12

학생		A		B	
1일 대사량(kcal)		2400		1950	
영양소 섭취량(g)	탄수화물	360	1440	320	1280
	단백질	150	600	100	400
	지방	40	360	50	450
		에너지 합=2400		에너지 합=2130	

ㄱ. 1일 대사량은 기초 대사량과 활동 대사량 등을 모두 합한 대사량이다.

ㄴ. A의 에너지 섭취량은 $360 \times 4 + 150 \times 4 + 40 \times 9 = 2400$ kcal이고, B의 에너지 섭취량은 $320 \times 4 + 100 \times 4 + 50 \times 9 = 2130$ kcal이므로 에너지 섭취량은 A가 B보다 270 kcal 더 많다.

🔍 **바로알기** ㄷ. A는 에너지 섭취량과 에너지 소비량이 균형을 이루고, B는 에너지 섭취량이 에너지 소비량보다 많으므로 표와 같은 에너지 섭취와 소비가 반복될 때 A와 B 중 비만이 될 가능성이 더 높은 학생은 B이다.

13 ㄱ. (가)~(다)는 모두 물질대사에 해당하며, 물질대사 과정에는 모두 효소가 관여한다.

ㄴ. 아미노산이 세포 호흡(나)에 이용되면 물, 암모니아, 이산화 탄소가 노폐물로 생성된다.

ㄷ. 암모니아가 요소로 전환되는 과정 (다)는 간에서 일어난다.

14 ㄱ. 고혈압은 혈압이 만성적으로 정상 범위보다 높게 나타나는 질환으로 심혈관계 질환의 원인이 된다.

ㄷ. 고지혈증은 콜레스테롤, 중성 지방 등이 혈액에 과다한 상태가 지속되는 질환이다.

🔍 **바로알기** ㄴ. 당뇨병은 인슐린이 정상보다 적게 분비되거나 정상적으로 작용하지 않아 혈당량이 정상 수치보다 높게 나타나는 질환이다.

15 호흡계(A)에는 폐, 기관, 기관지 등이 포함되고, 소화계(B)에는 입, 위, 소장, 대장 등의 소화관과 간, 이자, 쓸개 등이 포함된다. 배설계(C)에는 콩팥, 오줌관, 방광, 요도 등이 포함된다.

ㄱ. 폐는 호흡계(A)에 속하는 기관으로, 호흡계(A)에서는 기체 교환이 일어난다.

ㄷ. 배설계(C)에 속하는 콩팥에서 오줌이 생성된다.

🔍 **바로알기** ㄴ. 폐는 호흡계(A), 콩팥은 배설계(C)에 속하는 기관이므로 B는 소화계이다.

16 ㄱ. 콩즙에 들어 있는 효소의 작용을 알아보는 실험이므로 콩즙이 포함되지 않은 Ⅰ이 대조군이다.

ㄴ. Ⅱ에 만능 지시약을 넣었을 때 색깔이 파란색으로 나타났으므로 요소가 분해되어 용액의 pH가 8이 되었음을 알 수 있다. pH 8은 염기성에 해당하는 범위이므로 요소가 분해되어 생성된 물질은 염기성을 띤다.

🔍 **바로알기** ㄷ. 만능 지시약을 넣었을 때 Ⅰ과 Ⅲ에서의 결과가 동일하므로 끓인 콩즙에 들어 있는 효소는 요소를 분해하지 못했다.

17 서술형
모범 답안 | 생명 활동의 결과 생성된 노폐물을 몸 밖으로 내보내며, 체액의 삼투압과 pH 등을 일정하게 유지하는 데 의의가 있다.

해설 | 배설을 통해 불필요한 물질을 몸 밖으로 내보냄으로써 생명 활동이 원활하게 이루어질 수 있도록 체내 환경을 조절한다.

채점 기준	배점
배설과 항상성을 포함하여 옳게 서술한 경우	100 %
항상성을 제시하지 않고, 노폐물을 제거한다고만 서술한 경우	50 %

18 서술형

│ 자료 분석 │

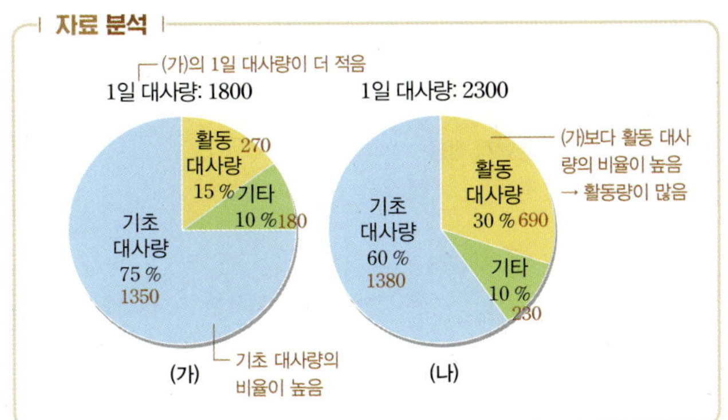

모범 답안 | (1) (가)의 기초 대사량은 $1800 \times 0.75 = 1350$ kcal이고, (나)의 기초 대사량은 $2300 \times 0.6 = 1380$ kcal이다. 따라서 기초 대사량은 (나)가 (가)보다 많다.

(2) (가)의 1일 대사량은 2000 kcal보다 적으므로 (가)의 체중은 증가하며, (나)의 1일 대사량은 2000 kcal보다 많으므로 (나)의 체중은 감소한다.

해설 | 에너지 섭취량보다 에너지 소모량이 더 많으면 체중이 감소하고, 에너지 소모량이 더 적으면 체중이 증가한다.

채점 기준		배점
(1)	2가지를 모두 옳게 서술한 경우	50 %
	1가지만 옳게 서술한 경우	20 %
(2)	2가지를 모두 옳게 서술한 경우	50 %
	1가지만 옳게 서술한 경우	20 %

19 서술형
정답 (1) 물, 이산화 탄소
모범 답안 | (2) 단백질이 세포 호흡에 이용된 결과 생성되는 암모니아는 간에서 요소로 전환된 후 콩팥으로 운반되고, 오줌에 섞여 몸 밖으로 배출된다.

해설 | (가)는 질소(N)이다. 질소 노폐물인 암모니아(NH_3)는 간에서 독성이 약한 요소로 전환되고, 배설계를 통해 몸 밖으로 나간다.

채점 기준 (2)	배점
5가지 단어를 모두 사용하여 옳게 설명한 경우	100 %
4가지 단어를 사용하여 옳게 설명한 경우	80 %
3가지 단어를 사용하여 옳게 설명한 경우	60 %
2가지 단어를 사용하여 옳게 설명한 경우	40 %
1가지 단어를 사용하여 옳게 설명한 경우	20 %

[I-01] 01 생물의 특성
❶ 동화　　❷ 이화　　❸ 자극　　❹ 항상성　　❺ 유전
❻ 진화
02 바이러스의 특성
❶ 핵산　　❷ 숙주　　❸ 단백질　　❹ 물질대사
03 생명 과학의 탐구
❶ 귀납적　　❷ 가설　　❸ 대조　　❹ 결론　　❺ 독립
❻ 조작　　❼ 종속
[II-01] 01 세포의 생명 활동
❶ 세포 호흡　❷ ATP　　❸ 3개
02 에너지의 전환과 이용
❶ 빛에너지　　❷ ADP
03~06 기관계의 통합적 작용
❶ 수용성　　❷ 확산　　❸ 오줌　　❹ 호흡계　　❺ 요소
❻ 순환계
07 대사성 질환과 에너지 균형
❶ 균형　　❷ 감소　　❸ 기초　　❹ 대사성　　❺ 물질대사

1등급 실전 문제

p.048~053

01 ③	02 ⑤	03 ③	04 ③	05 ③	06 ③
07 ④	08 ②	09 ④	10 ②	11 ③	12 ①
13 ⑤	14 ④	15 ③	16 ④	17 ③	18 ⑤
19 ⑤	20 ②				

서술형 21~25 해설 참조

01 바이러스(가)는 생물과 비생물의 중간 단계이고, 백혈구(나)는 세포이다.
ㄱ. 바이러스(가)는 유전 물질인 핵산과 단백질을 가진다.
ㄴ. 백혈구(나)는 사람의 몸을 구성하는 세포이므로 세포 구조를 가진다.
바로알기 ㄷ. 바이러스(가)와 백혈구(나) 중 스스로 물질대사를 할 수 있는 것은 백혈구(나)이다.

02 ⑤ 서로 다른 환경에서 서식하는 흰떡갈나무 잎의 모양이 다른 것은 적응과 진화의 결과이다. 건조한 사막에 서식하는 캥거루쥐가 소량의 진한 오줌을 배설하는 것은 물을 내보내지 않기 위한 것으로 적응과 진화의 예에 해당한다.
바로알기 ① 갈증이 나면 수분을 보충하는 것은 생물의 특성 중 항상성의 예에 해당한다.
② 대장균이 분열법으로 번식하는 것은 생물의 특성 중 생식과 유전의 예에 해당한다.
③ 간에서 글리코젠이 포도당으로 분해되는 것은 생물의 특성 중 물질대사의 예에 해당한다.
④ 미모사의 잎에 물체가 닿았을 때 잎이 오므라드는 것은 생물의 특성 중 자극에 대한 반응의 예에 해당한다.

03 ㄱ. 나비의 알이 애벌레가 되는 과정 (가)는 발생으로, 이 과정에서 세포 분열에 의해 세포 수가 증가한다.
ㄷ. 애벌레와 나비는 모두 생명체에 해당하므로 물질대사가 일어난다. 물질대사 결과 생명 현상을 유지한다.

바로알기 ㄴ. 그림은 생물의 특성 중 발생과 생장의 예를 나타낸 것이다.

04 ㄱ. 인슐린은 체내 혈당량을 감소시키는 과정을 촉진하는 호르몬으로 식사 후 혈중 인슐린의 농도가 증가하는 것은 혈당량을 정상 범위로 유지하기 위한 것이므로 생물의 특성 중 항상성의 예에 해당한다.
ㄷ. 인슐린에 의해 간에서 포도당이 글리코젠으로 전환되는 반응이 촉진되므로 t_1일 때 간에서 물질대사가 일어난다.
바로알기 ㄴ. 혈중 포도당의 농도는 혈중 인슐린의 농도가 높은 t_1일 때가 식사 직전보다 높다.

05

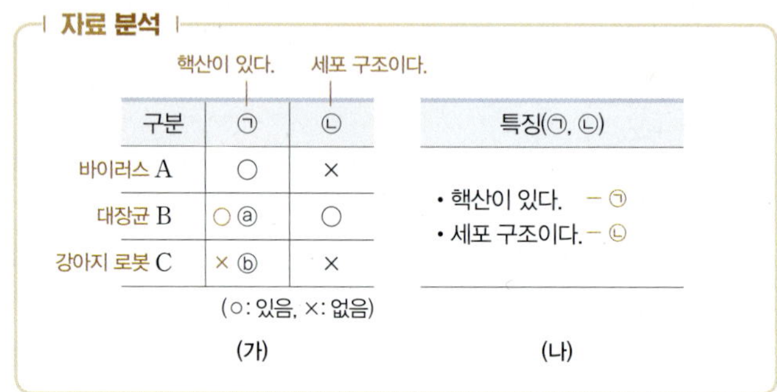

	핵산이 있다.	세포 구조이다.	
구분	㉠	㉡	특징(㉠, ㉡)
바이러스 A	○	×	• 핵산이 있다. — ㉠
대장균 B	○ ⓐ	○	• 세포 구조이다. — ㉡
강아지 로봇 C	× ⓑ	×	

(○ : 있음, × : 없음)

　　　(가)　　　　　　　　　　　　　　　　　(나)

ㄱ, ㄷ. '핵산이 있다.'는 대장균과 바이러스가 공통적으로 가지는 특징이고, '세포 구조이다.'는 대장균만 가지는 특징이다. 따라서 ㉠만 가지는 A는 바이러스이고, ㉠은 '핵산이 있다.'이며, ㉡은 '세포 구조이다.'이다.
바로알기 ㄴ. 특징 ㉠과 ㉡ 중 한 가지만 가지는 A가 바이러스이고, B는 대장균이며, C는 특징 ㉠, ㉡을 모두 갖지 않는 강아지 로봇이다. 따라서 ⓐ는 'O', ⓑ는 '×'이다.

06 ㄱ. (가)에서 X는 핵산과 단백질로만 구성되므로 바이러스이다. 바이러스는 유전 물질인 핵산을 가진다.
ㄴ. 바이러스는 생명체 밖에서는 단백질 결정체로 존재하지만 살아 있는 생명체 내에서는 생명 활동을 나타내므로 (나)의 담뱃잎에서 X의 수는 증가한다.
바로알기 ㄷ. 바이러스는 생명체 밖에서는 단백질 결정체로 존재하고 숙주 세포 내에서만 물질대사를 한다. 따라서 X는 담뱃잎 밖에서 스스로 물질대사를 할 수 없다.

07 ㄱ. 가설은 인식된 문제에 대한 잠정적인 결론으로 (가)에서 '푸른곰팡이에서 생성된 어떤 물질이 세균 증식을 억제하는 작용을 했을 것이다.'로 제시되었다.
ㄴ. (나)에서 푸른곰팡이를 접종한 배양 접시와 접종하지 않은 배양 접시에서 각각 세균을 배양하였으므로 푸른곰팡이의 접종 여부가 두 집단에서 서로 다른 조작 변인에 해당한다. 인위적으로 변화시키지 않고 푸른곰팡이를 접종하지 않은 배양 접시(㉠)는 대조군에 해당한다.
바로알기 ㄷ. '세균의 증식 여부'는 실험 결과이므로 종속변인에 해당한다.

08 ④ 연역적 탐구는 문제 인식 → 가설 설정 → 탐구 설계 및 수행 → 자료 해석 → 결론 도출 순서로 진행된다. (가)는 가설 설정, (나)는 탐구 설계 및 수행, (다)는 결론 도출, (라)는 자료 해석에 해당하므로 (가) → (나) → (라) → (다) 순으로 진행되었다.

09 ㄴ. 백신 A의 주사 여부를 달리 하여 대조 실험이 진행되었으므로 연역적 탐구 방법이 이용되었다.
ㄷ. 병원균을 주사한 결과 A를 주사했던 집단 (가)의 양은 모두 생존하고, A를 주사하지 않았던 집단 (나)의 양은 모두 죽었으므로 A는 전염병 예방에 효과가 있다.
🔍 **바로알기** ㄱ. 백신 A의 주사 여부가 조작 변인에 해당하므로 A를 주사한 (가)는 실험군이다.

10

┤ **자료 분석** ├

(가) 동일한 장소에서 채취한 토양을 같은 양으로 나눈 후, 집기병 A에는 가열한 후 식힌 20 ℃의 토양을, B에는 가열하지 않은 20 ℃의 토양을 넣는다.
(나) 그림과 같이 온도계와 석회수를 설치하고 상온인 20 ℃에서 일정 시간이 지난 뒤 변화를 관찰하였더니 B의 석회수만 뿌옇게 흐려졌고, (㉠)에서만 온도가 상승하였다.

ㄴ. 토양 속 생명체의 호흡으로 이산화 탄소가 발생하였으므로 생물의 특성 중 물질대사를 이용한 실험이다.
🔍 **바로알기** ㄱ. B의 석회수가 뿌옇게 흐려졌으므로, B에서 유기물이 분해되어 이산화 탄소가 발생하였다. 세포 호흡은 발열 반응에 해당하므로 온도가 상승한 집기병 ㉠은 B이다.
ㄷ. A와 B에 들어 있는 토양의 양은 서로 같으므로 통제 변인에 해당한다.

11 ㄱ. (가)에서 다윈은 여러 생물들을 관찰한 결과를 분석·종합하여 자연 선택설을 발표하였다. 이는 귀납적 탐구 방법을 이용한 결과이다.
ㄷ. 모이의 종류(현미, 백미)를 달리하여 실험군과 대조군을 설정하였으므로 (다)의 탐구 과정에서 대조 실험이 진행되었다.
🔍 **바로알기** ㄴ. (나)의 탐구 과정에 귀납적 탐구 방법이 이용되었다. 귀납적 탐구에서는 가설을 설정하지 않는다.

12 ㄱ. 저분자 물질이 고분자 물질로 전환되는 과정 Ⅰ은 동화 작용이다.
🔍 **바로알기** ㄴ. (나)에서 반응물의 에너지가 생성물의 에너지보다 작으므로 (나)의 반응은 흡열 반응(동화 작용)이다. 따라서 (나)는 Ⅰ에서의 에너지 변화이다.
ㄷ. 단백질(고분자 물질)이 아미노산(저분자 물질)으로 소화되는 과정은 이화 작용인 Ⅱ의 예에 해당한다.

13 ㄱ. (가)의 예는 광합성이므로 (가)는 동화 작용이다. 광합성에서는 빛에너지가 화학 에너지로 전환된다.
ㄴ. 이화 작용(나)은 발열 반응이므로 에너지가 방출된다.
ㄷ. 생명체 내에서 물질대사가 일어날 때는 효소가 관여한다.

14 ㄴ. ⓐ는 ⓑ에 무기 인산이 결합한 물질이므로 ATP이고, ⓑ는 ADP이다. 1분자당 에너지양은 ATP가 ADP보다 많다.
ㄷ. ㉠은 산소, ㉡은 물이다. 물(㉡)의 일부는 순환계를 통해 호흡계와 배설계로 이동하여 몸 밖으로 배출된다.
🔍 **바로알기** ㄱ. 산소(㉠)는 호흡계를 통해 체내로 흡수된다.

15 ㄱ. C와 D에서 모두 맹관부에 기체가 모였으므로 C와 D의 효모에서 물질대사가 일어났다.
ㄴ. B, C, D에서 효모에 의한 세포 호흡이 일어나므로 (다)에서 맹관부에 모인 기체에는 이산화 탄소가 포함된다.
🔍 **바로알기** ㄷ. (다)에서 B에 KOH 수용액을 넣으면 KOH가 이산화 탄소를 흡수하므로 맹관부에 모인 기체의 부피가 감소한다.

16 ㄴ. 미토콘드리아에서 유기물이 분해될 때 방출되는 에너지의 일부를 이용하여 ATP를 합성한다.
ㄷ. ATP에는 인산 결합이 2개 있으며, 인산 결합에 화학 에너지가 저장되어 있다. 인산 결합이 떨어져 나가면서 에너지가 방출된다.
🔍 **바로알기** ㄱ. (가)는 ATP를 구성하는 당인 리보스이다.

17 ㄱ. 암모니아가 요소로 전환되는 (나)는 간(B)에서 일어나는 반응이다.
ㄴ. 요소(㉠)는 순환계를 통해 콩팥(C)으로 이동한 후 오줌을 통해 체외로 배출된다.
🔍 **바로알기** ㄷ. ⓐ(폐동맥)에는 폐(A)를 지나기 전의 정맥혈이 흐르고, ⓑ(폐정맥)에는 폐(A)를 지난 후의 동맥혈이 흐른다. 따라서 단위 부피당 산소량은 ⓑ의 혈액이 ⓐ의 혈액보다 많다.

18 ① (가)는 소화계이다. 소화계에서는 영양소가 여러 효소에 의해 분해되는 소화가 일어난다. 소화는 이화 작용이다.
② 소화계(가)에 속하는 간에서 암모니아가 요소로 전환되므로 소화계(가)에서 순환계(나)로 이동하는 물질(Ⅰ)에는 요소가 포함된다.
③ (나)는 소화계(가), 호흡계(다), 배설계(라), 조직 세포 사이의 물질 이동을 담당하므로 순환계이다.
④ 호흡계(다)에서 기체의 교환은 분압 차이에 의한 확산으로 일어난다.
🔍 **바로알기** ⑤ 소화계(가)에서 흡수되지 않은 찌꺼기는 소화계(가)를 통해 몸 밖으로 배출된다. 배설계에서는 세포 호흡 결과 만들어진 노폐물이 몸 밖으로 나간다.

19 A. 고혈압, 당뇨병, 지방간, 고지혈증(고지질혈증) 등은 대사성 질환에 해당한다.

B. 물질대사가 정상적으로 일어나지 않을 때 나타나는 질환을 대사성 질환이라고 한다.

C. 에너지 섭취가 소비보다 많으면 비만 등의 질환이 나타나고, 에너지 섭취가 소비보다 적으면 면역력 감소 등의 문제가 나타나므로 대사성 질환을 예방하기 위해서는 에너지 섭취와 소비가 균형을 이루어야 한다.

20 ㄷ. 1일 에너지 섭취량은 1일 에너지 권장량에 비해 영희가 320 kcal 적고, 철수가 760 kcal 많고, 영수가 140 kcal 많다. 세 학생 중 권장량과 섭취량의 차이가 가장 적어 에너지 섭취와 소비가 가장 균형을 이루는 학생은 영수이다.

🔍 **바로알기** ㄱ. 1일 에너지 섭취량이 영희는 1780 kcal이고, 철수는 3260 kcal이다. 1일 권장량과 비교하여 영희는 적고, 철수는 많으므로 영희와 철수 중 비만이 될 가능성이 높은 사람은 철수이다.

ㄴ. 1일 에너지 섭취량에서 지방이 차지하는 비율은 영희가 약 25 %, 철수가 약 46 %, 영수가 약 21 %이다.

21 서술형

모범 답안 | (1) 탄저병 백신은 탄저병을 예방하는 데 효과가 있을 것이다.

(2) 실험의 결론에서 탄저병 백신이 탄저병을 예방하는 데 효과가 있다고 하였으므로 탄저병이 발병한 A는 탄저병 백신을 주사한 집단이 아니다. 따라서 탄저병을 주사한 집단 ㉠은 B이다.

해설 | 가설은 조작 변인(원인)과 종속변인(결과)에 대한 가정형으로 서술하므로 '조작 변인이 종속변인에 어떠한 영향을 줄 것이다.'의 형태가 된다.

채점 기준		배점
(1)	모범 답안과 같이 쓴 경우	2점
	모범 답안과 다르게 쓴 경우	0점
(2)	㉠을 고르고, 적절한 까닭을 제시한 경우	4점
	㉠을 고르고, 적절한 까닭을 제시하지 않은 경우	2점

22 서술형

정답 (1) 물질대사

모범 답안 | (2) 이산화 탄소가 KOH 수용액에 흡수되면서 수면의 높이가 높아지므로 h는 증가한다.

해설 | 효모는 음료수에 포함된 당을 분해하여 생명 활동에 필요한 에너지를 얻는다. 이 과정에서 발생한 이산화 탄소는 발효관의 맹관부에 모이며, KOH 수용액을 넣으면 이산화 탄소가 흡수되어 수면의 높이가 상승한다.

채점 기준 (2)	배점
h의 변화를 까닭을 포함하여 옳게 설명한 경우	4점
h의 변화만 옳게 설명한 경우	1점

23 서술형

정답 (1) A: 간, B: 콩팥, C: 폐

모범 답안 | (2) 콩팥(B)으로 들어온 요소의 일부는 오줌을 통해 체외로 배출된다. 따라서 단위 부피당 요소의 양은 B에 연결된 동맥의 혈액에서가 B에 연결된 정맥의 혈액에서보다 많다.

해설 | 동맥은 심장에서 해당 기관으로 혈액이 이동하는 혈관이고, 정맥은 해당 기관에서 심장으로 혈액이 이동하는 혈관이다. 콩팥으로 들어가는 동맥의 혈액에는 요소가 많이 포함되어 있으며, 이 중 일부가 콩팥에서 여과, 재흡수, 분비의 과정을 거쳐 오줌을 통해 몸 밖으로 배출되므로 콩팥 정맥의 혈액에는 요소가 적다.

채점 기준 (2)	배점
단위 부피당 요소의 양을 까닭을 포함하여 옳게 비교한 경우	4점
단위 부피당 요소의 양만 옳게 비교하지 못한 경우	1점

24 서술형

정답 (1) (가): 소화계, (나): 순환계, (다): 배설계

모범 답안 | (2) 세포 호흡에 필요한 영양소는 소화계(가)를 통해 흡수된 후 순환계(나)를 통해 조직 세포로 운반되고, 산소는 호흡계를 통해 흡수된 후 순환계(나)를 통해 조직 세포로 운반된다.

채점 기준 (2)	배점
소화계, 호흡계, 순환계를 모두 제시하여 옳게 설명한 경우	4점
소화계, 호흡계, 순환계 중 일부만 제시하여 설명한 경우	2점

25 서술형

모범 답안 | (가)는 고지혈증이다. 고지혈증을 예방하기 위해서는 규칙적인 운동과 올바른 생활 습관을 유지하고, 식이 요법 등을 해야 한다.

해설 | 혈액에 콜레스테롤이나 중성 지방 등이 필요 이상으로 존재하면 각종 질병이 유발되는데, 이러한 대사성 질환을 고지혈증(고지질혈증)이라고 한다.

채점 기준	배점
(가)와 예방법을 모두 옳게 서술한 경우	4점
(가)와 예방법 중 하나만 옳게 서술한 경우	2점

1 신경계

01 자극의 전달

개념 익히기 문제   p.057, 059, 061

01 신경 세포체	**02** 축삭 돌기	**03** 반응	**04** 운동
05 원심성	**06** 막전위	**07** 밖, 안 **08** 밖, 안	**09** ○	**10** ×
11 ○	**12** ×	**13** × **14** ×	**15** ○	**16** ×
17 ×	**18** 휴지 전위	**19** 상승	**20** Na^+ **21** 시냅스
22 신경 전달 물질	**23** ×	**24** ×	**25** ○ **26** ×
27 ○	**28** 근육 원섬유 마디	**29** I대	**30** H대 **31** 길어
32 A대	**33** 에너지 **34** 크레아틴		**35** × **36** ×
37 ×	**38** ○	**39** ×	**40** × **41** ○

03 뉴런은 감각기로부터 역치 이상의 자극을 받아 흥분을 발생시킨 후, 이 흥분을 전도와 전달을 통해 반응기까지 전달함으로써 우리 몸이 자극에 대해 반응할 수 있게 한다.

04 원심성 뉴런은 연합 뉴런에서 내린 반응 명령을 반응기로 전달하는 운동 뉴런이고, 구심성 뉴런은 감각기로부터 받은 감각 정보를 연합 뉴런으로 전달하는 감각 뉴런이다.

08 $Na^+ - K^+$ 펌프는 에너지(ATP)를 소비해 Na^+을 세포 안에서 밖으로 계속 이동시키므로 Na^+의 농도는 세포 밖이 안보다 높고, K^+을 세포 밖에서 안으로 계속 이동시키므로 K^+의 농도는 세포 안이 밖보다 높다.

10 뉴런은 가지 돌기를 통해 흥분을 받아들인 후 축삭 돌기를 통해 흥분을 이동(전도)시킨다.

13 민말이집 뉴런은 축삭 돌기가 말이집으로 싸여 있지 않으므로 랑비에 결절이 없다. 랑비에 결절은 말이집 뉴런에서 축삭 돌기가 말이집으로 싸여 있지 않고 노출된 부위이다.

14 말이집 뉴런에서는 축삭 돌기가 노출되어 있는 랑비에 결절에서만 흥분이 발생하는 도약전도가 일어난다.

16 $Na^+ - K^+$ 펌프는 에너지(ATP)를 소비하며 Na^+을 세포 안에서 밖으로, K^+을 세포 밖에서 안으로 이동시킨다.

17 K^+의 농도는 세포 안이 밖보다 높으므로 K^+ 통로는 농도 차에 의해 K^+을 세포 안에서 밖으로 확산시킨다.

19 Na^+이 Na^+ 통로를 통해 세포 안으로 유입되면서 막전위가 상승하는 탈분극이 일어나고, K^+이 K^+ 통로를 통해 세포 밖으로 유출되면서 막전위가 하강하는 재분극이 일어난다.

22 시냅스 이전 뉴런의 말단에서 시냅스 틈으로 분비되는 신경

전달 물질이 시냅스 이후 뉴런에 작용하면 시냅스 이후 뉴런에서 탈분극이 일어나며 흥분이 전달된다.

23 역치 이상의 자극을 받은 부위에서는 분극 → 탈분극(막전위 상승) → 재분극(막전위 하강)의 순서로 막전위가 변하며 흥분이 발생한다.

24 분극 상태인 부위에서는 약 $-70\,\text{mV}$의 휴지 전위가 형성되면서 세포 안이 음($-$)전하, 세포 밖이 양($+$)전하를 띤다.

26 흥분이 전달될 때 시냅스 이전 뉴런에서 분비된 신경 전달 물질이 시냅스 이후 뉴런에 작용하면 시냅스 이후 뉴런에서 막전위가 상승하는 탈분극이 일어난다.

29 근육 원섬유 마디에는 가느다란 액틴 필라멘트만 있어 밝게 관찰되는 I대(명대), 굵은 마이오신 필라멘트가 있어 어둡게 관찰되는 A대(암대)가 있다.

31 골격근이 수축할 때 근육 원섬유 마디를 구성하는 액틴 필라멘트가 마이오신 필라멘트 사이에서 활주하듯이 움직여 들어가므로 액틴 필라멘트와 마이오신 필라멘트가 겹쳐 있는 부위의 길이가 길어진다.

32 골격근이 수축할 때 근육 원섬유 마디에서 H대와 I대의 길이는 모두 짧아지지만, A대의 길이는 변하지 않는다.

37 근육 원섬유는 가느다란 액틴 필라멘트와 굵은 마이오신 필라멘트로 이루어져 있다.

39 골격근이 수축할 때 근육 원섬유 마디를 구성하는 액틴 필라멘트가 마이오신 필라멘트 사이에서 활주하듯이 움직인다.

40 골격근이 수축할 때 액틴 필라멘트와 마이오신 필라멘트의 길이는 변하지 않는다.

자료 집중 분석   p.062, 063

예제 1

정답 ①

해설 ㄱ. (나)를 통해 어떤 지점에서 활동 전위가 발생할 때 막전위가 휴지 전위($-70\,\text{mV}$)보다 낮은 $-80\,\text{mV}$가 되는 시점은 재분극 과정에서 나타남을 알 수 있다. 따라서 A~D 중 흥분이 가장 먼저 도달한 지점은 D이므로 자극을 준 지점은 ⓒ이다.

바로알기 ㄴ. 흥분은 D → C → B 방향으로 전도되는데, t일 때 D에서의 막전위는 $-80\,\text{mV}$이고, B에서의 막전위는 $+30\,\text{mV}$이다. 따라서 C에서의 막전위 $+20\,\text{mV}$는 재분극 과정에서 나타난 것이다.

ㄷ. 흥분은 A~D 중 A로 가장 늦게 전도되는데, t일 때 A의 막전위는 휴지 전위($-70\,\text{mV}$)이므로 A로 아직 흥분이 전도되지

않았다. 따라서 t일 때 ⊙과 A 사이에는 흥분이 전도된 지점이 없으므로 막전위가 양(+)의 값인 지점은 없다.

예제 2
정답 ②

해설 | ㄷ. X에서 ⊙은 H대, ⓒ은 I대의 절반이다. X가 수축할 때 짧아진 길이는 H대(⊙)가 짧아진 길이와 같으므로 X의 길이는 t_2일 때가 t_1일 때보다 0.4 μm 짧다.

바로알기 ㄱ. t_2일 때가 t_1일 때보다 H대(⊙)의 길이가 0.4 μm 짧으므로 ⓒ의 길이는 0.2 μm 짧다. 따라서 t_2일 때 ⓒ의 길이는 0.6 μm이다.

ㄴ. ⓒ은 두 필라멘트가 겹치는 구간 중 하나이므로 H대(⊙)의 길이가 0.4 μm 짧아질 때 ⓒ의 길이는 0.2 μm 길어진다. 따라서 ⊙의 길이와 ⓒ의 길이를 더한 값은 t_2일 때가 t_1일 때보다 0.2 μm 짧다.

개념 다지기 문제 p.064~067

01 ④	**02** ③	**03** ④	**04** ①	**05** ①	**06** ④
07 ②	**08** ③	**09** ②	**10** ②	**11** ④	**12** ②
13 ④	**14** ⑤	**15** ②			
고난도 **16** ①	**17** ⑤				
서술형 **18~20** 해설 참조					

01

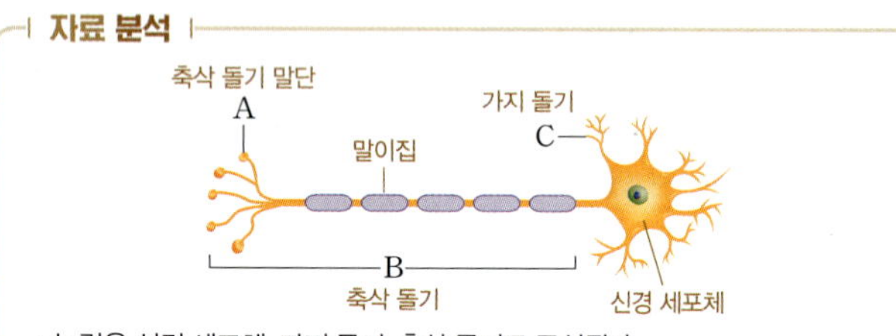

· 뉴런은 신경 세포체, 가지 돌기, 축삭 돌기로 구성된다.
· 말이집이 있는 말이집 뉴런이다.
· 가지 돌기(C)는 다른 뉴런이나 세포로부터 흥분을 받아들인다.

ㄱ. B는 흥분을 전도시키는 하나의 긴 돌기인 축삭 돌기이다.
ㄴ. 이 뉴런은 축삭 돌기가 말이집으로 싸여 있는 말이집 뉴런이다.
바로알기 ㄷ. A는 축삭 돌기 말단, C는 가지 돌기이므로 흥분은 C에서 받아들여진 후 A로 전도된다.

02 ㄱ. 뉴런은 신경계를 구성하는 구조적·기능적 기본 단위인 신경 세포이다.
ㄴ. 원심성 뉴런은 중추의 반응 명령을 반응기로 전달하는 운동 뉴런이다.
바로알기 ㄷ. 뉴런에서 핵과 대부분의 세포 소기관은 신경 세포체에 있다.

03 ㄱ. ⊙은 정보를 처리한 후 원심성 뉴런으로 반응 명령을 전달하므로 연합 뉴런은 ⊙에 해당한다.
ㄷ. ⊙과 ⓒ은 모두 신경계를 구성하는 기본 단위인 뉴런이다.
바로알기 ㄴ. ⓒ은 ⊙에게 흥분을 전달하므로 구심성 뉴런이

ⓒ에 해당한다. 운동 뉴런은 반응 명령을 반응기로 전달하는 원심성 뉴런이다.

04

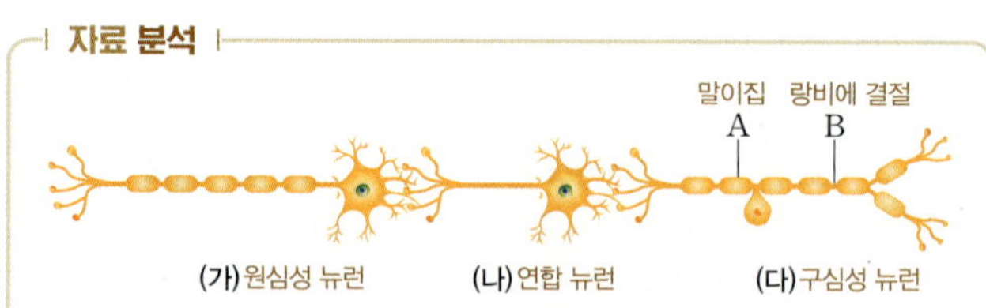

· (가)는 원심성 뉴런, (나)는 연합 뉴런, (다)는 구심성 뉴런이다.
· 흥분은 (다) → (나) → (가) 방향으로 전달된다.
· A는 말이집이며, B는 말이집으로 싸여 있지 않은 랑비에 결절이다. ➡ 흥분은 B에서 발생한다.

ㄱ. (나)는 구심성 뉴런과 원심성 뉴런을 연결하는 연합 뉴런이다.
바로알기 ㄴ. A는 말이집이고, B는 축삭 돌기에서 말이집으로 싸여 있지 않은 부위인 랑비에 결절이다.
ㄷ. (다)는 신경 세포체가 축삭 돌기의 중간 부분에 있는 구심성 뉴런이고, (가)는 원심성 뉴런이다. 따라서 흥분은 (다) → (나) → (가) 방향으로 전달된다.

05 ㄴ. Na^+이 Na^+ 통로를 통해 세포 밖에서 안으로 유입되고 있으므로 막전위가 상승하는 탈분극이 일어나고 있다.
바로알기 ㄱ. 재분극은 K^+이 K^+ 통로를 통해 세포 안에서 밖으로 유출될 때 일어난다.
ㄷ. 세포 안쪽이 양(+)전하, 바깥쪽이 음(−)전하를 띠므로 이 지점의 막전위는 양(+)의 값이다.

06 ㄱ. ⊙은 뉴런 안에서가 밖에서보다 농도가 높으므로 K^+이다.
ㄷ. ⓒ은 뉴런 밖에서가 안에서보다 농도가 높으므로 Na^+이다. Na^+은 Na^+-K^+ 펌프를 통해 뉴런 밖으로 이동한다.
바로알기 ㄴ. 통로를 통한 이온의 이동은 농도 차에 의해 일어나는 확산이므로 K^+(⊙)은 통로를 통해 뉴런 밖으로 유출된다.

07 ㄷ. 휴지 전위는 약 $-70\,mV$이므로 ⊙은 세포 안쪽이 음(−)전하, 바깥쪽이 양(+)전하를 띤다.
바로알기 ㄱ. 휴지 전위는 자극을 받지 않을 때 형성된다. 역치 이상의 자극을 받는 지점에서는 막전위가 상승하는 탈분극이 일어난다.
ㄴ. Na^+의 막 투과도가 K^+의 막 투과도보다 크면 Na^+의 유입으로 막전위가 상승한다.

08 ㄱ. ⊙은 Na^+-K^+ 펌프에 의해 세포 안에서 밖으로 이동하므로 세포 밖에서가 안에서보다 농도가 높은 Na^+이다.
ㄷ. Na^+(⊙)은 세포막에 있는 Na^+ 통로를 통해 세포 밖에서 안으로 확산되며, 이때 막전위가 상승하는 탈분극이 일어난다.
바로알기 ㄴ. 재분극이 일어날 때에는 K^+이 세포 안에서 밖으로 확산되어 막전위가 하강한다.

자료 분석

- A는 막전위가 상승하는 탈분극 구간이다. ➜ A에서 Na^+이 세포 안으로 유입된다.
- B는 막전위가 하강하는 재분극 구간이다. ➜ B에서 K^+이 세포 밖으로 유출된다.
- ㉠은 흥분이 발생할 때 활동 전위의 크기이다. ➜ 역치 이상의 자극에 대해서는 항상 일정하다.

ㄴ. A에서 Na^+이 Na^+ 통로를 통해 세포 안으로 유입되면서 막전위가 상승하는 탈분극이 일어난다.

바로알기 ㄱ. 역치 이상의 자극에 대해서는 자극의 세기가 커져도 막전위의 변화량인 ㉠이 일정하다.

ㄷ. 구간 B에서는 K^+이 K^+ 통로를 통해 세포 밖으로 유출되면서 막전위가 하강하는 재분극이 일어난다.

10 ㄴ. 역치 이상의 자극을 받은 지점에서는 막전위가 분극 → 탈분극 → 재분극의 순서로 변한다. 그런데 Ⅰ은 분극, Ⅱ는 탈분극, Ⅲ은 재분극 상태이므로 흥분은 Ⅲ에서 가장 먼저 발생해 Ⅲ → Ⅱ → Ⅰ 방향으로 전도되고 있다.

바로알기 ㄱ. Ⅱ에서 ㉠이 열리면 세포 안으로 이온이 확산되므로 ㉠은 Na^+ 통로이다. 따라서 ㉠이 열리면 막전위가 상승한다.

ㄷ. Ⅲ에서 ㉡이 열리면 세포 밖으로 이온이 확산되므로 ㉡은 K^+ 통로이다. K^+ 통로를 통해서는 항상 K^+이 세포 밖으로만 이동(확산)한다.

11 ㄴ. 신경 전달 물질의 작용으로 ㉠이 수용체인 이온 통로를 통해 (가)로 유입되므로 ㉠은 (가)에서 막전위가 상승하는 탈분극을 일으켜 흥분을 전달한다.

ㄷ. (나)에서 분비되는 신경 전달 물질이 (가)의 세포막에 있는 이온 통로에 작용하므로 이 시냅스에서 흥분은 (나) → (가) 방향으로만 전달된다.

바로알기 ㄱ. (가)는 시냅스 이후 뉴런이고, (나)는 시냅스 이전 뉴런이다.

12 ㄴ. 축삭 돌기의 중간 부분에 역치 이상의 자극을 주면 흥분이 축삭 돌기를 따라 양방향으로 전도되므로 B와 C에서 모두 활동 전위가 발생한다.

바로알기 ㄱ. 흥분의 전달은 시냅스 이전 뉴런의 축삭 돌기 말단에서 시냅스 이후 뉴런의 가지 돌기나 신경 세포체로만 일어난다. 따라서 자극을 준 지점에서 A로는 흥분이 전달되지 않아 A에서는 탈분극이 일어나지 않는다.

ㄷ. 흥분은 C에 먼저 전도된 후 전달 과정을 거쳐 이후에 D로 전도된다. 따라서 C에서 막전위가 상승하는 탈분극이 일어날 때 D

에서 막전위가 하강하는 재분극은 일어나지 않는다.

13 ㄱ. 하나의 근육 섬유는 여러 개의 핵을 가진 다핵 세포이다.

ㄷ. 많은 수의 근육 섬유가 모여서 근육 섬유 다발을 형성한다.

바로알기 ㄴ. 근육 원섬유는 골격근을 구성하는 세포인 근육 섬유 안에 들어 있으며, 액틴 필라멘트와 마이오신 필라멘트로 이루어져 있다.

14 ㄱ. ㉠ 안에 ㉡이 들어 있으므로 ㉠은 골격근의 기본 단위인 근육 섬유(근육 세포)이다.

ㄴ. ㉡은 근육 원섬유이며, ㉡에는 굵은 마이오신 필라멘트와 가느다란 액틴 필라멘트가 있다.

ㄷ. ㉢은 인접한 두 Z선 사이의 구간이므로 골격근 수축의 기본 단위인 근육 원섬유 마디이다.

15

자료 분석

- ㉠은 가운데에 M선이 있다. ➜ ㉠은 굵은 마이오신 필라멘트만 있는 H대이다.
- ㉡은 가운데에 Z선이 있다. ➜ ㉡은 가느다란 액틴 필라멘트만 있는 I대(명대)이다.
- ㉢은 H대가 포함된 부분이다. ➜ ㉢은 굵은 마이오신 필라멘트가 있는 A대(암대)이다.

ㄴ. ㉡은 마이오신 필라멘트 없이 액틴 필라멘트만 있어 밝게 관찰되는 I대이다.

바로알기 ㄱ. ㉠은 굵은 마이오신 필라멘트만 있는 H대이다.

ㄷ. ㉢은 마이오신 필라멘트가 있는 A대이다. 골격근이 수축해 근육 원섬유의 길이가 짧아질 때 I대와 H대의 길이는 짧아지지만 A대의 길이는 변하지 않는다.

16 t일 때 ㉢의 막전위가 휴지 전위보다 하강한 $-80\,mV$이므로 이 부위에서 과분극이 일어나고 있다. 따라서 Ⅱ를 자극했으며, 흥분은 ㉢에서 ㉠ 방향으로 전도되고 있다.

ㄴ. t일 때 ㉡에서는 활동 전위가 생성되어 막전위가 양(+)의 값이다. 따라서 t 이후에 ㉡에서는 K^+의 막 투과도가 증가해 K^+이 세포 밖으로 유출됨으로써 막전위가 하강하는 재분극이 일어난다.

바로알기 ㄱ. 흥분은 ㉡ → ㉠ 방향으로 전도되며, t일 때 ㉠의 막전위는 음(−), ㉡의 막전위는 양(+)의 값이므로 ㉠에서는 막전위가 상승하는 탈분극이 일어나고 있다.

ㄷ. t일 때 과분극 중인 ㉢의 막전위가 $-80\,mV$이므로 ㉢과 Ⅱ 사이에 있는 부위는 막전위가 $-70\,mV \sim -80\,mV$ 사이이다.

17

- ㉡은 t_1과 t_2일 때 길이가 같다. ➡ ㉡은 길이가 변하지 않는 A대이다. 따라서 ㉠은 I대이다.
- X의 길이는 t_1일 때 0.4＋1.6＝2.0 μm, t_2일 때 0.6＋1.6＝2.2 μm이다. ➡ H대의 길이는 t_1일 때가 t_2일 때보다 0.2 μm 짧다.
- ⓐ는 A대의 길이에서 H대의 길이를 뺀 값의 절반이다.

골격근이 수축할 때 X에서 H대와 I대의 길이는 짧아지지만 A대의 길이는 변하지 않으므로 ㉠은 I대, ㉡은 A대이다.

ㄴ. t_2일 때 ⓐ의 길이는 (1.6－0.2)÷2＝0.7 μm이고, I대(㉠)의 길이는 0.6 μm이다. 따라서 t_2일 때 ⓐ의 길이는 I대의 길이보다 길다.

ㄷ. A대(㉡)에는 액틴 필라멘트와 마이오신 필라멘트가 모두 있다.

🔍 바로알기 ㄱ. X의 길이는 t_2일 때 1.6＋0.6＝2.2 μm이고, t_1일 때 1.6＋0.4＝2.0 μm이다. 따라서 t_1일 때 H대의 길이는 t_2일 때보다 0.2 μm 짧으므로 0이다.

18 서술형

정답 (1) ㉠ 원심성 뉴런, ㉡ 연합 뉴런, ㉢ 구심성 뉴런

모범 답안 (2) ㉠은 흥분을 중추(연합 뉴런)에서 반응기로 전달하지만, ㉢은 흥분을 감각기에서 중추(연합 뉴런)로 전달한다.

해설 ㉡은 ㉠과 ㉢ 사이에 있으므로 연합 뉴런이다. ㉠과 ㉡ 중 하나는 원심성 뉴런이므로 ㉠은 원심성 뉴런이고, ㉢은 구심성 뉴런이다.

	채점 기준	배점
(1)	㉠～㉢의 이름을 모두 옳게 쓴 경우	30 %
(2)	㉠과 ㉢의 차이를 흥분 전달 방향과 연관 지어 모두 옳게 서술한 경우	70 %
	㉠과 ㉢ 중 1가지의 흥분 전달 방향만 옳게 서술한 경우	30 %

19 서술형

정답 (1) ㉠ Na^+, ㉡ K^+

모범 답안 (2) K^+(㉡)의 막 투과도가 Na^+(㉠)의 막 투과도보다 크므로 K^+이 세포 밖으로 유출되어 막전위가 하강한다.

해설 자극을 받은 후 ㉠의 막 투과도가 ㉡의 막 투과도보다 먼저 증가하므로 ㉠은 탈분극을 일으키는 Na^+이고, ㉡은 재분극을 일으키는 K^+이다.

	채점 기준	배점
(1)	㉠과 ㉡을 모두 옳게 쓴 경우	30 %
(2)	K^+의 막 투과도가 크다는 것과 막전위가 하강한다는 것을 모두 포함하여 옳게 서술한 경우	70 %
	K^+의 막 투과도가 크다는 것과 막전위가 하강한다는 것 중 1가지만 포함하여 옳게 서술한 경우	30 %

20 서술형

정답 (1) 2.4 μm

모범 답안 (2) 1.6 μm, X가 수축 또는 이완해도 A대의 길이는 변하지 않기 때문이다.

해설 t_1일 때보다 t_2일 때 H대의 길이가 0.2 μm 길어졌으므로 X는 이완해서 길이가 0.2 μm 길어졌다. 따라서 ⓐ는 2.2＋0.2＝2.4 μm이다.

	채점 기준	배점
(1)	ⓐ의 값을 옳게 쓴 경우	30 %
(2)	1.6 μm를 쓰고, 까닭을 옳게 서술한 경우	70 %
	1.6 μm만 쓴 경우	30 %

02 신경계

개념 익히기 문제   p.069, 071

01 중추	02 말초	03 겉질	04 소뇌	05 뇌교	06 연수
07 척수	08 원심성	09 ○	10 ×	11 ○	12 ○
13 ○	14 ×	15 ○	16 ○	17 대뇌	
18 아세틸콜린		19 자율	20 부교감	21 노르에피네프린	
22 아세틸콜린		23 길항 작용		24 교감	25 말초
26 ×	27 ○	28 ×	29 ×	30 ○	31 ○
32 ×	33 ×	34 ○			

02 사람의 말초 신경계는 위치에 따라 뇌와 연결된 뇌 신경, 척수와 연결된 척수 신경으로 구분된다.

03 대뇌 기능의 대부분은 겉질인 회색질에서 담당한다.

08 사람의 척수에서 배 쪽(앞쪽)으로 원심성 신경 다발이 나와 전근을 이루고, 등 쪽(뒤쪽)으로 구심성 신경 다발이 들어가 후근을 이룬다.

10 사람의 대뇌는 겉질이 신경 세포체가 모여 있어 어둡게 보이는 회색질이고, 속질이 축삭 돌기가 모여 있어 밝게 보이는 백색질이다.

14 사람의 척수는 대뇌와 반대로 겉질이 밝게 보이는 백색질이고, 속질이 어둡게 보이는 회색질이다.

16 척수는 무릎 반사와 같은 척수 반사의 중추이다.

19 사람의 자율 신경은 중추 신경계와 심장근, 내장근, 분비샘을 연결하며, 길항 작용을 하는 교감 신경과 부교감 신경으로 구성된다.

21 교감 신경의 신경절 이전 뉴런의 축삭 돌기 말단에서는 아세틸콜린이, 신경절 이후 뉴런의 축삭 돌기 말단에서는 노르에피네프린이 각각 분비된다.

25 체성 신경은 중추가 내린 반응 명령을 골격근으로 전달하는 말초 신경이므로 근위축성 측삭 경화증은 말초 신경계의 이상으로 나타난다.

26 원심성 신경은 중추가 내린 반응 명령을 반응기로 전달한다. 감각기에서 받아들인 자극에 대한 감각 정보를 중추로 전달하는 것은 구심성 신경이다.

29 체성 신경은 대뇌의 지배를 받는 의식적인 신체 운동뿐만 아니라 척수가 중추인 무릎 반사와 같은 무의식적으로 골격근을 수축시키는 신체 운동에도 관여한다.

32 교감 신경은 신경절 이전 뉴런이 신경절 이후 뉴런보다 짧다.

33 부교감 신경은 방광을 수축시키고, 소화액 분비를 촉진시킨다.

탐구 집중 분석
p.072

예제 1

정답 ⑤

해설 | ① 대뇌(A)는 겉질이 회색질, 속질이 백색질이다.
② 간뇌(B)에는 체온과 삼투압의 조절 중추인 시상 하부가 있다.
③ 중간뇌(C)는 안구 운동과 동공 반사의 중추이다.
④ 연수(E)는 심장 박동, 소화 운동, 호흡 운동의 조절 중추이다.
바로알기 ⑤ 중간뇌(C)와 연수(E)는 뇌교와 함께 뇌줄기를 구성하지만, 소뇌(D)는 뇌줄기를 구성하지 않는다.

예제 2

모범 답안 | (가) 중간뇌, (나) 연수, (다) 간뇌, 감각 정보를 대뇌의 각 부위로 전달하며, 항상성 유지의 조절 중추이다.

해설 | (나)는 심장 박동과 호흡 운동의 조절 중추인 연수이므로 연수와 함께 뇌줄기를 구성하는 (가)는 중간뇌이다. 따라서 (다)는 간뇌이며, 간뇌는 감각 정보를 대뇌의 각 부위로 전달하는 시상과 체온, 혈당량, 삼투압 등 항상성 유지의 조절 중추인 시상 하부로 구성된다.

채점 기준	배점
(가)~(다)의 이름을 모두 쓰고, (다)의 주요 기능을 옳게 서술한 경우	100 %
(가)~(다)의 이름만 모두 옳게 쓴 경우	30 %

자료 집중 분석
p.073

예제 3

정답 ⑤

해설 | ㄴ. 방광의 수축을 촉진하는 말초 신경은 척수에서 나오는 부교감 신경이다. 따라서 교감 신경인 B는 심장과 연결된 ⓒ이므로 ⓒ에서 활동 전위 발생 빈도가 증가하면 심장 박동이 촉진된다.
ㄷ. 교감 신경인 B와 방광에 연결된 부교감 신경인 C는 모두 척수에서 나오므로 B와 C의 신경절 이전 뉴런의 신경 세포체는 모

두 척수의 속질(회색질)에 있다.

바로알기 ㄱ. 중간뇌에서 나오는 말초 신경은 눈과 연결된 부교감 신경이다. 그런데 B는 신경절 이전 뉴런이 짧은 교감 신경이므로 A는 눈과 연결된 부교감 신경(ⓒ)이다. 부교감 신경은 신경절 이후 뉴런이 짧으므로 ⓑ에 아세틸콜린이 분비되는 신경절이 있다.

개념 다지기 문제
p.074~077

01 ⑤	**02** ③	**03** ⑤	**04** ④	**05** ①	**06** ④
07 ③	**08** ⑤	**09** ①	**10** ②	**11** ③	**12** ③
13 ①	**14** ⑤				
고난도 **15** ⑤	**16** ④				
서술형 **17~19** 해설 참조					

01 ㄱ. 중추 신경계는 뇌와 척수로 구성된다.
ㄴ. 말초 신경계는 뇌에 연결된 12쌍의 뇌 신경과 척수에 연결된 31쌍의 척수 신경으로 구성된다.
ㄷ. 감각 정보를 중추로 전달하는 구심성 신경과 중추가 내린 반응 명령을 반응기로 전달하는 원심성 신경은 모두 말초 신경계를 구성한다.

02 ㄱ. A는 중추 신경계를 구성하는 뇌이다. 중추 신경계는 구심성 뉴런과 원심성 뉴런 사이를 연결하는 연합 뉴런으로 이루어져 있다.
ㄷ. B는 척수이다. 뇌와 척수는 모두 반응을 위한 명령을 만드는 중추이다.
바로알기 ㄴ. B는 중추 신경계를 구성하는 척수이다.

03 ㄱ. ㉠은 감각기에서 중추 신경계로 감각 정보를 전달하는 구심성 신경이다. 감각 신경은 구심성 신경에 해당한다.
ㄴ. ㉡은 중추 신경계에서 만들어진 반응 명령을 반응기로 전달하는 원심성 신경이므로 원심성 뉴런으로 이루어져 있다.
ㄷ. 척수와 연결된 말초 신경인 척수 신경에는 감각 정보를 척수로 전달하는 구심성 신경(㉠)과 뇌와 척수에서 내린 반응 명령을 반응기로 전달하는 원심성 신경(㉡)이 모두 있다.

04

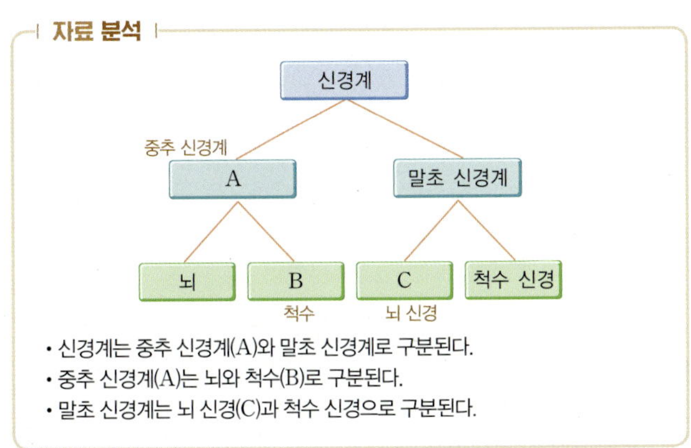

ㄱ. A는 중추 신경계이다. 중추 신경계(A)는 감각 정보를 받아

들여 분석·종합·판단한 후 적절한 반응을 위한 명령을 내린다.
ㄴ. 중추 신경계(A)는 뇌와 척수(B)로 구성된다.
🔍바로알기 ㄷ. C는 뇌 신경이다. 사람의 뇌 신경은 12쌍이고, 척수 신경은 31쌍이다.

05 ㄴ. ㉠은 감각의 성립과 의식적인 수의 운동의 중추이므로 대뇌이다. 대뇌의 겉질은 기능에 따라 감각 기관에서 오는 정보를 받아들이는 감각령, 감각 정보를 종합·분석해 반응 명령을 내리는 연합령, 골격근의 운동을 조절하는 운동령으로 구분된다.
🔍바로알기 ㄱ. 대뇌(㉠)는 겉질이 신경 세포체가 모여 있는 회색질이고, 속질이 축삭 돌기가 모여 있는 백색질이다.
ㄷ. ㉡은 몸의 평형 유지 중추인 소뇌이다. 뇌줄기는 중간뇌, 뇌교, 연수로 구성된다.

06

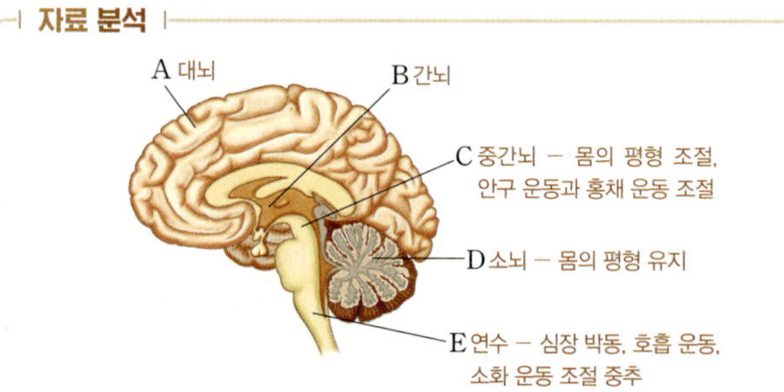

• 대뇌(A)는 감각의 성립, 의식적인 수의 운동, 언어·기억·판단·추리 등의 중추이다.
• 간뇌(B)는 감각 정보를 대뇌의 적절한 부위로 전달하는 시상과 체온, 혈당량, 삼투압 조절 중추인 시상 하부로 이루어져 있다.

① A는 언어·기억·판단·추리 등의 중추인 대뇌이다.
② B는 간뇌이며, 간뇌에 있는 시상 하부는 체온, 혈당량, 삼투압의 조절 중추이다.
③ C는 안구 운동과 홍채 운동(동공 반사)을 조절하는 중간뇌이다.
⑤ E는 심장 박동, 호흡 운동, 소화 운동을 조절하는 연수이다.
🔍바로알기 ④ D는 소뇌이다. 소뇌는 수의 운동을 조절하고 몸의 평형을 유지시킨다. 심장 박동 속도는 연수(E)에 의해 조절된다.

07 ㄷ. 뇌로 가는 혈액의 산소 농도(ⓐ)가 낮아지면 산소를 체내로 더 많이 들여오기 위해 ㉠에서 활동 전위의 발생 빈도가 증가하며, 그 결과 연수(㉡)에 의해 호흡 속도가 빨라진다.
🔍바로알기 ㄱ. ㉠은 중추로 흥분을 전달하므로 구심성 신경이다.
ㄴ. ㉡은 호흡 속도를 조절하는 중추이므로 연수이다.

08 ㄱ. (가)는 겉질이 백색질이고, 속질이 회색질이므로 척수이다.
ㄴ. 척수(가)는 무릎 반사의 중추이다.
ㄷ. A는 척수로 들어가는 구심성 신경 다발인 후근이고, B는 척수에서 나오는 원심성 신경 다발인 전근이다.

09

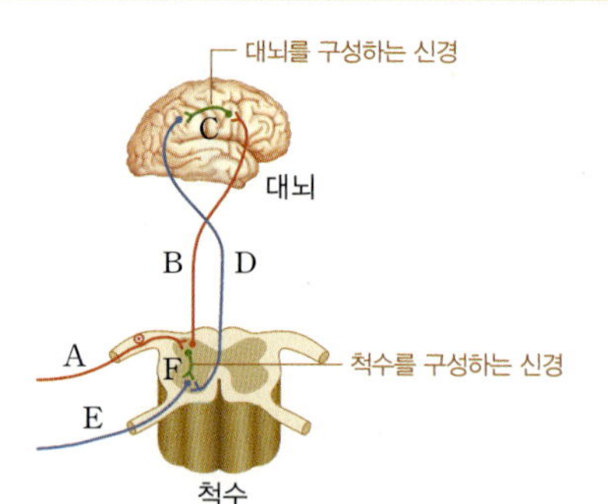

• A는 척수로 들어가는 구심성 신경이다. ➡ A는 등 쪽에서 척수의 후근을 형성한다.
• E는 척수에서 나오는 원심성 신경이다. ➡ E는 배 쪽에서 척수의 전근을 형성한다.
• B는 척수에서 대뇌로 흥분(감각 정보)을 전달하는 신경, D는 대뇌에서 척수로 흥분(반응 명령)을 전달하는 신경이다.
• C는 대뇌를 구성하는 신경이다. ➡ 의식적인 반응의 경로에는 C가 포함된다.
• F는 척수를 구성하는 신경이다. ➡ 무조건 반사인 척수 반사의 경로에는 F가 포함된다.

ㄱ. A는 흥분을 척수로 전달하는 구심성 신경이므로 등 쪽에 있으며, 후근을 형성한다.
🔍바로알기 ㄴ. 무릎 반사는 척수가 중추이므로 구심성 신경(A) → 척수의 신경(F) → 원심성 신경(E)의 경로로 일어난다.
ㄷ. 구심성 신경(A) → 척수의 신경(B) → 대뇌의 신경(C) → 척수의 신경(D) → 원심성 신경(E)의 경로로 일어나는 반응은 대뇌가 중추이므로 의식적인 반응에 해당한다. 무조건 반사의 중추는 대뇌가 아닌 중간뇌, 연수, 척수 등이다.

10 ㄷ. 체성 신경은 중추의 반응 명령을 골격근으로 전달하는 원심성 신경으로, 신경 말단에서 골격근으로 아세틸콜린을 분비한다.
🔍바로알기 ㄱ. 체성 신경은 중추와 반응기(골격근)를 하나의 신경이 연결하므로 신경절이 없다.
ㄴ. 체성 신경은 대뇌의 지배를 받는 의식적인 운동뿐만 아니라 무릎 반사와 같이 대뇌의 지배를 받지 않는 무의식적인 운동에도 관여한다.

11 ① (가)는 신경절이 있고, 신경절 이전 뉴런이 신경절 이후 뉴런보다 짧은 교감 신경이다.
② (나)는 피부에서 받아들인 감각 정보를 척수로 전달하는 구심성 신경이므로 척수 신경이다.
④ (가)~(다)는 모두 중추와 감각기 또는 중추와 반응기를 연결하므로 말초 신경계를 구성한다.
⑤ 교감 신경의 신경절 이전 뉴런의 축삭 돌기 말단(㉠)과 부교감 신경의 신경절 이전 뉴런의 축삭 돌기 말단(㉡)에서는 모두 아세틸콜린이 분비된다.
🔍바로알기 ③ (다)는 신경절이 있고, 신경절 이전 뉴런이 신경절 이후 뉴런보다 긴 부교감 신경이다. 부교감 신경이 작용하면 방광이 수축된다.

12 ㄷ. 혈압 상승과 혈당량 증가는 모두 원심성 신경 중 교감 신경에 의해 나타난다. 교감 신경은 신경절 이전 뉴런이 신경절 이후 뉴런보다 짧다.

🔍**바로알기** ㄱ. 교감 신경은 동공을 확대시킨다.

ㄴ. 교감 신경은 신경절 이후 뉴런의 축삭 돌기 말단에서 반응기로 노르에피네프린을 분비한다.

13 ㄱ. (나)는 신경절이 있고, 신경절 이전 뉴런이 신경절 이후 뉴런보다 짧은 교감 신경이다. 따라서 ㉠은 교감 신경에서 반응기로 분비되는 노르에피네프린이다.

🔍**바로알기** ㄴ. 부교감 신경인 (가)와 교감 신경인 (나)는 모두 자율 신경에 속한다. 체성 신경은 중추와 골격근을 연결한다.

ㄷ. (가)는 신경절이 있고, 신경절 이전 뉴런이 신경절 이후 뉴런보다 긴 부교감 신경이다. 부교감 신경에서 활동 전위 발생 빈도가 증가하면 위액 분비가 촉진된다.

14

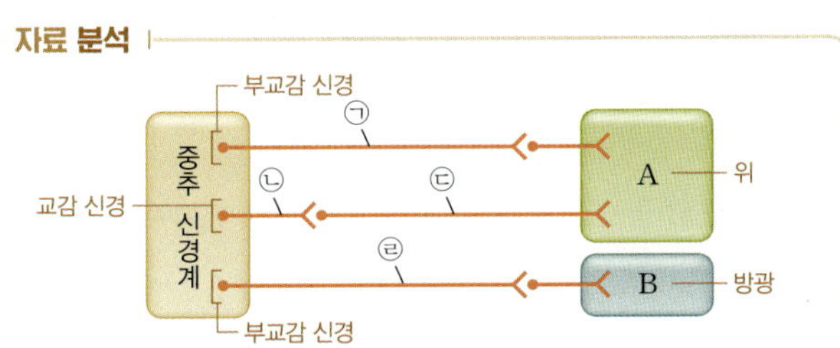

- ㉠은 신경절 이후 뉴런보다 길이가 길므로 부교감 신경의 신경절 이전 뉴런이다.
- ㉡은 길이가 짧고, ㉢은 길이가 길다. ➡ ㉡은 교감 신경의 신경절 이전 뉴런이고, ㉢은 교감 신경의 신경절 이후 뉴런이다. ㉡은 신경 세포체가 척수에 있다.
- ㉣은 신경절 이후 뉴런보다 길이가 길므로 부교감 신경의 신경절 이전 뉴런이다.

ㄱ. 방광에 연결된 교감 신경과 부교감 신경은 모두 척수에서 나온다. 그런데 ㉠과 ㉡ 중 하나만 신경 세포체가 척수에 있으므로 A는 소화계에 속하는 위이다.

ㄴ. ㉣은 방광(B)에 연결된 부교감 신경이므로 신경 세포체가 척수의 속질(회색질)에 있다.

ㄷ. ㉡은 교감 신경의 신경절 이전 뉴런이므로 축삭 돌기 말단에서 아세틸콜린을 분비하고, ㉢은 교감 신경의 신경절 이후 뉴런이므로 축삭 돌기 말단에서 노르에피네프린을 분비한다.

15 A는 대뇌, B는 간뇌, C는 중간뇌, D는 소뇌, E는 연수이다.

ㄱ. 대뇌(A)의 겉질은 회색질, 속질은 백색질이다.

ㄴ. 추운 곳에서 얼굴이 창백해지는 것은 교감 신경의 작용으로 피부 근처 혈관이 수축해 혈류량이 감소하기 때문이며, 이러한 체온 조절의 중추는 간뇌(B)의 시상 하부이다.

ㄷ. (나)는 동공을 작아지게 하므로 부교감 신경이다. 동공 반사의 중추는 중간뇌(C)이므로 (나)의 신경절 이전 뉴런의 신경 세포체는 중간뇌(C)에 있다.

16

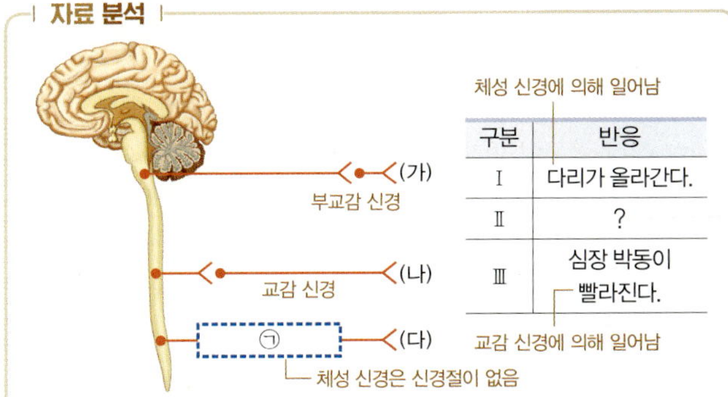

구분	반응
Ⅰ	다리가 올라간다.
Ⅱ	?
Ⅲ	심장 박동이 빨라진다.

- (가)는 연수에서 나오는 부교감 신경이다. ➡ 부교감 신경은 심장 박동을 억제시킨다.
- (나)는 척수에서 나오는 교감 신경이다. ➡ 교감 신경은 심장 박동을 촉진시킨다(Ⅲ).
- Ⅰ은 체성 신경에 의해 일어난다. ➡ (다)는 체성 신경이다.

(가)는 신경절 이전 뉴런이 신경절 이후 뉴런보다 긴 부교감 신경, (나)는 신경절 이전 뉴런이 신경절 이후 뉴런보다 짧은 교감 신경이다.

ㄴ. Ⅰ은 체성 신경에 의해 골격근이 수축해 일어나고, Ⅲ은 교감 신경에 의해 일어난다. 따라서 (다)는 체성 신경이고, Ⅲ은 (나)에 의해 일어난다.

ㄷ. Ⅱ는 부교감 신경인 (가)에 의해 일어난다. 부교감 신경은 침 분비를 촉진한다.

🔍**바로알기** ㄱ. (다)는 Ⅰ을 일으키는 체성 신경이므로 ㉠ 부위에는 신경절이 없다.

17 **서술형**

정답 (1) ㉠ 뇌교, ㉡ 중간뇌

모범 답안 (2) 간뇌, 체온·혈당량·삼투압을 조절하는 항상성 유지의 중추이다.

해설 뇌줄기는 중간뇌, 뇌교, 연수로 구성되고, 동공 반사의 중추는 중간뇌이므로 ㉡은 중간뇌이며, ㉠은 뇌교이다.

채점 기준		배점
(1)	㉠과 ㉡의 이름을 모두 옳게 쓴 경우	30 %
(2)	간뇌를 쓰고, 체온, 혈당량, 삼투압 중 하나의 조절 중추라는 것을 포함하여 옳게 서술한 경우	70 %
	간뇌만 쓴 경우	30 %

18 **서술형**

모범 답안 (가) 체성 신경, (나) 자율 신경, (가)는 골격근의 수축을 일으키는 데 관여하고, (나)는 심장, 내장 기관, 분비샘 등의 작용을 조절하는 데 관여한다.

해설 원심성 신경에는 체성 신경과 자율 신경이 있고, 자율 신경에는 교감 신경과 부교감 신경이 있다. 따라서 (가)는 체성 신경, (나)는 자율 신경이다.

채점 기준	배점
(가)와 (나)를 각각 옳게 쓰고, (가)와 (나)의 기능의 차이점을 비교하여 옳게 서술한 경우	100 %
(가)와 (나)를 각각 옳게 쓰고, (가)와 (나)의 기능 중 하나만 포함하여 서술한 경우	70 %

정답 (1) 부교감 신경

모범 답안 (2) 아세틸콜린, 방광이 수축한다.

해설 (가)를 자극한 후 심장 세포에서 활동 전위의 발생 빈도가 감소해 심장 박동이 억제되므로 (가)는 부교감 신경이다.

	채점 기준	배점
(1)	부교감 신경을 쓴 경우	30 %
(2)	아세틸콜린을 쓰고, 방광이 수축한다고 서술한 경우	70 %
	아세틸콜린만 쓴 경우	30 %

학교 시험 빈출 자료 MASTER

p.078~080

①	1 ×	2 ×	3 ○	4 ×	5 ○	6 ×	7 ○
②	1 ○	2 ×	3 ○	4 ×	5 ○	6 ○	7 ○
	8 ×						
③	1 ○	2 ○	3 ○	4 ○	5 ○	6 ○	7 ×
	8 ×						
④	1 ○	2 ×	3 ×	4 ○	5 ○	6 ○	7 ×
⑤	1 ○	2 ○	3 ○	4 ×	5 ×	6 ○	7 ○
	8 ×	9 ○					
⑥	1 ○	2 ○	3 ×	4 ○	5 ○	6 ×	7 ○
	8 ×						
⑦	1 ○	2 ○	3 ×	4 ○	5 ○	6 ×	7 ○
	8 ×	9 ○					
⑧	1 ○	2 ○	3 ×	4 ○	5 ×	6 ○	7 ○
	8 ×	9 ×					
⑨	1 ×	2 ○	3 ○	4 ○	5 ×	6 ○	7 ×
	8 ○	9 ×					

①-1 (가)는 연합 뉴런으로부터 흥분을 전달받아 반응기로 전달하는 원심성 뉴런이다.

①-2 A는 원심성 뉴런(가)의 축삭 돌기 말단이다.

①-4 흥분은 연합 뉴런(나)에서 원심성 뉴런(가)으로 전달되므로 (나)의 축삭 돌기 말단에서 신경 전달 물질이 분비된다. B는 (가)의 가지 돌기이다.

①-6 구심성 뉴런이면서 말이집 뉴런인 (다)에서 흥분이 전도될 때 랑비에 결절인 D에서는 활동 전위가 발생하지만, 말이집인 C에서는 활동 전위가 발생하지 않는다.

②-4 B는 구심성 뉴런(A)과 원심성 뉴런(C) 사이를 연결하는 연합 뉴런이다.

②-8 흥분은 구심성 뉴런(A) → 연합 뉴런(B) → 원심성 뉴런(C) 방향으로 전달되므로 B에서 분비된 신경 전달 물질의 작용으로 C에서 탈분극이 일어난다.

③-4 (가)에서는 -70 mV의 휴지 전위가 형성되어 있으므로 세포 안쪽은 음($-$)전하를, 바깥쪽은 양($+$)전하를 띤다.

③-7 (나)에서는 Na^+이 Na^+ 통로를 통해 세포 밖에서 안으로 유입(확산)됨으로써 막전위가 상승하는 탈분극이 일어난다.

③-8 (다)에서는 K^+이 K^+ 통로를 통해 세포 안에서 밖으로 유출(확산)됨으로써 막전위가 하강하는 재분극이 일어난다.

④-2 t일 때 A는 막전위가 -80 mV이므로 과분극 중이다. 따라서 A에서는 K^+이 K^+ 통로를 통해 세포 밖으로 유출되고 있다.

④-3 흥분은 B에서 C로 전도되는데, t일 때 B의 막전위가 C의 막전위보다 작은 값이므로 B에서는 막전위가 하강하는 재분극이 일어나고 있다.

④-7 Na^+-K^+ 펌프의 작용으로 시기에 상관없이 Na^+의 농도는 세포 안에서가 세포 밖에서보다 낮다.

⑤-4 ㉠은 굵은 마이오신 필라멘트가 있어 전자 현미경에서 어둡게 보이는 A대이다. H대는 A대에서도 마이오신 필라멘트만 있는 가운데 부분이다.

⑤-5 ㉡은 가느다란 액틴 필라멘트만 있어 밝게 보이는 I대이다.

⑤-8 ⓐ는 액틴 필라멘트이다. 골격근이 수축할 때 액틴 필라멘트와 마이오신 필라멘트의 길이는 변하지 않는다.

⑥-3 골격근이 수축·이완해도 근육 원섬유 마디의 A대는 길이가 변하지 않는다. 따라서 길이가 변하는 ㉡은 H대이며, H대에는 마이오신 필라멘트만 있다.

⑥-6 ㉠은 A대, ㉡은 H대이므로 $x=1.6\,\mu m$, $y=0.2\,\mu m$이다. H대의 길이는 t_1일 때가 t_2일 때보다 $0.2\,\mu m$ 길므로 X의 길이도 t_1일 때가 t_2일 때보다 $0.2\,\mu m$ 길다.

⑥-8 X가 이완할 때 A대인 ㉠의 길이는 변하지 않고, H대인 ㉡의 길이는 길어진다.

⑦-3 B는 안구 운동과 동공 반사의 중추인 중간뇌이다. 연수는 C이다.

⑦-6 D는 척수이다. 척수는 겉질이 축삭 돌기가 모여 있어 밝게 보이는 백색질, 속질이 신경 세포체가 모여 있어 어둡게 보이는 회색질이다.

⑦-8 E는 대뇌이다. 대뇌의 기능은 대부분 겉질이 담당한다.

⑧-3 A는 감각기에서 받아들인 자극(감각 정보)을 중추 신경계로 전달하는 구심성 신경이다.

⑧-5 A는 구심성 신경이므로 우리 몸의 등 쪽에서 척수로 들어가면서 후근을 이룬다.

⑧-6 B는 팔에 있는 골격근으로 흥분(반응 명령)을 전달하므로 말초 신경계를 구성하는 체성 신경이다.

⑧-8 (가)는 척수이다. B는 원심성 신경인 체성 신경이므로 척수에서 배 쪽으로 나오면서 전근을 이룬다.

⑧-9 척수(가)가 중추가 되어 일어나는 반응은 무의식적으로 조절되는 무조건 반사이다. 의식적으로 조절되는 수의 운동의 중추는 대뇌이다.

⑨-1 (나)는 감각기(피부)에서 중추 신경계(척수)로 흥분을 전달하는 구심성 신경이지만, (가)와 (다)는 모두 중추 신경계에서 반응기로 흥분을 전달하는 원심성 신경이다.

⑨-5 ㉠은 교감 신경의 신경절 이전 뉴런의 축삭 돌기 말단이다. ㉠에서는 아세틸콜린이 분비된다.

⑨-7 (다)는 신경절 이전 뉴런이 신경절 이후 뉴런보다 긴 부교감 신경이다.

⑨-9 부교감 신경(다)의 작용으로 방광이 수축된다. 방광의 확장은 교감 신경의 작용으로 일어난다.

01 ④	02 ⑤	03 ①	04 ①	05 ①	06 ③
07 ①	08 ③	09 ②	10 ①	11 ②	12 ⑤
고난도 13 ③		14 ④	15 ⑤		
서술형 16~20 해설 참조					

01 ㄱ. 이 뉴런은 말이집 뉴런이므로 랑비에 결절에서만 활동 전위가 생성되는 도약전도가 일어난다.

ㄷ. C는 말이집을 이루는 슈반 세포이다.

🔍**바로알기** ㄴ. A는 말이집으로 싸여 있지 않아 축삭 돌기가 노출된 랑비에 결절이므로 A에서는 활동 전위가 생성된다. 그러나 B는 말이집 부위이므로 B에서는 활동 전위가 생성되지 않는다.

02

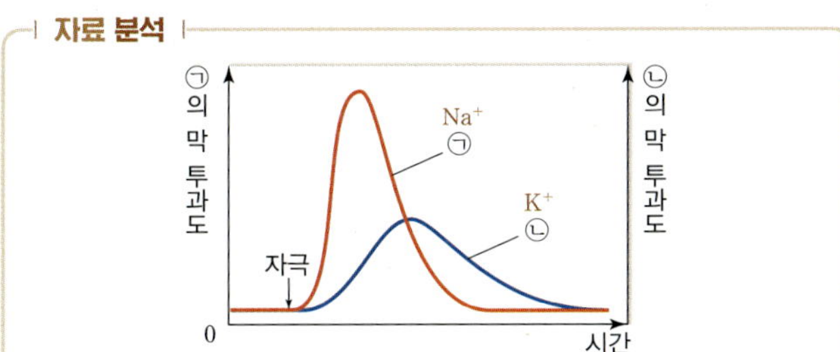

| 자료 분석 |

• 자극을 받은 후 ㉠의 막 투과도가 먼저 증가했다. ➡ ㉠은 탈분극을 일으키는 Na^+이다. ➡ Na^+(㉠)의 농도는 세포 밖이 세포 안보다 높다.
• ㉡은 재분극을 일으키는 K^+이다. ➡ K^+(㉡)의 농도는 세포 안이 세포 밖보다 높다.

ㄱ. 역치 이상의 자극을 받으면 Na^+의 막 투과도가 K^+의 막 투과도보다 먼저 증가해 탈분극이 일어난다. 따라서 ㉠은 Na^+이다.

ㄴ. Na^+(㉠)이 통로를 통해 세포 밖에서 안으로 유입되면 막전위가 상승한다.

ㄷ. ㉡은 K^+이며, K^+(㉡)의 농도는 세포 안에서가 세포 밖에서보다 높다.

03 ㄴ. t일 때 ㉢은 막전위가 휴지 전위보다 하강한 과분극 상태이다. 따라서 ㉢에서 K^+이 세포 안에서 밖으로 이동한다.

🔍**바로알기** ㄱ. t일 때 ㉢은 과분극 상태이고, ㉡은 과분극이 되기 전 상태이다. 따라서 흥분은 ㉢에서 가장 먼저 발생했으므로 ㉢ → ㉡ → ㉠ 방향으로 전도된다.

ㄷ. t일 때 ㉠은 흥분이 아직 도달하지 않은 분극 상태이며, 이때 ㉠에서는 세포막에 있는 Na^+-K^+ 펌프를 통해 Na^+이 세포 안에서 밖으로 이동한다.

04 ㄱ. ㉠에 자극을 주었을 때 ㉠과 ㉢에서만 활동 전위가 발생하므로 ㉠과 ㉢이 시냅스를 이루고 있으며, ㉠에서 ㉢으로 흥분이 전달된다. ㉡에 자극을 주었을 때 ㉠~㉣에서 모두 활동 전위가 발생하므로 ㉡은 흥분 전달 방향에서 가장 앞쪽에 있는 뉴런이다. 따라서 흥분은 ㉡ → ㉣ → ㉠ → ㉢ 방향으로 전달되므로 Ⅰ은 ㉡, Ⅱ는 ㉣, Ⅲ은 ㉠, Ⅳ는 ㉢이다.

🔍**바로알기** ㄴ. 흥분은 ㉡(Ⅰ) → ㉣(Ⅱ) → ㉠(Ⅲ) → ㉢(Ⅳ) 방향으로 전달되므로 ㉣(Ⅱ)에서 분비되는 신경 전달 물질에 의해 ㉠

(Ⅲ)의 막전위가 상승한다.

ㄷ. ㉣(Ⅱ)에 역치 이상의 자극을 주면 Ⅰ~Ⅳ 중 3개의 뉴런(Ⅱ, Ⅲ, Ⅳ)에서 활동 전위가 발생한다.

05 ㄱ. ㉠은 ㉡보다 지름이 크므로 ㉠은 굵은 마이오신 필라멘트이고, ㉡은 가느다란 액틴 필라멘트이다.

🔍**바로알기** ㄴ. X가 수축할 때 액틴 필라멘트(㉡)가 마이오신 필라멘트(㉠) 사이에서 활주하듯이 움직인다.

ㄷ. (나)는 마이오신 필라멘트만 있는 H대의 단면이다. X가 이완하면 H대의 길이는 길어진다.

06 ㄱ. ㉠은 골격근이 수축해 근육 원섬유의 길이가 짧아지는 과정이므로 이 과정에서 근육 수축에 필요한 에너지를 공급하기 위해 ATP가 소비된다.

ㄴ. 골격근이 수축하는 ㉠ 과정에서 액틴 필라멘트만 있는 부분인 I대의 길이는 짧아진다.

🔍**바로알기** ㄷ. ㉡은 골격근이 이완해 근육 원섬유의 길이가 길어지는 과정이다. 이 과정에서 액틴 필라멘트와 마이오신 필라멘트가 겹치는 부분의 길이는 짧아진다.

07 ㄱ. X가 수축 또는 이완할 때 A대의 길이는 변하지 않으므로 A대의 길이는 t_1일 때와 t_2일 때가 같다.

🔍**바로알기** ㄴ. X가 수축 또는 이완할 때 X의 길이 변화량은 H대의 길이 변화량과 같다. X의 길이는 t_2일 때가 t_1일 때보다 0.4 μm 길므로 H대의 길이도 t_2일 때가 t_1일 때보다 0.4 μm 길다.

ㄷ. X가 수축 또는 이완할 때 액틴 필라멘트와 마이오신 필라멘트의 길이는 모두 변하지 않는다.

08

| 자료 분석 |

• ㉠은 마이오신 필라멘트가 있는 A대이다. ➡ A대(㉠)의 길이는 변하지 않는다.
• ㉡은 A대(㉠) 내에서도 마이오신 필라멘트만 있는 부분인 H대이다. ➡ H대(㉡)의 길이 변화량은 X의 길이 변화량과 같다.
• ㉢은 액틴 필라멘트만 있는 I대의 절반이다. ➡ ㉢의 길이 변화량은 X의 길이 변화량의 절반과 같다.

ㄱ. ㉡은 H대이다. X가 수축해 길이가 짧아질 때 X의 짧아진 길이와 H대의 짧아진 길이는 같다. 따라서 X가 수축해 길이가 0.6 μm 짧아질 때 H대(㉡)의 길이는 0.6 μm 짧아진다.

ㄷ. ㉠은 A대이므로 X가 수축해도 길이가 변하지 않는다. 그런데 ㉡의 길이는 0.6 μm 짧아지므로 ㉠의 길이에서 ㉡의 길이를 뺀 값은 0.6 μm 커진다.

🔍**바로알기** ㄴ. X가 수축하면 ㉢의 길이는 짧아지며, X의 짧아

진 길이는 ⓒ이 짧아진 길이의 2배이다. 따라서 ⓒ의 길이는 0.3 μm 짧아진다.

09 A는 뇌, B는 척수이므로 A와 B는 모두 중추 신경계를 구성한다. 기관지 수축을 통한 호흡 억제, 심장 박동 감소는 모두 부교감 신경(㉠)의 기능이다.

ㄷ. 뇌(A)와 척수(B)는 모두 반응을 위한 명령을 만드는 중추이다.

🔍**바로알기** ㄱ. ㉠은 호흡 운동과 심장 박동의 중추인 연수와 연결되어 있다. 연수는 뇌(A)를 구성하는 구조이다.

ㄴ. 척수 신경은 척수와 몸의 말단을 연결하는 신경으로, 말초 신경계를 구성한다. 반면 척수(B)는 중추 신경계에 속한다.

10 ㄴ. A는 감각 정보를 중추인 척수로 전달하는 구심성 신경이고, D는 척수가 내린 반응 명령을 반응기인 골격근으로 전달하는 원심성 신경이므로 A와 D는 모두 말초 신경계를 구성한다.

🔍**바로알기** ㄱ. E는 다리에 있는 골격근과 연결되어 있으므로 체성 신경에 속한다.

ㄷ. B는 A로부터 흥분을 전달받아 뇌로 전달하는 신경이고, C는 A로부터 흥분을 전달받는 척수의 신경이다. 따라서 B → C 방향으로 흥분이 전달되지 않는다.

11

┌─ **자료 분석** ─────────────

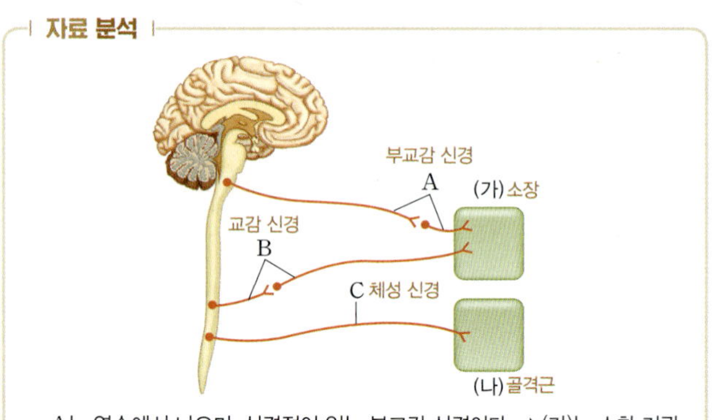

- A는 연수에서 나오며, 신경절이 있는 부교감 신경이다. ➡ (가)는 소화 기관인 소장이다.
- B는 척수에서 나오며, 신경절이 있는 교감 신경이다.
- C는 척수에서 나오며, 신경절이 없는 체성 신경이다. ➡ (나)는 골격근이다.

A는 신경절 이전 뉴런이 신경절 이후 뉴런보다 긴 부교감 신경, B는 신경절 이전 뉴런이 신경절 이후 뉴런보다 짧은 교감 신경, C는 신경절이 없는 체성 신경이다.

ㄴ. 부교감 신경(A)의 축삭 돌기 말단과 체성 신경(C)의 축삭 돌기 말단에서는 각각 반응기로 아세틸콜린이 분비된다.

🔍**바로알기** ㄱ. 자율 신경은 심장근, 내장근, 분비샘과 연결되어 있으므로 (가)는 자율 신경과 연결되어 있는 소장이다. 체성 신경은 골격근과 연결되어 있으므로 (나)는 골격근이다.

ㄷ. 교감 신경(B)의 신경절 이전 뉴런의 신경 세포체는 척수의 속질(회색질)에 있다.

12 ㄱ. A는 방광을 수축시키므로 척수에서 나오는 부교감 신경이다. 따라서 A의 신경 세포체는 척수의 속질(회색질)에 있다.

ㄴ. 동공을 확대(㉠)시키는 동공 반사의 중추는 중간뇌이다. 중간뇌는 뇌교, 연수와 함께 뇌줄기를 구성한다.

ㄷ. C는 위액의 분비를 촉진시키는 부교감 신경이다. 위액을 비롯한 소화액의 분비를 조절하는 중추는 연수이므로 C는 연수와 위를 연결한다.

13

┌─ **자료 분석** ─────────────

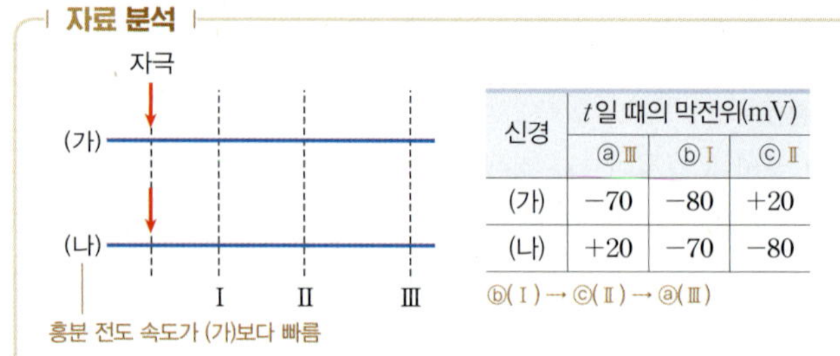

신경	t일 때의 막전위(mV)		
	ⓐⅢ	ⓑⅠ	ⓒⅡ
(가)	−70	−80	+20
(나)	+20	−70	−80

ⓑ(Ⅰ) → ⓒ(Ⅱ) → ⓐ(Ⅲ)

- (가)의 ⓑ에서의 막전위가 −80 mV이다. ➡ (가)의 ⓑ는 과분극 중이다.
- (가)의 ⓒ에서의 막전위는 +20 mV이다. ➡ (가)의 ⓒ는 아직 과분극이 되기 전이다. 따라서 (가)에서 흥분은 ⓑ에서 ⓒ 방향으로 전도된다.
- (나)의 ⓒ에서의 막전위가 −80 mV이므로 과분극 중이다. ➡ (가)의 ⓒ는 과분극이 되기 전이므로 흥분 전도 속도는 (나)에서가 (가)에서보다 빠르다.
- (나)의 ⓐ에서의 막전위가 +20 mV이므로 과분극이 되기 전이다. ➡ (나)에서 흥분은 ⓒ에서 ⓐ 방향으로 전도된다.

ㄱ. t일 때 (나)의 ⓒ에서는 막전위가 −80 mV이므로 재분극(과분극)이 일어나지만, (가)의 ⓒ에서는 막전위가 +20 mV이므로 시간이 더 지나야 막전위가 −80 mV가 된다. 따라서 자극 지점에서부터 ⓒ까지 흥분이 전도되는 데 걸린 시간은 (나)에서가 (가)에서보다 짧으므로 흥분 전도 속도는 (나)에서가 (가)에서보다 빠르다.

ㄴ. 흥분 전도 속도는 (나)가 (가)보다 빠르고, t일 때 (나)의 ⓐ는 막전위가 +20 mV이므로 (가)의 ⓐ는 흥분이 아직 도달하지 않은 분극 상태이다. t일 때 (가)의 ⓑ는 재분극(과분극) 중이고, (가)의 ⓒ는 시간이 더 지나야 막전위가 −80 mV가 되므로 흥분은 ⓑ(Ⅰ) → ⓒ(Ⅱ) → ⓐ(Ⅲ) 방향으로 전도된다. 따라서 t일 때 (가)의 Ⅰ(ⓑ)에서는 K^+의 유출에 의한 재분극(과분극)이 일어나고 있으므로 막 투과도는 Na^+이 K^+보다 낮다.

🔍**바로알기** ㄷ. t일 때 (나)의 Ⅰ(ⓑ)은 흥분이 이미 지나간 분극 상태이고, (나)의 Ⅱ(ⓒ)는 재분극(과분극) 상태이다. 따라서 (나)의 Ⅰ과 Ⅱ 사이에 있는 부위는 모두 막전위가 −70 mV와 −80 mV 사이의 음(−)의 값을 나타낸다.

14 시간이 t_1에서 t_2로 흐를 때 ⓐ∼ⓒ(㉠∼ⓒ)의 길이를 모두 더한 값이 커지므로 이 근육 원섬유 마디는 이완해 길이가 길어진 것이다.

ㄱ. 근육 원섬유 마디가 이완해 길이가 $2x$ μm 길어질 경우, ㉠의 길이는 x μm 길어지고, ㉡의 길이는 x μm 짧아지며, ⓒ의 길이는 $2x$ μm 길어진다. 따라서 ⓐ는 ㉠이고, ⓑ와 ⓒ는 각각 ㉡과 ⓒ 중 하나이다. 이 근육 원섬유 마디의 경우, 시간이 t_1에서 t_2로 흐를 때 ㉠의 길이는 0.2 μm 길어지고, ㉡의 길이는 0.2 μm 짧아지며, ⓒ(H대)의 길이는 0.4 μm 길어진다.

ㄷ. ⓐ(㉠)는 액틴 필라멘트만 있는 부분이고, ⓑ에는 마이오신 필라멘트가 있으므로 전자 현미경으로 관찰하면 ⓐ가 ⓑ보다 밝

게 보인다.

🔍 **바로알기** ㄴ. 이 근육 원섬유 마디의 경우, 시간이 t_1에서 t_2로 흐를 때 ㉠과 ㉢의 길이를 더한 값은 $0.2+0.4=0.6\,\mu m$ 커진다.

---

15 A는 동공 반사의 중추인 중간뇌에서 나오므로 동공의 크기를 변화시키는 ㉡이며, 부교감 신경이다. 방광의 수축은 척수에서 나오는 부교감 신경에 의해 일어나므로 C는 ㉠이고, 나머지 교감 신경인 B는 ㉢이다.

ㄴ. 교감 신경인 B(㉢)에 의해 심장 박동 속도가 빨라지는 반응의 중추는 연수이다.

ㄷ. A(㉡)는 중간뇌에서 나오는 부교감 신경이므로 신경절 이전 뉴런이 신경절 이후 뉴런보다 길다. 따라서 ⓐ와 ⓑ 중 ⓑ에 아세틸콜린이 분비되는 신경절이 있다.

🔍 **바로알기** ㄱ. ㉡(A)은 부교감 신경이므로 ㉡에 의해 동공의 크기가 축소된다.

---

16 서술형

정답 (1) ㉠ Na^+, ㉡ K^+

모범 답안 (2) (나), (가)와 가까운 지점에서는 Na^+(㉠)의 유입에 의한 탈분극이, (나)와 가까운 지점에서는 K^+(㉡)의 유출에 의한 재분극이 일어나고 있으므로 흥분은 (나)에 가까운 지점에 먼저 도달했기 때문이다.

해설 ㉠은 통로를 통해 세포 안으로 유입되므로 Na^+이고, ㉡은 통로를 통해 세포 밖으로 유출되므로 K^+이다.

	채점 기준	배점
(1)	㉠과 ㉡을 모두 옳게 쓴 경우	30 %
(2)	(나)를 쓰고, K^+(㉡)의 유출에 의해 재분극이 일어나는 지점이 흥분이 먼저 도달한 지점이기 때문이라고 까닭을 옳게 서술한 경우	70 %
	(나)만 쓴 경우	30 %

---

17 서술형

┌─ **자료 분석** ┤

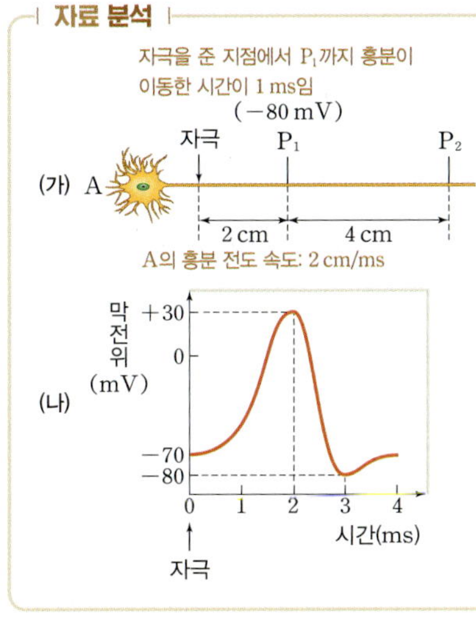

• (가)의 P_1은 막전위가 $-80\,mV$이다. ➡ P_1은 자극을 받고 시간이 3 ms 경과했다.

• (가)는 자극 지점에 자극을 주고 시간이 4 ms 경과했을 때의 상황이다. ➡ 자극 지점에서부터 P_1까지 흥분이 전도되는 데 $4-3=1$ ms가 걸렸다.

• A의 흥분 전도 속도는 2 cm/ms이다. ➡ 자극 지점에서부터 P_2까지 흥분이 전도되는 데 걸리는 시간은 3 ms이다.

정답 (1) 2 cm/ms

모범 답안 (2) Na^+이 통로를 통해 세포 밖에서 세포 안으로 유입되면서 막전위가 상승하는 탈분극이 일어난다.

해설 자극을 주고 경과된 시간이 4 ms일 때 자극을 준 지점에서 2 cm 떨어진 P_1에서의 막전위는 $-80\,mV$이다. 그런데 P_1에서는 자극을 받고 3 ms가 경과하면 막전위가 $-80\,mV$가 된다. 따라서 A의 경우, 자극을 준 지점에서 P_1까지 흥분이 전도되는 데 걸린 시간이 $4-3=1$ ms이므로 A의 흥분 전도 속도는 2 cm/ms이다.

	채점 기준	배점
(1)	A의 흥분 전도 속도를 옳게 쓴 경우	30 %
(2)	통로를 통한 Na^+의 유입과 이로 인한 막전위의 상승(탈분극)을 모두 포함하여 옳게 서술한 경우	70 %
	통로를 통한 Na^+의 유입과 이로 인한 막전위의 상승(탈분극) 중 1가지만 포함하여 옳게 서술한 경우	30 %

---

18 서술형

정답 (1) 0.5 μm

모범 답안 (2) X의 길이는 t_2일 때가 t_1일 때보다 0.2 μm 짧고, A대의 길이는 t_1일 때와 t_2일 때가 같다.

해설 ㉠의 길이 변화량은 ㉡의 길이 변화량의 2배이다. 따라서 ㉠의 길이가 t_2일 때가 t_1일 때보다 0.2 μm 짧으므로 ㉡의 길이는 t_2일 때가 t_1일 때보다 0.1 μm 짧다.

	채점 기준	배점
(1)	㉡의 길이를 옳게 쓴 경우	30 %
(2)	t_1일 때와 t_2일 때 X의 길이와 A대의 길이를 모두 옳게 비교하여 서술한 경우	70 %
	t_1일 때와 t_2일 때 X의 길이와 A대의 길이 중 1가지만 비교하여 옳게 서술한 경우	30 %

---

19 서술형

정답 (1) (가) 연수, (나) 대뇌, (다) 척수

모범 답안 (2) (다), 혈압을 상승시키는 원심성 신경은 교감 신경이므로 척수에서 나온다.

해설 (가)는 호흡 운동의 조절 중추인 연수, (나)는 의식적인 수의 운동의 중추인 대뇌, (다)는 척수 반사의 중추인 척수이다.

	채점 기준	배점
(1)	(가)~(다)를 모두 옳게 쓴 경우	30 %
(2)	(다)를 쓰고, 혈압을 상승시키는 신경은 교감 신경이라는 것을 포함하여 옳게 서술한 경우	70 %
	(다)만 쓴 경우	30 %

---

20 서술형

모범 답안 A와 C, A는 심장 박동을 억제하고, C는 심장 박동을 촉진한다.

해설 A와 C는 신경절이 있는 자율 신경이며, B는 신경절이 없는 체성 신경이다. 특히 A는 부교감 신경, C는 교감 신경으로, A와 C는 표와 같은 길항 작용을 한다.

구분	동공	심장 박동	방광	소화액 분비
교감 신경	확대	촉진	확장	억제
부교감 신경	축소	억제	수축	촉진

채점 기준	배점
A와 C를 모두 쓰고, A(교감 신경)와 C(부교감 신경)의 길항 작용을 1가지만 옳게 서술한 경우	100 %
A와 C만 모두 쓴 경우	30 %

2 항상성 ~ 3 방어 작용

03 항상성

개념 익히기 문제

p.089, 091

01 호르몬 **02** 후엽 **03** 티록신 **04** 인슐린 **05** β세포
06 음성 피드백 **07** 억제 **08** ○ **09** ○ **10** ×
11 × **12** ○ **13** ○ **14** × **15** 인슐린
16 글루카곤 **17** 에피네프린 **18** 교감 **19** 발산량
20 증가 **21** 콩팥 **22** 감소 **23** 감소 **24** ○ **25** ×
26 ○ **27** × **28** × **29** ○ **30** × **31** ○
32 ×

01 호르몬은 내분비샘에서 생성된 후 혈액에 의해 운반되어 표적 세포에 특정한 반응을 일으키는 화학 신호 전달 물질이다.

04 혈당량을 감소시키는 호르몬인 인슐린이 제대로 작용하지 못하면 혈당량이 높아져 오줌으로 포도당이 배설되는 당뇨병이 나타날 수 있다.

07 혈중 티록신의 농도가 높을 때에는 티록신의 음성 피드백에 의해 시상 하부에서 TRH의 분비와 뇌하수체 전엽에서 TSH의 분비가 모두 억제된다.

10 당질 코르티코이드는 부신 겉질에서 분비된다.

11 글루카곤과 에피네프린은 모두 혈당량을 증가시킨다. 길항 작용은 같은 기관에서 서로 반대되는 작용을 하는 것이다.

14 혈중 티록신 농도가 낮을 때에는 시상 하부에서 TRH의 분비와 뇌하수체 전엽에서 TSH의 분비가 모두 촉진되어 결과적으로 갑상샘에서 티록신의 분비도 촉진된다.

16 건강한 사람은 운동을 하면 에너지원으로 포도당이 소비되면서 혈당량이 낮아지므로 이자에서는 혈당량을 증가시키는 호르몬인 글루카곤의 분비가 촉진된다.

19 더울 때에는 피부 근처 혈관이 확장되고, 그 결과 피부 근처로 흐르는 혈류량이 증가해 피부를 통한 열 발산량이 증가한다.

22 항이뇨 호르몬의 분비량이 증가하면 콩팥에서 물의 재흡수량이 증가하므로 혈장 삼투압이 감소한다.

25 글루카곤은 이자의 α세포에서 분비된다. 이자의 β세포에서는 인슐린이 분비된다.

27 추울 때에는 체온을 높이기 위해 열 발생량을 증가시키고, 열 발산량을 감소시킨다.

28 추울 때에는 티록신과 에피네프린의 분비량이 모두 증가해 물질대사가 촉진되므로 체내 열 발생량이 증가한다.

30 혈장 삼투압이 낮을 때에는 항이뇨 호르몬의 분비가 억제되고, 그 결과 콩팥에서 물의 재흡수량이 감소하므로 오줌의 생성량은 증가하고, 오줌의 삼투압은 감소한다.

32 콩팥에서 물의 재흡수량이 증가하면 단위 시간당 오줌의 생성량이 감소한다.

자료 집중 분석

p.092, 093

예제 1

정답 ②

해설 ㄷ. 탄수화물 섭취 후 정상인에게서 혈중 ⊙ 농도가 증가하므로 ⊙은 이자의 β세포에서 분비되어 혈당량을 감소시키는 인슐린이다. t_1일 때 정상인이 A보다 혈중 인슐린 농도가 높으므로 간에 저장되는 글리코젠의 양은 정상인이 A보다 많다.

바로알기 ㄱ. A는 정상인과 달리 탄수화물 섭취 후에 혈중 인슐린 농도가 거의 증가하지 않는다. 따라서 A의 당뇨병은 (가)에 해당한다.

ㄴ. 인슐린(⊙)은 이자의 β세포에서 분비된다.

예제 2

정답 ③

해설 ㄱ. ⊙이 증가하면 혈중 ADH 농도가 높아지므로 ⊙은 혈장 삼투압이다. 따라서 혈장 삼투압(⊙)이 같은 경우, ⓐ일 때가 평상시보다 혈중 ADH 농도가 높아 콩팥에서 물의 재흡수량이 많으므로 ⓐ는 평상 시보다 혈액량이 감소했을 때이다.

ㄴ. 물을 섭취한 후 ⓛ이 증가했으므로 ⓛ은 오줌 생성량이다. 혈중 ADH 농도가 높아지면 콩팥에서 물의 재흡수량이 많아지므로 혈장 삼투압(⊙)과 오줌 생성량(ⓛ)은 모두 감소한다.

바로알기 ㄷ. t_2일 때가 t_1일 때보다 오줌 생성량(ⓛ)이 적은 것은 물을 섭취한 후 낮아진 혈장 삼투압이 오줌으로 물을 배설한 결과 다시 정상 수준으로 높아졌기 때문이다. 따라서 (나)에서 t_2일 때가 t_1일 때보다 혈장 삼투압이 높아 혈중 ADH 농도가 높으므로 콩팥에서 단위 시간당 물의 재흡수량이 많다.

01 ④	**02** ⑤	**03** ②	**04** ⑤	**05** ③	**06** ①
07 ③	**08** ①	**09** ④	**10** ①	**11** ②	**12** ②
13 ②					

고난도   **14** ①   **15** ①

서술형   **16~18** 해설 참조

01 ㄱ. 호르몬은 내분비샘에서 생성된 후 혈관으로 분비되어 혈액에 의해 운반되는 화학 물질이다.

ㄷ. 호르몬은 해당 호르몬과 결합하는 수용체를 가진 표적 세포에만 작용하여 특정한 반응을 일으킨다.

🔍**바로알기** ㄴ. 호르몬은 적은 양으로 생명 활동을 조절하며, 분비량이 많으면 과다증이 나타난다.

02 ㄱ. ㉠은 호르몬인 X를 분비하므로 내분비 세포들로 이루어진 내분비 조직에 해당한다.

ㄴ. ㉡은 X와 결합하는 수용체를 가져 X가 ㉡에 작용하므로 ㉡은 X의 표적 세포이다.

ㄷ. X는 호르몬이므로 표적 세포인 ㉡에 작용해 특정한 반응을 일으킨다.

03 ㄷ. 생장 호르몬이 분비되는 X는 뇌하수체 전엽이다. 뇌하수체 전엽에서 분비되는 부신 겉질 자극 호르몬(ACTH)은 부신 겉질에서 당질 코르티코이드의 분비를 촉진한다.

🔍**바로알기** ㄱ. X는 뇌하수체 전엽이다.

ㄴ. 인슐린과 글루카곤은 각각 이자에 있는 β세포와 α세포에서 분비된다.

04 ㄱ. (가)는 갑상샘 자극 호르몬, (나)는 생장 호르몬이므로 (다)는 당질 코르티코이드이다. 당질 코르티코이드는 지방이나 단백질을 포도당을 전환시켜 혈당량을 증가시킨다.

ㄴ. 갑상샘 자극 호르몬(가)은 갑상샘을 자극해 티록신의 분비를 촉진하므로 갑상샘은 (가)의 표적 기관이다.

ㄷ. 갑상샘 자극 호르몬(가)과 생장 호르몬(나)은 모두 뇌하수체 전엽에서 분비된다.

05

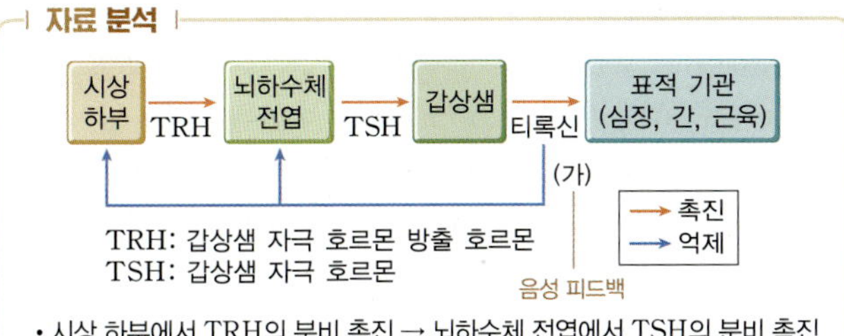

• 시상 하부에서 TRH의 분비 촉진 → 뇌하수체 전엽에서 TSH의 분비 촉진 → 갑상샘에서 티록신의 분비 촉진

• 혈중 티록신의 농도가 높아질 경우 ➡ 음성 피드백이 일어나 티록신이 시상 하부와 뇌하수체 전엽의 기능을 억제 → TRH와 TSH의 분비가 모두 억제

ㄱ. 혈중 티록신 농도가 낮으면 TRH의 분비가 촉진되고, 이에 의해 TSH의 분비가 촉진되므로 결과적으로 갑상샘에서 티록신의 분비가 촉진된다.

ㄴ. TSH의 분비가 촉진되면 티록신 분비도 촉진되므로 혈중 티록신 농도가 증가한다.

🔍**바로알기** ㄷ. (가)는 혈중 티록신 농도가 높을 때 티록신에 의해 TRH와 TSH의 분비가 억제되는 음성 피드백 과정이다. 따라서 티록신의 분비량이 감소하면 (가) 과정은 잘 일어나지 않게 된다.

06 ㄱ. A는 인슐린, B는 글루카곤, C는 에피네프린이다. 인슐린(A)은 간에서 글리코젠의 합성을 촉진해 혈당량을 감소시키고, 글루카곤(B)은 간에서 글리코젠의 분해를 촉진해 혈당량을 증가시키므로 이 두 호르몬은 간에서 서로 반대되는 길항 작용을 한다.

🔍**바로알기** ㄴ. 글루카곤(B)은 이자의 α세포에서 분비된다.

ㄷ. 에피네프린(C)은 글루카곤과 마찬가지로 간에서 글리코젠이 포도당으로 분해되는 과정을 촉진해 혈당량을 증가시킨다.

07 ㄱ. 식사 후 혈당량(혈액의 포도당 농도)이 증가함에 따라 A의 분비가 촉진되어 혈액에서 A의 농도가 증가하므로 A는 혈당량을 감소시키는 인슐린이다.

ㄴ. 인슐린(A)의 분비가 촉진되면 간에서 글리코젠의 합성과 체세포로의 포도당 유입이 촉진되므로 혈당량이 감소한다.

🔍**바로알기** ㄷ. 식사 후 혈당량이 증가하자 혈액에서 B의 농도는 감소하므로 B는 혈당량을 증가시키는 글루카곤이다. 체세포로의 포도당 유입을 촉진하는 호르몬은 인슐린이다.

08 ㄱ. 이 환자는 포도당 섭취 후 정상인보다 혈당량이 더 많이 낮아지므로 혈당량을 감소시키는 인슐린의 혈중 농도가 높다. 따라서 X는 인슐린이다.

🔍**바로알기** ㄴ. 정상인의 혈당량은 t_1일 때가 t_2일 때보다 높으므로 혈중 인슐린의 농도는 t_1일 때가 t_2일 때보다 높다.

ㄷ. 정상인의 경우, t_1~t_2에서 인슐린의 작용으로 혈당량을 감소시키기 위해 간에서 글리코젠의 합성이 촉진되므로 간에 저장되어 있는 글리코젠의 양은 증가한다.

09

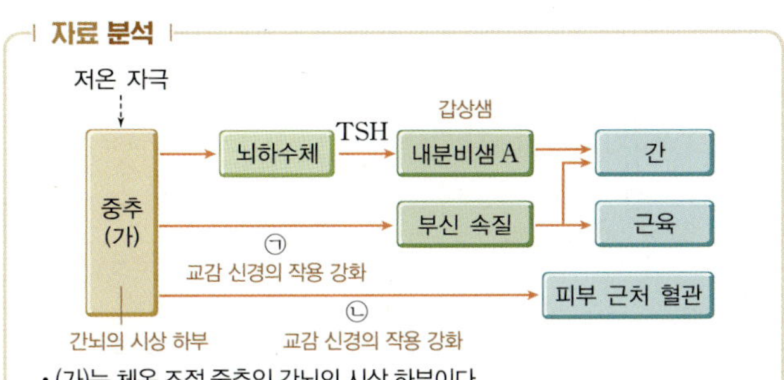

• (가)는 체온 조절 중추인 간뇌의 시상 하부이다.

• TSH는 갑상샘 자극 호르몬이다. ➡ A는 티록신을 분비하는 갑상샘이다.

• ㉠은 교감 신경을 통해 부신 속질에서 에피네프린의 분비를 촉진시키는 과정이다.

• ㉡은 교감 신경을 통해 피부 근처 혈관을 수축시키는 과정이다.

ㄴ. A는 TSH(갑상샘 자극 호르몬)의 표적 기관인 갑상샘이다. 갑상샘에서는 물질대사를 촉진하는 티록신이 분비된다.

ㄷ. ㉠은 교감 신경의 작용으로 부신 속질에서 에피네프린이 분비되는 과정이고, ㉡은 교감 신경의 작용으로 피부 근처 혈관이 수축하는 과정이다.

🔍 **바로알기** ㄱ. (가)는 체온을 조절하는 중추이므로 간뇌의 시상 하부이다.

10 ㄱ. (가)가 주어지면 간과 근육에서 물질대사가 촉진되어 체내 열 발생량이 증가하고, 피부를 통한 열 발산량이 감소하므로 체온이 증가한다. 따라서 (가)는 '저온 자극'이다.

🔍 **바로알기** ㄴ. ㉠은 피부 근처 혈관이 수축해 피부 근처에 흐르는 혈액량이 감소함으로써 일어나는 반응이다.

ㄷ. 고온 자극(나)이 주어지면 피부 근처 혈관에 연결된 교감 신경의 작용이 약화되어 피부 근처 혈관이 확장되고, 그 결과 피부를 통한 열 발산량이 증가해 체온이 감소한다. 따라서 이 경우 피부 근처 혈관에 연결된 교감 신경에서 활동 전위 발생 빈도는 감소한다.

11 ㄴ. 이 과정에서 피부 근처 혈관이 확장되어 피부 근처를 흐르는 혈액량이 증가하므로 피부를 통한 열 발산량이 증가한다.

🔍 **바로알기** ㄱ. 땀이 분비되고, 피부 근처 혈관이 확장되는 것은 고온 자극에 대해 체온을 감소시키기 위해 일어난다.

ㄷ. 피부 근처 혈관이 확장되는 것은 교감 신경의 작용이 약화되어 일어난다.

12 ㄷ. 콩팥에서 물의 재흡수량이 증가하면 오줌의 생성 속도가 감소하므로 단위 시간당 오줌으로 배설되는 물의 양이 감소한다. 그 결과 체내 수분량이 증가해 혈장 삼투압이 감소한다.

🔍 **바로알기** ㄱ, ㄴ. X는 뇌하수체 후엽에서 분비되어 혈장 삼투압을 조절하는 항이뇨 호르몬이며, 항이뇨 호르몬의 분비는 삼투압 조절 중추인 간뇌의 시상 하부에 의해 조절된다. 항이뇨 호르몬은 콩팥에서 물의 재흡수를 촉진하므로 항이뇨 호르몬의 분비량이 증가(㉠)하면 콩팥에서 물의 재흡수량이 증가해 혈장 삼투압이 감소(㉡)한다.

13

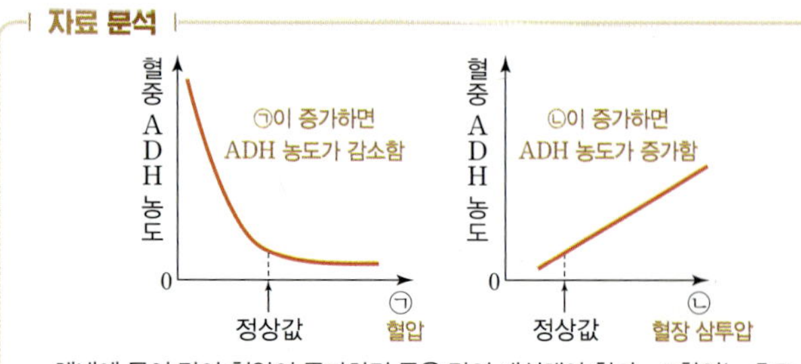

ㄷ. ㉡이 정상값보다 증가하면 혈중 항이뇨 호르몬의 농도가 증가하므로 소량의 진한 오줌을 생성하게 되어 오줌 생성량은 감소

하고, 생성되는 오줌의 삼투압은 증가한다.

🔍 **바로알기** ㄱ. 항이뇨 호르몬은 콩팥에서 물의 재흡수를 촉진하므로 항이뇨 호르몬이 활발히 작용하면 혈액의 양이 많아져 혈압이 상승하고, 혈액의 농도가 낮아져 혈장 삼투압이 감소한다. 따라서 혈압이 감소하고, 혈장 삼투압이 증가하면 항이뇨 호르몬의 분비가 촉진되므로 ㉠은 혈압, ㉡은 혈장 삼투압이다.

ㄴ. ㉠이 정상값보다 감소하면 혈중 항이뇨 호르몬의 농도가 증가하므로 콩팥에서 물의 재흡수량이 증가해 오줌 생성량이 감소한다.

14

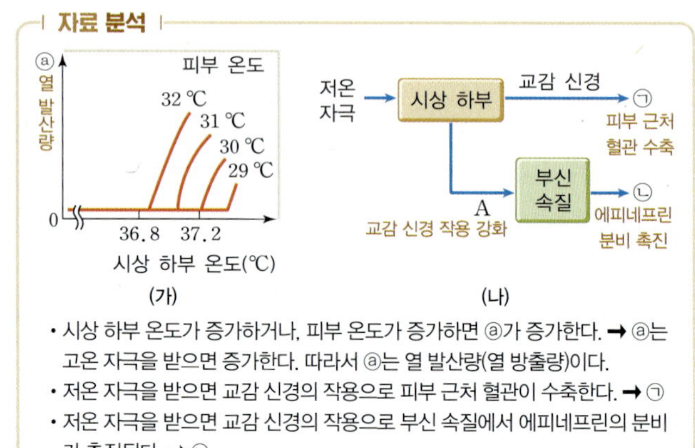

· 시상 하부 온도가 증가하거나, 피부 온도가 증가하면 ⓐ가 증가한다. ➡ ⓐ는 고온 자극을 받으면 증가한다. 따라서 ⓐ는 열 발산량(열 방출량)이다.
· 저온 자극을 받으면 교감 신경의 작용으로 피부 근처 혈관이 수축한다. ➡ ㉠
· 저온 자극을 받으면 교감 신경의 작용으로 부신 속질에서 에피네프린의 분비가 촉진된다. ➡ ㉡

ㄴ. 저온 자극이 주어지면 체온을 정상 수준으로 증가시키기 위해 열 발생량이 증가하고 열 발산량이 감소한다. 이때 시상 하부는 교감 신경을 통해 피부 근처 혈관을 수축함으로써 피부를 통한 열 발산량을 감소시키므로 '피부 근처 혈관 수축'은 ㉠에 해당한다.

🔍 **바로알기** ㄱ. (가)에서 시상 하부 온도가 증가하고, 피부 온도가 증가하면 ⓐ가 증가하므로 ⓐ는 열 발산량이다.

ㄷ. A는 교감 신경에 의해 부신 속질이 자극을 받는 과정이며, 이 과정에 의해 부신 속질에서 에피네프린의 분비가 촉진되어 열 발생량이 증가한다.

15 ㄱ. A는 뇌하수체 후엽에서 분비되어 콩팥에서 물의 재흡수를 촉진하는 항이뇨 호르몬(ADH)이다. 혈장 삼투압이 증가하거나 혈압(혈액량)이 감소하면 ADH의 분비가 촉진되므로 혈장 삼투압은 X에 해당한다.

🔍 **바로알기** ㄴ. (나)에서 X가 같은 경우, ㉠일 때가 정상 상태일 때보다 혈중 ADH 농도가 낮아 콩팥에서 물의 재흡수량이 적다. 따라서 ㉠은 정상 상태보다 혈액량이 많은 조건이다.

ㄷ. (나)에서 P일 때 혈중 ADH 농도는 ㉠일 때가 정상 상태일 때보다 낮으므로 ㉠일 때가 정상 상태일 때보다 단위 시간당 오줌의 생성량은 많고, 생성되는 오줌의 삼투압은 낮다.

16 서술형

정답 (1) ㉠ 뇌하수체 전엽, ㉡ 갑상샘

모범 답안 (2) 인슐린, 혈당량이 높아 오줌으로 포도당이 배설된다.

해설 ㉠은 생장 호르몬이므로 뇌하수체 전엽에서 분비되며, ㉡은 티록신이므로 갑상샘에서 분비된다. 나머지 ㉢은 인슐린이며, 이자에서 분비된다.

	채점 기준	배점
(1)	㉠과 ㉢이 분비되는 내분비샘을 모두 옳게 쓴 경우	30 %
(2)	인슐린을 쓰고, 혈당량이 높아 오줌으로 포도당이 배설된다는 것을 옳게 서술한 경우	70 %
	인슐린만 쓴 경우	30 %

17 서술형

정답 (1) 글루카곤

모범 답안 (2) 간에서 글리코젠이 포도당으로 분해되는 과정을 촉진하며, 그 결과 혈당량이 증가한다.

해설 운동을 하면 근육에서 포도당을 에너지원으로 많이 소비하게 되므로 혈당량이 감소한다. 그런데 운동 시작 후 혈중 X의 농도가 증가하므로 X는 이자에서 분비되며 혈당량을 증가시키는 글루카곤이다.

	채점 기준	배점
(1)	글루카곤을 쓴 경우	30 %
(2)	글리코젠의 분해 촉진과 그로 인한 혈당량 증가를 모두 포함하여 옳게 서술한 경우	70 %
	글리코젠의 분해 촉진과 그로 인한 혈당량 증가 중 1가지만 포함하여 옳게 서술한 경우	30 %

18 서술형

모범 답안 (가), 물을 마시면 혈장 삼투압이 감소해 항이뇨 호르몬의 분비가 억제되어 콩팥에서 물의 재흡수량이 감소하기 때문이다.

채점 기준	배점
(가)를 쓰고, 항이뇨 호르몬의 분비 억제에 따른 콩팥에서 물의 재흡수량 감소를 옳게 서술한 경우	100 %
(가)만 쓴 경우	30 %

04 방어 작용

개념 익히기 문제 p.099, 101, 103

01 감염성 질병　**02** 세균　**03** 감기　**04** 항바이러스제
05 원생생물　**06** 균류　**07** 프라이온
08 비특이적　**09** 체액성　**10** ○　**11** ×　**12** ×
13 ○　**14** ×　**15** ×　**16** ○　**17** ×　**18** 식세포
19 T　**20** 세포성 면역　**21** 체액성 면역　**22** 특이성
23 형질　**24** 기억　**25** ○　**26** ○　**27** ○　**28** ○
29 ○　**30** ×　**31** ○　**32** 응집원 A　**33** ○
34 B　**35** 응집원 A　**36** ○　**37** 적혈구　**38** 응집소
39 자가 면역 질환　**40** 알레르기　**41** ○　**42** ○
43 ×　**44** ×　**45** ×　**46** ○　**47** ×　**48** ○
49 ○

03 감기는 바이러스에 의해, 광우병은 변형된 프라이온에 의해, 말라리아는 원생생물에 의해 각각 나타난다.

07 변형된 프라이온은 유전 물질인 핵산이 없이 오직 단백질로만 이루어진 병원체이다.

09 특이적 방어 작용에는 항체를 생성해 항원을 제거하는 체액성 면역과 병원체에 감염된 세포를 직접 제거하는 세포성 면역이 있다.

11 독감의 병원체는 바이러스이므로 독립적으로 물질대사를 수행하지 못한다.

12 후천성 면역 결핍증의 병원체는 바이러스이므로 항생제를 이용하여 제거되지 않는다. 바이러스의 제거에는 항바이러스제가 이용된다.

14 광우병의 병원체인 변형된 프라이온은 핵산 없이 단백질로만 이루어져 있다.

15 병원체의 침입을 막는 피부, 점막, 분비액은 모두 병원체의 종류에 관계없이 일어나는 비특이적 방어 작용에 해당한다.

17 T 림프구와 B 림프구는 모두 후천성 면역(특이적 방어 작용)을 담당한다.

19 T 림프구는 골수에서 생성된 후 가슴샘에서 최종 성숙하고, B 림프구는 골수에서 생성된 후 골수에서 최종 성숙한다.

21 체액성 면역에서는 체내에서 생성된 항체가 항원과 결합하는 항원 항체 반응을 통해 항원을 제거한다.

24 2차 면역 반응에서는 기억 세포가 항원을 인식한 후 빠르게 기억 세포와 형질 세포로 분화되므로 1차 면역 반응 때보다 항체가 빠르게 생성된다.

29 1차 면역 반응에서는 활성화된 보조 T 림프구가 B 림프구를 활성화시키고, 활성화된 B 림프구가 증식한 후 형질 세포와 기억 세포로 분화된다.

30 2차 면역 반응에서는 기억 세포가 항원을 인식한 후 증식한다.

31 2차 면역 반응은 동일한 항원이 재침입했을 때 일어나며, 1차 면역 반응에서보다 빠르게 많은 양의 항체가 생성된다.

33 ABO식 혈액형이 O형인 사람은 응집원 A와 B를 모두 갖지 않으며, 응집소 α와 β를 모두 갖는다.

36 ABO식 혈액형이 O형인 사람은 응집원 A와 B를 모두 갖지 않으므로 응집원 B를 가져 B형인 사람에게 소량 수혈해 줄 수 있다.

39 자가 면역 질환은 어떤 사람의 면역계가 자신의 몸을 구성하는 물질을 항원으로 인식해 자신의 세포나 조직 등을 공격하여 나타나는 면역 관련 질환으로, 제1형 당뇨병, 류머티즘 관절염 등이 있다.

43 Rh식 혈액형이 Rh$^+$형인 사람은 Rh 응집원을 가지므로 이 사람의 혈장에는 Rh 응집소가 없다.

44 항 Rh 혈청에는 Rh 응집소가 들어 있으므로 혈액을 항 Rh 혈청과 섞었을 때 응집 반응이 일어나는 사람은 Rh 응집원을 갖는 Rh$^+$형이다.

45 AB형인 사람의 혈장에는 응집소 α와 β가 모두 없다.

47 AB형인 사람은 적혈구 표면에 응집원 A와 B가 모두 있으므로 이 사람은 응집소 α를 갖는 B형인 사람에게 소량 수혈해 줄 수 없다.

자료 집중 분석
p.104

예제 1

정답 ①

해설 ㄴ. Ⅱ에서 X에 대한 특이적 방어 작용인 체액성 면역 반응이 일어나 항체가 생성되었다.

바로알기 ㄱ. ⓐ를 주사한 후 생쥐 A의 체내에 X에 대한 기억 세포가 형성되었으며, Ⅰ에서 기억 세포가 증식한 후 형질 세포로 분화해 항체를 생성한다. 형질 세포는 증식하거나 다른 세포로 분화되지 않는다.

ㄷ. X를 주사했을 때 생쥐 A에서는 2차 면역 반응이 일어나 항체가 많이 생성되었지만, 생쥐 B에서는 1차 면역 반응이 일어나 항체가 적게 생성되었다. 따라서 X에 대한 백신으로 ⓐ가 ⓑ보다 적합하다.

개념 다지기 문제
p.105~109

01 ②	02 ③	03 ①	04 ①	05 ④	06 ③
07 ①	08 ②	09 ③	10 ④	11 ⑤	12 ①
13 ⑤	14 ④	15 ⑤	16 ⑤	17 ③	

고난도 **18 ①** **19 ②**

서술형 **20~22 해설 참조**

01 ㄷ. 고혈압, 당뇨병, 혈우병은 모두 생활 방식, 환경, 유전 등이 원인이 되어 나타나는 비감염성 질병이다.

바로알기 ㄱ, ㄴ. 고혈압, 당뇨병, 혈우병과 같은 비감염성 질병은 병원체에 의해 나타나는 것이 아니므로 다른 사람에게 전염되지 않는다.

02 ㄷ. 이 병원체는 유전 물질인 핵산과 이를 둘러싼 단백질 껍질로 이루어진 바이러스이다. 바이러스는 유전 물질을 가지고 있어 돌연변이가 일어난다.

바로알기 ㄱ. 바이러스는 세포로 이루어져 있지 않다.

ㄴ. 바이러스는 독립적으로 물질대사를 하지 못하며, 살아 있는 숙주 세포 내에서만 증식한다.

03 ㄴ. X는 유전 물질인 핵산이 없으므로 단백질(㉠)로만 이루어진 변형된 프라이온이다.

바로알기 ㄱ. ㉠은 단백질이다.

ㄷ. 변형된 프라이온은 소의 광우병이나 사람의 크로이츠펠트—야코프병 등을 일으킨다. 말라리아는 원생생물에 속하는 말라리아 원충에 감염되어 나타난다.

04

자료 분석

구분	질병	
(가)	결핵, 탄저병	세균에 의한 감염성 질병
(나)	고혈압, 혈우병	비감염성 질병
(다)	독감, 후천성 면역 결핍증	바이러스에 의한 감염성 질병

• 결핵과 탄저병은 모두 세균에 의해 나타나는 감염성 질병이다.
• 고혈압은 생활 습관이나 유전적인 요인에 의해, 혈우병은 유전적인 요인에 의해 나타나는 비감염성 질병이다.
• 독감과 후천성 면역 결핍증은 모두 바이러스에 의해 나타나는 감염성 질병이다.

ㄱ. 결핵과 탄저병은 모두 세균에 감염되어 나타나는 질병이다.

바로알기 ㄴ. 독감과 후천성 면역 결핍증은 모두 바이러스에 감염되어 나타나는 질병이므로 치료를 위해 항바이러스제가 이용된다. 항생제는 세균과 같은 미생물을 제거할 때 이용된다.

ㄷ. 고혈압과 혈우병은 모두 비감염성 질병이다. 유전병인 낫 모양 적혈구 빈혈증은 비감염성 질병이므로 (나)에 속하지만, 소아마비는 바이러스에 감염되어 나타나는 질병이므로 (다)에 속한다.

05 ㄱ. 이 병원체는 세포로 이루어져 있으며, 핵(핵막)이 없어 유전 물질인 DNA가 세포질에 있는 단세포 원핵생물인 세균이다.

ㄴ. 결핵은 세균에 감염되어 나타나는 대표적인 질병이다.

바로알기 ㄴ. 세균은 독립적으로 물질대사를 하는 생명체이며, 분열법 등을 통해 스스로 증식한다. 살아 있는 숙주 세포 내에서만 증식하는 병원체는 바이러스이다.

06 ㄱ. 무좀의 병원체는 균류, 수면병과 말라리아의 병원체는 모두 원생생물이다. 균류와 원생생물은 모두 핵(핵막)이 있어 유전 물질(DNA)이 핵 안에 있는 진핵생물이다.

ㄷ. 균류와 원생생물은 모두 세포로 이루어진 생명체이므로 유전 물질인 핵산과 함께 효소 등 다양한 종류의 단백질을 갖는다.

바로알기 ㄴ. 항생제는 세균과 같이 크기가 작은 미생물을 제거하는 데 이용되며, 진핵생물인 균류와 원생생물의 제거에는 이용되지 않는다.

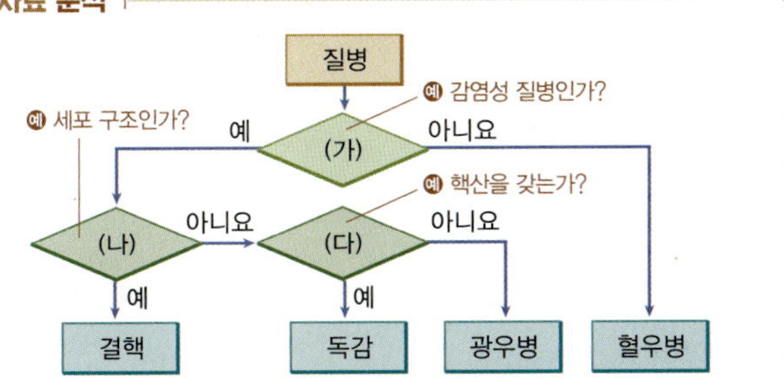

07

- 결핵은 세균에 의해, 독감은 바이러스에 의해, 광우병은 변형된 프라이온에 의해 각각 나타나는 감염성 질병이다.
- 세균은 세포 구조이고, 바이러스와 변형된 프라이온은 모두 세포 구조가 아니다.
- 세균과 바이러스는 모두 핵산을 갖지만, 변형된 프라이온은 핵산을 갖지 않는다.
- 혈우병은 유전병이므로 비감염성 질병이다.

ㄱ. 결핵, 독감, 광우병은 모두 감염성 질병이고, 유전병인 혈우병은 비감염성 질병이다.

🔍 **바로알기** ㄴ. 결핵의 병원체인 세균과 독감의 병원체인 바이러스는 모두 유전 물질인 핵산을 갖는다.

ㄷ. 독감의 병원체인 바이러스와 광우병의 병원체인 변형된 프라이온은 모두 세포로 이루어져 있지 않으므로 세포 분열을 하지 않는다.

08 ㄷ. (가)는 변형된 프라이온, (나)는 정상 프라이온이다. 프라이온은 단백질로만 이루어진 병원체이고, 바이러스는 핵산과 단백질로 이루어진 병원체이므로 (나)와 바이러스에는 모두 단백질이 있다.

🔍 **바로알기** ㄱ. 프라이온에는 핵산이 없다.

ㄴ. 변형된 프라이온인 (가)가 신경 조직에 축적되면 소에게서 광우병이 나타날 수 있다.

09 ㄷ. 피부, 점막, 염증 반응, 식세포 작용은 모두 병원체의 감염 경험의 유무에 관계없이 빠르게 일어나는 비특이적 방어 작용이다.

🔍 **바로알기** ㄱ. (가)는 림프구에 의해 일어나며, 병원체의 종류를 구별하여 일어나는 특이적 방어 작용이므로 후천성 면역에 해당한다.

ㄴ. (나)는 병원체의 종류를 구별하지 않고 일어나는 비특이적 방어 작용이다.

10 ㄱ. 병원체가 침입하면 감염 부위에 있는 비만 세포가 화학 신호 물질인 히스타민을 분비해 주위 모세 혈관이 확장되므로 히스타민은 X에 해당한다.

ㄷ. (나) 이후에 감염 부위로 이동한 백혈구가 식세포 작용을 통해 침입한 병원체를 제거한다.

🔍 **바로알기** ㄴ. (가) → (나) 과정에서 감염 부위의 모세 혈관이 확장되어 혈류량과 혈관 투과성이 증가하므로 손상된 조직으로 백혈구가 쉽게 이동할 수 있다.

11 ㄱ. (가)는 B 림프구이며, B 림프구는 골수(㉠)에서 생성된 후 골수에 남아 최종 성숙한다.

ㄴ. 기억 세포(ⓐ)는 항원의 특성을 기억해 동일한 항원이 2차 침입했을 때 빠르게 많은 양의 항체가 생성되는 2차 면역 반응을 일으킨다.

ㄷ. (나)는 생성 장소와 최종 성숙 장소가 서로 다르므로 T 림프구이고, ㉠은 골수, ㉡은 가슴샘이다. T 림프구에는 보조 T 림프구와 세포독성 T림프구가 있어 T 림프구는 체액성 면역과 세포성 면역에 모두 관여한다.

12 ㄴ. (나)는 항원 항체 반응으로 항원을 제거하는 체액성 면역이므로 (가)는 세포성 면역이다. 따라서 ㉠은 세포독성 T림프구(ⓒ)를 활성화시키는 보조 T 림프구이고, ㉡은 B 림프구를 활성화시키는 보조 T 림프구이다.

🔍 **바로알기** ㄱ. (가)는 세포독성 T림프구가 감염된 세포를 직접 제거하는 세포성 면역이다.

ㄷ. 세포독성 T림프구(ⓒ)는 감염된 세포를 직접 제거한다. 항체는 체액성 면역에서 B 림프구로부터 분화된 형질 세포에 의해 생성된다.

13

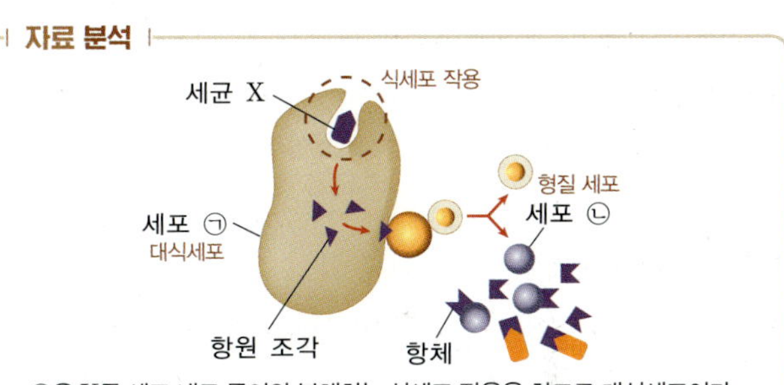

- ㉠은 X를 세포 내로 들여와 분해하는 식세포 작용을 하므로 대식세포이다.
- ㉡은 항원과 결합하는 항체를 생성하므로 B 림프구로부터 분화된 형질 세포이다.

ㄱ. ㉠은 비특이적 방어 작용인 식세포 작용으로 X를 분해하는 대식세포이다.

ㄴ. 대식세포는 X를 분해한 후 항원 조각을 세포 표면에 제시하며, 이 항원 조각을 보조 T 림프구가 인식해 활성화된다.

ㄷ. ㉡은 활성화된 B 림프구로부터 분화된 후 X와 특이적으로 결합하는 항체를 생성·분비하는 형질 세포이다.

14 ㄱ. ㉠은 항원 A를 주사한 후에 생성되었으므로 항원 A에 특이적으로 결합하는 항체이다. 따라서 ㉠은 항원 A와 항원 항체 반응을 한다.

ㄴ. ㉡은 항원 B를 주사한 후 생성되었으므로 항원 B에 특이적으로 결합하는 항체이다. 항체는 체액성 면역 반응으로 생성된다.

🔍 **바로알기** ㄷ. 항원 A와 B를 동시에 주사한 후 항원 A에 대한 항체 ㉠은 2차 면역 반응으로 빠르게 많은 양이 생성되었지만, 항원 B에 대한 항체 ㉡은 1차 면역 반응으로 생성되었다. 따라서 Ⅰ에서 이 쥐의 체내에 항원 A에 대한 기억 세포는 있지만, 항원 B에 대한 기억 세포는 없다.

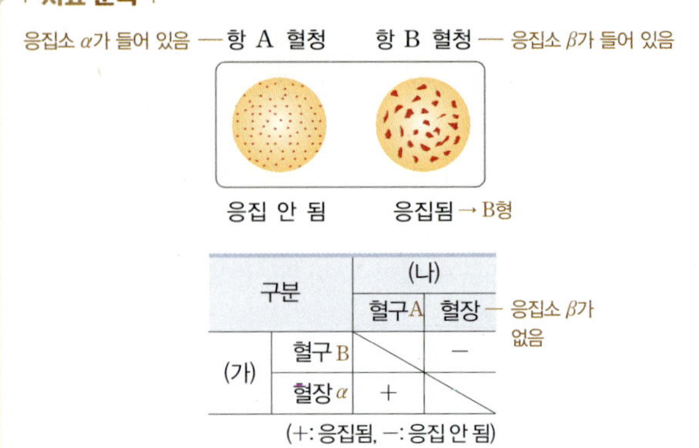

구분		(나)	
		혈구 A	혈장
(가)	혈구 B		−
	혈장 α	+	

(+: 응집됨, −: 응집 안 됨)

응집소 β가 없음

- (가)의 혈액은 항 A 혈청에는 응집하지 않고, 항 B 혈청에는 응집한다.
  ➡ (가)는 응집원 A는 갖지 않고, 응집원 B는 갖는 B형이다.
- (가)의 혈구에는 응집원 B가 있다. (가)의 혈구와 (나)의 혈장을 섞으면 응집 되지 않는다. ➡ (나)의 혈장에는 응집소 β가 없다.
- (가)의 혈장에는 응집소 α가 있다. (가)의 혈장과 (나)의 혈구를 섞으면 응집 된다. ➡ (나)의 혈구에는 응집원 A가 있다.

ㄱ. (가)의 혈액은 항 B 혈청에만 응집되므로 (가)는 응집원 A는 없고, 응집원 B가 있는 B형이다.

ㄴ. (가)의 혈구(응집원 B)와 (나)의 혈장이 응집하지 않으므로 (나)의 혈장에는 응집소 β가 없다. 그런데 (가)의 혈장(응집소 α)과 (나)의 혈구가 응집하므로 (나)의 적혈구에는 응집원 A가 있다. 따라서 (나)는 응집원 A와 B가 모두 있고, 응집소 α와 β는 모두 없는 AB형이다.

ㄷ. B형인 (가)는 응집소가 없는 AB형인 (나)에게 소량 수혈해 줄 수 있다.

16 ㄴ. 딸은 응집소 α와 β가 모두 있으므로 O형이다. 그런데 아버지(BO), 어머니, 딸(OO)은 모두 ABO식 혈액형이 서로 다르므로 어머니는 A형(AO)이다. 따라서 어머니(A형)와 딸(O형)은 공통적으로 응집소 β를 갖는다.

ㄷ. 어머니는 A형이므로 어머니의 적혈구에는 응집원 A가 있고, 딸은 O형이므로 딸의 혈장에는 응집소 α와 β가 모두 있다. 따라서 어머니의 혈구와 딸의 혈장을 섞으면 응집원 A와 응집소 α가 결합하여 응집 반응이 일어난다.

🔍**바로알기** ㄱ. 아버지는 응집소 α는 있지만, 응집소 β는 없으므로 B형이다. 따라서 아버지의 혈액은 응집소 α가 들어 있는 항 A 혈청에 응집되지 않는다.

17 ㄱ. (나)는 자가 면역 질환이므로 (가)는 후천성 면역 결핍증이다. 후천성 면역 결핍증은 사람 면역 결핍 바이러스(HIV)에 감염되어 나타난다.

ㄷ. 항체가 자신의 연골 조직을 항원으로 인식해 공격하여 나타나는 류머티즘 관절염은 자가 면역 질환(나)에 해당한다.

🔍**바로알기** ㄴ. 후천성 면역 결핍증(가)을 나타내는 사람은 사람 면역 결핍 바이러스(HIV)에 의해 숙주 세포인 보조 T 림프구의 수가 감소하므로 건강한 사람보다 보조 T 림프구의 수가 적어 면역 결핍 증상이 나타난다.

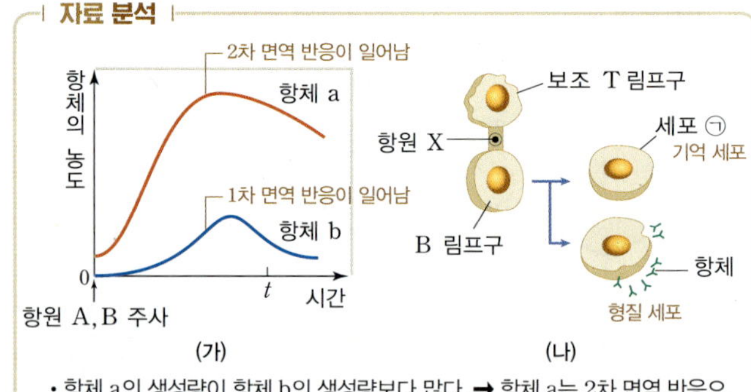

- 항체 a의 생성량이 항체 b의 생성량보다 많다. ➡ 항체 a는 2차 면역 반응으로, 항체 b는 1차 면역 반응으로 각각 생성되었다.
- ㉠은 항체를 생성하지 않는다. ➡ ㉠은 B 림프구로부터 분화된 기억 세포이다.

ㄱ. (가)에서 항원 A와 B를 주사한 후 항체 a는 2차 면역 반응, b는 1차 면역 반응에 의해 각각 생성되었다. 그런데 (나)는 B 림프구가 형질 세포와 기억 세포(㉠)로 분화되는 1차 면역 반응 과정이므로 항원 X는 항원 B이다.

🔍**바로알기** ㄴ. ㉠은 B(X)에 대한 기억 세포이므로 B 림프구로부터 형질 세포가 분화될 때 같이 분화된다. t 이전에 이미 형질 세포가 분화되어 항체가 생성되었으므로 기억 세포(㉠)도 t 이전에 분화되었다.

ㄷ. (가)에서 항체 a는 2차 면역 반응으로 생성되었으므로 이 쥐는 항원을 주사하기 전에 A에 노출된 적이 있어 A에 대한 기억 세포를 갖고 있다.

19 (가)의 혈액은 항 A 혈청에 응집하므로 (가)는 A형 또는 AB형이다. 만약 (가)가 AB형이면 혈장에 응집소가 없으므로 다른 3명의 혈액이 모두 (가)의 혈장과 응집하지 않는다. 그런데 (나)와 (다)의 혈액은 모두 (가)의 혈장과 응집하므로 (가)는 A형이다. 따라서 (나)와 (다)는 응집소 β와 결합하는 응집원 B를 가지고, (나)는 응집원 A와 결합하는 응집소 α를 가지므로 B형이며, (다)는 AB형이다. 나머지 (라)는 O형이다.

ㄷ. (다)(AB형)의 혈장은 (가)(A형)의 혈구와 응집하지 않지만 (라)(O형)의 혈장은 (가)의 혈구와 응집한다.

🔍**바로알기** ㄱ. (가)는 응집원 A와 응집소 β를 갖는 A형이다.

ㄴ. (나)는 B형이므로 응집소 α를 갖는다.

20 서술형

모범 답안 | (가) 감염성 질병, (나) 비감염성 질병, ㉠의 병원체는 세균이므로 세포 구조이고, ㉡의 병원체는 바이러스이므로 비세포 구조이다. 등

해설 | (가)는 감염성 질병, (나)는 비감염성 질병이다. 대표적인 감염성 질병에는 결핵, 독감 이외에 감기, 파상풍, 탄저병, 콜레라, 홍역, 소아마비 등이 있고, 대표적인 비감염성 질병에는 혈우병, 페닐케톤뇨증 이외에 당뇨병, 낫 모양 적혈구 빈혈증, 고혈압 등이 있다.

채점 기준	배점
(가)와 (나)를 옳게 구분하고, ㉠의 병원체인 세균과 ㉡의 병원체인 바이러스의 차이점을 옳게 서술한 경우	100 %
(가)와 (나)만 옳게 구분한 경우	30 %

21 서술형

정답 (1) ㉠ 보조 T 림프구, ㉡ B 림프구

모범 답안 (2) ㉡, 활성화된 ㉡(B 림프구)이 증식하여 형질 세포와 기억 세포로 분화된 후 이 중 형질 세포에서 항체가 생성된다.

해설 대식세포가 식세포 작용으로 세균을 분해한 후 세포 표면에 제시한 항원 조각을 ㉠이 인식하므로 ㉠은 보조 T 림프구이고, ㉠에 의해 활성화되는 ㉡은 B 림프구이다.

	채점 기준	배점
(1)	㉠과 ㉡을 옳게 쓴 경우	30 %
(2)	㉡을 쓰고, ㉡으로부터 분화된 형질 세포에 의해 항체가 생성된다는 것을 옳게 서술한 경우	70 %
	㉡만 쓴 경우	30 %

22 서술형

정답 (1) 항 B 혈청, Rh⁺형

모범 답안 (2) 이 사람은 A형이므로 응집원 A를 가지고, B형인 사람은 응집소 α를 가지므로 응집 반응이 일어나 수혈해 줄 수 없다.

해설 이 사람은 ABO식 혈액형이 A형이므로 이 사람의 혈액을 항 B 혈청과 섞으면 응집 반응이 일어나지 않는다. 따라서 ㉠은 항 B 혈청이고, 이 사람의 혈액은 ㉡과 ㉢에 대해 모두 응집하므로 이 사람은 Rh 응집원을 갖는 Rh⁺형이다.

	채점 기준	배점
(1)	㉠에 해당하는 혈청과 Rh식 혈액형을 옳게 쓴 경우	30 %
(2)	응집원 A와 응집소 α에 의해 응집 반응이 일어나는 것과 수혈해 줄 수 없다는 것을 모두 포함하여 옳게 서술한 경우	70 %
	수혈해 줄 수 없다고만 서술한 경우	30 %

학교 시험 빈출 자료 MASTER

p.110~112

	1	2	3	4	5	6	7
①	1 ○	2 ○	3 ×	4 ×	5 ○	6 ×	
②	1 ×	2 ×	3 ○	4 ○	5 ×	6 ×	7 ×
③	1 ×	2 ○	3 ○	4 ×	5 ○	6 ○	7 ○
④	1 ×	2 ○	3 ○	4 ×	5 ×	6 ○	7 ×
⑤	1 ○	2 ×	3 ○	4 ○	5 ×	6 ×	7 ○
	8 ×	9 ×					
⑥	1 ○	2 ×	3 ○	4 ○	5 ×	6 ○	7 ○
	8 ○						
⑦	1 ○	2 ○	3 ○	4 ×	5 ○	6 ×	7 ○
	8 ○	9 ○					
⑧	1 ○	2 ○	3 ○	4 ×	5 ○	6 ×	7 ○
⑨	1 ○	2 ×	3 ×	4 ×	5 ○	6 ×	7 ○
	8 ×						

①-3 혈중 티록신의 농도가 낮을 때에는 ㉠과 ㉡이 모두 촉진되어 TRH와 TSH의 분비가 모두 촉진된다.

①-4 ㉡이 활발히 일어날수록 갑상샘에서 티록신의 분비가 촉진되므로 표적 세포의 물질대사가 촉진된다.

①-6 ㉢은 티록신에 의한 음성 피드백이다. 따라서 ㉢이 활발히 일어날수록 시상 하부에서 TRH의 분비는 억제된다.

②-1 (가)는 에피네프린이 분비되는 부신 속질이다.

②-2 A는 혈당량을 감소시키는 인슐린이므로 이자의 β세포에서 분비된다.

②-5 B는 혈당량을 증가시키는 글루카곤이다. 식사 후에는 소장에서 포도당이 흡수되어 혈당량이 높아지므로 글루카곤의 분비는 억제된다.

②-6 혈중 글루카곤(B)의 농도가 증가하면 간에서 글리코젠의 분해가 촉진되므로 간에 저장되는 글리코젠의 양이 감소한다.

②-7 글루카곤(B)과 에피네프린은 모두 혈당량을 증가시킨다.

③-1 자극에 대한 반응 결과 체온이 상승하므로 이 자극은 저온 자극이다.

③-4 B는 피부 근처 혈관을 수축시키는 교감 신경이다.

③-5 교감 신경(B)에서 활동 전위 발생 빈도가 증가하면 피부 근처 혈관이 수축된다.

④-1 ㉠을 섭취한 후 오줌 생성량이 증가했으므로 ㉠은 혈장 삼투압을 감소시켜 항이뇨 호르몬의 분비를 억제하는 물이다.

④-4 혈중 항이뇨 호르몬의 농도는 t_2일 때가 t_1일 때보다 낮으므로 오줌 생성량이 t_2일 때가 t_1일 때보다 많다.

④-5 오줌 생성량이 t_2일 때가 t_1일 때보다 많으므로 오줌의 삼투압은 t_2일 때가 t_1일 때보다 낮다.

④-7 오줌 생성량이 증가하면 체내 수분량이 감소해 혈장 삼투압이 증가하므로 항이뇨 호르몬의 분비는 촉진된다.

⑤-2 A에 속하는 결핵과 탄저병의 병원체는 세균이다.

⑤-5 C의 병원체는 바이러스이므로 항생제를 이용해 제거할 수 없다. 세균을 제거하는 데 항생제가 이용된다.

⑤-6 C의 병원체인 바이러스는 비세포 구조이므로 세포 분열을 하지 않는다.

⑤-8 콜레라는 병원체가 세균이므로 A~C 중 A에 속한다.

⑤-9 A의 병원체인 세균과 C의 병원체인 바이러스는 모두 단백질을 갖는다.

⑥-2 (가)는 골수에서 최종 성숙하며, 항체를 생성하는 (나)로 분화되므로 B 림프구이다.

⑥-5 (나)는 항체를 생성하는 형질 세포이다. 형질 세포는 기억 세포로 분화되지 않는다.

⑥-8 (가)와 (나)에 의해 일어나는 체액성 면역과 (다)에 의해 일어나는 세포성 면역은 모두 특이적 방어 작용이다.

⑦-4 ㉢은 증식한 후 항체를 생성하는 ㉣로 분화되므로 B 림프구이다. 보조 T 림프구는 ㉡이다.

⑦-6 ㉣은 형질 세포이다. 형질 세포가 항체 ⓐ를 생성하는 체액성 면역은 병원체의 종류에 따라 특이적으로 일어나는 특이적 방어 작용이다.

⑦-9 ㉤은 B 림프구(㉢)로부터 분화된 기억 세포이다. X가 재침입하면 기억 세포가 X를 인식해 빠르게 증식한 후 형질 세포

와 기억 세포로 분화되는 2차 면역 반응이 일어난다.

⑧-1 t_1일 때 특이적 방어 작용인 체액성 면역 반응이 일어나 항체 A가 생성되었다.

⑧-4 t_2 이후에 B에 대한 1차 면역 반응이 일어나므로 t_2일 때 X의 체내에는 B에 대한 기억 세포가 없다.

⑧-6 t_3일 때 항원 B에 대한 1차 면역 반응이 일어나 항체 B의 생성량이 적다.

⑧-7 t_3일 때 X의 체내에 항체 A와 B가 모두 있으므로 항체 A와 B가 각각 항원 A와 B에 결합해 항원 항체 반응이 일어난다.

⑨-2 (나)는 AB형이므로 응집소 α와 β를 모두 갖지 않는다.

⑨-3 (다)는 Rh^+형이므로 (다)의 혈장에는 Rh 응집소가 없다.

⑨-4 (다)는 O형이므로 (다)는 응집원 A와 B를 모두 갖지 않는다.

⑨-6 (라)는 Rh^- B형이므로 (라)의 적혈구 표면에는 응집원 B는 있지만, Rh 응집원은 없다.

⑨-8 (나)(Rh^+ AB형)의 혈장에는 응집소 α와 β, Rh 응집소가 모두 없고, (다)(Rh^+ O형)의 적혈구에는 Rh 응집원은 있지만, 응집원 A와 B는 모두 없으므로 (나)의 혈장과 (다)의 혈구를 섞으면 응집 반응이 일어나지 않는다.

학교 시험 대비 문제

p.113~117

| 01 ④ | 02 ⑤ | 03 ③ | 04 ③ | 05 ⑤ | 06 ③ |
| 07 ③ | 08 ① | 09 ① | 10 ② | 11 ④ | 12 ① |

고난도 13 ⑤ 14 ① 15 ①

서술형 16~20 해설 참조

---

01 ㄱ. 티록신은 시상 하부에서 분비되는 TRH(갑상샘 자극 호르몬 방출 호르몬)와 뇌하수체 전엽에서 분비되는 TSH(갑상샘 자극 호르몬)의 작용으로 갑상샘에서 분비되고, 항이뇨 호르몬은 뇌하수체 후엽에서 분비된다. 따라서 A는 티록신이고, 티록신은 간에서 물질대사를 촉진한다.

ㄷ. 항이뇨 호르몬(B)은 콩팥에서 물의 재흡수를 촉진해 혈장 삼투압을 감소시킨다.

🔍 **바로알기** ㄴ. (나)는 티록신(A)이 분비되는 갑상샘이다. 당질 코르티코이드는 부신 겉질에서 분비된다.

02 ㄱ. 간에서 물질대사가 촉진되었으므로 그림은 저온 자극에 대한 조절 과정을 나타낸 것이다. 따라서 교감 신경의 작용(㉠)에 의해 피부 근처 혈관이 수축하므로 지름이 짧아진다.

ㄴ. 체온 조절 중추는 간뇌의 시상 하부이며, ㉠은 시상 하부와 연결된 교감 신경에 의해, ㉡은 부신 속질에서 분비되는 호르몬인 에피네프린에 의해 일어나는 과정이다.

ㄷ. (가)는 시상 하부에서 분비되는 호르몬(TRH)의 자극을 받아 갑상샘 자극 호르몬(TSH)을 분비하는 뇌하수체 전엽이다. 뇌하수체 전엽에서는 생장 호르몬과 부신 겉질 자극 호르몬도 분비된다.

03 ㄱ. (가)는 혈중 TSH 농도가 정상보다 낮은데도 티록신 농

도는 정상보다 높다. 따라서 (가)는 갑상샘의 활성이 과도하게 높아 낮은 TSH 농도에도 불구하고 티록신이 과다하게 분비된다.

ㄷ. (나)는 뇌하수체 전엽의 활성이 과도하게 높으므로 혈중 TSH 농도가 정상보다 높으며, 그 결과 티록신이 과다하게 분비된다.

🔍 **바로알기** ㄴ. (가)에서 혈중 TSH 농도가 정상보다 낮은 것은 높은 농도의 티록신에 의해 뇌하수체 전엽의 기능이 억제되는 음성 피드백이 일어나기 때문이다.

04

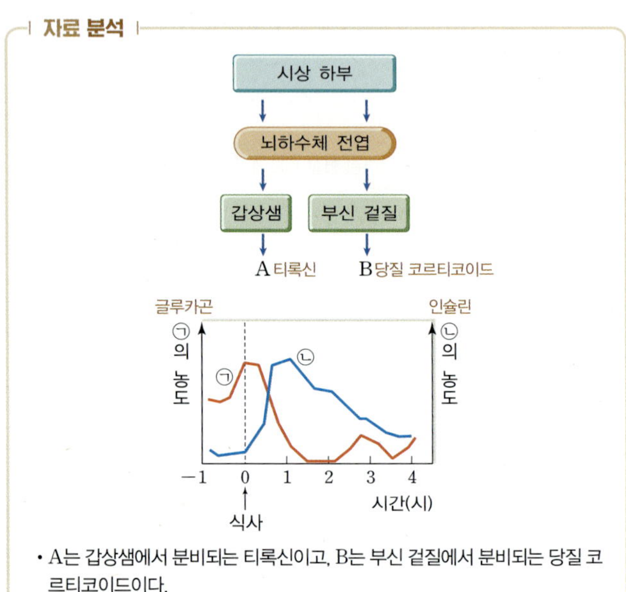

자료 분석

- A는 갑상샘에서 분비되는 티록신이고, B는 부신 겉질에서 분비되는 당질 코르티코이드이다.
- 식사 후에는 체내로 포도당이 흡수되므로 혈당량이 증가한다. ➡ ㉠은 식사 후 농도가 감소하므로 혈당량을 증가시키는 글루카곤이다. ➡ ㉡은 식사 후 농도가 증가하므로 혈당량을 감소시키는 인슐린이다.

ㄱ. A는 갑상샘에서 분비되므로 세포 호흡과 같은 물질대사를 촉진시키는 티록신이다.

ㄷ. 식사 후에는 혈당량이 증가하므로 혈중 농도가 낮아지는 ㉠은 혈당량을 증가시키는 글루카곤이고, 혈중 농도가 높아지는 ㉡은 혈당량을 감소시키는 인슐린이다. 인슐린(㉡)의 분비가 촉진되면 간에서 글리코젠의 합성이 촉진되므로 간에 저장되는 글리코젠의 양이 증가한다.

🔍 **바로알기** ㄴ. B는 부신 겉질에서 분비되는 당질 코르티코이드로, 혈당량을 증가시킨다. 글루카곤(㉠)도 혈당량을 증가시키므로 이 두 호르몬은 혈당량을 조절하기 위해 길항 작용을 하지 않는다.

05 ㄴ. 항이뇨 호르몬(A)은 표적 기관인 콩팥에 작용한다.

ㄷ. A는 뇌하수체 후엽에서 분비된 후 콩팥에 작용해 물의 재흡수를 촉진시키는 항이뇨 호르몬이다. 항이뇨 호르몬의 분비가 억제되면 콩팥에서 물의 재흡수량이 감소하므로 단위 시간당 콩팥에서 생성되는 오줌량이 증가한다.

🔍 **바로알기** ㄱ. ㉠은 항이뇨 호르몬(A)을 분비하는 뇌하수체 후엽이다.

06

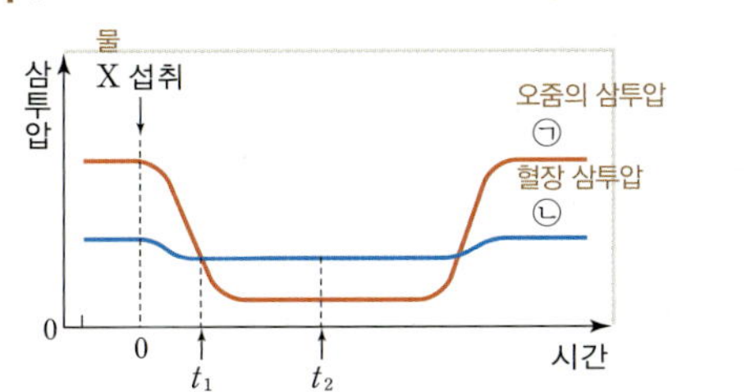

- X를 섭취하면 ㉠과 ㉡이 모두 감소한다. ➡ X를 섭취하면 혈장 삼투압이 감소하므로 X는 물이다.
- X를 섭취하면 ㉠이 ㉡보다 더 크게 감소한다. → 혈장 삼투압이 감소하면 오줌을 많이 생성해 혈장 삼투압을 증가시킨다. → 오줌이 많이 생성되면 오줌의 삼투압은 크게 낮아진다. ➡ ㉠은 오줌의 삼투압, ㉡은 혈장 삼투압이다.
- t_2일 때가 t_1일 때보다 오줌으로 배설된 물의 양이 많다. ➡ 체내 물의 양은 t_2일 때가 t_1일 때보다 적다.

X를 섭취하자 혈장 삼투압과 오줌의 삼투압이 모두 감소했으므로 X는 혈장보다 삼투압이 낮은 물이다.

ㄱ. X를 섭취하면 혈장 삼투압이 감소하므로 X는 물이다.

ㄴ. 물(X)을 섭취한 후 ㉠이 ㉡보다 더 크게 감소한다. 체내의 용질을 보존하고 과잉의 물을 제거해 혈장 삼투압을 일정하게 유지하기 위해서는 오줌의 삼투압이 혈장 삼투압보다 낮아야 하므로 ㉠은 오줌의 삼투압이고, ㉡은 혈장 삼투압이다.

🔍 바로알기 ㄷ. t_2일 때가 t_1일 때보다 콩팥에서 재흡수되는 물의 양이 적어 오줌의 삼투압(㉠)이 낮으므로 혈중 항이뇨 호르몬 농도는 t_2일 때가 t_1일 때보다 낮다.

07 ㄱ. A는 감염성 질병이다. 감염성 질병은 세균이나 바이러스와 같은 병원체가 인체 내에서 증식함으로써 나타난다.

ㄷ. B는 병원체 없이 나타나는 비감염성 질병이다. 대사성 질환인 고혈압과 유전병인 혈우병은 모두 비감염성 질병이다.

🔍 바로알기 ㄴ. 감염성 질병(A) 중 세균에 의해 나타나는 일부 질병은 항생제를 이용하여 치료할 수 있다. 그러나 바이러스 등에 의해 나타나는 감염성 질병은 항생제로 치료되지 않는다.

08 ㄱ. 결핵의 병원체는 세균, 감기의 병원체는 바이러스, 말라리아의 병원체는 원생생물이다. 원생생물만 진핵생물이므로 '진핵생물이다.'는 ㉠이고, A는 원생생물이다. 수면병의 병원체도 원생생물이므로 A와 수면병의 병원체는 모두 핵(핵막)이 있다.

🔍 바로알기 ㄴ. 바이러스, 세균, 원생생물은 모두 유전 물질인 핵산을 갖고 있어 돌연변이가 일어난다.

ㄷ. B와 C는 각각 세균과 바이러스 중 하나이다. 세균은 독립적으로 물질대사를 하므로 영양소로만 이루어진 배지에서 증식하지만, 바이러스는 독립적으로 물질대사를 하지 못하므로 영양소로만 이루어진 배지에서 증식하지 못한다.

09 ㄱ. (가)는 대식세포가 세포 내로 X를 들여와 분해하는 식세포 작용이므로 병원체의 종류에 상관없이 일어나는 비특이적 방어 작용에 해당한다.

🔍 바로알기 ㄴ. ㉠은 대식세포로부터 항원 조각을 제시받아 활

성화되는 보조 T 림프구이므로 가슴샘에서 최종 성숙하고, ㉡은 형질 세포와 기억 세포(㉢)로 분화되는 B 림프구이므로 골수에서 최종 성숙한다.

ㄷ. 항원 X에 재감염되면 기억 세포(㉢)는 증식한 후 형질 세포와 기억 세포로 분화되며, 다시 B 림프구(㉡)로 분화되는 것은 아니다.

10

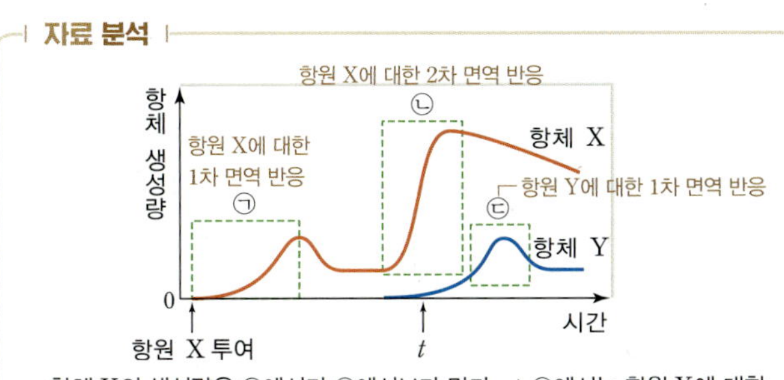

- 항체 X의 생성량은 ㉡에서가 ㉠에서보다 많다. ➡ ㉠에서는 항원 X에 대한 1차 면역 반응이, ㉡에서는 항원 X에 대한 2차 면역 반응이 각각 일어났다.
- ㉠에서와 ㉢에서 항체 생성량이 비슷하다. ➡ ㉢에서는 항원 Y에 대한 1차 면역 반응이 일어났다.
- t 이후에 항체 X와 Y가 모두 생성되었다. ➡ t일 때 항원 X와 Y가 모두 투여되었다.

ㄴ. ㉠과 ㉢은 모두 ㉡보다 항체 생성량이 적으므로 각각 항원 X와 Y에 대한 1차 면역 반응으로 생성되었다.

🔍 바로알기 ㄱ. t 이후에 항체 X와 Y가 모두 생성되므로 t일 때 항원 X와 Y를 모두 투여했다.

ㄷ. ㉡은 ㉠과 ㉢보다 항체 생성량이 많으므로 항원 X에 대한 2차 면역 반응으로 생성되었다. 따라서 ㉡은 항원 X에 대한 기억 세포로부터 분화된 형질 세포로부터 생성되었다.

11 ㄱ. A는 병원체 침입 후 빠르게 일어나는 식세포 작용과 같은 비특이적 방어 작용이 제대로 일어나지 않아 감염 초기부터 X의 수가 급격히 증가하므로 대식세포가 결핍되었다.

ㄷ. B는 감염 초기에는 정상 생쥐에서와 비슷하게 X의 수가 증가하지만, 일정 시간 후에는 정상 생쥐에서와는 달리 X의 수가 계속 증가하므로 보조 T 림프구가 결핍되어 체액성 면역이 제대로 일어나지 않는 것이다. 따라서 B는 항체를 생성하는 형질 세포가 분화되지 못하므로 t일 때 X에 결합하는 항체 농도는 정상 생쥐에서가 B에서보다 높다.

🔍 바로알기 ㄴ. A에서는 대식세포가 결핍되어 식세포 작용과 같은 비특이적 방어 작용이 제대로 일어나지 않을 수 있지만, B에서는 대식세포가 결핍되지 않았으므로 비특이적 방어 작용이 일어난다.

12 아버지, 어머니, 아들은 모두 ABO식 혈액형이 서로 다르므로 (나)는 항 Rh 혈청은 아니다. 그런데 어머니는 응집소 α를 가지므로 AB형은 아니다. 따라서 (가)는 항 Rh 혈청, (나)는 항 B 혈청, (다)는 항 A 혈청이고, 아버지는 Rh^- A형, 어머니는 Rh^+ B형, 아들은 Rh^- AB형이다.

ㄱ. (가)는 항 Rh 혈청이므로 여기에는 Rh 응집소가 들어 있다.

 ㄴ. 아버지(A형)의 혈구에는 응집원 A가 있지만, 아들(AB형)의 혈장에는 응집소가 없으므로 아버지의 혈구와 아들의 혈장을 섞으면 응집되지 않는다.

ㄷ. 어머니(B형)는 응집원 B를 가지므로 혈액형이 A형이어서 응집소 β를 갖는 사람에게는 수혈해 줄 수 없다.

13 ㄴ. Y는 콩팥에서 물의 재흡수를 촉진하는 항이뇨 호르몬(ADH)이다. 항이뇨 호르몬의 분비가 촉진되면 콩팥에서 물의 재흡수량이 증가하므로 혈액량이 늘어나 혈압이 증가하고, 혈장 삼투압이 감소한다. 따라서 항이뇨 호르몬은 혈압이 낮아지거나, 혈장 삼투압이 높아지면 분비가 촉진되므로 ⊙은 혈압, ⓒ은 혈장 삼투압이다. 체내 수분량이 많아지면 혈압(⊙)이 증가한다.

ㄷ. 혈장 삼투압(ⓒ)이 P_2일 때가 P_1일 때보다 혈중 항이뇨 호르몬 농도가 높으므로 생성되는 오줌의 양은 적고, 오줌의 삼투압은 높다.

 ㄱ. X는 항이뇨 호르몬을 분비하므로 뇌하수체 후엽이다.

14 ㄱ. ⓒ은 골수에서 최종 성숙하므로 B 림프구이고, ⊙은 보조 T 림프구이다. (나)는 보조 T 림프구가 B 림프구를 활성화시키는 과정이며, 활성화된 B 림프구는 형질 세포와 기억 세포로 분화된다. 그런데 Ⅰ에서 X를 투여해 쥐의 체내에서 형질 세포에 의해 항체가 생성되므로 (나)는 Ⅰ에서 일어난다.

 ㄴ. Ⅱ에서 쥐의 체내에는 B 림프구(ⓒ)로부터 분화된 형질 세포가 있다. 보조 T 림프구(⊙)는 형질 세포로 분화되지 않는다.

ㄷ. Ⅲ에서가 Ⅰ에서보다 항체가 빠르게 많이 생성되므로 Ⅰ에서는 1차 면역 반응, Ⅲ에서는 2차 면역 반응이 일어난다. 따라서 Ⅰ에서 X에 대한 기억 세포가 분화되었으며, 이 기억 세포는 Ⅱ와 Ⅲ에서도 쥐의 체내에 있다.

15

| 자료 분석 |

수혈이 가능한 경우	
어머니 → 딸	
어머니 → 아들	어머니는 O형
어머니 → 아버지	
딸 → 아버지	아버지는 AB형
아들 → 아버지	

- 표를 보면 혈액형이 서로 다른 두 사람 사이에서는 한 사람이 다른 사람에게만 소량 수혈해 줄 수 있다. ➡ 어머니, 아버지, 딸, 아들은 모두 혈액형이 서로 다르다.
- 어머니는 딸, 아들, 아버지에게 모두 소량 수혈해 줄 수 있다. ➡ 어머니는 응집원 A와 B를 모두 갖지 않는 O형이다.
- 아버지는 어머니, 딸, 아들에게 모두 소량 수혈받을 수 있다. ➡ 아버지는 응집소 α와 β를 모두 갖지 않는 AB형이다.
- 그림에 두 종류의 응집소가 있으며, 이 중 ⊙만 적혈구와 결합한다. ➡ 그림은 A형과 B형의 혈액을 섞은 것이 아니다.

ㄱ. 이 가족 구성원 중 두 사람 사이에서 서로 수혈이 가능한 경우는 없으므로 아버지, 어머니, 딸, 아들은 모두 ABO식 혈액형

이 서로 다르다. 그런데 아버지는 다른 3명에게 모두 소량이라도 수혈받을 수 있으므로 AB형이고, 어머니는 다른 3명에게 모두 수혈해 줄 수 있으므로 O형이다. 따라서 딸과 아들은 각각 A형과 B형 중 하나이다. 그림에는 2종류의 응집소가 있으며, 이 중 ⊙만 적혈구에 결합하므로 이는 어머니(O형)와 자녀 중 한 사람의 혈액을 섞은 결과이며, ⊙은 어머니의 것이다.

 ㄴ. 딸과 아들은 각각 A형과 B형 중 하나이므로 이 둘은 공통된 응집원을 갖지 않는다.

ㄷ. 아버지(AB형)의 혈장에는 응집소가 없으므로 딸의 혈구와 섞어도 응집 반응이 일어나지 않는다.

16

모범 답안 | ⊙, 콩팥에서 물의 재흡수를 촉진한다.

해설 | ⓒ은 갑상샘 자극 호르몬(TSH)이 분비되는 뇌하수체 전엽이다. 따라서 ⊙은 뇌하수체 후엽이다.

채점 기준	배점
⊙을 쓰고, 물의 재흡수를 촉진한다고 옳게 서술한 경우	100 %
⊙만 쓴 경우	30 %

17

| 자료 분석 |

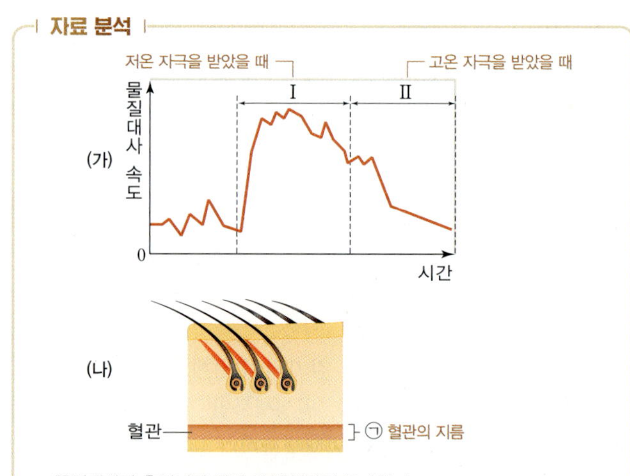

- 물질대사가 촉진되면 체내 열 발생량이 증가한다.
- 물질대사 속도는 Ⅰ에서가 Ⅱ에서보다 빠르다. ➡ Ⅰ에서가 Ⅱ에서보다 체내 열 발생량이 많다. ➡ 따라서 Ⅰ은 저온 자극을 받았을 때, Ⅱ는 고온 자극을 받았을 때이다.
- ⊙은 피부 근처에 있는 혈관의 지름이다. ➡ ⊙은 저온 자극을 받으면 감소하고, 고온 자극을 받으면 증가한다.

정답 (1) Ⅱ

모범 답안 | (2) Ⅱ, 높은 온도의 자극을 받으면 피부를 통한 열 발산량을 증가시키기 위해 피부 근처 혈관이 확장되기 때문이다.

해설 | 낮은 온도의 자극이 주어지면 체내 열 발생량을 증가시키기 위해 물질대사가 촉진되고, 높은 온도의 자극이 주어지면 체내 열 발생량을 감소시키기 위해 물질대사가 억제된다. 따라서 Ⅰ과 Ⅱ 중 더 높은 온도의 자극이 주어진 구간은 Ⅱ이다.

	채점 기준	배점
(1)	Ⅱ를 쓴 경우	30 %
(2)	Ⅱ를 쓰고, 높은 온도의 자극이 주어지면 피부 근처 혈관이 확장된다는 것을 옳게 서술한 경우	70 %
	Ⅱ만 쓴 경우	30 %

18 서술형

정답 (1) A: 항이뇨 호르몬, B: 생장 호르몬, C: 인슐린

모범 답안 (2) 간, 포도당이 글리코젠으로 합성되는 과정을 촉진한다.

해설 | A는 콩팥에서 물의 재흡수를 촉진하는 항이뇨 호르몬, B는 뼈와 근육의 생장을 촉진하는 생장 호르몬, C는 혈당량을 감소시키는 인슐린이다.

	채점 기준	배점
(1)	A~C를 옳게 쓴 경우	30 %
(2)	간을 쓰고, 글리코젠의 합성 촉진을 옳게 서술한 경우	70 %
	간만 쓴 경우	30 %

19 서술형

정답 (1) ㉠ C, ㉡ D

모범 답안 (2) 세균: B, 바이러스: C, 세균은 독립적으로 물질대사를 하지만, 바이러스는 독립적으로 물질대사를 하지 못한다.

해설 | A는 핵산을 갖지 않고 세포로 이루어져 있지 않으므로 변형된 프라이온, B는 핵(핵막)이 없지만 세포로 이루어진 원핵생물이므로 세균, C는 핵산을 갖지만 세포로 이루어져 있지 않으므로 바이러스, D는 핵(핵막)이 있는 진핵생물이므로 원생생물이다.

	채점 기준	배점
(1)	㉠과 ㉡을 옳게 쓴 경우	30 %
(2)	세균과 바이러스의 기호를 각각 쓰고, 독립적인 물질대사의 여부로 세균과 바이러스를 옳게 비교하여 서술한 경우	70 %
	세균과 바이러스의 기호만 옳게 쓴 경우	30 %

20 서술형

정답 (1) ㉠ 세포독성 T림프구, ㉡ B 림프구

모범 답안 (2) (가)에서는 세포독성 T림프구(㉠)가 병원체에 감염된 세포를 직접 제거하지만, (나)에서는 형질 세포에서 생성된 항체가 항원과 결합해 항원을 제거한다.

해설 | (가)는 ㉠이 병원체에 감염된 세포에 직접 결합하므로 세포성 면역이고, ㉠은 세포독성 T림프구이다. 반면 (나)는 ㉡으로부터 형질 세포와 기억 세포가 분화되므로 체액성 면역이고, ㉡은 B 림프구이다.

	채점 기준	배점
(1)	㉠과 ㉡을 옳게 쓴 경우	30 %
(2)	(가)의 세포성 면역과 (나)의 체액성 면역의 차이를 옳게 서술한 경우	70 %
	(가)와 (나) 중 어느 하나의 특징만 옳게 서술한 경우	30 %

---

01 자극의 전달
❶ 축삭　❷ 연합　❸ Na⁺　❹ K⁺　❺ 탈분극
❻ 상승　❼ 액틴 필라멘트　❽ 마이오신 필라멘트
❾ H　❿ A

02 신경계
❶ 중추　❷ 원심성　❸ 대뇌　❹ 간뇌　❺ 중간뇌
❻ 연수　❼ 아세틸콜린　❽ 아세틸콜린　❾ 노르에피네프린
❿ 아세틸콜린　⓫ 촉진　⓬ 억제

03 항상성
❶ 혈액　❷ 전엽　❸ 항이뇨　❹ 티록신　❺ 감소
❻ 증가　❼ 속질　❽ 억제　❾ 인슐린　❿ 글리코젠
⓫ 글루카곤　⓬ 포도당　⓭ 감소　⓮ 증가　⓯ 증가
⓰ 감소

04 방어 작용
❶ 세균　❷ 바이러스　❸ 단백질　❹ 비특이적　❺ 특이적
❻ 체액성　❼ 형질 세포　❽ 기억 세포　❾ β　❿ α
⓫ Rh⁺　⓬ Rh⁻

1등급 실전 문제　　　　　　　p.120~125

01 ①　02 ②　03 ③　04 ⑤　05 ③　06 ①
07 ②　08 ⑤　09 ②　10 ①　11 ③　12 ①
13 ③　14 ①　15 ②　16 ③　17 ③　18 ③
19 ②　20 ①

서술형　21~25 해설 참조

---

01 $Na^+ - K^+$ 펌프는 Na^+을 세포 안에서 밖으로, K^+을 세포 밖에서 안으로 이동시킨다. ⓐ는 K^+, ⓑ는 Na^+이므로 Ⅰ은 세포 안, Ⅱ는 세포 밖이다.

ㄱ. K^+의 농도는 세포 안이 세포 밖보다 높고, Na^+의 농도는 세포 안이 세포 밖보다 낮으므로 $\dfrac{Na^+(ⓑ) \text{ 농도}}{K^+(ⓐ) \text{ 농도}}$ 는 세포 안(Ⅰ)에서가 세포 밖(Ⅱ)에서보다 작다.

🔍 **바로알기** ㄴ. K^+(ⓐ) 통로를 통해 K^+이 세포 안(Ⅰ)에서 세포 밖(Ⅱ)으로 확산된다.

ㄷ. Na^+이 세포 밖(Ⅱ)에서 세포 안(Ⅰ)으로 이동(확산)할 때 막전위가 상승하는 탈분극이 일어난다.

02

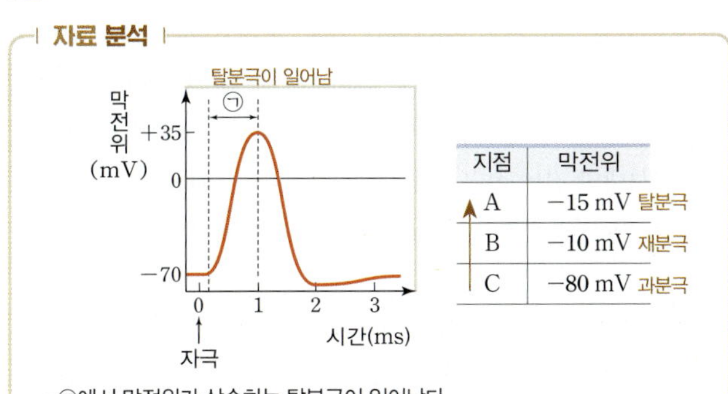

자료 분석

- ㉠에서 막전위가 상승하는 탈분극이 일어난다.
- C는 막전위가 −80 mV이므로 과분극 상태이다. ➡ A와 B는 모두 과분극이 되기 전의 상태이다. ➡ A~C 중 C에 가장 먼저 흥분이 도달했다.
- 흥분은 B에서 A로 전도된다. ➡ 막전위 값이 A에서가 B에서보다 작다. A는 막전위가 상승하는 탈분극 상태이다.

재분극 과정에서 막전위가 일시적으로 휴지 전위($-70\,\mathrm{mV}$)보다 낮아지는 과분극이 일어나므로 t일 때 C는 과분극 상태이다. 그런데 A와 B는 아직 과분극 상태가 되기 전이므로 흥분은 C → B → A의 순서로 전도되고 있다.

ㄷ. 흥분이 B에서 A로 전도되는데, t일 때 막전위가 B에서는 $-10\,\mathrm{mV}$이고, A에서는 이보다 낮은 $-15\,\mathrm{mV}$이므로 A는 탈분극 중이다. 따라서 A에서는 ⊙ 구간에서와 같이 막전위가 상승한다.

🔍**바로알기** ㄱ. t일 때 A는 탈분극 중이고, B는 재분극 중이다. 따라서 K^+의 막 투과도는 A에서가 B에서보다 낮다.

ㄴ. t일 때 A는 탈분극 중, B는 재분극 중, C는 과분극 중이므로 흥분은 C → B → A 방향으로 전도되고 있다.

03 3개 뉴런 중 어느 한 지점을 역치 이상으로 자극하면 ⊙ → ⓒ → ⓒ의 순서로 활동 전위가 발생하고, ⓐ에서는 활동 전위가 발생하지 않으므로 자극한 지점은 C와 D가 있는 뉴런이며, A는 ⓒ, B는 ⓐ이고, C와 D는 각각 ⊙과 ⓒ 중 하나이다.

ㄷ. ⓐ(B)을 역치 이상으로 1회 자극하면 흥분이 다른 두 뉴런으로 전달되므로 3개의 뉴런 모두에서 신경 전달 물질이 분비된다.

🔍**바로알기** ㄱ. ⊙에서 가장 먼저 활동 전위가 발생하므로 ⊙은 C와 D 중 하나이다. B에서 가장 먼저 활동 전위가 발생하려면 B가 있는 뉴런을 역치 이상으로 자극해야 하는데, 이 경우 D → C → A의 순서로 활동 전위가 발생한다.

ㄴ. C를 역치 이상으로 자극하면 D와 A에서도 활동 전위가 발생하므로 ⊙~ⓒ에서 모두 활동 전위가 발생한다.

04 ㄱ. t_1에서 t_2가 되면서 H대의 길이가 길어지므로 X는 보다 이완된 상태가 된다. 따라서 t_2일 때 X의 길이가 $2.2\,\mu\mathrm{m}$이므로 t_1일 때 X의 길이는 t_2일 때보다 $0.2\,\mu\mathrm{m}$ 짧은 $2.0\,\mu\mathrm{m}$이다.

ㄴ. ⊙은 마이오신 필라멘트, ⓒ은 액틴 필라멘트이다. t_2일 때가 t_1일 때보다 X가 $0.2\,\mu\mathrm{m}$ 더 이완된 상태이므로 액틴 필라멘트(ⓒ)만 있는 부분의 길이는 t_2일 때가 t_1일 때보다 더 길다.

ㄷ. X가 이완하면 두 필라멘트가 겹치는 부위(A대−H대)의 길이가 짧아지므로 ⊙과 ⓒ이 겹치는 부분의 길이가 t_2일 때가 t_1일 때보다 짧다.

05 ㄱ. 골격근이 수축·이완해도 근육 원섬유 마디에서 A대의 길이는 변하지 않으므로 ⓑ은 A대이고, ⓐ는 H대이다. 따라서 $x = y$이다. 그런데 A대에는 H대가 포함되어 있으므로 A대의 길이는 H대의 길이보다 길다. 따라서 $x = y > 0.6$이다.

ㄷ. 무릎 반사에 의해 ⊙에서 ⓒ으로 다리가 올라가는 반응의 중추는 척수이다.

🔍**바로알기** ㄴ. H대(ⓐ)의 길이는 (가)에서가 (나)에서보다 짧으므로 (가)는 X가 수축했을 때인 ⓒ이고, (나)는 X가 이완했을 때인 ⊙이다.

06 ㄱ. A는 대뇌이다. 대뇌의 겉질은 기능에 따라 감각령, 연합령, 운동령으로 구분된다.

🔍**바로알기** ㄴ. ⊙은 동공을 확대시키므로 교감 신경이다. 교감 신경은 척수에서 나오므로 신경절 이전 뉴런의 신경 세포체가 척수에 있다. B는 간뇌, C는 중간뇌이며, 중간뇌(C)에서 나오는 자율 신경은 부교감 신경이다.

ㄷ. ⓒ은 주변이 밝아지면 활동 전위 발생 빈도가 증가해 동공을 축소시키는 부교감 신경이다. 부교감 신경의 신경절 이후 뉴런의 축삭 돌기 말단에서는 아세틸콜린이 분비된다.

07 ㄷ. X는 겉질이 백색질, 속질이 회색질이고, 전근과 후근이 있는 척수이다. 저온 자극에 대해 피부 근처 혈관을 수축하는 반응은 척수에서 나오는 교감 신경의 작용으로 일어나므로 ⓐ에 관여하는 신경은 신경절 이전 뉴런의 신경 세포체가 X의 회색질에 있다.

🔍**바로알기** ㄱ. ⓒ은 척수에서 나가는 원심성 신경 다발인 전근이므로 ⊙은 척수로 들어가는 구심성 신경 다발인 후근이다.

ㄴ. 체온을 조절하는 중추는 간뇌의 시상 하부이다. 척수(X)는 무릎 반사 등의 중추이다.

08

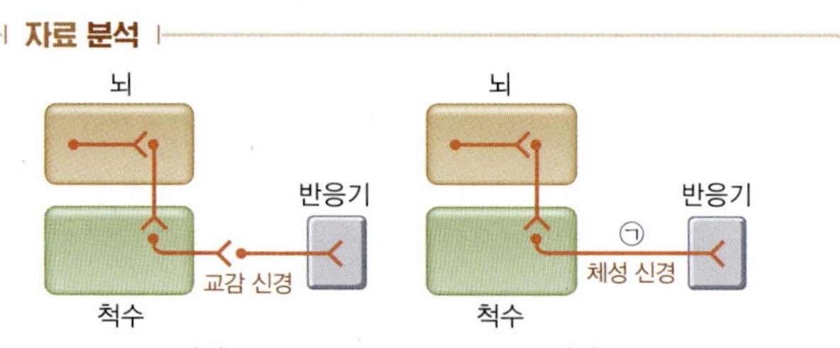

- (가)에서 척수와 반응기를 연결하는 원심성 신경은 신경절이 있는 자율 신경이다. ➡ (가)는 심장 박동이 빨라질 때의 반응 경로이다. ➡ (가)의 원심성 신경은 교감 신경이다.
- (나)에서 척수와 반응기를 연결하는 원심성 신경은 신경절이 없는 체성 신경이다. ➡ (나)는 공을 찰 때의 반응 경로이다.

ㄱ. (가)에서는 반응기에 연결된 원심성 신경이 신경절이 있는 자율 신경이다. 따라서 (가)는 교감 신경이 관여해 심장 박동이 빨라질 때의 반응 경로이므로 중추는 연수이다.

ㄴ. (나)는 공을 찰 때의 반응 경로이고, ⊙은 반응기(다리의 골격근)에 연결된 체성 신경이다. 체성 신경의 말단에서는 반응기로 아세틸콜린이 분비된다.

ㄷ. (가)와 (나)에서 모두 반응기에 연결된 원심성 신경은 척수에서 나오는 척수 신경이다.

09 ㄴ. 몸을 떨어 골격근에서 열 발생량이 증가할 때, 몸을 떠는 반응은 골격근에 연결된 체성 신경에 의해 일어난다. A~C 중 체성 신경은 신경절이 없는 B이다.

🔍**바로알기** ㄱ. 부신 속질에서 에피네프린의 분비를 촉진해 혈당량을 증가시키는 반응의 중추는 혈당량을 조절하는 간뇌의 시상 하부이다. 중간뇌는 안구 운동과 동공 반사의 중추이다.

ㄷ. C는 신경절 이전 뉴런이 신경절 이후 뉴런보다 긴 부교감 신경이다. 부교감 신경의 신경절 이후 뉴런의 축삭 돌기 말단에서 반응기로 아세틸콜린이 분비된다.

10

자료 분석

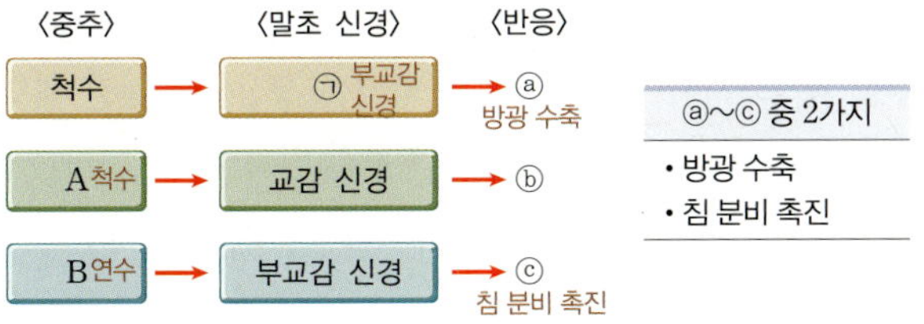

- 교감 신경은 모두 척수에서 나온다. ➡ A는 척수이다.
- 침 분비 촉진은 연수에서 나오는 부교감 신경에 의해 일어난다. ➡ B는 연수이고, ⓒ는 '침 분비 촉진'이다.
- 방광 수축은 척수에서 나오는 부교감 신경에 의해 일어난다. ➡ ㉠은 부교감 신경이고, ⓐ는 '방광 수축'이다.

ㄱ. 방광 수축은 척수에서 나오는 부교감 신경의 작용으로, 침 분비 촉진은 연수에서 나오는 부교감 신경의 작용으로 일어난다. 따라서 '방광 수축'은 ⓐ, '침 분비 촉진'은 ⓒ이고, B는 연수, ㉠은 부교감 신경이다. 교감 신경은 모두 척수에서 나오므로 A는 척수이다. 척수에서 나와 반응기와 연결되는 체성 신경과 자율 신경이 모여 배 쪽에 있는 척수의 전근을 형성하므로 척수(A)에서 전근을 통해 교감 신경이 나온다.

바로알기 ㄴ. ㉠은 척수에서 나와 방광을 수축시키는 부교감 신경이다. 부교감 신경의 신경절 이전 뉴런과 신경절 이후 뉴런의 축삭 돌기 말단에서는 모두 아세틸콜린이 분비된다. 노르에피네프린은 교감 신경의 신경절 이후 뉴런의 축삭 돌기 말단에서 분비된다.

ㄷ. 호흡 운동 억제는 연수에서 나오는 부교감 신경의 작용으로 일어난다. 표에서 빠진 반응은 ⓑ이므로, '호흡 운동 억제'는 ⓑ에 해당하지 않는다.

11 호르몬 A의 분비에는 내분비샘 (가)와 (나)가 관여하므로 A는 티록신이며, (가)는 뇌하수체 전엽, (나)는 갑상샘이다. 호르몬 B는 뇌하수체 후엽에서 분비되는 항이뇨 호르몬이며, C는 부신 속질에서 분비되는 에피네프린이다.

ㄱ, ㄴ. (가)는 뇌하수체 전엽이다. 뇌하수체 전엽(가)에서 분비되는 갑상샘 자극 호르몬(TSH)은 갑상샘(나)을 자극하여 티록신(A)의 분비를 촉진한다.

바로알기 ㄷ. 에피네프린(C)은 간에서 글리코젠이 포도당으로 분해되는 과정을 촉진한다.

12 갑상샘의 활성이 낮으면 티록신의 분비량이 감소하고 TSH의 분비량은 증가하므로 이러한 경우는 (가)에 해당하며, 뇌하수체의 활성이 높으면 TSH의 분비량이 증가하고 티록신의 분비량도 증가하므로 이러한 경우는 (나)에 해당한다. 뇌하수체의 활성이 낮으면 TSH의 분비량이 감소하고 티록신의 분비량도 감소하므로 이러한 경우는 (다)에 해당하며, 갑상샘의 활성이 높으면 티록신의 분비량이 증가하고 TSH의 분비량은 감소하므로 이러한 경우는 (라)에 해당한다.

ㄱ. (가)는 갑상샘의 활성이 낮은 환자이고, (라)는 갑상샘의 활성이 높은 환자이다.

바로알기 ㄴ. (다)는 뇌하수체의 활성이 낮은 환자이고, (라)는 갑상샘의 활성이 높은 환자이다.

ㄷ. TRH(갑상샘 자극 호르몬 방출 호르몬)은 뇌하수체 전엽에서 TSH의 분비를 촉진시킴으로써 티록신의 분비를 촉진시킨다. 따라서 티록신의 분비량이 많은 (나)와 (라)에서가 티록신의 분비량이 적은 (가)와 (다)에서보다 음성 피드백에 의해 TRH의 분비량이 적다.

13 A는 글리코젠의 합성을 촉진해 혈당량을 감소시키는 인슐린, B는 글리코젠의 분해를 촉진해 혈당량을 증가시키는 글루카곤이다. 식사 후에는 포도당이 활발히 흡수되어 혈당량이 높아지므로 인슐린(㉡)의 분비는 촉진되고 글루카곤(㉠)의 분비는 억제된다.

ㄷ. t_2일 때가 t_1일 때보다 인슐린(㉡)의 농도는 높고, 글루카곤(㉠)의 농도는 낮으므로 간에서 글리코젠의 합성이 촉진되어 간에 저장된 글리코젠의 양이 더 많다.

바로알기 ㄱ. 인슐린(A, ㉡)은 이자의 β세포에서 분비되고, 글루카곤(B, ㉠)은 이자의 α세포에서 분비된다.

ㄴ. 이자와 연결된 부교감 신경이 흥분하면 인슐린(A)의 분비가 촉진되며, 교감 신경이 흥분하면 글루카곤(B)의 분비가 촉진된다.

14 ㄴ. 물질대사가 촉진되므로 저온 자극을 받았을 때의 체온 조절 과정이다. 따라서 물질대사를 촉진하는 에피네프린을 분비하는 부신 속질은 Y에 해당한다.

바로알기 ㄱ. X는 체온 조절 중추인 간뇌의 시상 하부이며, 간뇌는 중간뇌 위쪽에 위치한다. 뇌교와 척수 사이에 위치하는 부위는 연수이다.

ㄷ. 저온 자극을 받으면 체온을 증가시키기 위해 피부 근처 혈관이 수축하고, 그 결과 피부 근처를 흐르는 혈류량이 감소해 피부에서의 열 발산량이 감소한다.

15

자료 분석

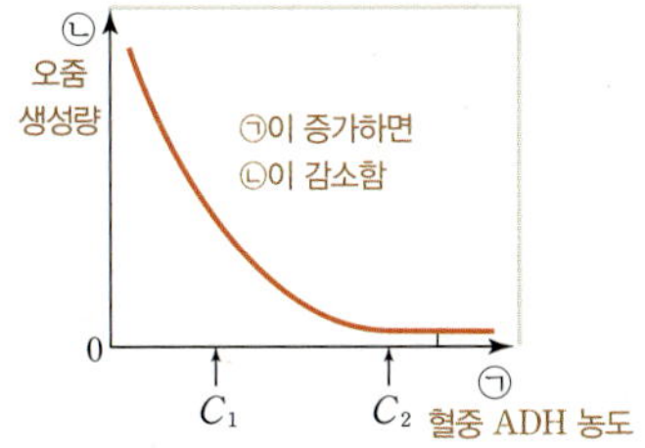

- ADH의 분비가 촉진되면 콩팥에서 물의 재흡수량이 증가하므로 오줌 생성량이 감소한다.
- 오줌 생성량이 증가하면 체내 수분량이 감소해 혈장 삼투압이 증가하므로 ADH의 분비가 촉진된다.
- ㉠이 증가하면 ㉡이 감소한다. ➡ ㉠은 혈중 ADH 농도이고, ㉡은 단위 시간당 오줌 생성량이다.
- 혈중 ADH 농도(㉠)는 C_2일 때가 C_1일 때보다 높다.

단위 시간당 오줌 생성량이 증가하면 체내 수분량이 줄어들어 혈장 삼투압이 높아지므로 콩팥에서 물의 재흡수를 촉진하기 위해 혈중 ADH 농도가 증가한다. 그런데 ㉠이 증가하면 ㉡이 감소하므로 ㉠은 혈중 ADH 농도, ㉡은 단위 시간당 오줌 생성량이다.

ㄷ. C_2일 때가 C_1일 때보다 혈중 ADH 농도가 높아 콩팥에서 물의 재흡수가 촉진되므로 생성되는 오줌의 양은 적고, 오줌의 삼투압은 높다.

 ㄱ. ADH는 시상 하부에서 생성된 후 뇌하수체 후엽에서 분비된다.

ㄴ. ㉠은 혈중 ADH 농도, ㉡은 단위 시간당 오줌 생성량이다. 혈중 ADH 농도가 증가하면 콩팥에서 물의 재흡수가 촉진되어 단위 시간당 오줌 생성량이 감소한다.

16 ㄱ. 무좀과 만성 폐질환의 병원체인 (가)는 핵(핵막)을 가진 진핵생물인 균류이다.

ㄷ. 홍역과 소아마비의 병원체인 (나)는 바이러스이고, 탄저병과 콜레라의 병원체인 (다)는 세균이다. 세포로 이루어져 있지 않은 바이러스는 독립적으로 물질대사를 하지 못하지만, 세포로 이루어진 생명체인 세균은 독립적으로 물질대사를 한다.

 ㄴ. (다)는 세균이며, 세균에 의한 일부 질병은 항생제를 이용해 치료한다. 항바이러스제는 바이러스에 의한 질병을 치료하는 데 이용된다.

17 ㄱ. ㉠은 대식세포가 제시한 항원 조각을 인식해 활성화된 후 B 림프구(㉡)를 활성화시키는 보조 T 림프구이다.

ㄴ. ㉡은 보조 T 림프구(㉠)에 의해 활성화된 후 증식해 형질 세포와 기억 세포로 분화되는 B 림프구이다. B 림프구는 골수에서 최종 성숙한다.

 ㄷ. B 림프구(㉡)로부터 분화된 ㉣은 항체를 생성하므로 형질 세포이고, ㉢은 항원의 특성을 기억하는 기억 세포이다. X가 재침입하면 기억 세포(㉢)가 증식한 후 형질 세포(㉣)로 분화해서 빠르게 많은 양의 항체를 생성하는 2차 면역 반응이 일어난다.

18

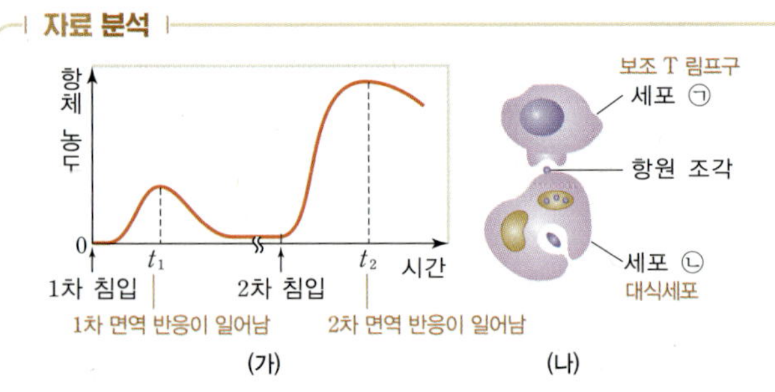

• 항체 농도는 t_2일 때가 t_1일 때보다 높다. ➡ t_1일 때에는 1차 면역 반응이, t_2일 때에는 2차 면역 반응이 일어난다.
• ㉡은 세포 표면에 항원 조각을 제시하므로 식세포 작용을 하는 대식세포이다.
• ㉠은 대식세포(㉡)가 제시한 항원 조각을 인식해 활성화되는 보조 T 림프구이다.

ㄷ. X의 2차 침입 직후 기억 세포의 작용으로 2차 면역 반응이 일어나 항체의 농도가 급격히 증가했다. 따라서 X의 1차 침입 이후 활성화된 B 림프구로부터 형질 세포와 기억 세포가 분화되었으므로 t_1일 때와 t_2일 때 모두 체내에 X에 대한 기억 세포가 있다.

 ㄱ, ㄴ. 대식세포는 식세포 작용을 통해 항원을 보조 T 림프구에게 제공하므로 ㉡이며, ㉠은 보조 T 림프구이다. 대식세포로부터 항원을 제공받아 활성화된 보조 T 림프구가 B 림프구를 활성화시키면 B 림프구가 항체를 생성하는 형질 세포로 분화되므로 (나)는 항체가 처음 생성되기 이전에 일어난다. 따라서 (나)는 t_1 이전에 처음 일어났다.

19 (가)는 A형이므로 응집원 A와 응집소 β를 갖는다. 따라서 (나)와 (다)는 모두 응집원 B를 가지므로 혈액형이 각각 B형과 AB형 중 하나이고, (라)는 O형이다.

ㄷ. O형인 (라)는 응집원을 갖지 않으므로 ㉠은 (가)이다. (가)의 혈액은 (가)의 혈구와 응집하지 않지만, (라)의 혈액은 응집소 α가 있어 응집원 A가 있는 (가)의 혈구와 응집하므로 ⓐ를 이용해 (가)와 (라)의 ABO식 혈액형이 구분된다.

 ㄱ. (나)는 응집원 A와 B 중 최소 1가지를 갖고, (라)는 응집소 α와 β를 모두 가지므로 (나)는 (라)에게 소량 수혈해 줄 수 없다.

ㄴ. (나)와 (다) 중 B형인 사람은 응집소 α를 가지며, AB형인 사람은 응집소를 갖지 않는다.

20 ㄱ. ㉠은 염증 반응에 관여하며, 히스타민을 분비하므로 비만 세포이다.

 ㄴ. (가)에서 항원 X가 체내에 침입하기 전에 이미 X와 특이적으로 결합하는 항체가 생성되어 비만 세포(㉠) 표면에 결합했다. 따라서 (가) 이전에 X가 침입한 적이 있으며, 이때 항체가 생성되었다.

ㄷ. 비만 세포(㉠)에서 분비되는 히스타민에 의해 주위의 모세 혈관이 확장되고 혈관의 투과성이 증가하며, 이로 인해 콧물 등과 같은 알레르기 증상이 나타난다.

21

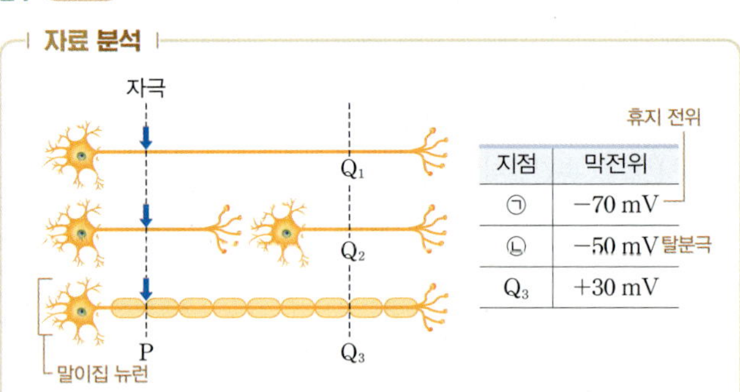

지점	막전위
㉠	-70 mV
㉡	-50 mV 탈분극
Q_3	$+30$ mV

• 말이집 뉴런은 민말이집 뉴런보다 흥분 전도 속도가 빠르다. ➡ 흥분은 Q_1보다 Q_3에 먼저 도달한다.
• 흥분 전달 속도는 흥분 전도 속도보다 느리다. ➡ 흥분은 Q_2에 가장 늦게 도달한다.
• 흥분이 가장 먼저 도달한 Q_3에서의 막전위는 $+30$ mV이다. ➡ ㉠의 -70 mV는 아직 흥분이 도달하지 않은 상태의 휴지 전위이다.
• ㉡은 막전위 값이 $+30$ mV보다 작은 -50 mV이므로 막전위가 상승하는 탈분극 상태이다.

정답 (1) ㉠ Q_2, ㉡ Q_1

모범 답안 | (2) Na^+이 세포 밖에서 안으로 확산해 막전위가 상승하는 탈분극이 일어나고 있다.

해설 | 말이집 뉴런에서는 도약전도가 일어나므로 민말이집 뉴런에서보다 흥분 전도 속도가 빠르며, 신경 전달 물질의 확산에 의해 일어나는 흥분의 전달은 흥분의 전도에 비해 속도가 느리다. 따라서 흥분은 Q_3, Q_1, Q_2의 순서로 도착한다. 그런데 t일 때 Q_3의 막전위가 $+30\,mV$이므로 ⓒ은 흥분이 2번째로 도착해 탈분극 중인 Q_1이고, ⓐ은 흥분이 아직 도착하지 않아 분극 중인 Q_2이다.

채점 기준		배점
(1)	ⓐ과 ⓒ을 옳게 쓴 경우	2점
(2)	Na^+이 세포 안으로 확산되는 것과 막전위가 상승하는 것을 모두 포함하여 옳게 서술한 경우	4점
	Na^+이 세포 안으로 확산되는 것과 막전위가 상승하는 것 중 1가지만 포함하여 옳게 서술한 경우	2점

22 서술형

정답 (1) B: 중간뇌, C: 연수

모범 답안 | (2) 부교감 신경, 동공이 축소된다.

해설 | A는 간뇌, B는 중간뇌, C는 연수, D는 대뇌이다. 뇌줄기는 중간뇌(B), 뇌교, 연수(C)로 구성된다.

채점 기준		배점
(1)	B와 C의 기호와 이름을 모두 옳게 쓴 경우	2점
(2)	부교감 신경을 쓰고, 동공이 축소된다는 것을 옳게 서술한 경우	4점
	부교감 신경만 쓴 경우	2점

23 서술형

정답 (1) 음성 피드백

모범 답안 | (2) (가), (가)는 (나)보다 갑상샘의 기능이 저하되어 있어 티록신 분비량이 적으므로 음성 피드백(ⓐ)이 잘 일어나지 않아 TSH의 분비량이 많고, 혈중 TSH의 농도가 높다.

해설 | ⓐ은 혈중 티록신의 농도가 높을 때 티록신에 의해 시상 하부의 기능이 억제되는 음성 피드백이다.

채점 기준		배점
(1)	음성 피드백을 쓴 경우	2점
(2)	(가)를 쓰고, (가)가 (나)보다 티록신 분비량이 적다는 것을 ⓐ을 포함하여 옳게 서술한 경우	4점
	(가)만 쓴 경우	2점

24 서술형

모범 답안 | 결핵, 감염성 질병인가?, 비감염성 질병인가?, 바이러스에 의해 나타나는가? 등

해설 | X는 세포막을 가지므로 세포로 이루어져 있고, 핵(핵막)이 없어 DNA가 세포질에 노출되어 있으므로 세균이다. 결핵의 병원체는 세균, 독감의 병원체는 바이러스이고, 혈우병은 비감염성 질병이므로 X에 의해 나타나는 A는 결핵이다.

채점 기준	배점
결핵을 쓰고, 바이러스성 질병인 독감과 비감염성 질병인 혈우병을 구분하는 특징을 옳게 서술한 경우	6점
결핵만 쓴 경우	2점

25 서술형

모범 답안 | ⓐ 형질 세포, ⓒ 기억 세포, Ⅱ에서가 Ⅰ에서보다 빠르게 많은 양의 항체가 생성된다.

해설 | B 림프구로부터 분화된 ⓐ에서 항체가 생성되므로 ⓐ은 형질 세포이고, ⓒ은 동일한 항원의 재침입 시 형질 세포(ⓐ)로 분화되므로 기억 세포이다.

채점 기준	배점
ⓐ과 ⓒ을 옳게 쓰고, Ⅱ에서가 Ⅰ에서보다 빠르게 많은 양의 항체가 생성된다는 것을 옳게 비교하여 서술한 경우	6점
ⓐ과 ⓒ만 옳게 쓴 경우	2점

1 유전 정보와 염색체

01 유전 정보와 염색체

개념 익히기 문제 p.129, 131, 133

01 염색체 **02** 대립유전자 **03** 핵 **04** 46, XY
05 ○ **06** ○ **07** ○ **08** × **09** ×
10 세포 주기 **11** 간기, G_1기, S기 **12** 중심체 **13** 후기
14 ○ **15** × **16** ○ **17** × **18** 생식세포
19 상동, 2가, 상동 **20** 염색 분체, DNA양 **21** 1, 2 **22** ×
23 ○ **24** ○ **25** ×

01 염색체는 세포 분열 시 막대 모양으로 관찰되며, 유전 정보를 저장하는 DNA와 히스톤 단백질로 구성된다.

02 대립유전자는 한 쌍의 상동 염색체의 같은 위치에 있으며, 대립유전자의 종류는 서로 같을 수도 있고, 다를 수도 있다.

03 어떤 생물이 가지는 염색체 수, 모양, 크기 등을 핵형이라고 한다. 핵형은 생물종마다 서로 다르다.

08 사람 체세포 1개에 있는 염색체 수는 46, 유전자 수는 약 30,000이다.

09 남자의 성염색체는 XY, 여자의 성염색체는 XX이다.

10 세포 주기는 세포가 분열하여 생장하고 다시 분열할 때까지의 과정으로 간기와 분열기로 구분한다.

11 세포 주기 중 핵막과 인이 관찰되는 시기는 간기이고, 핵막이 사라지고 염색체가 관찰되는 시기는 분열기이다. 간기 중 세포의 생장이 일어나는 시기는 G_1기와 G_2기인데, 복제 전 세포의 생장이 일어나는 시기는 G_1기이다. 간기의 S기에는 DNA 복제가 일어난다.

15 분열기 중 염색체를 관찰하기에 가장 좋은 시기는 중기이다.

17 동물 세포는 세포질 분열이 일어날 때 바깥쪽에서 안쪽으로 세포질 함입이 일어나고, 식물 세포는 세포질 분열이 일어날 때 세포 안쪽에서 바깥쪽으로 세포판이 형성된다.

18 생물은 체세포 분열을 통해 생장, 재생 등을 하고, 감수 분열을 통해 생식세포를 형성한다.

19 감수 1분열 전기에 상동 염색체가 접합하여 2가 염색체를 형성한다.

21 체세포 분열에서는 DNA 복제 1회, 핵분열 1회 일어나고, 감수 분열에서는 DNA 복제 1회, 핵분열 2회 일어난다.

22 감수 1분열 후 만들어진 딸세포의 핵상은 n이고, 염색 분체 2개인 염색체를 갖는다. 이 딸세포의 염색체 수는 G_1기 세포의 $\frac{1}{2}$배이고, DNA양은 같다.

24 감수 분열은 어버이의 체세포의 반인 염색체 수와 유전자를 자손에게 전달하여 세대를 거듭하여도 한 개체의 염색체 수와 DNA양은 감수 분열과 수정에 의해 일정하게 유지된다.

25 사람의 생식세포가 가질 수 있는 유전 정보의 종류는 2^{23}가지이다.

🔍 탐구 집중 분석 p.134

예제 1
정답 ①
해설 | ② 감수 분열은 정소, 난소와 같은 생식 기관에서 일어난다.
③ 모세포의 핵상은 $2n$, 딸세포의 핵상은 n이다.
④ 감수 1분열 전기 때 상동 염색체의 접합이 일어나며, 후기 때 상동 염색체의 분리가 일어난다.
⑤ 감수 2분열 후기 때 염색 분체의 분리가 일어나 핵상은 n에서 n으로 변함없다.
🔍 **바로알기** ① 감수 분열에서 DNA 복제는 1회, 핵분열은 2회 일어난다.

예제 2
정답 (가) → (다) → (나) → (라)
해설 | (가)는 감수 1분열 전기, (나)는 감수 2분열 중기, (다)는 감수 1분열 중기, (라)는 감수 2분열 말기이다.

🔍 자료 집중 분석 p.135

예제 1
정답 ①
해설 | (가)는 체세포 분열 1회, 감수 분열 1회가 연속으로 일어났을 때의 핵 1개당 DNA 상대량 변화를 나타낸 것이다.
ㄱ. 구간 Ⅰ의 세포는 체세포 분열의 분열기 세포이므로, 세포의 핵상은 $2n$이다.
🔍 **바로알기** ㄴ. 구간 Ⅱ의 세포는 감수 1분열이 끝난 세포이므로 2가 염색체가 관찰되지 않는다. 2가 염색체는 핵상이 $2n$인 감수 1분열 전기와 중기의 세포에서 관찰된다.
ㄷ. (나)는 2개의 염색 분체로 구성된 염색체가 있으므로 구간 Ⅱ에서 관찰된다. 구간 Ⅲ의 세포는 염색 분체의 분리가 일어난 감수 2분열이 끝난 세포이다.

01 ⑤	02 ③	03 ②	04 ②	05 ①	06 ⑤
07 ⑤	08 ③	09 ④	10 ⑤	11 ①	12 ②
13 ①	14 ④	15 ③			
고난도 16 ①	17 ③				
서술형 18~20 해설 참조					

01 ㄱ. ㉠은 DNA로 유전 정보가 저장되어 있다.

ㄴ. ㉡은 DNA와 결합하여 뉴클레오솜을 구성하는 히스톤 단백질이다.

ㄷ. ⓐ는 DNA와 히스톤 단백질로 구성된 뉴클레오솜으로 염색체에 있다.

02 ㄱ. A는 DNA와 히스톤 단백질로 구성된 뉴클레오솜, B는 염색체이다.

ㄷ. A(뉴클레오솜)와 B(염색체)에 모두 DNA와 히스톤 단백질이 있다.

🔍 **바로알기** ㄴ. 분열기 중 전기 때 ㉠(염색체의 응축)이 일어나고, 간기의 S기에 DNA 복제가 일어난다.

03 ㄷ. (가)와 (나)는 상동 염색체로 부모로부터 하나씩 물려받았다.

🔍 **바로알기** ㄱ. 이 세포에는 상동 염색체 쌍이 있으므로 핵상은 $2n$이다.

ㄴ. 대립유전자는 상동 염색체 쌍의 같은 위치에 있으므로 A는 B의 대립유전자가 아니다.

04

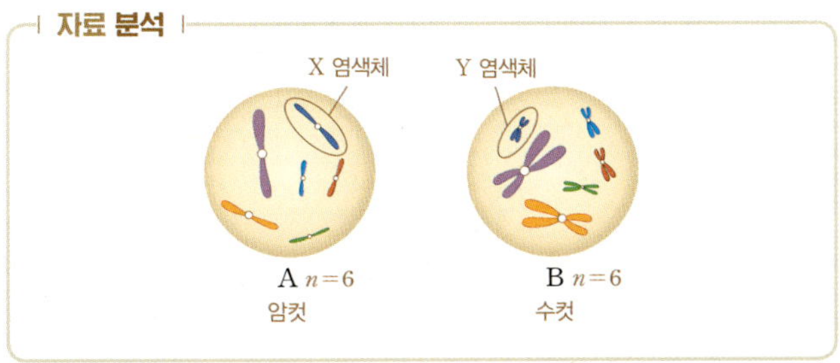

ㄷ. A에서 상동 염색체 쌍이 없으므로 핵상이 n이고, B에서도 상동 염색체 쌍이 없으므로 핵상이 n이다.

🔍 **바로알기** ㄱ. A와 B에서 크기가 서로 다른 것이 성염색체이며, (가)는 성염색체로 XY를 갖는 수컷임을 알 수 있다.

ㄴ. B의 염색체 수는 6, 염색 분체 수는 12이다.

05 ㄱ. 이 사람은 성염색체로 XX를 갖는 여자이다.

🔍 **바로알기** ㄴ. 핵형 분석에 사용되는 세포는 핵이 있고, 분열할 수 있는 세포이다. 적혈구는 핵이 없고, 분열할 수 없으므로 ㉠에 해당하지 않는다.

ㄷ. 그림에서 1번 염색체는 21번 염색체보다 크기가 크다는 것을 알 수 있다. 핵형 분석 시 염색체 쌍을 큰 것부터 작은 것 순서대로 1번에서 22번까지 번호를 붙여 나열한다.

06

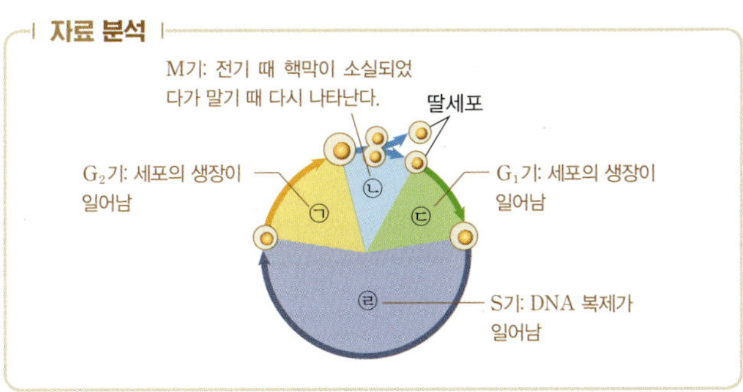

ㄱ. ㉡은 딸세포가 형성되는 M기이므로 ㉢은 G_1기, ㉣은 S기, ㉠은 G_2기이다.

ㄴ. ㉣(S기)의 세포에서 DNA 복제가 일어나며, ㉣(S기)의 세포는 핵막을 갖는다.

ㄷ. 세포당 DNA양은 ㉠(G_2기)의 세포가 ㉢(G_1기)의 세포의 2배이다.

07 ㄱ. ㉠의 세포는 G_1기 세포이고, G_1기 세포에서는 DNA 복제에 필요한 단백질 합성이 일어난다.

ㄴ. ㉡의 세포에는 DNA 복제가 일어나고 있는 S기 세포가 있다.

ㄷ. ㉢의 세포에는 간기 중 G_2기 세포와 분열기 세포가 모두 있다.

08 ㄱ. (가)에서 ㉠은 G_1기 다음 단계로 S기이고, ㉡은 G_2기 다음 단계로 M기이다.

ㄴ. (나)는 염색체가 세포의 중앙에 배열된 M기 중 중기의 세포이다. 따라서 (나)는 ㉡(M기)에 관찰된다.

🔍 **바로알기** ㄷ. 세포당 DNA 상대량은 DNA 복제 전인 G_1기 세포가 DNA 복제 후인 ㉡(M기)의 세포의 절반이다.

09 ㄱ. 그림의 세포 분열 과정은 감수 분열 과정으로 과정 Ⅰ에서 상동 염색체의 분리가 일어나고, 과정 Ⅱ에서 염색 분체의 분리가 일어난다.

ㄷ. 감수 분열 중 감수 1분열 전기 때 2가 염색체가 형성된다.

🔍 **바로알기** ㄴ. 과정 Ⅱ에서 염색 분체의 분리가 일어나고, 세포당 염색체 수는 변함없다.

10 ㄱ. 구간 (가)는 DNA가 복제되는 S기이다.

ㄴ. 구간 (나)는 상동 염색체가 분리되는 시기로 핵상은 $2n$에서 n으로 변한다.

ㄷ. 뉴클레오솜은 염색체에 있다. 구간 (가)의 세포에는 염색체가 풀어져 있고, 구간 (나)의 세포에는 응축된 염색체가 있으므로, 구간 (가)와 (나)의 세포에는 모두 뉴클레오솜이 있다.

11 ㄱ. G_1기 세포는 핵상이 $2n$이고, DNA가 복제되기 전의 세포이므로 (나)이다. 감수 1분열 중기 세포는 핵상이 $2n$이고, DNA 복제 후의 세포이므로 (다)이고, 상동 염색체가 분리되어 핵상과 DNA 상대량이 반감된 감수 2분열 중기 세포는 (라)이며, 나머지 (가)는 정자이다. 따라서 (가)의 핵 1개당 DNA 상대량(㉠)은 1이다.

 ㄴ. (가)는 정자, (나)는 G_1기 세포, (다)는 감수 1분열 중기 세포, (라)는 감수 2분열 중기 세포이다.

ㄷ. 세포 1개당 염색체 수는 (가)(정자)가 (다)(감수 1분열 중기)의 절반이다.

12 ㄴ. ⊙과 ⓒ 모두 상동 염색체 쌍이 없으므로 ⊙과 ⓒ의 핵상은 모두 n이다.

 ㄱ. (가)에서 염색 분체가 분리되며 상동 염색체 쌍이 있으므로 (가)는 체세포 분열 과정이고, (나)에서 염색 분체가 분리되며 상동 염색체 쌍이 없으므로 (나)는 감수 2분열 과정이다.

ㄷ. (가)에서 염색체 수는 4에서 4로 변함없으며, (나)에서 염색체 수는 2에서 2로 변함없다.

13 ㄱ. A와 a는 상염색체에 있고, B는 X 염색체에 있다.

 ㄴ. 감수 1분열 중 상동 염색체의 무작위적인 분리가 일어나므로 A와 B는 같은 딸세포로 이동할 수도 있고, 서로 다른 딸세포로 이동할 수도 있다.

ㄷ. 정자는 상동 염색체 쌍 중 한 개의 염색체를 갖고, 핵상은 n이다. 이 남자에서 감수 분열을 통해 형성된 정자가 A를 가질 확률은 $\frac{1}{2}$, B를 가질 확률도 $\frac{1}{2}$이므로 이 남자에서 감수 분열을 통해 형성된 정자가 A와 B를 모두 가질 확률은 $\frac{1}{2} \times \frac{1}{2} = \frac{1}{4}$이다.

14 ㄱ. ⊙과 ⓒ의 핵상은 모두 $2n$으로, ⊙과 ⓒ에는 모두 Y 염색체가 있다.

ㄴ. ⓒ이 ⓒ으로 되는 과정은 상동 염색체의 분리가 일어나는 감수 1분열이다.

 ㄷ. ⓒ이 ⓒ로 되는 과정은 염색 분체의 분리가 일어나는 감수 2분열이다. ⓒ은 감수 2분열 결과 형성된 세포로 핵상은 n이다.

15

| 자료 분석 |

세포	특징	염색체 수	염색 분체 수
감수 2분열 중기 세포 — A n		4	8
감수 1분열 중기 세포 — B $2n$		8	16
G_1기 세포 — C $2n$		8	8

G_1기 세포($2n$)의 염색체 수가 8이다. ➜ 이 동물의 생식세포(n)의 염색체 수는 4이다.

ㄱ. A~C 중 G_1기 세포가 있고, G_1기 세포는 DNA 복제 전의 세포이므로 A와 C 중 하나이며, 핵상이 $2n$이므로 C가 G_1기 세포임을 알 수 있다.

ㄴ. 핵 1개당 DNA 상대량은 세포당 염색 분체 수에 비례하므로 A가 B의 $\frac{1}{2}$배이다.

 ㄷ. G_1기 세포($2n$)의 염색체 수가 8이므로, 이 동물의 생식세포(n)의 염색체 수는 4이다.

16

| 자료 분석 |

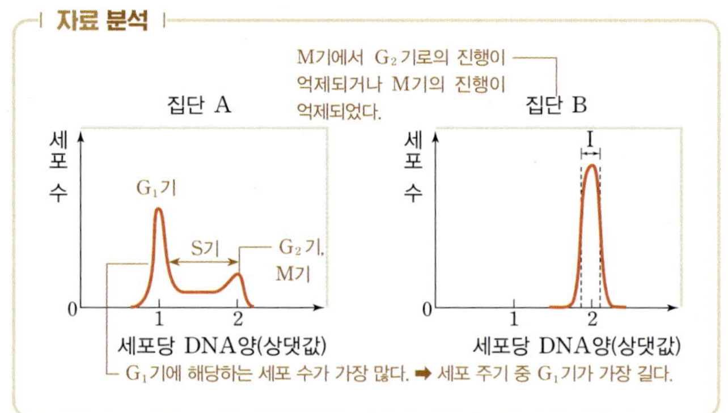

ㄱ. 세포당 DNA양이 1인 세포는 G_1기 세포이고, 2인 세포는 G_2기 세포와 M기 세포이다. 실험 결과 A에서 세포당 DNA양이 1인 세포 수가 2인 세포 수보다 많으므로 A의 세포 주기에서 G_1기가 G_2기보다 길다.

 ㄴ. 구간 Ⅰ의 세포는 세포당 DNA양이 2인 세포로 DNA가 복제된 후의 세포이고, 핵상은 $2n$이다. 핵상이 n인 세포는 세포당 DNA양이 2가 될 수 없다.

ㄷ. X를 처리하면 세포당 DNA양이 2인 세포 수가 증가하므로 M기에서 G_1기로의 진행을 저해하는 물질이나 M기의 진행을 억제하는 물질 등이 X에 해당한다. G_1기에서 S기로의 진행을 억제하는 물질을 처리하면 세포당 DNA양이 1인 세포 수가 증가하게 된다.

17

| 자료 분석 |

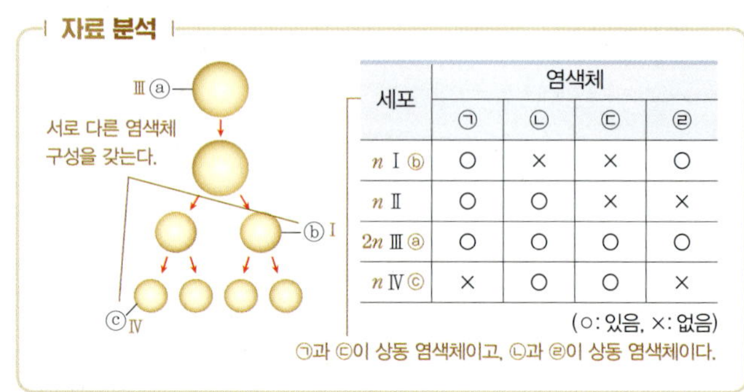

ㄱ. 표에서 Ⅲ은 ⊙~ⓒ을 모두 가지므로 G_1기 세포인 ⓐ도 ⊙~ⓒ을 모두 갖는다. 따라서 ⓐ는 Ⅲ이다.

ㄴ. Ⅰ과 Ⅱ는 모두 ⊙~ⓒ 중 2개의 염색체를 가지므로 핵상이 모두 n이다. Ⅰ을 통해 ⊙의 상동 염색체는 ⓒ 또는 ⓒ임을 알 수 있고, Ⅱ를 통해 ⊙의 상동 염색체는 ⓒ임을 알 수 있다. 따라서 ⊙과 ⓒ이 상동 염색체이고, ⓒ과 ⓒ이 상동 염색체이다.

 ㄷ. 감수 1분열에서 상동 염색체가 분리된다. ⓒ(Ⅳ)(n)에는 ⓒ과 ⓒ이 있으므로 ⓑ(Ⅰ)(n)에는 ⓒ의 상동 염색체인 ⓒ이 있고, ⓒ의 상동 염색체인 ⊙이 있다.

18

정답 (1) ⊙은 S기, ⓒ은 G_2기, ⓒ은 M기, ⓒ은 G_1기이다.

모범 답안 (2) 세포의 DNA양은 ⓒ의 세포가 ⓒ의 세포의 2배이다.

해설 (1) 세포 주기는 간기(G_1기, S기, G_2기)와 분열기(M기)로 구분하고, 분열기 중 후기 때 염색 분체의 분리가 일어난다. ⓒ에

서 염색 분체의 분리가 일어나므로 ⓒ은 M기이고, ⓔ은 G₁기,
㉠은 S기, ⓛ은 G₂기이다.
(2) ⓛ(G₂기)의 세포는 DNA 복제 후 세포이고, ⓔ(G₁기)의 세포
는 DNA 복제 전 세포이다.

채점 기준	배점
(1) 모두 옳게 쓴 경우	50 %
(2) DNA양을 옳게 비교하여 서술한 경우	50 %

19 서술형

모범 답안 | (1) (나), 핵막이 뚜렷하게 관찰되기 때문이다.
정답 (2) (나) → (라) → (다) → (마) → (가)
해설 | (1) 세포 주기 중 간기는 G₁기, S기, G₂기로 구성되고, 핵
막이 뚜렷하게 관찰된다.
(2) 세포 주기 중 분열기(M기)는 염색체의 모양과 행동에 따라
전기, 중기, 후기, 말기로 구분하여 핵막이 전기에 사라졌다가
말기에 다시 나타난다. (가)는 딸핵이 형성되는 말기, (나)는 핵
이 관찰되는 간기, (다)는 염색체가 세포 중앙에 배열하는 중기,
(라)는 염색체가 나타나는 전기, (마)는 염색체가 양극으로 이동
하는 후기이다.

채점 기준	배점
(1)	(나)라고 쓰고, 까닭을 옳게 서술한 경우	50 %
	(나)라고만 쓴 경우	20 %
(2)	분열 과정을 옳게 나열한 경우	50 %

20 서술형

모범 답안 | (1) 핵상은 *n*에서 *n*으로 변함없다.
정답 (2)

(가) 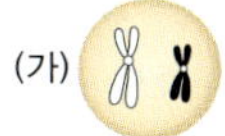 (나) 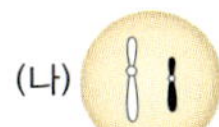

해설 | 생식세포는 감수 분열 과정을 통해 형성되는데, 감수 분열
에서는 DNA 복제 1회, 핵분열 2회가 일어난다. 감수 1분열 과
정에서는 상동 염색체가 분리되어 핵상이 2*n*에서 *n*으로 변하지
만, 감수 2분열에서는 염색 분체가 분리되어 핵상이 *n*에서 *n*으로
변함없다.

채점 기준	배점
(1)	핵상의 변화를 옳게 서술한 경우	50 %
(2)	(가)와 (나) 염색체 구성을 모두 옳게 그린 경우	50 %
	(가)와 (나) 중 하나만 옳게 그린 경우	20 %

❶	1 ○	2 ○	3 ×	4 ○	5 ×	6 ×	7 ○
❷	1 ×	2 ○	3 ×	4 ×	5 ○	6 ○	7 ○
❸	1 ○	2 ×	3 ×	4 ×	5 ○	6 ○	7 ○
❹	1 ○	2 ×	3 ×	4 ×	5 ○	6 ×	7 ○
	8 ○	9 ×	10 ○	11 ○			
❺	1 ○	2 ○	3 ○	4 ×	5 ×	6 ×	7 ○
❻	1 ○	2 ×	3 ×	4 ○	5 ×	6 ×	7 ○

❶-1 A는 DNA이고, DNA에 유전 정보가 저장되어 있다.

❶-3 C는 뉴클레오솜을 구성하는 히스톤 단백질이다.

❶-5 ㉠과 ⓛ은 한 염색체를 구성하는 염색 분체로 같은 유전
정보가 들어 있다.

❶-6 E는 2개의 염색 분체로 구성된 염색체로 분열기(M기) 때
관찰된다.

❷-1 (가)는 성염색체로 XX를 갖는 여자의 핵형 분석 결과이다.

❷-4 핵형 분석에 사용되는 세포는 염색체 관찰이 용이한 분열
기(M기)의 세포이다.

❷-7 (가)와 (나)의 핵형 분석 결과 상염색체 44개, 성염색체 2
개를 정상적으로 갖는다.

❸-2 ㉠은 후기, ⓛ은 말기, ⓒ은 세포질 분열이 일어나는 시기
이다.

❸-3 세포판은 식물 세포의 세포질 분열에서 관찰할 수 있다.

❸-4 세포 주기는 G₁기 → S기 → G₂기 → 분열기(M기)를 거
친다. S기 때 DNA 복제가 일어나 세포당 DNA양이 2배로 증가
하므로 DNA양은 G₁기 세포가 G₂기 세포보다 적다.

❸-6 간기(G₁기, S기, G₂기) 세포는 모두 핵막을 갖는다.

❹-2 A와 B의 핵상은 모두 2*n*이다.

❹-3 과정 Ⅰ에서 염색 분체가 분리된다.

❹-4 (가)는 체세포 분열 과정이다.

❹-6 감수 1분열 과정에서는 상동 염색체가 분리되는 과정이
일어나고, 염색 분체가 분리되는 과정 Ⅰ은 일어나지 않는다.

❹-9 D의 핵상은 *n*이다.

❺-1 구간 A에 G₁기 세포가 있고, 구간 B에 S기 세포가 있으
며, 구간 C에는 G₂기 세포와 감수 1분열 중인 세포가 있다.

❺-4 구간 D의 세포는 핵상이 *n*으로 2가 염색체를 갖지 않는다.

❺-5 구간 E에 핵상이 *n*인 세포가 있다.

❺-6 그림은 감수 분열이 일어나는 동안 핵 1개당 DNA양의 변
화를 나타낸 것이다. 감수 분열을 통해 1개의 모세포(2*n*)로부터
4개의 딸세포(*n*)가 형성된다.

❻-1 ㉠과 ⓛ의 핵상은 2*n*, ⓒ과 ⓔ의 핵상은 *n*이다.

❻-2 세포 1개당 DNA 상대량은 ⓛ(감수 1분열 중기)이 ⓔ(생
식세포)의 4배이다.

❻-3 ⓛ이 ⓒ으로 분열하는 과정에서 상동 염색체가 분리된다.

❻-5 이 사람의 유전자형은 Aa이며, ⓒ은 감수 2분열 중기 세
포로 핵상이 *n*이므로 유전자 구성은 AA 또는 aa이다.

❻-6 ⓒ이 ⓔ로 분열하는 과정에서 염색 분체가 분리된다.

01 ㄱ. Ⅰ은 염색체를 구성하는 염색 분체이고, 염색 분체에는 ㉠(뉴클레오솜)이 있다.

ㄷ. ㉠은 DNA와 히스톤 단백질로 구성된 뉴클레오솜이다.

바로알기 ㄴ. Ⅰ과 Ⅱ는 한 염색체를 구성하는 염색 분체이므로 Ⅰ과 Ⅱ의 유전자 구성은 같다.

02 ㄷ. 이 사람은 21번 염색체가 3개이므로 다운 증후군의 염색체 이상을 갖는다.

바로알기 ㄱ. 이 사람은 성염색체로 XX를 갖는 여자이다.

ㄴ. 이 핵형 분석 결과에 사용된 세포는 염색체를 가져야 하지만 적혈구에는 염색체가 없다.

03 ㄴ. 이 사람은 체세포 1개당 상염색체 수는 44, 성염색체 수는 2이다.

ㄷ. 핵형 분석 결과 이 사람은 X 염색체와 Y 염색체를 모두 갖는 남자이다.

바로알기 ㄱ. 이 사람의 특정 형질에 대한 유전자형이 Aa이다. 1번 염색체에서 한 염색체에 A가 있으므로 상동 염색체 관계인 염색체에는 a가 있다. 따라서 ㉠은 a이다.

04 ㄴ. ㉠은 DNA와 히스톤 단백질로 구성된 뉴클레오솜이다.

ㄷ. ㉡은 DNA로 인산, 당, 염기가 1 : 1 : 1로 결합된 뉴클레오타이드가 기본 단위이다.

바로알기 ㄱ. Ⅰ과 Ⅱ는 한 염색체를 구성하는 염색 분체이다.

05

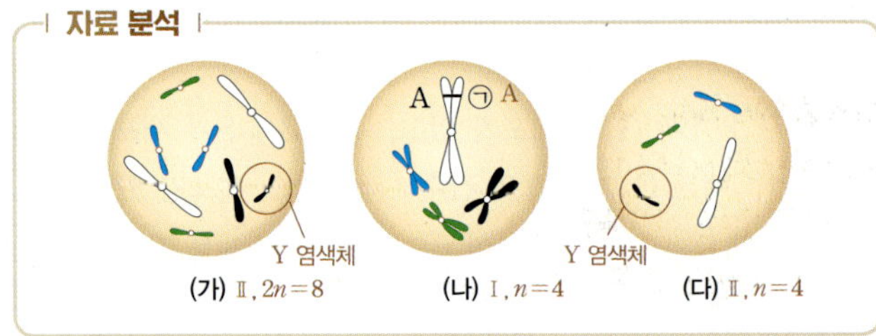

(가)의 핵상은 2n이고 검은색 염색체의 크기가 다르므로 성염색체로 XY를 갖고, Ⅱ의 세포임을 알 수 있다. (다)의 핵상은 n이고, Y 염색체를 가지므로 Ⅱ의 세포임을 알 수 있다. (나)의 핵상은 n이고, 성염색체로 XX를 갖는 Ⅰ의 세포임을 알 수 있다.

ㄷ. (나)와 (다)에는 모두 상동 염색체 쌍이 없으므로, (나)와 (다)의 핵상은 모두 n이다.

바로알기 ㄱ. 한 염색체를 구성하는 염색 분체의 유전 정보는 같다. ㉠은 염색 분체에 있고, 같은 염색체를 구성하는 다른 염색 분체에 A가 있으므로 ㉠은 A이다.

ㄴ. (가)와 (다)는 Ⅱ의 세포, (나)는 Ⅰ의 세포이다.

06 ㄱ. (가)와 (다)의 핵상과 염색체 수는 모두 $n=4$이고, (나)의 핵상과 염색체 수는 $2n=4$이다. 따라서 (가)와 (다)는 Ⅱ($2n=8$)의 세포이고, (나)는 Ⅰ($2n=4$)의 세포이다.

ㄷ. Ⅱ($2n=8$)의 감수 1분열 중기 세포 1개당 염색체 수는 8이다.

바로알기 ㄴ. (가)에는 상동 염색체 쌍이 없으므로 (가)의 핵상은 n, (나)에는 상동 염색체 쌍이 있으므로 (나)의 핵상은 $2n$이다.

07

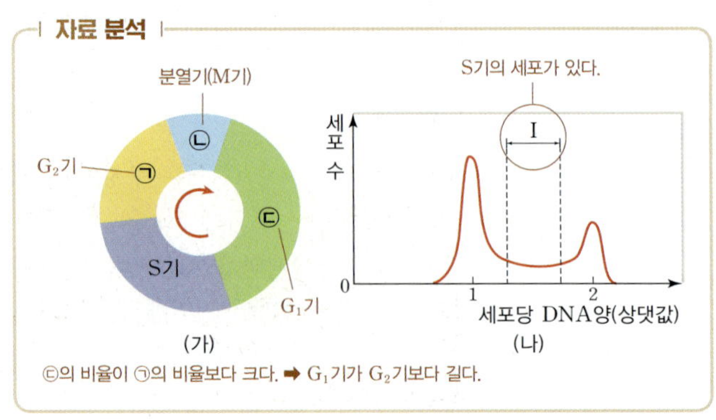

ㄱ. 세포 주기는 G₁기 → S기 → G₂기 → 분열기(M기) 순으로 진행되므로 ㉠은 G₂기, ㉡은 분열기(M기), ㉢은 G₁기이다.

ㄷ. S기에 DNA가 복제되므로 S기의 세포의 세포당 DNA 상대량은 1~2이다. 구간 Ⅰ에는 DNA가 복제 중인 S기의 세포가 있다.

바로알기 ㄴ. 세포 주기에서 ㉢(G₁기)의 비율이 ㉠(G₂기)의 비율보다 크므로 G₁기보다 G₂기가 짧다.

08 ㄱ. 구간 Ⅰ에서 DNA 상대량이 증가하므로 DNA 복제가 일어나고 있다.

ㄷ. 구간 Ⅰ의 세포와 구간 Ⅱ의 세포 모두 핵상은 $2n$이다.

바로알기 ㄴ. 체세포 분열 시기에는 상동 염색체 분리가 일어나지 않는다. 따라서 구간 Ⅱ에서 염색 분체가 분리된다.

09 ㄱ. 구간 Ⅰ에는 G₁기 세포가 있고, G₁기 세포는 핵막을 갖는다.

ㄴ. 구간 Ⅱ에는 DNA 복제가 완료된 G₂기 세포와 분열기(M기) 세포가 모두 있다. 분열기(M기) 중 후기의 세포는 염색 분체가 분리되어 양극으로 이동된다.

바로알기 ㄷ. X를 처리한 집단 B에서 세포당 DNA양이 2인 세포의 수가 증가했으므로 X는 G₂기에 세포 주기를 멈추게 하는 물질이다.

10 ㄱ. ㉠은 G₁기 세포($2n$), ㉡은 감수 1분열 중기 세포($2n$), ㉢은 감수 2분열 중기 세포(n), ㉣은 생식세포(n)이다. ㉡(감수 1분열 중기 세포)은 DNA 복제 후의 세포이고, 2개의 염색 분체로 구성된 염색체를 가지므로 DNA 상대량이 8이다.

ㄴ. ㉢은 감수 2분열 중기 세포이고, 핵상은 n이다.

바로알기 ㄷ. 염색체 수는 ㉢과 ㉣이 4이고 DNA 상대량은 ㉢이 4, ㉣이 2이므로 $\dfrac{\text{염색체 수}}{\text{DNA 상대량}}$는 ㉢이 1, ㉣이 2이다.

┌─ **자료 분석** ┐

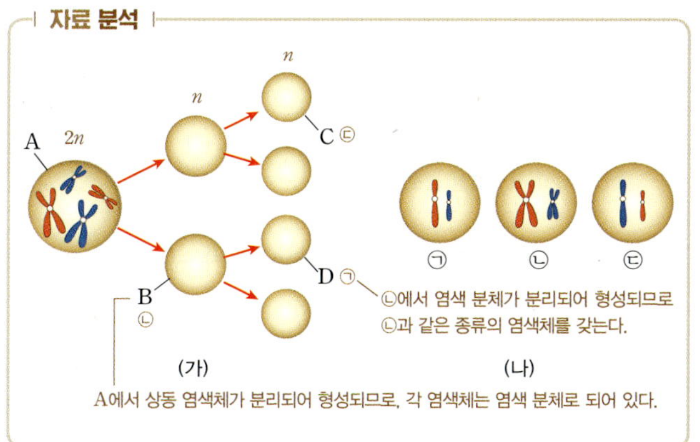

ㄱ. A에는 크기와 모양이 같은 상동 염색체 쌍이 있으므로 핵상은 $2n$이다.

🔍**바로알기** ㄴ. B는 ㉡으로 2개의 염색 분체로 구성된 염색체를 갖는다. ㉢은 염색 분체가 분리된 염색체를 가지므로 B와 ㉢의 세포 1개당 DNA양은 다르다.

ㄷ. B는 핵상이 n이고, 2개의 염색 분체로 구성된 염색체가 있으므로 ㉡이다. B로부터 형성된 D는 같은 종류의 염색체를 가지므로 D는 ㉠이고, 나머지 C는 ㉢이다.

12 서술형

정답 (1) DNA, 히스톤 단백질

(2) 분열기(M기)

모범 답안 (3) ㉠과 ㉡은 DNA가 복제되어 형성된 염색 분체로 유전 정보가 같다.

해설 A는 뉴클레오솜으로 DNA와 히스톤 단백질로 구성된다. B는 분열기(M기)에 형성되는 염색체이고, ㉠와 ㉡은 B를 구성하는 염색 분체로 유전 정보는 서로 같다.

채점 기준		배점
(1)	물질을 모두 옳게 쓴 경우	30 %
(2)	분열기(M기)라고 쓴 경우	30 %
(3)	유전 정보를 옳게 비교하여 서술한 경우	40 %

13 서술형

정답 (1) (가)

모범 답안 (2) G_1기 세포, 세포 주기에서 G_1기에 해당하는 (다)의 비율이 가장 크기 때문이다.

해설 (1) (가)는 S기, (나)는 분열기(M기), (다)는 G_1기이다.

(2) S기 때 DNA 복제가 일어나고, 세포 주기 중 시간이 오래 걸릴수록 세포 주기에서 차지하는 비율이 크다.

채점 기준		배점
(1)	시기를 옳게 쓴 경우	30 %
(2)	G_1기 세포라고 쓰고 까닭을 옳게 서술한 경우	70 %
	G_1기 세포라고만 쓴 경우	30 %

14 서술형

정답 (1) Ⅱ

모범 답안 (2) 염색체 수는 Ⅰ의 세포가 Ⅲ의 세포보다 2배 많고, 핵상은 Ⅰ의 세포가 $2n$, Ⅲ의 세포가 n이다.

해설 (1) 상동 염색체가 분리되는 시기는 감수 1분열 후기이다.

(2) G_1기 세포의 염색체 수와 핵상은 생식세포의 염색체 수와 핵상의 2배이다.

채점 기준		배점
(1)	구간을 옳게 쓴 경우	30 %
(2)	염색체 수와 핵상 모두 옳게 비교하여 서술한 경우	70 %
	염색체 수와 핵상 중 하나만 옳게 비교하여 서술한 경우	30 %

15 서술형

정답 (1) B

모범 답안 (2) (나), (가)에서 핵상은 $2n$에서 n으로 변하지만, (나)에서 핵상은 $2n$에서 $2n$으로 변함없기 때문이다.

해설 (1) (가)는 감수 1분열 과정, (나)는 체세포 분열 과정을 나타낸 것이다. A와 C의 핵상은 $2n$, B의 핵상은 n이다.

(2) 체세포 분열 과정에서는 모세포와 딸세포에서 핵상의 변화가 없다.

채점 기준		배점
(1)	세포를 옳게 쓴 경우	30 %
(2)	(나)라고 쓰고, 까닭을 옳게 서술한 경우	70 %
	(나)라고만 쓴 경우	30 %

2 사람의 유전

02 사람의 유전

개념 익히기 문제   p.149, 151, 153

01 형질   **02** 유전자형   **03** 우성, 열성
04 생식세포, 수정   **05** ○   **06** ×   **07** ×   **08** ○
09 ○   **10** 우성   **11** 상염색체   **12** 복대립   **13** 생식세포
14 ○   **15** ×   **16** ×   **17** ○   **18** X, 높
19 반성유전   **20** X′Y   **21** 다인자   **22** ○   **23** ×
24 ○   **25** ×   **26** ○

01 생물이 가지고 있는 모양이나 성질은 형질이고, 형질의 예로는 미맹, 적록 색맹, ABO식 혈액형, 피부색 등이 있다.

03 이형 접합성의 유전자형을 가진 개체에서 표현형으로 나타나는 형질이 우성, 나타나지 않는 형질이 열성이다.

04 대립유전자는 상동 염색체의 같은 위치에 있으므로, 감수 1분열 중 상동 염색체가 분리될 때 대립유전자도 함께 분리된다.

06 사람의 형질 중 미맹, 귓불 모양 등은 멘델의 유전 법칙을 따라 유전된다.

07 ABO식 혈액형은 단일 인자 유전에 해당하고, 피부색은 다인자 유전에 해당한다.

10 귓불 모양의 유전자형으로 이형 접합성을 갖는 사람의 귓불은 분리형이다. 분리형 형질은 부착형 형질에 대해 우성이다.

12 복대립 유전은 단일 인자 유전이고, 형질에 관여하는 대립유전자가 3가지 이상이다.

15 부모에게서 나타난 형질은 우성 또는 열성으로 유전된다.

16 ABO식 혈액형은 형질에 관여하는 대립유전자가 3개이고, 1쌍의 대립유전자에 의해 형질이 결정되는 유전 형질이다.

20 적록 색맹을 갖는 딸의 유전자형이 $X'X'$이면, 하나의 X'은 아버지로부터 물려받은 것이므로 아버지의 적록 색맹의 유전자형은 $X'Y$이다.

21 하나의 형질을 표현하는 데 1쌍의 대립유전자가 관여하는 유전은 단일 인자 유전, 2쌍 이상의 대립유전자가 관여하는 유전은 다인자 유전이라고 한다.

23 미맹 유전은 환경의 영향을 받지 않고, 유전자에 의해 형질이 결정된다.

25 다인자 유전은 환경의 영향을 많이 받기 때문에 유전자 구성이 같더라도 표현형이 다르게 나타날 수 있다.

자료 집중 분석
p.154

예제 1

정답 ㄴ, ㄷ

해설 | ㄴ. 정상 대립유전자를 A, 유전병 대립유전자를 a라 하자. 가계도 구성원의 유전병의 유전자형은 1은 Aa, 2는 aa, 3은 Aa, 4는 Aa, 5는 aa, 6은 Aa, 7은 A_, 8은 aa, 9는 Aa, 10은 aa이다. 1, 3, 6의 유전병의 유전자형은 모두 Aa로 이형 접합성이다.

ㄷ. Aa(3)×Aa(4) → AA, 2Aa, aa이므로 8의 동생이 태어날 때, 이 아이가 유전병(aa)일 확률은 $\frac{1}{4}$이다.

🔍 **바로알기** ㄱ. 정상인 3과 4로부터 유전병 여자 8이 태어났으므로 정상은 우성 형질, 유전병은 열성 형질이다.

---

01 ③	02 ③	03 ③	04 ④	05 ②	06 ①
07 ②	08 ④	09 ①	10 ②	11 ⑤	12 ④
13 ①	14 ①	15 ⑤	16 ②	17 ④	

고난도 18 ① 　 19 ④

서술형 20~21 해설 참조

---

01 ㄱ. 사람은 한 세대가 길고, 자손의 수가 적으며, 인위적인 교배가 불가능하기 때문에 유전 연구가 어렵다.

ㄷ. 사람은 형질이 다양하고, 환경의 영향을 많이 받는다.

🔍 **바로알기** ㄴ. 사람 체세포 1개당 유전자의 수는 30000 이상으로 완두의 유전자보다 많다.

02 ㄱ. ㉠은 정자이고, ㉡은 난자이며, ㉠과 ㉡의 핵상은 모두 n이다.

ㄴ. ㉠(정자)과 ㉡(난자)의 수정으로 형성된 ㉢(배아)은 ㉠과 ㉡의 유전 정보를 모두 갖는다.

🔍 **바로알기** ㄷ. (가)는 2개의 난자가 배란되어 각각 다른 정자와 수정된 후 각각 독립적인 개체로 발생하는 2란성 쌍둥이의 형성 과정, (나)는 하나의 수정란이 발생 초기에 나뉘어져 각각 독립적인 개체로 발생하는 1란성 쌍둥이의 형성 과정이다.

03 ㄱ. 남자를 나타내는 기호는 □, 여자를 나타내는 기호는 ○로 표현한다.

ㄷ. 어떤 형질의 유전자가 성염색체에 있다고 했을 때, 이 형질에 대해 우성 형질이 발현된 아버지로부터 열성 형질이 발현된 딸이 태어날 수는 없으므로 우성 형질이 발현된 아버지로부터 열성 형질이 발현된 딸이 태어난다면 이 형질의 유전자는 상염색체에 있다.

🔍 **바로알기** ㄴ. 정상인 부모로부터 형질을 가진 자녀가 태어났을 때, 정상은 우성 형질이다.

04

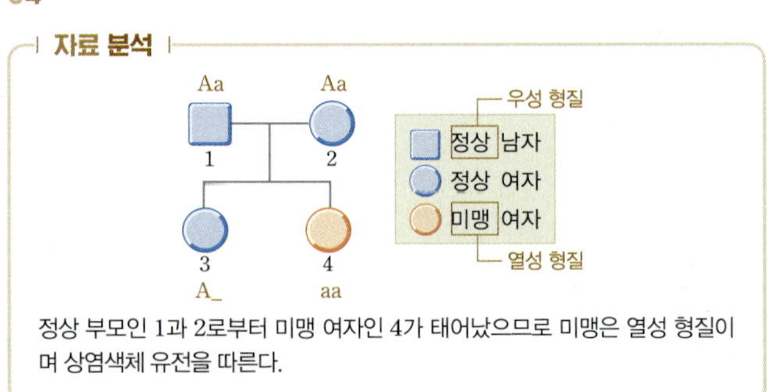

정상 부모인 1과 2로부터 미맹 여자인 4가 태어났으므로 미맹은 열성 형질이며 상염색체 유전을 따른다.

ㄱ. 정상인 1과 2로부터 미맹인 여자 4가 태어났으므로 미맹은 상염색체 유전을 따르며, 정상은 우성 형질, 미맹은 열성 형질이다.

ㄴ. 정상 대립유전자를 A, 미맹 대립유전자를 a라 하자. 이 가계도 구성원의 미맹의 유전자형은 1은 Aa, 2는 Aa, 3은 A_, 4는 aa이다. 1과 2의 미맹의 유전자형은 모두 이형 접합성이다.

🔍 **바로알기** ㄷ. Aa(1)×Aa(2) → AA, 2Aa, aa이므로 4의 동생이 태어날 때, 이 아이가 미맹(aa)일 확률은 $\frac{1}{4}$이다.

05 ㄴ. 아버지는 bb를 가지므로 자녀 1에게 b를 전달하고, 어머니는 DD를 가지므로 자녀 1에게 D를 전달한다. 자녀 1은 아버지로부터 b를 전달받고, 어머니로부터 D를 전달받으므로 b와 D를 모두 갖는다.

🔍 **바로알기** ㄱ. 아버지와 어머니에서 A, a, B, b, D, d가 있는 염색체의 크기와 모양이 같으므로 유전자는 상염색체에 있음을 알 수 있다.

ㄷ. 어머니에서 a와 B가 같은 염색체에 있고, A와 b가 같은 염색체에 있다. 따라서 a와 b는 서로 다른 염색체에 있다.

06

┤ **자료 분석** ├

구성원	성별	⊙ 발현 여부	유전자형
아버지	남	발현됨	Aa
어머니	여	발현됨	Aa
자녀 1	여	발현 안 됨	aa
자녀 2	남	발현됨	Aa

⊙이 발현된 부모 사이에서 ⊙이 발현되지 않은 딸인 자녀 1이 태어났다.
➡ ⊙의 유전은 상염색체 유전이며, ⊙ 발현이 우성 형질이다.

ㄱ. ⊙이 발현된 부모 사이에서 ⊙이 발현되지 않은 딸인 자녀 1이 태어났으므로 ⊙ 발현이 우성 형질, 정상이 열성 형질이다. ⊙ 발현인 아버지로부터 ⊙이 발현되지 않은 딸이 태어났으므로 ⊙은 상염색체 유전을 따른다. 따라서 A는 ⊙ 발현 대립유전자, a는 정상 대립유전자이다.

🔍 **바로알기** ㄴ. 어머니의 ⊙의 유전자형은 Aa로 이형 접합성이다.

ㄷ. 아버지의 ⊙의 유전자형은 Aa, 자녀 2의 ⊙의 유전자형은 Aa로 같다.

07 ㄷ. A는 정상 대립유전자, a는 (가) 발현 대립유전자이다. 4의 (가)의 유전자형은 Aa, 5의 (가)의 유전자형은 Aa이므로 6의 동생이 태어날 때, 이 아이가 (가)(aa)일 확률은 $\frac{1}{4}$이다.

🔍 **바로알기** ㄱ. 정상인 4와 5 사이에서 (가)인 여자 6이 태어났으므로 정상이 우성 형질, (가)가 열성 형질이며, (가)는 상염색체 유전을 따른다.

ㄴ. (가)는 상염색체 유전을 따르므로 남녀에서 발현 빈도가 같다.

08 ㄴ. (가)의 유전자형은 AA, AB, AC, BB, BC, CC로 6가지이다.

ㄷ. 유전자형이 AB인 사람의 표현형은 [A]이고, 유전자형이 AC인 사람의 표현형도 [A]이다.

🔍 **바로알기** ㄱ. (가)의 표현형은 [A], [B], [C]로 3가지이다.

09 ㄴ. 3의 ABO식 혈액형의 유전자형이 동형 접합성이므로 3은 O형이고, 유전자형은 OO이다.

🔍 **바로알기** ㄱ. 1과 2는 각각 A형과 B형 중 하나이므로, 1과 2 중 한 명은 응집소 α를 갖고, 나머지 한 명은 응집소 β를 갖는다.

ㄷ. 4는 AB형이고, 유전자형은 AB로 이형 접합성이다.

10 ㄷ. 이 가족의 (가)의 유전자형은 어머니는 $X^A X^a$, 아버지는 $X^a Y$, 아들은 $X^A Y$, 딸은 $X^A X^a$이므로 ⊙(딸)의 (가)의 유전자형은 이형 접합성이다.

🔍 **바로알기** ㄱ. (가)는 남녀에서 발현 빈도가 다르므로 (가)의 유전자는 X 염색체에 있다.

ㄴ. (가)는 X 염색체 유전을 따른다. 어머니는 (가)가 발현되지 않았고, 아버지는 (가)가 발현되었으며, 딸은 (가)가 발현되지 않았으므로 어머니의 (가)의 유전자형은 이형 접합성인 Aa이다. 따라서 A는 정상 대립유전자, a는 (가) 발현 대립유전자이다.

11 ㄱ. 자녀 2는 남자이면서 A와 a를 더한 DNA 상대량이 1이므로 A와 a는 X 염색체에 있다. 자녀 1의 a의 DNA 상대량이 2이므로 아버지로부터 a를 물려받았다. 따라서 아버지의 유전자형은 $X^a Y$이고, 아버지는 a를 갖는다.

ㄴ. 자녀 1의 a의 DNA 상대량이 2이므로 자녀 1은 체세포당 X 염색체 2개를 갖는 여자이다.

ㄷ. A와 a는 X 염색체에 있으므로 자녀 3에서 A는 X 염색체에 있다.

12 ㄴ. 5는 3으로부터 적록 색맹 대립유전자가 있는 X 염색체를 물려받았다.

ㄷ. $X^A X^a$(3) × $X^a Y$(4) → $X^A X^a$, $\underline{X^a X^a}$, $X^A Y$, $\underline{X^a Y}$이므로, 5의 동생이 태어날 때, 이 아이가 적록 색맹($X^a X^a$, $X^a Y$)일 확률은 $\frac{1}{2}$이다.

🔍 **바로알기** ㄱ. 정상 대립유전자를 A, 적록 색맹 대립유전자를 a라 하자. 이 집안 구성원의 유전자형으로 1은 $X^A Y$, 2는 $X^A X^a$, 3은 $X^A X^a$, 4는 $X^a Y$, 5는 $X^a Y$이다. 2의 적록 색맹의 유전자형은 이형 접합성이다.

13 ㄱ. 적록 색맹은 X 염색체 유전을 따르며, 열성 형질이다. 정상 대립유전자를 A, 적록 색맹 대립유전자를 a라 하자. 이 가족 구성원의 유전자형으로 아버지는 $X^a Y$, 어머니는 $X^A X^a$, 자녀 1은 $X^A X^a$, 자녀 2는 $X^A Y$, 자녀 3은 $X^a Y$이다. 따라서 아버지는 적록 색맹 대립유전자를 갖는다.

🔍 **바로알기** ㄴ. 어머니와 자녀 1의 적록 색맹의 유전자형은 서로 다르다.

ㄷ. 자녀 2는 어머니로부터 X^A 염색체를, 자녀 3은 어머니로부터 X^a 염색체를 물려받았다.

14 ㄱ. ABO식 혈액형은 1쌍의 대립유전자에 의해 형질이 결정되고 관여하는 대립유전자에는 A, B, O 3가지가 있다. 따라서 ABO식 혈액형은 복대립 유전을 따르는 형질이다.

🔍 **바로알기** ㄴ. 지문선의 수는 형질의 변이가 연속적으로 나타나므로 멘델의 유전 법칙을 따라 유전되지 않는다.

ㄷ. 홍역 발병 여부는 병원체인 바이러스에 의해 나타나므로 대립유전자에 의해 형질이 결정되지 않는다.

15 ㄱ. (가)의 유전자는 서로 다른 염색체에 있고, 아버지의 유전자형이 AABB, 어머니의 유전자형이 aabb이므로 자녀 1의 유전자형은 AaBb이다.

ㄴ. (가)는 형질을 결정하는 데 2쌍 이상의 대립유전자가 관여하므로 다인자 유전을 따르는 형질이다.

ㄷ. ㉠(유전자형이 AABB인 아버지)에서 생성된 생식세포는 (가)의 유전자 구성으로 AB만 갖는다.

16 ㄷ. (가)의 유전자형이 AABbdd인 개체와 aaBbDD인 개체에서 대문자로 표시되는 대립유전자의 수가 각각 3이므로 (가)의 표현형은 같다.

바로알기 ㄱ. (가)는 3쌍의 대립유전자에 의해 형질이 결정되므로 다인자 유전을 따르는 형질이다.

ㄴ. 대립유전자 A와 a를 통해 유전자형 AA, Aa, aa가 나타날 수 있고, 대립유전자 B와 b를 통해 유전자형 BB, Bb, bb가 나타날 수 있으며, 대립유전자 D와 d를 통해 유전자형 DD, Dd, dd가 나타날 수 있다. 따라서 (가)의 유전자형의 종류는 $3 \times 3 \times 3 = 27$가지이다.

17 ㄱ. 눈꺼풀은 대립 형질이 쌍꺼풀과 외까풀로 뚜렷하며, 1쌍의 대립유전자에 의해 형질이 결정되는 단일 유전을 따른다.

ㄴ. 키는 여러 쌍의 대립유전자에 의해 형질이 결정되는 다인자 유전을 따른다. 다인자 유전 형질은 환경의 영향을 많이 받으며, 표현형이 다양하게 나타난다.

바로알기 ㄷ. 눈꺼풀은 단일 대립 인자 유전을 따르고, 키는 다인자 유전을 따른다. 따라서 눈꺼풀은 키보다 환경의 영향을 덜 받는다.

18

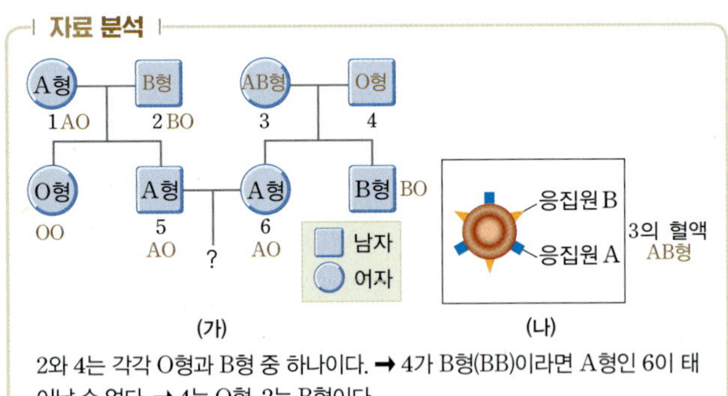

2와 4는 각각 O형과 B형 중 하나이다. ➡ 4가 B형(BB)이라면 A형인 6이 태어날 수 없다. ➡ 4는 O형, 2는 B형이다.

ㄱ. 3은 응집원 A와 B를 모두 가지므로 AB형이다. 1~4의 ABO식 혈액형이 모두 다르므로 2와 4는 각각 O형 또는 B형 중 하나이다. 4의 ABO식 혈액형의 유전자형이 BB라면 A형 자녀가 태어날 수 없으므로 4는 O형이고, 2는 B형이다.

바로알기 ㄴ. 3의 혈액형은 AB형으로 3의 혈액에는 응집소가 없다.

ㄷ. 5와 6의 ABO식 혈액형의 유전자형은 모두 AO이므로 5와 6 사이에서 아이가 태어날 때, 이 아이의 ABO식 혈액형이 4와 같은 O형(OO)일 확률은 $\dfrac{1}{4}$이다.

19

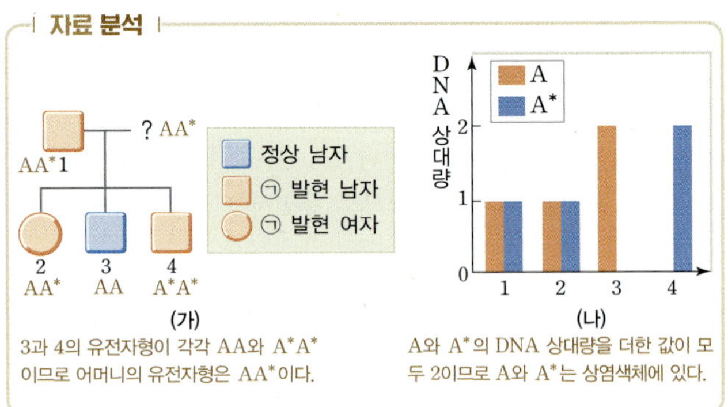

3과 4의 유전자형이 각각 AA와 A*A*이므로 어머니의 유전자형은 AA*이다.

A와 A*의 DNA 상대량을 더한 값이 모두 2이므로 A와 A*는 상염색체에 있다.

ㄱ. 남자인 1, 3, 4에서 A와 A*의 DNA 상대량을 더한 값이 모두 2이므로 A와 A*는 상염색체에 있다.

ㄷ. 3은 AA를 가지므로 어머니는 A를 갖고, 4는 A*A*를 가지므로 어머니는 A*를 갖는다. 따라서 어머니는 A와 A*를 모두 갖는다.

바로알기 ㄴ. 3은 AA인데 정상이므로 A는 정상 대립유전자, A*는 ㉠ 발현 대립유전자이다. 1은 AA*인데 ㉠이 발현되었으므로 A는 A*에 대해 열성이다.

20 서술형

정답 (1) OO

모범 답안 (2) Ⅱ, ㉠이 O형이므로 ㉠의 부모는 모두 O를 가져야 하는데, Ⅰ의 경우 AB형은 O를 갖지 않기 때문이다.

해설 (1) ABO식 혈액형은 대립유전자 A, B, O에 의해 결정되는 복대립 유전을 따른다. A와 B 사이에는 우열이 없고, A와 B는 모두 O에 대해 우성이다. 따라서 O형인 ㉠의 유전자형은 OO이다.

(2) 부부 중 한 명의 혈액형이 AB형이면 자녀에서 A 또는 B가 전달되어 자녀가 O형을 나타낼 수 없다. 따라서 O형인 ㉠의 부모는 AB형의 혈액형을 갖지 않으므로 Ⅱ이다.

채점 기준		배점
(1)	유전자형을 옳게 쓴 경우	30 %
(2)	Ⅱ라고 쓰고, 까닭을 옳게 서술한 경우	70 %
	Ⅱ라고만 쓴 경우	30 %

21 서술형

모범 답안 (1) 남녀에 따라 발현 빈도가 다르다. 혈우병 유전자는 X 염색체에 있다. 혈우병은 정상에 대해 열성 형질이다. 등

(2) 혈우병 대립유전자는 빅토리아 여왕으로부터 엘리스, 알렉산드라를 거쳐 알렉시스로 전달되었다.

해설 (1) 혈우병은 X 염색체 유전을 따르며, 열성 형질이다. 혈우병은 혈액 응고 인자 부족에 의해 출혈할 때 혈액이 잘 응고되지 않는 질병으로 혈우병 증상을 갖는 여아는 대부분 유산되거나 사산하여 대부분 남자에게 발현된다.

(2) 알렉시스의 부모는 정상이므로 알렉산드라는 보인자이다. 알렉산드라의 부모도 정상이므로 엘리스도 보인자이며, 엘리스의 아버지도 정상이므로 빅토리아 여왕도 보인자이다.

채점 기준		배점
(1)	혈우병 유전의 특징 2가지 모두 옳게 서술한 경우	40 %
	혈우병 유전의 특징 2가지 중 1가지만 옳게 서술한 경우	20 %
(2)	경로를 모두 옳게 서술한 경우	60 %

03 염색체 이상과 유전자 이상

개념 익히기 문제 p.161

01 염기 서열 **02** 염색체 비분리 **03** 상동 염색체
04 ○ **05** × **06** ×

01 유전자 돌연변이는 DNA에서 단백질 합성 정보를 암호화하고 있는 염기 서열이 달라져 나타난다.

02 감수 분열 중 염색체 비분리가 일어나면 염색체 수가 비정상적인 생식세포가 만들어질 수 있다.

05 염색체 수의 이상은 감수 분열 과정에서 염색체의 비분리가 일어날 때 일어난다.

06 헌팅턴 무도병은 유전자 이상에 의한 유전병으로, 핵형 분석을 통해 알아낼 수 없다.

자료 집중 분석 p.162, 163

예제 1

정답 ㄱ, ㄷ

해설 | ㄱ. 그림의 감수 1분열에서 성염색체 비분리가 일어났고, ㉠에 X 염색체가 있으므로 ㉠에는 X 염색체와 Y 염색체가 모두 있다.

ㄷ. A($n-1$)의 상염색체 수는 22이고, ㉡($n-1$)의 상염색체 수도 22이다.

바로알기 ㄴ. A는 감수 1분열이 끝난 세포로 핵상은 $n-1$이다.

예제 2

정답 ㄱ, ㄷ

해설 | ㄱ. 적록 색맹은 X 염색체 유전을 따르며, 열성 형질이다. 정상 대립유전자를 X^R, 적록 색맹 대립유전자를 X^r라 하자. 정상인 부모 사이에서 태어난 A는 성염색체 구성이 XXY이고, 적록 색맹을 나타내므로 적록 색맹의 유전자형은 $X^r X^r Y$이다. 아버지의 적록 색맹의 유전자형은 $X^R Y$, 어머니의 적록 색맹의 유전자형은 $X^R X^r$이다. 따라서 어머니는 적록 색맹 대립유전자 X^r를 갖는다.

ㄷ. A의 적록 색맹 대립유전자 X^r는 어머니로부터 물려받은 것이다. 유전자형이 $X^R X^r$인 어머니로부터 $X^r X^r$를 물려받기 위해서는 어머니의 난자 형성 과정 중 감수 2분열에서 염색체 비분리가 일어나야 한다.

바로알기 ㄴ. A의 핵상과 염색체 수는 $2n+1 = 44+XXY$로

클라인펠터 증후군의 염색체 이상을 갖는다. 다운 증후군의 염색체 이상을 갖는 사람은 체세포당 21번 염색체의 수가 3이다.

개념 다지기 문제 p.164~167

01 ① **02** ④ **03** ⑤ **04** ④ **05** ② **06** ④
07 ③ **08** ⑤ **09** ④ **10** ① **11** ① **12** ③
고난도 **13** ⑤ **14** ①
서술형 **15~16** 해설 참조

01 ㄱ. 낫 모양 적혈구는 유전자 돌연변이에 의해 생성되고, 유전자는 자손에게 유전되므로 낫 모양 적혈구는 자손에게 유전될 수 있다.

바로알기 ㄴ. 낫 모양 적혈구는 유전자 이상에 의해 나타나고, 핵형 분석을 통해 유전자 이상은 알 수 없으므로 낫 모양 적혈구를 갖는 사람은 핵형 분석을 통해 알 수 없다.

ㄷ. 정상 적혈구와 낫 모양 적혈구의 헤모글로빈을 구성하는 아미노산의 서열은 일부 다르다. 정상 적혈구의 헤모글로빈의 6번째 아미노산은 글루탐산이지만, 낫 모양 적혈구의 헤모글로빈의 6번째 아미노산은 발린이다.

02 ㄱ. ㉠과 ㉡은 크기와 모양이 같으므로 ㉠과 ㉡은 상동 염색체이다.

ㄴ. (나)는 유전자 Y와 Z가 결실된 세포이다.

바로알기 ㄷ. 대립유전자는 상동 염색체의 같은 위치에 있다. P와 W는 서로 다른 염색체에 있으므로 대립유전자가 아니다.

03 ㄱ. 대립유전자는 상동 염색체의 같은 위치에 있다. D와 d는 상동 염색체의 같은 위치에 있으므로 D는 d의 대립유전자이다.

ㄴ. ㉠은 aBCd가 aBdC로 역위가 일어난 염색체이다.

ㄷ. ㉡은 EFG가 EEFG로 중복이 일어난 염색체이다.

04 ㄴ. ㉡은 21번 염색체와 성염색체 사이에서 전좌된 염색체로 어머니로부터 물려받은 것이다. 자녀 1의 경우 성염색체 구성이 XX이므로 여자이다.

ㄷ. 자녀 2는 성염색체 Y를 가지므로 남자이다.

바로알기 ㄱ. ㉠은 21번 염색체, ㉢은 Y 염색체이므로 ㉠과 ㉢은 상동 염색체가 아니다.

05 ㄷ. D는 Y 염색체를 갖는 정자이다. D와 정상 난자가 수정되어 태어난 아이의 핵형은 정상이다.

바로알기 ㄱ. A의 핵상은 $2n$, B의 핵상은 n이므로 A의 DNA양은 B의 DNA양보다 많다.

ㄴ. C는 감수 2분열이 완료된 세포로 핵상은 $n+1$이다.

06 ㄱ. 상동 염색체가 분리되고 있는데, 상동 염색체의 분리는 감수 1분열 후기 때 일어난다.

ㄷ. 이 과정을 거쳐 형성된 생식세포는 염색체 수가 정상보다 많거나 적을 수 있고, 자손은 부모에게 없던 형질이 나타날 수 있다.

바로알기 ㄴ. 이 사람은 특정 형질의 유전자형이 Aa이고, 대립

유전자는 상동 염색체의 같은 자리에 있다. 따라서 ㉠에 A가 있다면 ㉡에 a가 있으므로 ㉠과 ㉡의 유전 정보는 모두 같지 않다.

07 ㄴ. 클라인펠터 증후군은 성염색체 수 이상으로 성염색체가 XXY이다.

ㄷ. 터너 증후군은 성염색체 수 이상으로 성염색체가 X 1개이다.

🔍 **바로알기** ㄱ. 다운 증후군은 상염색체 수 이상으로 21번 염색체가 3개이다.

ㄹ. 고양이 울음 증후군은 염색체 구조 이상으로 5번 염색체의 일부가 결실되어 있다.

08 ㄱ. 정상인 사람의 체세포 1개당 상염색체 수가 44, 성염색체 수가 2이며, 체세포 1개당 염색체 수는 46이다.

ㄴ. (나)는 21번 염색체 3개를 나타낸 것으로 다운 증후군의 염색체 이상을 갖는 사람에게서 나타난다.

ㄷ. (다)는 성염색체로 X를 1개 갖는 사람의 염색체를 나타낸 것이다. (다)를 갖는 사람은 Y 염색체가 없기 때문에 여자이다.

09 ㄴ. X 염색체는 Y 염색체보다 크기가 크다. (가)와 (나)에는 모두 X 염색체가 있고, (나)~(라)에는 모두 Y 염색체가 있다.

ㄷ. 감수 1분열에서 염색체 비분리가 일어나면 X 염색체와 Y 염색체를 모두 가지는 정자가 형성될 수 있으므로 감수 1분열에서 염색체 비분리가 일어난 정자는 (나)이다.

🔍 **바로알기** ㄱ. 성염색체 비분리 이외의 상염색체는 감수 분열이 정상적으로 일어났다. (다)에는 상염색체 22개와 Y 염색체 2개가 있고, (라)에는 상염색체 22개와 Y 염색체 1개가 있으므로 전체 DNA양은 (다)가 (라)의 2배가 아니다.

10

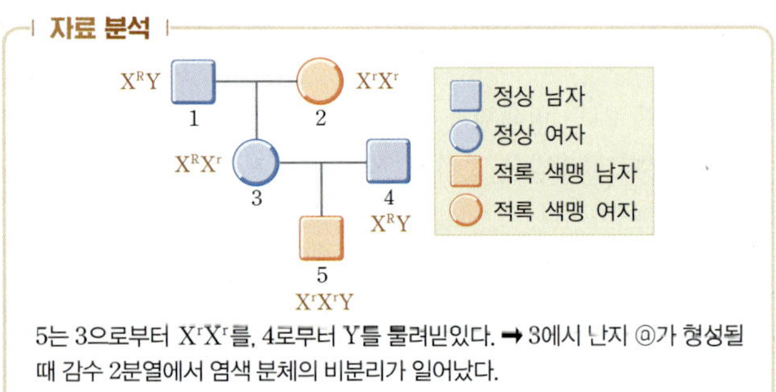

5는 3으로부터 X^rX^r를, 4로부터 Y를 물려받았다. ➡ 3에서 난자 ⓐ가 형성될 때 감수 2분열에서 염색 분체의 비분리가 일어났다.

ㄱ. 적록 색맹은 X 염색체 유전을 따르며, 열성 형질이다. 클라인펠터 증후군의 염색체 이상을 갖는 사람은 성염색체로 XXY를 갖는다. 정상 대립유전자를 X^R, 적록 색맹 대립유전자를 X^r라고 하자. 이 집안 구성원의 적록 색맹의 유전자형은 1은 X^RY를, 2는 X^rX^r, 3은 X^RX^r, 4는 X^RY, 5는 X^rX^r이다. 따라서 3은 적록 색맹 대립유전자를 갖는 보인자이다.

🔍 **바로알기** ㄴ. ⓐ는 적록 색맹 대립유전자 2개를 갖고, 염색체 구성은 X^rX^r이다. 3의 적록 색맹의 유전자형은 X^RX^r이므로 3으로부터 X^rX^r를 갖는 ⓐ가 형성되기 위해서는 감수 2분열에서 염색체 비분리가 일어나야 한다.

ㄷ. ⓑ에는 Y 염색체가 있고, X 염색체가 없으므로 적록 색맹 대

립유전자도 없다.

11 ㄱ. ㉠에는 X 염색체 2개가 있고, ㉢에는 성염색체가 없으므로 (가)에서 염색체 비분리는 감수 1분열에서 일어났음을 알 수 있다.

🔍 **바로알기** ㄴ. ㉡에는 상염색체 22개와 X 염색체 2개가 있고, ㉣에는 상염색체 22개와 Y 염색체 1개가 있다. 따라서 ㉡과 ㉣의 염색체 수는 다르다.

ㄷ. ㉢은 성염색체가 없으므로 ㉢의 성염색체 수는 ㉤의 성염색체 수보다 작다.

12 ㄱ, ㄴ. 아버지와 어머니는 각각 D와 d 중 한 종류만 가지므로 자녀 1의 ㉠의 유전자형은 Dd이다. 자녀 1에서 ㉠이 발현되지 않았으므로 D는 정상 대립유전자, d는 ㉠ 발현 대립유전자이고, 아버지의 ㉠의 유전자형은 X^dY, 어머니의 ㉠의 유전자형은 X^DX^D, 자녀 2의 ㉠의 유전자형은 X^dY이다.

🔍 **바로알기** ㄷ. 자녀 2의 ㉠의 유전자형이 X^dY이므로 아버지로부터 X^dY를 모두 물려받아야 한다. X 염색체와 Y 염색체를 모두 갖는 정자 ⓑ가 형성되기 위해서는 감수 1분열에서 염색체 비분리가 일어나야 한다.

13

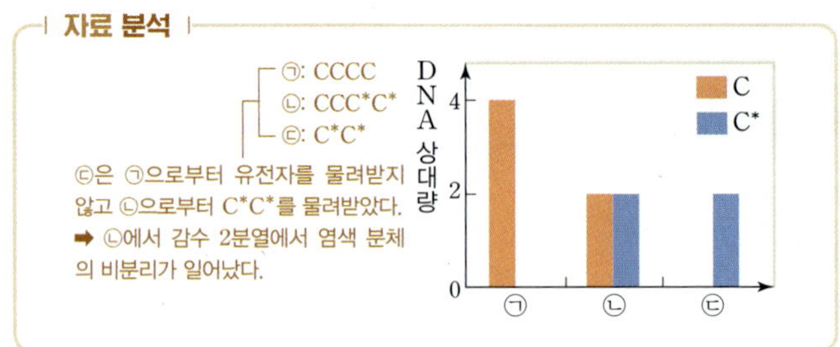

ㄱ. P의 유전자형은 CC, Q의 유전자형은 CC*이다.

ㄴ. ㉡은 감수 1분열 중기의 세포이고 대립유전자 C와 C*의 DNA 상대량이 2이므로 Q의 유전자형은 CC*이다. ㉠으로부터 형성되어 ㉢의 형성에 참여한 정자는 C가 없고, ㉡으로부터 형성되어 ㉢의 형성에 참여한 정자는 C*를 2개 갖는다. 따라서 ㉡으로부터 난자가 형성되는 과정 중 감수 2분열에서 염색체 비분리가 일어났다.

ㄷ. ㉢은 정자로부터 22개의 염색체를 받았고, 난자로부터 24개의 염색체를 받았다.

14

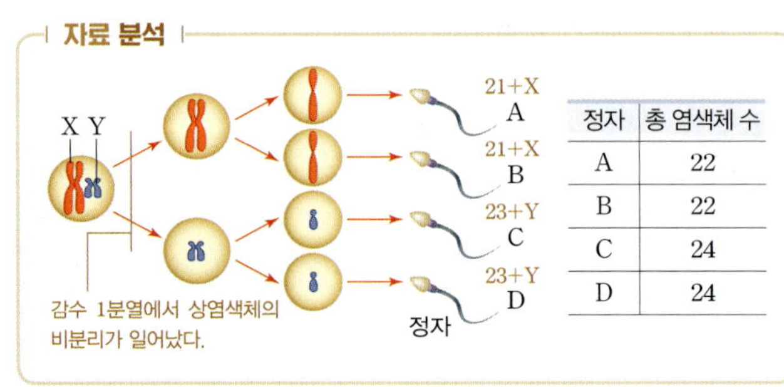

정자	총 염색체 수
A	22
B	22
C	24
D	24

ㄱ. A~D의 염색체 수 중 23인 것이 없으므로 감수 1분열에서 상염색체의 비분리가 일어났다.

바로알기 ㄴ. A는 상염색체 21개와 X 염색체 1개를 갖는다. A가 정상 난자와 수정하여 태어난 아이는 성염색체로 XX를 가지므로 터너 증후군의 염색체 이상을 갖지 않는다.

ㄷ. B와 C는 염색체 수가 각각 22와 24로 다르므로 DNA양도 다르다.

15 서술형

정답 (1) 다운 증후군

모범 답안 (2) 감수 분열 중 염색체의 비분리에 의해 21번 염색체가 2개인 생식세포와 정상 생식세포의 수정에 의해 나타난다.

해설 (1) 핵형 분석 결과 21번 염색체가 3개이므로 이 사람은 다운 증후군의 염색체 이상을 갖는다.

(2) 정상보다 체세포당 염색체 수가 1개 많거나 적은 까닭은 감수 분열 중 염색체 비분리에 의해 염색체 수가 1개 많거나 적은 생식세포가 형성되어 수정되었기 때문이다.

	채점 기준	배점
(1)	다운 증후군이라고 쓴 경우	30 %
(2)	까닭을 옳게 서술한 경우	70 %

16 서술형

정답 (1) ㉠ 중복, ㉡ 역위, ㉢ 전좌

모범 답안 (2) ABC, ABCD, ACDE 등 결실이 되었을 때의 유전자 배열을 쓰면 모두 인정

해설 염색체 구조 이상에는 결실, 중복, 역위, 전좌가 있다. 유전자의 일부가 사라지면 결실, 일부가 반복되면 중복, 순서가 바뀌면 역위, 위치가 다른 염색체와 바뀌면 전좌이다.

	채점 기준	배점
(1)	㉠~㉢ 모두 옳게 쓴 경우	40 %
(2)	유전자 배열을 3가지 모두 쓴 경우	60 %

학교 시험 빈출 자료 MASTER p.168~171

①	1 ×	2 ○	3 ○	4 ○	5 ×		
②	1 ○	2 ○	3 ×	4 ×	5 ×		
③	1 ×	2 ○	3 ○	4 ○	5 ×	6 ×	7 ○
	8 ○						
④	1 ○	2 ○	3 ○	4 ○	5 ○	6 ○	7 ×
⑤	1 ○	2 ○	3 ○	4 ○	5 ×	6 ×	7 ○
⑥	1 ×	2 ○	3 ×	4 ×	5 ×	6 ○	
⑦	1 ○	2 ○	3 ○	4 ○	5 ×		
⑧	1 ○	2 ○	3 ×	4 ×	5 ○	6 ×	
⑨	1 ×	2 ○	3 ×	4 ○	5 ×	6 ○	
⑩	1 ○	2 ×	3 ○	4 ○	5 ×	6 ×	
⑪	1 ×	2 ×	3 ○	4 ○	5 ○	6 ○	
⑫	1 ○	2 ○	3 ×	4 ○	5 ○	6 ×	

①-1 치매는 1란성 쌍둥이가 2란성 쌍둥이보다 일치율이 높으므로 유전의 영향을 받는다.

①-3 낫 모양 적혈구는 DNA의 염기 서열 변화에 의해 생성되고, 낫 모양 적혈구에 의한 빈혈증은 환경의 영향보다 유전의 영향이 더 크다.

①-5 2란성 쌍둥이는 서로 다른 정자와 난자의 수정에 의해 태어났으므로 2란성 쌍둥이의 유전 정보가 서로 다르다.

②-3 어머니의 눈꺼풀의 유전자형은 aa로 동형 접합성이다.

②-4 아버지의 눈꺼풀의 유전자형은 AA이다. 아버지로부터 형성된 생식세포에서 눈꺼풀의 유전자형 종류는 A로 1가지이다.

②-5 자녀에서는 우성 대립유전자 A에 의해 우성 표현형인 쌍꺼풀이 발현되었다.

③-1 정상인 부모 1과 2로부터 ㉠ 발현 자녀가 태어났으므로 정상이 우성 형질, ㉠이 열성 형질이다.

③-5 1의 ㉠의 유전자형은 Aa이고, 4의 ㉠의 유전자형은 aa이다.

③-6 A는 정상 대립유전자, a는 ㉠ 발현 대립유전자이다.

④-3 5의 ABO식 혈액형의 유전자형은 AO, 6의 ABO식 혈액형의 유전자형은 BO이다. 5와 6 사이에서 아이가 태어날 때, 이 아이의 ABO식 혈액형이 A형일 확률은 $\frac{1}{4}$이다.

④-5 6은 3으로부터 O를 물려받고, 4로부터 B를 물려받았다.

④-7 5와 6 사이에서 아이가 태어날 때, 이 아이가 가질 수 있는 ABO식 혈액형은 A형, B형, AB형, O형으로 총 4종류이다.

⑤-4 정자는 감수 분열을 통해 형성된다.

⑤-5 정자의 핵상은 n이다.

⑤-6 난자의 핵상은 n으로 상동 염색체 쌍이 없다.

⑥-1 어머니의 적록 색맹의 유전자형은 XX′으로 정상이다.

⑥-3 적록 색맹의 유전자는 X 염색체에 있다.

⑥-4 적록 색맹은 정상에 대해 열성이다.

⑥-5 적록 색맹은 여자보다 남자에서 발현 비율이 높다.

⑦-5 ABO식 혈액형을 결정하는 대립유전자의 종류는 A, B, O로 3가지이다.

⑦-6 미맹은 대립 형질의 구분이 뚜렷하므로 불연속적인 변이를 보인다.

⑧-3 피부색은 여러 쌍의 대립유전자에 의해 형질이 결정된다.

⑧-4 피부색의 형질은 대립 형질이 뚜렷하게 구분되지 않고, 연속적인 변이로 나타난다.

⑧-6 피부색은 다인자 유전을 따른다.

⑨-1 낫 모양 적혈구 빈혈증은 유전자 돌연변이의 예이다.

⑨-3 헤모글로빈의 6번째 아미노산은 정상 적혈구에서 글루탐산이지만 낫 모양 적혈구에서는 발린이다.

⑨-5 낫 모양 적혈구 빈혈증은 유전자 돌연변이에 의해 나타나므로 자손에게 유전될 수 있다.

⑩-2 염색체 일부가 없어진 경우는 결실에 해당한다.

⑩-5 결실을 거친 염색체는 유전자 일부가 사라졌다.

⑩-6 염색체의 구조 이상이 발생하더라도 염색체의 수가 증가하지는 않는다.

⑪-1 다운 증후군의 염색체 이상은 남자와 여자에서 모두 나타난다.

⑪-2 에드워드 증후군의 염색체 이상을 갖는 사람은 18번 염색체가 3개이다.

⑫-3 적록 색맹은 X 염색체 유전을 따르며 열성 형질이므로, A는 정상 대립유전자, a는 적록 색맹 대립유전자이다. 4의 적록 색맹의 유전자형은 X^AX^a이고, 5의 적록 색맹의 유전자형은 X^aY이며, 6의 적록 색맹의 유전자형은 X^a이다. 정자 ㉠은 성염색체가 없고, 난자 ㉡은 X^a를 갖는다.

⑫-6 $X^AX^a \times X^AY \to X^AX^A$, X^AX^a, X^AY, $\underline{X^aY}$이므로, 6의 동생이 태어날 때, 이 아이가 적록 색맹(X^aY)일 확률은 $\frac{1}{4}$이다.

학교 시험 대비 문제
p.172~177

01 ①	02 ④	03 ③	04 ⑤	05 ③	06 ④
07 ④	08 ④	09 ④	10 ②	11 ③	12 ③
13 ⑤	14 ③	15 ④	16 ①		

고난도 17 ⑤ 18 ②

서술형 19~22 해설 참조

---

01 ㄴ. 혈액형은 1란성 쌍둥이에서 일치율이 1이므로 유전자에 의해 형질이 결정된다.

바로알기 ㄱ. 지능은 1란성 쌍둥이에서 일치율이 1이 아니므로 환경의 영향을 받는다.

ㄷ. 1란성 쌍둥이에서 키보다 미맹의 일치율이 높고, 2란성 쌍둥이에서 키보다 미맹의 일치율이 낮으므로 미맹은 키보다 유전의 영향을 더 받는다.

02 ㄱ. 쌍꺼풀인 부모 사이에서 외까풀인 딸이 태어났으므로 쌍꺼풀은 우성 형질, 외까풀은 열성 형질이다.

ㄴ. 미맹에 대해 정상인 부모 사이에서 미맹인 딸이 태어났으므로 정상은 우성 형질, 미맹은 열성 형질이고, 미맹은 상염색체 유전을 따르는 형질이다. 미맹이 성염색체 유전을 따르는 형질이라면 정상인 아버지로부터 미맹인 딸이 태어날 수 없다.

바로알기 ㄷ. 혀 말기 가능 부모로부터 혀 말기 불가능 딸이 태어났으므로 혀 말기 가능 우성 형질, 혀 말기 불가능은 열성 형질이다. 부모는 모두 혀 말기의 유전자형이 이형 접합성이고, 딸의 혀 말기의 유전자형은 동형 접합성이다.

03 ㄱ. A의 정상 부모 사이에서 미맹인 자녀가 태어났으므로 미맹은 정상에 대해 열성 형질임을 알 수 있다.

ㄴ. 미맹은 1쌍의 대립유전자에 의해 결정되므로 단일 인자 유전을 따른다.

바로알기 ㄷ. A에서 정상인 부모 사이에서 미맹인 자녀가 태어났으므로 ㉠의 미맹의 유전자형은 이형 접합성이다.

04 ㄴ. ㉡은 정상이므로 A를 갖고, ㉡의 아버지는 P를 나타내므로 아버지로부터 a를 물려받았다. 따라서 ㉡의 P의 유전자형은 Aa로 이형 접합성이다.

ㄷ. ㉢의 P의 유전자형은 aa이고, ㉢과 유전자형이 Aa인 남자

사이에서 아이가 태어날 때, 이 아이가 정상(Aa)일 확률은 $\frac{1}{2}$이다.

바로알기 ㄱ. ㉠은 A를 갖지 않으므로 ㉠의 P의 유전자형은 aa이며, A는 정상 대립유전자, a는 P 발현 대립유전자이다.

05 ㄱ. 이 유전병의 유전자는 X 염색체에 있고, 4와 5는 표현형이 다르므로 1로부터 서로 다른 X 염색체를 물려받았다.

ㄷ. $X^AY \times X^AX^a \to X^AX^A$, X^AX^a, $\underline{X^AY}$, X^aY이므로, 7의 동생이 태어날 때, 이 아이가 남자이고 유전병이 발현(X^AY)될 확률은 $\frac{1}{4}$이다.

바로알기 ㄴ. 유전병이 발현된 5와 6으로부터 정상인 7이 태어났으므로 유전병은 우성 형질, 정상은 열성 형질이며, A는 유전병 대립유전자, a는 정상 대립유전자이다. 이 집안의 구성원의 유전자형은 1은 X^AX^a, 2는 X^aY, 3은 X^AX^a, 4는 X^aY, 5는 X^AY, 6은 X^AX^a, 7은 X^aY이다. 1~7 중 a를 갖는 사람은 1, 2, 3, 4, 6, 7로 6명이다.

06

┤ 자료 분석 ├

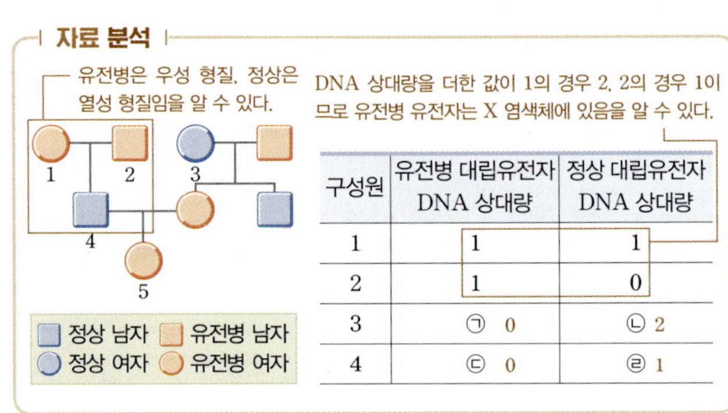

구성원	유전병 대립유전자 DNA 상대량	정상 대립유전자 DNA 상대량
1	1	1
2	1	0
3	㉠ 0	㉡ 2
4	㉢ 0	㉣ 1

ㄱ. 유전병을 갖는 1과 2로부터 정상인 4가 태어났으므로 유전병은 우성 형질, 정상은 열성 형질이다. 유전병 대립유전자를 A, 정상 대립유전자를 a라 하자. 1~4의 유전자형은 1은 X^AX^a, 2는 X^AY, 3은 X^aX^a, 4는 X^aY이다. ㉠은 0, ㉡은 2, ㉢은 0, ㉣은 1이다. ㉠+㉢은 0이고, ㉡+㉣은 3이므로 ㉠+㉢은 ㉡+㉣보다 작다.

ㄷ. $X^aY \times X^AX^a \to \underline{X^AX^a}$, X^aX^a, $\underline{X^AY}$, X^aY이므로, 5의 동생이 태어날 때, 이 아이가 유전병(X^AX^a, X^AY)일 확률은 $\frac{1}{2}$이다.

바로알기 ㄴ. 남자인 2에서 유전병 대립유전자와 정상 대립유전자의 DNA 상대량을 더한 값이 1이므로 유전병의 유전자는 X 염색체에 있다.

07 아버지와 어머니는 T와 t 중 서로 다른 한 종류의 대립유전자만 가지므로 자녀 1의 ㉠의 유전자형은 이형 접합성이다. 자녀 1에서 ㉠이 발현되지 않았으므로 T는 정상 대립유전자, t는 ㉠ 발현 대립유전자이다. 자녀 1과 자녀 2의 ㉠의 표현형이 서로 다르므로 ㉠은 X 염색체 유전을 따른다.

ㄴ. T와 t는 X 염색체에 있다.

ㄷ. 아버지의 ㉠의 유전자형은 X^TY, 어머니의 ㉠의 유전자형은 X^TX^t이므로 $X^TY \times X^TX^t \to X^TX^t$, $\underline{X^tY}$이다. 따라서 자녀 2의

동생이 태어날 때, 이 아이에게서 ㉠이 발현(X^tY)될 확률은 $\dfrac{1}{2}$
이다.

바로알기 ㄱ. T는 정상 대립유전자, t는 ㉠ 발현 대립유전자
이다.

08 ㄱ. 적록 색맹은 X 염색체 유전을 따르며, 열성 형질이다.
(가)의 어머니는 적록 색맹이므로 (가)는 어머니로부터 적록 색맹
대립유전자를 물려받아 적록 색맹이다.
ㄴ. (나)의 아버지는 정상이므로 (나)는 아버지로부터 정상 대립
유전자를 물려받는다.
바로알기 ㄷ. 정상 대립유전자를 A, 적록 색맹 대립유전자를 a
라 하자. (가)는 어머니로부터 X^a를 물려받아 적록 색맹 유전자
형이 X^aY이고, (나)는 아버지로부터 X^A, 어머니로부터 X^a를
물려받아 적록 색맹 유전자형이 X^AX^a이다. $X^aY \times X^AX^a \rightarrow$
X^AX^a, X^aX^a, X^AY, $\underline{X^aY}$이므로, (가)와 (나) 사이에서 자녀가
태어날 때, 이 아이가 적록 색맹인 남자 아이(X^aY)일 확률은 $\dfrac{1}{4}$
이다.

09 ㄴ. ㉡의 유전자형이 BBDd인 개체와 BbDD인 개체는 각각
대문자로 표시되는 대립유전자의 수가 3으로 같으므로 표현형도
같다.
ㄷ. ㉡의 유전자형이 BbDd인 개체로부터 형성된 생식세포의 유
전자형은 BD, Bd, bD, bd이고, ㉡의 유전자형이 bbdd인 개체
로부터 형성된 생식세포의 유전자형은 bd이므로 자손(F_1)에서
나타날 수 있는 표현형은 대문자로 표시되는 대립유전자의 수 2,
1, 0이므로 최대 3가지이다.
바로알기 ㄱ. ㉠은 1쌍의 대립유전자에 의해 형질이 결정되는
단일 인자 유전이다. 표현형이 3가지이므로 A와 a 사이에 우열
관계는 명확하지 않다.

10 (가)의 표현형은 유전자형에서 대문자로 표시되는 대립유전
자의 수에 의해서만 결정되므로 (가)의 유전자형이 모두 AaBbdd
인 부모에게서 아이가 태어날 때, 이 아이의 표현형이 부모와 같
으려면 유전자형에서 대문자로 표시되는 대립유전자의 수가 2이
어야 한다. 유전자형이 AAbbdd, AaBbdd, aaBBdd일 때 (가)
의 표현형이 부모와 같다. 이 아이의 유전자형이 AAbbdd일 확
률은 $\dfrac{1}{4} \times \dfrac{1}{4} \times 1 = \dfrac{1}{16}$, AaBbdd일 확률은 $\dfrac{1}{2} \times \dfrac{1}{2} \times 1 = \dfrac{1}{4}$,
aaBBdd일 확률은 $\dfrac{1}{4} \times \dfrac{1}{4} \times 1 = \dfrac{1}{16}$이다. 따라서 이 아이의
(가)의 표현형이 부모와 같을 확률은 $\dfrac{1}{16} + \dfrac{1}{4} + \dfrac{1}{16} = \dfrac{3}{8}$이다.

11 ㄷ. 헤모글로빈 단백질을 구성하는 아미노산의 종류와 순서
는 DNA의 유전 정보에 저장된 염기 서열로 결정된다.
바로알기 ㄱ. 낫 모양 적혈구를 갖는 사람은 핵형 분석을 통해
확인할 수 없다.
ㄴ. 헤모글로빈 유전자에 일어난 돌연변이 때문에 아미노산 서열
이 바뀌고, 단백질의 구조가 달라진다.

12 ㄱ. 감수 1분열 결과 형성된 딸세포 중 왼쪽 딸세포에서는 중
복이, 오른쪽 딸세포에서는 결실이 일어났다.
ㄷ. 세포 1개당 염색체 수는 C에서 24, B에서 23, D에서 22이다.
바로알기 ㄴ. A는 상염색체에 중복이 일어난 염색체와 X 염색
체를 갖는다. A가 정상 난자와 수정하여 태어난 아이는 성염색
체 구성이 XX이므로 여자이다.

13 ㄱ. ㉠(다운 증후군)은 염색체 수 이상에 의한 유전병이다.
ㄴ. (나)는 클라인펠터 증후군의 염색체 이상을 가지므로 성염색
체 구성으로 XXY를 갖는다. 따라서 (나)는 성염색체로 Y 염색
체를 갖는다.
ㄷ. 핵형 분석을 통해 염색체의 수, 구조의 이상 유무를 확인할
수 있으므로 핵형 분석을 통해 ㉡(성염색체의 수가 3)을 확인할
수 있다.

14

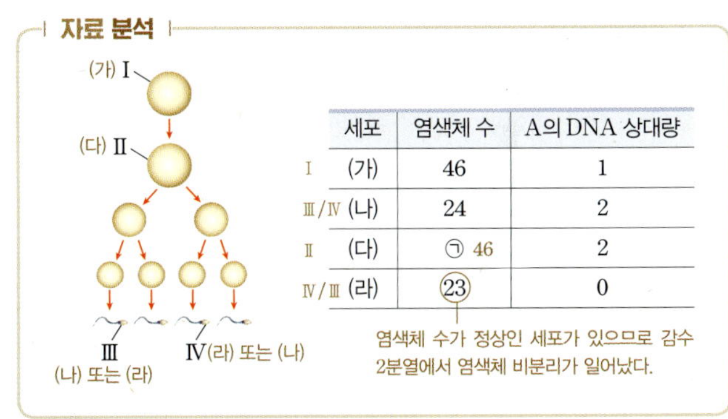

세포		염색체 수	A의 DNA 상대량
I	(가)	46	1
III/IV	(나)	24	2
II	(다)	㉠ 46	2
IV/III	(라)	23	0

ㄷ. III과 IV 중 염색체 수가 23으로 정상인 세포가 있으므로 염
색체 비분리는 감수 2분열에서 일어났다.
바로알기 ㄱ. I~IV 중 염색체 수가 46인 세포는 2개이고, 염
색체 수 24 또는 23인 세포가 2개이다. II는 감수 1분열 중기
의 세포이므로 DNA가 복제된 세포이고, II의 DNA 상대량은
I의 DNA 상대량보다 크다. (가)는 I, (다)는 II이고, (나)와
(라)는 각각 III과 IV 중 하나이다.
ㄴ. ㉠은 감수 1분열 중기 세포인 (다)(II)의 염색체 수이므로 46
이다.

15 ㄱ. (가)에는 상동 염색체 쌍이 있으므로 핵상은 $2n$이다.
ㄴ. (나)에는 다른 상동 염색체의 일부와 유전자가 바뀐 전좌가
일어난 염색체가 있다.
바로알기 ㄷ. A는 E와 서로 다른 상동 염색체에 위치하므로
대립유전자가 아니다.

16 ㄱ. I의 총 염색체 수가 24이므로 I에는 X 염색체와 Y 염
색체가 모두 있고, 감수 1분열에서 성염색체 비분리가 일어났음
을 알 수 있다. 감수 1분열에서만 성염색체 비분리가 1회 일어났
으므로 ㉠의 총 염색체 수는 22이다.
바로알기 ㄴ. III에는 성염색체가 없다.
ㄷ. 세포당 DNA양은 I에서가 II에서의 2배이다.

17

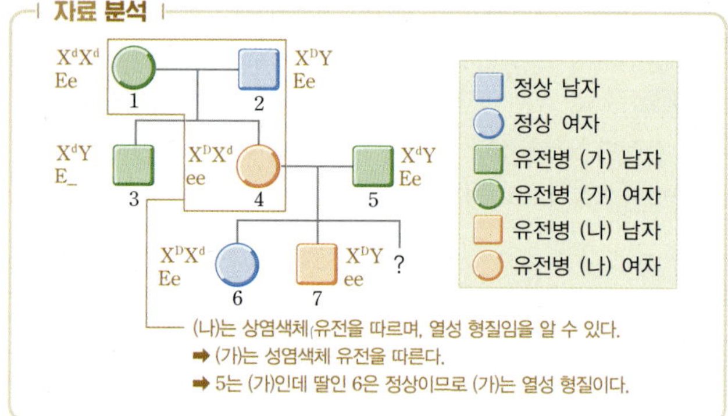

(나)가 발현되지 않은 1과 2로부터 (나)가 발현된 딸 4가 태어났으므로 (나)에 대해 정상은 우성 형질, (나)는 열성 형질이고, (나)는 상염색체 유전을 따르는 형질이다. (가)는 X 염색체 유전을 따르는 형질이다. (가)가 발현된 5로부터 (가)에 대해 정상인 딸 6이 태어났으므로 (가)에 대해 정상은 우성 형질, (가)는 열성 형질이다.

ㄱ. (가)와 (나)는 모두 열성 형질이다.

ㄴ. 6의 (나)에 대한 유전자형은 Ee로 이형 접합성이다.

ㄷ. 7의 동생이 태어날 때, 이 아이에게서 (가)가 발현될 확률은

$$X^D X^d \times X^d Y \rightarrow X^D X^d, \; \underline{X^d X^d}, \; X^D Y, \; \underline{X^d Y} \text{이므로} \; \frac{1}{2} \text{이고},$$

(나)가 발현될 확률은 Ee×ee → Ee, $\underline{ee}$이므로 $\frac{1}{2}$이다. 따라서 (가)와 (나)가 모두 발현될 확률은 $\frac{1}{2} \times \frac{1}{2} = \frac{1}{4}$이다.

18 1∼4의 ABO식 혈액형은 각각 서로 다르고, 2의 ABO식 혈액형은 A형이므로 1의 ABO식 혈액형은 B형이다. 표에서 3의 적혈구와 1의 혈액이 응집 반응을 나타냈으므로 3의 ABO식 혈액형은 AB형이고, 4의 ABO식 혈액형은 O형이다. 5의 적혈구와 혈장은 아버지의 혈액과 모두 응집 반응을 보였으므로 5의 ABO식 혈액형은 A형이다. H가 ㉠ 발현 대립유전자, h가 정상 대립유전자라면 1은 Bh/Oh, 2는 Ah/OH, 3은 Ah/Bh, 4는 OH/Oh, 5는 Ah/Oh이며, 이 경우 5는 정상이어야 하는데 ㉠ 발현이므로 모순이다. 따라서 H는 정상 대립유전자, h는 ㉠ 발현 대립유전자이다. 1∼5의 유전자형을 나타내면 다음과 같다.

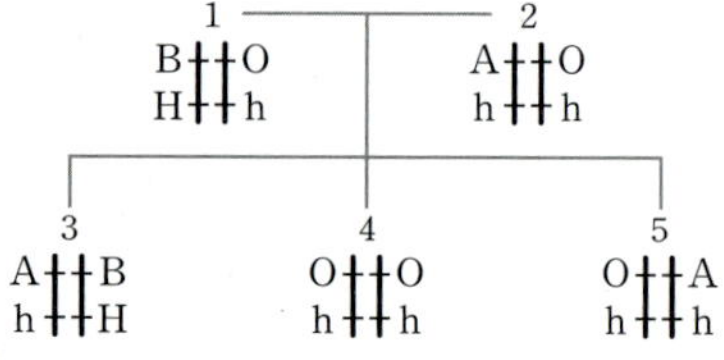

ㄴ. 5는 2로부터 A와 h가 함께 있는 염색체, 1로부터 O와 h가 함께 있는 염색체를 물려받았다. 5의 ABO식 혈액형은 A형이다.

🔍 **바로알기** ㄱ. H는 정상 대립유전자, h는 ㉠ 발현 대립유전자이므로 ㉠은 열성 형질이다.

ㄷ. 1과 2 사이에서 태어날 아이의 가능한 유전자형은 BH/Ah, BH/Oh, Oh/Ah, Oh/Oh이므로 5의 동생이 태어날 때, 이 아이의 혈액형이 B형이면서 ㉠이 발현될 확률은 0이다.

19 서술형

정답 (1) AB형

(2) $\frac{1}{4}$

해설 (1) 2의 자녀 중 O형이 있으므로 2는 O를 갖는다. 2는 B도 가지므로 2의 ABO식 혈액형은 B형이다. 4의 ABO식 혈액형의 유전자형은 동형 접합성이고 자녀는 각각 A형과 B형이므로 4의 ABO식 혈액형은 O형이고, 3의 ABO식 혈액형은 AB형이다.

(2) 5(AO)와 6(AO) 사이에서 아이가 태어날 때, 이 아이의 ABO식 혈액형이 4(O형)와 같을 확률은 $\frac{1}{4}$이다.

채점 기준		배점
(1)	AB형이라고 쓴 경우	50 %
(2)	$\frac{1}{4}$ 또는 25 %라고 쓴 경우	50 %

20 서술형

모범 답안 (1) AABbdd와 같이 유전자형에 대문자로 표시되는 대립유전자의 수를 3개 쓰면 모두 인정

정답 (2) 7가지

해설 (1) (가)의 표현형은 유전자형에서 대문자로 표시되는 대립유전자의 수에 의해서만 결정된다. 유전자형 AaBbDd에서 대문자로 표시되는 대립유전자의 수가 3이므로 대문자로 표시되는 대립유전자의 수가 3인 유전자형은 표현형이 모두 같다.

(2) 유전자형이 각각 AaBbDd인 부부에서 형성된 생식세포는 대문자로 표시되는 대립유전자의 수가 0∼3이므로 이들 부부 사이에서 태어난 아이는 유전자형에서 대문자로 표시되는 대립유전자의 수가 0∼6이므로, 표현형은 최대 7가지가 나타날 수 있다.

채점 기준		배점
(1)	유전자형을 옳게 쓴 경우	50 %
(2)	7가지라고 쓴 경우	50 %

21 서술형

모범 답안 (1) 1에게서 정상 대립유전자를 물려받았다.

(2) ㉠, 감수 1분열에서 성염색체 비분리가 일어나 성염색체 구성이 XY이기 때문이다.

해설 (1) 3은 염색체 구성이 XXY인데 정상이므로 1로부터 정상 대립유전자가 있는 X 염색체와 Y 염색체를 물려받고 2로부터 적록 색맹 대립유전자가 있는 X 염색체를 물려받았다.

(2) 정자의 성염색체 구성이 XY가 되기 위해서는 정자 형성 과정 중 감수 1분열에서 염색체 비분리가 일어나야 한다.

채점 기준		배점
(1)	1에게서 물려받았다라고 옳게 서술한 경우	50 %
(2)	㉠이라고 쓰고, 까닭을 옳게 서술한 경우	50 %
	㉠이라고만 쓴 경우	20 %

22

정답 (1) 중복

(2) 전좌

해설 (나)에는 M이 반복되어 있으므로 (나)에 일어난 염색체 구조적 돌연변이는 중복이고, (다)에는 M 자리에 다른 염색체에 있던 D가 있으므로 (다)에 일어난 염색체 구조적 돌연변이는 전좌이다.

	채점 기준	배점
(1)	중복이라고 쓴 경우	50 %
(2)	전좌라고 쓴 경우	50 %

단원 한번에 정리하기
p.178~179

01 유전 정보와 염색체
❶ DNA ❷ 뉴클레오솜 ❸ DNA ❹ 상동 ❺ 대립유전자
❻ 동일하다 ❼ 22 ❽ Y ❾ X ❿ $2n$
⓫ n ⓬ 간기 ⓭ S기 ⓮ 분열기 ⓯ 핵막
⓰ 상동 염색체 ⓱ 염색 분체 ⓲ 2 ⓳ 4
⓴ 2가 염색체 ㉑ 반

02 사람의 유전
❶ 같다 ❷ 3 ❸ 우성 ❹ AO ❺ OO
❻ 남자 ❼ X ❽ 정상 ❾ 여자 ❿ 남자
⓫ 여러 ⓬ 표현형 ⓭ 1 ⓮ 불연속적인 ⓯ 연속적인

03 염색체 이상과 유전자 이상
❶ 유전자 ❷ 없다 ❸ 염색체 ❹ 전좌 ❺ 다운
❻ 클라인펠터 ❼ XY ❽ YY ❾ 성염색체

1등급 실전 문제
p.180~185

01 ⑤	**02** ⑤	**03** ①	**04** ②	**05** ③	**06** ①
07 ④	**08** ④	**09** ⑤	**10** ③	**11** ⑤	**12** ④
13 ③	**14** ②	**15** ④	**16** ①	**17** ⑤	**18** ②
19 ④	**20** ③				

 21~25 해설 참조

01 ㄱ. ㉠~㉣ 중 3개의 유전자를 갖는 (가)는 핵상이 $2n$이고, 1~2개의 세포를 갖는 (나)~(라)는 핵상이 모두 n이다. (나)에는 ㉢만 있으므로 ㉢은 상염색체에 있다. (다)에서 ㉢의 대립유전자는 ㉡과 ㉣ 중 하나임을 알 수 있고, (라)에서 ㉢의 대립유전자는 ㉣임을 알 수 있다. ㉠과 ㉡은 X 염색체에 있는 각각 T와 t 중 하나이고, ㉢과 ㉣은 상염색체에 있는 각각 H와 h 중 하나이다.

ㄴ. ㉠은 ㉡의 대립유전자이고, ㉢은 ㉣의 대립유전자이다.

ㄷ. (나)는 핵상이 n이고, X 염색체에 있는 ㉠과 ㉡이 없으므로 Y 염색체가 있다.

02 ㄱ. A는 동원체이다. 세포 분열 시 방추사는 A(동원체)에 결

합하고 염색 분체를 분리하여 양극으로 이동시킨다.

ㄴ. ㉠과 ㉡은 한 염색체를 구성하는 염색 분체이다. 체세포 분열 후기 때 ㉠과 ㉡은 분리된다.

ㄷ. B는 DNA, C는 뉴클레오솜이다. C(뉴클레오솜)는 B(DNA)와 히스톤 단백질로 구성된다.

03 ㄱ. 이 사람은 성염색체로 XX를 갖는 여자이다.

 ㄴ. 핵형 분석을 통해 염색체의 구조, 수, 모양은 알 수 있지만 ABO식 혈액형은 알 수 없다.

ㄷ. 이 사람은 18번 염색체가 비분리된 생식세포의 수정에 의해 태어났다.

04 ㄷ. 사람의 생식세포의 핵상은 n으로 염색체 수는 체세포 염색체 수의 절반인 23이다.

 ㄱ. 침팬지와 감자는 서로 다른 종이므로 염색체 수가 같더라도 염색체의 크기와 모양은 다르므로 핵형도 다르다.

ㄴ. 개나 비둘기는 사람보다 크기가 작지만 염색체 수는 많다. 따라서 생물의 크기가 클수록 염색체 수가 큰 것은 아니다.

05 ㄱ. (가)는 핵상과 염색체 수가 $2n=4$이므로 A의 세포이고, (나)는 B의 세포이다.

ㄷ. (나)는 B의 세포이고, 핵상과 염색체 수가 $n=3$이므로 B의 체세포에서 핵상과 염색체 수는 $2n=6$이다. 따라서 B의 체세포 분열 중기에서 염색 분체 수는 12이다.

 ㄴ. (가)는 상동 염색체 쌍이 있으므로 핵상이 $2n$이고, (나)는 상동 염색체 쌍이 없으므로 핵상이 n이다.

06 ㄱ. ㉠에는 DNA가 복제되는 S기의 세포 수가 가장 많다.

 ㄴ. G_1기, S기, G_2기의 세포는 핵막이 있고, M기의 세포는 핵막이 없으므로 ㉡에는 핵이 있는 세포가 핵이 없는 세포보다 적다.

ㄷ. 세포의 생장이 일어나는 시간은 ㉠보다 ㉡에서 길기 때문에 배양 시간에 따라 ㉠의 세포 크기 증가 속도보다 ㉡의 세포 크기 증가 속도가 빠르다. 따라서 $\dfrac{㉠의 \ 세포 \ 크기}{㉡의 \ 세포 \ 크기}$는 배양 시간이 흐를수록 작아진다.

07 ㄴ. (나)는 S기로 DNA 복제가 일어난다.

ㄷ. G_1기 세포와 (나)(S기)의 세포 모두 간기의 세포로 핵막을 갖는다.

 ㄱ. (가)는 체세포 분열의 M기(분열기)이므로 생식세포 분열에서 일어나는 2가 염색체가 형성되지 않는다.

08 ㄱ. t_1일 때의 세포는 간기의 세포로 핵막이 있다.

ㄷ. (나)에서 상동 염색체 쌍이 없으므로 핵상이 n이고, 염색체가 세포의 중앙에 있으므로 감수 2분열 중기 세포이다. t_1일 때와 t_2일 때의 세포는 핵상이 $2n$이므로 (나)의 세포는 t_3일 때의 세포이다.

 ㄴ. t_2일 때는 감수 1분열 중의 세포로 핵상이 $2n$이

고, 정자의 핵상은 n이므로 t_2일 때의 세포와 정자는 핵상이 다르다.

09 ㄱ. Ⅱ는 감수 1분열 중기의 세포로 2가 염색체가 있다.

ㄴ. Ⅳ는 감수 분열이 완료된 세포로 핵상은 n이다.

ㄷ. Ⅰ의 유전자 구성은 Aa, Ⅱ의 유전자 구성은 AAaa이다. Ⅳ에 A가 있으므로 감수 2분열 중기의 세포인 Ⅲ의 유전자 구성은 aa이므로 a의 DNA 상대량은 Ⅰ에서가 Ⅲ에서의 $\frac{1}{2}$배이다.

10 ㄱ. ㉠을 나타내는 남녀의 비율이 비슷하므로 ㉠의 유전자는 상염색체에 있다.

ㄷ. 정상은 우성 형질, ㉠은 열성 형질이다. 정상 대립유전자를 A, ㉠ 발현 대립유전자를 a라 하자. ㉠의 유전자형이 각각 이형 접합성(Aa)인 남자와 여자 사이에서 아이가 태어날 때, 이 아이에게서 ㉠이 발현될(aa) 확률은 $\frac{1}{4}$이다.

🔍**바로알기** ㄴ. ㉠을 나타내는 부모 사이에서는 ㉠을 나타내는 자녀만 태어나므로 ㉠은 열성 형질이다.

11 ㄱ. ABO식 혈액형은 1쌍의 대립유전자에 의해 형질이 결정되며, 형질을 결정하는 데 관여하는 대립유전자가 3가지이므로 복대립 유전을 따른다.

ㄴ. 2의 자녀가 A형이므로 2의 ABO식 혈액형의 유전자형은 BO이다. 5는 1로부터 A를 물려받고, 2로부터 O를 물려받았다.

ㄷ. 2와 3은 모두 B형이고, 2와 3의 ABO식 혈액형의 유전자형이 다르므로 3의 ABO식 혈액형의 유전자형은 BB이다. 4의 ABO식 혈액형의 유전자형은 AB, 6의 ABO식 혈액형의 유전자형은 BB이다. 5(AO)와 6(BB) 사이에서 자녀가 태어날 때, 이 아이의 ABO식 혈액형이 AB형일 확률은 $\frac{1}{2}$이다.

12

┌ 자료 분석 ┐

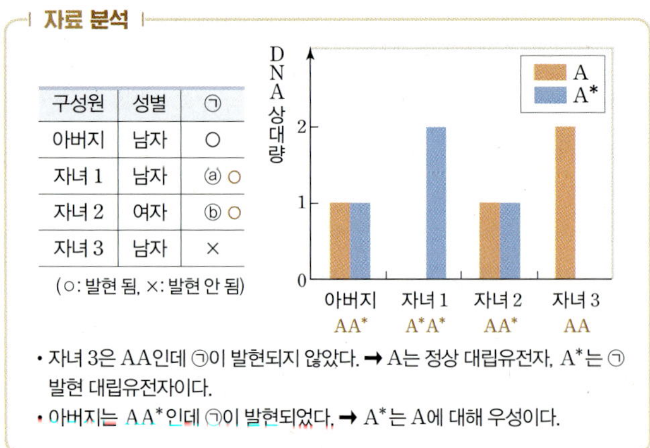

구성원	성별	㉠
아버지	남자	○
자녀 1	남자	ⓐ ○
자녀 2	여자	ⓑ ○
자녀 3	남자	×

(○:발현 됨, ×:발현 안 됨)

• 자녀 3은 AA인데 ㉠이 발현되지 않았다. ➡ A는 정상 대립유전자, A*는 ㉠ 발현 대립유전자이다.

• 아버지는 AA*인데 ㉠이 발현되었다. ➡ A*는 A에 대해 우성이다.

ㄱ. 자녀 3의 ㉠의 유전자형은 AA이고 정상이므로 A는 정상 대립유전자, A*는 ㉠ 발현 대립유전자이다. 아버지의 ㉠의 유전자형은 AA*이고, ㉠이 발현되었으므로 A*는 A에 대해 완전 우성이다. 자녀 1의 ㉠의 유전자형은 A*A*, 자녀 2의 ㉠의 유전자형은 AA*이므로 모두 ㉠이 발현되고, ⓐ와 ⓑ는 모두 '○'이다.

ㄷ. 자녀 1의 ㉠의 유전자형은 A*A*, 자녀 3의 ㉠의 유전자형은 AA이므로 어머니의 ㉠의 유전자형은 AA*이다.

🔍**바로알기** ㄴ. A는 A*에 대해 열성이다.

13

┌ 자료 분석 ┐

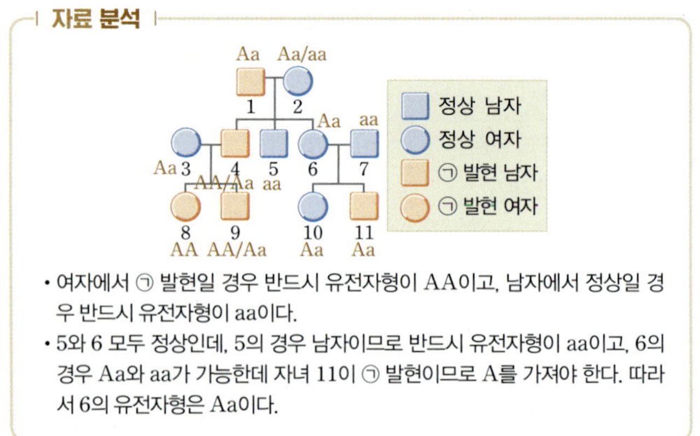

• 여자에서 ㉠ 발현일 경우 반드시 유전자형이 AA이고, 남자에서 정상일 경우 반드시 유전자형이 aa이다.

• 5와 6 모두 정상인데, 5의 경우 남자이므로 반드시 유전자형이 aa이고, 6의 경우 Aa와 aa 가능한데 자녀 11이 ㉠ 발현이므로 A를 가져야 한다. 따라서 6의 유전자형은 Aa이다.

ㄱ. 남자의 유전자형으로 Aa가 있으므로 A와 a는 상염색체에 있다.

ㄷ. 8의 ㉠의 유전자형은 AA이므로, 각각 3과 4로부터 A를 물려받았다.

🔍**바로알기** ㄴ. 5의 ㉠의 유전자형은 aa, 6의 ㉠의 유전자형은 Aa이므로 5와 6의 ㉠의 유전자형은 다르다.

14

┌ 자료 분석 ┐

정상 대립유전자를 A, 적록 색맹 대립유전자를 a라 하자.

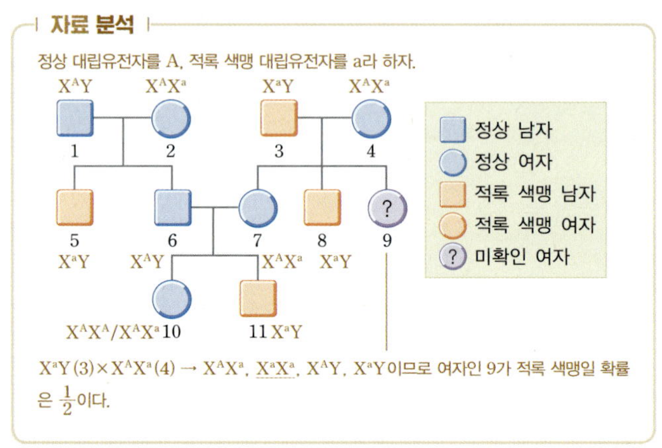

X^aY(3)×X^AX^a(4) → X^AX^a, X^aX^a, X^AY, X^aY이므로 여자인 9가 적록 색맹일 확률은 $\frac{1}{2}$이다.

ㄴ. 2, 4, 7은 모두 적록 색맹의 유전자형이 이형 접합성인 X^AX^a이므로 보인자이다.

🔍**바로알기** ㄱ. 적록 색맹은 X 염색체 유전을 따르며, 열성 형질이다. 11의 적록 색맹 대립유전자는 7로부터 물려받았고, 7의 적록 색맹 대립유전자는 3으로부터 물려받았다. 따라서 11의 적록 색맹 대립유전자는 4로부터 물려받은 것이 아니다.

ㄷ. 3의 적록 색맹의 유전자형이 X^aY, 4의 적록 색맹의 유전자형이 X^AX^a이므로 여자인 9가 적록 색맹(X^aX^a)일 확률은 $\frac{1}{2}$이다.

15 ㄱ. 피부색은 3쌍의 대립유전자에 의해 결정되므로 다인자 유전에 해당한다.

ㄷ. AaBbDd인 부모에게서 형성되는 생식세포에서 대문자로 표시되는 대립유전자의 수가 3(ABD)일 확률은 $\frac{1}{8}$, 2(ABd, AbD, aBD)일 확률은 $\frac{3}{8}$, 1(Abd, aBd, abD)일 확률은 $\frac{3}{8}$, 0(abd)일 확률은 $\frac{1}{8}$이다. 따라서 자손 ㉠에게서 대문자로 표시되는 대립유전자의 수가 3이 되는 경우는 (정자 3×난자 0)+(정자 2×난자 1)+(정자 1×난자 2)+(정자 0×난자 3)=$\left(\frac{1}{8}\times\frac{1}{8}\right)+\left(\frac{3}{8}\times\frac{3}{8}\right)+\left(\frac{3}{8}\times\frac{3}{8}\right)+\left(\frac{1}{8}\times\frac{1}{8}\right)=\frac{20}{64}=\frac{5}{16}$이다.

🔍 바로알기 ㄴ. 자녀가 가질 수 있는 표현형의 최대 가지 수 ⓐ는 7이다.

16 ㄱ. ㉠은 성염색체가 없는 정자이다. ㉠과 정상 난자가 수정되어 태어난 아이는 성염색체로 X 염색체 1개만을 갖고, 터너 증후군의 염색체 이상이 나타난다.

🔍 바로알기 ㄴ. (나)에서 성염색체 비분리는 일어났으나 상염색체는 정상적으로 분리되었다. 따라서 상염색체 수는 ㉡과 ㉢에서 같다.

ㄷ. (가)에서는 염색 분체의 비분리가 일어났고, (나)에서는 상동 염색체의 비분리가 있었다.

17

| 자료 분석 |

정상 대립유전자를 A, 적록 색맹 대립유전자를 a라 하자.

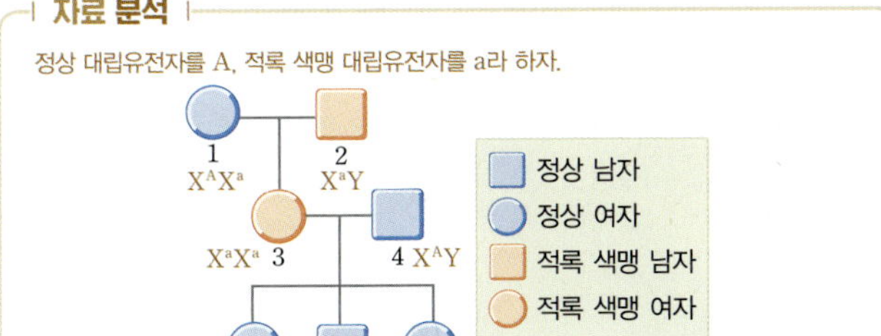

6의 어머니인 3이 적록 색맹이므로 6은 반드시 적록 색맹이어야 하는데 정상이며 성염색체 구성이 XXY이다. ➡ 3으로부터 X^a를 물려받고, 4로부터 X^AY를 물려받았다. ➡ 4의 정자 형성 과정 중 감수 1분열에서 염색체 비분리가 일어났다.

ㄱ. 1은 적록 색맹의 유전자형이 X^AX^a으로 이형 접합성이다.

ㄴ. 6은 성염색체 구성이 XXY로 클라인펠터 증후군의 염색체 이상을 갖는다.

ㄷ. ㉠에는 X^AY가 있고, ㉡에는 X^a가 있다. ㉠과 같이 X 염색체와 Y 염색체가 같은 세포에 있기 위해서는 감수 1분열에서 성염색체 비분리가 일어나야 한다.

18 ㄴ. ㉠과 ㉡은 모양과 크기가 같은 상동 염색체이다.

🔍 바로알기 ㄱ. 어머니는 21번 염색체와 성염색체 사이에서 전좌가 일어난 염색체를 갖는다. 고양이 울음 증후군을 갖는 사람은 5번 염색체의 일부 결실이 있다. 어머니의 5번 염색체는 정상이므로 어머니는 고양이 울음 증후군을 나타내지 않는다.

ㄷ. (가)는 정상 염색체를 갖고, (나)는 전좌가 일어난 21번 염색체를 갖는다.

19 ㄴ. P는 (가)가 발현되었으므로 (가)의 유전자형이 aa이고, a는 모두 어머니로부터 물려받은 것이다. 어머니의 (가)의 유전자형이 Aa이므로 어머니로부터 aa를 물려받기 위해서는 감수 2분열에서 염색체 비분리가 일어나야 한다.

ㄷ. P의 핵상과 염색체 수는 $2n=46$이므로 ㉠과 수정에 참여한 정자는 5번 염색체가 없다. P의 염색체 중 아버지로부터 물려받은 염색체 수는 22이다.

🔍 바로알기 ㄱ. P의 어머니의 (가)의 유전자형은 Aa이고 정상이므로 A는 정상 대립유전자, a는 (가) 발현 대립유전자이다.

20 C. 유전자를 암호화하는 DNA 염기 서열의 이상은 유전자 돌연변이의 원인이 된다.

🔍 바로알기 A. 생식세포 형성 중 감수 2분열에서 염색체 비분리가 1회 일어나면 형성된 생식세포의 절반은 정상이고, 나머지 절반은 비정상이다.

B. 터너 증후군의 염색체 이상을 갖는 사람의 성염색체는 X 1개만을 가지므로 여자이다.

21 서술형

모범 답안 | 작아진다. 세포의 생장이 일어나는 G_1기와 G_2기가 없기 때문이다.

해설 | 세포의 생장이 일어나는 G_1기와 G_2기가 없으므로 세포 분열이 진행될수록 세포의 크기는 작아진다. 수정란의 난할 과정에서는 이와 같은 세포 주기가 일어난다.

채점 기준	배점
작아진다라고 쓰고 까닭을 옳게 서술한 경우	4점
작아진다라고만 쓴 경우	1점

22 서술형

정답 (1) A: 중심체와 염색체 사이의 거리, B: 한 염색체를 이루는 두 염색 분체 사이의 거리

(2) 25분

해설 | (1) 체세포 분열 중기 때 2개의 염색 분체로 구성된 염색체는 세포의 중앙에 배열되어 있다가 후기 때 염색 분체는 분리되어 양극으로 이동한다. A는 중심체와 염색체 사이의 거리이고, B는 한 염색체를 이루는 두 염색 분체 사이의 거리이다.

(2) 25분일 때 A(중심체와 염색체 사이의 거리)는 0, B(한 염색체를 이루는 두 염색 분체 사이의 거리)의 값이 가장 크므로, 이때 염색 분체는 양극으로 이동을 완료하였다.

채점 기준		배점
(1)	A와 B 모두 옳게 쓴 경우	2점
	A와 B 중 하나만 옳게 쓴 경우	1점
(2)	25분이라고 쓴 경우	2점

23 서술형

정답 (1) AB형

(2) $\frac{1}{8}$

해설 | (1) ABO식 혈액형은 복대립 유전을 따른다. 정상인 4와 5로부터 ㉠ 발현인 6이 태어났으므로 D는 정상 대립유전자, d는 ㉠ 발현 대립유전자이다. 가계도에 유전자형을 나타내면 그림과 같다.

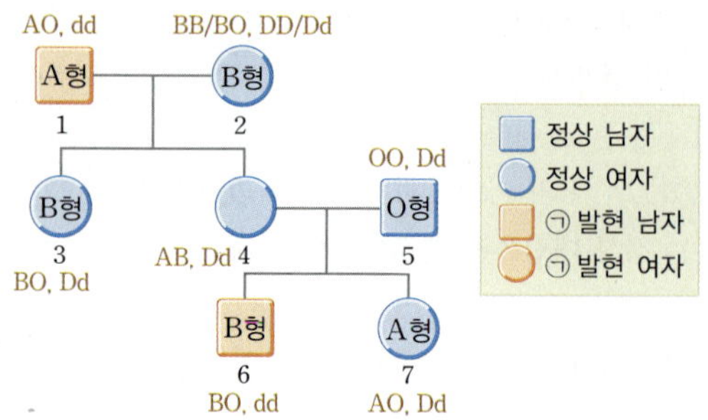

(2) 7의 동생이 태어날 때, 이 아이의 ABO식 혈액형이 A형(AO)일 확률은 $\frac{1}{2}$, ㉠ 발현(dd)일 확률은 $\frac{1}{4}$이다. 따라서 7의 동생이 태어날 때, 이 아이의 ABO식 혈액형이 A형이고, ㉠이 발현될 확률은 $\frac{1}{2} \times \frac{1}{4} = \frac{1}{8}$이다.

채점 기준	배점
(1)	AB형이라고 쓴 경우	3점
(2)	$\frac{1}{8}$이라고 쓴 경우	5점

24 서술형

정답 (1) 0

(2) 터너 증후군

해설 | (1) ㉠은 X와 Y 염색체를 모두 가지므로 감수 1분열에서 성염색체 비분리가 일어났음을 알 수 있다. ㉡은 성염색체를 갖지 않으므로 @는 0이다.

(2) ㉡은 성염색체가 없고 정상 난자는 X 염색체를 가지므로 ㉡과 정상 난자의 수정으로 태어난 아이는 성염색체로 X를 갖는 터너 증후군이다.

채점 기준	배점
(1)	0이라고 쓴 경우	3점
(2)	터너 증후군이라고 쓴 경우	3점

25 서술형

정답 (1) $X^A X^{A*} Y$

모범 답안 | (2) 감수 1분열에서 염색체 비분리가 일어났다.

해설 | 1은 A와 A^*의 DNA 상대량을 더한 값이 1이고, 2는 A와 A^*의 DNA 상대량을 더한 값이 2이므로 ㉠의 유전자는 X 염색체에 있다. 이 가족 구성원의 ㉠의 유전자형은 1은 $X^A Y$, 2는 $X^{A*} X^{A*}$, 3은 $X^A X^{A*}$이다. 2를 통해 A^*는 정상 대립유전자임을 알 수 있고, 3을 통해 A는 ㉠ 발현 대립유전자이며, A는 A^*에 대해 우성임을 알 수 있다. 4는 정상 난자가 수정되어 태어났으므로 X^{A*}를 물려받았다. 4는 남자이고, ㉠이 발현되었으므로 아버지로부터 $X^A Y$를 물려받아 4의 ㉠의 유전자형은 $X^A X^{A*} Y$이다. 따라서 @는 감수 1분열에서 염색체 비분리가 일어나 형성된 정자로 X 염색체와 Y 염색체를 모두 갖는다.

Ⅴ. 생태계와 상호 작용

1 생태계의 구성과 기능

01 생태계의 구성과 기능

개념 익히기 문제   p.189, 191, 193

01 생태계 **02** 개체군 **03** 생산자, 소비자, 분해자(순서 관계 없음)
04 분해자 **05** 온도 **06** × **07** × **08** ○ **09** ×
10 ○ **11** 밀도 **12** 생장 곡선 **13** 환경 저항
14 텃세 **15** × **16** ○ **17** ○ **18** ×
19 생태적 지위 **20** 수평 분포 **21** 1차 천이
22 경쟁·배타 원리 **23** × **24** × **25** ○ **26** ○
27 ○

01 생태계는 군집을 구성하는 개체군들이 주변의 다른 개체군들이나 햇빛, 공기, 물 등과 같은 환경 요인과 서로 영향을 주고받으며 살아가는 체계이다.

02 일정한 지역에서 같은 종의 개체들이 무리를 지어 생활하는 집단을 개체군이라고 하며, 같은 종의 개체들이라도 지리적으로 멀리 떨어져 있으면 하나의 개체군으로 판단하지 않는다.

03 생태계는 생물적 요인과 비생물적 요인으로 구성되며, 생물적 요인은 생태계의 모든 생물로, 생태계 내에서 담당하는 역할에 따라 생산자, 소비자, 분해자로 구분된다.

04 분해자는 다른 생물의 사체나 배설물을 분해하여 다시 환경으로 돌려보내는 생물이며, 세균, 곰팡이, 버섯 등이 분해자에 속한다.

05 생태계에서 생물적 요인과 비생물적 요인은 서로 영향을 주고받는다. 변온 동물이 겨울잠을 자는 데 영향을 미치는 비생물적 요인은 온도이다.

06 개체군은 일정한 지역에서 같은 종의 개체들이 무리를 지어 생활하는 집단이므로 한 개체군은 모두 같은 종의 개체들로 이루어져 있다.

07 세균과 곰팡이는 모두 생물적 요인에 해당하며, 생태계에서 분해자의 역할을 한다.

08 지의류에 의해 바위의 토양화가 촉진되는 것은 생물적 요인이 비생물적 요인에 영향을 주는 예에 해당한다.

09 뿌리혹박테리아가 대기 중의 질소를 고정하여 콩과식물에 공급하는 것은 생물적 요인 사이에 서로 영향을 주고받는 예에 해당한다.

10 국화는 하루 중 낮의 길이가 짧아지고, 밤의 길이가 길어지는

가을에 주로 꽃을 피우는 단일 식물이다. 이처럼 국화가 일조 시간에 따라 개화 시기가 달라지는 것은 빛에 대한 적응 현상이다.

11 개체군의 밀도는 일정 공간에 서식하는 개체 수를 말하며, $\dfrac{\text{개체군을 구성하는 개체 수}}{\text{개체군이 서식하는 공간의 면적}}$ 로 구한다. 개체군의 크기를 개체군의 밀도로 나타낸다.

12 개체군을 구성하는 개체 수가 시간에 따라 증가하는 것을 개체군의 생장이라고 하며, 개체군의 생장을 그래프로 나타낸 것을 개체군의 생장 곡선이라고 한다.

13 실제 환경에서 서식지와 먹이 부족, 개체들 사이의 종내 경쟁, 노폐물의 축적, 질병 등 개체군의 생장을 억제하는 여러 요인을 환경 저항이라고 한다.

14 개체군 내의 상호 작용 중 먹이나 서식 공간의 확보, 배우자의 독점 등을 위해 일정한 생활 공간을 차지하고 다른 개체의 침입을 막는 것을 텃세라고 하며, 텃세를 통해 확보된 생활 공간을 세력권이라고 한다.

15 이론적 생장 곡선은 자원의 제한이 없는 이상적인 환경에서 나타나며, 개체군의 개체 수가 기하급수적으로 증가하므로 J자형을 나타낸다. 반면에 실제 생장 곡선은 실제 환경에서 나타나는 것으로 개체 수가 증가할수록 환경 저항이 커져 개체군의 생장 속도가 점차 느려지다가 일정하게 유지되므로 S자형을 나타낸다.

16 개체군의 생존 곡선의 3가지 유형(Ⅰ형~Ⅲ형) 중 많은 수의 자손을 낳지만 초기 사망률이 높아 성체로 생장하는 수가 적은 유형은 Ⅲ형이다.

17 개체군의 연령 피라미드의 3가지 유형(발전형, 안정형, 쇠퇴형) 중 생식 전 연령층의 비율이 상대적으로 낮아 개체군의 크기가 점차 감소할 것으로 예상되는 유형은 쇠퇴형이다.

18 한 닭장 안에 여러 마리의 닭을 넣고 모이를 주면 서로 싸우다가 곧 순위가 정해져 모이를 먹는 순서가 결정된다. 이처럼 개체군 내에서 힘의 서열에 따라 순위를 정하여 먹이나 배우자를 차지하는 것은 개체군 내의 상호 작용 중 순위제에 해당한다.

19 개체군이 차지하는 서식 공간, 먹이 그물에서의 위치 등 생태계에서 개체군이 차지하는 위치와 역할을 생태적 지위라고 하며, 생태적 지위에는 먹이 지위와 공간 지위가 있다.

20 군집의 생태 분포는 기온, 강수량 등의 환경 요인의 영향을 받아 형성된 군집의 분포이다. 이 중에서 수평 분포는 위도에 따른 기온과 강수량의 차이에 의해 서로 다른 생물 군집이 나타나는 것을 말한다.

21 용암 대지, 빙퇴석, 빈영양호 등과 같이 생물이 없고 토양이 형성되지 않은 곳에서 시작하는 천이를 1차 천이라고 한다.

22 종간 경쟁의 결과 종간 경쟁에서 이긴 개체군은 살아남아 개체군을 유지하지만, 종간 경쟁에서 진 개체군은 완전히 도태되어 사라지는 현상을 경쟁·배타 원리라고 한다.

23 육상 군집 중에서 삼림은 기온이 높고 강수량이 많은 지역에 발달한다. 강수량이 매우 적고 건조하거나, 기온이 매우 낮아 식물이 자라기 어려운 지역에 발달하는 군집은 사막이다.

24 2차 천이는 기존에 있던 군집은 파괴되었으나, 토양은 남아 있는 곳에서 시작하는 천이이다. 2차 천이는 토양에 남아 있는 기존 식물의 종자나 뿌리로부터 천이가 시작되므로 주로 초본 식물이 개척자이다. 지의류는 1차 천이의 개척자이다.

25 군집 내 개체군 사이의 상호 작용 중 분서는 생태적 지위가 비슷한 개체군들이 종간 경쟁을 피하기 위해 먹이, 서식지, 활동 시기 등을 달리하는 것으로 생태(적) 지위 분화라고도 한다.

26 흰동가리는 말미잘의 촉수 사이에 집을 짓고 생활하면서 말미잘의 보호를 받고, 말미잘은 흰동가리가 유인한 먹이를 같이 먹고, 흰동가리의 도움을 받아 병든 촉수를 제거한다.

27 한 나무에서 여러 종의 솔새들이 서식지를 분리하여 생활하는 것은 분서의 예에 해당한다.

탐구 집중 분석

p.194

예제 1

정답 ③

┤ 자료 분석 ├

$$\text{방형구법에서 밀도} = \frac{\text{특정 종의 개체 수}}{\text{전체 방형구의 면적}(m^2)},$$

$$\text{상대 밀도}(\%) = \frac{\text{특정 종의 밀도}}{\text{조사한 모든 종의 밀도의 합}} \times 100 \text{ 이다.}$$

방형구의 면적이 제시되지 않아도 상대 밀도(%)는

$$\frac{\text{특정 종의 개체 수}}{\text{조사한 모든 종의 개체 수}} \times 100 \text{ 으로 계산할 수 있다.}$$

$$\text{상대 빈도}(\%) = \frac{\text{특정 종의 빈도}}{\text{조사한 모든 종의 빈도의 합}} \times 100 \text{ 이고, 상대 밀도}(\%),$$

상대 빈도(%), 상대 피도(%) 각각의 총합은 100이다. 이를 토대로 A~C의 상대 밀도(%), 상대 빈도(%), 상대 피도(%), 중요치를 구하면 다음과 같다.

식물 종	상대 밀도(%)	상대 빈도(%)	상대 피도(%)
A	$\frac{5}{5+11+9} \times 100$ $=20$	$\frac{0.03}{0.03+0.04+0.03} \times 100$ $=30$	30
B	$\frac{11}{5+11+9} \times 100$ $=44$	$\frac{0.04}{0.03+0.04+0.03} \times 100$ $=40$	35
C	$\frac{9}{5+11+9} \times 100$ $=36$	$\frac{0.03}{0.03+0.04+0.03} \times 100$ $=30$	35

- 중요치 = 상대 밀도 + 상대 빈도 + 상대 피도
→ A: 20+30+30=80, B: 44+40+35=119, C: 36+30+35=101

해설 | ㄱ. A의 상대 밀도는 20 %이다.

ㄴ. 이 식물 군집에서 우점종은 중요치가 가장 높은 B이다.

🔍 **바로알기** ㄷ. C의 중요치는 100보다 크다.

개념 다지기 문제

p.195~199

01 ①	02 ③	03 ⑤	04 ②	05 ②	06 ③
07 ②	08 ②	09 ④	10 ④	11 ①	12 ①
13 ⑤	14 ④	15 ③	16 ③	17 ①	

고난도 18 ③ 19 ③

서술형 20~21 해설 참조

01 ㄱ. C는 생명 활동에 필요한 구조와 기능을 갖춘 독립된 하나의 생명체인 개체이고, B는 일정한 지역에 같은 종의 개체들이 무리를 짓고 있는 개체군, 일정한 지역에 여러 개체군들이 모여 있는 A는 군집이다.

🔍 **바로알기** ㄴ. B(개체군)는 동일한 종의 개체들로 구성된다. 그런데 기린과 코끼리는 서로 다른 종이므로 기린과 코끼리는 동일한 B(개체군)에 속하지 않는다.

ㄷ. 생태계에는 생물적 요인과 생물적 요인을 둘러싼 모든 환경 요인인 비생물적 요인이 모두 있다.

02 ㄱ. 숲이 발달하면 숲의 상층부에서 빛이 흡수되어 지표면에 도달하는 빛이 적어지므로 숲속이 어두워진다. 따라서 숲이 우거져 숲속이 어두워지는 것은 생물적 요인이 비생물적 요인에 영향을 주는 ㉠의 예에 해당한다.

ㄷ. 개체군은 일정한 지역에 같은 종의 개체들이 무리를 지어 생활하는 집단이므로 개체군 A를 구성하는 개체들은 모두 같은 종이다.

🔍 **바로알기** ㄴ. 분해자인 곰팡이는 생물적 요인에 속한다.

03 생태계를 구성하는 생물적 요인은 생태계 내의 모든 생물을 의미하며, 생태계에서 담당하는 역할에 따라 생산자, 소비자, 분해자로 구분된다.

ㄴ. 생물의 사체나 배설물로부터 에너지를 얻는 버섯이 A의 예에 속하고, 광합성을 하는 갈조류가 C의 예에 속하므로 A는 분해자, B는 소비자, C는 생산자이다.

ㄷ. C(생산자)는 광합성을 하는 식물과 같이 스스로 무기물로부터 유기물을 합성하는 생물이다. 따라서 C(생산자)에는 빛에너지를 이용하여 스스로 무기물로부터 유기물을 합성하는 생물이 포함된다.

🔍 **바로알기** ㄱ. A(분해자), B(소비자), C(생산자) 모두 생물적 요인에 속한다.

04 (가)는 비생물적 요인 중 온도가 생물적 요인인 펭귄에 영향을 주는 것이고, (나)는 비생물적 요인 중 빛의 파장이 생물적 요인인 해조류에 영향을 주는 것이다. (다)는 비생물적 요인 중 일조 시간(하루 중 실제로 햇빛이 비추는 시간)이 생물적 요인인 꾀꼬리에 영향을 주는 것이고, (라)는 생물적 요인인 지렁이가 비생물적 요인인 토양에 영향을 주는 것이다.

ㄴ. 생물적 요인에 영향을 준 비생물적 요인은 (나)에서 빛의 파장, (다)에서 일조 시간이므로 모두 빛이 생물적 요인에 영향을 준 것이다.

바로알기 ㄱ. 추운 지방에 사는 포유류가 더운 지방에 사는 포유류보다 몸의 말단부가 작고 몸집이 큰 이유는 몸의 부피에 대한 표면적의 비가 작아지면 열의 손실이 줄어 체온 유지에 유리하기 때문이다. 따라서 갈라파고스펭귄이 황제펭귄보다 몸집이 작고 몸의 말단부가 크므로 연 평균 기온은 A 지역에서가 B 지역에서보다 높다.
ㄷ. (가)는 비생물적 요인이 생물적 요인에 영향을 주는 예이고, (라)는 생물적 요인이 비생물적 요인에 영향을 주는 예이다.

05 개체군 생장 곡선은 시간에 따른 개체군의 개체 수 변화를 나타낸 것이다.
ㄴ. 개체군 생장 곡선에서 개체 수가 크게 증가할수록 그래프가 가파르게 상승한다. 따라서 구간 Ⅰ에서 증가한 개체 수는 A에서가 B에서보다 크다.

바로알기 ㄱ. 자원의 제약이 없는 이상적인 환경에서는 개체 수가 기하급수적으로 증가하여 J자형의 이론적 생장 곡선이 나타나고, 실제 환경에서는 환경 저항이 작용하여 S자형의 실제 생장 곡선이 나타난다. 따라서 J자형의 A는 이론적 생장 곡선, S자형의 B는 실제 생장 곡선이다.
ㄷ. 구간 Ⅱ에서 B(실제 생장 곡선)의 개체 수가 일정하게 유지되는 것은 환경 저항이 작용하기 때문이다.

06 ① 개체군의 밀도를 감소시키는 요인에는 사망과 개체들이 다른 곳으로 나가는 현상인 이출이 있다.
② 개체군 밀도는 일정한 공간에 서식하는 개체군의 개체 수로 $\dfrac{개체군을 구성하는 개체 수}{개체군이 서식하는 공간의 면적}$ 로 구한다.
④ 자원의 제약이 없는 이상적인 환경에서는 개체 수가 기하급수적으로 증가하여 J자형의 이론적 생장 곡선이 나타난다.
⑤ 환경 수용력은 주어진 환경 조건에 서식할 수 있는 개체군의 최대 크기를 말한다.

바로알기 ③ 자원의 제약이 있는 실제 환경에서는 개체군의 크기가 커질수록 환경 저항이 증가하여 개체군의 생장을 억제하므로 S자형의 생장 곡선이 나타난다.

07 개체군의 생존 곡선은 같은 시기에 출생한 개체들 중 시간이 지남에 따라 살아남은 개체 수를 상대 연령에 따라 그래프로 나타낸 것이다. 적은 수의 자손을 낳지만, 어릴 때 부모의 보호를 받아 초기 사망률이 낮은 개체군은 Ⅰ형의 생존 곡선을 나타내고, 많은 수의 자손을 낳지만, 초기 사망률이 높아 성체로 생장하는 수가 적은 개체군은 Ⅲ형의 생존 곡선을 나타낸다.
ㄴ. 어린 개체의 사망률은 Ⅰ형에서 가장 낮고, Ⅲ형에서 가장 높다. 따라서 어린 개체의 사망률은 Ⅱ형에서가 Ⅲ형에서보다 낮다.

바로알기 ㄱ. 한 개체가 한번에 출생하는 평균 자손 수는 Ⅰ형에서가 Ⅲ형에서보다 적다.

ㄷ. 굴 개체군은 Ⅲ형의 생존 곡선을 나타낸다. 각 연령층에서 사망률이 비교적 일정한 Ⅱ형의 생존 곡선을 나타내는 개체군에는 히드라, 다람쥐와 같은 설치류 등이 있다.

08 개체군의 연령 피라미드는 개체군 내에서 전체 개체 수에 대한 각 연령별 개체 수의 비율을 낮은 연령층부터 차례대로 쌓아 피라미드 모양으로 나타낸 것으로 생식 전 연령층과 생식 연령층의 비율이 비슷한 (가)가 안정형, 생식 전 연령층의 비율이 상대적으로 낮은 (나)가 쇠퇴형, 생식 전 연령층의 비율이 상대적으로 높은 (다)가 발전형이다.
ㄴ. (나)(쇠퇴형)는 생식 전 연령층의 비율이 생식 후 연령층의 비율보다 상대적으로 낮고, (다)(발전형)는 생식 전 연령층의 비율이 생식 후 연령층의 비율보다 상대적으로 높다.
따라서 $\dfrac{생식 전 연령층의 개체 수}{생식 후 연령층의 개체 수}$ 는 (나)(쇠퇴형)에서가 (다)(발전형)에서보다 작다.

바로알기 ㄱ. (가)는 안정형, (나)는 쇠퇴형, (다)는 발전형이다.
ㄷ. 개체군의 연령 피라미드에서 생식 전 연령층의 비율을 토대로 개체군의 현재 상태와 앞으로의 변화를 예측할 수 있으며, 생식 전 연령층의 비율이 상대적으로 높은 (다)(발전형)가 개체군의 크기가 증가할 것으로 예상되는 유형이다.

09

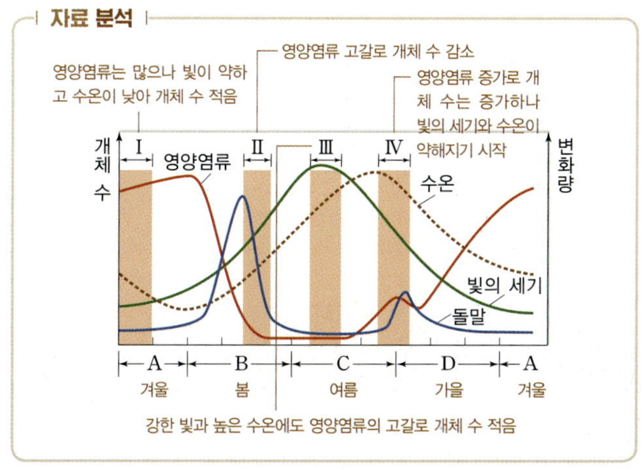

돌말 개체군의 크기는 영양염류, 빛의 세기, 수온 등 비생물적 요인의 계절적 변화에 따라 1년을 주기로 변한다.
① 빛의 세기가 가장 약하고, 수온이 가장 낮으므로 겨울이고, B는 봄, C는 여름, D는 가을이다.
② 구간 Ⅰ에서는 영양염류는 풍부하나 빛의 세기가 약하고 수온이 낮아 돌말의 개체 수가 적게 유지된다.
③ 구간 Ⅱ에서는 영양염류가 감소함에 따라 돌말의 개체 수가 감소한다.
⑤ 구간 Ⅳ에서 돌말의 개체 수가 증가하는 것은 영양염류가 증가하기 때문이다.

바로알기 ④ 구간 Ⅲ에서는 빛의 세기가 강하고 수온이 높아도 돌말의 먹이가 되는 영양염류가 고갈되어 돌말의 개체 수가 적게 유지된다.

10 ㄱ. 호랑이가 자기 영역을 표시하는 A는 텃세, B는 리더가 무리를 이끄는 것으로 리더제, C는 개미 사회에서 역할이 나누어진 것으로 사회생활이다.

ㄷ. A(텃세), B(리더제), C(사회생활) 모두 개체군 내의 상호 작용이다.

🔍 바로알기 ㄴ. 닭이 먹이를 먹는 순서가 정해져 있는 것은 순위제의 예에 해당한다.

11 ② 지표종은 특정 지역이나 환경에서만 볼 수 있어 군집의 지역적, 환경적 특성을 예측할 수 있다. 지의류는 이산화 황의 농도가 높으면 살 수 없기 때문에 이산화 황의 오염 정도를 알 수 있게 하는 지표종에 해당한다.

③ 핵심종은 우점종은 아니지만 군집의 구조에 결정적인 영향을 미치는 종이다.

④ 생태적 지위는 군집을 구성하는 각 개체군이 가지는 위치와 역할을 의미한다. 생태적 지위에는 개체군이 먹이 그물에서 차지하는 위치인 먹이 지위와 개체군이 차지하는 서식 공간인 공간 지위가 있다.

⑤ 희소종은 군집을 구성하는 개체군 중 개체 수가 가장 적어 보호가 필요한 종이다.

🔍 바로알기 ① 방형구법에서 중요치(상대 밀도＋상대 빈도＋상대 피도)가 가장 높은 종이 우점종이다.

12 ① 강수량이 적고 기온이 낮아 식물이 잘 자라기 어려운 지역에 형성되는 군집은 툰드라이다. 툰드라에는 이끼류와 같은 일부 식물만 자란다.

🔍 바로알기 ②, ③ 온대 초원이나 열대 초원(사바나)과 같은 초원은 삼림보다 강수량이 적은 지역에 발달한다.

④ 담수 군집은 강, 하천, 호수에 형성된다.

⑤ 침엽수림과 같은 삼림은 기온이 높고 강수량이 많은 지역에 발달한다.

13 ㄴ. 층상 구조는 식물 군집의 수직적인 구성을 나타낸다. 상층부에서부터 교목층, 아교목층, 관목층, 초본층, 지표층, 지중층 등으로 구분되며, 지표면에 가까워질수록 도달하는 빛의 세기가 감소한다.

ㄷ. 층상 구조는 햇빛을 최대한 활용할 수 있는 구조로 되어 있어 교목층에는 강한 빛에 적응한 구조를 가진 식물이 잘 자라고, 아래층으로 내려갈수록 약한 빛에 적응한 구조를 가진 식물이 잘 자란다.

🔍 바로알기 ㄱ. A는 숲의 상층부를 구성하는 큰 나무들인 교목층, B는 아교목층 아래, 초본층 위에 있는 관목층이다.

14 ㄴ. (나)(수직 분포)는 특정 지역에서 고도에 따른 분포로 고도가 낮은 곳에서 높은 곳으로 갈수록 기온이 낮아지며, 상록 활엽수림 → 낙엽 활엽수림(D 지역) → 침엽수림 → 관목대(C 지역) 순으로 분포한다.

ㄷ. (가)(수평 분포)는 위도에 따른 분포로 기온과 강수량의 차이에 의해 나타나며, (나)(수직 분포)는 고도에 따른 분포로 주로 기온의 차이에 의해 나타난다.

🔍 바로알기 ㄱ. (가)(수평 분포)에서 저위도에서 고위도로 갈수록 열대 우림(B 지역) → 낙엽수림 → 침엽수림(A 지역) → 툰드라 순으로 군집이 분포한다. 따라서 A 지역은 B 지역보다 위도가 높다.

15

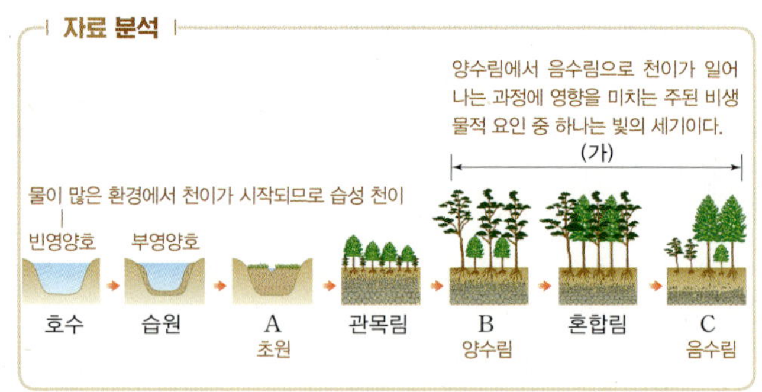

①, ② 생물이 없고 토양이 형성되지 않은 호수로부터 천이가 시작되므로 습성 천이의 과정을 나타낸 것이고, 습성 천이는 1차 천이에 해당한다.

④ 습성 천이는 빈영양호 → 부영양호 → 습원(습지) → A(초원) → 관목림 → B(양수림) → 혼합림 → C(음수림) 순으로 진행된다.

⑤ B(양수림)가 형성되면 다 자란 양수(소나무 등의 침엽수)들에 의해 상층에서 많은 빛이 흡수되어 하층에 도달하는 빛의 세기가 약해지므로 양수림의 하층에서는 강한 빛에서만 잘 자라는 양수의 묘목은 생장하지 못하지만, 약한 빛에서도 잘 자라는 음수(참나무 등의 활엽수)의 묘목은 잘 생장한다. 따라서 점차 음수가 번성하여 혼합림을 거쳐 음수림으로 천이가 일어나므로 (가) 구간에서 식물 군집 변화에 영향을 준 비생물적 요인 중 하나는 빛의 세기이다.

🔍 바로알기 ⑤ A는 초본 식물(풀)이 우점종인 초원이다.

16 ㄱ. A와 C를 혼합 배양했을 때 A와 C의 개체 수는 모두 A와 C를 각각 단독 배양했을 때보다 증가하였으므로 A와 C 사이의 상호 작용은 상리 공생이다.

ㄴ. A와 B를 혼합 배양했을 때 A의 개체 수는 A를 단독 배양했을 때보다 감소하긴 하였지만 생존하였고, B는 완전히 도태되어 사라졌으므로 A와 B 사이의 상호 작용은 종간 경쟁이며, 경쟁·배타 원리가 적용되었음을 알 수 있다.

🔍 바로알기 ㄷ. A와 B 사이의 상호 작용은 종간 경쟁이다. 종간 경쟁 관계의 두 종은 모두 상호 작용을 통해 손해를 입는다.

17

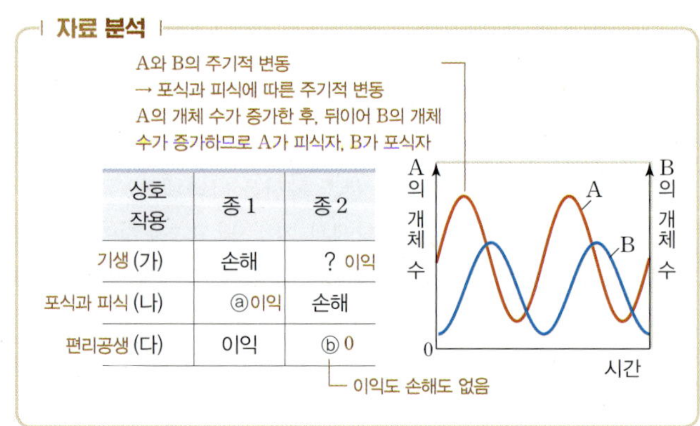

상호 작용	종 1	종 2
기생 (가)	손해	? 이익
포식과 피식 (나)	ⓐ 이익	손해
편리공생 (다)	이익	ⓑ 0

ㄱ. A와 B의 개체 수가 주기적으로 변동하므로 A와 B 사이의 상호 작용인 (나)는 포식과 피식이다. 편리공생 관계에서는 한 종은 이익을 얻지만, 다른 종은 이익도 손해도 없으므로 (다)는 편리공생, (가)는 기생이다.

🔍 **바로알기** ㄴ. (나)는 포식과 피식, (다)는 편리공생이므로 ⓐ는 '이익', ⓑ는 '이익도 손해도 아니다.'이다.

ㄷ. 콩과식물과 뿌리혹박테리아의 상호 작용은 상리 공생이다.

18 ㄱ. 환경 수용력은 주어진 환경 조건에 서식할 수 있는 개체군의 최대 크기를 말한다. A의 최대 개체 수는 Ⅰ에서 200, Ⅱ에서 100이므로 A에 대한 환경 수용력은 Ⅰ에서가 Ⅱ에서보다 크다.

ㄷ. 개체군 밀도 $= \dfrac{\text{개체군을 구성하는 개체 수}}{\text{개체군이 서식하는 공간의 면적}}$ 이다. 서식지 면적은 Ⅰ에서가 Ⅱ에서의 2배이므로 서식지 면적을 S라고 하면 t_2일 때 A의 밀도는 Ⅰ에서 $\dfrac{200}{2S} = \dfrac{100}{S}$, Ⅱ에서 $\dfrac{100}{S}$으로 같다.

🔍 **바로알기** ㄴ. 개체군 생장 곡선에서 $\dfrac{\text{출생한 개체 수}}{\text{사망한 개체 수}}$ 가 클수록 개체군의 생장 속도(그래프의 기울기)가 크다. 따라서 t_1일 때 $\dfrac{\text{출생한 개체 수}}{\text{사망한 개체 수}}$ 는 Ⅰ에서가 Ⅱ에서보다 크다.

19

| 자료 분석 |

방형구법에서

상대 밀도(%) $= \dfrac{\text{특정 종의 밀도}}{\text{조사한 모든 종의 밀도의 합}} \times 100$,

빈도 $= \dfrac{\text{특정 종이 출현한 방형구 수}}{\text{전체 방형구 수}}$,

상대 빈도(%) $= \dfrac{\text{특정 종의 빈도}}{\text{조사한 모든 종의 빈도의 합}} \times 100$,

상대 피도(%) $= \dfrac{\text{특정 종의 피도}}{\text{조사한 모든 종의 피도의 합}} \times 100$

이므로 계산하면 다음과 같다.

식물 종	개체 수	출현한 방형구 수	빈도	피도
A	9	2	$\frac{2}{2}=1$	0.08
B	6	2	$\frac{2}{2}=1$	0.05
C	10	1	$\frac{1}{2}=0.5$	0.07

식물 종	상대 밀도(%)	상대 빈도(%)	상대 피도(%)
A	$\frac{9}{9+6+10} \times 100$ $=36$	$\frac{1}{1+1+0.5} \times 100$ $=40$	$\frac{0.08}{0.08+0.05+0.07} \times 100$ $=40$
B	$\frac{6}{9+6+10} \times 100$ $=24$	$\frac{1}{1+1+0.5} \times 100$ $=40$	$\frac{0.05}{0.08+0.05+0.07} \times 100$ $=25$
C	$\frac{10}{9+6+10} \times 100$ $=40$	$\frac{0.5}{1+1+0.5} \times 100$ $=20$	$\frac{0.07}{0.08+0.05+0.07} \times 100$ $=35$

• 중요치 = 상대 밀도 + 상대 빈도 + 상대 피도
→ A: 36+40+40=116, B: 24+40+25=89, C: 40+20+35=95

ㄱ. 개체 수는 A가 B의 1.5배이므로 상대 밀도도 A가 B의 1.5배이다.

ㄴ. 빈도는 B가 1, C가 0.5이다.

🔍 **바로알기** ㄷ. 중요치(상대 밀도 + 상대 빈도 + 상대 피도)는 A가 116, B가 89, C가 95이다. 따라서 이 식물 군집에서 우점종은 중요치가 가장 큰 A이다.

20 서술형

정답 (1) A는 소비자, B는 분해자, C는 생산자이다.

모범 답안 (2) ㉠의 예로는 지의류에 의해 암석의 풍화가 촉진되는 것이 있고, ㉡의 예로는 가을에 기온이 낮아져 단풍나무 잎이 붉게 변하는 것이 있다. 등

해설 (1) 메뚜기, 개구리와 같이 다른 생물을 먹어 유기물을 얻는 A는 소비자이고, 세균, 버섯과 같이 생물의 사체나 배설물로부터 에너지를 얻는 B는 분해자이며, 벼, 소나무와 같이 광합성을 통해 스스로 무기물로부터 유기물을 합성하는 C는 생산자이다.

(2) ㉠은 생물적 요인이 비생물적 요인에 영향을 주는 것이고, ㉡은 비생물적 요인이 생물적 요인에 영향을 주는 것이다.

채점 기준		배점
(1)	A~C에 해당하는 생물적 요인을 모두 옳게 서술한 경우	30 %
	A~C에 해당하는 생물적 요인 중 1가지만 옳게 서술한 경우	10 %
(2)	㉠과 ㉡의 예를 모두 옳게 서술한 경우	70 %
	㉠과 ㉡의 예 중 1가지만 옳게 서술한 경우	40 %

21 서술형

정답 (1) 개척자는 지의류, A는 초원, B는 양수림, C는 음수림이다.

모범 답안 (2) 초본 식물(풀)이 개척자로 들어와 A(초원)가 가장 먼저 형성된다. 토양이 이미 형성되어 있는 곳에서 천이가 일어나고, 이 토양에 남아 있는 기존 식물 군집의 종자나 뿌리로부터 천이가 시작되므로 1차 천이보다 빠르게 일어난다.

해설 (1) 1차 천이 중 용암 대지와 같이 건조한 곳에서 시작하는 천이는 건성 천이이다. 건성 천이의 과정은 용암 대지 → 지의류(개척자) → 초원 → 관목림 → 양수림 → 혼합림 → 음수림(극상) 순으로 진행된다.

(2) 산불, 산사태, 벌목, 홍수 등이 일어나 기존에 있던 군집은 파괴되었으나, 토양은 남아 있는 곳에서 시작되는 천이를 2차 천이라고 한다. 2차 천이에서는 토양에 남아 있는 기존 식물의 종자나 뿌리로부터 천이가 시작되므로 보통 1차 천이보다 빠르게 진행되며 주로 초본 식물(풀)이 개척자로 들어와 초원이 먼저 형성되고 이후의 과정은 1차 천이와 같다.

채점 기준		배점
(1)	1차 천이의 개척자와 A~C를 모두 옳게 서술한 경우	40 %
	1차 천이의 개척자와 A~C 중 3가지만 옳게 서술한 경우	30 %
	1차 천이의 개척자와 A~C 중 2가지만 옳게 서술한 경우	20 %
	1차 천이의 개척자와 A~C 중 1가지만 옳게 서술한 경우	10 %
(2)	2차 천이에서 먼저 나타나는 군집의 종류와 2차 천이가 1차 천이보다 빠르게 일어나는 까닭을 모두 옳게 서술한 경우	60 %
	2차 천이에서 먼저 나타나는 군집의 종류와 2차 천이가 1차 천이보다 빠르게 일어나는 까닭 중 1가지만 옳게 서술한 경우	30 %

개념 익히기 문제 p.201

01 생태 피라미드 **02** 에너지 효율 **03** 총생산량
04 × **05** ○ **06** ×

01 먹이 사슬에서 각 영양 단계에 속하는 생물의 개체 수, 생물량(생체량), 에너지양을 하위 영양 단계에서 상위 영양 단계로 순서대로 쌓아올린 것을 생태 피라미드라고 한다.

02 생태 피라미드의 한 영양 단계에서 다음 영양 단계로 전달되는 에너지의 비율을 에너지 효율이라고 하며,
$\dfrac{\text{현 영양 단계의 에너지양}}{\text{전 영양 단계의 에너지양}} \times 100(\%)$으로 계산하여 구할 수 있다.

03 생태계에서 생산자가 광합성을 하여 생산한 유기물의 총량을 총생산량이라고 하며, 총생산량＝호흡량＋순생산량이다.

04 생태계에서 탄소와 같은 물질은 생물적 요인과 비생물적 요인 사이를 순환하지만, 에너지는 순환하지 않고 먹이 사슬을 따라 한 방향으로만 흐르다가 생태계 밖으로 빠져나간다.

05 질소 고정 세균인 뿌리혹박테리아는 대기 중의 질소(N_2)를 암모늄 이온(NH_4^+)으로 전환시키는 질소 고정에 관여한다.

06 평형을 이루고 있던 생태계에서 1차 소비자가 일시적으로 증가하면 일시적으로 생산자는 감소하고 2차 소비자가 증가한다. 이후 증가한 2차 소비자로 인해 1차 소비자가 감소하면서 다시 생산자가 증가하고 2차 소비자가 감소하면서 평형 상태를 회복한다.

자료 집중 분석 p.202

예제 1

정답 ③

해설 ㄱ. 생태 피라미드의 각 영양 단계에서 에너지 효율(%)＝
$\dfrac{\text{현 영양 단계의 에너지양}}{\text{전 영양 단계의 에너지양}} \times 100$이므로 1차 소비자의 에너지 효율은 $\dfrac{20}{200} \times 100 = 10\,\%$이고, 2차 소비자의 에너지 효율은 $\dfrac{3}{20} \times 100 = 15\,\%$이다.

ㄷ. 순생산량은 총생산량에서 생산자의 호흡량을 제외하고 생산자에 저장된 유기물의 양으로 고사·낙엽량, 피식량, 생장량을 모두 합한 것이다. 따라서 ⓐ는 호흡량, ⓑ는 순생산량이다.

바로알기 ㄴ. 생산자인 식물은 소비자인 초식 동물에게 피식되므로 초식 동물의 호흡량은 식물의 피식량에 포함된다. 따라서 초식 동물의 호흡량은 식물의 호흡량(ⓐ)이 아니라 순생산량(ⓑ)에 포함된다.

개념 다지기 문제 p.203~205

01 ③ **02** ③ **03** ④ **04** ③ **05** ⑤ **06** ②
07 ② **08** ③
고난도 **09** ① **10** ③
서술형 **11~12** 해설 참조

01 A. 생태계에서 에너지는 순환하지 않으므로 생태계가 유지되려면 외부로부터 에너지가 계속 공급되어야 한다. 생태계에 공급되는 에너지의 근원은 태양의 빛에너지이다.
B. 생태계에 공급되는 태양의 빛에너지는 생산자의 광합성에 의해 유기물 속 화학 에너지로 전환된다.
바로알기 C. 생태계에서 에너지는 순환하지 않고, 한 방향으로만 흐르므로 분해자로부터 생태계 밖으로 방출된 열에너지가 소비자에게 다시 전달되지 않는다.

02 ㄱ. 광합성을 통해 빛에너지를 유기물 속 화학 에너지로 전환하는 A는 생산자이다. 유기물에 저장된 화학 에너지는 먹이 사슬을 따라 상위 영양 단계로 이동하므로 B는 1차 소비자, C는 2차 소비자이며, 생물의 사체나 배설물로부터 에너지를 얻는 D는 분해자이다.
ㄷ. 유기물에 저장된 화학 에너지는 각 영양 단계에서 세포 호흡을 통해 생명 활동에 사용되고 열에너지로 전환되어 생태계 밖으로 방출된다. 그리고 생물의 사체나 배설물 등의 유기물에 저장된 화학 에너지는 분해자의 세포 호흡을 통해 생명 활동에 사용되고 열에너지로 전환되어 생태계 밖으로 방출된다. 따라서 C(2차 소비자)와 D(분해자)에서 모두 유기물 속 화학 에너지가 열에너지로 전환되는 과정이 일어난다.
바로알기 ㄴ. A(생산자)로부터 B(1차 소비자)에 전달된 화학 에너지 중 일부는 B(1차 소비자)에서 세포 호흡을 통해 생명 활동을 유지하는 데 사용되고 열에너지로 전환되어 방출되거나, 사체나 배설물의 형태로 D(분해자)에 전달된다. 따라서 A(생산자)로부터 B(1차 소비자)에 전달된 화학 에너지 중 일부만이 먹이 사슬을 따라 C(2차 소비자)로 전달된다.

03

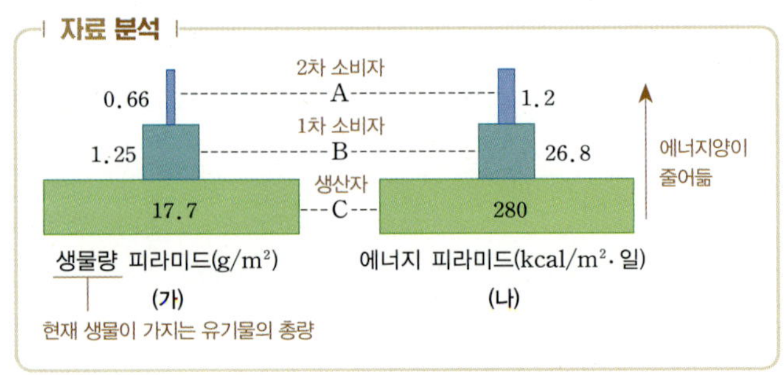

ㄴ. (나)에서 상위 영양 단계로 갈수록 각 영양 단계에 속하는 생물의 에너지양이 감소함을 알 수 있다.
ㄷ. 현재 각 영양 단계에 속하는 생물이 가지는 유기물의 총량은 생물량(생체량)이다. (가)는 생물량을 하위 영양 단계에서부터 쌓아 올린 생물량 피라미드이다.

 ㄱ. A는 2차 소비자, B는 1차 소비자, C는 생산자이다.

04 ① 과정 Ⅰ은 질소 고정 세균(뿌리혹박테리아, 아조토박터 등)에 의해 질소(N_2)가 암모늄 이온(NH_4^+)으로 전환되는 질소 고정이다.
② 과정 Ⅱ는 탈질산화 세균에 의해 질산 이온(NO_3^-)이 질소(N_2)로 환원되어 대기 중으로 돌아가는 탈질산화 작용이다.
④ 암모늄 이온(NH_4^+)이나 질산 이온(NO_3^-)이 식물의 뿌리를 통해 흡수되어 질소 동화 작용을 통해 질소 화합물(핵산, 단백질 등)로 합성된다.
⑤ 생물의 사체나 배설물에 포함된 질소 화합물은 분해자에 의해 암모늄 이온(NH_4^+)으로 분해되어 토양으로 되돌아간다.
 ③ 과정 Ⅲ은 질산화 세균에 의해 암모늄 이온(NH_4^+)이 질산 이온(NO_3^-)으로 산화되는 질산화 작용이다.

05 ㄱ. 과정 Ⅰ에서 대기 중의 이산화 탄소(CO_2)는 생산자에 흡수되어 광합성을 통해 포도당과 같은 유기물로 합성된다.
ㄴ, ㄷ. 탄소는 유기물의 형태로 먹이 사슬을 따라 상위 영양 단계로 이동하며, 각 영양 단계에서 세포 호흡을 통해 이산화 탄소(CO_2)로 분해되어 대기로 돌아간다. 따라서 과정 Ⅱ와 Ⅲ에 모두 세포 호흡이 관여한다.

06 생산자의 물질 생산과 소비의 관계에서 ㉠은 호흡량, ㉡은 순생산량, ㉢은 피식량이다.
ㄷ. 생산자는 1차 소비자에게 피식되므로 1차 소비자의 섭식량은 생산자의 ㉢(피식량)과 같다. 따라서 1차 소비자의 호흡량은 ㉢(피식량)에 포함된다.
 ㄱ. ㉠은 호흡량이다.
ㄴ. 생산자가 광합성을 통해 합성한 유기물의 총량은 총생산량이다. ㉡(순생산량)은 총생산량에서 생산자의 ㉠(호흡량)을 제외하고 생산자에 저장된 유기물의 총량이다.

07 총생산량＝순생산량＋호흡량이므로 호흡량은 총생산량보다 클 수 없다. 따라서 A는 총생산량, B는 호흡량이다.
ㄴ. 순생산량＝A(총생산량)－B(호흡량)이다. 따라서 (가)의 순생산량은 구간 Ⅰ에서가 구간 Ⅱ에서보다 크다.
 ㄱ. 고사량, 낙엽량, 피식량은 모두 A(총생산량)에서 B(호흡량)를 제외한 순생산량에 포함된다.
ㄷ. 생명 활동에 필요한 에너지를 얻고자 세포 호흡에 소비하는 유기물의 총량은 B(호흡량)이다. A(총생산량)는 생산자가 광합성을 통해 합성한 유기물의 총량이다.

08 생태계 평형은 생태계에서 군집의 구성, 개체 수, 물질의 양, 에너지 흐름이 안정된 상태를 유지하는 것을 의미한다.
ㄷ. 자연 재해, 환경 오염, 인간 활동에 의한 서식지 파괴 등은 모두 생태계 평형을 파괴하는 원인에 해당한다.
ㄹ. 평형을 유지하고 있는 생태계에서는 물질 순환과 에너지 흐름이 모두 원활하게 이루어진다.

 ㄱ. 생태계 평형을 유지하는 조절 능력에는 한계가 있어서, 이 한계를 넘어서는 요인이 작용하면 생태계 평형이 유지되고 못하고 생태계 전체가 파괴될 수 있다.
ㄴ. 먹이 그물이 복잡할수록 한 종이 사라져도 이를 대체할 수 있는 다른 종이 있으므로 생태계 평형을 유지하기 쉽다.

09
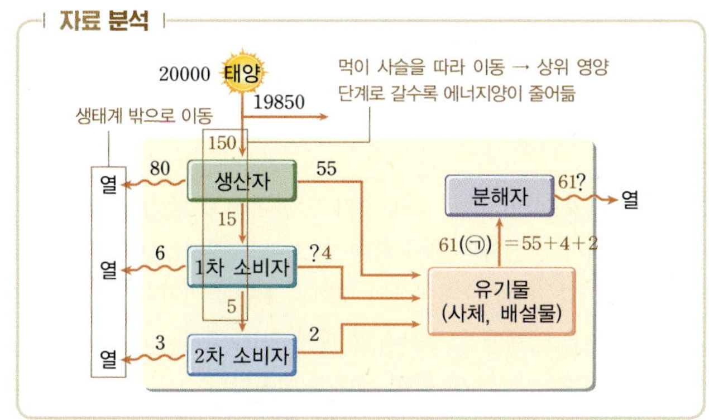

ㄱ. 분해자에 전달된 에너지양(㉠)은 $55＋4＋2＝61$이다.
 ㄴ. (가)는 생산자, (나)는 1차 소비자, (다)는 2차 소비자이다.
ㄷ. 먹이 사슬을 통해 (가)(생산자)로부터 (나)(1차 소비자)에 전달된 에너지는 15, (나)(1차 소비자)로부터 (다)(2차 소비자)에 전달된 에너지는 5이다.

10 에너지 효율(%)은 한 영양 단계에서 다음 영양 단계로 전달되는 에너지의 비율이며, $\dfrac{\text{현 영양 단계의 에너지양}}{\text{전 영양 단계의 에너지양}} \times 100$으로 구한다.

ㄱ. 2차 소비자의 에너지 효율은 (가)에서 $\dfrac{15}{\text{ⓐ}} \times 100\,\%$, (나)에서 $\dfrac{20}{100} \times 100 = 20\,\%$이다. 2차 소비자의 에너지 효율은 (나)에서가 (가)에서의 2배이므로 $\dfrac{15}{\text{ⓐ}} \times 100 = 10\,\%$이다. 따라서 이를 계산하면 ⓐ는 150이다.
ㄴ. (나)에서 1차 소비자의 에너지 효율은 $\dfrac{100}{1000} \times 100 = 10\,\%$이다.
 ㄷ. (가)에서 1차 소비자의 에너지 효율은 $\dfrac{150}{1000} \times 100 = 15\,\%$, 2차 소비자의 에너지 효율은 $\dfrac{15}{150} \times 100 = 10\,\%$이다.

11
정답 (1) A는 생산자, B는 분해자이다.
모범 답안 | (2) ㉠은 에너지, ㉡은 물질이다. 생태계에서 ㉠(에너지)은 순환하지 않고 먹이 사슬을 따라 한 방향으로만 흐르지만, ㉡(물질)은 생물적 요인과 비생물적 요인 사이를 순환하기 때문이다.
해설 | (1) 생태계에 공급된 빛에너지는 생산자의 광합성에 의해 유기물 속 화학 에너지로 전환되며, 생물의 사체나 배설물 등에 저장된 에너지는 분해자의 세포 호흡을 통해 생명 활동에 사용되고, 열에너지로 전환되어 생태계 밖으로 방출된다.

(2) 생태계에서 물질은 순환하지만, 에너지는 순환하지 않고 한 방향으로만 흐르다가 생태계 밖으로 빠져나간다.

채점 기준		배점
(1)	A와 B에 해당하는 생물적 요인을 모두 옳게 서술한 경우	40 %
	A와 B에 해당하는 생물적 요인 중 1가지만 옳게 서술한 경우	20 %
(2)	㉠과 ㉡에 해당하는 용어와 그렇게 생각한 까닭을 모두 옳게 서술한 경우	60 %
	㉠과 ㉡에 해당하는 용어만을 옳게 서술한 경우	30 %

12 서술형

모범 답안 | 1차 소비자의 개체 수가 일시적으로 증가하였으므로 (가) 단계에서 생산자의 개체 수는 감소하고, 2차 소비자의 개체 수는 증가한다. (가) 단계에서의 변화로 1차 소비자의 개체 수가 감소하면 (나) 단계에서 생산자의 개체 수는 증가하고, 2차 소비자의 개체 수는 감소하여 평형 상태를 회복한다.

해설 | 생태계에서 1차 소비자의 개체 수가 일시적으로 증가하였을 때 평형 상태를 회복하는 과정은 다음과 같다.

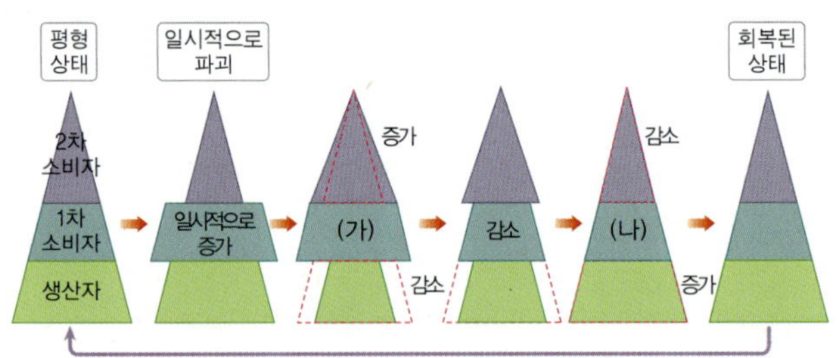

채점 기준	배점
(가) 단계와 (나) 단계에서 생산자의 2차 소비자의 개체 수 변화를 모두 옳게 서술한 경우	100 %
(가) 단계와 (나) 단계 중 한 단계만을 옳게 서술한 경우	50 %

학교 시험 빈출 자료 MASTER

p.206~208

①	1 ○	2 ○	3 ×	4 ×	5 ×	
②	1 ×	2 ×	3 ○	4 ×	5 ○	6 ○
③	1 ○	2 ×	3 ○	4 ○	5 ○	
④	1 ×	2 ○	3 ×	4 ×	5 ○	6 ×
⑤	1 ○	2 ○	3 ×	4 ×	5 ○	6 ○
⑥	1 ○	2 ×	3 ×	4 ○	5 ×	6 ×
⑦	1 ○	2 ○	3 ×	4 ×	5 ○	6 ×
⑧	1 ×	2 ×	3 ○	4 ×	5 ×	6 ○	7 ○
⑨	1 ○	2 ×	3 ○	4 ○		

①-1 분해자는 다른 생물의 사체나 배설물에 들어 있는 유기물을 분해하여 생명 활동에 필요한 에너지를 얻는 생물이다.

①-2 생물적 요인인 질소 고정 세균에 의해 비생물적 요인인 토양의 암모늄 이온(NH_4^+)이 증가하는 것이므로 ㉡의 예에 해당한다.

①-3 곰팡이, 세균, 버섯은 모두 분해자에 속하므로 생물적 요인에 해당한다.

①-4 스라소니와 눈신토끼는 모두 소비자에 해당한다. 따라서 스라소니와 눈신토끼 사이의 상호 작용은 소비자와 소비자가 서로 영향을 주고받는 것이다.

①-5 생산자와 소비자는 서로 다른 종이므로 한 개체군에 속하지 않는다. 한 개체군은 같은 종으로 구성된다.

②-1 J자형으로 나타나는 A가 이론적 생장 곡선, S자형으로 나타나는 B가 실제 생장 곡선이다.

②-2 A(이론적 생장 곡선)는 자원의 제한이 없는 이상적인 환경에서 나타난다. 자원의 제한이 있는 실제 환경에서는 B(실제 생장 곡선)가 나타난다.

②-3 ㉠은 주어진 환경에서 서식할 수 있는 개체군의 최대 크기인 환경 수용력이다.

②-4 개체군 생장 곡선에서 출생률이 사망률보다 높을 때 개체군이 생장한다. 따라서 A(이론적 생장 곡선)의 개체군이 생장하는 구간 Ⅰ에서 $\dfrac{출생률}{사망률}$ 은 1보다 크다.

②-5 개체군의 밀도 $= \dfrac{개체군을\ 구성하는\ 개체\ 수}{개체군이\ 서식하는\ 공간의\ 면적}$ 이다. B(실제 생장 곡선)에서 서식지 면적은 구간 Ⅰ과 구간 Ⅱ에서 같고, 개체 수는 구간 Ⅰ에서가 구간 Ⅱ에서보다 작으므로 개체군 밀도는 구간 Ⅰ에서가 구간 Ⅱ에서보다 작다.

②-6 B(실제 생장 곡선)에서는 환경 저항이 계속 작용하며, 그에 따라 S자형의 생장 곡선을 나타낸다. 따라서 B(실제 생장 곡선)의 구간 Ⅰ과 구간 Ⅲ에서 모두 환경 저항이 작용한다.

③-1 (가)는 한 개체(리더)가 개체군 전체를 이끄는 리더제, (나)는 각 개체들이 일을 분담하여 협력하는 사회생활, (다)는 각 개체가 세력권을 형성하여 다른 개체의 침입을 막는 텃세이다.

③-2 힘의 강약에 따라 모든 개체들 사이의 서열이 정해지는 상호 작용은 순위제이다.

③-3 꿀벌 개체군에서 여왕벌, 일벌 등이 서로 다른 역할을 맡아 협력하는 것은 (나)(사회생활)의 예에 해당한다.

③-4 (다)(텃세)는 개체들을 분산시켜 개체군의 밀도를 알맞게 조절하여 개체들 사이의 불필요한 경쟁을 방지하는 기능을 한다.

③-5 (다)(텃세)에서 각 개체들이 확보하는 일정한 생활 공간을 세력권이라고 한다.

④-1 (가)는 토양이 없는 용암 대지에서 천이가 시작되므로 1차 천이 중 건성 천이에 해당한다. (나)는 산불에 의해 기존 군집은 파괴되었으나 토양은 남아 있는 곳에서 천이가 시작하므로 2차 천이에 해당한다.

④-2 (가)(1차 천이)에는 연못, 호수, 늪지와 같이 물이 있는 곳에서 시작하는 습성 천이와 용암 대지, 바위, 모래와 같이 건조한 곳에서 시작하는 건성 천이가 있다.

④-3 A는 지의류, B는 초원, C는 양수림, D는 음수림이다.

④-4 (가)(1차 천이)의 개척자는 지의류이지만, (나)(2차 천이)의 개척자는 주로 초본 식물(풀)이다. (가)(1차 천이)와 (나)(2차 천이) 모두 음수림에서 극상을 이룬다.

④-5 B(초원)에서 D(음수림)로 천이가 진행될수록 다 자란 나무들이 숲의 상층에서 많은 빛을 흡수하므로 지표면에 도달하는 빛의 세기는 약해진다.

④-6 C(양수림)가 형성되면 다 자란 양수들에 의해 숲의 상층에서 많은 빛이 흡수되므로 하층에 도달하는 빛의 세기가 약해진다. 따라서 C(양수림)의 하층에서는 양수의 어린 개체보다 음수의 어린 개체가 더 잘 자란다.

⑤-1 (가)에서는 A와 B를 혼합 배양했을 때 단독 배양했을 때와 비교하여 두 종 모두 개체 수가 감소하였으며, B는 결국 도태되어 사라지므로 (가)는 종간 경쟁이다. 반면에 (다)에서는 A와 B를 혼합 배양했을 때 단독 배양했을 때와 비교하여 두 종 모두 개체 수가 증가하였으므로 (다)는 상리 공생이다. (나)에서는 A와 B를 혼합 배양했을 때 두 종의 개체 수가 주기적으로 변동하므로 (나)는 포식과 피식이다.

⑤-2 (가)(종간 경쟁)는 생태적 지위가 비슷한 두 개체군이 한정된 자원을 두고 일어나므로 생태적 지위가 겹칠수록 심해진다.

⑤-3 (가)(종간 경쟁)에서는 상호 작용을 통해 두 종 모두 손해를 입는다. 상호 작용을 통해 한 종은 이익을 얻고, 다른 종은 손해를 입는 것은 (나)(포식과 피식)이다.

⑤-4 사람과 기생충 사이의 상호 작용은 기생이다.

⑤-5 상호 작용을 통해 두 종 모두 이익을 얻는 것은 (다)(상리 공생)이다.

⑤-6 뿌리혹박테리아는 콩과식물에게 질소 화합물을 공급하고, 콩과식물은 뿌리혹박테리아에게 영양분을 공급한다. 따라서 콩과식물과 뿌리혹박테리아 사이의 상호 작용은 (다)(상리 공생)에 해당한다.

⑥-1 식물 군집이나 해조류, 따개비 등의 부착 생물 군집을 조사할 때 방형구법을 이용한다.

⑥-2 조사한 모든 종의 상대 밀도(%)를 합한 값은 100이므로 ㉠은 35이다. 마찬가지로 조사한 모든 종의 상대 피도(%)를 합한 값은 100이므로 ㉡은 35이다.

⑥-3 상대 밀도(%) $= \dfrac{\text{특정 종의 밀도}}{\text{조사한 모든 종의 밀도의 합}} \times 100$이므로 상대 밀도(%)가 클수록 밀도도 높다. 따라서 A~C 중 밀도가 가장 높은 종은 C이다.

⑥-4 중요치는 상대 밀도, 상대 빈도, 상대 피도를 모두 합한 값으로 중요치가 가장 높은 종이 우점종이다.

⑥-5 중요치가 가장 높은 종이 그 군집의 우점종이다. 중요치는 A가 84(35(㉠)＋28＋21), B가 96(25＋36＋35(㉡)), C가 120(40＋36＋44)이다. 따라서 이 식물 군집에서 중요치가 가장 높은 우점종은 C이다.

⑥-6 우점종은 개체 수가 많거나 차지하는 면적이 넓어 그 군집을 대표할 수 있는 종을 의미한다. 특정 지역이나 환경에서만 볼 수 있는 종은 지표종이다.

⑦-1 생물량(생체량, 현존량)은 현재 생물이 가지는 유기물의 총량(생물의 질량)으로 누적된 생장량과 같다.

⑦-2 C(생산자)는 광합성을 하는 식물과 같이 스스로 무기물로부터 유기물을 합성하는 생물이다.

⑦-3 B(1차 소비자)가 가진 에너지 중 일부는 세포 호흡을 통해 생명 활동에 사용되고, 사체나 배설물의 형태로 분해자에게 전달된다. 따라서 B(1차 소비자)가 가진 에너지 중 일부만 A(2차 소비자)로 전달된다.

⑦-4 생태계에서 에너지는 순환하지 않고 먹이 사슬을 따라 한 방향으로만 흐르다가 생태계 밖으로 빠져나간다.

⑦-5 에너지 피라미드를 통해 상위 영양 단계로 갈수록 에너지양이 감소하는 것을 알 수 있다.

⑦-6 에너지 효율(%) $= \dfrac{\text{현 영양 단계의 에너지양}}{\text{전 영양 단계의 에너지양}} \times 100$이므로 1차 소비자의 에너지 효율은 $\dfrac{100}{1000} \times 100 = 10\,\%$이고, 2차 소비자의 에너지 효율은 $\dfrac{20}{100} \times 100 = 20\,\%$이다.

⑧-1 생태계에서 물질은 생물적 요인과 비생물적 요인 사이를 순환하면서 생물이 이용할 수 있는 형태로 전환된다.

⑧-2 ㉠ 과정에 광합성, ㉡ 과정에 세포 호흡이 관여한다.

⑧-3 생태계에서 탄소는 생산자에 흡수되어 광합성을 통해 포도당과 같은 유기물로 합성되며, 유기물의 형태로 먹이 사슬을 따라 상위 영양 단계(소비자)로 이동한다.

⑧-4 대기 중의 질소(N_2)는 매우 안정하여 대부분의 식물이 직접 이용할 수 없기 때문에 질소 고정이나 공중 방전 등에 의해 식물이 이용할 수 있는 이온 형태로 전환되어야 한다.

⑧-5 탈질산화 세균에 의해 질산 이온(NO_3^-)이 질소(N_2)로 환원되는 ⓐ 과정은 탈질산화 작용, 질산화 세균에 의해 암모늄 이온(NH_4^+)이 질산 이온(NO_3^-)으로 산화되는 ⓑ 과정은 질산화 작용이다.

⑧-6 대기 중의 질소(N_2)가 암모늄 이온(NH_4^+)으로 전환되는 ⓒ 과정에는 뿌리혹박테리아, 아조토박터 등과 같은 질소 고정 세균이 관여한다.

⑧-7 암모늄 이온(NH_4^+)이나 질산 이온(NO_3^-)은 식물의 뿌리를 통해 흡수되어 질소 동화 작용을 통해 질소 화합물(핵산, 단백질 등)로 합성된다.

⑨-1 ㉠(총생산량)은 생산자가 광합성을 통해 합성한 유기물의 총량이다.

⑨-2 ㉡은 호흡량, ㉢은 피식량이다.

⑨-3 1차 소비자의 호흡량은 생산자의 ㉢(피식량)에 포함된다.

⑨-4 생산자는 1차 소비자에 피식되므로 1차 소비자의 섭식량은 생산자의 ㉢(피식량)과 같다.

학교 시험 대비 문제 p.209~213

| 01 ⑤ | 02 ③ | 03 ⑤ | 04 ② | 05 ① | 06 ① |
| 07 ③ | 08 ④ | 09 ④ | 10 ④ | 11 ④ | 12 ① |

고난도 13 ① 14 ④ 15 ① 16 ③

서술형 17~20 해설 참조

01 ㉠은 생물적 요인이 비생물적 요인에 영향을 주는 것, ㉡과 ㉢은 비생물적 요인이 생물적 요인에 영향을 주는 것이다.

ㄱ. (가)는 생물적 요인인 식물의 낙엽에 의해 비생물적 요인인 토양이 비옥해지는 것이므로 ㉠의 예이다.

ㄴ. (나)는 생물적 요인인 개구리가 비생물적 요인인 온도의 영향을 받아 겨울잠을 자는 것이므로 ㉡의 예이다.

ㄷ. (다)는 비생물적 요인인 물의 영향으로 생물적 요인인 선인장에 가시 형태의 잎과 저수 조직이 발달한 것이다. 선인장이 물에

적응한 결과이므로 (다)는 ⓒ의 예이다.

02 ㄱ. 개체군의 밀도 = $\dfrac{\text{개체군을 구성하는 개체 수}}{\text{개체군이 서식하는 공간의 면적}}$ 이다.
서식지의 면적은 구간 Ⅰ～Ⅲ에서 모두 같지만, 개체 수는 구간
Ⅰ～Ⅲ 중 Ⅲ에서 가장 크므로 개체군 밀도 또한 구간 Ⅰ～Ⅲ 중
Ⅲ에서 가장 높다.
ㄴ. 그림의 생장 곡선은 S자형의 실제 생장 곡선이므로 구간 Ⅰ
～Ⅲ에 모두 환경 저항이 작용하고 있다.
🔍 **바로알기** ㄷ. 개체군 생장 곡선에서 $\dfrac{\text{사망한 개체 수}}{\text{출생한 개체 수}}$ 가 작을수
록 개체군의 생장 속도(그래프의 기울기)가 크다. 따라서
$\dfrac{\text{사망한 개체 수}}{\text{출생한 개체 수}}$ 는 구간 Ⅱ에서가 Ⅲ에서보다 작다.

03 개체군의 생존 곡선은 같은 시기에 출생한 개체들 중 시간이
지남에 따라 살아남은 개체 수를 상대 연령에 따라 나타낸 그래
프이다. A에서는 초기 사망률이 높은 반면, C에서는 초기 사망
률이 낮으므로 A의 생존 곡선 유형은 Ⅲ형, C의 생존 곡선 유형
은 Ⅰ형이다. B에서는 각 연령층에서 사망률이 일정하므로 B의
생존 곡선 유형은 Ⅱ형이다.
ㄴ. B의 생존 곡선 유형은 Ⅱ형에 해당한다. 따라서 B는 히드라
개체군이다.
ㄷ. C의 생존 곡선 유형은 Ⅰ형에 해당하므로 C는 코끼리 개체
군이다. C(코끼리 개체군)에서는 적은 수의 개체를 낳지만, 어릴
때 부모의 보호를 받아 초기 사망률이 낮고 대부분의 개체가 수
명을 다하고 죽는다.
🔍 **바로알기** ㄱ. A의 생존 곡선 유형은 Ⅲ형에 해당하므로 A는
붕어 개체군이다.

04 리더제와 사회생활은 모두 개체군 내의 상호 작용이고, 기생
은 군집 내 개체군 사이의 상호 작용이다. 따라서 A는 사회생활,
B는 기생이다.
ㄷ. B(기생)에서는 상호 작용을 통해 한 종(기생 생물)은 이익을
얻지만, 다른 종(숙주)은 손해를 입는다.
🔍 **바로알기** ㄱ. 힘의 강약에 따라 모든 개체들 사이의 서열이 정
해지는 상호 작용은 순위제이다. 리더제에서는 리더를 제외한 나
머지 개체들 사이에 서열이 정해져 있지 않다. 따라서 '힘의 강약
에 따라 모든 개체들 사이의 서열이 정해지는가?'는 ㈀에 해당하
지 않는다.
ㄴ. 혈연관계의 사자들이 함께 새끼를 돌보며 무리지어 생활하는
것은 가족생활의 예이다.

05 ㄱ. ㈀은 고도에 따른 식물 군집의 분포를 나타내고 있으므
로 수직 분포이다.
🔍 **바로알기** ㄴ. ㈀(수직 분포)은 주로 기온의 차이에 의해 나타난
다. 고도가 낮은 곳에서 높은 곳으로 갈수록 기온이 낮아지며, 상
록 활엽수림 → 낙엽 활엽수림 → 침엽수림 → 관목림 순으로 분
포하므로 (가)는 관목림, (나)는 침엽수림, (다)는 상록 활엽수림
이다.

ㄷ. (다)(상록 활엽수림)는 (가)(관목림)보다 고도가 낮은 지역에
분포하므로 (다)(상록 활엽수림)가 분포한 지역이 (가)(관목림)가
분포한 지역보다 기온이 높다.

06 1차 천이 중 건성 천이는 지의류 → 초원 → 관목림 → 양수
림 → 혼합림 → 음수림 순으로 진행된다. 따라서 ㈀은 지의류,
㈁은 양수림, ㈂은 음수림이다.
ㄱ. ㈀(지의류)이 개척자이므로 이 지역에서는 1차 천이 중 건성
천이가 일어났다.
🔍 **바로알기** ㄴ. ㈀(지의류)은 1차 천이 중 건성 천이의 개척자이
다. 2차 천이의 개척자는 주로 초본 식물(풀)이다.
ㄷ. 이 지역은 ㈁(양수림)이 아니라 ㈂(음수림)에서 극상을 이룬다.

07 종간 경쟁에서는 상호 작용을 통해 두 종 모두 손해를 입고,
상리 공생에서는 상호 작용을 통해 두 종 모두 이익을 얻으며, 편
리공생에서는 상호 작용을 통해 한 종은 이익을 얻지만, 다른 종
은 이익을 얻지도 손해를 입지도 않는다. 따라서 ㈀은 상리 공생,
㈁은 편리공생, ㈂은 종간 경쟁이다.
ㄱ. 꽃과 벌새는 상호 작용을 통해 두 종 모두 이익을 얻으므로
이들 사이의 상호 작용은 ㈀(상리 공생)이다.
ㄷ. ㈂(종간 경쟁)은 생태적 지위가 비슷한 두 개체군이 한정된
자원을 두고 다투는 것이므로 생태적 지위가 겹치는 두 종 사이
에서 일어날 수 있다.
🔍 **바로알기** ㄴ. 식물과 겨우살이 사이의 상호 작용은 기생에 해
당한다. 기생에서는 상호 작용을 통해 한 종(기생 생물)은 이익을
얻지만 다른 한 종(숙주 생물)은 손해를 입는 상호 작용이다.

08 생태적 지위가 겹치는 A～C가 종간 경쟁을 피하기 위해 활
동 영역을 달리하고 있으므로 A～C 사이의 상호 작용은 군집 내
개체군 사이의 상호 작용인 분서이다.
ㄴ. 군집은 일정한 지역에 여러 개체군들이 모여 생활하는 집단
이다. A와 B는 서로 다른 종이므로 각각 다른 개체군을 형성하
며, 한 군집을 이루어 생활하고 있다.
ㄷ. A～C는 종간 경쟁을 피하기 위하여 활동 영역을 달리하
였다.
🔍 **바로알기** ㄱ. A와 B 사이의 상호 작용은 분서에 해당한다.

09 A는 생산자, B는 1차 소비자, C는 2차 소비자이다.
ㄱ. 생산자는 광합성을 하는 식물과 같이 스스로 무기물로부터
유기물을 합성하는 생물이다. 따라서 A(생산자)에서 광합성을
통해 빛에너지가 화학 에너지로 전환된다.
ㄴ. B(1차 소비자)가 가진 에너지 중 일부만 C(2차 소비자)로 전
달되므로 B(1차 소비자)가 사용할 수 있는 에너지양은 C(2차 소
비자)가 사용할 수 있는 에너지양보다 많다.
🔍 **바로알기** ㄷ. 안정된 생태계에서 에너지는 순환하지 않고 먹이
사슬을 따라 한 방향으로만 흐르다가 생태계 밖으로 빠져나간다.
따라서 C(2차 소비자)로부터 방출된 열에너지는 A(생산자)에 전
달되지 않고 생태계 밖으로 빠져나간다.

10 총생산량＝호흡량＋순생산량(고사·낙엽량＋피식량＋생장량)이고, 생산자의 피식량은 1차 소비자의 섭식량과 같으므로 1차 소비자의 에너지양은 생산자의 피식량에 포함된다. 따라서 A는 호흡량, B는 피식량, C는 생장량이다.

ㄴ. 생산자가 광합성을 통해 합성한 유기물의 총량은 총생산량이다. 따라서 B(피식량)는 총생산량에 포함된다.

ㄷ. 순생산량에서 피식량, 고사·낙엽량을 제외하고 생명체에 남아 있는 유기물의 양이 생장량이다. 따라서 생산자에 남아 있는 유기물의 양은 C(생장량)에 포함된다.

🔍 **바로알기** ㄱ. A는 호흡량이다.

11 탄소는 대기에서는 주로 이산화 탄소(CO_2)로 존재하며, 생산자에 흡수되어 광합성을 통해 유기물로 합성된다. 탄소는 유기물의 형태로 먹이 사슬을 따라 상위 영양 단계(소비자)로 이동하거나, 사체나 배설물의 형태로 분해자에게 전달되며, 생산자, 소비자, 분해자의 세포 호흡을 통해 이산화 탄소(CO_2)로 분해되어 대기로 돌아간다. 따라서 A는 생산자, B는 소비자, C는 분해자이다.

ㄱ. 광합성을 하는 녹조류는 A(생산자)에 속한다.

ㄷ. B(소비자)와 C(분해자)에서는 모두 세포 호흡과 같이 유기물을 무기물로 분해하는 물질대사가 일어난다.

🔍 **바로알기** ㄴ. 생물의 사체나 배설물 중 일부 유기물은 화석 연료가 되고, 화석 연료가 연소되면 이산화 탄소(CO_2)로 분해되어 대기로 돌아간다. 따라서 과정 (가)에는 세포 호흡이 관여하지만, 과정 (나)에는 연소가 관여한다.

12 늑대 사냥이 허가된 이후, 늑대의 개체 수가 감소함에 따라 사슴의 개체 수는 증가하지만, 초원의 생산량은 감소하고 있으므로 초원의 식물, 사슴, 늑대 사이에는 먹이 사슬이 형성되어 있음을 알 수 있다.

ㄴ. 고원 지역에서 늑대 사냥이 허가된 이후, 늑대와 사슴의 개체 수, 초원의 생산량이 크게 변화되었으므로 늑대 사냥과 같은 사람의 개입이 생태계 평형을 깨뜨리는 원인이 될 수 있음을 알 수 있다.

🔍 **바로알기** ㄱ. 늑대와 사슴, 사슴과 초원의 식물 사이의 상호 작용은 모두 포식과 피식이다.

ㄷ. 1920년 이후 사슴의 개체 수가 감소한 것은 초원의 생산량이 급감하였기 때문이다.

13

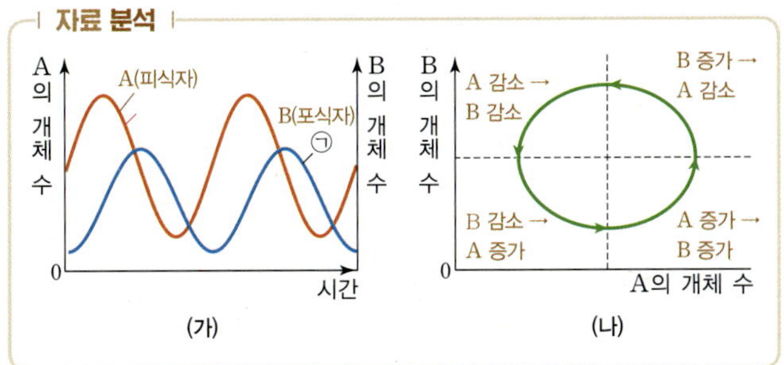

A의 개체 수와 B의 개체 수가 주기적으로 변동하므로 있으므로

A와 B 사이의 상호 작용은 포식과 피식이다. (가)에서 붉은색 실선에 해당하는 종의 개체 수가 증가한 후, ㉠의 개체 수가 증가하고, ㉠의 개체 수가 증가함에 따라 붉은색 실선에 해당하는 종의 개체 수가 감소하므로 붉은색 실선에 해당하는 종이 피식자, ㉠이 포식자이다. 그리고 (나)에서 A와 B의 개체 수가 같이 증가하다가 A의 개체 수가 먼저 감소하고, 이후 B의 개체 수가 감소하므로 A는 피식자, B는 포식자이다.

ㄱ. ㉠은 포식자인 B의 개체 수를 나타낸 것이다.

🔍 **바로알기** ㄴ. A와 B 사이의 상호 작용은 포식과 피식이며, A는 피식자, B는 포식자이다. 따라서 A와 B의 생태적 지위는 동일하지 않다.

ㄷ. 상호 작용을 통해 A(피식자)는 손해를 입고, B(포식자)는 이익을 얻는다.

14

식물 종	상대 밀도(%)	상대 빈도(%)	상대 피도(%)
A	25	?(36)	30
B	㉠(45)	34	46
C	30	30	㉡(24)
	합이 100	합이 100	합이 100

• 중요치＝상대 밀도＋상대 빈도＋상대 피도
→ A: 25＋36＋30＝91, B: 45＋34＋46＝125, C: 30＋30＋24＝84

ㄴ. 방형구법에서 빈도＝$\dfrac{\text{특정 종이 출현한 방형구 수}}{\text{전체 방형구 수}}$, 상대 빈도(%)＝$\dfrac{\text{특정 종의 빈도}}{\text{조사한 모든 종의 빈도의 합}} \times 100$이므로 상대 빈도가 높을수록 빈도가 높고, 빈도가 높을수록 그 종이 출현한 방형구 수가 크다. 상대 빈도의 총합은 100 %이므로 A의 상대 빈도는 36 %이다. C의 상대 빈도가 30 %이므로 A가 출현한 방형구 수는 C가 출현한 방형구 수보다 크다.

ㄷ. 중요치(상대 밀도＋상대 빈도＋상대 피도)는 A가 91(25＋36＋30), B가 125(45＋34＋46), C가 84(30＋30＋24)이다. 따라서 이 식물 군집에서 우점종은 중요치가 가장 높은 B이다.

🔍 **바로알기** ㄱ. 방형구법에서 조사한 식물 군집의 상대 밀도의 총합, 상대 피도의 총합은 모두 100 %이다. 따라서 ㉠은 45, ㉡은 24이므로 ㉠은 ㉡의 2배가 아니다.

15 생물량(생체량)은 상위 영양 단계로 갈수록 감소한다고 하였으므로 A는 2차 소비자, B는 1차 소비자, C는 생산자이다.

ㄱ. B(1차 소비자)에서 동화량＝섭식량－배출량이므로 ㉠은 동화량이다.

🔍 **바로알기** ㄴ. 동화량＝호흡량＋피식·자연사량＋생장량이므로 ㉡은 생장량이다. A(2차 소비자)는 B(1차 소비자)의 포식자이므로 A(2차 소비자)의 에너지양은 B(1차 소비자)의 피식량에 포함된다.

ㄷ. 생물량(생체량)은 현재 생물이 가지는 유기물의 총량(생물의 질량)으로 누적된 생장량과 같은 의미이다. 따라서 B(1차 소비자)의 생물량(생체량)은 C(생산자)의 호흡량에 포함되지 않는다.

16 A는 3차 소비자, B는 2차 소비자, C는 1차 소비자, D는 생산자이다.

ㄱ. 에너지 효율(%) $= \dfrac{\text{현 영양 단계의 에너지양}}{\text{전 영양 단계의 에너지양}} \times 100$ 이고, 3차 소비자의 에너지 효율은 2차 소비자의 에너지 효율의 2배라고 하였으므로 $\dfrac{9}{\bigcirc} \times 100 = \dfrac{\bigcirc}{200} \times 100 \times 2$ 이다. 이를 계산하면 ㉠은 30이다.

ㄴ. 제시된 에너지 피라미드를 통해 상위 영양 단계로 갈수록 각 영양 단계가 가지는 에너지양이 감소함을 알 수 있다.

🔎**바로알기** ㄷ. C(1차 소비자)의 호흡량은 D(생산자)의 피식량에 포함된다.

17 서술형

정답 (1) (가)는 이론적 생장 곡선, (나)는 실제 생장 곡선이다.

모범 답안 (2) 서식지와 먹이 부족, 종내 경쟁, 노폐물 축적, 질병 등과 같은 환경 저항이 작용하기 때문이다.

해설 (1) J자형의 (가)가 이론적 생장 곡선, S자형의 (나)가 실제 생장 곡선이다.

(2) (가)(이론적 생장 곡선)는 자원의 제한이 없는 이상적인 환경에서 나타나며, 개체군의 개체 수가 기하급수적으로 증가하므로 J자형을 나타낸다. 하지만 (나)(실제 생장 곡선)는 자원의 제한이 있는 실제 환경에서 나타나며, 처음에는 개체군의 개체 수가 급격히 증가하지만, 개체 수가 증가할수록 환경 저항이 커져 개체군의 생장 속도가 점차 느려지고 나중에는 일정한 수준을 유지하기 때문에 S자형을 나타낸다.

채점 기준		배점
(1)	(가), (나)에 해당하는 생장 곡선을 모두 옳게 서술한 경우	40 %
	(가), (나)에 해당하는 생장 곡선 중 1가지만 옳게 서술한 경우	20 %
(2)	(나)가 S자형을 나타내는 까닭을 환경 저항과 관련지어 옳게 서술한 경우	60 %
	(나)가 S자형을 나타내는 까닭을 환경 저항과 관련지어 서술하였으나, 부분적으로만 옳게 서술한 경우	30 %

18 서술형

정답 (1) (가)는 텃세, ⓐ는 세력권이다.

모범 답안 (2) (가)(텃세)는 은어 개체군에서 개체들을 분산시켜 밀도를 알맞게 조절하므로 개체들 사이의 불필요한 종내 경쟁을 피할 수 있다.

해설 (1) 은어 개체군에서 각 개체들이 일정한 생활 공간을 확보하여 다른 개체의 침입을 막는 것은 텃세의 예에 해당하고, 이렇게 확보된 서식 공간을 세력권이라고 한다.

(2) 텃세는 각각의 개체들이 세력권을 형성하므로 개체군에서 개체들을 분산시켜 밀도를 알맞게 조절하며, 그 결과 개체들 사이의 불필요한 종내 경쟁을 피할 수 있게 된다.

채점 기준		배점
(1)	(가)에 해당하는 상호 작용의 유형과 ⓐ를 모두 옳게 서술한 경우	40 %
	(가)에 해당하는 상호 작용의 유형과 ⓐ 중 1가지만 옳게 서술한 경우	20 %
(2)	텃세의 이점을 밀도 조절, 불필요한 경쟁 방지와 관련지어 옳게 서술한 경우	60 %
	텃세의 이점을 밀도 조절, 불필요한 경쟁 방지와 관련지어 서술하였으나, 부분적으로만 옳게 서술한 경우	30 %

19 서술형

정답 (1) (가)는 탈질산화 작용, (나)는 질산화 작용, (다)는 질소 동화 작용이다.

모범 답안 (2) 대기 중의 질소(N_2)는 질소 고정에 의해 암모늄 이온(NH_4^+)으로 전환되거나, 번개 등의 공중 방전에 의해 질산 이온(NO_3^-)으로 전환되어 식물에 이용된다.

해설 (1) 질소 순환 과정에서 탈질산화 세균에 의해 질산 이온(NO_3^-)이 질소(N_2)로 환원되는 과정 (가)는 탈질산화 작용, 질산화 세균에 의해 암모늄 이온(NH_4^+)이 질산 이온(NO_3^-)으로 산화되는 과정 (나)는 질산화 작용, 암모늄 이온(NH_4^+)이나 질산 이온(NO_3^-)이 식물의 뿌리를 통해 흡수되어 질소 화합물(핵산, 단백질 등)로 합성되는 과정 (다)는 질소 동화 작용이다.

(2) 대기 중의 질소(N_2)는 매우 안정하여 대부분의 식물이 직접 이용할 수 없기 때문에 질소 고정과 공중 방전 등을 통해 식물이 이용할 수 있는 이온 형태로 전환되어야 한다.

채점 기준		배점
(1)	(가)~(다)에 해당하는 과정을 모두 옳게 서술한 경우	30 %
	(가)~(다)에 해당하는 과정 중 2가지만 옳게 서술한 경우	20 %
	(가)~(다)에 해당하는 과정 중 1가지만 옳게 서술한 경우	10 %
(2)	질소 고정과 공중 방전을 모두 옳게 서술한 경우	70 %
	질소 고정과 공중 방전 중 1가지만 옳게 서술한 경우	35 %

20 서술형

모범 답안 생태계에 유입된 에너지는 각 영양 단계에서 세포 호흡을 통해 생명 활동에 사용되거나, 사체나 배설물의 형태로 분해자에게 전달되고 남은 에너지 중 일부만 상위 영양 단계로 전달되기 때문이다.

해설 생태계에 유입된 에너지는 각 영양 단계에서 생명 활동에 사용되거나 사체나 배설물의 형태로 분해자에 전달되므로 이전 영양 단계에서 전달받은 에너지 중 일부만이 상위 영양 단계로 전달된다. 따라서 먹이 사슬의 영양 단계가 일정 단계 이상으로 길어질 수 없다.

채점 기준	배점
먹이 사슬에서 상위 영양 단계로 갈수록 전달되는 에너지양이 줄어드는 까닭을 옳게 서술한 경우	100 %
먹이 사슬에서 상위 영양 단계로 갈수록 전달되는 에너지양이 줄어드는 까닭을 부분적으로만 옳게 서술한 경우	50 %

03 생물 다양성과 보전

개념 **익히기** 문제   p.217

01 유전적 다양성   **02** 종 다양성   **03** 생태계 다양성
04 생물 자원   **05** ×   **06** ○   **07** ○   **08** ○

01 생물 다양성 중 유전적 다양성은 개체군 내의 개체들에서 유전자의 변이로 인해 다양한 형질이 나타나는 것을 말한다. 같은 종이라도 형질을 결정하는 대립유전자가 다양하면 형질이 서로 다르게 나타나므로 유전적 다양성은 한 종에 얼마나 다양한 대립유전자가 존재하는가를 뜻한다.

02 생물 다양성 중 종 다양성은 한 생태계 내의 군집에 서식하는 종의 다양한 정도를 의미한다.

03 생물 다양성 중 생태계 다양성은 생물의 서식지인 생태계의 다양한 정도를 의미하며, 생태계를 구성하는 생물적 요인과 비생물적 요인 사이의 관계에 관한 다양성을 포함한다.

04 사람이 생활에 이용하는 자원 중 생물로부터 유래한 자원을 생물 자원이라고 한다. 생물 다양성이 높을수록 생태계가 안정적으로 유지되고, 유용한 생물 자원이 풍부해지므로 생물 다양성은 중요한 가치를 가진다.

05 유전적 다양성이 높은 종의 개체군일수록 급격한 환경 변화에 살아남을 수 있는 유리한 형질을 가진 개체가 존재할 확률이 높으므로 환경이 급격히 변하거나 전염병이 발생했을 때 멸종될 확률이 낮다.

06 종 다양성은 군집을 구성하는 종의 수가 많을수록(종 풍부도가 높을수록), 전체 개체 수에서 각 종이 차지하는 비율이 고를수록(종 균등도가 높을수록) 높다.

07 서식지 파괴는 서식지 면적을 감소시켜 생물 다양성을 감소시키고, 서식지 단편화는 서식지를 분할하여 서식지 면적을 감소시키고 생물의 이동을 고립시켜 생물 다양성을 감소시킨다. 서식지 파괴 및 단편화 외에도 생물 다양성을 감소시키는 원인으로는 불법 포획과 남획, 환경 오염과 기후 변화, 무분별한 외래종 도입 등이 있다.

08 천연기념물을 지정하여 멸종 위기에 처한 종을 보호하고, 단편화된 서식지에 이동 통로를 설치하여 서식지를 연결하는 것은 모두 생물 다양성을 보전하기 위한 방안에 해당한다.

개념 다지기 문제   p.218~219

01 ④   **02** ③   **03** ①   **04** ④
고난도 **05** ②   **06** ⑤
서술형 **07~09** 해설 참조

01

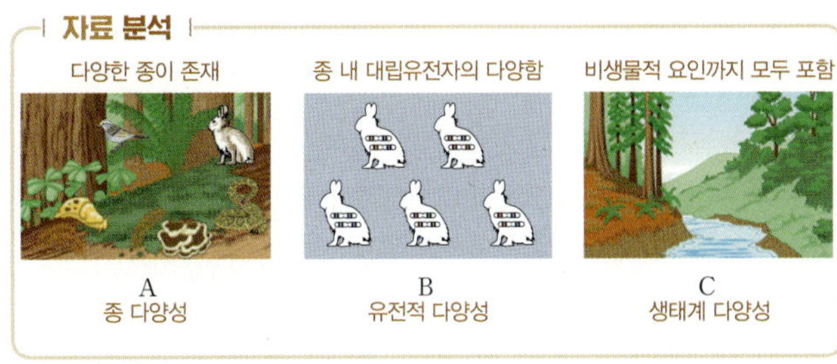

ㄴ. A는 종 다양성, B는 유전적 다양성, C는 생태계 다양성이다.
ㄷ. C(생태계 다양성)는 생태계를 구성하는 생물적 요인과 비생물적 요인의 관계에 관한 다양성을 포함한다.
바로알기 ㄱ. A(종 다양성)는 한 생태계 내에 서식하는 모든 종의 다양한 정도를 의미한다. 따라서 A(종 다양성)는 동물 종과 식물 종 외에도 다양한 종이 포함된다.

02 ㄱ. ㉠은 생태계 다양성, ㉡은 종 다양성, ㉢은 유전적 다양성이다.
ㄷ. ㉢(유전적 다양성)은 한 개체군 내의 개체들에서 유전자의 변이로 다양한 형질이 나타나는 것을 의미한다. (나)에서 A의 개체들은 유전자의 변이로 다양한 등껍질 무늬를 나타내고 있으므로 (나)는 ㉢(유전적 다양성)에 해당한다.
바로알기 ㄴ. ㉡(종 다양성)은 종의 수가 많을수록(종 풍부도가 높을수록), 전체 개체 수에서 각 종이 차지하는 비율이 고를수록(종 균등도가 높을수록) 높다.

03 종 다양성이 높을수록 먹이 그물이 복잡하게 형성되어 생태계 평형이 쉽게 깨지지 않는다.
ㄱ. 생태계를 구성하는 종이 (가)에서가 (나)에서보다 많으므로 종 다양성은 (가)에서가 (나)에서보다 높다.
바로알기 ㄴ. 복잡한 먹이 그물이 형성된 (가)는 먹이 사슬이 단순한 (나)보다 급격한 환경 변화에도 생태계 평형이 쉽게 깨지지 않는다.
ㄷ. (가)에서 독수리는 생쥐가 사라져도 생쥐를 대체할 다른 먹이(뒤쥐, 참새, 도요새 등)를 먹으며 살 수 있다.

04 ① 국립 공원을 지정하여 군집 단위의 큰 서식지를 보호하는 것은 생물 다양성 보전에 도움이 된다.
② 희귀 생물의 불법 포획과 남획을 금지하여 멸종 위기종을 보호하고 생물 다양성의 감소를 막아야 한다.
③ 천적이 없는 외래종이 도입되면 고유종의 서식지를 차지하고 먹이 사슬을 변화시켜 생물 다양성을 감소시키므로 반드시 기존 생태계에 미치는 영향을 검증한 후 외래종을 도입해야 한다.

⑤ 야생 생물 보호 및 관리에 관한 법률 등 생물 다양성을 보전하기 위한 법률을 제정하여 시행하는 것은 생물 다양성을 보전하기 위한 방안에 해당한다.

🔍 **바로알기** ④ 서식지가 단편화되면 생물 다양성이 감소하므로 국립 공원, 안식년 등을 지정하여 군집 단위의 큰 서식지를 분할하기보다는 보전해야 한다.

05

식물 종 ＼ 지역	(가)	(나)	(다) 2종이 서식
Ⓐ	6	3	0
B	2	3	6
C	1	3	3

종 다양성은 종의 수가 많을수록(종 풍부도가 높을수록), 전체 개체 수에서 각 종이 차지하는 비율이 고를수록(종 균등도가 높을수록) 높다.

ㄴ. 전체 개체 수에서 B의 개체 수가 차지하는 비율은 (나)에서 $\frac{3}{9}$, (다)에서 $\frac{6}{9}$이다.

🔍 **바로알기** ㄱ. 서식하는 종의 수는 (가)에서 3, (다)에서 2이다.

ㄷ. (가)~(다) 중 종 다양성이 가장 높은 지역은 서식하는 종의 수가 많고, 전체 개체 수에서 각 종이 차지하는 비율이 고른 (나)이다.

06

ㄱ. 도로 건설로 (나)와 같이 서식지가 단편화되면 서식지 중앙의 면적은 줄어들고 서식지 가장자리의 면적은 넓어져 서식지 중앙의 일부 종은 멸종하고, 서식지 가장자리의 일부 종은 개체 수가 늘어난다. 그 결과 종 풍부도와 종 균등도가 감소하여 종 다양성이 감소한다.

ㄴ. 서식지가 (나)와 같이 단편화되면 서식지 면적이 감소하고, 생물의 이동이 제한되어 고립된다.

ㄷ. 생태 통로는 단편화된 서식지를 연결하므로 생물 다양성 보전에 도움이 된다.

07 서술형

모범 답안 | 경작지 B가 피해를 적게 입을 것이다. 경작지 B에서가 경작지 A에서보다 유전적 다양성이 높아 다양한 형질의 감자가 있으므로 이 중에서 감자마름병에 살아남을 수 있는 형질을 가진 품종의 감자가 있을 가능성이 높기 때문이다.

해설 | 유전적 다양성이 높은 개체군일수록 급격한 환경 변화에 살아남을 수 있는 유리한 형질을 가진 개체가 존재할 확률이 높아 환경이 급격히 변하거나 전염병이 발생하였을 때 멸종될 확률이 낮다.

채점 기준	배점
피해를 적게 입을 경작지로 경작지 B를 고르고, 유전적 다양성과 연관 지어 경작지 B를 고른 까닭을 옳게 서술한 경우	100 %
피해를 적게 입을 경작지로 경작지 B를 골랐으나, 유전적 다양성과 연관지어 경작지 B를 고른 까닭을 올바르게 서술하지 못한 경우	40 %

08 서술형

모범 답안 | 버드나무 껍질로부터 아스피린의 주성분(살리실산)을 얻는다. 누에고치로부터 의복의 원료인 비단을 얻는다. 숲, 호수, 강 등의 아름다운 경관을 사람들의 휴식 및 여가 공간으로 활용한다. 등

해설 | 생물 자원은 의식주 자원, 의약품 원료, 유전자 자원, 연료 자원 등으로 사용되며, 휴식 및 여가 활동, 생태 관광을 위한 장소로서 사회적·심미적 가치를 제공한다.

채점 기준	배점
생물 자원을 이용하는 사례 2가지를 모두 옳게 서술한 경우	100 %
생물 자원을 이용하는 사례를 1가지만 옳게 서술한 경우	50 %

09 서술형

모범 답안 | 서식지 파괴 및 단편화, 무분별한 외래종 도입, 불법 포획과 남획, 환경 오염 등

해설 | 생물 다양성을 감소시키는 원인으로는 서식지 파괴 및 단편화, 불법 포획과 남획, 환경 오염과 기후 변화, 무분별한 외래종 도입 등이 있다.

채점 기준	배점
생물 다양성을 감소시키는 원인 2가지를 모두 옳게 서술한 경우	100 %
생물 다양성을 감소시키는 원인을 1가지만 옳게 서술한 경우	50 %

학교 시험 빈출 자료 MASTER
p.220

① 1 ×　2 ○　3 ×　4 ×　5 ○
② 1 ○　2 ×　3 ×　4 ○　5 ×
③ 1 ○　2 ○　3 ×　4 ○

①-1 (가)는 종 다양성, (나)는 생태계 다양성, (다)는 유전적 다양성이다.

①-2 (가)(종 다양성)는 종의 수가 많을수록(종 풍부도가 높을수록), 전체 개체 수에서 각 종이 차지하는 비율이 고를수록(종 균등도가 높을수록) 높다.

①-3 (나)(생태계 다양성)는 생물의 서식지인 생태계의 다양한 정도를 의미한다. 한 지역 내에 서식하는 종의 다양한 정도를 의미하는 것은 (가)(종 다양성)이다.

①-4 같은 종이라도 형질을 결정하는 대립유전자가 다양하여 형질이 서로 다르게 나타나는 것은 (다)(유전적 다양성)에 해당한다.

①-5 (다)(유전적 다양성)가 높은 개체군일수록 급격한 환경 변화에 살아남을 수 있는 유리한 형질을 가진 개체가 존재할 확률이 높기 때문에 멸종될 확률이 낮다.

②-1 종 다양성은 종의 수가 많을수록, 전체 개체 수에서 각 종이 차지하는 비율이 고를수록 높다. 생태계에 서식하는 종 수는 A에서가 B에서보다 작으므로 종 다양성은 A에서가 B에서보다 낮다.

②-2 A에서 생산자인 벼를 포식하는 메뚜기는 1차 소비자에 해당한다.

②-3 먹이 사슬에서 한 영양 단계에 전달된 에너지 중 일부는 생명 활동에 사용되거나 사체나 배설물의 형태로 배출되므로 이전 영양 단계에서 전달받은 에너지 중 일부만이 상위 영양 단계로 전달된다. 따라서 B에서 뱀이 가지는 에너지 중 일부만이 매에게 전달된다.

②-4 B에서 매는 뱀의 포식자이므로 매가 사라지면 일시적으로 뱀의 개체 수는 증가할 것이다.

②-5 종 다양성이 높을수록 생태계가 안정적으로 유지된다. 종 다양성은 A에서가 B에서보다 낮으므로 생태계 평형은 B에서가 A에서보다 안정적으로 유지된다.

③-1 주택지 개발로 하나의 큰 서식지가 두 개의 작은 서식지로 분할되었으므로 서식지 단편화가 일어났다.

③-2 서식지가 단편화되어 서식지 중앙의 면적은 줄어들고 서식지 가장자리의 면적은 넓어졌다.

③-3 주택지 개발로 서식지가 단편화되어 서식지 중앙의 일부 종이 멸종하였으므로 종 다양성은 낮아졌다.

③-4 생태 통로는 단편화된 서식지를 연결하여 서식지 간 이동을 가능하게 한다. 따라서 분할된 두 서식지 사이에 생태 통로를 설치하는 것은 생물 다양성을 보전하는 방안에 해당한다.

학교 시험 대비 문제

p.221~223

01 ④　　02 ②　　03 ④　　04 ⑤
고난도　05 ④　　06 ①　　07 ④　　08 ⑤
서술형　09~12 해설 참조

01

┤ 자료 분석 ├

각 생태계마다 사는 종이 다름

구분	의미
종 다양성 (가)	한 생태계 내에 존재하는 종의 다양한 정도를 의미한다.
생태계 다양성 (나)	삼림, 사막, 초원, 습지 등이 다양하게 나타나는 것을 의미한다.
유전적 다양성 (다)	?

└ 종 내 대립유전자의 다양한 정도를 의미한다.
　　에 사람의 눈 색, 무당벌레의 등껍질 무늬 등

한 생태계 내에 존재하는 종의 다양한 정도를 의미하는 것은 종 다양성이고, 삼림, 사막, 초원, 습지 등 생물의 서식지인 생태계가 다양하게 나타나는 것을 의미하는 것은 생태계 다양성이다. 따라서 (가)는 종 다양성, (나)는 생태계 다양성, (다)는 유전적 다양성이다.

ㄴ. (나)는 생태계 다양성이다.

ㄷ. (다)(유전적 다양성)는 한 개체군 내의 개체들에서 유전자의 변이로 다양한 형질이 나타나는 것을 의미한다. 따라서 같은 부모에게서 태어난 자녀의 얼굴 모습이 서로 다른 것은 (다)(유전적 다양성)에 해당한다.

바로알기 ㄱ. (가)(종 다양성)가 높을수록 복잡한 먹이 사슬이 형성된다.

02 C. 강 하구, 갯벌, 습지 등과 같이 두 생태계가 인접한 지역에서는 각 생태계에 서식하는 종 이외에 두 생태계의 자원을 모두 이용하는 종이 함께 서식하므로 한 작물만 재배하는 농경지보다 종 다양성이 높게 나타난다.

바로알기 A. 생태계 다양성은 생태계를 구성하는 생물적 요인과 비생물적 요인, 그리고 각 구성 요인 사이의 관계에 대한 다양성을 모두 포함한다.

B. 갯벌에 다양한 생물들이 서식하고 있는 것은 종 다양성의 예에 해당한다.

03 생물 다양성이 높을수록 생태계 평형이 쉽게 깨지지 않고, 생물 자원이 풍부해진다.

ㄴ. ⓒ(생물 자원)은 사람이 생활에 이용하는 자원 중 생물로부터 유래한 자원으로 새로운 형질을 가진 생물의 개발에 필요한 유전자 자원을 제공하기도 한다. 따라서 야생 벼의 질병 저항성 유전자를 이용하여 질병에 강한 새로운 벼 품종을 개발하는 것은 ⓒ(생물 자원)을 공급하는 예에 해당한다.

ㄷ. 휴양림, 수목원 등은 휴식 및 여가 활동, 생태 관광을 위한 장소로 활용되어 사람들에게 사회적·심미적 가치를 제공하는 생물 자원이다. 따라서 휴양림을 활용한 생태 관광 자원은 ⓒ(사회적·심미적 가치를 제공)의 예에 해당한다.

바로알기 ㄱ. 종 다양성이 낮을수록 생태계 평형이 쉽게 깨지므로 ⓐ(생태계 평형을 유지)의 효과가 적어진다.

04 ㄱ. 외래종의 도입은 생물 다양성 감소의 원인 중 하나이다.

ㄴ, ㄷ. 천적이 없는 외래종이 도입되어 다량으로 번식하면 고유종의 서식지와 먹이를 차지하여 고유종의 생존을 위협할 수 있고, 먹이 사슬을 변화시켜 생태계를 교란할 수 있다. 이러한 이유로 외래종은 생물 다양성을 감소시키는 원인이 될 수 있기 때문에 외래종을 도입하고자 할 때는 충분한 사전 논의가 필요하다.

05 유전적 다양성은 한 개체군 내의 개체들에서 유전자의 변이로 다양한 형질이 나타나는 것을 의미한다. (나)는 A의 개체 수에 따른 유전자 변이의 수를 나타내므로 유전적 다양성의 예이다. A의 개체 수가 많아지면 유전자 변이도 많아지는 경향이 나타났다.

ㄴ. 유전적 다양성은 형질을 결정하는 대립유전자가 다양할수록 높게 나타난다. 유전적 다양성이 높을수록 환경이 급격히 변하였을 때 멸종될 확률이 낮다. (나)에서 유전자 변이의 수는 A의 개체 수가 N_2일 때가 N_1일 때보다 크므로 유전적 다양성도 N_2일 때가 N_1일 때보다 높다. 따라서 환경이 급격하게 변하였을 때 살아남을 확률은 A의 개체 수가 N_2일 때가 N_1일 때보다 높다고 판단할 수 있다.

ㄷ. ⓛ(생태계 다양성)은 생물의 서식지인 생태계의 다양한 정도를 의미한다.

🔍 **바로알기** ㄱ. (나)가 ⊙의 예이므로 ⊙은 유전적 다양성, ⓛ은 생태계 다양성이다.

06 종 다양성은 종의 수가 많을수록, 전체 개체 수에서 각 종이 차지하는 비율이 고를수록 높다.

ㄱ. 종 수는 구간 Ⅰ과 Ⅱ에서 같고, 종 다양성은 구간 Ⅰ에서가 Ⅱ에서보다 낮다. 종 다양성은 종의 수가 많고, 고르게 분포할수록 높으므로 전체 개체 수에서 각 종이 차지하는 비율은 구간 Ⅱ에서가 Ⅰ에서보다 고르다.

🔍 **바로알기** ㄴ. 종 다양성이 높을수록 생태계가 안정적으로 유지된다. 종 다양성은 구간 Ⅰ에서가 Ⅱ에서보다 낮으므로 생태계가 안정적으로 유지될 가능성은 구간 Ⅰ일 때가 Ⅱ일 때보다 낮다.

ㄷ. 한 종에 있는 대립유전자의 다양한 정도를 의미하는 것은 유전적 다양성이다.

07

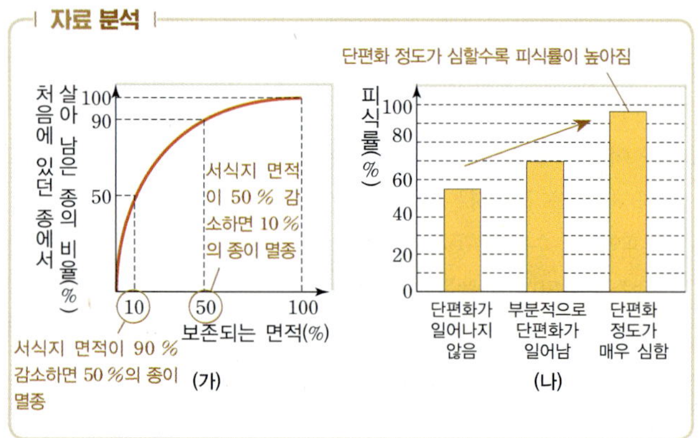

ㄴ. (나)에서 서식지 단편화 정도가 심해질수록 어린 가리비의 피식률이 높아짐을 알 수 있다.

ㄷ. 서식지 파괴 및 단편화는 서식지를 감소시켜 종 다양성을 낮추는 원인이 된다.

🔍 **바로알기** ㄱ. (가)에서 서식지 면적이 50 % 감소하면 처음에 있던 종에서 살아남은 종의 비율이 90 %이므로 처음 이 지역에 살던 종의 10 %가 사라진다.

08 ㄱ. (가)는 생물 다양성을 보전하기 위한 개인적 차원의 노력, (나)는 국가적 차원의 노력, (다)는 국제적 차원의 노력에 해당한다.

ㄴ. 국립 공원 지정, 안식년 실시 등은 모두 서식지를 보전하는 방안이므로 서식지 파괴를 줄이기 위한 방안에 해당한다.

ㄷ. 람사르 협약은 생태계의 자원과 서식지의 보전 및 현명한 이용에 관한 최초의 국제 협약으로 나고야 의정서 등과 함께 생물 다양성 보전을 위한 국제 협약에 해당한다.

09 서술형

모범 답안 | 유전적 다양성에 해당한다. 날개 무늬를 결정하는 대립유전자가 다양하여 초파리 개체들마다 대립유전자의 구성이 달라 서로 다른 날개 무늬가 나타난다.

해설 | 유전적 다양성은 한 개체군 내의 개체들에서 유전자의 변이로 다양한 형질이 나타나는 것을 의미한다. 같은 종이라도 형질을 결정하는 대립유전자가 다양하면 형질이 서로 다르게 나타난다.

채점 기준	배점
유전적 다양성과 유전적 다양성이 나타나는 까닭을 대립유전자의 다양성과 관련지어 모두 옳게 서술한 경우	100 %
유전적 다양성만을 옳게 서술한 경우	40 %

10 서술형

모범 답안 | 종 다양성이 가장 높은 지역은 (나)이다. 종 다양성은 종의 수가 많을수록, 전체 개체 수에서 각 종이 차지하는 비율이 고를수록 높다. 서식하는 종 수는 (가)와 (나)에서가 (다)에서보다 크고, 전체 개체 수에서 각 종이 차지하는 비율은 (나)에서가 (가)에서보다 고르므로 종 다양성이 (나)에서 가장 높다.

해설 | 종 다양성은 종의 수가 많을수록, 전체 개체 수에서 각 종이 차지하는 비율이 고를수록 높다.

채점 기준	배점
종 다양성이 가장 높은 지역과 그렇게 생각한 까닭을 모두 옳게 서술한 경우	100 %
종 다양성이 가장 높은 지역만을 옳게 서술한 경우	40 %

11 서술형

모범 답안 | 서식지가 단편화되면 서식지 중앙의 면적은 줄어들고 서식지 가장자리의 면적은 넓어지기 때문에 서식지 중앙에 서식하는 종의 실제 서식지가 크게 줄어들기 때문이다.

해설 | 서식지가 단편화되면 서식지 중앙의 면적은 줄어들고 서식지 가장자리의 면적은 넓어진다. 그로 인해 서식지 중앙의 일부 종은 멸종하고, 서식지 가장자리의 일부 종은 개체 수가 늘어나 종 풍부도와 종 균등도가 감소하여 종 다양성은 낮아진다.

채점 기준	배점
서식지 가장자리보다 서식지 중앙에 서식하는 종의 수가 더 크게 감소한 까닭을 서식지 중앙과 서식지 가장자리 면적의 변화와 관련지어 모두 옳게 서술한 경우	100 %
서식지 가장자리보다 서식지 중앙에 서식하는 종의 수가 더 크게 감소한 까닭을 서식지 중앙과 서식지 가장자리 면적의 변화와 관련지어 서술하였으나, 부분적으로만 옳게 서술한 경우	50 %

12 서술형

모범 답안 | (가)는 생태 통로이다. (가)(생태 통로)는 분할된 서식지를 연결하여 생물들의 이동을 가능하게 함으로써 동물 찻길 사고(로드킬)를 방지하고 서식지 단편화로 인한 생물 다양성의 감소를 줄일 수 있다.

해설 | 생태 통로는 단편화된 서식지를 연결하는 이동 통로이다.

채점 기준	배점
(가)에 해당하는 용어와 (가)의 기능을 모두 옳게 서술한 경우	100 %
(가)에 해당하는 용어만을 옳게 서술한 경우	40 %

01 생태계의 구성과 기능
❶ 개체군　　❷ 군집　　❸ 생물적 요인
❹ 비생물적 요인　❺ 이론적　❻ 실제　❼ 생존 곡선
❽ 텃세　　❾ 리더제　❿ 가족생활　⓫ 생태적 지위
⓬ 수평 분포　⓭ 수직 분포　⓮ 우점종　⓯ 핵심종　⓰ 지표종
⓱ 종간 경쟁　⓲ 분서　⓳ 상리 공생　⓴ 기생

02 에너지 흐름과 물질 순환
❶ 생태 피라미드　　❷ 에너지 효율　　❸ 광합성
❹ 질소 고정　❺ 질산화 작용　　❻ 질소 동화 작용
❼ 탈질산화 작용　　❽ 총생산량　　❾ 생장량

03 생물 다양성과 보전
❶ 종 다양성　❷ 생태계 다양성　　❸ 단편화　❹ 개인적
❺ 국가적

1등급 실전 문제

01 ②	02 ④	03 ③	04 ①	05 ③	06 ④
07 ①	08 ①	09 ⑤	10 ②	11 ⑤	12 ①
13 ⑤	14 ③	15 ④	16 ③	17 ④	18 ②
19 ⑤	20 ③				

서술형 21~25 해설 참조

01 ㉠은 개체군 내의 상호 작용, ㉡은 군집 내 개체군 사이의 상호 작용, ㉢은 비생물적 요인이 생물적 요인에 영향을 주는 것, ㉣은 생물적 요인이 비생물적 요인에 영향을 주는 것이다.

ㄷ. 탈질산화 세균에 의해 질산화 이온이 질소 기체가 되는 것은 생물적 요인이 비생물적 요인에 영향을 주는 것이므로 ㉣에 해당한다.

바로알기 ㄱ. 곰팡이는 생물적 요인인 분해자에 속한다.

ㄴ. 벼룩이 개의 몸에 붙어살면서 양분을 빼앗는 것은 군집 내 개체군 사이의 상호 작용 중 기생의 예이므로 ㉡에 해당한다.

02 (가)는 물, (나)는 빛, (다)는 공기이다.

ㄴ. 강한 빛을 받는 ⓐ(양엽)는 약한 빛을 받는 ⓑ(음엽)보다 울타리 조직이 발달하여 잎의 두께가 두껍다.

ㄷ. 고산 지대는 평지보다 산소 분압이 낮아 고산 지대에 사는 사람은 평지에 사는 사람보다 산소를 운반하는 적혈구를 더 많이 가진다. 따라서 고산 지대에 사는 사람의 적혈구 수가 많은 것은 (다)(공기)에 적응한 결과이므로 '고산 지대에 사는 사람의 적혈구 수가 평지에 사는 사람의 적혈구 수보다 많다.'는 ㉠에 해당한다.

바로알기 ㄱ. (가)는 물, (나)는 빛(빛의 세기)이다.

03 J자형의 ㉠은 이론적 생장 곡선, S자형의 ㉡은 실제 생장 곡선이다.

ㄱ. ㉡은 S자형의 실제 생장 곡선으로 자원의 제약이 있는 실제 환경에서 나타난다.

ㄴ. 개체군 생장 곡선에서 $\dfrac{출생한\ 개체\ 수}{사망한\ 개체\ 수}$가 클수록 개체군의 생장 속도(그래프의 기울기)가 크다. 따라서 구간 Ⅰ에서

$\dfrac{출생한\ 개체\ 수}{사망한\ 개체\ 수}$는 ㉠(이론적 생장 곡선)에서가 ㉡(실제 생장 곡선)에서보다 크다.

바로알기 ㄷ. ㉠(이론적 생장 곡선)은 자원의 제약이 없는 이상적인 환경에서 나타나므로 환경 저항이 작용하지 않는다.

04 생식 전 연령층의 비율이 상대적으로 낮은 A의 연령 피라미드는 쇠퇴형, 생식 전 연령층의 비율이 상대적으로 높은 B의 연령 피라미드는 발전형이다.

ㄱ. A의 연령 피라미드는 쇠퇴형이다.

바로알기 ㄴ, ㄷ. 전체 인구에서 생식 전 연령층이 차지하는 비율은 A에서가 B에서보다 작다. 따라서 A와 B 중 인구 수가 감소할 것으로 예상되는 나라는 A이다.

05 순위제와 텃세는 모두 개체군 내의 상호 작용이고, 편리공생은 군집 내 개체군 사이의 상호 작용이며, 세력권을 형성하여 다른 개체의 침입을 막는 상호 작용은 텃세이다. 따라서 A는 순위제, B는 편리공생, C는 텃세이고, ㉠은 '개체군 내의 상호 작용이다.', ㉡은 '세력권을 형성하여 다른 개체의 접근을 막는다.'이다.

ㄱ. A(순위제)와 C(텃세)는 모두 개체군 내 개체들 사이의 불필요한 종내 경쟁을 줄이고 질서를 유지하기 위한 상호 작용이다.

ㄷ. 은어 개체군을 구성하는 개체들 사이에서는 C(텃세)가 나타난다.

바로알기 ㄴ. B(편리공생)의 상호 작용을 하는 두 집단 중 한 집단은 이익을 얻지만, 다른 한 집단은 이익도 손해도 없다.

06 개체군은 일정한 지역에서 같은 종의 개체들이 무리를 지어 생활하는 집단이며, 개체군의 밀도는 일정 지역에 서식하는 개체군의 개체 수이다.

ㄴ. B의 개체 수는 Ⅰ에서가 Ⅱ에서의 2배이고, B의 밀도는 Ⅰ과 Ⅱ에서 같으므로 면적은 Ⅰ이 Ⅱ의 2배이다.

ㄷ. 개체군의 밀도 = $\dfrac{개체군을\ 구성하는\ 개체\ 수}{개체군이\ 서식하는\ 공간의\ 면적}$이고,

상대 밀도(%) = $\dfrac{특정\ 종의\ 밀도}{조사한\ 모든\ 종의\ 밀도의\ 합} \times 100$이므로

상대 밀도(%)는 $\dfrac{특정\ 종의\ 개체\ 수}{조사한\ 모든\ 종의\ 개체\ 수의\ 합} \times 100$으로 구할 수 있다. 따라서 Ⅰ에서 D의 상대 밀도는 $\dfrac{11}{50} \times 100$(%)이고,

Ⅱ에서 C의 상대 밀도는 $\dfrac{10}{40} \times 100$(%)이다.

따라서 $\dfrac{Ⅰ에서\ D의\ 상대\ 밀도}{Ⅱ에서\ C의\ 상대\ 밀도}$는 1보다 작다.

바로알기 ㄱ. A와 B는 서로 다른 종이므로 Ⅰ에서 한 개체군을 이루지 않는다.

07 ㄱ. 개체군 내의 상호 작용 중 가족생활은 혈연관계의 개체들이 모여 생활하는 것이고, 리더제는 한 개체가 리더가 되어 개체군 전체의 행동을 지휘하는 것이며, 사회생활은 각 개체들이 역할을 분담하고 협력하여 생활하는 것이다. 따라서 (가)는 사회생활, (나)는 리더제, (다)는 가족생활이다.

08 군집의 수평 분포는 위도에 따른 분포로 기온과 강수량의 차
이에 의해 나타난다. 저위도에서 고위도로 갈수록 기온이 낮아지
므로 열대 우림 → 낙엽수림 → 침엽수림 → 툰드라 순으로 분포
한다.
A. 군집의 수평 분포는 위도에 따른 기온과 강수량의 차이로 나
타난다.
 툰드라는 낙엽수림보다 위도가 높아 기온이 낮은
지역에 분포한다.
C. 열대 우림은 열대 사막보다 강수량이 많은 지역에 분포한다.

09 군집을 구성하는 종들 중 핵심종은 우점종은 아니지만 군집
의 구조에 중요한 역할을 하는 종이고, 지표종은 특정 지역이나
환경에서만 볼 수 있어 군집의 지역적, 환경적 특성을 나타내는
종이며, 희소종은 군집을 구성하는 개체군 중에서 개체 수가 매
우 적어 보호가 필요한 종이다.
⑤ 비버는 숲을 습지로 바꿔 그곳에 사는 다른 생물들에게 큰 영
향을 끼치므로 핵심종, 고산 지대에서 서식하는 에델바이스는 그
곳의 고도와 온도 범위를 알려주는 지표종에 해당하고, 나팔고둥
은 개체 수가 매우 적은 희소종에 해당한다. 따라서 (가)는 핵심
종, (나)는 지표종, (다)는 희소종이다.

10 상리 공생에서는 상호 작용을 통해 두 종 모두 이익을 얻지
만, 종간 경쟁에서는 상호 작용을 통해 두 종 모두 손해를 입는
다. 포식과 피식에서는 상호 작용을 통해 한 종은 이익을 얻고 다
른 한 종은 손해를 입는다. 따라서 ㉠은 포식과 피식, ㉡은 상리
공생, ㉢은 종간 경쟁이다.
ㄴ. A와 B의 개체 수는 단독 배양했을 때보다 혼합 배양했을 때
모두 증가하였으므로 상호 작용을 통해 두 종 모두 이익을 얻고
있음을 알 수 있다. 따라서 A와 B 사이의 상호 작용은 ㉡(상리
공생)에 해당한다.
 ㉡(상리 공생)에서는 상호 작용을 통해 두 종 모
두 이익을 얻으므로 ⓐ는 '이익'이고, ㉢(종간 경쟁)에서는 상호
작용을 통해 두 종 모두 손해를 입으므로 ⓑ는 '손해'이다.
ㄷ. 스라소니와 눈신토끼 사이의 상호 작용은 ㉠(포식과 피식)에
해당한다.

11 총생산량＝호흡량＋순생산량이므로 순생산량은 총생산량보
다 클 수 없다. 따라서 ㉠은 총생산량, ㉡은 순생산량이다.
ㄱ. ㉠(총생산량)은 생산자가 광합성을 통해 합성한 유기물의 총
량이다.
ㄴ. 생산자에 남아 있는 유기물량은 ㉡(순생산량) 중 생장량에 포
함된다.
ㄷ. 호흡량＝㉠(총생산량)－㉡(순생산량)이므로 구간 Ⅰ에서가
Ⅱ에서보다 작다.

12

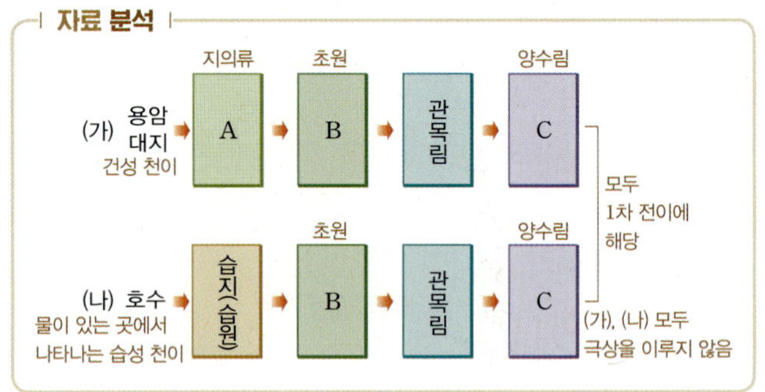

1차 천이는 생물이 없고 토양이 형성되지 않은 불모지에서 시작
하는 천이이다. 1차 천이 중 물이 있는 곳에서 시작하는 천이를
습성 천이, 건조한 곳에서 시작하는 천이를 건성 천이라고 한다.
ㄱ. 용암 대지에서 천이가 시작되는 (가)는 건성 천이 과정의 일
부를 나타낸 것이고, 호수에서 천이가 시작되는 (나)는 습성 천이
과정의 일부를 나타낸 것이다.
 A는 지의류, B는 초원, C는 양수림이다.
ㄷ. (나)의 C(양수림)에서 산불이 나면 B(초원)에서부터 2차 천
이가 시작된다.

13 생물량(생체량) 피라미드는 먹이 사슬에서 각 영양 단계에
속하는 생물의 생물량(생체량)을 하위 영양 단계에서 상위 영양
단계로 순서대로 쌓아올린 것이므로 A는 2차 소비자, B는 1차
소비자, C는 생산자이다.
ㄱ. 생물량(생체량)은 현재 생물이 가지는 유기물의 총량(생물의
질량)으로 누적된 생장량과 같은 의미이다. B의 호흡량은 호흡에
소비되는 유기물의 양이므로 A(2차 소비자)의 생물량(생체량)은
B(1차 소비자)의 호흡량에 포함되지 않는다.
ㄴ. 생태계에서 일어나는 탄소 순환 과정에서 탄소는 유기물의
형태로 먹이 사슬을 따라 이동한다. 따라서 탄소는 유기물의 형
태로 C(생산자)로부터 B(1차 소비자)로 전달된다.
ㄷ. 대기 중에 이산화 탄소(CO_2) 형태로 존재하는 탄소는 생산
자의 광합성을 통해 유기물로 합성되고, 생산자, 소비자, 분해자
의 세포 호흡을 통해 이산화 탄소(CO_2)로 분해되어 대기로 돌아
간다. 따라서 과정 Ⅰ에는 세포 호흡이 관여하고, Ⅱ에는 광합성
이 관여한다.

14 질소 순환 과정에서 대기 중 질소(N_2)는 질소 고정에 의해
암모늄 이온(NH_4^+)으로 전환되고, 암모늄 이온(NH_4^+)은 질산
화 작용에 의해 질산 이온(NO_3^-)으로 산화된다. 토양 속 암모늄
이온(NH_4^+)이나 질산 이온(NO_3^-)은 식물의 뿌리로 흡수되어
질소 동화 작용을 통해 질소 화합물(핵산, 단백질 등)로 합성되
고, 생물의 사체나 배설물에 포함된 질소 화합물은 분해자에 의
해 암모늄 이온(NH_4^+)으로 분해되어 토양으로 돌아간다.
A는 암모늄 이온(NH_4^+), B는 단백질이고, ㉠은 질소 고정 세균
인 뿌리혹박테리아, ㉡은 분해자, ㉢은 콩과식물인 완두에 해당
하는 버섯이다.
ㄱ. ㉠(뿌리혹박테리아)은 ㉢(완두)에게 A(암모늄 이온(NH_4^+))
를 공급하고, ㉢(완두)은 ㉠(뿌리혹박테리아)에게 영양분을 공급

한다. 따라서 ㉠(뿌리혹박테리아)과 ㉢(완두) 사이의 상호 작용은 상리 공생이다.

ㄷ. 과정 Ⅰ은 암모늄 이온(NH_4^+)이 질산 이온(NO_3^-)으로 산화되는 질산화 작용이다. 따라서 과정 Ⅰ에 질산화 세균이 관여한다.

🔍 **바로알기**) ㄴ. 질소 동화 작용은 ㉢(완두)에서 A(암모늄 이온(NH_4^+))가 B(단백질)로 전환되는 과정이다.

15 총생산량＝호흡량＋순생산량(고사·낙엽량＋피식량＋생장량)이므로 ㉠은 총생산량, ㉡은 호흡량, ㉢은 순생산량이다. 에너지 효율(%)＝$\dfrac{현\ 영양\ 단계의\ 에너지양}{전\ 영양\ 단계의\ 에너지양} \times 100$이고, 1차 소비자의 에너지 효율이 10 %이므로 A는 2차 소비자, B는 1차 소비자이다.

ㄴ. B(1차 소비자)의 호흡량은 생산자의 ㉢(순생산량) 중 피식량에 포함된다.

ㄷ. B(1차 소비자)의 에너지 효율이 $\dfrac{B의\ 에너지양}{2000} \times 100 = 10\ \%$이므로 B의 에너지양은 200이다. 따라서 A(2차 소비자)의 에너지 효율은 $\dfrac{40}{200} \times 100 = 20\ \%$이다.

🔍 **바로알기**) ㄱ. ㉡은 호흡량이다.

16

┤ **자료 분석** ├

지역	식물 종	상대 밀도(%)	개체 수	상대 빈도(%)	상대 피도(%)
Ⅰ	A	30	30	32	36
	B	? 32	32	20	19
	C	38	38	48	? 45
Ⅱ	A	? 75	60	60	45
	B	10	8	16	20
	C	15	12	24	? 35

방형구법에서 조사한 식물 군집의 상대 밀도의 총합, 상대 빈도의 총합, 상대 피도의 총합은 모두 100 %이다.

그리고 개체군의 밀도＝$\dfrac{개체군을\ 구성하는\ 개체\ 수}{개체군이\ 서식하는\ 공간의\ 면적}$이고,

상대 밀도(%)＝$\dfrac{특정\ 종의\ 밀도}{조사한\ 모든\ 종의\ 밀도의\ 합} \times 100$이므로

상대 밀도(%)는 $\dfrac{특정\ 종의\ 개체\ 수}{조사한\ 모든\ 종의\ 개체\ 수의\ 합} \times 100$으로 구할 수 있다. 따라서 어떤 종의 $\dfrac{상대\ 밀도}{100}$에 총 개체 수를 곱하면 그 종의 개체 수를 구할 수 있다.

ㄱ. Ⅰ의 식물 군집에서 중요치(상대 밀도＋상대 빈도＋상대 피도)는 A가 98, B가 71, C가 131이다. 따라서 Ⅰ의 식물 군집에서 우점종은 중요치가 가장 높은 C이다.

ㄴ. B의 개체 수는 Ⅰ에서 $\dfrac{32}{100} \times 100 = 32$, Ⅱ에서 $\dfrac{10}{100} \times 80 = 8$이다. 따라서 B의 개체 수는 Ⅰ에서가 Ⅱ에서의 4배이다.

🔍 **바로알기**) ㄷ. 종 다양성은 종의 수가 많을수록, 전체 개체 수에

서 각 종이 차지하는 비율이 고를수록 높다. 서식하는 종의 수는 Ⅰ과 Ⅱ에서 같지만, 전체 개체 수에서 각 종이 차지하는 비율은 Ⅰ에서가 Ⅱ에서보다 더 고르므로 종 다양성은 Ⅰ에서가 Ⅱ에서보다 높다.

17 유전적 다양성은 한 개체군 내의 개체들에서 유전자의 변이로 다양한 형질이 나타나는 것을 의미하고, 종 다양성은 한 생태계 내에 존재하는 종의 다양한 정도를 의미하며, 생태계 다양성은 생물의 서식지인 생태계가 다양하게 나타나는 것을 의미한다. 따라서 (가)는 유전적 다양성, (나)는 종 다양성, (다)는 생태계 다양성이다.

ㄱ. (가)(유전적 다양성)는 생태계에 존재하는 모든 종에서 나타난다.

ㄴ. (나)는 종 다양성, (다)는 생태계 다양성이다.

🔍 **바로알기**) ㄷ. 초원에 해당하는 ㉡(사바나)은 ㉠(삼림)보다 강수량이 적은 곳에 형성된다.

18 ㄷ. 이끼 서식지에서 관찰되는 종 수는 서식지가 서로 연결되어 있는 B에서가 서식지가 분할되어 있는 C에서보다 많다. 따라서 단편화된 서식지를 연결하기 위한 생태 통로가 종 다양성 보전에 도움이 됨을 알 수 있다.

🔍 **바로알기**) ㄱ. 이끼 서식지의 면적은 A＞B＞C이고, A~C에서 관찰되는 절지동물의 종 수는 C＜B＜A이므로 이끼 서식지 면적이 클수록 서식하는 절지동물의 종 수가 많음을 알 수 있다.

ㄴ. B와 C 중 절지동물 개체군이 소멸될 가능성이 높은 서식지는 서식지 단편화 정도가 더 심한 C이다.

19 종 다양성이 높은 생태계는 종 다양성이 낮은 생태계와 비교하여 먹이 사슬이 다양하고 복잡하기 때문에 한 종이 사라지더라도 다른 종이 대체할 수 있어 생태계 평형이 쉽게 깨지지 않는다.

ㄱ. 외래종 ㉠의 유입으로 하천 생태계에 서식하는 종의 수가 감소하였으므로 ㉠의 유입이 하천 생태계의 종 다양성을 감소시키는 원인으로 작용하였음을 알 수 있다.

ㄴ. G는 J의 포식자이므로 (가)에서 G의 개체 수가 증가하면 J의 개체 수는 일시적으로 감소할 것이다.

ㄷ. 하천 생태계에 서식하는 종의 수는 (가)에서가 (나)에서보다 많으므로 종 다양성은 (가)에서가 (나)에서보다 높으며, 먹이 사슬도 더 다양하고 복잡하다. 따라서 (가)와 (나) 중 한 종이 멸종할 때 생태계 평형이 더 깨지기 쉬운 생태계는 (나)이다.

20 ㄱ. 멸종 위기에 처한 반달가슴곰을 천연기념물로 지정하거나, 인공적으로 번식시킨 후 원래 서식지로 돌려보내는 자생지 방사는 모두 반달가슴곰의 개체 수를 보전하는 데 도움이 되는 방안이다.

ㄷ. 생물 자원은 사람이 생활에 이용하는 자원 중 생물로부터 유래한 자원이다. ㉡(주목의 줄기)은 사람의 옷을 염색하는 원료로 쓰이고, ㉢(주목의 껍질)은 사람의 암을 치료하는 항암제 제작에 쓰이므로 ㉡(주목의 줄기)과 ㉢(주목의 껍질)은 모두 생물 자원으로 이용된다.

 ㄴ. 주목속에 속하는 종의 다양한 정도를 설명하고 있으므로 ㉠은 생물 다양성의 의미 중 종 다양성에 해당한다.

21 서술형

모범 답안 | 구간 Ⅰ에서는 영양염류의 양이 충분한 상태에서 빛의 세기가 강해지고 수온이 높아지므로 돌말의 개체 수가 증가한다. 반면에 구간 Ⅱ에서는 빛의 세기가 약해지고 수온이 낮아지면서 돌말의 개체 수가 감소한다.

해설 | 돌말의 개체 수는 영양염류, 빛의 세기, 수온 등 비생물적 요인의 계절적 변화에 따라 1년을 주기로 변화한다. 초봄(구간 Ⅰ)에 돌말의 개체 수가 증가하는 것은 영양염류의 양이 충분한 상태에서 빛의 세기가 강해지고 수온이 높아지기 때문이고, 초가을(구간 Ⅱ)에 돌말의 개체 수가 감소하는 것은 빛의 세기가 약해지고 수온이 낮아지기 때문이다.

채점 기준	배점
구간 Ⅰ과 Ⅱ에서 돌말의 개체 수가 변하는 까닭을 비생물적 요인의 변화와 관련지어 모두 옳게 서술한 경우	6점
구간 Ⅰ과 Ⅱ 중 한 구간에서의 변화만을 옳게 서술한 경우	3점

22 서술형

정답 (1) ㉠은 종간 경쟁이다.

모범 답안 | (2) 생태적 지위가 많이 겹칠수록 ㉠(종간 경쟁)의 정도가 심해지므로 ㉠(종간 경쟁)은 D와 F 사이에서가 C와 E 사이에서보다 심할 것이다.

해설 | (1) 종간 경쟁 관계의 두 종이 함께 살 때 종간 경쟁에서 이긴 개체군은 살아남고 종간 경쟁에서 진 개체군은 사라지는데, 이를 경쟁·배타 원리라고 한다. A와 B를 혼합 배양했을 때 상호 작용의 결과 A는 살아남았으나, B는 사라졌으므로 경쟁·배타 원리가 적용되었음을 알 수 있다. 따라서 A와 B 사이의 상호 작용은 종간 경쟁이다.

(2) 생태적 지위가 비슷한 두 종 이상의 개체군들이 함께 살면 한정된 자원과 서식지 등을 차지하기 위한 종간 경쟁이 일어난다. 따라서 생태적 지위가 많이 겹칠수록 종간 경쟁의 정도가 심해진다.

채점 기준		배점
(1)	㉠에 해당하는 상호 작용을 옳게 서술한 경우	2점
(2)	㉠(종간 경쟁)이 더 심할 것으로 예상되는 두 종을 올바르게 고르고, 그 까닭을 옳게 서술한 경우	4점
	㉠(종간 경쟁)이 더 심할 것으로 예상되는 두 종만 올바르게 고른 경우	2점

23 서술형

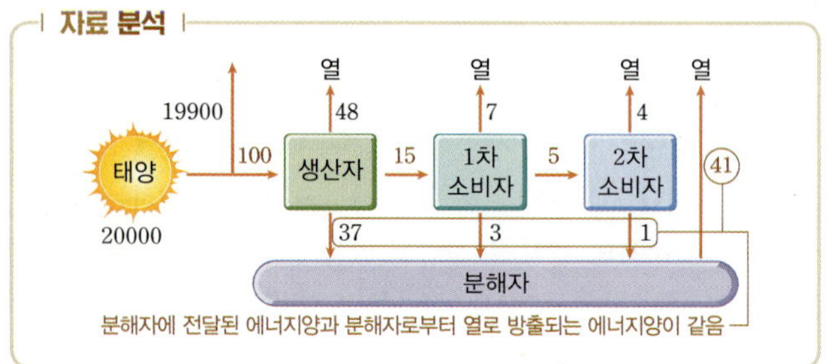

정답 (1) 생산자: 100, 1차 소비자: 15, 2차 소비자: 5

모범 답안 | (2) 생태계에서 에너지는 순환하지 않고 한 방향으로만 흐르다가 생태계 밖으로 빠져나가기 때문에 생태계가 유지되려면 태양으로부터 에너지가 계속 공급되어야 한다.

해설 | (1) 안정된 생태계에서는 생태계로 유입되는 에너지양과 생태계 밖으로 방출되는 에너지양이 평형을 이루고 있다.

(2) 생태계에서 에너지는 순환하지 않고 먹이 사슬을 따라 한 방향으로만 흐르다가 생태계 밖으로 빠져나간다. 따라서 생태계가 안정적으로 유지되려면 지속적으로 외부로부터 에너지가 공급되어야 한다.

채점 기준		배점
(1)	생산자, 1차 소비자, 2차 소비자에 전달되는 에너지양을 모두 옳게 서술한 경우	3점
	생산자, 1차 소비자, 2차 소비자에 전달되는 에너지양 중 2가지만을 옳게 서술한 경우	2점
	생산자, 1차 소비자, 2차 소비자에 전달되는 에너지양 중 1가지만을 옳게 서술한 경우	1점
(2)	생태계가 안정적으로 유지되기 위해서 태양으로부터 계속 에너지가 공급되어야 하는 까닭을 에너지의 흐름과 관련지어 옳게 서술한 경우	3점
	생태계가 안정적으로 유지되기 위해서 태양으로부터 계속 에너지가 공급되어야 하는 까닭을 에너지의 흐름과 관련지었으나, 부분적으로만 옳게 서술한 경우	2점

24 서술형

모범 답안 | 양수림이 형성되면 다 자란 양수들에 의해 숲의 상층에서 많은 빛이 흡수되므로 하층에 도달하는 빛의 세기가 약해진다. 그래서 양수림의 하층에서는 강한 빛에서만 잘 자라는 양수의 어린 나무는 생장하지 못하고 약한 빛에서도 잘 자라는 음수의 어린 나무는 잘 생장하기 때문에 점차 음수가 번성하여 음수림으로 천이가 진행된다.

해설 | 양수림이 형성되면 다 자란 양수(소나무 등의 침엽수)들에 의해 숲의 상층에서 많은 빛이 흡수되기 때문에 숲의 하층에 도달하는 빛의 세기가 약해진다. 따라서 빛의 세기가 약한 양수림의 하층에서는 강한 빛에서만 잘 자라는 양수의 어린 나무는 생장하지 못하고, 약한 빛에서도 잘 자라는 음수(참나무 등의 활엽수)의 어린 나무는 잘 생장하기 때문에 점차 음수가 번성하여 혼합림을 거쳐 음수림으로 천이가 일어난다.

채점 기준	배점
양수림에서 음수림으로 천이가 일어나는 까닭을 빛의 세기 변화, 양수와 음수의 어린 나무의 생장 정도 차이와 관련지어 옳게 서술한 경우	6점
양수림에서 음수림으로 천이가 일어나는 까닭을 빛의 세기 변화, 양수와 음수의 어린 나무의 생장 정도 차이와 관련지었으나, 부분적으로만 옳게 서술한 경우	3점

25 서술형

모범 답안 | ㉠: 쓰레기 분리 수거, ㉡: 대정부 감시를 위한 비정부 기구(NGO) 활동, ㉢: 서식지 보호를 위한 국립 공원 지정 등

해설 | 생물 다양성 보전을 위한 방안은 다음과 같다.

개인적 차원	쓰레기 분리 수거, 자원 및 에너지 절약·재활용, 정부의 정책에 관심을 가지고 참여하기 등
사회적 차원	생물 다양성 보전을 위한 홍보 및 캠페인 활동, 대정부 감시를 위한 비정부 기구(NGO) 활동 등
국가적 차원	자생 종의 분포와 정보 수집, 서식지 보호를 위한 국립 공원 지정, 멸종 위기종의 보호 및 복원 사업 실시, 종자 은행을 통한 종의 유전자 관리 등
국제적 차원	생물 다양성에 관한 국제 협약을 체결하여 시행 예 람사르 협약, 생물 다양성 협약, 나고야 의정서 등

채점 기준	배점
생물 다양성을 보전하는 방법을 각각의 방안의 사례 3가지를 모두 옳게 서술한 경우	6점
생물 다양성을 보전하는 방법을 각각의 방안의 사례 2가지만 옳게 서술한 경우	4점
생물 다양성을 보전하는 방법을 각각의 방안의 사례 1가지만 옳게 서술한 경우	2점

─── I. 생명 과학의 이해 ───

1 생명 과학의 이해

수능 빈출 자료 MASTER   p.06~07

1 **자료 1** 1 ×   2 ○   3 ○   4 ○   5 ○
  자료 2 1 ○   2 ○   3 ○   4 ×   5 ○
  자료 3 1 ○   2 ○   3 ×   4 ×   5 ○

2 **자료 1** 1 ○   2 ×   3 ○   4 ○   5 ○
  자료 2 1 ×   2 ×   3 ×   4 ○   5 ○   6 ○
  자료 3 1 ○   2 ×   3 ×   4 ○   5 ○   6 ○

1 **1-1** (가)는 혈당량을 정상 범위로 유지하기 위한 것으로 항상성에 해당한다.

2-4 도마뱀이 환경에 적합한 구조를 가졌다는 내용이므로 자료는 생물의 특성 중 적응과 진화의 예에 해당한다.

3-3 바이러스는 단백질과 핵산으로 구성되며, 세포 구조를 갖지 않는다.

3-4 바이러스는 효소가 없어 스스로 물질대사를 하지 못하며 생명체 밖에서 단백질 결정체로 존재한다. 바이러스는 생명체 밖에서 증식할 수 없다.

2 **1-2** 도마뱀의 알(수정란)이 세포 분열 등을 통해 자라 새끼가 부화하는 것은 생물의 특성 중 발생의 예에 해당한다.

2-1 인식한 문제에 대한 잠정적인 결론인 가설이 (라)에 제시되었으므로, 이 탐구에서는 연역적 탐구 방법이 이용되었다.

2-2 (가)는 탐구 설계 및 수행, (나)는 자료 해석, (다)는 문제 인식, (라)는 가설 설정에 해당하므로 탐구는 (다) → (라) → (가) → (나) 순으로 진행되었다.

2-3 ㉠은 토양의 pH에 따라 달라지므로 실험의 결과에 해당한다. 실험의 결과에 해당하는 변인은 종속변인이다. 이 탐구에서 원인에 해당하는 독립변인에는 토양의 pH, 토양의 양, 화분의 크기 등이 있다.

3-2 (가)는 관찰 및 문제 인식, 가설 설정 단계이다. 탐구 설계 및 수행 단계는 (나)이다.

3-3 실험 결과에서 A가 P를 뜯어 먹으면 P의 가시의 수가 많아지므로 가시의 수가 많은 Ⅰ은 A의 접근을 허용한 집단이다. (나)에서 ㉠에만 A의 접근을 차단하였으므로 ㉠은 Ⅱ이고, ㉡은

Ⅰ이다.

수능 대비 문제   p.08~10

01 ⑤   02 ①   03 ④   04 ③   05 ⑤   06 ④
07 ②   08 ③   09 ⑤   10 ④   11 ③   12 ②

01 ㄴ. 효모는 생물이므로 세포로 구성된다. 효모를 이용하여 막걸리를 만드는 (나)는 물질대사에 해당한다.
ㄷ. 개구리가 눈꺼풀이 있어 물속에서 활동하기 알맞은 것은 적응과 진화의 예(㉠)에 해당한다.
바로알기 ㄱ. 미모사의 잎을 만지면 잎이 접히는 것은 자극에 대한 반응의 예이다. 따라서 (가)는 자극에 대한 반응이다.

02 ① '애벌레는 번데기를 거쳐 나비가 된다.'는 발생과 생장, '식사 후 증가한 혈당량이 정상으로 돌아온다.'는 항상성, '적록 색맹인 어머니로부터 적록 색맹인 아들이 태어난다.'는 생식과 유전의 예이다.

03 ④ 끈끈이주걱의 털에 곤충이 앉았을 때 털이 구부러지는 것은 자극에 대한 반응이고, 털에서 분비된 효소에 의해 곤충이 소화되는 것은 물질대사이다.

04 ㄱ. 강아지는 생물이므로 세포로 구성된다.
ㄷ. 낯선 사람이 다가오는 것을 보면 짖는 것은 자극에 대한 반응이다.
바로알기 ㄴ. 강아지 로봇은 건전지로부터 에너지를 얻는다. 물질대사는 생명체 내에서 일어나는 화학 반응으로 강아지 로봇에서는 일어나지 않는다.

05

┌ **자료 분석** ┐

	세포	발생	㉮	특징(㉠~㉢)
구분	㉠	㉡	㉢	
박테리오파지 — A	? ×	×	○	• 발생을 한다. 사람만 가지는 특징
대장균 — B	○	? ×	○	• 세포로 구성된다. 사람, 대장균이 가지는 특징
사람	○	○	○	• ㉮ 모두 가지는 특징

(○: 있음, ×: 없음)

(가)   (나)

ㄱ. A는 핵산과 단백질로 구성된 박테리오파지(바이러스)이다.
ㄴ. B는 대장균이다. 대장균은 생물이므로 스스로 물질대사를 할 수 있다.
ㄷ. '발생을 한다.'는 ㉡이고, '세포로 구성된다.'는 ㉠이므로 ㉮는 A, B, 사람이 모두 가지는 특징 ㉢이다. '핵산을 가진다.'는 박테리오파지(A), 대장균(B), 사람이 모두 가지는 특징이다.

06 ㄴ. A는 박테리오파지, B는 대장균이다.
ㄷ. 박테리오파지(A)와 대장균(B)은 모두 유전 물질인 핵산을 갖는다.

 세포 분열로 증식하지 않는다. 박테리오파지는 생물체 내에서만 증식이 일어난다.

07 ㄴ. 코로나 바이러스(CoV)는 RNA(핵산, 유전 물질)를 가지므로 숙주 세포 내에서 돌연변이가 나타난다.

🔎 바로알기) ㄱ. CoV는 바이러스이므로 단백질과 핵산으로 구성되며, 세포 구조를 갖지 않는다.

ㄷ. 바이러스는 숙주 세포 내 효소를 이용하여 물질대사를 한다. 따라서 CoV는 숙주 세포 밖에서는 스스로 물질대사를 할 수 없다.

08 ③ 맹관부에 모인 기체는 효모의 물질대사에 의해 발생한 이산화 탄소(CO_2)이다. 식물이 광합성을 통해 양분을 얻는 것은 물질대사의 예이다.

🔎 바로알기) ① 올챙이가 자라서 개구리가 되는 것은 발생과 생장의 예이다.

② 짚신벌레가 분열법으로 증식하는 것은 생식과 유전의 예이다.

④ 핀치가 먹이 종류에 따라 부리 모양이 달라진 것은 적응과 진화의 결과이다.

⑤ 뜨거운 물체에 손이 닿으면 반사적으로 손을 떼는 것은 자극에 대한 반응의 예이다.

09 ㄴ. 일조 시간에 따라 떨어진 잎의 개수가 달라지므로 일조 시간은 독립변인, 떨어진 잎의 개수는 실험의 결과에 해당하는 종속변인이다.

ㄷ. 잎이 무성한 나무에서 가을이 되어 온도가 낮아지면 잎이 떨어지는 것은 환경의 변화에 대한 적응에 해당한다. 따라서 ⓐ는 생물의 특성 중 적응과 진화의 예에 해당한다.

🔎 바로알기) ㄱ. 실험의 결과가 가설을 지지하므로 ㉠은 떨어진 잎의 개수가 많은 B이다.

10 ㄴ. (가)에서 가설이 제시되고, (나)에서 대조 실험이 진행되었으므로 이 탐구에는 연역적 탐구 방법이 이용되었다.

ㄷ. 서식 환경과 비슷한 털색을 갖는 생쥐가 생존에 유리한 것은 생물의 특성 중 적응과 진화의 예에 해당한다.

🔎 바로알기) ㄱ. A에서 갈색 생쥐 모형(㉠)이 흰색 생쥐 보형(㉡)보다 포식자로부터 더 많은 공격을 받았으므로 A는 흰색 모래 지역이다.

11 ㄱ. (나)에서 칸막이 설치 여부 등을 달리하여 비교 집단이 설정되었으므로 대조 실험이 진행되었다.

ㄴ. B의 뿌리가 A의 생장에 미치는 영향을 알아보기 위한 실험으로 Ⅱ와 Ⅲ에서 칸막이 설치 여부는 조작 변인이다.

🔎 바로알기) ㄷ. 칸막이를 설치한 Ⅲ에서와 칸막이를 설치하지 않은 Ⅱ에서 A의 생장률이 같으므로 B의 뿌리가 A의 생장을 방해한다는 가설은 지지되지 않는다.

12 (가)는 귀납적 탐구 방법, (나)는 연역적 탐구 방법을 이용한 사례이다.

ㄴ. (나)에서 탄저병 백신을 주사한 집단과 주사하지 않은 집단을 비교하는 대조 실험이 진행되었다.

🔎 바로알기) ㄱ. (가)의 귀납적 탐구 방법에서는 가설(잠정적인 답)을 설정하지 않는다.

ㄷ. (나)에서 탄저병 백신 주사 여부는 조작 변인이다.

1 사람의 물질대사

1 | 자료1 | 1 ○ 2 ○ 3 × 4 ○ 5 ○ 6 ○ 7 ×
| 자료2 | 1 ○ 2 ○ 3 ○ 4 ○ 5 ×
| 자료3 | 1 ○ 2 × 3 ○ 4 ○ 5 ×

2 | 자료1 | 1 ○ 2 ○ 3 ○ 4 ○ 5 × 6 ○ 7 ○
| 자료2 | 1 ○ 2 × 3 × 4 ○ 5 ○
| 자료3 | 1 ○ 2 ○ 3 ○ 4 ○ 5 ○ 6 ×

3 | 자료1 | 1 × 2 ○ 3 ○ 4 ○ 5 ○ 6 ○
| 자료2 | 1 × 2 ○ 3 ○ 4 × 5 ○ 6 ○
| 자료3 | 1 ○ 2 × 3 ○ 4 ○ 5 ○

4 | 자료1 | 1 × 2 ○ 3 ○ 4 ○ 5 ×
| 자료2 | 1 × 2 ○ 3 × 4 ○
| 자료3 | 1 × 2 ○ 3 ○ 4 ○

1 **1-3** 광합성(가)은 엽록체에서, 세포 호흡(나)은 주로 미토콘드리아에서 일어난다.

1-7 (나)는 세포 호흡이다. (나)에서 포도당에 저장된 에너지 일부는 ATP에 저장되고, 나머지는 열에너지로 방출된다.

2-5 폐포와 폐포 주변의 모세 혈관 사이에서 일어나는 기체 교환은 분압 차이에 의한 확산으로 일어난다. 확산은 용질의 농도가 높은 곳에서 낮은 곳으로 물질이 이동하는 방식으로, ATP를 사용하지 않는다.

3-2 효모의 물질대사 결과 만들어진 기체가 맹관부에 모인다. 따라서 ㉠은 실험의 결과에 해당하므로 종속변인이다.

3-5 A에서는 효모의 물질대사에 필요한 포도당이 없으므로 세포 호흡이 일어나지 않는다. 그러나 B의 효모에서는 포도당을 이용해 세포 호흡이 일어나므로 맹관부에 모인 기체의 양(㉠)은 B에서가 A에서보다 많다.

2 **1-3** 미토콘드리아에서는 ATP가 합성되는 과정 Ⅱ가 일어난다.

1-5 고에너지 인산 결합이 ATP는 2개, ADP는 1개 있다. 따라서 1분자당 에너지양은 ATP가 ADP보다 많다.

2-2 포도당이 세포 호흡에 이용되면 포도당에 저장되어 있던 화학 에너지의 일부가 ATP 합성에 이용되고, 나머지는 열로 방출되어 체온 유지 등에 이용된다.

2-3 포도당이 CO_2와 H_2O로 분해되는 (가)는 이화 작용이고, 상대적으로 저분자 물질인 포도당이 고분자 물질인 글리코젠으로 합성되는 (나)는 동화 작용이다.

3-6 간에서 암모니아(NH_3)가 요소로 합성되는 과정 (가)는 물질대사에 해당한다. 물질대사 과정에서는 반드시 에너지의 출입이 일어난다.

3 **1-1** A는 소화계에 속하는 간이고, B는 호흡계에 속하는 폐이다.

2-1 A는 배설계, B는 호흡계, C는 소화계이다. 대장은 소화계인 C에 속한다.

2-4 호흡계(B)를 통해 O_2를 흡수하고, CO_2를 내보내므로 단위 부피당 O_2의 양은 B에서 순환계 방향으로 이동하는 혈액에서가 순환계에서 B 방향으로 이동하는 혈액에서보다 많다.

3-2 A는 배설계, B는 소화계이다. 암모니아를 요소로 합성하는 기관은 간이며, 간은 소화계(B)에 속한다.

4 **1-1** (가)는 고지혈증이고, (나)는 당뇨병이다.

1-5 에너지 섭취량이 에너지 소비량보다 많은 사람은 대사성 질환 중 하나인 (가)가 나타날 가능성이 높다.

2-1 생명 활동 유지에 필요한 최소한의 에너지양은 기초 대사량이다.

2-3 ㉡ 고혈압은 혈압이 만성적으로 정상 범위보다 높게 나타나는 질환이다.

3-1 Ⅰ은 체중이 증가하였으므로 에너지 소비량보다 에너지 섭취량이 많은 사람이다. 따라서 ㉠은 에너지 소비량이고, ㉡은 에너지 섭취량이다.

01 ⑤   02 ⑤   03 ①   04 ⑤   05 ⑤   06 ①
07 ③   08 ②   09 ⑤   10 ④   11 ⑤   12 ⑤
13 ④   14 ③   15 ①   16 ⑤   17 ⑤   18 ⑤
19 ②   20 ③

01 ㄴ. Ⅱ는 세포 호흡이 일어날 때의 물질 변화이다. 세포 호흡에서는 ATP가 합성된다.
ㄷ. 생명체에서 물질대사가 일어날 때 효소가 이용되므로 과정 Ⅰ과 Ⅱ에서 모두 효소가 이용된다.
🔍 **바로알기** ㄱ. 아미노산(저분자 물질)이 단백질(고분자 물질)로 합성되는 과정 Ⅰ은 동화 작용이다.

02 ㄱ. ATP를 구성하는 당인 ㉠은 리보스이다.

ㄴ. 미토콘드리아에서 ATP가 합성되는 과정 Ⅰ이 일어난다.

ㄷ. 근육 운동에서는 ATP가 ADP와 무기 인산으로 분해될 때 방출된 에너지가 이용된다. 따라서 근육 운동에 과정 Ⅱ에서 방출된 에너지가 사용된다.

03

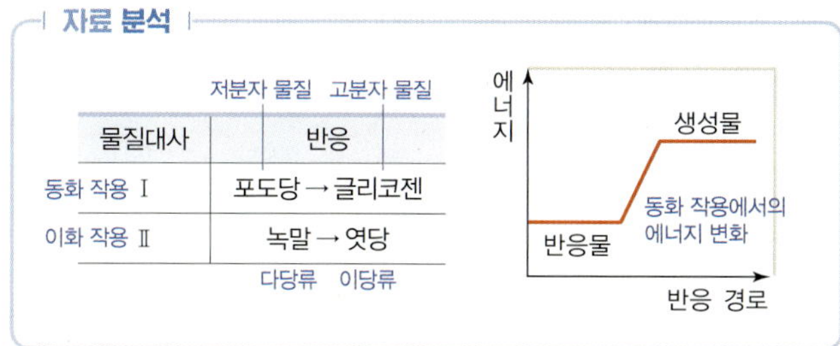

ㄱ. 간에서는 포도당이 글리코젠으로 합성되는 과정 Ⅰ과 글리코젠이 포도당으로 분해되는 과정이 모두 일어난다.

🔍**바로알기** ㄴ. 녹말이 엿당으로 분해되는 Ⅱ는 소화 작용으로 이화 작용에 해당한다.

ㄷ. Ⅱ는 에너지가 방출되는 이화 작용이다. 그림에서는 에너지가 흡수되므로 그림은 Ⅰ에서의 에너지 변화이다.

04 ㄱ. (가)가 세포 호흡에 사용될 때 암모니아가 노폐물로 생성되지 않으므로 (가)는 탄수화물이다.

ㄴ. 간에서 암모니아(ⓐ)가 독성이 약한 요소로 전환된다.

ㄷ. 지방은 탄소(C), 수소(H), 산소(O)로 구성되므로 지방의 노폐물에는 이산화 탄소가 있다.

05 ㄱ. 광합성(가)에서는 빛에너지를 이용하여 이산화 탄소와 물로 포도당을 합성하므로, 빛에너지가 화학 에너지로 전환된다.

ㄴ. 세포 호흡(나)에서는 포도당이 이산화 탄소와 물로 분해되므로 세포 호흡은 이화 작용이다.

ㄷ. 광합성(가)과 세포 호흡(나)은 모두 물질대사이므로 효소가 이용된다.

06 ㄱ. 다당류가 포도당(단당류)으로 전환되는 과정은 영양소가 분해되는 소화 과정으로 이화 작용이다.

🔍**바로알기** ㄴ. ㉠은 이산화 탄소이다. 이산화 탄소는 호흡계를 통해 몸 밖으로 배출된다.

ㄷ. 암모니아(㉡)는 소화계에 속하는 간에서 요소로 전환된 후 순환계를 통해 배설계로 운반되어 오줌으로 배출된다.

07 ㄱ. (가)는 단백질이 아미노산으로 분해되는 이화 작용이다.

ㄴ. 단백질은 위와 소장을 거치면서 아미노산으로 분해되고 암모니아가 요소로 합성되는 과정은 간에서 일어난다. 위, 소장, 간은 소화계에 속하는 기관이다.

🔍**바로알기** ㄷ. 호흡계에서의 기체 교환은 분압 차이에 의한 확산으로 일어난다. 확산은 에너지를 이용하지 않는다.

08

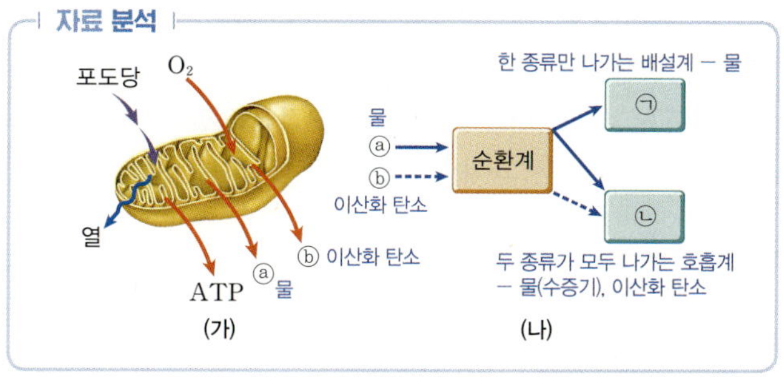

ㄴ. CO_2는 ㉡을 통해서만 배출되므로 ㉡은 호흡계이고, ㉠은 배설계이다. 콩팥은 배설계(㉠)에 속하는 기관이다.

🔍**바로알기** ㄱ. ⓐ는 ㉠과 ㉡을 통해 모두 몸 밖으로 배출되므로 H_2O이다.

ㄷ. 포도당이 분해되어 생성된 에너지의 일부는 ATP에 저장되고, 나머지는 열로 방출되어 체온 유지 등에 이용된다.

09 ㄱ. A는 폐이고, B는 간이다.

ㄴ. 간(B)은 포도당과 글리코젠 사이의 전환을 통해 체내 혈당량을 조절하는 기관이다.

ㄷ. (가)는 호흡계, (나)는 소화계이다. 호흡계를 통해 흡수된 산소는 소화계를 구성하는 조직 세포에서 세포 호흡에 이용된다.

10

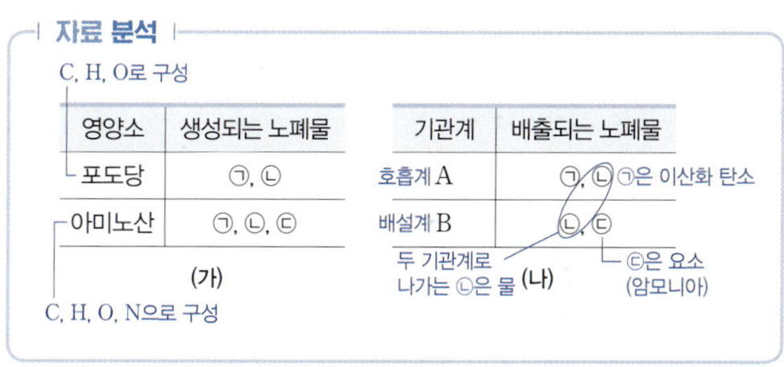

ㄴ. ㉢은 아미노산에 의해서만 만들어지는 노폐물이므로 요소이다. 소화계에 속하는 간에서 암모니아가 요소(㉢)로 전환된다.

ㄷ. 배설계(B)에 속하는 콩팥에서 물(㉡)의 재흡수가 일어난다.

🔍**바로알기** ㄱ. ㉠은 포도당과 아미노산에서 모두 생성되는 노폐물이고, 호흡계(A)를 통해서만 배출되므로 이산화 탄소이다.

11 ㄴ. 산소와 이산화 탄소가 교환되는 B는 호흡계이다. 호흡계에 속하는 기관의 예(㉠)에는 폐, 기관, 기관지 등이 있다.

ㄷ. C는 배설계이며, 배설계를 통해 요소가 몸 밖으로 배출된다.

🔍**바로알기** ㄱ. 대장은 소화계(A)에 속하는 기관이다.

12 ㄱ. A는 산소와 이산화 탄소가 출입하는 호흡계이다.

ㄴ. B는 영양소의 소화와 흡수를 담당하는 소화계이다. 소화계의 소장에서 포도당이 흡수된다.

ㄷ. 글루카곤과 같은 호르몬은 순환계의 혈액을 따라 온몸을 순환하며 표적 기관으로 운반된다.

13 학생 B. 물질대사의 이상으로 나타나는 대사성 질환에는 고

혈압, 당뇨병, 고지혈증, 지방간 등이 있다.

학생 C. 식이 요법, 규칙적인 운동, 건강한 생활 등은 대사성 질환을 예방하는 데 도움이 된다.

🔍**바로알기** 학생 A. 대사성 질환은 유전적인 요인뿐만 아니라 환경적인 요인에 의해서도 발생할 수 있다.

14 ㄱ. 고혈압은 물질대사의 이상으로 나타나는 대사성 질환이다.

ㄷ. A는 정상인, B는 고혈압 환자이다.

🔍**바로알기** ㄴ. t_1일 때 수축기 혈압(실선)은 A에서가 약 120 mmHg, B에서가 약 160 mmHg이므로 B에서가 A에서보다 높다.

15 (가)는 간, ㉠은 폐동맥, ㉡은 폐정맥, ㉢은 콩팥 정맥, ㉣은 콩팥 동맥이다.

ㄱ. 간(가)은 소화계에 속하는 기관이다.

🔍**바로알기** ㄴ. 혈액의 단위 부피당 산소량은 폐정맥(㉡)에서가 폐동맥(㉠)에서보다 많다.

ㄷ. 혈액의 단위 부피당 요소량은 콩팥 동맥(㉣)에서가 콩팥 정맥(㉢)에서보다 많다.

16 ㄱ. A는 산소를 흡수하고 이산화 탄소와 물을 배출하므로 호흡계이다.

ㄴ. B는 배설계이며, 배설계에 속하는 콩팥은 항이뇨 호르몬(ADH)의 표적 기관이다.

ㄷ. '음식물을 분해하여 영양소를 흡수한다.'는 소화계의 특징(㉠)에 해당한다.

17 ㄴ. A(고지혈증)와 B(고혈압)는 모두 대사성 질환에 해당한다.

ㄷ. ㉮에서 인슐린의 분비는 정상이고, t_1일 때 ㉮의 혈당량이 정상인 사람보다 높으므로 t_1일 때 혈중 인슐린의 농도는 ㉮에서가 정상인 사람에서보다 높다.

🔍**바로알기** ㄱ. A는 고지혈증이다.

18 ㄱ. 소화계(가)의 간에서 합성된 요소는 순환계(나)를 통해 배설계(다)로 이동한다.

ㄴ. (나)는 다른 기관계 사이의 물질 이동에 관여하므로 순환계이다.

ㄷ. (다)는 배설계이며, 콩팥은 배설계에 속하는 기관이다.

19 ㄷ. (나)에서 몸무게가 무거울수록 기초 대사량이 더 크므로 키와 나이가 같은 두 남자에서 몸무게가 무거운 사람이 기초 대사량이 더 크다.

🔍**바로알기** ㄱ. 10세 여자의 체표면당 기초 대사량이 42 kcal/$m^2 \cdot$h이므로 체표면적이 1 m^2인 10세 여자의 1일 기초 대사량은 24 h $\times$ 1 $m^2 \times$ 42 kcal/$m^2 \cdot$ h $=$ 1008 kcal이다.

ㄴ. 남자의 기초 대사량이 여자보다 크므로 A는 남자, B는 여자이다. 몸무게가 80 kg인 남녀의 기초 대사량은 각각 약 1900 kcal와 약 1580 kcal이다. 따라서 $\frac{1580}{1900} < 1$이다.

20 ㄱ. ㉠과 ㉡은 지방과 단백질의 최종 분해 산물에 모두 있으므로 탄수화물의 최종 분해 산물에도 ㉠과 ㉡이 있다.

ㄴ. B는 각 기관계 사이의 물질 이동에 관여하는 순환계이다. 순환계에 속하는 기관에는 심장이 있다.

🔍**바로알기** ㄷ. ㉢은 암모니아이다. 암모니아는 소화계(A)에 속하는 간에서 요소로 전환된다.

1 신경계

1 자료1 1 × 　2 ○ 　3 ○ 　4 × 　5 ○
　　 자료2 1 ○ 　2 × 　3 ○ 　4 × 　5 × 　6 ○

2 자료1 1 ○ 　2 × 　3 ○ 　4 ○ 　5 × 　6 ○
　　 자료2 1 × 　2 × 　3 × 　4 × 　5 ○ 　6 ○ 　7 ○

3 자료1 1 ○ 　2 × 　3 ○ 　4 ○ 　5 ○ 　6 ○ 　7 ×
　　　　　　8 ×
　　 자료2 1 ○ 　2 × 　3 ○ 　4 ○ 　5 ○ 　6 × 　7 ○

4 자료1 1 ○ 　2 × 　3 ○ 　4 × 　5 × 　6 ○
　　 자료2 1 × 　2 ○ 　3 × 　4 × 　5 × 　6 ○

---

1 **1-1** ㉠은 ㉡보다 막 투과도가 먼저 증가하므로 막전위를 상승시키는 Na^+이다.

1-2 t_1일 때 P에서 Na^+(㉠)의 막 투과도가 증가하므로 Na^+의 유입에 의해 막전위가 상승하고 있다.

1-4 t_2일 때 P에서 K^+(㉡)의 막 투과도가 증가하므로 막전위가 하강하는 재분극이 일어나고 있다.

2-2 ㉠일 때 P_2에서의 막전위는 자극을 받고 3 ms가 경과되었을 때이므로 -80 mV이다.

2-4 시기에 상관없이 $Na^+ - K^+$ 펌프를 통해 K^+은 항상 세포 안으로 이동한다.

2-5 ㉠일 때 P_3은 막전위가 -70 mV이므로 세포막 안쪽이 음($-$)전하를, 바깥쪽이 양($+$)전하를 띤다.

2 **1-2** H대는 굵은 마이오신 필라멘트만 있는 부분이므로 A대(암대)인 ⓐ 내부에 있다.

1-4 ㉠은 길이가 변하지 않으므로 A대(암대)인 ⓐ이며, ⓑ는 I대(명대)이다. (나)일 때 근육 원섬유는 수축했으므로 ㉠(A대)에 액틴 필라멘트가 있다.

1-5 ㉡은 근육 원섬유 수축 시 길이가 짧아지므로 I대(명대)인 ⓑ이다. ⓑ에는 마이오신 필라멘트가 없다.

2-1 t_1에서 t_2가 될 때 ⓐ의 길이는 0.2 μm 증가했고, ⓑ의 길이는 0.4 μm 감소했으므로 ⓑ는 ㉡이다.

2-2 M선은 H대인 ㉡(ⓑ)의 가운데 부위에 있다.

2-3 ⓐ는 ㉠이므로 액틴 필라멘트와 마이오신 필라멘트가 겹치는 부분이다.

2-4 t_1에서 t_2가 될 때 X의 길이는 0.4 μm 짧아졌으므로 t_1일 때 X의 길이는 $2.2 + 0.4 = 2.6$ μm이다.

3 **1-2** A는 중간뇌이다. 시상과 시상 하부는 모두 간뇌에 있다.

1-3 B는 뇌에서 가장 아래쪽에 있으며, 척수 바로 위에 있는 연수이다.

1-7 의식적인 수의 운동의 조절 중추는 대뇌이므로 중간뇌(A)와 연수(B) 모두 해당되지 않는다.

1-8 연수에서는 부교감 신경이 나온다. 부교감 신경은 신경절 이전 뉴런이 신경절 이후 뉴런보다 길므로 ㉡에 신경절이 있다.

2-2 ㉡은 척수의 반응 명령을 반응기인 골격근으로 전달하는 원심성 뉴런이므로 배 쪽에서 척수의 전근을 통해 나온다.

2-4 ㉠은 척수를 구성하는 연합 뉴런이므로 중추 신경계를 구성하지만, ㉡은 원심성 뉴런이므로 말초 신경계를 구성한다.

2-6 무릎 반사의 조절 중추는 척수이다. 척수는 겉질이 백색질이고, 속질이 회색질이다.

4 **1-2** ㉡은 부교감 신경의 신경절 이후 뉴런이다. 부교감 신경은 동공을 축소시키므로 ㉡의 축삭 돌기 말단에서는 동공을 축소시키는 아세틸콜린이 분비된다.

1-4 ㉢은 연수에서 나오므로 ㉢과 ㉣은 모두 부교감 신경을 구성한다. 부교감 신경은 신경절 이전 뉴런(㉢)이 신경절 이후 뉴런(㉣)보다 길다.

1-5 ㉣은 부교감 신경을 구성하므로 ㉣의 축삭 돌기 말단에서는 심장 박동을 억제하는 아세틸콜린이 분비된다.

2-1 ㉠과 ㉣의 말단에서 분비되는 신경 전달 물질이 같으므로 이 물질은 아세틸콜린이다. 따라서 ㉣은 부교감 신경을 구성하므로 ㉠은 교감 신경을 구성한다. 교감 신경은 신경절 이전 뉴런(㉠)이 신경절 이후 뉴런(㉡)보다 짧다.

2-3 교감 신경을 구성하는 ㉡은 동공을 확대시킨다. 동공의 크기는 P_2일 때가 P_1일 때보다 작으므로 ㉡의 축삭 돌기 말단에서 분비되는 신경 전달 물질인 노르에피네프린의 양은 P_2일 때가 P_1일 때보다 적다.

2-4 교감 신경을 구성하는 ㉡의 축삭 돌기 말단에서 분비되는 노르에피네프린은 심장 박동을 촉진시킨다.

2-5 ㉣은 부교감 신경을 구성하므로 ㉣의 축삭 돌기 말단에서 아세틸콜린이 분비된다.

수능 대비 문제

p.26~32

01 ②	02 ①	03 ④	04 ④	05 ⑤	06 ①
07 ③	08 ②	09 ⑤	10 ②	11 ④	12 ③
13 ④	14 ⑤	15 ①	16 ③	17 ⑤	18 ③
19 ④	20 ②				

01 Ⅰ은 휴지 전위가 형성된 분극, Ⅱ는 막전위가 상승하는 탈분극, Ⅲ은 막전위가 하강하는 재분극 구간이고, ㉠은 세포 안의 농도가 낮은 Na^+, ㉡은 세포 안의 농도가 높은 K^+이다.

ㄷ. 재분극(Ⅲ) 구간에서는 K^+ 통로가 열려 K^+이 세포 안쪽에서 바깥쪽으로 확산되므로 K^+(㉡)의 막 투과도가 증가하는 시기가 있다.

바로알기 ㄱ. ㉠은 세포 밖에서보다 안에서 농도가 낮으므로 Na^+이다.

ㄴ. 탈분극(Ⅱ) 구간에서는 Na^+ 통로가 열려 Na^+이 세포 바깥쪽에서 안쪽으로 확산되므로 막전위가 상승한다.

02 흥분의 전도는 활동 전위가 생성된 부위로 유입된 Na^+이 세포 안에서 축삭 돌기를 따라 인접 부위로 확산됨에 따라 일어나므로 양방향으로 일어날 수 있다.

ㄱ. t_2일 때 ㉠과 ㉡에서 모두 활동 전위가 생성되었으므로 흥분은 ㉠과 ㉡으로 동시에 전도되었다. 따라서 자극한 지점은 Ⅱ이다.

바로알기 ㄴ. Ⅱ를 자극한 후 t_1일 때 ㉡으로는 아직 흥분이 전도되지 않았다. 따라서 ㉡보다 Ⅱ로부터 멀리 떨어진 ㉢으로도 흥분이 전도되지 않아 t_1일 때 ㉢에서 Na^+의 유입(확산)이 일어나지 않는다.

ㄷ. 흥분은 축삭 돌기를 따라 양방향으로 전도될 수 있으므로 Ⅲ을 역치 이상으로 자극하면 ㉠~㉢에서 모두 활동 전위가 생성된다.

03

| 자료 분석 |

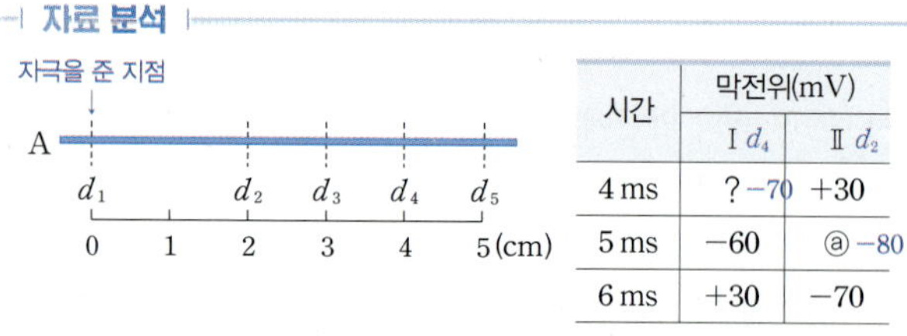

시간	막전위(mV)	
	Ⅰ d_4	Ⅱ d_2
4 ms	? -70	$+30$
5 ms	-60	ⓐ -80
6 ms	$+30$	-70

- Ⅰ에서는 6 ms일 때 막전위가 $+30$ mV가 되고, Ⅱ에서는 4 ms일 때 막전위가 $+30$ mV가 된다. ➜ 흥분은 Ⅱ에 먼저 도달하므로 Ⅱ에서 Ⅰ 방향으로 전도된다.
- Ⅰ과 Ⅱ는 각각 d_2와 d_4 중 하나이므로 두 지점 사이의 거리는 2 cm이다. 두 지점에서 막전위가 $+30$ mV가 되는 시간 차이가 $6-4=2$ ms이다. ➜ A에서 흥분이 2 cm 전도되는 데 걸리는 시간은 2 ms이므로 A의 흥분 전도 속도는 1 cm/ms이다.
- Ⅱ에 흥분이 도달하고 시간이 2 ms 경과되면 막전위가 $+30$ mV가 된다. ➜ ⓐ는 Ⅱ에 흥분이 도달하고 시간이 $2+1=3$ ms 경과되었을 때의 막전위이므로 -80 mV이다.

$+30$ mV의 막전위가 Ⅰ에서는 6 ms일 때, Ⅱ에서는 4 ms일 때 나타났으므로 Ⅱ에 자극이 먼저 도달했다. 따라서 Ⅱ가 자극을 준 지점과 더 가깝다. Ⅰ과 Ⅱ는 각각 d_2와 d_4 중 하나인데, 이 두 지점 사이의 거리가 2 cm이고, 막전위가 $+30$ mV가 되기까지의 시간 차이가 2 ms이므로 A의 흥분 전도 속도는 1 cm/ms이다. Ⅰ에서 6 ms일 때 막전위가 $+30$ mV이므로 5 ms일 때 막전위 -60 mV는 탈분극이 일어나고 있을 때의 값이다. 따라서 Ⅰ에서 4 ms일 때 막전위는 -70 mV이다. Ⅱ가 Ⅰ보다 자극을 준 지점과 가깝고, 6 ms일 때 Ⅰ에서 막전위가 $+30$ mV이므로, Ⅱ에서 막전위 -70 mV는 활동 전위가 발생하고 다시 분극 상태가 된 후에 측정된 값이다. 따라서 Ⅱ에서 5 ms일 때 막전위는 -80 mV이고, 4 ms일 때 막전위는 $+30$ mV이다. 자극을 받은(= 흥분이 도달한) 지점에서 2 ms가 경과하면 막전위가 $+30$ mV가 되는데, 만약 d_5가 자극을 준 지점이라면 Ⅰ은 d_2, Ⅱ는 d_4가 된다. 그런데 이 경우 Ⅰ(d_2)의 막전위가 -70 mV라는 조건을 만족하지 못하므로 자극을 준 지점은 d_1이다. 따라서 Ⅱ는 d_2, Ⅰ은 d_4이다.

ㄴ. ⓐ는 Ⅱ(d_2)가 자극을 받고 3 ms가 경과했을 때의 막전위이므로 -80이다.

ㄷ. 4 ms일 때 d_3은 자극을 받고 1 ms가 경과했을 때이므로 막전위가 상승하는 탈분극이 일어나고 있다.

바로알기 ㄱ. A의 흥분 전도 속도는 1 cm/ms이다.

04

| 자료 분석 |

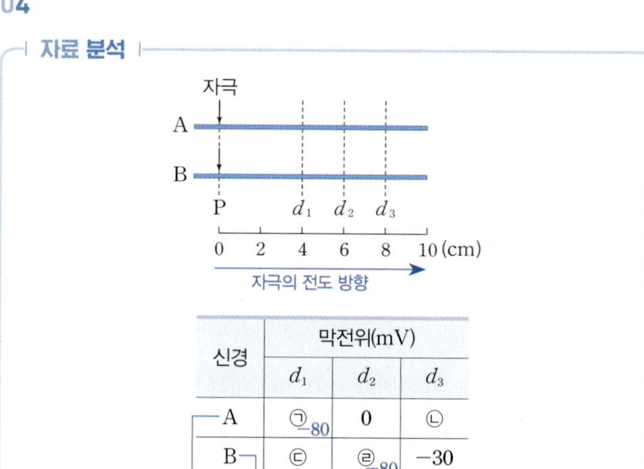

신경	막전위(mV)		
	d_1	d_2	d_3
A	㉠ -80	0	㉡
B	㉢	㉣ -80	-30

2 cm/ms   3 cm/ms

- P에 역치 이상의 자극을 주었으므로 흥분은 $d_1 \to d_2 \to d_3$ 방향으로 전도된다.
- ㉠과 ㉡이 모두 -80일 수 없으며 A에서 d_2의 막전위가 0 mV이므로 흥분이 먼저 도달한 d_1에서 재분극(과분극)이 일어난다. ➜ ㉠은 -80이다.
- A와 B의 흥분 전도 속도가 다르며, ㉣은 -80이다. ➜ A의 흥분 전도 속도가 2 cm/ms이고, B의 흥분 전도 속도가 3 cm/ms이다.

흥분은 $d_1 \to d_2 \to d_3$ 방향으로 전도되며, 표에서 A의 d_2에서의 막전위가 0 mV이다. ㉠과 ㉡이 모두 -80일 수는 없으며, d_2보다 흥분이 먼저 도달한 d_1에서 재분극(과분극)이 일어나므로 ㉠은 -80이다. A와 B의 흥분 전도 속도가 서로 다르며, ㉣은 -80이다.

ㄱ. 표에서 A의 d_1과 B의 d_2에서 각각 막전위가 -80 mV이므로 흥분 전도 속도는 A에서가 B에서보다 느리다. 따라서 A의 흥분 전도 속도는 2 cm/ms이다.

ㄷ. A의 흥분 전도 속도는 2 cm/ms이므로 A의 P로부터 6 cm 떨어진 d_2까지 흥분이 전도되는 데 걸리는 시간은 3 ms이다. 그런데 A의 경우, P를 자극하고 경과된 시간이 5 ms일 때 d_2에서의 막전위가 0 mV이므로 P를 자극하고 경과된 시간이 2 ms일 때 P에서의 막전위는 0 mV이다.

바로알기 ㄴ. 흥분 전도 속도는 A에서가 B에서보다 느리며, 표에서 B의 d_3에서는 막전위가 −30 mV이므로 A의 d_3에서는 막전위가 −80 mV가 될 수 없다. 그런데 ⓔ은 −80이므로 ⓒ과 ⓔ은 서로 다르다.

05

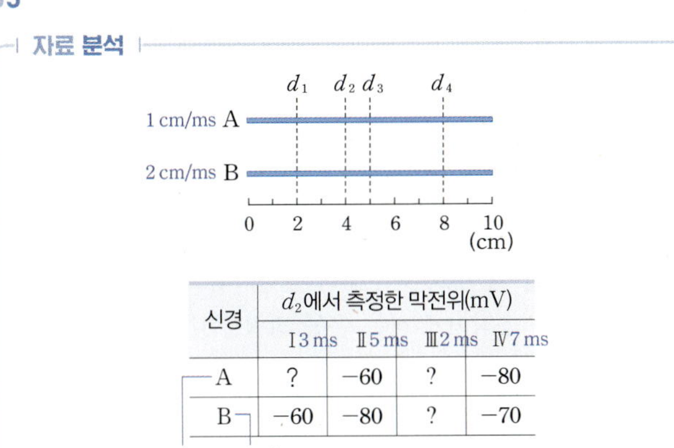

• Ⅱ일 때 B의 d_2는 막전위가 −80 mV이므로 과분극 상태이지만, A의 d_2는 막전위가 −60 mV이므로 과분극이 되기 전 상태이다. ➡ 흥분은 B의 d_2에 먼저 도달했으므로 흥분 전도 속도는 B가 A보다 빠르다.
• A와 B 모두 d_2에 흥분이 도달하고 시간이 3 ms 경과해야 막전위가 −80 mV가 된다. ➡ 흥분이 X에서 d_2까지 전도되는 데 시간이 걸리므로 Ⅱ와 Ⅳ는 모두 3 ms보다 크다.
• A의 d_2는 Ⅳ일 때는 막전위가 −80 mV로 과분극 상태이지만, Ⅱ일 때는 막전위가 −60 mV로 과분극이 되기 전 상태이다. ➡ Ⅳ가 Ⅱ보다 크므로 Ⅳ는 7 ms이고, Ⅱ는 5 ms이다.

ㄴ. A와 B에서 모두 자극을 받은 지점에서 3 ms가 경과하면 막전위가 −80 mV가 되므로 Ⅱ와 Ⅳ는 각각 3 ms보다 큰 5 ms와 7 ms 중 하나이다. 만약 X가 d_1이라면 흥분 전도 속도가 2 cm/ms인 신경에서는 d_1에서 d_2까지 흥분이 전도되는 데 걸리는 시간이 1 ms이므로 d_2에서의 막전위가 5 ms일 때와 7 ms일 때 모두 −70 mV이어야 하는데, 이것은 주어진 자료를 만족하지 않는다. 따라서 X는 d_4이다. 흥분 전도 속도가 1 cm/ms인 신경에서는 d_4에서 d_2까지 흥분이 전도되는 데 걸리는 시간이 4 ms이므로 d_2에서의 막전위가 5 ms일 때 −60 mV, 7 ms일 때 −80 mV이고, 흥분 전도 속도가 2 cm/ms인 신경에서는 d_4에서 d_2까지 흥분이 전도되는 데 걸리는 시간이 2 ms이므로 d_2에서의 막전위가 5 ms일 때 −80 mV, 7 ms일 때 −70 mV이다. 따라서 흥분 전도 속도는 A가 1 cm/ms, B가 2 cm/ms이고, Ⅱ는 5 ms, Ⅳ는 7 ms, Ⅰ은 3 ms, Ⅲ은 2 ms이다.

ㄷ. A는 흥분 전도 속도가 1 cm/ms이므로 A의 d_4에서 d_3까지 흥분이 전도되는 데 걸리는 시간은 3 ms이다. 따라서 ⓒ이 4 ms일 때 A의 d_3에서의 막전위는 그림에서 자극을 준 후 1 ms일 때의 막전위와 같으므로 −60 mV이다.

바로알기 ㄱ. Ⅱ는 5 ms이다.

06

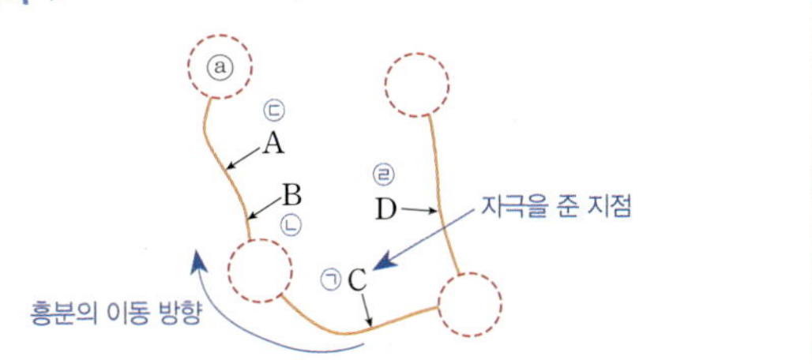

• A~D 중 ⓙ~ⓒ의 3개 지점에서 활동 전위가 발생했으므로 자극한 뉴런은 C가 있는 뉴런이다. ➡ ⓙ은 C, ⓛ은 B, ⓒ은 A이고, ⓔ은 D이다.
• 흥분은 한 뉴런의 축삭 돌기 말단에서 다른 뉴런의 신경 세포체로 전달된다.

ㄴ. 흥분은 D가 있는 뉴런 → C가 있는 뉴런 → A와 B가 있는 뉴런의 방향으로 전달된다. 따라서 D(ⓔ)를 역치 이상으로 자극하면 A~D에서 모두 활동 전위가 생성된다.

바로알기 ㄱ. 흥분은 한 뉴런의 축삭 돌기 말단에서 인접한 뉴런의 신경 세포체로 전달된다. 따라서 ⓐ에는 축삭 돌기 말단이 있다.

ㄷ. ⓛ(B)을 역치 이상으로 자극해도 ⓙ(C)이 있는 뉴런으로는 흥분이 전달되지 않는다. 그러나 ⓙ(C)에서는 막에 있는 Na^+-K^+ 펌프를 통한 Na^+과 K^+의 이동이 일어난다.

07

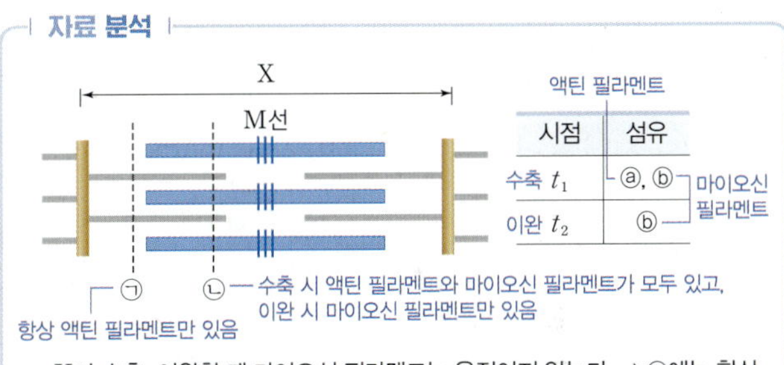

• X가 수축·이완할 때 마이오신 필라멘트는 움직이지 않는다. ➡ ⓙ에는 항상 액틴 필라멘트만 있다.
• X가 수축·이완할 때 액틴 필라멘트가 움직인다. ➡ X가 수축하면 ⓛ에 액틴 필라멘트와 마이오신 필라멘트가 모두 있고, X가 이완하면 ⓛ에 마이오신 필라멘트만 있다.
• t_1일 때 ⓐ와 ⓑ가 모두 있으므로 표는 ⓛ의 횡단면에 대한 것이다. ➡ t_2일 때 ⓑ가 있으므로 ⓑ는 마이오신 필라멘트이고, ⓐ는 액틴 필라멘트이다.
• t_1일 때가 t_2일 때보다 수축된 상태이다.

X가 수축 또는 이완할 때 액틴 필라멘트가 마이오신 필라멘트 사이를 활주하므로 ⓙ의 횡단면에는 항상 액틴 필라멘트만 있지만, ⓛ의 횡단면에는 X의 수축 또는 이완 정도에 따라 액틴 필라멘트와 마이오신 필라멘트가 모두 있거나, 마이오신 필라멘트만 있다. 따라서 표는 ⓛ의 횡단면에 대한 것이며, ⓐ는 액틴 필라멘트, ⓑ는 마이오신 필라멘트이다.

ㄷ. t_1일 때와 달리 t_2일 때에는 ⓛ의 횡단면에 마이오신 필라멘트(ⓑ)만 있다. 따라서 X는 t_2일 때가 t_1일 때보다 이완된 상태이다. 따라서 t_2일 때가 t_1일 때보다 X의 길이는 길고, 두 필라멘트가 겹쳐 있는 부분(A대−H대)의 길이는 짧다.

바로알기 ㄱ. I대에는 액틴 필라멘트(ⓐ)만 있다.

ㄴ. 액틴 필라멘트가 마이오신 필라멘트 사이를 활주함에 따라 ⓛ의 횡단면에는 액틴 필라멘트와 마이오신 필라멘트가 모두 있

거나, 마이오신 필라멘트만 있으므로 표는 ⓒ의 횡단면에 있는 섬유를 나타낸 것이다.

08 ㄴ. ㉠의 길이, ㉡의 길이, ㉢의 길이를 모두 더한 값이 t_1일 때가 t_2일 때보다 길므로 t_1에서 t_2로 될 때 X는 수축해 길이가 짧아졌다. 따라서 H대의 길이는 t_1일 때가 t_2일 때보다 길다.

🔍 **바로알기** ㄱ. 골격근은 많은 수의 근육 섬유 다발로 구성되어 있고, 각 근육 섬유 다발은 많은 수의 근육 세포인 근육 섬유로 되어 있다. 그리고 각 근육 섬유 안에 많은 수의 근육 원섬유가 들어 있다.

ㄷ. ㉠의 길이와 ㉡의 길이를 더한 값은 액틴 필라멘트의 길이와 같으므로 일정하다. 따라서 t_1일 때 ㉠의 길이, ㉡의 길이, ㉢의 길이를 모두 더한 값에서 t_2일 때 ㉠의 길이, ㉡의 길이, ㉢의 길이를 모두 더한 값을 빼면 ㉢의 길이 변화량이 된다. t_1에서 t_2로 될 때 ㉢의 길이 변화량은 $8d$이므로 X의 길이는 $8d$만큼 짧아지고, ㉠의 길이는 $4d$만큼 짧아지며, ㉡의 길이는 $4d$만큼 길어진다. 따라서 t_1일 때 ㉠의 길이는 $7d$(ⓐ)이고, t_2일 때 ㉠의 길이는 $3d$이다.

09

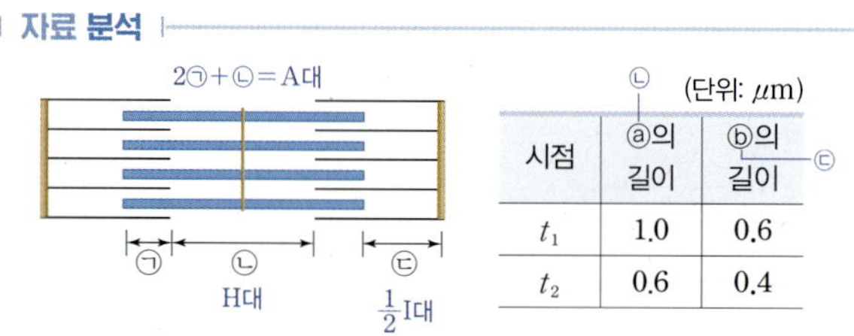

시점	ⓐ의 길이	ⓑ의 길이
t_1	1.0	0.6
t_2	0.6	0.4

- X가 수축해 X의 길이 변화량이 $-2d$일 때 ➡ ㉠의 길이 변화량은 $+d$, ㉡의 길이 변화량은 $-2d$, ㉢의 길이 변화량은 $-d$이다.
- t_1에서 t_2가 될 때 ⓐ의 길이 변화량은 ⓑ의 길이 변화량의 2배이다. ➡ ⓐ는 ㉡이고, ⓑ는 ㉢이다.
- t_1에서 t_2가 될 때 ⓐ와 ⓑ 모두 길이가 감소했고, ⓐ의 길이가 0.4 μm 감소했다. ➡ X는 t_1에서 t_2가 될 때 수축해 길이가 0.4 μm 감소했다.

㉡은 H대, ㉢은 I대의 절반이다. t_2일 때는 t_1일 때보다 ⓐ의 길이는 0.4 μm 짧고, ⓑ의 길이는 0.2 μm 짧으므로 ⓐ는 ㉡, ⓑ는 ㉢이다.

ㄱ. X는 t_2일 때가 t_1일 때보다 수축된 상태이다. 근육 원섬유 마디가 수축할 때 ATP가 에너지를 공급하므로 시간이 t_1에서 t_2로 흐를 때 X가 있는 (가)에서 ATP가 소비된다.

ㄴ. t_1일 때 X의 길이를 n이라고 하면, t_2일 때 X의 길이는 $n-0.4$이다. 따라서 $\dfrac{n-0.4}{n}=\dfrac{y}{x}=\dfrac{6}{7}$이며, 이 식을 풀면 $n=2.8(\mu\text{m})$이다. 따라서 t_2일 때 X의 길이는 2.4 μm이며, H대(ⓐ)의 길이는 0.6 μm, I대의 길이는 $0.4\times2=0.8\,\mu$m이므로 ㉠의 길이는 $\dfrac{2.4-0.6-0.8}{2}=0.5\,\mu\text{m}$이다.

ㄷ. t_1일 때와 t_2일 때 A대의 길이는 같고, t_2일 때 A대의 길이는 $0.6+(0.5\times2)=1.6\,\mu$m이다. 따라서 t_1일 때와 t_2일 때 A대의 길이는 각각 1.6 μm이다.

10 X의 길이는 t_2일 때가 t_1일 때보다 짧으므로 X는 t_1에서 t_2

로 되면서 수축한다. X가 수축할 때 양쪽의 Z선에 결합된 액틴 필라멘트가 마이오신 필라멘트 사이에서 X의 가운데에 있는 M선 방향으로 이동해 들어간다. 따라서 t_1일 때 Z선으로부터 일정한 거리에 있는 세 지점 중 ㉠이 관찰되는 지점에서는 X가 수축하면 ㉢도 관찰될 수 있고, ㉡이 관찰되는 지점에서는 X가 수축해도 ㉡만 관찰되며, ㉢이 관찰되는 지점에서는 X가 수축해도 ㉢만 관찰된다. 그런데 l_1일 때에는 t_1일 때와 t_2일 때 관찰되는 단면의 모양이 서로 다르므로 ⓐ는 ㉠, ⓑ는 ㉢이고, ⓒ는 ㉡이다. 따라서 거리는 $l_1<l_3<l_2$이다.

ㄴ. ⓐ는 ㉠이다.

🔍 **바로알기** ㄱ. X가 수축·이완해도 마이오신 필라멘트의 길이는 변하지 않으므로 t_1일 때와 t_2일 때가 같다.

ㄷ. 한쪽 Z선으로부터 거리는 $l_1<l_3<l_2$이다.

11 ㄱ. 단어를 볼 때 주로 후두엽이 활성화되므로 후두엽에 시각에 관여하는 부위가 있음을 알 수 있다. 따라서 후두엽(㉠)에 이상이 생기면 시각 장애가 나타날 수 있다.

ㄴ. 단어를 말할 때 주로 전두엽이 활성화되므로 전두엽에 말을 하기 위해 입을 움직이게 하는 운동 명령을 내리는 운동령이 있음을 알 수 있다.

🔍 **바로알기** ㄷ. 두정엽, 측두엽을 비롯해 대뇌의 겉질은 신경 세포체가 모여 있는 회색질이다.

12

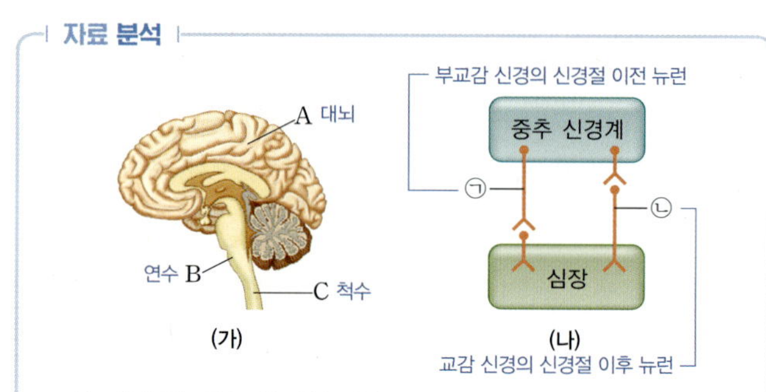

- A는 대뇌, B는 연수, C는 척수이다.
- ㉠은 신경절 이전 뉴런이 신경절 이후 뉴런보다 긴 부교감 신경의 신경절 이전 뉴런이다.
- ㉡은 신경절 이전 뉴런이 신경절 이후 뉴런보다 짧은 교감 신경의 신경절 이후 뉴런이다.

ㄱ. A는 대뇌이다. 대뇌의 겉질은 신경 세포체가 모여 있어 어둡게 보이는 회색질이다.

ㄷ. ㉡은 신경절 이전 뉴런이 신경절 이후 뉴런보다 짧은 교감 신경의 신경절 이후 뉴런이다. 교감 신경은 심장 박동을 촉진하므로 ㉡에서 흥분 발생 빈도가 증가하면 심장 박동이 촉진된다.

🔍 **바로알기** ㄴ. ㉠은 신경절 이전 뉴런이 신경절 이후 뉴런보다 긴 부교감 신경의 신경절 이전 뉴런이다. 심장에 연결된 부교감 신경은 심장 박동 조절 중추인 연수에서 나오므로 ㉠의 신경 세포체는 연수인 B에 있다. C는 척수이다.

13 (가)에서 흥분은 손의 피부 → 구심성 신경 → 척수 → 대뇌 → 척수 → 원심성 신경 → 손의 근육으로 전달되고, (나)에서 흥

분은 눈 → 구심성 신경 → 대뇌 → 척수 → 원심성 신경 → 팔의 근육으로 전달된다.

ㄱ. (가)는 B → P의 경로를 통해 일어나고, (나)는 A → P의 경로를 통해 일어나므로 (가)와 (나)에 모두 ㉠이 관여한다.

ㄷ. B → Q의 경로를 통해 일어나는 반응은 대뇌가 관여하지 않고 척수가 중추로 작용하므로 무릎 반사와 같은 무조건 반사에 해당한다.

🔍 **바로알기** ㄴ. 주변이 갑자기 밝아져 동공의 크기가 작아지는 반응에서 흥분은 눈 → 구심성 신경 → 뇌(중간뇌) → 원심성 신경(부교감 신경) → 눈으로 전달된다. 그런데 그림에는 뇌와 직접 연결된 원심성 신경이 없으므로 '동공의 크기가 작아진다.'는 ⓐ에 해당하지 않는다.

14 (가)는 척수가 중추이며 체성 신경이 관여하는 반응, (나)는 연수가 중추이며 부교감 신경이 관여하는 반응, (다)는 연수가 중추이며 교감 신경이 관여하는 반응이다.

ㄴ. (나)에는 부교감 신경, (다)에는 교감 신경이 각각 관여하므로 '교감 신경이 관여하는가?'는 ⓐ에 해당하며, 이 경우 Ⅰ은 (다), Ⅱ는 (나)이다.

ㄷ. Ⅲ은 중추가 척수인 무릎 반사(가)이다. 무릎 반사는 다리에 있는 골격근의 수축으로 일어나며, 골격근은 체성 신경과 연결되어 있다. 체성 신경의 말단에서는 아세틸콜린이 분비된다.

🔍 **바로알기** ㄱ. (나)와 (다)의 중추는 모두 연수이므로 ㉠은 연수이다.

15 척수, 연수, 대뇌, 중간뇌 중 무릎 반사의 중추는 척수이고, 부교감 신경이 나오는 곳은 척수, 연수, 중간뇌이다. 따라서 '부교감 신경이 나온다.'는 ㉠과 ㉡ 중 하나인데, 만약 ㉠인 경우에는 D는 대뇌가 되고, '무릎 반사의 중추이다.'는 ㉢이 되어 A는 척수가 된다. 그러나 척수는 겉질이 백색질이므로 '부교감 신경이 나온다.'는 ㉡이고, A는 대뇌이다.

ㄱ. A가 대뇌이므로 '무릎 반사의 중추이다.'는 ㉢이고, D는 척수이다.

🔍 **바로알기** ㄴ. 심장과 연결된 교감 신경은 척수(D)에서 나온다. B는 연수와 중간뇌 중 하나이다.

ㄷ. ㉠~㉢ 중 (나)에서 빠진 특징은 ㉠이다. 그런데 대뇌(A)는 의식적인 반응의 중추이므로 '무의식적인 반사의 중추이다.'는 ㉠에 해당하지 않는다.

16 A를 자극했을 때 심장 세포에서 활동 전위 발생 빈도가 증가했으므로 A는 자율 신경 중 심장 박동을 촉진하는 교감 신경이다.

ㄷ. A는 교감 신경이므로 B는 부교감 신경이다. 교감 신경(A)은 심장 박동을 촉진하고, 부교감 신경(B)은 심장 박동을 억제하므로 이 두 신경은 심장 박동 조절에 길항적으로 작용한다.

🔍 **바로알기** ㄱ. 교감 신경(A)의 신경절 이후 뉴런의 축삭 돌기 말단에서는 노르에피네프린이 분비된다.

ㄴ. ㉠의 주사량이 증가하면 심장 박동 수가 증가한다. 따라서 ㉠은 심장 박동을 촉진시키는 물질이므로 ㉠이 작용하면 심장 세포에서의 활동 전위 발생 빈도가 증가한다.

17

신경	기관	반응
A ㉠	눈	?
B ㉡	심장	?
C ㉢	방광	수축 촉진

• B는 신경절 이전 뉴런이 신경절 이후 뉴런보다 짧은 교감 신경이다. ➡ B는 척수에서 나온다.
• A는 중간뇌에서 나오므로 부교감 신경이며, 눈에 연결된 ㉠이다. ➡ 부교감 신경은 신경절 이전 뉴런이 신경절 이후 뉴런보다 길므로 ⓑ에 신경절이 있다.
• C는 신경절 이전 뉴런이 신경절 이후 뉴런보다 긴 부교감 신경이다.
• 방광의 수축을 촉진하는 자율 신경은 척수에서 나오는 부교감 신경이다. ➡ C는 ㉢이다.

ㄴ. 방광의 수축을 촉진하는 말초 신경은 척수에서 나오는 부교감 신경이다. 따라서 교감 신경 B는 심장과 연결된 ㉡이므로 ㉡이 흥분해 활동 전위 발생 빈도가 증가하면 심장 박동이 촉진된다.

ㄷ. 교감 신경 B와 방광에 연결된 부교감 신경 C는 모두 척수에서 나오므로 B와 C의 신경절 이전 뉴런의 신경 세포체는 모두 척수의 속질(회색질)에 있다.

🔍 **바로알기** ㄱ. 중간뇌에서 나오는 원심성 신경은 눈과 연결된 부교감 신경이다. 그런데 B는 신경절 이전 뉴런이 짧은 교감 신경이므로 A는 눈과 연결된 부교감 신경(㉠)이다. 부교감 신경은 신경절 이후 뉴런이 짧으므로 ⓑ에 아세틸콜린이 분비되는 신경절이 있다.

18 ㄱ. Ⅰ은 척수에서 나오는 교감 신경, Ⅱ는 척수에서 나오는 체성 신경이다. 따라서 Ⅲ은 연수에서 나오는 부교감 신경이며, '신경 세포체가 연수에 있다.'는 B와 C 중 하나이다. '신경 세포체가 연수에 있다.'가 B이면 ㉡이 부교감 신경(Ⅲ)이므로 ⓐ와 ⓑ는 모두 '×'이다. 따라서 '신경 세포체가 연수에 있다.'는 C이며, ㉡이 부교감 신경(Ⅲ)이고, B는 '신경절이 있다.'이며, ㉢은 교감 신경(Ⅰ), ㉠은 체성 신경(Ⅱ)이다.

ㄴ. 교감 신경인 ㉢(Ⅰ)은 척수에서 나오므로 신경절 이전 뉴런의 신경 세포체가 속질(회색질)에 있다.

🔍 **바로알기** ㄷ. Ⅲ은 연수에서 나오는 부교감 신경이며, '동공이 축소됨'은 중간뇌에서 나오는 부교감 신경에 의해 흥분이 전달되어 일어나는 반응에 해당한다.

19 ㄱ. ⓐ는 부교감 신경의 신경절 이후 뉴런, ⓑ는 교감 신경의 신경절 이후 뉴런, ⓒ는 체성 신경의 뉴런이다. 방광에 연결된 교감 신경과 부교감 신경은 모두 척수에서 나오므로 (가)는 척수이다. 심장에 연결된 부교감 신경은 연수에서 나오므로 심장은 Ⅱ이고, 방광은 Ⅰ이다.

ㄷ. ⓐ와 ⓒ의 축삭 돌기 말단에서는 반응기로 아세틸콜린이 분비되고, ⓑ의 축삭 돌기 말단에서는 반응기로 노르에피네프린이 분비된다.

🔍 **바로알기** ㄴ. ⓒ는 척수에서 나오는 체성 신경을 구성하고, ㉠

은 뇌에서 나와 눈의 근육에 연결된 신경에 의해, ⓒ은 척수에서
나와 다리의 근육에 연결된 신경에 의해 각각 일어난다.

20 ㄷ. 무릎 반사는 척수가 중추가 되어 일어나는 무조건 반사
이다.

🔍**바로알기** ㄱ. ㉠과 ⓒ은 모두 원심성 신경이면서 신경절이 있
는 자율 신경을 구성하지만, ⓒ은 원심성 신경이면서 신경절이
없으므로 체성 신경이다.

ㄴ. ㉠은 신경절 이전 뉴런이 신경절 이후 뉴런보다 긴 부교감 신
경의 신경절 이전 뉴런이므로 축삭 돌기 말단에서 아세틸콜린이
분비되고, ⓒ은 신경절 이전 뉴런이 신경절 이후 뉴런보다 짧은
교감 신경의 신경절 이후 뉴런이므로 축삭 돌기 말단에서 노르에
피네프린이 분비된다.

2 항상성

수능 빈출 자료 MASTER p.33~34

1	자료1	1 ○	2 ×	3 ×	4 ○	5 ○	6 ○
	자료2	1 ○	2 ○	3 ×	4 ×	5 ○	6 ×
2	자료1	1 ○	2 ×	3 ×	4 ○	5 ×	
	자료2	1 ○	2 ○	3 ×	4 ×	5 ×	6 ×

1 **1-2** A는 피부 근처 혈관을 수축시키는 교감 신경이므로
신경절 이전 뉴런의 신경 세포체가 척수에 있다.

1-3 교감 신경(A)의 신경절 이후 뉴런의 축삭 돌기 말단에서
는 노르에피네프린이 분비된다.

1-5 T_1일 때가 T_2일 때보다 시상 하부 온도가 낮아 교감 신경
(A)에서의 활동 전위 발생 빈도가 높고, 그 결과 피부 근처 혈관
이 수축되어 있다.

2-3 피부의 혈관이 수축해 피부를 흐르는 혈류량이 감소하면
피부를 통한 열 발산량이 감소한다.

2-4 ㉠은 갑상샘에서 분비되는 티록신이다. 티록신(㉠)에 의해
물질대사가 촉진되면 체내 열 발생량이 증가한다.

2-6 체온 조절의 중추는 간뇌의 시상 하부이다.

2 **1-2** 안정 상태일 때가 p_1일 때보다 ADH 농도가 낮으므
로 오줌 생성량이 많고, 오줌의 삼투압이 낮다.

1-3 갈증 정도는 안정 상태일 때가 혈장 삼투압(㉠)이 높은 p_1
일 때보다 작다.

1-5 p_1일 때 물을 마시면 혈액량이 많아지고, 혈장 삼투압이
낮아지므로 ADH 분비량이 감소한다.

2-3 혈중 ADH 농도가 증가하면 오줌 생성량이 감소해 오줌
삼투압(㉠)이 증가한다.

2-4 C_1일 때가 C_2일 때보다 혈중 ADH 농도가 낮아 콩팥에
서 물의 재흡수량이 적다.

2-5 C_1일 때 땀을 많이 흘리면 혈액량이 감소하고, 혈장 삼투
압이 증가하므로 물의 재흡수를 촉진하기 위해 ADH 분비가 촉
진된다.

2-6 오줌 삼투압(㉠)이 증가하면 콩팥에서 물의 재흡수량이 많
아지므로 혈액량이 증가하고, 혈장 삼투압이 감소한다.

수능 대비 문제 p.35~37

| 01 ④ | 02 ① | 03 ③ | 04 ⑤ | 05 ① | 06 ④ |
| 07 ③ | 08 ② | 09 ③ | 10 ③ | 11 ② | |

01

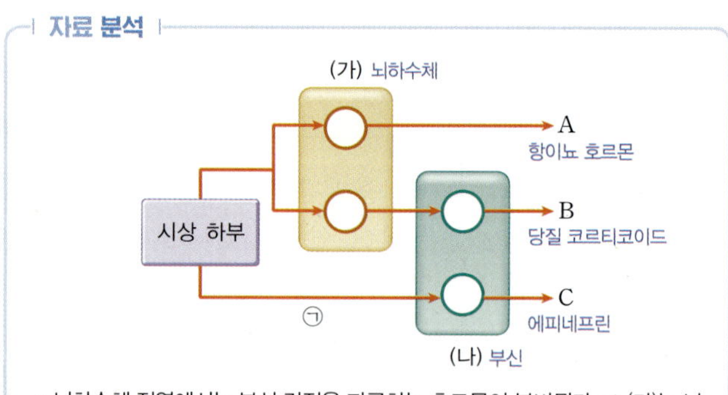

• 뇌하수체 전엽에서는 부신 겉질을 자극하는 호르몬이 분비된다. ➡ (가)는 뇌
하수체, (나)는 부신이다.
• A는 뇌하수체 후엽에서 분비되는 항이뇨 호르몬이다.
• B는 뇌하수체 전엽에서 분비되는 호르몬(부신 겉질 자극 호르몬)에 의해 자
극을 받아 부신 겉질에서 분비되는 당질 코르티코이드이다.
• C는 교감 신경(㉠)의 자극에 의해 부신 속질에서 분비되는 에피네프린이다.

ㄱ. 에피네프린은 부신 속질, 항이뇨 호르몬은 뇌하수체 후엽,
당질 코르티코이드는 부신 겉질에서 각각 분비되므로 (가)는 뇌
하수체이다. 뇌하수체 전엽에서는 생장 호르몬이 분비된다.

ㄴ. A는 항이뇨 호르몬, B는 당질 코르티코이드, C는 에피네프
린이다. 당질 코르티코이드와 에피네프린은 모두 혈당량을 증가
시킨다.

🔍**바로알기** ㄷ. ㉠은 교감 신경에 의해 부신 속질로 흥분이 전달
되는 과정이며, 그 결과 부신 속질에서 에피네프린(C)이 분비된다.
부신 겉질 자극 호르몬(ACTH)은 뇌하수체 전엽에서 분비되어
부신 겉질에 작용해 당질 코르티코이드(B)의 분비를 촉진한다.

02 ㄱ. 인슐린을 주사하였을 때 혈당량이 감소하지 않는 Ⅰ에서
는 인슐린이 분비되더라도 제대로 표적 세포에 작용하지 못한다.
따라서 인슐린의 표적 세포는 ㉠에 해당한다.

ㄴ. 인슐린은 이자의 β세포에서 분비되므로 이자의 β세포가 ㉡에 해당한다. 이자의 α세포에서는 글루카곤이 분비된다.

ㄷ. 정상인에서 혈당량(혈중 포도당 농도)이 감소하면 혈당량을 정상 수준으로 증가시키기 위해 이자에서 인슐린의 분비는 억제되고, 글루카곤의 분비는 촉진된다.

03 ㄱ. 갑상샘에서 티록신이 분비되므로 갑상샘을 제거한 쥐에서는 혈중 티록신 농도가 낮고, 낮은 티록신 농도로 인해 혈중 TRH와 TSH 농도는 높다. 따라서 ㉠은 티록신, ㉡은 TSH이다. 갑상샘은 TSH(갑상샘 자극 호르몬)의 표적 기관이다.

ㄷ. 혈중 티록신 농도가 높아지면 티록신에 의해 시상 하부에서 TRH의 분비와 뇌하수체 전엽에서 TSH의 분비가 모두 억제되어 결과적으로 티록신의 분비가 억제되고, 반대로 혈중 티록신 농도가 낮아지면 TRH와 TSH의 분비가 모두 촉진되어 결과적으로 티록신의 분비가 촉진되는 음성 피드백이 일어난다.

ㄴ. 티록신을 주사해 혈중 티록신 농도가 높아지면 음성 피드백에 의해 혈중 TSH 농도가 감소하므로 티록신(㉠)을 주사한 생쥐는 B와 C 중 혈중 TSH(㉡)의 농도가 낮은 C이다.

04

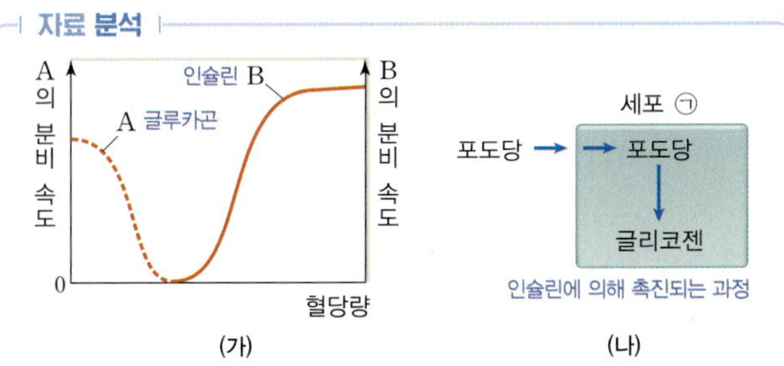

- 혈당량이 증가하면 A의 분비는 억제된다. ➡ A는 혈당량을 증가시키는 글루카곤이다.
- 혈당량이 증가하면 B의 분비는 촉진된다. ➡ B는 혈당량을 감소시키는 인슐린이다.
- 혈액 속 포도당이 ㉠으로 들어와 글리코젠으로 전환(합성)되면 혈당량이 감소한다.

혈당량이 높아질수록 A의 분비 속도는 감소하고, B의 분비 속도는 증가하므로 A는 혈당량을 증가시키는 글루카곤, B는 혈당량을 감소시키는 인슐린이다.

ㄴ. (나)의 ㉠에서 포도당이 글리코젠으로 전환되므로 (나)는 인슐린(B)이 작용했을 때의 과정이다. 따라서 ㉠은 인슐린의 표적 세포인 간세포가 해당되며, 이 세포에는 인슐린(B)과 결합하는 수용체가 있다.

ㄷ. 식사 후에는 포도당이 체내로 흡수되어 혈당량이 높아지므로 혈당량을 증가시키는 글루카곤(A)의 혈중 농도는 감소하고, 혈당량을 감소시키는 인슐린(B)의 혈중 농도는 증가한다. 따라서 식사 후에는 혈중 $\dfrac{\text{인슐린(B)의 농도}}{\text{글루카곤(A)의 농도}}$ 가 커진다.

ㄱ. 포도당이 글리코젠으로 합성되면 혈당량이 낮아지므로 (나)는 인슐린(B)에 의해 촉진되는 과정이다.

05 ㄱ. A는 시상 하부(중추)의 작용으로 뇌하수체 전엽(ⓐ)에서 분비되는 호르몬에 의해 부신 겉질에서 분비되는 당질 코르티코이드이다.

ㄴ. B는 시상 하부(중추)의 작용으로 교감 신경에 의해 흥분이 전달되어 부신 속질에서 분비되는 에피네프린이다. 운동 시작 후 분비량이 감소하는 ㉠은 혈당량을 감소시키는 인슐린이며, ㉡은 혈당량을 증가시키는 글루카곤이다. 에피네프린(B)과 글루카곤(㉡)은 모두 혈당량 조절을 위해 간에서 글리코젠이 포도당으로 분해되는 과정을 촉진한다.

ㄷ. 운동 시작 후 혈당량을 높이기 위해 인슐린(㉠)의 농도는 감소하고, 글루카곤(㉡)의 농도는 증가하므로 간에 저장된 글리코젠의 분해가 촉진된다. 따라서 간에 저장된 글리코젠의 양은 t_2일 때가 t_1일 때보다 적다.

06 ㄴ. 주위 온도나 시상 하부의 온도가 높으면 체내 열 발생량이 감소한다. X의 온도가 같을 때 열 발생량은 ㉠이 위에 있는 그래프에서보다 적으므로 ㉠은 주위 온도가 35 °C일 때이다.

ㄷ. A는 갑상샘에서 분비되는 티록신으로, 체내 물질대사를 촉진시켜 열 발생량을 증가시킨다. 따라서 티록신(A)의 분비량은 시상 하부(X)의 온도가 높은 t_2일 때가 t_1일 때보다 적다.

ㄱ. X는 체온을 조절하는 중추이므로 간뇌의 시상 하부이며, 뇌하수체 전엽은 체온 조절과 관련된 갑상샘 자극 호르몬(TSH)을 분비하는 내분비샘이다.

07 ㄱ. (가)에서 X의 온도에 따라 땀 분비에 의한 열 발산량이 달라지며, (나)에서 X에 의해 갑상샘에서 티록신, 부신 속질에서 에피네프린의 분비가 촉진되므로 X는 체온 조절 중추인 시상 하부이다.

ㄴ. B에서가 A에서보다 열 발산량이 증가하는 시상 하부(X)의 온도가 높다. 열 발산량은 더울 때 증가하므로 B에서는 A에서보다 주위 온도가 낮다. 따라서 피부 온도는 B에서가 A에서보다 낮다.

ㄷ. 시상 하부(X)의 온도가 37 °C일 때 A와 B 중 열 발산량은 A에서 더 많으므로 체내 열 생산량은 A에서가 B에서보다 적다. 따라서 A와 B 중 물질대사를 촉진시키는 티록신(㉠)의 분비량은 A에서 적다.

08 ㄷ. 체온 조절 중추인 간뇌의 시상 하부가 피부 근처 혈관에 연결된 교감 신경을 통해 흥분을 전달하면 피부 혈관이 수축한다.

ㄱ. 저온 자극을 받으면 피부를 통한 열의 발산량을 감소시키기 위해 피부 근처 혈관이 수축하고, 고온 자극을 받으면 피부를 통한 열의 발산량을 증가시키기 위해 피부 근처 혈관이 확장된다. 그런데 피부 근처 혈관이 T_1에 노출되었을 때가 T_2에 노출되었을 때보다 수축해 있으므로 T_1은 20 °C이고, T_2는 40 °C이다.

ㄴ. 골격근의 떨림은 저온 자극을 받았을 때 근육에서 열 발생량을 증가시키기 위해 일어난다. 따라서 골격근의 떨림이 발생한 온도는 20 °C인 T_1이다.

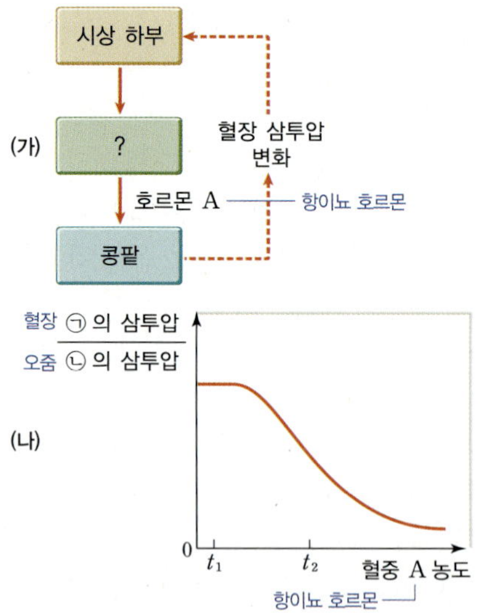

• A는 콩팥에 작용해 혈장 삼투압을 변화시킨다. ➡ A는 콩팥에서 물의 재흡수를 촉진하는 항이뇨 호르몬이다.
• 혈중 항이뇨 호르몬 농도가 증가하면 콩팥에서 물의 재흡수량이 증가하므로 체내 물의 양이 증가해 혈장 삼투압은 감소하고, 배설되는 물의 양이 감소해 오줌의 삼투압은 증가한다.
• 혈중 항이뇨 호르몬 농도가 증가하면 ㉠의 삼투압은 감소하고, ㉡의 삼투압은 증가한다. ➡ ㉠은 혈장, ㉡은 오줌이다.

A는 시상 하부에 의해 분비량이 조절되며, 혈장 삼투압을 조절하는 항이뇨 호르몬이다.

ㄱ. 항이뇨 호르몬은 콩팥에서 수분 재흡수를 촉진하므로 항이뇨 호르몬의 분비가 촉진되면 혈장 삼투압은 감소하고, 오줌 삼투압은 증가한다. 따라서 ㉠은 혈장이다.

ㄴ. 항이뇨 호르몬(A)은 뇌하수체 후엽에서 분비된다.

🔍바로알기 ㄷ. 항이뇨 호르몬의 분비량이 많을수록 콩팥에서 물의 재흡수량이 증가해 오줌 생성량이 적어지므로 단위 시간당 오줌 생성량은 t_2일 때가 t_1일 때보다 적다.

10 A는 뇌하수체 후엽에서 분비되어 콩팥에서 물의 재흡수를 촉진함으로써 혈장 삼투압을 낮추는 호르몬인 ADH(항이뇨 호르몬)이다.

ㄷ. P일 때 정상 상태보다 ㉡에서 혈중 ADH 농도가 낮아 콩팥에서 물의 재흡수 속도가 느리다. 따라서 오줌의 생성량은 많고, 오줌의 삼투압은 낮다.

🔍바로알기 ㄱ. ADH는 혈장 삼투압이 높아지거나 혈압이 낮아질 때 분비가 촉진되므로 혈압은 X에 해당하지 않으며, 혈장 삼투압이 X에 해당한다.

ㄴ. X가 같으면 ㉠일 때가 정상 상태보다 혈중 ADH 농도가 높으므로 ㉠은 정상 상태보다 혈액량이 적어서 물의 재흡수가 더욱 촉진되는 경우이다.

11 안정 상태에 비해 혈액량이 많아지면 ADH 분비가 억제되어 오줌의 생성량이 증가하고, 혈장 삼투압이 높아지면 ADH 분비가 촉진되어 오줌의 생성량이 감소한다. 따라서 ㉠은 혈액량이고, ㉡은 혈장 삼투압이다.

ㄴ. 혈장 삼투압이 같은 조건에서는 혈액량이 안정 상태에 비해 많을 때(ⓑ)가 적을 때(ⓓ)보다 ADH의 분비량이 적으므로 오줌의 생성량은 많고, 오줌의 삼투압은 낮다.

🔍바로알기 ㄱ. ㉠이 안정 상태보다 증가하면 ADH의 분비가 억제되어 콩팥에서 물의 재흡수량이 감소하므로 ㉠은 혈액량이다.

ㄷ. 혈액량이 감소하고, 혈장 삼투압이 증가하면 ADH의 분비는 촉진된다. 따라서 혈중 ADH 농도는 ⓐ~ⓓ 중 ⓒ일 때 가장 높고, ⓑ일 때 가장 낮다.

3 방어 작용

❶	자료 1	1 ×	2 ×	3 ×	4 ○	5 ×	6 ○	7 ○
	자료 2	1 ○	2 ○	3 ○	4 ○	5 ×	6 ○	7 ○
		8 ○						
❷	자료 1	1 ○	2 ×	3 ○	4 ×	5 ○	6 ×	7 ○
		8 ○						
	자료 2	1 ×	2 ×	3 ○	4 ○	5 ○	6 ○	

❶ **1-1** 말라리아의 병원체인 말라리아 원충은 원생생물이다.

1-2 독감의 병원체인 바이러스는 핵산과 단백질로 이루어진 비세포 구조이다.

1-3 A의 병원체인 원생생물은 (나)의 특징을 모두 갖는다.

1-5 B는 바이러스에 의한 질병이므로 B의 치료에는 항생제가 아닌 항바이러스제가 사용된다. 항생제는 세균 등의 미생물을 제거할 때 사용된다.

2-2 무좀의 병원체인 곰팡이는 (가)의 특징을 모두 가지므로 A는 무좀이다. 곰팡이는 핵을 가진 진핵생물에 속한다.

2-5 독감의 병원체인 바이러스는 (가)의 특징 중 1가지만 가지므로 B는 독감이다. 바이러스는 비세포 구조이므로 세포 분열을 하지 않는다.

2-7 C는 말라리아이고, 말라리아의 병원체인 원생생물은 독립적으로 물질대사를 하는 생명체이다.

❷ **1-2** 보조 T 림프구(㉠)는 가슴샘에서 최종 성숙된다.

1-4 형질 세포(㉡)는 기억 세포(㉢)로 분화되지 못한다.

1-6 Ⅱ에서는 Ⅰ에서보다 빠르게 많은 양의 항체가 생성되는 2차 면역 반응이 일어난다.

1-8 Ⅱ에서 기억 세포(ⓒ)가 항원을 인식한 후 증식하고, 형질 세포와 기억 세포로 분화되는 2차 면역 반응이 일어난다.

2-1 (가)는 세포독성 T림프구(㉠)가 병원체에 감염된 세포를 직접 파괴하는 세포성 면역이다.

2-2 (나)는 항원의 종류에 따라 서로 다른 구조의 항체를 생성해 제거하는 특이적 방어 작용인 체액성 면역이다.

2-6 체액성 면역에서 생성되는 항체는 특정한 항원과만 특이적으로 결합하는 항원 항체 특이성을 갖는다.

수능 대비 문제

p.40~42

01 ③	02 ⑤	03 ②	04 ④	05 ③	06 ④
07 ⑤	08 ⑤	09 ④	10 ④		

01 ㄱ. 결핵(㉠)의 병원체는 세균이다. 항생제는 세균을 비롯한 미생물의 증식을 억제하는 물질이다.

ㄷ. 백색증(ⓒ)은 멜라닌 색소 합성 효소 유전자의 돌연변이에 의해, 페닐케톤뇨증(ⓔ)은 페닐알라닌 대사 효소 유전자의 돌연변이에 의해 각각 나타나는 유전병(비감염성 질병)이다.

🔍 **바로알기** ㄴ. 말라리아(ⓒ)의 병원체는 원생생물이다. 원생생물은 세포로 이루어진 생명체이므로 세포 분열을 한다.

02 ㄴ. ㉠과 ⓒ은 백신으로 예방되므로 각각 감염성 질병인 독감과 홍역 중 하나이다. 따라서 ⓒ은 혈액 응고에 관여하는 특정 유전자의 돌연변이에 의한 비감염성 질병이다.

ㄷ. ⓒ의 병원체는 바이러스이다. 바이러스는 스스로 물질대사를 하지 못한다.

🔍 **바로알기** ㄱ. 독감과 홍역의 병원체는 모두 바이러스이고, 혈우병은 비감염성 질병이다. 그런데 X는 세포 소기관인 리보솜을 가진 세포 구조의 병원체이므로 ㉠의 병원체에 해당하지 않는다.

03

│ 자료 분석 │

	구분	A	B	C 바이러스
막으로 싸인 핵이 있다.	㉠	○	×	×
	ⓒ	○	○	○
핵산이 있다.	ⓒ	○	×	○

(○: 있음, ×: 없음)

- 광우병의 병원체는 변형된 프라이온이다. ➡ 변형된 프라이온은 핵산이 없고, 막으로 싸인 핵이 없다.
- AIDS의 병원체는 바이러스이다. ➡ 바이러스는 핵산이 있고, 막으로 싸인 핵이 없다.
- A는 핵산이 있고, 막으로 싸인 핵이 있다.
- 핵산은 A와 바이러스에 있으므로 ⓒ은 '핵산이 있다.'이고, C는 바이러스이다. ➡ B는 변형된 프라이온이다.

광우병의 병원체는 변형된 프라이온, 후천성 면역 결핍증(AIDS)의 병원체는 바이러스이다. 변형된 프라이온은 단백질로만 이루어져 있으며, 바이러스에는 핵이 없으므로 '막으로 싸인 핵이 있다.'는 ㉠, '핵산이 있다.'는 ⓒ이고, B는 변형된 프라이온, C는 바이러스이다. 따라서 A는 핵이 있는 X의 병원체이다.

ㄷ. 변형된 프라이온, 바이러스에는 모두 단백질이 있으며, A는 막으로 싸인 핵을 가진 생명체이므로 단백질을 갖는다. 따라서 '단백질이 있다'는 ⓒ에 해당한다.

🔍 **바로알기** ㄱ. 콜레라의 병원체는 세균이다. 세균에는 막으로 싸인 핵이 없으므로 콜레라는 X에 해당하지 않는다.

ㄴ. C는 바이러스이다. 바이러스의 제거에는 항바이러스제가 이용되며, 항생제는 세균과 같은 미생물을 제거하는 데 이용된다.

04 A는 진핵생물인 균류(곰팡이), B는 세균, C는 비세포 구조인 바이러스이고, Ⅰ은 비감염성 질병, Ⅱ는 바이러스성 질병, Ⅲ은 세균성 질병이다.

ㄱ. 인슐린의 분비 또는 기능 이상으로 인해 혈당량이 정상보다 높은 당뇨병은 대사성 질환이며, 병원체가 없이 환경이나 유전적 요인에 의해 나타나는 비감염성 질병이다.

ㄷ. 결핵과 파상풍의 병원체는 모두 세균이다. 세균은 유전 물질인 핵산(DNA)을 갖는다.

🔍 **바로알기** ㄴ. 독감과 홍역의 병원체는 모두 바이러스이다. A~C 중 바이러스는 세포 구조가 아닌 C이다. B는 항생제에 의해 제거되므로 세균이다.

05 ㄷ. t_2 이후에도 ⓐ에 의해 항원이 제거되며, ⓑ가 새롭게 생성되었으므로 항원 A와 B에 대한 특이적 방어 작용이 모두 일어난다.

🔍 **바로알기** ㄱ. 항체를 생성·분비하는 형질 세포는 B 림프구로부터 분화되므로 X는 B 림프구이다. B 림프구는 골수에서 최종 성숙한다.

ㄴ. t_1일 때 항원 A와 B가 침입한 후 ⓐ는 기억 세포의 작용에 의한 2차 면역 반응 결과 생성되지만, ⓑ는 1차 면역 반응 결과 생성된다. ㉠은 기억 세포가 형질 세포와 기억 세포로 분화되는 2차 면역 반응 과정이므로 (가)의 항체는 ⓐ이다.

06 ㄱ. ㉠은 식세포 작용으로 X를 세포 내에서 분해한 후 항원 조각을 세포 표면에 제시해 보조 T 림프구(ⓒ)를 활성화시키는 대식세포이다. (가)에서 대식세포(㉠)의 식세포 작용은 선천성(비특이적) 면역에 해당한다.

ㄷ. 0~t_2에 비해 t_2~t_3에서 X와 결합하는 항체의 농도가 급격하게 증가했으므로 이 시기에 기억 세포의 작용으로 X에 대한 2차 면역 반응이 일어난다.

🔍 **바로알기** ㄴ. ⓒ은 대식세포에 의해 활성화되므로 보조 T 림프구이며, B 림프구는 보조 T 림프구에 의해 활성화된다. 0~t_1에서는 B 림프구가 형질 세포와 기억 세포로 분화된다. 보조 T 림프구는 형질 세포로 분화되지 않는다.

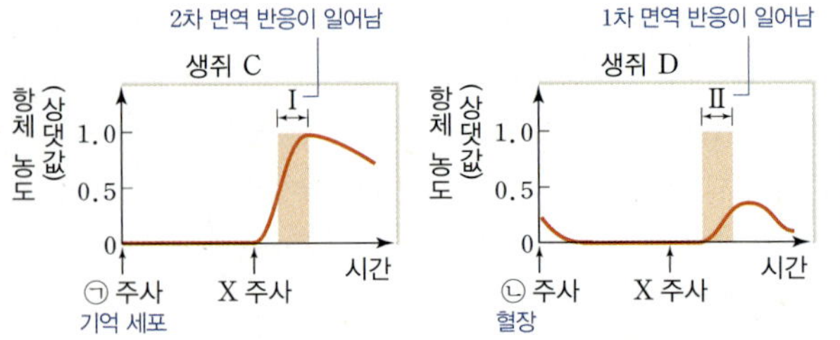

- ㉠을 주사한 후 X를 주사하자 I 에서 많은 양의 항체가 생성되는 2차 면역 반응이 일어났다. ➡ ㉠은 2차 면역 반응을 일으키는 기억 세포이다.
- ㉡을 주사하자 항체 농도가 증가했으며, 이후 X를 주사하자 II 에서 적은 양의 항체가 생성되는 1차 면역 반응이 일어났다. ➡ ㉡은 혈장이다.

ㄱ. 동일한 조건의 A와 B에 X를 주사한 후 A에서 특이적 방어 작용이 일어났으므로 B에서도 특이적 방어 작용이 일어났다. 또한, B에서 분리한 ㉡을 D에 주사한 직후 C와 달리 D의 혈중 항체 농도가 0보다 크므로 ㉡에 특이적 방어 작용인 체액성 면역으로 생성된 항체가 들어 있음을 알 수 있다. 따라서 ⓐ는 'ㅇ'이다.

ㄴ. C와 D에 X를 각각 주사한 후 I 에서가 II 에서보다 항체가 빠르게 많이 생성되었다. 따라서 A에서 ㉠을 분리하여 C에 주사한 후 X를 주사하면 C에서 기억 세포에 의한 2차 면역 반응이 일어나므로 ㉠은 기억 세포이고, ㉡은 혈장이다. I 에서는 기억 세포로부터 분화된 형질 세포가 X에 대한 항체를 생성한다.

ㄷ. II 에서는 I 에서보다 항체 생성 속도가 느리고, 항체 생성량이 적으므로 X에 대한 1차 면역 반응이 일어났다.

08 ㄱ. ㉠을 주사한 후 X를 처음 주사했을 때 X에 대한 1차 면역 반응이 일어났으므로 ㉠은 혈청이다. 만약 ㉠이 X에 대한 기억 세포라면 X를 처음 주사했을 때에도 X를 2번째 주사했을 때와 마찬가지로 항체가 빠르게 많이 생성되었을 것이다.

ㄴ. I 에서 X에 대한 항체가 생성되었으므로 대식세포에 의해 보조 T 림프구가 활성화되고, 보조 T 림프구에 의해 B 림프구가 활성화되는 과정이 일어났다. 대식세포가 보조 T 림프구를 활성화시키는 과정에서 식세포 작용으로 X를 들여와 분해하는 비특이적 방어 작용이 일어난다.

ㄷ. II 에서가 I 에서보다 X에 대한 항체가 빠르게 많이 생성되었으므로 II 에서 기억 세포의 작용으로 X에 대한 2차 면역 반응이 일어났다.

09 ㄱ. 표를 통해 어머니, 아버지, 딸의 혈액형이 모두 서로 다름을 알 수 있다. 그런데 구성원 중 한 사람은 나머지 두 사람에게 모두 소량 수혈해 줄 수 있으므로 이 사람은 혈액형이 O형이다. 따라서 ⓐ는 '응집 안 함', ⓑ는 '응집함'이며, 혈액형이 I 은 O형, II 와 III은 각각 A형과 B형 중 하나이므로 I 은 딸이다.

ㄷ. I (O형)의 혈장에는 응집소 α와 β가 모두 있으며, III의 혈구에는 응집원 A와 B 중 하나가 있으므로 I 의 혈장과 III의 혈구를 섞으면 응집한다.

🔍 **바로알기** ㄴ. II 와 III은 각각 A형과 B형 중 하나이므로 이 두 사람은 공통된 응집소를 가지지 않는다.

자료 분석

구분	응집원 B	응집원 β
B형 I	○	?×
AB형 II	?○	×
A형 III	?×	○

(○: 있음, ×: 없음)

(가)

구분	㉠	㉡	㉢
I 의 혈액	−	?−	?+
II 의 혈액	?−	+	+
III의 혈액	?−	+	−

(II 의 혈청) (I 의 혈청) (항 B 혈청)

(+: 응집됨, −: 응집 안 됨)

(나)

- I 은 응집원 B를 가지므로 B형 또는 AB형이다.
- II 는 응집소 β를 갖지 않으므로 B형 또는 AB형이다.
- III은 응집소 β를 가지므로 A형 또는 O형이다.
- I 과 II 의 혈액은 모두 응집원 B가 있으므로 항 B 혈청에 응집한다. ➡ III의 혈액은 응집원 B가 없으므로 항 B 혈청에 응집하지 않는다. ➡ 항 B 혈청은 ㉢이다.
- III의 혈액은 ㉡에 응집하므로 III은 응집원을 갖는다. ➡ III은 응집원 A를 갖는 A형이다. ➡ ㉡에 응집소 α가 들어 있다.
- II 의 혈액은 ㉡에 응집하므로 II 는 응집원 A를 갖는다. ➡ II 는 응집원 A와 B를 모두 갖는 AB형이다.

ㄱ, ㄴ. III은 응집소 β를 가지며, III의 혈액과 ㉡이 응집하므로 응집원도 갖는다. 따라서 III은 응집원 A와 응집소 β를 갖는 A형이다. II 의 혈액은 II 의 혈청과 응집하지 않으므로 ㉠은 II 의 혈청이고, III(A형)의 혈액은 항 B 혈청과 응집하지 않으므로 ㉢은 항 B 혈청이다. 따라서 ㉡은 I 의 혈청이고, III(A형)의 혈액과 I 의 혈청(㉡)이 응집하므로 I 은 응집소 α를 갖는다. I 은 응집원 B와 응집소 α를 가지므로 B형이다. II 는 응집소 β를 갖지 않고, A형과 B형이 아니므로 응집원 A와 B를 모두 갖는 AB형이다.

🔍 **바로알기** ㄷ. II 는 AB형이므로 응집소 α를 갖지 않는다.

Ⅳ. 유전

1 유전 정보와 염색체

p.44~45

1 자료1 1 ○ 2 ○ 3 × 4 × 5 ○
자료2 1 ○ 2 ○ 3 × 4 × 5 ×

2 자료1 1 ○ 2 × 3 ○ 4 × 5 ×
자료2 1 × 2 ○ 3 ○ 4 × 5 ×
자료3 1 ○ 2 × 3 × 4 ○ 5 ×

1 **1**-3 이 핵형 분석 결과에서 상염색체의 수는 45이고, 상염색체의 염색 분체 수는 90이다.

1-4 이 사람의 핵형 분석 결과에서 성염색체가 XY이므로 이 사람은 남자이다.

2-3 (나)에는 크기와 모양이 같은 상동 염색체 쌍이 없으므로 핵상과 염색체 수는 $n=6$이다.

2-4 (가)는 A의 세포, (나)는 B의 세포이고, B의 핵상과 염색체 수는 $2n=12$이다. B의 체세포 분열 중기의 세포 1개당 염색 분체 수는 24이다.

2-5 (가)와 (나)의 각각의 체세포에서 염색체 수가 다르므로 A와 B는 서로 다른 종이다.

2 **1**-2 동원체는 염색체에서 방추사가 결합하는 부위이므로 중심체(ⓐ)에는 동원체가 없다.

1-4 G_2기(ⓒ) 세포의 DNA양은 G_1기 세포의 DNA양의 2배이다.

1-5 (나)는 체세포 분열 중기의 세포이므로 2가 염색체를 관찰할 수 없다.

2-1 ㉠은 G_1기, ㉡은 S기, ㉢은 G_2기이다.

2-4 방추사는 M기에 관찰된다.

2-5 핵막이 사라지는 시기는 M기의 전기에서 후기까지이다.

3-2 ⓐ는 구간 Ⅱ에서 관찰된다.

3-3 감수 1분열에서 상동 염색체가 분리되므로 ⓑ와 ⓒ의 유전자 구성은 다르다.
AAaa(ⓐ) → AA(ⓑ 또는 ⓒ), aa(ⓒ 또는 ⓑ)

3-5 구간 Ⅲ의 세포는 감수 1분열이 완료된 세포로 A와 a 중 한 종류만 갖는다.

p.46~50

01 ③	02 ④	03 ⑤	04 ②	05 ⑤	06 ③
07 ④	08 ③	09 ③	10 ④	11 ①	12 ④
13 ③	14 ⑤	15 ⑤	16 ①	17 ③	18 ①
19 ①					

01 ㄱ. (가)의 핵상과 염색체 수는 $2n=6$이고, 성염색체는 XX이다. (나)의 핵상과 염색체 수는 $2n=6$이고, 성염색체는 XY이다. (가)~(다) 중 2개는 암컷 Ⅰ의 세포이므로 (가)와 (다)는 암컷 Ⅰ의 세포, (나)는 Ⅱ의 세포이다.
ㄷ. 수컷 Ⅱ($2n=6$)의 감수 1분열 중기 세포 1개당 염색 분체 수는 12이다.
바로알기 ㄴ. (나)의 핵상은 $2n$, (다)의 핵상은 n이다.

02 ㄴ. (가)는 상동 염색체 쌍이 없으므로 핵상이 n이고, (나)는 상동 염색체 쌍이 있으므로 핵상이 $2n$이다. (나)($2n$)에서 보라색 염색체가 1개 있고, X 염색체가 제외되어 있으므로 보라색 염색체는 Y 염색체임을 알 수 있다. 따라서 A는 성염색체로 XY를 갖는 수컷이다.
ㄷ. A($2n=6$)의 체세포 분열 중기의 세포 1개당 염색 분체 수는 12이다.
바로알기 ㄱ. (가)의 핵상은 n이고, (나)의 핵상은 $2n$이다.

03 ㄱ. ㉠은 응축된 염색체로 세포 주기 중 분열기 때 관찰된다.
ㄴ. ㉡은 히스톤 단백질과 DNA로 구성된 뉴클레오솜이다.
ㄷ. ㉢은 뉴클레오타이드로 구성된 DNA이다.

04

┌ 자료 분석 ┤

유전자	Ⅰ의 세포			Ⅱ의 세포		
	(가)$2n$	(나)n	(다)n	(라)$2n$	(마)n	(바)n
㉠	○	○	○	○	○	×
㉡	○	○	×	○	×	○
㉢	○	×	○	×	×	×
㉣	×	×	×	○	×	○

대립유전자 (9번 염색체 위치): ㉠ ㉡
대립유전자(X 염색체 위치): ㉢ ㉣

(○:있음, ×:없음)

X 염색체에 위치하는 유전자가 없으므로 Y 염색체를 갖는다.

(가)와 (라)는 ㉠~㉣ 중 3개의 유전자가 존재하므로 핵상은 $2n$이고, (나), (다), (마), (바)는 ㉠~㉣ 중 1개 또는 2개의 유전자가 존재하므로 핵상은 n이다. (나)와 (다)에서 ㉠의 대립유전자는 ㉣임을 알 수 있고, ㉡의 대립유전자는 ㉢임을 알 수 있다. (마)에서 ㉡과 ㉢이 모두 없으므로 ㉡과 ㉢은 X 염색체에 있음을 알 수 있다.
ㄴ. (라)에는 X 염색체에 있는 ㉡이 있고, 핵상이 $2n$이므로 X 염색체와 Y 염색체가 모두 있다.

 ㄱ. ㉠은 ㉣의 대립유전자이다.

ㄷ. (가)는 핵상이 $2n$이고, 상염색체에 있는 ㉠과 ㉣ 중 ㉠만 가지므로 유전자형이 EE 또는 ee이다.

05 ㄱ. 구간 Ⅰ에는 세포당 DNA양이 1인 세포가 있으므로 G_1기의 세포가 있고, G_1기 세포는 핵막을 갖는다.

ㄴ. 구간 Ⅱ에는 DNA가 복제 중인 S기의 세포가 있다.

ㄷ. 구간 Ⅲ에는 핵상이 $2n$인 G_2기와 분열기의 세포가 있다.

06 ㄱ. 구간 Ⅰ에는 DNA 복제가 일어나는 세포가 있어 세포당 DNA양이 1과 2의 사이로 나타난다.

ㄴ. ㉠은 M기, ㉡은 G_1기, ㉢은 S기이다.

 ㄷ. (나)에서 ㉡(G_1기)의 비율이 G_2기의 비율보다 크므로 이 체세포의 세포 주기 중 G_1기가 G_2기보다 길다.

07 ㄱ. ⓐ는 뉴클레오솜을 구성하는 히스톤 단백질이다. 구간 Ⅰ에는 뉴클레오솜을 구성하는 ⓐ(히스톤 단백질)가 들어 있는 세포가 있다.

ㄴ. 구간 Ⅱ에는 G_2기의 세포와 M기의 세포가 있다. M기의 전기에는 ⓑ가 ⓒ(염색체)로 응축한다.

 ㄷ. Ⅰ에는 핵막을 갖는 G_1기의 세포가 있고, Ⅱ에는 핵막을 갖는 G_2기의 세포와 핵막을 갖지 않는 M기의 세포가 있으므로 핵막을 갖는 세포의 수는 구간 Ⅱ에서가 구간 Ⅰ에서보다 적다.

08 ㄱ. ⓐ는 염색체이다. 염색체에는 히스톤 단백질과 DNA가 있다.

ㄴ. 구간 Ⅱ에는 G_2기와 M기의 세포가 있고, M기는 염색체의 모양과 이동에 따라 전기, 중기, 후기, 말기로 구분한다. (나)는 염색체가 세포의 중앙에 배열하는 중기의 세포이므로 ㉠ 시기는 중기이다. 따라서 구간 Ⅱ에는 ㉠ 시기(중기)의 세포가 있다.

 ㄷ. Ⅰ에는 G_1기의 세포가 있고, Ⅱ에는 G_1기의 세포가 없다. G_1기의 세포 수는 구간 Ⅱ에서가 구간 Ⅰ에서보다 적다.

09 ㄱ. 구간 Ⅰ에는 핵막을 갖는 S기의 세포가 있다.

ㄴ. 구간 Ⅱ에는 분열기(M기)의 세포가 있고, 분열기(M기)의 세포 중 중기의 세포는 핵형 분석에 이용 가능하다.

 ㄷ. 체세포 분열 후기 때는 염색 분체가 양극으로 분리되고, 감수 1분열 후기 때는 상동 염색체가 양극으로 분리된다. 그림은 체세포 분열 중 세포당 DNA양에 따른 세포 수를 나타낸 것으로 구간 Ⅱ에는 상동 염색체가 분리되는 세포가 없다.

10 ㄴ. 체세포 분열에서 핵상의 변화와 유전자의 변화는 없으므로 t_2일 때 세포는 A와 a를 모두 갖는다.

ㄷ. t_1과 t_2 사이에서 염색 분체의 분리가 일어나 세포 1개당 DNA 상대량이 반감된다.

 ㄱ. 체세포 분열 중 세포의 핵상 변화는 없으므로 t_1일 때 세포의 핵상은 $2n$이다.

11 ㄱ. ㉠은 G_2기, ㉡은 G_1기이다.

 ㄴ. (나)는 상동 염색체 쌍이 없고, 염색체가 세포의 중앙에 위치하므로 감수 2분열 중기의 세포이다. 따라서 (나)는 ㉡(G_1기) 시기 때 관찰되지 않는다.

ㄷ. 이 동물의 특정 형질에 대한 유전자형이 Aa이고, 핵상이 n인 (나)의 세포에는 A 또는 a 중 한 종류의 대립유전자만 있다.

12

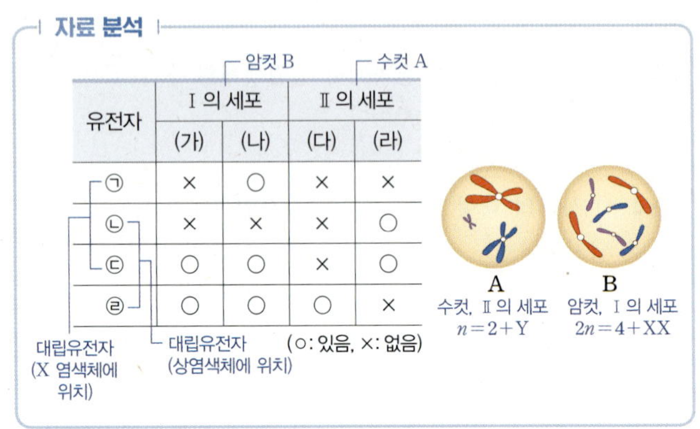

유전자	Ⅰ의 세포		Ⅱ의 세포	
	(가)	(나)	(다)	(라)
㉠	×	○	×	×
㉡	×	×	×	○
㉢	○	○	×	○
㉣	○	○	○	×

대립유전자 (X 염색체에 위치): ㉠, ㉡
대립유전자 (상염색체에 위치): ㉢, ㉣
(○: 있음, ×: 없음)

암컷 B, 수컷 A

A 수컷, Ⅱ의 세포 $n=2+Y$
B 암컷, Ⅰ의 세포 $2n=4+XX$

ㄴ. (다)는 핵상이 n이고, Y 염색체만 있으므로 Ⅱ는 수컷이다. (나)는 핵상이 $2n$이고, X 염색체만 있으므로 Ⅰ은 암컷이다. 그림에서 B는 핵상이 $2n$이고, 크기와 모양이 같은 성염색체 2개가 있으므로 암컷 Ⅰ의 세포이고, A는 수컷 Ⅱ의 세포이다.

ㄷ. (라)에는 X 염색체에 있는 ㉡이 있다.

 ㄱ. ㉠~㉣ 중 3개의 유전자를 갖는 (나)는 핵상이 $2n$이고, 2개의 유전자를 갖는 (가)와 (라)는 핵상이 각각 n이며, 1개의 유전자를 갖는 (다)는 핵상이 n이다. (다)에는 ㉣만 있으므로 ㉣은 상염색체에 있다. (가)를 통해 ㉣의 대립유전자는 ㉠과 ㉢ 중 하나이고, (라)를 통해 ㉣의 대립유전자는 ㉢임을 알 수 있다. 나머지 ㉠의 대립유전자는 ㉡이고, (다)에서 ㉠과 ㉡이 모두 존재하지 않으므로 ㉠과 ㉡은 X 염색체에 있음을 알 수 있다.

13

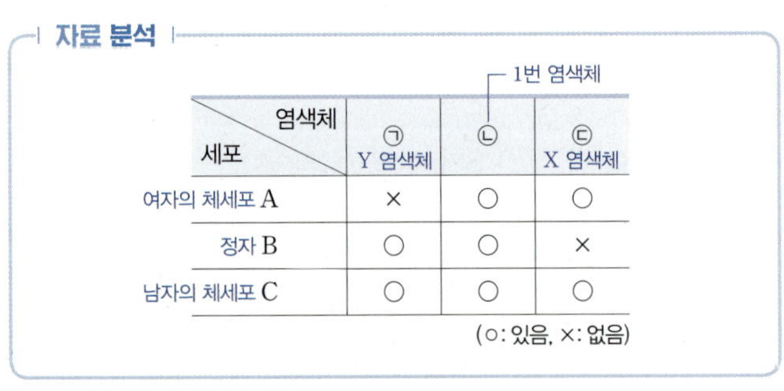

세포 \ 염색체	㉠ Y 염색체	㉡	㉢ X 염색체
여자의 체세포 A	×	○	○
정자 B	○	○	×
남자의 체세포 C	○	○	○

㉡ 1번 염색체
(○: 있음, ×: 없음)

ㄱ. ㉠은 남자에만 있는 Y 염색체이다. 남자의 체세포에는 1번 염색체, X 염색체, Y 염색체가 모두 있으므로 C는 남자의 체세포이다. 정자, 남자의 체세포, 여자의 체세포에 모두 있는 ㉡은 1번 염색체, ㉢은 X 염색체이다.

ㄴ. A는 여자의 체세포, B는 정자, C는 남자의 체세포이므로 A와 C의 핵상은 모두 $2n$이다.

14

자료 분석

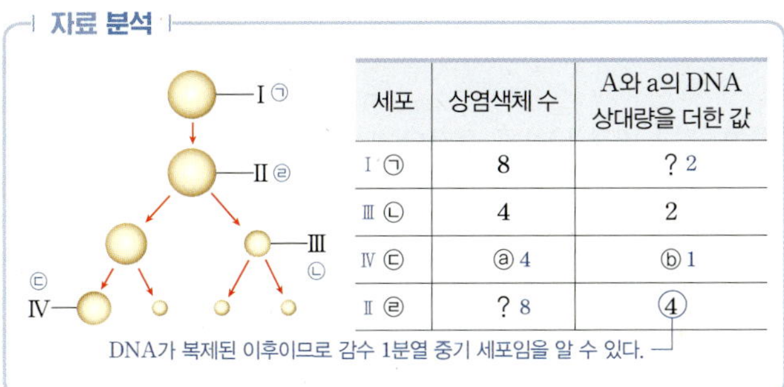

세포	상염색체 수	A와 a의 DNA 상대량을 더한 값
Ⅰ ㉠	8	? 2
Ⅲ ㉤	4	2
Ⅳ ㉢	ⓐ 4	ⓑ 1
Ⅱ ㉣	? 8	④

DNA가 복제된 이후이므로 감수 1분열 중기 세포임을 알 수 있다.

ㄱ. ㉤의 상염색체 수는 4이고, A와 a의 DNA 상대량을 더한 값이 2이므로 ㉤은 감수 2분열 중기의 세포인 Ⅲ이다. ㉣의 A와 a의 DNA 상대량을 더한 값이 4이므로 ㉣은 감수 1분열 중기의 세포인 Ⅱ이다. ㉠은 상염색체 수가 8이므로 핵상이 $2n$인 Ⅰ이다. 나머지 ㉢은 Ⅳ이다.

ㄴ. ㉢(Ⅳ)에서 상염색체 수는 4이고, A와 a의 DNA 상대량을 더한 값은 1이므로 ⓐ+ⓑ=4+1=5이다.

ㄷ. 이 동물의 체세포에는 8개의 상염색체와 2개의 성염색체가 있으므로, Ⅱ($2n=10$)의 2가 염색체 수는 5이다.

15 ㄱ. ㉤은 염색체 수가 46이므로 핵상이 $2n$이고, A와 a의 DNA 상대량을 더한 값이 4이므로 감수 1분열 중기의 세포이다. ㉠은 A와 a 중 한 종류의 대립유전자만 가지므로 핵상이 n이고, 염색체 수는 23이다.

ㄴ. ㉤($2n$)에서 유전자 구성은 AAaa이므로 A의 DNA 상대량은 2이다.

ㄷ. ㉡(감수 2분열 중기 세포)이 ㉠(감수 2분열 완료 세포)으로 되는 과정에서 염색 분체가 분리된다.

16 ㄴ. (나)는 감수 1분열 중기의 세포($2n$)이고, 2가 염색체가 세포의 중앙에 위치한다.

 ㄱ. 이 동물 체세포의 핵상과 염색체 수는 $2n=6$이고, (가)는 핵상이 n이므로 염색체 수는 3이다.

ㄷ. (가)는 감수 2분열 중기의 세포(n)이고 세포 1개당 DNA 상대량이 2이므로, 감수 2분열이 완료된 세포(n)의 DNA 상대량은 1이다.

17 ㄱ. t_1일 때의 세포는 간기 중 G_1기 때의 세포로 핵막이 있다.

ㄴ. 핵 1개당 DNA 상대량이 2에서 1로 감소했으므로 자료의 세포 분열은 감수 분열이고, t_2일 때의 세포는 감수 1분열 중기의 세포로 2가 염색체가 있다.

 ㄷ. t_3일 때의 세포는 감수 1분열이 완료된 세포로 핵상은 n이고, 정자의 핵상도 n이다.

18 ㄱ. Ⅱ는 감수 2분열 중기의 세포로 핵상은 n이고, 대립유전자의 DNA 상대량은 0 또는 2를 가지므로 ㉠이다. Ⅱ(㉠)가 E를 가지므로 Ⅰ도 E를 갖는다. 따라서 Ⅰ은 ㉢이고, Ⅲ은 ㉡이다.

Ⅰ의 유전자 구성은 EeFFGg, Ⅱ의 유전자 구성은 EEFFgg, Ⅲ의 유전자 구성은 eFG이다.

 ㄴ. ㉢(Ⅰ)의 핵상은 $2n$이다.

ㄷ. Ⅱ(㉠)의 유전자 구성은 EEFFgg이므로

$$\frac{E의 DNA \; 상대량 + G의 DNA \; 상대량}{F의 DNA \; 상대량} \; 은 \; \frac{2+0}{2}=1이다.$$

19

자료 분석

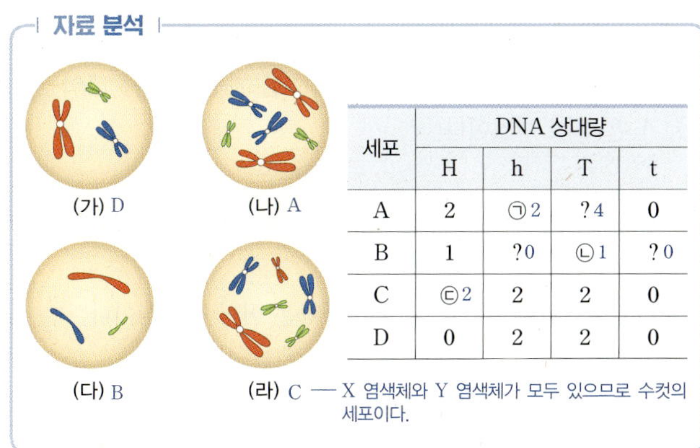

세포	DNA 상대량			
	H	h	T	t
A	2	㉠ 2	? 4	0
B	1	? 0	㉡ 1	? 0
C	㉢ 2	2	2	0
D	0	2	2	0

ㄱ. (다)는 핵상이 n이고, 감수 2분열이 완료된 세포이므로 DNA 상대량은 1 또는 0이다. 따라서 (다)는 B이다. (나)는 핵상이 $2n$이고, DNA 복제 후의 세포이므로 H, h, T, t의 DNA 상대량으로 각각 2, 2, 4, 0을 갖는다. A~D 중 이 조건을 만족하는 세포는 A이므로 (나)는 A이다. (가)는 핵상이 n이고, DNA 복제 후의 세포이므로 DNA 상대량은 2 또는 0이다. 따라서 (가)는 D이고, 나머지 (라)는 C이다. (가)(D)의 유전자 구성은 hhTT, (나)(A)의 유전자 구성은 HHhhTTTT, (다)(B)의 유전자 구성은 HT, (라)(C)의 유전자 구성은 HHhhT이므로 ㉠은 2, ㉡은 1, ㉢은 2이고, ㉠+㉡+㉢=2+1+2=5이다.

 ㄴ. (가)는 D, (나)는 A, (다)는 B, (라)는 C이다.

ㄷ. (라)(C)의 H, T는 (다)(B)로부터 형성된 난자로부터 물려받은 것이고, 정자 ⓐ로부터 h와 Y 염색체를 물려받았다. 정자 ⓐ는 T를 갖지 않는다.

2 사람의 유전

수능 빈출 자료 **M**ASTER   p.51~54

1 자료1 1 ○ 2 ○ 3 × 4 × 5 ○
     자료2 1 × 2 ○ 3 ○ 4 × 5 ○

2 자료1 1 × 2 ○ 3 × 4 ○
     자료2 1 ○ 2 ○ 3 ×

3 자료1 1 × 2 ○ 3 ○ 4 ×
     자료2 1 ○ 2 × 3 ×

4 자료1 1 × 2 ○ 3 × 4 ○ 5 ○
     자료2 1 × 2 ○ 3 × 4 ○

1 **1-3** 가족 구성원의 유전자형은 1은 AH/AH*, 2는 BH*/_H, 3은 AH/_H, 4는 AH/BH*, 5는 AH/OH, 6은

BH*/OH, 7은 AH/_H이다. 6은 BH*가 있는 염색체를 4를 거쳐 2로부터 물려받았다.

1-4 3의 ㉠에 대한 유전자형은 HH이다.

2-1 ㉡에 대해 정상인 아버지로부터 ㉡을 가진 영희가 태어났으므로 ㉡의 유전자는 상염색체에 있고, ㉠의 유전자는 X 염색체에 있다.

2-4 ㉡에 대해 정상인 부모로부터 ㉡을 가진 영희가 태어났으므로 ㉡은 열성 형질이다.

2 **1-1** 적록 색맹의 유전자는 X 염색체에 있다.

1-3 어머니의 적록 색맹의 유전자형은 이형 접합성이다.

1-4 적록 색맹에서 정상 대립유전자를 B, 적록 색맹 대립유전자를 b라고 하자. 영희네 가족 구성원에서 유전병 P와 적록 색맹의 유전자형은 아버지가 $X^{AB}Y$, 어머니가 $X^{Ab}X^{aB}$, 오빠가 $X^{Ab}Y$, 영희가 $X^{AB}X^{Ab}$ 또는 $X^{AB}X^{aB}$, 남동생이 $X^{aB}Y$이다. 아버지($X^{AB}Y$)와 어머니($X^{Ab}X^{aB}$) 사이에서 동생이 한 명 더 태어날 때, 이 아이에게서 유전병 P가 나타나고 적록 색맹이 나타나지 않을 확률은 $\frac{1}{2}$이다.

2-3 구성원 1~9에서 ㉠과 ㉡의 유전자형은 1이 $X^{Ht}Y$, 2가 $X^{hT}X^{ht}$, 3이 $X^{hT}Y$, 4가 $X^{-T}X^{Ht}$, 5가 $X^{Ht}X^{ht}$, 6이 $X^{ht}Y$, 7이 $X^{hT}X^{Ht}$, 8이 $X^{Ht}Y$, 9가 $X^{ht}X^{Ht}$이다. 9의 동생이 태어날 때 이 아이에게서 ㉠과 ㉡이 모두 발현될($X^{hT}Y$, $X^{ht}X^{hT}$) 확률은 $\frac{1}{2}$이다.

3 **1-1** Ⅰ의 유전자형은 aabbDD이고 Ⅱ의 유전자형은 AaBbDd이므로 Ⅰ과 Ⅱ는 피부색이 서로 다르다.

1-4 Ⅰ은 abD를 갖는 생식세포만 형성할 수 있으므로 Ⅱ로부터 A를 받을 확률은 $\frac{1}{2}$, B를 받을 확률은 $\frac{1}{2}$, d를 받을 확률은 $\frac{1}{2}$이다. 따라서 Ⅱ의 피부색의 유전자형은 AaBbDd이다.

2-2 아이에게서 나타날 수 있는 대문자로 표시되는 대립유전자의 수가 2, 1, 0이 가능하므로 눈 색 표현형은 최대 3가지이다.

2-3 유전자형이 모두 AaBb인 부모는 A와 B의 수가 2이므로 자손이 A와 B의 수가 3 이상인 경우 부모보다 눈 색이 더 짙다. 태어나는 아이의 유전자형이 AABb일 확률은 $\frac{1}{4} \times \frac{1}{2} = \frac{1}{8}$, 유전자형이 AaBB일 확률은 $\frac{1}{2} \times \frac{1}{4} = \frac{1}{8}$, 유전자형이 AABB일 확률은 $\frac{1}{4} \times \frac{1}{4} = \frac{1}{16}$이다. 따라서 부모보다 눈 색이 더 짙은 아

이가 태어날 확률은 $\frac{1}{8} + \frac{1}{8} + \frac{1}{16} = \frac{5}{16}$이다.

4 **1-1** 감수 1분열에서 성염색체 비분리가 일어났으므로 ㉠에는 상염색체 22개, 성염색체 0개가 있다.

1-3 ㉡과 정상 난자가 수정되어 태어난 아이는 성염색체 구성이 XXY이고, 클라인펠터 증후군의 염색체 이상을 갖는다.

2-1 이 유전병 유전자는 X 염색체에 있다.

2-2 오빠의 유전자형은 X^aY, 남동생의 유전자형은 X^AX^aY이므로 체세포 1개당 a의 DNA 상대량은 같다.

2-3 아버지로부터 X^AY를 갖는 정자가 형성되었으므로, ㉠은 감수 1분열에서 일어났다.

01

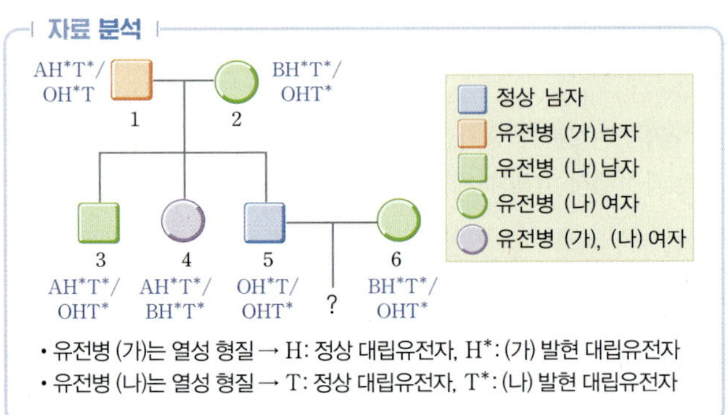

2는 B형이고, 3은 A형이므로 2의 ABO식 혈액형의 유전자형은 BO, 3의 ABO식 혈액형의 유전자형은 AO이고, 표의 응집 반응 결과를 통해 4의 ABO식 혈액형의 유전자형은 AB임을 알 수 있다. 1의 ABO식 혈액형의 AA이면 5가 가질 수 있는 ABO식 혈액형은 A형 또는 AB형이 되고, 이는 3~5의 ABO식 혈액형이 모두 다르다는 조건의 모순이다. 따라서 1의 ABO식 혈액형의 유전자형은 AO이다. 1은 3과 4에 모두 A를 주었고, 2는 3에게 O를, 4에게 B를 주었다. 3과 4의 (가)의 표현형이 다르므로 2는 (가)의 유전자형이 이형 접합성이고 (가)에 대해 정상이므로 H는 정상 대립유전자, H*는 (가) 발현 대립유전자이다. 1과 4는 (가)가 발현되었으므로 ABO식 혈액형과 (가)의 유전자형은 1은 AH*/OH*, 4는 AH*/BH*이다. 4는 BH*를 갖고, 이는 2로부터 물려받은 것이므로 2는 OH를 갖는다. 5는 (가)에 대해 정상이므로 2로부터 OH를 물려받고, 3~5의 ABO식 혈액형이 모

두 다르다고 했으므로 5는 1로부터 OH*를 물려받아야 한다. 따라서 5의 유전자형은 OH/OH*이다. 3과 5는 모두 2로부터 OH를 물려받고, 1로부터 서로 다른 ABO식 혈액형 대립유전자를 물려받는다. 3과 5의 (나) 발현 여부가 다르므로 1은 (나)의 유전자형이 이형 접합성이고 (나)에 대해 정상이므로 T는 정상 대립유전자, T*는 (나) 발현 대립유전자이다.

ㄱ. 정상은 우성 형질, 유전병 (가)는 열성 형질이다.

ㄷ. 5와 6 사이에서 유전병 (가) 또는 (나)를 갖는 아이가 태어날 때, 이 아이가 B형일(OH*T/BH*T*, BH*T*/OHT*) 확률은 $\frac{2}{3}$이다.

 ㄴ. 3은 O, H, T*가 함께 있는 염색체를 갖는다.

02

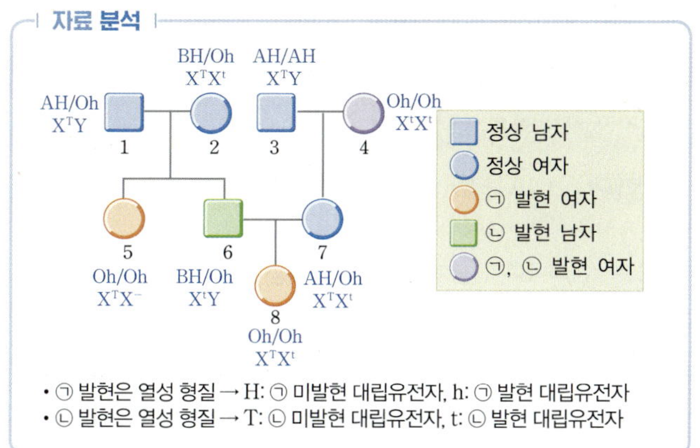

• ㉠ 발현은 열성 형질 → H: ㉠ 미발현 대립유전자, h: ㉠ 발현 대립유전자
• ㉡ 발현은 열성 형질 → T: ㉡ 미발현 대립유전자, t: ㉡ 발현 대립유전자

㉠에 대해 정상인 1과 2로부터 ㉠이 발현된 여자 5가 태어났으므로 ㉠ 미발현은 우성 형질, ㉠은 열성 형질이고, ㉠의 유전자는 상염색체에 있으며, H는 ㉠ 미발현 대립유전자, h는 ㉠ 발현 대립유전자이다. ㉡의 유전자는 X 염색체에 있고, ㉡에 대해 정상인 1과 2로부터 ㉡이 발현된 남자 6이 태어났으므로 ㉡ 미발현은 우성 형질, ㉡은 열성 형질이고, T는 ㉡ 미발현 대립유전자, t는 ㉡ 발현 대립유전자이다.

ㄱ. ㉠과 ㉡은 모두 열성 형질이다.

ㄴ. 이 가계도 구성원 중 H와 T를 모두 가진 사람은 1, 2, 3, 7로 4명이다.

ㄷ. 8의 동생이 태어날 때, 이 아이에게서 ㉠이 발현될(Oh/Oh) 확률은 $\frac{1}{4}$이고, ㉡이 발현되지 않을(X^T_) 확률은 $\frac{1}{2}$이다. 따라서 아이에게서 ㉠과 ㉡ 중 ㉠만 발현될 확률은 $\frac{1}{4} \times \frac{1}{2} = \frac{1}{8}$이다.

03

ㄱ. ㉠이 발현된 5와 6으로부터 정상인 8이 태어났으므로 ㉠은 우성 형질, 정상은 열성 형질이고, A는 ㉠ 발현 대립유전자, a는 정상 대립유전자이다.

 ㄴ. ㉠의 유전자가 X 염색체에 있다면 정상인 2로부터 ㉠이 발현된 5가 태어날 수 없으므로 ㉠의 유전자는 상염색체에 있다.

ㄷ. 5와 6의 ㉠의 유전자형은 모두 Aa이다. 8의 동생이 한 명 태어날 때, 이 아이가 정상일(aa) 확률은 $\frac{1}{4}$이다.

04

ㄱ. (가)와 (나)의 유전자가 서로 다른 염색체에 있고, ㉠에게서 나타날 수 있는 (가)의 표현형은 [A], [a] 2가지이고, ㉠에게서 나타날 수 있는 (나)의 표현형은 [B], [D] 2가지므로 ㉠에게서 나타날 수 있는 표현형은 최대 4가지이다. 따라서 ⓐ는 4이다.

ㄷ. ㉠의 유전자형이 Aa일 확률이 $\frac{1}{2}$, BD일 확률이 $\frac{1}{2}$이므로 ㉠에서 (가)와 (나)의 유전자형이 AaBD일 확률은 $\frac{1}{2} \times \frac{1}{2} = \frac{1}{4}$이다.

 ㄴ. (가)는 단일 인자 유전을 따르고, (나)는 복대립 유전을 따른다.

05

ㄱ. 구성원 1, 2, 4에서 정상이 2명이고, 표에서 H를 가진 사람이 2명이므로 H는 정상 대립유전자, H*는 (가) 발현 대립유전자이다. ㉠과 ㉢은 각각 2와 4 중 하나이고, ㉡은 1이다. ㉡(1)은 (가) 발현이므로 H를 갖지 않고, H*를 가져야 하는데, H*의 DNA 상대량이 1이므로 H와 H*는 X 염색체에 있다. ㉢은 H의 DNA 상대량이 2이므로 여자인 2이고, 나머지 ㉠은 4이다.

ㄴ. (나)를 결정하는 유전자는 (가)를 결정하는 유전자와 함께 X 염색체에 있다. 가계도를 해석하면 5의 (나)의 유전자형은 이형 접합성임을 알 수 있고, 5는 (나) 발현이므로 R는 (나) 발현 대립유전자, R*는 정상 대립유전자이다. 6의 (가)와 (나)의 유전자형은 X^{HR*}Y, 7의 (가)와 (나)의 유전자형은 X^{H*R}Y이므로 ⓐ의 (가)와 (나)의 유전자형은 X^{HR*}X^{H*R}로 (가)와 (나) 모두 발현되지 않았다.

 ㄷ. 4(X^{HR}Y)와 5(X^{HR}X^{HR*} 또는 X^{HR}X^{H*R}) 사이에서 아이가 태어날 때, 이 아이에게서 (가)와 (나)가 모두 발현될([H*][R]) 확률은 0이다.

06

ㄱ. 아버지는 A만 갖는다. A가 상염색체에 있다면 같은 남자인 자녀 1과 자녀 3에서 (가)의 표현형이 같아야 하지만 서로 다르므로 (가)의 유전자는 X 염색체에 있다. (가)는 우성 형질이므로 A는 (가) 발현 대립유전자, a는 정상 대립유전자이다.

ㄴ. 적록 색맹은 X 염색체 유전을 따르며, 열성 형질이므로 (가)의 유전자와 적록 색맹의 유전자는 X 염색체에 함께 있다. 적록 색맹의 정상 대립유전자를 R, 적록 색맹 대립유전자를 r라 하자. 이 가족 구성원의 유전자형은 아버지가 X^{AR}Y, 어머니가 X^{aR}X^{Ar}, 자녀 1이 X^{Ar}Y, 자녀 2가 X^{AR}X^{aR} 또는 X^{AR}X^{Ar}, 자녀 3이 X^{aR}Y이다. 따라서 어머니의 적록 색맹의 유전자형은 이형 접합성이다.

 ㄷ. 자녀 3의 동생이 태어날 때, 이 아이에게서 (가)와 적록 색맹이 모두 발현될(X^{Ar}Y) 확률은 $\frac{1}{4}$이다.

07

ㄱ. ㉠이 발현된 3과 4로부터 정상인 8이 태어났으므로 ㉠은 우성 형질, 정상은 열성 형질이다. A는 ㉠ 발현 대립유전자, a는 정상 대립유전자이다.

ㄴ. 4와 8의 체세포 1개당 a의 DNA 상대량이 같지만 ㉠의 표현형은 다르므로 ㉠의 유전자는 X 염색체에 있다. 이 집안 구성원

의 유전자형은 1이 X^aY, 2가 X^AX^a, 3이 X^AY, 4가 X^AX^a, 5가 X^aX^a, 6이 X^AY, 7이 X^AX^a, 8이 X^AY, 9가 X^aX^a이다. 1~9 중 a가 없는 사람은 3으로 1명이다.

🔍 **바로알기** ㄷ. 9의 동생이 태어날 때, 이 아이에게서 ⊙이 발현될(X^AY, X^AX^a) 확률은 $\frac{1}{2}$이다.

08

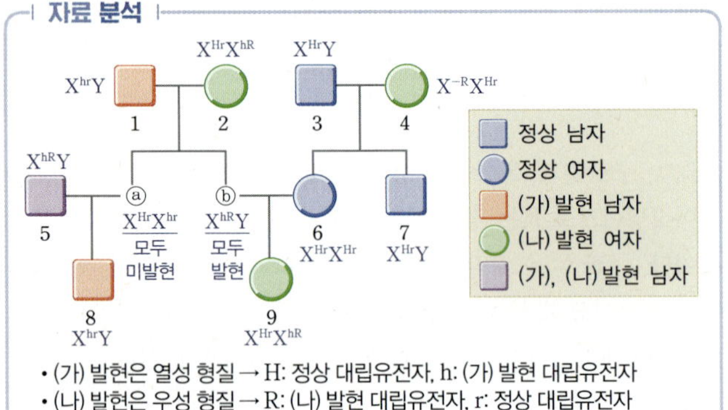

(나)가 발현된 4로부터 (나)가 발현되지 않는 7이 태어났으므로 (나)는 정상에 대해 우성이다. 6이 (나)가 발현되지 않는데 9가 (나)가 발현되었으므로 9는 R를 가지며, R는 아버지인 ⓑ에게서 물려받았음을 알 수 있다. 따라서 ⓑ는 R가 있으므로 (나)가 발현되며 ⓑ는 (가)와 (나)가 모두 발현되는 남자이다. (가)가 발현된 ⓑ의 어머니인 2에게서 (가)가 발현되지 않았으므로 (가)는 정상에 대해 열성이다.

ㄴ. 2의 (가)의 유전자형은 Hh로 이형 접합성이다.

ㄷ. 8의 동생이 태어날 때, 이 아이가 가질 수 있는 유전자형은 $X^{Hr}X^{hR}$((나)만 발현), $X^{hr}X^{hR}$((가)와 (나) 발현), $X^{Hr}Y$((가)와 (나) 모두 미발현), $X^{hr}Y$((가)만 발현)이므로, 나타날 수 있는 표현형은 최대 4가지이다.

🔍 **바로알기** ㄱ. ⓐ에게서 (가)와 (나)가 모두 발현되지 않았고, ⓑ에게서 (가)와 (나)가 모두 발현되었다.

09

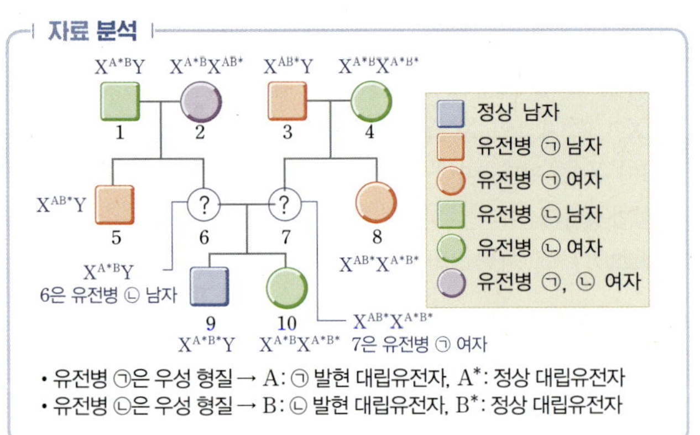

1과 2는 모두 ⓛ을 나타내는데, 5는 ⓛ을 나타내지 않으므로 ⓛ은 우성 형질, 정상은 열성 형질이고, B는 ⓛ 발현 대립유전자, B*는 정상 대립유전자이다. 1은 ⓛ이 발현되고 B와 B* 중 한 가지만 가지므로 B만 갖는다. ⓛ의 유전자가 상염색체에 있다면

1의 B는 5에게 전달되어 5는 ⓛ이 발현되어야 하지만 ⓛ이 발현되지 않았으므로 ⓛ의 유전자는 X 염색체에 있다. 9는 ⊙에 대해 정상 대립유전자와 B*가 함께 있는 X 염색체를 물려받아야 하는데, 1과 2 중 B*를 가질 수 있는 사람은 2이다. 2의 ⓛ의 유전자형은 BB*이다. 5는 2로부터 ⊙ 발현 대립유전자와 B*가 함께 있는 X 염색체를 물려받았음을 알 수 있다. 따라서 9의 X 염색체는 6이 아닌 7로부터 물려받았고, 6은 남자, 7은 여자이다. 8의 ⓛ의 유전자형은 B*B*이고, 3은 ⊙ 발현 대립유전자와 B*가 함께 있는 X 염색체를 갖는다. 9는 ⊙에 대해 정상 대립유전자와 B*가 함께 있는 X 염색체를 7을 통해 4로부터 물려받았다. 8의 ⓛ의 유전자형은 B*B*이므로 3으로부터 ⊙ 발현 대립유전자와 B*가 함께 있는 X 염색체와 4로부터 ⊙에 대해 정상 대립유전자와 B*가 함께 있는 X 염색체를 물려받았다. 8은 ⊙의 유전자형이 이형 접합성이고 ⊙이 발현되었으므로 A는 ⊙ 발현 대립유전자, A*는 정상 대립유전자이다.

ㄷ. 10의 동생이 태어날 때, 이 아이에게서 ⊙과 ⓛ이 모두 나타날($X^{A*B}X^{AB*}$) 확률은 $\frac{1}{4}$이다.

🔍 **바로알기** ㄱ. A는 ⊙ 발현 대립유전자, A*는 정상 대립유전자이다.

ㄴ. 2는 A*와 B*가 함께 있는 염색체를 갖지 않는다.

---

10 ㄷ. 유전자형이 AaBbDd인 부모로부터 아이가 태어날 때, 이 아이가 가질 수 있는 (가)의 표현형은 최대 3가지([AA], [Aa], [aa])이고, (나)의 표현형은 최대 5가지(대문자로 표시되는 대립유전자의 수 4, 3, 2, 1, 0)이므로 아이가 가질 수 있는 (가)와 (나)의 표현형은 최대 15가지이다.

🔍 **바로알기** ㄱ. 유전자형 AA, Aa, aa인 개체의 표현형이 각각 다르므로 A는 a에 대해 완전 우성이 아니다.

ㄴ. (나)는 형질을 결정하는 데 2쌍의 대립유전자가 관여하는 다인자 유전을 따르는 형질이다. 복대립 유전을 따르는 형질은 형질을 결정하는 데 1쌍의 대립유전자가 관여한다.

---

11 ㄷ. ⓐ의 표현형이 (가)와 같이 AA*일 확률은 $\frac{1}{2}$, [E]일 확률을 $\frac{1}{4}$이므로 ⓐ의 표현형이 (가)와 같을 확률은 $\frac{1}{2} \times \frac{1}{4} = \frac{1}{8}$이다.

🔍 **바로알기** ㄱ. ⊙과 ⓛ은 모두 형질을 결정하는 데 1쌍의 대립유전자가 관여하므로 단일 인자 유전을 따르는 형질이다.

ㄴ. ⓐ에게서 나타날 수 있는 ⊙의 표현형은 최대 3가지([AA], [AA*], [A*A*])이고, ⓛ의 표현형도 최대 3가지([D], [E], [F])이다. ⓐ에게서 나타날 수 있는 ⊙과 ⓛ의 표현형이 최대 9가지($=3 \times 3$)이므로 ⊙의 유전자와 ⓛ의 유전자는 서로 다른 염색체에 있다.

---

12 유전자형이 $AABB*DF$인 아버지와 $AA*BBDE$인 어머니 사이에서 태어난 아이에게서 (가)의 표현형이 어머니(A_)일 확률은 1, (나)의 표현형이 어머니(BB)일 확률이 $\frac{1}{2}$이므로 (다)의 표

현형이 어머니와 같을 확률은 $\frac{3}{4}$이다. 이 아이가 가질 수 있는 (다)의 유전자형은 DD, DE, DF, FE이고, 아이의 (다)의 표현형이 어머니와 같을 확률이 $\frac{3}{4}$이 되기 위해서는 D가 E와 F에 대해 각각 완전 우성이어야 한다. 유전자형이 AA*BB*DE인 아버지와 AA*BB*FG인 어머니 사이에서 아이가 태어날 때, 이 아이에게서 나타날 수 있는 (가)의 표현형은 A_, A*A*로 최대 2가지, (나)의 표현형은 BB, BB*, B*B*로 최대 3가지이므로 (다)의 표현형은 최대 2가지이어야 한다. 아이가 가질 수 있는 (다)의 유전자형은 DF, DG, EF, EG이며, 이 4가지 유전자형의 표현형은 2가지이므로 E는 F와 G에 대해 우성이다. 따라서 (다)를 결정하는 대립유전자 사이의 우열 관계는 D>E>F>G 또는 D>E>G>F임을 알 수 있다. 유전자형이 AA*BB*DF인 아버지와 AA*BB*EG인 어머니 사이에서 태어날 아이의 표현형이 ㉠(A_, BB*, D_)과 같을 확률은 $\frac{3}{4} \times \frac{1}{2} \times \frac{1}{2} = \frac{3}{16}$이다.

13 ㄱ. Ⅰ에는 X 염색체가 있고, 성염색체는 정상적으로 분리되었으므로 Ⅱ에는 Y 염색체가 있다.

ㄷ. Ⅲ은 A와 a를 모두 가지므로 감수 1분열에서 상동 염색체 비분리가 있었음을 알 수 있다.

🔍**바로알기** ㄴ. Ⅲ의 유전자 구성은 Aa이고, Ⅰ은 DNA가 복제된 감수 2분열 중기의 세포이므로 유전자 구성이 AAaa이다. Ⅰ에 있는 A의 수는 Ⅲ에 있는 A의 수의 2배이다.

14 ㄱ. ㉠, ㉡, ㉢의 총 염색체 수가 각각 다르므로 감수 2분열 중기 세포에서 ㉠과 ㉡이 형성될 때 성염색체 비분리가 일어났다. ㉠>㉢>㉡이므로 ㉠의 총 염색체 수는 4, ㉡의 총 염색체 수는 2, ㉢의 총 염색체 수는 3이다.

ㄷ. ㉢은 총 염색체 수가 정상이므로 감수 2분열에서 성염색체 비분리가 일어났음을 알 수 있다.

🔍**바로알기** ㄴ. ㉡의 총 염색체 수는 2이고, 성염색체가 없다. ㉢의 총 염색체 수는 3이고, X 염색체 또는 Y 염색체 중 하나를 갖는다.

15 ㄱ. ㉡은 감수 1분열에서 성염색체 비분리에 의해 형성된 정자로 22개의 상염색체와 X 염색체, Y 염색체를 모두 갖는다.

ㄴ. ㉡~㉣의 성염색체 수는 모두 1이 아니므로 정자 형성 과정 중 감수 1분열에서 성염색체 비분리가 일어났음을 알 수 있다. ㉢에는 22개의 상염색체와 2개의 성염색체가 있다.

ㄷ. ㉣은 성염색체를 갖지 않는 정자이다. 이 정자가 정상 난자와 수정되어 태어난 아이는 성염색체 구성이 X 염색체 1개인 터너 증후군의 염색체 이상을 갖는다.

16 ㄴ. 영희는 유전병의 유전자형이 이형 접합성이고 유전병 발현이므로 A는 유전병 대립유전자, a는 정상 대립유전자이다. 이 가족 구성원의 유전자형은 아버지가 X^{A}Y, 어머니가 X^{a}X^a, 오빠가 X^{a}Y, 영희가 X^{A}X^a, 남동생이 X^{A}X^{a}Y이다. 따라서 오빠와 남동생의 체세포 1개당 a의 상대량은 같다.

ㄷ. ㉠에 의해 형성된 정자는 X 염색체와 Y 염색체를 모두 가지므로 ㉠은 감수 1분열에서 염색체 비분리가 일어나 형성된 정자이다.

🔍**바로알기** ㄱ. 아버지와 어머니는 각각 A와 a 중 한 가지만 가지는데 오빠와 남동생의 표현형이 다르므로 이 유전병 유전자는 X 염색체에 있다.

17 부모는 모두 ㉠에 대해 정상이고, ㉠ 발현 자녀가 태어났으므로 정상은 우성 형질, ㉠은 열성 형질, A는 정상 대립유전자, A*는 ㉠ 발현 대립유전자이다. B가 ㉡ 발현 대립유전자라고 하면 자녀 1은 유전자형으로 X^{AB}Y를, 자녀 2는 유전자형으로 X^{A*B}Y를 갖는다. 어머니의 ㉡의 유전자형은 X^{B}X^{B}이고, 자녀 3은 어머니로부터 X^{B}를 물려받아 ㉡이 발현되어야 하지만 ㉡이 발현되지 않았으므로 모순이다. 따라서 B는 정상 대립유전자, B*는 ㉡ 발현 대립유전자이다.

ㄴ. 자녀 1은 X^{AB*}를, 2는 X^{A*B}를 어머니로부터 물려받았으므로 어머니의 ㉠과 ㉡의 유전자형은 X^{AB*}X^{A*B}이다. 따라서 어머니는 A와 B*가 함께 있는 X 염색체를 가지고 있다.

ㄷ. 난자 형성 과정에서 성염색체 비분리가 일어나 자녀 4가 태어났다면, 자녀 4는 X^{B*}X^{B*}를 갖고, ㉡이 발현되어야 하지만 ㉡이 발현되지 않았으므로 난자는 정상 분열하였고, 정자 형성 과정에서 성염색체 비분리가 일어났다. 클라인펠터 증후군을 갖는 사람의 성염색체 구성은 XXY이고, 이 중 XY가 정자로부터 물려받은 것이므로 ⓐ는 정자이고 감수 1분열에서 성염색체 비분리가 일어나 형성된 생식세포이다.

🔍**바로알기** ㄱ. ㉠과 ㉡은 모두 열성 형질이다.

18

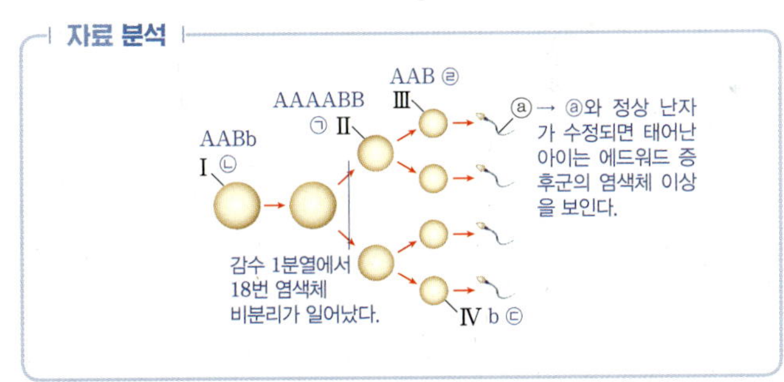

Ⅰ의 유전자형은 AABb이므로 Ⅰ은 ㉢이다. Ⅱ는 Ⅲ과 Ⅳ보다 DNA 상대량이 크므로 ㉠이다. Ⅱ(㉠)의 유전자 구성은 AAbb, AABBbb, AAAABB 중 하나인데, Ⅱ(㉠)의 유전자 구성이 AAbb 또는 AABBbb이면 Ⅳ는 b를 갖지 않고, 조건에서 Ⅳ는 A도 갖지 않는다고 했으므로 Ⅳ에서 A와 b의 DNA 상대량을 더한 값이 0이어야 한다. 그러나 표에서 0이 없으므로 Ⅱ(㉠)의 유전자 구성은 AAAABB이고, 감수 1분열에서 18번 염색체 비분리가 일어났다.

ㄱ. ㉠은 Ⅱ, ㉡은 Ⅰ, ㉢은 Ⅳ, ㉣은 Ⅲ이다.

ㄴ. 감수 1분열에서 18번 염색체의 비분리가 일어났다.

🔍**바로알기** ㄷ. 정자 ⓐ는 18번 염색체를 2개 가지므로 정자 ⓐ가 정상 난자와 수정되어 태어난 아이는 18번 염색체를 3개 가지는 에드워드 증후군의 염색체 이상을 보인다.

19 자료의 두 번째 문장에서 D, E, F, G의 우열 관계는 D>E>F>G임을 알 수 있다. 3, 4, 5의 유전자형이 각각 다르므로 1과 2의 유전자형은 모두 이형 접합성이다. 표를 통해 3, 4, 5의 유전자형은 모두 GG가 아님을 알 수 있고, 6의 유전자형이 GG이다. 3, 4, 5의 표현형은 각각 D_, E_, F_ 중 하나이다. 1 또는 2에 D, E, F가 있다. 만약 1의 유전자형이 DG라면 3과 5는 G가 없으므로 1로부터 D를 물려받아 표현형이 D_로 같아야 하지만 다르므로 1의 유전자형은 DG가 아니다. 만약 1의 유전자형이 FG라면 2의 유전자형은 DE가 되고, 이들 부모로부터 F_ 표현형을 갖는 자손이 태어날 수 없다. 따라서 1의 유전자형은 EG, 2의 유전자형은 DF이다. 이들 부모로부터 태어난 자손이 가질 수 있는 유전자형 종류는 DE, DG, EF, FG이다. 표에서 4는 G의 DNA 상대량 1이므로 4의 유전자형은 FG이다. 표에서 3과 5는 G를 갖지 않으므로 유전자형은 각각 DE와 EF 중 하나이다. 자료의 5번째 문장에서 2와 8의 표현형이 같다고 했으므로 8의 표현형은 D_이고, 5는 D를 갖는다. 따라서 5의 유전자형이 DE, 3의 유전자형이 EF이다. 7은 6으로부터 G를 받는다. 가계도에서 G를 갖는 구성원 1, 4, 6과 7의 유전자형은 달라야 하므로 7의 유전자형은 DG이다. 가계도에서 D를 갖는 2, 5, 7과 8의 유전자형이 달라야 하므로 8의 유전자형은 DD이다. 6에서 G가 D로 바뀌는 돌연변이가 일어났고, 이 돌연변이가 나타나 형성된 생식세포와 정상 생식세포가 수정되어 8이 태어났다. 따라서 ㉠은 G, ㉡은 D이다. 가족 구성원의 유전 형질 (가)의 유전자형과 표현형은 다음과 같다.

구성원	1	2	3	4	5	6	7	8
유전자형	EG	DF	EF	FG	DE	GG	DG	DD
표현형	[E]	[D]	[E]	[F]	[D]	[G]	[D]	[D]

ㄱ. 5와 7의 표현형은 [D]로 같다.

바로알기 ㄴ. ⓐ는 6에서 형성되었다.

ㄷ. 2~8 중 1과 표현형이 [E]로 같은 사람은 3으로 1명이다.

20 오빠의 세포 Ⅱ에서 A의 DNA 상대량이 홀수인 1이고, B의 DNA 상대량은 2이므로 Ⅱ의 핵상은 $2n$이다. 오빠의 유전자형은 AA^*BBX^DY이다. 영희의 세포 Ⅲ에서 A의 DNA 상대량이 4이므로 Ⅲ의 핵상은 $2n$이고, 영희의 유전자형은 $AAB^*B^*X^DX^D$이다. 남동생의 세포 Ⅳ에서 D^*의 DNA 상대량이 홀수인 1이고, B의 DNA 상대량이 2이므로 Ⅳ의 핵상은 $2n$이다. 그러므로 남동생의 유전자형은 $A^*A^*BBX^{D^*}Y$이다. 이 가족 구성원의 (가)~(다)의 유전자형을 나타내면 다음과 같다.

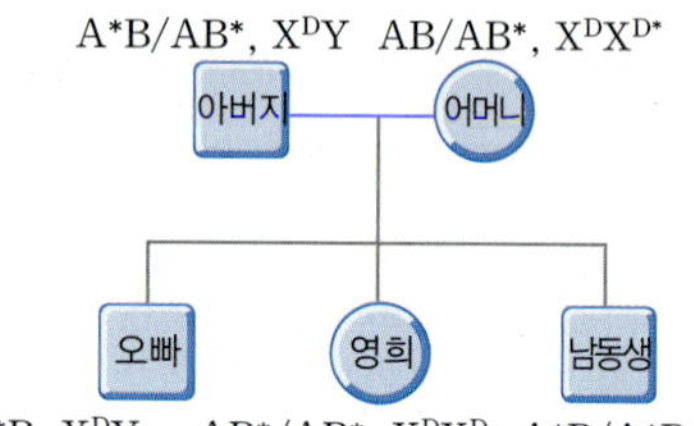

ㄴ. 돌연변이가 어머니에게서 일어났으므로 오빠는 아버지에게서 A^*와 B를 함께 물려받았고, 어머니에게서 A와 B를 함께 물려받았다. 아버지는 남동생에게 A^*와 B를 함께 물려주었고, 어머니는 A가 A^*로 돌연변이가 일어난 후 이 유전자를 B와 함께 남동생에게 물려주었다. 따라서 ㉠은 A이고, ㉡은 A^*이다.

ㄷ. 아버지로부터 A^*, B, D를 모두 갖는 생식세포인 정자가 형성될 수 있다.

바로알기 ㄱ. 자료의 그림에서 어머니의 A의 DNA 상대량과 B의 DNA 상대량이 모두 2이므로 Ⅰ은 핵상이 $2n$인 G_1기 세포가 아니다. Ⅰ은 핵상이 n이고 감수 2분열 중기의 세포이다.

21

자료 분석

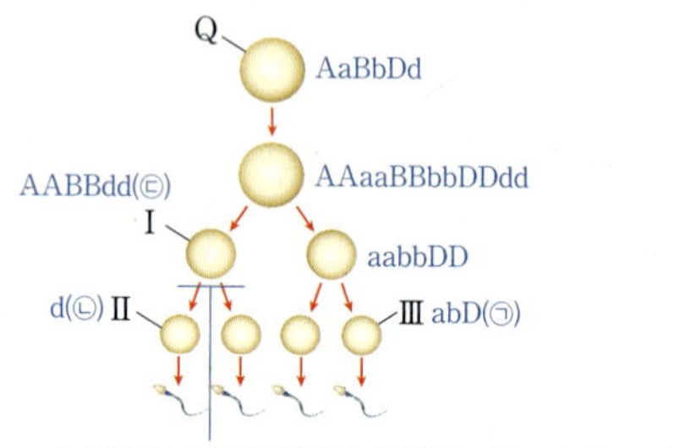

Ⅰ(㉢)에서 Ⅱ(㉡)가 형성될 때 염색체 비분리가 일어났다.
→ Ⅰ에 있는 A와 B가 Ⅱ에 없으므로 Q에서 A와 B가 같은 염색체에 있다.

ㄴ. ㉢(Ⅰ)에 B가 있으므로 ㉡(Ⅱ)에 B가 있어야 하지만 없으므로 염색체 비분리는 ㉢(Ⅰ)에서 ㉡(Ⅱ)으로 되는 감수 2분열 과정에서 일어났다.

바로알기 ㄱ. Q의 유전자형은 AaBbDd이고, Ⅰ은 감수 2분열 중기의 세포이므로 각 대립유전자의 DNA 상대량으로 0 또는 2를 갖는다. Ⅰ은 ㉡과 ㉢ 중 하나이다. a, B, D를 갖지 않는 ㉡이 Ⅰ이라면 ㉠과 ㉢ 중 하나의 세포도 a, B, D를 갖지 않아야 하지만 그렇지 않았다. 따라서 Ⅰ은 ㉢이다. Ⅰ(㉢)은 a, D가 없으므로 Ⅱ에도 a, D가 없다. 따라서 Ⅱ는 ㉡이고, 나머지 Ⅲ은 ㉠이다.

ㄷ. Ⅰ~Ⅲ 중 A를 갖는 세포는 1개이므로 ㉡(Ⅱ)는 A를 갖지 않는다. Ⅲ(㉠)은 정상적인 감수 1분열과 감수 2분열 과정을 통해 형성되었고, a가 있으므로 A가 없다. 따라서 ㉢(Ⅰ)에 있는 A와 B가 ㉡(Ⅱ)에는 없으므로 ㉢(Ⅰ)에는 A와 B가 같은 염색체에 있다. Q에서 A와 B가 같은 염색체에 있고, a와 b가 같은 염색체에 있다.

V. 생태계와 상호 작용

1 생태계의 구성과 기능

수능 빈출 자료 MASTER p.64~65

1 **자료 1** 1 ○ 2 × 3 × 4 ×
　　자료 2 1 × 2 × 3 ○ 4 ×
　　자료 3 1 × 2 × 3 ○ 4 ○

2 **자료 1** 1 × 2 ○ 3 × 4 ○
　　자료 2 1 ○ 2 ○ 3 × 4 ○ 5 ○
　　자료 3 1 × 2 ○ 3 × 4 ×

1 **1-2** 분서는 군집 내 개체군 사이의 상호 작용인 ⓒ에 해당하고, 리더제는 개체군 내의 상호 작용인 ㉠에 해당한다.

1-3 생물적 요인인 숲의 나무 때문에 빛이 차단되어 비생물적 요인인 토양 수분의 증발량이 감소하는 것이므로 생물적 요인이 비생물적 요인에 영향을 주는 ㉣에 해당한다.

1-4 비생물적 요인인 기온이 생물적 요인인 나뭇잎 색에 영향을 주는 것이므로 비생물적 요인이 생물적 요인에 영향을 주는 ㉢에 해당한다.

2-1 종간 경쟁에서는 상호 작용을 통해 두 종 모두 손해를 입지만, 상리 공생에서는 상호 작용을 통해 두 종 모두 이익을 얻는다. 따라서 ⓐ는 '이익', ⓑ는 '손해'이다.

2-2 (나)에서 산호와 조류는 상호 작용을 통해 두 종 모두 이익을 얻는다. 따라서 (나)에서 산호와 조류 사이의 상호 작용은 상리 공생인 Ⅰ에 해당한다.

2-4 개체군은 일정한 지역에서 같은 종의 개체들이 무리를 지어 생활하는 집단이다. 산호와 조류는 서로 다른 종이므로 한 개체군을 이루지 않는다.

3-1 (가)는 생물이 없고 토양이 형성되지 않은 용암 대지에서 천이가 시작되므로 1차 천이 중 건성 천이에 해당한다. 건성 천이의 개척자는 지의류이다. (가)(건성 천이)는 용암 대지 → 지의류 → 초원 → 관목림 → 양수림 → 혼합림 → 음수림 순으로 천이가 진행되므로 A는 지의류, B는 초원, C는 양수림이다.

3-2 (가)(건성 천이)와 (나)(습성 천이)는 모두 생물이 없고 토양이 형성되지 않은 곳에서 천이가 시작된다. 따라서 (가)(건성 천이)와 (나)(습성 천이) 모두 1차 천이에 해당한다.

3-4 (가)는 건조한 용암 대지에서 천이가 시작되므로 건성 천이 과정의 일부를 나타낸 것이고, (나)는 물이 있는 호수에서 천이가 시작되므로 습성 천이 과정의 일부를 나타낸 것이다.

2 **1-1** 생체량(생물량)은 현재 생물이 가지는 유기물의 총량(생물의 질량)으로 누적된 생장량과 같은 의미이고, 호흡량은 호흡에 사용된 유기물의 양이다. 따라서 1차 소비자의 생체량(생물량)은 생산자의 A(호흡량)에 포함되지 않는다.

1-2 생산자의 총생산량＝호흡량＋순생산량(고사·낙엽량＋피식량＋생장량)이다. 따라서 생산자의 고사·낙엽량은 B에 포함된다.

1-3 에너지 효율(%)＝$\dfrac{\text{현 영양 단계의 에너지양}}{\text{전 영양 단계의 에너지양}} \times 100$이다.

따라서 1차 소비자의 에너지 효율은 $\dfrac{100}{1000} \times 100 = 10\ \%$, 2차 소비자의 에너지 효율은 $\dfrac{15}{100} \times 100 = 15\ \%$, 3차 소비자의 에너지 효율은 $\dfrac{3}{15} \times 100 = 20\ \%$이다.

2-1 대기 중의 이산화 탄소(CO_2)는 생산자의 광합성을 통해 유기물로 합성되고, 생산자의 세포 호흡을 통해 이산화 탄소(CO_2)로 분해되어 대기 중으로 돌아간다. 반면에 대기 중의 질소(N_2)는 질소 고정을 통해 암모늄 이온(NH_4^+)으로 전환되고, 이 과정에 뿌리혹박테리와 같은 질소 고정 세균이 관여한다. 따라서 A는 이산화 탄소(CO_2), B는 질소(N_2)이다.

2-3 대기 중의 B(N_2)는 뿌리혹박테리아와 같은 질소 고정 세균의 질소 고정에 의해 암모늄 이온(NH_4^+)으로 전환된다. 질소 동화 작용은 암모늄 이온(NH_4^+)이나 질산 이온(NO_3^-)이 식물의 뿌리를 통해 흡수되어 질소 화합물(핵산, 단백질 등)로 합성되는 과정이다.

2-4 생태계에서 탄소는 유기물의 형태로 ㉠(생산자)에서 상위 영양 단계인 ㉡(소비자)으로 전달된다. 따라서 이산화 탄소(CO_2)는 유기물의 형태로 전환되어 ㉠(생산자)에서 ㉡(소비자)으로 전달된다.

3-1 생산자인 식물 군집 A에서 호흡량＝총생산량(㉠)−순생산량(㉡)이므로 A의 호흡량은 구간 Ⅰ에서가 구간 Ⅱ에서보다 적다.

3-2 A의 순생산량＝고사·낙엽량＋피식량＋생장량이므로 구간 Ⅱ에서 A의 피식량은 순생산량에 포함된다.

3-3 생산자가 광합성을 통해 생산한 유기물의 총량은 ㉠(총생산량)이다. ㉡(순생산량)은 총생산량에서 생산자의 호흡량을 제외하고 생산자에 저장된 유기물의 양으로 고사·낙엽량, 피식량, 생장량을 모두 합한 것이다.

3-4 극상은 천이의 마지막 단계로 안정된 상태를 이루는 군집을 말한다. 구간 Ⅱ에서는 음수림이 출현하지 않았으므로 A는 구간 Ⅱ가 아니라 음수림 출현 이후 극상을 이룬다.

01 ②	02 ①	03 ④	04 ③	05 ①	06 ⑤
07 ③	08 ④	09 ③	10 ②	11 ②	12 ①
13 ④	14 ⑤	15 ①	16 ①	17 ③	18 ④
19 ③	20 ⑤				

01 숲의 나무가 우거질수록 햇빛이 차단되어 숲의 습도가 높아지는 것은 생물적 요인이 비생물적 요인에 영향을 주는 예이다. 따라서 A는 비생물적 요인, B는 생물적 요인, ㉠은 비생물적 요인이 생물적 요인에 영향을 주는 것, ㉡은 생물적 요인이 비생물적 요인에 영향을 주는 것이다.

ㄴ. 곰팡이는 B(생물적 요인) 중 분해자에 해당한다.

🔍 **바로알기** ㄱ. A는 비생물적 요인이다.

ㄷ. 식물의 낙엽으로 토양이 비옥해지는 것은 생물적 요인이 비생물적 요인에 영향을 주는 것이므로 ㉡의 예에 해당한다.

02 (가)에서 겨우살이와 다른 식물 사이의 상호 작용은 기생이고, (나)에서 버들붕어 수컷 개체들 사이의 상호 작용은 텃세이다.

ㄱ. 지의류는 균류와 조류의 공생체이므로 생물 군집에 속한다.

🔍 **바로알기** ㄴ. (가)(기생)는 군집 내 개체군 사이의 상호 작용인 ㉡의 예에 해당하고, (나)(텃세)는 개체군 내의 상호 작용인 ㉠의 예에 해당한다.

ㄷ. 질소 고정 세균에 의해 토양의 암모늄 이온(NH_4^+)이 증가하는 것은 생물적 요인이 비생물적 요인에 영향을 주는 것이므로 ㉣의 예에 해당한다. ㉢은 비생물적 요인이 생물적 요인에 영향을 주는 것이다.

03 녹조류와 홍조류는 모두 생산자에 속하므로 A는 생산자, B는 분해자이다.

ㄴ. B(분해자)는 생물의 사체나 배설물에 포함된 유기물을 무기물로 분해한다.

ㄷ. 수심에 따라 해조류의 분포가 다른 것은 비생물적 요인 중 빛에 적응한 결과이다. 따라서 (가)는 빛이다.

🔍 **바로알기** ㄱ. ㉠은 생산자와 소비자 사이의 상호 작용이고, 사슴과 호랑이는 모두 소비자이므로 이들 사이의 상호 작용은 ㉠에 해당하지 않는다.

04 한 나무에서도 빛을 많이 받는 양엽(B)은 빛을 적게 받는 음엽(A)에 비해 울타리 조직이 발달하여 잎의 두께가 두껍다. 추운 지방에 사는 포유류는 몸의 말단부(귀, 꼬리 등)가 작고, 몸집이 크다. 따라서 북극여우(㉠)는 사막여우(㉡)보다 귀가 작고, 몸집이 큰데, 이는 몸의 부피에 대한 표면적의 비가 작아지면 열의 손실이 줄어들어 체온 유지에 유리하기 때문이다.

ㄱ. B(양엽)의 비율은 상층부에서 높고, A(음엽)의 비율은 하층부에서 높다. 따라서 X에서 $\dfrac{\text{A의 비율}}{\text{B의 비율}}$ 은 상층부에서가 하층부에서보다 작다.

ㄴ. ㉠(북극여우)은 ㉡(사막여우)보다 고위도 지역에 서식한다.

🔍 **바로알기** ㄷ. (가)는 빛이 생물적 요인에 영향을 주는 예이고, (나)는 온도가 생물적 요인에 영향을 주는 예이다.

05

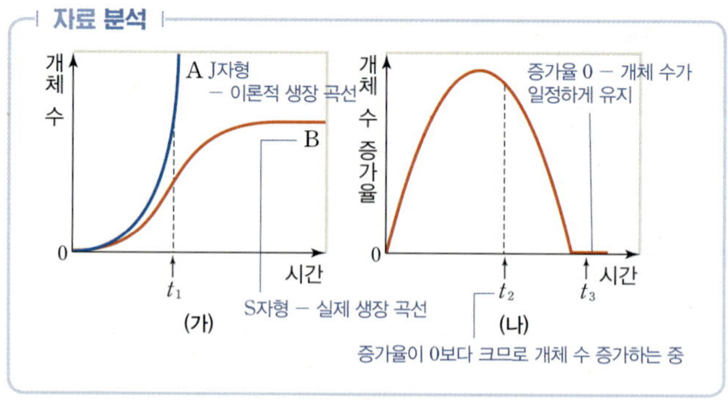

A는 이론적 생장 곡선, B는 실제 생장 곡선이다.

ㄱ. (나)에서 개체 수 증가율은 초기에는 증가하지만 점차 감소하다가 일정해지므로 S자형의 생장 곡선이 된다. 따라서 (나)는 B(실제 생장 곡선)의 시간에 따른 개체 수 증가율을 나타낸 것이다.

🔍 **바로알기** ㄴ. A(이론적 생장 곡선)는 자원의 제한이 없는 이상적인 환경에서 나타나고, B(실제 생장 곡선)는 자원의 제한이 있는 실제 환경에서 나타난다. 따라서 t_1일 때 A(이론적 생장 곡선)에서는 환경 저항이 작용하지 않지만, B(실제 생장 곡선)에서는 환경 저항이 작용한다.

ㄷ. (나)는 B(실제 생장 곡선)의 시간에 따른 개체 수 증가율을 나타낸 것이므로 개체 수는 t_2일 때가 t_3일 때보다 적다. 개체군의 밀도 $= \dfrac{\text{개체군을 구성하는 개체 수}}{\text{개체군이 서식하는 공간의 면적}}$ 이고, 서식지의 면적은 t_2일 때와 t_3일 때가 같으므로 개체군의 밀도는 t_2일 때가 t_3일 때보다 작다.

06 ㄱ. 연령 피라미드 유형은 개체 수가 감소할 것으로 예상되는 A가 쇠퇴형, 개체 수의 변화가 적을 것으로 예상되는 B가 안정형, 개체 수가 증가할 것으로 예상되는 C가 발전형이다.

ㄴ. C의 개체 수는 시간에 따라 증가하므로 연령 피라미드 유형은 발전형 연령 피라미드이고, (나)에 해당한다.

ㄷ. 쇠퇴형 연령 피라미드에서는 생식 전 연령층의 비율이 생식 후 연령층의 비율에 비해 상대적으로 낮고, 발전형 연령 피라미드에서는 생식 전 연령층의 비율이 생식 후 연령층의 비율보다 상대적으로 높다. 따라서 $\dfrac{\text{생식 후 연령층의 개체 수}}{\text{생식 전 연령층의 개체 수}}$ 는 A(쇠퇴형)에서가 C(발전형)에서보다 크다.

07 ㄱ. 환경 수용력은 주어진 환경에서 서식할 수 있는 개체군의 최대 크기이다. A의 최대 개체 수는 (가)에서가 (나)에서보다 많으므로 A에 대한 환경 수용력은 (가)에서가 (나)에서보다 크다.

ㄴ. 개체군 생장 곡선에서 $\dfrac{\text{출생한 개체 수}}{\text{사망한 개체 수}}$ 가 클수록 개체군의 생장 속도(그래프의 기울기)가 크다. 따라서 구간 Ⅰ에서 $\dfrac{\text{출생한 개체 수}}{\text{사망한 개체 수}}$ 는 A에서가 B에서보다 크다.

 ㄷ. A와 B를 혼합 배양했을 때 A는 살아남아 개체 수가 유지되었으나, B는 사라졌으므로 경쟁·배타 원리가 적용되었음을 알 수 있다. 따라서 (다)에서 A와 B 사이의 상호 작용은 종간 경쟁이며, 상호 작용을 통해 A와 B 모두 손해를 입는다.

08 리더제는 한 개체가 리더가 되어 개체군 전체의 행동을 지휘하는 것이고, 순위제는 힘의 서열에 따라 순위를 정하여 먹이나 배우자를 차지하는 것이므로 A는 리더제, B는 순위제이다. C는 혈연관계의 개체들이 모여 생활하는 가족생활이다.

ㄱ. A(리더제)에서 우두머리 개체를 제외한 나머지 개체들 사이에는 서열이 정해져 있지 않다.

ㄴ. A(리더제), B(순위제), C(가족생활)는 모두 개체군 내의 상호 작용이다.

 ㄷ. 꿀벌이 일을 분담하고 협력하는 것은 사회생활의 예이므로 ㉠에 해당하지 않는다.

09

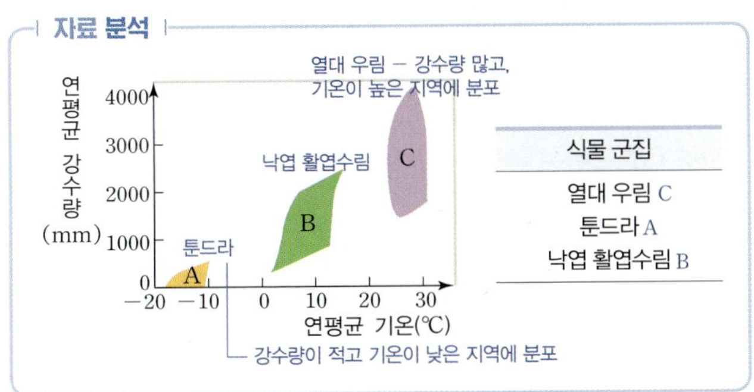

군집의 수평 분포는 위도에 따른 분포로 기온과 강수량의 차이에 의해 나타난다. 저위도에서 고위도로 갈수록 기온이 낮아지므로 열대 우림 → 낙엽수림 → 침엽수림 → 툰드라 순으로 분포한다.

ㄱ. A는 툰드라, B는 낙엽 활엽수림, C는 열대 우림이다.

ㄷ. B(낙엽 활엽수림)와 C(열대 우림)는 모두 군집의 종류 중 삼림에 해당한다. 삼림에서는 층상 구조가 발달하므로 B(낙엽 활엽수림)와 C(열대 우림)에서 모두 층상 구조가 발견된다.

 ㄴ. A(툰드라)는 B(낙엽 활엽수림)보다 연평균 기온이 낮고 강수량도 적은 지역에 분포한다. 고위도 지역일수록 연평균 기온이 낮으므로 A(툰드라)는 B(낙엽 활엽수림)보다 고위도 지역에 주로 분포한다.

10 자연 상태에서 A는 ㉠과 ㉡에만, B는 ㉡과 ㉢에만 서식하는데, A를 제거해도 B는 ㉡과 ㉢에만 서식하지만, B를 제거하면 A는 ㉠~㉢에 모두 서식하므로 자연 상태의 ㉢에 A가 서식하지 않는 것은 B와의 상호 작용 때문이고, 자연 상태의 ㉠에 B가 서식하지 않는 것은 A와의 상호 작용 때문이 아니라 건조에 약하기 때문임을 알 수 있다.

ㄴ. 자연 상태의 ㉢에 A가 서식하지 않는 것은 A가 B와의 종간 경쟁에서 졌기 때문이다. 따라서 자연 상태의 ㉢에 A가 서식하지 않는 것은 경쟁·배타 원리가 적용된 결과이다.

 ㄱ. 자연 상태에서 ㉠에 B가 서식하지 않는 것은 B가 건조에 약하기 때문이다.

ㄷ. B를 모두 제거해도 A가 서식하는 해안가에는 다양한 환경 저항이 작용한다. 환경 저항은 개체군의 생장을 억제하는 요인으로 실제 환경에서는 항상 작용한다.

11 ㄴ. 피라미는 은어가 없을 때에는 하천 중앙에서 녹조류를 먹으며 살아가지만, 은어가 이주해 오면 하천 가장자리로 이동하여 곤충을 먹으며 살아간다. 이는 피라미가 은어와의 종간 경쟁을 피하기 위해 먹이와 서식지를 달리한 것이다. 따라서 피라미와 은어 사이의 상호 작용 ㉠은 분서에 해당한다.

 ㄱ. 개체군은 일정한 지역에서 같은 종의 개체들이 무리를 지어 생활하는 집단이다. 은어와 피라미는 서로 다른 종이므로 한 개체군을 이루지 않는다.

ㄷ. 은어 개체군에서 각각의 개체들이 세력권을 형성하는 것은 개체군 내의 상호 작용인 텃세의 예에 해당한다. ㉠(분서)은 군집 내 개체군 사이의 상호 작용이다.

12

A와 B는 상호 작용을 통해 모두 이익을 얻으므로 A와 B 사이의 상호 작용은 상리 공생(㉡)이다. A는 C를 잡아먹으므로 A와 C 사이의 상호 작용은 포식과 피식이다. 포식과 피식에서는 상호 작용을 통해 한 종은 이익을 얻고, 다른 종은 손해를 입는다. 반면 편리공생에서는 상호 작용을 통해 한 종은 이익을 얻지만, 다른 종은 이익을 얻지도 손해를 입지도 않는다. 따라서 ㉠은 포식과 피식, ㉡은 상리 공생, ㉢은 편리공생이다.

ㄱ. A와 C 사이의 상호 작용은 ㉠(포식과 피식)이다.

 ㄴ. ⓐ는 '이익', ⓑ는 '이익도 손해도 아니다.'이다.

ㄷ. 흰동가리는 천적으로부터 말미잘의 보호를 받고, 말미잘은 흰동가리가 유인한 먹이를 잡아먹는다. 흰동가리와 말미잘 사이의 상호 작용은 ㉡(상리 공생)이다.

13 양수림이 형성되면 다 자란 침엽수(양수)에 의해 숲의 상층에서 많은 빛이 흡수되므로 하층에 도달하는 빛의 세기가 약해진다. 따라서 빛의 세기가 약한 양수림의 하층에서는 강한 빛에서만 잘 자라는 침엽수(양수)의 어린 나무는 생장하지 못하지만, 약한 빛에서도 잘 자라는 활엽수(음수)의 어린 나무는 잘 생장한다. 또한 이 식물 군집에서 산불이 일어난 이후에는 2차 천이가 일어나고, 2차 천이는 초원에서부터 시작된다.

ㄴ. 천이가 진행됨에 따라 ㉠의 개체 수는 줄어들고, ㉡의 개체 수가 늘어나므로 ㉠은 침엽수(양수), ㉡은 활엽수(음수)이다.

ㄷ. 혼합림의 하층에서는 빛의 세기가 약하므로 ㉡(활엽수(음수))

에 속하는 종의 어린 나무가 ㉠(침엽수(양수))에 속하는 종의 어린 나무보다 잘 생장한다.

 ㄱ. A는 양수림, B는 음수림, C는 초원이다. C(초원)의 우점종은 초본 식물이다.

14

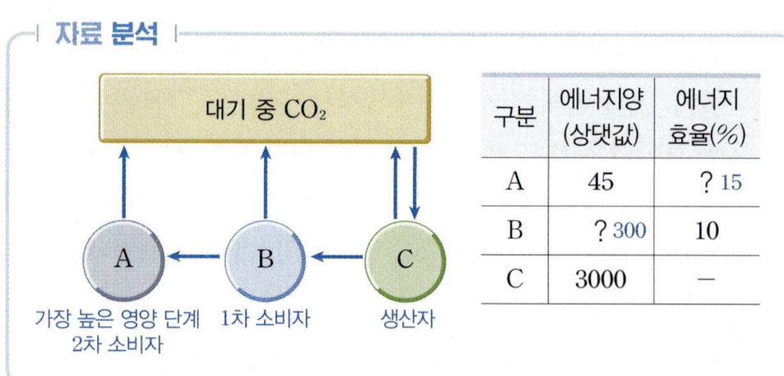

구분	에너지양(상댓값)	에너지 효율(%)
A	45	? 15
B	? 300	10
C	3000	—

생태계에서 일어나는 탄소 순환 과정에서 대기 중의 이산화 탄소(CO_2)는 생산자에 흡수되어 광합성을 통해 유기물로 합성되고, 유기물의 형태로 탄소가 먹이 사슬을 따라 상위 영양 단계로 이동한다. 그리고 생산자, 소비자, 분해자의 세포 호흡을 통해 이산화 탄소(CO_2)로 분해되어 대기 중으로 돌아간다. 따라서 A는 2차 소비자, B는 1차 소비자, C는 생산자이다.

ㄱ. 생태계에서 유기물에 저장된 화학 에너지는 먹이 사슬을 따라 이동하며, 각 영양 단계에서 세포 호흡을 통해 생명 활동에 사용되고 열에너지로 전환되어 생태계 밖으로 방출된다. 따라서 A(2차 소비자)와 B(1차 소비자)에서는 모두 세포 호흡을 통해 이산화 탄소(CO_2)와 열에너지가 방출된다.

ㄴ. B(1차 소비자)와 C(생산자) 사이에는 포식과 피식 관계가 형성되며, 유기물의 형태로 에너지가 C(생산자)로부터 B(1차 소비자)에 전달된다.

ㄷ. 에너지 효율(%) $= \dfrac{\text{현 영양 단계의 에너지양}}{\text{전 영양 단계의 에너지양}} \times 100$ 이므로 B(1차 소비자)의 에너지 효율은 $\dfrac{\text{B의 에너지양}}{3000} \times 100 = 10\,\%$ 이다. 따라서 B의 에너지양은 300이므로 A(2차 소비자)의 에너지 효율은 $\dfrac{45}{300} \times 100 = 15\,\%$ 이다.

15

생태계에서 일어나는 질소 순환 과정에서 대기 중의 질소(N_2)는 질소 고정에 의해 암모늄 이온(NH_4^+)으로 전환되고, 암모늄 이온(NH_4^+)은 질산화 작용(나)에 의해 질산 이온(NO_3^-)으로 산화된다. 토양 속 암모늄 이온(NH_4^+)이나 질산 이온(NO_3^-)은 식물의 뿌리를 통해 흡수되어 질소 동화 작용을 통해 질소 화합물(핵산, 단백질 등)로 합성되고, 생물의 사체나 배설물에 포함된 질소 화합물은 분해자에 의해 암모늄 이온(NH_4^+)으로 분해되어 토양으로 돌아간다. (다)에 분해자인 버섯이 관여하므로 (가)는 질소 고정이고, A는 대기 중 질소(N_2), B는 단백질이다.

ㄱ. 뿌리혹박테리아는 질소 고정 세균이므로 (가)(질소 고정)에 관여하는 ⓐ에 해당한다.

 ㄴ. A는 대기 중 질소(N_2), B는 단백질이다.

ㄷ. (나)는 암모늄 이온(NH_4^+)이 질산화 세균에 의해 질산 이온(NO_3^-)으로 산화되는 질산화 작용이다.

16

총생산량 = 호흡량 + 순생산량(고사·낙엽량 + 피식량 + 생장량)이므로 ㉠은 총생산량, ㉡은 순생산량, ㉢은 생장량이다.

ㄱ. 생산자의 호흡량 = ㉠(총생산량) − ㉡(순생산량)이므로 t_1일 때가 t_2일 때보다 작다.

 ㄴ. 순생산량 = 고사·낙엽량 + 피식량 + 생장량이고, 1차 소비자의 섭식량은 생산자의 피식량과 같다. 따라서 t_2일 때 1차 소비자의 섭식량은 생산자의 ㉡(순생산량) − ㉢(생장량)에 포함된다. 따라서 t_2일 때 1차 소비자의 섭식량은 생산자의 ㉢(생장량)보다 작다.

ㄷ. 생물량(생체량, 현존량)은 현재 생물이 가지는 유기물의 총량(생물의 질량)으로 누적된 생장량과 같다. 생산자에서 ㉢(생장량)이 0보다 계속 크게 유지되었으므로 생산자의 생물량은 t_2일 때가 t_3일 때보다 작다.

17

- 전체 방형구 수: 50(ⓐ)

식물 종	개체 수	빈도	출현한 방형구 수
A	45	0.08	4
B	60	0.44	22
C	21	0.28	14
D	24	0.20	10

식물 종	상대 밀도(%)	상대 빈도(%)	상대 피도(%)
A	30	8	6
B	40	44	30
C	14	28	24
D	16	20	40

- 중요치 = 상대 밀도 + 상대 빈도 + 상대 피도
  → A: 30 + 8 + 6 = 44
    B: 40 + 44 + 30 = 114
    C: 14 + 28 + 24 = 66
    D: 16 + 20 + 40 = 76

ㄱ. 방형구법에서 빈도 $= \dfrac{\text{특정 종이 출현한 방형구 수}}{\text{전체 방형구 수}}$ 이고, C가 출현한 방형구 수는 14이므로 C의 빈도는 $\dfrac{14}{ⓐ} = 0.28$ 이다. 따라서 전체 방형구 수 ⓐ는 50이다.

ㄷ. 중요치(상대 밀도 + 상대 빈도 + 상대 피도)는 A가 44, B가 114, C가 66, D가 76이므로 이 식물 군집에서 우점종은 B이다.

 ㄴ. 조사한 모든 종의 상대 피도의 총합은 100 %이므로 D의 상대 피도는 40 %이다. 상대 밀도(%)는 $\dfrac{\text{특정 종의 개체 수}}{\text{조사한 모든 종의 개체 수의 합}} \times 100$ 으로 구할 수 있고, B의 상대 밀도는 D의 상대 피도와 같다고 하였으므로 B의 개체 수를 x라고 하면 $\dfrac{x}{45 + x + 21 + 24} \times 100 = 40\,\%$ 이다. 이를 계산하면 x는 60이다. 그리고 A가 출현한 방형구 수는 4이므로 A의 빈도는 $\dfrac{4}{50} = 0.08$ 이고, A의 상대 빈도는 $\dfrac{0.08}{0.08 + 0.44 + 0.28 + 0.20} \times 100 = 8\,\%$ 이다. 따라서

$\dfrac{\text{A의 상대 빈도}}{\text{B의 상대 밀도}} = \dfrac{8}{40} = \dfrac{1}{5}$이다.

18 제시된 천이 과정은 생물이 없고 토양이 형성되지 않은 호수에서 시작되므로 1차 천이 중 습성 천이에 해당한다. 습성 천이는 빈영양호 → 부영양호 → 습원(습지) → 초원 → 관목림 → 양수림 → 혼합림 → 음수림 순으로 진행되므로 A는 초원, B는 양수림, C는 음수림이다.
ㄴ. 양수림이 형성되면 다 자란 침엽수(양수)들에 의해 숲의 상층에서 많은 빛이 흡수되므로 하층에 도달하는 빛의 세기가 약해진다. 따라서 지표면에 도달하는 빛의 양은 A(초원)에서가 B(양수림)에서보다 많다.
ㄷ. A(초원)는 주로 초본 식물(풀)로 구성되고, C(음수림)는 주로 목본 식물(나무)로 구성되므로 우점종의 평균 키는 A(초원)에서가 C(음수림)에서보다 작다.
🔍**바로알기** ㄱ. 습성 천이는 1차 천이에 해당한다.

19 생태계에 공급되는 에너지의 근원은 태양의 빛에너지이며, 빛에너지는 생산자의 광합성에 의해 유기물 속 화학 에너지로 전환되고, 유기물에 저장된 화학 에너지는 먹이 사슬을 따라 상위 영양 단계로 이동한다. 따라서 A는 생산자, B는 1차 소비자, C는 2차 소비자이다. 총생산량＝호흡량＋순생산량(고사·낙엽량＋피식량＋생장량)이므로 ㉠은 총생산량, ㉡은 호흡량, ㉢은 피식량이다.
ㄱ. ㉠(총생산량)은 A(생산자)가 광합성을 통해 합성한 유기물의 총량이다.
ㄷ. B(1차 소비자)에 전달된 에너지는 세포 호흡을 통해 생명 활동에 사용되고 열에너지로 전환되어 생태계 밖으로 방출된다. 따라서 B(1차 소비자)에서 열에너지로 방출되는 에너지양 ⓐ는 B(1차 소비자)의 호흡량에 의한 에너지양이므로 생산자의 ㉢(피식량)에 의한 에너지양에 포함된다.
🔍**바로알기** ㄴ. 생물량(생체량, 현존량)은 현재 생물이 가지는 유기물의 총량(생물의 질량)으로 누적된 생장량과 같다. ㉡(호흡량)은 생산자의 호흡에 사용된 유기물의 양이므로 B(1차 소비자)의 생물량은 A의 ㉡(호흡량)에 포함되지 않는다.

20 핵심종은 우점종은 아니지만, 군집의 구조에 중요한 역할을 하는 종이다.
ㄱ. ㉠에서 불가사리를 제거하자 ㉠에 서식하는 종의 수가 감소하였으므로 불가사리가 핵심종으로서 ㉠의 종 다양성을 유지하는 데 중요한 역할을 하고 있음을 알 수 있다.
ㄴ. 고둥은 따개비의 포식자이므로 ㉠에서 고둥의 개체 수가 증가하면 일시적으로 따개비의 개체 수는 감소한다.
ㄷ. 지표종은 특정 지역이나 환경에서만 볼 수 있어 군집의 지역적, 환경적 특성을 나타내는 종이다. 따라서 이산화 황의 농도가 높으면 살 수 없어 대기 중 이산화 황의 오염 정도를 알 수 있게 하는 지의류는 지표종의 예에 해당한다.

2 생물 다양성과 보전

수능 빈출 자료 MASTER p.71

① **자료1** 1 × 　 2 ○ 　 3 × 　 4 ○ 　 5 ○ 　 6 ○
　자료2 1 × 　 2 ○ 　 3 × 　 4 × 　 5 ○

① **1-1** 한 생태계에 있는 종의 다양한 정도를 종 다양성이라고 한다. 생태계 다양성은 생물의 서식지인 생태계의 다양한 정도를 의미한다.

1-2 생태계 다양성이 높은 지역일수록 다양한 환경 조건이 존재하므로 각각의 환경에 적응한 다양한 종이 나타날 수 있다. 따라서 생태계가 다양하게 존재할수록 생물 다양성이 증가한다.

1-3 같은 종의 개체들에서 형질이 다양하게 나타나는 것은 유전적 다양성에 해당한다.

1-4 생물 다양성을 감소시키는 원인에는 서식지 파괴 및 단편화, 불법 포획과 남획, 환경 오염과 기후 변화, 외래종의 도입 등이 있다.

1-5 국립 공원 지정과 안식일 지정은 모두 서식지를 보전하여 생물 다양성을 보전하기 위한 방안이다. 서식지를 보전할 때에는 한 종의 특정 서식지보다 군집 단위로 큰 서식지를 보전하는 것이 생물 다양성 유지에 더 효과적이다.

1-6 생물 자원은 사람이 생활에 이용하는 자원 중 생물로부터 유래한 자원으로 의식주 자원, 의약품 원료, 유전자 자원, 연료 자원으로 이용될 뿐만 아니라 사람들에게 사회적·심미적 가치를 제공하는 데 이용된다.

2-1 조사한 모든 종의 상대 밀도의 총합은 $100\,\%$이므로 B의 상대 밀도는 Ⅰ에서 $41\,\%$, Ⅱ에서 $25\,\%$이다.
개체군의 밀도 $= \dfrac{\text{개체군을 구성하는 개체 수}}{\text{개체군이 서식하는 공간의 면적}}$ 이고, 상대 밀도$(\%) = \dfrac{\text{특정 종의 밀도}}{\text{조사한 모든 종의 밀도의 합}} \times 100$이므로 상대 밀도$(\%)$는 $\dfrac{\text{특정 종의 개체 수}}{\text{조사한 모든 종의 개체 수의 합}} \times 100$으로 구할 수 있다. 따라서 어떤 종의 $\dfrac{\text{상대 밀도}}{100}$에 총 개체 수를 곱한 값은 그 종의 개체 수이므로 Ⅰ에서 A의 개체 수는 $\dfrac{30}{100} \times 100 = 30$, Ⅱ에서 B의 개체 수는 $\dfrac{25}{100} \times 120 = 30$이다. 따라서 개체군 밀도는 Ⅰ의 A와 Ⅱ의 B 모두 $\dfrac{30}{\text{서식지 면적}}$이다.

2-2 조사한 모든 종의 상대 빈도의 총합은 $100\,\%$이므로 A의 상대 빈도는 Ⅰ과 Ⅱ에서 모두 $45\,\%$이다.

2-3 조사한 모든 종의 상대 피도의 총합은 100 %이므로 C의 상대 피도는 Ⅰ에서 59 %, Ⅱ에서 62 %이다. 중요치＝상대 밀도＋상대 빈도＋상대 피도이고 중요치가 가장 높은 종이 그 군집의 우점종이므로 중요치를 구해 보면 Ⅰ의 식물 군집에서 A가 94(30＋45＋19), B가 87(41＋24＋22), C가 119(29＋31＋59)이고, Ⅱ의 식물 군집에서 A가 63(5＋45＋13), B가 63(25＋13＋25), C가 174(70＋42＋62)이다. 따라서 우점종은 Ⅰ과 Ⅱ의 식물 군집에서 모두 C이다.

2-4 종 다양성은 종의 수가 많을수록, 전체 개체 수에서 각 종이 차지하는 비율이 고를수록 높다. Ⅰ과 Ⅱ에서 종의 수는 같고, 각 종의 밀도는 Ⅰ에서가 Ⅱ에서보다 고르므로 종 다양성은 Ⅰ에서가 Ⅱ에서보다 높다.

2-5 종 다양성이 높은 생태계일수록 먹이 사슬이 다양하고 복잡하여 한 종이 사라지더라도 다른 종이 대체할 수 있어 생태계 평형이 쉽게 깨지지 않는다.

수능 대비 문제
p.72

01 ③　　02 ③　　03 ⑤　　04 ⑤

01 유전적 다양성은 한 개체군 내의 개체들에서 유전자의 변이로 다양한 형질이 나타나는 것을 의미하므로 한 개체군 내의 생물 다양성에 해당한다. 그리고 생태계 다양성은 생물의 서식지인 생태계의 다양한 정도를 의미하며, 생태계를 이루는 생물적 요인과 비생물적 요인 사이의 관계에 관한 다양성을 모두 포함한다. 따라서 (가)는 종 다양성, (나)는 유전적 다양성, (다)는 생태계 다양성이다.

ㄱ. (가)(종 다양성)가 높을수록 먹이 사슬이 다양하고 복잡하게 형성된다.

ㄷ. (다)는 생태계 다양성이다.

바로알기 ㄴ. 식물의 잎을 잘라 옮겨 심는 생식 방법 ⓐ는 무성 생식이다. 씨를 통해 번식하는 유성 생식이 ⓐ(무성 생식)보다 (나)(유전적 다양성)를 높이는 방법이다.

02 종 다양성은 종의 수가 많을수록, 전체 개체 수에서 각 종이 차지하는 비율이 고를수록 높다.

ㄱ. 서식하는 식물 종의 수는 (가)와 (다)에서 3종으로 같지만, 전체 개체 수에서 각 식물 종이 차지하는 비율은 (다)에서가 (가)에서보다 고르다. 따라서 식물의 종 다양성은 (가)에서가 (다)에서보다 낮다.

ㄷ. 개체군은 일정한 지역에서 같은 종의 개체들이 무리를 지어 생활하는 집단이다. B와 C는 서로 다른 종이므로 (나)에서 B와 C는 서로 다른 개체군을 이룬다.

바로알기

ㄴ. 개체군의 밀도 ＝ $\dfrac{\text{개체군을 구성하는 개체 수}}{\text{개체군이 서식하는 공간의 면적}}$ 이다. 면적은 (다)가 (나)의 2배이고 C의 개체 수는 (다)에서가 (나)에서의 2배이므로 C의 개체군 밀도는 (나)와 (다)에서 같다.

03

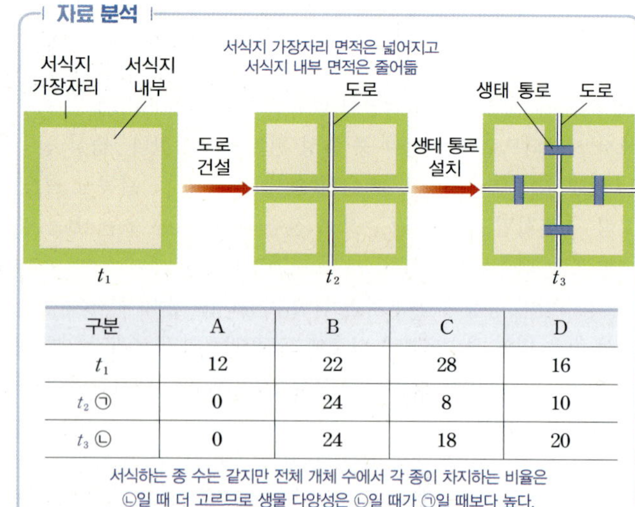

구분	A	B	C	D
t_1	12	22	28	16
t_2 ㉠	0	24	8	10
t_3 ㉡	0	24	18	20

서식하는 종 수는 같지만 전체 개체 수에서 각 종이 차지하는 비율은 ㉡일 때 더 고르므로 생물 다양성은 ㉡일 때가 ㉠일 때보다 높다.

ㄱ. 도로 건설로 큰 서식지가 4개의 작은 서식지로 분할되었으므로 서식지 단편화가 일어났다.

ㄴ. 서식지가 단편화되어 서식지 내부 면적은 감소하고, 서식지 가장자리 면적은 증가하였으므로 $\dfrac{\text{서식지 가장자리 면적}}{\text{서식지 내부 면적}}$ 은 t_1일 때가 t_2일 때보다 작다.

ㄷ. 생태 통로 설치가 이 지역의 생물 다양성을 증가시켰다고 하였으므로 전체 개체 수에서 각 종이 차지하는 비율이 더 고른 ㉡이 t_3에 해당하고, ㉠은 t_2에 해당한다.

04 A. 서식지 파괴 및 단편화, 불법 포획과 남획, 환경 오염과 기후 변화, 외래종 도입 등은 모두 생물 다양성을 감소시키는 원인에 해당한다.

B. 천적이 없는 외래종이 다량으로 번식하면 고유종의 서식지와 먹이를 차지하여 고유종의 생존을 위협할 수 있고, 먹이 사슬을 변화시켜 생태계를 교란할 수 있다.

C. 자생 종의 분포와 정보 수집, 서식지 보호를 위한 국립 공원 지정, 멸종 위기종의 보호 및 복원 사업 실시, 종자 은행을 통한 종의 유전자 관리 등은 모두 생물 다양성 보전을 위한 국가적 차원의 노력에 해당한다.

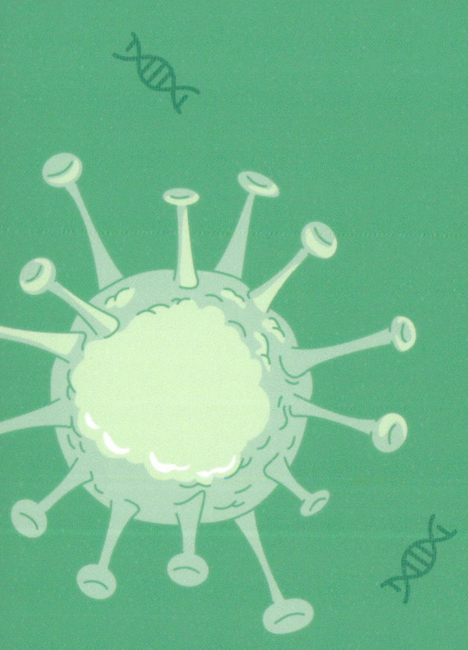

메가스터디BOOKS

www.megastudybooks.com
내용 문의 | 02-6984-6915   구입 문의 | 02-6984-6868,9